中共中央总书记、国家主席胡锦涛考察山东省寿光市三元朱科普示范基地

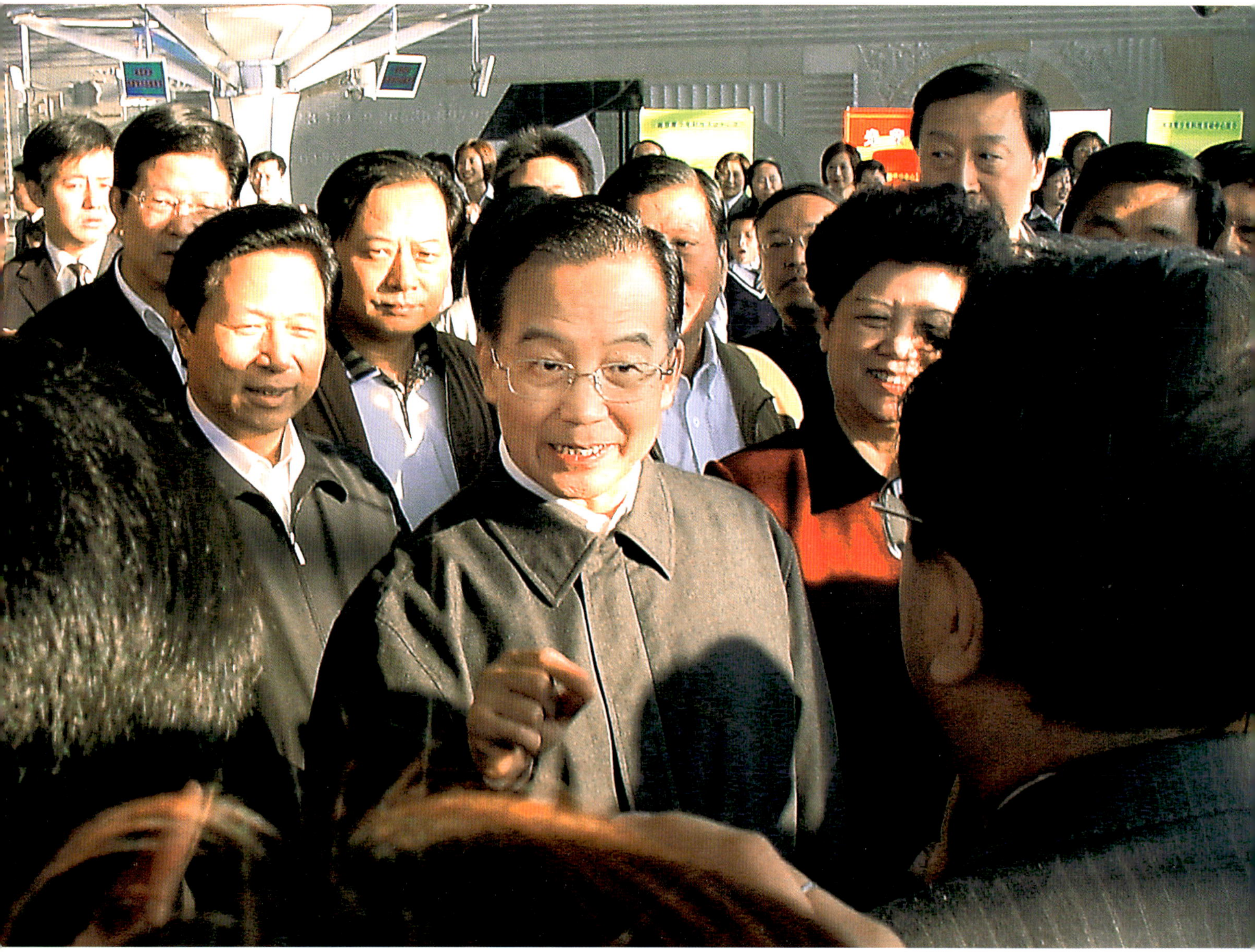

中共中央政治局常委、国务院总理温家宝视察南京青少年科技活动中心

中共中央政治局常委、国家副主席曾庆红参加全国科普日活动

中共中央政治局常委、国务院副总理黄菊
会见参加“世界物理年在中国”系列活动的著名物理学家

中共中央政治局委员、全国人大常委会副委员长王兆国
出席纪念高士其先生诞辰一百周年暨高士其科学精神座谈会

中共中央政治局委员、国务院副总理吴仪
出席中华医学会第二十三次全国会员代表大会暨成立九十周年庆典

中共中央政治局委员、国务院副总理曾培炎会见参加第十三届国际核工程大会的中外嘉宾

中共中央政治局委员、中央书记处书记、国务委员周永康出席第八届国际火灾科学大会

全国人大常委会副委员长、中国科学院院长路甬祥，全国政协副主席、中国工程院院长徐匡迪出席由中国科协主办的提高企业自主创新能力对策座谈会

全国人大常委会副委员长成思危会见参加中美日化工会议的中外专家学者

国务委员陈至立会见出席国际科学理事会第28次全体大会的执委

中国科协第六届全国委员会主席、副主席

中国科协主席：周光召

副主席（按姓氏笔画为序）：

王　选　韦　钰（女，壮族）　邓　楠（女）　左铁镛　白春礼（满族）

旭日干（蒙古族）　杨福家　张玉台　张启发　陆延昌　赵忠贤　胡启恒（女）

钱　易（女）　徐善衍　栾恩杰（满族）　韩启德　曾庆存

中国科协第六届全国委员会主席、副主席

推动自主创新　为经济社会发展服务

中国科协2005年学术年会主会场

推动自主创新　为经济社会发展服务

中共中央政治局委员、新疆维吾尔自治区党委书记王乐泉出席开幕式并做报告

全国人大常委会副委员长、中国科学院院长路甬祥出席开幕式并做报告

国务委员陈至立出席开幕式并讲话

中国科协主席周光召致开幕辞

中国科协副主席、书记处第一书记邓楠主持大会开幕式

中国科协副主席陆延昌、胡启恒出席大会开幕式

推动自主创新　为经济社会发展服务

中国科协2005年学术年会部分分会场活动

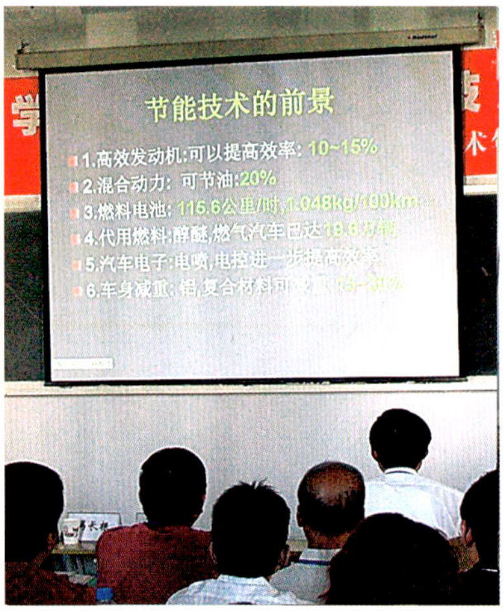

推动自主创新　为经济社会发展服务

广泛深入开展学术活动

开展决策咨询活动　发挥思想库和智囊作用

开展决策咨询活动　发挥思想库和智囊作用

深化农村科普　推进社会主义新农村建设

中国科协农村科普工作会议

深化农村科普　推进社会主义新农村建设

百名科技大王进边陲

吉林省科协主办的农民科技节

宁夏回族自治区科协开展整村推进农业适用技术培训

深化农村科普　推进社会主义新农村建设

山西省科协科普惠农行动推行一站、一栏、一员建设

1 |
2 | 3

1．科普活动站
2．科普员为农民授课
3．科普宣传栏

弘扬科学精神　提高全民科学素质

丰富多彩的世界物理年纪念活动

弘扬科学精神　提高全民科学素质

著名科学家参加世界物理年纪念活动

1	2
3	4
5	

1.杨振宁
2.李政道
3.何泽慧
4.彭桓武
5.冯　端

弘扬科学精神　提高全民科学素质

中国科协党组、书记处领导同志审查中国科技馆新馆建设方案

引人入胜的科普活动

弘扬科学精神　提高全民科学素质

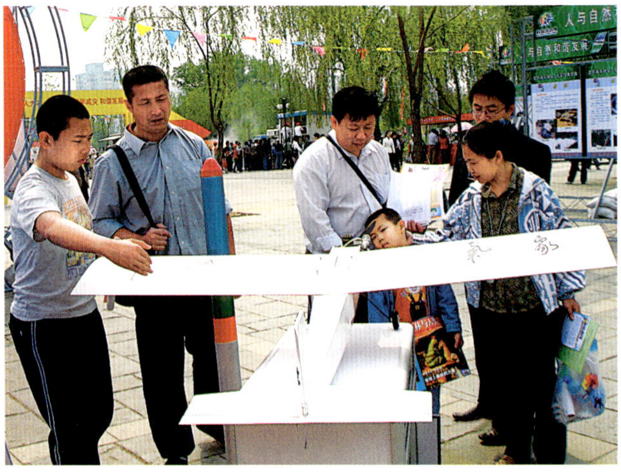

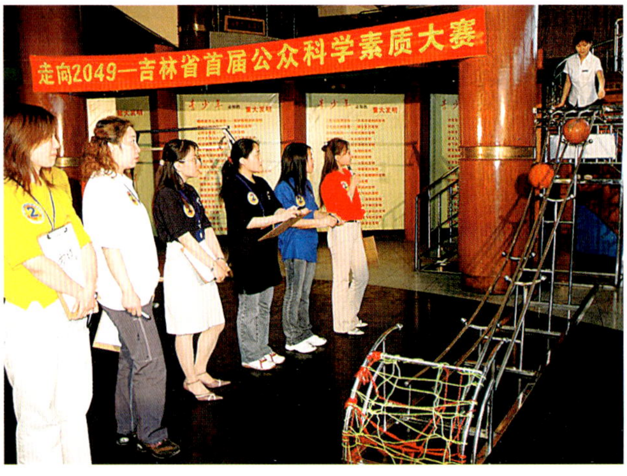

弘扬科学精神　提高全民科学素质

中国科协2005年学术年会期间，开展百名院士、专家进校园活动

“穿越时空的物理之光”大型科普展览

探秘盐湖青少年科技考察活动

促进国际民间科技交流与合作

国际科联大会会场

促进国际民间科技交流与合作

2005年海外智力为国服务研讨会暨联席会议

中德工程教育与认证合作前景研讨会

中美日化工会议

特高压输电技术国际研讨会

加强同港澳地区民间科技交流与合作

中国科协副主席赵忠贤出席2005当代杰出华人科学家报告会

香港工程师学会执委会访京团拜会中国科协

中国科协与澳门科技发展基金签订两会《项目评审工作合作协议》

实施“紫荆计划”，组织接待香港大学生暑期赴内地实习活动

以人为本　发挥科技人员积极性创造性

中国中医药十大杰出青年颁奖典礼

第六届全国科技馆启明奖、创业奖颁奖大会暨捐赠仪式

首都科技界新春音乐会

加强科协自身建设　增强服务能力

加强科协自身建设　增强服务能力

中国科学技术协会
年　鉴
2006

中国科学技术出版社
·北　京·

图书在版编目(CIP)数据

中国科学技术协会年鉴.2006/中国科学技术协会编.—北京:中国科学技术出版社,2006.7
ISBN 7-5046-4445-5

Ⅰ.中... Ⅱ.中... Ⅲ.中国科学技术协会-2006-年鉴 Ⅳ.G322.25-54

中国版本图书馆 CIP 数据核字(2006)第 081661 号

中国科学技术出版社出版
北京市海淀区中关村南大街 16 号 邮政编码:100081
电话:010-62103210 传真:010-62183872
科学普及出版社发行部发行
http://www.kjpbooks.con.cn
中科印刷有限公司印刷

*

开本:889 毫米×1194 毫米 1/16 印张:45 字数:1800 千字
2006 年 8 月第 1 版 2006 年 8 月第 1 次印刷
印数:1-1600 册 定价:120.00 元

(凡购买本社的图书,如有缺页、倒页、
脱页者,本社发行部负责调换)

《中国科学技术协会年鉴（2006）》编辑委员会

《中国科学技术协会年鉴（2006）》编辑部

责任编辑　许　慧
　　　　　　周晓慧
责任校对　刘红岩
责任印制　王　沛

目　　录

领导同志的讲话

中国科协第六届全国委员会及常务委员会文件

重要文件

综合性工作和活动

组织体系及机构

表彰奖励

全国性学会、协会、研究会(含受委托管理的学会)情况

省、自治区、直辖市科协，新疆生产建设兵团科协情况

直属单位情况

大　事　记

附　　录

领导同志的讲话

在中国科协第六届全委会第五次会议上的讲话

（2005 年 1 月 25 日）

王 兆 国

同志们：

中国科协召开第六届全国委员会第五次会议，深入学习贯彻党的十六届四中全会和中央经济工作会议精神，认真总结去年的工作，全面部署今年的工作，这对于科协各级组织及所属团体认清形势、明确任务，进一步团结和动员广大科技工作者为经济社会发展做贡献，具有重要意义。

以胡锦涛同志为总书记的党中央高度重视科协工作。前不久，曾庆红同志主持召开中央书记处办公会议，专门听取中国科协党组的工作汇报，充分肯定了一年来科协工作取得的成绩，明确提出了下一步做好科协工作的要求。同志们一定要认真学习领会中央书记处的重要指示精神，并切实贯彻到今后的各项工作中去。

刚刚过去的 2004 年，各级科协组织坚持以邓小平理论和“三个代表”重要思想为指导，深入贯彻党的十六大和十六届三中、四中全会精神，积极落实科学发展观，紧紧围绕全党全国工作大局，充分发挥自身特点和优势，在组织科技工作者推动科技进步和创新、服务经济社会发展、开展学术交流、促进人才成长、加大科普力度和加强自身建设等方面，做了大量工作，取得了明显成绩，为改革开放和现代化建设做出了新的贡献。借此机会，我代表党中央，向全体与会同志，向各级科协干部，并向全国广大科技工作者致以亲切的问候！

今年是实现“十五”计划、向全面建设小康社会宏伟目标继续迈进的重要一年。前一段时间，中央先后召开十六届四中全会和中央经济工作会议等重要会议，下发一系列重要文件，对做好当前和今后一个时期工作进行了全面部署，对做好科协工作同样具有重要的指导意义。各级科协组织一定要把深入学习贯彻中央的重大决策部署作为关系科协工作全局的大事，下大气力切实抓紧抓好。

下面，我着重就如何结合科协实际贯彻落实中央精神讲几点意见。

一、充分认识科学技术对于落实科学发展观的重要作用，切实增强做好新形势下科协工作的责任感和使命感

坚持以人为本、全面协调可持续的科学发展观，是我们党以邓小平理论和“三个代表”重要思想为指导，从新世纪新阶段党和国家事业发展全局出发提出的重大战略思想和指导方针。科学发展观为我们提供了抓住机遇、加快发展的世界观和方法论，提供了应对更加复杂的国际国内环境和各种新挑战的强大思想武器。落实科学发展观，对于全面建设小康社会、加快推进社会主义现代化具有全局性、根本性、长远性的意义。

落实科学发展观需要做大量的工作，付出多方面的努力。这里我要特别强调的是，在落实科学发展观的过程中，必须充分发挥科学技术第一生产力的重要作用。当今世界，科学技术日益成为决定一个国家、一个民族发展进程的重要力量，日益成为影响国际政治、经济、文化和军事格局的重要因素。我们要按照科学发展观的要求，解决经济社会发展中的矛盾和问题，必须依靠科学技术的强大力量。从坚持以人为本看，我们要不断满足人民群众日益增长的物质文化需要，努力实现人的全面发展，就离不开科技成果的广泛应用，离不开科技知识的推广普及，离不开人民群众科学素质的普遍提高。从坚持全面发展看，我们要抓住经济建设这个中心，推进社会全面进步，就需要通过科技进步来提高经济增长的质量和效益，需要利用科技进步来推动各项社会事业。从坚持协调发展看，我们要落实“五个统筹”，解决好城乡之间、区域之间、经济社会之间发展不平衡等问题，就不仅需要从政策上采取得力措施，而且需要从科技上给予有力支撑。从坚持可持续发展看，我们要实现经济发展和人口、资源、环境相协调，促进人与自然和谐发展，就需要加强对控制人口、节约资源、保护环境等方面的科学技术的研究开发，需要探索一条科技含量高、经济效益好、资源消耗低、环境污染少、人力资源优势得到充分发挥的发展新路子。总之，科技进步与创新对经济社会发展的影响是不可估量的，对落实科学发展观的作用是不可估量的。

在积极落实科学发展观、推动经济社会全面协调可持续发展的新形势下，科技工作在各项工作中的地位和作用显得尤为突出。这也给科协组织赋予了新的光荣使命，为科协工作开辟了新的广阔空间。各级科协组织务必进一步加深对科学发展观是我国经济社会发展重要指导思想的认识，进一步加深对科学技术是落实科学发展观重要推动力量的认识，进一步加深对新形势下科协工作面临重要发展机遇的认识，切实增强工作的责任感和使命感，自觉用科学发展观统领科协工作全局，广泛动员和组织广大科技工作者，为落实科学发展观、促进经济社会发展贡献更多的智慧和更大的力量。

二、大力推动科技进步和创新，为实现经济社会又快又好的发展再立新功

科协具有人才荟萃、学科齐全、联系广泛等明显优势，在推动科技进步和创新、促进经济社会发展方面完全可以大有作为。各级科协组织一定要根据中央对我国经济社会发展作出的总体部署，充分发挥自身优势，切实把广大科技工作者的积极性创造性引导到为实施科教兴国战略、加快科技进步和创新、推动经济社会发展做贡献上来。

在工作中，要特别注意把握着力点、找准切入点，更好地把科协组织的作用发挥出来。一是要着眼于提高我国科技自主创新能力，引导广大科技工作者瞄准世界科技发展前沿，抓住那些对我国发展具有战略性、基础性、关键性作用的重大课题，在事关现代化全局的战略高技术领域，在事关实施全面协调可持续发展的社会公益性研究领域，在事关科技事业自身持续发展的重要领域和基础研究领域，抓紧进行攻关，争取实现突破。二是要着眼于促进科技与经济的紧密结合，引导广大科技工作者在加强产学研结合、加快高新技术产业发展、推动传统产业优化升级等方面发挥排头兵作用，围绕推进西部大开发、振兴东北地区等老工业基地、实现中部地区崛起、加快东部地区发展，积极开展调查研究、科学论证和技术服务，为实现各地区共同发展献计献策；鼓励科技工作者搞好农业科技研究开发，积极参与农村信息服务、技术咨询、科技培训等工作，为实现粮食稳定增产、农民持续增收作出努力。三是要着眼于构建社会主义和谐社会，积极推动尊重劳动、尊重知识、尊重人才、尊重创造方针的贯彻落实，鼓励广大科技工作者弘扬实事求是的科学精神、严谨的治学态度和良好的职业道德规范，自觉把个人的前途与国家的命运紧密联系在一起，在自身发展的同时，关注贫困地区和困难群体的发展，共享科技进步的成果，促进实现社会公平和正义。四是要着眼于建设节约型社会，引导广大科技工作者加强对节约能源资源的科技研究开发，推动形成节约型的产业结构和消费结构，促进循环经济发展。五是要着眼于加强社会事业和公益事业，引导广大科技工作者投身直接涉及人民健康和生活质量的医药卫生、计划生育、生产安全、社会公共安全等方面的技术攻关，努力提高我国公共科技产品的供给能力和覆盖范围，更好地造福于社会、造福于人民。

三、积极实施人才强国战略，为广大科技工作者成长发展铺路搭桥

人才是科技发展的根本，是科技创新的关键。只有牢固树立人才资源是第一资源的战略思想，全面贯彻尊重劳动、尊重知识、尊重人才、尊重创造的重大方针，大力实施人才强国战略，培养造就一支数量宏大、素质一流的科技人才队伍，我国科技事业发展才能得到有力的保证。科协作为科技工作者的群众组织，作为党和政府联系广大科技工作者的桥梁纽带，服务广大科技工作者是自己的天职。各级科协组织一定要坚持把竭诚为科技工作者服务作为重要任务，进一步强化服务意识，提高服务能力，通过出色的服务，更好地把广大科技工作者团结凝聚在党和政府周围，为实现国家富强、民族振兴、社会和谐、人民幸福而不懈奋斗。

科技人才成长有其特定的规律，在成长的每一个环节上，科协都可以提供有针对性的服务。在培养人才的环节上，要巩固完善科协系统继续教育和培训体系，深入实施“高层次专业人才培养工程”、“青工技能振兴计划”，努力促进各级各类科技人才的成长。在发现人才的环节上，要积极开展独具特色、富有成效的国内外学术交流活动，为科技工作者拓宽视野、提高水平搭建平台，帮助他们在推动科技进步和创新的实践中脱颖而出。在举荐人才的环节上，要大力表彰和广泛宣传优秀科技工作者，使各方面都了解他们的先进事迹、崇高精神和突出成就，为他们的事业发展开拓广阔天地。在吸引人才的环节上，要加强与海外华人科技团体的联系，做好海外留学人员的工作，疏通他们回祖国工作或以其他方式为祖国服务的渠道，搞好有组织的智力引进。在使用人才的环节上，要积极推动制定有利于科技人才施展才华的政策措施，促进形成鼓励人才干事业、支持人才干成事业、帮助人才干好事业的良好社会环境，帮助广大科技工作者各展所长、各尽所能，更加充分地发挥作用。在凝聚人才的环节上，要通过各级科协及所属团体，加强与广大科技工作者的联系和沟通，及时准确地了解他们的需求，积极认真地反映他们的意见，千方百计地为他们解除后顾之忧，切实维护好他们的合法权益，同时要加强对他们的教育引导，使他们自觉遵守职业道德，抵制学术上的不正之风，更好地为党和人民的事业服务。

四、深入开展科普工作，为提高全民族科学文化素质而不懈努力

加强科学普及工作，提高国民科学文化素质，是关系国家和民族前途命运的战略性任务。科协作为开展科普工作的主要社会力量，在弘扬科学精神、传播科学思想、普及科学知识、倡导科学方法方面负有义不容辞的重要责任。各级科协组织要广泛开展各种群众性科普活动，通过高质量、高水平的科普工作，使更多的群众信科学、学科学、用科学，依靠科学解决生产生活中的各种问题。

科协开展科普工作，当前要着力在三个方面下工夫。一是在营造全社会重视科普工作的氛围上下工夫。要主动加强与党政机关的联系和沟通，抓紧制定全民科学素质行动计划，进一步明确科普工作和科学教育的目标任务、措施要求等内容，并使之纳入国家和地方经济社会发展总体规划；主动参与有关科普工作法律法规的研究制定，切实加强对有关方面履行科普法规定的责任义务的监督检查，努力把科普工作纳入法制化、制度化轨道，推动科普活动依法有序进行；主动协调社会各方面力量参与科普工作，充分发挥高等院校、科研机构、企业和社会团体开展科普工作的积极性，努力形成社会各界积极支持科普活动、广泛参与科普活动的良好局面。二是在突出抓好科普工作的重点上下工夫。要注重面向农村，广泛开展多种形式的科技下乡服务活动，将先进适用技术送到农村，提高农民群众依靠科技致富的本领；注重面向社区，精心组织丰富多彩的社区科技活动，推动广大社区居民科学素质的进一步提高；注重面向青少年，针对他们的身心特点开展科普活动，有效推进中小学素质教育，帮助青少年从小树立科学精神、培养科学兴趣、丰富科学知识、提高科学素养；加大正面宣传力度，引导社会各方面用科学精神认识社会现象、武装思想头脑，抵制邪教的歪理邪说和封建迷信，促进城乡精神文明和先进文化建设。三是在创新科普工作的方法手段上下工夫。要努力采取群众易于理解、接受和参与的方式开展活动，促进科学性、知识性和趣味性的结合，不断提高科普活动的吸引力；积极组织科普创作，推出更多的精品力作，不断增强科普宣传的有效性；充分运用现代信息网络技术和各种传播手段推广科技知识，使科技知识进入千家万户，不断扩大科普教育的覆盖面；合理配置科普资源，加大科技场馆、科普教育基地等基础设施建设，不断构建科普服务的新平台。

五、牢牢把握开展保持共产党员先进性教育活动的有利时机，进一步加强和改进科协自身建设

在全党开展以实践“三个代表”重要思想为主要内容的保持共产党员先进性教育活动，是坚持用“三个代表”重要思想武装全党的一个重大举措，是实现全面建设小康社会宏伟目标的一个重要保证，是推进党的建设新的伟大工程的一项基础工程。科协系统的各级党组织一定要严格按照中央确定的指导思想、目标要求、基本原则和方法步骤，高标准、高质量地开展好先进性教育活动，真正在提高党员素质、加强基层组织、服务人民群众、促进各项工作上取得实效。同时，要以此为契机，通过加强党的建设来带动科协建设，全面提高科协自身建设水平。

加强科协自身建设，最关键的是大力加强干部队伍建设。要注重引导科协广大干部特别是各级领导干部加强学习，不断深化对邓小平理论和“三个代表”重要思想的认识，不断深化对科学发展观的认识，不断深化对中央各项方针政策的认识，切实提高思想政治素质和实际工作本领。要深化干部人事制度改革，加紧培养优秀年轻干部，为科协工作的长远发展打下坚实基础。要按照政治坚定、求真务实、开拓创新、勤政廉政、团结协调的要求，进一步加强科协领导班子建设，增强议大事、抓大事的本领，提高把握全局、驾驭全局的能力，努力开拓科协工作新局面。加强科协自身建设，最紧要的是大力改进工作机制和活动方式。要适应新形势对科协工作的新要求，坚持与时俱进，勇于改革创新，积极探索工作新思路、新方法、新模式。特别要针对当前科技工作者分布和流动的变化情况，不断创新组织体制，拓宽联系渠道，转变活动方式，激发自身活力，使科协工作更好地体现时代性、把握规律性、富于创造性。加强科协自身建设，最根本的是大力弘扬求真务实的工作作风。要坚持面向广大科技工作者、面向基层科协组织，使科协工作更加贴近实际、贴近群众，真正把科协及所属团体建设成为“科技工作者之家”。要坚持清正廉洁、从严自律，牢固树立科学的世界观、人生观、价值观和正确的权力观、地位观、利益观。要坚持脚踏实地、埋头苦干，一项工作一项工作地抓落实。

科协工作是党的群众工作的重要组成部分，重视科协工作、加强对科协工作的领导是我们党一贯坚持的好传统好做法。在新形势下，各级党委和政府要从全局和战略的高度，充分认识做好科协工作的重要意义，切实加强对科协工作的统一领导，及时研究解决科协工作中遇到的实际问题，为科协组织开展工作创造更加有利的条件。

同志们，面对新的形势和任务，科协组织使命光荣、责任重大。让我们紧密团结在以胡锦涛同志为总书记的党中央周围，高举邓小平理论和“三个代表”重要思想伟大旗帜，全面落实科学发展观，同心同德，励精图治，努力加快科技进步和创新，积极推动经济、社会和人的全面发展，为全面建设小康社会、实现中华民族伟大复兴做出更大的贡献。

中华民族的传统节日春节就要到了。我在这里给同志们拜个早年，祝大家在新的一年里身体健康、工作顺利、阖家幸福！

在中国科协2005年学术年会上的讲话（摘要）

（2005年8月20日）

陈　至　立

各位代表，各位来宾，同志们，朋友们：

今天，中国科学技术协会与新疆维吾尔自治区人民政府联合举办2005年中国科协年会。来自全国各地的几千名科技精英会聚祖国美丽的西部边城乌鲁木齐，共商中国科技大业，象征着我国科技事业欣欣向荣的大好局面。在此请允许我代表国务院，对本届年会的召开表示热烈的祝贺！并向全国广大科技工作者致以崇高的敬意！也借此机会，向新疆各族人民群众致以衷心的美好的祝福！

科协是党和政府联系科技工作者的桥梁与纽带，是中国特色国家创新体系的重要力量，是建设创新型国家的一支生力军。这次会议围绕“科学发展观与资源可持续利用”这一主题，进行交流和研讨，必将对落实科学发展观、发挥科技对经济社会发展的支撑和引领作用、推进经济社会协调和可持续发展起到积极的促进作用。新疆的资源，尤其是能源丰富，对我国的可持续发展至关重要。新疆的发展和稳定关系整个西部地区的发展和稳定，也关系全国改革开放和现代化建设的大局。中国科协在新疆召开年会具有特殊的意义。下面，我就自主创新和可持续发展问题谈几点认识。

第一个问题：中国发展面临的紧迫问题

改革开放以来，我国经济社会发展取得巨大成就。但是，国民经济发展中长期积累的一些深层次矛盾和问题依然没有得到根本解决，突出表现在：经济结构不合理，经济增长方式粗放，产业技术水平低。一方面，我国经济持续快速增长，经济总量显著扩大，工业化和城市化加速，这些都带来发展的新机遇。另一方面，高投入、高消耗、高污染、低产出、低效益的粗放型增长方式导致经济运行成本上升，可持续发展面临的资源和环境压力日趋严峻。发达国家上百年工业化过程中分阶段出现的这些问题，在我国快速发展的20多年里集中突显，给我们带来了极大的挑战。

第一，资源和环境瓶颈约束日益加剧。

据统计，我国人均能源资源占有量不到世界平均水平的一半，石油仅为十分之一；人均水资源仅相当于世界平均水平的四分之一。在过去20多年，我国能源消费总量增长了2.6倍。2003年，我国消耗了占全球31%的原煤，30%的铁矿石，27%的钢材以及40%的水泥。2004年，由于我国对铁矿石需求的急剧增加，国际市场价格曾上涨了71.5%；由于国际原油价格屡创新高，我国全年多支付外汇达数十亿美元。长此以往，越来越多的企业将不堪重负，国家将不堪重负。

另一方面，我国的资源利用效率不高。目前我国能源利用率为33%，每创造1美元国民生产总值，消耗的煤、电等能源是世界平均值的3~4倍，我国万元GDP用水量是全球平均水平的4倍。此外，我国每年约有7亿吨农作物秸秆、近230亿吨工业有机废水、500多万吨废钢铁、大量的电子垃圾，多数白白地浪费掉，没有得到很好的利用。另据有关资料显示，从1949~2003年间，我国累计产煤350亿吨，而煤炭资源消耗量已超过1000亿吨，回收率平均不到30%，这意味着50年间扔掉了6个百亿吨煤田，浪费严重。

粗放型经济增长方式的一个直接后果是生态环境的急剧恶化。土地沙漠化、水土流失、森林草地退化、江河断流、湖泊萎缩、生态系统失衡、城市环境污染等一系列生态环境问题的日益突出，正在引起全社会的高度关注。目前，我国二氧化硫排放超过2000万吨，烟尘排放1000多万吨，二氧化碳排放8亿多吨。水土流失严重，草原严重退化。由于生态植被的人为破坏，仅西部地区就有1000多万人口吃水长期困难。作为发展中的大国，未来我们不可能继续沿着传统的高投入、高消耗、高污染、低效率的路子走下去，调整结构，转变经济增长方式刻不容缓。

第二，技术瓶颈约束日益突显。

当今综合国力的竞争，说到底是科技实力的竞争。目前，全世界86%的研发投入、90%以上的发明专利都是掌握在发达国家手里。发达国家及其跨国公司凭借科技优势和建立在科技优势基础上的国际规则，形成了对世界市场特别是高技术市场的高度垄断，牢牢把持着国际产业分工的高端，获取超额利润。我国许多产业尽管在规模上不断扩大，但由于缺乏核心技术，失去了许多应得的利益。

面对咄咄逼人的科技发展态势，面对我国全面建设小康社会的迫切需求，我国科学技术发展的现实情况还不能令人满意。据有关资料分析，在原始性创新能力方面，我国在科学知识生产方面占世界总量的比重还较小，国际科学论文产出仅占世界的4.38%；特别是从衡量科学知识生产质量的论文被引用数来看，我国仅排在世界第20位。在科技人才队伍建设方面，我国在每万人口中的研究开发全时人员数较低，仅为日本、俄罗斯的1/10，韩国的1/4；科技领军人才和战略型科学家也明显不足。

企业技术创新能力薄弱的问题更为突出。据统计，2003年全国大中型企业中进行研究开发活动的仅占30%，有技术开发机构的企业仅占25%。作为一个后发展国家，充分利用当今相对开放的国际环境，在引进国外先进技术的基础上进行必要的消化吸收和再创新，本来应当是我们赶超先进的一条捷径。但我国企业用于技术引进与消化吸收的投入之比是1∶0.078，日本和韩国的这一比例则为1∶5和1∶8。我们同日本和韩国技术能力差距的拉大，很大一部分原因就在这里。

第三，国际竞争压力日益严峻。

事实说明，全球化不是“免费的午餐”，缺乏核心竞争力是很难分享全球化成果的。在由发达国家主导的国际贸易规则下，后发展国家企业的生存与发展空间将面临越来越多的挤压。

随着我国制造业规模的不断扩大，特别是近百种工业制成品的产量位居全球第一，许多人开始把中国奉为“世界工厂”。但是，认真分析这个“世界工厂”的内涵，不少问题值得我们深思。比如，我国高技术产业增加值占制造业比重为8%，远低于发达国家的40%，我国高技术产品出口中有90%是“三资”企业实现的；我国几乎全部的光纤制造装备、集成电路制造装备的85%、石油化工制造装备的80%、数控机床的70%、医疗装备的95%依赖进口。此外，有些“两头在外、大进大出”的产业，不仅消耗了大量宝贵的不可再生资源，对我国极为脆弱的生态环境构成了巨大压力，而且在全球价值链中处于较低位置。为了改变这种状况，必须寻找新的突破口。

第二个问题：自主创新是国家重大战略抉择

半个多世纪以来，世界上众多国家都在各自不同的起点上，努力寻求实现工业化和现代化的道路。一些国家把科技创新作为基本战略，大幅度提高自主创新能力，形成日益强大的竞争优势。他们在创新方面的一些做法对我国有一定的借鉴意义。

我国要在本世纪头20年实现全面建设小康的宏伟目标，不仅意味着人均GDP要跃上3000美元左右的台阶，而且要实现经济社会的协调与可持续发展。特定的国情和需求，决定了我国必须走创新型国家的发展道路，推动经济增长方式从要素驱动型向创新驱动型的根本转变，依靠制度创新和科技创新实现经济社会持续协调发展。

中央领导对自主创新非常重视。胡锦涛总书记多次强调："提高自主创新能力是推进结构调整、转变增长方式的关键环节"；"在实践中走出一条具有中国特色科技创新的新路子"。温家宝总理也明确指出："自主创新是支撑一个国家崛起的筋骨"。中央领导同志关于自主创新的一系列重要讲话，是基于当今国际竞争态势以及我国经济发展客观要求的重大判断，为今后我国科技以及经济社会的发展指明了方向。鲜明地把自主创新作为科技工作的灵魂，意义十分重大。

这里，我想强调两点：

第一，正确理解自主创新的基本内涵。

我们所说的自主创新，主要包括三个方面的涵义：一是加强原始性创新，努力获得更多的科学发现和技术发明；二是加强集成创新，使各种相关技术有机融合，形成具有市场竞争力的产品和产业；三是在引进国外先进技术的基础上，积极促进消化吸收和再创新。

提出加强原始性创新，显示了我国作为发展中大国面向未来的坚强自信心。新中国成立 50 多年来，我国科学技术已经取得了一系列重大的成就，奠定了坚实的科技基础。当今世界科学技术发展日新月异，与国际先进水平相比，我们仍然有较大差距，在某些前沿领域的差距更加明显。近年来，我国科学技术发展业已奠定了萌发重大科学发现和技术发明的基础，对外开放和合作交流的空间也不断扩大。这一切，都决定了我们必须也可能在某些领域有所作为、后来居上。一个拥有 13 亿人口和 5000 年灿烂文明的民族没有任何理由妄自菲薄、自甘落后。我们有坚定的信心坚持自主创新，实现重点跨越，为中华民族的伟大复兴，为世界文明的进步做出应有的贡献。

提出加强集成创新，体现了我国作为发展中大国谋发展的战略眼光。当今科学技术发展的基本趋势告诉我们，集成创新是科学技术向前发展的重要形式，推进自主创新也一定要顺应这一潮流和趋势。我们应当注重选择具有较强技术关联性和产业带动性的重大战略产品，大力促进各种相关技术的有机融合，在此基础上实现关键技术的突破和集成创新。把集成创新纳入到自主创新的范畴里来，提高科技研发活动的效率，进一步加快科学技术向现实生产力的转化。

提出加强引进技术消化吸收和再创新，反映了我国作为发展中大国的宽广胸襟。改革开放以来，我国通过引进、消化和吸收国外先进技术，开展广泛的对外科学技术合作与交流，带动了国民经济的快速发展和科学技术的进步。今后，我们应该在加大更深层次的技术引进以及开辟更广泛的科技合作与交流基础上，完善引进技术的消化吸收和再创新机制。应该指出的是这里的争论不在于要不要引进先进技术，而在于是否花大力气消化吸收和再创新。加强引进技术消化吸收和再创新，既反映了我国在开放国际体系中的宽广视野，也反映了我国作为发展中大国向世界一切优秀文明成果学习的视野和胸襟。

第二，自主创新具有重大战略意义。

自新中国成立以来，我们党的三代领导集体始终强调要坚持自主创新，并为此做出了不懈的努力。把自主创新明确作为国家战略，既是长期积累的结果，也是形势的需要。

自主创新是破解结构不合理和增长方式粗放等国民经济重大瓶颈难题的必然战略选择。中国的发展必须体现国情和本国特色。科技发展也必须有自己的明确方针、发展路径、政策导向和机制体制。对我们这样一个发展中大国来说，面对十分复杂的国际形势和国内重大的科技需求，面对日益激烈的国际竞争环境，我们必须自主建立推进结构调整、促进增长方式转变的主要技术基础。将自主创新作为国家战略，就是要使结构调整和增长方式转变找到真正的切入点。因此，这不但是我国科技发展路径的重大战略选择，也是我国经济发展战略和政策的重大突破。

自主创新是破解关键技术受制于人难题的战略安排。多年来的实践已经表明，真正的核心技术是买不来的。事实告诉我们，在发展技术特别是战略高技术及其产业方面，必须强调国家意志。通过自主创新掌握关键技术，提升关键产业水平，应当成为新时期我国技术进步的基本立足点。

自主创新是破解提升国家竞争力难题的重大部署。当前，经济全球化，特别是生产要素的全球配置，促进了科学和技术在全球范围内的流动，为发展中国家加快技术进步提供了新的机会和可能。但是，技术创新能力是组织内产生的，需要通过有组织的学习和产品开发实践才能获得。我国的产业体系要消化吸收国外先进技术并使之转化为自主的知识资产，就必须建立自己的创新队伍和自主开发的平台，进行技术创新的实践，掌握核心技术。只有这样才能真正提高国家的竞争力。

第三个问题：把推动自主创新摆在全部科技工作的突出位置。

胡锦涛总书记多次强调，“要坚持把推动自主创新摆在全部科技工作的突出位置”。前不久，中央政治局会议讨论通过了国家中长期科学和技术发展规划纲要。在本世纪头20年，我们要通过不懈努力使我国自主创新能力显著增强，科技促进经济社会发展和保障国家安全的能力显著增强，为全面建设小康社会提供强有力的支撑；基础科学和前沿技术研究综合实力显著增强，取得一批在世界具有重大影响的科学技术成果，进入创新型国家行列，为在本世纪中叶成为世界科技强国奠定基础。我们要努力使我国的制造业和信息产业技术水平进入世界先进行列，提高装备制造业和信息产业的国际竞争力；农业科技整体实力进入世界前列，促进农业综合生产能力的提高，有效保障国家食物安全；能源开发、节能技术和清洁能源技术取得突破，促进能源结构优化；主要产品单位能耗指标达到或接近世界先进水平；在重点行业和典型城市建立循环经济的技术发展模式，为建设资源节约和环境友好型社会提供科技支持；重大疾病防治水平显著提高，艾滋病、肝炎等重大疾病得到遏制，新药创制和关键医疗器械研制取得突破，具备产业发展的技术能力；拥有一批具有世界水平的科学家和研究团队，在科学发展的主流方向上取得一批具有重大影响的创新成果，信息、生物、材料和空天等领域的前沿技术达到世界先进水平；形成比较完善的中国特色国家创新体系，建成若干世界一流的科研院所、研究型大学以及企业研究开发机构，全社会研究开发投入占国内生产总值的比重大大提高；力争科技进步贡献率达到60%以上，对外技术依存度降低到30%以下，本国人发明专利年度授权量和国际科学论文被引用数均进入世界前五位。

我们一要立足于国情和国家发展的紧迫需求，在国民经济和社会发展的重点领域，突破一批重大关键技术，提升科技支撑能力。二要瞄准国家战略目标，实施若干重大专项，带动国家战略产业的发展。三要应对未来挑战，超前部署前沿技术和基础研究，提高科技引领经济社会发展的能力。四要深化体制改革，加强科技人才培养，推进国家创新体系建设，为我国进入创新型国家行列提供可靠保障。

我们要把发展能源、水资源和环境保护技术放在优先位置，下决心解决制约经济社会可持续发展的重大瓶颈问题；抓住信息技术更新换代和新材料技术迅猛发展的难得机遇，掌握装备制造业和信息产业核心技术的自主知识产权；把生物技术作为未来高技术产业迎头赶上的重点，加强生物技术在农业、工业、人口与健康等领域的应用；加快发展空天和海洋技术，为获取和利用战略资源开辟新的途径；加强基础科学和前沿技术的研究，特别是交叉学科的研究，提高科技持续创新能力。

广大科技工作者要为实现以上目标任务而努力奋斗。在此我想强调三个问题：

第一，动员广大科技工作者投入自主创新的伟大洪流。

我们要真正把提高自主创新能力摆在全部科技工作的核心位置，贯穿到科技工作的各个方面，贯穿到经济社会发展的各个方面，在实践中加以落实。同时，我们还必须深刻认识到，自主创新远不只是单纯的科学发现和技术发明，更重要的是科学技术第一生产力的实现程度，也就是科技成果产业化的程度和先进技术成果、产品在全社会的应用程度。只有全党全社会，尤其是科技工作者广泛参与和支持，才能建设创新型国家。在这一方面，中国科协系统有着独特的优势，完全有能力、有责任发挥更大的作用。我们相信，一个百舸争流、群英荟萃、充满活力的科技局面一定会到来。

第二，进一步深化科技体制改革。

近年来，我国在科技体制改革方面取得了重要进展。今后一段时期，我们一是要把建立企业为主体、产学研有机结合的技术创新体系作为突破口，全面推进国家创新体系建设。技术创新活动是一个完整的链条。只有以企业为主体，才能坚持技术创新的市场导向，有效整合产学研力量，切实增强核心竞争力。要推动企业成为研究开发投入的主体、技术创新活动的主体和创新成果集成与应用的主体，推动企业成为资源节约的主体、资源高效利用的主体、新能源开发与应用的主体。二要大力加强基础研究，充分发挥基础研究在原始性创新、人才培养、发展先进文化方面的作用。三要改善科技活动的宏观协调管理，提高资金和资源的利用效益。四要建立寓军于民、军民结合的国防科研体系。五要大力培养创新人才、培育创新文化。

第三，抓紧研究制定激励创新的政策措施。

激励创新的政策是提高国家自主创新的重要保证。要加快制定一批完善、系统、相互衔接、互相配套的激励创新的政策。主要是切实加大对研究和开发投入的政策，激励企业技术创新的财税金融政策，支持企业对引进技术的消化吸收和再创新的政策，促进自主创新的政府采购政策，加强知识产权保护的政策，有利于创新人才培养和发挥作用的政策等。还要根据我国可持续发展的紧迫要求，制定支持循环经济发展的投资和财税政策，完善资源综合利用的税收优惠政策，生态恢复和环境保护的经济补偿机制等等。

同志们，科技创新对我国未来经济社会发展具有深远的意义，科技工作者任重道远。希望同志们投身科技创新的伟大洪流，锐意进取，立志创新；希望同志们大力宣传和致力于发展循环经济，建立节约型社会，促进可持续发展；希望同志们大力普及科学知识，推广先进实用技术，为人民造福。让我们更加坚定地推进科技进步和创新，把提高自主创新能力作为调整经济结构、转变增长方式、提高国家竞争力的中心环节，坚持可持续发展，实施科教兴国和人才强国战略，为建设创新型国家而努力奋斗！

最后，祝中国科协 2005 年学术年会圆满成功！谢谢大家！

在中国科协农村科普工作会议上的讲话

（2005 年 10 月 26 日）

陈 至 立

同志们：

在党的十六届五中全会刚刚闭幕之际，中国科协在这里隆重召开全国农村科普工作会议，以五中全会精神为指导，研究部署农村科普工作，十分重要和及时。在此，我代表国务院向会议的召开及受到表彰的农村科普工作先进集体和先进个人表示衷心的祝贺，向为我国科普事业，特别是农村科普事业做出突出贡献的同志们表示崇高的致意和亲切的问候！

在开幕式上，邓楠同志已经做了一个很全面的报告，总结回顾了农村科普工作的成绩和经验，提出了今后的工作任务，我完全赞同。今天，同志们又做了很好的工作交流。刚才，李源潮同志代表江苏省委省政府做了很好的讲话。下面，我想就落实十六届五中全会精神，进一步加强农村科普工作讲几点意见供大家参考。

一、全面提高我国农民的科学素质，推动社会主义新农村建设，构建社会主义和谐社会

党的十六届五中全会审议并通过了《中共中央关于制定国民经济和社会发展第十一个五年规划的建议》。《建议》从战略全局出发，明确提出今后五年我国经济社会发展和改革开放的主要任务。这些主要任务是：建设社会主义新农村，推进产业结构优化升级，促进区域协调发展，建设资源节约型、环境友好型社会，深化体制改革和提高对外开放水平，深入实施科教兴国战略和人才强国战略，推进社会主义和谐社会建设。这些主要任务描绘了我国在新世纪第二个五年经济社会发展的宏伟蓝图。

在上述主要任务中，建设社会主义新农村放在第一项重要任务，这是五中全会所提出的重大发展思路。全会指出：建设社会主义新农村是我国现代化进程中的重大历史任务。要按照生产发展、生活宽裕、乡风文明、村容整洁、管理民主的要求，扎实稳步地加以推进。这是我们党以科学发展观为指导，认真总结我国现代化建设的历史经验所做出的重大的决策和部署。我们的科普工作也要服务于建设社会主义新农村这一重大战略部署。

第一，农村科普工作要为推动农业科技进步和农业产业结构优化升级服务。

建设社会主义新农村必须大力推进现代农业建设。我国农业生产为我国现代化建设做出了巨大贡献，提供了坚实的基础。但是，我国农业也存在着农业结构不合理、农业产业化发展水平以及农产品附加值低、人均耕地和水资源偏少、农林生态恶化、食物安全、生态安全等突出的问题。从整体上看，我国农业仍然处在粗放型增长方式时期，生产效率还不高，例如，我国单位面积农田化肥的投入量是美国的 2.6 倍，但是单产却低于美国。我国奶牛目前全年平均产奶 1600 多公斤，而世界的平均水平在 2000 公斤以上，欧美发达国家更是在 6000 公斤以上。因此，努力推动现代农业建设是我国农业生产的根本出路。

五中全会明确要求，要更加坚定地把科技进步和创新作为经济社会发展的首要推动力量，把提高自主创新能力作为调整经济结构、转变增长方式、提高国家竞争力的中心环节，把建设创新型国家作为面

向未来的重大部署。即将发布的《国家中长期科学和技术发展规划纲要》也提出了“自主创新、重点跨越、支撑发展、引领未来”的指导方针。农业科技是国家科技事业的重要组成部分，提高农业自主创新能力，推动农业科技进步，为建设现代农业贡献力量，是农业科技工作的重大任务，也是农村科普工作的重大任务。这项任务也对农村科普工作提出了新的、更高的要求。

实现农业科技进步涉及到农业科技研发成果的转化、技术推广等诸方面的环节，但归根结底是要提高农民科学文化素质，提高各级农村干部的科学管理理念和能力，所以在这方面要靠科普工作来完成这些任务，农村科普工作任重而道远。

农村科普工作要努力为农业科技进步和农村产业结构优化升级服务。要加大先进实用技术推广的力度，将推广实用技术与提高科学素质结合起来，广泛开展针对性强、务实有效、通俗易懂的农村科技培训，建立内容丰富、形式多样、适应需求的农村科学教育宣传和培训体系，大力发展农业技术的推广中介组织和农村基层科普组织，鼓励和引导农民发展各类专业合作组织，提高农业的组织化程度，为科技成果进入农业生产过程提供有效的体制切入点，形成多元化的农业科技推广服务体系。

第二，农村科普工作要为农民安居乐业和提高生活水平服务。

胡锦涛同志在今年2月份省部级主要领导干部提高构建社会主义和谐社会专题研讨班上的讲话中指出：“在我们这样一个农民占多数人口的国家里，农民是否安居乐业对于社会的和谐具有举足轻重的作用。农民的日子过好了，素质提高了，广大农村形成安定、祥和的局面了，和谐社会建设的基础就会更加牢固。”所以千方百计增加农民收入、提高农民生活水平是建设社会主义新农村的重要内容，也是农村科普工作的重要任务。

联合国和世界银行公布的人类发展报告和社会发展指标显示，改革开放以来，中国人均GDP增长了5倍，绝对贫困人口减少了数亿。“十五”前4年，中国每年减少贫困人口150万人。但从总体上看，扶贫开发仍然面临着解决温饱和巩固温饱的双重压力。到2004年末，我国农村绝对贫困人口还有2610万人，低收入人口为4977万人。贫困问题不解决，农村就不可能实现和谐。国家统计局的数字还表明，我国城乡居民收入的差距是3.2倍，是改革开放以来，城乡居民收入差距最大的时期。另外，全国有一半的行政村没有通自来水，60%以上的农户没有用上卫生厕所，还有7000万户农民的住房需要改善。另外，有1.5亿农户需要解决燃料问题等等。这些问题如果不尽快解决，将极大地影响全面建设小康社会的历史进程。

五中全会强调指出，必须促进城乡区域协调发展，实行工业反哺农业、城市支持农村。实践表明农村科普工作在这方面大有作为。各级科协依托以县科协为枢纽、乡镇科协包括科普协会、村科普小组和农村专业技术协会等农村科普组织体系，在广大农村开展了大量卓有成效的活动。通过创建科普示范县（市、区）、乡（镇）、科普示范村和科普示范户，建设农村科普示范基地，广泛开展技术推广、技术培训等方式，使大批农民掌握了一至两门适用生产技术，提高了农民劳动技能和创业能力，提高了依靠科技脱贫致富、发展生产和改善生活质量的能力。

我们也知道，在知识经济时代，最大的贫困是知识的贫乏。中国科协2003年开展的中国公众科学素养调查显示，农村居民具备科学素养的比例仅为0.7%，城市居民具备科学素养的比例是4.1%，农村居民具备科学素养的比例是城市居民的六分之一。因此，我们在大力开展农村教育的同时，要广泛开展农村科普工作。目前，科协系统建立并完善了遍布全国的农村函授网络，与组织部门共同开展了培训农村党员基层干部的工作，产生了很好的效果，有许多农民和干部还达到了农民技术员、农民技师和农民经济师以上的水平。我们要继续加大这方面的工作力度，使广大农民能够获得更多接受教育的机会和参与学习的机会，提高自身的科学文化素质。要通过加强农村科普工作，大力激发广大农民参与科学素质建设的积极性，增强科技意识，增强广大农民建设社会主义新农村的本领。科普工作还要向落后地区的弱势群体倾斜，针对不同地区、不同群体的农民和农村未成年人在生产生活中的实际需求和他们的特点开展科普工作，尤其要关注和加强农村妇女、西部欠发达地区、民族地区、贫困地区、革命老区农民等弱势群体的科普工作，使得科学技术的恩惠能够普惠到他们身上。

第三，农村科普要为丰富农民精神生活、形成科学文明健康的社会氛围服务。

建设社会主义新农村是一个复杂的社会系统工程，既包括物质文明建设，也包括政治文明建设和精神文明建设，应该是经济建设、政治建设、文化建设、社会建设并重。科学发展是“十一五”建设的灵魂，建设社会主义新农村也必须注重大力培养广大农民和农村各级干部的科学发展理念。通过开展保护生态环境、节约水资源、保护耕地的宣传教育，培养农民的节约意识和可持续发展意识，促进建设资源节约型、环境友好型的农业经济模式。

随着农村经济社会的发展，农民群众的物质生活水平在不断提高。但是，富裕程度不等于文明程度。一些富裕起来的农民花钱修庙建坟，求神拜佛，赌博挥霍，就充分说明了这一点。我们必须通过加强农村科普工作，提高农民科学文化素质，推进农村精神文明和政治文明建设。要通过开展科学精神、健康卫生、移风易俗等内容的科普宣传教育，反对愚昧迷信和陈规陋习，整治村庄环境，形成科学文明健康的生活方式。要通过开展与公共决策、管理相关的科学技术知识的普及宣传教育，提高农民参与农村公共事务的意识和能力，推进农村的民主管理。总之，要通过科普工作促进广大农村形成爱科学、学科学、用科学的良好社会风尚，为把农村建设成为经济繁荣、生态良好、环境优美、文明进步的社会主义新农村做贡献。

二、全面落实科学发展观，努力开创农村科普工作新局面

科协的农村科普工作多年来积累了丰富的经验，取得了显著的成绩。现在，同志们又有许多好的创新、好的创造，为了全面落实党的十六届五中全会精神，进一步做好新时期的农村科普工作，我还想强调以下几点。

第一，要把宣传落实科学发展观作为农村科普工作的重点。

科学发展观是指导发展的世界观和方法论的集中表现，是我们党对社会主义现代化建设指导思想的重大发展。要把宣传科学发展观作为农村科普的重点内容，促进科学发展观在农村的树立和落实，使之家喻户晓、深入人心。要面向广大农民特别是农业生产第一线的农民和农村青少年，重点开展保护生态环境、节约水资源、保护耕地，倡导健康卫生、移风易俗和反对愚昧迷信、陈规陋习等内容的宣传教育，努力提高农民在发展生产的同时保护环境的能力。要针对农村的自然灾害、事故灾难、公共卫生和社会安全等突发事件，开展应急科普知识的宣传和普及，提高农村预防和应对突发事件的能力，保障农民生命财产安全。要发挥农村科普工作贴近农民日常生产和生活，具有受众广泛、形式灵活多样、实用性强等优势和特点，开展多种形式的科普宣传活动。

第二，对农村科普工作要进行全面规划，理清发展思路，确立发展目标，明确发展任务，制定有力的措施。

在即将颁布实施的《国家中长期科学和技术发展规划纲要》中专门设立了提高国民科学文化素质、营造有利于科技创新的社会环境的内容，特别提出要加强农村科普工作。由中国科协牵头制定的《全民科学素质行动计划纲要》也正在审议过程中，争取今年能够颁布实施。这个纲要也专门列出了有关“农民科学素质行动”的内容。上述两个纲要的颁布实施，将从更高的角度和更广阔的视野，为农村科普工作开辟广阔的空间，创造更加有利的条件。我们要在科学发展观的指导下，做好农村的科普规划，落实这两个纲要的要求，努力开创农村科普工作的新局面。

第三，充分发挥科协组织网络优势，形成合力，建立农村科普工作的长效机制。

农村科普线长面广、任务艰巨，应该说没有哪一个部门和系统可以包打天下，但是每一个部门和系统都可以大有作为。要坚持社会化的工作方式，提倡大联合、大协作，有关部门、团体要发挥各自特长，形成合力优势。各级科协特别是县级科协作为农村科普的主要社会力量，要充分发挥组织网络健全的优势，紧紧依托3万多个乡镇科协（科普协会）、47万多个村科普小组、11万多个农村专业技术协会和近90万农村科普从业人员，以及各级农函大，做好农村科普工作。要转变观念，创新工作模式，主动加强与其他部门的配合与协调，搭建社会化的农村科普服务平台，支持有关社会组织和企业事业单位开展科普活动，协助政府制定科普工作政策。要善于借助有关的渠道开展工作，如借助中小学现代远程教育工程、广播电视村村通等信息化的平台，借船出海、借路出行来普及科学技术。还要善于设计群众喜闻乐见的具有针对性和实效性的科普活动，并动员和调动争取各方面的支持共同推动这些活动。各级科技、农业、教育、社会保障、新闻出版、广播影视等政府部门和共青团、妇联等人民团体，要结合本部门的工作职责和内容，将农村科普工作纳入本部门的工作规划和计划。各级科技行政部门，要制定好农村科普工作的政策，创造良好的政策环境，为各方面开展农村科普切实提供支持。县（市）科技行政管理部门的很多工作与县科协有共同之处，要加强合作、互相支持，特别是科技行政管理部门对县科协的工作要给予积极支持。

第四，充分发挥科协桥梁纽带作用，搭建科技服务平台，加强队伍建设，提高服务能力。

各级科协及所属学会要自觉担负起传播和普及科学技术的重任，积极主动地参与农村科普工作。要进一步调动广大科技、教育、科普、传媒工作者和农村乡土人才、高校学生的积极性，建设一支规模宏大、专兼结合的农村科普队伍。要加强对农村科普人员的培训，提高他们的素质。动员和鼓励各类科研院所、学校、企业等根据自身的职责和特点，积极参与农村科普工作。要通过提高科普服务能力，推动农村科普事业的发展，为农民提供更多的科普公共服务和公共产品。切实加强基层科普设施、资源和队伍等科普服务能力建设。积极探索农村科普资源开发与共享的有效机制。中国科协在《关于进一步加强农村科普工作的意见》中提出加强乡村科普活动站、科普宣传栏、科普员，即“一站、一栏、一员”建设，是提高农村基层科普服务能力有针对性的措施，要认真加以落实，国务院在这方面将给予积极的支持。

第五，各级政府要加大对农村科普工作的投入，努力营造有利于农村科普工作的良好环境。

农村科普是一项公益性事业，也是农村社会事业的重要内容。各级政府要把农村科普工作作为解决“三农”问题、全面建设小康社会的重要基础工作，高度重视，加强领导，大力支持。要根据《科普法》的要求，把科普工作纳入本地区国民经济和社会发展的“十一五”规划，列入重要的议事日程，列为党政部门目标管理与干部业绩考核的重要内容。各级党政领导要经常了解农村科普工作的情况，及时解决存在的问题，加强宏观管理和组织协调工作。要将科普经费列入同级财政预算，并逐步提高科普投入水平。积极制定有利于农村科普工作的政策措施并抓好落实，为社会各方面开展农村科普工作创造良好的环境和条件。

同志们，当前，我国的科普工作正面临着前所未有的良好发展环境。国家“十一五”规划的实施，以及将要颁布实施的《国家中长期科学和技术发展规划纲要》和《全民科学素质行动计划纲要》，必将进一步推动科普工作的大发展，促进全民族科学文化素质的提高。让我们紧密地团结在以胡锦涛同志为总书记的党中央周围，高举邓小平理论和“三个代表”重要思想伟大旗帜，坚持以经济建设为中心，立足科学发展，着力自主创新，完善体制机制，促进社会和谐，抓住机遇、开拓创新、振奋精神、团结奋斗，共同开创我国农村科普工作的新局面！

谢谢大家！

在中国科协第六届全委会第五次会议闭幕式上的讲话

（2005 年 1 月 26 日）

周 光 召

各位委员、同志们：

中国科协六届五次全委会议在各位委员和与会同志的共同努力下，圆满完成了两天的预定议程，就要闭幕了。这次全委会议开得很成功，达到了预期目的，交流了经验，明确了今年工作目标、思路和重点任务。

在开幕式上，传达了中央书记处在听取中国科协党组汇报时的重要指示，王兆国同志又做了重要讲话。中央领导同志对中国科协 2004 年的工作给予了充分肯定，同意科协今年的工作部署，并表示大力支持科协工作，同时，要求科协要进一步认真落实科学发展观，为推进全面建设小康社会多做贡献；要发挥党和政府联系科学技术工作者的桥梁和纽带职责，为落实科教兴国战略和人才强国战略发挥作用；要充分发挥科协作为科普主要社会力量的作用，努力为提高全民科学文化素质服务；要全面加强科协组织能力建设，为构建社会主义和谐社会贡献力量。这些指示精神，对做好今年以至今后一个时期科协工作，具有十分重要的指导意义，需要我们认真学习领会，并在实际工作中贯彻落实。

会议听取并审议通过了徐善衍同志代表常委会所做的工作报告。与会委员认为，工作报告坚持实事求是的精神，客观和全面地总结了去年各级科协及所属团体取得的主要成绩，比较准确地指出了主要存在问题；紧紧围绕党和国家工作大局，对 2005 年的工作进行了全面部署，方向明确，思路清晰，重点突出。

在分组审议中，与会委员对科协工作提出了十分重要和中肯的意见。今天上午，有 11 位全国性学会、地方科协的领导同志做了大会发言，他们介绍了在工作所取得的成绩和经验体会。刚才，我们还对全国优秀科技工作者、在西部开发中有突出贡献的科技工作者，以及其他奖项进行了表彰。邓楠书记刚才对今年工作重点做了说明。所有这些，都对我们进一步做好科协工作有重要启发、借鉴和指导作用。

根据工作需要，中央调张玉台同志到国务院发展中心任职，邓楠同志调任科协党组书记。在六届十二次常委会议上，委员们一致同意邓楠同志为中国科协第六届全国委员会常委会书记处第一书记，本次全委会议增补邓楠同志为全国委员会委员，选举邓楠同志为第六届全国委员会常委和副主席，同时增补和更换了部分全委委员，进一步完善科协的领导机构。玉台同志在科协工作了十年，为科协事业发展做出了重要贡献，获得了中央、科技工作者和科协广大干部的高度赞扬，借此机会，我代表全委会向玉台同志表示衷心感谢。邓楠同志长期在科技领导岗位上工作，有丰富的领导经验和业绩，对科技工作和科技工作者都很熟悉，我也借此机会，代表全委会热忱欢迎邓楠同志加入科协队伍，和大家一起为科协事业进一步发展做出新的贡献。

今年是全面完成十五计划的最后一年，也是贯彻落实十六届三中、四中全会精神，继续推进经济社会和人的全面协调可持续发展的重要一年。关于今年科协的工作，徐善衍同志的工作报告和邓楠书记讲话中已经做了全面部署，我想补充讲两个问题。

一、紧密围绕党和国家工作大局，进一步明确科协工作思路

中央书记处的指示中指出："科协 2005 年工作指导思想明确，措施有力，符合中央精神和科协工作实际，特别是提出'三个服务'，即努力为广大科技工作者服务，为经济社会全面协调可持续发展服务，为提高公众科学文化素质服务，概括得很好，重点突出，进一步明确了科协工作在党和国家全局中的定位，体现了新形势、新任务对科协的要求，希望科协进一步增强三个服务的能力和水平，开创工作的新局面。"

"三个服务"是根据坚持科学发展观、加强党的执政能力的要求，根据形势发展的需要，紧密结合科协性质和工作实际提出来的，在常委会工作报告和全委会关于工作报告的决议中，对此都做了充分表述。各级科协组织和所属团体，要将努力为广大科技工作者服务，为经济社会全面协调可持续发展服务，为提高公众科学文化素质服务作为科协工作的出发点和立足点，确立科协在国家建设大局中的位置。要统一认识，明确方向，在理论上进一步探讨，在实践中深入探索，采取有效措施，切实增强服务能力，为构建社会主义和谐社会，推动社会主义物质文明、政治文明和精神文明建设做出新的贡献。

2005 年，科协任务十分繁重。有两个关系全局的工作尤其要引起我们的高度重视。

第一，要牢固树立科学发展观，用科学发展观统揽科协各项工作。科学发展观与科协的性质、任务有着本质的联系，这就决定了科协在贯彻落实科学发展观方面可以大有作为。科学发展观的本质和核心是以人为本。科协最根本的任务，主要是做人的工作，面对的主要是两部分人，一是科技人员，二是社会公众。因此，我们要以科学发展观为指导，为促进青年科技人才的成长和全民科学素质的提高做出贡献。要进一步提高学术交流水平和质量，增强对科技工作者的凝聚力。努力营造宽松学术氛围，活跃学术思想，推动原始性创新。尤其要发挥长期面向社会开展科普工作的丰富经验，大力宣讲科学发展观，提倡科学态度，弘扬科学精神，要努力提高以各级领导干部、青少年和农民为重点的公众科学文化素质。

科学发展观要求经济社会和自然环境和谐发展，同时也要求各级政府必须按照客观规律来谋划发展，推动发展。十六届四中全会明确提出要改革和完善决策机制，推进决策的科学化、民主化。各级科协组织，要广泛组织专家学者，围绕全局性、战略性、长期性的发展问题，建言献策，努力成为决策咨询和信息支持体系的重要组成部分，为推动科学执政、民主执政、依法执政做贡献。

第二，全面贯彻落实人才强国战略。目前，人才资源已成为最重要的战略资源，人才问题成为关系党和国家事业发展的关键问题。中外历史表明：得人才则兴，失人才则衰。尤其在当今世界，科学技术蓬勃发展，科技人才是先进生产力的集中体现，是社会进步的主导力量，也是国际经济竞争的焦点。因此，实施人才强国战略，是全面建设小康社会、开创中国特色社会主义事业新局面的必然要求。

人才培养涉及社会各个方面，需要依靠多方力量共同推动。在我国关于科技人才建设的整体布局中，科技工作者的社会组织是不可或缺的重要方面。科协作为科技工作者的群众组织，党和政府联系科技工作者的桥梁和纽带，在实施人才强国战略中可以发挥不可替代的重要作用。我们必须从全局和战略的高度，充分认识实施人才强国战略的重要性和紧迫性，进一步明确科协在实施人才强国战略中的位置和任务，把贯彻落实人才强国战略作为一项重大任务抓紧抓好。

科协各个工作领域，都与人才工作密切相关。正如中央书记处在听取科协党组汇报后指出的，要通过搭建国内外学术交流平台发现人才，宣传表彰活动激励人才，组织继续教育和专门培训造就人才，联系海外华人科技团体吸引人才，开展青少年科技教育活动培养人才，建设"科技工作者之家"凝聚人才。要通过提倡奉献精神和团队精神，通过切实为经济和社会服务，通过开展学术交流、学科交叉、学术评

价、学术批评和国际合作提升科技工作者素质，努力构建促进科技人才成长的服务体系。

今年是国际物理年，纪念爱因斯坦发现相对论100周年。我们纪念爱因斯坦这位伟人，不仅要了解他在科学上所做出的重要贡献，更要学习他在任何困难条件下都一心为科学而献身的精神，学习他为实现社会公正而无私无畏的奋斗精神。我们还应当通过爱因斯坦成长的道路，分析产生这样杰出人物的条件，努力为中国青年创造良好的学习和成长的环境，使优秀人才能够脱颖而出，为我国培养创新型人才提供借鉴。

爱因斯坦在自述中说，“要追究一个人自己或是一切生物生存的意义或目的，从客观的观点看来，我总觉得是愚蠢可笑的。可是每个人都有一定的理想，这种理想决定着他的努力和判断的方向。就在这个意义上，我从来不把安逸和享乐看作是生活目的本身——这种伦理基础，我叫它猪栏的理想。照亮我的道路，并且不断地给我新的勇气去愉快地正视生活的理想，是善、美和真。人们所努力追求的庸俗的目标——财产、虚荣、奢侈的生活——我总觉得都是可鄙的。”他在批评德国的教育方式时说：“想象力比知识更重要，因为知识是有限的，而想象力概括着世界上的一切，推动着进步，并且是知识进化的源泉。严格地说，想象力是科学研究中的实在因素。”他又说：“有时，人们把学校简单地看作是一种工具，靠它来把大量的知识传授给成长中的一代。但这种看法是不正确的。知识是死的，而学校却要为活人服务。它应当发展青年人中那些有益于公共福利的品质和才能。但这并不是意味着个性应当消灭，而个人只变成像一只蜜蜂或蚂蚁那样仅仅是社会的一种工具。因为一个由没有个人独创性和个人志愿的规格统一的个人所组成的社会，将是一个没有发展可能的不幸的社会。相反的，学校的目标应当是培养有独立行动和独立思考的个人，不过他们要把为社会服务看作是自己人生的最高目的。”爱因斯坦发现相对论，固然与他的天赋有关，但与他在困难条件下勤奋不懈的努力更有关。他还是一名高中生时，就产生了第一个与相对论时空有关的思考。他回忆中说“我没有什么特别的才能，不过喜欢寻根刨底地追究问题罢了”，“空间时间是什么，别人在很小的时候就已经搞清楚了；我智力发育迟，长大了还没有搞清楚，于是一直在揣摩这个问题，结果也就比别人钻研得深一些。”在他大学毕业后，一段时间找不到工作，生活十分艰苦，发现相对论时只是专利局的一名职员。我们在纪念爱因斯坦之际，不仅关注他的科学成就，还应关注他的精神世界，关注他所处时代的社会背景，这对我们有重要借鉴意义。

科协要做好人才工作，首先要切实贯彻这次全委会提出的“三个服务”中的“努力为广大科技工作者服务”的精神。这里我觉得有必要重申1997年中国科协五届三次全委会议上工作报告中的一段话：“科技工作者是科协得以存在和发展的基础，紧密联系、充分依靠广大科技工作者是科协的力量源泉和最大优势，全心全意为科技工作者服务是科协工作的生命线。只有科技工作者真正把科协看成是自己的家，心中有了科协的位置，科协在社会上才有牢固的地位，这是科协最重要的定位。各级科协要从党的群众路线的高度，把‘建家’作为长期的基础性工作，把依靠科技工作者作为根本的工作路线和工作方法，把科技工作者满意不满意作为衡量工作成效的根本尺度。”

二、最大程度地调动科技工作者积极性，推动建设社会主义和谐社会

《中共中央关于加强党的执政能力建设的决定》指出：“形成全体人民各尽其能、各得其所而又和谐相处的社会，是巩固党执政的社会基础、实现党执政的历史任务的必然要求。要适应我国社会的深刻变化，把和谐社会建设摆在重要位置。”曾庆红同志在《加强党的执政能力建设的纲领性文献》中指出，社会主义和谐社会概念的提出，“使我国社会主义现代化建设的总体布局，由发展社会主义市场经济、社会主义民主政治和社会主义先进文化这样的三位一体，扩展为包括社会主义和谐社会在内的四位一体。”建设社会主义和谐社会，是全面建设小康社会的重大战略部署。为此，中央书记处对今年科协工作提出了

“全面加强科协组织能力建设，为构建社会主义和谐社会贡献力量”的要求。构建社会主义和谐社会是四中全会提出的重要的新概念，如何在科协工作中加以体现，是科协工作面临的新问题，需要全体委员和广大科协系统的工作者进一步认真思考和实践，逐步拓展科协工作的新的空间和领域。

科协要为建设和谐社会贡献力量，应该从以下几个方面入手。

第一，四中全会把“全面贯彻尊重劳动、尊重知识、尊重人才、尊重创造的方针，不断增强全社会的创造活力”，作为建立和谐社会的首要内容。和谐社会的概念，涉及社会成员的政治、经济生活，也包括人们的精神生活。社会公平、公正、民主和平等是社会和谐最深刻的基础。没有社会公平，公正、民主和平等，就没有真正的社会和谐。当前，随着社会主义市场经济的初步建立，社会利益分配不断分化，不同利益群体开始形成，贫富差距和地区差距加大，恶性事故时有发生，腐败活动屡禁不止，官僚作风仍然盛行。在社会经济高速发展和转型的过程中，群众心理容易失衡，有些社会矛盾可能迅速激化，保持社会和谐稳定关系振兴中华的大局。

解决社会公平、公正、民主和平等问题，一要靠努力发展经济和合理分配，提高全体社会成员的生活水平，为实现社会和谐提供物质基础。在这个方面，科协应当广泛动员科技工作者，发挥第一生产力实践者的作用，为经济社会发展积极贡献力量。

二要靠加强法制和道德建设，发扬民主作风，形成良好的社会氛围，建立良好的社会秩序，这是形成和谐社会的重要内容。四中全会的决定中，要求“在全社会大力提倡团结互助、扶贫济困的良好风尚，形成平等友爱、融洽和谐的人际环境”。作为社会先进文化和道德的中坚力量，科技工作者应当主持公道和正义，成为社会稳定的支柱。要反对贪污腐化、铺张浪费，一切向钱看，要努力为农民和落后地区提高科技文化水平尽力。

三要靠在社会形成正确的价值观和科学的世界观。科协要始终高举科学旗帜，要促使公众逐步形成用科学方法认识世界，用科学态度处理事务，用科学知识指导行动，用科学精神统率一切。这就对科协的科普工作提出了新的要求，要从发展是硬道理和建立和谐社会的高度，进一步提升科普工作的层次，丰富科普工作的内涵，发展科普工作的方式方法。

第二，切实履行桥梁纽带职责，努力调动一切积极因素。当前，我国科技工作者的队伍结构日趋多样化，价值取向、就业方式、流动趋势也发生了很大的变化。我们要适应这种变化，加强与各类科技工作者的联系，努力为他们服务。不分老、中、青，不分所有制，不分学历高低，不分海归土长，凡是为我国经济、社会和科技自身发展而努力奋斗的科技工作者都是科协服务的对象。要做到哪里有科技工作者，科协的工作就做到哪里；哪里科技工作者比较密集，科协的组织就建到哪里。越是艰苦的地区和领域，越要关心那里的科技人员。要通过科协系统多层次、多形式的工作，最广泛最充分地调动科技人员的积极性和主动性，把这种积极性调动到国家和社会最需要的任务中去。

当前我们要在继续加强原有工作领域的同时，针对若干薄弱环节做好工作。

一要进一步探讨多种联系形式和渠道，使非公有制企业的科技人员也能切身感受到科协的温暖，享受到党的知识分子政策和科技政策带来的好处，从而进一步激发投身现代化建设的创造性、主动性和积极性。

二要认真做好新留学归国人员的工作。由于近两年留学回国人员较为集中，他们当中也同样面临着就业、工作环境、子女入学、住房等实际困难和问题。科协要积极反映他们的呼声和要求，配合有关部门和省市科协做好新留学回国人员的工作。

三要始终关心离退休科技人员。目前，我国已开始进入老龄化社会，60 岁以上的老年人已超过 10%。离退休科技人员的数量日益增多，这些人中相当一部分身体很好，有很丰富的知识和工作经验，爱国心、事业心和责任感也很强，是国家的宝贵财富。除了各级老科协要进一步组织离退休科技人员，根据他们的特点、特长发挥他们的作用，各级科协也要关心离退休科技人员，帮助他们解决实际困难，真正使离退休科技人员不仅老有所养，而且老有所学、老有所为。

第三，构架面向科技工作者的服务体系，切实维护科技工作者合法权益。科协要进一步密切党同科技工作者的联系，在党和科技工作者中建立畅通、稳定的双向沟通渠道，促进党同群众、党同知识分子的关系，准确把握、及时反映广大科技工作者的意见和呼声，为党和国家制定知识分子政策、科技政策提供参考。要加强面向科技工作者的调查研究，深入科技工作者中去，倾听他们的呼声，了解他们的实际困难，为科技工作者办实事，办好事。

要根据四中全会提出的“提供服务、反映诉求、规范行为”的要求，进一步发挥在各级人大、政协中的科技界代表和科协界委员的作用，以建议或提案等方式代表科技工作者发表意见。组织广大科技工作者依法参与科技工作和社会事务管理。要针对科技工作者迫切需要解决的问题，根据科技工作者在政治、工作和生活等各个层面的需要，构建面向科技工作者的服务体系，为科技工作者提供维护权益、人才流动、择业创业、社会参与、社会保障和开展咨询等服务。

要在科技界大力提倡弘扬创新文化，加强科技道德建设，使科技人员自觉克服浮躁情绪、急功近利和个人主义，坚决抵制抄袭剽窃、伪造成果等学术不端行为，推动建立公平、公开、公正的科研评价体系和竞争机制，提倡学科交叉、学术交流、学术批评和协作双赢，创造和谐的科研环境。

第四，加强对所属团体的管理，推进社会管理体制创新。四中全会提出要加强社会建设和管理，推进社会管理体制创新，形成社会管理和社会服务的合力。各级科协要加强对所属学会改革的指导，努力为学会创造良好的环境和条件。要在实践和理论方面进行深入探索，建立健全适合社会主义市场经济体制和团体自身发展规律的体制和机制。要强化学会分类管理，加强学会能力建设，不断提高学术权威性和社会公信力。

一个成熟的现代社会，是政府、企业和社会组织这三种力量各任其责、各得其所的社会。社团是现代社会中实现公民参与的重要组织载体。目前，公民参与已成为国际社会发展的主流趋势和普遍现象。社团组织已经在政府和企业作用的空间内外发挥着不可替代的协调、辅助和补充的作用。

历史上，我国长期以来属于强政府、弱社会，是个缺乏公民参与传统的国家，20 世纪 90 年代中期以来，我国社会开始进行深层次的组织结构调整：“政企分开和政社分开”这一趋势表明政府行为正在进一步规范，政府职能将从直接管理为主转为宏观调控为主，政府鼓励公民广泛参与社会事务，培育和扶持社会组织承担各种社会职能。温家宝总理在第十届全国人民代表大会第二次会议上政府工作报告中指出，要“进一步把不该由政府管的事交给企业、社会组织和中介机构”。

因此，各级科协要创造条件，主动积极承担从政府转移出来的部分职能。学会要做好准备，建立参与承接社会职能的能力信誉和自律机制。只有准备好了，获得有关部门的认可和社会的承认，才有可能实现承接如科技规划（计划）的咨询论证、科技项目评估、优秀工程评审、专业技术职称评定、职业技能鉴定、执业资格认证、技术标准（规范）制定、技术鉴定或技术事故鉴定、科技成果评定、培训和继续教育等职能。有些学会已经作出初步尝试，效果较好，得到了有关行政部门和地方政府的重视。

科协及所属学会，要不断加强自身能力建设，塑造诚信形象，严格自律，提高公众信任度，并加强和主管部门协商，争取他们的支持，为进一步承接政府职能创造内部和外部条件。

同志们，还有十几天中国人民的传统节日春节就要到了，在这里，我向大家拜个早年，祝大家春节愉快、身体健康、阖家幸福，在新的一年里取得新的成绩。

在中国科协2005年学术年会上的开幕词

（2005年8月20日）

周光召

各位来宾，同志们，朋友们：

2005年学术年会，今天在祖国西北边陲的新疆乌鲁木齐市隆重开幕了。首先，我代表中国科学技术协会，向来自全国各地的各位专家学者、来宾和国际友人表示热烈的欢迎！向对这次年会给予大力支持的新疆维吾尔自治区委、区政府，乌鲁木齐市委、市政府，以及新疆维吾尔自治区和乌鲁木齐市的各有关部门表示衷心的感谢！

本届年会的主题是“科学发展观与资源可持续利用”。科学发展观是我们党总结国内外的经验教训，从历史和现实的高度对发展观的深刻认识和高度概括，是全面建设小康社会，加快推进社会主义现代化建设的根本指针，具有极其重要的现实意义和深远意义。

我国目前正面临难得的历史机遇来实现四个现代化，用几代人的努力达到世界中等发达国家水平，完成振兴中华，自立于世界民族之林的理想。这是十分艰巨的任务，从人口庞大、资源短缺和环境不良带来的硬性制约；从自主知识产权缺少、产业结构不合理、产品同质化、劳动力素质不高、管理机制和经验差带来的竞争力不强；三农问题、就业问题、地区差距和贫富差距扩大等都在我们面前形成了巨大的挑战。

坚持以人为本，全面、协调、可持续的发展观，是尊重自然、社会和人类自身发展规律，应对挑战，实现我国现代化的正确选择。多年来，我国经济社会发展在取得巨大成就的同时，资源消耗高、浪费大、生态退化，环境污染的问题没有得到根本解决。目前，我国单位国内生产总值的能源、原材料和水资源消耗仍大大高于先进国家的平均水平，在生产、建设、流通、管理和消费领域的浪费现象则相当严重。

我国经济已进入新的快速增长阶段，而粗放式的增长方式使得我国资源、环境与经济增长的矛盾进一步凸显，压力日益增大。据统计，在世界144个国家的排序中，我国的主要资源的人均占有量都很靠后，土地、耕地、森林等均排在100位以后，淡水资源量排在55位以后。矿产资源中的石油、天然气、铜和铝等重要矿产资源的人均储量，仅分别相当于世界人均水平的8.3%、4.1%、25.5%和9.7%。同时，我国环境问题也十分突出，温室气体排放已是世界第二位，全国酸雨面积扩大，频率增加，水土流失面积356万平方公里，占国土面积37.1%，沙化土地面积约100万平方公里，而且还在继续增长。森林覆盖率经过多年努力才达到18.21%（世界平均29.6%），草地退化面积达2/3。全球1121种濒危物种中，中国有190种（IUCN）。

按照科学发展观的指导思想，中央提出了促进经济社会可持续发展，建设资源节约型和环境友好型社会等一系列任务措施。在发展模式上，中国不可能像美国那样，美国以占世界不到5%的人口，消耗世界25%的能源。而中国人均要达到这个水准，意味着要把全世界的能源都拿来，这显然是不可能的。从现在开始就要保护环境，适度消费，发展清洁生产和循环经济，坚持资源开发与节约并重，把节约放在首位的方针，这是十分必要的，是我们唯一的选择。

最近中央强调将提高自主创新能力作为国家战略目标，要求政府各部门采取一系列有力措施和政策，创造良好的创新环境和保障条件。至此，我国科学技术大发展的外部条件已经基本具备，大发展的时机已经到来。为此，我们要处理好学科和任务、基础研究和应用开发、有所为和有所不为、集中和分散、重点和全面、单科深入和交叉融合、个人和团队、老中青、产学研、科学研究和成果转化及知识普及等的关系。这些关系都是互相依存而又互为矛盾的统一体，其中的一方在某些条件下将成为矛盾的主要方面，起着关键的作用。无疑，在一段时间内，矛盾的主要方面通常是工作的重点，没有重点就没有政策，就不能有所为有所不为。在确定重点的同时照顾全面能推动非重点的一方发展，达到双赢，但重点过度膨胀则会造成对方衰退，反过来又会阻碍重点自身的发展，甚至更大的衰退，造成矛盾主要方面的相互转化。一度过分强调应用开发而忽视基础，因不掌握基本规律而没有创新的应用成果，反过来又强调基础而忽视应用，只强调发表论文而不同时着力成果转化，与社会和经济发展脱离，因而得不到社会的重视和支持，基础研究也不能持续发展。我国历史上为此曾经出现过多次反复，值得深刻总结，引以为训。最近，在我国出现的经济过快发展造成资源浪费、环境恶化，反过来制约经济发展也是一个例子。如果以后只强调环境保护而不努力发展经济和文化，人民不能脱贫致富，不能提高素质，环境保护最后将成为空话。因此，在处理这些关系时，要因时因地因人而异，既确定重点，又掌握合适的度，对一些重要关系的双方，要持续安排既有重点又相对稳定和适度的投资比例和激励政策，才不会在集中力量发展重点的时候顾此失彼。

当前，世界经济和科技正在走向全球化，科学技术发展和应用的速度加快，产品开发周期缩短，世界市场竞争激烈，社会变动快速而不稳定。同时，国家、地区、企业和单位发展不平衡，矛盾错综复杂，贫富差距加大，全球化引发的突发机遇和突发危机并存。在当今世界，所有国家都以自己的核心利益为出发点，一个发达国家不可能重视发展中国家的权益。维护既得利益的强权和要求重新公平分配的新兴国家之间，冲突和矛盾都是不可避免的。我国要平稳地度过和平崛起这段时期，只有加强自己的核心竞争能力，而自主创新能力就是国家最重要的核心竞争力。一个国家自主创新能力越强，越能开展国际合作，越能和别人一起形成一个双赢的局面；反之，越没有自己的力量，就越受制于人。要想自立于世界民族之林，就必须要有自己的原创力，不断提出创新的思维，创新的产品，创新的管理方法，创新的体制和机制等等。

中央要求把推动自主创新摆在全部科技工作的突出位置，科技界对此肩负着历史使命和重要责任。科协及所属学会要组织和动员广大科技工作者，树立实现国家现代化的远大理想，树立民族自尊心和自信心，从个人、局部、眼前利益的束缚中解放出来，从满足于跟踪、模仿、外围打工的桎梏中解放出来，大力加强原始性创新、集成创新和在引进先进技术基础上的消化、吸收、再创新。我们要努力开创知识前沿的新领域，为我国和世界科学发展做出重大贡献，要在若干重要领域掌握一批核心技术，拥有一批自主知识产权，造就一批具有国际竞争力的人才、企业和品牌，为我国经济社会发展和国防现代化建设提供强大的科技支撑。

爱因斯坦说过："想象力比知识更重要，因为知识是有限的，而想象力概括着世界上的一切，推动着进步，并且是知识进化的源泉。"要创造宽松的学术氛围，允许失败，充分发挥科技工作者的想象力和创造力，敢于标新立异。在创新这个问题上，不应该有权威意识，要树立自信心，开展严肃的学术争论，发展学科交叉融合，促使新思想不断涌现，新人才迅速成长。各级科协及所属团体要努力营造贯彻"双百"方针的学术氛围，提高学术活动的水平和质量，活跃学术思想，为提高自主创新能力，推动我国科学技术事业的不断繁荣发展做出新的贡献。

在中国科协学术年会期间，还将组织科普展览和科技书刊展示活动、科技项目展览和引智活动、青少年科普活动、科普大篷车进校园和进社区活动等。同时，许多科技工作者还将积极为新疆的科技进步、经济建设和西部发展提出专家建议。

本届年会的参加人数已达5000多人，其中两院院士150多名。国务院西部开发办、教育部、科技部、发改委、国土资源部、中国科学院、中国工程院和新疆维吾尔自治区的主要领导和一批著名国内外科学家将出席年会并做精彩的学术报告。大会将在主会场和分会场上安排学术报告。今天的开幕式上还将颁发中国科协“求是杰出青年实用工程奖”和“求是杰出青年成果转化奖”以及香港求是科技基金会“求是杰出科学家奖”。

今年10月1日，是新疆维吾尔自治区成立50周年纪念日。50年来，特别是改革开放以来，新疆经济社会等各方面的发展取得了历史性的辉煌成就。新疆是祖国西部的一块正在开发的宝地。去年党中央提出“稳疆兴疆、富民固边”战略，强调新疆是西部大开发的重点，要加快实现新疆经济持续、快速、协调发展的目标和社会的全面进步，决定进一步加大对新疆的扶持力度。我们相信在中央和新疆维吾尔自治区党委强有力的领导下，新疆各族人民团结一心，发挥智慧和创造力，利用新疆在资源和连通中亚、南亚的地域优势，必定能够战胜一切困难，将新疆建设成环境优美，经济发达、文化繁荣、科教先进、社会和谐稳定的现代化新疆。

在此，谨向新疆各民族群众致以衷心的祝福。祝愿新疆各族人民和谐团结，共同进步，繁荣昌盛！

最后，祝中国科协2005年学术年会取得圆满成功！

谢谢大家。

中国科协第六届全国委员会及常务委员会文件

全面落实科学发展观，围绕党和国家工作大局，切实做好“三个服务”

——在中国科协第六届全委会第五次会议上的工作报告

（2005 年 1 月 25 日）

徐善衍

各位委员、同志们：

我受常务委员会的委托，向全国委员会作工作报告，请各位委员审议，请与会其他同志提出意见。

2004 年工作回顾

2004 年，在党中央和国务院的领导下，以邓小平理论和“三个代表”重要思想为指导，认真贯彻党的十六大和十六届三中全会、四中全会精神，贯彻中央书记处指示精神，按照科学发展观和加强党的执政能力的要求，紧密结合科协工作实际，团结动员广大科技工作者，积极推动科教兴国战略、可持续发展战略和人才强国战略的实施，认真履行党和政府联系科技工作者的桥梁和纽带职责，学术交流质量稳步提高，科普活动影响日益增强，对外科技交流空间不断拓宽，各项工作取得了新的进展。

一、认真履行人民团体的桥梁纽带职责，切实为科技工作者服务

在邓小平同志百年诞辰之际，会同有关部门召开学习邓小平科技思想座谈会，主办了纪念邓小平同志诞辰 100 周年科学家座谈会，深切缅怀小平同志对科技工作者的亲切关怀和殷切希望，进一步增强了对邓小平同志科技思想的理解和把握。注重把握新形势下科技工作者的状况和需求，继前两年开展非公有制企业、民办非企业单位科技工作者调查和全国科技工作者调查后，开展了西部科技工作者的调查，并完成了前两项调查的分析研究，形成综合报告和政策性建议已向中央和有关部门呈报。部分地方科协也结合各自情况，开展了多种形式的科技工作者状况调查工作。发挥科协在各级政协中的作用，围绕经济社会协调发展问题开展调查研究，提出了意见和建议。

一年来，科协系统共接待科技工作者来信来访 4.8 万多件，为科技工作者提供法律、政策援助 700 多次，答复人大代表议案、建议和政协委员提案 3300 多项。进一步密切与广大科技工作者的联系，开展了慰问专家学者、科技工作者活动日、科学家暑期考察休假等活动。继续与中央电视台合作，在春节前夕主办并播出了科技界“春天的聚会”活动，受到科学家和有关方面的普遍好评。积极推动科学道德建设，提出了加强科技工作者自律的建议。全国性学会学科带头人和科技专家库逐步完善，已有 134 个全国性学会参加数据库资料收集工作。

湖北省科协坚持开展维护科技工作者权益工作，科协维权委员会和科技司法鉴定中心受理的案件中，多数得到圆满解决。全省90%的地级科协都建立了维护科技工作者权益委员会，成立了专门的办事机构。安徽省科协与省政府办公厅共同开通“省长科技信箱”，运用信息技术发挥桥梁纽带作用，探索建立网上“科技工作者之家”。广东省科协在省委、省政府支持下，建设了广东科技工作者服务中心大厦，相继成立了一批为科技人员提供专门服务的实体，为科技工作者的学习、交流、维权和联谊提供全方位服务。

二、积极开展决策论证，推动科学技术为经济建设服务

以科学发展观为指导，围绕重大问题开展了宏观决策论证活动。为配合制定国家中长期科学和技术发展规划，发动100多个全国性学会、2000多名科学家和专家学者，围绕15个综合专题和33个主要学科，开展了《2020年的中国科学和技术发展研究》，完成60多份共计300多万字的研究报告，提出了意见和建议，受到国务院有关领导同志的高度重视，为制定规划提供了科学依据。

贯彻落实中央振兴东北地区等老工业基地和西部大开发战略，召开了资源枯竭型城市经济转型与可持续发展研讨会、振兴东北地区等老工业基地专家论坛，与中国工程院联合举办西部科技进步与经济社会发展专家论坛，提出了针对当地实际、操作性较强的政策建议。探索发挥科协优势促进阜新市的经济转型的工作，取得了初步成效。王兆国同志对科协系统振兴东北地区等老工业基地的系列活动多次作出重要批示，给予了充分肯定。组织包括28位院士在内的130多位专家，开展了广东省信息化专题调研，提交了《广东省信息化调研报告》，受到高度评价，广东省据此制定了《广东省信息化建设工作纲要》。主办了中国农业农村农民问题专家论坛、减轻自然灾害研讨会和病虫害防治分析研讨会等重点学术活动，为有关决策提供了参考。重视推动自然科学与社会科学的融合，主办了以深入理解科学发展观为主题的“科学与社会”论坛。

全国性学会和各地科协，结合自身特点，组织了多种形式的为决策服务的研究和论证工作，向各级党政部门共反映科技工作者建议2.6万多项。中国农学会围绕“三农”问题，组织专家提出了系列重要建议，受到国务院领导同志的重视和肯定，有关部门已就农业野生植物资源保护、农业科技入户等问题，采取有力措施，作出了相应部署。浙江、天津和西安等地科协，组织专家和学会，积极参与地方政府“十一五”计划研究课题竞标并取得成功，研究成果受到好评，为当地制定“十一五”计划提供了科学依据。

开展多年的“千厂千会协作行动”，累计结成5271个协作对子，完成协作项目成果4880余项，取得了明显的阶段性成果。“讲理想、比贡献”竞赛活动和“金桥工程”有了新的发展。“金桥工程”全年完成9000多项，技术咨询合同完成4.7万多项，为企业科技进步增添了活力。为促进高技能人才队伍建设，联合有关部门，在全国企业青年职工中实施了“青工技能振兴计划”。

以服务“三农”为重点，积极参与全国农村党员干部现代远程教育试点工作，承担了科普课件制作任务，开发制作各类教学课件995部457.2小时，受到全国“远教办”充分肯定。“百名科技大王进广安”活动取得良好效果，接待群众10万余人次，通过技术咨询、科技讲座、技术培训、技术合作等多种形式，为当地群众提供了实实在在的帮助。开展了赴吕梁科技大王“一帮一”结对子扶贫活动，探索了社会化科技扶贫工作的新思路。各级农业致富函授大学全年结业学员66万多人。云南省科协对全省农村专业技术协会发展现状进行了全面调研，组织农技协带头人的培训工作，为作好新形势下农技协工作奠定了基础。

三、广泛开展学术交流，努力促进人才成长

2004 年，科协系统共举办国内学术交流会议 2.2 万多个，260 多万人次参加。综合性、交叉性的学术交流活动深入开展。以“以人为本、协调发展”为主题的中国科协学术年会在海南省成功举办，产生广泛影响。为培养青年科技人才，组织召开了青年学术年会、青年科学家论坛、优秀博士生学术年会等系列学术活动。中国物理学会重视培养青年科技工作者，青年物理学家在学会组织的学术活动中占与会者的比例达60%以上。中国金属学会成立了青年委员会，设立了“中国冶金青年科技奖”、开展了“中国冶金先进青年科技工作者”表彰活动。黑龙江省科协着力打造“北方高层科技论坛”和“北方海外学人论坛”等学术精品，产生良好效果。江西省科协为培养江西青年科技领军人物，推出首届江西青年科学家学术年会，评选首届江西青年科学家，为青年科技人才成长创造了良好平台。

不断加强学术交流基础建设。编写出版了《学科发展蓝皮书 2004 年卷》。为繁荣科技出版，举办了首届科技出版发展论坛。开展了第二届中国科协期刊优秀学术论文评选，进一步加大了对学术期刊择优支持的力度，推动学术期刊质量不断提高。据《中国科技期刊引证报告》统计，总被引频次大于 1000 次的期刊中，中国科协系统的期刊占 70% 。

贯彻落实全国人才工作会议精神，召开了中国科协系统人才工作会议，对发挥科技团体优势落实人才强国战略的工作进行了全面部署。广泛宣传表彰优秀科技工作者。会同有关部门开展了第八届中国青年科技奖、首届中国青年女科学家奖、第三届全国优秀科技工作者和第二届中国科协西部开发突出贡献奖评选表彰工作。中国青年科技奖已经举办了八届，789 名获奖者中多数已成长为学术带头人，推动了我国科技人才队伍的梯队建设。继续实施了优秀科技人物宣传计划，向全社会广泛宣传科技工作者的精神风貌。《中国科学技术专家传略》二期编纂工作基本完成，已有 2306 位科技专家入传。

四、贯彻落实《科普法》，组织动员社会力量开展科普工作，努力提高全民科学文化素质

中央领导同志对提高公众科学文化素质、推动人的全面发展给予高度重视。儿童节前夕，胡锦涛总书记视察中国科技馆，并勉励青少年要努力学习科学知识，树立科学精神，培育创新意识。7 月 4 日，曾庆红同志率中央书记处全体领导同志出席全国科普日活动，地方各级党政领导也积极参与当地活动，在全社会产生强烈反响，推动全国形成了新的科普高潮。李长春同志于 5 月份视察了天津科技馆。中央领导同志的关心和重视，既是对科普工作的有力支持，也是对各级科协和科普工作者的鼓舞和鞭策。各级科协以此为契机，按照《科普法》的要求，切实推动科普工作深入开展，取得明显成效。2004 年，科协系统共举办科普讲座 11.4 万多次，5770 多万人次听讲，举办科普展览近 4.9 万次，1 亿多人次参观，举办科普宣传近 5.3 万次。

注重围绕党和政府关注的重点、热点和难点问题开展科普工作，为促进精神文明和先进文化建设贡献力量。以多种形式积极参与了未成年人思想道德建设。全国青少年科技创新大赛已成为我国规模最大的青少年科技竞赛活动。“大手拉小手”青少年科技传播行动深入开展，直接聆听 168 场科普报告的学生达到 7 万多人。中国反邪教协会为各地复制了“崇尚科学、关爱生命、维护人权、反对邪教”的大型展板和光盘，共有两千万人次观看展览。组织开展了全民科学素质行动计划前期工作，开展了理论研究，召开了国际研讨会，王兆国同志会见了与会专家。江西省委、省政府办公厅印发了江西省科协制定的公众科学素质教育行动计划，全面推进新时期全省科普工作。为建立完整的优秀人才发现、跟踪、培养机制，上海市科协启动了《2004 ~ 2010 青少年科技人才培养计划》。

重点科普活动的影响日益扩大。全国科普日活动期间，各级科协发挥整体优势，联合行动，围绕“科学普及，你我共参与”的主题，面向公众组织科普讲座和报告会3200余场，科普展览4000多场，展示科普展板约2.5万块，科普挂图14余万张，发放科普资料、报刊1700余万份，有15万科普志愿者参加活动，参与群众达5000余万人次，使该项活动成为具有广泛社会影响的科普示范性活动。围绕“科技以人为本，全面建设小康”的主题，与有关部门共同举办了科技活动周活动。积极宣传贯彻《国防教育法》，联合有关部门举办了“爱中华、奔小康、强国防”国防教育系列活动。西部科普工程广泛展开。全国首届公众科学素质电视大赛观众超过1亿人次。

大力推进科普工作的社会化。进一步推进科普示范县（市）、示范城区的创建活动。在开展文化科技卫生“三下乡”、科教进社区、科普志愿者队伍建设等方面，广泛联合社会有关力量，取得较好效果。加大面向社会择优资助科普项目的力度，以全年380余万元的资助经费，拉动了社会投入科普活动资金1398万元。中国林学会建立全国林业科普基地，加强生态道德教育。

开拓创新科普工作领域和方式。在加强与大众传媒合作、建设电子科普画廊、创建社区科普学校、推动科普文艺作品创作等方面，取得了新的经验和进展。组织制作科普电视专题节目，无偿提供350多家地方电视台播放。正式成立了中国互联网协会网络科普联盟，建立了科普工作网络服务平台，有效地提高了科普信息化水平。

科普基础建设进一步加强。召开了全国科技馆工作会议，完成了《科技馆建设标准》征求意见稿。我国科技馆事业发展迅速，建成或在建科技馆已达256座。一年来，中国科技馆接待观众208万多人次，地方科技馆接待观众近千万人次。“科普大篷车”拓展了工作空间，活动区域遍及25个省、自治区和直辖市，受益公众超过100万人。21万人参观了中国（芜湖）科普产品博览交易会，对通过市场机制配置科普资源进行了有益尝试。

五、促进国际和台港澳地区民间科技交流与合作

充分发挥科技团体作为非政府组织的作用，对外民间科技交流渠道不断巩固和发展。2004年，举办国际学术会议870多个，17万多人次参加。接待来访的各国科技团组2500多个，3.4万多人。外派参加国际科技会议、科学考察的科技团组2100多个，约1.7万人。

2004年7月，联合国经社理事会批准了中国科协的非政府组织咨商地位，为科协系统服务于国家外交大局开拓了新的活动空间。进一步加大了在国际科技组织中的工作力度，努力解决有关国际科技组织和多边科技活动中的涉台问题。中国科协及所属全国性学会代表我国加入了210多个国际科技组织。

与中国工程院、上海市政府共同主办了2004年世界工程师大会，黄菊同志出席了开幕式并作重要讲话。来自70多个国家和地区的3000余名工程技术专家学者展开广泛交流，被誉为“国际工程界最辉煌的一次大会”。在我国还成功举办了国际心理学大会、国际植物保护大会等80多个国际学术会议。双边交流进一步活跃，与部分国家的科技团体签署了合作协议。

贯彻中央书记处领导同志重要指示精神，加大了对香港工作的力度。与香港科技团体特别是同香港青少年和青年科技人员的联系更加紧密。在香港、澳门举办了当代杰出华人科学家公开论坛，受到热烈欢迎。成功举办海峡两岸青年科学家研讨会和海峡两岸科技产业创新研讨会，促进了海峡两岸科技界和产业界的交流。2004年，接待港、澳地区来访科技团组330个，3600多人次；接待台湾省来访科技团组288个，2800多人次。

全面实施海外智力为国服务行动计划，先后同36个海外华人科技团体签署了协议，确定了首批57个

项目，启动试点项目并建立了活动基地。

六、不断加大改革力度，继续加强自身建设

认真抓好党的十六届三中全会、四中全会精神的学习贯彻工作，各级科协组织和所属团体，组织了多种形式的专题学习，紧密结合工作实际，在理论和实践层面积极探索，不断开拓新的工作局面。认真加强党风廉政建设，抓好《党内监督条例（试行）》和《纪律处分条例》的学习，加强了党风党纪教育。

主动争取各级党委和政府的领导和支持。目前，已有陕西、江苏、浙江、安徽、吉林、广西、河北、云南等省（区）委、省（区）政府，以及部分副省级城市的党委和政府，下发了（或将下发）加强科协工作的决定，为科协工作创造了良好的政策环境。

贯彻中央书记处指示精神，按照“哪里有科技工作者，科协的工作就要做到哪里；哪里科技工作者比较密集，科协的组织就要建到哪里”的要求，主动拓展活动空间。开展了县级科协组织建设和经济状况、高校科协组织建设情况等专项调研。积极推进非国有企业科协组织建设工作，召开非国有企业科协组织建设工作经验交流会，讨论修改了《非国有企业科协组织通则》。湖南省科协成立了非公有制企业科技工作者协会。吉林省科协围绕民营科技企业需求，为促进民营科技企业发展办实事，受到了欢迎和好评。

认真落实庆红同志指示精神，组织力量进行调研，就政府职能向社会团体转移的问题呈报了建议报告，中央和国务院领导同志作了重要批示。积极参与了我国加入工程师资格国际互认体系相关工作。新疆维吾尔自治区科协争取政府支持，承担了全区农牧民技术人员职称评定工作的管理职能。组织学会改革专题调研，召开了学会改革工作座谈会，部署了新阶段学会改革工作。加强对学会的管理和服务，顺利完成40个全国性学会换届的指导、协调和审批。完善学会活动评价指标体系，推动学会管理工作的科学化、规范化和制度化。促进学会专职干部提高职业化水平，对学会秘书长进行岗位培训。

坚持抓好党建工作和干部队伍建设。加强干部培训，深化干部人事制度改革，促进干部队伍整体素质不断提高。山西、福建等省深化科协机关改革，增强了发展的活力。云南、贵州对全省科协系统实行目标管理，工作效率和服务水平有了较大提高。

一年来，科协工作取得了一些成绩，但与党中央、国务院和全社会的要求相比还有相当差距，存在着一些问题和不足。为科技工作者服务的意识和能力有待提高；工作重点不够突出，战线过长的问题依然存在；对地方科协工作指导力度不够，县级科协生存与发展面临诸多问题；队伍建设有待进一步加强，干部素质亟待提高。这些问题必须引起高度重视，采取有力措施，在今后工作中认真加以解决和改进。

2005年主要工作

2005年，是贯彻落实科学发展观的关键一年，也是全面实现“十五”计划目标、迎接“十一五”发展的重要一年。今年工作的指导思想是：以邓小平理论和“三个代表”重要思想为指导，全面贯彻党的十六大和十六届三中、四中全会精神，落实中央书记处对中国科协的指示精神，牢固树立科学发展观，进一步履行党和政府联系科技工作者的桥梁和纽带职责，以人为本，努力为广大科技工作者服务，为经济社会全面协调可持续发展服务，为提高公众科学文化素质服务，为推动社会主义物质文明、政治文明和精神文明建设，构建社会主义和谐社会作出新的贡献。

为作好今年工作，要把继续深入学习领会党的十六大和十六届三中全会、四中全会精神作为首要任务，进一步统一思想、明确方向、凝聚力量，这是我们作好各项工作的基础。根据树立科学发展观、加强党的执政能力、构建社会主义和谐社会的要求，要从以下三个方面，进一步确立科协在党和国家大局中的位置：

作为全国科技工作者的群众组织，党领导下的人民团体，党和政府联系科技工作者的桥梁和纽带，各级科协及所属团体，要以竭诚为科技工作者服务为出发点和立足点，面向广大科技工作者传达贯彻党的方针政策，反映科技工作者的意见和呼声，充分调动科技工作者的积极性、主动性和创造性，努力促进我国政治文明建设。

作为国家推动科技事业发展的重要力量，各级科协及所属团体，要以为经济社会全面协调可持续发展服务为出发点和立足点，充分发挥科技工作者作为第一生产力实践者的作用，广泛开展学术交流、国际交往、决策论证和科技咨询与服务等活动，推动学科发展、科技创新、人才成长和科技与经济结合，努力促进我国物质文明建设。

作为科普工作的主要社会力量，各级科协及所属团体，要以不断提高公众科学文化素质为出发点和立足点，组织动员社会力量开展科普工作，构建社会化科普工作平台，提高科普事业发展能力，弘扬科学精神，普及科学知识，传播科学思想和科学方法，努力促进我国精神文明建设。

2005 年，要重点抓好以下几个方面的工作。

一、充分发挥党和政府联系科学技术工作者的桥梁和纽带作用，竭诚为科技工作者服务

科协系统要全面贯彻人才强国战略，坚持以科技工作者为主体，坚持以竭诚为科技工作者服务作为根本任务，制定有力措施，推动为科技工作者服务工作取得实质性进展。

1. 贯彻落实全国人才工作会议精神，为促进科技人才成长服务。

科协工作与人才工作有着本质的联系，是党和政府人才工作的重要组成部分。要深入贯彻落实全国人才工作会议精神，认真履行中央人才工作协调小组成员单位职责，进一步明确科协在实施人才强国战略中的位置和任务。要通过搭建国内外学术交流平台发现人才，举办宣传表彰活动激励和举荐人才，组织继续教育和专门培训培养人才，联系海外华人科技团体吸引人才，开展青少年科技教育活动孕育后备人才，建设“科技工作者之家”凝聚人才，开展科普活动提升人力资源素质，努力构建科协系统具有团体特色的促进科技人才成长的服务体系，推动人才强国战略的深入实施。

要重点抓好三方面的工作：一是推动加强科技人才培养力度，切实提高科技人才队伍整体素质和能力。着力加强专业技术人才、高技能人才和农村实用人才培养。积极参与专业技术人才终身教育的相关工作。会同有关部门进一步实施“青工技能振兴计划”。高质量完成在全国农村党员干部现代远程教育试点工作中承担的任务，组织动员基层科协参与当地试点工作。二是推动高层次科技人才队伍建设。参与研究和实施“高层次专业人才培养工程”，建立中国科协科技人才库。广泛联系专家学者，深入探索发挥专家作用的有效途径，建立科协系统为决策服务的制度。采取有效措施，进一步发挥离退休科技人员的作用。三是推动加强科技人才队伍基础建设。结合国家编制“十一五”人才规划，制定《中国科协关于加强和促进科技人才队伍建设的意见》。与有关部门配合，开展科技人才资源统计专题研究，为有关规划、政策制定提供基础支持。

2. 广泛开展面向科技工作者的调查研究，切实作好党和政府联系科技工作者的桥梁和纽带。

四中全会明确了加强党的执政能力建设的指导思想，提出要以保持党同人民群众的血肉联系为核心。

科协系统要将加强党和科技工作者的紧密联系作为核心工作，从制度层面完善沟通机制，建立通畅、稳定的沟通渠道。主动和全面地向科技工作者宣传党的方针政策，准确了解和把握科技工作者的需求，及时反映科技工作者的意见和呼声，为党和国家制定知识分子政策和科技政策提供参考。

要建立经常化的、规范的、固定的调研制度。在每五年对全国科技工作者状况进行全面、系统调查的基础上，加强每年专题调研的针对性。2005 年，要通过建立监测点站等手段，完善指标统计体系，在继续全面掌握全国科技工作者动态和需求的同时，组织开展东北地区老工业基地科技人员状况、科研单位人才流动和社会保障状况、科技人员继续教育状况等专项调研，提出意见和政策建议。

3. 构建为科技工作者服务体系，进一步建设“科技工作者之家”。

当前，我国科技工作者的分布状况和需求方面，有以下值得关注的共性问题：科技人力资源总量较大，但相对数量不足；科技人才断层现象基本得到解决，但分布结构不够平衡，尤其是企业缺乏高水平的科研人员，产业人才存在结构性失衡，区域人才分布不平衡；科研体制改革得到普遍认同，但政策环境有待完善，科技人员的劳动和社会保障法规政策需要进一步落实，人才流动不畅和人才流失问题并存；创新能力不足，存在浮躁现象和学术不端行为；公平、公开、公正的科研运行机制尚未完善；解决科技工作者实际困难的服务体系不够健全，科技人员对知识更新的要求十分迫切。

要针对上述状况和问题，构建面向科技工作者的服务体系，根据科技工作者在政治、工作和生活等各个层面的需要，为科技工作者提供维护权益、人才流动、择业创业、社会参与、社会保障咨询等服务。把科技人员的终身教育工作摆在重要位置，巩固和完善科协系统继续教育体系，不断开拓新的教育内容和方式方法，推动科技人员知识更新。与国际继续工程教育协会合作，在科协系统开展继续工程教育机构评估。

广泛开展科技工作者的表彰奖励和宣传工作。重点组织开展第九届中国青年科技奖、第二届女青年科学家奖、中国科协第五届优秀建议奖评选表彰活动。全面启动国家科技奖励的推荐工作，逐步使科协系统成为国家级科技奖励的重要推荐渠道。继续实施优秀科技人物宣传计划，以电视、电影、文学、雕塑等公众喜爱的形式，充分展示当代科技工作者的精神风貌。作好《中国科学技术专家传略》编纂出版第三期工程。认真组织两院院士初、遴选工作。加强科技工作者交流和联谊。

要根据四中全会提出的“提供服务、反映诉求、规范行为”的要求，进一步发挥在各级人大、政协中的科技界代表和科协界委员的作用，以建议或提案等方式代表科技工作者发表意见。组织广大科技工作者依法参与科技工作和社会事务管理，为构建社会主义和谐社会作出贡献。

4. 加强为科技工作者服务能力建设，提高学会的凝聚力。

各级学会要进一步树立以人为本、以会员和科技工作者为本的办会理念，确立会员在团体中的主体地位。进一步理顺学会与会员之间的权利、义务关系，切实实行民主办会。要按照“为实现会员共同意愿”开展活动的方针，了解、掌握会员需求，为会员提供多方面服务。不断巩固团体的组织基础，建立为会员服务的专门机构，不断提高对会员的凝聚力。

贯彻 2004 年全国性学会改革座谈会精神，深化学会改革，推广成功经验，推动学会发展。各级科协要加强对所属学会改革的指导，努力为学会和科技工作者创造良好的环境和条件。要以科学发展观为指导，从发展的高度推进学会改革，使学会的改革和发展同步推进。在当前政府实行依法行政的新形势下，支持学会主动承担政府转移的社会职能。重点推动学会承担科技奖励、科技评价（咨询论证、技术标准制定、科技项目评估、科技成果评审、技术鉴定）和科技人才评价等工作。积极推动我国加入工程师资格国际互认体系的相关工作。强化学会分类管理，完善并实施学会管理制度和激励制度。用三年时间完成全国性学会网络建设和整合。加强学会能力建设，不断提高学术权威性和社会公信力。

5. 弘扬科学精神，规范学术行为，推动科学道德体系建设。

学风建设与学术建设同样重要，净化学术风气、加强科学道德建设，是当前科技界需要高度重视的问题。充分发挥科协和学会作为科学家共同体的作用，旗帜鲜明地坚决抵制一切败坏学术风气的行为，在科技界大力弘扬实事求是的科学精神和严谨的治学态度，培育求真唯实、开拓创新的良好风尚，形成团结协作、竞相奉献的融洽环境。

加强对青年科技人员的科学道德教育，使青年科技工作者努力成为良好学术风气的维护者，严谨治学的力行者，优良学术道德的传承者。组织专项调查和研讨，建立学术活动、学术期刊和科技团体的科学道德规范。推动政府部门和科技、教育机构，建立健全公开、公平、公正的学术评价制度，完善科学管理和监督体制。

二、充分发挥作为国家推动科技事业发展重要力量的作用，积极为经济社会全面协调可持续发展服务

要坚持以科学发展观指导科协工作，发挥科协优势，广泛宣传科学发展观，为经济社会全面协调可持续发展提供有力的科技支撑，作出具有科技团体特色的贡献。

1. 加大在农村和企业工作力度，广泛开展决策论证和科技咨询活动，提高为经济建设服务的能力和效果。

认真落实科学发展观，全面加大在农村和企业工作力度，在巩固和完善现有为经济建设服务活动的基础上，进一步明确工作思路，调整工作部署，集成多种资源，增强活动效果。要探索将“讲、比”竞赛、“金桥工程”和“千厂千会协作行动”加以整合的思路和模式。切实加强企业科协建设，使企业科协成为推动企业科技进步的活跃力量。把“三农”问题作为重中之重。以资源建设为重点，加强农村党员干部现代远程教育试点工作。充分发挥农村致富技术函授大学等组织的作用，建立远程培训辅导队伍。将农技协作为科协在农村工作的重要依托力量，大力加强对农村专业技术协会的扶持和指导力度，明确科协系统为农技协提供服务的思路、重点和方式。

贯彻落实四中全会提出的“改革和完善决策机制，推进决策的科学化、民主化”的要求，把决策论证和科技咨询工作放到重要位置，广泛组织专家学者，加强对经济、科技和社会重大问题的专题研究，主动争取参加国家重要咨询项目，开展多种形式的工程咨询、技术咨询和管理咨询。以各级科协和学会咨询网络作为依托，完善科协系统科技咨询服务组织体系，建立多种形式的决策咨询机制和信息支持系统。召开中国科协科技咨询工作会议，推动科协咨询工作上一个新的台阶。

全面实施海外智力为国服务行动计划。进一步扩大与海外科技团体的联系，积极开展多种形式为国服务的活动。加强新疆和阜新两个基地的建设，抓好试点项目，带动首批项目实施。

2. 搭建高水平的学术交流平台，努力提高学术交流水平和质量。

要坚持学术交流为科技进步、人才成长和经济社会发展服务的方向，努力提高学术交流水平和质量。要加强学会的学术建设，以此作为当前推进学术交流工作的要务，进一步增强对科技工作者的吸引力和凝聚力。各级科协和学会要围绕学术建设，大力营造宽松学术氛围，活跃学术思想，推动原始性创新；促进人才成长，重视发现培养创新性科技人才；加强学术交流基础条件建设，积极配合国家有关部门建设基础学术数据库工作，构建科技期刊、学术会议、互联网传播等基础平台。

认真作好2005年中国科协学术年会的筹备工作，重点抓好以下主要环节：一是突出综合性，围绕科技、经济和社会发展的共性问题组织研讨，促进不同学科、行业的交流和融合；二是突出社会性，增加面向社会广大公众的科普内容，扩大新学科、新技术和重大工程的社会影响；三是突出地域性，为促进年会举办地的经济社会协调发展贡献智力，使主办地的人民群众和各级领导感到确有收益。为纪念爱因斯坦狭义相对论发表100周年，联合国第58次大会确定2005年为国际物理年，要认真组织好系列纪念和学术活动。抓好中国西部科技经济社会发展论坛、《学科发展蓝皮书》等重点学术活动。提高青年科学家论坛活动水平，创新活动方式。进一步办好《科技导报》和《中国学术期刊文摘》，推动学术创新。

3. 发挥民间渠道优势，为国家外交大局和国际科技交流服务。

进一步支持全国性学会和国际组织中国委员会的工作，积极参加国际科技活动和科技计划。扩大国际组织后备队计划覆盖范围，争取我国科技专家更多进入重要国际科技组织的领导机构。2005年，作为国际科学界影响最大的国际组织，国际科学理事会第28次全体大会将在我国苏州召开，要精心组织，认真筹备，并以此为契机，进一步提高我国在国际科技界的地位和影响。认真组织在我国召开的公众科技传播国际会议、第22届国际科学史大会、国际纯粹及应用化学大会等其他国际科技会议。进一步巩固、扩大与其他国家科技界、对口组织的双边联系与交往。

密切与香港、澳门科技团体、学术机构的联系与合作。广泛邀请香港科技界人士参加科协系统举办的重大学术活动。与有关部门协商，在内地为香港青少年建立科普教育基地。积极推动海峡两岸科技人员的交流与合作，办好海峡两岸青年科学家研讨会和大学生辩论赛，争取大陆科技期刊展如期在台展出。

三、充分发挥科普主要社会力量作用，努力为提高全民科学文化素质服务

深入贯彻落实党的十六大提出的提高全民科学文化素质、促进人的全面发展的精神，与《国家中长期科学和技术发展规划纲要》相衔接，进一步加大科普工作的力度。要以贯彻落实《科普法》为龙头，以制定、实施全民科学素质行动计划和加强科普能力建设、构建社会化科普服务平台为着力点，以广大农民和青少年为重点对象，组织动员社会各方面力量，深入开展群众性、社会性和经常性的科普工作，为提高全民科学文化素质作贡献。

1. 制定全民科学素质行动计划，明确科普工作目标和任务。

制定实施全民科学素质行动计划，是贯彻落实科学发展观、实现人的全面发展、推动全面建设小康社会的战略性举措。配合《国家中长期科学和技术发展规划纲要》的制定，联合有关部门，共同抓紧制定全民科学素质行动计划，争取与《规划纲要》同步实施。在前期基础研究的基础上，完成《全民科学素质行动计划实施纲要》（暂定名）的制定工作。对“十一五”期间和到2020年提高公民科学素质的目标、措施、保障条件等进行深入研究，明确提出要求，增强可操作性。

为制定好全民科学素质行动计划，开展先期试点工作。在开展2005年中国公众科学素养调查的同时，进行全民科学素质行动计划监测评估体系的研究。

2. 大力加强科普能力建设，构建社会化科普服务平台。

实施科普精品工程，增强科普产品创作与生产能力。与有关部委合作，办好第九届全国优秀科技音像制品、第六届全国优秀科普作品、首届优秀科普文艺作品评选等评奖活动，鼓励科普宣传精品创作，广泛推介科普宣传精品。以互联网为依托，建设科普宣传精品资源库。加强科普电视节目制作，进一步扩大播出范围。促进全国科普网站联盟的建设，积极支持办好中国公众科技网等65个科普网站。

推动科普设施建设，增强其服务社会的能力。会同国家发改委、建设部完成并颁布实施国家《科技馆建设标准》，大力推进各地科技馆尤其是西部地区科技馆的建设，加强对地方科技馆规划、建设和管理的指导。积极作好中国科技馆新馆的立项建设工作。建设科技馆展品研制基地。推动科普画廊建设，丰

富展出内容。充分发挥科普大篷车作为“流动科技馆”的功能，不断适应基层开展科普宣传的需要。

开发科普人力资源，努力培养一支规模大、素质高的专兼职结合的科普人才队伍。重视科普专职人员培训工作，逐步建立专业化的科普人才队伍。大力加强科普志愿者队伍的建设，完善和规范对科普志愿者队伍的管理。

继续以提高西部地区基层科普能力为重点，实施西部科普工程。加大面向社会择优支持科普项目的力度，调动社会力量开展科普活动的积极性。挖掘和利用社会科普资源，办好各级各类科普教育基地和科普示范基地。

3．精心组织重点科普活动，推动科普工作蓬勃发展。

进一步组织好全国科普日活动。突出宣传科学发展观、破除愚昧迷信和伪科学、反对邪教，倡导科学文明健康的生活方式，扩大公众参与程度。积极支持反邪教协会开展活动。积极组织和参与全国科技周、文化科技卫生“三下乡”、“科教进社区”等大型科普活动。深化科普示范县（市、区）创建活动。会同中央电视台举办第二届全国公众科学素质大赛。

围绕提高农民科学素质，进一步加强农村科普工作。广泛开展多种形式的农民培训活动。筹备召开中国科协农村科普工作会议，研究提出加强面向“三农”开展科普工作、提高基层科协科普能力的意见。加强青少年科普工作和未成年人思想道德教育工作。充分认识对青少年开展科学教育的重要性，努力为越来越多的青少年提供参与科学活动、接受科学教育的机会，积极参与中小学生科学教育的国际合作。办好第20届全国青少年科技创新大赛和“明天小小科学家”奖励活动等科技竞赛活动。规范中学生奥林匹克学科竞赛和国际青少年科技交流活动，作好科技后备人才的培养工作。

四、不断加强自身建设，切实增强发展能力

要作好上述工作，必须大力加强自身建设。坚持用邓小平理论和“三个代表”重要思想统揽科协各项工作，全面落实科学发展观，按照增强党的执政能力的要求，努力提高科协干部队伍尤其是领导干部的理论修养和能力，不断强化政治意识、大局意识、责任意识和服务意识，增强贯彻执行中央方针政策的自觉性和坚定性。积极开展保持共产党员先进性教育活动，按照胡锦涛总书记提出的六项基本要求，以高度的政治责任感，切实抓紧抓好。按照“两个务必”和“八个坚持、八个反对”的要求，抓好科协系统党的组织建设，严格执行党风廉政建设责任制，为完成科协各项任务提供政治保证和组织保证。

大力加强地方科协的工作。各级科协要主动开展工作，进一步争取地方党委和政府对科协工作的支持，切实加强和改善各级党委对科协工作的领导，为科协事业发展创造必要条件。重视抓好县级科协建设，组织专题调研，提出指导性意见。加强科协基层组织建设，重点在国有大中型企业、高新技术企业、大专院校、科技园区及其他科技工作者比较集中的地方普遍建立科协组织。继续探索在非公有制企业中开展工作的经验和规律，不断扩大科协组织的社会覆盖面和影响力。进一步健全乡镇（街道）科普协会。

要继续加大改革力度，以改革促进发展，以发展带动改革，不断探索和完善适合社会主义市场经济体制以及团体自身规律的体制、机制和活动模式，增强自主发展能力。抓好科协机关干部的思想建设、作风建设和精神文明建设，努力建设“政治坚定，业务精通，务实高效，作风过硬，团结协作，勤政廉洁”的高素质干部队伍，创建文明机关。加大对学会、地方科协和机关干部的培训工作力度，全面构建学习型社团。以用人制度改革为重点，积极推进事业单位的改革。加强财务、资产管理工作，增强团体事业发展的经济实力。进一步推动科协系统信息化建设，不断提高信息技术应用水平。在中央统一部署和有关部门的指导、协助下，启动中国科学技术协会第七次全国代表大会的筹备工作。

各位委员、同志们：在新的形势下，党、国家、社会和广大科技工作者，对科协工作寄予了殷切期望，也提出了新的、更高的要求，我们承担着艰巨而又光荣的历史重任。让我们紧密团结在以胡锦涛同志为总书记的党中央周围，振奋精神，开拓创新，求真务实，扎实工作，在全面建设小康社会的征程中，不断取得新的更大成就。

中国科协第六届全国委员会第五次会议关于常务委员会工作报告的决议

（2005 年 1 月 26 日中国科协第六届全国委员会第五次会议通过）

中国科学技术协会第六届全国委员会第五次会议，审议并批准徐善衍副主席代表常务委员会所作的《全面落实科学发展观，围绕党和国家工作大局，切实做好“三个服务”》的工作报告。

会议认为，2004 年，各级科协及所属团体在党中央和国务院的领导下，以邓小平理论和“三个代表”重要思想为指导，认真贯彻党的十六大和十六届三中全会、四中全会精神，贯彻中央书记处指示精神，按照树立科学发展观和加强党的执政能力建设的要求，紧密结合科协工作实际，团结动员广大科技工作者，积极推动科教兴国战略、可持续发展战略和人才强国战略的实施，认真履行党和政府联系科技工作者的桥梁和纽带职责，学术交流质量稳步提高，科普活动影响日益增强，对外科技交流空间不断拓宽，各项工作取得了新的进展。

会议指出，一年来科协工作取得了一些成绩，但与党中央、国务院和科技工作者的要求相比还有相当差距。对工作报告中提出的存在问题必须引起高度重视，采取有力措施，在今后工作中认真加以解决和改进。

2005 年是贯彻落实科学发展观的关键一年，也是全面实现“十五”计划目标、迎接“十一五”发展的重要一年。会议同意关于 2005 年主要工作的部署，同时要求，要以邓小平理论和“三个代表”重要思想为指导，全面贯彻党的十六大和十六届三中、四中全会精神，落实中央书记处对中国科协的指示精神，牢固树立科学发展观，进一步履行党和政府联系科技工作者的桥梁和纽带职责，以人为本，努力为广大科技工作者服务，为经济社会全面协调可持续发展服务，为提高公众科学文化素质服务，为推动社会主义物质文明、政治文明和精神文明建设，构建社会主义和谐社会作出新的贡献。

会议强调，根据树立科学发展观、加强党的执政能力和构建社会主义和谐社会的要求，要从以下三个方面，进一步确立科协在党和国家工作大局中的位置：作为全国科技工作者的群众组织，党领导下的人民团体，党和政府联系科学技术工作者的桥梁和纽带，各级科协及所属团体要以竭诚为科技工作者服务为出发点和立足点，面向广大科技工作者传达贯彻党的方针政策，反映科技工作者的意见和呼声，充分调动科技工作者的积极性、主动性和创造性，努力促进我国政治文明建设。作为国家推动科技事业发展的重要力量，各级科协及所属团体要以为经济社会全面协调可持续发展服务为出发点和立足点，充分发挥科技工作者作为第一生产力实践者的作用，广泛开展学术交流、国际交往、决策论证和科技咨询与服务等活动，推动学科发展、科技创新、人才成长和科技与经济社会相结合，努力促进我国物质文明建设。作为科普工作的主要社会力量，各级科协及所属团体要以不断提高公众科学文化素质为出发点和立足点，组织动员社会力量开展科普工作，构建社会化科普工作平台，提高科普事业发展能力，弘扬科学精神，普及科学知识，传播科学思想和科学方法，努力促进我国精神文明建设。各级科协要努力增强为广大科技工作者服务、为经济社会全面协调可持续发展服务、为提高公众科学文化素质服务的能力和水平，进一步开创工作的新局面。

会议号召，在新的形势下，中国科协各级组织及所属团体承担着艰巨而又光荣的历史重任，让我们紧密团结在以胡锦涛同志为总书记的党中央周围，振奋精神，开拓创新，求真务实，扎实工作，在全面建设小康社会的征程中，不断取得新的更大成就。

关于增补和更换中国科协第六届全国委员会委员的决议

（2005 年 1 月 25 日中国科协第六届全国委员会第五次会议通过）

中国科协第六届全国委员会第五次会议审议了中国科协第六届全国委员会常务委员会提交的《关于增补邓楠、徐济超等同志为中国科协第六届全国委员会委员的报告》和《关于更换宣栋生等五位同志为中国科协第六届全国委员会委员的报告》，同意增补邓楠、徐济超同志为中国科协第六届全国委员会委员，更换宣栋生、叶顺煌、陈嘉泰、魏万进、马三保同志为中国科协第六届全国委员会委员；张道成、刘群英、李克俊、罗祖孝、越经臣同志不再担任中国科协第六届全国委员会委员职务。

张道成、刘群英、李克俊、罗祖孝、越经臣同志为推动科协事业发展作出了积极贡献，全国委员会对他们表示衷心感谢并致以崇高敬意。

中国科协第六届全国委员会常务委员会会议纪要（第 13 次）

中国科协六届十三次常委会议于 2005 年 1 月 24 日在中国科技会堂举行，周光召主席主持会议。

会议传达了中央书记处、国务院领导对科协工作的指示精神，审议了关于召开中国科协第六届全国委员会第五次会议的决定、中国科协第六届全国委员会第五次会议日程、常委会在中国科协第六届全国委员会第五次会议上的工作报告、关于更换中国科协第六届全国委员会委员的报告、关于增补徐济超同志为中国科协第六届全国委员会委员的报告、《非国有企业科学技术协会组织通则（试行）》、关于中国科协 2005 年学术年会时间和主题的报告、关于第二届中国科协西部开发突出贡献奖评选工作情况的报告。会议就有关问题进行了讨论。

一、会议决定，2005年1月25~26日举行中国科协第六届全国委员会第五次会议，同意全委会的日程安排，请徐善衍副主席代表常委会向全委会做工作报告。

二、会议审议了常委会在第六届全国委员会第五次会议上的工作报告（以下简称《报告》）。

与会常委认为，《报告》对中国科协2004年的工作进行了比较全面的总结，对2005年的工作进行了全面部署，提出了科协工作应为科技工作者服务、为经济社会全面协调可持续发展服务、为提高全民科学文化素质服务的“三个服务”指导思想，定位准确、思路清晰、重点突出，对科协今后的工作有较强的指导意义。

与会常委对《报告》进行了认真审议，并就相关内容和文字表述提出了修改意见。常委会责成书记处根据常委会讨论的意见对《报告》进行修改后，提交中国科协第六届全国委员会第五次会议审议。

三、会议决定增补徐济超同志为中国科协第六届全国委员会委员，提请中国科协第六届全国委员会第五次会议确认。

会议同意更换陈嘉泰、魏万进、马三保同志为中国科协第六届全国委员会委员，李克俊、罗祖孝、越经臣同志不再担任中国科协第六届全国委员会委员职务，提请中国科协第六届全国委员会第五次会议确认。

四、会议审议了《非国有企业科学技术协会组织通则（试行）》（以下简称《通则》）。

根据六届十一次常委会议审议的意见，书记处对《通则》进行了修改，相关条款的表述更加准确规范。与会常委认为非国有企业科协的发展呈现出良好的势头，但建立科协组织的非国有企业比例还非常小，《通则》的颁布有利于进一步推动非国有企业科协组织建设工作的开展。

与会常委对《通则》具体条款中相关内容进行了讨论，并提出了修改意见。会议原则通过了《通则》，并责成书记处根据常委会的意见对《通则》进行修改后，印发试行。

五、会议决定中国科协2005年学术年会于8月20~23日在新疆维吾尔自治区乌鲁木齐市召开，会议主题为“科学发展观与资源可持续利用”。

六、会议同意授予寸守铣等30名同志第二届中国科协西部开发突出贡献奖。

会议决定继续开展中国科协西部开发突出贡献奖评审活动，每年评审一次，并适当增加获奖者名额，适当增加女性科技工作者的比例。候选人范围在现有西部12个省区市的基础上，增加新疆生产建设兵团和西部三个地区。

中国科协第六届全国委员会常务委员会会议纪要（第14次）

中国科协六届十四次常委会议于2005年5月20日在中国科技会堂举行，周光召主席主持会议。

会议审议了《关于提名齐让同志为中国科协第六届全国委员会常务委员会书记处书记的建议》；听取了关于中国科协2005年学术年会筹备情况的汇报和关于《全民科学素质行动计划纲要——（2006~2010~2020）》编制情况的汇报，会议就有关问题进行了讨论。

一、会议审议通过，齐让同志为中国科协第六届全国委员会常务委员会书记处书记。

二、会议听取了关于中国科协2005年学术年会筹备情况的汇报。

与会常委认为，书记处和新疆维吾尔自治区有关方面为中国科协2005年学术年会做了大量认真细致的筹备工作，对年会筹备工作的进展比较满意。

与会常委建议，鉴于新疆生产建设兵团的重要地位和特殊作用，在年会筹备情况的汇报中相应部分应有所反映。建议在年会期间举办新疆生产建设兵团老科技工作者座谈会，向长期奋斗在西北边陲为边疆稳定和地区经济发展做出了重要贡献的老科技工作者表示慰问和敬意。年会各分论坛有些内容互相交叉，建议适当合并。

会议责成书记处根据常委会的意见对年会方案进行相应修改和补充。

三、会议听取了关于《全民科学素质行动计划纲要——（2006～2010～2020)》编制情况的汇报。

与会常委认为，提高公民科学素质，对于增强公民获取和运用科技知识的能力、改善生活质量、实现全面发展，对于提高国家科技和经济竞争力，实现经济社会全面协调可持续发展，都具有十分重要的意义。实施全民科学素质行动计划是关系到中华民族未来的大事，应该实行国家推动机制。《全民科学素质行动计划纲要》(以下简称《纲要》) 对于实施全民科学素质行动计划有十分重要的指导性意义。

与会常委对《纲要》进行了热烈讨论，对《纲要》主要内容进行了充分肯定，并提出了修改意见。建议要制定适合我国国情的公民科学素质测评标准和测评方式；在实施《纲要》过程中，在突出重点对象的基础上，要惠及更广泛的人群；在强调人与自然和谐发展过程中，要更加突出生态与环境的重要性；相关措施再进一步量化，增强其可操作性；增加附则部分，对相应的名词和概念进行解释说明等。

会议同意将《纲要》列入中国科协第七次全国代表大会相关议题，作为指导中国科协工作的纲领性文件。建议在进一步修改的基础上，尽快将《纲要》上报国务院。

中国科协第六届全国委员会常务委员会会议纪要（第15次）

中国科协第六届全国委员会常务委员会第十五次会议于2005年8月19日在新疆维吾尔自治区乌鲁木齐市举行，周光召主席主持会议。

一、会议听取了中国科协2005年学术年会筹备情况的汇报，并就中国科协2006年学术年会初步方案进行了审议。

会议认为，新疆维吾尔自治区党委、政府对中国科协2005年学术年会给予高度重视和大力支持，围绕“科学发展观与资源可持续利用”的年会主题，为充分体现“大科普、综合交叉性、为举办地经济社会发展服务”的定位，努力办成“圆满和谐、新疆特色、实效显著”的科技盛会做了大量实实在在的工作。会议责成书记处向新疆维吾尔自治区党委、政府表示衷心的感谢，向各有关单位和广大工作人员为年会筹备工作付出的辛勤劳动表示诚挚的问候。

会议决定，中国科协2006年学术年会于明年9～10月在北京举行，年会的主题为“中国可持续发展与全民科学素质建设”，由中国科协和北京市人民政府共同举办，会议正式代表控制在千人以内。另外，拟将学术年会与“全国科普日”活动相结合，广泛吸纳社会公众参与，注重科学家与公众的交流和对话。

二、会议听取了第五届中国科协先进学会及学会单项先进奖评选工作的报告。

会议同意中国力学学会等25个全国性学会为第五届中国科协先进学会，中国微生物学会等29个全国性学会获得学会单项先进奖。

会议认为，目前的评审标准以定性为主，缺少量化指标，难以做到科学、客观、公正。会议责成书记处就评审标准进行修订，使其对学会的发展和努力方向起到激励和引导作用。

三、会议听取了中国科技馆新馆建设项目进展情况的汇报。

会议认为，科技馆的建设要把教育青少年和社会公众的功能放在第一位，注重场馆内部和展品的设计，充分体现公众参与性，提高重复参观率。布展可不按学科分类，而采用新的思路展示科学的发展历程和发展前景。另外，要将最先进的科学技术应用于科技馆的建设中，并在此基础上确保场馆美观大方。设计方案可面向社会，广泛听取公众的意见。

会议同意成立科技馆学术交流委员会，进一步研究科技馆内部设计和功能定位等问题。

四、会议听取了中国科协“七大”筹备工作征求意见情况的汇报，并就相关问题进行了讨论。

会议认为，中国科协第七次代表大会是进入新世纪、新阶段，面临新形势、新任务的一次重要会议。要在总结历史的基础上，围绕建设什么样的科协和怎样建设科协，进一步明确科协的性质、宗旨、任务和作用，明确科协今后的发展方向，以充分体现“七大”的历史作用。

与会委员还就“七大”的主题、科协章程的修改、组织建设和制度建设、建家工作以及干部配备、加强自身建设等问题进行了讨论。

会议要求书记处根据常委会议的意见，深入研究“七大”有关问题，进一步听取各方意见，提出中国科协“七大”筹备有关工作方案的建议。

中国科协第六届全国委员会常务委员会会议纪要（第16次）

中国科协六届十六次常委会议于2005年12月22日在北京举行。周光召主席主持会议。

一、会议传达了中央书记处对科协工作的意见。

中央书记处于12月19日听取了科协党组的工作汇报，认为科协一年来的工作定位准确，各项活动有创意、有特色、有成效，在围绕中心、服务大局方面采取了很多新的举措，在“三服务、一加强”方面又有新的提高。中央书记处指示，明年科协工作要从进一步明确工作定位、认真落实科学发展观、充分发挥科普工作主力军的作用、深化为科技工作者服务、加大各级科协组织自身建设的力度等方面抓好落实，并做好科协七大的各项筹备工作。

会议认为，中央书记处对今年科协的工作给予了充分肯定和鼓励，对明年工作提出了明确指示，体现了党中央对科协工作的高度重视和支持。

会议要求各级科协组织要认真学习领会中央书记处的指示精神，并贯彻落实到各项工作中。

二、会议听取了科协2005年工作总结和2006年工作安排的汇报。

会议认为，科协2005年的工作富有成效，总结比较客观、全面。2006年的工作提出以全国科学大会和科协七大的召开为契机，推动科协工作立足服务，搭建平台，共享资源，促进和谐，进一步落实“三服务、一加强”的指导思想，定位准确、思路清晰、重点突出，对科协今后的工作有较强的指导意义。

与会委员还就加强信息化建设，整合科普资源，加强与社会各方的联系，重视发挥离退休专业技术工作者和农村专业技术协会的作用以及加强科技工作者道德建设，努力营造自主创新环境等问题进行了讨论，并对进一步做好学术年会、科普活动的组织工作提出了改进意见和建议。

会议责成书记处根据常委会讨论意见就2006年工作安排做进一步的调整，并抓好落实。

三、会议听取了科协七大筹备工作进展情况的汇报。

根据科协六届十五次常委会议精神，书记处抓紧进行七大筹备工作。目前已完成向中央书记处的请示，成立了七大筹备工作领导小组，其下设的办公室设立了组织组、《章程》修改组和文件起草组并已开展工作。

会议原则同意科协七大筹备工作按计划进行。

四、会议听取了科协七大代表、七届委员候选人名额分配方案的说明，审议通过了《中国科学技术协会第七次全国代表大会代表名额分配原则及产生办法》、《中国科学技术协会第七届全国委员会委员候选人名额分配原则及推选办法》、《中国科协七大特邀代表名额分配方案》。

重 要 文 件

在地方科协工作会议上的讲话

（2005 年 1 月 27 日）

邓 楠

同志们：

六届五次全委会刚刚结束，今天召开地方科协工作会议。把地方科协会议放在全委会之后，主要考虑有两点，一是结合地方科协工作认真学习和深刻领会中央书记处的指示精神；二是根据全委会议的总体部署，进一步研究如何做好今年地方科协工作。今天是我到科协工作后第一次参加地方科协工作会议，因我到科协时间不长，对地方科协的工作不熟悉，所以今天谈一些认识和意见，供大家参考，讲得不对的地方，也请大家批评指正。

一、关于近年来地方科协工作的回顾

在过去的几年里，地方科协及所属团体坚持以邓小平理论和“三个代表”重要思想为指导，认真贯彻落实中央书记处的指示精神，在光召主席和以玉台同志为班长的党组、书记处的领导下，取得了显著成绩，受到了中央的肯定和广大科技工作者的认同。玉台同志在科协工作的十年间，科协的工作上了一个大台阶，面貌一新，得到了中央的充分肯定和社会的好评，这都是和玉台同志的努力分不开的。这些为我们科协事业今后的发展打下了一个很好的基础，我们要在此基础上不断开创新的局面。下面我想就地方科协近年来的工作做一个简要的回顾，既是对大家工作的肯定，也是我学习的宝贵经验。

（一）积极争取各级党委和政府支持，为科协事业发展创造良好的环境和支撑条件

近几年来，随着科教兴国战略、人才强国战略的贯彻落实，以及各级科协认真履行职责所取得的显著成效，使科协工作日益得到各级党委和政府的重视和支持。不少省市的党委、政府把科协工作纳入重要议事日程，定期听取科协的工作汇报，研究解决工作中的重要问题。科协开展的重大活动，党政主要领导都主动参加，给予支持。尤其是部分省市科协主动争取各级党委和政府的领导和支持，下发关于加强科协工作的意见，目前已有湖北、陕西、江苏、浙江、安徽、吉林、广西、河北等省、自治区党委和政府，以及哈尔滨、杭州等部分副省级城市和一些地市县的党委和政府，先后下发了加强和改善对科协工作的意见（决定）。这些意见除了对做好科协的各项工作提出明确要求外，大都在提供经费保障、政策支持、科协主要负责人参加同级人大、政协以及在科普设施建设、争取社会职能等方面做出明确规定。

各级党委和政府的重视和支持，是科协事业不断发展的重要保证。近年来，各级财政对科协的支持也在不断增长，科协的总体经济实力有了明显提高，工作条件有了较大改善。2003 年省、市、县三级科协（含所属事业单位）的总收入为 24 亿元，与 2002 年的 20.3 亿元相比，增加了 3.7 亿元，上升 18%。其中 2003 年的财政补助收入为 13.4 亿元，占地方科协总收入的 55%，与 1999 年的 6 亿元相比，年平均增长 22.2%。

科技馆等科普设施建设是投入较大的工程项目。近几年来，黑龙江、山东、浙江、河北、贵州、四

川、重庆等省市已经建成或正在建设（改扩建）科技馆新馆。到2003年底，地方各级科协拥有科普活动场所面积合计为155万平方米，其中省级科协77万平方米；市级科协28万平方米；县级科协50万平方米。这些科技馆等科普设施的建成使用，大大增强了科协开展科普工作的能力和手段。

（二）围绕本地区经济社会发展的重大问题开展决策论证、建言献策和科技服务

各级科协积极贯彻经济建设必须依靠科学技术，科学技术必须面向经济建设的方针，大力促进科技与经济的结合。2004年省、地、县三级科协向党政及有关部门反映科技、经济和社会发展等方面的意见和建议21804项，受到党政领导的充分肯定。如这次全委会上，天津市科协介绍了围绕天津产业技术发展的方向和重点，组织了全市19个主要产业在内的180名科技专家，研究形成了19个产业的子报告、一个总报告和《天津市产业技术进步指导目录》，为企业和政府决策提供了参考依据，受到市委书记张立昌同志的称赞。天津市科协举办的“天津石化产业发展论坛”，对百万吨大乙烯和千万吨大炼油项目的立项起到了促进作用，成为新中国成立以来国家批准的天津市最大项目。广东省科协在中国科协和省委、省政府的领导下，会同有关部门开展了广东信息化调研活动，先后组织全国专家12批共109人次和本省专家258人开展调研工作，完成了《广东省信息化调研报告》。省委、省政府对调研成果给予了充分肯定和高度评价，并以此为依据制定了《广东省信息化发展纲要》。浙江省科协在省政府重大软科学课题“加快浙江科技强省建设对策研究”的公开招标中一举中标，并且高质量地完成课题。近两年来，浙江建设科技强省的总体思路和战略部署，基本上是按照该研究报告所提出的对策建议进行的。这些都是有特色、有影响的工作，也提升了科协的地位。

各地科协围绕“三农”问题，积极开展科技兴农工作。有些工作得到了中央领导同志的充分肯定。如河北省科协组织专家，帮助阜平县西刘庄村实现无公害苹果的产业化，得到温家宝同志的赞扬。四川省科协积极推动农技协发展，曾庆红同志对四川“支部+协会，农民得实惠”的经验给予了高度重视。农技协工作是科协在农村科普工作的重要依托，对提高农民进入市场的组织化程度，推进产业化和产业结构调整，实现农民增收致富，具有十分重要的作用。目前，全国有农技协近10万个。云南、四川、河北、甘肃、湖北、辽宁等省科协在认真调查研究的基础上，争取省委和省政府联合下发了有关意见，为农技协的发展争取了有利政策环境。湖北省各级科协共组织了1万多名科技工作者，组建了100个“农业专家服务团”，开展了多种形式的科技服务，为推进农业和农村经济结构调整和科技进步做出贡献。江苏省连云港市科协开展了“百名教授科教兴百村小康工程”活动，取得了明显成效。沈阳市辽中县科协在农技协的基础上，建设农民科技工作站，受到农民欢迎。地方科协结合各自实际，为解决“三农”问题做了实实在在的工作。

实施多年的“金桥工程”，进一步明确了“以项目为核心，以架桥为手段，以转化为目的”的指导思想，科协系统2004年完成了9000多个项目，完成技术咨询合同4.7万多项。“千厂千会协作行动”是学会与企业协作、推动产学研结合、实现科技成果向现实生产力转化的有效形式。目前，累计结成协作对子5271个，完成了4880个项目，取得了较好效益。为贯彻中央振兴东北地区等老工业基地的战略部署，以资源枯竭型城市阜新为突破口，辽宁做出了支持阜新市依靠科技推进经济转型与振兴的决定。在调查研究的基础上和中国科协支持下，先后组织了17个省、自治区的225位“科技致富大王”和涉农企业代表，开展了“百名科技大王进阜新”活动，为7.5万人次进行技术咨询，接待群众达23.9万人次，签订26项合作协议，金额达5亿多元，为振兴东北老工业基地办了实事。

（三）认真履行桥梁和纽带职责，“科技工作者之家”的形象日益突出

各级科协从讲政治的高度，发挥科技团体优势，落实人才强国战略，把切实履行党和政府联系科技工

作者的桥梁和纽带职责摆到突出位置，努力增强为科技工作者服务的意识和能力。许多科协、学会认真研究科技工作者队伍的变化情况，注重把握新形势下科技工作者的状况和需求，广泛开展了面向科技工作者的调查研究。北京、天津、山东、四川、重庆、陕西等科协呈报的科技工作者状况的调查报告，引起了有关领导和部门的重视，为地方党委、政府制定有关知识分子政策和科技政策提供了依据。

广泛反映科技工作者意见，维护科技工作者权益，为科技工作者服务。去年，省、市、县三级科协接待科技工作者来信来访48502件（次）。省级科协为科技工作者提供法律政策援助747次。湖北省科协维权工作委员会和科技司法鉴定中心，共接待来信、来访、来电356人次，受理投诉82件，其中51件得到了解决，“维权”办公室被省委确定为信访网络系统的联办单位。目前，全省90%的市州科协都建立了维护科技工作者权益委员会，成立了专门的办事机构。广东省科协争取党委政府支持，投资2000多万元，建设了建筑面积近1万平方米的广东科技人才服务大厦，为35个省级学会提供办公场地，为21个地级以上科协提供联络场所，为科技工作者的学习培训、学术交流、维权和联谊提供全方位服务。上海市科协推出了鼓励青年科技工作者参与国际交流、著书立说的“飞翔计划”和“晨光计划”。江西省科协为促进中青年学者成长，推出了“远航工程”，受到科技工作者的欢迎。

（四）广泛开展国内外学术交流，促进科技创新和人才成长

地方科协及所属学会根据科技发展趋势和学科发展的需要，广泛开展多种形式的学术交流，为繁荣学术园地，促进科技创新和人才成长创造了良好的氛围。2004年省、地、县三级科协共举办国内学术交流会议10711个，126万多人次参加；举办国际学术会议56个，13700多人次参加；接待来访的各国科技团组436个，人数4988人次。

北京市科协努力构建“学术月”的学术交流平台，在第六届学术月期间，就组织学术交流活动335项。浙江省科协创办了首届“学术节”，把学术思想交流、科技成果展示、科技信息交换和科技人才流动四大功能融为一体，国内外1.8万人参加了活动。南京市科协先后与美国、日本等国家以及香港、台湾的多个科技团体建立了合作交流关系，围绕南京市经济社会发展的重点、热点和难点问题，组织国际学术交流，得到市委、市政府的支持，扩大了科协的影响力。

黑龙江省科协紧紧围绕振兴老工业基地，组织全局性、综合性、前瞻性、跨学科的学术研讨和交流，为省委省政府宏观决策提供科学依据。吉林省科协举办了“信息化与吉林老工业基地建设”论坛，组织专家对省政府起草的《吉林老工业基地调整和改造规划纲要》（征求意见稿）提出修改意见。辽宁省科协开展了为振兴辽宁老工业基地建言献策征文活动，编辑出版了《振兴辽宁老工业基地建言献策蓝皮书》，引起了社会和有关部门的重视。

地方科协的这些学术活动不仅为各地的经济社会发展提供了有力的科技支撑，也为广大科技工作者提供了获得新的思想、知识和信息的平台，对科技工作者拓展业务视野，提高学术水平，实现自身价值具有重要意义，也增强了科协和学会的凝聚力。

（五）发挥科普主要社会力量的作用，开展群众性、社会性、经常性的科普活动，推动公众科学文化素质的提高

地方科协认真贯彻落实科普法，广泛开展科普活动。2004年省、地、县三级科协共举办面向公众的科普讲座98700多次，参加人数4800多万人次；举办科普展览45000多次，参观人数9300多万人次；开展科普宣传48000多次。

广西、河南、重庆、内蒙古、江苏、山东、湖南等地科协，积极开展农村科普示范创建工作。海南省科协培养科技示范户6000多户，有近15万户农民通过科普示范基地的引导，掌握了先进实用技术，走上

科技致富的路子。云南省农函大去年招生人数首次突破10万人大关，占全国农函大招生总数的1/4。在有关部门的支持下，新疆维吾尔自治区科协出台了《关于明确自治区农牧民技术人员职称评定管理职能的通知》，去年通过各类培训和资格评定，有5700名农牧民科技人员通过了评审。宁夏回族自治区科协利用农村实用技术宽带网络远程培训系统，成立了“订单培训”讲习所，通过宽带网远程视频对农民授课。中国科协声像中心已与全国300多个地、县级电视台合作开办了《科普大篷车》科普电视栏目，通过大众媒体开展农村科普工作。

2004年，各地科协会同有关方面，深入社区，以科普展览、讲座、报告、咨询、影视展映、知识竞赛、旅游、文艺表演等形式，面向社区居民广泛开展丰富多彩的科普宣传教育活动。辽宁、河北、天津、江苏等科协在社区创建了500多所科普（大学）学校，面向居民开展饮食、保健、预防疾病，培训劳动技能等方面的科普教育。各地科普画廊建设蓬勃发展，上海市建设了207个电子科普画廊，社会各方总投资达5000万元。

积极创新科普工作方式。山西省科协举办的“星期日知识讲座”，被收入中央文明办编辑的《精神文明创建工作新方法100例》，在全国推广。北京市科协创建了“1831流动科技馆”，在18个区县巡展的基础上，面向全国进行了科普巡回展，受众人数达240余万人（次）。四川省科协开展创建“科普示范企业”活动，探讨科普为提高职工素质服务，为企业发展服务。浙江省科协成立了科普艺术团，将科普与文艺结合，采用喜闻乐见、群众易于接受的方式开展科普活动。苏州、厦门科协充分利用科普教育基地的科普资源，开展“科普一日游”活动。

新疆维吾尔自治区科协积极发挥科普大篷车的科普宣传队作用，去年科普大篷车总行程23000公里，受益公众15万人次。安徽省科协同安徽省人民政府联合举办了“2004年中国（芜湖）科普产品博览交易会”。云南省科协举办了“云南省科普产品推介与展览”，为农技协和科普示范基地搭建营销平台。

以上简要地总结了地方科协工作的许多好的经验和做法，有许多地方的好的做法还没有总结进去，在今后的工作中将继续与大家共同交流，互相促进。

二、认清形势，找准位置，发挥优势，服务大局

要进一步做好科协工作，必须对面临的新形势有一个清醒的认识。我们常说要抓住机遇，迎接挑战，这些都必须建立在认清形势的基础上。认清了形势，才能找准位置，发挥优势，服务大局。

当前，国内外形势不断发生重要的新的变化，世纪之交，党和国家陆续出台了一系列重大战略举措，为科协工作指明了方向，创造了非常好的发展机遇。

第一是科教兴国战略的提出。1978年3月，小平同志在全国科学大会上提出“科学技术是生产力”。党的十一届三中全会提出把党的工作重点转移到经济建设上来。在上个世纪80年代提出了“经济建设必须依靠科学技术，科学技术工作必须面向经济建设”的科技工作方针。1988年，进一步提出“科学技术是第一生产力”。党的十二大提出把全部经济工作转到以提高经济效益为中心的轨道上来。党的十三大提出了“把经济建设转移到依靠科技进步和提高劳动者素质的轨道上来”的方针。党的十四大提出“努力提高科技进步在经济增长中所占的含量，促进整个经济由粗放经营向集约经营转变”。1995年，党的十五大提出实施科教兴国战略。科教兴国战略的提出和实施，将科学技术和科技工作者的地位作用，提到了前所未有的高度。尤其是本届政府刚成立就开始制定中长期科学和技术发展规划，为全面建设小康社会提供科技支撑。去年年底的中央经济工作会议，把科技创新提到了更加突出的位置，强调当前特别要加快科技进步，提高自主创新能力，推进经济结构调整、经济增长方式转变和经济体制机制创新，提高经济增长的质量和效益，提高国民经济整体素质和竞争力。科协是国家推动科技事业发展的重要力量，各级科协所属的学会是推动科技创新体系的有机组成部分，科技工作者是第一生产力的实践者，这些都决定了科协和学会在实施科教兴国战略中将大有可为，有非常广阔的发展空间。我们要充分发挥科学技术的支撑和引领作用，为依靠科技进步和创新推动经济社会协调发展做出贡献。

第二是人才强国战略的提出。1978 年全国科学大会提出“知识分子是工人阶级的一部分”。2001 年 8 月，江泽民同志提出人才资源是第一资源。2003 年 12 月中央召开中国历史上第一次全国人才工作会议，提出实施人才强国战略，强调“人才资源已成为最重要的战略资源，人才在综合国力竞争中越来越具有决定性意义”。温家宝总理在 2003 国家科技奖励大会上的讲话强调，经济和社会发展要依靠科技，科技进步要依靠创新，科技创新要依靠人才，这是我们从实践中得出的三点启示。中央经济工作会议又再次强调了要“把经济增长真正转到依靠科技进步和提高劳动者素质的轨道上来”。科学发展观的本质和核心是以人为本。科技发展要为了人，服务人，依靠人。科协主要是做人的工作，人才工作与科协的各项业务工作都结合得非常紧密。我们必须紧紧抓住实施人才强国战略的机遇，努力做好培养、发现、举荐、吸引、使用和凝聚人才的各个环节的工作。

第三是科学发展观的提出。1994 年，国务院批准了“中国 21 世纪议程”。党的十五大提出实施可持续发展战略。十六届三中全会进一步提出了以人为本，全面、协调、可持续的发展观。2004 年初，中央明确提出树立和落实科学发展观；同年 3 月胡锦涛总书记全面阐述了科学发展观的深刻内涵和基本要求。科协作为科技团体，以宣传科学思想，提倡科学方法、科学思维，弘扬科学精神为最基本的一项任务，这也是科学发展观的重要内容和精髓。所以，无论在面向社会普及宣传科学发展观，还是推动科学发展观的落实方面，我们都有许多工作要做，可以大有作为。

第四是构建社会主义和谐社会的提出。十六届四中全会提出构建社会主义和谐社会。中央书记处的指示和王兆国同志的讲话，都十分强调科协在构建和谐社会中的责任和任务。科协应该把加强党同科技工作者的紧密联系作为己任，从制度层面保障在党和科技工作者之间建立通畅的沟通渠道。要密切联系科技工作者，促进尊重劳动、尊重知识、尊重人才、尊重创造重大方针的贯彻落实，使科技工作者队伍实现各尽其能、各得其所、恪守职业道德、和谐相处，这既是科协履行桥梁和纽带职责的需要，也是科协在构建和谐社会中的重要落脚点。中央书记处多位领导同志指示我们，光靠物质文明而没有科学精神，是无法建立社会主义和谐社会的，要求我们加强科学普及与社会发展的结合。

十六大和十六届四中全会提出提高执政能力，依法行政，转变政府职能。随着政府机构改革和各项改革的日益深化，政府职能定位于“经济调节、市场监管、社会管理、公共服务”，“小政府，大社会”的格局日渐形成。去年 3 月，国务院印发了《全面推进依法行政实施纲要》；7 月 1 日起，《中华人民共和国行政许可法》开始施行。在去年中央书记处听取科协党组汇报时，曾庆红同志要求我们就社会化服务职能由政府向社会转移问题开展研究。最近温家宝总理做了批示，要求“政府职能转变要考虑如何更好地发挥群众团体的作用”。这些改革为社会团体提供了更多的发展空间。温家宝总理在中央经济工作会议提出，2005 年是改革年。在改革之年，我们各级科协及所属团体不能置身局外当观众，必须要有高度的紧迫感和危机感，要以改革促进发展，以发展带动改革。

当前，党中央国务院对科协工作高度重视。曾庆红同志主持的中央书记处办公会议，听取了科协党组的汇报，对科协工作做出了重要指示。王兆国同志代表党中央到会做了重要讲话。陈至立同志听取了我们的汇报，并出席了六届五次全委会议。过去，国家科教领导小组只有国务院有关部门参加，在温家宝总理和中央书记处的大力支持下，中国科协已经成为这个领导小组的成员，这为我们今后的许多业务工作，更好地争取国务院的领导和支持，创造了十分良好的条件。大家都感到受到很大鼓舞和激励，坚定了开拓科协工作新局面的信心。

在看到有利形势的同时，也应看到我们面临的严峻挑战。

第一，大家都重视，我们怎么办？现在社会上方方面面都在实施科教兴国战略，各级党政领导都十分重视科技工作。拿学术交流来说，现在不仅学术团体在搞，科研院所、高等学校、企业乃至政府部门也都在组织开展，科协的学会是否还能成为“主渠道”。《科普法》虽然规定了科协是科普工作的主要社会力量，但也规定了科普是全社会的共同任务。再如对科技工作者的工作，也不只是科协一家在做。党的组织部门、政府人事部门，以及工会、共青团、妇联等兄弟人民团体，也在面向全体科技人员、或面向特定群体的科技人员做工作。“科技工作者之家”的形象，同样要靠我们的工作和参与去争取。

第二，在占有和分配资源方面，科协处于相对弱势地位。科协不是党政部门，不是事业单位，作为社会团体，既不享有行政权力，可支配的经费也很有限，往往严重地制约我们工作的开展。

第三，组织结构比较松散。科协最大的资源是人才，是广大科技工作者。我到科协时间不长，听到一句话，说科协是“人才荟萃，各有其主”。这句话有一定道理，反映出科协与科技工作者之间，在组织关系上处于松散状态。科技工作者分布在各个单位、各种机构，谁都能用。用就是你的资源，不用就不是你的资源。科协的人才资源只是一种理论上的、潜在的资源。我们在说中国的人才问题时，常说要把我国由人口大国转化为人才资源强国。同样道理，科协也要把潜在人才资源真正转化为现实的人才优势。

第四，科协战线太长，工作领域过宽。人民团体的桥梁纽带职责属于政治文明领域，科普和学科建设属于精神文明领域，为“三农”问题服务和开展中介服务属于物质文明领域，国际科技交流属于外事领域。这些任务都很繁重和艰巨，科协的资源又比较有限，这就对我们集中力量，科学合理地分配现有资源，突出重点开展工作，提出了很高的要求。

第五，干部队伍素质有待提高。整体上讲，科协系统机关干部的年龄结构、知识结构，与我们承担的艰巨任务相比，还存在较大差距。

总的来说，我们面临的机遇大于挑战，要振奋精神，激励斗志，团结一致，努力将有利的机遇充分利用好。但对挑战和存在的问题也要有清醒的认识，要有危机意识和紧迫感，以求真务实的精神，少说多做，创造性地开展工作，才能推动科协事业不断发展。

对于形势的分析和认识，目的是为了在全党全国工作大局中把握自己的定位，更好地发挥自己的作用。关于科协的定位问题，胡锦涛同志几年前曾指示科协要结合自身特点找准位置，发挥优势，服务大局，值得我们很好领会。下面我谈一点看法，与同志们讨论。

1. 关于找准位置

找准位置，首先要明确科协是人民团体，既不是政府，也不是一般的社会团体。人民团体是我国政治体制的重要组成部分，人民团体具有鲜明的政治属性，这是中国科协与其他社会团体、非营利组织和国外科技团体相区别的最显著特点。科协的基本队伍是学会、地方科协以及他们所联系的广大科技工作者，要进一步明确科协的主要任务和职责。

第一，切实履行党联系科技工作者的桥梁纽带职责。科协工作是党的群众工作的一部分。做好科技工作者的工作，是党交给科协的一项重要任务。认真做好这项工作，对于巩固党的执政的群众基础，密切党与广大科技工作者的联系，都有十分重要的意义。了解和把握科技工作者的基本状况和思想动态，反映科技工作者的呼声和要求，为党制定知识分子和科技等方面的政策出谋划策，提出建议，是科协始终必须认真履行的职责。

第二，组织动员所属团体和科技工作者，为党和国家的中心工作服务。主要是要贯彻落实科教兴国战略、人才强国战略和科学发展观，从科协自身的特点和优势出发，充分调动所属团体和科技工作者的积极性、主动性和创造性，积极开展国内外学术交流，科学技术普及，科技咨询中介服务，科技培训等任务，推动科技进步和创新，发挥科学技术对经济社会发展的决定性力量，为实现国家总体目标作出贡献。

第三，作为团体的办事机构，要努力为团体服务。科协团体由学会和地方科协组成。科协作为所属学会的业务主管单位，一定要树立服务的意识，搞好对学会的服务，多办实事，开拓学会发展的空间，并把这种服务看成是为科技工作者服务的一种方式。同时，要为各级科协服务，帮助解决实际问题，创造好的工作条件。

同时，中国科协作为政协的组成单位，组织科技工作者参与政治协商，在管理国家和社会事务中发挥民主参与和民主监督作用，是宪法赋予中国科协的职能和任务。切实履行党和国家赋予人民团体的政治职责，是发展社会主义民主政治、建设社会主义政治文明的重要组成部分，是人民团体必须落实的政治任务。

2. 关于发挥优势

科协的优势主要包括人才优势、组织优势、横向联系优势和机制灵活优势。

人才优势：科协所属学会的会员具有学术水平高、中、低，年龄结构老、中、青俱全的特点，作为理、工、农、医和交叉学科学会的联合体，科协是一个学科齐全、人才荟萃、智力密集的学习型组织，这是我们的人才优势。

组织优势：科协的领导体系和决策体系，有民主选举产生的各级科协代表大会、委员会、常务委员会。工作体系，有各级科协机关部门及直属单位。组织体系，有所属学会、协会、研究会和下一级科协组织，还包括遍及城乡的乡镇、街道、企业、院校科协以及农村专业技术协会等基层组织。上述领导体系、工作体系、组织体系，是我们的组织优势。

横向联系优势：跨部门、跨行业、跨地区、跨学科、跨所有制性质，最广泛地联系科技工作者，是科协的突出优势。科协所属学会作为社会团体，在吸收、发展同属某一学科、专业，在不同单位就业的会员上，打破分割，实现了跨部门、跨行业、跨地区、跨所有制性质的横向联系，从而使中国科协这个大团体在我国政治、社会生活中，成为唯一的可以最广泛地联系全国各民族科技工作者的社会组织。

机制灵活优势：科协是人民团体，在国家组织体系中属于社会团体的范畴。科协所属学会都是依法登记的社会团体。科协机关实行“三定”，对工作人员参照国家公务员进行管理。科协的直属单位分为全额拨款、差额补助、自收自支等不同类型的事业单位。组织体系性质的多样化，决定了科协运行机制的多样化和灵活性。这一特点也是与行政机关和事业单位有显著区别的，在诸多社会团体中也是不多见的。具体说，有公益性机制、非营利性机制和民间渠道机制等，这是我们的机制优势。

3. 关于服务大局

根据形势发展、党和国家中心工作以及科协自身的定位与特点，科协党组经过认真研究提出了今年工作的指导思想，并提出三个服务，得到中央书记处和国务院的肯定，认为是进一步明确了科协工作在党和国家工作全局中的定位，充分体现了新形势、新任务对科协工作的要求。今年工作安排，指导思想明确，重点突出，措施有力，符合中央精神和科协实际。三个服务也很好地体现了为三个文明服务。并对科协工作提出四点要求，即：要认真落实科学发展观，为推进全面建设小康社会多做贡献；要切实履行好科协作为党和政府联系科技工作者桥梁和纽带的基本职责，为落实科教兴国战略和人才强国战略多做贡献；要充分发挥科协作为科学普及主要社会力量的作用，努力为提高全民族科学文化素质多做贡献；要全面加强科协组织的自身建设，为构建社会主义和谐社会多作贡献。特别强调了在指导思想中应加入构建和谐社会内容。这些指示精神对科协工作具有十分重要的指导意义，我们要认真落实。

三、关于 2005 年的重点工作

关于明年科协的整体工作，全委会工作报告已做了全面的部署，下面我想结合地方科协的实际，对需重点做好的几项工作再强调一下。

（一）落实人才强国战略，竭诚为科技工作者服务

我在去年底中国科协系统人才工作会议上说过，科协是党和政府联系广大科技工作者的桥梁和纽带，做的就是培养人才，服务人才，反映各层次人才的呼声、意见和建议，动员各类科技人才为社会主义建设服务的工作。实施人才强国战略，对科协工作提出了更高的要求。2005 年科协系统的人才工作，要继续认真贯彻落实中央人才工作会议精神，按照中央人才工作协调小组的部署，确定人才工作的重点。一是配合国家“十一五”人才规划编制开展相关工作。各地科协要围绕“十一五”人才规划编制工作，积极开展科技人才队伍的状况、发展趋势的调查研究和政策研究，了解掌握本地科技人才的基础信息，发挥科技团体特点和优势，为党和政府制定相关政策提供咨询和建议。二是逐步建立为科技工作者服务的组织体系。中国科协将建立动态科技人才库，加强信息化管理；总结经验，逐步把经常性为科技工作者的服务规范化、制度化。如组织相关领域的专家包括院士在内的考察活动，为西部地区、东北地区提供咨询服务，定期组织科技工作者召开专题座谈会，发挥科技工作者建言献策的作用；利用多种形式、渠道，创新服务内容。2004 年，中国科协开通了“科技工作者之家”网站，开办“科技工作者网上论坛”和“中国科协系统人才工作专题栏目”。各地科协关于“建家”的有关信息和动态，可以在这个网站上公布。三是继续做好表彰优秀科技工作者工作。今年将开展第九届中国青年科技奖和第二届中国青年女科学家奖的评选工作，各地也要设立评选表彰科技工作者的奖项。要通过全国优秀科技工作者以及各项表彰优秀科技工作者的活动，发现和培养本省、本地区优秀的青年科技人才，促进青年科技人才的成长。四是加强高技能人才培养和农村实用人才培养。从目前人才结构来看，我国高技能人才和农村实用人才非常短缺。目前我国技能人才有 7000 多万人，其中初级技能人才约占 60%；中级技能人才约占 36%；高级技能人才仅占 4%。各地科协要结合实际，大力开展高技能人才和农村实用人才的培养。今年中国科协将在全国企业科协中实施高技能人才培养计划。根据国家产业技术政策，结合经济结构调整需要和劳动力市场需求，在新技术产业领域和重点工业企业进行试点，开展“企业高技能人才技能竞赛活动”、“企业高技能人才评选表彰活动”以及“高技能人才培训交流活动”。同时开展农村实用人才培养，要把农村党员基层干部和农村科技致富带头人作为重点。依托农村党员干部现代远程教育系统、农广校、农技协网络，开展农村实用技术培训。要从重视技能培训向重视科技文化素质提高转变，推动农民科学素质的提高。五是对科协人才工作要做出规划、部署。今年中国科协将尽快下发修改后的《中国科协关于进一步加强和促进科技人才队伍建设工作的意见》，请各省、自治区、直辖市科协结合自己的实际情况，研究制定本地科协发挥作用，促进科技人才成长，为本地区科技工作者服务的措施和办法。今年将筹备中国科协第七次全国代表大会，在推荐委员、选举代表中，各地要贯彻人才工作会议精神，推荐优秀的科技工作者代表，把这些优秀人才凝聚到科协组织中来。

（二）抓紧制定和启动全民科学素质行动计划

从 1999 年 11 月中国科协向党中央和国务院建议制定和实施全民科学素质行动计划以来，到现在已经 5 年多了。五年来，我国改革开放和现代化建设的形势发生了很大变化。2002 年 6 月《科普法》颁布实施；2002 年 11 月党的十六大提出全面建设小康社会的目标，尤其是把提高全民科学文化素质作为重要目

标之一；2003 年 10 月党的十六届三中全会提出经济社会和人的全面协调可持续的科学发展观；2004 年 12 月召开的中央经济工作会议，胡锦涛和温家宝同志又再次强调了要把经济建设真正转移到依靠科技进步和提高劳动者素质的轨道上来。国家中长期科学和技术发展规划也把此项工作纳入了规划，在这样的新形势下，制订和实施全民科学素质行动计划，显得更为重要和紧迫。科协党组书记处在向中央书记处和国务院汇报时，把这项工作作为科协具有牵动性、全局性的工作进行汇报。中央和国务院领导都对全民科学素质行动计划给予了充分肯定，认为这项计划是把“三个代表”重要思想落实到现代化建设各个领域的实际行动，是贯彻落实科学发展观、推动经济社会全面协调可持续发展的战略举措，要努力把这项关系到人的全面发展、全民科学素质提高的战略任务抓紧抓好。

从国务院办公厅 2002 年 4 月正式复函的两年多来，中国科协认真落实国办批复精神，成立了由周光召主席任组长，中国科协、中组部、中宣部、发展改革委、财政部、教育部、科技部等 14 个部门组成的全民科学素质行动计划制订工作领导小组，于 2003 年正式启动了“计划”的研究和制订工作。近两年来，领导小组办公室组织开展了一系列的基础性研究，如组织北大、清华、北师大、中科院、社科院等 11 所高等院校、科研院所的 21 个研究团队，围绕我国公民科学素质建设的若干基础性问题进行研究，完成了 21 份研究报告；举办了公民科学素质国际论坛；着手计划《纲要》和《基准》有关文件的起草；在一些有条件的省市科协启动了第一批 25 个试点项目，取得了一些成果。

我们认为，全民科学素质行动计划既要着眼长远，更要抓紧当前，所以制定工作必须与“十一五”计划和国家中长期科学和技术发展规划相衔接。计划要加强针对性和可操作性，不能包罗万象，不要过于复杂，要简明扼要，突出重点，围绕今后一二十年关于提高公民科学素质的方向、标准、重点、手段、队伍建设、基础建设等问题，围绕科普工作中最重要、影响最大、最具有基础性意义的问题，提出具体行动目标和措施。国际上关于科普问题的观点和做法具有较强的一致性和通用性，可以结合国情加以充分借鉴。要抓紧制定工作的进程，力争今年完成计划制定工作。计划制定后，可争取由国务院负责领导计划的实施工作，成立相应机构，进行统一动员和部署，为实施计划提供保障条件。

（三）要加强科普能力建设，构建社会化科普服务平台

科普工作是科协工作的重要方面，大量的工作要依靠地方科协完成。做好今年的科普工作，我认为要把握好这样两点：一是要动员社会力量来做科普。科协承担着动员社会各方面的力量搞科普的任务。《科普法》规定了科协要支持有关社会组织和企业事业单位开展科普活动，因此我们不仅仅是把自己的精品工程做好，而且更重要的是加强与各方面的联系，动员全社会做好科普工作。二是要突出重点。科协开展活动要集成力量，做成精品，形成声势。因此每年的大型科普活动都要有一个重点，要提前策划，精心准备，务求实效，使活动有显示度，有吸引力，有更多的群众能够参加进来，受到教育。同时也可节约资源，提高效率。

加强科普能力建设，构建社会化科普服务平台，是动员社会力量做好科普工作的基础。国家中长期科学和技术发展规划纲要中提出了实施“国家科普能力建设工程”，科协已与科技部交换意见，希望能把科普的能力建设平台纳入大平台建设中。一是以建设国家科普精品资源库为核心，实施科普精品工程，繁荣科普宣传品的创作与生产。通过评选优秀科普作品、面向社会征集和直接抓一批科普精品，促进科普精品的创作与生产；以因特网为依托，建设国家科普宣传精品资源库，促进资源的整合与共享。二是促进科技馆等科普设施尤其是西部省级科技馆的建设。要会同国家发改委、建设部完成并颁布实施国家《科技馆建设标准》，规范科技馆建设，保证建设质量；继续配合地方努力推动西部地区省级科技馆的建设；继续向地方配发“科普大篷车”；采取一些措施促进地方中小科技馆和科普画廊的发展；继续以帮助基层科普组织提高科普能力为

重点，实施“西部科普工程”，开展面向社会择优资助科普项目等。三是加强科普志愿者队伍的建设。拟筹备成立中国科普志愿者协会，吸引更多的科技工作者、媒体工作者和其他社会有关人士加入到科普志愿者队伍中来。

除了加强科普能力建设，今年还有两项重点活动：

一是联合有关方面开展好全国科普日活动。全国科普日活动源于纪念和宣传《科普法》，因此时间定于6.29前后。在各级科协及学会的共同努力下，活动虽然只开展了两年，但已经取得了很好的效果，产生了一定的社会反响，呈现出良好的发展势头。由于6月底正值中小学复习考试时期，并且天气炎热，不利于群众性活动开展。根据一些地方科协的建议，经研究决定，从今年起，将全国科普日活动的时间调整到9月份，定为每年9月的第三个周末。中国科协党组在向中央书记处汇报工作时，中央书记处领导同志已表示将继续参加全国科普日活动，并形成制度。至立同志也表示要参加今年的科普日活动。今年的活动将以宣传科学发展观、纪念国际物理年、破除封建迷信为重点内容，以公众直接参与科普为基本活动方式，广泛开展形式多样的科普活动。

二是开好中国科协农村科普工作会议。在全党全社会高度重视“三农”工作的新形势下，为了进一步加强科协面向“三农”的工作特别是农村科普工作，中国科协去年就提出要召开这个会议。由于准备还不够充分，我们决定推迟到今年再开，具体时间视准备情况而定。会议的目的就是要在深入分析面临的新形势，认真总结过去工作的基础上，研究提出切实加强科协农村科普工作的思路和措施，力求开得实一些，不仅仅是一般性的号召。这项工作对加强基层尤其是县科协建设也有促进作用，开好这个会议是今年中国科协的一项重要任务，同时也是各级科协的共同责任。希望各地科协参与到会议的筹备中来，大家一起研究，总结经验，分析形势，提出新时期如何把农村科普工作推向新阶段的意见和建议，使会议能够有实效。

（四）以提高学术交流的质量和水平为核心，推动学会的改革与发展

学会是科协的组织基础。据统计，目前省级学会有3600多个，会员400多万。近几年来，中国科协积极推动全国性学会的改革，省级学会同样也需要不断深化改革。学会改革是为了学会的发展，学会改革和发展应该是相互促进的。我认为，做好学会工作，主要是要提高两个凝聚力，一是提高学会对科技工作者和会员的凝聚力，二是提高科协对学会的凝聚力。

首先，是要提高学会对科技工作者和会员的凝聚力。在去年底召开的全国性学会改革工作座谈会上，我提出提高学会对科技工作者和会员的凝聚力，重点是搭建三个平台：第一个是高水平的学术交流的平台。学会的活力和生命力在于它的学术交流的水平上，这个平台里面包括年会、研讨会、学术期刊、国际学术交流等，要能与国际同类学会接轨。对学会会员和科技工作者来说，学术交流是他们获得新的思想、知识、信息的重要途径，是其融入科学家共同体、并得到同行认可的重要方式，是拓展业务视野、提高工作能力、实现自身价值的重要渠道，这也是科技工作者自愿参加学会的重要目的。第二个是为经济社会发展服务的平台。因为科技工作者希望把自己的智慧才能更多地为社会服务，如在开展决策咨询、论证和建言献策方面，在促进科技与经济结合方面，在开展科普工作方面等，都能发挥重要的作用，以更好地体现科技人员的自身价值。第三个是为会员服务的平台。会员是学会的主体，是学会存在的基础和必要条件。也就是说，要以会员为本，民主办会。通过改革，促进这三个平台的形成，能够更好地增强学会对科技工作者和会员的凝聚力。

第二，是要提高科协对学会的凝聚力。虽然说学会由科协领导，但是学会实际上都有自己的挂靠单位，人、财、物都不归科协管，科协对学会的支持也十分有限。因此，各级科协都要树立为学会服务的思

想。在科协今年的工作中，应该认真研究我们能为学会做哪些事情。一是要加强调查研究，主要是针对在体制、机制和政策方面存在的共性问题，认真组织研究，选准突破口，推动相关部门制定学会改革配套政策，为学会创造良好的改革和发展的环境。二是要帮助学会拓展发展的空间，利用政府转移职能的时机拓展学会工作空间，如在科技奖励、评价，以及工程师资质认证等方面来帮助学会拓展空间。人事部准备把工程师资质认证工作作为整个职称改革的重要方面，牵头成立协调小组来做这件事，科协也积极参与其中，为学会发展创造条件。三是对学会的改革要坚持分类指导，对不同学会的改革要提出不同的要求。因为省级学会有3600多个，地市县还有大量的学会。学会各种情况不同，有搞基础研究的，有搞工程的，有的有明确的学科，有的是人的组织，比如说老科协，经济实力和条件也有较大差异，所以要分类指导，做好改革的工作。四是要支持学会参加国际组织，加强与国际科技组织和科技团体、科技工作者的联系。五是要加强对学会的管理，不能光讲发展，管理监督也是必须的，学会应该做能发挥自己特长的事情。六是科协机关所有人都要树立为学会服务的意识，而且要提供优质的服务，真正使科协成为科技工作者之家，成为学会之家。

四、几点希望和要求

当前，科协的工作正处在历史上最好的发展时期。党中央、国务院以及各级党委、政府对科协工作高度重视和关怀，为科协工作创造了良好的发展环境。我们要以此为动力，进一步做好科协的工作。

1. 要围绕中心，服务大局，统一思想，开拓创新

各级科协特别是领导干部要把思想真正统一到十六大，十六届三中、四中全会精神及中央书记处和国务院领导同志的指示精神上来，要认真学习，深刻领会，把握实质，增强贯彻落实中央精神的自觉性和坚定性；要增强大局意识，紧密围绕中心开展各项工作；要解放思想、转变观念、求真务实、开拓创新，不断推动科协工作的改革和发展；要加强领导班子的建设，形成一支政治强、业务精、作风好，有工作热情和奉献精神，能团结战斗的领导集体；要努力提高科协干部的学习能力，以掌握新知识、积累新经验、增长新本领，提高自身素质，开创科协工作的新的局面。

2. 要加强与有关部门的沟通、协调和合作

科协工作的性质任务决定了科协与有关部门有着广泛的联系。科协工作量大面广，任务繁重，且掌握资源较少。尤其是科普工作，涉及到各个部门、各个领域、各种对象，仅靠科协的力量是无法做好的。科协过去所开展的有影响的活动，都是与有关部门合作的结果。因此，要继续加强与各有关部门的联系、合作，积极争取有关部门对科协工作的理解和支持。我刚从科技部来，也了解到过去有部分地方科协与科技行政部门的关系不够协调，甚至有一些矛盾，要改变这种状况。首先要从中国科协做起，从省科协做起。科协工作与科技行政部门的工作有着十分密切的关系，加强双方的合作，能够更好地发挥各自的优势，对科协工作有很大的促进作用。我也希望看到在新的一年里关系能有不断地改善，工作能有更大的发展。同时，要充分利用社会资源，做好有关工作。

3. 要加强科协的组织建设

目前省、市、县三级科协组织已达到3400多个，这是我们做好工作的组织保证。科协的活力主要取决于各级组织的实力和凝聚力。因此，要把科协组织建设放在重要位置，尤其是要加强县级科协自我发展的能力。县级科协工作是全国科协工作全局中的重要组成部分，是科协工作的基础。县级科协的经济实力、活动能力和发展潜力，直接关系到科协系统贯彻落实中央各项方针政策和完成各项重点任务的能力和水平。加强县级科协工作，是落实科学发展观的重要内容，也是解决“三农”问题的重要举措。因此，

各级科协要把县级科协工作摆在重要议事日程，定期进行研究，帮助他们解决工作中遇到的困难和问题，促进县级科协的持续健康发展。要努力做到哪里有科技工作者，科协的工作就要做到哪里；哪里科技工作者比较密集，科协的组织就要建到哪里。积极发展企业科协和非公有制企业科协。

4. 要树立服务意识

各级科协尤其是领导同志都要树立服务意识。上级科协要为下级科协服务，同级科协要为学会和直属单位服务，科协组织要为广大科技工作者服务。特别是领导同志要深入下去，了解实际情况，帮助解决各种困难和问题。通过热心服务，增强科协的凝聚力和向心力，使科协科技工作者之家的形象更加突出，科技工作者的认同感不断提高。

同志们，新的一年面临新的形势和新的任务，对我们的工作提出了更高的要求。我们要紧密地团结在以胡锦涛同志为总书记的党中央周围，高举邓小平理论和“三个代表”重要思想的伟大旗帜，解放思想、实事求是、与时俱进、开拓创新、振奋精神、扎实工作，努力开创地方科协工作的新局面，为全面建设小康社会做出新的更大的贡献。

在中国科协第六届全委会第五次会议闭幕式上的讲话

（2005 年 1 月 26 日）

邓　楠

各位委员、同志们：

在各位委员和同志们的共同努力下，六届五次全委会议完成了各项议程，就要闭幕了。会议传达了中央书记处对科协工作的意见；王兆国同志到会讲话，对科协工作提出具体要求；陈至立同志亲自到会，体现了国务院对科协工作的关心和支持。全委会议对过去一年的工作进行了认真总结，按照中央的精神，对2005 年的工作做了全面部署。我是第一次参加科协的全委会议，深感科协的工作光荣、艰巨。全委会议增选我为全国委员会副主席和常委，我感谢同志们的信任，也深感责任重大。我有信心，在党中央、国务院的领导下，在光召主席和科协常委会的直接领导下，在各位委员和同志们的支持下，按照中央的要求，努力完成科协的各项任务，不辜负中央和广大科技工作者的信任和希望。

2004 年，各级科协及所属团体坚持以邓小平理论和“三个代表”重要思想为指导，认真贯彻落实中央书记处指示精神，在光召主席和以玉台同志为班长的党组书记处的领导下，做了许多有影响、有实效的工作，取得了显著成绩，受到了中央的肯定和广大科技工作者的认同。特别是玉台同志在科协工作了十年，使科协工作上了一个大台阶，工作局面有了很大改观，这为科协事业的持续发展打下了一个很好的基础。我们要在此基础上继续努力奋斗，不断开创科协工作的新局面。

2005 年，我作为科协党组书记处的一名新的成员，要在中央和科协常委会的领导下，团结书记处的同志，认真履行职责，与大家一起，尽职尽责地完成全委会议所部署的各项任务，为推动社会主义物质文明、政治文明和精神文明建设，构建社会主义和谐社会做出新的贡献。

要切实履行桥梁纽带职责，竭诚为广大科技工作者服务。要把实现好、维护好、发展好广大科技工作的根本利益作为衡量科协工作的重要标准。要认真了解和把握新形势下科技工作者的基本状况和思想动态，及时准确地向党和政府反映科技工作者的呼声和要求，努力把科技工作者的积极性、主动性和创造性引导、调动到现代化建设事业上来，进一步营造尊重劳动、尊重知识、尊重人才、尊重创造的社会氛围，努力建设好“科技工作者之家”。

要充分依靠全国性学会、各级科协和广大科技工作者做好科协的工作。科协工作量大面广，任务繁重，仅靠少数领导或机关的同志，都是无法做好的，必须把大家的积极性都调动起来，发挥大团体的优势，才能做好科协的工作。目前全国性学会有190个，各级科协有3400多个，这是科协最雄厚的组织资源，也是科协完成任务的组织保证。中国科协要充分依托这支力量，做好为团体服务的各项工作。同时，全国性学会和各级科协都要按照全委会议的部署，结合各自的实际，团结组织广大会员和科技工作者，努力完成全委会议确定的各项任务。

要突出重点，努力抓好带有牵动性、全局性的重要工作。要把抓紧制定和实施全民科学素质行动计划作为今年最重要的工作。在向中央书记处和国务院汇报工作时，中央和国务院领导都对全民科学素质行动计划给予了充分肯定，认为这项计划是把“三个代表”重要思想落实到现代化建设各个领域的实际行动，是贯彻落实科学发展观、推动经济社会全面协调可持续发展的战略举措，要努力把这项关系到人的全面发展、全民科学素质提高的战略任务抓紧抓好。这项工作对科协来说具有牵动性、全局性，是科协工作的重中之重。这项工作不仅是科普工作，也涵盖了科协工作的其他方面。要在光召主席任组长的全民科学素质行动计划制定工作领导小组的领导下，与有关部门密切合作，抓紧计划的制定工作，将计划与国家中长期科学和技术发展规划纲要及“十一五”计划相衔接，提出明确的、可操作的目标。要加强科普能力建设，构建社会化科普服务平台，动员社会力量做好科普工作。要加强科技人才队伍建设，构建科技人才服务体系；要以学术年会为龙头，提高学术交流的质量和水平，促进学会的改革与发展；要进一步加强参加国际科技组织的工作。

要加强与有关部门的联系和合作，实现大联合、大团结。科协的工作与许多部门都有着广泛的联系。各部门都有自己的特点和优势，只有加强联系，密切合作，才能集成资源，优势互补，形成合力。尤其是科普工作，涉及到各个部门、各个领域、各种对象，更需要大联合、大团结。科协过去所开展的有影响的活动，都是与有关部门合作的结果。因此，要继续加强与各有关部门的联系和合作，积极主动争取有关部门对科协工作的理解和支持，为科协事业发展创造好的外部环境。

要以求真务实和开拓创新的精神抓好各项工作。解放思想，实事求是，与时俱进，是我们党一以贯之的思想路线。科协作为科技工作者的团体，以宣传科学思想，弘扬科学精神为己任，应带头执行好这条思想路线。我们的工作要努力体现时代性，把握规律性，富于创造性，在继承的基础上不断创新发展；要按照全委会的工作部署，狠抓工作的落实。实干兴邦，清谈误国。工作是靠大家共同努力干出来的。要把今年的工作认真进行分解，逐项进行落实。要提倡勤于思考，勇于探索，重实际、说实话、办实事、求实效。要坚持理论联系实际，转变工作作风，大力加强调查研究工作，总结经验，探索规律，指导工作，解决问题。要改进领导方式和工作方法，改进会风和文风。要力戒形式主义，反对弄虚作假。

同志们，在新的一年里，我们要更加紧密地团结在以胡锦涛同志为总书记的党中央周围，以邓小平理论和“三个代表”重要思想为指导，全面贯彻十六大、十六届三中、四中全会精神，搞好党员先进性教育，扎实工作，开拓进取，以新的精神风貌创造新的业绩。

我国人民的传统节日春节即将到来，在这里给大家拜个早年，祝大家新春愉快，身体健康，阖家欢乐。

谢谢大家。

在中国科协农村科普工作会议上的工作报告

（2005 年 10 月 17 日）

邓　楠

同志们：

几天前，刚刚闭幕的中共十六届五中全会，是我国发展进程中一次重要的会议。全会通过的《中共中央关于制定国民经济和社会发展第十一个五年规划的建议》，站在历史的新高度，从战略全局出发，制定描绘了我国在新世纪第二个五年经济社会发展的宏伟蓝图，是动员全党和全国各族人民全面建设小康社会、加快推进社会主义现代化的纲领性文件。我们这次农村科普工作会议，是在全党全国人民深入学习贯彻十六届五中全会精神的新形势下召开的，也是近十年来中国科协召开的第一次农村科普工作会议。会议的主要任务是学习贯彻党的十六届五中全会精神，全面贯彻落实科学发展观，总结近年来的农村科普工作，分析面临的新形势，讨论《中国科协关于进一步加强农村科普工作的意见》，研究部署今后一个时期的农村科普工作，同时对农村科普工作先进集体、先进个人进行表彰。希望通过这次会议达到进一步转变农村科普工作观念、明确农村科普工作思路、创新农村科普工作模式、提高农村科普工作质量。统一思想、振奋精神，明确任务，全面推进农村科普工作，努力开创农村科普工作新局面。国务院及中央有关部委对农村科普工作及这次会议十分重视，陈至立国务委员将到会做重要讲话，科技部、农业部、财政部、中组部、中宣部、国家民委等部门派代表出席会议。让我们向陈至立国务委员，向有关部委的同志表示衷心的感谢。

下面，我代表中国科协书记处向大会做工作报告。

一、农村科普工作的简要回顾

近年来，我国的农村科普事业按照党和政府关于全面建设小康社会的总体部署，围绕解决好“三农”问题，不断取得新的进步。在党和政府的领导下，科协和社会各个方面都更加重视农村科普工作，积极投入，广泛参与，取得了一定的成效。广大农民和农村青少年学习科技的积极性不断增长，科学素质有所提高，农村科学文明的社会氛围进一步形成。同时，农村科普的服务能力有所加强，农村科普工作的整体环境有了较大改善。

1. 群众性、社会性、经常性的科普活动广泛开展，激发了科技工作者和广大农民、农村青少年参与科普的积极性。

科普宣传、科技下乡活动覆盖面广。全国科普日、科技活动周、科技培训、青少年科技传播行动、百名科技大王下乡、科技宣讲团、科普报告希望行、科普之冬（春、夏）等科普活动广泛开展，有些已经成为农村科普的品牌活动，社会影响不断扩大；面对“非典”和“禽流感”等突发事件，中国科协配合各个相关部门及时通过多种形式面向农村开展科普宣传，下发了近千万份科普资料，发挥了积极作用；许多地方长期坚持开展富有特色的科技下乡活动，仅以 2004 年为例，各级科协及所属团体就组织科技下乡活动4.7万次，动员科技工作者40.2万人次，覆盖乡镇4.3万个，受益农户1861万户。

科技培训多方参与。近几年，面向广大农民和农村基层干部的科技培训发展迅速，形成了多方参与的局面。全国农村党员干部现代远程教育试点工作稳步进行，并以此为契机进一步加强了农村科普工作。从2001年到2003年，各级科协与组织部门共培训农村党员基层干部1494万人次，提高了广大农村党员干部的科技素质和带领群众依靠科技致富的本领。通过培训有133万人达到了农民技术员、农民技师、农民经济师以上水平，468万人掌握1～2门适用生产技术和经营管理知识；中央农业广播电视学校覆盖全国农村，已具有2.3万个乡镇教学班的规模，开设了种植、养殖、农业经济管理、农业工程等近50个专业、300多门课程，涵盖了农业和农村经济的各个领域；中国农村致富技术函授大学及各地分校，2004年招生培训学员50万人。通过广泛开展的科技培训，广大农民的科学文化素质有所提高。

科普工作的内容和方式不断有所创新。一些地方通过积极参与远程教育试点，推动工作发展，湖南常德市科协在试点中重点抓好乡土课件开发和教辅队伍建设，为提高培训的效果发挥了独特作用。一些地方通过承担国际合作项目带动科普工作，内蒙古等14个省区科协与联合国儿基会合作在46个贫困县建立了230多所乡村学习中心，开展提高农村青少年生活能力的培训。一些地方通过大协作主动承担科普任务，湖北省科协配合有关部门开展农村劳动力转移职业技能培训。一些地方有针对性地策划特色活动，青海省根据少数民族地区的实际状况，开展宗教人士科技培训；河北、安徽、宁夏等地每年举办农展会，促进基层农技协之间的交流与合作；江苏等地科协设立农业科技服务“110”热线；福建南平市建立科技特派员下乡制度；黑龙江开展农民科技致富大王竞赛活动；山东济宁开办了“坷垃网”为农民群众提供信息服务，坷垃网在全市80%的乡镇中建立了服务站。许多学会发挥优势开展农村科普工作，中国农学会经常组织专家为农民开展科技培训和服务；中国计算机学会的青年科学家在山西吕梁地区建设希望小学，并多年坚持培训那里的科技教师。各级科协还利用相关社会资源建设科普示范基地，目前，中国科协命名了98个全国农村科普示范基地，各级科协及所属团体建立农村科普示范基地3.4万个。

农民和农村青少年参与科普的积极性、主动性进一步增强。通过群众性、社会性、经常性的科普活动和科技实践活动的引导，他们对于科学知识、生活技能和生产技术有了更加迫切、更加明确的需求，并更加积极主动地参加科普活动。在最近针对14～18岁农村校外青少年的科普调查中显示，半数农村青少年将种植技术、养殖技术和计算机技术等列为与其谋生相关的科普需求的前三位。他们对最喜欢看的科普图书的选择排在前六位的是：科学文化（53.2%）、健康教育（44.1%）、卫生知识（40.7%）、自然科学（37.0%）、农业技术（34.9%）和信息技术（31.9%）。同时，相当多的农村青少年对于可以动手参与的培训、与专家进行面对面沟通的科技讲座、科普专题展览、科技夏令营和科普大篷车等形式的科普活动表示认可。

2. 更加重视农村科普队伍、设施、资源建设，科普服务能力得到加强。

农村科普队伍不断发展。目前，全国县、乡、村科普专兼职人员有89.8万人。各地充分发挥科技工作者为“三农”服务的积极性，发展壮大农村科普队伍。据不完全统计，目前全国各级农村实用技术讲师团（服务团、咨询团）总人数约9.8万人。江苏连云港市科协实施“百名教授科教兴百村小康工程”，组织科技工作者与乡村科普工作对接；云南曲靖市科协建立了农村科技员、科普员、致富带头人等三支活跃在乡村的科普队伍。农村科普组织网络初步形成，除县级科协外，已建立了乡镇科协（科普协会）3万个、村科普小组47万个、农村专业技术协会11.7万个。

农村科普设施和资源建设得到加强。各级科协想方设法争取有关方面的支持，吸纳社会资源，发展农村科普设施，开发农村科普资源。现在全国共建有科普画廊6千余个，乡、村科普橱窗（板报）20多万个，乡村科技活动中心、科普图书室20多万个。中国科协在财政部的支持下，已为地方配备了68辆“科普大篷车”，这68个“流动科技馆”把互动式科普展览送到广大农民和农村青少年身边，为我国科技馆事业走出中心城市进入边疆、农村探索了一条新路。11支少数民族科普工作队装备了数字化科普资料制作和宣传设备；中西部近20个省级科协配备了科普展览和宣传品制作设备。中国科协声像中心制作的《科普大篷车》电视科普节目，进入公共传播平台，免费向600多个县、市电视台提供播放节目；许多地方也开办了与大众传媒合作的科普栏目。山东、山西两省科协积极与省财政厅联合实施了“科普村村通”工程和“科普惠农行动”。

通过加强基层科普队伍、设施和资源建设，农村科普服务能力和工作质量整体上有较大提升。

3. 贯彻落实《科普法》，全社会重视农村科普工作的局面初步形成。

《科普法》颁布后，社会各个方面对农村科普工作更加重视，农村科普的整体环境有了较大改善。各级科协积极争取党委、政府的领导和有关部门的支持，各地相继出台了一系列有关科普工作的政策性文件。全国近三分之一的省（区、市）制定了进一步加强科普工作或加强科协工作的意见。部分省、区制定了科学技术普及条例，河北等出台了鼓励科普事业发展的相关优惠政策。科普示范县（市、区）创建活动，调动了地方党委、政府抓科普工作的积极性，在全国408个科普示范县（市、区）中，普遍形成了党政抓总、科协牵头、各部门配合、全社会参与的科普工作氛围。河南等地召开全省科普示范县创建工作会议，交流经验、表彰先进；重庆市开县科协通过创建全国科普示范县，将科普工作纳入到党政部门的考核管理目标中。各地还因地制宜地开展了科普示范乡（镇）、村，科普示范学校等创建活动。农村专业技术协会的发展得到社会各个方面的支持。各地科协把为农技协服务作为一项重要的工作，云南、四川等省（区、市）以省委、省政府两办文件的形式下发了推进农技协等农民专业合作经济组织发展的政策性文件，促进农技协的发展。

同志们，多年来，各级科协及所属团体组织广大科技工作者、科普工作者和科普志愿者默默耕耘、无私奉献，为农村科普工作付出了心血和汗水，做出了巨大贡献。这次会议上，中国科协将对农村科普工作先进集体、先进个人进行表彰。在此，我代表中国科协，向各级科协及所属团体在农村科普工作中取得的成绩表示祝贺！向长期战斗在农村科普工作第一线的广大科普工作者、科技工作者和科普志愿者致以崇高的敬意！向长期支持农村科普工作的各级党委、政府和有关部门、团体表示衷心的感谢！

在我们充分肯定成绩的同时，也一定要清醒地看到，农村科普工作的困难和问题还很多，我国农民和农村青少年能够享有的科普资源少、参加科普活动的机会更少。目前，全国农村科普工作发展很不平衡，总体上仍然十分薄弱，突出的困难和问题是：

第一，农村科普工作的观念和机制不适应。虽然近年来农村科普工作的观念随着形势发展不断更新，新机制在探索中有所进展，但观念和机制问题仍然相当突出，不能适应农村经济社会日新月异发展的需要。主要表现为：社会大动员、大合作的观念尚未树立；社会化、开放性、外向型的农村科普工作机制尚未形成；符合市场经济规律和公益性事业发展要求的新型农村科普服务体系尚未建立；调动广大农民参与科普主动性、积极性的措施和办法不多，动员科技工作者服务农村科普的政策和措施不力，社会广泛参与的程度不高。

第二，农村科普资源匮乏，并缺乏共享。科普资源开发力度不够，资源共享平台建设较慢，科普信息不能有效共享。目前已经建立的科普画廊、橱窗大多不能实现每个季度更换一次内容。截止目前纳入中国科协科普资源库的科普挂图仅有21套，而且只有少数省（区、市）使用了入库的资源。同时，各地在资源开发中存在低水平重复的现象。

第三，农村科普服务能力和创新能力薄弱、手段落后、队伍素质不高。科普工作上联下达、需求反馈的信息渠道不畅，根据农民和农村青少年需求策划的互动型活动在科普活动总量中比例不高，科普活动的质量需要进一步提高。相当数量的县（市）科协工作条件差，科普设施缺乏，科普队伍能力亟待提高。

第四，农村科普投入不足。今年上半年，中国科协对农村科普工作进行了一次较全面的调查。调查表明，全国人均科普经费只有0.16元。县级科协年科普专项经费不足5万元的有1271个，占64.9%。其中不足1万元的有639个。

二、农村科普工作面临的新形势

当前，我国正处在全面建设小康社会的关键时期。在我们研究部署新时期农村科普工作的时候，必须对面临的新形势有清醒的认识。

1. 全面落实科学发展观对科普工作提出了新的更高的要求。

党的十六届三中全会提出以人为本，全面协调可持续的科学发展观，四中全会提出构建社会主义和谐社会，五中全会进一步强调坚持以科学发展观统领经济社会发展的全局，加强和谐社会建设。这些就是我们面临的最大的形势。要以科学发展观统领经济社会发展的全局，首先需要在全社会大力宣传科学发展观，使科学发展观成为全民族的共识和自觉行动。这是当前一项十分重要和紧迫的任务。科普工作的任务是普及科学技术知识、弘扬科学精神、传播科学思想和科学方法。宣传科学发展观是科普工作义不容辞的责任。胡锦涛同志去年在两院院士大会上指出："把宣传和普及科学发展观作为科学普及工作的重要内容"。中央书记处也明确要求"各级科协要充分发挥科协拥有遍布城镇和农村的组织网络优势，运用科协长期面向社会开展科普工作的丰富经验，大力宣传科学发展观，使之家喻户晓、深入人心。"这是科普工作的历史使命和光荣任务，也是摆在我们面前的重大课题。

2. 转变增长方式和建设创新型国家对科普工作提出了新的更高的要求。

党的十六届五中全会提出把转变增长方式作为"十一五"时期的战略重点，使经济增长建立在提高人口素质、高效利用资源、减少环境污染、注重质量效益的基础上；继续实施科教兴国战略、人才强国战略，把增强自主创新能力作为科学技术发展的基点和调整经济结构、转变经济增长方式的中心环节，努力建设创新型国家。转变增长方式和建设创新型国家都必须以提高劳动者素质，提高全民族素质为基础。只有全民族的素质在整体上与转变增长方式和建设创新型国家的要求相适应，我们的目标才可能达到。提高全民族的科学文化素质是科普工作的根本目标和任务，一定要在促进经济增长方式的转变、建设创新型国家，把我国从人口大国转变成人力资源强国中发挥积极作用。这既是科普工作的重要任务，也是对科普工作的更高要求。

3. 建设社会主义新农村对农村科普工作提出了新的更高的要求。

解决农业、农村和农民问题，是全党工作的重中之重。党的十六届五中全会把建设社会主义新农村作为"十一五"一项重大战略任务。要建设生产发展、生活宽裕、村容整洁、乡风文明、管理民主的社会主义新农村，提高广大农民的素质，特别是科学文化素质是关键。目前，我国农村人口平均受教育年限不足7年，农民中小学文化水平和文盲比例较高，远不能适应建设社会主义新农村的要求。如果农民的整体素质不能提高，建设社会主义新农村就会是一句空话。农村科普工作是提高农民和农村青少年科学文化素质的重要途径之一，理应为此做出贡献。近年来，党和政府以及社会各界对提高农民的科学文化素质越来越重视和关注，可以预见，对农村教育、农村科普等提高农民素质工作的重视程度和支持力度将会进一步加大。这既为科普工作带来了难得的发展机遇，也提出了新的更高的要求。

4. 农民群众对科普的需求日益增长对农村科普工作提出了新的更高的要求。

伴随着我国农村经济社会发展的步伐，广大农民对科学技术普及的需求日益高涨并呈现多元化趋势。在继续对发展现代农业所需的种植、养殖和加工技术特别是绿色农业及其相关科学知识保持旺盛的需求以外，对于涉及向非农产业转移的制造业、服务业等基本职业技能和法律法规、劳动安全、城市生活等方面的培训，也呈现出日益迫切的需求。与此同时，随着生活水平的提高，农民非常渴望学习更多关于环境保护、卫生健康、食品营养等方面的知识。广大农民十分渴望依靠科技致富、提高生活质量、拓展发展空间，对提高自身科学文化素质的需求越来越强烈，接受教育、参与科普等活动的积极性不断高涨。同时，因为对个人发展预期和所处环境的不同，农民对提升自身科学文化素质的需求呈现出多样化的趋势。

分析面临的形势，我们可以清楚地看到，农村科普工作有着广阔的发展空间，迎来了难得的发展机遇，面临着更高的要求。我们要增强使命感和责任感，根据新形势，提出新思路，采取新措施，乘势而上，迎难而进。

三、农村科普工作的总体思路

今年年初，中国科协六届五次全委会在对科协工作现状进行深入分析的基础上，提出了“三个服务，一个加强”的工作定位，得到中央书记处的充分肯定和各级科协的认同。前不久，中国科协会同13个部门制定了《全民科学素质行动计划纲要》，已按照程序上报国务院审议。《计划纲要》中提出了十六字方针，即政府推动，全民参与，提升素质，促进和谐。农民科学素质行动和未成年人科学素质行动是其中的两项重要任务。贯彻实施《计划纲要》将会有力地推动我国公民科学素质建设，推动科普事业的发展，促进全民族科学素质的提高。农村科普工作是科普工作的重点、难点和薄弱环节。根据农村科普工作面临的新形势，结合在农村落实“三个服务，一个加强”和将来贯彻实施《计划纲要》的要求，我们应当首先明确农村科普工作的指导思想，在总体上理清工作的思路，准确把握工作的定位。

当前和今后一个时期，农村科普工作的指导思想是：以邓小平理论和“三个代表”重要思想为指导，全面贯彻落实科学发展观，围绕为经济社会全面协调可持续发展服务、为科技工作者服务、为提高全民族科学文化素质服务的根本任务，贯彻实施《全民科学素质行动计划纲要》，紧密结合“三农”工作实际，普及科学技术知识，弘扬科学精神，传播科学思想和科学方法，提高广大农民和农村青少年的科学文化素质，为建设社会主义新农村做出更大贡献。

农村科普工作的总体思路与定位，应当从以下几个方面来把握。

1. 坚持以科学发展观统领农村科普工作，促进科学发展观在农村的树立和落实。

科学发展观是指导发展的世界观和方法论的集中体现。一方面要贯彻坚持以科学发展观统领经济社会发展全局的精神，以科学发展观统领科普工作。另一方面要把宣传科学发展观作为科普工作包括农村科普工作的重点内容，大力宣传科学发展观，使之在广大农村家喻户晓、深入人心。科学发展观的核心是以人为本。必须坚持发展为了人民、发展依靠人民、发展成果由人民共享，不断实现好、维护好、发展好最广大人民的根本利益。要坚持把最广大人民的根本利益作为一切工作的根本出发点和落脚点。

面向农民宣传科学发展观要结合建设社会主义新农村的要求和农村的特点。要重点宣传和普及保护生态环境、节约水资源、保护耕地、卫生健康，倡导文明社会、移风易俗和反对愚昧迷信、陈规陋习等观念和知识。

2. 把农民和农村青少年作为农村科普工作的重点对象，发挥他们在科普中的主体作用。

由于我国农村人口的现状十分复杂，农村科普工作的力量和资源有限，因此必须突出重点。今后一段时期，农业生产第一线农民是农村科普工作的首要对象，他们直接从事种植、养殖和农产品加工等农业生产，关系到国计民生，提高他们的科学文化素质对解决“三农”问题至关重要。其次，农村青少年是一个人数众多的群体，对于未来农村人口素质的提高，对于农村经济发展和社会进步有着非常重要而长远的意义，因此，必须将农村青少年作为农村科普工作长期的重点对象。要通过有效的措施，使农业生产第一线的农民参与科普教育的途径明显增多，使农村青少年人人享有接受科普教育的机会。

要把农民和农村青少年作为农村科普的主体，围绕他们的实际需求，调动他们参与科普的积极性，在参与中提高科学素质。当前，要着重提高农民和农村青少年四个方面的能力，即：提高农民获取科技知识和依靠科技脱贫致富、发展生产、保护环境、改善生活质量的能力；提高农村富余劳动力向非农产业和城镇转移就业的能力；提高农村青少年学习科学知识、运用新技术、健康成长、科学生活的能力；提高广大农民反对愚昧迷信，革除陈规陋习，识别和抵御邪教的能力。

3. 把搭建社会化科普服务平台、动员全社会力量共同开展科普作为主要工作方式，发挥好科普工作主要社会力量的作用。

科普工作量大面广，工作领域非常宽，需要大量经费投入和其他资源，光靠科协的力量是做不好科普工作的，必须把全社会的力量都调动到科普工作中来。《科普法》明确科协是科普工作的主要社会力量。一方面，科协是主要社会力量，就说明还有其他社会力量，大家共同参与，也才显示出我们的“主要”。另一方面，主要社会力量这个“馅饼”不是从天上掉下来的，要靠我们用工作把它变为现实。发挥科普工作主要社会力量的作用，关键不在于我们自己直接面向公众做多少具体的科普工作，而在于能否动员起社会各部门、各方面的力量共同把科普工作做好。这才是最重要的。这个理念要贯穿于科协科普包括农村科普的全部工作之中。

动员更多的力量来共同开展科普，就需要搭建社会化科普服务平台，这个平台是为社会各方面开展科普提供服务的，核心是形成科普工作的合力，实现各类科普资源的共享。科协系统有人才、智力和组织、网络等方面的优势，有长期开展科普工作的经验，是有能力搭建这样的平台的。

4. 把提高基层科普服务能力作为突破口，逐步建立和完善农村科普工作的长效机制。

搭建社会化的科普服务平台并长期有效地发挥作用，需要具备足够的能力，形成长效机制。目前，农村科普工作总体上还比较薄弱，动员社会、集成资源、服务基层的能力不强，尚不能满足广大农民接受科普教育、提高自身素质的迫切需求，必须逐步改变这种状况。提高科普服务能力是各级科协都面临的艰巨任务，在基层尤为突出。因此要把提高基层的科普服务能力作为突破口。

科普服务能力主要体现在科普组织和队伍、科普设施和手段、科普资源等方面。如果我们有完善的科普组织网络，有规模宏大、素质较高、较为稳定的科普队伍；有大量固定的、流动的、共享的科普设施和科普手段，并且能够有效发挥作用；能够为基层提供适应需求、数量充足、内容丰富的科普资源，并辅以及时反馈广大农民和基层科普工作者需求的信息网络，就基本具备了适应农村科普事业发展的服务能力，就能形成工作的长效机制，为广大农民和农村青少年提高科学素质提供更多的途径和机会。

四、农村科普工作的重点任务

根据上述思路，结合我们的工作实际和工作基础，当前和今后一个时期，要重点抓好以下工作。

1. 围绕宣传科学发展观，广泛开展群众性、社会性、经常性的科普宣传活动。

科普宣传活动是增强广大农民和农村青少年科技意识，在农村营造崇尚科学、追求知识、科技致富、文明生活的良好社会风尚的有效形式，是动员社会力量共同参与农村科普的重要平台。要在农村开展好全国科普日、科技活动周、“大手拉小手”青少年科技传播行动等全国性的科普活动，开展好“科普之冬（春、夏）”、科普大集、科技下乡等区域性、综合性科普活动，开展好科技专家服务“三农”、“科技大王”下乡等特色科普活动，努力把它们培育为效果显著、有一定社会影响的科普活动品牌。鼓励和支持农村基层科普组织、社会团体、企事业单位和农民开展形式多样、生动活泼的科普活动。

要联合有关部门、团体共同开展活动，组织动员更多的科技工作者、吸引更多的企事业单位参与活动，共同为农民提供科普服务。要注重科普宣传活动策划，在活动内容和形式方面体现农村的特点。要对活动效果进行评估，把农民参与和满意程度、动员社会资源的程度作为主要的评价指标。中国科协负责每年对全国性科普宣传活动的主题进行策划，并开发相应的科普资源，各级科协及所属团体要围绕主题，结合当地农村特点开展形式多样的宣传活动，开发具有当地特色的乡土科普宣传品。同时，要及时总结推广宣传科学发展观的典型事例和经验，不断推进和深化这项工作。

2．充分利用各类农村教育培训资源，加强农民科技培训工作。

科技培训是广大农民和农村青少年学习科学知识和实用技能、提高依靠科技发展生产和科学生活能力的重要途径，是农村科普工作的主要方式之一。当前，有关党政部门和社会团体都在开展面向农民的培训工作，各级科协及所属团体要依据自身特点和优势，搭建科技培训服务平台。首先，中国科协将依据《计划纲要》，会同有关方面制定《农民科学素质教育大纲》，指导面向农民的科技培训工作。各级科协及所属团体要依据《大纲》和当地的培训指导计划，结合农民和农村青少年的实际需求，结合本地农村产业结构、特色经济、富余劳动力转移的要求等实际情况，编写好乡土教材，为各类科技培训提供教材和培训内容服务。其次，要主动与有关部门加强合作，积极参与到农村党员干部现代远程教育试点、农村基层党员干部实用技术和市场经济知识培训、“阳光工程”、“科技入户工程”等国家重点培训工作中来，承担工作，提供服务。特别是农村党员干部现代远程教育试点工作，一定要参与其中，主动承担并完成好教学资源开发和教学辅导等任务。第三，以科技、教育工作者和农民技术骨干为主体，建设一支专兼职结合、相对稳定的培训师资队伍，既满足科协开展科技培训的需要，也为各类农民科技培训提供服务和支持。

3．深化科普示范县、示范乡镇、示范村创建活动。

科普示范县（市、区）创建活动之所以受到各地的重视和欢迎，主要原因就在于它把科普工作与地方党政的中心工作有机地结合起来，整合了全社会的科普资源，全面推进了县域科普工作。要根据新的形势和任务的要求，深化创建活动。

总体上讲，要按照本次会议的精神和将来发布实施的《计划纲要》的要求，以提高县域公众科学素质和促进科学发展观的贯彻落实为根本任务，继续坚持“党政抓总、科协牵头、部门协作、社会参与”的原则，提高创建质量。科普示范县要带头贯彻落实本次会议的精神，带头贯彻实施《计划纲要》，率先实现农村科普的目标要求。要强化科学普及与科技创新成果转化是基层科技工作的两个重要方面的认识，把创建工作纳入县域科技工作全局，纳入当地经济社会发展规划。中国科协将与科技部共同合作，加强在县域科技工作中的协调配合，逐步把创建科普示范县作为实施“科技富民强县”计划的重要基础条件。

“十一五”期间，将主要从两个方面加强和深化创建工作。一是鼓励更多的县（市、区）参加创建活动，力争到2010年全国科普示范县总数达到800个左右。二是完善创建标准，加强工作指导，实行动态管理。指导和支持科普示范县发挥好示范、带动、辐射作用。中国科协将创造条件，与省、市科协一道对全国科普示范县的优秀示范项目予以支持。对所有全国科普示范县实行动态管理，对不能发挥示范带动作用的示范县要取消资格，保证科普示范县的质量。

省、市、县科协要借鉴科普示范县创建工作的做法，广泛开展科普示范乡镇、示范村、示范社区等创建活动。

4. 加强对农技协的服务和指导，使其成为带动农民依靠科技致富的重要力量。

农技协是农民在自愿互利的基础上成立的、实行民主管理和民主决策的互助组织。农技协通过科技培训、示范，运用推广农业新技术、新品种，共同开拓市场等活动，促进了农村产业结构调整和农村经济的发展，带动了农民收入的提高，显示出了强大的生命力。各级科协及所属团体在培育农技协发展过程中发挥了重要的作用，可以说功不可没。随着农技协的发展，现在有更多的部门、力量也对农技协予以支持，这当然是好事，对农技协的发展是有利的，我们表示欢迎，并欢迎更多的力量都来支持农技协。

各级科协要以服务为本，从两个方面做好工作。一是发挥科技人才荟萃的优势，组织所属团体和科技工作者帮助、服务农技协发展。要支持涉农学会等科技社团和科技工作者，与农技协建立相对固定的合作联系，根据对口农技协的需求，开展科技、信息等服务和咨询，培训农技协技术和管理骨干，组织开展农技协之间的交流、学习活动，提高协会的可持续发展能力。中国科协将建设农技协技术信息服务网络，为各地农技协提供技术信息服务。地方科协可以结合本地实际，开展农技协产品推介会、技术交流会、技术信息服务等活动。二是要支持农技协开展科技示范、普及先进适用技术，带动会员农户和农民群众走共同富裕的道路。

5. 围绕素质教育和思想道德教育，加强农村青少年科普教育。

农村青少年科普教育是提高农村青少年素质的重要渠道。要紧密围绕推进素质教育和未成年人思想道德建设，积极组织科技工作者参加农村科学教育资源建设和农村科技教师、科技辅导员培训。充分利用和发挥科技馆、科普大篷车、科普示范基地和青少年科技教育基地等未成年人校外科技活动场所的重要作用，使校外科技活动与农村学校科学课程相结合并有效衔接。广泛开展科技实践活动，激发农村青少年的科学兴趣，提高他们学习新知识、运用新技术、健康成长、科学生活的能力。开展农村中学毕业生科技培训，使他们成为农村科普新的生力军、农村科技致富新的带头人、进城务工新的技术骨干。

中国科协要加强与教育、科技等方面的联合与协作，促进形成科教联手策划和实施农村青少年科普活动、开发和共享科教资源的机制；积极开拓青少年科普活动和科技教育的新项目，并使这些项目所提供的支持向农村倾斜；加大农村基层科协青少年科普工作者和农村科技辅导员培训的力度，“十一五”期间每年培训500人，同时支持各级科协开展农村科技辅导员、科普员培训。

6. 共同努力，推进“一站、一栏、一员”建设。

建设乡村科普活动站、科普宣传栏、科普员，是新形势下加强农村基层科普服务能力的重要举措。活动站是在乡村组织农民开展科普活动的阵地，宣传栏是农民身边的科普信息窗口，科普员是植根基层、直接面对农民的科普工作者，三者是一个有机的整体。“一站、一栏、一员”既是我们直接服务农民群众的科普平台，又是了解农民科普需求的信息网络终端。

“一站、一栏、一员”建设事关农村科普工作的长远大计，一定要抓紧抓实，抓出成效，既要克服畏难情绪，又不可一哄而上，搞形式走过场。“十一五”期间，力争在全国60%的行政村建成“一站、一栏、一员”，并有效发挥作用。即：先在全国科普示范县（市、区）、省级科普示范乡镇开始试点，使他们用两到三年率先实现建设目标。然后在东部地区和中西部有条件的行政村逐步铺开，稳步推进，到2010年实现提出的目标，在增强基层科普服务能力方面实现突破。

推进“一站、一栏、一员”建设，当前在一些地方尤其是西部地区存在一定的困难，但并非不切实际。首先，建设社会主义新农村把改善农村教育和医疗卫生作为重要的任务，国家正在逐步加大投入，相信直接为提高农民科学文化素质服务的“一站、一栏、一员”建设会逐步为各级党委政府所重视。其次，农村现在已经有了许多可以利用的资源，“一站、一栏、一员”建设有一定的基础，并不是说什么都要新建，而是重在整合现有的科普设施、内容和人才资源。我们可以利用农村中小学、乡镇党校、村党员活动室、文化站、科技大院、图书室、农村现代远程教育接收站点等设施和有条件的乡镇企业、农技协等，通过充实健全其科普功能发展为活动站；可以与农业、科技、组织、宣传、文化、民政等部门共建，争取财政的资金和吸纳企业的资金相结合，建设宣传栏；可以选拔乡村科普组织中的骨干、基层干部、教师、科技人员、回乡知识青年等乡土人才，加强培养，给予支持，建设科普员队伍。

此外，也要发展其他基层科普设施。中国科协将不断提高“科普大篷车”的质量，加大为市（地）级科协配备“科普大篷车”的力度，到2010年覆盖全国所有地（市、州、盟），让更多的“科普大篷车”服务农民和农村青少年。有条件的县（市、区）要积极争取建设科技馆、科普活动中心等专门科普场馆。

7. 大力推动农村科普资源的开发与共享，为基层提供更多的科普公共产品和服务。

科普资源建设是农村科普的基础性工作，目前，基层开展农村科普的内容资源不足，要求提供更多资源的呼声很高。要加强农村科普资源的开发与共享建设，搭建科普资源服务平台，加大农村公共科普资源的供给。

建立面向社会的激励机制，加大对优秀原创农村科普作品的扶持、奖励力度，支持农民创作的乡土科普资料；集成国内外现有的各类适合农村使用的科普资源，开展优秀科普作品推介、展演、展映、展播和展示活动，扩大资源的共享范围；针对农民和农村青少年生产生活的普遍需求，重点组织编制一批科普资料，以多种方式送达基层。

“十一五”期间，中国科协将把科普资源的开发与共享作为科普经费投入的主要方向，将围绕宣传科学发展观等重点内容，组织编创科普系列丛书、挂图、音像制品和多媒体课件，针对进城务工人员的需求编制科普读本；开发设计适合农村青少年的优秀科技实践活动方案和低成本科学体验活动资料包等；继续通过免费提供科普电视片的形式，支持地方科协与当地电视台联合开办“科普大篷车”电视栏目，“十一五”期间达到覆盖80%以上县级电视台的目标。同时，将在科技部、财政部的支持下，建设国家级数字化科普资源库，其中也将突出农村科普的内容资源。

省、市、县级科协要根据本地实际进行多层次、低成本、乡土化的科普资源开发制作，并且加强科普资源的区域性合作开发与共享。县级科协是使科普资源发放到基层并有效利用的重要环节，既要做好农村科普产品的发放、使用和为农民提供科普资料信息服务等工作，让广大农民用得上；又要及时反馈资源使用情况，反映新的需求，帮助中国科协和省、市科协更好地开发资源。

8. 发挥各类媒体在农村科普中的作用，与大众传媒开展多种形式的合作。

报刊、广播、电视、互联网等大众传播媒体具有信息量大、及时便捷、覆盖面广、影响力强的优势，是新时期开展农村科普的重要阵地。近年来，在一些公众关注的重大事件发生时，大众传媒结合新闻时事所开展的科普宣传效果显著。如“神五”、“神六”发射时所引起的航天热，都为我们开展科普提供了难得的机会。因此，我们的工作思路不能仅仅停留在“利用”媒体的层面上，而要主动加强与媒体的合作，支持新闻、出版、广播电视、文化机构等加大面向农民和农村青少年的科技传播力度。

中国科协和省级科协要重点开发媒体所需的多种科普资源。组织科技专家、科普作家等参与科普节目的制作，帮助媒体策划、编创面向农民和农村青少年的科普节目、作品。开展优秀科普作品的征集、推介活动，为媒体提供科普内容服务。

各级科协要与媒体合作开办科普栏目、节目，通过公共传播平台扩大科普的覆盖面，到2010年，县级以上科协都要有与广播、电视、报刊等媒体合作开办的面向农民和农村青少年的固定科普栏目或专刊。

基层科协和科普组织要把日常科普工作与媒体科普宣传结合起来，以巩固和提高媒体科普宣传的效果。

要重视互联网、移动通讯网等新型传播手段的作用，充分利用网站（页）、手机短信等方式开展科普。积极参与“基层科技信息服务共享平台”、“科技110”科普热线等建设，引导农民充分利用科技信息服务发展生产，增加收入。

要注意农村应急科普宣传。总结和发扬在农村防“非典”科普宣传中的成功经验，积极配合政府部门，利用各种科普手段，有针对性地开展气象、地质、地震等自然灾害的预防和避险科普知识的宣传，以及突发事件应急预案的宣传，为保护人民的生命和财产安全服务。

此外，还有一些工作也需要我们努力做好。如：支持少数民族和西部地区提高科普服务能力。中国科协将继续实施西部科普工程，与国家民委联合推动全国30个地州建立少数民族科普工作队，鼓励东部发达地区科协、全国性学会以建立对口帮扶联系等形式，支持西部地区科普事业发展。提高农村科普工作队伍的素质。培训县级科协农村科普专兼职干部，鼓励和支持教育、传媒工作者、离退休科技工作者、科技特派员、青年志愿者和高校学生参加农村科普工作，并帮助他们提高开展科普的能力，加强农村科普志愿者队伍建设等。

五、统一思想，积极进取，努力开创农村科普工作新局面

农村科普工作意义重大，是科协的一项重要工作和在农村的主要工作，任务十分繁重。各级科协及所属团体要根据新形势、新任务的要求，按照新的思路，采取有效措施，全面推进农村科普工作。

1. 统一思想，提高认识，振奋精神。

要把思想统一到党的十六届五中全会精神上来，结合当前学习贯彻五中全会精神，以本次会议的召开为契机，深刻领会农村科普工作的重要意义，认清农村科普工作面临的形势，明确工作目标和任务，振奋精神，努力工作，肩负起历史赋予我们的责任。

2. 争取支持，优化环境，加大投入。

要积极争取党委和政府的领导和支持，协助、配合和督促党委政府按照《科普法》的规定，把科普工作纳入科技工作全局，纳入国民经济和社会发展规划，列入工作的重要议事日程，结合本地区实际，制定农村科普工作计划；制定和实施更多、更有利于农村科普工作发展的政策；将科普经费作为当地经济社会发展的战略性投资纳入公共财政框架，列入同级财政预算，并逐年有较大幅度的增长；经常调研科普工作情况，及时解决科普工作中的困难和问题；将农村科普工作纳入党政部门目标管理和干部业绩考核制度。要推动和配合人大开展《科普法》在农村落实情况的执法检查，促进《科普法》的贯彻执行。要积极吸纳社会资金投入农村科普，通过财政、企业、个人等多渠道加大对农村科普的投入。

3. 加强联合，促进协作，形成合力。

要主动同有关部门沟通与协调，加强联合与协作，既联合共同开展活动，也积极配合有关部门开展相关工作。中国科协在筹备这次会议过程中，先后与科技部、农业部、财政部、国家民委、共青团中央等进行沟通并得到大力支持。要按照《科普法》的要求，支持社会有关企事业单位开展科普活动，中国科协将继续实施面向社会择优资助科普项目，在国家财政的支持下逐步加大支持力度。这样，农村科普工作就会形成一个大团结、大联合、大协作的工作局面，形成农村科普工作的合力。

4. 更新观念，创新机制，培育品牌。

要彻底丢弃那些已不再适应时代要求和农民需求的传统观念、方式方法，创新农村科普的内容和方式，运用新的技术和手段，培育科普工作品牌。要创新工作机制，大胆探索有利于调动社会各方力量支持

农村科普、投入农村科普积极性的机制，有利于调动农民和农村青少年参与农村科普积极性的机制，有利于调动广大科技工作者服务“三农”积极性的机制，有利于科普设施、资源开发与共享的机制，特别是要探索按照市场经济规律和要求促进农村科普公益事业发展的机制。通过机制创新，使农村科普工作取得更好的效益，在提高广大农民科学文化素质中发挥更大的作用。中国科协将高度关注地方科协、全国性学会的探索，对一些好的探索项目予以必要的支持，并及时总结和推广经验。

5. 分类指导，着力基层，创先争优。

高度重视对县级科协和农村科普组织的工作指导，针对东、中、西部农村科普工作的不同需求，加强分类指导。关心基层组织建设，加大对农村基层的支持力度。中国科协、省科协、市（地）科协要把科普经费的增长部分和其他资源，重点向农村科普工作倾斜。中国科协农村科普经费将重点用于整合共享科普资源、动员社会各方面力量、开展重点项目的试点和示范等。要建立科技工作者和科普工作者深入基层、开展农村科普工作的激励机制，中国科协今后将每五年表彰一次全国农村科普工作先进集体和个人。

同志们，农村科普是一项惠及亿万农民的光荣而艰巨的事业。希望科协系统的全体同志，进一步增强责任感和使命感，团结奋斗，无私奉献，为完成农村科普工作的各项任务贡献智慧和力量；要狠抓落实，把农村科普工作的各项措施落实到我们的实际行动中，创造一流的工作业绩，让农民得到实惠。

让我们在以胡锦涛同志为总书记的党中央领导下，高举邓小平理论和“三个代表”重要思想伟大旗帜，全面贯彻落实科学发展观，不断开创农村科普工作的新局面，为建设社会主义新农村，实现全面建设小康社会的宏伟目标做出新的更大的贡献。

在2005年中国科协工作会议上的讲话

（2005年12月26日）

邓　楠

同志们：

一周前，中国科协党组向中央书记处汇报了今年的工作总结和明年的工作要点以及科协七大的筹备情况，听取了中央书记处对中国科协工作的重要指示，主要精神刚才已经向大家做了传达。按照惯例，我们每年年底都要分别召开中国科协学会改革工作座谈会和地方科协工作座谈会，请全国性学会、地方科协的领导同志来，总结工作，交流经验，在此基础上再召开全委会，部署来年工作。明年是科协的换届之年，全委会将推迟到科协七大前夕召开。为了安排部署明年工作，今年我们把这两个会议合在一起开，组织大家一起学习领会中央书记处的指示精神，统一思想，明确方向，为开好科协七大、完成中央交给我们的重要任务打下良好基础。下面，我着重讲三个问题。

2005年主要工作

2005年是深入贯彻落实党的十六大和十六届五中全会精神、推进经济社会健康协调发展的重要一年，也是胜利完成“十五”计划、为实施“十一五”规划做准备的关键一年。在党中央、国务院的正确领导下，在兆国、至立、光召同志的直接指导下，中国科协及所属团体坚持以邓小平理论和“三个代表”重要思想为指导，树立落实科学发展观，贯彻中央书记处的要求和王兆国同志的指示精神，团结动员广大科技工作者，围绕中心，服务大局，发挥优势，开拓创新，为实施科教兴国战略和人才强国战略，推动经济社会发展，构建社会主义和谐社会做出了新的贡献。

一、贯彻落实科学发展观，服务经济社会发展

按照中央书记处关于“进一步加大宣传科学发展观的工作力度”的指示精神，我们以“资源节约与可持续利用”为重点，深入城乡社区、基层单位，广泛宣传科学发展观，着力在三个方面进行了新的探索。

一是以“树立科学发展观，共建和谐社会——你我共参与”为主题，精心组织全国科普日活动。据不完全统计，科普日期间共开展各类重点科普活动4151项，参与科普志愿者180余万人，群众5000余万人次。特别是中央书记处领导同志全体参加科普日活动，庆红同志做了重要讲话，这既是对科普工作的有力支持，也给广大科技工作者和科协干部以极大鼓舞和鞭策。

二是与有关单位通力协作，共同开展宣传活动。与科技部等部门联合举办“科技活动周”；与中宣部、中央文明办等部门共同开展“三下乡”、“科教进社区”、科学发展观专题展览等活动；与国家发改委等12个部门共同主办建设节约型社会大型展览会；联合全国总工会、共青团中央、全国妇联、中国文联等单位开展“科学发展观——资源节约与可持续利用”知识竞赛。各级学会也结合自身特点，举办多种形式的学术交流活动，收到良好效果。

三是结合实际情况，适时开展专题性宣传活动。针对禽流感持续蔓延的严峻形势，适时举办禽流感与人禽流感现状及防治对策高层研讨会。会同卫生部印制防控人禽流感科普挂图50万套，科普宣传折页100万份，制作《科学防治禽流感》宣传手册和科普大篷车专题电视节目等发送各地，重点发送疫区、西部地区和老少边穷地区，中华预防医学会、中国畜牧兽医学会等积极开展相关科普活动。围绕“神六”飞船上天，中国宇航学会适时开展航天科普活动。根据青少年身心特点，举办青少年心理健康知识展览和青少年预防艾滋病知识展览。

在广泛宣传科学发展观、推动形成科学发展理念的同时，我们还按照科学发展观的要求，积极建言献策，推动科学发展观深入到经济社会发展的各个层面。

一是决策咨询工作进一步加强。以“西部大开发与构建社会主义和谐社会”为主题，成功举办第八届中国西部科技进步与经济社会发展专家论坛，300多名专家学者与会。以“坚持科学发展观，走新型工业化道路”为主题，举办2005年振兴东北老工业基地专家论坛，3000余名科技工作者与会。结合我国经济社会发展中的热点难点问题，中国宇航学会、中国汽车工程学会、中国通信学会、中国电机工程学会、中国石油学会和中国造船工程学会举办6场高层次专家论坛，28名院士做报告，23名省部级领导出席，1100多名专家学者参与论坛活动。中国老科协深入调查研究，提出关于三江平原商品粮基地农业水利设施建设的专题调研报告，温家宝总理、回良玉副总理做重要批示。老科协关于东北森林工业发展问题的研究报告，回良玉副总理最近也做了重要批示。中国金属学会与中国钢铁工业协会通力协作，编制完成“2005—2020年中国钢铁工业科学与技术发展指南”（送审稿）。北京市科协第29次科技专家季谈会提出《树立绿色基础设施理念，建设宜居城市》的建议，中共中央政治局委员、北京市委书记刘淇，市长王岐山就此做出批示。天津市科协组织180名专家研究制定的《天津市产业指导目录》（2005－2010），经市政府第55次常务会审议通过，批转执行。湖北省科协以“湖北与中部地区崛起——科技为支撑”为主

题，成功举行第三届湖北科技论坛，中国科协主席周光召院士亲自做主题报告，中共中央政治局委员、湖北省委书记俞正声参加论坛，并对论坛形成的专家建议报告书做出批示。

二是技术中介服务工作成果显著。一年来，各级科协及其所属学会的咨询机构积极开展科技中介服务工作，组织承担社会调查、安全认证、ISO9000 和 ISO14000 系列认证、科技评估等任务，努力向专业性咨询服务方向发展。中国水利学会努力做好政府委托的各项工作，组织完成 274 项水利技术标准的复审工作、63 项水利行业标准化项目和 42 项国家标准的修订。中国针灸学会组织制定《针灸技术操作规范》，审定《经穴部位》、《经穴主治》国家标准。中国农学会完成农业部委托的 5 项重大课题研究，组织编制起草《2004—2010 年农业野生植物保护与利用工程建设规划》、《农业清洁生产条例》等 7 项规划和标准，提出多项相关政策建议。中国茶叶学会开展茶艺师、评茶师职业培训，编写完成职业资格培训教材。中国法医学会突出科学、公平、公正的特点，努力为公安机关解决社会影响大的疑难案件提供技术支持，对 5 个案件进行复审，同时参与制定《法医解剖台》等 3 个行业技术标准。中国职业安全健康协会、中国水利学会等也认真完成有关部门委托的职称评审工作。继 2003 年中国科协咨询中心取得最高人民法院司法鉴定资质后，全国 21 个省市科协咨询中心先后争取到司法鉴定资质，为科协咨询工作开辟了新领域。初步统计，2005 年，省级科协咨询机构完成技术咨询合同 9845 项，咨询合同实现金额 6.7 亿元，完成“金桥工程”项目 1452 项。“千厂千会”、“讲比”活动也都取得新的成果。加强对农村专业技术协会的指导和服务，积极参与《农民合作经济组织法》起草工作。深入推动山西吕梁科技扶贫工作，成功举办“吕梁科技咨询周活动”。

二、制定《全民科学素质行动计划纲要》，搭建社会化科普服务平台

制定和实施《全民科学素质行动计划纲要》（简称《科学素质纲要》），是落实《国家中长期科学和技术发展规划纲要》的一项重要措施，也是中央书记处交给中国科协的重要任务。陈至立国务委员高度重视《科学素质纲要》编制工作，专门听取汇报并出席有关会议，给予明确指示，提出具体要求。中国科协认真贯彻党中央、国务院领导同志指示精神，与 13 个领导小组成员单位密切合作，如期完成《科学素质纲要》编制工作，明确未来一个时期我国公民科学素质建设的方针目标、主要行动、基础工程、保障条件和组织实施等。《科学素质纲要》已报送国务院审定。

搭建社会化科普工作平台，广泛动员社会力量，整合社会资源，是我们做好科普工作的基本作法，也是一条成功经验。一年来，我们进一步加强了与有关部委和地方的协作。在科技部的大力支持下，会同教育部、中科院等部门，正式启动中国数字科技馆项目建设。积极参加中央《关于加强未成年人校外活动场所建设的若干意见》的调研起草工作。加大支持科技工作者、基层单位、社会各方面开展科普工作的力度。深化科普示范县（市、区）创建活动，继续实施西部科普工程、青少年科学工作室、社区非正规教育等项目，支持社会有关方面开展科普项目 100 多个。精心组织系列青少年科普品牌活动，继续与有关部门合作开展“爱中华、奔小康、强国防”国防教育系列活动。充分发挥中国反邪教协会的作用，主办各种形式的防范抵御邪教、构建和谐社会活动。加强中西部五省区骨干科学教师培训工作。继续推进上海、福建等地实施全民科学素质行动计划试点项目。

与福建省人民政府、中国残疾人联合会等单位联合举办纪念高士其先生诞辰 100 周年座谈会，中共中央政治局委员、全国人大常委会副委员长王兆国同志出席。会议缅怀高士其先生的光辉业绩，弘扬高士其先生的科学精神，号召广大科技工作者以高士其先生为榜样，努力为提高全民族科学文化素质做出应有的贡献。

三、加强农村科普工作，推进社会主义新农村建设

农业、农村和农民问题是决定全面建设小康社会进程的关键问题，也是关系党和国家工作全局的根本性问题。围绕解决“三农”问题这个全党全国工作的重中之重，我们主要做了三方面工作。

一是召开中国科协农村科普工作会议，这次会议是在党的十六届五中全会刚闭幕就召开的，陈至立国务委员出席会议并做重要讲话。会议提出，农村科普要以广大农民和农村青少年为重点对象，以宣传科学发展观为重要内容，以搭建农村社会化科普服务平台为主要工作方式，以提高基层科普服务能力为突破口，努力为建设社会主义新农村服务，并做出具体部署。

二是在深入调查研究、广泛听取意见、认真总结经验的基础上，研究制定《中国科协关于进一步加强农村科普工作的意见》，明确了农村科普工作的指导思想、工作目标和任务措施，努力推动形成农村科普工作的长效机制。

三是不断探索做好新形势下农村科普工作的新路子。积极参与全国农村党员干部现代远程教育试点工作，组织制作科普类、典型经验类和实用技术类教学课件，得到全国远程教育办公室的充分肯定。加强与大众传媒的合作，在全国700家地（市）县电视台开办“科普大篷车”电视科普栏目，四川、河北、内蒙古等地已覆盖40%以上的地县电视台。联合国家民委，共同在云南省德宏州组织开展“百名科技大王”科技下乡活动。继续开展科普示范县创建工作，为地方配备科普大篷车26辆。新疆科协的科普大篷车，深入农村牧区，广泛开展科普宣传和技术服务，受到农牧民的普遍欢迎。山东、山西等省科协实施“科普村村通”、“科普惠农计划”，积极推进农村科普活动站、科普宣传栏、科普员队伍建设。江苏、河南等省科协和中国农学会、中国计算机学会等组织的科技专家服务“三农”活动，也都取得可喜成就。

四、加强学术建设，提高学术交流质量

学术活动是学会的生命，高水平的学术交流活动是维系学会生存与发展的关键。今年以来，科协系统的学术交流活动日趋活跃，质量水平稳步提高。

一是突出大科普、综合交叉以及为主办地经济社会发展服务的特点，在新疆成功举办中国科协2005年学术年会。围绕“科学发展观与资源可持续利用”这个年会主题，121位两院院士、59位国际著名科学家和港澳代表、6700多名科技工作者参加年会活动，录用论文4571篇，1200余人做学术报告。成功举办新疆现代农业论坛等12个论坛，召开多场两院院士座谈会，为新疆以及西部地区经济社会发展建言献策。大张旗鼓地举办百名院士（专家）进百校活动，108所大中小学的5万余名各民族青少年、教师、家长参与。顺利举办全国第三届博士生学术年会和首届中国博士后学术论坛。年会社会反响热烈，受到广泛好评。

二是全国性学会和地方科协组织的学术交流活动内容丰富，形式多样。2005年，全国性学会举办国内外学术会议2000余次，参加人数达20余万人次。其中，中国力学会举办学术交流活动20多次，中国机械工程学会举办各种学术会议100余次，中国金属学会举办2005中国钢铁年会等130多项学术活动。为纪念世界物理年，促进物理学的发展，按照中央书记处和国务院领导同志的指示精神，以“物理学与社会进步”为主题，联合科技部、教育部、中科院、工程院、自然科学基金委共同开展“世界物理年在中国”系列活动，中国科协和全国性学会组织重大活动18项，约12万人次直接参加，科普受众在30万人次以上，国务委员陈至立同志两次参加活动并发表讲话。地方科协及学会组织的活动也有100多项。为纪念郑和下西洋600周年，中国航海学会、中国海洋学会等举办系列学术交流活动，组织各种航海和海洋

知识竞赛、讲座、夏令营，1000 多名各界专家参加。中国林学会举办“首届中国林业学术大会”，1500 余名专家出席。中国铁道学会、中国环境学会、中国测绘学会、中国科学探险协会等也都举办了形式不同、专业特色明显的学术交流和调研考察活动，产生了广泛的社会影响。

三是举办多种形式的两岸三地学术交流活动，加强海峡两岸以及同港澳的科技联系。在台北成功举办大陆科技期刊展览会。举办海峡两岸青年科学家论坛。实施紫荆计划，组织安排香港大学生暑期内地实习活动，在内地为香港青少年建立科普教育基地，在港澳举办当代杰出华人科学家讲座，产生了积极影响。

四是努力改进和提高期刊质量。着力从加强宏观指导、重点资助、建立健全评价体系、加强编辑人员培训、培育精品科技期刊和加强科技期刊的国际交流与合作等方面进行努力，取得初步效果。

五、充分发挥自身优势，活跃对外民间科技交流

在国际和地区舞台上代表中国科技工作者发出声音，维护中国科技工作者的利益，是中国科协的重要职责。在过去的一年里，为促进对外科技交流，加强民间科技合作，我们主要做了三方面工作：

一是成功举办或申办一系列重要国际会议。承办国际科学理事会第 28 次全体会议，中国科协推荐的我国著名气候学家符淙斌院士当选执行局成员。这是继孙鸿烈、钱易同志之后，我国科学家再次进入国际科联的领导层，对加强中国科协与国际科学界的联系，指导和协调中国科学家参与国际科学计划，反映中国科技界的意见，具有重要意义。中国科学技术史学会与中科院自然科学史研究所以“全球化与多样性——历史上科学和技术的传播”为主题，共同主办第 22 届国际科学史大会，来自 70 多个国家的约 1200 名学者与会，被誉为国际科学史界最高规格的大会。中国光学会成功举办第 20 届国际光学委员会学术会议，来自 38 个国家和地区的 1000 多位光学专家参加大会，围绕学科前沿进行深入探讨。中国化学会成功举办第 40 届国际纯粹与应用化学联合会学术大会，来自 64 个国家的 1083 名专家出席会议，交流论文 1145 篇。中国护理学会举办首届国际手术室学术会议、2005 年中外护理发展论坛等国际交流活动，各有 800 多位国内外代表出席。中国兵工学会还成功申办了 2010 年国际弹道会议。

二是积极做好海外引智工作。认真落实《海外人才和智力为国服务的计划》，构建海外高级人才服务体系。利用中国科协与旅居海外的中国科技人员的广泛联系，召开中国科协 2005 年海外智力为国服务研讨会暨联席会议，积极探索引进智力、引导支持海外科技人员为国服务的有效途径，搭建为国服务平台。

三是促进国际科技合作。中国制冷学会联合有关单位举办 2005 中国制冷展，23 个国家和地区 403 家厂商参展；中国照明学会分别在北京和上海举办 2005 中国第六届国际照明电器博览会，促进了相关领域的中外科技合作与交流。在国家工程师制度改革协调小组的领导下，推动我国加入工程师资格国际互认体系的工作有了新的进展。

六、切实履行桥梁纽带职责，促进社会和谐

按照中央书记处的指示精神和兆国同志在中国科协六届五次全委会会议讲话中提出的明确要求，根据全委会的工作部署，我们努力做好为科技工作者服务这篇大文章，注意发挥人民团体在促进社会和谐方面的独特作用。

一是加强调查研究，把握思想动态。根据中央人才工作协调小组的部署，组织开展高层次专业技术人才和高技能人才状况调研活动，所提意见和建议获得采纳。在全国各地设立 150 个调查站点，广泛收集数据，深入分析材料，及时把握科技工作者的基本状况，了解他们学习、工作和生活中遇到的各种实际问题。组织开展“科技工作者权益保障状况调查”和“影响科技工作者自主创新的主要因素调查”等专项调研活动，及时反映科技界思想动态和意见建议，为党和政府制定政策提出建议、提供依据。加强国际科技组织工作后备队伍建设，开展相关问题研究，明确“十一五”期间的目标任务和政策措施。浙江等一些地方科协也组织开展科技工作者状况调查，反映问题，提出建议。

二是继续开展表彰宣传优秀科技工作者活动。完成第二届中国科协西部开发突出贡献奖、第三届全国优秀科技工作者、第二届中国青年女科学家奖的表彰工作，颁发第五届优秀建议奖和第三届学术期刊优秀论文奖。组织开展国家科技奖的推荐工作。广泛实施优秀科技人物宣传计划。

三是加强专业技术人员教育培训工作。积极参与“阳光工程”、“科技入户工程”等国家重点培训工作。举办不同类型的技术讲座、研修班、培训班，加强面向科技工作者的继续教育工作。组织起草《科学家行为准则（草案）》，加强科技工作者职业道德建设。

七、认真开展先进性教育活动，切实加强自身建设

做好“三个服务”，自身建设是关键。以保持共产党员先进性教育活动为契机，围绕强化服务意识、增强服务能力，各级科协不断深化改革，加强自身建设。

按照中央的统一部署，中国科协机关及所属事业单位在努力做好日常工作的同时，用近5个月的时间集中开展保持共产党员先进性教育活动，认真学习文件，广泛征求意见，自觉查摆问题，并针对反映比较集中的七方面问题，明确了12个整改项目、40项整改任务和128条整改措施，狠抓落实。目前，整改工作进展顺利，整改措施基本完成，成效明显。一是党员意识进一步增强，理想信念更加坚定，党的基层组织建设和干部队伍建设显著加强，凝聚力和战斗力不断提高；二是工作方向进一步明确，“三服务一加强”的工作定位深入人心，干部群众精神振奋，机关面貌焕然一新；三是直属事业单位改革加快推进，一些关系群众切身利益的突出问题得到有效解决。在挂靠单位党组织的领导下，全国性学会也相继开展广泛深入的保持共产党员先进性教育活动。

结合开展保持共产党员先进性教育活动，科协改革迈出新步伐。一是学会改革不断深入。组织制订全国性学会发展规划，开展学会改革试点工作。落实中央领导同志指示精神，继续开展人民团体和全国性学会承担政府转移职能专题研究，推动承接政府转移的社会化服务职能。稳步推进全国性学会专业技术资格认证试点工作，中国机械工程学会已经完成首批255人机械工程师资格认证，第二批报名人数超过1200人。规范学会管理，部分全国性学会对会员进行重新登记，截止2004年底，有20个学会的个人会员达到5万人以上，20个学会的年度筹集额超过500万元，中华医学会达到9400万元。根据民政部《关于开展2004年度全国性社会团体年度检查工作的通知》要求，顺利完成2004年度全国性社团年检工作。加强学会管理，年内完成27个全国性学会的换届工作，批准45个学会新设分支机构105个。深化人事制度改革，中国计算机学会面向社会公开招聘专职工作人员，双向选择，合同管理。山西省科协制定实施《山西省科协公开招选学会常务理事以上候选人的实施意见及细则》，改革学会主要领导成员候选人产生办法。二是围绕科协七大筹备工作，机关改革进一步深化。切实加强干部队伍建设，对中国科协机关部分局、处级领导职位实行竞争上岗，选派机关青年干部到基层和事业单位挂职锻炼，加大干部教育培训工作力度。积极稳妥地推进事业单位改革，改革方案已报送中编办审批。继续推进机关制度化建设，规范财务管理工作，认真编制完成2006年项目预算和中国科协“十一五”规划项目。抓紧落实中国科技馆新馆建设项目，力争2008年奥运会开幕前工程竣工。

在当地党委的领导下，各地科协也先后开展先进性教育活动，取得令人满意的效果。各地党委和政府进一步加强对科协工作的领导和支持，陆续出台加强科协工作，支持开展科普、咨询活动的决定，加强基

层科协组织建设。西藏自治区党委书记杨传堂同志两次听取科协工作汇报，召开专题会议研究科协工作，下发《关于进一步加强全区科协工作的专题会议纪要》。广西正式颁布实施《广西科普条例》，在法律和政策两个方面支持科协开展工作。河北省科协结合实施《中共河北省委关于进一步加强科协工作的意见》，会同有关部门联合出台《资助社会力量发展科普事业专项资金管理办法》、《河北省科普事业贡献奖奖励办法》、《河北省科普资金管理办法》、《关于鼓励科普事业发展税收优惠政策问题的通知》等一系列配套文件，衡水市等一些市县将科协吸纳为“人才”、“科教”、“三下乡”等领导小组成员单位，推举科协主席进入同级人大或政协担任常委，优化了科协工作的政策环境。重庆市科协出台《重庆市科学技术普及奖励办法》。海南省科协组织召开第三届科技社团发展论坛。浙江省科协举办科协发展论坛，组织部分省市科协负责人围绕做好“三服务一加强”进行认真探讨，明确工作定位，理清发展思路。

同志们，科协工作一年来取得的进展和成绩，是党中央国务院以及地方党委政府正确领导的结果，是全国性学会和各级科协团结动员广大科技工作者共同努力的结果，是科协系统与社会各方面力量团结协作、相互支持的结果。同时也要看到，我们把握科技工作者思想动态、维护科技工作者合法权益的工作还有待进一步改进；扩大决策咨询范围、提高决策咨询水平的工作还有待进一步加强；推进学会改革、增强科协凝聚力的工作还有待进一步深化；指导和支持地方科协开展工作、解决县级科协生存发展面临问题的方式方法还有待进一步探索；干部队伍素质和工作水平还有待进一步提高。这些问题必须引起高度重视，采取有力措施，切实加以解决。

关于明年工作的安排

2006 年是“十一五”规划的开局之年，也是全面贯彻落实科学发展观的重要一年。在考虑安排科协明年的工作时，有三个大的背景我们必须明确。一是党的十六届五中全会和中央经济工作会议相继召开，明确提出无论从我国面临的能源资源约束增长和维护经济安全的形势看，还是从国际科技竞争加剧和知识产权保护强化的趋势看，我国已经到了必须更多依靠增强自主创新能力和提高劳动者素质推动经济发展的历史阶段。要把增强自主创新能力作为科学技术发展的战略基点和调整产业结构、转变增长方式的中心环节，大力提高原始性创新能力、集成创新能力和引进消化吸收再创新能力。二是明年 1 月党中央国务院将召开全国科学技术大会，发布实施国家中长期科学和技术发展规划，明确提出要加快建设以企业为主体、产学研有机结合的技术创新体系，不断增强自主创新能力，努力建设创新型国家。三是明年 5 月下旬将要召开中国科协第七次全国代表大会，听取审议科协工作报告，修改科协章程，选举新一届中国科协领导机构，研究制定关于团结动员广大科技工作者为建设创新型国家做出新贡献的若干意见。这将是继全国科学技术大会之后全国科技工作者的又一次盛会，也是中国科协历史上的一件大事，对于我们做好明年乃至今后五年的工作都具有重要意义。这几件大事，既是我们认真履行桥梁纽带职责、推动和谐社会建设，团结动员广大科技工作者为增强自主创新能力、建设创新型国家做出新贡献的根本着眼点，也是我们筹划明年科协工作的基本出发点。

做好新一年的科协工作，涉及的面很广，要做的事情很多，工作繁重，任务艰巨，必须紧紧围绕“立足科学发展、着力自主创新、完善体制机制、促进社会和谐”的总体要求，集中力量，突出重点，抓住关键，讲求实效，发挥好科学技术作为第一生产力在落实科学发展观、推动经济社会全面协调可持续发展、全面建设小康社会中的重要作用，发挥好科协组织在推动自主创新、建设创新型国家中的重要作用，发挥好科协工作在推动社会主义新农村建设、促进经济增长方式转变和经济结构调整中的重要作用，发挥好科协工作在提高全民族科学文化素质、推进社会主义和谐社会建设中的重要作用。

根据党和国家关于科学技术工作的总体安排和中央书记处对中国科协工作的要求，2006年中国科协工作总的指导思想是：以邓小平理论和“三个代表”重要思想为指导，树立落实科学发展观，深入贯彻党的十六大和十六届五中全会精神，认真执行中央书记处对中国科协工作的重要指示，以全国科学技术大会和中国科协七大的召开为契机，切实履行桥梁纽带职责，推动科协工作立足服务，搭建平台，共享资源，促进和谐，为提升全民科学素质、增强自主创新能力、实现“十一五”规划目标、建设创新型国家做出新贡献。按照中央书记处的指示精神，结合科协工作自身的特点和优势，2006年我们要着重做好四方面的工作：

一、切实把科学发展观落实到科协各项工作中去，引导广大科技工作者在推动科技进步、推进自主创新的实践中建功立业

坚持以科学发展观统领经济社会发展全局，把经济社会发展切实转入科学发展的轨道，建设资源节约型、环境友好型社会，建设创新型国家，这是中央对全局工作做出的重大部署，也对科协工作提出了新的更高的要求。在新时期新阶段，各级科协必须坚持以科学发展观为指导，明确发展思路，创新工作方式，真正把科学发展观贯穿到科协工作的各个领域和各个环节，落实到实际工作中。

（一）组织动员广大科技工作者，着力推动科技进步

一要围绕科学发展，针对经济社会发展中的重大问题、改革发展稳定中的热点问题、关系人民群众切身利益的突出问题，充分发挥学科优势、人才资源优势、组织网络优势，加强决策咨询，积极建言献策，努力提出有权威、有影响、可操作的对策建议。丰富和完善决策咨询的渠道和方式，充分发挥科协作为科技决策智囊团的作用，努力形成以科技工作者为主体、政府和企业支持、社会力量广泛参与的咨询模式。召开中国科协第八次咨询工作会议，从决策咨询和技术服务两个层面，加强顶层设计，进行统筹规划，制定加强咨询工作的若干意见，对咨询工作进行全面部署。

二要落实科学发展，广泛开展“金桥工程”、“千厂千会”、“讲理想、比贡献”、科技下乡等面向企业和农村的技术服务活动，增加新内涵，探索新方法，构建新体系，建立新规范。继续开展群众性科技创新活动，注重为各类所有制企业特别是中小企业提供服务，增强企业自主创新能力。发挥企业科协和农村专业技术协会等基层组织作用，切实增强科技中介组织的自主发展能力。广泛开展各类科技中介服务活动，促进科技成果向现实生产力转化。

三要在推进科学发展中，深入贯彻科教兴国战略、人才强国战略，完善创新机制、培育创新人才，为建设创新型国家做出新的贡献。采取有效措施，进一步增强对企业科技人员的凝聚力，健全服务机制。

（二）进一步提高学术交流质量，推动增强自主创新能力

立足科学发展，深入贯彻全国科技大会精神，坚持“自主创新、重点跨越、支撑发展、引领未来”的指导方针，在科协的各项工作中特别是学术交流活动中，加强创新内涵，明确创新导向，在增强中国科技界的原始创新能力上狠下功夫。一要认真组织好2006年中国科协学术年会活动，将学术年会与全国科普日活动有机结合起来，向社会公众开放，增强为主办地经济社会发展服务的针对性，提高交流质量，注重实际效果。二要注重大型学术活动的质量，对所属学会组织的基础性、前沿性、交叉性学术交流活动，加大择优支持力度，打造学术活动精品。三要启动精品科技期刊工程，提高学术期刊质量。四要进一步加强与港澳台科技界的学术交流，促进两岸三地的科技合作。

（三）扩大对外科技交流，服务国家外交大局

充分发挥民间渠道优势，推动形成全方位、多层次、宽领域的对外科技交流格局。利用中国科协作为

联合国经社理事会咨商组织的地位，选择重大问题，组织精干力量，深入开展研究，代表中国科技界发表意见。认真完成国家工程师制度改革中的国际交流任务，推动我国加入工程师资格国际互认体系。加强在国际科技组织任职的中青年科学家队伍能力建设。高度重视海外华人专家学者在决策咨询中的作用，着手筹组中国科协海外顾问组织。继续实施“海智”计划，联系组织海外科技工作者为国服务。进一步开拓和发展双边科技合作与交流关系。

二、实施《全民科学素质行动计划纲要》，着力为提高公众科学文化素质服务

人才是第一资源，科技人才的培育是以全民科学文化素质的普遍提高为基础的。全国性学会和各级科协组织要以全民科学素质行动计划纲要为指导，广泛动员社会力量，搭建社会化科普服务平台，全面提升公众科学文化素质。

（一）启动《科学素质纲要》实施工作，推进科普活动社会化

做好科普服务工作，努力把科协建成科普资源的开发中心、集散中心和服务中心，让广大群众共享科普资源和科普服务。利用《科学素质纲要》颁布实施的有利时机，充分发挥中国科协作为《科学素质纲要》实施领导小组办公室的作用，把科协及所属学会的科普工作集成到《科学素质纲要》框架之内。加快制定公民科学素质基准，分解任务，加强检查，督促落实。积极参与国家有关科普规划和政策制定，营造良好的宏观政策环境。以预防疾病、科学生活为主题，精心组织2006年全国科普系列活动。

继续广泛开展科学发展观和建设节约型社会的科普宣传工作。加强“科教进社区”活动，参与文明城市创建。组建社区专业科普志愿者队伍，建立健全科普志愿者服务网。对全国科普示范城区创建工作进行调查，探讨制定评价体系，明确工作重点和发展方向。进一步发展各种类型的科普教育基地。

（二）加强农村科普，服务社会主义新农村建设

围绕建设社会主义新农村，结合开展第三批保持共产党员先进性教育活动，配合党和政府引导广大农村干部树立科学发展理念，帮助广大农民提高科学文化素质。认真贯彻落实中国科协农村科普工作会议精神和《中国科协关于进一步加强农村科普工作的意见》，会同有关方面研究制订《农民科学素质教育大纲》，着力培养有文化、懂技术、会经营的新型农民，为建设社会主义新农村贡献力量。制定实施科普惠农计划。以农村科普活动站、科普宣传栏和科普员队伍即“一站一栏一员”建设为重点，大力发展农村基层科普组织。继续参与农村党员干部现代远程教育试点工作。积极组织科技专家服务“三农”，广泛开展各种面向农民的科技培训活动。推动农村科普示范体系建设，大力支持农民专业技术协会发展。

（三）做好青少年科普工作，增强创新意识和实践能力

加强科普作品的创作工作和科普网络建设，积极占领青少年活动阵地。团结动员科技工作者参与和指导面向未成年人的科普活动，继续抓好科技专家与青少年“大手拉小手”活动，启动农村青少年群英计划，开展未来科学人才培养计划，做好国际中学生学科奥林匹克竞赛活动组织工作，精心组织在澳门举办的第21届全国青少年科技创新大赛。

（四）实施“两个工程”，提高科普服务水平

一是实施科普资源开发与共享工程。加强科普产品、信息资源的开发，鼓励原创性科普创作，围绕“预防疾病、健康生活”等主题，集中力量开发一批科普精品。扎实推进中国数字科技馆建设，建立全国科普信息资源共享和交流平台，努力成为资源丰富、手段先进、受众广泛的全国性网络科普品牌。面向社会择优资助科普资源开发项目，动员社会力量广泛参与科普活动。

二是实施科普基础设施工程。加快中国科技馆新馆建设，扶持中西部地区科技馆建设，建设科技馆展

品共享服务站，支持中小科技馆增强科普功能。继续为地方配备“科普大篷车”，进一步搞好西部科普工程，支持中西部地区特别是少数民族科普工作队提高科普服务能力。加强与大众传媒尤其是电视、网络、移动通信等新兴媒体的合作，扩大科普宣传的社会影响。

三、坚持以人为本，竭诚为广大科技工作者服务

切实把加强党和政府同科技工作者的联系作为基本职责，把竭诚为科技工作者服务作为根本任务，把科技工作者是否满意作为衡量科协工作的主要标准，努力把广大科技工作者的积极性、主动性和创造性凝聚到全面建设小康社会的伟大事业中来。

（一）发挥桥梁纽带作用，促进和谐社会建设

正确认识人民团体在经济建设、政治建设、文化建设和社会建设中的重要作用，深刻理解构建社会主义和谐社会的重要意义，努力探索科协系统促进社会和谐的方式和渠道。

坚持以搞好服务促和谐。适应广大科技工作者开展学术交流的需要，努力建设水平好、层次高、质量优的学术交流与合作平台。建立健全学会会员和科技工作者管理服务系统，及时提供信息、资源、继续教育方面的服务以及其他延伸服务，协助科技工作者沟通信息、获取资源，不断提高自身素质。

坚持以维护权益促和谐。认真组织各级政协中的科协界委员依法履行职责，参与管理国家和社会事务。进一步完善科技工作者的利益表达机制，及时了解和反映科技工作者，特别是基层科技工作者在工作生活中遇到的实际困难，化解矛盾，规范行为，真正把各级科协组织建设成为名副其实的“科技工作者之家”，促进社会和谐稳定。

（二）畅通联系渠道，推进决策科学化民主化

在党和政府与广大科技工作者之间建立起畅通稳定的沟通渠道，是中央交给中国科协的一项重要任务。要着重做好三方面的工作：一是建立经常化、制度化、规范化的科技工作者调查研究制度，及时把握科技工作者的思想状况和变动趋势，及时反映科技工作者对一些重大问题的意见和建议。继续办好《科技工作者建议》，提高建言献策的水平和质量。二是加强全国科技工作者调查站点建设，开通网上科技工作者调查系统，建立科技工作者状况动态反馈机制。三是开展科技人力资源研究，加强对国内科技人力资源规模、结构、趋势、问题的跟踪研究，以及中外科技人力资源状况的比较研究，及时提交调研报告，为党和国家制定知识分子政策和重大科技决策提供参考。

（三）改进宣传表彰工作，加强人才队伍建设

规范和完善科协表彰奖励体系。继续表彰优秀科技工作者，切实抓好中国青年科技奖、全国优秀科技工作者、中国青年女科学家奖和中国科协西部开发突出贡献奖评选表彰工作，认真组织国家奖励项目的评审推荐工作。继续开展优秀科技工作者宣传计划，通过广播电视、网络和报刊等媒体，大力弘扬优秀科技人物的光辉业绩和崇高精神。加强科技人员思想道德建设，制定有关科学道德公约、规范，推动建立和完善科技人员诚信档案，对违反科技人员职业道德的行为开展调查。进一步加强人才工作，促进专业技术人才队伍建设。

四、以召开中国科协七大为契机，推动自身建设取得实质性进展

（一）开好中国科协七大，推动科协工作全面发展

根据《章程》规定，中国科协拟于2006年5月召开中国科协第七次全国代表大会。为做好科协七大筹备工作，从7月初开始，中国科协书记处先后召开9次座谈会，就科协七大的主题、规模、《章程》修

改等问题，听取31个省区市科协主要负责同志、部分全国性学会理事长的意见和建议。在此基础上，中国科协书记处研究认为，七大指导思想和主题要体现时代特征和科技工作者的历史责任，体现党的十六大和十六届三中、四中、五中全会精神，体现党中央对科协工作、科技工作者的要求。

建议科协七大的指导思想为：高举邓小平理论和“三个代表”重要思想伟大旗帜，认真贯彻党的十六大和十六届五中全会精神，按照全面落实科学发展观、构建社会主义和谐社会的要求，履行党和政府联系科技工作者的桥梁和纽带职责，坚持为经济社会发展服务、为科技工作者服务、为提高全民科学素质服务，团结和动员广大科技工作者实施科教兴国战略和人才强国战略，着力自主创新，建设创新型国家，为全面建设小康社会、实现中华民族伟大复兴而奋斗。

建议科协七大的主题为：团结和动员广大科技工作者，立足科学发展，着力自主创新，提升全民科学素质，建设创新型国家，为实现中华民族的伟大复兴而努力奋斗。

12月19日，中央书记处听取了中国科协汇报，原则同意中国科协党组提出的科协七大指导思想和主题、《章程》修改、会议规模、召开时间和人事安排等，要求进一步做好有关筹备工作，同时提出，要起草一个主题鲜明、富有时代感，体现科协特点、实事求是，有利于统一思想、凝聚力量的工作报告，进一步明确科协工作的指导思想和今后五年的主要任务；要精心修改好科协《章程》，坚持与时俱进，充分体现十六大精神和宪法精神；要下功夫起草好《关于动员和组织广大科技工作者为建设创新型国家作出新贡献的若干意见》，供科协七大代表讨论。为更好地贯彻落实中央书记处的指示精神，我们首先要做好科协七大代表和委员候选人推选工作，充分发挥代表作用。在大会召开以前，各位代表要就科技工作者最关心的问题以及科技工作、科协工作深入调查研究，准备意见建议。会议期间及会议结束后，试行代表建议案制度，确保闭会期间代表作用能够得到充分发挥。我们要认真筹备，精心组织，确保七大成功召开，成为一次团结、民主、振奋精神的大会。

（二）进一步加大学会改革力度，增强自主发展能力

明确学会改革目标，强化学会“自主、自立、自强、自律”能力，增强凝聚力，努力形成适应社会主义市场经济和科学技术发展规律的组织体制、运行机制和活动方式，促进学会规范、有序、健康发展。坚持以人为本，在充分考虑到科技工作者需求和学会专职工作人员现实状况的前提下，推动学会改革不断深化。深入调查研究有关学会改革发展的政策、体制、保障等问题，积极争取有关部门和社会力量的广泛支持，努力为学会发展创造更加有利的条件和环境。认真总结学会改革的成功经验，研究制定今后几年学会发展的目标任务、指导意见和具体措施。按照同行认可、业内认可、社团认可和社会认可的要求，分类指导，稳步推进，加强各级学会的学术建设和组织建设。实施学会发展与改革创新示范工程，择优支持骨干学会，创建一流学术团体。认真落实中央书记处指示精神，进一步提高公信力，主动争取各级党委和政府部门的支持，加大争取政府职能转移的力度。

（三）认真贯彻《公务员法》，加强干部队伍建设

结合建设学习型社团，研究制定科协系统“十一五”干部教育培训规划，加大对科协干部教育培训的力度，不断提高搞好“三服务一加强”的能力和水平。深化直属事业单位改革，进一步明确职能，推动发展。重视网站与资源数据库建设，建立完善中国科协信息化建设标准规范体系，优化提升网络系统平台的运行能力和质量。加强中国反邪教协会的组织建设和能力建设。抓好财会培训和监督检查工作，提高财政经费使用效益。

建立保持共产党员先进性的长效机制，巩固和拓展先进性教育活动成果，进一步加强科协系统党的基层组织建设。切实加强对党员领导干部的监督，抓好党风廉政建设。

不断推进各级科协组织的思想、组织、作风建设。针对科协生存与发展的薄弱环节，大力加强县级科协和基层组织建设，准确及时反映基层科技工作者的呼声，切实维护基层科技工作者的合法权益，协助党委和政府解决好他们的实际问题。

（四）改进工作方式方法，努力构建社会化工作平台

坚持围绕中心、服务大局的原则，加强与有关部门的沟通合作，进一步争取党政领导支持，推进科协工作。创新工作方式，构建各类社会化工作平台，广泛动员社会力量，集成各方资源。进一步强化大团体的整体功能，发挥科协系统组织网络优势，实现资源共享。

团结协作，开拓进取，不断开创科协工作的新局面

全国性学会和地方科协是中国科协的两大基石。做好这两方面的工作，对于充分发挥科协作为党和政府团结广大科技工作者的桥梁纽带作用，更好地为经济社会发展服务、为科技工作者服务、为提高全民科学素质服务，有着极为重要的意义。评价科协工作的标准可以有很多，但归根到底是要看党和政府对科协工作是否满意，广大科技工作者对科协工作是否满意，人民群众对科协工作是否满意。做到这三条，首先要靠在座的各位，靠全国性学会和地方各级科协做扎实细致的工作。在这里，我着重强调以下几点：

一是，要在坚持以人为本上动脑筋。科协是中国科学技术工作者的群众组织，是党领导下的人民团体，是党和政府联系科学技术工作者的桥梁和纽带，它的根本任务就是要团结动员广大科技工作者为社会主义经济建设、政治建设、文化建设、社会建设服务。科协的工作，首先是要做人的工作，依靠科技工作者开展活动，真心实意地为广大科学技术工作者服务。做好科协的工作，推动和谐社会建设，最重要的就是牢固树立以人为本的理念，充分尊重科技工作者的主体地位，依靠科技工作者，服务科技工作者，把科技工作者是否满意作为衡量科协工作的主要标准。要认真研究在社会主义市场经济条件下，科技工作者在就业方式、业务方向、生活状况、流动趋势、价值观念等方面出现的新变化、新问题，发挥各级科协组织在“提供服务、反映诉求、规范行为”方面的作用，及时把党和政府有关科技工作和科技工作者的方针政策传达下去，及时把广大科技工作者的意见、建议和诉求反映上来，在党和科技工作者之间建立畅通稳定和双向沟通的渠道，使党群关系、党同知识分子关系更加和谐。积极做好发现、培养、举荐、吸引、使用和凝聚科技人才的各项工作，表彰奖励优秀科技工作者，努力调动科技工作者的积极性、主动性和创造性，为构建社会主义和谐社会多做贡献。

二是，要在推动创新上做文章。科技工作者是科学技术的研发者、创造者，也是自主创新的实践者、承担者。科技工作者与普通公众最大的不同，就在于他们拥有科技知识，掌握专门技能，从事研发活动。科协作为国家推动科技事业发展的重要力量，很重要的一项任务就是组织科技工作者运用他们所拥有的科技知识，参与国家科技政策、法规的制定和国家事务的政治协商、科学决策、民主监督工作，推广先进技术，开展科学论证、咨询服务，促进科技成果的转化。我们说要在推动创新上做文章，最主要的就是要推动科技工作者把实现自身价值与国家民族的前途命运结合起来，把科技活动与经济社会活动结合起来，把发挥他们的聪明才智与增强自主创新能力结合起来，增强使命感、责任感、荣誉感，更好地运用他们所掌握的丰富科技知识，服务于经济社会发展，服务于全民科学文化素质的提高，推动增强自主创新能力、建设创新型国家。这就要求我们努力搭建不同形式、不同层次的学术交流平台和技术传播平台，帮助科技工作者及时了解最新科技信息，掌握国内外动态，为科技工作者从事研发活动、生产科技知识创造条件，同时又要鼓励广大科技工作者把他们所掌握的科技知识以通俗易懂的方式传播给社会公众，弘扬科学精神，普及科学知识，传播科学思想和科学方法，为提高全民科学文化素质做出自己的贡献。

三是，要在服务大局上选题目。围绕中心、服务大局，是中央书记处对中国科协工作的明确要求，也是做好科协工作的一条基本经验。什么是大局？大局就是党和国家的中心工作，就是紧紧抓住发展这个党执政兴国的第一要务，牢牢把握本世纪头二十年我国发展的重要战略机遇期，全面建设惠及十几亿人口的小康社会，胜利完成三步走的战略目标，实现中华民族的伟大复兴。具体到科技工作上来说，大局就是要不断增强自主创新能力，建设创新型国家，为推动经济社会发展切实转入科学发展的轨道，全面提高我国的综合国力、国际竞争力做出自己的贡献。在服务大局上选题目，就是要把党和国家的工作大局作为科协部署工作的立足点、着眼点和切入点，突出特点，发挥优势，引导广大科技工作者把思想和行动统一到不断增强原始创新、集成创新和引进消化吸收再创新的能力、建设创新型国家上来，统一到推进社会主义和谐社会建设上来。党和政府关注什么问题，我们就设法研究和解决什么问题；对一些已经具有苗头、尚未形成倾向性但确实对经济社会发展有潜在重大影响的问题，我们要见微知著，超前部署，深入调研，拿出有针对性的切实可行的对策建议；党和政府已经注意到而且需要我们进一步开展工作的问题，我们一定要努力去做，而且要做实做好。只有这样，我们才能有效动员广大科技工作者把力量凝聚到全面建设小康社会的各项任务上来，科协的地位也就树立起来了。我们常说“有为”才能“有位”，道理就在这里。

四是，要在深化改革上求发展。我们处在一个改革的年代，科协不可能游离于改革的大潮之外。改革既是一个过程，也是一种方法，归根到底是要冲破妨碍发展的思想观念，改变束缚发展的做法和规定，革除影响发展的体制弊端，建立适应社会主义市场经济体制、符合科学技术和学术团体发展规律的组织体制和运行机制，推动科协事业的发展。只有通过改革，才能不断拓展科协与广大科技工作者联系的渠道，增强对科技工作者的吸引力和凝聚力，使科协的各项工作更好地适应党和国家的需要，适应经济社会发展的需要，适应科技工作者和广大人民群众的需要。改革是科协发展的强大动力，也是科协发展的出路所在。我们不断深化学会改革，大力推进机关改革和事业单位改革，适时启动科协组织制度改革，最终目的也都是为了把科协建设成为具有中国特色、充满生机和活力的现代科技团体，确保科协持续、健康地发展。自觉适应经济社会发展的客观要求，积极借鉴国内外群众组织以及非营利组织的有益经验，切实结合自身的特点和优势，按照人民团体的活动方式和方法开展工作，创新体制机制，改革工作方式，不断提高效率，这不仅是科协自身发展的客观需要，也是一个人民团体走向成熟的重要标志。

五是，要在动员社会力量上想办法。科协工作有两个突出特点，一是量大面广，任务十分繁重，二是科协既不是党政部门，也不是事业单位，不拥有行政权力，可供直接支配使用的资源也十分有限。这就决定了我们必须强化大团体意识，发挥大联合的优势，广泛动员社会力量，充分利用社会资源，团结吸引各方面力量参与到我们的工作中来，联合各个部门来开展工作。科协既有人才、智力方面的优势，又有组织、网络方面的优势，具有长期面向社会开展学术交流、科普活动的丰富经验，有能力在全社会范围内集成人、财、物等各种资源，做好科协各项工作。能不能把科协事业做好做大做强，归根到底是要看我们能不能把社会力量广泛动员起来，搭建社会化的科协工作舞台。这个舞台有多大，科协的能力就有多大，科协的地位也就有多高。检查衡量各级科协工作的成效，很重要的一点就是要看我们动员了多少力量共同开展工作，在能力建设和其他方面给大家提供了什么样的帮助，搭建了什么样的社会化服务平台。多年来，各级科协与有关部门、社会力量已经建立了广泛的联系，形成了良好合作关系。科协过去所开展的活动之所以产生了广泛的社会影响，主要是因为我们的许多活动都是与有关部门、社会力量联合开展的。比如说，全民科学素质行动计划纲要制定工作的完成，就是 14 个中央部门共同努力的结果。今后，我们还要进一步加强与有关党政部门、其他人民团体的联系合作，积极争取他们对科协工作的理解和支持。要特别注意加强与科技行政部门的合作，更好地发挥各自的优势，促进科协工作。进一步加大面向企业、其他非营利组织的工作，搭建社会化的工作平台，为企业、社会团体在更高层次上参与社会事务创造条件。

六是，要在增强自身能力上下功夫。俗话说，打铁还需自身硬。履行科协的职责，做好“三个服务”，自身建设是关键。无论是围绕中心、服务大局，还是争取政府职能转移，最重要的是强化自身能力，进一步提高工作效率和业务水平。要正确处理“有为”与“有位”的关系，在市场竞争中争取主动，做到以服务求发展，以作为求地位。一要加强组织建设，克服团体组织运行中的行政化倾向，处理好团体组织与办事机构的关系，处理好坚持党的领导与依据章程自主开展工作的关系，处理好系统内部上一级机关与下一级机关的关系。坚持民主办会，充分尊重代表大会、全委会及其常委会、理事会及其常务理事会的权威，不断增强科协对学会、学会对科技工作者的吸引力和凝聚力。二要加强机关制度化建设，规范管理，改进管理，努力建设学习型机关、创新型机关。三要加强干部队伍建设，努力建立一支掌握现代管理技能、适应现代科技社团管理需要的干部队伍。目前各级科协机关、学会秘书处的干部队伍结构、工作人员的知识结构，与履行职责的要求还有很大差距。要继续推行并完善干部竞争上岗制度，严格执行轮岗规定，疏通干部进出、流动的渠道，加大干部在职进修培训力度，积极选派机关青年干部到基层挂职锻炼，不断提高机关干部的业务水平，增强服务能力。

同志们，再过几天就是元旦了。借此机会，我谨代表光召主席和中国科协党组、书记处，向全国性学会、各级科协一年来对科协事业做出的努力和贡献表示衷心感谢，向大家并通过你们向广大科技工作者、机关工作人员以及支持、关心科协发展的有关部门领导、各界人士致以节日的问候！

谢谢大家！

关于广泛开展向曾呈奎同志学习的决定

科协发组字〔2005〕31 号

各全国性学会、协会、研究会，各省、自治区、直辖市科协，各计划单列市、副省级城市科协，新疆生产建设兵团科协，机关各部门，各直属单位：

曾呈奎同志是中国科学院院士、中国科学院海洋研究所研究员、著名的海洋生物学家，1909 年出生于福建省厦门市，2005 年 1 月 20 日在青岛去世。曾呈奎同志生前曾任中国海洋湖沼学会理事长、名誉理事长，中国环境科学学会副理事长，第二届、第三届山东省科协主席、名誉主席，青岛市科协顾问。曾呈奎同志从事科研工作 76 年，他始终心系人民、报效祖国，无私奉献、奋发进取，以促进祖国发展为己任，全力投身科技事业，以坚定的共产主义理想和崇高的爱国主义情操自觉实践“三个代表”重要思想，用奋斗的一生谱写了光辉的篇章，是中国共产党的优秀党员，得到了广大科技工作者的一致赞誉。

为深入学习贯彻“三个代表”重要思想，促进各级科协的党组织和广大党员以实践“三个代表”重要思想为主要内容的保持共产党员先进性教育活动的开展，促进科协系统各项工作的协调发展，以实际行动落实党的十六大和十六届三中、四中全会精神，中国科协党组决定在中国科协系统广泛深入地开展向曾呈奎同志学习的活动。

一、学习曾呈奎同志坚定的共产主义理想和崇高的爱国主义情操

曾呈奎同志始终把个人的命运与祖国的命运紧紧相连，在人生的关键时刻，毫不犹豫地选择祖国和人民，即使身处逆境，仍不动摇共产主义信念，以毕生的精力投身祖国科技发展事业。学习曾呈奎同志，就是要学习他政治坚定、爱党爱国，心中始终装着祖国和人民，全心全意促进祖国发展的高尚情操。

二、学习曾呈奎同志自主创新、求真务实的科学精神

曾呈奎同志在长达76年的科研活动中，密切联系国民经济建设和人民生活实际，面向国家需求，立足自主创新，不断促进科研成果转化为生产力，取得了一系列重大的奠基性和原创性成果，有力地推动了学科发展。学习曾呈奎同志，就是要学习他求真务实、严谨认真、立足国情、开拓创新的科学精神，不断推动和促进我国科技事业的发展。

三、学习曾呈奎同志亲贤育才、心系群众的高尚品德

曾呈奎同志非常关心和扶持青年人才的成长，他通过广纳贤才、选才用才、爱才育才、重才留才，发展和促进了我国海洋科学事业。他心里始终装着人民群众，想方设法为人民群众排忧解难，即使在生命弥留之际，仍然念念不忘灾区人民。学习曾呈奎同志，就是要学习他以人为本、亲贤爱才、甘为人梯、乐于助人的高尚品德。

四、学习曾呈奎同志生命不息、奋斗不止的拼搏精神

曾呈奎同志一生进行海洋考察数十次，即使在困难时期也不曾放弃科学研究工作，年届高龄仍坚持开展学术交流，培育人才。学习曾呈奎同志，就是要学习他无私奉献、锐意进取、生命不息、奋斗不止的拼搏精神。

中国科协党组号召广大科技工作者和学会、科协干部学习曾呈奎同志的先进事迹，自觉把个人的前途命运与国家的前途命运紧密联系，求真务实，开拓创新，不断推进我国科技事业的发展，为全面建设小康社会贡献新的力量。

各级科协党组织要把学习曾呈奎同志的活动与保持共产党员先进性教育活动结合起来，通过广泛开展向曾呈奎同志学习的活动，坚定共产主义信念，牢记全心全意为人民服务的宗旨，不断提高为科技工作者服务、为经济社会全面协调可持续发展服务、为提高全民科学素质服务的能力，扎扎实实推进科协各项工作的开展。

中国科学技术协会

2005年4月26日

关于加强科学发展观科普宣传的意见

科协发普字〔2005〕25号

各全国性学会、协会、研究会，各省、自治区、直辖市科协：

党的十六届三中全会提出以人为本，全面协调可持续的科学发展观，对于贯彻“三个代表”重要思想和党的十六大精神，实现全面建设小康社会宏伟目标具有十分重大的意义。围绕科学发展观的科普宣传，各级科协已经开展了大量工作。为贯彻落实中央书记处关于科协要加强科学发展观宣传的指示精神，现就加强科学发展观科普宣传提出以下意见。

一、指导思想

科学发展观的科普宣传，要以党的十六大和十六届三中全会精神、胡锦涛总书记《树立和落实科学发展观》的讲话精神为指导，充分发挥科协拥有遍布全国城镇和农村的组织网络优势，运用科协长期面向社会开展科普工作的丰富经验，广泛开展科学发展观科普宣传活动，引导广大人民群众牢固树立和认真落实以人为本，全面协调可持续的科学发展观，促进全民族科学文化素质的提高和社会主义和谐社会的建立。

二、目标任务

科学发展观的科普宣传要围绕经济社会发展，切合生产、生活实际，每年确定一个方面的重点内容，创作并积累宣传品，联合社会力量，吸纳社会资源，面向社会，广泛宣传。2010年前，使科普宣传做到覆盖全国，遍及城乡，使科学发展观家喻户晓、深入人心。主要任务：

（一）大力开展各种形式的科普宣传活动。组织专家学者、科技工作者、科普志愿者深入农村、社区、学校、企业、军营、机关，针对经济社会发展中存在的问题，城乡居民生活中存在的不科学、不协调的现象，开展科学发展观宣讲、展览、咨询等科普宣传活动，引导公众树立科学发展观，倡导科学、文明、健康生活。

（二）组织编创、制作科学发展观科普宣传品，并向社会广泛推介，使其有效发挥作用。

（三）发动社会各方面力量，特别是要借助广播、电视、报刊、互联网等媒体广泛开展宣传。

三、工作要求

（一）要加强对科学发展观科普宣传工作的组织领导，把此项工作作为近一个时期科普工作重中之重的任务。各地科协主要领导要亲自负责，制定专门工作计划。

（二）要配合党和政府的中心工作，围绕各地在落实科学发展观中要解决的突出问题开展科普宣传。

（三）要注重与相关部门联合，集成社会各方力量，结合“三下乡”、“四进社区”、全国科普日、全国科技活动周等活动，结合未成年人思想道德建设等工作开展科普宣传。

（四）要充分发挥各级学会、科普组织、专家、科技工作者和科普志愿者的作用，组建科学发展观科普宣讲团，到农村、社区、企业、机关、军营开展形式多样的活动。

（五）要发挥各类科普设施、基地的重要作用。全国科普示范县（市、区）要把开展科学发展观科普宣传作为科普示范创建活动的重要内容。突出为“三农服务”，紧紧围绕统筹城乡协调发展，在为城乡社会经济全面协调可持续发展服务、提高公众科学文化素质服务方面取得实效；

科普场馆要积极举办或承办科学发展观内容的主题展览或开展相关的教育活动。每个省馆至少要承办或主办一次科学发展观展览，并组织在本省地市级和县级馆巡展；

全国科普教育基地要结合实际开展各具特色的科学发展观展示或社会化宣传活动，此项工作将作为衡量检查全国科普教育基地工作的内容之一；

各地科普画廊要突出科学发展观内容，至少每季度更新一次。主要街道科普画廊内容力争每月更新。

（六）要加强科学发展观科普宣传品的编创和制作。中国科协，各省、自治区、直辖市科协和有关的全国性学会协会、研究会都要组织编创科学发展观科普挂图、图书、音像制品等宣传品，并将内容共享。

（七）要支持广播、电视、报刊等大众传媒开设专栏，举办专题节目。每个省、自治区、直辖市都要有科学发展观广播、电视、报刊专题节目。

四、2005 年中国科协主要工作安排

（一）重点内容

资源节约与可持续利用。

（二）重点活动

1. 开展科学发展观科普志愿者百团科普宣讲活动。组织专家、科技工作者、科普志愿者进社区、进农村、进学校进行科学发展观讲解、咨询等宣传活动。

2. 举办科学发展观主题展览，并在各地巡展。

3. 举办科学发展观知识竞赛活动。

4. 编制科学发展观系列科普电视片，支持广播、电视等媒体开办专题节目。组织科技报开办科学发展观专题栏目。

5. 组织创作一批科学发展观宣传品。开展征集评选活动，推出一批科学发展观科普挂图、图书、音像制品。

6. 设立科学发展观科普宣传网页，汇集、发布科学发展观的文章、报告、书籍及相关宣传品信息。

请各省、自治区、直辖市科协拟定 2005 年科学发展观科普宣传工作计划，于 4 月 30 日前报中国科协科普部（城市处）。

中国科学技术协会

2005 年 4 月 5 日

关于大力开展防治高致病性禽流感科普宣传工作的通知

科协发普字〔2005〕66号

各全国性学会、协会、研究会，各省、自治区、直辖市科协，新疆生产建设兵团科协：

近期，我国部分地区陆续发生了高致病性禽流感疫情。党中央、国务院对此高度重视，要求把防控高致病性禽流感作为一件大事来抓，动员各有关地方和部门紧急行动起来，全力以赴防止疫情扩散。当前，防控高致病性禽流感处在关键时期，防治形势依然严峻，大力开展高致病性禽流感防治科普宣传工作十分必要而紧迫。中国科协决定，大力开展高致病性禽流感防治的科普宣传工作，增强公众的防疫意识。现将有关事项通知如下：

一、高度重视防治高致病性禽流感科普宣传工作

我国是世界第一养禽大国，目前正处在高致病性禽流感的高发季节，各地疫情还没有完全控制住，仍有蔓延扩散的危险。开展防治高致病性禽流感宣传工作是全国抗击高致病性禽流感斗争的重要组成部分。当前和今后一段时期，各地科协一定要从实践“三个代表”重要思想的高度，充分认识开展防治高致病性禽流感科普宣传工作的极端重要性，高度重视高致病性禽流感防治科普宣传工作，在当地党委、政府的统一领导下，充分发挥科协组织的优势，组织广大科技工作者，运用预防“非典”科普宣传活动的经验大力开展宣传工作。通过宣传使广大群众能够以科学的态度对待禽流感，以科学的方法提高自我保护能力。依靠科学，为全面预防和控制高致病性禽流感贡献力量。

二、运用各种宣传手段，积极开展形式多样的科普宣传活动

在宣传形式上，各地要充分运用报刊、广播、电视、网络等现代媒体以及基层宣传阵地，通过发放宣传手册、张贴科普挂图、在电视台和广播电台播放科普宣传电视片和广播节目、在报刊和网络开设专栏等形式，深入乡（镇）、村、社区，多渠道、多形式、全方位地向广大群众宣传普及科学防治禽流感的知识，扩大宣传的覆盖面。

要坚持正面宣传，重点宣传普及预防禽流感基本科学常识、控制家禽感染禽流感的预防方法、疫情发生时的应急处理和救治的方法，以及疫情报告等相关规定及应急措施等知识。通过科普宣传帮助群众树立正确对待禽流感的科学态度，增强科学预防意识，掌握科学预防技术和方法，提高预防能力。

三、确保科普宣传工作取得成效

为加强科普宣传工作，中国科协与卫生部组织印制了防控高致病性禽流感科普挂图1套（2张）和防控高致病性禽流感科普宣传折页，近期将寄送各省级科协，重点发送目前已经出现禽流感疫情的地区、西部地区和老少边贫地区。同时，还将寄送电子版，供各地开展宣传使用。中国科协还制作了《科学防治

禽流感》宣传手册和科普大篷车专题电视节目等，近期也将发送各地；已在中国科协网站上（www. cast. org. cn）开通了科学防治禽流感科普专栏，提供科学防治禽流感科普挂图及宣传册等免费资料的下载。希望各地收到宣传资料后，及时迅速地投入使用，尽快使其发挥作用。全国科普示范县（市、区）、全国农村科普示范基地、全国科普教育基地要在防治高致病性禽流感科普宣传工作中发挥模范作用。各地还可以根据本地实际，组织编印防治高致病性禽流感的科普宣传资料，并随时将开展防治高致病性禽流感科普宣传工作的有关情况和要求及时反馈中国科协。

中国科学技术协会
2005 年 11 月 11 日

关于进一步加强农村科普工作的意见

科协发普字〔2005〕67 号

各全国性学会、协会、研究会，各省、自治区、直辖市科协：

为了实现党的十六大提出的全面建设小康社会的奋斗目标，全面贯彻落实科学发展观，贯彻落实党的十六届五中全会精神，加强科学普及，贯彻实施《中华人民共和国科学技术普及法》（以下简称《科普法》），充分调动全社会开展农村科普工作的积极性和主动性，不断提高广大农民和农村青少年的科学文化素质，促进社会主义新农村建设，现提出当前和今后一个时期进一步加强农村科普工作的意见。

一、充分认识农村科普工作的重要意义，进一步明确指导思想和工作目标

（一）加强农村科普工作的重要意义

解决农业、农村和农民问题是全党工作的重中之重，是建设社会主义和谐社会的重点和难点。提高广大农民的科学文化素质，把科教兴国战略、人才强国战略、可持续发展战略落实到基层，把人口大国建设成为人力资源强国，加快农业科技进步，调整农业生产结构，转变农业增长方式，提高农业综合生产能力，是从根本上解决“三农”问题的关键；全面贯彻落实科学发展观，建设生产发展、生活宽裕、乡风文明、村容整洁、管理民主的社会主义新农村，是构建和谐社会的重要基础性工程。

农村科普工作是提高农民和农村青少年科学文化素质的重要途径之一。长期以来，各级科协及所属团体在党和政府的领导下，在农村科普方面做了大量工作，取得了显著成效。但是，目前农村科普工作总体上还比较薄弱，观念和机制还不适应，动员社会、集成资源、服务基层的能力不强，尚不能满足广大农民接受科普教育、提高自身素质的迫切需求。

（二）农村科普工作的指导思想

以邓小平理论和“三个代表”重要思想为指导，坚持以科学发展观指导农村科普工作，为经济社会全面协调可持续发展服务、围绕科协为科技工作者服务、为提高全民族科学文化素质服务的根本任务，贯彻实施《全民科学素质行动计划纲要》（以下简称《计划纲要》），紧密结合“三农”实际，普及科学技术知识，弘扬科学精神，传播科学思想和科学方法，提高广大农民和农村青少年的科学文化素质，为建设社会主义新农村做出更大贡献。

（三）农村科普工作的总体要求及目标

以农业生产第一线的农民和农村青少年为重点工作对象。提高农民获取科技知识和依靠科技脱贫致富、发展生产、保护环境、改善生活质量的能力；提高农村富余劳动力向非农产业和城镇转移就业的能力；提高农村青少年学习新知识、运用新技术、健康成长、科学生活的能力；提高农村公众反对愚昧迷信，革除陈规陋习，识别和抵御邪教的能力。关注农村妇女、农村校外青少年以及西部欠发达地区、少数民族聚居区、贫困地区、革命老区的农村科普工作。

以宣传科学发展观为重点内容，促进科学发展观在农村的树立和落实。要结合建设社会主义新农村的要求和农村的特点，重点普及先进适用技术，宣传和普及保护生态环境、节约水资源、保护耕地、健康卫生、移风易俗和反对愚昧迷信、陈规陋习等观念和知识，在农村形成崇尚科学、追求知识、科技致富、文明生活的良好社会风尚。

以搭建农村社会化科普服务平台为主要工作方式，有效发挥科普工作主要社会力量的作用，动员、支持社会各方面力量共同开展科普工作，集成并共享科普资源，通过社会化的农村科普工作，普惠广大农民群众。

以提高基层科普服务能力为突破口，逐步形成为农民和农村青少年提供科普服务的长效机制。切实加强农村科普队伍和基层组织建设，丰富农村科普资源，发展基层科普设施，使农村科普工作总体薄弱的状况显著改善，农民参与科普教育的机会与途径明显增多，农村青少年人人享有接受科普教育的机会。

二、搭建社会化科普服务平台，大力开展形式多样、富有实效的科普工作，提高农民和农村青少年的科学素质

（四）围绕宣传科学发展观，广泛开展群众性、社会性、经常性的科普宣传活动

科普宣传活动是增强广大农民和农村青少年科技意识，在农村营造崇尚科学、追求知识、科技致富、文明生活的良好社会风尚的有效形式，是动员社会力量共同参与农村科普的重要平台。要以宣传和普及科学发展观为主要内容，以农民和农村青少年为主体。要与农民文化娱乐生活相结合，采用他们易于理解、容易接受和乐于参与的内容和方式。要注重活动的策划和对活动效果的评估，把公众参与和动员社会资源的程度作为评价科普活动的主要指标。

全国科普日、科技活动周、青少年科技传播行动等重点科普活动要把面向农民和农村青少年的科普宣传作为活动的重点。科技下乡活动要不断创新形式、丰富内容，形成动员科技工作者常下乡的工作机制。各地科协及所属学会继续组织开展好科普之冬（春、夏）、科普大集、科技专家服务“三农”、“科技大王”下乡、“科技特派员下乡制度”等特色科普宣传活动。鼓励和支持农村基层科普组织、社会团体、企事业单位和农民开展形式多样、生动活泼的科普活动。

加强科普示范基地和科普示范户建设，广泛开展科普示范活动。充分利用社会资源，创建集技术示范、科普宣传和培训为一体的农村科普示范基地，支持它们健康发展，发挥好它们的示范带动作用。

（五）充分利用各类农村教育培训资源，进一步加强农民科技培训工作

科技培训是广大农民和农村青少年学习科学知识和实用技能、提高科学生产和科学生活能力的重要途径，是农村科普工作的主要方式之一。中国科协将会同有关方面制定《农民科学素质教育大纲》，指导面

向农民的科技培训工作。各级科协要以培训能力建设为重点，进一步加强农民科技培训工作。

加强农民和农村青少年科技培训的教材建设，以先进适用技术为切入点，突出科学发展观的内容，同时，要根据农民的实际需求，增加农业产业结构调整和农民进城务工所需的新知识、新技能以及提高农村青少年生活能力的有关内容。

加强农民和农村青少年科技培训师资队伍建设，以科技、教育工作者和农民技术骨干为主体，建设一支专兼职结合的培训师资教学辅导队伍，为农民科技培训提供师资服务。

继续坚持"实际、实用、实效"的原则，开展面向农民的科技培训，注重培训工作方式的创新。积极与组织、宣传、农业、科技、教育、劳动和社会保障、共青团、妇联等有关部门和团体共同完成各级政府实施的农民科技培训项目；充分利用远程教育等现代传播方式，积极参与全国农村党员干部现代远程教育试点工作；充分发挥各级学会、农村致富技术函授大学（以下简称农函大）、农村专业技术协会（以下简称农技协）等在农民科技培训中的作用，支持农村职业技术学校、农业广播电视学校、农村成人文化技术学校、农村中小学校、农业大中专院校、乡镇党校和村党员活动室等开展农民和回乡青少年科技培训。积极推动经过培训的农民获得相应的技术资格认定。

农函大及各地分校作为面向农民开展科技培训的重要阵地，要适应时代发展的要求和农民的实际需求，通过改革和创新，实现新的发展。

（六）牢固树立服务意识，扶持和指导农技协成为带动农民科技致富的重要力量

农技协是农村基层重要的科普组织和科普工作平台，是农民专业合作经济组织的重要形式之一。要坚持农技协"民办、民管、民受益"的原则，联合相关部门和社会有关方面，扶持农技协做大做强，指导农技协发挥好科普示范作用。"十一五"期间，中国科协、全国性学会和地方科协将重点扶持1万个农技协。

要把提供科技、信息、示范等服务作为扶持农技协发展的重点工作。组织学会、科技工作者与农技协结对服务，提供技术咨询和市场信息，培训农技协骨干，帮助农技协发展。积极参与制定有关政策法规，为农技协发展营造良好的政策环境，支持农技协得到各方面的服务。

推动农技协之间的专业交流与协作，并指导农技协开展农村科普活动。通过举办农产品展示交易会、经验交流会、组建农技协专业委员会、建设农技协科技信息服务网络等方式，为促进交流与协作搭建平台、创造机会。开展优秀农技协评选活动，支持农技协实施的优秀科普示范项目。

（七）发挥各类媒体在农村科普中的作用，与大众传媒开展多种形式的合作

报刊、广播、电视、互联网等大众传播媒体具有信息量大、及时便捷、覆盖面广、影响力强的优势，是新时期开展农村科普的重要阵地。要主动加强与媒体的合作，支持新闻、出版、广播电视、文化等机构和团体加大面向农民和农村青少年的科技传播力度。

中国科协和省级科协重点开发各类媒体所需的科普资源。组织科技专家、科普作家等参与科普节目的制作，帮助媒体策划、编创面向农民和农村青少年的科普节目、作品。开展优秀科普作品的征集、推介活动，为媒体提供科普内容服务。

各级科协要与媒体合作开办科普栏目、节目，通过媒体扩大科普的覆盖面，到2010年，县级以上科协都有与广播、电视、报刊等媒体合作开办的面向农民和农村青少年的固定科普栏目或专刊。同时，要继续发挥好现有科技报、科普期刊、科普网站等的作用。中国科协通过免费提供科普电视片的形式，支持地方科协与当地电视台联合开办《科普大篷车》电视栏目，"十一五"期间达到覆盖80%以上县级电视台的目标。

基层科协、科普组织要把日常科普工作与媒体科普宣传结合起来，促进群众性、经常性科普活动的开

展，巩固提高媒体科普宣传的效果。

要重视互联网、移动通讯网的作用，充分利用网站（页）、手机短信等方式开展科普工作。积极参与“基层科技信息服务共享平台”、“科技110”科普热线等建设，引导农民充分利用科技信息服务发展生产，增加收入。

（八）围绕素质教育和思想道德教育，加强农村青少年科技教育工作

提高广大农村青少年的科学文化素质，是实现全民科学文化素质在整体上有较大提升的关键。要积极配合教育部门全面推进素质教育，深化农村基础教育改革，组织科技工作者参与农村科学教育资源建设，结合地方特点开发与科学课程相结合的低成本科学体验活动，增强农村青少年对科学技术的兴趣，培养良好的科学态度、情感和价值观。开展农村科技教师和科技辅导员培训，提高他们实施科学教育的能力和水平，促进农村中小学科学教育质量的提高。

积极开展农村青少年心理生理健康宣传教育，在农村进行“保护环境节约资源”、“珍爱生命远离毒品”、“预防艾滋病知识”等内容的巡回展览。针对经济困难、进城务工等家庭中农村青少年存在的心理问题，有针对性地开展心理健康知识宣传，提高他们抵抗挫折、克服困难的能力。

整合校外科学教育资源，充分利用和发挥科技馆、自然博物馆、农业博物馆、科普大篷车、科普教育基地和青少年科技教育基地等未成年人校外科技活动设施在农村青少年思想道德教育和科学文化素质培养中的重要作用，建立校外科技活动场所与农村学校科学课程相结合的有效机制。“十一五”期间，优先支持“科技馆活动进校园”项目在农村试点；加大农村基层科协青少年科普工作者和农村科技辅导员培训的力度，中国科协将每年培训500人，同时支持地方科协开展农村科技辅导员、科普员培训。

（九）围绕推进科普工作、促进县域科技进步，深化全国科普示范县（市、区）创建活动

全国科普示范县（市、区）创建活动是全面推进县域科普工作的重大举措，是通过推动科普工作发展促进县域科技进步，进而促进县域经济社会发展的有效形式。

创建工作要以贯彻实施《计划纲要》、提高县域公众科学素质作为根本任务。要坚持“党政主抓、科协牵头、部门协作、社会参与”的原则，在提高重点人群科学素质、增强基层科普服务能力、优化科普工作社会环境等方面发挥示范带动作用，率先实现农村科普工作的有关目标。

扩大创建规模，加大支持力度，实行动态管理。“十一五”期间，新创建400个全国科普示范县（市、区），使总数达到800个；支持全国科普示范县（市、区）实施以落实《计划纲要》为目标的优秀科普示范项目；对不能发挥示范作用的将撤销其称号。中国科协负责对创建工作进行规划和宏观指导，制定并完善创建标准，进行表彰奖励。省级科协作为创建工作的重要枢纽，负责对创建单位进行指导、监督和检查，组织开展经验交流。

科学普及和科技创新是科技工作的两个重要方面，中国科协将与科技部加强在县域科技工作中的协调配合，逐步把创建科普示范县作为实施“科技富民强县”计划的基础条件。

地（市）级、县级科协要借鉴科普示范县创建活动的有益经验，开展科普示范乡（镇）、社区（街道）、村创建活动，带动农村科普工作发展。

三、以“一站一栏一员”建设为重点，切实增强基层科普服务能力，逐步形成农村科普工作的长效机制

（十）推进“一站一栏一员”建设，大力发展农村基层科普设施、农村科普队伍和基层科普组织网络

建设乡村科普活动站、科普宣传栏、科普员，是新形势下加强农村基层科普服务能力的重要举措。活

动站是在乡村组织农民开展科普活动的阵地，宣传栏是农民身边的科普信息窗口，科普员是植根基层、直接面对农民的科普工作者，三者是一个有机的整体。“十一五”期间，力争在全国60%的行政村建成“一站、一栏、一员”，并有效发挥作用。先在全国科普示范县（市、区）、省级科普示范乡镇开始试点，使他们用两到三年率先实现建设目标。在东部地区和中西部有条件的行政村逐步铺开，稳步推进。

要坚持新建、完善和利用相结合，主要依托农村中小学、乡镇党校（村党员活动室）、农村成人文化技术学校、文化站、科技大院图书室、农村现代远程教育接收点等设施和有条件的乡镇企业、农技协等各类基地，通过充实健全其科普功能，建设乡村科普活动站；与农业、科技、组织、宣传、文化、民政等部门共建，以争取财政资金和吸纳企业资金相结合的方式，建设科普宣传栏；主要在乡村科普组织中的骨干、基层干部、教师、科技人员、回乡知识青年等乡土人才中选拔乡村科普员，加强培训和指导，提高他们开展科普活动的能力，使他们成为农村基层科普队伍的骨干力量。

各级科协及所属团体要在工作指导、科普资料、设备、经费等方面，对“一站一栏一员”予以支持。县级科协会同相关部门负责对乡村科普活动站、科普宣传栏、科普员进行具体指导、日常管理和培训，并为他们创造必要的工作条件，使之成为农村基层科普活动的主要依托。科普活动站要定期开展活动，科普宣传栏要及时、定期更换内容，科普员要常年坚持利用“一站一栏”开展科普活动。中国科协和省级、市级科协及所属团体要从培训提高、资源开发、信息服务等方面为“一站一栏一员”建设提供有力支持。

（十一）大力推动农村科普资源的开发与共享，为基层提供更多的科普公共产品和服务

科普资源建设是加强农村科普的必要保障和基础性工作。建立面向社会的有效激励机制，加大对优秀原创农村科普作品的扶持、奖励力度，支持农民创作的乡土科普资料；集成国内外现有的各类适合农村使用的科普资源，开展优秀科普作品推介、展演、展映、展播和展示活动，扩大农村科普资源的共享范围；针对农民和农村青少年生产生活的普遍、迫切需求，重点组织编制科普资料，以多种方式送达基层。

“十一五”期间，中国科协将在科技部、财政部的支持下，建设国家级数字化科普资源库即“中国数字科技馆”，突出农村科普的内容资源；围绕宣传科学发展观等重点内容，组织编创科普系列丛书、挂图、音像和多媒体课件，针对进城务工人员编制科普读本；开发设计适合农村青少年的优秀科技实践活动方案、科普活动资料包。

省、市、县级科协要根据本地实际进行多层次、低成本、乡土化的科普资源开发制作。鼓励和支持科普资源的区域性合作、开发与共享。县级科协要做好农村科普产品的发放、使用和为农民提供科普资料信息服务等工作，让广大农民“找得到、看得懂、用得上”。

（十二）加强农村科普队伍和组织网络建设，支持基层提高科普服务能力

县级科协和基层科普组织是科协面向农村开展科普工作的关键环节。要积极争取党委和政府的支持，加强县级科协领导班子和队伍建设，指导县级科协按照章程规定正常开展活动。发展县、乡（镇）、村级科协（科普协会）、农业技术推广机构、农村专业技术协会等农村科普组织网络，加强业务指导、项目引导，优化工作环境，推动基层科普组织发展。中国科协将与共青团中央共建农村青年中心科普协会。

加强包括农村科技、教育、传媒工作者，农民技术人才，科协及所属学会、农村基层科普组织的工作人员等在内的农村科普队伍建设。充分发挥广大科技工作者在农村科普中的突出作用，组织科技工作者开展科技下乡，与乡村、农技协等开展结对服务，支持科技工作者服务“三农”的项目。加强对县级科协农村科普专兼职干部的培训，提高他们的工作能力。加强农村科普志愿者队伍建设，鼓励和支持教育、传媒工作者、离退休科技工作者、科技特派员、青年志愿者和高校学生参加农村科普工作。

中国科协和省、市级科协都要高度重视对县级科协的工作指导，关心基层科普组织建设，加大对农村

基层的支持力度，帮助他们提高科普服务能力。中国科协重点为地（市）级科协配备科普大篷车，到2010年覆盖全国所有地（市、州、盟）。有条件的市（地）和县（市、区）要积极争取建设科技馆、科普活动中心等专门科普场馆。建立农村科普工作评估指标体系，并在此基础上形成激励机制，对在开展农村科普工作中表现突出的科普志愿者、科普工作者和农村基层科普组织、各级科协及所属学会予以表彰奖励。中国科协每五年表彰一次全国农村科普工作先进集体、先进个人。

（十三）继续实施西部科普工程，支持少数民族地区提升科普服务能力

中国科协继续实施“西部科普工程”，加大力度，支持少数民族地区提升科普服务能力。重点支持少数民族地区和西部地区科协与地方电视台联合开办科普栏目、开发少数民族语言文字科普刊物和科普资料、配备科普宣传设备和开展具有民族特色的科普宣传活动等；与国家民委合作，以少数民族科普工作队为重点加强对少数民族科普工作的支持，“十一五”期间在全国30个民族自治州及有条件的自治县共建少数民族科普工作队；与共青团中央合作开展西部青年志愿者科普行动，支持青年志愿者开展科普活动。东部地区科协要通过“东西互助”、“对口支援”等方式，支持西部地区科协提升科普服务能力。

少数民族地区科协要积极争取党委和政府的重视和支持，努力推动本地区的科普基础设施、科普队伍和组织网络建设，开发适应本地需求的科普内容资源，逐步提高科普服务能力。同时，要结合民族特色、地域习俗文化和经济社会发展需求开展各种有针对性的科普活动。

四、深入贯彻落实《科普法》，营造有利于农村科普工作的良好环境

（十四）加强对农村科普工作的领导

要积极争取党委和政府的领导和支持，协助、配合和督促党委政府按照《科普法》的规定，把科普工作纳入科技工作全局，纳入国民经济和社会发展规划，列入工作的重要议事日程。结合本地区实际，制定农村科普工作计划；制定和实施更多、更有利于农村科普工作发展的政策；经常调研科普工作情况，及时解决科普工作中的困难和问题；将农村科普工作纳入党政部门目标管理和干部业绩考核制度。

要推动和配合人大开展《科普法》在农村落实情况的执法检查，促进《科普法》的贯彻执行。认真履行好《科普法》所赋予的职责，主动加强与其他部门的配合与协调，搭建社会化的农村科普服务平台，组织开展群众性、社会性、经常性的科普活动，支持有关社会组织和企业事业单位开展科普活动，协助政府制定科普工作规划，为政府科普工作的决策提供建议。

（十五）多渠道加大对农村科普的投入

科普经费是农村科普工作重要的支撑和保证。要不断探索财政、企业、个人等多渠道加大对农村科普投入的机制，积极吸纳社会资金投入农村科普，为农村科普提供资金保证。

贯彻《科普法》的有关规定，推动各级人民政府特别是县级人民政府将科普经费作为当地经济社会发展的战略性投资纳入公共财政框架，列入同级财政预算，并逐年有较大幅度的增长。推动西部地区、少数民族地区、贫困地区、革命老区各级政府从中央财政的财力性转移支付资金中安排一定的经费用于农村科普工作。

促进科普投入多元化。积极推动组织、宣传、教育、科技、农业、卫生、环保、国土资源、交通等部门统筹考虑经费的落实，加大对农村科普的投入；动员科研院所、大专院校和广大科技人员积极开展农业科技成果转化、推广和普及。要把企业作为科普投入的重要力量，落实国家有关科普的税收优惠政策，为企业投入科普提供机会、创造条件，引导和鼓励企业积极参与农村科普。

中国科协、省级和市级科协科普经费的增长部分要重点向农村科普工作倾斜。中国科协农村科普经费将重点用于整合共享科普资源、调动社会力量、开展重点项目的试点和示范等方面。

（十六）积极进取，开创农村科普工作新局面

各级科协和所属团体要认真学习贯彻党的十六届五中全会精神，提高对农村科普工作重要性的认识，不断增强工作的责任感和使命感，增强工作的主动性，积极进取，进一步更新观念，开拓工作领域，探索新的工作机制，创新工作方式方法，优化工作环境。

要围绕贯彻实施《计划纲要》和本意见，制定实施方案，狠抓落实，加强分类指导，切实将农村科普工作的任务和措施落到实处，努力实现各项工作目标，共同开创农村科普工作的新局面。

中国科学技术协会
2005 年 11 月 15 日

关于命名第二批全国科普教育基地的决定

科协发普字〔2005〕70 号

各全国性学会、协会、研究会，各省、自治区、直辖市科协，新疆生产建设兵团科协：

为进一步贯彻落实《中华人民共和国科学技术普及法》，充分调动社会各方面的积极性，发挥社会各方面科普资源的效用，贯彻落实科学发展观，提高公众科学文化素质服务，中国科协于 2004 年确定了第二批全国科普教育基地创建单位。一年来，全国性学会和地方科协通过开展全国科普教育基地创建活动，整合、调动了一大批社会科普资源。各创建单位在学会和科协的指导下，在本系统上级单位的大力支持下，按照《全国科普教育基地标准》的要求，在组织领导、机构设置、人员配备、制度建设、经费保障、设施条件、以及社会化科普活动等方面做了大量的工作，结合不同行业、专业的特点开展了形式多样的科普宣传教育活动，满足了不同人群、不同爱好的社会公众的科普需求，有力地促进了科普工作的群众化、社会化和经常化。科普教育基地已经成为社区居民、机关干部、大中小学生等社会公众接受科普教育的理想场所，也成为区域社会文明的象征。

经过自查、抽查和专家评审，第二批共有 73 个创建单位达到《全国科普教育基地标准》的要求。中国科协决定命名山东聊城市气象科普教育基地等 73 个单位为“全国科普教育基地”。

被命名为全国科普教育基地的单位要再接再厉，不断总结经验，进一步提高面向社会做好科普教育宣传工作的能力和水平。希望各全国性学会和地方科协继续加强与各全国科普教育基地的联系，对基地的科普工作给予指导、支持和服务，及时总结经验、反映情况，为全国科普教育基地建设工作做出新的贡献。

附件：第二批全国科普教育基地名单

中国科学技术协会
2005 年 11 月 21 日

附件：

第二批全国科普教育基地名单

（73 个）

一、全国性学会、协会、研究会推荐的 11 个单位

中国气象学会

山东聊城市气象科普教育基地

中国海洋学会

北京太平洋海底世界博览馆

中国铁道学会

詹天佑纪念馆

中国铁道博物馆

中国航空学会

中国人民解放军 93619 部队

中国煤炭学会

中国煤炭博物馆

中国消防协会

青岛消防博物馆

北京消防教育训练中心

中国农学会

北京市顺义区大孙各庄农业示范区

中国水产学会

小汤山渔业高科技园区（北京市汇瀛水产良种开发中心）

中国水土保持学会

中国科学院水利部水土保持研究所黄土高原土壤侵蚀与旱地农业国家重点实验室

二、各省、自治区、直辖市科协和新疆生产建设兵团科协推荐的 62 个单位

北京市科协

索尼探梦馆

北京工体富国海底世界

天津市科协

天津宁河县中小学劳动教育实践培训中心

天津市北方花卉基地

河北省科协

河北省唐山科技馆

河北省正定县科技馆

山西省科协

　　山西省长治妇女儿童科教中心

内蒙古自治区科协

　　内蒙古海拉尔国家森林公园

　　内蒙古自治区地震局乌素图地震台

辽宁省科协

　　大连自然博物馆

　　大连老虎滩海洋公园

吉林省科协

　　吉林龙湾国家级自然保护区

黑龙江省科协

　　黑龙江省五大连池地震火山监测站

上海市科协

　　上海浦东气象科普馆

　　上海城市规划展示馆

　　上海公安博物馆

　　上海地震科普馆

　　上海市农业科学科普教育基地

江苏省科协

　　江苏省无锡市排水管理处芦村污水处理中心

　　江苏常州中华恐龙园

　　江苏南京海底世界

　　江苏科学宫

浙江省科协

　　浙江省农业高科技示范园区

　　浙江安吉竹子博览园

安徽省科协

　　安徽省科学技术馆

　　合肥气象科技园

　　合肥市科技馆

福建省科协

　　厦门桥梁博物馆

　　厦门市园林植物园

　　福建省福清市天生林艺园

　　福建省福州国家森林公园

江西省科协

　　江西省景德镇陶瓷历史博物馆

　　江西省赣南树木园

河南省科协

郑州科学技术馆

湖北省科协

武汉东湖海洋世界

湖北省黄冈市李四光青少年科技馆

湖北省博物馆

湖南省科协

长沙岳麓山鸟语林科普园

湖南省气象台

广东省科协

广东省深圳市仙湖植物园

广东省中山大学生命科学院生物博物馆

广东省珠海市农业科学研究中心

广东省江门市新会区圭峰山国家森林公园

广东省广州南沙科学展览馆

广西区科协

广西壮族自治区药用植物园

广西现代农业科技示范园

海南省科协

海南省兴隆热带植物园

海南火山口公园

重庆市科协

重庆市动物园

四川省科协

四川峨眉山博物馆

中国工程物理研究院科学技术馆

四川雅安市碧峰峡野生动物园

贵州省科协

贵州消防教育馆

贵州气象科技馆

云南省科协

中国科学院昆明植物园

昆明动物园

西藏自治区科协

西藏自治区气象台

陕西省科协

陕西昆虫博物馆

甘肃省科协

兰州重离子加速器国家实验室

青海省科协

青海省国土资源博物馆

宁夏回族自治区科协

宁夏回族自治区地震局银川基准地震站

新疆生产建设兵团科协

新疆兵团绿洲生态农业重点实验室

关于印发《中国科协学会改革工作座谈会纪要》的通知

科协办发学字〔2005〕2号

各全国性学会、协会、研究会，各省、自治区、直辖市科协，各计划单列市、副省级城市科协，新疆生产建设兵团科协，机关各部门、各直属单位：

中国科协于2004年12月15日至17日在北京召开学会改革工作座谈会。会议深入贯彻党的十六大和十六届三中、四中全会精神，全面落实“三个代表”重要思想，按照科学发展观要求，系统总结近几年学会改革工作取得的成绩，认真分析面临的形势和存在的主要问题，对下一步学会改革工作做出了总体部署。现将本次会议纪要印发你们，望紧密结合实际，抓好贯彻落实。

中国科学技术协会

2005年1月20日

附件：

中国科协学会改革工作座谈会纪要

2004年12月15日至17日，中国科协在北京召开学会改革工作座谈会。会议深入学习贯彻党的十六大和十六届三中、四中全会精神，全面实践“三个代表”重要思想，按照科学发展观的要求，认真总结学会改革发展的成绩和经验，进一步明确新时期学会改革的发展方向、目标和任务。中国科协学会改革领导小组成员，所属全国性学会（协会、研究会）理事长、秘书长，以及中国科协机关有关负责同志等303人出席。会议由中国科协副主席、党组副书记、书记处书记徐善衍同志主持。中国科协党组书记、书记处第一书记邓楠同志，党组成员、书记处书记冯长根同志做了重要讲话。会议期间，中国仪器仪表学会等12个学会介绍了学会改革经验，“学术性社团的功能与设立标准”等6个专题调研组汇报了调研情况，与会人员就学会改革发展问题进行了分组交流和讨论。会议展示了三年来学会改革发展取得的阶段性成果，达到了总结交流、相互启迪、统一思想、提高认识、指导工作的目的。

一、不畏艰难，开拓创新，学会改革发展取得新进展

会议认为，三年多来，各全国性学会认真贯彻落实中国科协《关于推进所属全国性学会改革的意见》，抓住机遇，统一思想，立足现实，大胆探索，学会改革取得了阶段性成果。

（一）改革发展已成为学会的基本共识和首要任务

为加强对学会改革工作的组织领导，保证改革工作的顺利进行，中国科协成立了学会改革领导小组，积极推进和指导各全国性学会改革工作，落实具体措施。目前70%以上的学会已制定了比较完善的学会改革方案，明确了改革的目标、任务和具体措施；在40个全国性学会中开展改革试点工作，积极探索和总结学会改革发展经验；开展14项专题调研，摸清影响和制约学会改革的一些重要问题，为学会改革提供指导；举办多种形式的经验交流和专题研讨会，推广改革先进经验，研讨学会改革发展中的共性问题，提出对策措施；举办秘书长等学会工作人员培训班，提高职业化水平和业务素质，规范学会管理；积极在会员会费标准、外籍会员发展、社会力量设奖、专业技术资格认证试点等方面，为学会改革发展争取条件，帮助学会拓展职能。通过共同努力，全国性学会改革的自觉性和主动性不断增强，改革已成为学会的普遍共识、实际行动和首要任务，为学会发展带来了强大动力和勃勃生机，提升了学会的综合实力和社会形象，一些试点学会和改革起步早、措施得力的学会，已经取得明显效果。

（二）以会员为本，学会的凝聚力和吸引力逐步增强

会议认为，三年来，全国性学会不断强化以会员为本的理念，坚持“学会要发展会员，会员要交纳会费”的基本准则，努力改变忽视会员主体地位的现象，取得可喜的经验。不少学会建立高级会员、普通会员、学生会员等多元化的会员结构，以及学会总会、分支机构、地方学会等分层管理、分工协作、互利互惠的会员服务体系；根据科技工作者就业方式、就业单位所有制性质、产业链条的延伸等的变化，不断拓展发展会员的渠道，扩展了学会服务的空间；修订会费收缴制度，提高会费收缴标准；加大发展新会员力度，重新登记会员，建立动态的会员信息库，70%的学会为个人会员编制了会员登记号。进一步贯彻了民主办会原则，不少学会建立完善了决策层、执行层等民主办会结构，充分发挥会员代表大会、理事会、常务理事会的决策作用，做到重大事项民主协商、民主决策；建立健全各项规章制度，严格依据程序办事；赋予学会秘书长及其领导下的办事机构以充分的执行职责，充分调动其积极性和创造性。同时，学会不断探索新形势下为会员服务的方式方法，举办学术年会，建立会议管理制度；提高学术期刊质量，扩大期刊的服务功能；探索继续教育与专业技术资格认证、工程师资格国际互认相结合的新路子；积极加强与会员的沟通，建立网站或主页的全国性学会由2001年的90个发展到2004年的153个，增加70%。

（三）转换机制，自我发展能力不断增强

会议认为，各全国性学会不断克服计划经济体制沿袭的依赖思想，自强自立、自我发展意识有所增强。许多全国性学会以满足会员和社会需求为学会改革发展的基本方向，发挥学会特色和优势，找准市场和社会定位，丰富学会产品和服务，以改革促服务，以服务求发展，扩大学会实力资源和经费来源渠道，提高了学会的综合实力和社会影响力。2003年度财政补助和上级补助仅占全国性学会总收入24.6%，学会活动收入占48.3%，会费、捐赠、项目委托等收入占27.1%。不少学会积极推进学会办事机构的人事、

劳动保障制度改革，实行“全员聘任、竞争上岗、社会保险”等改革措施，激发了新的活力。

（四）开拓创新，积极创建学会精品项目

各全国性学会在工作量大面广、挑战竞争激烈的形势下，从自身特点和优势出发，求真务实，锐意创新，取得明显成效。围绕学术交流的主旨，多数学会建立了各具特色的学术会议制度，成功举办了学术年会、青年学术年会、国际科技组织系列学术会议等系列性、大规模、高层次、国际性的学术会议，在国内外产生重要影响，在本学科、本行业、本领域建立声誉，开始出现一批学术活动的精品。一些学会将学术交流向技术、产品展示交流延伸，学术会议与科技展览密切结合，已经成为在国内外产生了广泛影响的品牌展会，为学会带来了社会效益和经济收益。同时，加强了学术期刊的培育，2003 年全国性学会在学术、技术期刊上发表的论文数增加到 138 万篇，学术期刊英文版的种类不断增加，一批全国性学会主办的科技期刊正在成为国内外知名的刊物。

（五）积极承接政府转移职能，学会活动空间有所拓展

会议认为，全国性学会紧紧抓住政府机构改革和职能转移的时机，在承接政府转移职能方面积极主动，大胆实践，取得了积极的进展。三年来，有 30 多个学会承担了设置科技奖励的职能；中国机械工程学会等 10 个全国性学会积极开展专业技术资格认证和工程师资格的国际互认的试点工作；中华医学会承接了医疗事故鉴定的职能，一些学会承接了技术标准编制，重大科技进展发布等职能。2003 年以来，100 多个全国性学会参与了 2020 年中国的科学和技术研究，为配合国家制定科学和技术中长期规划提出意见和建议，得到了国务院领导同志的肯定。

二、认清形势，迎接挑战，坚持以改革促发展

会议认为，当前我国经济社会正处在转型的关键时期，学会改革发展虽然取得一定进展，但还有许多问题与形势发展和任务要求不相适应，面临着严峻挑战。从学会外部环境看，学会管理体制和运行机制改革滞后，非营利政策法规还不够配套；学会业务边界与其他社会组织的交叉，学会活动与社会其他方面的竞争更加激烈；会员发展还不能适应经济所有制成分多样化，科技工作者向非公有制经济组织转移的变化；国际服务贸易中的保护主义，迫切需要科技社团来解决我国工程技术人员执业资格的国际互认等。从学会自身来看，一些学会“等、靠、要”思想仍然严重，能力建设滞后，会员基础薄弱，自主活动、自我发展、自我约束的运行机制亟待完善；对学术建设重视不够，学术活动质量和水平不高，对会员科技生活的影响较小，学会对科技工作者的吸引力和凝聚力不强；有的学会工作人员知识、年龄老化，管理能力薄弱，服务不热心、不到位，工作打不开局面。这些问题，严重阻碍了学会的协调、健康和持续发展。

会议指出，从新世纪开始，我国进入全面建设小康社会，加快推进社会主义现代化建设的新阶段。党和国家高度重视科学技术事业和科技人才培养，随着科教兴国战略、人才强国战略和可持续发展战略的深入贯彻实施，为科技事业和科技团体的发展创造了前所未有的良好环境，经济增长方式的转变和结构调整对科技的需求不断增加，对学会服务提出了新的需求。国家行政许可法已经明确将政府职能定位在经济调节、市场监管、社会管理和公共服务等方面，政府正在从直接管理为主转为间接调控为主，“小政府，大社会”已成为必然趋势，因此大量社会事务和有关职能正在转移给社会中介组织。伴随着各项改革的进一步深化，学会日益成为促进经济振兴、科技进步和社会和谐发展的新兴力量，在政府和企业之外发挥着不可替代的协调、辅助和补充功能，学会必将大有作为。

会议强调，学会改革是为了学会发展，发展是学会的第一要务。改革是学会建设与发展的强大动力，也是学会建设与发展的出路所在。只有通过改革，学会事业才能兴旺，学会工作才能充满生机和活力。认

真总结近几年学会改革的经验，对于在更高起点和层次上推进学会改革工作、确保改革工作取得实质性突破至关重要。

第一，必须坚持以会员为本，把密切联系会员和为会员服务作为学会工作的基本要求。学会是科技工作者结社组成的群众团体，学会的主体是会员。随着社会主义市场经济的发展和科技体制改革的深入，科技工作者的就业方式和职业流向也将发生变化，学会必须与时俱进，密切注视科技工作者动向，努力做到科技人员到哪里，学会的服务就跟到哪里。要满足不同类型会员的需求，把组织会员开展学术交流等各种活动放在重要位置，竭诚为会员和科技工作者服务，使学会始终对科技工作者保持强劲的吸引力和影响力。

第二，必须坚持以学术交流为主业，大力加强学术建设。学术交流是学会的立会之本、活力之源，是科学家共同体同行认可和社团认可价值体系的基础所在。加强学术建设，就是要通过广泛开展国际、国内学术交流，推动学科发展、人才成长和科学技术进步。学会必须把提高学术交流的质量和水平作为学会的主要任务，紧密围绕科技工作者的兴趣、学科发展，以及国家、行业和社会关注的前沿、热点、重点问题，积极组织各个层次的交流，这既是科技工作者、政府和社会对学会的期望，也是学会义不容辞的责任。

第三，必须坚持“双百方针”，实现民主办会。实现民主办会，就是要充分发挥会员代表大会、理事会、常务理事会的领导作用，按期召开会员代表大会和理事会、常务理事会的会议，对学会发展的一些重大问题进行讨论并作出决策，形成科学、民主、和谐的决策体系和执行体系。建立健全并严格执行组织管理、学会活动、会员管理等各项规章制度，严格按《民间非营利组织会计制度》要求，规范学会的财会制度，提高学会的公信度，树立良好的社会形象。坚持“百花齐放、百家争鸣”的方针，倡导学术民主和求真务实精神，建立诚信机制，积极促进学术同行评价体系的建立和实行。

第四，必须坚持把能力建设放在重要位置，提高学会的整体实力。营利水平是衡量现代学会运营水平的重要标志。如果一个学会营利水平高，从一定程度上说明学会的运营能力、活动能力强，社会价值大，公信程度高，社会需要学会提供的服务多，学会自身的社会满足能力强，所以学会必须树立经营理念，开发会员和科技工作者以及社会需要的多种服务产品，开辟多元的生存资源和经费来源渠道，打造学会名牌和精品项目，把学会做强做大。

第五，必须坚持突出特色，分类指导。不同学会在管理体制、历史沿革、发育阶段、综合实力、所处环境、活动方式等方面情况各不相同，存在明显差异，呈现出多样性的特点，这在一定程度上就是学会的特色和优势，因此学会改革必须因会制宜，因时制宜，突出学会优势，明确学会定位，彰显学会特色。同时，在业务管理和指导服务中，要区别对待，分类指导，充分体现学会的差异性，更有效地促进学会改革工作。

三、树立科学发展观，努力开创学会改革发展新局面

会议认为，当前学会改革发展已进入关键时期，必须以科学发展观为指导，遵循学会发展的科学规律，以会员为本，以学术为实，坚持学会的科学性、学术性属性，树立现代科技社团的基本理念，求真务实，开拓创新，不断探索学会改革发展的新对策。要确保学会改革取得实质性成果，关键是要搭建好为学术建设服务、为经济社会服务、为会员和科技工作者服务“三个服务平台”。

（一）持之以恒地抓好科技创新，搭建学会为学术建设服务的平台

会议要求，学会要制定学术建设规划，把提高学术交流的质量和水平作为主要任务和工作着力点。采取多种形式活跃学会的学术气氛，鼓励学术争鸣，为会员和科技工作者的科技创新创造良好的学术环境；建立学会的学术年会制度，并将其打造成本学会的精品学术活动项目；围绕经济社会发展的重点、热点问题和学科发展的前沿课题，精心策划组织各种系列学术活动，为会员和科技工作者搭建高水平的、与时俱

进的同行交流、同行评议、同行认可的学术交流平台。要定期组织完成本学会所属学科的学科发展报告，总结评述最新研究成果，研究探讨国际发展趋势，提出我国发展该学科的对策建议；重视学术会议发表论文的审定和编辑出版工作，注重学术会议成果的积累、传播和再利用；倡导会员和科技工作者的学术行为规范，促进会员和科技工作者科学道德素养的提高，旗帜鲜明地反对任何形式的学术不端行为；通过开展各类学术活动确立学会的学术权威，使学会成为原创性学术思想和观点的“孵化器”和“加速器”。

会议要求，认真办好学术期刊，重视学术论文质量，按照同行评议的原则建立严格、公正、科学的审稿制度，逐步杜绝未经同行专家审稿就刊登发表的现象；大力加强向一线特别是科技创新前沿科技工作者的约稿、组稿工作，积极发表原创性学术论文，尊重和鼓励学术创新，逐步提高学会会员论文的发表率。要科学、完整地标注重要的和有价值的参考文献，倡导学术论文必须科学介绍同行工作和课题史实，引导科技工作者重视高水平的文献研究和成果传播，客观、准确、诚实地介绍自己的学术成果。采取积极措施缩短学术期刊论文的发表周期，鼓励创办半月刊、旬刊甚至周刊，扩大学术期刊刊载容量和发行量，提高期刊的影响。逐步完善学术期刊的类型，着力加强文摘类、索引类、综述类、评论类和学科进展类学术期刊的创办和发展工作。高度重视编委会的作用，提高期刊的编辑出版水平，探索学术期刊国际化的实现途径，推进编委会和审稿工作的国际化。开展建立学术期刊联盟的探索工作，加强各学会所属学术期刊之间的联系与合作，努力做到优势互补、信息共享、资源共用，共同扩大对科技界和社会各界的影响。

会议要求，要充分发挥学会在国际民间科技交流与合作方面的独特优势，探索加强多边和双边交流与合作的新形式、新手段、新途径，开辟学会新的活动领域；有计划、有针对性地选拔优秀会员和科技工作者参加重要国际科技组织的活动，扩大和提高中国科学家在国际组织中的影响、声誉和地位；逐步增加学术期刊英文版的创办数量，逐步改变国际学术界长期不能全面、客观、系统了解我国学者科研活动及科技成果的现状；按照国际水准举办学会的学术会议，积极吸引国内外一流学者参会并做学术报告；积极申办和争取国际组织的重要学术会议在我国召开，自主举办和组织举办国际学术会议，为会员和科技工作者搭建好与国际同行交流的平台，力争使多数学会在国际本学科领域具有影响，部分学会在国际科技界具有较为重要的影响。

（二）发挥科技社团优势，搭建学会为经济社会发展服务的平台

会议认为，学会集中了各学科领域的众多专家，是智力密集、人才荟萃，具有跨部门、跨行业、跨地区优势的学术性团体，在我国的经济社会发展中有着不可替代的作用。通过搭建为社会发展服务的平台，不仅可以为会员和科技工作者提供实现自身价值的机会，也能很好地满足国家经济社会发展的需要。

会议要求，学会要开展相应的专题研究，为国家科技创新和中长期科学和技术发展规划的实施提供科学依据；围绕国家经济社会发展中的重大难点、热点问题，积极开展调查论证，专家研究，献言献策；结合国家重大工程建设，组织专家开展前期论证，提供决策咨询建议；结合地方政府和大型企业建设发展的需求，开展专题研讨，提供实施方案。

会议要求，学会要在促进科技与经济社会发展结合方面发挥更大的作用，在中介评估、科技咨询、技术鉴定、成果转让、技术推广、厂会协作、村会协作、科技与经济结合等方面继续发挥服务优势；在设立相关科技成果奖项、开展继续教育和职业培训、进行技术标准制定及技术鉴定、开展专业技术资格认证和职称评定、组织研究发布重大科技进展等方面，积极争取政府转移的有关职能；通过服务国家经济社会发展，提高学会的社会地位，增强学会的社会影响，促进学会的持续发展，拓展学会发展空间。

会议认为，学会是科普工作的一支中坚力量。学会要根据所属学科的特点，面向社会、面向经济、面向会员，开展生动活泼、形式多样的科普活动，担负起提高全民科学文化素质的重任；有条件的全国性学会应建立科普部，配备专职科普工作人员，加大科普宣传的力度；扩大科普期刊的影响，不断提高办刊水

平，扩大发行，并创造条件创办新的新型学科和交叉学科科普刊物；整合学会的资源，努力推动全社会创办更多的、类型丰富的科技博物馆，为青少年提供更多的科普活动场所。

（三）坚持以会员为本，搭建学会为会员和科技工作者服务的平台

会议要求，学会要坚持以会员为本，探讨新形势下为会员和科技工作者服务的方式方法，不断增强对会员的凝聚力。要把广大会员和科技工作者满意不满意作为衡量学会工作的基本标准，根据会员自身发展和提高的需要，设立相关的科技人才奖项，评价和举荐人才；为会员定期提供学术和活动信息，吸引会员和科技工作者积极参与学术交流；积极承接和开展专业技术资格认证、专业技术职称评定和国际互认工作，将继续教育与专业技术资格认证紧密结合，提高继续教育的受益面；维护会员的合法权益，及时反映会员的意见、建议和呼声。

认真做好会员发展工作。全国性学会要建立直接吸收个人会员的制度，改变相当一部分全国性学会没有个人会员，或有个人会员却没有实质联系的状况。通过大力开展学术建设，加强与广大科技工作者的联系，创造方便科技工作者入会的机制；多渠道发展会员，重视发展非公有制组织的科技工作者和高等学校、科研机构的研究生、高年级学生入会，坚持把高标准发展会员作为增强学会凝聚力的一个很重要的方面，提高会员的荣誉感和自豪感；推进包括资深（高级）会员、普通会员、学生会员、外籍会员，以及团体会员在内的多层次会员组成体系；吸引更多科技工作者入会并参与学会活动，真正把学会建设成“科技工作者之家”。

切实加强会员管理。认真做好会员的登记、管理工作，实施中国科协系统各全国性学会统一的个人会员登记号制度；建立一套切实可行、便于操作的会员定期缴纳会费制度，并根据会费标准等级确定相应的服务项目和服务标准；建立个人会员的学术行为、交纳会费以及参加学会活动的信用档案，加强对个人会员失信行为的约束和管理；建立根据个人会员的综合信用等级，从较低级的会员类别向较高级的会员类别逐步晋升的制度，实现个人会员无形资产的不断增值；制定相应的规章制度，明确会员的权利和义务，听取会员的意见和建议，接受会员的监督和约束；办好学会的网站和《会讯》，加强学会与会员的联系，建立相互之间交流和互动；通过学会的社团文化建设，增强学会对会员的吸引力和凝聚力。

（四）树立科协为学会服务的意识，为学会改革发展创造良好的环境和条件

会议强调，要推进全国性学会的改革发展工作，中国科协必须当好两个角色。一方面，作为党和政府联系科技工作者的桥梁和纽带，中国科协要按照党中央和国务院的总体部署安排，完成科协的各项工作任务；另一方面，学会是科协重要的组成部分和基础，要为学会的改革发展创造条件，不断增强中国科协对全国性学会的凝聚力。

会议要求，科协要认真研究学会改革发展中遇到的问题，制订支持学会改革发展的相应措施。2005年要在学会分类及其指导原则、学会筹款与能力建设、学会改革配套政策、学会资助项目筹划、学会学术建设、学会工作人员职业化、学会继续教育与专业技术资格认证等方面加强调研，同时系统总结全面推进学会改革五年来的成效，为迎接中国科协“七大”做准备。加强学会改革发展的理论建设，借鉴国外科技社团发展的基本经验和做法，总结学会改革发展的理论和实践，摸索学会发展的基本规律；加强与国务院有关部门的协商，理顺科协和政府部门的工作渠道，努力为具有公益性的学会依法开展活动争取更多的配套政策支持；积极理顺全国性学会与登记管理机关、业务主管单位、挂靠单位以及地方学会的关系，加强全国性学会与大型企业的联系，在坚持现行挂靠体制的前提下探索挂靠体制的改革途径；积极探索学会组织体制、管理模式、运行机制和活动方式改革的新思路和新方法，力争使学会在加强会员管理与服务、开展学术交流、接受政府职能转移、完善用人机制等方面取得突破。

会议要求，科协要积极创造条件支持学会改革，加强项目筹划，争取更多的财政支持；在制定发展规划、专业技术资格评审（认证）、技术标准制定、科技成果鉴定、成果转让以及政府发展计划的技术可行性研究等方面，积极争取政府向学会转移职能；通过开展中国青年科技奖、中国科协科技奖励等，进一步推动学会的学术建设工作。

会议要求，科协机关要树立服务意识，关心学会的改革发展，加强对学会的管理和指导，促进学会的能力建设，提高学会的管理水平；研究和建立科学的学会活动评价指标体系，推动学会工作科学化、规范化、制度化；建立学会资产管理制度建设，防止学会资产流失；坚持“重点扶持、择优支持”的经费资助原则，充分发挥资金投入对学会支持的导向作用；制定全国性学会主办学术期刊的发展战略，选定基础比较好、水平比较高、影响比较大的作为品牌期刊培育；有计划、有重点地支持学会与国际科技组织和各国科技团体、科技工作者的联系，积极扶持学会争取国际组织在中国举办各种学术会议和国际展览，开拓学会国际学术活动的空间，推动学会活动的国际化。

会议号召，各级科协及其所属学会一定要广泛团结动员广大科技工作者，高举邓小平理论和“三个代表”的伟大旗帜，牢固树立科学发展观，紧密团结在以胡锦涛同志为总书记的党中央周围，抓住机遇，努力探索，勇于实践，积极推进学会改革，促进学会发展，加快学术建设，不断开拓学会改革发展工作的新局面，为把学会建设成为满足党和国家以及科技工作者需要、适应社会主义市场经济体制、符合科技团体活动规律、具有中国特色、充满生机和活力的现代科技团体而努力奋斗！

关于印发《中国科协促进工程师国际互认工作领导小组会议纪要》的通知

科协办发学字〔2005〕25 号

各全国性学会、协会、研究会：

为了促进我国工程师制度改革和工程师国际互认工作，促进学会改革发展，经中国科协书记处六届第六十九次会议研究决定，成立“中国科协促进工程师国际互认工作领导小组”（名单见附件2）。

2005 年 4 月 1 日，中国科协书记处书记、中国科协促进工程师国际互认工作领导小组组长冯长根主持召开了第一次工作会议。会议审议并通过了《中国科协促进工程师国际互认工作领导小组组织方案》，听取了领导小组办公室关于前期工作的汇报，提出了 2005 年中国科协促进工程师国际互认工作的安排意见。现将本次会议纪要印发给你们，希望各有关学会根据本次会议精神，充分发挥自身优势，积极稳步地推动此项工作的开展，并及时总结经验，规范管理，为加快我国参与国际工程师资格互认的进程和加快我国工程师制度改革而努力。

中国科学技术协会

2005 年 4 月 8 日

附件1：

中国科协促进工程师国际互认工作领导小组会议纪要

2005年4月1日，中国科协书记处书记、中国科协促进工程师国际互认工作领导小组组长冯长根主持召开了第一次工作会议。会议审议并通过了《中国科协促进工程师国际互认工作领导小组组织方案》，听取了领导小组办公室关于前期工作的汇报，认真分析了当前我国工程师加入国际互认体系面临的形势和任务，提出了2005年中国科协促进工程师国际互认工作的安排意见。并就全国工程师制度改革协调小组国际交流工作组的工作方案进行了讨论和研究。

会议认为，开展工程师资格国际互认工作，是促进工程界走向国际、实现开放的重要举措，将推动国内外工程界的广泛交流与合作，提高我国企业的国际竞争力，为国家的经济发展进一步拓展外部空间创造有利条件。同时也有利于推进学会改革发展，促进政府职能转移和工程师制度改革。

中国科协积极参与国际工程师制度改革工作并取得了进展。一是成立了中国科协促进工程师国际互认工作领导小组办公室，并已开展工作。二是积极筹备参加2005年6月在香港举行的2005年国际工程大会（IEM2005）。三是承担了由人事部牵头组建成立的“全国工程师制度改革协调小组”下设的国际交流工作组工作，牵头参与综合性国际工程师组织举行的活动。四是推进全国性学会专业技术资格认证试点工作。中国科协从2003年开始，先后支持中国机械工程学会等11个学会开展了专业技术资格认证试点工作。

会议强调，促进工程师国际互认是一项长期而艰巨工作，应立足于中国科协自身优势，以国内为着眼点，积极争取有关部门的领导和支持，配合政府部门开展工作。同时在调查研究的基础上制订出中、长期工作规划和目标。

会议要求2005年要做好以下几项工作：

一、2005年国际工程大会作为国际工程界的一项重要活动，中国科协将组团参加此次大会。参加大会的目的是：1. 向国际工程界表明中国正式启动加入工程师资格国际互认体系工作；2. 表明中国加入WTO后愿意与更多的国际组织合作，便于了解国际工程师制度改革和与国际接轨的态度和愿望、以及其他国家和地区在工程师制度方面的经验和做法，建立友好关系，扩大中国内地在国际工程界的影响；3. 表明内地工程界对香港工程技术界和香港工程师协会的支持和重视；4. 推进我国内地工程教育和工程师制度改革进程，为中国加入工程师资格国际互认作准备。

二、积极承担全国工程师制度改革协调小组的相关工作。按照职责分工，中国科协要作好对外联络工作，与国外相关组织建立联系，沟通情况。同时，密切配合和组织专家参与中国工程院牵头的制度研究工作组的工作，争取将工程师资格认证试点学会的经验和成果纳入全国工程师制度改革工作中去。

三、筹建中国工程师学会。按照工程师国际互认对组织机构的要求，为申请《华盛顿协议》准会员资格的需要，同时，也为了便于组织、协调、凝聚全国工程界科技工作者，中国科协应立即着手筹建中国工程师学会。

四、稳步推进全国性学会专业技术资格认证试点工作。为稳步推进这项工作，全国性学会专业技术资格认证试点的面原则上不再扩大，目前应把重点放在积极推进现有试点学会的工作，总结现有试点学会的经验，促进试点学会工作的规范化。

五、开展课题研究。今年拟开展两个课题研究：1.《工程师国际互认体系研究》，主要开展对《华盛顿协议》等六个协议的研究。2.《学会工程师认证与国际互认对策研究》。根据学会改革发展和承接政府职能转移的需要，按照国际工程师互认体系的规则和惯例，研究和评价学会工程师认证和国际互认的地位和作用，探讨学会工程师认证标准和准入条件，以及学会工程师认证和国际互认的对策措施等。

中国科协书记处书记、领导小组副组长程东红及成员（按姓氏笔画排序）马正午、王守东、付于武、刘汝林、沈爱民、宋天虎、吴荫顺、陈兴国、孟素荷、陆廷杰、张雁、杨文志、周济、周畅、周思刚、梁英南、程义勇、潘秋生、魏光耀等同志出席了会议。

附件 2：

中国科协促进工程师国际互认工作领导小组名单

组　长　冯长根　中国科协党组成员、书记处书记
副组长　程东红　中国科协党组成员、书记处书记
成　员　（按姓氏笔画排序）
马正午　中国自动化学会常务理事、副秘书长
王守东　中国科协组织人事部副部长
付与武　中国汽车工程学会常务副理事长兼秘书长
刘汝林　中国电子学会秘书长
沈爱民　中国科协调研宣传部部长
宋天虎　中国机械工程学会副理事长兼秘书长
吴荫顺　中国腐蚀与防护学会秘书长
陈兴国　中国工艺美术学会副理事长兼秘书长
孟素荷　中国食品科学技术学会秘书长
陆廷杰　中国仪器仪表学会名誉副理事长
张　雁　中国土木工程学会秘书长
杨文志　中国科协学会学术部副部长
周　济　中国科协学会学术部副局级干事
周　畅　中国建筑学会秘书长
周思刚　中国电工技术学会副秘书长
梁英南　中国科协国际联络部副部长
程义勇　中国营养学会副理事长
潘秋生　中国制冷学会副理事长
魏光耀　中国电机工程学会秘书长

领导小组办公室设在中国科协学会学术部

主　任　杨文志　中国科协学会学术部副部长
副主任　梁英南　中国科协国际联络部副部长
　　　　周　济　中国科协学会学术部副局级干事

关于贯彻落实《关于公益性文化设施向未成年人免费开放的实施意见》的通知

科协办发普字〔2005〕6号

各省、自治区、直辖市科协：

为贯彻落实《中共中央国务院关于进一步加强和改进未成年人思想道德建设的若干意见》（中发〔2004〕8号）精神，充分发挥公益性文化设施在未成年人思想道德建设中的重要作用，文化部等12部委于2004年10月下发了《关于公益性文化设施向未成年人开放的实施意见》（文办发〔2004〕33号，以下简称《意见》），就进一步加大公益性文化设施向未成年人免费开放力度，提出了具体实施意见。中国科协书记处组织有关部门和单位对《意见》的落实作了认真研究，并向全国公益性文化设施专项工作小组办公室提出了中国科协的实施意见。办公室回函表示，中国科协提出的措施办法明确、具体、可行，并就落实财政保障等问题提出了建议。现将贯彻落实《意见》的有关要求通知如下：

一、认真贯彻落实《意见》精神，加大科协所属科技馆、青少年科技中心向未成年人免费开放的力度

科协所属科技馆、青少年科技中心是社会公益性科普设施，在加强和改进未成年人思想道德建设，提高未成年人的科学文化素质，培养“四有”新人中，具有不可忽视和替代的重要作用。科技馆、青少年科技中心免费向未成年人开放有助于进一步树立各级科协及所属科技馆、青少年科技中心为提高公众科学文化素质服务的公益性社会形象。各级科协和科技馆、青少年科技中心要认真贯彻落实文件中提出的有关要求，在已有的工作基础上，进一步加大向未成年人免费开放的力度。

二、制定贯彻落实《意见》的具体措施，进一步提高工作水平，提高服务质量

科协所属科技馆、青少年科技中心在按要求向未成年人免费或优惠开放的同时，要充分发挥自身优势，结合学校的科学教育课程，研制开发适合青少年心理发展特点的各种互动式、体验式科普展览和展品，组织开展各种丰富多彩的课外科学教育活动，吸引广大青少年参与科技馆、青少年科技中心的科普教育活动。

为了适应向未成年人免费开放力度加大所带来的参观人数增加等新情况，科技馆、青少年科技中心要进一步加强管理，完善各种服务设施，健全安全管理制度，合理安排开放时间和参观路线，调控参观流量，确保参观效果和人员安全，同时要加强对展品的维修和管理，确保参观质量。

三、努力落实各项保障措施，保证科技馆、青少年科技中心的可持续发展

目前，全国公益性文化设施专项工作小组办公室正在积极与财政部门沟通，落实对免费开放的公益性文化设施实行财政经费补贴。中央财政将根据中、西部地区对未成年人免费开放的实际情况，对公益性文化设施维修改造项目予以一定支持。地方公益性文化设施免费开放所需支出应由同级财政予以保障。各级科协和科技馆、青少年科技中心可积极与财政部门沟通，在财政部门的支持下，落实公益性科技场馆因免费或优惠开放所需的补偿资金，落实因适应客流量增加而必须进行的配套设施建设、设备更新等所亟需的各项经费，保证场馆设施的正常运转经费。同时，科技馆、青少年科技中心要努力提高社会影响，积极争取社会各界的赞助和支持，增强自身的发展活力。

根据全国公益性文化设施专项工作小组办公室的意见，请各地科协在开展工作时要认真研究以多形式开展科普进校园、进社区的活动，同时要建立和培养适合未成年人观看需求的讲解员队伍，建立以在校大学生为主体的为未成年人服务的讲解员志愿者队伍，编印通俗易懂的参观辅导材料。

各地科协在贯彻落实《关于公益性文化设施向未成年免费开放的实施意见》的过程中，请及时向中国科协通报工作情况。中国科协将适时对科技馆、青少年科技中心免费开放的情况进行检查。

现将《中国科技馆贯彻落实〈关于公益性文化设施向未成年人免费开放的实施意见〉的若干举措》印发给你们，供参考。

中国科学技术协会
2005 年 3 月 2 日

附件：

中国科技馆贯彻落实《关于公益性文化设施向未成年人免费开放的实施意见》的若干举措

中国科技馆作为国家科技馆，是弘扬科学精神、普及科学知识、传播科学思想和科学方法的大型公益性科普设施，是对未成年人进行思想教育和科学文化教育的重要场所。为认真贯彻落实《关于公益性文化设施向未成年人免费开放的实施意见》的精神，中国科技馆认真研究了进一步加大对未成年人参观实行免费和优惠的具体措施。

一、自 2005 年 1 月 1 日起，中国科技馆展厅、儿童科学乐园及其他科普活动对未成年人实行免费和优惠，其具体办法：

1. 对学校组织的未成年人集体参观实行免票（公休日、法定节假日和寒暑假除外，集体参观需提前预约）。

2. 对未成年人个人参观，凭有效证件实行半价优惠。

3. 家长携带未成年子女参观的，对未成年子女凭有效证件免票。

4. 科技馆短期专题展览免费开放。

5. 科技馆科普实验活动免费开放。

6. 科技馆科普报告会免费开放。

另外，继续对省级以上劳模（5 月 1 日）、省级以上优秀党员和党务工作者（7 月 1 日）、现役军人（武警）（8 月 1 日）、学校教师（9 月 10 日）、70 岁以上的老人和离休干部、新闻媒体的记者及中国博物馆协会会员实行免票。

二、对以往年度接待观众群体以及免费开放后门票收入变化等进行分析，对进一步完善服务、设施、增强接待能力所需增加的投入进行测算，并据此向财政部门提出财政补偿的申请，积极落实因免费或优惠开放所需的补偿资金。

中国科技馆

2004 年 12 月

关于做好海外智力为国服务行动计划 2005 年度项目实施工作的指导意见

科协办发外字〔2005〕44 号

各全国性学会、协会、研究会，各省、自治区、直辖市科协，各计划单列市、副省级城市科协，新疆生产建设兵团科协，机关各部门，各直属单位：

中国科协开展海外智力为国服务行动计划（以下简称海智计划）一年多来，按照科协办发外字［2004］68 号文件提出的指导意见，在各地党委政府和单位领导的支持下，第一批开展工作的各项目主持单位非常重视，领导重视，组织得力，措施有效，受到海智计划专家委员会的好评。

2005 年是实施海智计划关键性的一年，各地科协和全国性学会围绕本地区、本行业中心工作和需求，提出了新的项目，经海智计划领导小组办公室（以下简称海智办）组织专家评审，将青海省同德肉羊良种繁育推广科技示范基地等 26 个项目作为试点项目，其余为入选项目，现予以公布（详见附件）。

各海智计划项目主持单位要继续按照科协办发外字〔2004〕68 号文件指导意见，开展项目实施工作。现针对 2005 年度海智计划项目实施工作提出以下几点意见：

一、海智计划是中国科协贯彻落实中央人才强国战略的具体举措，是开拓科协系统对外交流与合作的渠道，也是为国家经济社会发展服务的重要切入点。各项目主持单位要高度重视项目实施工作，由指定领导负责，常设专人联系，按项目方案认真制定实施计划，做到目标明确、步骤清楚、组织落实、经费到位，务必在计划内开展，并及时将项目实施计划报海智办备案。

二、应充分发挥科协的团体优势，切实履行党和政府联系科协工作者桥梁和纽带的职责，围绕“三个服务、一个加强”的中心工作，为海外科技团体专家学者为国服务提供舞台。海智计划的实施既要充分依靠海外科技工作者的智力优势，同时又要发挥国内专家比较了解国内情况的长处，注意海内外相结合。各项目主持单位应对本项目明确提出需要海外科技人员参与解决的具体问题，以便从海外找到最合适的人才参与项目。

三、要本着实事求是、求真务实的精神，注意长期目标与近期效果的平衡，要把海智计划置于党和国家的人才工作大局中考虑，加深对重要性的认识。在项目的实施中要紧紧依靠各地党和政府，及时向各级党委政府汇报项目进展情况，取得他们的支持和指导，及时摸清各地区和行业的实际需求，为国家和地区的经济建设和社会发展服务。

四、不断规范项目管理的方式，各项目申报、经费使用、进展报告、项目完成报告等均按要求格式及时认真地填报（详见附件）。项目的实施要做好前期准备工作，有明确目标，有阶段性计划、完成期限和服务对象的意见与评价。要做好项目追踪问效工作，以求达到预期目的。

五、要防止见物不见人、靠等拨款完成项目、过于依赖海外引进资金的倾向。要立足自身，选准项目，加大对科技咨询，尤其是关系到国计民生方面政策咨询的力度，增加政策咨询类的项目，要有超前意识来规划项目。在邀请海外科技团体负责人为国服务的同时，还要注意吸收其团体广大会员共同参与海智计划，从而加大与海外科技人员的联系。

六、要加快建设海外专家库的步伐，各项目主持单位要在项目实施过程中建立并不断充实海外专家库，做到能够相互交流，资源共享。同时要做好保护工作，任何人不得使用数据库信息作为商品进行转让和牟利，确实保证海外人才的安全及合法权益得到保护、不受侵害。

七、不断完善工作机制和沟通机制，加强网站、简报、海外科技工作者动态等工作，对项目评估、奖励办法等均要制定相关管理制度。加大对项目支持力度，定期进行人员培训，针对需求开展调研，提高工作能力和效率，争取各级党委、政府的重视和支持。

总之，在中国科协党组、书记处的领导下，在各级科协组织和学会领导的支持下，海智计划要围绕党和国家工作大局，发挥海内外科技工作者的积极性，为贯彻科教兴国和人才强国战略，为落实科学发展观，为构建社会主义和谐社会作贡献。

附件：1. 海智计划2005年度项目名单
2. 海智计划跨年度项目名单
3. 项目申请表
4. 年度进展报告
5. 项目完成报告

中国科学技术协会

2005年8月25日

附件1：

海智计划2005年度项目名单

序号	项 目 名 单	主持单位	项目承担单位	备 注
0501	青海省同德肉羊良种繁育推广科技示范基地	青海省科协		试点项目
0504	夏雨型气候、微酸土壤条件夏油橄榄的种植与加工	凉山科技局	凉山州中泽新技术开发公司	试点项目
0507	热带海岸生态恢复国际研究中心建设	海南省科协		试点项目
0511	高级空间信息技术在水文水资源生态系统中的研究应用	江西省科协	江西师大、中国海外地理信息协会	试点项目
0512	中国保健师技术培训系统	国际老年协会	国际老年痴呆协会中国委员会	试点项目
0516	哈尔滨科技人员在海外分布的情况	哈尔滨科协		试点项目
0518	联合海外智力形成软件人才培训、软件技术交流、海外软件市场开发的基地	南通市科协		试点项目
0520	亚麻种植基地建设及深加工技术研发	云南省科协		试点项目
0522	机电类高技能人才培训基地的构建	青岛市科协	青岛市委高级专家协会	试点项目
0524	第五届国际蛋白化学和生物技术前沿研讨会	长春市科协	吉林省汇鑫生物制药公司	试点项目
0531	重组人胸腺素Ta l产业开发	长春市科协	长春金赛药业公司	试点项目
0534	东北黑土区水土流失与生态环境演变的研究	长春市科协	长春绿苏生态工程公司	试点项目
0535	动态光纤秤重传感系统	长春市科协	长春艾森信息技术公司	试点项目
0545	新一代随机数生成器和加密软件－信息安全技术的重大突破	长春市科协	长春宏展科技开发公司	试点项目
0546	湖北省科学数据共享平台研究	湖北省科协	湖北省地理学会	试点项目
0549	中加合作出口蔬菜基地建设	河北省科协	河北省蔬菜学会	试点项目
0555	首届海外留学人员来（回）湘创业暨高级人才交流会	湖南省科协		试点项目
0557	沙漠农业和抗沙漠化措施	陕西省科协		试点项目
0560	现代农业科技理念、推动西部少数民族农业可持续发展	西昌市科技局		试点项目

续表

序号	项　目　名　单	主持单位	项目承担单位	备　　注
0563	内蒙古草原生态系统功能和服务价值的测算及整合管理的科技培训	内蒙古科协		试点项目
0566	海外引智架桥系列工程	黑龙江科协		试点项目
0567	北京市海外科技智力为首都发展服务计划	北京市科协		试点项目
0568	2008 奥运会科学大会中国学者选拔与培训	中国体育科学学会		试点项目
0569	引进国外农业专家进行实用技术专业培训	中促会	中国对外应用技术交流促进会培训部	试点项目
0570	以色列花卉科学栽培与管理培训班	河南省科协		试点项目
0572	健康风险评估	统计局信息中心	新生代资产管理有限公司	试点项目
0502	采用补泻电针治疗高血压（I 期）的临床研究	青海省科协		入选项目
0503	青海高寒地区畜牧业可持续发展科技人才培训	青海省科协		入选项目
0505	电脑农业培训	凉山科技局	凉山州中泽新技术开发公司	入选项目
0506	优质奶山羊繁育与深加工	凉山科技局	凉山州中泽新技术开发公司	入选项目
0508	热带兰花种质资源引种驯化与示范推广	海南省科协	海南省林业科学研究所	入选项目
0509	利用海洋生物研制外科医用新材料	海南省科协	海南开福药业公司	入选项目
0510	企业应用集成系统	海南省科协	海南省邮政信息技术局	入选项目
0513	尿微量白蛋白定量检测方法的开发和应用	国际老年协会	国际老年痴呆协会中国委员会	入选项目
0514	早期老年期痴呆临床应用量表规范化研究	国际老年协会	国际老年痴呆协会中国委员会	入选项目
0515	老年痴呆病因学及临床诊断药物统一使用标准	国际老年协会	国际老年痴呆协会中国委员会	入选项目
0517	肺结核病防治国际学术研讨会	哈尔滨科协		入选项目
0519	中国民营企业在美国上市的培训与服务	南通市科协		入选项目
0521	香精玫瑰基地建设及提取玫瑰精油的技术改进	云南省科协		入选项目
0523	2005 南京国际经济技术合作项目洽谈会	南京市科协		入选项目

续表

序号	项 目 名 单	主持单位	项目承担单位	备 注
0525	计算机辅助审计及综合管理系统	长春市科协	易通软件公司	入选项目
0526	城市规划设计与管理信息系统的研发与应用	长春市科协	长春星智信息系统开发公司	入选项目
0527	电子政务分布式多媒体数据信息检索系统	长春市科协	长春多维信息技术公司	入选项目
0528	TT 国际透传平台	长春市科协	吉林模糊未名科技公司	入选项目
0529	人参茎叶多糖的开发与应用	长春市科协	安东生物科技公司	入选项目
0530	SM－ERP 信息管理系统	长春市科协	吉林锐驰科技有限公司	入选项目
0532	长效生长激素	长春市科协	长春金赛药业公司	入选项目
0533	越橘产业化中试基地建设及系列产品开发	长春市科协	长春百瑞蓝莓科技发展公司	入选项目
0536	新型胆固醇吸收抑制剂的研发	长春市科协	大天元化学技术公司	入选项目
0537	高密度 ITO 靶材生产工艺	长春市科协	吉林澳亿迈科技公司	入选项目
0538	混合型艾滋病疫苗的临床试验	长春市科协	百克药业公司	入选项目
0539	人乳头瘤病毒（HPV）疫苗的研究	长春市科协	长春高新百克药物研究院公司	入选项目
0540	高性能波导式可调光衰减器阵列	长春市科协	长春德泰光电子技术公司	入选项目
0541	大功率激光切割焊接设备及焊接机器人生产基地	长春市科协	长春四达工业激光科技公司	入选项目
0542	基因工程乙型肝炎治疗性病毒疫苗	长春市科协	长春博泰医药生物技术公司	入选项目
0543	床边血液滤过技术在危重病人中的应用	长春市科协	吉林大学第一医院急救医学科	入选项目
0544	端粒酶表达调控对涎腺肿瘤细胞增殖能力的影响及转基因治疗研究	长春市科协	吉林大学口腔医院	入选项目
0547	城市高层建筑安全评估与对策国际合作项目	湖北省科协		入选项目
0548	地学灾害及工程安全性动态变形监测技术和预测方法国际项目	湖北省科协		入选项目
0550	马铃薯细胞育种技术研究	河北省科协	围场县马铃薯研究所	入选项目
0551	压力蒸汽灭菌效果指标胶粘带	河北省科协	承德压敏胶厂	入选项目
0552	废油回收汽油节能环保项目	河北省科协	承德压敏胶厂	入选项目
0553	抗重盐、耐海水植物品种引进栽培技术	河北省科协	沧州职业技术学院、市蔬菜学会	入选项目

续表

序号	项 目 名 单	主持单位	项目承担单位	备 注
0554	苦咸水食用菌规模化栽培	河北省科协	沧州市盐山县科协	入选项目
0556	对日软件外包桥梁工程师（BSE）培训	陕西省科协		入选项目
0558	新经济增长点－商业流程外包行业（BPO）培训	陕西省科协		入选项目
0559	借鉴美国健康促进经验以提升我国健康促进品质	陕西省科协		入选项目
0561	臭柏精油提取、分离及应用技术研究	内蒙古科协		入选项目
0562	降血脂创新药 A－酯研究	内蒙古科协	内蒙古大学高分子化学及蒙药研究所	入选项目
0564	奶牛生产技术软件的引进与消化	内蒙古科协	内蒙古自治区畜牧科学院	入选项目
0565	乌海市葡萄新品种、新技术引进示范	内蒙古科协	内蒙古乌海市农业技术推广站	入选项目
0571	国际道路快速维修技术高级研讨会——优特技术专题	河南省科协	河南省道路检测工程技术研究中心	入选项目

说明：凡“项目承担单位”处空白表明该项目由主持单位实施。

2005 年 8 月

附件 2：

海智计划跨年度项目名单

序号	项 目 名 单	主持单位	项目承担单位	备 注
0401	中国沈阳国际蓝领培训中心	沈阳市科协	沈阳市政府	试点项目
0402	海外留学人员回国服务暨创业洽谈会	陕西省科协	陕西省政府	试点项目
0403	中国哈尔滨经济贸易洽谈会	哈尔滨市科协	哈尔滨市政府	试点项目
0404	阜新海外学子创业园	阜新市科协	阜新市委	工作基地
0406	甘孜州高原鼠害综合防治技术研究及实施	四川省科协	四川省委	试点项目
0408	“科技、绿色、人文奥运”	北京市科协		试点项目

续表

序号	项　目　名　单	主持单位	项目承担单位	备　　注
0409	松辽盆地深层天然气开发	黑龙江科协	黑龙江省政府	试点项目
0411	混凝土受损河岸近自然生态修复技术开发与示范	长春市科协	长春市科技局	试点项目
0412	海外华人华侨信息研究	湖北省科协		试点项目
0413	干旱半干旱区可持续发展国际研究中心	新疆大学	自治区党委、美华学社	工作基地
0418	2004 年中国南通海智洽谈项目	南通市科协	南通市委	试点项目
0448	在日科技团体回国服务团	阜新市科协	张志鹏（日，留日同学总会）	入选项目
0449	护士培训计划		伍业钢（美，中华海外生态学会）	入选项目
0450	科技与管理人才评价计划		张杰（美）	入选项目
0451	智能交通培训计划		吴建平（英，旅英专业团体联合会）	入选项目
0452	环保产业培训计划		周克明（英，中英科技创业园）	入选项目
0453	努力建立全民初级医疗保险体系		张文刚（美）	入选项目
0454	重视与加强农业工程科学技术的发展和应用		杨秀生（美）	入选项目
0456	高技术企业技术转让		严晋跃（瑞典，中瑞科技交流协会）	入选项目
0457	能力建设短期培训		严晋跃（瑞典，中瑞科技交流协会）	入选项目
0573	建立中国科学交流促进会的建议		李大西（美，国际华人科技工商协会）	入选项目
0574	中国加入世界的基因库国际合作组织的建议		李大西（美，国际华人科技工商协会）	入选项目
0575	充分利用海外留学人员发展中国高科技产业的建议		李大西（美，国际华人科技工商协会）	入选项目

附件 3：

收件记录	
日期	收件人

中国科协海外智力为国服务行动计划

项目申请表

（　　年度）

协议书编号：
项目名称：
项目承担单位：
资助金额：
起止年月：

中国科协海智办
2005 年制

填　表　说　明

一、项目名称系指申报单位拟开展的海智计划项目，一表只审报一个项目。

二、项目分类系指为国服务的形式。

三、项目概述主要包括：1. 立项目的和意义；2. 项目简单描述；3. 开展项目优势；4. 项目预期目标等（字数1000字以内）。

四、获得有关方面支持系指填表单位的上级党委或政府，或上级主管部门，或其他支持单位。

五、项目资金情况系指开展该项目所需资金总额，主要用途，包括本身配套资金、自筹资金情况。

六、附件材料请合订在申报表后。

七、项目申报将电子版表格和文字材料同时上报。

八、申报表报给中国科协海智办，即中国对外应用技术交流促进会。

项目名称			
单位地址		电　话	
联 系 人		传　真	
电子信箱		邮　编	
项目分类	A. 咨询建议类 □　B. 人才培养类 □ C. 科技交流类 □　D. 综合服务类 □		
项目分级	1. 国家重点开发 □　2. 地方联合开发 □　3. 自主开发 □		
项目概述			

<table>
<tr><td rowspan="3">项目资金情况</td><td>项目金额</td></tr>
<tr><td>配套资金</td></tr>
<tr><td>自筹资金</td></tr>
<tr><td>附件内容</td><td>1. 可行性报告；
2. 项目预算和资金用途；
3. 项目背景材料。</td></tr>
<tr><td>填表单位意见</td><td>负责人（签字）： 职务： 单位公章
年 月 日</td></tr>
<tr><td>是否获得有关方面的支持</td><td>年 月 日</td></tr>
<tr><td>中国科协海智办意见</td><td>中国科协海外智力为国服务行动计划领导小组办公室评价意见
项目监管人（签字）： 主管处长（签字）：
领导小组办公室负责人（签字）：
单位公章
年 月 日</td></tr>
</table>

本表由项目的主持人填写，一式五份由项目承担单位于每年的4月底前报送中国科协海外智力为国服务行动计划领导小组办公室。

附件4：

收件记录	
日期	收件人

中国科协海外智力为国服务行动计划跨年度项目

年度进展报告

（　　年度）

协议书编号：
项目名称：
项目承担单位：
资助金额：
起止年月：

中国科协海智办
2005年制

一、项目主要进展和结果（未按计划完成的部分说明原因）
二、下一年度工作计划（如有与项目协议书不一致者，应说明原因）
三、本年度项目经费使用情况及下年度经费安排计划（见附表）
四、存在问题、建议

五、项目承担单位意见   单位负责人（签字）： 单位公章 年　月　日
六、党政部门或服务对象意见   单位负责人（签字）： 单位公章 年　月　日
七、中国科协海外智力为国服务行动计划领导小组办公室评价意见   项目监管人（签字）：　主管处长（签字）： 领导小组办公室负责人（签字）： 单位公章 年　月　日

本表由未结束项目的主持人填写，一式五份由项目承担单位于每年的 12 月底前报送中国科协海外智力为国服务行动计划领导小组办公室。

附表：

本年度项目经费使用情况及下年度经费安排

（　　年度）

项目名称		项目协议编号	
本年度拨款	万元	下年度计划	万元
支出科目	金额（元）	支出科目	金额（元）

项目负责人（签字）：　　　　　　　　财务负责人（签字）：

年　　月　　日

附件5：

收件记录	
日期	收件人

中国科协海外智力为国服务行动计划

项目完成报告

（　　年度）

协议书编号：
项　目　名　称：
项目承担单位：
资　助　金　额：
起　止　年　月：

中国科协海智办
2005年制

一、项目完成情况（未按计划完成的部分说明原因）
二、项目取得的成果（如有与项目协议书不一致者，应说明原因）
三、存在问题、建议
四、项目承担单位意见 单位负责人（签字）： 单位公章 年　　月　　日

五、党政部门或服务对象意见   单位负责人（签字）： 单位公章 年　　月　　日
六、专家评价意见   年　　月　　日
七、中国科协海外智力为国服务行动计划领导小组办公室评价意见   项目监管人（签字）：　　　　主管处长（签字）： 领导小组办公室负责人（签字）： 单位公章 年　　月　　日

本表由项目的主持人填写，一式五份由项目承担单位于项目完成后一个月内报送中国科协海外智力为国服务行动计划领导小组办公室。

综合性工作和活动

2005 年，是贯彻落实科学发展观，推进经济社会全面协调可持续发展的重要一年，也是胜利完成“十五”计划目标、为实施“十一五”规划做准备的关键一年。在党中央和国务院的正确领导下，中国科协各级组织及所属团体，以邓小平理论和“三个代表”重要思想为指导，全面贯彻党的十六大和十六届三中、四中、五中全会精神，牢固树立科学发展观，认真履行党和政府联系科技工作者的桥梁和纽带职责，团结动员广大科技工作者，围绕中心，服务大局，发挥优势，开拓创新，为实施科教兴国战略和人才强国战略，推动经济社会发展，构建社会主义和谐社会作出了新的贡献。

认真学习贯彻中央有关精神，明确“三服务、一加强”的工作定位

各级科协及所属团体继续深入学习贯彻党的十六大和十六届三中全会、四中全会、五中全会精神，贯彻落实中央书记处的指示精神和王兆国同志的讲话精神，按照“三服务、一加强”的工作定位，进一步统一思想、明确方向、凝聚力量，推动各项工作不断取得新的进展。

1 月 14 日，中央书记处听取了中国科协党组的汇报，充分肯定了科协工作取得的成绩，明确提出科协下一步要着重做好四个方面的工作：一是要认真落实科学发展观，为推进全面建设小康社会多作贡献；二是要切实履行好科协作为党和政府联系科技工作者桥梁和纽带的基本职责，为落实科教兴国战略和人才强国战略多作贡献；三是要充分发挥科协作为科学普及主要社会力量的作用，努力为提高全民族科学文化素质多作贡献；四是要全面加强科协组织自身建设，为构建社会主义和谐社会多作贡献。

1 月 25 日，中国科协召开第六届全国委员会第五次会议，对 2004 年的工作进行了认真总结，对 2005 年的工作作了全面部署。中共中央政治局委员王兆国同志出席会议并作了重要讲话，就如何结合科协实际贯彻落实中央精神提出了五点要求：一是充分认识科学技术对于落实科学发展观的重要作用，切实增强做好新形势下科协工作的责任感和使命感；二是大力推动科技进步和创新，为实现经济社会又快又好的发展再立新功；三是积极实施人才强国战略，为广大科技工作者成长发展铺路搭桥；四是深入开展科普工作，为提高全民族科学文化素质而不懈努力；五是牢牢把握开展保持共产党员先进性教育活动的有利时机，进一步加强和改进科协自身建设。

2005 年，中国科协按照中央的要求，在认真总结以往工作经验的基础上，进一步明确科协在党和国家大局中的位置，提出了“三服务、一加强”的工作定位，即为经济社会全面协调可持续发展服务，为广大科技工作者服务，为提高全民科学文化素质服务，加强科协自身建设，增强服务能力，并就此提出明确要求。

作为国家推动科技事业发展的重要力量，各级科协及所属团体，要以为经济社会全面协调可持续发展服务为出发点和立足点，充分发挥科技工作者作为第一生产力实践者的作用，广泛开展学术交流、国际交往、决策论证和科技咨询与服务等活动，推动学科发展、科技创新、人才成长和科技与经济结合，努力促进我国物质文明建设。

作为全国科技工作者的群众组织，党领导下的人民团体，党和政府联系科技工作者的桥梁和纽带，各级科协及所属团体，要以竭诚为科技工作者服务为出发点和立足点，组织广大科技工作者学习贯彻党的方针政策，反映科技工作者的意见和呼声，充分调动科技工作者的积极性、主动性和创造性，努力促进我国政治文明建设。

作为科普工作的主要社会力量，各级科协及所属团体，要以不断提高公众科学文化素质为出发点和立足点，组织动员社会力量开展科普工作，构建社会化科普工作平台，提高科普事业发展能力，弘扬科学精神，普及科学知识，传播科学思想和科学方法，努力促进我国精神文明建设。

同时，要努力加强自身建设，切实增强发展能力。

“三服务、一加强”的工作定位，得到了中央书记处的充分肯定，也得到了科协系统的普遍认同，对进一步找准位置、发挥优势、服务大局，开创科协工作新局面产生了重要影响。

学习宣传贯彻科学发展观，为经济社会全面协调可持续发展服务

按照中央书记处关于“进一步加大宣传科学发展观的工作力度”的指示精神，各级科协及所属团体以“资源节约与可持续利用”为重点，深入城乡社区、基层单位，广泛宣传科学发展观。

以“树立科学发展观，共建和谐社会——你我共参与”为主题，精心组织全国科普日活动。中央领导同志和各地党委政府高度重视这项活动。9 月 17 日上午，中共中央政治局常委、中央书记处书记、国家副主席曾庆红与王兆国、刘淇、刘云山、周永康、贺国强、王刚、徐才厚、何勇、陈至立、周光召等领导同志来到国华北京热电分公司，与广大群众一起参加全国科普日活动。曾庆红同志作了重要讲话，这既是对科普工作的有力支持，也给广大科技工作者和科协干部以极大鼓舞和鞭策。据不完全统计，在“全国科普日”活动期间，全国各地各级科协组织开展各类重点科普活动 4151 项，举办科普讲座和报告会 7864 场、科普展览 8448 场，展示科普展板 115000 多块，发放科普资料 3980 多万份、科普挂图 65 万多张，举办培训班 1 万多场，播放录像 19000 多场，参与群众 5000 多万人次、科普志愿者 18 万多人。

与有关单位通力协作，共同开展宣传活动。会同科技部等部门联合举办“科技活动周”；与中宣部、中央文明办等部门共同开展“三下乡”、“科教进社区”、科学发展观专题展览等活动；与国家发改委等 12 个部门共同主办建设节约型社会大型展览会；联合全国总工会、共青团中央、全国妇联、中国文联等单位开展“科学发展观——资源节约与可持续利用”知识竞赛。

结合实际情况，适时开展专题研讨和宣传活动。为贯彻落实党中央、国务院关于防治高致病性禽流感的指示精神，加强农业、卫生等领域专家的沟通与合作，推进禽流感与人禽流感的防治工作，组织中国畜牧兽医学会、中华预防医学会、中华医学会、中国动物学会、中国环境科学学会，召开禽流感与人禽流感现状及防治对策高层研讨会，会后形成了专家建议。会同卫生部印制防控人禽流感科普挂图 50 万套，科普宣传折页 100 万份，制作《科学防治禽流感》宣传手册和科普大篷车专题电视节目等发送各地，重点发送疫区、西部地区和老少边穷地区。中华预防医学会、中国畜牧兽医学会等也积极开展相关科普活动。围绕“神六”飞船上天，中国宇航学会适时开展航天科普活动。根据青少年身心特点，举办青少年心理

健康知识展览和青少年预防艾滋病知识展览。

在广泛宣传科学发展观、推动形成科学发展理念的同时，各级科协及所属团体按照科学发展观的要求，积极建言献策，推动经济社会发展进入科学发展的轨道。

一是进一步加强决策咨询工作。结合我国区域经济社会发展，以“西部大开发与构建社会主义和谐社会”为主题，举办第八届中国西部科技进步与经济社会发展专家论坛，300 多名专家学者与会。以“坚持科学发展观，走新型工业化道路”为主题，举办 2005 年振兴东北老工业基地专家论坛，3000 余名科技工作者与会。举办海峡两岸经济区科技发展论坛，由中国科协和福建省人民政府联合主办，500 多名专家、科技人员、企业家及福建省有关单位领导同志和干部参加了会议。中国科协先后组织病虫害防治研讨会及绿皮书编制，以及减轻自然灾害研讨会会议及白皮书编制等活动。中国老科学技术工作者协会深入调查研究，提出关于三江平原商品粮基地农业水利设施建设的专题调研报告，温家宝总理、回良玉副总理作了重要批示。结合我国经济社会发展中的热点难点问题，全国性学会举办多场专家论坛，中国宇航学会举办“航天技术创新，促进产业发展”专家论坛、中国汽车工程学会举办“第二届嘉定汽车论坛”、中国电机工程学会举办“中国电力发展论坛”、中国石油学会举办“促进科教进步与石油石化产业发展专家论坛”、中国造船工程学会举办“2005 年舰船装备技术发展工程科技论坛”，邀请 28 名院士作报告，1100 多名专家学者参与论坛活动。中国金属学会与有关单位开展协作，编制完成《2005～2020 年中国钢铁工业科学与技术发展指南》。北京市科协第 29 次科技专家季谈会提出《树立绿色基础设施理念建设宜居城市》的建议，中共中央政治局委员、北京市委书记刘淇和市长王岐山就此作出批示。天津市科协组织 180 名专家研究制定的《天津市产业指导目录》（2005～2010），经天津市政府第 55 次常务会审议通过，批转执行。湖北省科协以“湖北与中部地区崛起——科技为支撑”为主题，成功举行第三届湖北科技论坛，中国科协主席周光召院士作主题报告，中共中央政治局委员、湖北省委书记俞正声参加论坛，并对论坛形成的专家建议报告书作出批示。

二是积极开展技术中介服务工作。2005 年，各级科协及其所属学会的咨询机构积极开展科技中介服务工作，组织承担社会调查、安全认证、ISO9000 和 ISO14000 系列认证、科技评估等任务，努力向专业性咨询服务方向发展。中国水利学会努力做好政府委托的各项工作，组织完成 274 项水利技术标准的复审工作、63 项水利行业标准化项目和 42 项国家标准的修订。中国针灸学会组织制定《针灸技术操作规范》，审定《经穴部位》、《经穴主治》国家标准。中国农学会完成农业部委托的 5 项重大课题研究，组织编制起草《2004～2010 年农业野生植物保护与利用工程建设规划》、《农业清洁生产条例》等 7 项规划和标准，提出多项相关政策建议。中国茶叶学会开展茶艺师、评茶师职业培训，编写完成职业资格培训教材。中国法医学会突出科学、公平、公正的特点，努力为公安机关解决社会影响大的疑难案件提供技术支持，同时参与制定《法医解剖台》等 3 个行业技术标准。中国职业安全健康协会、中国水利学会等认真完成有关部门委托的职称评审工作。继 2003 年中国科技咨询中心取得最高人民法院司法鉴定资质后，全国有 21 个省市科协咨询中心先后争取到司法鉴定资质，为科协咨询工作开辟了新领域。初步统计，2005 年，省级科协咨询机构完成技术咨询合同 9845 项，咨询合同实现金额 6.7 亿元，完成“金桥工程”项目 1452 项。“千厂千会协作行动”、“讲理想、比贡献”等活动也都取得新的成果。加强对中国农村专业技术协会的指导和服务，积极参与《农民合作经济组织法》起草工作。深入推动山西吕梁地区科技扶贫工作，成功举办吕梁科技咨询周活动。

贯彻落实《科普法》，制定《全民科学素质行动计划纲要》，为提高全民科学素质搭建社会化服务平台

各级科协及所属团体继续深入贯彻科普法，发挥科普主要社会力量的作用，面向全社会普及科学知识、传播科学思想、倡导科学方法、弘扬科学精神，不断提升公众科学文化素质。落实中央书记处和国务委员陈至立同志有关指示精神，加快《全民科学素质行动计划纲要》（简称《科学素质纲要》）的制定工作。中国科协与其他13个领导小组成员单位密切合作，如期完成《科学素质纲要》编制，明确未来一个时期我国公民科学素质建设坚持“政府推动、全民参与、提升素质、促进和谐”的方针，围绕我国公民科学素质建设目标，把工作重点放在未成年人、农民、城镇劳动人口以及领导干部和公务员等重点人群，以重点人群科学素质行动带动全民科学素质的整体提高。围绕增强科普服务能力，实施好科学教育与培训基础工程、科普资源开发与共享工程、大众传媒科技传播能力建设工程、科普基础设施工程，建立健全科普工作的社会化服务平台。搭建社会化科普工作平台，广泛动员社会力量，整合社会资源，作好科普工作。

中国科协进一步加强了与有关部委和地方的协作。在科技部的大力支持下，会同教育部、中国科学院等部门，正式启动中国数字科技馆项目建设。积极参加中央《关于加强未成年人校外活动场所建设的若干意见》的调研起草工作。加大支持科技工作者、基层单位、社会各方面开展科普工作的力度。深化科普示范县（市、区）创建活动，继续实施西部科普工程、社区非正规教育等项目，支持社会有关方面开展科普项目100多个。继续与有关部门合作开展“爱中华、奔小康、强国防”的国防教育系列活动。充分发挥中国反邪教协会的作用，主办各种形式的防范抵御邪教、构建和谐社会活动。继续推进上海、福建等地实施全民科学素质行动计划试点项目。与福建省人民政府、中国残疾人联合会等单位联合举办纪念高士其先生诞辰100周年暨高士其科学精神座谈会，中共中央政治局委员、全国人大常委会副委员长王兆国同志出席。会议深切缅怀高士其先生的光辉业绩，弘扬高士其先生的科学精神，号召广大科技工作者以高士其先生为榜样，努力为提高全民族科学文化素质作出应有的贡献。

面向城市的科普工作有了长足发展。各级科协及所属团体广泛开展了“科教进社区”活动，在社区举办了各类科普讲座、报告、咨询、竞赛、巡演、巡展等活动40多万次，张贴科普挂图1500万套，编制宣传栏45万期，制作播出科普广播、电视节目20万次。科普教育基地不断发展，领域日益拓宽。目前，中国科协命名的全国科普教育基地已有254个；全国地级以上科协命名或联合科技、教育等部门命名的科普教育基地达1393个。科普志愿者队伍建设发展迅速，全国登记注册的科普志愿者已达40多万人。

全国科普示范县（市、区）创建活动深入开展。从1998年起，在全国开展了创建全国科普示范县（市、区）活动，全面推动了县域科普工作的发展。目前，已经命名的全国科普示范县（市、区）406个。各省市科协结合本地实际，积极开展科普示范乡镇、村、街道、社区、学校的创建活动。

科普服务能力明显增强。2005年召开了中国科协科技馆工作会议，对全国科技馆建设与发展提出了指导性的意见。成立了中国科协常委会科技馆工作专门委员会，加强对省市科技馆建设的指导。受国家发改委和建设部委托编制完成了《科技馆建设标准》（征求意见稿）。举办全国优秀科普作品评选活动，多次开展科普挂图、科普文艺作品征集活动，组织开发了一大批展览、挂图、图书、声像等重点科普资源。

继续以提高西部地区科协和科普组织的科普服务能力为重点，实施西部科普工程，帮助基层科协和科普组织提高科普服务能力。

围绕为“三农”服务，加强农村科普工作，推进社会主义新农村建设

解决好“三农”问题，始终是党和国家工作的重中之重，是全面建设小康社会进程中的关键问题。中国科协围绕为“三农”服务，推进社会主义新农村的建设积极开展工作。

制定《中国科协关于进一步加强农村科普工作的意见》，并于10月17～18日，在江苏省常熟市召开了中国科协农村科普工作会议。这次会议是在党的十六届五中全会刚刚闭幕后召开的，国务委员陈至立出席会议并作重要讲话。会议提出，农村科普要以广大农民和农村青少年为重点对象，以宣传科学发展观为重要内容，以搭建农村社会化科普服务平台为主要工作方式，以提高基层科普服务能力为突破口，努力为建设社会主义新农村服务。在深入调查研究，广泛听取意见，认真总结经验的基础上，研究制定的《中国科协关于进一步加强农村科普工作的意见》，明确了农村科普工作的指导思想、工作目标和任务措施，努力推动形成农村科普工作的长效机制。

不断探索做好新形势下农村科普工作的新路子。积极参与全国农村党员干部现代远程教育试点工作，组织开发制作科普类、典型经验类和实用技术类教学课件，得到全国远程教育办公室的充分肯定。加强与大众传媒的合作，在全国700家地（市）、县电视台开办“科普大篷车”电视科普栏目，四川、河北、内蒙古自治区等地已覆盖40%以上的地县电视台。联合国家民委，共同在云南省德宏州组织开展“百名科技大王”科技下乡活动。启动制定科普惠农行动计划。江苏、河南等省科协和中国农学会、中国计算机学会等学会组织的科技专家服务“三农”活动，取得可喜成就。

农村科普队伍不断发展，科普设施和资源建设得到加强。各地充分发挥科技工作者为“三农”服务的积极性，发展壮大农村科普队伍。目前全国各级农村实用技术讲师团（服务团、咨询团）总人数约9.8万人，县、乡、村科普专兼职人员有89.8万人。继续为地方配备科普大篷车26辆。新疆维吾尔自治区科协的科普大篷车，深入农村牧区，广泛开展科普宣传和技术服务，受到农牧民的普遍欢迎。山东、山西等省科协实施“科普村村通”、“科普惠农”行动，积极推进农村科普活动站、科普宣传栏、科普员队伍建设。据不完全统计，全国共建有科普画廊6000余个，乡、村科普宣传栏（橱窗）20多万个。

科教联手，培育品牌，青少年科普工作取得新进展

青少年科普工作按照搭建社会化科普工作服务平台，进一步整合资源，突出主题，科教联手，培育品牌，提高服务能力的新思路、新要求，努力转变观念，发挥优势，青少年科普工作取得了新的进展。

广泛开展“大手拉小手”青少年科普活动。“世界物理年”是2005年重大国际性科学纪念活动，为此，“大手拉小手”青少年科技传播行动将“物理照耀世界”光束传递活动作为重要内容。同时，以举办科普报告会、自制动力小车比赛、举办签名活动，来表达对物理学的热爱和对爱因斯坦的崇敬。组织的“大手拉小手科普报告希望行”活动，科技专家行程3000多公里在江苏、山西两省的82所中小学校举办94场科普报告，聆听报告的学生和教师有4万余名。在逐步探索、不断总结经验的基础上，未成年人心理生理知识教育工作稳步推进。以四川、浙江为试点，组织心理咨询专家团，对中小学校的心理工作者进行心理健康知识和实用咨询技能培训，培训了一批学校心理健康教育的骨干力量。开发印制了心理科普挂图——《心理压力与身心健康》，《中学生网络成瘾防治挂图》，发放到各地展出。

精心组织青少年科普品牌活动。举办第20届全国青少年科技创新大赛，各省、自治区、直辖市及香港、澳门特别行政区的34个代表队参加活动，407名选手、10名科技教师，共336个科技创新项目进入决赛。国际学科奥林匹克竞赛是世界上具有影响的中学生学科竞赛活动，2005年共派出4支中学生代表队分赴印尼、墨西哥、西班牙和波兰参加亚洲物理奥赛和国际数学、物理、化学和信息学奥林匹克竞赛，并作为东道主主办了第16届国际生物学奥林匹克竞赛。我国选派的19名青少年选手在这些国际大赛中全部获奖。先后组团参加美国英特尔国际科学与工程大奖赛、欧盟青少年科学家竞赛、伦敦国际青少年科学论坛、丹麦青少年科技竞赛和2005韩国科学节。在美国英特尔国际科学工程大奖赛上，中国学生获得19个奖项。与教育部、香港周凯旋基金会共同主办了第五届“明天小小科学家”奖励活动，共有28810人次访问活动主题网站，740人次注册，402人次完成申报，40名学生获奖，3名学生获得“明天小小科学家”称号。举办了第五届中国青少年机器人竞赛活动，29个省、自治区、直辖市和香港、澳门特别行政区组织了代表队，1200多名小选手参与了本届比赛。成功举办了第九届全国大学生“挑战杯”竞赛活动。

重视搭建社会化平台，为科技专家参与青少年科普工作服务。科学家参与的科学教师培训通过课题研究和实验实践，探索提高科学教育教师科学素质的新途径。本着发展一批、建设一批、服务一批的原则，课题实验学校总数达到85所。通过年度展评活动，选出优秀实验学校。通过针对实验学校开展的培训等活动，大多数学校都成立了培训教师为核心的校级课题组，通过研究性学习、校本课程、科技节、学生社团等多种渠道，推动本校学生科技创新和科普活动的蓬勃开展。开展聚焦课堂活动，帮助科学教师适应国家高中新课程改革的要求，探讨如何更好地设计和组织科学课堂教学。编译了《法国高中物理、化学、数学大纲》、《法国高中科学教育资料汇编》，推出《高中课程·中学科学教育》专刊，同时启动了指导丛书编写工作。组织科技专家参加“做中学”科学教育项目。

加强青少年状况调研，做好青少年科普的基础工作。正式启动“群英计划”试点项目，在云南省曲靖市两个县和内蒙古自治区两个旗开展。内蒙古自治区两个项目县已经完成对1200名回乡青少年的培训，200多人通过培训实现就业。曲靖试点地区对农村青少年科学素质现状作了抽样调查，建立了农村科普宣传员队伍。此外，组织开发了《农村青少年健康生活读本》和《农村青少年基本素质读本》。与联合国儿童基金会合作在贫困农村开展的非正规教育项目顺利实施，完成了2001~2005合作周期的所有项目活动，举办了由省、县两级项目工作人员参加的“校外青少年参与式评估”培训。

提高学术交流的质量和水平，为推动科技创新和学科发展服务

学术活动是学会的基本任务，高水平的学术交流活动是维系学会生存与发展的关键。科协系统的学术交流活动日趋活跃，质量水平稳步提高。

举办了中国科协2005年学术年会。中国科协2005年学术年会于8月18～24日在新疆维吾尔自治区乌鲁木齐市召开，主题为“科学发展观与资源可持续利用”。王乐泉、路甬祥、陈至立、周光召及86位省部级领导同志，121位中国科学院、中国工程院院士，59位国际著名科学家和香港特别行政区、澳门特别行政区专家学者，以及6700多名科技工作者出席了开幕式。国务委员陈至立、全国人大常委会副委员长路甬祥等16位领导同志和知名科学家围绕“当前科技前沿动态、发展趋势、学科交叉和科技创新中的重大问题”等，作了大会报告。

年会开展了多种形式的学术交流和科普活动。共录用论文4000余篇，设立了51个分会场，1000余位科技工作者在分会场、专题论坛中作了学术报告。同时，还举办了全国第三届博士生学术年会和首届中国博士后学术论坛。年会期间，开展了大型科普展览、“百名院士、专家进百校”、“大手拉小手，科普报告新疆行”、“科普大篷车进校园、进社区”等丰富多彩的科普活动，共有56位院士、24位科技专家在108所大、中、小学共举办了112场活动。紧密结合新疆科技、经济社会发展中的重点和关键问题，举办了新疆现代农业论坛等12个论坛。召开了中国科学院、中国工程院院士座谈会，中共中央政治局委员、新疆维吾尔自治区党委书记王乐泉等自治区党政领导和路甬祥、周光召等49位院士参加了会议。16位院士围绕新疆经济社会发展提出了非常宝贵和有针对性的意见和建议。借助年会平台，举办了第三届中国科学院——新疆科技合作洽谈会，共签订科技项目合作协议479项，协议金额14．8亿元。

全国性学会和地方科协组织的学术交流活动内容丰富，形式多样。据不完全统计，2005年全国性学会举办国内外学术会议2000余次，参加人数达20余万人次。以“物理学与社会进步”为主题，联合科技部、教育部、中国科学院、中国工程院、国家自然科学基金委共同开展“世界物理年在中国”系列活动，中国科协和全国性学会组织重大活动18项，约12万人次直接参加，科普受众在30万人次以上，国务委员陈至立两次参加活动并发表讲话。地方科协及学会组织的活动有100多项。为纪念郑和下西洋600周年，中国航海学会、中国海洋学会等举办系列学术交流活动，组织各种航海和海洋知识竞赛、讲座和夏令营，1000多名各界专家参加。中国林学会举办首届中国林业学术大会，1500余名专家出席。中国铁道学会、中国环境学会、中国测绘学会、中国科学探险协会等也都举办了形式不同、专业特色明显的学术交流和调研考察活动，产生了广泛的社会影响。

办好中国科协系列青年论坛，积极资助学会的青年学术活动，促进青年科技人才的成长。为促进优秀青年科学家的成长，促进学科交叉融合，继续坚持组织系列性、高水平的青年科学家论坛。全年共举办青年科学家论坛8期，共300余位青年学者参加研讨，内容涉及生物医学、力学、遥感科技、地球物理、资源环境、材料科学、林业、土地学等多个前沿交叉领域。为带动全国性学会青年学术活动的开展，提高学会青年学术活动的水平，尝试设立了中国科协青年学术会议系列活动资助项目，受到学会的好评。

加强海峡两岸科技界的交流。密切与玉山科技协会等台湾地区科技界团体的联系，鼓励和支持在台湾

有影响的人士积极参与两岸科技交流。与海峡两岸学术文化交流协会和农村发展基金会共同主办的第六届海峡两岸青年科学家学术研讨会在北京、西安举行，来自海峡两岸的80名青年科学家参加了会议。与福建省科协、台湾中华青年交流协会等单位共同主办的第四届海峡两岸大学生辩论赛在台湾举办。辩论赛在台反响积极，受到了岛内大学生和社会各界的广泛关注。在台北成功举办大陆科技期刊展览会。与周培源基金会和台湾夏朝基金会共同举办了台湾青少年科技文化夏令营，来自台湾地区32所大学的89名大中学生参加了这次夏令营活动。

加强与香港、澳门特别行政区科技团体和学术机构的联系，促进港澳科技界与内地科技界的合作与交流。2005年，积极开展与香港、澳门特别行政区科技团体的交流与合作，充分发挥科协大团体优势，整合资源，突出重点，结合时势与实际，与香港康乐及文化事务署、香港各界文化促进会、京港学术交流中心和澳门科技协进会等机构在香港、澳门共同主办了“2005当代杰出华人科学家公开讲座”。中国科协还分别与澳门科技协进会、澳门科技发展基金会签署了合作协议，为加强内地与澳门的科技学术交流、推动澳门经济发展和科技进步搭建了良好平台。组织接待香港大学生暑期内地实习活动被正式命名为“紫荆计划”。在中国科协的统一部署和领导下，全国性学会（协会、研究会）和北京、上海、杭州等城市92家企事业单位共同组织接待了258名香港大学生进行了暑期内地实习活动。受到了香港实习大学生、实习学生家长、香港各高校以及香港社会各界的一致好评。

加强引导，进一步提高学术期刊办刊质量。着力从加强宏观指导、重点资助、建立健全评价体系、加强编辑人员培训、培育精品科技期刊和加强科技期刊的国际交流与合作等方面进行努力，取得初步效果。组织开展科技期刊发展战略课题研究，围绕科技期刊现状、存在问题、发展战略目标、政策措施等问题，提出了建议和意见，为国家制定相关政策提供了依据。开展基础性、高科技学术期刊专家评审工作，共评出92种优秀期刊给予择优支持，资助总金额达到400万元。开展第四届优秀期刊论文奖的评审工作，共评出100篇优秀期刊论文，并对作者予以奖励。

活跃对外民间科技交流，促进国际科技交流与合作

为加大国际民间科技交流与合作的力度，加强与国际科技组织的联系，中国科协及所属全国性学会代表我国加入了218个国际科技组织，积极组织在华召开国际会议为我国科学家走向世界提供了舞台，同各国对口学术团体的合作得到不断发展。

突出重点、精心组织，抓好重大活动项目。作为国际科技界具有较大影响的活动，国际科学理事会（简称国际科联）第28次全体大会2005年10月18日至22日在我国江苏省苏州市召开。国务委员陈至立应邀出席开幕式并代表我国政府发表讲话，中国科协主席周光召代表中国科协和中国科技界致词，全国人大常委会副委员长、中国科学院院长路甬祥以及联合国教科文组织、世界气象组织、发展中国家科学院（原名为第三世界科学院）等有关国际组织的代表分别代表国际科学院间委员会和各自组织向大会致贺词。本次大会一个显著特点是我国科学家的地位引人注目，集中反映了改革开放以来我国科学家积极参与国际科技组织的工作，国际地位不断提高的崭新面貌。

中国科学院大气物理研究所研究员符淙斌院士当选为国际科联执行局成员，这是继孙鸿烈院士、钱易

院士之后，我国科学家再次进入国际科联的领导层。

2005 年，我国科学家继续进入相关国际组织的领导层任职，10 人当选国际组织执委以上职务。其中，王如松教授当选为国际科联环境问题科学委员会副主席、郑惠玲教授当选为国际照明委员会副主席、张柏春教授当选为国际东亚科学技术与医学学会副主席、陈佳洱院士当选为 IUPAP 执行委员会副主席、黄大伟教授当选为亚太昆虫学联合会主席。

“请进来”是对外交流工作的重要方式。2005 年，资助、邀请国际组织领导人及世界著名科学家、诺贝尔奖获得者近 100 人来华访问、参加国际学术会议，既密切了我国与国际组织的关系，也使国际组织领导人进一步了解中国。

成功举办了国际气象学和大气科学协会大会、第 40 届国际纯粹与应用化学联合会学术大会、公众科技传播国际研讨会、“跨文化对话：青少年教育”国际学术研讨会等重要国际会议。来自世界 20 多个国家和地区的 5900 多位科学家参加。会议对我国相关科学技术领域的发展起到了积极的促进作用，为我国科学家走向世界提供了舞台。

积极促进工程师国际互认工作。中国科协代表团以观察员的身份代表中国内地工程界参加了 2005 年 6 月在香港举行的 2005 年国际工程大会（IEM2005），了解相关国家和地区在工程教育评估和工程师制度建设方面的经验与做法，以及国际工程师互认的进展情况；同时，也宣传了我国工程教育和工程师制度的基本情况，增进了与其他国家和地区的相互了解，建立了友好关系，为中国加入国际工程师互认体系创造了良好的外部环境。

组织、安排好中国科协重点出访项目。4 月 24 日至 5 月 8 日，周光召主席率代表团访问美国，与美国科学院、美国科促会等机构就今后关系的发展进行交流，并看望旅美中国学者，进一步动员他们为国服务。中国科协副主席徐善衍率团访问匈牙利、罗马尼亚，开辟了与这两个国家在科技领域的合作渠道。中日韩高技术商务论坛在日本举行，中国科协书记处书记宋南平率团参加，加强了中国科协与韩国、日本有关团体的合作关系，促进、带动了我国高新技术产业“引进来、走出去”、扩大对外开放。

与四川省科协、中国科学技术咨询服务中心、中国对外应用技术交流促进会等单位合作，顺利召开中俄青年科学家论坛、中德青年科学家论坛等活动。

积极参与联合国经社理事会非政府组织活动。2005 年，密切与相关政府部门和民间组织的联系，紧密围绕提高我国参与解决重大综合性国际问题的能力和配合国家总体外交的目标，突出科协特点和优势，结合全球热点问题，有重点地开展工作。推荐并资助我国咨商专家出席了在瑞士召开的联合国《禁止生物武器公约》2005 年专家组会及“信息社会世界峰会第二阶段会议”、“联合国气候变化框架公约”加拿大届会。

围绕中心、建言献策，推动海外智力为国服务行动计划。以“海外智力为国服务行动计划”为龙头引领地方科协外事工作，着重抓项目的落实，推动科协对外交往工作实实在在地为地方经济建设和社会发展服务。各地方科协和全国性学会围绕需求与中心工作组织了 70 多个有分量的项目。如 2005 年 3 月，旅美学者阮可三被南通大学聘为客座教授；“油橄榄的种植技术培训”、“奶山羊的饲养”等培训项目，相继在四川省西昌市、辽宁省阜新市举办。

切实履行桥梁纽带职责，努力在构建和谐社会中发挥作用

2005年，各级科协及所属团体履行科协组织作为党和政府联系广大科技工作者的桥梁和纽带职责，发挥在促进社会和谐方面的独特作用，努力为科技工作者服务。

加强调查研究，把握思想动态。根据中央人才工作协调小组的部署，组织开展高层次专业技术人才和高技能人才状况调研活动，所提意见和建议获得采纳。在全国各地设立150个调查站点，广泛收集数据，深入分析材料，及时把握科技工作者的基本状况，了解他们学习、工作和生活中遇到的各种实际问题。组织开展科技工作者权益保障状况调查和影响科技工作者自主创新的主要因素调查等专项调研活动，及时反映科技界思想动态和意见建议，为党和政府制定政策提出建议，提供依据。开展高层次专业人才、高技能人才和女性科技人才调研，完成调研报告初稿，呈送中央人才工作协调小组办公室。浙江等地的一些地方科协也组织开展科技工作者状况调查，反映问题，提出建议。江苏省科协在广泛调研的基础上，制定了《江苏省科协关于密切联系科技工作者制度》，形成了经常化、制度化、规范化的工作机制。云南省从制度层面完善沟通机制，完成“云南省高级科技人才软环境状况调查”工作，初步建立起“云南高级科技人才基本信息库”。云南省16个州市科协基本完成本地“科技人才库”建设工作，为党和政府制定完善科技、人才政策提供决策依据。天津市科协机关9月份开展了调研服务月活动，深入到40个科技团体，了解组织建设、能力建设和实力建设情况，共商团体建设大计。

开展表彰宣传优秀科技工作者活动。完成第二届中国科协西部开发突出贡献奖、第三届全国优秀科技工作者、第二届中国青年女科学家奖的表彰工作，颁发第五届优秀建议奖和第三届学术期刊优秀论文奖。完成2005年国家科技奖推荐工作，开展了第三届中国科协西部开发突出贡献奖，第九届中国青年科技奖评选工作。积极参与修改社会力量设奖管理办法。目前，在131个社会科技奖励中，全国性学会承办60项。2005年，中国数学会颁发了华罗庚数学奖、陈省身数学奖、钟家庆数学奖，中国物理学会颁发了胡刚复、饶毓泰、叶企孙、吴有训、王淦昌物理奖，中国机械工程学会颁发了中国机械工程学会科技奖，中国机械工业协会、中国机械工程学会颁发了中国机械工业科学技术奖，中国印刷技术协会颁发了毕昇印刷科技奖，中国矿物岩石地球化学学会颁发了侯德封矿物岩石地球化学青年科学家奖，中国林学会颁发了梁希科学技术奖，中华中医药学会颁发了李时珍医药创新奖。广泛实施了优秀科技人物宣传计划。按照中国科学院、中国工程院的要求，组织138个全国性学会参加了推荐提名工作，完成了初选院士候选人工作。云南省科协率先设立了由企业赞助的“云南省青年科技（红河）奖”等奖励基金，开展了第四届云南省青年科技（红河）奖评选表彰工作。广东省科协认真做好第八届广东省丁颖科技奖的评审工作。安徽省科协为树立典型，鼓励先进，促进民营科技企业发展，与省工商联、省民营科技实业家协会联合开展安徽省民营科技“双优”评选表彰活动。陕西省继续做好对优秀科技工作者的宣传、推荐和表彰工作，进一步营造有利于各类科技人才脱颖而出的社会环境。2005年，先后开展了陕西省有突出贡献专家推荐选拔工作。长春市科协与市委组织部、人事局联合开展了“百名科技工作者、十大科技英才”评选，并于12月召开了隆重表彰大会。吉林市科协开展了优秀青年科技专家评选和表彰活动，并进行了大力宣传，积极营造了“尊重劳动、尊重知识、尊重人才、尊重创造”的良好氛围。广东省科技工作者法律服务中心开设了常年法律咨询服务电话热线，设立科技工作者法律服务日，建立法律咨询网上在线栏目，在媒体报刊

上开辟法律知识和知识产权的专版，及时为科技工作者提供法律咨询，维护他们的合法权益。

开展联谊活动，增强对科技工作者的凝聚力。组织了2005年春节和“五一”科技工作者活动日，参与活动的有中国科协主席、名誉主席、荣誉委员、中国科协顾问、在京中国科协全委、在京中国科学院、中国工程院院士等约800人。召开了青年科学家春节座谈联谊会和“五四”中青年科学家座谈会。在新疆维吾尔自治区组织了科学家暑期休假考察活动。参与青年科学家福州活动基地举办的科技研讨会。广东省科技人才服务中心依托社会力量，建立了4个广东科技工作者健康活动基地，为院士、专家和科技工作者健身娱乐提供服务。

加强专业技术人员教育培训评价工作。积极参与“阳光工程”、“科技入户工程”等国家重点培训工作。举办不同类型的技术讲座、研修班、培训班，加强面向科技工作者的继续教育工作。组织起草《科学家行为准则》（草案），加强科技工作者职业道德建设。江苏省开展了科普职称评审工作，这是科学、客观、公正地评价和选拔科普专业技术人才的首创性工作。在江苏省人事厅等部门的支持下，科普系列职称评审工作进展顺利，先后完成了师资培训、考纲编写、题库建设、报名组织、资格终审、考点设置、考试及阅卷工作。在江苏省科普专业高级专业技术资格评审委员会的领导下，高级科普师资格评审工作有条不紊地进行。厦门市成立老科技工作者协会，发挥老科技工作者的作用。协会已拥有会员200余名，开展了技术咨询服务以及科教进社区和科技下乡活动，成立了医学分会、城建专委会等6个专委会。

开展保持共产党员先进性教育活动，切实加强自身建设

按照党中央关于在全党开展保持共产党员先进性教育活动的总体部署和要求，在中央督导组的指导和帮助下，中国科协党组高度重视，加强领导，机关及所属事业单位在努力做好日常工作的同时，用近5个月的时间集中开展保持共产党员先进性教育活动。机关各部门、各单位党委、总支、支部认真负责，精心组织，周密安排，广大党员态度端正，摆正位置，自觉投入，广大群众积极参与，大力支持，热心提出意见和建议，取得了比较明显的成效。先进性教育活动中，各级党组织和广大党员认真学习文件，广泛征求意见，自觉查摆问题。中国科协党组针对反映比较集中的七方面问题，明确了12个整改项目、40项整改任务和128条整改措施，狠抓落实。先进性教育活动后，整改工作进展顺利，整改措施基本完成，成效明显。一是党员意识进一步增强，理想信念更加坚定，党的基层组织建设和干部队伍建设显著加强，凝聚力和战斗力不断提高；二是工作方向进一步明确，“三服务、一加强”的工作定位深入人心，干部群众精神振奋，机关面貌焕然一新；三是直属事业单位改革加快推进，一些关系群众切身利益的突出问题得到有效解决。各地科协也先后开展先进性教育活动，取得令人满意的效果。在挂靠单位党组织的领导下，全国性学会相继开展广泛深入的保持共产党员先进性教育活动。

结合开展保持共产党员先进性教育活动，科协自身建设得到加强。

各地党委和政府进一步加强对科协工作的领导和支持，陆续出台加强科协工作，支持开展科普、咨询活动的决定，加强基层科协组织建设。西藏自治区党委召开专题会议研究科协工作，下发《关于进一步加强全区科协工作的专题会议纪要》。广西壮族自治区正式颁布实施《广西科普条例》，在法律和政策两个方面支持科协开展工作。河北省科协结合贯彻《中共河北省委关于进一步加强科协工作的意见》，会同有关部门联合出台《资助社会力量发展科普事业专项资金管理办法》、《河北省科普事业贡献奖奖励办

法》、《河北省科普资金管理办法》、《关于鼓励科普事业发展税收优惠政策问题的通知》等一系列配套文件，优化了科协工作的政策环境。重庆市科协出台《重庆市科学技术普及奖励办法》。海南、浙江等地科协举办发展论坛，进行认真探讨，进一步理清了发展思路。

学会改革不断深入。组织制订全国性学会发展规划，开展学会改革试点工作。落实中央领导同志指示精神，继续开展人民团体和全国性学会承担政府转移职能专题研究，推动承接政府转移的社会化服务职能。稳步推进全国性学会专业技术资格认证试点工作，中国机械工程学会已经完成首批255人机械工程师资格认证。规范学会管理，部分全国性学会对会员进行重新登记。截止到2004年底，有20个学会的个人会员达到5万人以上，20个学会的年度筹集额超过500万元。根据民政部有关要求，顺利完成全国性社团年检工作。加强学会管理，年内完成27个全国性学会的换届审批工作，批准45个学会新设分支机构105个。深化人事制度改革，中国计算机学会面向社会公开招聘专职工作人员，双向选择，合同管理。山西省科协制定实施《山西省科协公开招选学会常务理事以上候选人的实施意见及细则》，改革学会主要领导成员候选人产生办法。

科协机关改革进一步深化。为加强科协机关基础建设，推进规范化管理，杜绝随意性，研究制定和修订了《中国科协党组工作规则》、《中国科协机关工作规则》、《中国科协督办工作管理办法》、《中国科协内部文件办理细则》、《中国科协收、发文办理细则》、《中国科协公文办理工作责任制》、《中国科协机关机要文件阅读管理办法》、《中国科协机关档案管理办法》等8个规章制度。切实加强干部队伍建设，中国科协机关部分局、处级领导职位实行竞争上岗，选派机关青年干部到基层和事业单位挂职锻炼，加大干部教育培训工作力度。积极稳妥地推进事业单位改革，改革方案已报送中编办审批。继续推进机关制度化建设，规范财务管理工作，认真编制完成2006年项目预算和中国科协“十一五”规划项目。抓紧落实中国科技馆新馆建设项目，力争2008年奥运会开幕前工程竣工。

启动了筹备中国科协第七次全国代表大会的工作。今年初，中央书记处同意科协按照《章程》的规定，在2006年上半年如期召开第七次全国代表大会。为做好科协七大筹备工作，从7月份，科协书记处先后召开了9次座谈会，听取了31个省区市科协主要负责同志、部分全国性学会理事长关于七大的主题、规模、《章程》修改等问题的意见和建议。8月，在中国科协常委会议上作了汇报，听取了常委的意见。主要完成了以下工作。第一，明确七大指导思想和主题要体现时代特征和科技工作者的历史责任，体现党的十六大和十六届三中、四中、五中全会精神，体现党中央对科协工作、科技工作者的要求，尤其要体现五中全会精神。建议中国科协七大的主题为：团结和动员广大科技工作者，增强自主创新能力、提高全民族科学文化素质，为建设创新型国家作出新的贡献。第二，进行了《章程》修改的前期调研工作。提出了关于《章程》总则部分的修改要体现的时代特征；关于恢复“会员”，单列一章的问题；关于新增“基层组织”，单列一章的问题；关于理顺中国科协与地方科协关系等问题。第三，提出关于中国科协七大的规模和第七届领导机构调整思路，提出了中国科协七大的代表人数、委员会和常委会的人数及组成、主席人选、副主席人数、书记处书记、党组成员的人数和设秘书长等问题。第四，提出中国科协拟制定《关于动员和组织广大科技工作者为建设创新型国家作出新贡献的若干意见》，贯彻落实党的十六届五中全会精神，为进一步加强党对科协工作的领导，充分发挥各级科协联系科技工作者的桥梁和纽带作用，团结和动员广大科技工作者肩负起时代赋予的历史使命，实现“十一五”规划目标。

组织体系及机构

中国科学技术协会组织体系框图

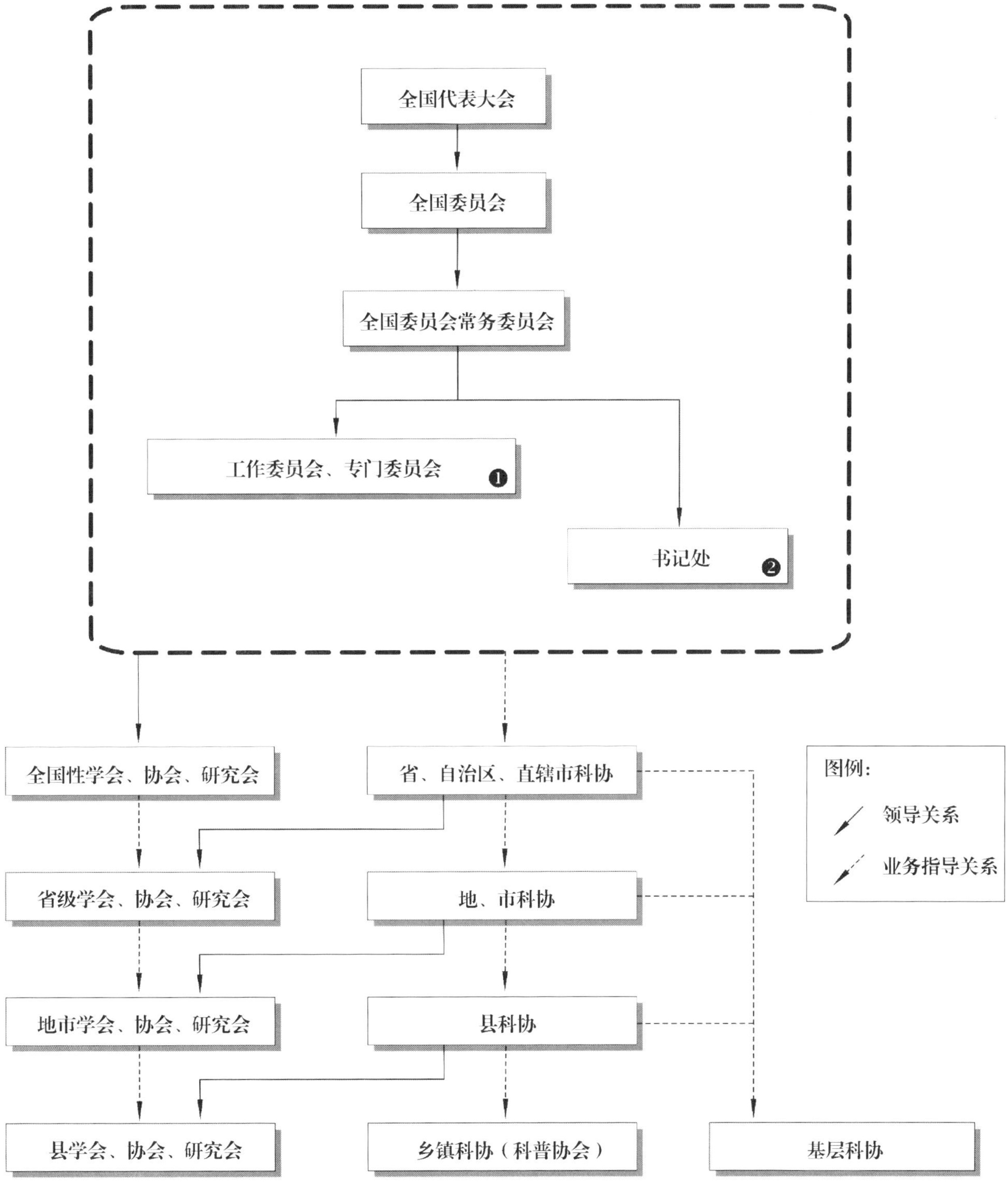

❶ 工作委员会、专门委员会

- 学术交流工作委员会
- 普及工作委员会
- 国际联络工作委员会
- 组织工作委员会
- 科技工作者道德与权益工作委员会
- 青年工作委员会
- 科技咨询工作委员会
- 青少年科学教育工作委员会
- 社团财务与基金工作委员会
- 科技馆建设工作委员会

- 促进企业技术进步专门委员会
- 促进农村科技进步专门委员会
- 促进高新技术发展及其产业化专门委员会
- 促进人与自然协调发展专门委员会
- 促进继续教育专门委员会
- 促进自然科学与社会科学联盟专门委员会
- 促进少数民族地区科技发展专门委员会
- 促进海峡两岸及与港澳地区科技人员联谊专门委员会

❷ 书记处

机关部门

- 办公厅
- 计划财务部
- 组织人事部
- 调研宣传部
- 学会学术部
- 科学技术普及部
- 国际联络部
- 机关党委

直属事业单位

- 中国科学技术馆
- 干部学院
- 中国科普研究所
- 学会管理服务中心
- 青少年科技中心
- 中国科技会堂
- 中国科学技术咨询服务中心
- 声像中心

- 中国农村致富技术函授大学
- 大众科技报社
- 中国科技导报社
- 信息中心
- 厂矿科协协作中心
- 农村专业技术服务中心
- 机关服务中心

- 科学普及出版社
- 中国国际科技会议中心
- 中国对外应用技术交流促进会
- 新技术开发中心
- 继续教育中心
- 科技人才交流中心
- 中国科学技术发展基金会

中国科学技术协会第六届全国委员会主席、副主席、常务委员、委员

主　　席　周光召

副 主 席（17名，按姓氏笔画为序）

王　选　韦　钰（女，壮族）　邓　楠（女）　左铁镛　白春礼（满族）
旭日干（蒙古族）　杨福家　张玉台　张启发　陆延昌　赵忠贤
胡启恒（女）　钱　易（女）　徐善衍　栾恩杰（满族）
韩启德　曾庆存

常务委员（46名，按姓氏笔画为序）

马志明　马国馨　王　选　王永炎　王海波　王震西　韦　钰（壮族，女）
邓　楠（女）　艾国祥　左铁镛　白春礼（满族）　旭日干（蒙古族）
刘　恕（女）　江泽慧（女）　苏纪兰　杜祥琬　李依依（女）　杨　卫
杨福家　张　泽　张开逊　张玉台　张启发　陆延昌　陈　竺　陈运泰　国　林
周光召　赵忠贤　胡启恒（女）　袁家军　钱　易（女）　徐乐江　徐安仁
徐善衍　栾恩杰（满族）　高润霖　郭孔辉　郭桂蓉　黄兴维　曹健林
塔西甫拉提·特依拜（维吾尔族）　韩启德　曾庆存　管华诗　翟虎渠

委　　员（301名，按姓氏笔画为序）

丁乃刚　丁小燕（女）　于　杰　于　晨　马三保　马志明　马国馨　王　阶
王　辰　王天才　王　珊（女）　王　柱　王　选　王乃彦　王凤飞　王永炎
王行仁　王吉祥　王秀智　王启民　王明旨　王宜林　王建方　王春生（女）
王柯敏　王思敬　王信功　王贺祥　王秦平　王根堂　王铁宏　王海波　王渝生
王福兴　王震西　韦　钰（壮族，女）　邓　楠（女）　韦树英（壮族）
凤懋润　方　成　方　新（女）　巴德年（满族）　邓中翰　甘子光　田小平
艾国祥　艾措千（藏族）　左　禹　左铁镛　卢大儒　申长雨　叶汝求　叶顺煌
付兴国　白以龙　白春礼（满族）　冯长根　尼玛扎西（藏族）匡廷云（女）
邢瑞昌　曲钦岳　曲逸绪　吕志宏　朱　训　朱　明　朱尔明　朱育理　朱道本
任继周　旭日干（蒙古族）向仲怀　刘　钝　刘　恕（女）　刘　彩　刘　耀
刘人怀　刘光鼎　刘会永　刘建中　刘宜勤　刘须钦　刘洪昆　刘培温
江泽慧（女）　池　宏　许　政　孙其信　孙蓓欣（女）　牟书令　牟怀岐
花禄森　严陆光　严纯华　苏纪兰　杜利军　杜钰洲（满族）　杜祥琬　杜善义
李　星　李　涛（女）　李　瑞（女）　李天安　李元元　李文华
李兰娟（女）　李国杰　李典谟　李岩泉　李依依（女）　李科浚　李洪福

李铁证　李家洋　李崇光　李象益　李维衡　李静海　杨　卫　杨　旭　杨　坚
杨　凯　杨　群　杨子彬　杨文鹤　杨亚军　杨国桢　杨盛福　杨福家　扶名福
肖　佐　肖梓仁　肖伦祥　吴永平　吴有生　吴秀章　吴启迪（女）　吴明瑜
何继善　余让水　应展望　汪前进　沙　冰　沈　恂　沈烈初　沈海祥
宋天虎（回族）　宋秀芳（女）　宋南平　迟力峰（女）　张　泽　张　偲
张人为　张小虞　张开逊　张仁和　张文栋　张秀智（女）　张玉台　张玉卓
张立兴　张立辉　张文康　张宏仁　张启发　张启成　张宝文　张春霆　张贵田
张留成　张涵信　陆大道　陆廷杰　陆延昌　陆寿麟　陆祖宏　陆巽生　陈　志
陈　竺　陈　萍（女）　陈　震　陈大元　陈永川　陈永明　陈传友　陈运泰
陈杰诚　陈嘉泰　陈德纯（女）　陈翰馥　陈耀春　陈秀芳　邵为民　苑郑民
宣栋生　范维唐　林志彬　林其谁　林振耀　欧阳自远　国　林　季幼章
周　畅　周　廉　周大兵　周筠梅（女）　周光召　周建强　周健民　周曾铨
周大荣　庞世瑾　郑晓静（女）　郑南宁　郑莉君（蒙古族，女）　郑建秋
郑筱萸　宗淑杰（女）　屈冬玉　屈贤明　孟兆祯　赵　逊　赵旭东
赵林如（女）　赵鹏大（满族）　赵保军　赵彦修　赵忠贤　胡启恒（女）
胡承淼　胡海岩　钟夏平　姜良铎　洪绂曾　秦蕴珊　袁家军　耿德章　顾基发
钱　易（女）　倪光南　徐乐江　徐光炜　徐安仁　徐建中　徐建国　徐俊如
徐济超　徐晓飞（满族）　徐善衍　徐群渊　翁宇庆　栾恩杰（满族）　高润霖
高德利　郭孔辉　郭启勇　郭桂蓉　唐荣锡　唐树钰　展　涛（回族）　陶学康
黄　元（女）　黄　峻　黄兴维　黄启福　商向东　舒　展　曹振雷　曹健林
龚　克　常志海　符淙斌　康　义　阎三忠　梁　明　梁战平　梁淑芬（女）
塔西甫拉提·特依拜（维吾尔族）　葛可佑　董庆周　蒋振立　韩启德　韩裕峰
韩静涛（蒙古族）程　烨　程东红（女）　程连昌　程映雪　程钧培　焦洪波
曾士迈　曾庆存　温景春　谢克昌　谢和平　蔡焯基　管华诗　翟虎渠　潘必兴
潘秋生　潘蓓蕾（高山族，女）　魏万进

已去世的委员（3名）

李守仁　周新远　钱玉怀

中国科学技术协会名誉主席、荣誉委员

1986年6月27日中国科协三届一次全委会议通过

名誉主席　周培源　严济慈　茅以升

荣誉委员　（以姓氏笔画为序）

王顺桐　王淦昌　许　杰　苏步青　汪德昭　沈　鸿　陈世骧　杨显东
金善宝　高士其　谈家桢　黄汲清　董纯才　裴丽生

1987年3月中国科协三届二次全委会议通过

荣誉委员　袁翰青　沈其益

1991年5月27日中国科协四届一次全委会议通过

名誉主席　钱学森　钱三强
荣誉委员　（以姓氏笔画为序）
王大珩　卢嘉锡　刘东生　吴仲华　张　维　陆　达　唐敖庆　曹天钦
裘维蕃

1996年5月31日中国科协五届一次全委会议通过

名誉主席　朱光亚　卢嘉锡　吴阶平
荣誉委员　何　康　林兰英（女）　强巴赤列（藏族）　胡亚美（女）　高景德

2001年6月24日中国科协六届一次全委会议通过

荣誉委员　干福熹　王连铮　石元春　叶叔华（女）　母国光　朱高峰　庄逢甘
孙大涌　李振声　杨　乐　闵桂荣　张存浩　陈可冀　陈佳洱
施莫邦　聂　力（女）　顾方舟　高　潮　龚育之

已去世的名誉主席（5名）

卢嘉锡　周培源　严济慈　茅以升　钱三强

已去世的荣誉委员（21名，以姓氏笔画为序）

王顺桐　王淦昌　许　杰　吴仲华　汪德昭　李国豪　沈　元　沈　鸿
陆　达　陈世骧　杨显东　金善宝　高士其　高景德　黄汲清　曹天钦
董纯才　裴丽生　袁翰青　裘维蕃　张　维　苏步青　林兰英　施莫邦

中国科学技术协会顾问

王春正　王万宾　赵沁平　马颂德　张华祝　张佑才　舒惠国　陈宜瑜
江蓝生　朱高峰　陈佳洱

中国科学技术协会第六届全国委员会常务委员会工作委员会、专门委员会

学术交流工作委员会

顾　问　庄逢甘
主　任　白春礼
副主任　韩启德　冯长根
委　员　(以姓氏笔画为序)
王海波　巴德年　严陆光　严纯华　杜祥琬　杨　卫　陈运泰
洪绂曾　赵　逊　袁家军　郭桂蓉　翁宇庆
办公室　中国科协学会学术部

普及工作委员会

顾　问　石元春
主　任　江泽慧
副主任　徐善衍　张开逊　刘培温
委　员　(以姓氏笔画为序)
艾国祥　任定成　李象益　李　伟　杨子彬　张景中　陈永明
尚　勇　程东红　康能成
办公室　中国科协科学技术普及部

国际联络工作委员会

主　任　胡启恒
副主任　杨福家　钱　易　程东红
委　员　(以姓氏笔画为序)
王如松　刘西拉　孙　枢　李文华　杨　卫　张　侃　周筠梅
办公室　中国科协国际联络部

组织工作委员会

主　任　张玉台
副主任　杜祥琬　高润霖

委　员　(以姓氏笔画为序)

甘子光　朱尔明　朱道本　刘培温　李国杰　张小虞　翁宇庆

办公室　中国科协组织人事部

科技工作者道德与权益工作委员会

顾　问　张存浩

主　任　刘　恕

副主任　李依依　宋南平

委　员　(以姓氏笔画为序)

巴德年　王秦平　张道成　陈翰馥　宗淑杰　符淙斌　焦洪波

办公室　中国科协组织人事部

青年工作委员会

顾　问　杨　乐

主　任　冯长根

副主任　杨　卫　袁家军

委　员　(以姓氏笔画为序)

王海波　王　辰　池　宏　孙其信　李静海　严纯华　吴秀章

沙　冰　张玉卓　陈永川　郑晓静　屈冬玉　高德利　韩静涛

塔西甫拉提·特依拜

办公室　中国科协组织人事部

科技咨询工作委员会

顾　问　高　潮

主　任　赵忠贤

副主任　徐善衍　马国馨

委　员　(以姓氏笔画为序)

王永治　石定寰　江旅安　李　力　吴明瑜　吴湘文　范恒山　胡兆森

办公室　中国科学技术咨询服务中心

青少年科学教育工作委员会

顾　问　叶叔华

主　任　韦　钰

副主任 张开逊 艾国祥 严纯华

委 员 （以姓氏笔画为序）

王渝生 王绶琯 王建国 邓希贤 白 硕 白 希 刘晓航

匡廷云 李 士 余培侠 吴文虎 张晓原 周曾铨 黄兴维

办公室 中国科协青少年科技中心

社团财务与基金工作委员会

顾 问 陈佳洱

主 任 徐善衍

副主任 赵忠贤

委 员 （以姓氏笔画为序）

王建方 池 宏 宋天虎 周曾铨 金家珍 钟世伦 倪维斗 薛任福

办公室 中国科协计划财务部

科技馆建设工作委员会

顾 问 侯祥麟 吴良镛

主 任 徐善衍

副主任 刘西拉 马国馨

委 员 （以姓氏笔画为序）

王明旨 王建国 王渝生 吕济民 安 军 张开逊 李象益

陈难先 胡志坚 胡绍学 赵 路 黄星元 程东红 董 奇

办公室 中国科协科学技术普及部

促进企业技术创新专门委员会

顾 问 孙大涌

主 任 陆延昌

副主任 国 林 朱育理

委 员 （以姓氏笔画为序）

王震西 王 珊 刘 彩 李 瑞 吴秀章 陆廷杰 徐乐江 高 朗

办公室 中国科协科学技术普及部

促进农村科技进步专门委员会

顾 问 王连铮

主　任　翟虎渠
副主任　洪绂曾　陈耀春　苑郑民
委　员　（以姓氏笔画为序）
王礼先　匡廷云　朱　明　朱尔明　李文华　李典谟　李岩泉　杨　坚　陈　志
周大荣　黄卫东
办公室　中国科协科学技术普及部

促进高新技术发展及其产业化专门委员会

顾　问　闵桂荣
主　任　栾恩杰
副主任　陆延昌
委　员　（以姓氏笔画为序）
王震西　刘洪昆　宋天虎　陆廷杰　郑南宁　袁家军　倪光南　曹健林
办公室　中国科协学会学术部

促进人与自然协调发展专门委员会

顾　问　李振声
主　任　曾庆存
副主任　张启发　陈　竺
委　员　（以姓氏笔画为序）
王永炎　叶汝求　李文华　李典谟　李家洋　杨文鹤　符淙斌
管华诗　葛可佑
办公室　中国科协学会学术部

促进继续教育专门委员会

顾　问　朱高峰
主　任　左铁镛
副主任　刘　恕　冯长根
委　员　（以姓氏笔画为序）
方　新　刘培温　吴启迪　张玉卓　肖　佐　肖梓仁　李　星　胡海岩
郭孔辉　龚　克
办公室　中国科协学会学术部

促进自然科学与社会科学联盟专门委员会

顾　问　龚育之
主　任　潘家铮
副主任　汝　信　何祚庥　宋南平
委　员　（以姓氏笔画为序）
丁乃刚　马志明　王　夔　方　向　朱　训　孙蓓欣　陈永明　林自新　郭正谊
办公室　中国科协调研宣传部

促进少数民族地区科技进步专门委员会

顾　问　顾方舟
主　任　旭日干
副主任　吴仕民　徐安仁　塔西甫拉提·特依拜　苑郑民
委　员　（以姓氏笔画为序）
扎　多　孙其信　李文华　陈传友　周文麟　赵保军　涂济民　梅跃农
谢基群　谢承志　越经臣　朝伦巴根
办公室　中国科协科学技术普及部

促进海峡两岸及与港澳地区科技人员联谊专门委员会

顾　问　陈可冀
主　任　钱　易
副主任　苏纪兰　张　泽　程东红
委　员　（以姓氏笔画为序）
马志明　沈　恂　杨国桢　宗淑杰　周大荣　谭铁牛
办公室　中国科协国际联络部

中国科学技术协会
第六届全国委员会书记处

第一书记　邓　楠（女）
书　　记　徐善衍　齐　让　宋南平　冯长根　程东红（女）

中国科学技术协会所属全国性学会、协会、研究会及受委托管理的学会

中国科协所属全国性学会、协会、研究会

学会代码	团体名称	理事长（会长）	秘书长
A－1	中国数学会	文　兰	巩馥洲
A－2	中国物理学会	杨国桢	王恩哥
A－3	中国力学学会	崔尔杰	樊　菁
A－4	中国光学学会	母国光	曹健林
A－5	中国声学学会	侯朝焕	宗　健
A－6	中国化学会	白春礼	姚建年
A－7	中国天文学会	苏定强	严　俊
A－8	中国气象学会	伍荣生	王春乙
A－9	中国空间科学学会	肖　佐	叶自立
A－10	中国地质学会	孙文盛（代）	王弭力
A－11	中国地理学会	陆大道	张国友
A－12	中国地球物理学会	王　水	朱日祥
A－13	中国矿物岩石地球化学学会	刘丛强	胡瑞忠
A－14	中国古生物学会	沙金庚	杨　群
A－15	中国海洋湖沼学会	胡敦欣	相建海
A－16	中国海洋学会	王曙光	陈士标
A－17	中国地震学会	陈　颙	郝记川
A－18	中国动物学会	陈宜瑜	魏辅文
A－19	中国植物学会	韩兴国	卢从明
A－20	中国昆虫学会	黄大卫	李典谟
A－21	中国微生物学会	杨胜利	肖昌松
A－22	中国生物化学与分子生物学会	王志新	景乃禾
A－23	中国细胞生物学学会	裴　钢	徐永华
A－24	中国植物生理学会	许智宏	何祖华
A－25	中国生物物理学会	赵南明	沈钧贤
A－26	中国遗传学会	李家洋	薛勇彪
A－27	中国心理学会	张　侃	杨玉芳
A－28	中国生态学学会	王如松	欧阳志云
A－29	中国环境科学学会	叶汝求	任官平
A－30	中国自然资源学会	刘纪远	沈　镭

学会代码	团体名称	理事长（会长）	秘书长
A－31	中国感光学会	温荣谦	刘新厚
A－32	中国优选法统筹法与经济数学研究会	徐伟宣	魏一鸣
A－33	中国岩石力学与工程学会	钱七虎	杨志法
A－34	中国野生动物保护协会	王志宝	陈润生
A－35	中国系统工程学会	陈光亚	汪寿阳
A－36	中国实验动物学会	刘　谦	秦　川
A－37	中国青藏高原研究会	郑　度	朱立平
A－38	中国环境诱变剂学会	程书钧	李　勇
A－39	中国运筹学会	袁亚湘	张汉勤
A－40	中国菌物学会	李　玉	郭英兰
A－41	中国晶体学会	饶子和	苏晓东
B－1	中国机械工程学会	路甬祥	宋天虎
B－2	中国汽车工程学会	张小虞	付于武
B－3	中国农业机械学会	陈　志	李树君
B－4	中国农业工程学会	汪懋华	秦京光
B－5	中国电机工程学会	陆延昌	吴玉生
B－6	中国电工技术学会	关志成	潘崇义
B－7	中国水力发电工程学会	周大兵	邴风山
B－8	中国水利学会	朱尔明	李赞堂
B－9	中国内燃机学会	张小虞	阳树毅
B－10	中国工程热物理学会	徐建中	金红光
B－11	中国空气动力学会	张涵信	阮祥新
B－12	中国制冷学会	何济海	金嘉玮
B－13	中国真空学会	侯建国	陈　旭
B－14	中国自动化学会	戴汝为	李爱国（常务）
B－15	中国仪器仪表学会	庄松林	吴幼华
B－16	中国计量测试学会	王秦平	赵若江
B－17	中国标准化协会	李忠海	马林聪
B－18	中国工程图学学会	孙家广	贾焕民
B－19	中国电子学会	吴基传	刘汝林
B－20	中国计算机学会	李国杰	杜子德
B－21	中国通信学会	林金泉	刘　彩
B－22	中国中文信息学会	倪光南	曹佑琦
B－23	中国测绘学会	杨　凯	李根洪
B－24	中国造船工程学会	黄平涛	罗季燕
B－25	中国航海学会	洪善祥	丁宝成
B－26	中国铁道学会	孙永福	吕长清

学会代码	团体名称	理事长（会长）	秘书长
B－27	中国公路学会	李居昌	刘文杰
B－28	中国航空学会	刘高倬	张聚恩
B－29	中国宇航学会	张庆伟	杨俊华
B－30	中国兵工学会	马之庚	王智忠
B－31	中国金属学会	翁宇庆	李文秀
B－32	中国有色金属学会	康　义	钮因健
B－33	中国稀土学会	干　勇（代）	王新林
B－34	中国腐蚀与防护学会	柯　伟	吴荫顺
B－35	中国化工学会	曹湘洪	龚七一
B－36	中国核学会	王乃彦	傅满昌
B－37	中国石油学会	黄　炎	何庆华
B－38	中国煤炭学会	濮洪九	胡省三
B－39	中国可再生能源学会	石定环	孟宪淦
B－40	中国能源研究会	范维唐	鲍云樵
B－41	中国硅酸盐学会	张人为	晋占平
B－42	中国建筑学会	宋春华	周　畅
B－43	中国土木工程学会	谭庆琏	张　雁
B－44	中国生物工程学会	杨胜利	曹竹安
B－45	中国纺织工程学会	杜钰洲	王竹林
B－46	中国造纸学会	陈思亮	曹振雷
B－47	中国文物保护技术协会	陆寿麟	李化元
B－48	中国印刷技术协会	武文祥	张金尧
B－49	中国材料研究学会	周　廉	王克光
B－50	中国食品科学技术学会	潘蓓蕾	孟素荷
B－51	中国粮油学会	朱长国	胡成淼
B－52	中国职业安全健康协会	张宝明	吴宗之
B－53	中国烟草学会	杨传德	郑富钢
B－54	中国系统仿真学会	李伯虎	彭晓源
B－55	中国电影电视技术学会	刘宜勤	楚泽洋
B－56	中国振动工程学会	刘人怀	陈国平
B－57	中国颗粒学会	李静海	白蕴如
B－58	中国照明学会	王锦燧	刘世平
B－59	中国动力工程学会	陈康民	严宏强
B－60	中国惯性技术学会	丁衡高	赵凯嘉
B－61	中国风景园林学会	周干峙	杨雪芝
B－62	中国电源学会	王兆安	韩家新
B－63	中国复合材料学会	张　耀	梁志勇

学会代码	团体名称	理事长（会长）	秘书长
B－64	中国消防协会	孙　伦	尹铁林
C－1	中国农学会	张宝文	杨　军
C－2	中国林学会	江泽慧	李东升
C－3	中国土壤学会	周健民	杨林章
C－4	中国水产学会	唐启升	张铭羽
C－5	中国园艺学会	方智远	杜永臣
C－6	中国畜牧兽医学会	吴常信	阎汉平
C－7	中国植物病理学会	彭友良	韩成贵
C－8	中国植物保护学会	成卓敏	陈万权
C－9	中国作物学会	路　明	陈新华
C－10	中国热带作物学会	吕飞杰	杨培生
C－11	中国蚕学会	向仲怀	张国政
C－12	中国水土保持学会	鄂竟平	吴　斌
C－13	中国茶叶学会	杨亚军	江用文
C－14	中国草原学会	云锦凤	周　禾
D－1	中华医学会	钟南山	吴明江
D－2	中华中医药学会	佘　靖	李俊德
D－3	中国中西医结合学会	陈可冀	陈士奎
D－4	中国药学会	郑筱萸	
D－5	中华护理学会	黄人健	张惠霞
D－6	中国生理学会	姚　泰	王晓民
D－7	中国解剖学会	蔡文琴	安　威
D－8	中国生物医学工程学会	刘德培	胡逸民
D－9	中国病理生理学会	韩启德	吴立玲
D－10	中国营养学会	葛可佑	翟凤英
D－11	中国药理学会	林志彬	杜冠华
D－12	中国针灸学会	李维衡	刘保延
D－13	中国防痨协会	张立兴	屠德华
D－14	中国麻风防治协会	王立忠	潘春枝
D－15	中国心理卫生协会	蔡焯基	李占江
D－16	中国抗癌协会	徐光炜	张宗卫
D－17	中国体育科学学会	段世杰	田　野
D－18	中国毒理学会	庄志雄	周平坤
D－19	中国康复医学会	耿德章	孙启良
D－20	中国免疫学会	陈慰峰	何　维
D－21	中华预防医学会	王陇德	蔡纪明
D－22	中国法医学会	刘　耀	翟恒利

学会代码	团体名称	理事长（会长）	秘书长
E－1	中国自然辩证法研究会	朱　训	王国政
E－2	中国管理现代化研究会	成思危	冯芷艳
E－3	中国技术经济研究会	罗冰生	董福忠
E－4	中国现场统计研究会	杨振海	于　丹
E－5	中国未来研究会	张文范	夏　震
E－6	中国科学技术史学会	刘　钝	韩健平
E－7	中国科学技术情报学会	石定环	郑彦宁
E－8	中国图书馆学会	詹福瑞	汤更生
E－9	中国城市科学研究会	周干峙	顾文选
E－10	中国科学学与科技政策研究会	方　新	杨湘平
E－11	中国农村专业技术协会	王连铮	王洪才
E－12	中国工业设计协会	朱　焘	黄武秀
E－13	中国工艺美术学会	傅立民	陈兴国
E－14	中国科普作家协会	张景中	张秀智
E－15	中国自然科学博物馆协会	李象益	邓志喜
E－16	中国科技报研究会	焦洪波	李时夫
E－17	中国青少年科技辅导员协会	刘　恕	李燕祥
E－18	中国科教电影电视协会	沈　纪	王临安
E－19	中国科学技术期刊编辑学会	丁乃刚	姚希彤
E－20	中国流行色协会	杜钰洲	梁　勇
E－21	中国档案学会	冯鹤旺	王信功
E－22	中国国土经济学研究会	王先进	柳忠勤
E－23	中国土地学会	邹玉川	黄小虎
E－24	中国科技新闻学会	焦洪波	杨　艺
E－25	中国老科技工作者协会	钱正英	高　潮
E－26	中国科学探险协会	高登义	王会军

受委托管理的学会

学会代码	团体名称	理事长（会长）	秘书长
W－1	中国体视学学会	顾秉林	康克军
W－2	中国农业历史学会	宋树友	曹幸穗
W－3	中国工程机械学会	石来德	石宝富
W－4	中国神经科学学会	路长林	吉永华
W－5	中国微循环学会	修瑞娟	郑超强
W－6	中国创造学会	万　钢	陈成澍
W－7	中国图象图形学学会	潘云鹤	罗治安

W－8	中国经济科技开发国际交流协会	李振声	李继泽
W－9	中国睡眠研究会	张景行	江焕波
W－10	中国高科技产业化研究会	刘纪原	何孝瑛
W－11	中国微量元素科学研究会	陈祥友	陈　岳
W－12	中国国际经济技术合作促进会	王　选	何华隆
W－13	中国国际科学和平促进会	高　潮	陈一雄
W－14	中国科技金融促进会	程振登	翟书汾
W－15	中国科学技术发展基金会	高　潮	陈一雄
W－16	中国生物多样性保护基金会	胡昭广	王礼嫱
W－17	中国反邪教协会	庄逢甘	王渝生
W－18	中国总会计师协会	张佑才	董　峰
W－19	国际粉体检测与控制联合会	张宏勋	王　师
W－20	国际热区人工群落与生物多样性协会	冯耀宗	牧田肇
W－21	中国基本建设优化研究会	王文元	付文军
W－22	中国人工智能学会	钟义信	秦世引
W－23	国际数字地球协会	路甬祥	郭华东

中国科学技术协会机关各部门及主要领导

办公厅

主　任　鲍　红　**副主任**　李晓亮　殷　皓　王康友

下设：秘书处、常委秘书处、机关财务处、行保房产处、综合处

计划财务部

部　长　王　可　**副部长**　任　林　公坤后　**部长助理**　葛　东

下设：计划统计处、预算管理处、财务资产处、审计室、综合处

组织人事部

部　长　赵之惠　**副部长**　王守东

下设：干部处、组织处、专家联络处、教育培训处、综合处

调研宣传部

副部长　王春法　崔建平

下设：研究发展处、新闻出版处、综合处

学会学术部

部　长　沈爱民　**副部长**　杨文志　朱雪芬

下设：学会管理处、学术交流处、期刊出版处、综合处

科学技术普及部

部　长　彭友东　**副部长**　王慧梅　高　勘

下设：规划发展处、农村处、城市处、综合处

国际联络部　部　长　朱进宁　副部长　李秀亭　梁英南
下设：国际组织处、双边合作处、港澳台交流处、综合处

机关党委　书　记　苑郑民　常务副书记　陈秀保
机关纪委　书　记　陈秀保
下设：机关党委办公室、机关纪委办公室

机关离退休干部办公室　副主任　薄俊惠
下设：服务一处、服务二处、综合处

中国科学技术协会直属单位及主要领导

中国科学技术馆　馆　长　王渝生　党委书记　赵有利
副馆长　赵有利　黄体茂
中国科协干部学院　副院长　刘碧秀
中国科普研究所　所　长　居云峰　副所长　任福君　雷绮虹
中国科协学会管理服务中心　主　任　李桐海
中国科协青少年科技中心　主　任　牛灵江　副主任　蒙　星
中国科技会堂　总经理、党委书记　李晓亮
副总经理、党委副书记　李世军
副总经理　陈舟平　总会计师　王　勤
中国科学技术咨询服务中心　主　任　盛小列　副主任　李性慈　张晓军
总工程师　李赤泉
中国科协声像中心　主　任　张国平　副主任　顾希峰
中国农村致富技术函授大学　校　长　向华明　副校长　苗建军　赵新川
大众科技报社　社　长　孙东生　副总编辑　舒化英
副社长　化中强
科技导报社　副社长　陈家俊　苏　青
副主编　苏　青
中国科协信息中心　主　任　张小林　副主任　杨秀萍　于小晗

中国科协厂矿科协协作中心	主　任　王志舜	
中国科协农村专业技术服务中心	负责人　王慧梅	
中国科协机关服务局（机关服务中心）	局　长　李晓亮	副局长　李世军　王江宏
科学普及出版社	社长、党委书记　李　士 副社长　姚义贤　颜　实　吕建华 代总编辑　颜　实 党委副书记　吕建华	
中国国际科技会议中心	主　任　何　建	副主任　张晓林
中国对外应用技术交流促进会	主　任　张建生	副主任　王晓涛
中国科协新技术开发中心	主　任　王　军	副主任　赵　江
中国科协继续教育中心	主　任　向华明（兼）	副主任　李彦捷
中国科协科技人才交流中心	主　任　陶　镐	
中国科学技术发展基金会	秘书长　陈一雄	

表 彰 奖 励

关于表彰第二届中国科协西部开发突出贡献奖获奖者的决定

科协发组字〔2005〕7号

为贯彻落实西部大开发战略和人才强国战略，稳定和壮大西部地区科技人才队伍，促进西部地区科技人才健康成长，根据《中国科协西部开发突出贡献奖条例》的规定，经西部地区12个省、自治区、直辖市科协推荐，第二届中国科协西部开发突出贡献奖评审委员会评审，中国科协常务委员会批准，决定授予寸守铣等30名同志第二届中国科协西部开发突出贡献奖。

获得第二届中国科协西部开发突出贡献奖的同志，长期扎根西部，甘于奉献，求实创新，勇于实践。有的在基础研究领域，长期攻坚，取得突破；有的大力开发和推广应用技术，解决当地经济社会发展的关键技术问题，加快科技成果向现实生产力转化；有的运用先进科技管理模式，以科学技术推动市场扩展，取得显著效益，为当地经济社会发展作出了巨大贡献。

实施西部大开发战略，需要科技的支撑和人才的支持，西部地区广大科技工作者肩负着发展西部、振兴西部的历史重任。希望获得本届中国科协西部开发突出贡献奖的同志，再接再厉，以邓小平理论和“三个代表”重要思想为指导，牢固树立和全面落实科学发展观，在实施人才强国战略中发挥更大作用。不断增强创新意识，提高创新能力，大力弘扬科学精神，恪守学术道德，普及科学知识和科学方法，为实现西部地区跨越式发展贡献智慧和力量。

各级科协及所属团体特别是西部地区科协组织，要充分发挥桥梁纽带作用，牢固树立为科技工作者服务的思想，进一步形成尊重劳动、尊重知识、尊重人才、尊重创造的政策环境和社会氛围，广泛调动广大西部地区科技工作者的积极性、创造性，为西部地区科技人才成长充分发挥作用创造条件、搭建舞台，吸引更多的科技工作者到西部去工作、创业。

广大科技工作者特别是西部地区科技工作者，要向获得中国科协西部开发突出贡献奖的同志学习，学习他们任劳任怨、不计得失的奉献精神；学习他们实事求是、脚踏实地的科学精神，学习他们敢于创新、不懈登攀的求索精神，学习他们严肃认真、一丝不苟的工作精神，肩负起时代赋予的神圣使命，用智慧和汗水为实施西部大开发战略建功立业。

附件：第二届中国科协西部开发突出贡献奖获奖者名单

中国科学技术协会

2005年1月25日

附件：

第二届中国科协西部开发突出贡献奖获奖者名单

（以姓氏笔画为序）

寸守铣	云南省农业科学院生物技术研究所
王长春	陕西省铜川市印台区小麦育种中心
王自立	宁夏医学院附属医院
王胜利	内蒙古远兴天然碱股份有限公司
王效宗	甘肃省农业科学院啤酒大麦研究开发中心
木乃尔什（彝族）	四川省凉山彝族自治州畜牧局
文信连（壮族）	广西壮族自治区种子公司
叶尔夏提·马力克（乌孜别克族）	新疆维吾尔自治区乌鲁木齐市绒山羊研究所
白玛加措（藏族）	西藏自治区雄巴扎曲神水藏药厂
朱德礼	内蒙古自治区中蒙医医院
刘作华	重庆市畜牧科学研究院次
仁卓嘎（女，藏族）	西藏自治区阿里地区人民医院
许燕辉	内蒙古自治区兽医工作站
孙龙德	中国石油天然气股份公司塔里木油田分公司
孙惠中	中国贵州航空工业集团
李祖伟	重庆高速公路发展有限公司
吴新民（蒙古族）	青海省人民医院
何绍生（白族）	云南省泸水县农业局
宋玉霞（女）	宁夏农林科学院农业生物技术研究中心
张振武	内蒙古草原兴发股份有限公司
范多旺	兰州交通大学
杨青云	新疆兵团农五师农业局
陈宝山	中国核工业集团公司国营 812 厂
罗荣怀	成都飞机工业（集团）有限责任公司
唐柏石	广西壮族自治区公路桥梁工程总公司
彭　鸿	陕西省水土保持生态环境监测中心
韩庭贤	青海省海北藏族自治州农业科学研究所
谢庆阁	中国农业科学院兰州兽医研究所
赖志强	广西壮族自治区畜牧研究所
戴绍良	贵州乌江水电开发有限责任公司

关于对《薄膜生长中的表面动力学》等99篇中国科协期刊优秀学术论文表彰的决定

科协发学字〔2005〕3号

为激励广大科技人员不断创新，发表高水平的学术论文，进一步提高办刊质量，加速我国科技期刊国际化，促进我国科学技术水平的不断提高，从2003年起，每年举办一届中国科协优秀论文评选活动。第二届中国科协优秀论文评选活动于2004年3月开始至12月结束。本届参加评选的优秀论文由中国科协所属全国性学会、协会、研究会主办的学术期刊编辑部推荐，先由3名同行专家个人推荐，再由刊物的主办学会组织专家初审后推荐，经中国科协期刊优秀学术论文专家评审委员会评选，报中国科协学术交流工作委员会审定，共评出99篇优秀学术论文，并在网上进行公示，公示期内无异议。现决定对《薄膜生长中的表面动力学》等99篇中国科协期刊优秀学术论文予以表彰，以资鼓励。

希望获奖的论文作者和期刊编辑部，戒骄戒躁，继续努力，为促进我国科学技术进步和人才成长做出新的贡献！

附件：第二届中国科协期刊优秀学术论文获奖名单

中国科学技术协会
2005年1月12日

附件：

第二届中国科协期刊优秀学术论文获奖名单

序号	论文题目	作者姓名	刊物名称	论文刊登	单　位
1	薄膜生长中的表面动力学	王恩哥	物理学进展	2003年第1－2期	中国物理学会
2	Functional Inequalities and Applications	王凤雨	数学进展	2003年第5期	中国数学会
3	中国理论物理学家与生物学家结合的典范	刘寄星	物理	2003年第6－7期	中国物理学会
4	高分辨电子显微学的求逆问题	李方华	电子显微学报	2002年第3期	中国物理学会
5	Nano－Moire Technology	戴福隆、邢永明	Acta Mechanica Sinica	1999年第3期	中国力学学会

续表

序号	论文题目	作者姓名	刊物名称	论文刊登	单　位
6	植被层湍流的大涡模拟	李家春、谢正桐	力学学报	1999 年第 4 期	中国力学学会
7	从窑洞的冬暖夏凉谈起一种居室温度调节的节能前景	武际可、徐　丹	力学与实践	2000 年第 2 期	中国力学学会
8	直肠癌和直肠正常组织的傅里叶变换红外光谱研究	王　凡、凌晓峰、杨展澜、徐　智、任　予、李维红、翁诗甫、吴瑾光	光谱学与光谱分析	2003 年第 3 期	中国光学学会
9	北京近郊土壤中痕量半挥发性有机污染物的分析方法研究	马玲玲、劳建文、王学彤、刘　惠、储少岗、徐晓白	分析化学	2003 年第 9 期	中国化学会
10	First Enantioselective Synthesis of Daphneticin	任新峰、彭　坤、陈小川、谢新刚、夏亚穆、潘鑫复	中国化学快报	2003 年第 6 期	中国化学会
11	含二氮杂萘酮结构新型聚芳醚系列高性能聚合物的合成与性能	蹇锡高、陈　平、廖功雄、朱秀玲、张守海、王锦艳	高分子学报	2003 年第 4 期	中国化学会
12	光敏性聚电解质重。氮树脂及其自组装	曹维孝	高分子通报	2002 年第 1 期	中国化学会
13	从 12S rRNA 基因第三结构域序列分析探讨蜘蛛若干重要类群的亲缘关系	吴　琛、宋大祥、朱明生	蛛形学报	2002 年第 2 期	中国动物学会
14	金鱼草自交不亲和位点位于着丝粒的周边区	马闻师、周君莉、赖　钊、张燕生、薛勇彪	植物学报	2003 年第 1 期	中国植物学会
15	铁线莲属绣球藤组修订	王文采	植物分类学报	2002 年第 3 期	中国植物学会
16	赤松毛虫性信息素次要组分的鉴定一组分、电生理和田间效果	孔祥波、赵成华、孙永平、冯世强、吴海山	昆虫学报	2003 年第 2 期	中国昆虫学会
17	微生物发酵生产十三碳二元酸的研究	陈远童、庞月川、郝秀珍	微生物学报	1999 年第 3 期	中国微生物学会
18	人源抗严重急性呼吸综合征（SARS）病毒基因工程抗体的初步研究	杜润蕾、于建石、梁米芳、刘琴芝、李　川、韩露露、段淑敏、周为民、张全福、王　涛、毕胜利、李德新	病毒学报	2003 年第 2 期	中国微生物学会
19	Identification and Significance of Down – regulated Proteinsin HNEI Cells Transfected with NAG – 7	谭　琛、李　江、王洁如、张小梅、梁宋平、李桂源	中国生物化学与分子生物学报	2001 年第 6 期	中国生物化学与分子生物学会

续表

序号	论文题目	作者姓名	刊物名称	论文刊登	单　位
20	妊娠兔胚盘细胞凋亡及相关基因 Bcl－2 和 Bax 表达的动态变化	刘　喆、陈　云、杨　颖、彭景楩	生物化学与生物物理进展	2002 年第 1 期	中国生物物理学会
21	红莲型细胞质雄性不育水稻线粒体 DNA 的 RFLP 分析	李小明、郑用琏、张方东、朱英国	遗传	2000 年第 4 期	中国遗传学会
22	西大西洋锋面气旋过程的数值模拟和等熵分析	崔晓鹏、吴国雄、高守亭	气象学报	2002 年第 4 期	中国气象学会
23	福建永泰云山晚中生代双峰式火山岩的地球化学及岩石成因	邱检生、王德滋、周金城	岩石矿物学杂志	1999 年第 2 期	中国地质学会
24	秦岭发现金刚石：横贯中国中部巨型超高压变质带新证据及古生代和中生代两期深俯冲作用的识别	杨经绥、许志琴、裴先治、史仁灯、吴才来、张建新、李海兵、孟繁聪、戒　合	地质学报	2002 年第 4 期	中国地质学会
25	单程波方程偏移算子高阶辛格式	杨　辉、刘　洪、李幼铭	地球物理学报	2003 年第 4 期	中国地球物理学会
26	Vibration Characteristics of an Offshore Patform and Its Vibration Control	李华军、王树青、杨永春、王　燕	中国海洋工程（英文版）	2002 年第 14 期	中国海洋学会
27	应用官司河分布式水文模型模拟流域降雨——径流过程	于澎涛、徐德应、王彦辉	林业科学	2003 年第 1 期	中国林学会
28	桃品种需冷量评价模式的探讨	王力荣、朱更瑞、方伟超、左覃元	园艺学报	2003 年第 4 期	中国园艺学会
29	应用噬菌体肽库技术定位沙门氏菌鞭毛蛋白上属特异性共同抗原位	刘文博、焦新安、高　崧、张　扬、潘志明、王　芳、张如宽、刘秀梵	畜牧兽医学报	2003 年第 2 期	中国畜牧兽医学会
30	一个与稻瘟病菌无毒基因 AVR－RIKm 连锁的 SCAR 标记的分离	刘俊峰、张国珍、马秋娟、彭友良	植物病理学报	2003 年第 2 期	中国植物病理学会

续表

序号	论文题目	作者姓名	刊物名称	论文刊登	单　位
31	我国10288例卵巢恶性肿瘤的分布及组织学类型	石一复、叶大风、吕为国、赵承洛、徐建云、陈利友	中华妇产科杂志	2002年第2期	中华医学会
32	国人缺血性心血管病发病危险的评估方法及简易评估工具的开发研究	武阳丰、周北凡、高润霖、李　莹、赵连成、杨　军、李　贤、陈　祚、张林峰、王增武、张普宏	中华心血管病杂志	2003年第12期	中华医学会
33	编码Pac结构基因的DNA疫苗免疫动物的实验研究	樊明文、边　专、彭志翔、郭继华、贾　荣、陈　智	中华口腔医学杂志	2002年第1期	中华医学会
34	甲型肝炎减毒活疫苗免疫原性与保护效果的研究	徐志一、汪萤怡、李荣成、孟宗达、张　勇、龚　健、马景臣、李燕婷、赵守军、李艳萍、赵玉良、黄金诚、罗　东、夏建玲、刘洪斌、刘新立、欧阳佩英	中华医学杂志	2002年第10期	中华医学会
35	海上氦氧150m饱和–182m巡回潜水训练医学保障	肖卫兵、方以群、田　平、陈振海、张和翔、张振炜、陈锐勇、许　骥、于峰涛	中华航海医学与高气压医学杂志	2003年第1期	中华医学会
36	局部晚期非小细胞肺癌诊断治疗之共识	吴一龙、瘳美琳、蒋　国、周清华、张明和、张熙增、汪　蕙、王思愚、谷力加	中华肿瘤杂志	2002年第6期	中华医学会
37	烧伤后“休克心”的研究	黄跃生、杨宗城、迟路湘、梁晚益、闫柏刚	中华烧伤杂志	2000年第5期	中华医学会
38	延髓血管母细胞瘤47例报告	王忠诚、张俊廷、刘阿力、孙　波	中华神经外科杂志	1999年第5期	中华医学会
39	Dynamic changes in blood cytokine levels as clinical indicators in severe acute respiratory syndrome	王　辰、国家SARS课题组（北京组）	中华医学杂志英文版	2003年第9期	中华医学会
40	心电图左室高电压对高血压心肌微血管病变的诊断价值	迟东升、刘伊丽、王　鹏、刘　俭、陈小林、查道刚、谢志斌、李　琦、冯金华、修建成、区文超、许顶立、吴平生	中国综合临床	2004年第1期	中华医学会

续表

序号	论文题目	作者姓名	刊物名称	论文刊登	单　位
41	颅脑和胸部撞击伤发生机制研究	王正国、刘宝松、李晓炎、杨志焕、朱佩芳	中国危重病急救医学	2001 年第 7 期	中华医学会
42	超声引导下微波凝固治疗肝癌的远期疗效评价	董宝玮、梁　萍、于晓玲、于德江、苏　莉、程志刚、张　晶、曹兵生	中华医学超声杂志	2004 年第 1 期	中华医学会
43	法洛四联症右心室流出道心肌的超微结构及力学特性	李晓峰、李仲智、郎志奇、刘志诚、李海云、郝冬梅	中华小儿外科杂志	2000 年第 5 期	中华医学会
44	经皮钢针撬拨复位、鱼嘴钳固定治疗胫骨平台骨折临床观察	杨明路、王战朝、李无阴、李慧英、王俊颀、李西要、黄霄汉	中医正骨	2002 年第 1 期	中华中医药学会
45	加压阻滞循经感传时皮层体觉诱发电位地形图的分布特点	许金森、吴宝华、胡翔龙、杨广印	中国医药学报	2002 年第 11 期	中华中医药学会
46	铁破锣皂苷 O 和 P 的结构及其药理活性	鞠建华、林　耕、杨峻山、逯海燕、马柄娜、聂淑芹、张　侠	药学学报	2002 年第 10 期	中国药学会
47	乐卡地平对心肌梗死大鼠心肌重构的影响	罗永鑫、姚明辉、鲁映青、贡沁燕	中国新药与临床杂志	2003 年第 12 期	中国药学会
48	用 RO 15－4513 逆转氟西泮耐受性并观察 GABAA 受体亚单位表达的影响	郭　文、王　丽	儿科药学杂志	2003 年第 2 期	中国药学会
49	4－氨基酸取代苯并吡喃类钾通道开放剂的合成	聂爱华、恽榴红、丁振凯、汪　海	中国药物化学杂志	2001 年第 2 期	中国药学会
50	以脂磷壁酸为靶点的新抗筛选模型的建立和应用	杨　隽、岑　山、张月琴	中国新药杂志	2002 年第 8 期	中国药学会
51	应用 Gordon“功能性健康形态”模式对 SARS 患者护理需求的调查研究	绳　宇、高凤莉、朱丽霞	中华护理杂志	2003 年第 12 期	中华护理学会
52	虚拟中国人关键技术的研究	原　林、黄文华、唐　雷、李鉴轶、戴景兴、邝咏衡、姚大卫、钟世镇	解剖学报	2003 年第 3 期	中国解剖学会

续表

序号	论文题目	作者姓名	刊物名称	论文刊登	单　位
53	人肾小球系膜细胞增生硬化相关新基因 AngRem104 的表达和功能研究	梁秀彬、张　宏、王海燕	中国病理生理杂志	2003 年第 8 期	中国病理生理学会
54	2000 年全国结核病流行病学抽样调查报告	全国结核病流调技术指导组	中国防痨杂志	2002 年第 2 期	中国防痨协会
55	非文字智力测验的汉族儿童常模	龚耀先	中国临床心理学杂志	1999 年第 2 期	中国心理卫生协会
56	P53 对 P21WAF1/CIP1 的转录后调节	季加孚、张　霁、焦春雨、顾　晋、谭立新、张　平、李培详	中国癌症研究	2001 年第 2 期	中国抗癌协会
57	前路松解复位后路内固定治疗难复性寰枢关节脱位	王　超、闫　明、周海涛、党耕町	中国脊柱脊髓杂志	2003 年第 10 期	中国康复医学会
58	B7 反义肽抑制同种异基因移植排斥反应的研究	陈　晋、熊思东、张瑞华、储以微、郑秀娟	中国免疫学杂志	2003 年第 7 期	中国免疫学会
59	中国陆地生态系统服务功能及其生态经济价值的初步研究	欧阳志云、王效科、苗　鸿	生态学报	1999 年第 5 期	中国生态学学会
60	拉萨市城区大气和拉鲁湿地土壤中的多环芳烃	祁士华、张　干、刘建华、张伟玲	中国环境科学	2003 年第 4 期	中国环境科学学会
61	雨水资源土壤水资源与土壤水分植被承载力	郭忠升、邵明安	自然资源学报	2003 年第 5 期	中国自然资源学会
62	中国北方典型时段环境格局与植被演替区带及其对生态环境建设的启示	秦小光、刘东生、蔡炳贵、吕厚远	中国水土保持科学	2003 年第 2 期	中国水土保持学会
63	两相非定常流的一些显式解析解	蔡睿贤、张冬阳	机械工程学报	2001 年第 9 期	中国机械工程学会
64	Study on Macro & Micro Modeling on Solidification Process of Shaped Casting	柳百成、康进武、赵海东	Chinese Journal of MechanicalEngineering	2002 年第 3 期	中国机械工程学会
65	面向 21 世纪的绿色仪器系统	秦树人、汤宝平	中国机械工程	2000 年第 3 期	中国机械工程学会

续表

序号	论文题目	作者姓名	刊物名称	论文刊登	单　位
66	纳米颗粒复合刷镀层性能研究及其强化机制探讨	董世运、徐滨士、马世宁	中国表面工程	2003 年第 3 期	中国机械工程学会
67	汽车尾迹涡的形成及其控制	傅立敏	汽车工程	2000 年第 1 期	中国汽车工程学会
68	基于信息理论的电力系统在线故障诊断	汤　磊、孙宏斌、张伯明、高　峰	中国电机工程学报	2003 年第 7 期	中国电机工程学会
69	给定节点数的开关电路拓扑推演	杨　旭、王兆安	电工技术学报	2003 年第 1 期	中国电工技术学会
70	编码式谐振 SAW 无源无线温度传感器阵列系统	李　平、文玉梅、刘双临、王军峰、黄尚廉	仪器仪表学报	2003 年第 6 期	中国仪器仪表学会
71	Present status of research on space optical remote sensors at CIOMP	王家骐、韩昌元	光学精密工程	2003 年第 3 期	中国仪器仪表学会
72	线性离散随机系统和稳态 Kalman 平滑器	邓自立	科学技术与工程	2002 年第 6 期	中国技术经济研究会
73	基于虹膜识别的身份鉴别	王蕴红、朱　勇、谭铁牛	自动化学报	2002 年第 1 期	中国自动化学会
74	时变媒质边界条件与局部吸收负载的设置与应用	任　武、刘　波、高本庆、杨仕明	微波学报	2003 年第 3 期	中国电子学会
75	硅基 MEMS 加工技术及其标准工艺研究	王阳元、武国英、郝一龙、张大成、肖志雄、李　婷、张国炳、张锦文	电子学报	2002 年第 11 期	中国电子学会
76	Problems in the Information Dissemination of the Internet Routing	赵邑新、尹　霞、吴建平	计算机科学技术学报（英文版）	2003 年第 2 期	中国计算机学会
77	曙光 3000 超级服务器设计的关键问题研究	孙凝晖、孟　丹	计算机学报	2002 年第 11 期	中国计算机学会
78	序贯最小优化的改进算法	李建民、张　钹、林福宗	软件学报	2003 年第 5 期	中国计算机学会
79	全国天文大地网与空间大地网联合平差	魏子卿、黄维彬、杨捷中、杨德庚、汪舟平、陶文中	测绘学报	2000 年第 4 期	中国测绘学会

续表

序号	论文题目	作者姓名	刊物名称	论文刊登	单　位
80	低碳钢过冷奥氏体形变过程超细铁素体的形成	齐俊杰、杨　王、孙祖庆	金属学报	2002 年第 9 期	中国金属学会
81	Cyclic Deformation and Fatigue Damage Behavior of Cu Monocrystals, Bicrystals and Tricrystals	王中光、李晓武、张哲峰、贾卫平、李守新	Journal of Materials Science & Technology	1999 年第 6 期	中国金属学会、中国材料研究学会
82	武钢高炉长寿技术的开发研究	宋木森、于仲洁、邹祖桥	钢铁	2000 年第 7 期	中国金属学会
83	鞍钢齐大山贫红铁矿选矿工程技术研究	张泾生、张兆元、李维兵	矿冶工程	2003 年第 3 期	中国金属学会
84	模拟热轧板节三维变形的条层法及仿真实例	刘宏民、王英睿、金　丹	冶金设备	2003 年第 1 期	中国金属学会
85	射频感应等离子体反应沉积碳化钨	蒋显亮、Maher Boulos	中国有色金属学报	2003 年第 2 期	中国有色金属学会
86	论固体膜形成纳米管的机理	程开甲、程漱玉	稀有金属材料与工程	2003 年第 10 期	中国有色金属学会
87	钼负载型催化剂上乙烯与 2 - 丁烯歧化制丙烯	黄声骏、辛文杰、白　杰、谢素娟、刘盛林、徐龙伢	石油化工	2003 年第 3 期	中国化工学会
88	塔板上流型变化对板效率影响的计算传质学	刘春江、袁希钢、余国琮	化工学报	2003 年第 1 期	中国化工学会
89	琼脂糖凝胶大分子在陶瓷原位凝固成型中的应用	谢志鹏、杨金龙、陈亚丽、黄　勇	硅酸盐学报	1999 年第 1 期	中国硅酸盐学会
90	我国造纸工业原料结构调整战略研究（上、下）	曹朴芳、曹振雷、邝仕均	中国造纸	2003 年第 5 - 6 期	中国造纸学会
91	聚氨/碳纳米纤维复合材料的结构和抗凝血性能	许海燕、孔　桦、杨子彬	材料研究学报	2003 年第 2 期	中国材料研究学会
92	Site Selective Spectroscopy Of Surfactant - Assembled Y2O3: Eu Nanotubes	吴长锋、秦伟平、张继森、秦冠仕、赵　丹	中国稀土学报	2003 年第 6 期	中国稀土学会
93	中国含油气系统的基本特征与勘探对策	赵文智、何登发	石油学报	2002 年第 6 期	中国石油学会

续表

序号	论文题目	作者姓名	刊物名称	论文刊登	单　　位
94	微型飞行器的仿生流体力学－昆虫前飞时的气动力和能耗	孙　茂、吴江浩	航空学报	2002 年第 5 期	中国航空学会
95	黏性泥石流运动流速与流量计算	舒安平、黄祥俊	泥沙研究	2003 年第 3 期	中国水利学会
96	黄河下游河道准二维泥沙数学模型研究	张红武、赵连军、王光谦、江恩惠	水利学报	2003 年第 4 期	中国水利学会
97	组合钢板屈服耗能器性能及对其高层钢结构减振效果的试验研究	欧进萍、吴　斌	建筑结构学报	2001 年第 1 期	中国建筑学会
98	底部框架抗震墙砖房的受力性能及侧向刚度分析	梁兴文、王庆霖	土木工程学报	2000 年第 4 期	中国土木工程学会
99	非饱和土的性状及膨胀土边坡稳定问题	包承纲	岩土工程学报	2004 年第 1 期	中国土木工程学会

关于表彰全国农村科普工作先进个人标兵、先进集体和先进个人的决定

科协发普字〔2005〕58 号

各全国性学会、协会、研究会，各省、自治区、直辖市科协，各计划单列市、副省级城市，新疆生产建设兵团科协，中国科协机关各部门、各直属单位：

近年来，各级科协及所属团体和社会各方面围绕服务“三农”开展了大量行之有效的科普工作，有力地促进了农民科学素质的提高，促进了农村科技进步和经济社会全面协调可持续发展，为农村全面建设小康社会做出了积极贡献。各级科协及所属团体、农村基层科普组织和有关党政部门、社会团体和企事业单位，围绕党和政府的中心工作，坚持不懈地开展科普宣传、科技培训、科普示范、科技咨询服务等形式多样的农村科普工作，努力提高广大农民的科学文化素质，在促进农村物质文明、政治文明、精神文明建设方面做出了突出的贡献，取得了明显的社会和经济效益。广大科技工作者、科普工作者和农民专业技术人才努力实践“三个代表”重要思想，在促进农村产业结构调整，帮助农民群众增产增收，倡导科学、文明、健康生活方式，反对愚昧迷信等方面做出了突出成绩，发挥了模范带头作用。为进一步鼓励和调动广大科技工作者、科普工作者、农民专业技术人才和相关单位参与农村科普工作的积极性，表彰他们在农村科普工作中做出的突出贡献，中国科协决定：

一、授予卢怀玉等 10 名同志全国农村科普工作先进个人标兵荣誉称号；

二、授予中国环境科学学会等215个单位全国农村科普工作先进集体荣誉称号；

三、授予王奕等993名同志全国农村科普工作先进个人荣誉称号。

希望获得表彰的同志和集体再接再厉，发挥模范带头作用，继续在农村科普工作中做出新的贡献。同时，号召各级科协及所属团体，全国科技工作者、科普工作者、农民专业技术人才和相关单位，以本次获得表彰的同志和集体为榜样，学习他们的先进事迹和工作经验，努力开展农村科普工作，为宣传和落实科学发展观，建设社会主义新农村贡献出更大的力量。

中国科学技术协会

2005年10月18日

附件1：

全国农村科普工作先进个人标兵名单

（按姓氏笔画排序）

姓　名	工作单位
卢怀玉	河北省河间市国欣农村技术服务总会理事长
李　凯	辽宁省北宁市大棚蔬菜技术协会会长
李秀红	河南省扶沟县科协主席
李桂莲	贵州省农科院名誉院长、省科协副主席，蔬菜专家
陈雪金	福建省福州市农业科学研究所教授级高级农艺师
呼和巴特尔	内蒙古农业大学动物科学与医学学院教授、博导
郑常光	四川省内江市隆昌县科协主席
徐东向	青海省科协少数民族科普工作队队长
晁无疾	中国农学会葡萄分会，北京农学院教授，葡萄专家
海力其汗·玉素甫	新疆吐鲁番市农业技术推广中心高级农艺师

附件2：

全国农村科普工作先进集体名单

全国性学会、中国科协直属单位

中国环境科学学会

中国计算机学会

中国农学会

中国林学会

中华预防医学会
中国农村专业技术协会
中国科协声像中心
全国农业技术推广服务中心
湖北省水产学会
曲靖市烟草分公司
定西市安定区水利水保局雨水利用科

北京市

昌平区科协
通州区科协
大兴区科协

天津市

西青区杨柳青镇科协
蓟县科协
天津市青少年科技中心

河北省

河北省财政厅教科文处
河北省医学会
辛集市科协
尚义县科协
唐山市科协
霸州市科协
保定市科协
河间市国欣农村技术服务总会
邯郸市峰峰矿区科协
衡水市科协

山西省

山阴县科协
大同市科协
定襄县科协
长治市科协
临汾市科协
柳林县科协
阳泉市郊区果业协会
介休市科协

内蒙古自治区

内蒙古自治区青少年科技活动中心
呼伦贝尔科协

巴彦淖尔市科协
锡林郭勒盟科协少数民族科普工作队
包头市九原区科协
赤峰市松山区无公害蔬菜种植协会
达拉特旗科协

辽宁省

辽宁省科技馆科普大篷车工作队
沈阳市新城子区奶牛协会
大连市长海县大长山岛镇蔬菜协会
阜新市科协
喀左县科协
盘锦市科协

吉林省

四平市科协
吉林省蔬菜花卉科学研究所
前郭尔罗斯蒙古族自治县科协
集安市科协
抚松县科协

黑龙江省

哈尔滨市科协
绥化市科协
龙江县科协
林口县科协
桦南县科协
铁力市科协
宝清县科协

上海市

崇明县科协
金山区科协

江苏省

南京农业大学科协
宜兴市农林学会
常州市华余园林花木有限公司
苏州市科协
通州市人民政府
连云港市科协
东台市科协
镇江市丹徒区科协

丹阳市珥陵中心小学

浙江省

富阳市科协

诸暨市科协

嘉兴市南湖区新丰镇科协

兰溪市灵洞乡洞源行政村

温岭市科协

安徽省

肥东县科协

固镇县科协

芜湖市科协

桐城市科协

宿州市科协

临泉县长官黄牛协会

祁门县科协

六安市中药材产业协会

福建省

三明市科协

泉州市科协

永定县科协

漳州市科协“科技110”办公室

福建省农村致富技术函授大学福清分校

厦门市同安区西柯镇科协

建阳市科协

江西省

江西省老科学技术工作者协会

江西省农村致富技术函授大学

高安市科协

德兴市科协

乐平市科协

寻乌县果业协会

崇仁县麻鸡行业协会

山东省

山东省财政厅教科文处

济宁市科协

潍坊市科协

文登市科协

聊城市科协

滨州市科协
泰安市农技协
龙口市科协
莒南县科协
郓城县科协

河南省

武陟县科协
项城市科协
安阳市科协
平顶山市科协
郑州市惠济区科协
方城县科协
偃师县科协
淮滨县人民政府
宁陵县科协
新乡市科协
汝阳县科协

湖北省

随州市曾都区食用菌技术协会
湖北省科学技术期刊编辑学会
襄樊市科协
大冶市科协
荆州市金秋农业高新技术有限公司
武汉市新洲区人民政府双柳街道办事处
应城市科技馆

湖南省

湖南科技报社
常德市科协
湘西土家族苗族自治州科协
宁乡县科协
绥宁县科协
沅江市科协
宜章县科协
永州市烟草学会
祁东县新丰果业协会

广东省

增城市科协
珠海市农业科学研究中心

汕头市澄海区科协
东源县科协
东莞市大朗镇科协
江门市新会区沙堆镇科协
肇庆市科协
清新县科协
广西壮族自治区
武鸣县科协
柳城县科协
象州县科协
钦州市钦南区科协
宜州市科协
广西畜牧兽医学会
广西少数民族科普工作队

海南省

文昌市西瓜专业技术协会
白沙县科协

重庆市

渝北区科协
璧山县科协
开县科协
涪陵区李渡私营经济示范区科协
江津市花椒产业协会

四川省

成都市科协
达县科协
什邡市科协
射洪县科协
威远县科协
泸州市科协
凉山彝族自治州科协普及部
苍溪县科协
珙县科协
乐山市科协

贵州省

习水县科协
铜仁地区松桃苗族自治县科协
贵阳蔬菜科技示范中心（贵阳天绿园艺科技开发有限公司）

贵阳市息烽县小寨坝镇排杉肉兔养殖专业技术协会
独山县科协
贵州省中西医结合学会

云南省

云南省农村致富技术函授大学
云南省农村专业技术协会
云南省畜牧兽医学会
玉溪市红塔区科协
曲靖市农村致富技术函授大学
永胜县科协
石林彝族自治县科协
墨江哈尼族自治县科协
云县科协
玉溪市新平县民族中学

西藏自治区

西藏畜牧兽医学会
乃东县科协
林芝地区科协

陕西省

陕西省农业工程学会
西安市灞桥区葡萄科技园
安康市汉滨区科协
商南县永利养鸡协会
永寿县黄牛改良协会
米脂县科协
白水县北塬乡科协

甘肃省

张掖市甘州区科协
景泰县科协
临洮县花卉协会
平凉市科协
武威市科协
天水市秦州区藉口镇四十铺科普示范基地
甘肃省青少年科技活动中心

青海省

青海省少数民族科普工作队
青海省青少年科技活动中心
民和县科协

大通县科协

宁夏回族自治区

宁夏电视台“塞上乡村”栏目组

贺兰县科协

西吉县科协

新疆维吾尔自治区

新源县科协

新疆维吾尔自治区草原学会

吐鲁番市葡萄乡葡萄协会

和田地区科协

呼图壁县科协

阿克苏地区科协

新疆生产建设兵团

农十二师头屯河农场科协

农五师八十九团科技办

附件3：

全国农村科普工作先进个人名单

（按姓氏笔画排序）

姓　名	工作单位
王　奕	中华中医药学会
王开林	徐州市水利学会
韦建玉	中烟广西工业公司
刘荣志	中国农学会科普部
刘海林	中华医学会
孙　哲	中国农学会科普部
张国平	中国科协声像中心
李　唯	云南省环境科学学会
李元红	甘肃省水利科学研究院
李远华	中国灌溉排水发展中心
陈　阜	中国农业大学
罗继伦	湖北省水产学会
赵进龙	云南省烟草玉溪市公司
徐志勉	中国科协技术咨询服务中心
栾　双	黑龙江省烟草科学研究所

彭　希	中国科协青少年科技中心
彭世琪	全国农业技术推广服务中心
蒋卫杰	中国农业科学院蔬菜花卉所

北京市

丁永德	延庆县科协
王喜臣	密云县科协
朱世明	怀柔区科协
李建国	大兴区科协
陈长贵	平谷区科协
单银山	顺义区科协
祝庆忠	房山区科协
赵　凯	门头沟区科协
郝艳宾	北京农林科学院
袁士畴	北京农学会
裘季燕	北京植物病理学会

天津市

丁永清	北辰区天穆镇科协
张连仲	天津市科协
李　光	宁河县科协
李河龙	宝坻区渔种场
李绪宝	东丽区科协
杨　蕴	津南区科协
陈光星	宝坻区袁罗葱蒜研究会
赵仁顺	西青区辛口镇农业技术推广站
唐宗成	汉沽区茶淀镇
崔庆元	武清区科协
董　静	静海县科协

河北省

丁志勇	乐亭县科协
丁宝堂	唐山市果桑学会　唐山市农技协
马永杰	抚宁县科协
马林三	围场县科协
王　光	廊坊市科协
王　琦	张北县科协　张北县坝上青蔬菜研究会
王　慧	河北省科协普及部
王士昌	河北省医学会
王韦东	邢台市农业技术推广站
王岐凤	盐山岐凤农研会

王志学	望都县科协
任素萍	行唐县科协
刘书堂	邢台市桥东区农技协
刘春田	沧州市蔬菜学会
孙振祥	廊坊市畜牧兽医学会
邢银田	鸡泽县科协
吴振梅	徐水县科协
宋破振	新乐市科协
张　江	兴隆县科协
张世明	万全县科协　市禽业联合协会
张永进	衡水市科协
张玉荣	任丘市科协
张建辉	河北省科协宣传部
张金声	河北省科协普及部
张荣科	河北省科普服务中心
张艳萍	永清县科协
李　杰	肥乡县科协
李灵芝	河北省青少年科技中心
李良瀚	河北省农科院石家庄果树研究所
李宗民	河北省科协
李新淼	衡水市科协
杨善亮	河北省老科协畜牧兽医分会
杨福成	玉田县农业产业化研究会
辛长友	景县科协
辛志利	鹿泉市科协
陈秋景	河间市科协
罗秋菊	赵县科协
范光年	河北科技报
郑学勤	秦皇岛市科协
柳青山	沽源县大西洼村区域蔬菜种植协会
赵　来	崇礼县科协志愿团
赵红军	保定市科协
赵志强	邢台市科协
郝企信	河北省农学会
秦振中	邯郸市科协
秦瑞强	正定县科技馆
贾小忠	保定市科协
郭清辉	巨鹿县华星良种研究会

高宗友	迁西县科协
高建明	武安市科协
梁希才	平泉县食用菌研究会
蒋学鑫	高阳县科协
戴立志	元氏县科协
戴素英	河北省农科院经济作物研究所研究室
山西省	
马民贤	长治市科协
毛益民	中共浮山县委
王　帆	朔州市科协
王久平	柳林县穆村镇农业技术站
王仁庆	晋城市科协
王志明	忻州市科协
王建军	吕梁市科协
王忠义	平定县科协
王英梅	原平市科协
刘　进	太原市科协
孙宏波	长治市郊区区委
成东虎	晋中市科协
朱巨鹏	霍州市科协
米志明	忻州市五台山蜂业开发中心
李亮峰	山西省科协
杨鸿森	吉县桥南村
陈岗义	朔州市奶牛医院
周万义	左云县科协
范秋龙	阳城县科协
要亚平	榆次区科协
赵　义	大同市科协
赵国瑞	灵石县科协
赵旺胜	五台县东治镇蔬菜研究会
项丽芳	阳高县科协
秦水云	夏县胡张乡政府
贾东辉	交城县科协
崔少文	潞城市科协
黄谷人	太原市农业科学研究所
程　淮	祁县科协
蔡志强	乡宁县科协
裴海峰	临汾市尧都区乔李镇政府

谭守荣	沁源县科协
穆一林	大同市南郊区科协

内蒙古自治区

马军立	阿拉善盟科协科普部
云　庭	内蒙古自治区马铃薯脱毒繁育中心
毛允飞	呼和浩特市农牧业局改良站
牛富宝	苏尼特右旗科协
王　舍	鄂尔多斯市东胜区科协
王立昌	敖汉旗科协
包　刚	通辽市科协
任晓光	锡林郭勒盟青少年科技活动中心
许晓航	扎赉特旗科协
许燕辉	内蒙古自治区兽医站
张玉英	乌拉特中旗科协
李　振	阿荣旗科协
李立荣	科尔沁右翼前旗科协
杨艳芳	鄂尔多斯市科协科普部
苏　堤	赤峰市科协
陈继权	莫力达瓦达斡尔族自治旗科协
武　英	固阳县科协
侯翠荣	乌兰察布市植保站
段步翔	达尔罕茂明安联合旗科协
赵国祥	扎鲁特旗科协
赵维志	托克托县科协
耿晓旭	内蒙古自治区科协科普部
贾文英	巴彦淖尔市科协
高　华	内蒙古自治区人民广播电台
高秀琴	多伦县淖尔镇兴盛社区
董美端	乌兰察布市科协科普部

辽宁省

于维国	抚顺市科协科普部
于维盛	东港市椅圈镇人民政府
马魁光	本溪满族自治县科协
孔德巨	营口市科协科普部
尹　林	本溪市科协科普部
王文选	铁岭市清河区葡萄协会
王晓祥	朝阳市科协
冯悦江	葫芦岛市科协

石海鹰	阜新市科协科普部
关恩福	抚顺市新宾县科协
刘东风	鞍山市科协科普部
吴立平	辽宁省科技馆展教部
吴庆臣	大连市金州区科协
张健胜	大连市科协
杜　楠	辽宁省科协科普部
杨晓伟	辽阳市科协科普部
苏　静	灯塔市科协
苏世昌	鞍山市千山区科协
苏振生	锦州市科协
邵　明	沈阳市东陵区英达党群共富蔬菜协会
姜大光	沈阳市辽中县大光绿色农业技术协会
赵宝国	铁岭市科协科普部
赵金和	北票市科协
奚耀贵	建昌县科协
栗争艳	凤城市科协
贾锡顺	大石桥市高坎镇人民政府
高胜江	盘锦市科协

吉林省

丁向方	大安市科协
于炳发	长白朝鲜族自治县科协
王世范	吉林市农业科学院
王国孝	吉林市科协
王贵满	梨树县农业科技推广总站
王振国	松原市宁江区科协
玄春吉	延边朝鲜族自治州农业科学院
孙明月	长春市农业科学院
张泽义	白城市科协
张晓军	吉林省科协
张继信	敦化市科协
李　玉	吉林农业大学
李玉华	农安县科技专家服务中心
陈宝珩	前郭县科协
赵　敏	四平市科协科普部
徐友春	榆树市科协
尉秀玲	桦甸市科协
鄢景泰	梅河口市农业科技研究所

黑龙江省

孔德本	克东县科协
王金玉	绥滨县科协
田云彪	哈尔滨市呼兰区孟家乡委员会
刘东林	佳木斯市同江市农业技术推广中心
刘景湖	七台河市科协
朱世军	绥化市科协
许彦彬	肇东市向阳乡瓜菜技术协会
许柏成	沃必达农业科技开发有限公司
何清民	宾县新甸镇党委书记
宋汉生	大庆市科协
宋国光	黑龙江省科协
张　滨	尚志市科协
张喜英	伊春市桃山林业局
李伟光	齐齐哈尔市科协
陈永智	黑河市科协
岳采明	嘉荫县科协
金宪日	海林市科协
姜凤清	黑龙江省科协
姜尧勤	北安市农业机械总站
赵光宇	方正县科协
唐　浩	望奎县科协
唐衍伟	黑龙江省科协
徐洪刚	克山县科学技术与信息产业局
聂林富	林口县食药用真菌研究会
莫　述	富锦市科协
郭　胜	牡丹江市科协
顾长军	集贤县东方农业技术开发有限公司
隋杰臣	依兰县科协
黄玉兰	肇东市科协
曾繁胜	黑龙江省经济作物研究会
韩德龙	林甸县科学技术与信息产业局
裴振明	大兴安岭地区科协

上海市

石炳良	崇明县科协
朱　彬	嘉定区徐行镇社会事业管理办公室
朱建民	闵行区科学技术委员会
张　坚	浦东新区张江镇科协

张洪其	闵行区七宝镇科协
李维克	青浦区科协
杨立红	宝山区科协
苏　华	奉贤区科协
倪　明	南汇区科协
高文龙	松江区岳阳街道科协
蔡雷英	金山区科协

江苏省

丁志用	江苏民星茧丝绸股份有限公司东台市蚕业学（协）会
仇洪泽	海门市科协
戈炳根	中共常熟市委
王　征	姜堰市桥头镇人民政府
王惠政	赣榆县人民医院
史平淮	溧阳市人民医院
田文科	江都市农学会 江都市农林局
刘广树	丰县科协科学技术普及指导站
刘向阳	如皋市搬经镇
吕文忠	南通市科协
孙羊林	高邮市林业技术指导站
许　璞	海洋水产研究所
许庆龙	中共昆山市委
严照华	张家港市科协
吴宪法	太仓市双凤镇人民政府
沈风雷	启东市人民政府
陆凤娟	吴江市水产技术推广站
陈佑龙	连云港市科协
陈贤明	高淳县水产协会
陈荣来	宝应县科协科普部
周云芳	无锡市锡山区林特产技术推广站
周磊之	淮安市淮阴区农技推广中心 淮安市淮阴区植保植检站
范光源	沛县科技活动中心站
胡训忠	赣榆县拓汪镇第二中心小学
胡建国	射阳县洋马镇委员会 江苏苏洋药材集团
荆留明	丹阳市农林局
赵亚夫	镇江市农业科学研究所
闫启寿	泰兴市溪桥镇政府
凌建东	常熟市海虞镇科协
席于兵	灌云县南岗乡科协

徐成美	宿迁市宿豫区蚕桑技术指导站
徐国沾	金坛市农业试验站
徐德良	无锡市茶叶品种研究所
栾　庆	常州市农林局科技教育处
郭晓洪	无锡市惠山区科协
顾洪如	江苏省农科院畜牧研究所
崔洪平	无锡市畜牧兽医学会
梁杏芳	南京市江宁区湖熟镇科协
鹿守连	徐州市菌业协会
黄兴江	江苏华星电气实业有限公司 盐城市盐都区机电工程学会
蒋茂松	泗阳县高渡镇
谢春光	东海县黄川镇新沭村
韩　静	南京市六合区卸甲甸街道
薛辉云	涟水县老科技协会农学分会
戴卫东	阜宁县芦蒲镇党委
戴尔柏	宿迁市宿豫区王官集镇党委

浙江省

方培林	衢州市柯城区农业局
王央杰	浙江省科协科普部
王华新	金华市农科院
王雨超	临海市科协
王修兴	天台县科协
叶晓斌	农函大慈溪市分校周巷辅导站
刘　文	桐庐县农技推广中心
阮玲江	椒江区科协
何小勇	丽水市科协
吴丽珍	庆元县科协
吴持平	温州市科协
吴根升	金华市婺城区罗店镇西吴村
应国铭	鄞州区下应街道办事处
时新华	平湖市曹桥街道
杨平海	嵊泗县科协
杨慧伟	安吉县科协
沈纪祥	泰顺县科协
沈泉囡	湖州市东林镇龟鳖养殖协会
陈永兵	温州市农科院
陈克鸿	开化县科协
陈振豪	奉化市科协

俞阿四	舟山市科协
胡子光	缙云县食用菌产销技术协会
胡新光	杭州市农学会
唐建伟	海宁市科协
袁辉尧	嵊州市科协
盛有军	金华市科协
黄浙平	绍兴市科协
傅跃进	建德市农技推广中心

安徽省

卫江山	滁州市科协
方利荣	黄山市徽州区岩寺镇
王传礼	濉溪县科协
王同英	蒙城县畜牧兽医协会
王学明	安庆市医学会
仲心华	芜湖县科协
刘广善	无籽西瓜研究所
刘宏广	肥西县花木协会
朱凤金	当涂县科协
朱伟华	阜南县科协
江　平	池州市茶叶学会
许　卫	淮南市农委
许庆林	巢湖市居巢区科协
许忠远	枞阳县科协
何柏松	铜陵市科协
吴炳坤	蚌埠市淮上区科协
张凤鸣	亳州市中药材协会
张传锋	淮南市潘集区食用菌协会
张湘鄂	淮北市科协
张瑞美	阜阳市科协
李建华	黄山市黄山区科协
李贤胜	宣城市农技推广中心
汪庆宪	歙县科协
陈　咏	池州市贵池区科协
陈旭友	霍邱县科协
季学谦	无为县优质棉产业协会
姚　远	合肥市科协
姚立光	灵璧县科协
姜继焕	六安市科协

夏志强	郎溪县科协
夏维陆	巢湖市种子公司
贾炳玉	安徽省科技馆
陶　鸿	安徽农业大学
屠家祥	繁昌县小洲蔬菜协会
屠继军	宣城市宣州区古泉镇
常先波	蚌埠市科协
曹克印	临泉县科协
符国义	铜陵县科协
黄　敏	安庆市科协
黄和平	马鞍山市农委农业科
龚建国	滁州市滁菊研究所
蔡厚植	滁州市琅玡区杨子办事处宋郢村

福建省

尤长龄	福安市科协
叶建胜	厦门市同安区科协
刘斌斌	晋江市科协
庄清水	石狮市科协
张一言	福鼎市白琳镇人民政府
张瑞华	连城县科协
李占伟	仙游县盖尾镇科协
李国兴	龙岩市新罗区适中镇政府
李明耕	福州市科技报社
陈谟凑	闽清县丰达第一农场
陈新丁	南平市关工委农村科技服务团
罗　英	龙岩市科协
罗炳文	清流县科协
郑　坚	福清市科协
修金生	福建农林大学动物科学学院
徐文富	福建省农村致富技术函授大学
涂前程	三明市农业科学研究所
高允旺	顺昌县大历镇竹荪协会
梁全顺	福建省畜牧兽医总站
黄张凌	福建科技报社
黄通兴	泉州市泉南经济技术开发协会
傅瑞树	三明市林业局林木种苗站
温元宝	将乐县白莲镇小王村
谢主寿	厦门市集美区科协

谢福鑫	南平市葡萄协会
蔡斯明	莆田市农业局经作站

江西省

丁冬荪	江西省森防站
卜秀兰	上饶市农业局科学教育科
于秀珍	景德镇市科协
方金山	抚州市临川区食用菌协会
王保生	江西省气象台
古东福	吉安市泰和福海生态农业开发公司
艾卫东	南昌市科协
刘词平	丰城市科协
朱永新	新建县科协
何载星	赣县科协
吴　森	南丰县柑橘技术推广中心
李光前	九江市农业局
李保光	宜丰县科协
邱忠发	上饶县煌固镇人民政府
陈远东	赣州市科协
周云福	金溪县老科协
周晓红	新余市渝水区科协
易敬林	江西省医学会科普专业委员会
林德培	萍乡市农业局
罗冬平	南昌县岗上镇兴农村
胡素蓉	上饶市科协
荣建良	上栗县科协
徐中元	浮梁县东安园艺场
徐纯斌	九江石化总厂
徐保明	贵溪市农业局
徐振邦	新余市老科协
涂发波	奉新县科协
梁仁俊	吉安市青原区文陂乡渼陂村
章金华	鹰潭市农业局
谢克强	广昌县白莲科学研究所
詹立新	都昌县科协
熊三平	九江市科协
谭贵生	吉安市吉州区科协
黎晶耀	赣州市畜牧研究所

山东省

孔祥仁	泰安市科协
王　健	禹城市市中街道办
王秀英	曲阜市科协
王迎三	潍坊市寒亭区农技协
王俊存	五莲县科协
王荫墀	山东省老科协
王智南	中共无棣县委
付翠金	菏泽市牡丹区农技推广协会
冯殿齐	泰安市泰山林业科学研究院
史文成	济南市长清区科协
史衍营	济宁市科协
田敬义	乐陵市林业局
申世坤	成武县科协
刘宝进	威海市科协
刘爱钦	菏泽市科协
华　洪	临沂市科协
吕学森	寿光市蔬菜协会
孙淑英	临清市反邪教办公室
师承瑞	莱芜市科协
朱凤梅	莱州市虎头崖镇科协
吴绍行	莱西市果树协会
宋士元	费县薛庄镇谭家庄村
张　岩	博兴县农函大
张　彬	聊城市人民医院
张仲秋	武城县科协
张俊祯	莱芜市老科协
张效东	梁山县科协
李万册	乳山市科协
李书响	微山县渔业协会
李克先	昌乐县科协
李建华	胶南市科协
杨永林	临沂市渔业办公室
杨锡亮	利津县科协
沈　华	沂源县科协
陈　宏	惠民县科协
陈淑钦	临沂市农技推广中心
周兰英	德州市农业广播电视学校

周朋良	山东省农技协
武伯奇	邹城市食用菌协会
苑银环	莘县科协
金慧丽	枣庄市市中区科协
侯秀涛	泰安市大汶口农作物育种研究会
姚立新	桓台县索镇科协
种法实	枣庄市薛城区常庄镇种庄村
赵　昱	滕州市西岗镇科协
赵顺年	潍坊市农技协联合会
徐秀敬	莱阳市中医院
聂增忠	沂水县科协
袁慎庆	山东省科协科普部
贾玉良	招远市科协
贾鸿君	章丘市食用菌协会
高树森	东营市科协
梁科礼	蓬莱市科协
葛玉钦	胶州市洋河镇无公害农牧产品研究开发协会
董希文	济南市历城区仲宫镇科协
韩乃清	日照市科协

河南省

上官玉英	焦作孟州市科协
马仰峡	三门峡市科协
马健民	商丘睢县科协
马素卿	平顶山汝州科协
尹守恒	平顶山农业科学研究所
方雪梅	三门峡义马市科协
王昕栋	河南省委宣传部
王瑞芳	河南省小麦研究会
付瑞豪	开封郊区科协
史召亮	安阳滑县棉花研究会
任怀广	许昌市科协
刘　杰	南阳市种子公司
刘士清	信阳浉河区科协
刘洪定	南阳新野县蔬菜专业合作社
刘继伟	河南省科协
刘敬朝	嵩县科协
刘景洲	周口市科协
吕新佳	河南省妇联妇女发展部

何小粉	济源市科协
张小雷	鹤壁市畜牧兽医学会
张凤兰	商丘科协
张国强	项城市科协
张建明	滑县农业技术推广中心
张法松	焦作市中站区老科协
张保香	安阳县人民政府
张朝阳	卫辉市科协
张德茂	博爱县孝敬镇人民政府
李　明	郑州市科协
李文鲜	南阳月季集团
李红丽	汝南县科协
李俊忠	睢阳区科协
李春明	焉陵县科协
李桂兰	新密市科协
李铁芹	南乐县科协
杜亚林	河南省委组织部
杜焕来	河南省委政研室
杨东升	原阳县科协
杨秀芬	巩义市科协
杨承军	平顶山科协
杨梦琳	河南省科技厅
陆站海	宜阳县科协
陈天祥	荥阳市科协
陈增喜	南阳市宛城区科协
岳绍领	新乡县科协
林加峰	濮阳市科协
郑传枪	淇县科协
侯　杰	驻马店市科协
段振玲	偃师市科协
胡玉成	信阳市委
胡晓波	栾川县科协
赵德山	驻马店西平二郎乡政府
骆建民	信阳市科协
徐玉琳	尉氏县科协
郭小庆	栾川县科协
崔刚印	安阳市科协
曹绍峰	确山县科协

梁太祥	河南省财政厅
鹿金光	辉县市科协
程爱红	漯河市天力农业专业技术协会
戴大贤	漯河市蔬菜协会

湖北省

王天才	咸宁崇阳县华陂职业高中
王卓仁	华中农业大学菌种实验中心
王宗奕	黄石市科协
邓秀新	华中农业大学国际柑橘学会
邓祥光	恩施土家族苗族自治州恩施市沙地乡政府
冯国民	武汉市江夏区农业局
田宇祥	黄梅县农业局
刘友高	荆州市荆州区川店镇苗木协会
刘孝治	仙桃市科协
吕　欣	麻城市农学会
汤俭民	孝感市农技推广中心
许传波	武汉市蔡甸区西甜瓜产业协会
何　迅	湖北土壤肥料工作站
张振华	武汉东西湖区辛安渡农场
张德炎	当阳市科协
李光升	中国农村致富函授大学湖北省郧县分校
杜治胜	竹溪县科协
杨大平	神农架林区科协
杨立友	丹江口市科普专家服务团
杨承清	宜昌红花套镇农技中心
杨细元	襄樊市原种场
汪孝清	荆州农业气象试验站
汪建国	中科院水生研究所
汪艳林	赤壁市赤马港办事处
汪翠芳	武汉市汉南区畜牧水产服务中心
花　蕾	襄樊市科协
邹　阳	随州市科协
陈鸣国	保康县反邪教协会
周应林	鄂州市科协普及部
周宗璜	阳新县食用菌协会
孟宪龙	恩施土家族苗族自治州科协
胡石伦	监利县科协
费甫华	宜昌市农科所

唐质斌	黄冈市科协
康尚杰	华中农业大学校科协
黄达臣	洪湖市科协
黄希丽	建始县业州镇政府
魏想清	孝感市科协

湖南省

马国辉	国家杂交水稻工程技术研究中心
尹文贵	永顺县民族事务局办公室
牛世平	长沙市芙蓉区科协
王先有	靖州苗族侗族自治县茯苓专业协会
王迪轩	益阳市赫山区蔬菜局
宁晋安	邵东县科协
龙伟述	长沙市开福区科技局
龙运贵	芷江侗族自治县科协
刘先雄	蓝山县金地开发有限公司
刘爱平	衡东县爱平集团
孙小武	湖南省瓜类研究所
吴新江	娄底市科协
张仁实	常德市老科学技术工作者协会
李之平	宁远县畜牧水产局
李绍权	湘西自治州科协普及部
杨宏斌	益阳市科协
杨建民	望城县雷锋镇雷锋村
陈　伟	湘潭市科协
陈秀兰	东安县科协
陈国发	郴州市农业局
陈彰武	醴陵市富里镇无公害蔬菜技术协会
周甫宗	岳阳市畜牧水产局
周春庚	浏阳市科协
孟繁利	湖南省蚕桑科学研究所
易湘开	华容县东山镇洞庭大口鲶特种繁殖场
郑磊平	邵东县园林技术协会
姜世星	新化县柘溪库区经济发展协会
贺向辉	衡南县栗江食用菌产业协会
徐玉成	衡阳市科协
袁王苟	安仁县食用菌协会
袁翠兰	常德市畜牧水产局
郭自成	长沙县江背镇印山村肉牛综合养殖场

黄仁亲	桂东县科协
黄自成	株洲市荷塘区明照乡桐梓坪村
黄国军	慈利县科协
彭文魁	湘潭县谭家山镇农技协
彭福元	湖南省农科院科技处
曾长荣	益阳市大通湖区农业水利局
蒋开建	株洲市科协
谢兴华	张家界市名特优水果专业技术协会
鲁银朝	桃源县科协
楚金明	岳阳市科协普及部
雷天问	韶山市农业技术推广中心
熊友廉	湖南省科协普及部
魏大荣	永顺县羊峰乡省级科技示范户
瞿万寿	怀化市畜牧水产局科技生产科

广东省

车茂婵	廉江市科协
邓洪炜	乐昌市科协
刘建峰	广东省农科院
吕华强	高州市根子镇农业技术推广站
严小寒	阳春市科协
何共平	惠东县科协
余志伟	饶平县科协
余志浩	新兴县科协
吴汝根	江门市新会区大鳌镇科协
张　镝	茂名市茂南区科协
张汉常	阳江市科协
张汝斌	广州市番禺区科协
张志敏	深圳市龙岗区科协
张芳文	四会市科协
张喜乐	海丰县科协
张景钊	佛山市南海区西樵镇显岗村水产技术咨询服务站
李小慧	云浮市云城区科协
李永忠	珠海市果树科学技术推广站
李汉华	阳山县科协
杨优生	龙川县科协
苏仕连	佛山市高明区科协
苏晓生	汕头市潮阳区科协
邱绍辉	兴宁市科协

陈衬喜	东莞市荔枝协会
陈铁城	揭阳市科协
陈理常	遂溪县遂城镇理常良种猪场
罗岳雄	广东省养蜂学会
罗福明	连平县科协
郑仕斌	信宜市委
郑慧明	广东仲凯农学院
洪子敏	汕头市科协
胡乐群	中山市民众镇
赵树培	江门市科协
郭伟光	广东省生宝种养有限公司
高兆本	汕头市澄海区科协
梁炘源	广州市花都区科协
黄　德	雷州市科协
黄卫忠	肇庆市种畜繁育场
黄少雄	揭东县科协
黄荣生	龙门县永汉镇科协
谢永宏	平远县科协
赖贱妹	仁化县科协
雷树就	清新县科协

广西壮族自治区

马爱玲	广西壮族自治区党委宣传部
马瑞鸿	广西壮族自治区科协
孔德工	南宁市农业局
方家智	扶绥县科协
邓光诏	凌云县科协
邓光盛	恭城县科协
韦树德	桂林市农业局水果办
甘相壬	平南县科协
刘业崇	贺州市八步区水果专业技术协会
刘积富	北流市科协
刘婉玲	梧州市长洲区科协
朱　东	南方科技报社
何开永	武宣县桐岭镇和律村食用菌协会
余桂华	南宁市科协
张卫红	凭祥市扶贫办
张化文	南丹县农学会
张兴财	浦北县科协

李开达	岑溪市家禽业协会
李叔美	全州县天福葡萄协会
李德喜	临桂县五通镇科协
杨山河	河池市金城江区河池镇科协
杨道华	广西壮族自治区老科技工作者协会
肖子洪	合浦县常乐农副产品流通协会
苏志强	鹿寨县科协
邱建强	河池市科协
陈凤坤	钦州市第一人民医院
麦亚强	柳州市科协
季苏华	广西壮族自治区科技厅
罗成保	北海市科协
班汉勇	宾阳县科协
高祖玉	贵港市科协
梁克难	容县农技协总会
梁爱群	百色市右江区科协
黄忠茂	防城港市防城区科协
董　冰	桂东农牧发展有限公司
覃荣平	忻城县欧洞乡里苗村利民蚕业协会
覃海斌	柳江县科协
廖国芝	隆林县科协

海南省

王　威	儋州市科协
王世关	保亭县科协
刘　飞	澄迈县科协
刘春花	临高县科协
沈育伦	海口市美兰区科协
陈运国	乐东县科协
林世欣	白沙县科协
莫　靡	定安县科协
黄大亚	文昌市科协
黄志强	三亚市科协
黄泽云	万宁市科协

重庆市

文才明	綦江县科协
付建华	潼南县永安乡党委
朱　正	沙坪坝区科协
汤庆华	重庆市科协普及部

张　勇	合川市科协
张开富	渝北区蚕桑技术推广站
张继成	黔江区科协
张德忠	南川市农学会
李军杰	长寿区科协
李庆怀	武隆县畜牧兽医学会
杜星慧	万州区周家坝街道科协
汪丛林	中共九龙坡区委
辛大元	北碚区静观镇科协
陈茂稀	巴南区科协
罗小平	石柱县农资行业协会
曹　津	垫江县新民镇政府
喻文祥	荣昌县科协
曾垂云	永川市板桥镇科协
谢中才	彭水县农业局
鲁西平	南岸区农林水利局科协

四川省

王述成	平昌县科协
邓　荣	金堂县科协
代显明	名山县科协
田　凯	马尔康县科协　科技局
龙召海	眉山市科学协会
仲小容	红原县科协
任俊杰	眉山市东坡区科协
刘　成	乐至县科协
刘自义	罗江县鄢家镇人民政府罗江县鄢家镇园艺协会
刘邦成	贡井区龙潭镇蔬菜协会
刘志强	泸州市科协
刘树权	泸州市龙马潭区科协
刘德忠	绵阳市科协
何秀珍	仪陇县科协
张　翔	四川省科协科普部
张启伟	犍为县科协
李　萍	布拖县科协
李代程	资阳市科协
李志权	宣汉县科协
李新民	雅安市科协
杜甫成	巴中市科协

杨世聪	自贡市辣椒协会　自贡市杂交辣椒研究所
杨建新	内江市科协
邱炳文	双流县科协
陆太俊	攀枝花市科协
陈　忠	炉霍县科协
陈　超	邻水县科协
陈明泉	三台县科协
陈维君	蒲江县鹤山果品协会
单　军	高县科协
周安民	旺苍县科协
周孝强	四川省农业厅
欧　洪	广安市科协
罗明芬	天全县科协
罗家栋	宜宾市农业局植保植检站
郑久华	攀枝花市仁和区科协
胡荣大	达州市科协
赵　勇	江油市科协
钟俊富	泸县科协
徐小平	眉山市青神县科协
高燕华	广元市科协
康远福	安岳县普州蔬菜协会
梁　进	四川省科学技术普及服务中心
谌洪孝	凉山州西昌市科协
黄　猛	阆中市科协
黄龙海	兴文县科协
黄启旭	沿滩区科协
龚一鸿	遂宁市农学会
曾先富	成都市科协农村科普专家服务团
曾光贵	中江县玉兴镇科协
落比罗布	甘孜州科协
谢长茂	德阳市科协
谢世旭	茂县科协
褚方文	达州市大竹县科协
雷秉钧	四川大学华西医院感染病中心
廖光荣	德昌县科协
蔡　虹	遂宁市科协
谭祖全	乐山市五通桥区花木协会
樊政权	南充市科协

贵州省

王二龙	安顺市西秀区小坡肉牛科学养殖协会
韦　燕	贵阳市乌当区永乐乡养鸡协会
付灿明	习水县科协
田光阳	铜仁地区科协
任明军	板溪镇上洞村
刘　钦	安顺市科协
吕兴平	六盘水市疾病预防控制中心
朱国荣	安龙县农业局
吴师磊	独山县畜禽品种改良站
张伯泉	铜仁地区气象局
张建刚	毕节市林业局
李文茂	荔波县科协
李长江	贵阳市科协
杨灿喜	榕江县古州镇车江口寨村六组
杨通永	黔东南州科协
杨勤槐	贵州省中西医结合学会
苏芝仙	遵义市红花岗区忠庄镇政府
陈振炎	惠水县惠闽花卉苗木开发中心
周先文	三都水族自治县科协
周朝军	贵阳小河区金海农业科技开展有限公司
洪　兵	钟山区科协
祝常亮	余庆县敖溪水果技术协会　敖溪镇胜利社区共青果林场
胡显钊	金沙县农技站
赵玉金	黔西南州气象局
赵明祥	贵阳医学院
陶　洁	毕节地区科协
梁本贵	贵阳市花溪区小碧布依族苗族乡人民政府
谢群弟	贵阳蔬菜科技示范中心
雷友造	黔东南州农村能源办
蔡国建	遵义市红花岗区科协

云南省

方　群	保山市科协
毛从祥	陇川县科技局科协
王应德	楚雄市科协
卢义宣	云南省农业科学院粮食作物研究所
卢绍明	西双版纳州景洪市科协
刘武民	云南省科协

刘顺芬	怒江州科协
刘朝文	广南县生态林果产销协会
毕　虹	云南省农业厅
江朝鑫	河西乡畜牧兽医站
闫　虎	宾川县力角镇农民石榴协会
阮其全	鹤庆县科协
吴学潮	保山市老科协
张自友	禄丰县科协
张跃伟	新安所生态协会
李　斌	玉溪市科协
李文荣	红河州畜牧局
李保禄	红河州科协
李庭贵	安宁市科协
杨丽中	香格里拉县科协科学技术局
杨建友	沾益县沾益乡科协
杨恒顺	红河县科协
苏正玺	楚雄州科协
陈文清	宜良县科协科学技术局
陈葆林	丽江市科协
陈路孔	陆良县科协
周　洪	昭通市科协
周正仙	临沧市科协
郑文富	华宁县科协
施艳华	曲靖市科协
洪国柱	凤庆县科协
赵仕永	中共麻栗坡县委
赵光慈	云龙县果郎乡天池村
饶恩昱	思茅市科协
唐明生	玉溪市红塔区科协
秦忠明	澜沧县科协
郭惠云	中共云县委
高　槐	永胜县科协
梁正红	文山州科协
龚素萍	昆明市科协
蒋凤英	昆明市官渡区科协
熊清泉	昭通天麻协会
谭文琼	云南省青少年科技中心

西藏自治区

巴　桑	达孜县帮堆乡
王卫东	西藏自治区科协少数民族地区科普工作队
石运强	日喀则地区气象局
刘存贵	山南地区科协
刘启勇	西藏自治区农牧科学院农业研究所
次仁多吉	西藏自治区农科院畜牧兽医研究所
达　瓦	西藏自治区农科院中心试验室
张　勇	那曲地区蓄科所
张琨琳	林芝县科技局
李　航	乃东县科协
阿　吉	昌都地区兽防总站
其美旺姆	西藏自治区农牧科学院农业研究所
宗　吉	山南地区气象局
郭瑞新	拉萨市科协
龚世林	西藏自治区科协普及部

陕西省

王　平	西安市长安区科协
王根宪	商洛市核桃研究所
冯剑岳	宝鸡市农业学校
白智勇	眉县金果生态农业科技开发有限公司
许拴礼	渭南市畜牧站
吴佐斌	蓝田县农业技术推广中心
张建民	铜川市王益区科协
张线锁	丹凤县棣花镇万湾村果业协会
张彩霞	商洛市科协科普部
张新明	汉中市林业工作中心办公室
李小平	韩城市渭龙核桃开发有限公司
李晓东	西安市临潼区金鹏种苗有限公司
杨康宁	陕西省水土保持学会
周建国	宁强县青少年科技中心
洪善存	平利县长安镇茶叶协会
相宇波	礼泉县叱干镇果树协会
胡长芳	汉中市科协
胡必利	安康师范专科学校
赵红英	榆林市科协科普部
赵雪红	子长县史家畔乡湫峪沟村养猪协会
郝怀晓	陕西省林学会

侯忠锋	铜川市农机学会
徐小梅	三原县科协
徐志达	咸阳市园艺站
袁海珍	杨陵区老年科教工作者协会
贾　斌	宝鸡市科协
郭运汶	旬阳县科协
高玉祥	榆林市榆阳区水利水保局
高海生	志丹县科协
董密慎	咸阳市科协科普部
谢春如	榆林市榆阳区科协
路树国	延安市园艺蚕桑工作站
雷焕香	澄城县科协

甘肃省

马志文	舟曲县科协
马尚德	临夏县安家坡乡安家坡村
王伊玲	皋兰县科协
王重英	永登县农业技术推广中心
田茂琳	陇南市科协
田树勋	镇原县屯字原农民果业协会
刘光明	永昌县新城子镇党委
孙　霞	和政县科协
张　绪	定西市科协
张建成	高台县科协
张德林	甘南藏族自治州科协
李文刚	嘉峪关市科协
李生达	定西市气象局
汪双恩	天水市麦积区社棠镇下曲科普示范基地
陈天福	天水市科协
郎吉君	玉门市科协
姚国奇	静宁县科协
段学义	酒泉市农科所
种向东	靖远县北湾养鸡协会
赵永胜	白银市科协
赵鲁平	张掖市林业局
郝瑞青	甘肃省青少年科技活动中心
唐士诚	甘肃省老科协
郭开同	武威市凉州医院
郭厚文	甘肃省老科协

郭新春	庆阳市科协
谢梅青	定西市安定区科协
解天俊	泾川县飞云乡党委
管正军	宕昌县科协

青海省

马青山	黄南藏族自治州草原站
文化明	贵德县科协
王月霞	大通县科协
付世民	互助县科协
刘发英	海晏县科协
西　热	果洛藏族自治州科协
余宁青	青海省青少年科技活动中心
李曲江	乐都县科协
陈世祥	海西蒙古族藏族自治州畜牧兽医技术服务中心
范秉雄	湟源县科协
徐建业	海南藏族自治州农科所
索南卓玛	玉树藏族自治州科协

宁夏回族自治区

王晓生	吴忠市科协
田玉平	宁夏回族自治区动物防疫监督所
米　川	宁夏回族自治区科技特派员办公室
张景学	盐池县科协
李　强	隆德县科协
杜兴会	石嘴山市惠农区红果子镇
沙志伟	宁夏回族自治区蔬菜产业化协会
陈世敏	彭阳县农业技术推广中心
贾文君	中卫市中宁县科协
眭光武	永宁县胜利乡政府
蒋儒龄	海原县农业技术推广中心

新疆维吾尔自治区

丁　英	自治区土壤肥料工作站
马　勤	乌苏市农技站
王乐祥	巴里坤县科协科技局
刘　燕	阿图什市科技局
刘新民	昭苏县科协
何　琼	霍城县果树站
吴　英	新疆维吾尔自治区科协青少年科技中心
库旺古丽·阿皮孜	温宿县科协

张丽华	库尔勒市农技推广中心
张鹤云	和田地区农业局和田地区农业科技开发中心
李　芳	新疆生产建设兵团农八师石河子市科协
李京田	新疆维吾尔自治区农业厅种植业管理处
李昌新	新疆维吾尔自治区科协少数民族科普工作队
阿布拉·阿布都克力木	喀什地区畜牧局
阿布都克里木	阿勒泰地区科协
陈　运	呼图壁县科协
胡　克	克拉玛依市科技局
徐文仪	新疆维吾尔自治区人民医院
郭　靖	沙雅县人民政府
郭富疆	新疆维吾尔自治区科技馆展览培训中心
铁木尔	中共精河县委员会
符桂华	乌鲁木齐县农技站
董林生	昌吉回族自治州动物防疫站

新疆生产建设兵团

田永浩	农七师一二五团
田淑芳	阿拉尔市南口农场机关
孙发基	农三师四十九团
李明宝	农十三师火箭农场
陈　谦	新疆生产建设兵团农业技术推广总站
范长海	农八师石河子市科协
赵忠祥	农九师 165 团
高庆华	塔里木大学

全国性学会、协会、研究会（含受委托管理的学会）情况

中国数学会

Chinese Mathematical Society

地　　址　北京市中关村东路55号中国科学院数学与系统科学研究院内
邮政编码　100080
电子信箱　cms@ math. ac. cn
主页网址　http://www. cms. org. cn
电　　话　010－62551022
传　　真　010－62618463

理　事　长　文　兰
副理事长　王跃飞　龙以明　李安民　吴宗敏　张继平　郭　雷　袁亚湘
秘　书　长　巩馥洲
刊物及主编　《数学学报》　主编　李炳仁
Acta Mathematical Sinica
主编　张恭庆
《应用数学学报》　主编　丁夏畦
Acta Mathematical Applicatae Sinica
主编　严加安
《数学进展》　主编　丁伟岳
《应用概率统计》　主编　陈希孺
《数学的实践与认识》　主编　林　群
《数学通报》　主编　张英伯
《中学生数学》　主编　吴建平

单位简介

中国数学会是中国数学工作者的学术性法人社会团体，是中国科学技术协会的组成部分。

中国数学会于1935年7月25日在上海交通大学图书馆举行成立大会。创建时的组织机构设有董事会、理事会与评议会，其成员有胡敦复、冯祖荀、周美权、姜立夫、熊庆来、陈建功、苏步青、江泽涵、钱宝琮、傅种孙等。创办了学术期刊《中国数学会学报》与普及性刊物《数学杂志》，1952年与1953年这两个刊物先后改为现名《数学学报》与《数学通报》。

中国数学会于1951年在北京、1960年在上海、1978年在成都、1983年在武汉召开了第一、二、三、四次全国代表大会。华罗庚连任前三届理事长。在第四次全国代表大会上，推选了华罗庚、苏步青、江泽涵、吴大任、柯召为名誉理事长。第四、五、六、七、八届理事长分别为吴文俊、王元、杨乐、张恭庆、马志明。

中国数学会于1950年加入中国科协的前身全国科联。于1986年加入国际数学联盟（International Mathematical Union，IMU）。

中国数学会下属的学科分会、专业委员会和工作委员会共15个。现有会员5万多名。31个省、自治区、直辖市均有地方数学会组织。

工作综述

一、以核心工作为纲，纲举目张

1. 2005年中国数学会共召开三次常务理事会议，一次理事会议，对各阶段的工作进行了细致的部署。

2. 2005年4月22～24日，中国数学会召开第九届理事会组织工作委员会第一次（扩大）会议。与会者针对中国数学会组织结构现状进行了理性分析和思考，并对完善组织结构加强学会管理提出了思路，形成了关于中国数学会实行会员制和扩大理事、常务理事名额方案。

二、学术交流活动精彩纷呈

1. 庆祝中国数学会成立70周年。中国数学会成立70周年年会以“中国数学发展的机遇与挑战”为主题，历时5天（2005年7月25～29日）。这是中国数学会历史上规模最大的纪念活动，也是继2002年国际数学家大会之后，在中国召开的又一次高水平的国际学术会议。9位国际上具有顶尖学术地位的学者，35位海外杰出华人学者和50位国内优秀学者作了学术报告，同期还安排了4场公众演讲。会议取得了圆满成功。

2. 举行陈省身数学奖设立20周年庆祝大会暨陈省身先生逝世一周年纪念大会。此次活动由中国数学会和香港亿利达工业发展集团有限公司刘永龄基金会在陈省身先生逝世一周年之际共同举办，近百位各界人士和陈省身先生生前亲朋好友出席。纪念仪式上，我国数学界的代表、陈省身先生的女儿陈璞和陈省身先生生前好友回忆了陈省身先生做人、做事、做学问的点点滴滴。

陈省身数学奖是我国数学史上第一个奖励项目，目前已有20位在数学领域作出杰出贡献的中青年数学家获奖。陈省身数学奖对于我国年轻数学家的成长起到了重要的作用。

3. 第九届京津地区青年概率统计学术研讨会于2005年5月14日在北京理工大学召开，来自京津地区的11所高校和科研机构的青年教师和研究生共173人参加。

4. 由中国数学会主办、成都信息工程学院承办的2005年全国群论研讨会，于6月6~9日在成都召开。

5. 2005年漳州国际一般拓扑学学术会议5月25~28日在福建省漳州师范学院隆重召开。这是在我国举行的一次高水平的拓扑学盛会。

6. 第三届全国青年常微分方程会议2005年7月16~20日在山东工商学院召开。145人参加此次大会，是历次会议人数最多的一次。

7. 2005年8月8~12日，由中科院数学与系统科学研究院、西藏大学联合举办的，第五届数值代数与优化国际会议在西藏自治区拉萨市举行。

8. 8月3~6日，第十四届全国泛函分析空间理论暨应用泛函分析学术会议在北京航空航天大学召开。

9. 8月20~22日，2005年国际均匀设计学术研讨会在湖南省吉首大学召开。

10. 7月11~15日，第九届李代数会议在哈尔滨举行。

三、积极推动科技奖励工作

在中国数学会70周年年会开幕式上，中国数学会的三个奖项首次同日揭晓颁奖。马志明院士和姜礼尚教授共同摘取了第七届华罗庚数学奖的桂冠，段海豹研究员和席南华研究员获第十届陈省身数学奖，8位博士生和2位硕士生获第七届钟家庆数学奖。

中国数学会十分重视并积极促进科技奖励工作的深入开展，并取得了很大的成效。为了适应新形势的发展，从2005年开始，赞助设立“陈省身数学奖”的香港亿利达工业发展集团有限公司董事长刘永龄先生和赞助设立“华罗庚数学奖”的湖南教育出版社分别大幅度提高了奖金额度。

在国家科技奖励办公室的大力支持和指导下，中国数学会“钟家庆数学奖”经正式批准，成为科技部正式设立的社会力量设立科技奖励项目，为该奖项的进一步发展奠定了坚实的基础。

四、数学普及教育和数学竞赛再创佳绩

1. 中国卫冕国际数学奥林匹克竞赛团体冠军。在2005年墨西哥举办的第46届国际数学奥林匹克竞赛中我国代表队获得团体冠军。本届竞赛吸引了93个国家和地区的代表队参赛，我国参赛选手表现出色，获得总分235的高分（满分是252分），参赛选手共获得5枚金牌，其中4位选手获得满分。

2. 由中国数学会和北京师范大学共同主办，全国高等师范院校数学教育专业委员会协办，山东省威海市数学科学学会承办的中国中小学数学教育论坛于2005年7月25~27日在威海市与中国数学会成立70周年年会同步举行。与会者探讨了21世纪数学科学发展与后备人才培养的相互影响与规律，针对加强科学精神的培养和促进我国中小学数学教育的健康发展等当前数学教育所共同关心的问题进行了热烈的讨论，交流了近年来中小学数学教育改革的经验与成果。

3. 2005年12月7日中国数学会举行座谈会，欢迎由Sylvia Wiegand女士率领的美国人民对人民交流协会教育专家考察团一行15人。双方就中小学数学教育和妇女数学教育的问题进行了热烈的讨论。

五、以点带面，促进规范化管理，提高服务能力

1. 自2005年起，改版的《中国数学会通讯》以全新的面貌和读者见面，引起了极大的反响，赢得了广泛的好评。新版通讯内容丰富，可读性强，同时插图和插画的巧妙应用，使数学的美和艺术的美有机地结合在一起，令人赏心悦目。

2. 中国数学会门户网站中国数学会网站不断完善，为广大数学科研工作者和数学爱好者提供了一个获取信息的新平台，深受欢迎。

3. 中国数学会办公自动化平台进入试用阶段。2006年将正式启用。办公自动化平台将网站以及会员的管理等工作，全部统一到数据库管理的数字化平台下，把深化学会改革和办公室工作的有效管理统一起来。

中国物理学会

Chinese Physical Society (CPS)

地　　址　北京市海淀区中关村南三街8号中国科学院物理研究所内

邮政编码　100080

电子信箱　cps@ aphy. iphy. ac. cn

主页网址　http://www. cps－net. org. cn

电　　话　010－82649019

传　　真　010－82649019

理 事 长　杨国桢

副理事长　王乃彦　甘子钊　张　泽　陈和生　顾秉林

秘 书 长　王恩哥

刊物及主编　
《物理学报》　主编　王乃彦
Chinese Physics　主编　王乃彦
Chinese Physics Letters　主编　甘子钊
Communications in Theoretical Physics　主编　何祚庥
《物理》　主编　阎守胜
《化学物理学报》　主编　楼南泉
《物理学进展》　主编　冯　端
《大学物理》　主编　赵凯华
《物理教学》　主编　宓子宏

单位简介

中国物理学会是以促进物理学发展和科学普及为宗旨的社会团体，是中国科学技术协会的组成部分。

中国物理学会成立于1932年。自成立至2005年底，共召开八次全国会员代表大会，周培源、钱三强、黄昆、冯端、陈佳洱、杨国桢先后任理事长。

中国物理学会于1950年加入中国科协的前身全国科联。1984年加入国际纯粹与应用物理联合会（IUPAP）。作为发起学会之一，1990年加入亚太物理学会联合会（AAPPS）。其组成包括31个省、自治区、直辖市物理学会及28个分会、专业委员会；理事会下设学术交流、科普、出版、物理教学、物理名词、咨询和女物理工作者等7个工作委员会。中国物理学会现有个人会员约35000人，团体会员13个，理事94名，常务理事28名。学会每年组织全国中学生物理竞赛，组织参加国际物理奥林匹克竞赛；每两年评选一次胡刚复、饶毓泰、叶企孙、吴有训、王淦昌物理奖。

工作综述

一、世界物理年

2005年是爱因斯坦发表《狭义相对论》等重要学术论文100周年，联合国通过决议，将2005年确立为“国际物理年”。为此，中国物理学会组织开展了多种形式的纪念、宣传活动，其中包括：

1. 4月15日，协助中国科协在北京人民大会堂举行“世界物理年在中国”启动大会——世界物理年纪念大会，诺贝尔物理奖获得者杨振宁、李政道等著名物理学家应邀做报告。

2. 6月3日，协助中国科协在北京清华大学举行世界物理年学术报告会暨彭桓武先生从事物理工作七十周年学术思想研讨会。

3. 4月19日，与中国科协青少年科技中心共同组织，在全国34个城市开展“物理照耀世界”光束传递活动，参加人数近10万人。

4. 组织专家分别制作了“世界物理年”宣传海报、“推动人类文明与进步的物理学”系列挂图及系列图片，在全国范围内发放。

5. 7月20日~8月20日，联合国内多家出版社及书市，在全国范围内开展“世界物理年推荐丛书展”活动。

6. 8月19日，在新疆乌鲁木齐组织中国科协2005年学术年会分会场：物理学与交叉科学专题研讨会。

7. 9月18~20日，在湖北武汉召开中国物理学会2005年秋季学术会议，与会人员近千人。

8. 11月25日和12月2日，协助中国工程院分别在北京航空航天大学、北京理工大学举行工程科技论坛——物理学与可持续发展，论坛由9名院士所做的报告组成。

9. 7月和10月，分别组织代表团出访瑞士和南非，参加欧洲物理学会“世界物理年”系列纪念活动和物理学与可持续发展世界大会。

10. 8月4~9日，在北京组织开展百余人参加的国际物理年全国中学生夏令营活动。

二、学术交流工作

2005年，中国物理学会及其分支机构共组织召开学术会议69次，参会人次10042人，其中国际会议12次，参会人次1780人。

三、物理竞赛

7月3~12日，我国派出5名选手参加在西班牙萨拉曼卡举行的第36届国际物理奥林匹克竞赛，全部荣获金牌，并荣获“爱因斯坦世纪奖”、“理论成绩最佳奖”两个单项奖。

10月15~19日，第22届全国中学生物理竞赛决赛在辽宁省沈阳市举行。本届参赛学生363139人，参加决赛的学生167人，其中获省级赛区一等奖的人数为935人。

四、出版工作

1. 5月份，学会出版委员会接待了到访的美国物理学会主编Blume、司库McIlrath及美国物理联合会执行主席Brodsky。前理事长陈佳洱，理事长杨国桢，副理事长甘子钊、张泽以及出版委员会主任聂玉昕等出席见面会。三方还联合组织了2005世界物理年中美物理学家联谊会。

2. 学会主办的《物理》、《物理学进展》、《高能物理与核物理》及《电子显微学报》获得中国科协2005年度学术期刊经费资助。主办刊物《物理学报》、Chinese Physics和《电子显微学报》于2005年开通了网站。

五、咨询委员会及物理名词委员会工作

咨询委员会及物理名词委员会在2005年分别组织召开了两次工作会议，交流信息，促进发展。

六、女物理工作者委员会

1. 与前两年一样，借“秋季会议”之机，9月19日在湖北省武汉市召开女物理工作者面临的新挑战圆桌会议，共吸引53人前来听会并踊跃发言，其中超过1/3为男性。

2. 委员会主任吴令安等分别于5月、11月赴巴西、韩国参加第二届IUPAP女物理工作者国际会议及亚洲地区女物理工作者会议筹备会。

3. 委员会于12月23日邀请多年来一直致力于改善女物理工作者状况的美国Delaware国立大学的Beverly Hartline教授在中国科学院物理研究所做报告。

七、国际合作与交流工作

1. 欧洲物理学会主席Martin Huber和美国物理学会主席Marvin Cohen先后于9月、10月访问中国物理学会。中国物理学会还与欧洲物理学会就交流协议内容进行了探讨。

2. 10月2~28日，杨国桢理事长率团出访南非，参加在开普敦举行的第25届国际纯粹与应用物理联合会（IUPAP）全体会议。学会推荐的陈佳洱当选IUPAP执委会副主席，推荐的聂玉昕等12人分别担任专业委员会委员，其中王恩哥秘书长当选C10专业委员会副主任。

八、组织建设

1. 7月1日，在北京组织召开中国物理学会第八届理事会第二次会议，33位理事出席。杨国桢理事长做2003~2004年度工作报告。会议还同时举行了2004~2005年度中国物理学会五项物理奖和第五届周培源物理奖颁奖学术报告会。

2. 中国物理学会八届八次常务理事会审议通过《中国物理学会分会、专业委员会设置管理条例》，自2005年5月16日起实行。

3. 2005年召开常务理事会议3次。

4. 2005年，电介质、光散射、凝聚态理论与统计物理专业委员会进行了换届；新疆、天津、云南、江苏、甘肃、湖北物理学会进行了换届。

5. 2005年，学会团体会费收入为13000元、个人会费收入98073元；共制作会员证3031个。

九、其他

1. 经过中国物理学会五项物理奖基金会委员的投票，评选出2004~2005年度饶毓泰、叶企孙、王淦昌物理奖获奖项目4项，获奖者4人。

2. 学会推荐的副理事长陈和生、常务理事詹文龙当选中国科学院院士。

3. 学会推荐的中国科学院物理研究所王玉鹏研究员、北京大学物理学院龚旗煌教授荣获第三届全国优秀科技工作者称号。

4. 王恩哥秘书长荣获第三世界科学院物理奖。

5. 4 月份，通过了中辰星会计师事务所对学会 2003～2004 年度财务的审计工作。

中国力学学会

The Chinese Society of Theoretical and Applied Mechanics (CSTAM)

地　　址　北京市北四环西路 15 号
邮政编码　100080
电子信箱　office@ cstam. org. cn
主页网址　http://www. cstam. org. cn
电　　话　010－62559588/62559209
传　　真　010－62559209
理 事 长　崔尔杰
副理事长　程耿东　贺德馨　李家春　沈为平　苏先樾　王自强　吴有生　杨　卫
秘 书 长　樊　菁
刊物及主编
《力学学报》　主编　杨　卫
Acta Mechanica Sinica　主编　杨　卫
《固体力学学报》　主编　余寿文
Acta Mechanica Solida Sinica　主编　余寿文
《力学与实践》　主编　李家春
《力学进展》　主编　谈镐生
《实验力学》　主编　方如华
Plasma Science & Technology　主编　谢纪康　李建刚
《工程力学》　主编　崔京浩
《计算力学学报》　主编　钟万勰

单位简介

中国力学学会在钱学森、周培源、钱伟长、郭永怀等著名力学家的共同倡导和组织下，成立于 1957 年 2 月。中国力学学会现有会员 2 万余人。现任第七届中国力学学会理事会由 151 名理事组成，理事长崔尔杰院士。在中国科协的领导下，中国力学学会团结全国力学工作者开展学术交流，在推动力学为国民经济建设服务，促进学科繁荣，普及力学知识，开展力学教育，发现优秀力学人才等方面起了重要作用。2001 年、2003 年和 2005 年中国力学学会连续三届被中国科协评为先进学会，2004 年被民政部评为“全国先进民间组织”，这是新中国成立以来首次在全国范围内表彰做出了优异成绩的先进民间组织，共从全国 26 万多个民间组织中评选出 84 家全国性先进民间组织。

中国力学学会下设固体力学、流体力学和一般力学等 22 个专业委员会和直属专业组，同时设有科普、教育、力学名词和青年等 6 个工作委员会。

由中国力学学会主办的学术期刊有 16 个，全部为核心期刊，其中有 4 个被 EI 检索，3 个被 SCI 检索，其中 Acta Mechanica Sinica 被 SCI 核心检索（CDE）收录（中国共 14 个刊物）。《力学学报》中文版 1999 年获首届国家期刊奖，2000 年获中国科学院特别奖，2002 年第二届国家期刊奖；《力学学报》、《固体力学学报》、《力学与实践》获 2002 年中国科协期刊奖。2003 年《力学学报》获得国家期刊奖和中国科协重点资助，Acta Mechanica Sinica 获中国科学院一等奖和国家自然基金委重点支持。继 Acta Mechanica Solida Sinica 与德国 Springer 合作出版后，2005 年 Acta Mechanica Sinica 又与其合作，出版纸质版和电子版向国际发行。中国力学学会还编辑出版了近百本专业书籍和科普书籍。每年还编印《中国力学学会会讯》（内部刊物）若干期。

中国力学学会每年举办各种类型的学术会议、讲座累计超过 400 个，多次举办全国青年力学竞赛、全国中学生力学知识竞赛和全国少数民族中学生力学知识竞赛。

1983 年中国力学学会被纳入国际理论与应用力学联盟（IUTAM），同时也是国际计算力学协会（IACM），亚洲流体力学委员会（AFMC），国际断裂学会（ICF）的成员组织，除不定期地承办 IUTAM 的专题研讨会和暑期学校外，还与国际上其他学术组织共同主办了一系列的学术会议，如 2004 年 9 月在北京成功举办的第六届世界计算力学大会暨第二届亚太计算力学大会，上述活动的开展，有力地推动了我国力学界与国际力学界之间的交往和联系。

中国力学学会设立有中国青年力学奖，每两年颁发一次。此外，受周培源基金会的委托，中国力学学会代为评选每两年一度的周培源力学奖。

工作综述

一、组织国内外学术交流活动，为科技工作者搭建学术交流平台

学术交流是学会凝聚科技工作者的基础，2005 年，学会共组织各类学术交流活动 20 余次，其中国内会议 17 次，国际学术会议 3 次，以及海峡两岸中学生力学夏令营，青年学术沙龙等。参加学术会议的人数约 4000 人次，其中国内与会者约 3600 人次，国外与会者约 400 人次。通过会议交流的论文约 4800 篇，学会主办的 16 个期刊共发表论文近 3000 篇。这些学术活动拓展了广大力学工作者的业务视野，给国内同行以及中外学者间的学术交流提供了很好的交流平台，深受广大力学工作者和会员的欢迎，同时中国力学学会严谨的工作作风，热情的服务为广大科技工作者留下了深刻的印象。

1. 创新改革学术会议的方式，增加学会凝聚力和吸引力。来自高等院校、研究院所和其他单位的 1200 余人参加了 2005 年 8 月 26～28 日在北京召开的由中国力学学会主办的中国力学学会学术大会 2005。这次大会是中国力学界规模最大的一次盛会。会议共收到论文 1615 篇，分为 15 个分会场和 45 个专题研讨会，与会者中有院士 20 人，教授 400 人，副教授 200 人，研究生 700 人。大会交流和讨论的内容涵盖了固体力学、流体力学、一般力学（动力学、振动与控制）、生物力学等力学分支学科领域，反映了近年来我国力学研究和应用领域取得的主要进展和成果。与会者反映此次大会交流方式宏观与微观有效结合，交流效果非常好，节省了参加各种会议的时间和经费。

2. 促进青年学术交流。中国力学学会从 2003 年开始在京区举办青年学术沙龙，每月举办一次。截至 2005 年 12 月，共举办活动 21 次，共有 500 人次青年教授参加了活动，他们分别来自高校和科研院所以及国家自然科学基金委。每次沙龙均有优秀学者做学术报告，有效地促进了青年学者之间跨学科专业的交流。

主办第 96 次和第 100 次中国科协青年科学家论坛。

与国家自然基金委合办 2005 年固体力学青年学者研讨会。

邀请基金委同志为流体力学界青年学者做基金申请报告。

3. 大力加强国际学术交流。由中国力学学会、中国化学会、中国流变学专业委员会共同主办的第四届泛太平洋地区流变学国际学术会议（PRCR4）2005 年 8 月 7～11 日在上海召开。这次会议是目前为止在我国召开的流变学领域最大规模和最高级别的国际学术会议，共收到论文 331 篇，会议包括 4 个大会特邀报告、28 个专题邀请报告、156 个分会报告、30 个墙报、半天时间技术参观等多种交流形式有 8 个流变测量仪器公司参展。来自国内外的学者共计 230 人参加了会议，国外学者 107 人，其中有 4 位国际刊物的主编，出席大会的还有连续 3 届的国际流变学会主席及各国历届的流变学会主席 20 多位。

4. 密切与国际组织联络。“IUTAM 高级研讨会——纳米结构材料的力学行为及微尺度力学”于 2005 年 6 月 27～30 日在北京召开，会议邀请 9 个国家的 31 位高级学者做了报告。本次会议是由国际力学学科的最高学术权威机构——国际理论与应用力学联合会（IUTAM）统一筹划的系列高级学术研讨会，是一种小型规模的高级别国际研讨会。IUTAM 组织每年在全世界范围内公布大约 10 个研讨会的名额，由各个国家和地区自由申请，然后通过严格评选、竞争，在众多申办者中确定出获得主办权的国家。自改革开放以来，我国举办过两次这样的研讨会。本次研讨会参加者既有固体力学的国际知名学者，又有来自多个学科的知名学者，是一次不可多得的学术交流和研讨机会。

申办 ICF12。国际断裂学会（ICF）是国际上最大的断裂学科的学术组织，成立于 1965 年，1977 年中国力学学会加入该组织。中国力学学会自 2004 年初组成申办 ICF12 的申办专家小组，投入相当大的人力和财力进行申办工作，申办准备工作非常充分。虽然最后以 1 票之差落选，会议决定第 12 届国际断裂大会（ICF12）于 2008 年 7 月在加拿大渥太华召开，但是大会组委会认为我国的申办工作做得非常出色，因此破例由理事国代表通过电子投票表决同意 ICF13 于 2013 年 5 月在中国北京举行。通过这次申办活动，进一步团结了华人力学同仁，扩大了国

际影响。加强了我们与国际同仁之间的联系，使国际上对我国断裂力学学科发展有所了解，强化了中国力学在国际上的地位。

IUTAM 执委会决定将于 2007 年在中国召开年会，由中国力学学会承办。

5. 配合中国科协完成“三个服务平台”之学术交流平台的建设课题。

6. 多元化开展学会工作。积极承担中国科协、国家自然基金委、中国科学院等的课题和任务。积极参与国家重要工程和项目中力学的体现，为力学科技工作者争取相应的机会和利益。建立与大学和研究机构的密切联系，做好协调工作。

进一步扩大学会影响，积极宣传学会工作。“学会”期刊两次刊登中国力学会国际学术交流经验的文章，中国科协简报也刊登了中国力学会“改革创新，发展学会，做好服务”的文章。

二、出版高质量学术期刊，为繁荣力学事业作贡献

中国力学学会主办有 16 种期刊，在所有主办的期刊中被 EI 检索的有 4 种，包括 Acta Mechanica Sinica、《爆炸与冲击》、《工程力学》、《计算力学学报》；3 种英文刊物全部被 SCI 收录，其中 Acta Mechanica Sinica 被收入 SCI 光盘版。继 Acta Mechanica Solida Sinica 与德国 Springer 合作出版电子版后，2005 年 Acta Mechanica Sinica 又与其合作，出版纸质版和电子版，向国际发行，为刊物真正走向国际化，扩大影响力和知名度迈出了重要的一步。与此同时，各期刊编辑部大力邀请高质量的稿件，从严审稿，努力提高刊物的学术水平。除此之外，学会还加大了对期刊的投入，如 Acta Mechanica Sinica 从 2005 年开始取消版面费的收取，增大国外专家审稿的比例，尽最大努力与国际接轨。

三、做好科普工作，加强人才培养

1. 举办海峡两岸中学生力学夏令营。

2. 加强青少年力学普及工作。

3. 举办“沿着爱因斯坦的足迹”夏令营科普活动。

四、组织工作

1. 进行了增选中国科学院院士、中国工程院院士候选人推荐工作，第九届中国青年科技奖提名工作，第六届光华工程科技奖推荐工作，2005 年度创新研究群体推荐工作等。

2. 2005 年 6 月理事长、秘书长工作会议审议通过了修改后的《中国力学学会会员管理条例》。新条例强化了学会的服务功能，也进一步规定了会员所履行的义务，力图吸收更多的科技工作者入会，把学会办成真正的力学科技工作者之家。进一步加强团体会员的发展工作，并做好会员网上入会的交流平台。

3. 起草并通过了《中国力学学会专业委员会/工作委员会/编辑委员会管理规定》，加强对学会二级组织的管理，进一步规范学会管理工作。

五、获得的奖励

1. 获第五届中国科协先进学会奖，这是我学会连续三届荣获此奖项。

2.《力学学报》英文版获中国科学院期刊评选一等奖，国家基金委重点支持期刊。

3.《力学学报》中英文版、《力学与实践》获中国科协期刊专项资助。

中国光学学会

The Chinese Optical Society (COS)

地　址	北京市海淀区中关村东路 95 号自动化大厦 306、305、303 室
邮政邮编	100080
电子信箱	apoc@163. com jlei@coscentral. org
主页网址	http://www. coscentral. org http://www. coscn. org
电　话	010 - 82616604
传　真	010 - 82616603

名誉理事长	王大珩
理事长	母国光
副理事长	周炳琨　徐至展　周立伟　曹健林　唐晋发
秘书长	曹健林（兼）
刊物及主编	《光学学报》　主编　徐至展

《中国激光》 主编 周炳琨
《红外与毫米波学报》 主编 褚君浩
《光子学报》 主编 侯 洵
《光谱学与光谱分析》 主编 黄本立
《中国激光医学》 主编 顾 瑛
Chinese Optics Letters 主编 徐至展
《光机电信息》 主编 陈星旦

单位简介

中国光学学会是中国科协的组成部分，于1979年12月在北京召开成立大会。理事长王大珩院士。第二届理事会于1984年12月由全国会员代表大会选举产生，理事长王大珩院士。第三届理事会1989年通讯选举产生，理事长王大珩院士。第四届理事会1993年12月通讯选举产生，理事长母国光院士。第五届理事会2000年9月由全国会员代表大会选举产生，理事长母国光院士。

中国光学学会现拥有17个专业委员会和7个工作委员会。自建立以来已与世界主要光学组织建立了密切的联系，从1987年起成为国际光学委员会（International Commission for Optics，ICO）成员；从1990年起同国际光学工程学会（International Society for Optical Engineering，SPIE）建立了长期合作关系，并组成了中国光学学会——国际光学工程学会，简称COS－SPIE。

工作综述

一、学术交流工作

1. 2005年8月22～26日由学会主办，中国科学院长春光机所承办的国际光学委员会（ICO）第20届学术大会在吉林省长春市召开。来自38个国家和地区的光学领域的科学家、工程师及工业界共1000多位专家云集长春，展示当代光学领域最前沿的科研成果，探讨光学科技发展的最热门话题。第20届ICO大会中国（长春）光电博览会于8月23～26日在长春国际会展中心举行。

会议由大会特邀报告、专题报告、张贴报告、展览会4部分组成。会议共交流890篇论文，其中大会特邀报告10篇，专题特邀报告86篇，口头报告446篇，张贴报告348篇。

大会特邀与会专家学者做了专题报告。大会分11个专题学术交流。

2. 2005年5月14～18日国际光子学、生物光子学和纳光子学研讨会在江苏省南京市东南大学召开。会议共收到论文320篇，其中光子学163篇，生物光子学67篇，纳光学92篇。会议录取论文285篇。来自美国、法国、澳大利亚、日本、俄罗斯、瑞典等10多个国家和地区共300余人参加会议，会议邀请了多名国际光子学领域的著名学者做大会特邀报告。会议期间共进行了包括26场特邀报告在内的223场学术报告。

3. 2005年11月2～5日由中国光学学会、国际光学工程学会（SPIE）联合举办、中国光学学会光学制造技术委员会承办的第二届国际先进光学制造与检测学术会议在陕西省西安市召开。来自美、英、法、德、俄、日、意、比利时、西班牙、墨西哥等国家及中国香港特别行政区的42人和国内350人参加会议；大会特邀国际著名科学家演讲。

本次会议从国内外560余篇来稿中收录学术论文400余篇。会议包括3个专题：大型反射镜与望远镜；先进光学制造技术；光学检测技术与设备。

4. 2005年11月6～10日亚太光通讯国际会议（APOC）在上海召开。会议围绕光纤及无源部件；光电子材料与有源电器件；光传输、交换及子系统；网络结构、管理及应用的交流等展开讨论。同期召开的还有主题为新一代全光网中的路由器与交换的专题研讨会。还举办了由产业界、投资界、学术界等著名专家参加演讲的工业论坛。参加会议的国外与会者约200人。

5. 2005年9月初举办了第七届光电博览会。参会者来自美国、俄罗斯、英国、德国、加拿大、以色列、丹麦、比利时、韩国、日本等国家以及国际知名光电企业。参观人数达6万多人次。

6. 2005年10月11～15日，由中国光学学会红外光电器件专业委员会、中国光学光电子行业协会红外分会、中国光学学会锦州分会、云南光学学会等联合主办，烟台大学光电信息学院承办的全国第十届红外加热暨红外医学发展研讨会，在烟台大学举行。30多名专家、教授出席了会议。

7. 2005年8月30日，生物医学光学中的光子学与成像学国际会议于在湖北省武汉华中科技大学召开。国际知名学者 Lihong Wang, Vasilis Ntziachristos, Steven A. Boppart 和 Gang Zheng 访问了实验室并做专题报告，内容涉及光声分子成像、扩散光学层析分子成像、分子 OCT 成像和纳米探针平台等。骆清铭教授主持了研讨会，并在介绍蛋白质科学研究需求基础上组织了讨论。

8. 2005 年 7 月 25 ~ 29 日，在全息与光信息处理专业委员会山东省青岛海洋大学召开了全息与光信息处理 2005 年学术年会。与会学者 100 余人，并在《光电子激光》杂志上发表相关学术论文 30 余篇。

9. 中国光学学会纤维光学与集成光学专业委员会联合其他学会举办了全国第 12 次光纤通信暨第 13 届集成光学学术会议。会议于 2005 年 11 月 14 ~ 18 日在广东省肇庆四会市举行。会议收到了 200 篇稿件，录用了 183 篇，正式出版了《全国第 12 次光纤通信暨第 13 届集成光学学术会议论文集》。

二、组织工作

1. 中国光学学会还协助 SPIE 及 OSA 发展会员，每年定期发展 SPIE 会员和 OSA 会员，已形成比较固定的模式，在国内光学界已得到广泛的认同。

2. 2005 年很好地配合中国科协做了中国科学院院士、中国工程院院士增选工作。理事长带队组成推荐、提名院士候选人工作小组，推荐、提名结果由学会办公室整理后上报中国科协遴选院士候选人办公室。

3. 按会章，学会于 2004 年 10 月召开常务工作会议决定启动换届的相应工作，为此 2005 年开展了第五届理事会换届改选工作。中国光学学会第五届理事会先后召开多次常务理事会和常务理事会通信会议，主要讨论召开会员代表大会以及学会领导机构的换届改选的有关事宜。

三、期刊、著作与出版工作

2005 年学会主办的期刊《中国激光》、《红外与毫米波》、《光谱学与光谱分析》、《中国激光医学》已被收录到中国科协主办的《中国学术期刊文摘》。

2005 年学会完成了各期刊的审核自查工作。制定了期刊管理办法，建立了科技期刊网。以《光学学报》为主的期刊已与国外刊物建立了交换关系，其中《光学学报》、《光谱学与光谱分析》、《激光医学》已被列入科协核心期刊。有 6 种期刊被 EI 收录，其中《光学学报》与《中国光学快报》为 EI 的核心期刊。收录率达 100%。

2005 年，在中国科技期刊择优支持评审中，《光学学报》、《光谱学与光谱分析》、《中国激光医学》、《光机电信息》获得择优经费支持。

四、科普工作

2005 年 9 月 17 日参加在北京图书馆举行的，由中国科协、中国图书馆学会联合主办的 2005 年科技周宣传活动。

中国声学学会

Acoustical Society of China (ASC)

地　址	北京市海淀区北四环西路 21 号		
邮政编码	100080		
电子信箱	asc@ mail. ioa. ac. cn		
主页网址	http://www. asc. ioa. ac. cn		
电　话	010 - 62554285		
传　真	010 - 62561833		
理事长	侯朝焕		
副理事长	马远良　田　静　钱梦騄　龚秀芬		
秘书长	宗　健		
刊物及主编	《声学学报》	主编	马大猷
	Chinese Journal of Acoustics		
		主编	马大猷
	《应用声学》	主编	应崇福
	《噪声与振动控制》	主编	严济宽

单位简介

中国声学学会是全国声学科学技术工作者自愿组成的学术性、公益性的社会团体，是中国科学技术协会的组成部分。中国声学学会下设 9 个分会，6 个工作委员会。有持证会员 3600 人，团体会员 45 个。

中国声学学会于 1985 年 10 月在南京举行成立大会暨第一次全国会员代表大会，应崇福担任第一届理事长。

此后，学会于 1988 年 10 月在上海、1994 年 6 月在承德、1998 年 9 月在成都、2002 年 9 月在桂林，先后召开了第二次、第三次、第四次、第五次全国代表大会，关定华、陈通、张仁和、侯朝焕相继担任第二、第三、第四、第五届理事长。

中国声学学会于 1982 年加入西太平洋地区声学委员会（WESTPRAC）；1985 年加入国际噪声控制工程委员会（I - INCE）；1987 年加入国际声学委员会（ICA）。12 个省、直辖市有地方声学学会组织。

工作综述

一、学术交流工作

2005 年，各分会按照学会的要求，积极开展各种类型的学术会议，有的还组织专题研讨会、学术讲座，与兄弟学会联合召开学术会议。地方学会也根据自身特点积极开展活动，为发展我国的声学事业作贡献。2005 年，学会的学术交流非常活跃，学术水平也较高，反映了我国声学事业的水平，全年共召开国内、国际学术会议 14 次，收录论文 1298 篇，1886 人参加。参加会议和交流论文的人数明显高于往年，很好地达到了学术会议促进学术繁荣的目的。交流的报告多数是由年轻学者担纲，老一代专家指导，声学学科新老共聚一堂，年青一代茁壮成长。

2005 年 4 月，青年工作委员会组织的中国声学学会 2005 年青年学术会议在浙江省杭州市召开，会议主题是“新世纪的声学——创新与应用并举”。会议论文集由《声学技术》杂志以增刊的形式正式出版。征文范围广泛、内容丰富，共收录论文 188 篇。参加会议的有来自全国各地的 140 余人，与前 5 届相比，此次会议不仅收到的论文数量更多，而且更加均衡地覆盖了声学的各个分支领域，显示出声学研究工作的全面繁荣与兴旺。高水平的论文反映出青年学者思维敏捷、方法独特的特点，表现出了各自的工作特色，得到了创新的结果。本届会议的论文质量在总体上明显优于上届。在各分会场推荐的基础上，评选小组进行了三轮认真的交流讨论，最终评选出 15 篇优秀论文，占交流论文总数的 15% 以上。

二、国际学术交流

世界超声大会于 2005 年 8 月 29 日 ~9 月 1 日在北京友谊宾馆召开。这次会议的内容涵盖超声的各个领域的基础研究和应用基础研究，涉及超声和物质的相互作用等前沿物理问题，并涉及医学诊断和治疗、工业检测和处理，以及在农业、能源、环境等领域的应用。

超声是物理的一个分支，近年来的基础研究十分活跃，在声空化、非线性声学、声场数值计算等方面出现了许多新的研究成果。超声的应用更是十分广泛，包括医学诊断的 B 超、彩超和超声治疗，工业部门的超声检测和测量，信号处理的表面波器件，声化学的应用等许多方面。

这次会议由国际超声指导委员会主办，中国声学学会和中国科学院声学研究所承办。应崇福院士担任大会主席，并邀请丹麦著名声学家、中国声学界的老朋友白儒那（Bjorno）教授担任大会共同主席。会议受到国内外的普遍重视，共收到论文 650 篇，到会近 400 人，其中有来自 37 个国家和地区的 204 位国外和境外的学者、专家，这些数字都超过以往历次超声会议。开幕式后是 3 个大会特邀报告。解放军 307 医院汪伟主任医师介绍了高强度聚焦超声治疗在我国的研究和临床运用的状况，给出了许多我国在国际上领先积累的临床效果的统计图表，强调了掌握超声辐照的剂量是治疗的关键，指出了超声与放疗和化疗等手段综合应用可以得到好的疗效。还介绍了我国在这方面的一些规范的制定情况。这些客观的疗效介绍得到了会议广泛的好评。中国高强度聚焦超声在癌症治疗方面的研究和临床应用一直受到世界超声界的关注，也是这次会议的一个热点，重庆医科大学与英国合作组织了有关的专题分会场。北京源德生物医学工程有限公司展出的高强度聚焦超声治疗设备和有关的研究工作引起了与会者很大的兴趣。

美国著名声学家 Putterman 教授做了关于声空化及其声致发光的报告。声空化可以在非常小的空化空间聚集能量，达到很大的能量密度，形成极端的物理条件，产生一些奇异的现象，引起超声界的极大兴趣。Putterman 教授近来在这方面得到了新的成果，在美国和世界其他国家产生了影响。

丹麦 Jensen 教授介绍了医学诊断用的合成孔径成像技术。传统的超声医学成像为了达到实时的目的，常采用一些算法比较简单的波束形成方法。随着数字技术的飞速发展，一些运算量比较大的方法也可以实时实现，这方面的研究已逐渐成为一个热点。Jensen 教授介绍的就是其中一项新的成像方法。

三、组织工作

中国声学学会第五届第四次常务理事扩大会议于2005年7月在宁夏银川召开，37人参加会议，其中常务理事26人。本次会议对2005年学会下属分会改选以及2006年中国声学学会会员代表大会暨全国声学学术会议等工作做出了具体安排，确定了会员代表产生的办法，并要求各分会在2005年12月完成换届改选工作。

常务理事会对2005年度申请加入中国声学学会高级会员的会员进行了评审，会议强调要注重会员的发展工作。

2005年学会各分会都要换届改选，按照学会章程和中国声学学会第五届第四次常务理事会的要求，分会委员会的组成要体现老、中、青梯队结构。各分会都认真开展这项工作，对热心学会工作的年轻人中的优秀人才给予特别关注，及时将他们吸纳到委员会中，充分发挥年轻人的作用，同时也体现出学会的凝聚力。

四、编辑出版

学会主办的期刊《声学学报》、《应用声学》和《噪声与振动控制》按照办刊宗旨，顺利地完成了2005年全年的办刊任务。

中国化学会

Chinese Chemical Society (CCS)

地　　址　北京市中关村北一街2号中国科学院化学研究所内

邮政编码　100080

电子信箱　qiuxb@iccas.ac.cn

fangz@iccas.ac.cn

主页网址　http://www.ccs.ac.cn

电　　话　010-62564020/62568157/62625584/62625583

传　　真　010-62568157

理 事 长　白春礼

副理事长　程津培　朱道车　王基铭　钱逸泰　习　复

秘 书 长　姚建年

刊物及主编

《化学学报》	主编	沈延昌
Chinese J. Chemistry	主编	计国桢
Chinese Chemical Letters	主编	梁晓天
《化学通报》	主编	朱道本
《物理化学学报》	主编	唐有祺
《无机化学学报》	主编	游效曾
《有机化学》	主编	陈庆云
《分析化学》	主编	汪尔康
《应用化学》	主编	黄葆同
《色谱》	主编	卢佩章
《高分子学报》	主编	冯新德
Chinese J. Polym. Sci.	主编	冯新德
《高分子通报》	主编	黄志镗
《电化学》	主编	田昭武
《催化学报》	主编	林立吾
Chinese J. Molecular Science	主编	孙家钟
《燃料化学学报》	主编	钟　炳
《结构化学》	主编	张乾二
《大学化学》	主编	段连运
《化学教育》	主编	朱文祥

单位简介

中国化学会是中国化学工作者自愿组成的学术性、公益性社会团体，是中国科学技术协会的组成部分。中国化学会是我国发展化学科学技术的重要社会力量。

中国化学会1932年8月4日在南京成立。从学会成立至1949年止，共选举产生十六届理事会。会员人数发展到3000余名，团体会员150个。

学会的领导机构为理事会。理事会任期4年，由全国会员代表选举产生。1982～2002年间，每届理事会设理事长4人，每人轮流担任执行理事长一年。现任为第二十六届理事会，由161名理事组成；设理事长1人，副理事长5人。任期自2002年1月至2006年12月。

自1949年后，曾昭抡、侯德榜、杨石先、卢嘉锡、唐敖庆、钱人元、严东生、唐有祺、田昭武、黄维垣、徐光宪、胡亚东、梁晓天、王夔、朱道本、陈懿、习复、宋心琦、黄本立、白春礼等先后担任过理事长；袁翰青、吴承洛、侯祥麟、华寿俊、张润苍、鲍奕珊、崔孟元、习复、白春礼、费昌沛等担任过总干事或秘书长。

1959年中国化学会曾与中国化工学会合并，改称中国化学化工学会，1963年又分为化学、化工两个学会。

目前在册会员5.3万余人，并有少量外籍会员，另有团体会员单位58个。理事会下设7个学科委员会、15个专业委员会以及7个工作委员会。近年来化学会每年都举办各种各样的学术交流活动30余项，参加人员达到5000余人次。自2000年开始，恢复举办学术年会。

1980年中国化学会加入了国际纯粹与应用化学联合会（International Union of Pure and Applied Chemistry，IUPAC），黄维垣、张存浩曾任IUPAC Bureau Member，白春礼现为执行委员；1984年参加了亚洲化学学会联合会（The Federation of Asian Chemical Societies，FACS），徐光宪曾任亚洲化学学会联合会会长，并在我国设立秘书处；学会还参加了太平洋地区高分子联合会（Pacific Polymer Federation，PPF）、国际电化学学会（International Society of Electrochemistry，ISE）、国际催化学会联合会（International Association of Catalysis Societies，IACS）、国际热分析及量热学联合会（International Confederation for Thermal Analysis and Calorimetry，ICTAC）等6个国际组织。中国化学会与欧、美、亚洲等地区一些国家的化学组织建立了联系。

中国化学会十分重视化学教育与化学普及工作。在统一中文的化学名词和术语，组织大、中学化学教育经验交流会，组织中学支边讲学，举办各种专题学习班、科学讲座等方面都做了大量工作。学会开展咨询服务工作，促进化学家与企业家的合作，使学术活动融于促进国家的经济建设之中。自1983年起先后设立中国化学会青年化学奖、中国化学会高分子基础研究王葆仁奖金、中国化学分析化学梁树权奖、中国化学会高分子研究优秀论文创新奖和学术报告奖、中国化学会—巴斯夫公司青年知识创新奖、中国化学会－约翰·威立优秀论文奖。现设立奖励共计9项。

中国化学会积极参与了中国科学院院士、中国工程院院士候选人的推荐工作。参与国家青年创新研究群体以及有关国家奖励的推荐工作。

工作综述

一、召开第40届IUPAC Congress等学术大会，促进国际交流

1. 第40届IUPAC学术大会2005年8月在北京举行。会议由国际纯粹与应用化学联合会、中国科协、中国科学院、国家自然科学基金委、科技部、教育部、中国石油化工股份有限公司等主办，中国化学会、中科院化学所承办。第43届IUPAC General Assembly和世界化学界领导人会议（World Chemistry Leadership Meeting）同期召开。64个国家和地区的与会者共计1083人，其中境外556人。发表文章1145篇，其中境外750篇，墙报展讲622篇。16位院士赴会并参加了会议的组织工作，为会议的成功奠定了基础。

会议内容涉及高分子科学、生命科学、环境化学、材料化学、纳米科学、计算化学、分析化学、物理化学、光化学、核化学、化工等诸多领域。包括3位诺贝尔奖获得者等8位著名学者应邀做大会报告，资助88位国际知名学者做分组邀请报告。诺贝尔奖获得者Wuthrich教授及一些国家的学者对会议成功致以谢意。这次会议，对我国化学及相关学科（包括能源、生命、材料和环境等）的繁荣发展发挥了促进作用；展示了我国科学研究的成果；加强了我国学者与国际著名科学家与研究机构的交流与合作；促使我国中青年学者融入国际交流，为进入国际组织建立了基础；满足各国科学家来华交流、了解中国的愿望，回报各国科学家的信赖与支持。

在IUPAC General Assembly会议中，白春礼院士继续当选为执委会（Executive Committee）委员。

2. 2005年学会主办国际会议3个，即第40届IUPAC Congress及第43届IUPAC General Assembly，第三届亚太环糊精会议和亚洲电化学会议。参加人数1520人，其中境外899人；发表论文1510篇，其中境外941篇。

以白春礼理事长为团长的代表团赴韩国出席了第11届亚洲化学学会联合会会议，争取到第13届亚洲化学大会及亚洲化学学会联合会大会于2009年在上海召开。

3. 接待美国、英国、德国、法国和日本及欧美主要国家化学会的代表团多次访华，就双边合作开展多项交流。

二、开展学术交流，筹备第25届学术年会

学会组织学科和专业会议共计21个，有6893人次参加了各项活动，交流论文6392篇。学术活动涉及基础理论、应用基础、应用、教育与教学各领域。

在北京举行了高分子学科委员会成立50周年纪念活动和高分子学术论文报告会。与会学者1300余人，是历届规模最大、人数最多的一次。召开了第二届全国化学推进剂应用技术学术会议。亲密了军民关系，体现了学会的桥梁、纽带作用。

学术会议基本上反映了我国化学和交叉领域研究最新成果与进展，反映了我国化学领域的发展趋势和学术水平，体现了我国化学学科的繁荣兴旺。

进行了第25届年会的筹备。在吉林大学的支持下，中国化学会第25届学术年会将于2006年7月在吉林省长春市举行，会议由吉林大学承办，大会主题“化学与社会暨化学在社会可持续发展中的地位与责任”。

三、学术期刊争创一流，反映我国研究水平

我国化学研究在国际上发表了许多具有重要影响的工作。2003年发表的论文总数占世界的10%。排名世界的第4位。

学会主办刊物21种，英文刊物4种。11种期刊被SCI收录。年总发行量40.9万册，刊出论文5155篇，其中，英文刊物刊载论文1184篇。

与日本等国家的化学会筹备《亚洲化学学报》，将在2006年创刊。

《高分子学报》荣获第三届国家期刊奖，《催化学报》获提名奖，《分析化学》、《化学学报》、《物理化学学报》获百种重点期刊奖；《分析化学》、《中国化学》荣获中国科协第三届优秀科技期刊奖二等奖；《物理化学学报》、《无机化学学报》和《色谱》荣获三等奖。

《高分子通报》将于2006年调整为月刊，英文名称改为Chinese Polymer Bulletin，《物理化学学报》自第10期起增加篇幅，《化学教育》出版增刊一期。《中国化学(英文版)》、《高分子科学(英文版)》分别与德国Wiley-VCH公司、新加坡世界科学出版有限公司(WSPC)合作出版发行。

学会主办的期刊共同建立了“作者、编者的诚信制度”，2005年公开处理、通报2人次，自2004年以来合计公开处理、通报6次，共计12人，坚决打击剽窃、抄袭等不正之风。

四、加强组织建设，建立“会员之家”

维护会员权利，赋予会员实惠。学会会员可免费获得会刊《化学通讯》；优惠订阅本会主办期刊；优惠购图书；会员会议注册费优惠。团体会员单位开展多种宣传、合作活动。

五、表彰先进、奖掖后学，推荐院士、申请基金，服务会员；推荐院士候选人与推荐候选创新研究群体

学会设立各项奖励共计9项，共计24名学者获奖。推荐中国科学院院士候选人8名、中国工程院院士候选人3名。当选中国科学院院士3名，中国工程院院士1名。推荐一个单位申请“创新研究群体科学基金”的评选，并获资助。

六、继续办好全国高中学生化学竞赛，开展科普工作

全国高中学生化学竞赛得到地方学会的积极支持，初赛报名者已达148417人，颁发初赛(省级赛区)一等奖候选人878名。全国高中学生化学竞赛暨冬令营活动1月在上海市举行，由华东理工大学承办。30个省、自治区、直辖市和教育部理科班组成31个代表队，共159名选手参加了比赛，澳门特别行政区派员观摩了活动。竞赛一等奖获得者48人、二等奖66人、三等奖41人。

目前，已决定2008年、2009年全国高中学生化学竞赛暨冬令营活动分别由江苏省化学化工学会和陕西省化学会承办。

与中国科学院化学部、北京化工大学共同组织了“科学与中国——中国科学院学部成立50周年”院士、专家巡讲团活动。邀请白春礼院士、徐光宪院士、戴立信院士和宋心琦教授做了精彩的科普报告。

七、咨询与企业工作

为了发挥学会知识密集、人才荟萃的优势，为推动社会与经济发展服务，围绕学术交流活动，开展一些尝试性工作。

1. 承办IUPAC会议的附设展览；设置展位33个，展商30家，其中外商10家。

2. 与企业合作开展多种形式的活动，为科研工作者和企业的发展服务。

3. 组织两届“全国化学科学科研项目论坛”。

4. 与有关专业出版社合作，组织专业图书展销活动，通过“优惠购书卡”形式，推出为个人会员的服务项目。

5. 向有关部门提出“关于研发用新化学物质免于申报”的建议，协调处理相关问题。

中国天文学会

Chinese Astronomical Society (CAS)

地　　址	江苏省南京市北京西路2号
邮政编码	210008
电子信箱	cas.nj@pmo.ac.cn
主页网址	http://www.pmo.ac.cn
电　　话	025－83332133
传　　真	025－83332133
理 事 长	苏定强
副理事长	王　宜　张双南　郭　际　黄润乾　廖新浩　戴子高
秘 书 长	严　俊
刊物及主编	《天文学报》　主编　陆本魁
	CHJAA　主编　方　成　汪璟琇
	《天文学进展》　主编　束成钢
	《天文爱好者》　主编　朱　进

单位简介

中国天文学会成立于1922年10月30日，当时设会所于北京古观象台。1932年会所迁至南京。中华人民共和国成立后，中国天文学会先后由全国科联和中国科学技术协会领导。中国天文学会的最高权力机构是全国会员代表大会，每4年举行1次。学会设立秘书处，以协助秘书长开展日常工作。1935年中国天文学会加入国际天文学联合会，成为其团体会员单位。中国天文学会与11个省、市天文学会和2个天文小组建立业务指导关系。学会拥有会员2086人，其中296人为国际天文学联合会会员。中国天文学会下设5个工作委员会、1个工作组（基金）和11个专业委员会。

工作综述

一、以提高学术交流的质量和水平为核心建设高水平的学术交流平台

为充分体现学会的活力和生命力，继续贯彻学会学术年会制，中国天文学会2005年学术年会于10月14～17日在中国科技大学隆重召开，来自全国各天文单位的262人参加会议，叶叔华等7位中国科学院院士出席会议。

年会以“天体力学、天体测量、天文学史、太阳、行星、光学技术、星系和宇宙、恒星、相对论天体物理”为主题展开学术交流和讨论。共举办学术报告156个，其中大会邀请报告14个，特邀科普报告2个，分会报告101个，张贴报告40个，还特别安排了相对论天体物理专题报告会。经过3天的报告、交流、讨论，会议取得了圆满成功，得到与会者的赞同。

2005年学会支持开展各类学术活动11次，参加人数1000人，讨论报告562篇，出版文集1集。

二、增强全球意识，拓宽国际视野，扩大影响，提高国际交流能力和合作水平

1. 组团参加第九次亚洲—太平洋区域IAU会议。2005年7月26～29日有20多位学者、专家组团参加第九次亚洲—太平洋区域IAU会议。中国内地的方成、赵刚、苏定强和中国台湾地区的郭昕为SOC成员。我国有4位天文学家在大会上做了特邀报告。艾国祥院士在大会上介绍了我国近几年的大天文工程项目的报告，引起了与会者的广泛关注，为世界了解中国的天文学发展起到了积极的宣传作用，为发展中国家发展天文学树立了良好的形象。

2. 积极申办国际天文学联合会（IAU）第28届大会。经中国天文学会一年多的努力，目前，中国天文学会申办IAU第28届大会报告已获批准，中国天文学会成立了以苏定强理事长为组长的申办领导小组和北京申办工作小组。学会对在北京申办IAU大会所需要的会场、设施、宾馆、交通、旅游、安全保卫等进行了调查和落实，组织编写和印制了我国正式申办报告书，并在12月15日前已正式递交给国际天文学联合会，现在各项申办工作已全面顺利开展。

3. 中国天文学会成功获得2008年第十次亚洲—太平洋区域IAU会议主办权。

4. 做好接待IAU领导人访华的工作。应中国天文学会邀请，2005年1月15~23日欧洲南方天文台台长、IAU下届主席Dr. Cesarskytkg夫妇和欧南台VLT天文台台长Dr. Gilmozzi来我国访问，中国天文学会苏定强理事长会见了IAU外宾，并代表中国天文学会向IAU领导人当面表达了我国申办IAU28届大会的愿望。

2005年3月13日，应中国天文学会邀请，国际天文学联合会现任主席Prof. R. Ekers夫妇访问南京。中国天文学会苏定强理事长向客人们详细介绍了中国天文学会的发展情况，同时还讨论了国际合作和中国申办2012年IAU大会事宜，讨论了SKA等项目。

通过这两次活动增加了IAU领导人对中国的了解，促进了中国申办2012年IAU大会的工作。

三、广泛开展多样的、群众性、经常性的科普活动，推动公众科学文化素质的提高

1. 举办一系列天文奥赛活动。2005年3月19日和2005年5月2~6日，分别举办全国中学生天文奥赛预赛和决赛。其中预赛在北京等全国9个省市同时举行，参赛选手827名。另外，在北京还举行了2005年北京天文奥林匹克邀请赛。

2005年10月25日~11月2日在北京举行第十届国际天文奥林匹克竞赛，来自俄罗斯、瑞典等18个国家和地区约120名选手、领队及观察员出席了本次赛事活动。中国选手共获得3金2银3铜的优异成绩，为我国中学生赢得了荣誉。

2. 举办第四届全国业余天文摄影比赛。此次活动获得全国各地积极响应，比赛共收到来自全国的近200幅摄影作品，其中70余幅作品获奖。

3. 10月30日是“全国天文日”，各地天文学会积极开展了内容丰富的“全国天文日”科普活动。

四、加强学会自身建设，认真履行桥梁纽带职责

1. 2005年中国天文学会共召开了两次常务理事会议，一次理事会议和一次组织工作会议，根据学会实际情况，采取民主集中的办法，组织安排了2005年度的各项活动，确保全年各项活动顺利完成，2005年共吸收中国天文学会新会员47名。

2. 完成2005年团体会费收缴工作及向IAU缴纳团体会费工作。

3. 加强期刊建设，争办世界一流天文期刊，分别召开了CHJAA和《天文学报》期刊编委会。

4. 加强同各省、市天文学会的联系，积极支持各省市天文学会开展工作，并与黑龙江省天文学会正式建立了业务指导关系。

中国气象学会

Chinese Meteorological Society (CMS)

地　　址　北京市中关村南大街46号
邮政编码　100081
电子信箱　cms@cms1924. org
主页网址　http://www. cms1924. org
电　　话　010-68409840
传　　真　010-68406821
理 事 长　伍荣生
副理事长　黄荣辉　陈联寿　郑国光　唐万年
　　　　　刘建发　李万彪
秘 书 长　王春乙
刊物及主编　《气象学报》　主编　周秀骥
　　　　　Acta Meteorologica Sinica　主编　周秀骥
　　　　　《气象知识》　主编　庄肃明

单位简介

中国气象学会是中国气象科学技术工作者自愿组成并依法登记注册、具有公益性的全国性学术团体。是中国科学技术协会的组成部分。

1924年10月10日，中国气象学会在青岛召开成立大会。学会成立以后，在开展气象学术交流、出版《气象学报》、培养气象人才、普及气象知识等方面做了大量工作，对民族气象事业的发展和现代气象科学的建立起到了重要的推动作用。

1951年4月15日，中国气象学会在北京召开中华人民共和国成立后的第一次代表大会。自1958年9月起，中国气象学会成为中国科协的组成部分。1966 年学会暂停活动。1978 年重新恢复活动后，在推动气象现代化建设和气象事业发展中起到不可替代的特殊作用。第 25 届理事会成立于 2002 年 10 月，由 127 名理事组成。理事会下设大气物理与人工影响天气委员会等 29 个学科委员会及气象科学普及工作委员会等 4 个工作委员会。学会出版学术期刊《气象学报》（中、英文版）及科普期刊《气象知识》。

工作综述

一、组织建设

1. 2005 年初，中国气象学会在北京举办了以“应用气象事业发展战略研究成果，推动学会的改革与发展”为主题的迎春座谈会，共同研讨落实 2005 年的工作，为学会的改革与发展建言献策。

2. 为顺应学会发展和学科发展的需要，新设立了气候生态学、大气化学、气象灾害与服务、气象经济学、气象雷达与雷达气象学委员会。新设立的委员会已全部组建完成并开展了活动。

3. 2005 年 1 月、9 月分别在北京和广东按期、按规定召开两次常务理事会会议。

4. 3 月 28 ~ 31 日在南宁召开 2005 年全国气象学会秘书长会议。会议宣讲与学习了中国气象事业发展战略研究成果，总结了 2004 年工作，部署了 2005 年重点活动，研讨学会发展的新思路、新举措，交流典型经验，研究会员发展管理的具体事项。会议认为，要把学习宣传和应用战略研究成果作为学会工作的主线和检验学会工作成果的标准。会议要求积极做好科普工作，继续推进气象科普社会化、经常化和场馆化。要加强省级学会秘书处能力建设，适当增加秘书处专职工作人员。

5. 全面开展了会员的发展和重新注册工作，年内先后发展两批 500 余名会员。

6. 参与了中国科协组织的“三个平台”课题研究，并就“学会管理和会员服务平台的建设”形成了专题研究报告。结合学会自身实际，提出了关于加强学会能力建设的报告，得到中国气象局和各理事单位的支持。

二、学术与培训活动

1. 10 月 24 ~ 27 日在苏州举办以“气象科技与社会经济可持续发展”为主题的 2005 年年会。参加年会的科技人员有 840 多位，设立 12 个分会场，采用大会报告、分会场和墙报等形式进行多样化的学术交流。年会邀请丑纪范院士、符宗斌院士等科学家与会并做大会报告。会议结束后举办了盛大的招待会，招待会上颁发了年会各个分会场的优秀论文奖和优秀组织奖。年会征文期间共收到论文 1100 余篇，其中正式出版论文详细摘要近 1000 篇。

2. 8 月 25 ~ 26 日在内蒙古呼和浩特市召开第三届国际沙尘暴及降尘天气专题学术研讨会。来自日本、韩国、蒙古、美国、中国内地及台湾省的近 50 位专家学者围绕会议主题做了精彩报告，报告汇集了相关国家在该领域的研究成果。

3. 8 月 22 日，气候变化与气候变异、生态—环境演变及可持续发展科学研讨会在新疆乌鲁木齐召开。该会议是中国科协 2005 年学术年会第 2 分会场。中国气象局局长秦大河院士担任主席，研讨会邀请黄荣辉、巢纪平、李泽椿、陈联寿 4 名院士，国家气象中心主任董文杰研究员、新疆气象局副局长魏文寿研究员及梁信忠教授做特邀报告。来自 23 个省、自治区的 120 名代表出席会议，由于会议组织工作出色，被评为年会优秀分会场。

4. 联合甘肃省气象局等单位于 5 月 23 ~ 25 日在兰州召开干旱气候变化与可持续发展国际学术研讨会。来自美国、澳大利亚等 14 个国家的 200 多位中外专家、学者出席了本次会议。中外专家共同商定建立“兰州国际环境蠕变研究中心”。

5. 9 月 15 ~ 16 日在郑州召开“暴雨、洪水与减灾”——纪念“75. 8”暴雨、洪水 30 周年学术研讨会。美国、意大利的 4 位国外知名专家和中国工程院院士李泽椿和陈联寿等做了特邀报告。来自全国气象、水文及国家防汛、减灾部门的 100 余位专家学者、科技人员出席了会议，会议的召开促进了气象、水文和灾害等学科的相互了解和交叉融合。

6. 8 月 16 ~ 21 日，在成都召开第六次全国动力气象学术会议。中国科学院院士黄荣辉、李崇银以及美国国家海洋和大气局（NOAA）杨崧博士应邀做大会特邀报告。140 余名专家就动力气象学基本理论、气候和季风动力学、中小尺度动力学及气候数值模拟等方面展开了广泛的交流和研讨。

7. 应台湾地区气象学会邀请，以常务理事宇如聪为团长的气象学会代表团一行17人于11月22～30日赴台湾参加2005年海峡两岸灾变天气分析与预报研讨会，并对台湾地区相关气象业务、民航气象业务、气象科普、大学等方面进行了考察。内地代表团提交论文15篇、台湾地区提交论文12篇。

此外，在贵州召开第13届人工影响天气会议，参与了IAMAS2005国际科学大会的筹备工作，并组织气象学术期刊联合参展。还积极参与中国科协2005年减轻自然灾害研讨会和病虫害防治会的组织工作。

三、气象科普

1. 组织气象科普论坛。为发挥现有气象科普资源的作用，积极推进气象科普工作的社会化、群众化、经常化，于10月举办了气象科普论坛。编印了《气象科普论坛文集》，收入论文74篇。

2. 组织申报国家科技进步奖科普项目。学会推荐的由秦大河主编的《全球变化热门话题丛书》作为中国气象局向国家奖励办推荐的项目上报。该套丛书被评为国家科技进步奖科普项目二等奖。

3. 组织开展科普活动。“3·23”世界气象日期间组织了气象台对外开放活动，开展科技咨询，参观人数多达6000多人。3月27日，邀请国家气象中心董文杰研究员围绕气候变化及其影响在中国科技馆做了一场生动的科普报告。来自社会公众、部队、有关院校的大学生200多人听了报告。

2005年5月中旬和9月中旬，参加科技部等4个部委和中国科协先后组织的科技活动周和“科普行动日”。气象展区成为科技活动周的一大亮点。

5月14日中国气象局副局长宇如聪参加了“全国科技活动周”开幕式。国务委员陈至立等领导专门在气象展区驻足，详细询问气象卫星的发射和运行情况，宇如聪介绍了我国气象卫星的有关情况及气象卫星在社会经济和可持续发展中的重要作用。

为配合科技活动周活动，5月20日在北京崇文区金鱼池社区举办科普进社区活动，收到了很好的效果。

根据中国科协安排，于9月20日在北京市崇文区体育馆路小学开展了气象科普进校园活动。我国极地专家陆龙骅研究员为2000多名学生做了“走进极地世界”科普报告。

4. 举办气象科技扶贫夏令营。7月18日，第24届全国青少年气象夏令营暨中国气象局2005年气象扶贫夏令营开幕式在中国气象局科技大楼举行。气象夏令营活动期间，营员们认真聆听科普报告，参观了国家气象中心、气象信息中心、华风影视中心和国家卫星气象中心。

5. 加强对全国气象科普教育基地的指导。为贯彻落实《科普法》，促进气象科普基地建设，规范基地管理，学会在充分调研的基础上，提出了《全国气象科普教育基地标准》和《全国气象科普教育基地管理办法》，两个文件由中国气象局、中国气象学会联合下发。

6. 在《科技日报》上开辟《气象万千》栏目。该专栏自7月上旬启动，已经刊发20多期，内容丰富、知识性强，受到读者好评。

四、编刊工作

1. 完成《气象学报》中英文版日常出刊工作。以继续抓好期刊质量为中心、缩短论文出版周期为重点，扩大国际化影响力度，提高整体质量。顺利完成《气象学报》全年编辑出版工作。《气象学报》论文被引频次和影响因子均明显提高。《气象学报》英文版按计划完成了出刊任务。

2. 完成《气象知识》正常出刊工作。《气象知识》编辑部按时完成了2005年全年1～6期的出版任务，全年编辑约45万字，文章约130篇，处理稿件300篇左右，约稿45篇。

3. 完成纪念《气象学报》创刊80周年系列活动。为纪念《气象学报》创刊80周年，组织出版《气象学报》增刊、在2005年年会中开设“气象期刊改革与发展论坛”。

12月7日在北京召开纪念《气象学报》创刊80周年座谈会，《气象学报》主编周秀骥院士主持座谈会。中国气象局、中国气象学会领导同志及在京有关气象学术期刊编辑部负责人近60人出席座谈会。与会人员认为，《气象学报》走过了80个春秋，见证了近现代气象科学的发展历程，记录了中国气象科学的发展历史，刊载了一批对国内外大气科学发展具有先导性影响的优秀论文，扶植了众多的气象工作者从默默无闻走上前台，已成为对外宣传和交流的重要阵地和各国气象界了解中国气象科技发展状况的重要窗口。与会人员指出，要继续发扬艰苦创业和勇于开拓进取的精神，积极推进国际化进程。

五、科技展会

1. 10月26日，由中国气象局及中国气象学会共同主办、世界气象组织（WMO）特邀支持的第三届中国国际气象科技与水文技术设备展及第四届中国国际防雷论坛暨防雷技术与设备展在上海展览中心举办。

世界气象组织秘书长雅罗先生为展会写了贺信。开幕式由中国气象学会秘书长王春乙主持，上海市副市长胡延照、中国气象局副局长许小峰、中国气象学会理事长伍荣生、WMO代表Miroslav Ondras等嘉宾出席开幕式致辞并为展览会剪彩。展会充分展示了我国气象科技现代化建设的成果，吸引了来自中、美、法、英、西班牙、等国家和香港特别行政区近百家知名公司和厂商参展。开幕当天，上海电视台、东方卫视台均在新闻报道中播出，第二天中央电视台新闻联播节目也转播了上视新闻。

2. 完成中国气象科技展厅前期筹备的相关工作。2005年年初，学会承担了中国气象科技展厅（1000平方米）的筹建工作。相继完成了展厅设计招标和工程施工招标。展厅筹建工作吸纳了国内外科技馆建设的最新设计理念和展示形式，将全面展示中国气象事业现代化建设的成就，展示气象科技在经济社会可持续发展中的重要作用，展示气象工作的服务领域、服务能力、服务水平和服务产品，展示“公共气象、安全气象、资源气象”理念和发展前景，展示气象人的科学精神、奉献精神。

六、其他工作

1. 根据中国科协《关于推荐、提名中国科学院、中国工程院院士候选人的通知》要求，组织了院士候选人推荐工作。

2. 根据中国科协发组字〔2005〕62号文件的通知，开展了第九届中国青年科技奖候选人推荐与评选工作的组织工作。

3. 根据修改后的中国气象学会涂长望青年气象科技奖条例，组织开展了第11届（2004~2005年度）涂长望青年气象科技奖评审，曾燕等5人获奖。此外，还从本届获奖者中推荐了曾燕、杨海军作为世界气象组织青年科学家奖的候选人。

中国空间科学学会

Chinese Society of Space Research（CSSR）

地　　址	北京市中关村南二条1号
邮政编码	100080
电子信箱	cssr@ center. cssar. ac. cn
电　　话	010－62559882
传　　真	010－62559882

理 事 长	肖　佐
副理事长	艾国祥　龚惠兴　顾逸东　郭宝柱　姜景山　李祖洪　邵立勤　沈力平　陶　平　欧阳自远
秘 书 长	叶自立
刊物及主编	《空间科学学报》　主编　肖　佐

单位简介

中国空间科学学会是我国从事空间研究的科技工作者及有关单位自愿组成、依法登记、具有独立法人资格、全国性的、非营利性学术团体，是中国科学技术协会的组成部分，是我国发展空间研究事业的重要社会力量和党与政府联系空间科技工作者的桥梁和纽带。

1979年11月14日，中国空间科学学会由中国科协批准成立，于1980年9月25日在北京举行成立大会，选举产生第一届理事会。1983年10月在青岛、1987年10月在蓬莱、1991年11月在苏州、1996年4月在郑州、2001年5月在宁波分别召开了第二、三、四、五、六次全国会员代表大会。吕保维任第一至第四届理事会理事长。王希季任第五届理事会理事长。肖佐任第六届理事会理事长。

现有个人会员2800余名，单位会员54个；理事会下设空间物理、空间探测、空间天文、空间遥感、空间机械、空间化学与地质、空间材料、空间生命、微重力科学与应用研究等9个专业委员会，以及学术交流、国际交流、学报编辑、科普、科技咨询、组织等6个工作委员会。

自1990年起，学会作为团体会员加入国际科学联合会理事会（ICSU）下属的日地物理科学委员会(SCOSTEP)。

1999年，学会被评为全国科普工作先进集体，第二届中国科协先进学会。2003年被中国科协授予科学技术普及奖。2004年被中国科协授予全国科普日活动先进单位称号。

近10年来，学会的统计工作一直获得中国科协评比优秀，学会的财务决算编报工作也一直得到中国科协综合评审的表扬。

《空间科学学报》是学会与中国科学院空间科学与应用研究中心共同主办的综合性学术刊物，立足于空间科学的前沿，反映该领域的新发现、新创造、新见解、新理论和新方法，展示我国空间科学发展的进程和水平。《学报》公开发行，现为双月刊。

工作综述

2005年我国的空间科学技术事业仍然保持着令世人瞩目的发展态势，神舟六号载人飞船圆满完成2人5天的飞行任务，标志着我国空间科学技术迈上了新的台阶。探月工程正处在紧锣密鼓的实施阶段。国家重大科学工程项目“子午工程”正式启动。

学会及各分支机构结合国家中长期科技发展规划目标，围绕编制“十一五”规划，树立“以人为本，坚持全面，协调和可持续的发展观”，落实中国科协的有关部署，按照常务理事会制定的工作计划及要点，在挂靠单位的大力支持下，依靠广大会员的共同努力，开展了卓有成效的活动。

2005年学会副理事长顾逸东，常务理事王家骐，理事魏奉思、吕达仁均当选中国科学院院士。

一、学术交流

2005年学会相继召开了第11届全国日地空间物理研讨会、空间探测第18次学术会议、空间机械学术年会、第16届空间生命学术研讨会，与会专家519人次，共提交409篇学术论文，会议规模超过100人的有3个。

第11届全国日地空间物理学术研讨会于10月11～16日在山东青岛召开，会议由中国电波传播研究所承办。学会理事长肖佐教授，常务理事、“双星计划”首席科学家刘振兴院士，“夸父计划”首席科学家涂传诒院士等198位学者与会，会议报告论文171篇，其中大会特邀报告6篇，内容覆盖了空间物理学主要领域，全面反映了国内两年来取得的最新研究成果，了解了国外相关领域的发展进程，突出了本学科领域近年来的研究热点。与会者普遍反映这是一次成功的学术交流活动。

此次学术交流会采用开放的大会综合报告与3个分会场、5个专题研讨会相结合的方式。大会的综合报告展望了学科领域的前沿发展，介绍了学科领域取得的新成果和新思维，介绍了发展我国日地空间物理研究的“夸父日地关联系统与空间天气探测计划”，这一计划获得与会科技工作者的共识，也给为发展我国日地空间物理研究而努力工作的科技工作者极大鼓舞。

我国“双星探测计划”成功地实施两年来，已取得不少宝贵的探测数据，会议充分地展示了最新的研究成果，尤其对日地空间物理界颇为关注的磁重联问题的研究有了新的认识。

经3个分会场推荐，大会学术委员会评审，评选出17篇青年优秀论文，会议对论文作者给予了表彰和奖励。

这次会议还展示了两个显著的特点：一是与会的青年科技工作者占与会学者的76%，论文报告占50%以上。这说明我国的空间物理研究队伍后继有人，生机勃勃，已开始成为日地空间物理这一研究领域的主力军，这是十分可喜的现象。二是会议邀请了与我国有合作课题的部分国外科学家就合作领域的研究课题进行直接交流、研讨，十分有利于合作任务的完成和为进一步的合作创造条件，得到与会科学家的欢迎。

二、国际交流工作

学会经中国科协国际联络部批准，10月在日本福冈向国际宇航科学院（International Academy of Astronautics，IAA）提出申请，于2007年5月20～24日在北京举办第16届人在太空科学研讨会，得到IAA认可的批复。学会邀请中国宇航学会、中国航天员科研训练中心和北京航空航天大学共同主办这次会议。预计到会外方专家300人，中方专家150人。

三、科普工作

1. 继续开展大手拉小手科技传播行动——与北京市海淀区彩和坊小学共建中国空间科学学会青少年科技活

动实践基地。

2. 与中科院空间中心和中国科普博览网合作，制作了“中国科普博览——双星计划”专题科普网页，5月1日正式向外发布。该网页以文字、图片、视频、动画等多媒体形式对双星计划进行了较为详细的宣传。

3. 与中科院空间中心合作，以“太空人的衣食住行”为主题，以图文展板、专家现场咨询的形式，在北京海淀公园举办了2005年全国科技活动周科技游园活动。此间，参加了中国科学院举办的科学公众日活动。

四、组织工作

学会六届二次理事扩大会议于9月4～8日在北戴河召开。理事长肖佐作了本届近四年的工作总结，秘书长叶自立就换届的筹备工作做了汇报。

会议围绕理事会换届工作广泛征求理事和与会者的意见，集思广益，为第七次代表大会的顺利召开奠定良好的基础。

中国地质学会

Geological Society of China（GSC）

地　　址　北京市西城区百万庄大街26号
邮政编码　100037
电子信箱　cgdzxh@163bj.com
电　　话　010－68311539/68999021/68999019/68999020/68351167
传　　真　010－68995305
理 事 长　孙文盛（代）
副理事长　陈毓川　张彦英　王　达　倪　斌　孙肇均　邢新田　赵政璋　茹　克　秦大河　何永年　陈肇博　赵鹏大　蔡希源　周玉琦
秘 书 长　王弭力
刊物及主编　《地质学报》　主编　陈毓川
《地质论评》　主编　任纪舜
Acta Geologlca Sinica　主编　赵　逊

单位简介

中国地质学会于1922年1月27日在北京成立，是中国建立最早的学术团体之一。中国地质学会的前身为1909年在天津创立的中国地学会。我国最早的一幅地质图（直隶地质图）就发表在该会第一号地学杂志（1910年）上。

1936年，中国地质学会成立了第一个地方分会即北平分会，到1987年已经增加到30个省、自治区、直辖市地质学会；20世纪60年代中期中国地质学会设立了3个学术机构——专业委员会，到1995年已经发展到32个专业委员会、7个研究会、5个工作委员会，到2000年已经达到49个二级机构。2000年6月由145名理事组成了中国地质学会第37届理事会。2002年中国地质学会的会员已经发展到8万多名，2003年开展了会员重新登记工作，截至年底已有3.9万会员重新登记。

1922年创办了《中国地质学会志》（Bulletin of the Geological Society of China），以西文（英文为主，德文、法文为辅）出版季刊。《中国地质学会志》出至1936年，中国地质学会理事会决议创办中文期刊《地质论评》，每年6期。1952年为了集中出版，曾将两刊一度合并，改出一种中文季刊《地质学报》。1957年又恢复了《地质论评》。《地质学报》以反映地质方面的理论研究和基本问题研究的成果为主；《地质论评》除刊载部分学术论文外，着重开展问题讨论、科技述评与书刊评介以及一些科研简讯、学术活动消息等。

学会每年都举办各种类型的学术会议30多个，涉及地学领域的大多数分支学科。还承办国际学术团体委托召开的国际学术讨论会，经常派专家学者参加国际学术会议。1996年中国地质学会与有关部门合作，成功地举办了国际地科联第30届国际地质大会，得到国际地质科学联合会和国内外地质学家的一致好评。每年的“世界地球日”和青少年地学夏令营已成为中国地质学会科普工作的传统项目。

中国地质学会是国际地质科学联合会的成员组织，学会科技顾问张炳熹曾连任两届国际地科联副主席，学会名誉理事刘敦一也曾连任两届副主席。2004年第35届理事长张宏仁当选为国际地质科学联合会主席。有数十位地质学家担任与地质学有关的各种国际学术团体的主席、副主席、理事、委员等职务。80多年以来，中国地质学会一直将学术属性视为最本质的社会职能，在开展国内外学术交流、组织国际学术会议、普及地质科学知识、编辑出版科技刊物、培养推荐人才中作出了重要的贡献。形成了全面、系统的学术交流网络，与各部门、各行业的地质工作者有着最广泛的联系。

1996年获国家科委“全国科学普及先进集体”称号，1997年获中国科协“先进学会”称号，2001年获中国科协“先进学会”称号，2003年再次荣获中国科协授予第4届“全国性先进学会”的光荣称号。

工作综述

一、学术交流

2005年共组织了23项学术活动，有2450人次参加，交流论文1000余篇。举办了第六届世界华人地质科学研讨会和中国地质学会2005年学术年会、第8届国际矿床地质会议（SGA）、内蒙古矿产资源勘查战略研讨会、加快青海地质矿产勘查进程战略研讨会、中国科协2005年会第3分会场——地质矿产资源的可持续利用、中国地质学会旅游地学与地质公园研究分会成立大会暨第20届学术年会、地学哲学研究分会第10届学术年会暨第七届会员代表大会、首届地球科学与文化学术讨论会暨中国地质学史专业委员会第17届学术年会、X射线光谱分析国际研讨会等。

8月18～21日在北京召开了第八届国际矿床地质会议（SGA）。它是欧洲之外的第一个国际矿床地质会议，来自全球70多个国家和地区近700人参加会议，国外专家和学者有350人，提交论文460篇。矿床地质学会、经济地质学会和国际矿床成因协会三大国际矿床学术组织的主席全部到会，《经济地质》、《矿床地质》、《资源地质》和《国际矿床学评论》的4位主编也都出席会议，各国专家在为期4天的会议中就14个议题和5个专题展开讨论，会上宣读了185篇论文，展示了200篇论文。会前安排有3条野外地质考察路线，会后安排有6条野外地质考察路线，丰富了会议内容。

8月26～29日在内蒙古赤峰市召开第六届世界华人地质科学研讨会和中国地质学会2005年学术年会。与会者200余人，来自美国、澳大利亚及中国内地和台湾省、香港特别行政区的十多家地学科研机构和工业部门，包括7位院士。国土资源部原副部长蒋承菘代表国土资源部部长、中国地质学会理事长孙文盛出席并致词，国际地科联主席张宏仁做大会特邀报告。14位专家、学者做大会报告。然后分5个分会场进行学术交流，讨论了各领域的前沿及热点问题。与会者最为关注的是地质科学研究的全球化及如何通过世界华人地质学家的共同努力，把中国地质科学水平推向世界领先地位。会议出版了论文和论文摘要集。

2月初，受中国科协委托，学会再次主持了由中国科协主办，中国地质学会、中国气象学会、中国消防协会等17个学会共同参加的2005年减轻自然灾害研讨会地质、地震灾害组的分组研讨会。在有关学会的配合下，出色地完成了任务。

二、科普工作

1. 世界地球日。4月22日是第36个“世界地球日”，国土资源部和中国地质学会联合主办“世界地球日”科普宣传咨询会，会场设在国土资源部门前广场，会场的主席台上悬挂着一幅以“善待地球，科学发展，构建和谐”为主题的宣传彩色喷绘幕布，设置了宣传咨询台，展出了数十块宣传图版和矿物、岩石、古生物化石标本，散发了宣传材料数千份。当天，国家邮政局发行了“世界地球日”纪念邮票一枚，并举行了首发式。中国土地学会等10个单位参加了活动。全国人大常委会副委员长何鲁丽、国土资源部部长孙文盛等领导人参加了宣传和咨询活动。首都各大新闻媒体进行了采访和报道。

2. 举办全国青少年地学夏令营，营员总数达2000人。

3. 参加“全国科普日”。9月17日是“全国科普日”，学会科普工作委员会组织专家和人员参加了活动，设立了“资源小课堂”和“尾矿综合利用”两处展台，展出了精美的岩石矿物和古生物标本以及尾矿综合利用的实物标本。

三、科技期刊出版

学会主办的《地质学报》影响因子达到1.767，荣获第三届国家期刊奖，《地质论评》荣获第三届国家期刊奖提名奖。《地质学报》、《地质论评》、《矿床地质》、《岩矿测试》等在国际上是有重要影响的刊物。据全国地质图书馆统计，这些刊物现已被世界上200余家地学机构或图书馆收藏。1980年至今，这些刊物被《科学引文索引》、《化学文摘》、《俄罗斯文摘杂志》、《日本科学文献速报》、《地学书目与索引》等检索系统收录。《沉积学报》、《中国岩溶》、《岩石矿物学杂志》、《矿山地质》、《石油与天然气地质》、《工程地质》、《地质力学学报》、《地质与勘探》、《地质教育》等刊物在有关专业委员会和挂靠单位的努力下，质量也不断提高。吸纳《西北地质》加入中国地质学会期刊系列。

四、科技咨询与服务

1. 配合国土资源部进行国家地质公园建设。国家地质公园专家评审办公室设在中国地质学会。经国土资源部批准，迄今全国已有138个国家地质公园，其中有12个世界地质公园。学会成立了旅游地学与地质公园研究分会，开展经验交流、观摩考察、职业培训和学术讨论等活动。

2. 注册地质师资格认证。此项工作得到中国科协和国土资源部的支持，经过4年的调研、论证和筹备，在国土资源部的指导下，成立了注册地质师资格认证工作筹备委员会，制定了“中国注册地质师执业资格制度管理条例（讨论稿）”和“中国注册地质师职业道德规范（初稿）”。2005年9月正式启动注册地质师资格认证工作，10月开始遴选特许注册地质师，编译《中国注册地质师培训手册》。此项工作将促进我国商业性地质工作的开展，有利于我国地质勘察工作走向世界。

五、组织建设

1. 会员重新登记。按照中国科协的要求，学会开展了会员重新登记工作，截至2005年4月底，会员人数为49926人。制定了《中国地质学会个人会员会籍管理办法》，并为会员服务采取一些措施。各省级学会都在建立和健全会员管理、收缴会员会费和为会员服务方面作了大量工作。

2. 筹备召开中国地质学会第十次会员代表大会。截至2005年底，完成了所有文件的准备，大会将于2006年2月在北京举行。

3. 4月7~9日在桂林召开中国地质学会工作会议，到会100人。

4. 分支机构换届。数学地质与地学信息、前寒武纪地质、桩基无损检测3个专业委员会完成换届。

5. 坚持秘书长会议和常务理事会议议事制度。学会共召开了4次秘书长会议和4次常务理事会议，完善民主办会和保证学会工作的正常运转。

六、人才举荐

评选中国地质学会第十届青年地质科技奖，评出金锤奖10名，银锤奖40名。第三届黄汲清青年地质科学技术奖在筹备专家初评，可望2006年通过基金委员会终审并颁奖。这两个奖项均两年评选一次，发挥了学会人才奖励的作用，得到地质行业的高度评价和广泛支持。另外，学会推荐的院士候选人中有1人当选中国工程院院士。

中国地理学会
The Geographical Society of China
（GSC）

地　　址　北京市朝阳区大屯路甲11号

邮政编码　100101

电子信箱　gsc@igsnrr.ac.cn

主页网址　http://www.gsc.org.cn

电　　话　010－64870663/64889598

传　　真　010－64889598

理 事 长　陆大道

副理事长　保继刚　蔡运龙　程国栋　傅伯杰　顾朝林　李秀彬　史培军　宋长青　许世远

秘 书 长　张国友

刊物及主编　《地理学报》　主编　刘昌明

Journal of Geographical Sciences　主编　郑　度

《冰川冻土》　主编　程国栋

《遥感学报》　主编　徐冠华

《山地学报》　主编　钟祥浩

《世界地理研究》　主编　汤建中

《经济地理》　　　　**主编**　陆大道

《中国国家地理》　　**总编**　李栓科

单位简介

中国地理学会是由全国广大地理工作者自愿组成、在中华人民共和国民政部依法登记注册、具有独立法人资格的全国性、公益性、学术性的社会团体，是中国科学技术协会的重要组成部分，是我国发展地理科学事业的重要社会力量。

中国地理学会是我国成立最早的学术团体之一，其前身是1909年在天津成立的中国地学会，创始人是我国近代地理学先驱张相文。中国地学会的创立标志着中国地理学由传统地理学“舆地之学”开始迈入近代地理学的发展阶段；1910年中国地学会创办了我国第一个地学刊物《地学杂志》。1934年3月翁文灏、竺可桢、张其昀3人具名发起在南京成立了中国地理学会，翁文灏任理事长，中国地理学会的成立标志着中国近代地理学的蓬勃发展；1934年创办了学术刊物《地理学报》。中华人民共和国成立初期，中国地学会与中国地理学会合并为中国地理学会。1953年在北京召开合并后的第一次全国会员代表大会，选举产生了第一届理事会，竺可桢任理事长；此后，中国地理学会分别于1956年和1963年在北京召开了第二、三次全国会员代表大会，选举产生第二、三届理事会，竺可桢连任理事长；1979年和1985年分别在广州和北京召开了第四、五次全国会员代表大会，选举产生了第四、五届理事会，黄秉维连任理事长；1991年选举产生了第六届理事会，吴传钧、陈述彭、施雅风、张兰生任理事长；1995年选举产生了第七届理事会，吴传钧任理事长；1999年和2004年选举产生了第八、九届理事会，陆大道连任理事长。

从20世纪50年代开始各地陆续成立了地理学会或分会，从20世纪60年代开始学会所属各专门委员会也陆续成立。目前，学会下设16个专业委员会、7个分会和6个工作委员会，联系地方31个省、直辖市、自治区地理学会（未含台、港、澳），拥有个人会员近2万人，主办和联合主办学术及科普刊物10种。

中国地理学会于1950年加入中国科协的前身全国科联。1949年加入国际地理联合会（IGU），后来该席位一度被台湾取代，1984年恢复了学会在IGU的席位，我国著名地理学家吴传钧院士、刘昌明院士先后担任IGU副主席；学会冰川冻土分会于1983年加入国际冻土协会（IPA），我国著名冻土学家程国栋院士先后任IPA副主席、主席，朱元林1998年起任IPA执委；学会地貌与第四纪专业委员会于1989年加入国际地貌学家协会（IAG），我国著名地貌学家王乃梁、王颖先后任IAG执委。

工作综述

一、学术交流工作

1．学术交流活动。重点围绕2005年全球华人地理学大会、IGU执行委员会2005年秋季工作会议暨中国地理学发展国际研讨会、第十五届全国遥感技术学术交流会、第十届全国青年地理工作者学术研讨会、第六届国际地貌学大会、日本日中地理学会第七轮访华交流、考察团等活动开展学术交流工作，努力实施学术交流国际化战略。学会全年（不包括地方地理学会）组织开展学术交流活动16项，参加人数约3200人，交流学术论文1580多篇。

2．学术期刊。2005年各刊在加强制度建设和内部管理、不断提高刊物学术质量、扩大期刊影响力和创造品牌效应等方面，都做了大量的工作，取得了良好的成绩。2005年，在第三届国家期刊奖评选活动中，《冰川冻土》荣获提名奖，《地理学报》（中文版）荣获百种重点期刊奖。据2005年CSCD影响因子300名排行榜，《地理学报》（中文版）和《冰川冻土》两刊影响因子分别为1.8549和1.7656，分别排列在第4位和第7位。

二、科普工作

1．面向公众的《中国国家地理》杂志。2005年《中国国家地理》杂志创刊55周年，为了纪念这个光辉的日子，回报广大读者，《中国国家地理》杂志在不断提高刊物质量、传授科学文化知识、正常编辑出版发行的基础上，组织编辑了550页“选美中国”专辑，发表在2005年10月号上。由于社会需求广泛，该期内容又以增刊形式两次加印。2005年，《中国国家地理》还荣获了第三届国家期刊奖提名奖，《中国国家地理》中文网也在第一届全国优秀科普网站及栏目评选中，被评为优秀科普网站。

2．《地理频道》网站。2005年该网站浏览人数近50

万人次。在第一届全国优秀科普网站及栏目评选中，荣获提名奖。同年成为中国互联网协会网络科普联盟成员。

3.《地质灾害及防灾减灾基本知识》科普挂图。2005年，在中国科协西部科普工程项目支持下，经过科研人员的积极努力和热心奉献，圆满地完成了《地质灾害及防灾减灾基本知识》科普挂图的研制任务，编辑出版了8张一套的科普挂图，由科普出版社出版，中国科协在2005年9月17日全国科普活动日期间组织发行。由于社会需求量大，在原来计划印刷3000份的基础上又加印了5000份。结合该挂图内容，学会组织专家在西藏进行了多场科普讲座，受到当地群众和领导的好评。

三、组织建设与会员管理和服务

1. 加强组织建设、实行民主办会。根据学会工作的需要，组建了学会学术工作委员会并召开了第一次工作会议。学会理事会换届之后，要求学会所属各分支机构相应的进行换届工作，2005年先后完成了9个专业（工作）委员会和分会的换届工作。在发扬学术民主方面，2005年组织召开了三次常务理事会议，对学会重要工作和事务进行了审议。

2. 加强会员管理与服务。自1999年学会实行会员制度改革以来，已经直接发展个人会员近6000人。2005年新发展个人会员300多人，另有300多名会费到期的会员续缴了个人会费。同时，为了密切与会员的联系，加强信息服务，2005年《中国地理学会会讯》由季刊变为双月刊。

3. 开展表彰奖励工作、服务会员、促进学科发展。围绕着为会员服务、增强学会的凝聚力，2005年学会组织开展了“科学杯”第八届全国青年地理科技奖、第三届全国优秀中学地理教育工作者、2005年全球华人地理学家大会青年优秀论文奖、第十届全国青年地理工作者学术研讨会青年优秀论文奖和第十五届全国遥感技术学术交流会优秀论文奖等评奖活动，共有176人受到嘉奖，在会员和广大地理科技工作者中产生了重要影响，收到良好的效果。另外，第四届中国青年遥感辩论会和首届全国青年地理学家辩论赛也表彰了一批青年学者。

四、其他相关工作

作为中国科协组织开展相关工作的学术支撑单位，学会认真组织专家学者，积极响应中国科协的号召，开展学术交流与咨询服务工作。2005年，学会参与组织了中国科协2005年减轻自然灾害学术研讨会，负责组织召开了中国科协2005年学术年会第4分会场——西部地区资源环境与区域发展研讨会，协助中国科协组织了第三期“国土规划与可持续发展国际培训班等活动；学会理事长在繁忙的工作中，认真准备，应邀为中国科协2005年学术年会做大会报告，还多次应中国科协的邀请参加资源枯竭型城市经济转型学术报告会和中国科协组织的咨询评价工作。

为了扩大宣传，推动地理学的发展，2005年学会完成了《地理学名词》的审定工作，组织编辑出版了《地理学家名录与全国地理单位简介》，组织专家编写了《2005年中国地理学科发展蓝皮书》；还与《科学时报》合作，协助《科学时报》组织发表了“地理视点”专栏，出版了一期四版。

中国地球物理学会
Chinese Geophysical Society（CGS）

地　　址　北京市海淀区民族学院南路5号
邮政编码　100081
电子信箱　cgs@cgs. org. cn
主页网址　http://www. cgs. org. cn
电　　话　010-68729347/62007631
传　　真　010-68460283

理 事 长　王　水
副理事长　徐文荣　张永刚　李绪宣　王　平
刘启元　孙升林　王小牧
秘 书 长　朱日祥
刊物及主编　《地球物理学报》　主编　刘光鼎
《地球物理学进展》　主编　刘光鼎
Applied Geophysics　主编　范伟粹

单位简介

1940年春，经济部地质调查所与北平研究院为促进地球物理工作共同组成地球物理工作委员会。1941 年更名为中国地球物理工作委员会，并出版《地球物理专刊》(Geophysical Memoirs)，此为中国地球物理学会的前身。

1947 年 8 月 3 日在上海中央研究院召开中国地球物理学会成立大会，出席会议 26 人，讨论通过学会章程，选出理事 9 人，陈宗器任理事长。1948 年 10 月在南京中央大学举行中国地球物理学会首届年会期间，遵照学会章程改选三分之一理事的规定，选出理事 8 名。赵九章任首届理事会理事长，陈宗器任首届理事会总干事（秘书长）。1953 年 12 月在全国科联领导下，学会进行了整顿、改组，于 1957 年 2 月 5 ~7 日在北京中科院地球物理所召开了学会第一次全国代表大会，选举赵九章为理事长，陈宗器为秘书长，主要围绕国际地球物理年和国家经济建设开展一系列活动。1963 年 9 月 16 ~21 日在北京科学会堂召开了第二次全国代表大会，选举顾功叙为理事长，傅承义为秘书长，称第二届理事会。本届理事会配合中国科学技术协会成功恢复了我国在国际大地测量与地球物理学联合会（IUGG）的合法席位，顾功叙任中国 IUGG 主席。“十年动乱”期间学会停止活动。1978 年逐步恢复活动，并进行了会员清理登记。1980 年 7 月 3 ~9 日在苏州召开了第三次全国代表大会，选举了新的理事会、常务理事会。顾功叙、傅承义分别连选连任了理事长和秘书长，称第三届理事会。本届理事会在中国科协支持下，试行独立自主、民主办会的管理体制，成功地完成了向多方支持体制转轨，中国科学院、石油部、地矿部、国家地震局成为学会主要支持单位，给学会以人、财、物的支持，秘书处和学报分别在国家地震局地球物理所和中科院地球物理所办公。1988 年 5 月 24 ~25 日、7 月 19 ~20 日在北京召开了会员代表大会和第四届第一次全体理事会，选举产生了新的理事会，翁文波任理事长，夏国治任常务副理事长，曲克信任秘书长。为进一步提高民主办会的效率，理事会决定设立以理事长为首的三人领导小组，集体主持学会工作。启动天灾预测、出版黄皮书，每年为国家提供天灾预测的补充意见。第五届理事会采用全体会员投票产生。1993 年 8 月 31 日 ~9 月 2 日在北京召开全体理事会，选举出理事长刘光鼎，秘书长曲克信。为发展学科，推进学科为经济建设服务，加强能源、资源、环境、工程地球物理方面的综合研究与开发，探索学会如何融入市场经济，建立了相应的组织。第六届理事会于 1998 年 10 月在杭州召开代表大会选举出理事长刘光鼎，秘书长朱日祥。主要支持单位增加到 7 个：中国科学院、国土资源部（中国地质调查局）、中国地震局、中国石油天然气集团公司（地球物理勘探局）、中国石油化工集团公司、中国海洋石油总公司和新星石油公司。以提高刊物和学术会议的质量为重点，加强国际交流，并实现了《地球物理学报》英文电子版由美国地球物理协会（AGU）发行。2003 年 10 月在南京召开了第七届会员代表大会，投票选举出理事长王水，秘书长朱日祥，完成了换届改选工作。2004 年又增加两个主要支持单位，中国煤炭地质总局和中油集团东方地球物理公司。

学会现有注册普通会员 13818 人，高级会员 15 人，外籍会员 8 人，团体会员 36 个。设 13 专业委员会，5 个编辑部，6 个工作委员会和秘书处。中国地球物理学会是 IUGG 成员，与 AGU、全球勘探地球物理学家学会（SEG）、澳大利亚地球物理勘探家协会（ASEG）以及 EAGO 有较好的协作关系。

工作综述

一、民主办会

中国地球物理学会是一个跨学科、跨行业、跨部门涉及面非常广的学会，多年来坚持民主办会的宗旨，按时召开工作会议，常务理事会讨论做出决议后，秘书处和职能部门执行，并在《会讯》和网站上向全体会员通报，接受会员监督。2005 年召开各工作会议常务理事会议 3 次，秘书长工作会议 3 次，全国秘书长联席会 1 次，年会理事会扩大会暨会员代表大会 1 次，春节茶话会、向主要支持单位汇报工作会 1 次。

根据常务理事会讨论通过的计划，2005 年财务完成情况为收支平衡，略有节余。

二、组织工作

在完成中国科协部署的各项任务的同时，2005 年主要完成了以下几项组织工作：

（1）正式成立了国家安全地球物理专业委员会，为军、地合作提供了一个新的平台，使地球物理的科技发展更好地服务于国防建设。（2）积极筹备成立继续教育委员会的工作，以满足科技工作者知识更新，组织科学技术培训的需求。（3）根据中国科协对学会管理工作提出的要求，经常务理事会讨论通过，学会开始实行新的“会员会费收缴标准和管理办法”，同时会员和会员单位的重新登记也在进行中。（4）加强会员管理，推进组织机构改革，正式成立了山西省地球物理学会，推进广东、辽宁、四川3个地方学会的筹建工作，并对新疆学会的筹备委员会重新作了调整，以加快成立进程。经理事会、常务理事会通过，增加了两个主要支持单位，增选3位理事，1位常务理事，加强了学科间、部门间的联系，也加强了对学会的支持力度。（5）2005年12月底发展新会员119人，其中女会员23人，截止到12月底会员总人数已达到13818人。

三、学术交流

计划召开学术会议15个，完成23个，其中新增会议12个。2005年学会专业委员会的学术会议注重与国民经济建设相结合，召开的形式也不局限在学术交流，以座谈、讨论、技术评优、共同探讨等形式，有力的扩大了学科影响，促进了产学研相结合，使发展学科、服务社会落在实处。

8月底在长春召开的第21届综合学术年会主题为振兴东北老工业基地。来自跨学科、跨部门、跨行业的专家、学者442人参加了会议。会议出版的论文集《中国地球物理2005》收录了604篇论文，会上交流了273篇。有10位院士参加会议并做了学术报告，5位院士做邀请报告。大会邀请报告10个，组织了22个专题研讨会和振兴东北老工业基地专题讨论会，交流和展示新思想、新技术及新成果。举行傅承义青年科技奖和顾功叙地球物理发展奖的专题报告，颁发了5名傅承义青年科技奖和28名学生优秀论文奖。召开了理事扩大会和地球物理学报编委会，商定学会工作重要事项。年会期间，有7个单位参与了成果和新产品展览，参展单位包括地质仪器制造业、地质地球物理勘探部门、地学信息处理软件设计以及大专院校，涉及地矿、煤炭、石油、水资源与环境等行业，与会者对参展产品有浓厚兴趣，收到了良好的宣传效果。

四、科普与继续教育

完成了中国科协和北京市组织的各项科普活动。举办科普讲座7次，听讲人数300人；举办科普展览5次，参观人数6300人；进行科普宣传6次，参加宣传的工作人员和志愿者达46人；学会安排的科普展板制作项目已完成26块。多极声测井理论与应用方法暑期讲习班和第二期地质雷达技术骨干培训班也按计划顺利完成，培训63人次，并各编制了一本教材。

五、社会服务

1. 组织编辑出版了1000册《21世纪的中国地球物理》的续集《点击中国地球物理》画册，介绍了学会的发展和部分会员单位，免费在国内外赠送，以扩大国内外有关单位对中国地球物理界的了解。

2. 通过建议、讲学、讲座和开研讨会等各种形式，介绍新思想、新方法、新观点，如“石油天然气资源二次创业”，经过3年多时间的努力，石油界开始认同刘光鼎的创新理论，并已在川东鄂西地区、鄂尔多斯中西部和徐家围子地区找到了3个千亿立方米级的大气田，在塔里木河探测出一个十几亿吨的新油藏。目前渤海和新疆已开钻。

3. 联合会员单位通过国际合作，将我国地球物理探测新技术推向东南亚，为缓解我国优质矿的急需，帮助会员单位走出国门，开拓市场作了一点尝试。

4. 为进一步了解我国南海的地球物理场，帮助我会会员单位航遥中心完成了马来西亚的物性测量任务。

六、宣传出版

2005年5种刊物均按时完成了出版计划，全年出版各种学术期刊19000册，发表论文630篇，出版会议论文集9种，共印发3790册，发表论文1067篇。海洋专业委员会公开出版了1本译著，环境专业委员会公开出版了1本论著。学会网站完成了非营利性互联网信息服务备案工作。加强网站的信息传递工作，使其成为了解学会的窗口。在2005年全国秘书长联席会上，给山东省和上海市地球物理学会颁发了2004年度《会讯》优秀通讯员奖。

七、表彰奖励

东方地球物理勘探公司的钱荣钧荣获2005年顾功叙地球物理科技发展奖，在2006年1月10日举行的春节座谈会上颁发了荣誉证书和奖金；来自科研院所、石油集团公司和大专院校的黄金莉、黄晓葛、翁爱华、杨顶辉、周仕勇等5位青年学者，荣获2005年傅承义青年科技奖，并在第21届综合学术年会上颁发了荣誉证书和奖金。

中国矿物岩石地球化学学会

Chinese Society for Mineralogy,
Petrology and Geochemistry (CSMPG)

地　　址　贵州省贵阳市观水路46号
邮政编码　550002
电子信箱　csmpg@ vip. skleg. cn
主页网址　http://www. csmpg. org. cn
电　　话　0851-5895823
传　　真　0851-5895823
理 事 长　刘丛强
副理事长　丁仲礼　王成善　叶大年　安芷生
张彦英　陈　骏　林学钰　郑永飞
胡瑞忠　夏　斌　贾承造
秘 书 长　胡瑞忠
刊物及主编　《岩石学报》　主编　翟明国
《地球化学》　主编　涂光炽
《矿物学报》　主编　涂光炽
《矿物岩石地球化学通报》
主编　欧阳自远
Chinese Journal of Geochemistry
主编　涂光炽
《古地理学报》　主编　冯增昭

单位简介

中国矿物岩石地球化学学会是从事矿物学、岩石学、沉积学和地球化学的科技工作者自愿组成的公益性、学术性法人社会团体，是中国科学技术协会的组成部分。

学会由侯德封、涂光炽等人发起，于1978年10月在贵州市贵阳市成立。涂光炽和欧阳自远分别担任一至五届理事会理事长。刘丛强任第六届理事会理事长。

本会目前有24个专业委员会和3个工作委员会。现有会员6000余人。在全国9个省（市）有省级学会。1981年代表中国加入国际矿物协会（IMA）和国际地球化学和宇宙化学学会（IAGC）。

工作综述

一、学术交流工作

2005年共召开5次全国性的学术会议。第十届学术年会于2005年4月24~29日在武汉召开。这是学会确定每两年召开一次全国性、综合性学术年会以来的第一次年会，330余人与会。会前编辑出版的论文集收录论文307篇。会上8位院士分别做了主会场报告，分会场交流报告242个。

会议紧紧围绕学科发展前沿及与国民经济社会发展相关注的问题，交流了近年来的最新研究成果。11个分会场的内容涉及地球深部的物质组成、结构演化及其有关的矿产资源问题，地表物质循环与表生地球化学问题，以及矿物岩石材料的研究及其开发利用。

这次会议是学会加强学术建设，致力于提高学术交流质量的一次尝试。会议由所属专业委员会和有关学科组负责学术交流，以提高学术交流质量和各分支学科的交流与融合。学会秘书处负责学术交流内容的协调和全部会务工作。组织形式的变化带动了学术气氛的活跃，各会场成为互动式会场。这种形式得到理事会和广大与会代表的一致肯定。

学会还召开了有关专业委员会与有关学会、部门联合举办的第四次全国火山学术研讨会；全国矿物科学与工程学术研讨会；第八届全国同位素地质年代学和同位素地球化学学术研讨会议；以及2005年全国岩石学与地球动力学研讨会。

二、学术期刊工作

学会与有关研究机构共同主办的6种学术期刊2005年均正常出版，发表文章600余篇。此外，沉积学专业委员会与四川省矿物岩石地球化学学会分别和有关单位合办的《沉积学报》和《矿物岩石》在地学界也有一定的影响。

期刊学术质量的提高主要表现为检索评价指标提高较快，发行量有所增长。所有期刊均已作为我国重要检索数据库如CSCD、CSTPCD，以及CNKI全文数据库、维普、万方、台湾华艺等的来源期刊收录，或被国外知名检索系统如CA、AJ等全文收录。《岩石学报》进入SCI的核心库，Chinese Journal of Geochemistry 为 EI 核心库的收录期刊。

各期刊积极参与中国科协组织的活动，及时为《中国学术期刊文摘》提供数据。

三、科普及青少年工作

2005 年学会科普工作的特点是激活新的科普活动机制，积累了西部省区科普工作的经验。

学会加强与地方科协的合作，开展为中小学培养科技辅导员的工作。2005 年为贵州省六盘水、铜仁、遵义和贵阳市组织了 4 场各 10 学时的科技辅导员培训班，共计 189 人参加培训，重点讲授如何开展科技活动，推动贫困地区的科普工作。另外，继续开展中学生的“做中学”活动，安排了两个中学生科技活动组参加中国科学院地球化学所的课题研究，为学生有创造切身体会研究工作全过程的机会。

科普报告是学会长期以来坚持的最为常见的科普活动。目前已形成近十个较为成熟的多媒体科普报告，如欧阳自远院士的“中国探月不是梦”等。2005 年学会共组织各类科普报告 30 场，听众达 3 万余人次。

学会注重农村科普工作的开展，尤其是县、乡、村级干部素质的提高。2005 年在六盘水地区组织了两场针对农村基层干部的科普讲座，帮助“村官”、“乡官”认识资源、环境对树立科学发展观的重要性。

学会与广东省对口学会合作举办了一次有 100 余名中学生参加的科普夏令营。

科技活动周期间，学会与挂靠单位组织了一次开放日活动，800 余人参加。9 月份的全国科普日组织大学生参加“人与自然的和谐”活动。

四、举荐人才

2005 年初参加了中国科学院院士、中国工程院院士初选候选人的推荐工作。为第九届中国青年科技奖推荐了 2 名候选人。下半年启动了第 11 届侯德封矿物岩石地球化学青年科学家奖申报工作，此项工作延续到 2006 年。

五、自身建设

坚持理事会会议制度。2005 年召开了六届理事会第三次通讯会议和第四次会议。重要的决策和重大事情均由理事会讨论决定。如理事会第四次会议正式讨论通过了《会员管理条例》、《理事会工作条例》、《专业委员会工作条例》，以及经过修订的一些现行“办法”和“条例”（如《中国科学院院士、中国工程院院士推荐办法》、《侯德封奖实施办法》、《侯德封奖基金使用管理办法》），规范了学会一系列工作，并以此作为学会改革、民主办会的重要举措。

加强了会员发展工作。5 月中旬开始的会员重新登记工作已基本完成，并建立了会员数据库雏形。2005 年共发展新会员 140 人。

本会网站（http://www.csmpg.org.cn）已建成开通。

中国古生物学会

Palaeontological Society of China（PSC）

地　址	江苏省南京市北京东路 39 号
邮政编码	210008
电子信箱	a14@cast.org.cn
主页网址	http://www.nigpas.ac.cn zgxh/main.htm
电　话	025－83282138
传　真	025－83357026
理事长	沙金庚
副理事长	朱　敏　郝守刚　季　强
秘书长	杨　群
刊物及主编	《古生物学报》　主编　戎嘉余

单位简介

中国古生物学会是我国古生物科学技术工作者自愿组成并依法登记成立的法人社会团体，是发展我国古生物科技事业的重要力量，是中国科学技术协会的组成部分。

学会宗旨是团结、组织全国古生物工作者，以党的基本路线为指导，遵守宪法、法律、法规和国家政策，遵守社会道德风尚，发扬学术民主，贯彻“百花齐放，百家争鸣”的方针，提倡献身、创新、求实、协作的精神，坚持实事求是的科学态度和优良学风，面向现代化，面向世界，面向未来，努力为促进本学科在我国的繁荣与发展作贡献。

1927 年我国留德古生物学者孙云铸、杨钟健在德国磋商成立中国古生物学会，起草章程 12 条，并函询国内外同行意见。1929 年 8 月 31 日，我国第一代古生物学家 10 人在北平中信堂正式召开了中国古生物学会创立大会，孙云铸任会长，同年 9 月 17 日在北平兵马司地质调查所召开首次学术讨论会。学会成立后，经费比较困难，虽然开展一些活动，但力不从心，无形中陷于停顿状态。于抗战胜利后，大部分古生物学家集中南京中央地质调查所，在杨钟健倡议下，于 1947 年 12 月 25 日在南京中央研究院地质研究所召开中国古生物学会复活大会，登记会员 47 人，到会会员 23 人。1951 年中国科学院古生物研究所成立，学会有了专业所的挂靠，为学会发展奠定了有力的基础。1953 年正式出版会刊《古生物学报》。

1979 年 7 月加入国际古生物协会 International Palaeontological Association（IPA）。

工作综述

2005 年，中国古生物学会在中国科协的领导和挂靠单位的大力支持下，依靠理事会、常务理事会和广大会员的共同努力，围绕 2004 年制定的工作目标，在地球早期生命及演化，胚胎化石，重大地质生物事件及绝灭、复苏与辐射，化石库及特异保存，化石的精细研究，中生代热河生物群及鸟类与恐龙的演化，古生物多样性变化与温室气候变化等方面做了一些工作，取得了一定的成绩。

2005 年 4 月 23 ~ 27 日在江苏省常州市举行中国古生物学会第九届全国会员代表大会暨第 23 次学术年会，来自地矿、石油、煤炭、化工、海洋、科研、教学、出版和博物馆系统的近 300 位专家、学者出席了会议。中国科协书记处书记冯长根、江苏省副省长张桃林应邀参加了会议。本届学术年会共收到论文摘要 106 篇，会前编印了论文摘要集和第九届理事会理事候选人简介。本次大会组织了学术报告 5 个，分会场学术报告 79 个。交流领域广泛，内容丰富多彩，充分展示了我国古生物学家近年在早期生命起源、演化、古生态、古地理、古气候、年代地层和界线层型，以及新的学科领域分子古生物学等方面取得的进展。

2005 年 6 月 23 ~ 26 日在广州中山大学和中山大学珠海校区隆重举行中国古生物学会孢粉学分会第七届代表大会暨七届一次学术年会，来自全国各地科研单位、高等院校、石油与地质、出版等系统近 90 位专家、学者出席了本次会议。本次大会共收到论文摘要 63 篇，会前编印了论文摘要集。本次大会组织了 46 个学术报告在会上交流，内容涉及新元古代雪球事件、中新生代地层孢粉学、孢粉相、新生代典型被子植物的演化与发展、第四纪高分辨率孢粉与环境、全新世人地作用的演化规律、第四纪孢粉的现代过程研究、表土花粉与现代植被的对应研究、空气孢粉学、孢粉形态学与系统演化、孢粉超薄切片与孢粉分析方法、花粉的营养功能、空气致敏花粉、植硅体形态研究与应用等方面取得的进展。

2005 年 7 月 30 日 ~ 8 月 3 日在大庆油田勘探开发研究院隆重举行中国化石藻类学会第六届会员代表大会暨第 12 次学术年会，来自全国各地科研单位、高等院校、石油地质等系统近 50 位专家、学者出席了本次会议。本次大会组织了 11 个学术报告在会上交流，内容涉及中国震旦（伊迪卡拉）系年代地层学研究进展及存在问题、最早矿化骨骼生物 Cloudina 研究进展、扬子区震旦系陡山沱组化学地层学及微体化石组合对比、长岭凹陷化石藻类研究、瓮安生物群化石新资料与初步认识、云南东部 Ediacaran 纪晚期的宏体藻类化石群、徐淮地区新元古代九顶山组微生物化石面貌、山西永济地区中元古代晚期最早的沟鞭藻化石 、峡东地区震旦系陡山沱组下部微体化石组合及地层意义 、六亿年前的地衣等方面。会议上的学术交流延续了中国化石藻类学会重理论、重实践、重基础研究的严谨治学理念，每个学术报告都进行了热烈的讨论。

中国海洋湖沼学会

Chinese Society for Oceanology and Limnology（CSOL）

地　　　址　山东省青岛市南海路 7 号

邮 政 编 码 266071
电 子 信 箱 shlzhang@ ms. qdio. ac. cn
主 页 网 址 http:// www. qdio. ac. cn
电 话 0532－82898636
传 真 0532－82866889
理 事 长 胡敦欣
副 理 事 长 曹文宣 苏纪兰 汪品先 管华诗 相建海 张长宽
秘 书 长 相建海（兼）
刊物及主编 《海洋与湖沼》 主编 相建海
Chinese Journal of Oceanology and Limnology 主编 胡敦欣
《湖泊科学》 主编 王苏民
《水生生物学报》 主编 桂建芳

单位简介

中国海洋湖沼学会是海洋湖沼科学科技工作者自愿结成、非营利性的法人学术性群众团体，是国家发展海洋湖沼科学技术事业的重要社会力量，是中国科协的组成部分。

中国海洋湖沼学会于1950年1月在上海成立，同年在北京、青岛、厦门分别成立分会。

中国海洋湖沼学会于1951年8月8日在北京、1963年在武汉、1979年在武汉、1984年在青岛、1988年在青岛、1992年在上海、1997年在青岛、2002年在南京分别召开第一届、第二届、第三届、第四届、第五届、第六届、第七届、第八届全国会员代表大会。孙云铸任第一届理事长。张玺任第二届理事长。曾呈奎任第三、四届理事长。刘瑞玉任第五届理事长，秦蕴珊任第六、七届理事长，胡敦欣任第八届理事长。

中国海洋湖沼学会于1950年加入中国科协的前身全国科联，并于1951年3月15日在内务部登记注册。目前中国海洋湖沼学会已发展成拥有近8000会员，包括15个分科学会（专业委员会）和9个省市的团体会员单位的学术团体。

工作综述

一、学术交流工作

2005年学会先后组织召开藻类学、贝类学、水文气象、潮汐海平面、计算海洋物理等领域学术研讨会5个，约1000人次出席会议，其中境外86人次，会议交流学术论文983篇，编辑出版论文集5种。会议交流内容和涉及的学科有物理海洋、海洋气象、海－气相互作用、河口海岸、气候异常、海洋生态、藻类形态分类、生理生化、生态栽培和藻类在环境治理中的应用、藻类光生物学操纵和方法、藻类生物技术、藻类产品及其质量控制、有害藻类、贝类遗传育种和健康苗种培育技术、关键种种质保护与资源增殖技术、环境保护与修复技术等领域的最新研究动态和成果。

二、科普与青少年工作

2005年，学会在开展“关爱海洋湖沼生命保护自然生态环境”的“大手拉小手”科技传播行动中，共组织院士、研究员、副研究员（主要来自中科院海洋所、河海大学等）38人次深入到青少年学生中，向小学生宣传科学精神、传播科学知识。他们先后在青岛市南区少年宫、新昌路小学等30所学校，为学生和教师进行科普讲座。还在青岛莘县路小学、青岛10中、青岛新昌路小学举办了展览会和现场会。郑守仪院士在青岛市南区少年宫的讲座中回答了小学生的单独提问，会后向13位小学生寄出纪念品。另外还有410名小学生在显微镜下观看了郑院士提供的有孔虫。通过组织科普讲座、现场会和展览会，激发了广大青少年学习科学知识的兴趣，专家的指导、报告拉近了专家与青少年的距离，使青少年能够直接向国家一流的专家乃至院士学习，这将使青少年终生获益。

三、编辑出版工作

2005年《中国海洋湖沼学报》为尽快提高英文稿件学术质量，在加强国内外组稿工作的同时，加强中英文版资源共享合作，使一部分优秀中文稿源借助英文版进行对外交流，进一步提高英文版学术质量。同时也不断加强国际合作，扩大刊物国际影响。编辑部网站建成，和一部分期刊已经上网。

《海洋与湖沼》2005年荣获第四届百种中国杰出学术期刊奖；第三届国家期刊二等奖。并分别获中科院、中国科协择优科技期刊出版基金资助。

目前，《湖泊科学》已经被国内所有数据库（机构）

列为核心期刊；并被 Chemical Abstract 等数十家国际数据库收录。2006 年起，《湖泊科学》改为双月刊。

四、组织建设

组织召开分支机构秘书长会议，进行中国科学院院士、中国工程院院士候选人的遴选和推荐、第九届中国青年科技奖候选人的推荐。在云南省昆明市召开藻类学第 13 次学会讨论会，评选出第三届曾呈奎青年优秀论文奖 。2005 年，《湖泊科学》编辑委员会进行了换届工作。总会及各分会积极发展新会员，共发展新会员近千名，均为中青年科技工作者，使学会补充了新鲜血液。

中国海洋学会

Chinese Society for Oceanography

（CSO）

地　　址　北京市复兴门外大街 1 号

邮政编码　100086

电子信箱　xuihuimishuchu@ hotmail. com

主页网址　http://www. cso. org. cn

电　　话　010－68047626

传　　真　010－68047626

理 事 长　王曙光

副理事长　左其华　迟学歧　陈士标（常务）　周守为　洪华生　相建海　管华诗　潘德炉

秘 书 长　陈士标（兼）

刊物及主编　《海洋学报》　主编　潘德炉

Acta Oceanologica Sinica　主编　潘德炉

《海洋工程》　主编　左其华

The Ocean Engineering　主编　左其华

《海洋科学进展》主编　袁业立

《海洋世界》　主编　李正楼

单位简介

中国海洋学会是由海洋科技工作者与涉海单位自愿组成、依法登记成立的学术性、公益性的法人社会团体，是发展我国海洋科学技术事业的重要社会力量，是中国科学技术协会的组成部分。

中国海洋学会于 1979 年 7 月成立。1979 年 7 月 29～8 月 4 日召开了第一届全国会员代表大会，罗钰如任理事长；1984 年 11 月 3～8 日召开第二届全国会员代表大会，罗钰如任第二届理事长；1989 年 1 月 6～8 日召开第三届全国会员代表大会，严宏谟任理事长；1994 年 12 月 27～28 日召开第四届全国会员代表大会，严宏谟任理事长；1999 年 9 月 10～12 日召开第五届全国会员代表大会，杨文鹤任理事长；2005 年 9 月 16～18 日召开第六届全国会员代表大会，王曙光任理事长。

中国海洋学会第六届理事会，由 142 名理事组成。常务理事会由 23 人组成。下属 22 个分支机构，7 个工作委员会。

中国海洋学会于 1993 年 6 月加入 PACON（太平洋海洋科学技术大会），组织中国海洋科技工作者参加该组织的大会和学术讨论会，并在中国筹备了 PACON 93 和 PACON 97 两次会议。1993 年王颖院士任该组织第五届理事，1994 年学会前任理事长严宏谟任该组织第六届董事，2002 年学会理事长杨文鹤及副理事长王颖担任该组织董事会董事。

工作综述

一、组织建设

1. 圆满完成了中国海洋学会的换届工作。中国海洋学会于 9 月 16～18 日在宁夏银川召开了第六次全国会员代表大会。选举产生了以王曙光为理事长的第六届理事会、常务理事会及学会领导班子。召开了六届一次常务理事会议。

2. 院士推荐。完成了 2005 年度中国科学院、中国工程院两院院士候选人的遴选推荐工作，向中国科协推荐了 5 名院士候选人。

3. 2005 年 4 月，学会在北京召开了 2005 年学会工作会议，讨论修改了《中国海洋学会分支机构评估指标》等文件。

4. 召开了工作委员会主任会议。11 月，学会在北京召开了六届理事会工作委员会主任工作会议，审议通过了各工作委员会工作职责。

二、学术交流

1. 举办2005年学术年会。在中国海洋学会第六次全国会员代表大会期间，举办了以“国家急需海洋资源与开发利用的高新技术”为主题的2005年学术年会。与会者围绕海洋生物、海洋生态、海洋环境、海水资源、海洋能源、海洋矿产资源等方面进行了研讨。会议邀请了7位专家做专题报告。本次年会收到论文75篇，印制了论文汇编，并评选出优秀论文。

2. 共同主办有关科技活动和学术会议。7月、8月先后主办了浙江岱山中国海洋文化节和浙江嵊泗中国海洋贻贝文化节。

11月12～13日在浙江绍兴联合主办了中国浙江第二届学术节海洋经济研讨会，会上中国工程院院士金翔龙做了以“海洋开发与海洋经济”为主题的报告。

3. 组织专家参与对策询问活动。1月，学会参加了中国科协病虫害防治分析研讨会。学会推荐的专家在大会上做了“我国外来海洋生物入侵的现状、危害及其防治对策”的报告，并被编入《2005年病虫害防治绿皮书》，呈送中央、国务院和有关政府部门。

3月，中国海洋学会组织专家参加了中国科协召开的2005年减轻自然灾害学术研讨会，就2004年海洋灾害灾情概况及2005年海洋灾害预测，包括海啸、风暴潮、赤潮、厄尔尼诺和海冰等方面灾害对我国的影响及其发生状况、发展趋势和防治措施进行了研讨与交流。

4. 分支机构学术交流。在国际学术交流方面，学会分支机构参加了第二十六届亚洲遥感会议、举办了中韩海洋经济学家研讨会和第三届亚太地区海洋工程学术会议；在国内学术交流方面，学会分支机构主办或承办了学术交流会议十多次，如第十五届全国遥感技术学术交流会、第二届军事海洋战略与发展论坛、第12届中国海岸工程学术研讨会、南海天然气水合物钻探取样技术研讨会等，都取得了很好的效果。

三、科学知识普及工作

1. 召开科普教育基地工作会议。6月，中国海洋学会2005年度海洋科普教育基地工作会议在浙江岱山召开。杨文鹤出席了会议，岱山县委、县政府的有关负责人到会并致贺词。会议传达了中国科协副主席、书记处第一书记邓楠同志在中国科协地方科协科普部长会议上的讲话，各科普教育基地进行了工作交流。

2. 编撰出版科普挂图。9月，完成了由中国科协资助、中国海洋学会策划的《祖国的万里海疆》科普挂图印制工作。该挂图分为3辑，共7幅，是我国目前第一套系统介绍我国海洋国情的科普挂图。学会通过分支机构、海洋科普教育基地向全国1000多所中小学无偿赠送《祖国的万里海疆》科普挂图，受教育的中小学生约50余万人次。

3. 发展海洋科普教育基地。2005年，发展了4个海洋科普教育基地，并向浙江岱山海洋科普教育基地和大连圣亚海洋馆科普教育基地授牌。

4. 参加科技周活动。5月14日，国家海洋局、中国海洋学会共同组织参加了由科技部、中宣部、中国科协等部门主办的2005年全国科技周活动暨北京科技周，并组织了以“科技、和谐、发展——以人为本，关爱生命，科学减灾，和谐发展”为主题的分会场活动。

5. 修订科普工作规划纲要。为了贯彻落实《中华人民共和国科普法》，使学会的科普工作稳妥、务实地展开，中国海洋学会秘书处拟订了《中国海洋学会2006～2010海洋科学普及工作纲要》。

6. 举办科普报告会。中国海洋学会邀请中国第21次南极考察队员为北京西四中学等3所学校做中国南极考察报告，共3000多名中学生听了报告。

四、参与国家纪念郑和下西洋600周年活动

1. 承办两次海洋文化专题报告会。按照国家纪念郑和活动领导小组的计划安排，中国海洋学会承办了2005年度海洋文化专题报告会。专题报告会分别在北京和上海举行，有关高校和社会各界2200余人出席了报告会。以“热爱祖国、睦邻友好、科学航海”为指导，以“弘扬郑和精神，繁荣当代中国的海洋事业”为主题，结合国务院确定的7月11日我国第一个“航海日”到来之际，学会邀请了中国海运、中国大洋考察、中国南极科学考察等方面的专家做了专题报告，产生了良好的社会影响。

2. 参与筹备纪念郑和航海国际海洋博览会。2005年7月，中国海洋学会在上海成功参与举办了郑和航海暨国际海洋博览会。

五、获奖情况

由于在纪念郑和下西洋活动中成绩突出，2005年，学会办公室获得纪念活动领导小组的“先进单位”的通

报表彰；郑和航海暨国际海洋博览会组委会向中国海洋学会成晋豫副秘书长颁发先进个人奖；向学会海洋遥感专业委员会颁发特别贡献奖。2005 年，由学会主办的期刊《海洋工程》编辑部主任吴永宁荣获“2005 年度中国科技期刊编辑学会金牛奖”；《海洋科学进展》编辑部主任武建平荣获中国农学会和中国科技期刊编辑学会共同颁发的首届全国农业期刊主编金犁奖。

中国地震学会

Seismological Society of China (SSC)

地　　址　北京市海淀区民族大学南路 5 号

邮政编码　100081

电子信箱　a17@ cast. org. cn

主页网址　http://www. ssoc. org. cn

电　　话　010－68729352

传　　真　010－68417858

理 事 长　陈　颙

副理事长　张国民　陈运泰　吴忠良　王椿镛

秘 书 长　郝记川

刊物及主编　《地震学报》　主编　陈运泰

Aeta Seismologica Sinica　主编　陈运泰

《国际地震动态》　主编　许绍燮

单位简介

中国地震学会是由从事地震科技研究和参与防震减灾事业的科技工作者自愿结合、依法登记成立、具有法人资格、公益性、非营利性、全国性的学术团体，是发展我国地震科技事业的一支重要社会力量，是中国科学技术协会的组成部分。

1979 年 11 月 21 日在辽宁省大连市召开了中国地震学会成立大会暨第一次学术大会，顾功叙任理事长。1985 年 1 月 27 日在北京召开了第二次全国会员代表大会暨第二次学术大会，陈运泰任理事长。1991 年 1 月 21 日在北京召开了第三届理事会成立大会，丁国瑜任理事长。1994 年 12 月 14 日在北京召开了第四届理事会成立大会暨第五次学术大会，陈运泰任理事长。1998 年 10 月 20 日在江西省井冈山市召开了第五届理事会成立大会暨第七次学术大会，陈运泰任理事长。2002 年 9 月在青海省西宁市召开了第六次全国会员代表大会暨第九次学术大会，陈颙任理事长。

目前设有 4 个办事机构和 19 个专业委员会。有会员 1319 名，其中外籍会员 3 名。22 个省、自治区、直辖市有地方地震学会组织。

工作综述

一、学术交流工作

3 月 1～3 日，中国地震学会参加了由中国科协主办的 2005 年减轻自然灾害研讨会。109 人参加大会。会议围绕我国 2004 年度主要自然灾害的发生情况和 2005 年度的发生趋势展开了学术交流。通过交流和讨论，会议最终将我国自然灾害中的主要灾种在 2005 年的发生趋势汇编成《2005 年减轻自然灾害白皮书》，为政府防灾减灾提供科学依据。

6 月 8～15 日，中国地震学地震预报专业委员会和广西壮族自治区地震局在北海联合召开地震海啸与地震预报实验场学术研讨会。67 人参加会议。会议共收到 67 篇论文摘要，会上交流了 44 篇学术报告。

6 月 25～27 日，地壳形变测量专业委员会在福建厦门召开了 GPS 在地震监测预报中的应用研讨会。到会 45 人。研讨会讨论了 GPS 在地震预测研究和地球动力学研究中的应用，GPS 在地震监测预报试验场建设中的设计规划和研究思路以及 GPS 最新发展。本次研讨会共有 25 人做了 28 个报告。

7 月 4～9 日，在西宁召开 2005 年地震观测技术学术年会。会议由地震观测技术专业委员会组织。参加会议的委员共 38 人。会议期间有 20 篇论文进行了交流。

8 月 19～20 日，地震流体专业委员会在内蒙古呼和浩特市召开了 2005 年度学术年会。40 余人参加了会议。会议讨论了我国地震地下流体“十一五”科技发展规划，数字化观测技术中急需解决的科学技术问题以及深井观测技术、标准建设等。与会者就讨论内容提出见解。

11月2~7日，由工程勘察专业委员会主办的地震工程勘察学术年会在广西南宁召开。39人出席了本次会议。与会者就21世纪工程勘察技术发展方向、深基坑开挖过程中的关键技术问题、工程隔震技术及产品的研发等内容进行了学术交流。并围绕怎样提高工程勘察资质、加强工勘企业质量管理展开了广泛而深入的讨论。

11月3~5日，在福州召开由历史地震专业委员会举办的福建省历史地震复核审定研讨会。20人参加了会议。与会者就研讨会内容提出了建议。

11月6~9日，在云南省大理市召开由中国地震学会、全国地震标准化技术委员会、中国地震学会编辑委员会主办的标准化基础知识培训班。来自全国各地约81人参加了这次培训活动。

11月12~17日，由海南省政府主办，中国地震学会和海南省地震局承办的“关于面向21世纪城市与海洋地震灾害防御论坛暨纪念琼州大地震400周年”学术会议在海口召开。大会的主题为“城市与海洋地震灾害防御与发展战略研讨”。191人参加了会议。各位专家就海洋地震、大陆地震、琼州大地震、地震应急及地震社会学等方面做了专题报告。

11月21~23日，由地质力学专业委员会、第四纪地质专业委员会、地震地质专业委员会与中国地质调查局水文地质环境地质部发起的青藏高原地质过程与环境灾害效应学术讨论会在北京召开。出席本次会议共有来自全国各地的学者157人。该次大会展示了近年在青藏高原及邻近地区开展的新的工作及获得的认识。

11月23~27日，在重庆市召开由地壳深部探测专业委员会组织的2005年工作会议暨学术研讨会。30余人参加了会议。与会者分别就国内外地壳深部探测研究的最新动态及新的进展、深部地球物理探测方法在城市活断层探测研究中的应用与实践、大陆强震区的深部构造环境与孕震机理研究、中国海洋物探现状与展望等方面展开讨论，现场交流论文18篇，15人做了学术报告。

11月27~30日，由中国地震学会地震电磁学专业委员会主办的学术年会暨电磁波专题研讨会在浙江省杭州市中国地震局干部培训中心召开。60位专家参加了会议。大会主题为“回顾我国地震电磁波研究与实践，实现地震电磁波规范化观测”。

二、组织工作

2月1日，中国地震学会第六届第四次常务理事会在北京召开。会议传达了中国科协有关文件精神，听取了中国地震学会2004年工作汇报，审议了中国地震学会2005年学术活动计划，通过了中国地震学会有关文件。会议通过了中国地震学会各分支机构工作制度、中国地震学会办公室工作制度、中国地震学会各分支机构文件收发办理制度、中国地震学会各分支机构印章管理规定等文件。会议对中国地震学会2005年的工作进行了部署。

2005年度，学会发展会员19名。现有会员1319名。

三、科普活动

7月25日~8月21日，由中国地震学会和台湾地区中央大学地球科学系共同组织的第四届海峡两岸地球科学夏令营分别在内地和台湾地区举办。本届夏令营分两期举行。第一期由中国地震学会负责组织，7月25日~8月6日在内地举办。内地和台湾地区共53名营员参加。主要的活动是游览世界著名长江风光，参观三峡大坝，了解国家重点项目长江三峡水电站的建设情况，考察九寨沟的自然风光和叠溪地震遗址——堰塞湖，领略雪域高原及藏民族文化和风情，前往湖北省地震局、四川省地震局和西藏自治区地震局参观访问并交流座谈。第二期由台湾地区中央大学地球科学系负责组织，于8月10~21日在台湾地区举办。62位分别来自内地和台湾地区的营员参加。参观游览了闻名遐迩的阿里山和日月潭、地震遗址集集镇和台风多发区花莲。

2005年，中国地震学会还参加了“全国科技周”宣传活动。在这次宣传活动中，学会组织科技工作者向广大群众讲解地震科学知识，发放了大量的防震减灾宣传材料。

四、学术期刊

2005年，《地震学报》全年共发表论文111篇；另出增刊一期。《中国学术期刊综合引证年度报告（2004）》显示：《地震学报》总被引频次910，影响因子0.879。与德国Springer出版公司合作《地震学报》英文版在国外的发行。与中国地震局地球物理研究所共建《地震学报》中、英文网站。

2005年，《国际地震动态》发行量1960份，较上年有所提高。出版了《2004年12月26日印度洋地震与海啸专辑》、《地震预报发展战略研讨会专辑》、《中国科技发展战略专辑》、《地震电磁研究专辑》、《地震预报发展战略研讨专辑》等5个专辑。

中国动物学会

China Zoological Society (CZS)

地　　址　北京市海淀区北四环西路25号

邮政编码　100080

电子信箱　czs@ioz. ac. cn

主页网址　http://www. czs. ioz. ac. cn

电　　话　010－62552368

传　　真　010－62619676

理 事 长　陈宜瑜

副理事长　王小明　冯祚建　张亚平　张知彬（常务）　孟安明　段恩奎　徐存拴

秘 书 长　魏辅文

刊物及主编　《动物学报》　主编　王祖望

Acta Zoologica Sinica

《兽类学报》　主编　王德华

Acta Therlologlca Sinica

《蛛形学报》　主编　赵敬钊

《动物分类学报》（与中国昆虫学会联合主办）

主编　梁爱萍

《寄生虫与医学昆虫学报》(与中国昆虫学会、军事医学科学院微生物流行病研究所联合主办)　主编　赵彤言

《动物学杂志》　主编　马　勇

《生物学通报》(与中国植物学会、北京师范大学联合主办)

主编　郑光美

单位简介

中国动物学会是中国动物科学工作者自愿结成并依法登记的全国性、公益性、学术性的法人社会团体，是中国科学技术协会的组成部分。

中国动物学会于1934年8月在江西省庐山莲花谷举行成立大会，会长为秉志。成立之初有会员50余人。

中国动物学会于1949年在北京通过通讯选举形式进行了第七届理事会的改选；1951年8月在北京、1956年8月在青岛、1964年7月在北京、1984年4月在南京、1989年3月在北京、1994年9月在北京、1999年4月在郑州及2004年8月在北京分别召开了第一、二、三、十一、十二、十三、十四、十五届会员代表大会。陈桢任第七届理事长，李汝祺任第八届理事长，秉志任第九届理事长，秉志、贝时璋分别任第十届理事长，郑作新任第十一届理事长，张致一、钱燕文分别任第十二届理事长，宋大祥任第十三届理事长，陈大元任第十四届理事长，陈宜瑜任第十五届理事长。

中国动物学会于1950年10月加入中国科协的前身全国科联。原生动物学分会于1985年以团体会员的资格加入了国际原生动物学委员会（International Society of Protozoologists)。本会下属的学术组织有：鸟类学分会、兽类学分会、鱼类学分会、两栖爬行动物学分会、贝类学分会、甲壳动物学分会、原生动物学分会、生殖生物学分会、细胞与分子显微技术学分会、寄生虫学专业委员会、蛛形学专业委员会、发育生物学专业委员会、比较内分泌学专业委员会、生物进化理论专业委员会，共14个。除青海、海南、西藏外，在28个省、自治区、直辖市均有地方动物学会组织。

工作综述

一、国际学术交流

1. 原生动物学分会受国际原生动物学大会理事会委托，承办于2005年7月10～15日在广东省广州市召开第12届国际原生动物学大会。250多名学者出席了本次会议，其中国外学者130余人。

大会围绕“原生动物与环境和健康”。邀请6位国际上知名的原生动物学家作了主题报告，大会又分5个专题进行了报告。许多国内学者报告了最新研究成果，得到了与会国外学者的高度评价。

2. 2005年寄生虫学国际研讨会暨中国动物学会寄生虫学专业委员会第十次全国寄生虫学学术讨论会2005年

10月25～29日在云南省昆明市召开。137位来自中国、美国、日本和中国香港特别行政区学者参加。会议邀请了13位国内外知名寄生虫学专家作了大会报告，后又分组进行了交流，此次会议促进了国内外学者的交流与合作。

二、国内学术会议

1. 2005年11月13～14日，第六届海峡两岸鸟类学术研讨会暨第八届鸟类学分会代表大会在海南省海口市召开。200余位学者参加，其中我国台湾地区和香港特别行政区与会者60多位。会议的主题是“21世纪的中国鸟类学”。与会者就鸟类的生态、行为、区系、进化、饲养繁殖、保护等问题进行了广泛的交流和深入的探讨。

2. 9月24～28日，在山西省太原市召开了中国动物学会北方七省、自治区、直辖市动物学学术研讨会。

3. 11月2～5日，在云南省昆明市召开了第十次全国生殖生物学学术研讨会。

4. 10月21～25日，在南京师范大学举行了两栖爬行动物学分会2005年学术研讨会暨会员代表大会。

5. 9月2～23日，在山西省太原市召开了贝类学分会第12次学术研讨会。

6. 11月8～11日，在浙江大学召开了第二届比较内分泌学专业委员会和发育生物学专业委员会联合学术讨论会。

7. 8月15～22日，在河北大学召开了蛛形学专业委员会第九次学术讨论会。

三、科普活动和生物学竞赛工作

1. 2005年5月15日，进行全国中学生生物学联赛，共有29个省、自治区、直辖市的135059名中学生报名参加；8月1日前共有千名以上学生参加了实验复赛。评出一等奖569名，二等奖2969名，三等奖4275名，并为获奖学生和一等奖学生指导教师颁发了证书。

2. 8月7～11日，第14届全国中学生生物学竞赛在江苏省张家港市举行。29个省、自治区、直辖市的90名选手参加了竞赛。按照成绩共评出一等奖18名、二等奖27名、三等奖45名。

3. 7月10～16日，第16届国际生物奥林匹克竞赛在北京大学进行，学会作为协办单位之一，参与了部分组织工作，我国选手获得4块金牌的优异成绩。

4. 2005年8月，学会与北京动物学会针对四川等地发生猪链球菌病疫情，申请宣传猪链球菌病相关知识的科普挂图项目，获得中国科协科学技术普及部的支持，印制了挂图6500余套32500张，发放到全国30个省、自治区、直辖市科协及北京市郊区县和部分社区。

5. 学会组织专家申报了“保护动物、和谐发展”展板展览项目，获得中国科协科学技术普及部批准。组织专家参加了5月科技周宣传活动和9月科普日宣传活动。

四、组织建设及学会日常工作

1. 2005年5月23～26日，在河南省郑州市召开中国动物学会第三次常委理事会扩大会及秘书长工作会暨第15届会员代表大会第二次会议。与会代表审议了学会8个工作组组成人员名单，通过了新的会员会费标准，一致同意设立中国动物学会青年科技奖，动员、布置了统一会员登记号工作。与会代表交流了各自学会近年来的工作及经验，对学会今后工作和未来发展提出许多宝贵的建议。

2. 开展了中国科学院院士、中国工程院院士候选人的推荐工作。

3. 评选、推荐2名候选人参加中国第二届青年女科学家奖的评审工作。

4. 组织开展了学会第一届青年科技奖和中国第九届青年科技奖的评选、推荐工作。

五、期刊工作

学会主办的7种刊物均能认真地执行党和国家的路线、方针政策和法规，严格评审保证期刊学术论文的质量，编排规范化，积极推进期刊国际化。学会还组织3个学报参加了中国科协第三届优秀论文的评审。

《动物学报》加强了国际组稿力度，国际稿已占发表文章的25%，并邀请了国际学者参与了英文稿件的审理工作。影响因子为1.028，比往年提升了44.18%。

《动物分类学报》出版周期为7.2个月。影响因子从0.4208提高到0.517，总被引频次从354次提高到471次。2004年被英国的国际农业与生物科学研究中心收录，并继续被俄罗斯文摘、美国生物学文摘和动物学记录等国际著名检索机构收录。

《兽类学报》论文发表周期缩短为9个月。加强约稿力度，英文稿件送国外编委审理，英文摘要请国外编委帮助修改。主编和副主编审定时对论文的研究方法，实验设计，统计方法等进行严格审核。建立并开通网站，实现开放式阅览。

《生物学通报》调整与增添新的栏目，使刊物能适应迅速发展的生命科学和生物学教育教学改革，适应造就和培养大批具有创新意识教师的需要。

2005 年学会在中国科协的领导下，发挥学会的桥梁纽带作用，为广大科技工作者提供交流和展示的舞台，发挥科普交流阵地作用；加强学会的组织建设，密切总会与分会联系，增强了总会凝聚力。

中国植物学会

Botanical Society of China（BSC）

地　　址　北京市海淀区香山南辛村 20 号

邮政编码　100093

电子信箱　bsc@ ibcas. ac. cn

电　　话　010 - 82599636 / 62836505

传　　真　010 - 82599636

刊物及主编　《植物学报》　主编　韩兴国　马　红

Journal of Zntegratire plant Biology　主编　韩兴国　马　红

《植物分类学报》　主编　杨亲二

《植物生态学报》　主编　马克平

《植物学通报》　主编　种　康

《生命世界》　主编　崔金钟

单位简介

中国植物学会是非营利性社会团体，是中国科学技术协会的组成部分。1933 年，由中国著名的植物科学家胡先啸、辛树帜、李继侗、张景钺、钱崇澍、陈焕镛、林熔等 19 人发起成立。成立之初有会员 105 人。发展至今共历 13 届。

1934 年到 1937 年抗日战争爆发前有相当的学术活动，之后在抗日战争及解放战争的 13 年里学会活动减少。

1949 年 7 月，在北京大学理学院举行第五届植物学会年会，当时全国会员发展到 500 余人。1951 年 7 月，在北京举行第六届年会；1963 年 10 月，在北京举行植物学会 30 周年年会（第七届）。三年之后，文化大革命开始，中国植物学会工作因此中断活动 12 年。

1978 年植物学会恢复了活动。至 2005 年中国植物学会拥有 14400 名会员。除台湾地区、香港和澳门特别行政区外，全国 31 个省、自治区、直辖市均成立了植物学会。中国植物学会第 13 届理事会下设 6 个工作委员会、8 个专业委员会和 4 个二级分会。

工作综述

一、学术交流活动

2005 年学会组织召开了 10 次学术会议，1300 余位人参加了会议。

1. 2 月，中国植物学会古植物分会第 9 次学术年会在北京举行。40 名专家、学者与会。进行了 12 个学术交流报告。

2. 4 月，在北京举行了首届全国植物蛋白质组学学术研讨会，100 多位专家、学者与会，并邀请了日本和英国专家做大会学术报告。

3. 6 月，在广西桂林召开了中国首届植物生态学前沿论坛。23 位国内外知名专家做学术报告，来自中国和美国的 80 多名专家、学者与会。

4. 6 月，在广西桂林召开了中国首届克隆植物生态学研讨会。13 位国内外知名专家作学术报告，来自中国和美国的 40 多名专家、学者与会。

5. 8 月，2005 年全国植物进化生物学研讨会在安徽省芜湖市举行。100 多位专家、学者与会。设 13 个大会主报告，17 位专家、学者做了交流报告。

6. 9 月，2005 年全国植物园学术年会暨湖南森林植物园 20 周年纪念大会在长沙召开。来自中国内地、香港、台湾三地的约 150 名专家、学者与会。

7. 10月，第五届全国药用植物和植物药学术研讨会和第八届全国中药和天然药物学术研讨会在武汉召开，200多名专家、学者与会，收到217篇论文。

8. 10月，中国苔藓植物学奠基人陈邦杰先生百年寿辰国际学术研讨会在南京召开。出席的会议专家、学者80人，来自中国、美国、加拿大、芬兰、日本、印度、俄罗斯、匈牙利等国。

9. 11月30日，2005拟南芥学术研讨会在北京大学召开。来自国内高校和科研院所的500余名科研人员参加了这次高水平研讨会。25名专家做了学术报告。

10. 12月，海峡两岸经济植物生物技术学术研讨会在海南海口市召开，60多人参加了会议，其中台湾地区学者16人。

二、科普教育及青少年活动

1. 2月，举办了首届迎春兰展，约有2万多人次前往参观。

2. 2月26日～3月12日，在四川乐山举办了第15届中国兰花博览会，20万多人次参观。

3. 3月，在北京大学组织举办了2005年全国中学生生物学冬令营，17名在2004年获得第13届全国中学生生物学竞赛一等奖的学生参加。选拔参加国际生物奥赛的选手。4名同学入选国家队，取得奥赛参赛资格。

4. 7月10～17日，第16届国际生物学奥林匹克竞赛（IBO2005）在北京举行，这是国际生物奥赛首次在中国举行。54个国家与地区的197名选手以及170余名领队、教练参加了比赛，为参加国家和人数最多的一届。本届国际奥赛由中国科协主办，中国植物学会作为业务指导单位之一负责会务组织工作。

本届奥赛共设金牌20枚、银牌40枚、铜牌58枚。我国的4名选手均获金牌。

三、编辑出版工作

学会和中科院植物研究所共同主办5种期刊：《植物学报》、《植物分类学报》、《植物生态学报》、《植物学通报》和《生命世界》。

1. 出版发行情况：共出版44期，发表730篇论文，约1202万字。英文文章比例、境外文章数和发行量比往年明显提高。其中《植物学报》获第三届国家期刊奖提名奖。

2. 被国内外重要期刊检索系统收录及其排名情况：《植物学报》在ISI（SCIE）2004年的影响因子为0.413，被引频次844。在《2004年度中国科技期刊引证报告》中，《植物学报》国内生物类科技期刊被引频次和影响因子分别为第3位和第11位；《植物生态学报》被引频次和影响因子列第5位和第2位。

《生物学通报》是中国植物学会、中国动物学会和北京师范大学共同主办的期刊。2005年全年发行15.5万册，发稿415篇。

四、组织建设工作

2002年中国植物学会植物园分会在全国性社会团体分支机构复查登记中未能通过。经过学会的积极沟通和努力，在2005年获得了民政部的批准，重新成立了植物园分会。

五、协助中国科协做好各项工作

根据中国科协组织人事部《关于推荐、提名中国科学院、中国工程院院士候选人的通知》，学会评选出了学会推荐的院士候选人。

根据中国科协组织人事部《关于开展第九届中国青年科技奖候选人推荐与评选工作的通知》，学会积极组织推荐优秀的青年科技工作者参加评选。

根据中国科协学会学术部《关于2005年推荐候选创新研究群体的通知》要求，学会推荐了2005年度候选创新研究群体。

中国昆虫学会

The Entomological Society of China（ESC）

地　　址　北京市海淀区北四环西路25号

邮政编码　100080

电子信箱　entsoc@panda.ioz.ac.cn

主页网址　http://entsa.ioz.ac.cn

电　　话　010－62565687

传　　真　010－62630062

理事长　黄大卫

副理事长 叶志华 杨星科 杨忠岐 张钟宁
张青文 唐振华 夏敬源 康乐
梁广文 韩召军 程家安

秘书长 李典谟

刊物及主编 《昆虫学报》 主编 黄大卫
《昆虫知识》 主编 王琛柱
Entomologia Sinica (Insect Science)
主编 康乐
《动物分类学报》
(与中国动物学会合办) 主编 梁爱萍
《寄生虫与医学昆虫学报》
(与中国动物学会合办) 主编 赵彤言

单位简介

中国昆虫学会于1944年10月12日在重庆成立。学会宗旨是团结全国昆虫学工作者，交流学科知识和研究成果，为促进我国昆虫学事业的繁荣和发展，为加速实现我国社会主义现代化作出贡献。现有个人会员11878人。学会分别加入国际昆虫学会（Council for International Congress of Entomology，CICE）、亚太昆虫学会（Standing Committee of Asia-Pacific Pacific Congress of Entomology，APCE）、国际应用蝗虫学会（Association for Applied Acridology International，AAAI）、联合国生物多样性公约（Convention on Biological Diversity，CBD）。

工作综述

一、国际交流

2005年10月17～22日，第五届亚太地区昆虫学大会在韩国济州岛举行，来自五大洲30多个国家的457人出席了会议。中国昆虫学会理事长黄大卫等30人出席了此次大会。大会讨论的主要问题是听取了第五届大会组织委员会的工作汇报。讨论第六届亚太昆虫学大会的主办国。选举第六届亚太昆虫学大会主席和亚太昆虫学联合会主席。中国和美国（夏威夷）提出申请组织承办下一届会议。申请方答辩后投票表决，决定中国为下一届大会的主办国。中国昆虫学会理事长黄大卫被选举为第六届亚太昆虫学大会主席和亚太昆虫学联合会主席。

二、国内学术交流

1. 中国昆虫学会2005年学术年会于2005年10月26～29日在福建省福州市召开。29个省、自治区、直辖市和香港特别行政区的420名学者出席了会议。会议收到论文摘要188篇。

2. 7月16～19日，中国昆虫学会第六届全国中青年学术讨论会在黑龙江牡丹江市召开。15各省、自治区、直辖市的58名学者出席了会议。大会共收到论文54篇，由中国农业科学技术出版社正式出版、汇集成册于会前，开会时已发到与会代表的手中。另外，会议期间还收到2篇论文，并在会议上进行了学术交流。

3. 8月15～19日，全国第七届昆虫区系分类与多样性学术研讨会在河北省保定市召开，24个省、自治区、直辖市的177名学者参加了会议。大会共收到论文81篇，经筛选将77篇在会前汇集成册。

4. 9月20～25日，第六届全国昆虫生理生化和分子生物学学术讨论会在北京召开。32所高校和科研院所的65位学者参加了本次会议。会议期间，我国德高望重的昆虫生理学开拓者钦俊德院士每天到会莅临指导。此外，来自荷兰Wageningen大学的Joop J A van Loon教授和英国Rothamstead研究所的周警疆博士也参加了本次会议。

5. 4月23～27日，2005年全国生物防治学术研讨会在上海召开。会议由中国植物保护学会生物防治专业委员会与中国昆虫学会生物防治专业委员会联合主办，上海交通大学农业与生物学院承办。收到论文230多篇。27个省、自治区和直辖市从事生物防治研究的近300名科技工作者参加了会议，生物防治研究领域的一些老前辈和老专家专程赴沪指导。中国植物保护学会理事长成卓敏致开幕词，上海交通大学和交通大学农业与生物学院的领导同志出席开幕式并讲话，广东昆虫研究所李丽英研究员代表老一辈生物防治专家、教授致辞。开幕式后有9位专家在大会上做了精彩的报告，介绍了近年来我国生物防治研究取得的成就。大会报告后，分5个组进行学术交流，100多位与会者在分组会上就天敌昆虫、昆虫病原微生物、害虫生物防治与综合治理、植病生防和抗菌筛选与应用作报告。

6. 由中国昆虫学会昆虫生态专业委员会和农业害虫害鼠综合治理研究国家重点实验室主办、长江农场承办的中国昆虫生态学与害虫管理发展战略高级研讨会于

2005年10月14~18日在上海崇明岛召开。32位学者参加了本会。会议的主题是整合昆虫生态学——从分子到全球变化，从理论到实践。

7. 11月27~30日，在浙江省诸暨市召开了全国第七届城市昆虫学术研讨会。本次大会共有228位学者参加。这次会议是一次多学科交叉的学术研讨会，给与会学者提供了一个多层面的交流平台和切磋机会。

三、编辑学术期刊

学会编辑出版《昆虫学报》、《昆虫知识》、《中国昆虫科学》（英文）、与中国动物学会合编《动物分类学报》、《寄生虫与医学昆虫学报》5种期刊，共发行32000册，发表文章619篇，圆满完成了全年的出版任务。各刊采取了缩短出版周期、增加页码和加大稿件筛选力度等措施，增加论文刊载量，提高期刊学术质量。《昆虫学报》影响因子大幅增长，《昆虫知识》各项指标均呈现稳步上升，影响因子0.518（2004年0.499），比2004年提升了19%。2005年新增加英国剑桥大学图书馆的2个数据库收录，《英国农业科学年评》，《美国化学文摘》（CA）、前苏联《文摘杂志》（AJ）、《动物学记录》和英国《农业科学数据库》（CABI）等收录。《中国昆虫科学》英文刊名由Entomologia Sinica改为Insect Science，由中国科学院动物研究所与国际出版商Blackwell合作出版，出版周期由原来的季刊改为双月刊。稿件来自22个国家和地区，国际稿件超过50%，其中以北美洲的稿件最多，占国际稿件的50%，欧洲占25%，亚洲（除中国外）占15%。

四、科学普及

1. 参加由科技部、中共中央宣传部、中国科协等共同发起，于2005年5月举办了大型科普宣传活动。活动以宣传展板、现场咨询、发放图书及宣传材料等形式介绍了昆虫与人类的关系及昆虫资源利用等科普知识，展板40块，发放材料26000多份。

2. 结合"大手拉小手"活动开展一系列的科普活动。有近40位同学参与了中学生走进实验室活动，有50余位小学生参与了"昆虫知识进社区"活动，促进了科学技术在社区的普及。

3. 举办了首届昆虫摄影比赛。吸引了来自17个省、市的昆虫爱好者。参赛作品600余幅，经昆虫专家和《大众摄影》杂志、《中国摄影》杂志、《中国摄影报》的摄影界专家严格评审，60幅作品获奖。

4. 在北京、陕西、广西举办了昆虫摄影展。吸引有数十万名观众参观。

5. 2005年，共举办各类讲座16个，在中央电视台举办讲座多次，中国科学院动物研究所、中国农业大学和北京自然博物馆的学者协助中国科学技术协会制作科普节目1次，有效地扩大了普及范围。

6. 2005年学会主要利用北京科普网、中国农业大学数字博物馆、中山大学数字生物博物馆等网络资源，不断更新与添加昆虫学内容，点击率稳步增加。

五、组织工作

1. 召开4次在京常务理事会，4次秘书长工作会议，1次全国常务理事会，1次全国理事会，2次院士候选人推荐会议。

2. 负责编辑出版中国昆虫学会2005年学术年会论文摘要集等，秘书处负责会议论文集的征集、分类、送审、联系印刷厂等组织及事务性工作。全年共编辑出版3本论文集，发行1000册，发表文章472篇。

3. 负责学会一年一期的《中国昆虫学会通讯》的组稿、校对工作，此书印制5000册，并能及时将书发往全国各地，使全国会员能及时了解学会的工作动态。

中国微生物学会

Chinese Society for Microbiology

（CSM）

地　　址　北京市海淀区中关村北一条13号
邮政编码　100080
电子信箱　csm@sun.im.ac.cn
主页网址　http://csm.im.ac.cn
电　　话　010-62554677
传　　真　010-62554677

理 事 长　杨胜利

副理事长　谭华荣　徐建国　黄为一　钱新民

秘 书 长　肖昌松

刊物及主编　《微生物学报》　主编　李季伦

《微生物学通报》　主编　何忠效

《生物工程学报》　主编　杨胜利

《病毒学报》　主编　侯云德

《中国人兽共患病杂志》

主编　于恩庶

《中国病毒学》　主编　陈新文

《微生物学杂志》　主编　张忠泽

单位简介

中国微生物学会成立于1952年12月18日。早在1928年，我国现代医学的先驱伍连德、谢和平和林宗扬等即在北京发起成立过中国微生物学会。1937年改称中国病理学微生物学会，移会址于上海，有会员50多人，并举行过学术讨论会。1949年中华人民共和国成立后，于1950年在中华医学会首都大会上正式成立中华微生物学会。1952年正式成立中国微生物学会，首任理事长为著名微生物学家汤飞凡，当时全国有19个省级分会，会员189名。学会成立50多年来，不断发展壮大，已有会员1.43万人，有18个专业委员会和5个工作委员会。历届理事长为汤飞凡、余贺、朱既明、焦瑞身、李季伦、闻玉梅、杨胜利。

中国微生物学会于1958年加入中国科协的前身全国科联，在中国科协的领导下开展工作。我国是国际微生物学会联盟（International Union of Microbiology Society，IUMS）的发起国之一，1980年经上级批准，我会正式加入了该组织。

工作综述

一、国内学术交流工作

1. 4月22～25日，2005中国工业微生物学术研讨会在天津科技大学召开。

2. 7月7～9日，全国资源生物技术与糖工程学术研讨会在济南召开。

3. 8月15～17日，第八次全国环境微生物学术研讨会在哈尔滨工业大学召开。

4. 8月22日，海洋微生物专题研讨会在福建厦门召开。

5. 8月22～24日第十届全国微生物学教学和科研及成果产业化研讨会在哈尔滨工业大学召开。

6. 9月7～9日，第八届全国分析微生物学学术研讨会在湖南省吉首市吉首大学召开。

7. 10月21～23日，第九届全国菌根学术会议在北京召开。

8. 10月25～29日，第八届全国生物制品学术讨论会在云南省昆明市召开。

9. 10月28～31日，2005年中国微生物学会学术年会在辽宁省大连市召开。出席会议的专家、学者400余人，会议评出了2005年中国微生物学会学术年会“优秀学术论文交流奖”一等奖2名，二等奖3名，三等奖5名，在会议闭幕式上为获奖者颁发证书，并给予奖励。

10. 11月～20日，第五届中国酶工程学术研讨会在海南省海口市召开。

11. 11月14日，疫苗生产、质控、验证学术研讨会在北京召开。

二、国际学术交流

1. 5月10～13日，第三届国际生物防治与生物技术研讨会在华中农业大学召开。

2. 6月12～15日，第二届微生物环境基因组学国际会议在上海举行。

3. 6月27～29日，第五届国际工业微生物和生物技术研讨会在上海召开。

三、国际交往

1. 第二届国际微生物环境基因组学国际会议期间，中国微生物学会秘书长肖昌松专程前往上海出席会议，拜会了美国科学院院士、美国微生物学会理事长James Tiedje教授，双方就中国微生物学会与美国微生物学会如何进行合作的具体事宜进行了磋商。

2. 国际微生物学会联合会（IUMS）主席Karl Heinz Schleifer教授代表国际微生物学会联合会全权委托中国微生物学会秘书长肖昌松代表IUMS参加国际科联第28次全体大会，协助中国科协代表团投票推荐中国代表符淙斌院士竞选成为国际科联执委。

3. 2005年11月11日，美国微生物学会代表团在参加第六届伤寒及其他沙门菌病国际学术年会时，邀请中国微生物学会在桂林漓江举行了正式会谈，会谈就双方共同举办代表性的国际性会议，开展双边学会大使活动、网页上设置友情链接等具体实施方案达成了共识。

4. 国际人和动物真菌学会副主席、著名的医学真菌学教育家 Glenn Bulmer 教授应邀在北京大学真菌和真菌病研究中心交流访问。

5. 中国微生物学会真菌学专业委员会主任委员李若瑜等 15 位医学真菌专家应邀赴泰国参加了第三届亚太地区医学真菌学大会并进行了学术交流。

四、继续教育培训

1. 3 月，中国微生物学会病毒学专业委员会在北京地区开展了《病原微生物安全管理条例》的专题培训活动。

2. 8 月 1 ~2 日，中国微生物学会环境微生物专业委员会在江苏省吴江市联合举办了第三次全国农药残留微生物降解技术培训班。

五、科学普及活动

1. 中国微生物学会于 5 月 14 ~18 日参加了在北京举办的“2005 年全国科技活动周”大型科普活动，同时，中国微生物学会秘书长肖昌松于 5 月 15 日参加了中国科学院微生物研究所 2005 年北京公众科学日活动。

2. 中国微生物学会农业微生物学专业委员会代表学会分别接受《农民日报》和中央电视台、有关微生物肥料的专题采访。

六、编辑出版

中国微生物学会主办，福建省卫生厅、福建省疾病预防控制中心承办的《中国人兽共患病杂志》，经中华人民共和国新闻出版总署批准，从 2005 年正式更名为《中国人兽共患病学报》。

2005 年中国科协对中国微生物学会的《生物工程学报》、《微生物学报》、《病毒学报》给予了经费资助。

七、组织建设

1. 通过了中华人民共和国民政部指定的神州会计师事务所对学会 2004 年度财务审计，并通过了民政部 2004 年度检查。

2. 根据中国科协关于推荐中国科学院、中国工程院院士候选人的文件精神，开展推荐院士工作。学会推荐的赵国屏研究员当选为中国科学院院士。

3. 2005 年 5 月 29 日 ~6 月 2 日在山西太原召开了全国各省、自治区、直辖市微生物学会秘书长工作会议。

4. 根据中国科协有关个人会员登记的精神，基本完成了会员重新登记工作。

5. 完成了中国微生物学会第九届理事会理事候选人推荐和各专业委员会主任委员候选人推荐以及学会主要负责人推荐，为 2006 年换届工作做了准备。

6. 中国微生物学会海洋微生物学专业委员会 11 月 7 日获民政部批准，已登记。

7. 中国微生物学会被评为第五届中国科协国内学术交流先进学会。

中国生物化学与分子生物学会

The Chinese Society of Biochemistry and Molecular Biology (CSBMB)

地　　址	上海市岳阳路 320 号
邮政编码	200031
电子信箱	xuehui@ sunm. shcnc. ac. cn
主页网址	http://www. csbmb. org. cn
电　　话	021 -54921088/54921087
传　　真	021 -54921088
理 事 长	王志新
副理事长	赫荣乔　景乃禾　沈　岩　吴家睿　查锡良
秘 书 长	景乃禾（兼）
刊物及主编	《中国生物化学与分子生物学报》　主编　贾弘禔
	《生命的化学》　主编　祁国荣

单位简介

中国生物化学与分子生物学会（原名中国生物化学会）是从中国生理学会分离出来，1979 年 5 月成立的学会。1993 年 10 月经中国科学技术协会批准更名为中国生物化学与分子生物学会。

学会现有会员约 8047 人、团体会员 27 个。学会下设 6 个分会、工业生物化学与分子生物学分会、农业生物化学与分子生物学分会、医学生物化学与分子生物学分会、中医药生物化学与分子生物学分会（筹）、海洋生物化学与分子生物学分会（筹）、临床应用生物化学与分子生物学分会（筹）和11个专业委员会：多肽专业委员会（筹）、蛋白质专业委员会（筹）、蛋白质组学专业委员会（筹）、中国人类蛋白质组织《CHUPO》（筹）、脂蛋白专业委员会（筹），酶学专业委员会（筹）、天然毒素专业委员会（筹）、糖复合物专业委员会（筹）、基因与基因组学专业委员会（筹）、核糖核酸（RNA）专业委员会（筹）、分子生物技术专业委员会（筹）。分会和专业委员会定期组织学术交流，每四年换届一次。

中国生物化学与分子生物学会主办《中国生物化学与分子生物学报》（原名《生物化学杂志》）、《生命的化学》两种刊物，以及在全国科学技术名词审定委员会领导下分管中国生物化学与分子生物学名词的审定工作。

设立的基金有：邹承鲁基金杰出研究论文奖、邹承鲁讲座奖；郑集基金青年优秀论文奖；叶惠兰基金青年学生参会奖。

学会现任理事（第九届）于2005年10月选举产生，理事长王志新院士。历任理事长为王应睐院士（第一、二、三届）、林其谁院士（第四届）、张龙翔教授（第五届）、邹承鲁院士（第六、七届）、许根俊院士（第八届）。

中国生物化学与分子生物学会分别于1979年、1983年加入国际生物化学与分子生物学联盟（The International Union of Biochemistry and Molecular Biology，IUBMB）和亚洲大洋洲生物化学家与分子生物学家联合会（The Federation Asian and Oceanian Biochemists and Molecular Biologists，FAOBMB），成为团体会员。

工作综述

一、促进学术交流，狠抓学术活动的质量，发挥桥梁纽带作用

学会及各分支机构2005年组织学术会议共10次，其中重要会议5次。在这些活动中共交流学术论文1505篇，有1786人次参加了各种的学术交流，其中外宾9人。

1. 6月4日~7日，第四届全国核糖核酸（RNA）研讨会在北京召开。

2. 7月25~27日，中国蛋白质组学第三届学术大会在吉林省长春市召开。

3. 7月27~8月1日，全国中医药生物化学与分子生物学学术和教材研讨会在福建省福州市召开。

4. 8月7~9日，第八届全国工业生物化学与分子生物学学术会议在湖南省张家界市召开。

5. 8月22~25日，首届海洋微生物专题研讨会在福建省厦门市召开。

6. 9月10~12日，临床应用生物化学与分子生物学分会成立大会暨第一届临床应用生物化学与分子生物学学术大会在北京召开。

7. 9月12~15日第九届全国基因、基因组学术研讨会在云南昆明召开。

8. 9月21~22日，海洋生物遗传多样性的保护与研究开发策略论坛暨第63届东方论坛在上海召开。

9. 10月12~15日第九届会员代表大会暨全国学术会议在陕西省西安市召开。

10. 11月24~26日第七届全国生物毒素学术研讨会在福建省福州市召开。

其中，第九届全国会员代表大会期间，同时召开了全国生物化学与分子生物学学术会议。会议坚持科学、求实，百花齐放、百家争鸣的原则，组织进行了多种形式的学术交流活动。邀请了许多知名学者就当今生物化学与分子生物学及相关学科国际前沿领域的研究进展做综述或专题报告，其中包括大会报告11个，分会报告121个，墙报展出150余份。各种报告和墙报内容涉及蛋白质、多肽的结构与功能（含酶学、蛋白质组学、生物毒素等）；基因与基因的表达调控（含基因组学、功能基因组学、核糖核酸研究等）；细胞活动的分子机制及调控；生物高技术前沿（蛋白质与酶工程、生物医药、转基因动植物、微生物生化、病毒生化、环境及海洋生物工程等）；医学及临床生物化学与分子生物学基础理论和应用；生物化学与分子生物学的历史和教学研究等，圆满实现了大会“21世纪生命科学中的生物化学与分子生物学”的预定主题。

二、积极筹备国际会议，提高学会在国际上的知名度

学会申办2009年在我国上海联合召开的第21届国际生物化学与分子生物学联盟代表大会，第21届国际生物化学与分子生物学学术大会和第12届亚洲大洋洲生物化学家与分子生物学家学术大会获得成功后，积极开展筹

备工作。已经中国科协国际联络部分别与上海市、中国科学院、科技部、教育部、卫生部、农业部、外交部、中国工程院和国家自然基金委等取得了联系，各筹备委员会正在酝酿中。

这次国际生物化学与分子生物学联盟代表大会和学术大会的召开以及相关活动，将积极推动我国生命科学和生物技术研究，进而把握学科前沿最新方向，向国际水平靠拢，并对促进工农医等领域的生命科学基础理论探索与创新和生物技术开拓与应用、推广普及生物化学与分子生物学及发展相关学科的知识、提高全社会对生命科学的重视程度以及扩大我国在国际生命科学界的影响，都将具有深远意义。

三、继续加强组织建设、完善规章制度

学会根据中国科协有关文件精神，第八届常务理事会第四次会议决定对学会下属分支机构管理要制定相关的各种制度。同时，讨论和审议了学会设立分支机构的有关规定（草案）、学会下属分支机构召开各种会议的有关规定（草案）、学会下属分支机构财务管理有关规定（草案）和学会下属分支机构图章使用的有关规定（草案）的基础上，今年又在第九届常务理事会第一次会议上制定并通过了《理事会和常务理事会工作守则》。今后还将出台。个人会员管理条例和团体会员管理条例，同时继续扩展个人会员和团体会员的发展工作。

四、办好学会刊物，提高刊物水平

学会主办的两种学术期刊，均有很好的发展。

1.《中国生物化学与分子生物学报》在中国自然科学学术期刊生物类显示度排名前10名的基础上，进一步采取严格论文评审、缩短学术论文发表周期、提高编辑出版质量、扩大期刊发行量等多项措施，提高了刊物的影响因子，并获得中国科协优秀科技期刊奖和入选百种中国杰出学术期刊。学会已批准《中国生物化学与分子生物学报》第五届编委会和2006年开始将由原来双月刊更改为单月刊，以及增加北京大学为第二主办单位，加强刊物的质量、支持力度和属地管理。

2.《生命的化学》是以高级科普文章为主的，联系全国会员的期刊。2004年被收录为中国科技核心期刊，并被确定为中科院等单位研究生《生物化学与分子生物学》入学考试命题的主要参考材料之一。

3. 2001年9月13日组织成立了第二届生物化学与分子生物学名词审定委员会，委员都是该领域的老中青专家。依照全国科学技术名词审定委员会的要求，委员们精益求精、辛勤奉献，共收集词条共6527条，审定并释义完成5690词条，于2005年定稿。

五、继续教育工作

学会努力寻求在职职工的继续教育工作，为学会的广大会员提供再深造的机会，努力为我国生物化学和分子生物学等相关学科培养大批高级研究人才。学会与中科院上海生科院生化与细胞所，第二军医大学和第二军医大学国家生命科学与生物技术人才培养基地联合举办了全国第九届高级生物化学与分子生物学训练班，共计110名高、中级人员和在学硕士、博士研究生参加了培训，达到预期效果。

同时学会每年一期的分子生物实验理论与操作培训班（第12期）培训了59人次，分子生物技术培训班培训了43人次。

中国细胞生物学学会

The Chinese Society for Cell Biology（CSCB）

地　　址　上海市岳阳路320号
邮政编码　200031
电子信箱　cscb@ sibs. ac. cn
主页网址　http://www. cscb. org. cn
电　　话　021－54922856
传　　真　021－54922857
理 事 长　裴　钢
副理事长　朱作言　孙大业　徐永华　丁明孝　何大澄
秘 书 长　徐永华（兼）
刊物及主编　《实验生物学报》　主编　徐永华
《细胞生物学杂志》　主编　郭礼和

单位简介

中国细胞生物学学会是中国共产党领导下的我国细

胞生物学工作者的学术性群众团体。中国细胞生物学学会是中国科学技术协会的组成部分，挂靠中国科学院上海生命科学学院。

中国细胞生物学学会的宗旨是：团结我国细胞生物学工作者，积极开展学术活动，普及细胞生物学技术知识，为出成果、出人才、加速实现我国现代化作出贡献。学会的业务范围是：学术交流、业务培训、书刊编辑、国际合作、咨询服务。

中国细胞生物学学会是庄孝惠、姚鑫、汪德耀、罗士韦、郑国锠等国内著名前辈细胞生物学家筹备组织，在1980年正式成立的全国性学术团体。庄孝惠任第一届理事会理事长，姚鑫任副理事长兼秘书长。中国细胞生物学学会现有会员2800余人。每4年举行一次全国会员代表大会，每两年举行一次学术大会。2003年中国细胞生物学学会第八次全国代表大会，选举产生第八届理事会，裴钢院士任理事长。

中国细胞生物学学会自成立以来，积极参与国际交流合作。1987年中国细胞生物学学会参加国际细胞生物学联盟（International Federation For Cell Biology，IFCB）。1988年中国细胞生物学学会发起并积极参加筹备成立亚洲太平洋细胞生物学组织（Asian-Pacific Organization For Cell Biolgy，APOCB），并于1990年在上海召开了APOCB第一届学术大会，姚鑫院士担任第一届学术大会主席，开创了亚洲太平洋地区细胞生物学学术交流活动。1996年中国细胞生物学学会姚鑫、汪德耀和我国台湾地区吴成文共同发起海峡两岸细胞生物学研讨会，并于1996年、1999年、2001年、2004年和2005年组织了五届海峡两岸细胞生物学研讨会。

中国细胞生物学学会下设染色体、基因组、蛋白质组，细胞精细结构与功能，干细胞、细胞分化和发育生物学，细胞信号转导和细胞通讯，免疫细胞生物学，医学细胞生物学，细胞工程和转基因生物，细胞生物学教学和普及等8个专业委员会。学会主办《实验生物学报》和《细胞生物学杂志》两个学术刊物。

工作综述

一、学术活动

1. 中国细胞生物学学会2005年学术大会暨青年学术研讨会于2005年10月31日~11月1日在福建武夷山举办。26个省、自治区、直辖市约300余名中青年会员和学生会员、代表，包括4位旅居国外的青年华人学者参加会议。会议共收集和刊登论文摘要341篇。会议邀请了3位国内中青年科学家做大会学术报告，同时，约130位中青年学者和学生围绕细胞信号转导和细胞通讯，细胞信号转导和发育生物学（植物部分），干细胞、细胞分化，染色体、基因组、蛋白质组，细胞精细结构和功能，医学细胞生物学，发育生物学，细胞工程和转基因生物，细胞生物学教学和普及等9个专题分4个分会场做口头学术交流。同时，大会征得了青年优秀论文35篇，评选出青年优秀论文奖一等奖1名，二等奖3名，三等奖15名。本次大会的召开，得到了国内外青年学者的热烈响应和积极参与，学术交流和讨论取得了圆满的成功，对促进广大青年学者的学术交流和合作起了重要作用。

2. 第五届海峡两岸细胞生物学研讨会于10月29~30日在福建武夷山举办。本次研讨会共有21位台湾地区学者，1位香港特别行政区学者，18位大陆学者参会，另有69位大陆学者列席参加了研讨会的学术交流。研讨会围绕细胞分化与发育生物学、干细胞与组织工程、基于细胞的系统生物学研究、细胞信号转导、疾病的细胞与分子机制等5个主题，分7个单元进行学术交流。会议取得了圆满成功，促进了海峡两岸细胞生物学的发展与交流。

3. 根据全国科学技术名词审定委员会全国工作会议的要求和全国细胞生物学科研、教学工作的需要，第二届细胞生物学名词审定委员会于2005年召开第四次名词审定会议，对2000余条细胞生物学名词作全面复审和修改。

4. 教学和普及专业委员会于7月在山东威海举办了第五期全国研究性教学及细胞生物学精品课程建设研讨会。

5. 细胞工程和转基因生物专业委员会和南京大学模式动物研究所于8月在南京举办了第一届小鼠基因组改造及疾病模型暑期学习班。

6. 染色体、基因组、蛋白质组专业委员会和美国赛弗吉（Ciphergen）公司2005年在北京主办了全国性SELDI蛋白质组学技术研讨班。

二、科普工作与青少年工作

学会积极联合上海市细胞生物学学会、上海市青少年科学研究院和上海市动物园开展了一系列青少年科普活动，2005年向中国科协青少年部申报中国科协“大手拉小手青少年科技传播行动”优秀活动和重点项目。上报的两个项目中，“生命科学与我们的未来”科普开放日活动被评为2004~2005年度优秀活动项目，“聚合酶链式反应（PCR）鉴定鸟类性别”被评为2005~2006年的优秀项目方案。

三、组织建设

1. 在中科院上海生命科学信息中心的大力支持下，完成了学会网站的改版工作，并按照学会的需求逐步完善网站功能、及时更新网站内容，加强了与会员的联系，更便捷地为会员服务，为会员提供了一个网上交流的平台。

2. 完成中国细胞生物学学会会徽设计和修改，并报中国科协申请备案。完成社团法人证书、社团法人机构代码证更换工作。

四、其他工作

按照中国科协的要求，完成中国科协布置下达的各项工作。如：科技专家表、学科带头人登记表、2005年活动计划表、中国科协年鉴有关稿件、财务年检、全国性学会中国细胞生物学学会组织和活动介绍和中国科协国际联络部调查表等。

按照中国科协有关推荐文件的要求，向中国科协推荐了院士候选人1名、第二届女科学家奖候选人1名、第九届青年科学奖候选人1名，并上报了有关候选人材料。完成国家基金委和中国科协下达的推荐专家审批项目，优秀期刊论文评选等各项任务。

中国植物生理学会

The Chinese Society for Plant Physiology (CSPP)

地　　址　上海市岳阳路319号31号楼B101室
邮政编码　200031
电子信箱　cspp@sibs.ac.cn
主页网址　http://www.cspp.cn
电　　话　021-54922853/54922859
传　　真　021-54922857
理 事 长　许智宏
副理事长　陈晓亚（常务）　许亦农　黄学林　吕应堂
秘 书 长　何祖华
刊物及主编　《植物生理与分子生物学学报》　主编　许大全
《植物生理学通讯》　主编　张景六

单位简介

中国植物生理学会是学术性、非营利性、群众性的学术团体。学会成立于1963年10月，是中国科学技术协会的组成部分。目前已拥有4957名会员。

中国植物生理学会于1963年10月在北京，1978年10月在广西南宁，1982年11月在云南昆明，1986年11月在重庆，1990年10月在湖北武汉，1993年11月在上海，1996年9月在山西太原，2000年11月在福建厦门，2004年10月在贵州省贵阳分别召开了第一、第二、第三、第四、第五、第六、第七、第八和第九次全国代表大会。罗宗洛研究员任第一届、第二届理事长；殷宏章院士任第三届理事长，汤佩松院士任名誉理事长；沈允钢院士任第四届理事长，殷宏章院士任名誉理事长；许智宏研究员任第五届理事长，沈允钢院士任名誉理事长；沈允钢院士任第六届理事长；汤章城研究员任第七届理事长；许政暟研究员（2000年12月~2002年3月）、陈晓亚研究员（2002年3月~2004年10月）任第八届理事长，汤章城研究员、匡廷云院士任名誉理事长；许智宏院士任第九届理事长。

中国植物生理学会于1990年加入国际植物生理学会（International Association for Plant Physiology，IAPP）。在28个省、自治区、直辖市有地方植物生理学会。

中国植物生理学会下设生长物质，组织培养与生物技术，细胞与发育生物学，分子生物学，光合、代谢，环境生理与营养生理6个专业委员会；青年、教育科普、西部开发3个工作委员会。学会主办《植物生理与分子生物学学报》和《植物生理学通讯》两个学术刊物。

工作综述

一、学术活动

1. 2005 年 4 月 23～28 日，由学会生长物质专业委员会主办，湖南农业大学和湖南省植物激素与生长发育重点实验室共同承办的 2005 年全国植物生长物质研讨会在湖南长沙举行。

本次会议主题为：植物生长物质与中国农业发展为主题。来自全国 26 个省、自治区、直辖市及美国的 240 名在植物细胞发育、信号转导和生长物质等学科领域从事科研、教学的专家、学者参加了会议，并递交了 111 篇中、英文科研论文摘要。孙大业院士和部分老一辈科学家及美国植物生长调节剂协会理事长 Louise Ferguson 教授等 11 位国内外著名专家先后做了大会学术报告，26 位专家分别在两个分会场做了学术报告。

会议期间，我会与美国植物生长调节剂协会 Louise 理事长商洽了两国学会合作交流的事宜，达成了由双方学会于 2008 年联合举办植物生长物质国际学术研讨会的初步意向。开创了我会与国际学会合作的新局面。

本次会议充分反映了我国植物生长物质学科领域中所取得的最新的理论与应用研究成果。提高了产品的技术含量，针对我国农业生产的问题和难题，一批安全高效、综合效能良好的植物生长调节剂制剂进入了生产应用阶段，取得了显著效益；利用基础研究的新技术和新成果，提高了应用研究的水平，植物生长调节剂应用技术研究进展迅速，为植物生长调节剂在农业中的应用奠定了良好的基础。

2. 10 月 14～19 日，由中国植物生理学会、武汉大学和台湾地区清华大学联合主办，中国植物生理学会教育科普工作委员会、武汉大学生命科学学院、植物发育生物学教育部重点实验室、湖北省植物生理学会共同承办的 2005’海峡两岸植物生理与分子生物学教学研讨会在武汉大学举行。本次会议围绕植物生理与分子生物学的最新研究进展、教学研究与改革成果以及示范教学等方面进行了交流，共议 21 世纪植物生理学与人才培养大计，不仅扩大和加强了海峡两岸高等学校植物生理与分子生物学教师之间的合作与交流，同时也促进了海峡两岸高等学校植物生理学课程教学质量的共同提高。会议期间，学会与台湾地区清华大学生命科学院院长潘荣隆教授等洽商了共同筹组海峡两岸植物生物学学术研讨会系列会议的事宜，得到潘院长的积极响应，表示回台后将促成此事。

3. 10 月 26～29 日，中国植物分子生物学前沿国际研讨会在上海生命科学研究院举行。本次研讨会由中国植物生理学会、中国科学院上海生科院植物生理生态研究所、中国科学院上海生科院—美国加州大学（伯克利）分子生命科学研究中心、植物分子遗传国家重点实验室和中科院上海生科院—上海交大—美国宾州州立大学生命科学联合研究中心共同主办，我会理事长、北京大学校长许智宏院士和耶鲁大学邓兴旺教授担任研讨会主席。60 多位杰出的国外科学家与会并做了精彩的学术报告，300 多位国内外科研人员参加了会议。

本次会议采用大会报告和专题报告的形式，结合国内外植物科学发展趋势，从功能基因组学、表观遗传学、蛋白质组学、代谢组学、生物信息学等多角度就植物信号转导、抗病、抗逆、生长发育和代谢调节等方面进行广泛交流，为今后进一步的合作奠定了良好的基础。

4. 11 月 5～9 日，由学会环境生理与营养生理专业委员会主办的 2005 中国植物逆境生理与分子生物学学术研讨会在广东省湛江师范学院召开。来自 22 个省、自治区、直辖市及香港特别行政区的 146 名专家、学者参加了研讨会。本次会议共收到 122 篇论文摘要，会议邀请了山仑院士等 15 位著名专家，分别就“抗逆高效农业的生理学基础”、“植物耐逆性的调控及信号转导”、“植物响应逆境的相关基因及其调控”、“提高植物耐逆性的转基因技术”、“植物对逆境整体响应的生理学机制”等专题作了 7 个大会主题报告、8 个大会专题报告和分组学术交流。本次会议交流的内容基本上反映了我国植物逆境生理与分子生物学学科领域的研究水平和国际上研究发展的趋势和方向，在促进我国植物逆境生理与分子生物学学科的发展和培养青年学者的成长方面发挥了积极的作用。

二、推荐优秀青年科技人才参与国际学术组织

2005 年 8 月，中国植物生理学会生长物质专业委员会副主任萧浪涛和中国植物生理学会副秘书长周元吉应邀参加了 2005 年美国植物生长调节剂协会学术年会和理事会会议，就中国植物生理学会的基本情况和联合举办

国际性学术会议的设想等问题与美国植物生长调节剂协会理事会全体理事进行了充分的沟通，达成了基本的共识。目前正在进一步协调原定在2008年联合召开国际性会议的计划提前执行。同时，根据在植物生长调节剂研究领域所取得的突出成绩，萧浪涛已被美国生长调节剂协会理事会一致提名为该协会下一届的理事候选人。

三、学术期刊

在学会理事会的大力支持下，学会学术期刊编辑部于2005年10月30日组织召开了两刊编委会会议。与会者围绕会议议题展开了热烈的讨论，就努力扩大稿件来源、改善稿件审编程序、实行编委分工负责制、缩短出版周期和提高本刊学术水平以及尽快实现国际化等重要事项达成共识，并制定了11项切实可行的有效措施。

四、组织建设

1. 完善学会网站，构筑学术交流、国际交往、科学普及等多层次学会信息平台。

2. 组织参加中国科协召开的京外部分学会改革与组织管理工作研讨会，贯彻中国科协关于学会改革和组织工作的精神，进一步探索学会改革的新思路。

3. 根据中共中央组织部、人事部和中国科协的有关文件指示，组织推荐第九届中国青年科技奖候选人。

4. 按照中国科协的要求，完成中国科协布置的学会改革方案、年度工作总结、重点学术活动计划和学术期刊活动计划、各类“情况统计表”、“综合统计年度报表”和重点学术会议经费资助申请等。

中国生物物理学会
The Biophysical Society of China
(BSC)

地　　址 北京市朝阳区大屯路15号
邮政编码 100101
电子信箱 wangyue@ sun5. ibp. ac. cn
主页网址 http://www. bsc. org. cn
电　　话 010－64889894
传　　真 010－64889892

理 事 长 赵南明
副理事长 王志新　沈　恂　阮康成
秘 书 长 沈钧贤
刊物及主编 《生物物理学报》　主编　沈　恂
《生物化学与生物物理进展》　主编　王大成

单位简介

中国生物物理学会是在中国共产党领导下由全国生物物理学工作者自愿组成的、具有公益性与学术性、依法登记注册的法人社会团体，是中国科学技术协会的组成部分。

中国生物物理学会于1980年5月成立，创始人为我国著名生物物理学家贝时璋，其前身为中国生理科学会生物物理专业委员会。贝时璋任第一届理事长，梁栋材任第二届理事长，王书荣任第三届理事长，梁栋材任第四、五届理事长，赵南明任第六、七届理事长。

中国生物物理学会于1984年加入国际纯粹与应用生物物理联合会（International Union for Pure and Applied Biophysics，IUPAB）；与日本生物物理学会、韩国生物物理学会、国际自由基研究学会、国际生物流变学学会等国外学术团体保持经常联系。

中国生物物理学会下设9个专业委员会和3个工作委员会。第七届理事会理事51名，会员2390余人。

工作综述

一、学术交流

1. 2005年3月29～31日，学会主办的中德细胞膜生物物理和生物化学特性研究双边研讨会在中国科学院生物物理研究所报告厅举行。包括诺贝尔奖获得者Erwin Neher教授和美国科学院院士Bertil Hille教授在内的12位著名科学家做了大会特邀报告。本次会议促进了中德科学家之间的学术交流，也为中德科学家之间的国际合作提供了良好的机会。

2. 2005年5月30日～6月3日，受国际生物流变学会（ISB）、国际临床血液流变学会（ISCH）委托承办的第十二届国际生物流变学大会暨第五届国际临床血液流变学大会在重庆召开。本届会议是迄今为止在中国召开的生物力学领域内规模最大、级别最高的国际会议。大会组委会特邀了该领域8位世界著名学者做大会报告，论文摘要发表在本学科的权威性杂志 Biorheology 上。

为配合2005年“世界物理年”活动，会议期间，组委会组织了以“爱因斯坦与生物流变学”为专题的报告及墙报展示等纪念爱因斯坦的学术活动。使与会者不仅聆听了本领域世界著名科学家高水平的学术报告，相互间进行了很好的学术交流，而且，更加充分地了解到科学巨匠爱因斯坦对人类科学的巨大贡献。

3. 6月24~28日，在上海举行了第三届天然抗氧化剂—分子机理和健康作用国际研讨会。本届大会是以微营养和天然抗氧化剂理论和应用等为主题，来自15个国家和地区的250余位自由基生物学和医学方面的专家和学者参加了会议。前国际自由基学会主席 Lester Packer，国际自由基学会现任主席 Toshikazu Yoshikawa 及下届国际自由基学会主席 Enrique Cadenas 教授莅临此次会议。

4. 8月17~19日，中国生物物理学会承办的中国科协学术年会生物物理与重大疾病分会在新疆乌鲁木齐市成功举行。在分会上，有6位中国科学院和中国工程院院士参加了学术交流活动。被邀请的专家认真准备会议报告，由浅入深，把学科领域的最新进展与介绍基础知识相结合，很好地体现了中国科协年会宗旨。各学术报告安排得紧凑有序，参会的百余名与会者普遍反映受益匪浅。

5. 11月25~27日，中国生物物理学会生物物理技术与方法专业委员会在深圳举办了生物物理技术与方法前沿论坛暨第四届全国现代生物物理技术学术研讨会，16个报告重点介绍了生物物理技术与方法最新成果，共有150人参加了学术研讨会。

6. 11月28日~12月2日，在珠海召开了由中国科学院生物物理研究所和中国生物物理学会联合主办的第一届脑与认知科学学术会议。本届大会邀请了卓有成就的8位科学家为大会作特邀报告。大会围绕着感知觉信息加工，脑的高级功能，神经发育与功能衰退，情绪、心理健康与认知障碍和神经信息学及动态等主题进行学术交流与研讨。来自全国各地和香港特别行政区的约200余人参加了会议。

7. 在全国范围内组织会员参加8月27日~9月1日在法国蒙彼利埃市召开的第15届国际生物物理大会。约有50位专家、学者参加了该大会。我国的科学家饶子和院士、常文瑞研究员受大会之邀，在专题报告会上做报告，并有不少科学墙报参加了大会的学术交流。

9月14~16日，与中国科学院生物物理研究所联合承办了由科技部等单位共同主办的首届国际生物经济高层论坛。

二、科普工作

1. 5月10~14日，与广东省生物物理学会在广州联合举办了科普周。中国生物物理学会秘书长沈钧贤和华东师范大学教授陈树德在中山大学医学部分别做了“奇妙的大脑之旅”和“电磁辐射与健康”的报告。本次科普报告会的主要听众是大学本科生、硕士和博士研究生，以及青年教师和医生，约有200余人与会。每个精彩报告后都有非常热烈的提问和讨论，会场气氛十分热烈。

2. 5月14日，配合中科院生物物理所的“公众开放日”活动，组织了“脑发育与我们的智能”、“果蝇中的长寿基因”、“神经元突触与人脑计算机”三个科普报告。报告引起了与会人员，包括青年学生的极大兴趣，收到了一定的科学普及教育的效果。

三、学会组织管理工作

1. 利用每次组织学术会议的机会，在会场内外张贴学会宣传海报，并在学会组织的国际、国内学术会议论文集以及《生物物理学报》和《生物化学与生物物理进展》两刊上定期做宣传广告，积极宣传学会，使更多的生物物理科学工作者和学生认识学会、了解学会，自愿成为生物物理学会一员。

2. 不断完善了生物物理学会学科带头人数据库和科技专家数据库，尽可能收集会员的个人信息，以便更好地为会员服务。

3. 根据中国科协关于改革会员会费的管理办法，修订了《会员管理条例》，明确了个人和团体会员入会的条件、会费额度、会员的权利和义务及入会的审批手续等；修订了《中国生物物理学会工作条例》，作为学会改革的指导性文件。

4. 组织并完成了向中国科协报送推荐2005年度候选创新群体工作。

5. 完成了中国科学院院士、中国工程院院士增选工作。学会推荐的2名院士候选人2005年当选为中国科学院院士。

6. 广泛征求意见，积极组织评选，完成了第九届中国青年科技奖候选人的推荐工作。

7. 积极准备申办第17届国际生物物理大会的宣传材

料及报告，并在第15届国际生物物理大会上，饶子和代表中国生物物理学会做了精彩的申办陈述报告。通过激烈竞争，中国生物物理学会以绝对优势获得了第17届国际生物物理大会的承办权，此次大会将于2011年8月27日~9月1日在中国北京召开。在IUPAB理事会换届的选举中，饶子和成功当选为新一届IUPAB理事会理事。

8. 积极进行2006年的第十次中国生物物理学大会暨第八届全国会员代表大会的筹备工作。

中国遗传学会

Chinese Society of Genetics

地　　址　北京市亚运村大屯路917大楼

邮政编码　100101

电子信箱　xpan@ genetics. ac. cn

主页网址　http://www. bio - ngine. con/resource/union/genetics/shending. asp

http://www. genetics. ac. cn

电　　话　010 - 64889611

传　　真　010 - 64853199

理 事 长　李家洋

副理事长　陈　竺　张启发　贺福初　张亚平　余　龙

秘 书 长　薛勇彪

刊物及主编　《遗传》　主编　薛勇彪

《遗传学报》　主编　薛勇彪

《激光生物学报》　主编　胡能书

单位简介

中国遗传学会成立于1978年，同年加入中国科学技术协会。1978年以来已召开七届全国代表大会。遗传学家李汝棋、谈家桢、李振声曾任第一至五届理事长。第六届理事长为赵寿元，秘书长李家洋。第七届（现任）理事长李家洋。现有会员1.2万人。

中国遗传学会1980年加入国际遗传学联合会，并组团先后参加过1983、1988、1993年在印度、加拿大、英国召开的第15、16、17届国际遗传学大会。主办过多个大型国际会议，其中1998年在北京召开的第18届国际遗传学大会，由国务院副总理李岚清担任名誉主席，谈家桢任主席，参加大会2000人，这次大会取得圆满成功，国际遗传学联合会主席称："这次大会是成功的，可以成为今后国际遗传学大会的模板"。

中国遗传学会下设6个专业委员会，科普教育、青年工作及编辑委员会。每年活动在10次以上。

遗传学家方宗熙、吴旻、耿庆汉等都曾担任过普及工作委员会的负责人。1990年中国遗传学会成立的医疗队，每年都开展大型义诊和科普活动，取得了良好的社会效益。

工作综述

2005年度中国遗传学会共召开5次学术会议，均取得预期效果。其中七届一次青年研讨会以"模式生物"为主题，邀请多位院士和专家报告，会议期间还举办了博士论坛，给青年学者提供了交流的平台。植物遗传和基因组学讨论会是高水平的盛会。李家洋院士、李振声院士、郝水院士及多名资深专家到会并做了大会报告。研讨会的成功召开，促进了我国相关领域科研人员之间的交流。第六届全国医学遗传会议有近300人参加，陈竺院士、刘德培院士出席。有6位院士做了大会报告。这些会议的共同特点是重点突出，影响广泛，学术水平和与会者层次较高。

2005年参加中国遗传学会学术会议的会员超过1000人次，在国际著名刊物发表文章的会员有近20人（Science；Naturel；Cell；Plant Cell）充分显示了我国生命科学领域的研究进展和研究水平的提高。

中国遗传学会承担的国家自然科学名词委员会委托的遗传学名词审定工作在2005年完成了终审，将于2006年2月出版。

2005年12月，中国遗传学会七届二次理事会和各省市遗传学会秘书长会议在北京召开，决定2006年学会的组织建设要做好4项工作：完善会员的管理和服务；按时召开理事会，实行民主办会；理顺与地方学会的关系，加强联系和指导；初步实现办公自动化。

2005年的院士推荐工作完成较好，中国遗传学会推荐的贺林教授当选为中国科学院院士。目前为止，中国遗传学会已连续4届推荐院士中选。

中国遗传学会主办的3个刊物《遗传学报》、《遗传》、《激光生物学报》在2005年发行量分别比上一年有所增加，影响因子也稍有提高。

中国心理学会

Chinese Psychological Society（CPS）

地　　址	北京市朝阳区北沙滩大屯路10号中科院心理所内
邮政编码	100101
电子信箱	xuehui@ Psych. ac. cn
主页网址	http://www. cpsbeijing. org
电　　话	010－64888946
传　　真	010－64855830
理 事 长	张　侃
副理事长	董　奇　乐国安　叶浩生　沈模卫　莫　雷
秘 书 长	杨玉芳
刊物及主编	《心理学报》　主编　杨玉芳 《心理科学》　主编　杨治良

单位简介

中国心理学会是由中国心理学工作者组成的公益性、学术性社会团体，是中国科学技术协会的组成部分。创建于1921年，是我国现有的全国性学会中最早成立的学术组织之一。其宗旨是团结全国广大心理学工作者，开展学术活动，加强学术研究，以促进心理科学的繁荣和发展，为实现中国社会主义现代化作出贡献。

目前，中国心理学会会员覆盖心理学各主要的分支学科领域，有全国性会员6000余人。其中研究生会员1658人。至2005年，学会已经历九届理事会。共召开了10次全国心理学学术会议，5次全国会员代表大会，另有4次代表大会以通信形式进行。

学会下设14个专业委员会，4个工作委员及2个编辑委员会。

31个省、自治区、直辖市有地方心理学会。

中国心理学会于1980年7月正式加入国际心理科学联合会（International Congress of Psychology，ICP），荆其诚当选为执委（1984、1988年）、副主席（1992年）；张厚粲当选为执委（1996年）、副主席（2000年）；张侃当选为执委（2004年）。1984年加入国际应用心理学（International Association of Applied Psychology，IAAP）。徐联仓选为执委（1984年起连续三届）；张侃当选为执委（1998年）。1990年加入亚非心理学会（AFRO－ASIAN Psychological Association，AAPA），王甦当选为执委（1990年）、联合主席（1992年）；林仲贤当选为执委（1994年）。1990年加入国际测验委员会（International Test Commission，ITC），张厚粲曾当选为理事。

工作综述

一、组织建设

1. 在中国科协的指导下，2005年顺利地完成了全国理事会的换届改选。2005年11月23日在上海市华东师范大学举行了中国心理学会第九届全国会员代表大会暨第九届全体理事会。进行了学会的换届改选。

中国心理学会第九届全国会员代表大会代表共有228人，由31个省、自治区、直辖市的心理学会选派；其中出席本次大会的代表有196人。代表大会通过无记名投票，选出新一届理事会理事共86名。

在第九届理事会第一次全体会议上，86名理事中有77名理事出席了会议。按照中国科协指示精神和学会章程，以无记名投票方式选举产生了第九届理事会的理事长、副理事长和秘书长。以无记名投票的方式，选举了第九届理事会常务理事。新一届常务理事由29人组成，其中第一次当选的常务事理事9人。

第九届理事会第一次常务理事会讨论通过了对学会分支机构（专业和工作委员会）主任、《心理学报》和《心理科学》主编的聘任。

2. 新的理事会组成后，及时对所属的各个专业和工作委员会人员进行了调整。按需要聘任了1位专职副秘书长和3位副秘书长。

3. 学会的在册会员到2005年10月已经达到4250

人，其中一般会员 2592 人，研究生会员 1658 人，会员中男女的比率为 53∶47。从会员的分布来看，已经遍及 31 个省、自治区、直辖市。除了在册会员，还有几千名老同志会员。

4. 在中国科协的指导下，学会顺利完成了民政部年度年检。

5. 2005 年，学会常务理事会召开会议 4 次，所有的重要工作均经过常务理事会研究决定。

6. 2005 年，学会设立的学科建设成就奖，有 3 位在发展心理学领域做出突出贡献的心理学家获奖。

7. 2004 年，学会趁第 28 届国际心理学大会在北京召开之际，启动了学会的会士制度，现已经有 9 位会员被评审为会士。

二、学术交流

1. 中国心理学会第十届全国学术会议于 2005 年 11 月24～26日在上海市华东师范大学举行。这次学术大会是 4 年一度的全国心理学学术年会，得到中国科协领导同志和全国心理学界同仁的高度重视。来自 30 个省、自治区、直辖市的 1581 名学者参加了会议。其中 539 人具有高级职称，研究生 969 人，17 位香港特别行政区和澳门特别行政区的心理学家也参加了这次大会并做学术报告。会议收到论文 2250 篇，其中大会报告 3 篇，分组重点报告 140 篇，小组交流 657 篇；论文集收录摘要 1200 篇。这些论文和报告集中反映了过去 4 年我国心理学工作者的主要研究成果，其中有些达到了很高水平，一批与国民经济建设有关的成果更是引人注目。全国主要心理学教学与科研仪器设备厂商和相关出版社在大会设展台 16 个。

会议期间进行了 2 天的分组交流。在大会闭幕式上，张侃理事长进行了大会总结，并通报了常务理事会今后要开展的各项工作。

2. 2005 年各专业委员会和工作委员会共举行学术活动约 8 次。

3. 学会 2005 年荣获中国科协先进学会国际交流单项奖。2005 年度学会统计工作受到表扬。

三、国际会议

2005 年学会派出 5 位代表参加在阿根廷举办的第四届世界心理治疗大会，并为主办 2008 年的第五届大会做了宣传和准备。学会将主办 2008 年的 WCP 和 2009 年 IEA。

四、科学研究、编辑出版和科普工作

1. 分布在中国科学院和北京师范大学的学会会员，促成了两个心理学方向的国家重点实验室的组建，目前已经获得科技部的正式批准。在国际核心刊物发表的心理学科学论文，已经达到每年 50 多篇。

2. 学会心理学普及工作委员会在全国范围内开展了心理健康的教育活动。学会还和中国科协青少年科技中心一起设计、制作了两期展报，通过全国地方科协发放到全国的中小学。

3. 学会主办的两个全国性刊物都为双月刊，2005 年两刊总发行量 46786 册。

4. 学会编辑了第 28 届国际心理学大会论文集英文版，已于 2005 年底在国际上发行。同时学会从国际心理学联合会获准出版第 28 届国际心理学大会论文集中文版，组织了翻译和出版工作，大会论文的中文版 2005 年在国内发行，使得更多的国内心理学工作者能方便地获取国际心理学前沿领域的近况和成果。

5. 学会已经确定与世界图书出版社在心理学书籍的出版和发行方面进行长期的战略性合作，并签署了合作协议。

6. 积极贯彻西部大开发的战略决策，以心理学学术活动成果和支持西部大开发，为西部经济和学术的发展提供决策咨询和政策建议，从而促进西部的经济建设和社会发展。2005 年在宁夏召开了第三届心理学与西部大开发学术交流大会。

中国生态学学会

Ecological Society of China (ESC)

地　　址　北京市海淀区双清路 18 号
邮政编码　100085
电子信箱　esc@rcees.ac.cn
主页网址　http://www.esc.org.cn
电　　话　010－62849101/62849113
传　　真　010－62849101

理　事　长　王如松

副理事长　于贵瑞　方精云　刘世荣　苏智先

张知彬　骆世明　钦　佩

秘　书　长　欧阳志云

刊物及主编　《生态学报》　主编　冯宗炜

《应用生态学报》　主编　沈善敏

《生态学杂志》　主编　孙铁珩

《城市环境与城市生态》主编　邢振纲

Journal of Forestry Research

《林业研究》　主编　杨传平

单位简介

中国生态学学会是中国生态科学技术工作者和热爱生态学事业的社会各界人士自愿结合、依法成立的非营利的学术性、多学科、综合性社会团体。

中国生态学学会于1979年12月在云南省昆明市成立，至今召开了7次全国代表大会。李文华院士为荣誉理事长，王如松为现任理事长。

中国生态学学会于1980年加入中国科学技术协会。1984年作为团体会员加入国际生态学会。目前学会下设17个专业委员会，5个工作委员会。30个省、自治区、直辖市先后成立了地方生态学学会组织。

工作综述

一、学术交流工作

2005年，学会组织了高水平、高规格的学术交流会、研讨会15次，国际会议3次，都收到很好的效果。出版论文集7种，收到论文660余篇，1600多人参加了学术交流。

5月8日，由中国生态学会生态工程专业委员会、旅游生态专业委员会和南京城市科学研究会主办的2005年城市水环境保护与利用生态工程论坛在江苏省南京市召开，会议的主题为：城市水环境保护与利用生态工程。

5月10~12日，由化学生态学专业委员会主办，农业部昆虫生态、毒理重点实验室和中国科学院会同森林生态实验站联合承办的全国第五届化学生态学学术研讨会在广东省珠海市召开。会议共收到学术论文73篇，与会的97名专家学者进行了热烈的学术讨论和交流，介绍了国内外动态和各自研究工作的进展，沟通了信息。会议产生了新一届中国生态学学会化学生态学专业委员会。

6月18~21日，第二届全国复合生态与循环经济学术讨论会在安徽省合肥市和黄山市召开。本次会议由中国生态学会、安徽生态省建设领导小组办公室主办，中国生态学学会城市生态专业委员会、生态工程专业委员会、旅游生态专业委员会协办。来自20多个省、自治区、直辖市的从事科研、教学、管理的近200名专家学者参加了交流与研讨。会议出版论的文集共收录74篇论文。会议紧密围绕“复合生态与循环经济”这一主题进行研讨，同时根据安徽生态省建设的需要，研讨科学发展观与资源可持续利用中的相关重大问题，为促进安徽科技经济发展、构建和谐社会出谋划策。

8月7~12日，参加了在加拿大魁北克省蒙特利尔市召开的第90届美国生态学年会和第9届国际生态学大会。来自世界各地的学者约4000人，其中中国学者110多人。报告内容涉及生态学理论、方法、研究、规划的许多方面。会议确定第10届国际生态学大会于2009年8月在澳大利亚昆士兰州布里斯班市召开。

8月20~23日，中国科协2005年学术年会第6分会场生态建设与和谐社会学术讨论会由中国生态学会主办。会议收到论文84篇。150多位科研、教学、生产与管理部门的学者，围绕“生态建设与和谐社会”这一主题，就发展循环经济、水资源合理利用、生态安全、生态旅游、生态调控、生态系统管理、生物多样性保护、生态城市的规划与建设等前沿问题进行了广泛讨论与交流，为构建社会主义和谐社会献计献策。

8月30日，邀请美国生态学会前主席，著名生态学家Dennis H. Knight教授和加州理工大学生理生态与进化生态学家Charley A. Knight教授在中国科学院生态环境研究中心分别做了精彩学术报告。

9月14~18日，第17届国际恢复生态学会议在西班牙萨拉戈萨成功召开。学会常务理事傅伯杰应邀做了题为“中国的土地退化与生态恢复”的大会特邀报告。

9月27~30日，由中国生态学学会动物生态学专业委员会、中国动物学会兽类学分会、中国野生动物保护协会主办的第二届全国野生动物生态与资源保护学术研讨会在黑龙江省哈尔滨市召开。本次研讨会共收到论文摘要146篇。研讨会受到了全国广大动物生态学工作者和野生动物保护工作者的热切关注和大力支持，49个科研院所、高等院校和野生动物保护管理部门的120多名学者参加了这次盛会。

10月13～16日，污染生态专业委员会主办的第二届中俄自然资源、环境与生态学双边学术研讨会在辽宁省沈阳市举行。会议期间，俄方5位学者和中方8位学者结合合作研究项目内容，就黑土的污染状况及其控制、污水及污染土壤的修复、森林景观动态及其可持续管理、区域生态经济过程模拟、林木真菌和害虫的发生及图测等方面进行了充分地交流与研讨。

10月20日，应中国生态学学会微生物生态专业委员会、中国科学院生态环境研究中心和中国科学院研究生院邀请，前国际微生物生态协会主席、国际知名的微生物生态学家、以色列希伯来大学生命科学院微生物与分子生态研究所教授Yehuda Cohen先生在中国科学院研究生院做了精彩学术报告。

10月21～23日，在内蒙古自治区乌海市召开了主题为“生态健康与循环经济”的第二届中国生态健康论坛，160余名学者参加了会议。论坛共收到近100篇论文，最终精选出近60篇优秀论文编入论坛的会议文集。会议展示了最新研究成果，促进了不同学科、行业、地区之间的合作与交流。

10月24～26日，由中国生态学学会农业生态学专业委员会主办，华南农业大学和广东省生态学会承办的第12届全国农业生态学研讨会在广东省广州市召开，共有来自全国22个省、自治区、直辖市的128名专家参加了这次会议，共收到了会议论文95篇。这次会议展示了我国农业生态工作者近年来在生态农业建设、农业生态安全与食品安全、农业生物多样性及其利用、农业化学生态学、农业分子生态学、全球变化与农业生态系统响应、农业循环经济、农田生态学与作物生态学、农业生态学的理论与模型、都市农业、农业生态规划与农业生态旅游，以及农科的生态学教学等方面取得的重要成果。

11月1～4日，循环经济与区域可持续发展国际会议在浙江省杭州市召开，与会150余人。本次大会的主旨在于促使政府、科研和产业界对循环经济进行广泛深入的探讨，就实现可持续发展战略与政府形成共识，并促进循环经济与可持续发展领域的学术交流和最新理论及技术成果的应用。

11月9～10日，城市生态系统长期研究与生态管理学术研讨会在北京召开，会议由中国科学院生态环境研究中心、中国生态学学会城市生态专业委员会和华东师范大学资源与环境科学学院主办，中国科学院北京城市生态系统研究站承办。会议围绕“城市生态系统：过程、演变和可持续管理”这一主题展开。90名专家参加会议，论文集收录论文42篇。

11月23～25日，由中国科学院亚热带农业生态研究所和中国生态学学会联合主办的第一届亚热带区域持续农业国际学术研讨会在湖南省长沙市举行。来自联合国粮农组织、国际水稻研究所、洛桑实验站等国家组织和30个国家以及来自我国的150名学者参加了这次盛会。本届会议总共收到国内外递交的论文近200篇。会议期间，围绕作物生产与食品安全、土壤养分与水分管理、作物与家畜一体化、生态农业与环境等4大主题进行了深入探讨和广泛交流。

二、科普工作

1. 学会参加了中国科协组织开展的“纪念日”活动和“世界环境日”、《世界干旱日》宣传活动，宣传内容在搜狐网站IT频道播出，积极开展群众性生态、环境科普教育活动，提倡节约和保护生态环境的理念。

2. 中国生态学学会组织专家参加了2005年5月14日在北京市海淀公园举行的以“科技以人为本，全面建设小康”为主题的全国科技活动周暨第11届北京科技周的活动。

3. 组织专家参加6月1日在北京教学植物园举办的北京市植物与健康科普节活动。同时在北京教学植物园展出徐凤翔教授的“中国高原生态纵览”的生态科普展，展览为期20天，受到了中小学生的广泛关注。

4. 9月17日科普日，学会在中科院生态环境研究中心举办了“中国高原生态纵览”生态科普展，展示了高原生态区最大的生态特点是丰富多样，最大的生态问题是环境脆弱。

三、建设“科技工作者之家”工作

1. 完成学会资格年审工作，学会的文档管理和固定资产登记。

2. 出版《生态学会通讯》第79、80、81期。

3. 建立了生态学学会独立的网站（http://www.esc.org.cn）。

4. 初步完成了学会会员信息的建库和会费管理建库工作。

5. 召开了2005年新春茶话会及在京常务理事会、七届二次常务理事会和理事长工作会议。

6. 完成院士候选人推荐工作和推荐第九届青年科技奖工作。

7. 完成第二、第三届中国科协期刊优秀学术论文推荐工作。

四、期刊工作

《生态学报》全年出版12期，共刊登论文491篇，共出版18120册。《应用生态学报》全年出版12期，共刊登论文481篇，共出版7968册。《生态学杂志》全年出版12期，共刊登论文315篇，共出版13044册。Journal of Forestry Research 全年出版4期，共刊登论文80篇，其中海外稿件8篇，共出版1200册。

《生态学报》、《应用生态学报》、《生态学杂志》被中国科技论文与引文数据库（CSTPCD）收录，《生态学报》继2002年、2003年、2004年后第3次入围中国“百种杰出学术期刊”。

《生态学报》获第三届国家期刊奖提名奖。

中国环境科学学会

Chinese Society for Environmental Sciences (CSES)

地　　址　北京市海淀区红联南村54号
邮政编码　100088
电子信箱　cses@chinacses.org
主页网址　http://www.chinacses.org
电　　话　010－62215136
传　　真　010－62210728
理 事 长　叶汝求
副理事长　唐孝炎　刘昌明　魏复盛　徐厚恩　舒惠芬　井文涌　陈　复　鲍　强
秘 书 长　任官平
刊物及主编　《中国环境科学》　**主编**　王文兴
《中国花卉盆景》　**主编**　苏本一
《安全与环境学报》　**主编**　冯长根
《环境工程》　**主编**　翁仲颖

单位简介

中国环境科学学会于1978年5月5日经中国科协批准成立，是专门从事环境保护事业的全国性科技社团组织。是中国科学技术协会的组成部分。

学会下设7个工作委员会、9个分会和13个专业委员会。

31个省、自治区、直辖市，部分经济发达的地区、县、镇成立了区域性地方环境科学学会。目前中国环境科学学会个人会员约3.22万人，团体会员96个。1997年开始设立高级会员，有高级会员296人，进入学会人才库的各类专家有1000多名。

中国环境科学学会成立20多年来，先后与美国、加拿大、英国、日本、韩国等20多个国家建立了联系。

工作综述

一、学术交流

1. 6月4日，2005年中国环境保护与经济发展国际论坛暨中国环境科学学会学术年会在北京召开。会议围绕我国“十一五”期间环境规划、城市环境保护、企业环境保护、资源有效利用等4个未来环境保护亟须解决的问题，与会600余名专家学者展开热烈讨论，总结以往环保工作的得与失，为环保事业可持续发展献计献策。

年会共收到论文近1000篇，600篇精选论文编印成《中国环境科学学会2005年学术年会论文集》，于会前正式出版。大会还设立7个分会场。

2. 11月10～12日，学会与澳门环境委员会在澳门共同主办了2005两岸四地环境论坛——环保科技与产业。来自内地和香港特别行政区、澳门特别行政区以及台湾地区有关科技、产业和行政管理方面的专家学者200余人，就两岸四地环保产业发展现状及趋势、国际环保产业发展趋势与分析、两岸四地在发展环保产业中的定位、优势与制约因素以及经验和问题；环保产业政策、措施与市场发展关系——环保产业自身发展规律与机制；环保产业融资现状与趋势；中小企业在环保产业发展中扮演的角色与机遇；环保产业市场现状及趋势分析等7个方面进行了研讨。国家环保总局副局长王玉庆在会上做了题为“以科学发展观为指导，大力发展环保产业”的专题报告。中国工程院刘鸿亮院士和国务院发展研究中心以及两岸四地的有关专家、学者、企业界人士先后在大会上发言。会议还就两岸四地共同关心的环境问题形成专家共识和建议。

3. 8月20～23日，在中国科协2005学术年会上，学会主办了以“西部开发与生态保护”为主题的专题论坛。160余人出席会议。150篇论文于会前正式出版。

4. 11月4日，学会同国家环保总局科顾委组织召开了“环境友好型社会专家座谈会”。这次座谈会对推动和宣传环境友好型社会起到了重要作用。

5. 举办“首届中国绿色财富论坛”。该论坛以发展循环经济，建设资源节约和环境友好型社会，创造绿色财富为主要研讨内容，吸引了众多知名专家学者与会交流。国家环保总局副局长王玉庆，中国科协副主席左铁镛，清华大学金涌院士、倪维斗院士等到会做学术报告。

6. 受国家环境总局委托承担了两期建设项目竣工环境保护验收监测技术培训班的会务工作，共培训学员200人。受总局污染控制司委托，承办了全国小城镇污水处理技术参考路线研讨会。举办了系列循环经济与企事业管理高级研修班及环境管理与清洁生产研修班。与清华大学环境科学与工程系合作举办了污染防治技术工程实践——水处理专题研修班。举办了“可持续发展和生态保护与建设高级研修班。”

7. 学会在纪念联合国第四次世纪妇女大会10周年会议暨中国妇女研究会年会在北京举行期间，主持举办了妇女与环境专题论坛，来自妇联和环保系统、大专院校、科研院所等30多个单位的40余人参加了会议。

8. 水环境分会于9月22～27日在湖北省宜昌市主办召开了中国水环境污染控制与生态修复技术高级研讨会。在水环境与流域管理等方面进行广泛的科研和技术交流，200多名专家学者与会，收集论文近200篇。

9. 4月20～30日环境地学专业委员会邀请德国专家学者10余人联合考察了福建省水土流失等环境问题，并接待了英国30余名地理专业大学生来访，进行了专题讨论和交流。

10. 7月31日，海洋环境保护专业委员会中国科学院海洋所开展对公众开放日活动，积极宣传海洋环境领域的研究成果和发展动态，提高公众的环境保护意识。

11. 6月9～10日核安全与辐射安全专业委员会与所属4个分会联合举办的21世纪初辐射防护论坛第四次会议暨低中放废物管理和放射性物质运输学术研讨会在北京举行。通过了《关于加强我国中低放废物管理和放射性物质运输安全的建议书》。90人与会，提交论文50余篇，5位外国专家出席了会议。

12. 固体废物专业委员会协助学会在年会期间举办了2005年中国环境科学学会学术年会固废专场，7月，会同国家环境分析测试中心、国家环保总局宣教中心在北京举办了二恶英测定技术学习班。

13. 环境法专业委员会协助学会举办了环境行政执法研讨班，参加研讨会人员达100多人。10月下旬，在山东省济南市举办环境法律实务研习班，免费培训法官和律师各40名。

14. 咨询评估工作委员会于8月4～7日，在北京师范大学举办了由加拿大国际开发署（CIDA）资助的“流域环境管理与可持续发展”高级研讨班。国内外知名学者80人与会。

二、科普活动

1. 2005年4月8～10日，在福建省厦门市组织召开了第一届全国环境保护科普工作经验交流会。国家环保总局副局长张力军，科技部、中国科协、福建省及厦门市有关领导同志出席会议并讲话。来自全国各省市环保行政主管部门的领导和环境学会负责同志100余人到会。会议就进一步贯彻落实《中华人民共和国科学技术普及法》、《关于加强全国环境保护科普工作的若干意见》和《关于进一步开展千乡万村环境保护科普活动的通知》等3个文件精神，重点交流农村环保科普活动经验，对下一步环保科普工作进行了部署。

会议对内蒙古、新疆、宁夏、云南、青海、浙江等6省、自治区环境科学学会进行了表彰，并授予上述6省、自治区“全国农村环境保护科普先进单位”称号。会上展示了环保科普书籍、光盘、挂图等环保科普产品。向河北等地的29个环境科学学会赠送了科普光盘。

2. 积极开展千乡万村环保科普行动计划。学会荣获“全国农村科普先进集体”称号。继续在全国实施千乡万村环保科普行动计划。与青海省环境保护局、青海省科协、青海省环境科学学会联合主办了青海省“千乡万村环境保护科普行动计划”(2003~2010)启动仪式,国家环保总局专家作了“农村环保科普知识”专题讲座。

编印分发各类宣传挂图、光盘、图书和宣传册。2005年6~9月,为配合“千乡万村环境保护科普行动计划”,学会和中国科协科学技术普及部开始编制农村环境保护科普系列挂图。为配合三江源地区生态保护工程,与青海省环保局、环境科学学会编制三江源地区生态环境保护科普知识挂图一套。

开展农村环保科普活动示范工程。2005年5月开始,我会在革命老区井冈山吉安县部署了开展农村环保科普活动示范工程,指导和推动千乡万村环境保护科普活动在全国广大农村真正有效地开展。

3. 充分利用各种纪念日,开展丰富多样的科普活动。5月14~15日,组织环境教育工作委员会、环境影响评价分会、核安全与辐射环境安全专业委员会共同参加了由全国科技活动周组委会、北京科技周组委会主办,科技部、中宣部、中国科协主办的2005年“以人为本、关爱生命、科学减灾、和谐发展”科普游园会。

展出了以家居健康、生物多样性、环境影响评价等科普展板18块。散发了价值3.5万余元的书籍、文化衫等宣传品,开展环境影响评价问卷有奖调查活动。发放放射源基本常识宣传册200套。

2005年6月5日是第34届世界环境日,学会与搜狐网科学和汽车频道联合推出了以“汽车尾气与环境保护”为主题的专家网上咨询活动。邀请有关专家与网民们进行了一个小时的交流,回答了广大车迷和网友所关心的话题,8000多网友参与。

9月17日为全国科普日,与中国睡眠研究会科普部联合举办“居住环境与健康睡眠网络调查”活动,并在搜狐网上播出。580多名网民们填写了调查表。

2005年3月开始,与杜邦中国集团有限公司北京分公司共同研究策划了北京农民工子弟学校环境保护科普宣传公益活动,通过举办讲座、编写科普读物、举办文艺演出、赠送光盘和图书,并组织老军人、老将军走访两所农民工子弟学校,捐赠了书画作品和学习生活用品,不断拓宽宣传渠道,扩大科普宣传范围。

受中国科协科学技术普及部委托,继续承办搜狐网科普宣传栏目。学会已组织12家学会编辑科普宣传知识文字达25万字,相关法律条文约4万字,图片200多幅,先后在搜狐网展示。

受中国科协科学技术普及部委托组织中国麻风防治协会等19个全国性学会,制作展板151块,编辑文字5万多字,配合了多个国际性、全国性纪念日知识宣传活动。

三、在环境与健康研究和产学研结合方面继续积极推进和探索

1. 学会一直关注环境与健康相关问题,一直积极主动参与相关工作,学会联合北京大学医学部有关专家承担了国家环境总局与世界卫生组织开展的《中国农村室内环境污染调查课题》的前期工作,有关方案已经得到了世界卫生组织的批准,该调查拟于2006年3月开始,2007年9月结束。

2. 筹建“室内环境分会”工作进展顺利。为此组建了专家委员会,连续开展了两届国际学术交流会。

3. 2005年8月正式成立“中环科产品环境影响评价研究中心”,中心将重点工作落在环境舱的研制建造中,并积极开展室内环境污染治理技术的推广工作。

四、环境保护科学技术奖

8月23~24日,2005年度环境保护科学技术奖评审会在北京香山饭店召开。评审会由国家环保总局副局长张力军及来自环保科技界的22名资深专家组成。

对2005年收到的129项环境保护科学技术奖申报项目,经形式审查、初审和专家评审等程序,由全体评审委员大会采取一主审二副审的形式,逐一对每个项目进行评审,然后采取全体评委无记名投票等过程产生本年度的获奖项目。

12月13日,中国环境科学学会第六届优秀环境科技工作者奖、优秀学会工作者奖和第五届青年科技奖评审工作顺利完成。本届评审工作成立了由理事长叶汝求为组长的专家评审组,对所推荐的候选人进行了认真的评审和讨论，分别评选出了优秀环境科技工作者、优秀学会工作者及青年科技奖若干名，并评选出优秀环境工作者特别提名奖4名，青年科技奖特别提名奖7名。

五、编辑出版

1. 截至2005年10月底，《中国环境科学》编辑部共出版期刊5期，增刊1期。发表文章174篇，其中由国家级、省部委级基金资助的文章共155篇，占已发表文章总数的89%。为鼓励我国中青年环境保护科技工作者写出更多、更好的优秀学术论文，推荐、评选出涵盖环境地学、环境生态、环境与健康、污水处理等方面优秀论文8篇；并推荐《青藏公路取土场高寒草原植被的恢复进程》一文参加第三届中国科协期刊优秀论文评选。

2. 配合党中央、国务院构建资源节约与环境友好型社会的号召，创办了《绿色财富》专刊。

六、技术咨询与推广

1. 根据云南格瑞环保工程有限公司的申请，组织专家召开鉴定会，对该公司"利用糖蜜酒精废醪液制作有机肥料工艺技术"进行了评审，经专家实地考察后认为该技术在治理污染和资源利用方面具有创新性，值得推广，并向其颁发了推荐证书及铜牌。

2. 开展了"环保型人居工程评估"工作，根据开发商申请，对部分住宅开发项目的环境质量进行公正评估，力图引导房地产业朝生态化、环保化方向发展。

中国自然资源学会

China Society of Natural Resources (CSNR)

地　　址　北京市朝阳区大屯路甲11号
邮政编码　100101
电子信箱　csnr@igsnrr.ac.cn
主页网址　http://www.csnr.org
电　　话　010－64889806
传　　真　010－64889806
理 事 长　刘纪远
常务副理事长　成升魁
副理事长　史培军　何贤杰　李善同　王　浩　张福锁
秘 书 长　沈　镭
刊物及主编　《自然资源学报》　主编　李文华
《应用基础与工程科学学报》　主编　杨　卫

单位简介

中国自然资源学会是以促进资源科学发展和普及资源科学技术知识为宗旨的学术性法人社会团体，是中国科学技术协会的组成部分。

1980年9月经中国科协批准成立中国自然资源研究会，1993年2月更名为中国自然资源学会。

中国自然资源学会于1983年10月、1988年1月、1993年2月、1998年5月、2004年4月分别召开了五届全国会员代表大会。刘纪远任第五届理事长。

中国自然资源学会现有会员4000余人，下设干旱半干旱区资源研究、山地资源研究、热带亚热带地区资源研究、资源经济研究、自然资源信息系统研究、土地资源研究、资源持续利用与减灾、天然药物资源、资源工程、水资源、湿地资源保护等11个专业委员会，以及青年、教育等2个工作委员会，还有湖南省、湖北省、福建省、山东省、宁夏回族自治区、新疆维吾尔自治区6个省级学会。

工作综述

一、学术交流活动呈现蓬勃生机

1. 承办中国科协学术年会分会场活动主题鲜明，专家学者积极参与，成效明显。2005年8月22～23日，中国科协2005年学术年会分会场水资源论坛——水资源与生态和环境协调发展，在乌鲁木齐市召开。120余名学者参加了此次学术活动，收到学术论文80余篇。会议围绕3个主题开展学术交流，即"干旱半干旱地区水资源与水循环的科学规律"、"干旱半干旱地区水资源与区域的发展问题"以及"干旱半干旱地区水资源的利用、管理和可持续发展问题"。会议充分展示了水资源与生态环境协调发展方面的最新研究成果，促进了学科之间交叉融合。结合新疆维吾尔自治区和西部地区发展特点和需求，探讨了如何为新疆及西部地区社会经济发展提供科技支撑等问题。

2. 学会组织的学术年会，紧扣国家需求，不断创新，具有规模大、年轻学者多、覆盖面广、学术交流踊跃的特点。2005年11月14日，中国自然资源学会2005年学术年会在山东师范大学隆重召开。280名学者参加了会议。本次大会的主题是“发展资源科技，建设节约型社会”。本届年会还设立了资源学院院长论坛，目的在于促进我国资源学科建设，培育资源学科人才，加强各兄弟院校和科研单位的合作，推进资源科学的发展。

中国自然资源学会2005年学术年会的召开，是自然资源科学工作者为落实科学发展观和《中共中央关于制定“十一五”规划的建议》，提供科学技术支撑的一次重要行动。此次年会收到论文190余篇，出版了论文集。学术年会坚持每届年会评选表彰30名青年优秀论文奖。

3. 其他学术交流活动是学术年会的重要补充，相得益彰。2005年4月7日，中国自然资源学会在山东师范大学召开了资源科学前沿问题座谈会。11月初，与兄弟学会在浙江省杭州市共同主办了2005循环经济与区域可持续发展国际学术研讨会。

二、专业委员会工作不断加强

2005年成立新疆自然资源学会，还有3个专业委员会和1个省级学会正在筹备之中。完成了1个专业委员会的换届工作。会员重新登记和发展新会员工作有了新进展。

三、科普活动成效明显

受中国科协科学技术普及部资助，由中国自然资源学会组织专家学者拍摄了电视科普专题片《中国资源安全警示录》。该科普专题片分4个专题：水安全、土地安全、能源安全、矿产安全。

参与了中国科技馆承办的国家发改委组织的关于《资源节约型社会》大型科普展览，负责了展览脚本的设计、起草和文字修改等工作。

四、期刊编辑出版与网站建设工作成绩显著

《自然资源学报》荣获第4届中国百种杰出学术期刊，继续及时并重点报道了资源科学基础理论研究、具有创新水平的、对国民经济建设和区域发展有指导意义及重点地区资源合理保护利用等方面的科研成果。稿源增幅较大，期刊影响力持续上升，《自然资源学报》近年的影响因子、总被引频次和指标综合加权评分都有较大幅度的提高。期刊的影响因子在学科排序中连续3年居首位。2005年，全年刊出论文122篇，956页，约169万字(2003年106篇，148万字)，稿源丰富，录用率约10.6%。

《应用基础与工程科学学报》，2005年度共出版4期，刊登学术研究论文60余篇，《应用基础与工程科学学报》已被中国科学引文数据库收录为核心期刊、万方数据库指定来源期刊、中国科技论文统计源期刊（中国科技核心期刊)、中国期刊网、中国学术期刊综合评价数据库、中文科技期刊数据库、中国学术期刊文摘、美国《工程索引》（EI）收录为核心期刊，引文影响因子也在逐年上升。

学会网站建设不断地丰富和完善，经常更新“滚动新闻”、“学会信息”、“学术交流”、“学术年会”、“期刊图书”等栏目内容，每个专业委员会自动添加专栏的文件、信息。

“资源科学技术名词”和“资源科学”专著编写工作接近尾声。2005年已经出版《植物化学分类学》和《可持续水资源管理：理论、方法、应用》等专著。

中国感光学会

Chinese Society for Imaging Science and Technology (CSIST)

地　　址 北京市朝阳区大屯路甲3号
邮政编码 100101
电子信箱 xh@csist.org.cn
主页网址 http://www.csist.org.cn
电　　话 010-64888031/64886423
传　　真 010-64886423
理 事 长 温荣谦
常务副理事长 陈　萍
副理事长 王佩芳　蒲嘉陵　刘宝生　李嘉明

秘　书　长　刘新厚

刊物及主编　《感光科学与光化学》　**主编**　吴世康

　　　　　　　《影像技术》　**主编**　张含光

单位简介

中国感光研究会1981年8月成立。1991年正式更名为中国感光学会。现有个人会员3500余人，其中外籍会员1名，团体会员42个。设有10个专业委员会，2个工作委员会。

中国感光学会是国际影像科学委员会（International Committee for Imaging Science，ICIS）的重要成员。

中国感光学会夏培杰、蒲嘉陵、马礼谦等任该组织国际委员。

工作综述

2005年，举办2005年21世纪国际影像技术和应用会议、第十届亚洲辐射固化国际会议。这两次国际会议共有667人参加，其中境外人员258人，会上交流论文共292篇，其中境外来稿163篇。邀请国外知名学者来华讲学，做学术报告2场。组织3次国内学术交流会议，共有680人次参加，交流论文417篇。

2005年，学会被中国科协评选为第五届中国科协先进学会。

一、学术活动

1. 5月，在北京举办北京21世纪影像技术和应用国际会议，有233人参加，其中境外人员111人。大会交流论文165篇，其中境外来稿103篇。会议组织了大会主题报告、分组口头报告、大字报展示等。此外还举办了5个技术讲座，共有83人次参加。

2. 5月，在上海举办了第十届亚洲辐射固化国际会议，有434人参加，其中境外人员147人。大会交流论文127篇，其中境外来稿60篇。会议出版了英文论文集、中文论文集和光盘。

3. 8月，组织参加了中国科协2005年学术年会，主办了第8分会场，主题是“光固化与数字成像技术及其应用”。有80人出席了会议，收到会议论文摘要30篇，有15位专家学者在分会场作了报告。

4. 8月，与中国科学院遥感应用研究所、中国地理学会环境遥感分会等单位在贵州省贵阳市联合举办第15届全国遥感技术学术交流会。300余名学者出席了会议，交流论文300余篇。

5. 5月，在上海举办第七届中国辐射固化年会。来自国内180个单位的200余名学者参加了此次会议。

6. 5月，在北京举办了外国专家讲学专题学术报告会。邀请德国海德堡公司Helmet Kipphan教授及美国Nex-Press Solution公司的副总裁、技术总监Arun Chowdry教授来华讲学，做了2场专题学术报告。

7. 筹备举办中国感光学会全国会员代表大会暨学术年会和第七届青年学术交流会；筹备组团赴美国参加第30届国际影像科学大会（ICIS’06）。

二、编辑出版

由学会主办的学报《感光科学与光化学》，是国内外有影响的刊物。被俄罗斯《文摘杂志》（AJ，VINITI）和美国《剑桥科学文摘：材料信息》（CSA：MI）列入摘录刊源，被美国化学文摘（CA）列为核心期刊。

《影像技术》是学会主办的综合性刊物，是中文核心期刊。2005年，《影像技术》编辑出版工作有了较大进步，由季刊变更为双月刊，每期增加4个彩页，专供发表优秀数码摄影作品，进一步提高了期刊质量。

以上两种期刊年发行量20000册，年发表论文150余篇。

三、继续教育活动

2005年举办影像技术青年人才提高班、特种照相技术提高班、辐射固化技术高级研讨班各一期，培训268人次。

四、“千厂千会协作行动”

2005年继续架起学会与企业之间的桥梁，极力发挥国企作用，努力扩充民营与合资企业，推动产学研结合，促进科研成果转化。促进了国家感光材料工程技术研究中心工作；为江苏常州武进庙桥化工厂与学会团体会员单位和科技专家牵线搭桥，促进了科研和产品的推广；组织企业与科研院所、大专院校的科研论证，如：乐凯胶片集团公司与天津远大感光材料公司、北京印刷学院联络，调研有关医用X光胶片、印刷胶片的应用和发展前景。

中国优选法统筹法与经济数学研究会

Chinese Society of Optimization, Overall Planning and Economic Mathematics

地　　址　北京8712信箱(中科院科技政策与管理科学研究所)
邮政编码　100080
电子信箱　zgglkx@mail.casipm.ac.cn
电　　话　010－62542629
传　　真　010－62542619

理 事 长　徐伟宣
副理事长　计　雷　王　柱　甘仞初　陈　剑　刘思峰　沈祖志　张金隆
秘 书 长　魏一鸣
刊物及主编　《中国管理科学》　主编　蔡　晨
　　　　　　《数理天地》　主编　周国镇

单位简介

中国优选法统筹法与经济数学研究会是在中国共产党领导下，由著名数学家华罗庚发起的联系我国从事优选法、统筹法、经济数学等管理科学研究、应用与教育的科技工作者的桥梁和纽带，是自愿结成的，依法登记成立的，具有公益性、学术性的社会团体。是中国科学技术协会的组成部分。是推动我国管理科学与技术发展的重要力量。

研究会于1981年3月31日在北京正式成立，首任理事长华罗庚，第二、三届（1985～1992年）理事长陈德泉，第四、五届（1992～2001年）理事长计雷研究员，第六届（2001～2005年）理事长徐伟宣，现任理事长徐伟宣。研究会现有会员1.7万名，团体会员8个；设有5个工作委员会；15个省、市学会；成立了项目管理、计算机模拟、统筹、管理决策与信息系统、工业工程、高等教育管理、数学教育、经济数学与管理数学、复杂系统、应急管理、灰色系统等11个专业分会。

工作综述

一、学术交流

2005年研究会开展国内外学术交流14项，参加学术交流人数2000余人，交流论文566篇。

1. 由中国优选法统筹法与经济数学研究会、中国科学院科技政策与管理科学研究所、《中国管理科学》杂志编辑部、青岛大学共同主办，青岛大学国际商学院承办，以"科学发展观与管理科学"为主题的第七届中国管理科学学术会议，于2005年10月29～31日在山东省青岛市隆重召开。来自全国各地大学、科研机构以及部分企业等60多个单位的220余位学者参加了此次学术会议。

会议共收到来学术论文360余篇，经专家审核后140篇刊登在《中国管理科学》杂志2005年专辑上。

大连理工大学王众托院士、青岛大学张嗣瀛院士、美国计算机与工业工程主编 M. Dessouky、中国人民大学魏权龄、北京航空航天大学黄海军、东南大学达庆利分别做了题为："管理是科学还是艺术——从知识层面认识管理"、"复杂性科学——整体规律与定性研究"、"Trends and Challenges in Industrial Engineering and Management Science"、"DEA测评机"、"城市交通网络中的行为——数学建模"、"逆向物流系统定量模型研究"的主题报告。

会议期间，大会分别就管理科学与工程、金融与投资分析、供应链与资源管理、企业与经济管理等4个部分进行分组报告和交流，小组讨论气氛浓厚，取得了良好的学术交流效果。

为进一步促进学术交流，研究会决定，在每年举办的中国管理科学学术年会上开展优秀论文报告奖的评奖活动，颁发获奖证书。为此，研究会制定了奖励办法和评奖原则。按照评奖办法，经分组会主席及专家推荐并经优秀论文评选委员会最后评审，本次会议从宣读的论文中评出9篇优秀论文，在闭幕式上宣布了评选结果并颁发了优秀论文报告奖证书。

2. 计算机模拟分会举办了第十届全国计算机模拟与信息技术学术会议。会议收到了70多篇论文，发表了60篇论文，参加人数达78人。会议邀请了香港著名学者 K. K. Lai 做大会专题报告。

3. 工业工程分会召开了全国第九届企业信息化与工业工程学术会议。中国信息经济学会理事长陈禹做了题为"我国信息化建设的新阶段"的精彩报告，总结了我国在信息化建设中的经验教训，并紧扣我国"十一五"规划，展望了未来信息化建设的远景。北京赛迪数据有限公司副总裁李峻做了题目为"IT治理——应用创造价值"的报告，提出了IT治理的概念和使命，并分析国内企业

IT 治理的现状。中国优选法统筹法与经济数学研究会副理事长、工业工程分会理事长甘仞初做了“信息系统体系结构的发展”的报告。与会人员从不同角度对学术问题进行了交流

4. 为了促进项目管理的交流和发展，项目管理研究委员会组织召开第五届全国项目管理学术交流会，200 多名与会者参加了本次大会，国际项目管理协会（IPMA）副主席 Mr. Otto Zieglmeier 出席了大会，并代表国际项目管理协会向大会致词。交流会期间，PMRC 组织召开了 IPMA（国际项目管理协会）全球大奖咨询研讨会和项目管理工程硕士教材编写研讨会，会上 IPMA 副主席 Mr. Otto Zieglmeier 对 IPMA 全球大奖情况进行了介绍，与会者就 IPMA 全球大奖在中国的组织问题以及项目管理工程硕士教材建设问题等议题进行了热烈讨论。

5. 11 月 13～16 日，在印度首都新德里召开国际项目管理协会第 19 届项目管理全球大会。应国际项目管理协会第 19 届全球大会的邀请，由 PMRC 主任叶金福带队，IPMA 副主席、PMRC 常务副主任、IPMP 中国认证委员会主席钱福培、PMRC 副主任薛岩、PMRC 秘书长白思俊、PMRC 副秘书长欧立雄、洪显明、鞠成立以及我国众多项目管理专家、学者 30 余人参加。会上中国代表团设立的展示 PMRC 近年来活动情况以及有关 2006 年上海项目管理全球大会的展台，受到国际专家以及中国留学生的高度关注。在此次大会上 IPMA 还向钱福培颁发了“卓越项目管理贡献奖”，由 PMRC 推荐的中创软件工程公司的“山东省高速公路信息系统”获得了“IPMA 项目管理大奖”中的二等奖“优胜奖”。

6. 高等教育管理分会与南京师范大学、南京医科大学联合举办了 2006 年全国高等教育研究学术研讨会。会议就“高等院校实施素质教育问题”、“高等院校实施创新教育的原则与途径”、“现代教育技术在高校教学中的普及运用研究”、“学校管理”、“学生管理”、“教务管理”等开展了专题研究，取得了一批具有较高推广价值的研究成果。

7. 经济数学与管理数学分会与高等教育出版社、电子科技大学联合举办首届全国高等学校经济数学教学改革高级研讨会。数学教育委员会召开了具有特色的数学教育研讨会。统筹分会、管理决策与信息系统分会分别组织召开学术报告会。

8. 2005 年新批准成立的应急管理专业委员会举办了应急管理论坛。灰色系统专业委员会组织了中国管理科学 2005 年年会的灰色系统专题会议暨第 3 届灰色系统博士论坛活动。

二、组织工作

1. 10 月 29～31 日，第七次全国会员代表大会在山东省青岛市召开，选举产生了 117 名理事组成的第七届理事会；随后召开的第七届理事会第一次会议选举产生了由 31 名常务理事组成的常务理事会，徐伟宣连任第七届理事会理事长。

2. 根据中国科协要求，研究会正是启动会员重新登记与会员缴纳会费的工作。六届七次常务理事扩大会议讨论通过了“关于会员重新登记与会费收缴办法”的决议。制定出个人会员、团体会员的会籍管理办法。对重新登记注册的会员颁发会员证。

3. 经上报中国科协、民政部批准成立了复杂性系统研究委员会、应急管理专业委员会、灰色系统专业委员会。

三、编辑出版工作

由研究会主办的学术期刊《中国管理科学》、科普期刊《数理天地》全年共发表文章 1059 篇。在主编及编辑人员的共同努力下，《中国管理科学》在我国管理学界的知名度和影响力得到了迅速提升，刊载论文的范围、写作风格和规范性要求已渐趋成熟并形成了有特点的模式。期刊各项评价指标也在逐年上升。

中国岩石力学与工程学会

CSRME

Chinese Society for Rock Mechanics and Engineering (CSRME)

地　　址　北京市朝阳区北土城西路 19 号
中国科学院地质与地球物理研究所内
邮政编码　100029
电子信箱　csrme@ vip. sina. com
主页网址　http://www. csrme. com
电　　话　010－62007351/62008462/62007258

传　　　真　010－62007351/62008462
理　事　长　钱七虎
副 理 事 长　白世伟　顾金才　黄鼎成　刘同有
　　　　　　　唐春安　王梦恕　谢和平　杨林德
　　　　　　　张超然　冯夏庭
秘　书　长　杨志法
刊物及主编　《岩石力学与工程学报》　**主编**　冯夏庭
　　　　　　　《地下空间与工程学报》　**主编**　张永兴

单位简介

中国岩石力学与工程学会是全国岩石力学与工程科技工作者的学术性群众团体，是中国科学技术协会的组成部分，对外为国际岩石力学学会中国国家小组。

学会前身是国际岩石力学学会中国小组（NG China，ISRM），该小组是1978年由中国科学院、外交部联合报请国务院批准成立的。在此基础上，1981年成立了学会筹备组，经过4年多的努力，于1985年6月正式成立了中国岩石力学与工程学会。

第一届（1985～1989年）理事长兼国家小组组长陈宗基，第二届（1989～1994年）理事长前陈宗基，后潘家铮，国家小组组长哈秋舲，第三届（1994～1998年）理事长兼国家小组组长孙钧，第四届（1999～2003年）理事长兼国家小组组长王思敬，第五届（2003年至今）理事长钱七虎，现国家小组组长冯夏庭。钱七虎理事长是中国工程院首院士，现任国际岩石力学学会副主席。

工作综述

一、组织建设

1. 在甘肃省敦煌市成立中国岩石力学与工程学会古遗址保护与加固工程专业委员会，敦煌研究院院长李最雄任专委会主任委员。目前学会已有13个专业委员会（分会）。为了与国际学术接轨，2005年学会五届四次理事会根据会员单位的申请又批准成立工程实例专业委员会及废物地下处置专业委员会，并报请中国科协批准。

2. 2005年11月16日在浙江省杭州市召开了五届四次理事会，五届四次常务理事会。学会现有理事186人，其中常务理事74人。

3. 学会在2005年加入各级岩石力学学会的会员已达370人。

4. 全面参与国际岩石力学学会二级机构组织工作，国际岩石力学学会工程实例专业委员会挂靠在中国，沈风生任主席，陈祖煜任秘书长；国际岩石力学学会教育委员会挂靠在中国，蔡美峰任主席、王金安任秘书长。

最新获国际岩石力学学会批准成立的高放地下核废物地质储存专业组在我国启动筹备，北京核能研究院首席科学家、环境研究中心主任、核工业北京地质研究院总工程师王驹担任该组织主席。

二、学会重大活动及主要成绩

1. 从2003年开始向国际岩石力学学会提出求申办2011年第12届国际岩石力学大会以来，学会和新加坡国家小组经过多方面努力，得到国际学会多数理事的认可，终于以较大的优势超过韩国，赢得大会的主办权。

2. 近几年学会取得了一些成绩，2005年被中国科协评为先进学会。

3. 中国岩石力学与工程学会科技奖获科技部批准，2006年学会将首次实施此奖励。

4. 2005年正值学会成立20周年，为此学会举办了成立20周年庆祝会，邀请了部分老专家参加庆祝会，会上还专门为部分老专家颁发奉献奖。会前出版《回顾与展望》一书刊、登有老前辈回忆学会的成立与发展过程，怀念学会创始人陈宗基的文章，有兄弟学会和有关单位及相关部门的祝贺，有学会各届组织机构名单等。

三、学术活动

1. 以钱七虎理事长为团长，率团参加在捷克举行的欧洲岩石力学大会，在ISRM理事会上，取得在北京举办2011年第12届国际岩石力学大会的资格。

2. 由学会主办，布鲁克（成都）工程有限公司，四川岩石力学与工程学会承办的国际边坡柔性防护技术研讨会在四川省成都市召开，学会理事长钱七虎担任大会主席。22个省、市130余名学者参加会议，会议收到55篇论文。

3. 第四届地下物流国际讨论会（ISUFT2005）在上海举行，会议开得非常成功，国内外专家70人参加了会议。会议专业性很强，学术内容具有明显的前瞻性，与会专家普遍认为讨论会学术水平很高，对我国地下物流系统工程技术发展具有很大的推动力，中央电视台二频道晚间经济新闻联播中作了报道。

4. 2005年9月12～14日，南水北调西线工程深埋、长大隧道关键技术及掘进机应用研讨会在北京召开。会议由国务院南水北调工程建设委员会专家委员会、中国水利学会、中国岩石力学与工程学会主办，中国岩石力学与工程学会、黄河勘测规划设计有限公司承办，会议特邀了国内外专家20多人在会上做了专题报告。9名国外学者在会上做了专题报告，国内外专家所做的报告均是围绕着南水北调西线工程，与会人员对专题报告兴趣很浓，反映很好，定将对工程产生建设指导意义，目前正在考虑将专题报告，汇编成集出版。

5. 2005年11月在浙江省杭州市召开了边坡、基坑与地下工程新技术新方法研讨会，这次会议围绕岩石工程三大领域，边坡、基坑与地下工程，突出一个“新”字，新技术、新方法、新工艺、新材料、新产品是会议的特色，以推动岩石力学、岩石工程学科不断发展，并逐步建立我国具有自主知识产权的岩石工程技术体系。会议共有11个专题，涉及边坡、基坑、隧道与地下工程的最新科学技术成就和专利技术，会议内容紧密地与工程相结合，与会人员普遍反映本次研讨会开得很成功，是近年来少有的一次高水平的学术会议，对工程实践很有指导意义。

中国野生动物保护协会

China Wildlife Conservation Association (CWCA)

地　　址 北京市东城区和平里东街18号
邮政编码 100714
电子信箱 cwca@public3. bta. net. cn
主页网址 http://www. cwca. org. cn
电　　话 010－84239015/84239016
传　　真 010－64238030
理 事 长 王志宝
副理事长 齐景发　杨伟光　李仁臣　陈宜瑜　王玉庆　王福兴
秘 书 长 陈润生

单位简介

中国野生动物保护协会于1983年12月23日在北京成立，是中国科协所属的全国性社会团体。是中国科学技术协会的组成部分。

中国野生动物保护协会是一个具有广泛代表性的野生动物保护组织，是由野生动物保护管理、科研教育、驯养繁殖、自然保护区工作者和广大野生动物爱好者组成的群众团体，其宗旨是推动中国野生动物保护事业的发展，为保护、拯救濒危、珍稀动物作出贡献。

协会自成立以来，积极开展野生动物的科普宣传教育活动，“爱鸟周”、“野生动物宣传月”已经成为全国野生动物保护的标志性活动，在全国家喻户晓；通过开展野生动物科学研究项目，组织开展国内外野生动物保护的科技合作与交流活动，促进了我国野生动物保护工作的科技进步；通过组织珍稀动物展览等形式，开展募捐活动，为国家保护大熊猫工程，拯救朱鹮及东北虎等濒危、珍稀野生动物，支持自然保护区建设等广泛地筹募了资金。

1984年，协会被世界自然保护联盟（IUCN）接纳为会员。

截至2005年底，全国已有31个省级和655个地县级野生动物保护协会，拥有个人会员近21万人，团体会员2321个。

中国野生动物保护协会在致力于推动中国野生动物保护事业发展的同时，将进一步寻求同各国和国际野生动物保护组织的友好往来及技术交流。

工作综述

一、宣传教育工作

继续提升全社会生态保护意识。2005年以“爱鸟周”和“保护野生动物宣传月”两个标志性活动为重点，以加强未成年人生态道德教育为主线，在全社会大力开展保护野生动物的宣传教育活动，取得良好效果。

3月3日协会向全国各省、自治区、直辖市野生动物保护协会发出了《关于组织开展2005年“爱鸟周”活动的通知》，提出了“鸟·人·自然——和谐发展”的统一活动主题，推动爱鸟护鸟活动在全国范围内蓬勃开展。

3月27～28日协会和青海省政府共同举办了“申请藏羚羊为2008年奥运会吉祥物”新闻发布会和专家座谈会。同时，协会和青海省林业局共同组织在北京和上海开展了保护藏羚羊巡回宣传活动。

11月11日，北京奥组委正式宣布了奥运吉祥物，藏羚羊成为五个奥运吉祥物之一，得到了社会的公认。

11月14日，协会又举办了奥运吉祥物与野生动物保护座谈会，与会者畅所欲言，对藏羚羊等野生动物保护工作提出了积极的意见和建议。

为响应中共中央关于加强未成年人思想道德教育的精神，协会于7月20～22日、8月11～12日在吉林省延吉市、四川省都江堰市召开了未成年人生态道德教育经验交流会，31个省、自治区、直辖市的野生动物保护协会和在未成年人生态道德教育方面取得丰富经验的中、小学校和自然保护区的代表参加了会议，并评选出了一批先进集体和先进个人予以表彰，新华社、《人民日报》、《光明日报》、《中国绿色时报》等10多家媒体对此进行了随行报道。利用多种艺术形式吸引广大公众关注、参与生态保护。

7月～10月协会与中国林业书法家协会联合举办的首届“促进人与自然和谐发展——全国书画作品大展”大型公益活动在北京举行。大展采用全国公开征集的方式征集作品1200件，从中选出150件油画、中国画和书法作品，12月7～9日在北京举行展览，并表彰部分获奖作品。

二、组织建设工作

野生动物保护事业是一项公益事业，需要动员全社会支持和参与，会员是协会工作基础。2005年，协会先后印发了《中国野生动物保护协会关于加强协会组织建设工作的通知》、《2005年全国协会组织建设情况的通报》，《关于对2004年度北京等12个协会会员发展成绩突出给予奖励的决定》，《关于授予全国12个“中国鸟类之乡”的决定》，《关于确定天津动物园等42个单位为全国野生动物保护科普教育基地的决定》。印发了确定42个科普教育基地的决定和授予全国12个鸟类之乡的决定，编印了《中国鸟类之乡汇编》和《全国科普教育基地汇编》。

8月27日，协会在宁夏银川市召开了西北、西南地区协会组织建设工作座谈会。广西、重庆、西藏、陕西、甘肃、青海、宁夏和新疆8省、自治区、直辖市协会负责同志参加了会议。

三、科技交流与合作

5月17日协会与东亚野生生物贸易调查委员会（Traffic）中国项目、中国濒危物种科学委员会共同举办了野生动植物及其产品标记管理研讨会。

9月27～30日协会与中国生态学会动物生态专业委员会、中国动物学会兽类学分会在黑龙江省哈尔滨市举行了第二届全国野生动物生态与资源保护学术讨论会。

受国家林业局保护司的委托，6月28日～9月30日协会在全国开展了“梅花鹿、鸵鸟全国养殖状况调查”，已形成调查报告，上报国家林业局保护司。

10月中旬至11月中旬，协会和美国野生动物救援组织合作开展全国野生动物食用状况调查，在全国16个城市展开全国野生动物食用状况相关数据的调查。9～12月协会在相关地区开展了“野生动物肇事补偿机制的调查”，调查将为解决野生动物肇事问题提供科学依据。

5月向台湾同胞赠送大熊猫。协会被指定作为大陆方面的实施单位负责与台湾方面指定的单位进行沟通和协商，8月26日协会在四川卧龙召开了向台湾同胞赠送大熊猫座谈会，年底前协助有关部门完成了大熊猫征名工作，并配合做好大熊猫的优选工作。

四、募集资金工作

大熊猫等珍稀野生动物国际合作项目进展顺利。2005年协会与日本、奥地利、泰国、美国的大熊猫国际合作和与日本名古屋动物园开展的金丝猴合作研究进展顺利，为国内野生动物保护募集了大量的资金，增进了与合作国之间的友谊。

中国系统工程学会

Systems Engineering Society of China (SESC)

地　　　址　北京市海淀区中关村东路55号

邮 政 编 码　100080

电 子 信 箱　sesc@ iss. ac. cn

主页网址 http://amss.iss.ac.cn/sesc
电　　话 010－62541827
传　　真 010－82626697
理 事 长 陈光亚
副理事长 于景元　汪寿阳　涂元季　范文涛
　　　　 赵纯均　席酉民　韩文秀
秘 书 长 汪寿阳（兼）
刊物及主编 《系统工程理论与实践》　主编　陈光亚
《系统工程学报》　主编　刘　豹
Journal of Systems Science and Systems Engineering　主编　顾基发　赵纯均
《模糊系统与数学》　主编　刘应明
《农业系统科学与综合研究》　主编　宋凤斌
《交通运输系统工程与信息》　主编　张国伍
《系统工程与电子技术》　主编　高淑霞
Journal of Systems Engineering and Electronics　主编　高淑霞

单位简介

中国系统工程学会是中国系统科学和系统工程科学技术工作者的学术性社会团体，是中国科学技术协会的组成部分。1979 年由钱学森、宋健、关肇直、许国志等 21 名著名专家学者共同倡议并筹备。1980 年 11 月 18 日在北京正式成立。由自然科学领域的科学家钱学森和社会科学领域的经济学家薛暮桥担任名誉理事长，充分体现系统工程跨部门、跨领域的交叉学科性质和特点。第一届理事会理事长关肇直；第二、三届理事长许国志；第四、五届理事长顾基发；现任第六届理事长陈光亚。

理事会下设 16 个专业委员会，5 个工作委员会，由总会直接发展的个人会员 1500 人，团体会员 60 个。

工作综述

一、学术交流

2005 年学会共组织了 13 次学术交流活动，其中国际会议 3 次，参加者达 1200 人次。出版论文集 8 本，共计刊登论文 1100 多篇。

1. 2005 年 11 月 14 ～17 日在日本神户召开了第一届国际系统研究联合会世界大会，这是联合会自 1981 年成立以来的第一次举办世界大会。这次会议是在顾基发主席的积极倡导和促进下举办的。中国系统工程学会是本次大会的协办单位，陈光亚理事长应邀出席了会议。

2. 11 月 4～6 日，2005 系统动力学与管理科学：亚太地区可持续发展国际会议，在上海同济大学召开。会议由同济大学经济与管理学院、国际系统动力学学会中国分会、日本分会、韩国分会、新西兰分会、澳大利亚分会、俄罗斯分会、土耳其分会和印度系统动力学学会主办，由同济大学发展研究院、中国系统工程学会系统动力学专业委员会等协办。会议收录论文 156 篇。

3. 7 月 28～31 日第 11 届国际模糊系统学会世界大会（IFSA2005）在北京清华大学召开。IFSA 世界大会是国际模糊与智能学界最重要的学术会议之一，也是国际模糊系统学会最有权威的世界性系列大会。此次世界大会是第一次在中国内地召开，会议由中国系统工程学会模糊数学与模糊系统专业委员会（IFSA 中国分会）、清华大学、四川大学主办。

4. 12 月 8 日由中国系统工程学会、上海系统科学研究院和中科院数学与系统科学研究院系统科学研究所联合举办了“钱学森系统科学思想报告会”。以弘扬钱学森院士为祖国科学事业的奉献精神纪念了他回国 50 周年。

5. 5 月 28 日，中国系统工程学会医药卫生系统工程专业委员会成立大会暨首届学术年会在第四军医大学预防医学系学术厅召开。全国医疗卫生领域的系统工程教学、研究及应用的学者和卫生管理培训班的学员 80 多人参加了会议。

该委员会的成立，标志着我国系统科学与系统工程在医药卫生领域的发展又上了一个新台阶。

6. 5 月 21～22 日，两年一度的全国青年管理科学与系统科学学术会议在江苏省南京航空航天大学隆重召开，240 余人参会。会议设知识管理、技术创新管理、电子商务、供应链管理、企业信息化等专题。共有 50 余名专家、学者作学术报告。会议共收到论文 320 余篇，经过专家评审，优选出 170 余篇论文出版了论文集。

二、期刊出版

2005 年，学会主办的各期刊都有所发展。《交通运输系统工程与信息》期刊进入了中国科技核心期刊行列。《系统工程学报》在天津年度期刊评比中被评为“一级期刊”。被《中文核心期刊要目纵总览》确定为“中文核心期刊”。《系统工程理论与实践》杂志总被引频次和影响因子在信息科学与系统科学类期刊中排名分别为第一和第三，并荣获第四届“百种中国杰出学术期刊”称号。

三、组织建设

2005 年，中国系统工程学会组建了医药卫生系统工程专业委员会，并召开首届学术交流大会。

国际信息系统协会中国分会正式成立，并组织了第一次学术活动。

1 月，在上海成立了“上海系统科学研究院”。中国系统工程学会理事长陈光亚和副理事长兼秘书长汪寿阳分别担任该院的学术委员会委员和该院的副院长。还有多名副理事长和常务理事在该院担任重要职务。

中国实验动物学会

Chinese Association for Laboratory Animal Sciences (CALAS)

地　　址　北京市朝阳区潘家园南里 5 号

邮政编码　100021

电子信箱　calas@ calas. org. cn

主页网址　http:// www. calas. org. cn

电　　话　010 - 67781534

传　　真　010 - 67781534

理 事 长　刘　谦

副理事长　邢瑞昌　旭日干　邹大挺　秦　川

孙岩松　赵德明　徐　平　王禄增

秘 书 长　秦　川

刊物及主编　《中国实验动物学报》　主　编　邢瑞昌

《中国比较医学杂志》　主　编　方喜业

单位简介

中国实验动物学会是中国科学技术协会组成部分，是由中国实验动物科技工作者组成的从事实验动物科学的学术性社团组织。

中国实验动物学会团结和组织广大实验动物科学技术工作者，促进实验动物科学技术的繁荣和发展；促进实验动物科学的普及和推广；促进科学技术人才的成长和提高，促进科学技术与经济的结合，为社会主义物质文明和精神文明建设服务；为加速实现我国社会主义现代化做出贡献。开展学术交流，普及科学知识，编辑、出版刊物。

学会 1987 年成立，同年加入中国科学技术协会。第一届理事会理事长为钱信忠，现为第四届理事会。

中国实验动物学会是国际实验动物科学理事会（International Council for Laboratory Animal Science，ICLAS）及亚洲实验动物学会联合会（The Asian Federation for Laboratory Animal Sciences，AFLAS）会员。

工作综述

一、重点学术活动

2005 年 10 月 12 ~ 14 日，由中国实验动物学会与国际实验动物科学理事会（ICLAS）、中国医学科学院实验动物研究所联合举办的国际实验动物专题研讨会在中国科技会堂举行。160 余人参加会议。其中，国外学者 29 人，国内学者 130 余人。

国际实验动物科学理事会主席 Gilles Demers、副主席 Norikazu Tamaoki、中国实验动物学会理事长刘谦、卫生部科教司、中国科协学会学术部负责人出席了会议。会议邀请到了中华医学会会长钟南山院士参加会议。

中国实验动物学会理事长刘谦代表中国实验动物学会在大会上做了题为“中国实验动物科学的现状与发展”的专题学术报告。向国内外与会者系统介绍了我国实验动物科学发展的基本状况，回顾了从上个世纪 80 年代初期至今我国实验动物科学发展的历程。进一步强调了实验动物在生命科学研究中的重要地位和作用，同时对我国实验动物科学的发展给予了厚望，强调充分发挥我国动物资源丰富的优势，开发和利用我国实验动物资源，进一步整合资源；提高实验动物质量，以适应生命科学发展的需求；提高人员素质，在现有基础上培养一支高水平、高素质的科技人员队伍；不断加强国际合作与交流，学习、参考、借鉴先进国家的经验和技术，尤其加强与国际实验动物组织进行更广泛的合作，在国际实验动物科学的发展中发挥我国的作用。

国际实验动物科学理事会（ICLAS）主席 Gilles Demers 做了“国际统一规则中 ICLAS 的作用”专题演讲。

在大会做特邀报告的还有 14 位国内外知名专家。

本次会议共收到学术论文 61 篇，其中国外论文 14 篇，国内论文 47 篇。本次会议还邀请了国内外部分企业进行了相关产品的展示。

二、教育培训

1. 实验动物微生物质量检测技术培训。2005 年 7 月 11～16 日，由中国实验动物学会联合中国医学科学院实验动物研究所在北京共同举办了医学实验动物微生物质量检测培训班举行，培训班历时 6 天。主要培训内容包括：实验动物微生物质量检测中的难点问题；非人灵长类病毒学检测；国内外实验动物微生物检测现状；各检测项目的实验操作。本次学习班学员来自国内实验动物检测机构及相关单位的管理、技术人员约 50 余人，其中 37 人参加了学习和培训，他们分别来自北京、上海等 19 个省、自治区、直辖市的 27 家单位。

2. 实验动物环境、设施、设备检测标准化技术培训。12 月 11～17 日由中国实验动物学会联合中国医学科学院实验动物研究所、苏州市实验动物协会共同举办的实验动物环境、设施、设备检测标准化技术培训班在江苏省苏州市举行，培训班历时 7 天。在培训班期间，学员主要就实验动物环境设施、设备的设计原理、实验动物环境设施、设备质量检测技术；各检测项目的实际操作等进行了理论学习和操作。来自全国实验动物质量检测机构和相关单位的专业技术人员 31 位参加了培训。参加培训的学员来自 16 个省、市。

三、编辑出版

完成了全年学报 4 期、杂志 6 期，共 10 期，期刊的编辑出版发行工作。全年共发表论文综述等近 200 余篇，约 100 余万字。增加了论文数量，极大地提高了刊物质量，受到了广大读者的欢迎。

四、外事活动

中国实验动物学会致力于加强与国际同行的学术交流，积极参与国际活动。为密切与国际组织的合作，派专家参加了日本和美国召开的实验动物学术年会。

中国青藏高原研究会

The China Society on Tibetan Plateau

(CSTP)

地　址	北京市朝阳区大屯路甲 11 号
邮政编码	100101
电子信箱	fengxh@ igsnrr. ac. cn
主页网址	http://www. cstp. org. cn
电　话	010－64889819
传　真	010－64889769
理事长	郑　度
副理事长	尼玛次仁　邓本太　洛桑·灵智多杰　郑绵平　拉巴平措　秦大河　姚檀栋　潘保田
秘书长	朱立平

单位简介

中国青藏高原研究会是在中国科学技术协会领导下，由从事青藏高原研究和建设的科技工作者自愿结合并依法登记成立的全国性、学术性的非营利性社会团体，是发展中国青藏高原科技研究事业的重要社会力量。

中国青藏高原研究会成立于 1990 年 3 月。阿沛·阿旺晋美、刘东生、孙鸿烈担任名誉理事长。现任理事长为郑度院士。研究会目前有会员约 1120 余人，分布在十几个省、自治区、直辖市以及香港特别行政区的 100 多家单位，其中中国科学院、中国工程院院士 30 人，具有高级职称的会员占 80% 以上。

中国青藏高原研究会设有基础研究专业委员会、资源与持续发展研究专业委员会、环境与自然保护研究专业委员会、国际合作交流工作委员会、信息与咨询工作专业委员会、科学探险与旅游工作专业委员会。

工作综述

一、学术交流活动

2005 年 10 月 10～11 日，研究会与中科院青藏高原研究所、国土资源部岩溶地质研究所、中科院地理科学与资源研究所、世界自然基金会中国分会共同主办的 2005 青藏高原环境与变化研讨会在广西桂林市举行。100余名专家学者与会。会议进行了10个大会报告，并分成2个小组进行交流和讨论。会议认为，注重对环境变化背景、事实与对策的关注，将能够详尽揭示本地区环境变化规律，真正满足青藏高原地区进行跨越式经济社会全面发展的需要。

3月5～6日，青藏高原全新世以来环境变化与生态系统关系研究学术讨论会在北京召开。与会人员近80人。会议特邀丁仲礼院士和王浩院士进行学术报告。与会人员进行了20篇学术论文的讨论。会议认为，青藏高原的环境变化与生态系统研究要注意科学问题与国家需求相结合。

6月21～22日，由研究会与中国气象局、国家林业局、青海省科技厅、青海省气象局等多家机构共同主办的三江源区气候变化及其影响与适应对策学术讨论会在北京召开。共有25个报告分两个小组进行了交流和讨论。

8月14～20日，由青海省政府和中国科学院联合主办，研究会参与协办的三江源区生态保护与可持续发展高级学术研讨会在青海省西宁市举行。200多名学者参加了会议。青海省副省长李津成指出，在三江源自然保护区实现保护和恢复生态功能，需要各领域、各学科专家学者的研究做基础。孙鸿烈院士强调，针对三江源的一切决策都应经过科学论证及试验。会议分别就全球变化与区域生态环境、退化生态系统恢复与重建、水资源可持续利用与湿地保护、区域可持续发展战略研究进行了分组报告和讨论。

二、大型科学考察

在研究会的组织与推动下，第四次珠穆朗玛峰地区综合科学考察活动于2005年3～6月成功实施。此次活动与珠峰高度重测、中日女子联合登山协同进行。研究会理事长郑度院士担任首席科学家，中科院青藏高原研究所研究员康世昌担任野外考察队队长。考察以“珠穆朗玛峰地区对全球变化的响应”为主题，揭示珠峰地区近几十年来的自然环境变化特征、规律及对全球变化的响应。

研究会和中广赛博文化发展有限公司联合承办了中国科学院可可西里科学考察探秘行动。考察队于2005年9月20日从西藏拉萨出发，于10月31日成功穿越了可可西里。考察活动得到全国人大常委会副委员长、中科院院长路甬祥的高度评价。考察主要涉及羌塘及可可西里冰川、河流、湖泊演化过程及地表剥蚀历史；火山爆发时间和空间分布；大型及超大型铜、铅、锌、金矿床成矿潜力和分布规律；区域地质构造背景及热演化历史；珍贵野生动物的分布、种群变化、迁徙规律。

三、推选与评选活动

根据中国科协“关于推荐、提名中国科学院、中国工程院院士候选人”的通知精神，研究会组成以孙鸿烈院士为组长，郑度院士、郑绵平院士为副组长，由丁国瑜、张新时、李廷栋、孙九林、滕吉文、钟大赉等院士组成的院士候选人推荐与提名工作小组，确定推荐姚檀栋、郭正堂、杨经绥、潘桂棠、刘纪远作为中国科学院院士候选人。推选工作得到中国科协的表彰。

第五届青藏高原青年科技奖评奖活动于2005年3～7月进行，收到37份有效候选人的报奖材料。经专家评审和中国青藏高原研究会常务理事会批准，边多、陈世龙、陈正乐、李海兵、雷富民、尚彦军、唐红玉、鹿化煜、徐柏青、熊熊 等10位同志获得第五届青藏高原青年科技奖。10月10日，隆重的颁奖仪式在广西桂林市召开的2005青藏高原环境与变化研讨会上举行。

四、丰富多彩的科学普及活动

2005年9月18日，孙鸿烈院士的“青藏高原自然环境与区域发展”报告拉开了西藏自治区“请名校名师为新生上第一堂课”活动的帷幕。应西藏自治区党委书记杨传堂的邀请，孙鸿烈院士在西藏大学做了主题为“青藏高原自然环境与区域发展”的报告，阐述了西藏自然环境与区域可持续发展的关系，强调了保护西藏自然环境，合理开发西藏资源的重要意义，指出了西藏经济社会发展的途径。

科普读物《眺望地球之巅——走近喜马拉雅》，满足了我国广大青年进一步了解珠峰及其所在区域喜马拉雅山脉特殊自然环境的需求，使人们对珠峰与喜马拉雅山脉的自然景观以及登山科考活动有一初步了解。同时展示了2005年开展的第四次珠峰综合科学考察活动获得的新认识。

科普读物《走进喜马拉雅》，以日记形式记述了第四次珠峰考察详细过程，以年轻考察队员的行动和感受证明了他们继承和发扬老一辈科学家执著追求、踏实苦干的精神，能够在青藏高原研究这一平台上协同努力，求实创新，勇于奉献的精神。

研究会配合中央电视台制作的“焦点访谈”、“珠峰登顶直播”等节目从各个层面围绕珠峰考察、青藏进行了研究的深层报道，不仅宣传了科学基础知识，也从科学发展观的角度阐述了只有深入开展青藏高原的基础研究科学，才能使青藏高原地区经济社会得到协调发展。

研究会配合中央电视台科教频道推出的“可可西里大穿越”电视片，对可可西里的山川景色、人文环境进行了详尽的介绍，采访了各级领导与科学大师，访谈了社会各界相关人员，向社会讲述了一个真实的可可西里，对青藏高原研究的科学普及产生了极大的推动作用和产生了广泛的社会影响。

五、国际交流

8月14～18日，中德青藏高原地球动力学及环境演变合作研究研讨会暨中德第二届青藏高原国际学术研讨会在北京和拉萨举行。会议期间，中方和德方各有约20位科学家分别就青藏高原的深部过程和结构、地质构造、沉积历史与隆起过程、冰川与环境、湖泊沉积过程、遥感监测、高分辨率的气候记录等研究内容进行了学术报告和工作讨论。

8月20日～9月25日，中—德青藏高原地球动力学与环境变化野外考察队在青藏高原南部开展了大规模的联合考察。

6月13日，研究会邀请美国圣地亚哥大学尹志勇博士在中科院地理科学与资源研究所进行以“卫星降水估算及其在青藏高原上的应用”为题的学术报告。报告认为，利用SSM/I和TMI两种卫星影像对青藏高原地区进行的降水估算研究，与在世界其他地区得到的精度相差不大。

8月13日，研究会邀请德国马普协会生物地球化学研究所（Jena）所长、德国科学院院士、美国科学院名誉院士Ernst－Detlef Schulze教授在中科院地理科学与资源研究所进行“降水对植物碳同位素值的直接和间接影响——对气候变化和生物多样性研究的启示”学术报告。

中国环境诱变剂学会

Chinese Environmental Mutagen Society

（CEMS）

地　　址　北京大学医学部公共卫生学院411室
邮政编码　100083
电子信箱　iaems_ cn@163. com
主页网址　http://www. cems. org. cn
电　　话　010－82335754
传　　真　010－82335754
理 事 长　程书钧
副理事长　柯　扬　徐小虎　吴逸明　吴　坤　曹　佳
秘 书 长　李　勇
刊物及主编　《癌变·畸变·突变》
名誉主编　谈家桢
主　　编　程书钧

单位简介

中国环境诱变剂学会是1988年经国家教委审批成立的全国性组织。于1991年加入中国科学技术协会。中国环境诱变剂学会是由全国从事环境因子致癌、致畸和致突变研究工作的科技工作者自愿结成的全国性、学术性、公益性并依法登记成立的法人社会团体。是国际环境诱变剂学会联合会（IAEMS）的团体会员。

目前学会有会员3700余人，下设9个专业委员会、4个工作委员会，并成立了11个省、自治区、直辖市学会。公开出版发行杂志1种。

工作综述

一、学会工作

本学会按照学会章程召开常务理事会和理事会。于2005年4月9日在北京召开了第四届第四次常务理事会议。

二、学术活动

1. 中国环境诱变剂学会于2005年11月3～11月7日召开了环境与遗传损害国际研讨会暨中国环境诱变剂学会第12届学术会议。承办单位为第三军医大学军事预防医学院。共计255名学者参加了会议。会议共收到国内外论文/摘要240余篇（其中英文稿件35篇），经大会学术委员会审议，共有179篇国内外论文摘要收入会议论文摘要集。

来访的Demarini、Obe、Hayashi教授等均为本领域的顶级专家，他们从多个方面介绍了目前国际上对外来化学物致癌、致畸、致突变研究的新方向、新方法和新进展。同时，也与国内同行学者进行了认真和充分的交流，建立了广泛的学术联系，为我国学者更好地全面了解本领域研究动态、促进国际合作与交流起到了很好的推动作用。

会议期间IAEMS主席Demarini博士会晤了中国环境诱变剂学会理事长程书均院士，并热情邀请中国申办2013年国际环境诱变剂大会，同时就进一步推动IAEMS和CEMS的合作广泛交换了意见。

2. 曹佳副理事长代表学会参加了在美国旧金山召开的第九届国际环境诱变剂大会。

三、科普活动

1. 学会申请的中国科协科普项目《环境中的致癌因素及癌症防治》按时完成。

2. 组织各位专家编写了《专家进社区谈医说病》系列丛书。

3. 参加全国科技活动周，顺利地完成了科普宣传的任务，取得了很好的宣传效果。

四、出版发行工作

1. 2005年《癌变·畸变·突变》已经进入中国科技论文统计源，在43种与肿瘤有关的杂志中，共有11种进入该统计源，影响因子为0.379。

2. 杂志及科普宣传网站于2005年10月开通，科普宣传主题为：环境、基因与健康，网址为http://www.egh.net.cn。

3. 杂志的网络版即将完成，未来可以实现远程编辑、审稿、出版网刊。

五、组织建设

新组建两个专业委员会。中国科协和民政部均已批复同意成立膳食与疾病专业委员会。新组建的专业委员会——预防出生缺陷专业委员会（原抗畸变专业委员会）的申请，重新整理上报中国科协，中国科协已经批复同意成立该专业委员会，材料已上报民政部。

中国运筹学会

Operations Research Society of China (ORSC)

地　　址 北京市海淀区中关村东路55号
邮政编码 100080
电子信箱 orsc@mail.amt.ac.cn
主页网址 http://www.orsc.org.cn
电　　话 010-62541695
传　　真 010-62620394
理 事 长 袁亚湘
副理事长 刘光中　冯英浚　汪寿阳　方伟武　徐　渝　张连生　吴育华
秘 书 长 张汉勤
刊物及主编 《运筹学学报》　主编　越民义
《运筹与管理》　主编　俞家第

单位简介

中国运筹学会成立于1980年，现有会员1200人左右，1980年加入中国科学技术协会。学会下设12个专业委员会，6个工作部，团体会员单位28个。中国运筹学会自1982年起，正式加入国际运筹学联合会（IFORS），1985年加入亚太运筹学联合会。

工作综述

一、国内、国际重要学术交流活动

1. 8月8~13日由学会和“亚太运筹中心”共同主办的第五届运筹学及其应用国际研讨会在西藏自治区拉萨和林芝两地成功举办，来自亚太地区和欧洲的50多位学者出席，交流论文40余篇，出版了论文集。

2. 8月12~16日学会青年工作委员会和南京理工大学联合主办的第七届中国青年运筹与管理学者大会在江苏省南京市召开。110多位专家学者以及中国运筹学会、南京理工大学的有关领导同志参加了本次大会。大会收录110多篇论文。大会进行了第四届运筹新人奖评选和第三届优秀论文奖评选。

3. 8月12~16日不确定系统分会和南京理工大学联合主办的第三届全国不确定系统年会在江苏省南京市召开。会议主题为“面向需求，发展不确定性理论，拓展应用范围”。会议出版了论文集，收录论文70余篇。

4. 8月16~19日由学会和中国科学院数学与系统科学研究院共同承办的第11届国际计算和组合会议在云南省昆明市召开。会议一年举办一次，是理论计算机科学方面的高水平的系列国际会议。会议的论文集已经正式出版，收录了96篇论文。

5. 7月18~20日供应链与物流中的随机模型暑期研

讨班在北京成功举行。目的是推动、加强并提高国内在这方面的理论研究水平和用理论研究成果解决实际问题的能力，250 余名学者参加此次研讨班。

6. 8 月 23 ~ 25 日排序分会第六次代表会议暨学术交流会在上海第二工业大学召开。92 位专家学者和研究生出席本次会议。会议举行 4 场大会学术报告和 10 个分组的专题报告，12 位学者或其代表应邀做大会报告，44 位代表做分组专题报告，编辑和印发会议论文（摘要）集，收录 60 篇学术论文的摘要，会议选举产生了新的排序分会委员会。

7. 6 月 3 ~ 5 日可靠性分会第七届可靠性学术会议在北京市清华大学召开。参加会议的学者共 53 人，交流学术论文 56 篇，会上进行了可靠性分会委员会的换届选举，产生了分会的第七届委员会。

8. 8 月 16 ~ 18 日国际博弈论及应用学术研讨会在贵州省贵阳市召开。会议由中国运筹学会数学规划分会、中国科学院数学与系统科学研究院、北方交通大学理学院、贵州大学理学院联合主办，贵州大学理学院承办。

9. 8 月 20 ~ 23 日模糊信息与工程分会成立暨学术交流大会在广东省广州市召开。与会学者 80 余名，会议收到学术论文 70 余篇，期间选举产生了中国运筹学会模糊信息与工程分会理事。

10. 10 月 22 ~ 23 日企业运筹学分会在四川大学召开成立暨学术交流会，与会学者 60 多人。会议就企业运筹学的应用和运筹思想的传播普及进行了学术交流，选举产生了企业分会理事会。

二、出版发行及普及工作

学会主办的学术期刊有《运筹学学报》和《运筹与管理》。《运筹与管理》从季刊增为双月刊，现已被列为国内核心期刊。4 月份在安徽省黄山召开了常务理事会，对期刊的改革问题专门进行了讨论，提出了现有期刊编委会和编辑部改革的建议。

《运筹通讯》2005 年出版 3 期，主要刊登学会的一些学术活动信息、学会改革发展动态，提供会员学术交流园地、介绍年轻运筹与管理专家和推介新近出版的书籍。

加强了学会网站的管理，及时向会员发布最新的学术动态和学术交流活动信息，鼓励分支机构建立自己的网站，深入开展信息交流，进一步加强与会员的联系，取得了很好的效果。2005 年已有 6 个分会建立了自己的网站。

三、组织建设及改革发展工作

2005 年 4 月 23 日，中国运筹学会第七届常务理事会第二次会议在解放军电子工程学院黄山招待所召开，23 位常务理事出席会议。常务理事会决定，按照中国科协的部署，2005 年重点推进二级分支机构的改革。建立规范的分支机构管理制度，各分会要正式上报年终总结和年度工作计划。常务理事会认真审议了《中国运筹学会分支机构管理条例（讨论稿）》，对相关条款做了必要的修改。常务理事会决定，2006 年 6 月 30 日 ~ 7 月 2 日在广东省深圳市召开全体理事会议暨学术年会，会议规模为 200 人左右，届时将邀请运筹学和管理学研究协会（INFORMS）著名学者到会进行学术交流。

加强分支机构的管理工作，目前学会共有 11 个二级分友机构：数学规划分会、可靠性分会、排序分会、组合图论分会、排队论分会、不确定性分会、金融工程分会、企业运筹学分会、决策科学分会、智能计算分会、青年分会。正在筹备的分会有对策论分会和模糊信息与工程分会。学会积极支持地方运筹学会的筹办和学术活动。学会起草了《分支机构管理条例》，将由常务理事会通过尽快实行。

加强与会员的联系，学会建立了不同层次的电子通讯网，以及学会网页。使中国科协及学会安排的各项工作可以及时传达到会员，提高了学会领导机构的办事效率。通过学会网页和电子邮件联系渠道，现在能够及时得到会员及理事对学会工作的建议和反馈，促进了学会民主化进程。

中国菌物学会

Mycological Society of China

（MSC）

地　　址　北京中关村北一条 13 号
邮政编码　100080
电子信箱　msc@ sun. im. ac. cn
主页网址　http://demo. mainone. com/beijing/wyw/jun

电　　话　010－62554696/62555651
传　　真　010－62625341
理 事 长　李　玉
副理事长　庄文颖　王泽生　张天宇　张克勤
　　　　　李若瑜　罗信昌　徐　同　梁宗琦
秘 书 长　郭英兰
及 主 编　《菌物系统》　　　　主编　庄剑云
　　　　　《菌物研究》　　　　主编　李　玉

单位简介

中国菌物学会是经 8 位生物学院士推荐，1992 年国家科委和中国科协批准、民政部登记，于 1993 年 5 月成立的，其前身为 1980 年成立的中国植物学会真菌学会。

学会是从事菌物学科研、教学及生产的 2000 多名会员自愿组成的全国学术性团体组织，其中具有高级职称的会员占会员总数的 40% 以上。中国菌物学会 2000 年 10 月加入中国科协。学会理事会由 69 名理事组成，李玉任学会理事长。学会下设 6 个工作委员会和 9 个专业委员会。中国菌物学会主办的《菌物系统》创刊于 1988 年，已被载入国际权威工具书《菌物词典》(DICTIONARY OF THE FUNGI)(1995)。《菌物学报》是我国菌物学唯一的综合性核心学术期刊，在世界 30 多个国家和地区发行、交换，并被 7 种世界性检索期刊、5 种国内检索期刊和数据库收录。中国菌物学会定期组织全国性的学术会议，注重国际和地区间的学术交流，与国际菌物学会、英国菌物学会、日本菌物学会和韩国菌学会等在人员互访、讲学、编译科技书籍和举办展览等方面开展了广泛的交流活动。

工作综述

一、学术交流

1. 2005 年 4 月在江苏省南通市举办首届药用真菌产业发展暨学术研讨会；7 月在陕西省杨陵市举办地衣现代生物学研讨会；9 月在江西省吉安市举办第八届全国虫生真菌学术研讨会；10 月在北京举办首届中国菌物产业与科技研讨会暨展览会和冬虫夏草菌及其无性型研讨会；11 月在福建省福州市举办首届海峡两岸食药用菌学术研讨会。

参加会议人数：693 人，其中外宾 35 人；大会报告 92 人，分组报告 80 人；收到论文 215 篇；出版论文集 3 种，其中首届海峡两岸食药用菌学术研讨会论文集以《菌物学报》(24 卷 增刊)的形式出版。

2. 联合举办学术会议两次：中国菌物学会与上海农科院等单位联合主办了第五届世界食用菌生物学及产品大会；植物病原真菌委员会与中南、西南植物病理学会举办了联合年会。

参加会议人数：707 人，其中国外学者 212 人；大会报告 73 人，分组报告 108 人；墙报 93 篇；收到论文 349 篇；出版论文集 3 种：其中 2 种分别以《食用菌学报》(增刊) 和《中国食用菌》(增刊) 的形式出版。

3. 派团参加的学术会议 2 次：8 月 22～28 日，以常务理事陈双林为团长的 15 位菌物工作者赴台湾地区台中市参加了第七届海峡两岸菌物学学术研讨会。15 位菌物学专家作了大会学术报告，内容涉及菌物分类、遗传和分子、代谢产物、培养生物学、真菌病害临床分析和生物技术等方面。台湾地区真菌学会编辑了论文集。

10 月 12～16 日以刘杏忠副秘书长为团长的 9 位菌物工作者参加了在韩国首尔举行的第七届韩中菌物学学术研讨会。9 名团员做了报告，并且就共同感兴趣的研究进行了深入探讨。韩中菌物学学术讨论会论文集在韩国菌物学会会讯上发表。

二、积极开展科普工作，提高民族科学文化素质

科技周期间，学会人员积极参与本单位举办的科普活动。在中央电视台、地方电视台或电台就食用菌栽培技术、毒蘑菇识别、以假虫草菌欺骗农民、所谓的“太岁菌”、“虫草精”等虚假广告等进行讲解和揭露，提高全民科学素质。

在 10 月 25～29 日举办的首届中国菌物产业与科技研讨会暨展览会上，同时由中国菌物学会、北京中外菌盛文化交流中心和中国科技馆联合举办了首届中国食用菌、药用菌、毒菌等经济真菌科学展览，展期为 10 月 25 日～11 月 10 日，受到了与会者及到科技馆参观的观众的一致好评，为我国菌物知识的普及发挥了重要作用。

三、召开专题研讨会，报送专家建议，为国家宏观决策提供科学依据

我国珍贵中药材冬虫夏草菌及其无性型菌种在科学名称上的混乱，引起了我国系统生物学家们的极大关注。

为尽快排除混乱，为国家管理部门提供科学依据，中国菌物学会于10月29日在北京召开了冬虫夏草菌及其无性型研讨会，国内从事冬虫夏草菌研究的专家、关心此项研究的学者及企业界人士50多人参加了会议。

研讨会由李玉理事长主持，名誉理事长魏江春院士介绍了有关人员进行"冬虫夏草菌及其相关类群的分子系统学分析"研究的背景及研究结果，通过讨论，澄清了冬虫夏草菌及其无性型在学名上的混乱，并向国家食品药品监督管理局药品注册司、国家食品药品监督管理局保健食品审评中心提交了由专家签名的建议书。

四、继续教育

为适应国内外临床上对医学真菌日益重视的需要，推动我国真菌事业的发展，交流国内外医学真菌学领域的研究进展，医学真菌专业委员会分别在北京大学第一医院、中国医学科学院南京皮肤病研究所、上海长征医院举办医学真菌学讲习班4次；专业委员会主要负责人在福建、山东和广西等省区举办讲习班；在好医生网站组织了有关真菌病的教育课程，进一步提高群众认识真菌性疾病的知识。

中国晶体学会

Chinese Crystallographic Society（CCrS）

地　　址　北京市北京大学生命科学学院内
邮政编码　100871
电子信箱　ccrs@ pku. edu. cn
主页网址　http://www. ccrs. pku. edu. cn
电　　话　010－62759743
传　　真　010－62765669
理 事 长　饶子和
副理事长　林建华　麦振洪　吴新涛　牛立文
　　　　　王继扬　陈小龙　刘世雄
秘 书 长　苏晓东

单位简介

中国晶体学会是中国晶体学工作者自愿组成的，学术性、公益性社会团体，是中国科学技术协会的组成部分。中国晶体学会是我国发展晶体科学技术的重要社会力量。

中国晶体学会前身为国际晶体学联合会中国委员会，1978年以该名义参加国际晶体学联合会（International Union of Crystallography，IUCr）。1984年唐有祺当选为该会第13届执行委员，1987年又当选为该会第14届副主席。郭可信、梁栋材、梁敬魁、黄金陵、范海福、李方华、邵美成、缪方明、叶春堂、林少凡、闵乃本、常文瑞、张泽、饶子和、来鲁华、王继扬、彭练矛、洪茂椿等18位中国科学家先后进入IUCr有关专业委员会或亚洲晶体学协会（The Asian Crystallographic Association，AsCA）任职。学会于1986年在北京组织了首届小分子结构国际学术会议，1988年在天津组织了晶体学暑期国际训练班，1993年在北京成功主办了国际晶体学联合会第16届学术大会与会员代表大会，加强了国际晶体学界对我国晶体学领域的了解，扩大了国际影响。1993年3月30日经国家科委批准成立中国晶体学会，4月9日经中国科学技术协会致函民政部准予登记，8月19日经民政部批准登记、注册，成立了中国晶体学会筹备委员会，1994年5月31日召开了第一次会员代表大会，从此宣告学会正式成立。

学会的领导机构为理事会。理事会每4年改选1次，由全国会员代表选举产生。现任为第三届理事会，由53名理事组成；设理事长1人，副理事长7人。目前在册会员499人，另有团体会员单位33个。理事会下设大分子、小分子、粉末衍射、晶体生长与表征等4个学科专业委员会。中国晶体学会积极参与了中国科学院院士候选人的推荐工作。

工作综述

在新的理事会领导下，秘书处各项工作都进行的较顺利，依据《社会团体登记管理条例》和学会章程，报中国科协批复，完成了新秘书长法人登记工作，以及学会秘书处地址、电话等向国税、地税、银行账户申请变更登记工作，并在北京大学域名下开通了学会自己的网站http://www. ccrs. pku. edu. cn。为学会网络信息化建设打下了坚实的基础。

2005年8月23～31日在意大利佛罗伦萨召开了IUCr第20届学术大会与代表大会，学会共派出20多人的学者团，其中包括约10名博士生。中国科学院生物物理研究所饶子和院士，中国科学院化学研究所张斌研究员，中山大学化学学院院长陈小明教授都作了分会发言。苏晓东秘书长等代表中国席位参加了IUCr的换届选举及决定国际联合会将来三年工作及任务的IUCr代表大会。

10月下旬，学会常务副理事长林建华在北京大学会见并宴请了国际晶体学联合会前主席美国的W. W. Duax教授。W. W. Duax教授在北京大学生命科学学院作了一场生动的科普报告会，苏晓东秘书长向W. W. Duax教授介绍了我国晶体学领域的最新进展。W. W. Duax教授会见并与多位中国晶体学界元老及具有代表性的学者进行了学术交流，为在IUCr的刊物Newsletter（要闻简报）编写出版Crystallography in China（中国的晶体学）打下了很好的基础。

10月30日～11月3日学会同北京大学生命科学学院共同在北京大学主办了大规模、高通量蛋白结构解析定相位方法国际研讨会，讨论近年来在大规模/高效率蛋白晶体结构解析仪器设备、算法及程序方面的最新进展。共有来自10多个国家和地区的150余名学者参加，本次研讨会邀请了国内外一批成绩卓著的结构生物学家和晶体学家作了28个大会报告。

中国机械工程学会

Chinese Mechanical Engineering Society（CMES）

地　　址　北京市西城区三里河路46号
邮政编码　100823
电子信箱　headquarters@cmes.org
主页网址　http://www.cmes.org
　　　　　http://www.cmes.org.cn
电　　话　010－68595316
传　　真　010－68533613/68594829

及主编　《机械工程学报》　主编　宋天虎
Chinese Journal of Mechanical Engineering　主编　宋天虎
《中国机械工程》　主编　周佑启
《中国铸造装备与技术》　主编　师德玲
《特种铸造及有色合金》　主编　袁振国
《焊接学报》　主编　成炳煌
《制造技术与机床》　主编　王晓林
《组合机床与自动化加工技术》　主编　宋鸿升
《机床与液压》　主编　朱华兴
《材料热处理学报》　主编　侯增寿
《机械设计》　主编　钱伟民
《粉末冶金技术》　主编　印红羽
《无损检测》　主编　王务同
《润滑与密封》　主编　陈文握
《设备管理与维修》　主编　邢　敏
《压力容器》　主编　岳　洋
《流体机械》　主编　宋东岚
《中国表面工程》　主编　刘世参
《塑性工程学报》　主编　海锦涛
《汽车知识》　主编　陈新亚

单位简介

中国机械工程学会是由以机械工程师为主体的机械科学技术工作者和在机械工程及其他相关领域从事科研、设计、制造、教学和管理等工作的单位、团体自愿结成并依法登记的社会团体法人，是全国性的非营利性社会团体，是中国科学技术协会的组成部分。

中国机械工程学会于1936年5月21日在杭州国立浙江大学文理学院召开成立大会，通过了会章，并选举黄伯樵为会长，庄前鼎为副会长。出版会刊《机械工程》。

中华人民共和国成立之前，韦以黻、程孝刚先后担任中国机械工程学会会长，刘仙洲、石志仁先后担任副会长。

中华人民共和成立后，由中国机械工程界前辈刘仙洲、石志仁、刘鼎、沈鸿和庄前鼎等发起，重建中国机械工程学会。

1951 年 9 月 15 ~ 17 日，在北京召开了中华人民共和国成立后的第一次中国机械工程学会全国会员代表大会，选举刘仙洲任理事长。1953 年创刊《机械工程学报》。此后，石志仁、刘鼎、汪道涵先后担任理事长。

1981 年 12 月 20 日在北京召开中国机械工程学会第四次全国会员代表大会，沈鸿当选中国机械工程学会第四届理事长。陶亨咸、陆燕荪、何光远分别当选中国机械工程学会第五、六、七届理事长。

中国机械工程学会现有个人会员 18 万余名，其中高级会员 3000 余名、港澳台会员和海外会员 400 余名，团体会员 4000 余个。下设 33 个专业分会，31 个省、自治区、直辖市设有机械工程学会。

中国机械工程学会代表中国加入了 11 个重要的国际组织，与 22 个国家的 38 个一流学术团体和专业组织签订了双边合作协议，并与 60 余个国家和地区的千余个科研、教学、设计、制造、咨询、中介以及社会公益机构建立了良好的工作关系。

工作综述

2005 年，在中国科协的直接领导下，中国机械工程学会团结动员广大机械科技工作者，积极推进学会工作，各项活动水平稳步提高，影响日益增强，空间不断拓宽，学会工作取得了新的进展。

一、学术活动

2005 年中国机械工程学会年会于 11 月 6 日在重庆隆重开幕，来自全国各地及海内外的 1200 余位专家学者出席了主题为“新型工业化道路与西部制造业”的盛会。全国人大常委会副委员长、中国机械工程学会理事长路甬祥致开幕词。重庆市委常委、常务副市长黄奇帆发表演讲。年会开幕式上，路甬祥等向 2005 年度中国机械工业科学技术奖、中国机械工程学会先进分会/学会奖和中国机械工程学会青年科技成就奖的获奖者代表颁奖，以表彰他们为制造业发展做出的突出贡献。围绕年会主题，特邀中国工程院徐滨士院士、郭重庆院士、英国剑桥大学石涌江教授分别以“发展再制造工程，构建循环经济，建设节约型社会”、“实施提升我国创新和营销能力的战略”、“全球化制造与中国企业制造素质的锤炼”为题做主旨报告。年会期间还举行了综合学术报告及科技进展发布会和 10 多场专题学术交流。

举办高水准的国际会议，第 14 届国际热处理及表面工程联合会大会、第 8 届设计与过程集成技术世界大会等；承办中国科协布置的学术活动，进一步拓宽学术覆盖面；组织全国性专业学术会议，着力推动机械工程学科建设，如 2005 年全国失效分析学术会议、第 11 次全国焊接学术会议等；结合产业实际需求，组织有针对性的论坛，如第二届装备中国高峰论坛、2005 年焊接国际论坛；增强区域互动交叉合作，相互借鉴实现共赢；组织会员走出国门，不仅参加国际学术会议，而且与国外兄弟学会联合主办相关学术会议，实现更大范围地与外国同行直接交流；着力打造学会精品项目。

二、民主办会，集思广益，以会员为主体，真诚服务，是学会的建会宗旨和主要任务

召开八届四次常务理事会议、八届五次理事会（扩大）会议，并在学会系统总干事、秘书长工作会议上传达贯彻，努力形成科学、民主、和谐、有效的决策和执行体系。

组织形式多样的会员活动，如 2005 年迎春报告会、组织会员联谊活动及司法鉴定工作，为发挥会员聪明才智提供服务，努力营造会员之家。

三、编辑出版工作

在第三届国家期刊奖评选中，学会主办的《机械工程学报》和《中国机械工程》等 6 种期刊榜上有名。

除编辑出版一批高水平的科技期刊以外，学会还组织专家编写了一批高水平的科技图书及工具书，由包括 39 位院士在内的 1200 多名专家教授编撰的《中国材料工程大典》，26 卷 7000 万字，2005 年底已全部完稿，2006 年初陆续出版。经过众多专家的不懈努力，《中国机械史》的大部分书稿已编撰完成。2004 年底，又与中国电工技术学会联手，开始组织编撰《中国电气工程大典》。为机械工业技术进步做出了独特的贡献。

四、继续教育工作

机械工程师资格认证工作自 2004 年 4 月正式启动以来，各项工作正在有序进行。在全国范围内批准成立了包括学会系统单位和非学会系统部门承办的 25 个分中心，逐步构建了机械工程师资格认证体系。首次全国机械工程师“综合素质与技能”考试在 2004 年 11 月举行，全国共有 15 个省（市）772 人报名参加，512 人成绩合格。至今，已有 255 人通过学会的机械工程师资格认证。2005年综合素质与技能全国考试于11月举行，有1200多人报名参考。

为了促进此项工作的进一步发展，学会加强与国外同行的合作，积极促成与英国电气工程师学会开展双边工程师资格互认工作。

五、国际交流

2005年，学会国际交往频繁，通过广泛的国际交流与合作，我国学者在国际上的地位逐渐得到国际同行的认可。

组团访问了英国和德国。作为学会代表团出访的后续活动，2005年学会在北京相继接待了英国电气工程师学会代表的来访，派团出席了在香港和英国伦敦举办的英国机械工程师学会的相关会议。受路甬祥理事长委托，中国机械工程学会荣誉理事长陆燕荪出席了2005年9月在丹麦哥本哈根举行的第八次国际机械工程学会联合会会议。

六、咨询工作

开展各种形式的科技咨询活动，是学会活动中一个不可缺少的重要组成部分。2005年6月，学会同福建省科协、福建省发改委共同承办了海峡西岸经济区科技发展论坛；2005年中国（青岛）材料科技周7月在山东省青岛市举行；2005年8月，学会与新疆昌吉回族自治州政府就技术服务、成果转化等签署了友好合作协议。同时在这个平台上，学会高级会员、英国诺丁汉特伦特大学苏代忠教授与新疆昌吉回族自治州的两家企业进行了科技项目合作的签约。

学会还积极参与中国科协组织的促进区域经济发展的各种活动。

学会还为企业开展了包括ISO14000环境管理体系和OHSAS18000职业健康安全管理体系的认证咨询，2005年对潍柴动力股份有限公司开展了认证咨询。

七、展览为媒，内引外联，促进产学结合，推动制造进步，是学会构筑的聚商机、促合作的又一服务领域

2005年，学会系统共组织了焊接、物流、热处理、铸造等多项境内国际展览会；组织、参观了焊接、铸造等境外展览活动，取得了良好的效果，成为学会学术工作的重要补充。

第10届北京·埃森焊接与切割展览会于2005年5月在上海举行，有来自19个国家和地区的512家最具影响力的焊接企业参展。为期4天的展览，观众达到了5万多人次。

第10届中国国际物料搬运与物流技术展览会于2005年5月在上海举行。此次展览会有来自十几个国家和地区的近200家商家参展，全面展示各自的最新技术成就，吸引了16个国家和地区的1.2万多名专业观众。

第16届德国埃森焊接与切割展览会于2005年9月在德国埃森市国际展览中心隆重召开。学会再次组织中国企业展团参加展出。此次共有70家公司报名参展，展团人数为270人，展出面积1043平方米，参展空前踊跃，形成了中国展团的气势。

八、科技奖励工作

根据会章的相关规定，在学会系统各级组织的共同努力下，本年度的奖励工作和人才举荐工作顺利完成，实现了既定目标。

本年度共受理中国机械工业科学技术奖申报项目419项，经专家评审组评审，奖励管理委员会审议通过，共有216个项目获奖。

2005年度中国机械工程学会科技奖表彰中国机械工程学会青年科技成就奖4人、优秀论文78篇。

经专业分会、省区市学会申报并组织评审，焊接分会等9个分会获得2005年先进分会称号；上海市机械工程学会等12个学会获得2005年先进学会称号。

中国汽车工程学会

Society of Automotive Engineering of China (SAE - CHINA)

地址	北京市宣武区莲花池东路102号
邮政编码	100055
电子信箱	office@ sae-china. org
主页网址	http:// www. sae-china. org
电话	010-63345599
传真	010-63345466

理事长	张小虞
常务副理事长	付于武
副理事长	宋延光 陈因达 陈须林 吴绍明 郭孔辉 董杨 赵航 陆志峰

秘　书　长　付于武

刊物及主编　《汽车工程》　主编　冯　超

《汽车之友》　主编　胡　岩

单位简介

中国汽车工程学会成立于1963年，原为中国机械工程学会汽车工程分会。1985年3月经国家体改委批准成为全国性学会，同时加入中国科学技术协会。1991年9月经民政部批准为社团法人。1983年与美国、日本、韩国、澳大利亚、印度尼西亚等国汽车工程学会共同发起组织太平洋地区国际汽车工程会议（IPC）。1984年加入国际汽车工程学会联合会（FISITA），任理事。

学会下设5个工作委员会、21个专业分会，并对23个省市地方学会给予业务指导。

工作综述

一、学术交流

2005年，学会举办各种层次的学术会议有40余次，交流论文2500余篇，大批优秀论文受到表彰，青年科技工作者正扮演着越来越重要的角色。

2005年4月，在上海与美国SAE共同举办上海国际汽车电子技术研讨会，进一步加深了与世界同行在专业性学术活动方面的合作。10月，受中国工程院委托承办汽车节能技术与新能源汽车发展工程科技论坛全面展示了世界相关技术的发展动向和我国汽车界通过自主创新在相关领域取得的成就。同月，与上海市嘉定区政府等单位共同举办了第二届嘉定汽车论坛，围绕汽车文化与汽车产业发展、汽车文化与社会和谐、汽车发展与社会文明等主题展开讨论，开辟了汽车文化宣传的新模式。11月，在上海举办2005中国汽车工程学会制造年会暨国际先进汽车制造技术及装备论坛搭建了汽车生产企业与相关装备制造业交流的平台。

二、国际交流

2005年，学会国际合作工作的重点是进一步加强国家和地区间联络、扩大对外民间交流。

学会先后组团参加了美国汽车工程学会年会和IPC年会，派出人员参加了一些国家民间机构组织的有关世界汽车工业发展论坛，并发表演讲。同时，积极参加FISITA理事和IPC理事会会议。

邀请华人专家回国交流工作取得了新的进展，从国内急需解决的汽车技术发展关键问题入手，通过交流，增进了国内企业对世界相关技术发展状况的了解。

三、展览和科普活动

2005年学会进一步扩大了组团出国参展规模。同时，在总结2004年成功举办中国汽车越南行的基础上，组织了“中国汽车东南亚行”，在展示内容和方式上取得了新的突破。

2005年也是国内汽车展会十分活跃的一年，学会积极参与组织好北京、上海、广州几大车展，与浙江台州、湖北武汉、山东潍坊等地方政府联合举办展览和文化节活动，将专业性、文化性与地方经济发展紧密结合，在当地产生了广泛影响。

汽车夏令营和汽车造型设计大赛是2005年，学会新开拓的活动，在充分整合社会资源、合作多赢的总体思路下，实现了活动内容有新意和活动组织规范有序。

四、编辑出版

学会有着较完整的书刊出版的组织工作体系。经过汽车图书出版专家委员会的认真工作，2005年，共推荐出版了汽车专题12个，取得很好的社会反响。6月，该委员会成功换届，并确定“将标志性图书和精品图书出版作为一项系统工程来抓、努力打造国内一流的图书品牌”的发展目标。

2005年，《汽车工程》每期版面扩大到127页，共录用稿件174篇，刊登论文185篇，并为2006年起改版为单月刊做好了各项准备。

科普期刊《汽车之友》树立精品意识，坚持改革创新，充实内容，改进质量，月均发行量进一步扩大。

五、努力担负起为国家和地方科技、经济和社会发展服务的职责

2005年，学会继续在国家重大科技发展政策研究工作扮演着重要角色，发挥学会的整体优势，围绕经济社会发展中的一些重大问题开展决策咨询、论证和建言献策。

应中国工程院的要求，承担并完成了国家发展改革委员会委托“高技术产业发展十一五专项规划发展重点咨询研究报告”汽车领域的相关工作；应科技部要求承担并完成了“十一五机械行业科技发展计划编制”汽车领域的相关工作；应国家发展改革委员会要求，分别完成

了《我国汽车行业自主开发与自主品牌培育的措施研究》工作和参与完成了《中国车用能源与道路车辆可持续发展战略研究》工作。同时还承担了一些地方汽车产业发展规划的编制工作和需求调研工作，为一些银行和企业提供了专业性的咨询服务。

六、加强基金会工作，促进科技人才成长

2005年，中国汽车工业科技进步奖共评出奖项49项：一等奖2项、二等奖9项、三等奖38项；优秀科技人才奖3人，优秀青年科技人才奖3人，共颁发奖金82万。

七、推进学会改革，拓展业务空间

根据中国科协《关于推进所属全国性学会改革的意见》的部署，学会按照常务理事会对《中国汽车工程学会学会改革方案》所提出的思路推进各项工作。

在积极推进学会改革的过程中，学会始终将不断拓展业务空间作为十分重要的内容，专业技术资格认证是学会拓展业务空间的一个重要方面。作为中国科协确定的首批试点单位之一，学会按照中国科协推进中国工程师国际认证工作的总体安排和学会六届四次常务理事会决议精神，有序地推进各项工作。

2005年上半年，学会参加了以实践“三个代表”重要思想为主要内容的保持共产党员先进性教育活动。为搞好学会工作增添了动力与活力，尤其对党员坚定理想信念，促进思想观念和工作态度的转变产生积极影响。活动结束以后，学会结合具体工作，为进一步巩固和扩大党员先进性教育活动的成果，制定了长效机制方案。

中国农业机械学会

Chinese Society for Agricultural Machinery

（CSAM）

地　　址　北京德胜门外北沙滩1号
邮政编码　100083
电子信箱　csam@caams.org.cn
主要网址　http://www.agro-csam.org
电　　话　010－64882291/64882232/64882205
传　　真　010－64882291

理 事 长　陈　志
副理事长　丁翔文　王金富　王燕飞　任露泉　刘成强　李里特　李树君　罗锡文　赵剡水　高元恩　袁寿其　焦　刚
秘 书 长　李树君
刊物及主编　《农业机械学报》　**主编**　诸慎友

单位简介

中国农业机械学会是中国农业机械科学技术工作者的学术性社会团体，是中国科学技术协会的组成部分。

中国农业机械学会于1956年2月9日在北京举行筹委会成立大会，出席会议百余人。筹委会成员有刘仙洲、蹇先达、吴相淦、余友泰、李克佐、王万钧、曾德超、陈伯川、孙景鲁等。1957年创办了学术期刊《农业机械学报》和《农业机械译报》，1958年7月1日，《农业机械译报》改为综合性普及刊物《农业机械》。

中国农业机械学会于1963年3月、1980年10月、1984年6月在北京，1988年10月在山东潍坊，1993年10月在河南洛阳，1998年11月在上海，2002年10月在广东珠海分别召开了第一至第七次全国会员代表大会。刘仙洲任第一届理事长，郭栋才任第二届理事长，何光远任第三、四届理事长，第五、六、七届理事长分别为李守仁、高元恩、陈志。

中国农业机械学会现有个人会员1.8万余人，高级会员165人，团体会员98个，分科学会（委员会）20个。1989年与中国农业工程学会联合成为国际农业工程学会（CIGR）会员。

工作综述

一、学术交流

2005年4月6～8日，中国农业机械学会青年工作委员会、农业机械化分会主办，天津市农业机械研究所与天津市农机学会共同承办的全国葡萄生产机械化发展学术研讨会在天津召开。

此次会议是我国举办的首次关于葡萄生产机械化研究方面的学术交流活动，引起了有关方面的关注和共鸣，取得了良好的成效。会议实现了我国葡萄生产、加工领域的农机、园艺、植保和保鲜、加工等多学科的交流，具有学术层次高、技术水平高的特点。此次会议的召开，为我国从事葡萄种植、机具研究、技术推广及应用的科研院所、大专院校、生产企业和应用等部门，提供了信息交流、成果转化的平台，促进了相关学科和行业的交流与合作，将对促进我国葡萄产业整体技术水平和装备水平的提高和推动我国葡萄生产实现机械化起到积极的作用。

12月，学会陈志理事长率代表团参加了在泰国曼谷举办的亚洲农业工程学会大会，并代表我国农机界在大会上做了题为“中国农业机械化现状和趋势”的主题发言，全面、系统地介绍了我国农机行业近年的成果，阐述了我国农业机械对促进农业生产、改善农村经济、提高农民收入等方面作出的巨大贡献。与会者对陈志理事长的发言给予了很高的关注，普遍认为中国农机技术的发展和农业机械化生产的普及对于带动地区间经济的发展产生了无可替代的巨大影响。

学会拖拉机分会主办的“十一五”期间拖拉机、农用运输车、农用发动机行业发展研讨会于10月23~25日在江苏省常州市召开，70余位学者参加了会议。中国机械工业联合会副会长、中国农机工业协会理事长、中国农业机械学会副理事长高元恩在会上介绍了中国工程院“十一五期间农业机械化发展战略研究——农业装备”课题组工作的进展情况。会议上相关专家做了6个专题报告：《农机工业行业十一五规划建议》、《十一五期间大中型拖拉机发展的思考和建议》、《市场国际化对“十一五”拖拉机行业发展的机遇》、《对农用运输车发展的探讨》，《拖拉机电子控制技术的应用及发展》及《2005年农用柴油机发展综述》。10月，拖拉机分会协助中国农机工业协会、《经济日报》农村版评选出了“中国拖拉机工业50年50位最有影响力的人物”及“力佳杯农民最喜爱的拖拉机品牌”。

二、科普工作

中国农业机械学会普及工作委员会、耕作机械分会、中国农业机械工业协会耕整种植分会和农业机械杂志社，7月10~13日在山东省青岛市联合召开中国农机发展学术研讨会。会议邀请70余位农机主要生产企业、农机流通与使用管理部门的负责人及技术人员参加会议，并就农业动力机械、田间作业机械的市场需求和发展预测进行学术研究和技术交流。

三、编辑出版

《农业机械学报》2005年改为月刊，每期160页，全年刊登论文530篇，比上年提高57.7%。进一步缩短了论文刊发周期，扩大了期刊容量，并利用规范的制度和办公自动化手段提高工作效率。2005年获得中国科协重点学术期刊项目资助。

编辑出版《学会动态》1期，及时报道学会组织的各类学术活动信息，传达中国科协精神，交流工作经验。

中国农业工程学会
Chinese Society of Agricultural Engineering（CSAE）

地　　址　北京市朝阳区麦子店街41号
邮政编码　100026
电子信箱　hqcsae@agri.gov.cn
电　　话　010－65929450/65910066转2502/3502
传　　真　010－65929450

理 事 长　汪懋华
副理事长　朱明　傅泽田　罗锡文　赵匀　杨邦杰　李天来　吴普特　张长利　赵杰文　高向军　高彤山　屈冬玉
秘 书 长　秦京光
及 主 编　《农业工程学报》　主编　杨邦杰
《农村实用工程技术》　主编　秦京光
《中国农业工程学会会讯》　主编　管小冬

单位简介

中国农业工程学会成立于1979年，是中国农业工程科技工作者的群众性科学技术团体，是中国科学技术协会的成员之一。

1948年1月15日，我国赴美国学习农业工程专业的19名留学生在美国加利福尼亚州斯托克顿城召开了中国农业工程师学会首次筹备会。由于历史的原因，直至

1979年，在浙江省杭州市召开了中国农业工程学会第一次全国代表大会，正式成立了中国农业工程学会。1983年11月、1987年11月、1991年11月、1995年11月、1999年11月、2004年5月在北京分别召开了第二次、第三次、第四次、第五次、第六次、第七次中国农业工程学会全国会员代表大会。朱荣任第一、二届理事长；刘江任第三届理事长；洪绂曾任第四届理事长；刘成果任第五届理事长；徐文海任第六届理事长；汪懋华任第七届理事长。中国农业工程学会下设23个分支机构，包括各专业领域及工作机构。23个省、自治区、直辖市均有地方农业工程学会组织。

1989年3月，中国农业工程学会与中国农业机械学会以中国农业工程—农业机械联合会的名义加入国际农业工程学会，成为其国家会员。2004年10月11~14日国际农业工程学会（CIGR）在北京召开了2004国际农业工程大会。

工作综述

2005年学会获得中国科协第五届先进学会国际学术交流先进奖。

一、学术交流工作

2005年的学术交流活动，紧紧围绕我国农业增长方式转变，以提高资源利用效率为核心，关注国内外农业工程学科发展，重点讨论我国在农业机械化与农业装备技术现代化、信息化与农业现代化、农产品贮藏、加工与生物质资源利用开发、农业生物环境与设施农业工程、农业水土工程与节水农业等方面的内容，这些活动对促进学科发展，建设节约型社会和提高农业综合生产能力发挥了积极作用。

组织召开学术会议9个，参加人员1470人次，交流论文936篇，编辑出版文集2册共7本。这些活动分别是：中国农业工程学会2005年学术年会、中国科协2005年学术年会第10分会场——现代农业工程与自然资源高效利用、中国科协青年科学家论坛第102次活动——节地技术的若干基本问题、中国农业工程学会畜牧工程分会第七届理事会成立暨畜牧产业发展论坛、中国农业工程学会蓖麻经济技术分会第三届第二次年会、第七届国际畜禽环境大会、全国日光温室发展战略研讨会、2005年中原地区农业产业化研讨会、2005年中国农业信息技术学术论坛等。

首次召开的中国农业工程学会2005年学术年会，由中国农业工程学会主办，广东省农业厅、华南农业大学承办，来自29个省、自治区、直辖市的541名学者出席了会议，收到论文450篇，其中研究生论文190篇，占论文总数的42.2%。会议有3个主题报告、10大热点论坛报告、5个分会场交流，期间还召开了《农业工程学报》创刊20周年庆祝活动，七届理事长扩大会议、七届二次理事会、全国农业工程学会理事长、秘书长工作会议及部分专业委员会工作会议，有5位中国工程院院士参加了会议。年会颁发了中国农业工程学会科技发展贡献奖、中国农业工程学会2005年学术年会特别组织奖、中国农业工程学会2005年学术年会青年学生优秀论文，表彰了学报2004~2005年度百篇优秀论文。

出版《农业工程学报》正刊12期，刊出论文515篇，增刊1期，刊出论文60篇。2005年《中国科技期刊引证报告》显示，《农业工程学报》被引频次为1396，影响因子0.73。2005年《农业工程学报》及水土增刊被美国工程索引Ei Compendex Web全部收录。

组织专家完成《2003年学科发展蓝皮书（农业工程部分)》的撰写。

二、科普工作

贯彻中国科协提高全民科学素质、搭建社会化的科普服务平台、作好农村科普的指示，发挥农业工程优势，积极宣传贯彻科普法。

1. 完成西部科普工程——“农村生态卫生建设”科普挂图的制作，把重点指向西部，指向农民。配合9月17日全国科普日系列活动，发到全国各省科协。

2. 关注示范基地“北京朝莱农艺园”的建设，搞好科普培训，办好科普杂志，发展全国“科普志愿者”。

3. 学会与农业部规划设计研究院主办的《农村实用工程技术》科普刊物，根据当前农业发展的热点问题，结合农村产业结构调整，重点增加了温室园艺、农业产业化、绿色食品等方面的内容，从实用技术、经营管理、健康生活方式等诸方面，力图向农村读者提供丰富的信息。杂志社还组织论坛、培训、企业家联谊活动，送书下乡，提高行业的凝聚力，提高期刊的知名度和影响力。

三、组织建设和管理

1. 进行学会分支机构重新登记工作，提出《关于进一步加强各分支机构工作的几点意见》，目前已有10个专业委员会完成了换届选举。

2. 逐步树立民主办会的体制，热诚为会员服务。高级会员赠送《农村实用工程技术》全年24期、《中国农业工程学会会讯》、《国际农业工程通讯》及各种活动信息。

3. 按期召开理事会和专业委员会会议。

4. 扩大会讯的信息量。出版《中国农业工程学会会讯》、《国际农业工程通讯》各4期。

5. 办事机构工作有成效。完成社团年检、组织代码登记等手续。协助期刊完成各种年检手续。组织出访和接待来访外宾。完成统计、财务、主编培训。其中统计和财务工作受到中国科协表彰。按时完成中国科协交办的各项工作。

6. 完成中国工程院院士候选人、中国青年科技奖候选人推荐工作。学会推荐的韩鲁佳教授荣获第三届全国优秀科技工作者荣誉称号。

中国电机工程学会

Chinese Society for Electrical Engineering (CSEE)

地　　址　北京市宣武区白广路二条1号

邮政编码　100761

电子信箱　csee@ csee. org. cn

主页网址　http://www. csee-china. org. cn

电　　话　010－63414320

传　　真　010－63414319

理 事 长　陆延昌

副理事长　陆启洲　王久玲　叶大戟　刘顺达　曹培玺　刘彭龄　田　勇　秦定国　郑健超　关志成　张贵行　蔡惟慈

秘 书 长　吴玉生

刊物及主编
《中国电机工程学报》　主编　郑健超
《农村电气化》　主编　蒋连海
《农电管理》　主编　蒋连海
Electricity　主编　王熙亮

单位简介

中国电机工程学会是全国电机工程科学技术工作者自愿组成并依法登记成立的非营利性的学术性法人社会团体。1934年10月14日创建于上海，原名为中国电机工程师学会，1958年改名为中国电机工程学会，总部设在北京，同年加入中国科学技术协会。

中国电机工程学会先后召开八届全国代表大会，第一届1958年，刘澜波任理事长；第二届1963年，程明升任理事长；第三届1980年、第四届1984年，毛鹤年任理事长；第五届1988年、第六届1994年，张凤祥任理事长；第七届1999年、第八届2004年，陆延昌任理事长。

中国电机工程学会下设组织、学术、科普、外事、编辑、咨询、继续教育7个工作委员会，有覆盖电机工程各个专业的34个专委会（分会），各省、直辖市、自治区均有地方电机学会组织。学会拥有12万会员、约3000名高级会员和153名荣誉会员。

中国电机工程学会与著名的国际组织CIGRE（国际大电网会议）、IEEE（美国电机电子工程师学会）、IEE（英国电气工程师学会）、CIRED（国际供电会议）、国际自动化联盟（IFAC）有着经常的合作关系，同时与意大利、日本、韩国、巴基斯坦、越南等国家和我国香港特别行政区、台湾省电机电力领域学术组织的合作关系不断得到发展。

工作综述

一、组织建设

2005年8月23日，在乌鲁木齐市召开八届三次、四次常务理事会及八届二次理事会，通过了理事会和工作总部领导成员变更等决议。叶大戟任副理事长、吴玉生任秘书长、李若梅任常务副秘书长、沈江、崔志强任副秘书长。2005年发展高级会员180名。根据中国科协布置进行会员重新登记和编号工作要求，有11个省级地方学会完成此项工作。3个专委会在2005年换届。

二、学术交流工作

2005年4月21～23日与中国华能集团公司联合在浙江省举办超临界火电机组技术协作网第一届年会。

4月26～28日与国家电网公司在北京联合举办了特

高压输电技术国际研讨会。

5月17日在杭州市主办全国电网接地方式与接地技术研讨会。

5月27～28日与湖南省张家界市科协联合在张家界组织召开了中国科协中国电力发展论坛。中国科协副主席、书记处第一书记邓楠、中国科协副主席张玉台出席会议并发言。

7月11～15日，与日本、韩国、中国香港特别行政区电机学会联合在昆明市主办了2005年电机工程国际学术会（ICEE2005）。

8月15～18日与IEEE PES联合在大连主办2005IEEE/PES亚太地区输配电国际会议及展览，会议论文进入EI检索。

8月21～23日在新疆乌鲁木齐市召开了中国科协2005年学术年会电力分会场暨中国电机工程学会2005年学术年会。

8月24日与新疆经贸委在乌鲁木齐共同举办了中国科协新疆能源开发利用与煤电一体化发展论坛。

10月12～13日学会学术工作委员会和台湾海峡两岸电机学术产业发展促进委员会联合在湖北省宜昌市举办海峡两岸电机/电力产业论坛。

学会各专委会和省级地方学会举办100余次全国性学术活动。

三、科普工作与青少年工作

中国电机工程学会牵头组织11个全国性学会作为节能展示区参加9月17日的全国科普日活动。共制作45块展板，介绍我国能源基本情况以及重大节电新技术。组织了电子触摸屏、有奖问答、节能产品展示、节能技术的模型展示、发放宣传册等多种形式的活动。学会还组织编写电力科普丛书。

四、建“家”工作

2005年1月27日，在北京召开电力系统部分在京老科技工作者春节茶话会。

1月28日，在北京召开中国电机工程界暨北京电力科技界新春联谊会。

3月8日，在北京召开了中国电机工程学会技术人员之家组织的部分离退休女科技工作者庆祝“三八”国际劳动妇女节座谈会。

9月16日，在北京举办中秋佳节老同志联谊会。

五、科技中介评价和咨询服务工作

学会承担了每年一度的中国电力科学技术奖评审工作。设在学会总部的中国电力科技奖励工作办公室被科技部评为奖励工作先进单位。

学会获中国科协批准为开展“动力与电气工程师”专业技术资格认证国际接轨工作的试点单位。认证领导小组于2005年5月成立，制定了动力与电气工程师资格认证办法，动力、电气、综合类考试大纲，并与英国IEE学会和中国香港特别行政区工程师学会达成合作意向和协议。

学会组织专家开展了一系列科技咨询服务工作，完成了《发电机技术改造指南》、《全国电网互联经济技术分析研究报告》等技术咨询报告，承担了三峡水电厂的安全性评价工作，参与并承担了我国发展超超临界机组的参数选择和技术选型以及600MW机组技术选型的评审工作，特高压标准及规范的制定工作，以及《调度管理条例》的修订工作等。多次组织科技项目的技术鉴定与评审会。

中国电工技术学会
China Electrotechnical Society（CES）

地　　址　北京市西城区三里河路46号
邮政信箱　北京2133信箱
邮政编码　100823
电子信箱　cesintl@public.bta.net.cn
主页网址　http://www.ces.org.cn
电　　话　010－68595357
传　　真　010－68511242
理 事 长　关志成
副理事长　王建华　刘玉琛　严陆光　沈小宇
　　　　　陆仁琪　周小谦　唐春潮　潘崇义
秘 书 长　潘崇义（兼）
刊物及主编　《电工技术学报》　主编　周宝东
　　　　　　《电气技术》　主编　唐任远

单位简介

中国电工技术学会成立于1981年，是全国电工科技工作者和全国电工界的企事业单位自愿组成的非营利性的法人社会团体，是中国科学技术协会的组成部分。

自1981年7月召开第一次全国会员代表大会至今共召开六次全国会员代表大会，选举产生了六届理事会：第一届理事会（1981~1986年），理事长为高景德；第二届理事会（1986~1990年），理事长为高景德；第三届理事会（1990~1995年），理事长为赵明生；第四届理事会（1995~1999年），理事长为赵明生；第五届理事会（1999~2004年），理事长为沈烈初；第六届理事会（2004年~至今），理事长为关志成。

目前个人会员5万余名，团体会员1500余个，高级会员2000余名（含港澳台会员和境外会员），专业委员会43个，地方学会22个。参加国际组织5个，与国际电气电子工程师协会（IEEE）、英国电气电子工程师学会（IEE）、世界电动车协会（WEVA）、亚太电动车协会（EVAAP）和国际电磁场计算学会（ICS）及日本、韩国等国家的科研机构及相关组织建立了联系。

1997年、1999年、2001年及2003年连续四届被中国科协评为先进学会。

工作综述

一、学术交流

学会结合专业领域的学科发展和技术创新，组织开展了形式多样、内容丰富的学术活动。2005年举办学术年会及学术研讨会、学术报告会82次，发表学术论文1846篇，出席会议的专家和学者达8500人次。

1. 学会与国际自然科学基金委员会等单位主办了第八届国际电机与系统会议（ICEMS2005）。会议收到来自28个国家和地区的论文1028篇，出席会议的专家和学者达450余人。会议内容涉及电机与系统控制技术未来发展、电机结构、新材料的应用、控制策略、能源发展战略对电机系统的挑战、蒸发冷却技术的应用等方面。

学会参与了将在2006年召开的亚洲国际电机会议的筹备和征文工作；与IEEE PELS分别签署了共同主办“IPEMC2006”、“亚洲能量变换大会及博览会（ECCE - Asia)”的协议书和备忘录；与IEE就会员资格、学术交流、出版、展览、工程师认证等事宜签署了合作协议。

2. 学会出席了在摩纳哥召开的第21届国际电动车会议暨展览会，获得了在中国举办2010年国际电动车会议暨展览会的主办权；参加了在日本大阪召开的2005年行业电动车会议；组织电工行业科研机构和企业分别赴德国参加2005年汉诺威工业博览会、赴美国考察电磁兼容技术、赴澳大利亚和新西兰考察电工行业企业文化及职工培训。

学会电磁兼容专业委员会参与了国际无线电特别委员会（CISPR）电磁兼容标准的制定和修改工作，参加了在南非开普敦召开的CISPR会议；超导应用技术专业委员会与韩国应用超导学会在韩国釜山召开了第三届亚洲应用超导会议，并取得了第五届亚洲应用超导会议的主办权。参加了在维也纳召开的欧洲应用超导会议和在意大利召开的第19届国际磁体工程学术会议；直线电机专业委员会参加了在日本神户召开的第五届国际直线驱动与工业应用会议，并向会议提交了在中国召开该会议的申请。

3. 学会电动车辆专业委员会召开了学术年会和第五次轻型电动车技术研讨会；输变电设备专业委员会举办了大容量试验技术的专题研讨会；微特电机专业委员会召开微特电机行业“十一五”发展论坛和第十届中国小电机技术研讨会；电力电子专业委员会与电气节能专业委员会联合召开了全国电力电子、变频器专家论坛；船舶电工专业委员会以燃料电池的开发在船舶上的应用为主题召开学术交流会。

四川省电工技术学会与四川省土木建筑学会等单位联合召开学术年会，邀请了60家相关企业进行新产品、新技术信息交流，提供工程信息570项。

2005年的学术交流工作，显现了关注行业焦点，热点，贴近行业发展，信息交流广泛，产学研结合，面向市场的特点。

二、组织建设

1. 按照组织原则，指导了7个专业委员会的换届选举工作。

2. 配合中国科协2005年学术年会，作为中国科协学术年会的分会场，召开了主题为“清洁能源与环境”的团体会员工作会议。

3．召开了六届二次常务理事会和年度工作会议。

三、科技展览

2005 年学会共举办科技展览 7 次，展示了电磁兼容技术、电气控制、发电、输配电等新技术、新产品，加强了企业间的信息交流和商贸合作。

1．成功主办了第十届国际电磁兼容技术交流展览会，同期举办了 8 场相关专业技术交流研讨会。

2．成功主办了第六届国际电气传动与工业自动化设备暨电力电子技术展览和第七届国际电力电工设备与智能化电气技术交流展览会，同期举办了 17 场相关专业技术交流研讨会。

3．专业委员会和地方学会共举办展览会 5 次。

四、科技咨询、电气工程师资格认证

1．完成了美国柏克德公司咨询项目。

2．配合教育部电气工程及其自动化专业教学指导委员会进行《电气工程及其自动化专业规范》、《电气工程技术型教学工作评估指标体系》等课程的研究。

3．完成电气工程师资格认证体系的建设工作。2005 年有 28 名申请人分别取得助理电气工程师、电气工程师、高级电气工程师资格。

4．船舶电工专业委员会为中船重工集团汾西机器厂就提高船用设备的配套能力，开发船舶电力推进系统新型发配电装置，提供技术咨询服务。

五、继续教育

1．电气工程师进修学院继续做好相关专科自考辅导工作，举办了硅有机绝缘复合绝缘技术和节能降耗技术培训班。

2．电磁兼容专业委员会举办机电一体化系统电磁兼容技术培训班。

3．微特电机专业委员会就串激电机技术结合生产制造中的技术问题举办培训班。

4．电力电子专业委员会以电力电子装置工程设计为内容举办研修班。

六、刊物出版

2005 年，《电工技术学报》共收稿件 1309 篇，比上年增加 200 篇。举办了第二届电工技术前沿问题论坛，论坛得到了国家自然科学基金会的支持。

《电气技术》进行了改版工作，成立了新的编辑工作委员会，为今后《电气技术》的发展创造了条件。

与其他单位合作成立了《中国电气工程大典》、《电气工程师手册》编辑委员会，编写工作按计划顺利展开。

专业委员会和地方学会主办了专业性刊物《电力电子技术》、《电工咨讯》、《电力电容器》、《电碳信息报》、《微电机》、《输变电信息》、《工业加热》、《低压电器》、《电气传动》等科技期刊。

七、科普工作

河南省电工技术学会与郑州大学联合编纂了 21 世纪高职高专电力技术教材；山西省电工技术学会创办了以推广新技术、新工艺、实用技术科普杂志《电传技术》。

中国水力发电工程学会

China Society for Hydropower Engineering（CSHE）

地　　址　北京市白广路二条 1 号
邮政编码　100761
电子信箱　b07@ cast. org. cn
主页网址　http://www. cshe-aaa. com
　　　　　http://www. sdxz. org. cn
电　　话　010－63414390
传　　真　010－63547632

理 事 长　周大兵

副理事长　何　璟　石成梁　高季章　郭建堂　贺　恭　曹广晶　李菊根　陈方枢　刘　宏　周小谦　邴凤山　汪易森　程念高

秘 书 长　邴凤山

刊物及主编　《水电能源科学》　主编　邴凤山　张勇传

《水力发电学报》　主编　邴凤山　谷兆祺

《大坝安全》　主编　张秀丽

《岩土工程学报》　主编　沈珠江

《水电站机电技术》

主编　杨晓东

单位简介

中国水力发电工程学会是由全国水电工程科学技术工作者自愿组成并依法登记的全国非营利性、学术性社会团体，是中国科学技术协会的组成部分。

中国水力发电工程学会于1980年在浙江新安江水电站举行成立大会。现有会员40000余人，其中全国（直属）个人会员约32000人，团体会员67个，地方水力发电工程学会26个。

学会设有37个专业委员会（水能规划和动能经济、环境保护、水文泥沙、水工及水电站建筑物、电气、自动化、水力机械、水工金属结构、水电站运行管理、电网调峰与抽水蓄能、地质及勘探、水工水力学、高坝通航、碾压砼土筑坝、混凝土面板堆石坝、施工机械化及施工管理、工程造价、信息化专业委员会、大坝安全监测、水电建设管理、机械疏浚、水机磨蚀、电站液压控制、电力工程防汛与减灾、建设合同、水电监理、西电东送与电力系统、水电科技出版、水电自动化及计算机控制工程、水电控制设备、水库环境与经济、工程施工系统、灯泡贯流式机组、继电器保护、信息电力、电力系统自动化、中国大坝委员会）、5个工作委员会（科学技术咨询、国际交流、水利电力翻译、青年、科学技术普及）。参加的国际组织有：国际大坝委员会（ICOLD）、国际水力学研究会（IAHR）、国际水力发电协会（CHA）等，并与美、加、日、英、法、瑞典、瑞士、俄罗斯、印度、尼泊尔、朝鲜等国家开展国际学术交流，同时参加并协办各类水电国际研讨会。

工作综述

一、学会改革

1. 为了贯彻中国科协“全国性学会改革座谈会议”精神，抓住机遇，深化学会改革。中国水力发电工程学会于2005年1月18日在北京召开了第五届五次常务理事会和在京常务理事联席会。

会议对学会根据《社会力量设立科学技术奖管理办法》、《国家科学技术奖励条例》和有关规定，着手设立中国水力发电科学技术奖和鉴定工作；根据中国科协的指示与要求，对建立会员（单位）缴纳会费机制等进行了认真讨论，提出了建设性意见。

2005年11月2～14日召开了中国水力发电工程学会五届六次常务理事会（通信方式），研究中国水力发电工程学会办事机构变更挂靠单位的事宜。会议决议同意学会办事机构挂靠单位由国家电网公司变更为中国水电工程顾问集团公司。

2. “水力发电和可再生能源”工程师资格认证。随着我国进一步扩大开放，开拓国际市场的重要性日益显现，迫切需要解决我国工程技术人员执业资格的国际互认问题。加入工程师资格国际互认体系是我国扩大改革开放，特别是加入WTO后参与国际竞争的迫切需要。

2005年7月编制完成了《中国水力发电和可再生能源工程师资格认证标准（初稿）》等。现正在进一步筹备中。

3. 国家工程建设项目“施工招标文件范本通用合同条件”编制。中国工程咨询协会合同管理工作委员会秘书处依托中国工程咨询协会水力发电专业委员会承担有关工作，负责有关合同条款及FIDIC合同条件中国化的编制工作。由于中国工程咨询协会水力发电专业委员会设在中国水力发电工程学会内，所以学会协同中国工程咨询协会组织专家编制国家工程建设项目“施工招标文件范本通用合同条件”。现该“合同条件”已完成送审稿，报国家发改委审定。

二、学术交流

2005年，举行学术活动19次，参加人员2020人（境外人员45人），交流论文763篇（境外人员论文24篇）；与台湾地区交流团组1个，2人次；举办培训班6个，培训人数757人次（其中继续教育647人次）；主办学术期刊5种，共43500册；编辑科技图书1种，计4000册；编辑论文集17种，共计5914册，发表论文665篇。

1.《中华人民共和国可再生能源法（草案）》征求意见稿发出后，中国水力发电工程学会即刻组织中国工程院院士、中国科学院院士及有关专家认真进行研究讨论。

2. 中国水利水电工程学会首届砂石生产技术交流会于5月20～24日在贵州省贵阳市召开。会议由中国水力发电工程学会施工系统专业委员会、贵州省水力发电工程学会和乌江水电开发有限责任公司联合主办，贵州黔源电力股份有限公司、中国水利水电第八工程局和贵阳勘测设计研究院协办，中国水利水电第九工程局承办。中国水利水电业主、科研、设计、施工、大专院校和部分国内外生产厂家等70多个单位近240名来宾（其中有3名外宾）出席了会议。会议收到论文84篇，优选了近50篇编入论文集。

3. 中国水力发电工程学会面板坝专业委员会于9月19~23日在湖北省宜昌市召开了中国面板坝20周年学术研讨会，共217人参加会议，其中境外人员33人。会议收集论文143篇，其中境外论文22篇，已出版论文集。

4. 中国水力发电工程学会碾压混凝土筑坝专业委员会于11月21~24日在江苏省南京市召开，90人与会。会议收集论文25篇，已出论文集。会议结合会议主题和近年来碾压混凝土筑坝技术发展的状况，今后碾压混凝土筑坝技术应着重研究和解决的问题，近年研究成果进行了研讨。

5. 中国水力发电工程学会抽水蓄能专委会于11月25~29日召开2005年学术年会，来自65个单位的130名学者出席了会议。会议收集论文70篇，大会交流20篇。会议回顾了抽水蓄能专委会成立10年来所开展的活动，以及伴随着我国这10年来抽水蓄能建设所取得的长足发展。

三、出版工作

《中国水力发电年鉴》，2005年4月~10月收集、修改、编辑了第九卷的文献、资料和来稿，共编列19个篇目，57个栏目，358个条目，照片近40幅，共115万字，已正式出版发行。

中国水力发电工程学会《会讯》除专刊外，出版了10期。《会讯》对宣传国家大政方针，交流生产信息，介绍学术研究和科技创新动态起到了积极作用。

中国水利学会
Chinese Hydraulic Engineering Society

地　　址　北京市白广路二条2号

邮政编码　100053

电子信箱　jqzhao@ mwr. gov. cn

主页网址　http:// www. ches. org. cn

电　　话　010-63204555/63202163

传　　真　010-63202154

理 事 长　朱尔明

副理事长　郑守仁　陈效国　赵春明　曹右安　曹广晶　高季章　张瑞凯　张长宽

秘 书 长　李赞堂

刊物及主编　《水利学报》　主编　陈炳新
《泥沙研究》　主编　杜国翰
《岩土工程学报》　主编　沈珠江
《水科学进展》　主编　胡四一
《灌溉排水学报》　主编　庞鸿宾

单位简介

中国水利学会的前身是中国水利工程学会，成立于1931年4月，其宗旨为联络水利工程同仁，研究水利学术，促进水利建设。从1931~1947年，共举行年会11次，学会发展到1600多人，还在美国成立了分会。学会为当时统一水利行政、厘定水利法规、裕筹水利经费、培植水利人才做了许多努力。还创办了学术刊物《水利》，编印水利丛书，编订水工名词，建立奖学金等。

中华人民共和国成立后，为了广泛地团结水利科技人员，促进水利科技事业的发展，在20世纪50年代初，水利学术界的一些有识之士，就有重建水利学会之意。在张含英、须恺、郝执斋等人的倡议和努力下，1957年4月，中国水利学会召开了第一次全国会员代表大会，并正式更名为中国水利学会。1958年，加入中国科协。1962年10月在北京召开了中国水利学会第二次全国代表大会。“十年动乱”期间，学会被迫停止活动。后于1978年组成了临时常务理事会。1981年2月、1985年10月、1989年12月、1993年12月、1999年3月、2004年4月，先后召开了第三、四、五、六、七、八次全国会员代表大会。张含英任第一、二届理事长，第三、四届名誉理事长；严恺任第三、四届理事长，第五届名誉理事长；钱正英任第五届名誉理事长；杨振怀任第五届理事长，第六届名誉理事长；严克强任第六届理事长；汪恕诚任第七、八届名誉理事长；朱尔明任第七、八届理事长。

70余年以来，中国水利学会不断发展壮大。截至2005年底，中国水利学会已拥有9个工作委员会、40个专业委员会、31个省级学会、6个国际学术机构的中国国家组织和60个团体会员，全国会员总数8.7万人。

工作综述

一、组织建设

1. 加强对分支机构管理。2005年进行3个专委会的更名变更登记工作；指导15个专委会换届改选。

2. 召开省级学会秘书长工作座谈会。9月13～14日，在山西太原召开了2005年度省级水利学会秘书长工作座谈会，为各省级水利学会提供了相互交流、学习的平台。

二、国内学术活动

1. 学会与新疆水利厅、水利学会于8月在乌鲁木齐联合举办了人水和谐及新疆水资源可持续利用论坛，本次活动作为中国科协2005年学术年会的分会场，200余人参加会议。水利部副部长索丽生、新疆维吾尔自治区副主席陈雷和钱智、水利部总工程师刘宁出席了开幕式与闭幕式。收到论文300余篇，160篇入选论文集，论文集已由水利学报编辑部正式出版。

2. 9月，学会与国务院南水北调办公室专家委员会、中国岩石力学与工程学会在北京联合举办了南水北调西线TBM研讨会。会议围绕南水北调深埋、长大隧洞的关键技术问题进行了深入研讨，取得了预期效果。

3. 10月13日，以“科学把握治淮未来”为主题的青年治淮论坛在安徽省蚌埠市隆重召开。论坛由中国水利学会和水利部淮河水利委员会联合主办，河南、安徽、江苏、山东等省水利厅及青岛市水利局协办。组委会共收到论文108篇，98篇入选大会论文集。

4. 中国水利学会第二届青年科技论坛于11月1～3日在陕西省西安市举行，与会学者90余人。论坛的主题是“水利可持续发展与科技创新”，主要围绕“十一五”水利发展目标、节水型社会建设、维系河流健康生命以及重大工程关键技术研究等进行讨论。论坛由中国水利学会主办，中国水利学会青年科技工作委员会、中国水利水电科学研究院、南京水利科学研究院、西安理工大学承办，由水利部黄河水利委员会、河海大学、长江勘测规划设计研究院、清华大学水利水电工程系协办。收到论文160余篇，114篇论文收入论坛论文集。

5. 举办中国水利学会2005学术年会，搭建更广泛的学术交流平台。中国水利学会2005学术年会于11月1～3日在山东省青岛市隆重举行。水利部副部长索丽生出席会议，山东省委常委、省工会主席阎启俊，青岛市委常委、市农工委书记王伟等领导同志到会祝贺，中国水利学会理事长朱尔明主持开幕式。本届年会的主题是“水利与可持续发展”。年会由中国水利学会主办，青岛市水利局、水利学会承办，山东省水利厅、水利学会协办。水利部索丽生副部长为大会做了《水利发展与生态》的主旨报告。12位专家学者在大会上做了特邀报告。会议针对水利热点问题，设置了6个分会场，组织广大水利科技工作者进行学术交流与研讨，共70余人次在各分会场发言。

三、国际民间科技交流

2005年，学会先后组团参加了第四届环境水力学研讨会暨第14届亚太地区国际水利学大会、美国土木工程学会举办的世界水与环境大会，韩国水资源协会年会、日本水文水资源学会年会等，接待了美国、韩国、日本、俄罗斯等国家的客人。

四、学术期刊管理

对学会主办的期刊《水利学报》、《水科学进展》、《岩土工程学报》、《泥沙研究》和《灌溉排水学报》进行年检、申请资助、评优、参加展览等管理。《水利学报》、《水科学进展》和《岩土工程学报》获2004年“百种中国杰出学术期刊”称号。

五、科学普及与人才举荐

1. 在学会网站上设立“科普园地”栏目，宣传国家重点工程项目，普及水利知识，介绍水利新技术、新材料、新工艺等。

组织专家于5月14日参加了由中国科协、中宣部、科技部、北京科技周组委会共同主办的2005年全国科技活动周暨北京科技周“以人为本、关爱生命、科学减灾、和谐发展”科普游园会。水利学会在“人与自然和谐相处”展区开展咨询活动，并发放科普材料13种3000余份。

9月，组织专家为“全国科普活动日”制作了节水宣传的展板，受到中国科协的表彰，被授予全国科普活动先进单位称号。

完成了中国科协资助项目“人与水动画光盘”的制作，成果已报送中国科协，同时面向社会出版发行。光盘已列入由中央宣传部等9家单位联合确定的“向未成年人推荐百种优秀电子出版物”之一。

与北京水利学会联合，在海淀区双紫园小区建成了具有去除初雨、过滤、沉淀、收集和输送系统等功能齐全容积为850立方米的地下储雨池及1120平方米的透水地面。

城市水利专业委员会编译科普读物——《把雨水带回家》，取得了较好的社会效果。该书于4月获得第二届北京市优秀科普作品奖的最佳奖。

与北京水利学会联合举办了第21届全国青少年水利科技夏令营，历时3天，规模100人。

水利渔业专业委员会5月组织参加了第5届科技活动周，通过生动形象的文字图像阐述本专业深奥的科学道理，让公众现场观看淡水鱼类标本、水族箱和影像，并把观众感兴趣的问题收集整理开展现场问答抽奖，吸引了众多的公众参观和咨询。

2. 学会向中国科协推荐提名院士候选人，有1名候选人当选为中国工程院院士。有2名学会推荐的候选人当选为全国农村科普工作先进个人。

六、政府部门委托的有关工作

1. 大禹奖是由学会根据国家“社会力量办奖管理办法”申请设立的、面向水利行业的科技奖项，已成功实施三年。2005年共评选出“中国暴雨统计参数图集”、“黄河流域水资源演变规律与二元演化模型”等24个大禹奖获奖项目，颁奖仪式于11月2日在学会学术年会上隆重举行。

2. 2005年组织完成了274项技术标准的复审工作，并对标准化工作档案和资料进行了彻底清理，编制完成了《水利技术标准编写规定》（SL1－2002）辅导教材，7月和8月分别在南昌市和乌鲁木齐市举办了两期培训班，完成了200余人次的培训工作。完成了63项水利行业标准化项目和42项国家标准制修订项目的立项组织工作和已立项项目的计划清理。制定完善了标准格式复读和新增标准立项审查程序，完成了72项技术标准的格式复读和17项新增技术标准的立项审查工作。

3. 根据水利部人教司授权，继续积极做好职称考试和职称评审工作。组织进行了2005年度职称考试的命题、试卷印制、组织考试、阅卷、分数统计等一系列工作，共有4316人、10117人次参加了外语、计算机和专业理论考试。

七、进一步加强技术培训与咨询服务

1. 技术培训。2005年学会配合水利部有关业务司局的中心工作，在有关省级学会的支持下，举办“农村饮水安全管理技术培训与研讨”等培训活动十余次，培训学员千余人。

2. 咨询服务。积极参与中国科协组织开展的学术交流平台、为经济社会发展服务平台以及为会员服务平台的课题研究工作，通过招投标方式，承担了“为经济社会发展服务平台”课题研究并向中国科协提交了研究报告。

中国内燃机学会

Chinese Society for Internal Combustion Engines（CSICE）

地　　址　上海市军工路2500号
邮政编码　200438
电子信箱　csice@ citiz. net
主页网址　http://www. csice. org. cn
电　　话　021－65745323/65741856转222
传　　真　021－65745323

理事长　张小虞
常务副理事长　阳树毅
副理事长　干凤琪　马童立　白洪法　李　骏　李树生　欧阳明高　金东寒　黄　松　黄佐华　崔殿国　曾　毅
秘书长　阳树毅（兼）
刊物及主编　《内燃机学报》　主编　苏万华
《内燃机工程》　主编　平银生
《内燃机》　主编　朱厚国

单位简介

中国内燃机学会是中国科协于1981年3月批准成立

的，是全国内燃机科技工作者自愿组成的非营利的学术性的法人社会团体，是中国科学技术协会的组成部分。1982 年 4 月加入国际内燃机学会（CIMAC），成为国际内燃机学会的中国委员会。

2005 年 10 月经全国会员代表大会选举产生了由 127 名理事组成的第六届理事会，学会的最高权力机构是全国会员代表大会，理事会是其执行机构，并在其闭会期间领导学会开展日常工作；学会的办事机构秘书处设在上海内燃机研究所。

中国内燃机学会是跨部门、跨行业、横向联系非常广泛的群众性科技团体，其横向联系的有关行业达 14 个。目前拥有会员 15000 余名，遍及 28 个省、自治区、直辖市，其中有 18 个省市成立了内燃机学会。中国内燃机学会下设 8 个分会和 1 个编辑委员会。这 8 个分会分别是：大功率柴油机分会、中小功率柴油机分会、汽油机煤气机分会、燃烧节能净化分会、测试技术分会、基础件分会、材料与工艺分会、特种发动机分会。

工作综述

2005 年学会活动的重点是筹备和召开第六次全国会员代表大会、理事会换届选举，同时举行中国内燃机学会 2005 年学术年会和 APC 联合学术年会，并表彰和奖励在内燃机领域有突出贡献的内燃机科技工作者。

一、学术交流

2005 年学会共举办学术活动 10 次，参加学术活动的专家、学者代表 940 人次，交流学术论文 384 篇。

中国内燃机学会 2005 年学术年会和 APC2005 年联合学术年会于 2005 年 10 月 30 日 ~11 月 2 日在湖北省武汉市召开，来自学会 9 个分会（含编委会）、18 个省市内燃机学会和全国各有关单位的与会学者达 400 多人。原机械工业部部长、学会名誉理事长何光远应邀出席会议。中国科协、中国汽车工程学会、中国内燃机工业协会、湖北省科协、东风汽车公司等单位的领导同志也应邀出席会议。本次学术年会，是本会改革学术年会机制的第一次尝试，由汽油机煤气机分会和湖北省内燃机学会承办。在既尊重各分会专业学科特点，又充分发挥各自优势的基础上，由总会统一协调，并提供了一定会议经费补贴。此次学术年会的宗旨是：推进中国内燃机科学技术发展，加强内燃机工作者之间的相互了解，增进友谊，促进学术交流与合作。会议由副理事长干风琪主持，常务副理事长兼秘书长阳树毅，汽油机煤气机分会原主任委员饶如麟和湖北省内燃机学会理事长刘永长先后致词。为了增加会议的学术氛围，提高学术会议的质量，根据我国内燃机界共同关注的热点问题，年会邀请了行业界的知名专家、学者以及国外著名公司，做了 12 个特邀学术报告。这些报告受到与会者的热烈欢迎。

本次学术年会同时分为 4 个分会场宣读交流学术论文达 120 余篇。对宣读和交流的学术论文经过论文评审小组认真评选，评选出优秀论文：一等奖 5 篇、二等奖 13 篇、三等奖 24 篇；并对获奖者颁发了优秀论文证书及奖金以资鼓励。这次联合学术年会是学会首次尝试，效果较好。

二、编辑出版

科技期刊是学会的学术、技术宣传的阵地，也是学会信息传播的手段。学会的三个学术技术性刊物《内燃机学报》、《内燃机工程》、《内燃机》，都是双月刊，全年出版 6 期。三个刊物在编委会的领导下，在各编辑部的积极努力下，发行量都在原有的基础上逐年提高，而且在国内外的影响也在不断扩大，已成为反映我国内燃机研究成果、发现和培养中青年内燃机科技人才，进行国际学术交流和促进我国内燃机工业发展的一个重要平台，受到了学会广大会员和科技人员的欢迎。

除此之外，学会还组织出版了内燃机科技丛书《内燃机噪声振动与控制》；由出版社公开出版了《内燃机科技——中国内燃机学会 2005 年学术年会暨 APC2005 年联合学术年会论文集》。各分会召开学术年会内部出版的论文集 5 种。另外，学会还出版了工作动态以及各分会自行出版的一些学术活动简讯和简报等。

三、组织建设

2005 年学会召开了一次全体理事会会议和二次常务理事会会议。

4 月上旬，在海南省三亚市召开了五届七次常务理事会会议。会议总结了 2004 年工作；审议通过了在秘书长工作会议上提交的 2005 年活动计划；全面部署了学会 2005 年要开展的几项重点活动，决定于 2005 年 10 月 30 日 ~11 月 2 日在湖北省武汉市召开中国内燃机学会第六次全国会员代表大会暨 2005 年学术年会和 APC2005 年联合学术年会。

8 月下旬，在山东省威海市召开了五届八次常务理事会会议。会议由张小虞理事长主持，讨论研究了中国内燃机学会第六次全国会员代表大会的各项筹备工作，并商定了会议议程等事项。

10 月下旬，在湖北省武汉市召开了中国内燃机学会第六次全国会员代表大会。大会在执行主席张小虞主持下，选举产生了中国内燃机学会第六届理事会，新一届理事会由 127 名理事组成。由新一届理事会选举产生了 41 人组成的常务理事会；张小虞当选为理事长，阳树毅当选为常务副理事长兼秘书长，于凤琪等 11 位当选为副理事长。在此次大会期间，由张小虞理事长主持召开了六届一次理事会会议。会上，通过了新一届理事会聘任事项：聘请何光远、蒋德明为名誉理事长；刘永长等 6 位为名誉理事；聘任了学会各分会及编委会主任委员，并责成各分会和编委会于 2006 年 10 月 25 日之前完成换届聘任工作。会议决定推荐阳树毅、金东寒、黄佐华为国际内燃机学会 CIMAC 中国委员会委员（即国际内燃机学会常设委员会委员），阳树毅兼任联络秘书。会上，由秘书长阳树毅提名，理事会通过，聘任计维斌为常务副秘书长；冯明志、陶陆根为副秘书长。同时，会议还决定成立专家技术咨询委员会，聘任 29 位专家为其成员。

为激励广大内燃机科技工作者，倡导献身、创新、求实、协作的科学精神，在内燃机界乃至全社会进一步弘扬“尊重劳动、尊重知识、尊重人才、尊重创新”的风尚，以增强学会的凝聚力和吸引力，大力促进内燃机行业的技术发展。本次大会首次颁发了中国内燃机学会“杰出成就奖”、“突出贡献奖”。蒋德明、顾宏中、苏万华等 3 位同志荣获杰出成就奖；阳树毅、欧阳明高、李树生、饶如麟、黄荣华和孙少军 6 位同志荣获“突出贡献奖”。另外还向王士杰同志颁发了学会工作“杰出贡献奖”。

抓住机遇，继续做好第 26 届 CIMAC 大会的申办工作。经国务院批准，学会拟申办 2010 年第 26 届国际内燃机学会（CIMAC）会议。为此，学会不但委派副理事长兼秘书长阳树毅和副理事长金东寒于 2005 年 5 月和 12 月出席了在芬兰赫尔辛基和德国法兰克福召开的 CIMAC 常设委员会会议，并且大力支持了 CIMAC 总部于 2005 年 12 月 8 日在中国上海海事会议期间召开的 CIMAC 日。另外，学会将根据国际内燃机学会的要求安排，努力组织好申办工作。

中国工程热物理学会

Society of Engineering Thermophysics（CSET）

地　　址	北京 2706 信箱
邮政编码	100080
电子信箱	cset@ mail. etp. ac. cn
主页网址	http://www. etp. ac. cn
电　　话	010－62573337/62566816
传　　真	010－62575913
理 事 长	徐建中
副理事长	马重芳　周　远　范维澄　金红光　陶文铨　黄　震　黄其励　蒋洪德
秘 书 长	金红光（兼）
刊物及主编	《工程热物理学报》　主编　蔡睿贤

单位简介

中国工程热物理学会是原国家科委在 1978 年批准成立的。它是由从事工程热物理学科的科技工作者组成的全国性学术群众团体，是中国科学技术协会的组成部分。1980 年学会经选举产生了第一届理事会，吴仲华院士当选为理事长。2004 年第五届理事会成立，理事中既有多位德高望重的院士，又有更多成绩卓著的青年科技专家，理事长为徐建中院士。学会现有会员近 3000 人，包括高等院校、科研单位和产业部门的科技工作者。

学会现设有工程热力学、热机气动热力学、传热传质学、燃烧学 4 个分科学会，多相流、流体机械、代用燃料 3 个专业委员会，以及能源利用工作委员会和燃气轮机委员会。

中国工程热物理学会积极推进国际学术交流与合作。学会是国际吸气式发动机学会、国际传热传质学会、国际传热传质大会、国际燃烧学会等国际学术组织的中国代表。

工作综述

一、国内学术交流

中国工程热物理学会第 11 届学术年会于 2005 年 11

月3～7日在北京华北电力大学成功召开。会议由中国工程热物理学会副理事长兼秘书长金红光主持。王补宣、陈学俊、蔡睿贤、徐建中、过增元、周远等16位中国科学院院士和华北电力大学党委书记徐大平教授会议。

会议邀请国际、国内相关领域的知名教授专家做特邀大会报告，介绍国际国内有关领域的最新进展；有的分会还举办了分会邀请报告，请国内外专家学者介绍其最新研究成果。在学术论文分组会议上，研究人员、工程技术人员、教师及研究生进行了认真的学术交流和讨论。

本次学术会议共收到论文1256篇，经过专家学者初步评审，录取1030篇论文到大会交流。评选出优秀论文28篇。论文的内容涉及近几年来基础研究和应用基础研究的科研成果、各分支学科的前沿领域、产业化中的关键技术。参加学术会议的人员达到1000余名。

会上，在老一辈优秀科技专家的带领下，以严谨治学思想，展开深入的学术讨论，相互交流新的学术思想和学科前沿的最新信息，开拓新的科研领域和应用技术。

在学会学术年会上宣读的学术论文择优在《工程热物理学报》上发表。学报主要刊登工程热力学与动力装置、热机气动热力学、传热传质学、燃烧学、多相流、流体机械和工程热物理研究中的实验测试方法及技术等方面具有创造性的学术论文。

为了增强学会活动的影响力，会议期间还邀请科技部、国家自然科学基金委的有关领导介绍国家“十一五”规划和自然科学基金的情况及重点资助方向。国家自然科学基金委还在会上对有关的科研项目进行了检查。2005年6月16日中国工程热物理学会在北京召开了科学用能、创建和谐社会论坛，中国科学院院长路甬祥等52位院士和百余位科学家，签署了《科学用能倡议书》；徐建中院士等做了主旨报告，介绍“科学用能”的内容和意义，向全社会提倡“科学用能”，并认为“科学用能”是建立和谐社会的重要保障。

二、国际学术活动

2005年3月1～15日，韩国国家能源所与学会在陕西省西安市共同组织召开了一次中韩计算传热研讨会，共35名学者参加交流，研讨了太阳能、风能、水能、燃料电池、氢能及生物质能等的开发与利用中的计算传热学术问题，会议取得良好的效果，双方商定明年继续举行研讨会。

1月24～29日，中国工程热物理学会、日本宇航学会和韩国宇航学会在日本北九州国际会议中心联合举办亚洲推进会议，共120名学者出席会议，其中我国24名。会议研讨了航空航天动力中的气动热力学、燃烧学中的超燃和亚燃、强度和噪声及控制等技术问题。

1月28日，我国外交部批准中国工程热物理学会申办2007年第18届吸气式发动机国际学术会议。学会全体工作人员2005年都在按照国际吸气式发动机学会的要求积极进行会议选址、寻找会议合作伙伴、发布会议通知等前期准备工作。中国国家代表团9月6日在德国慕尼黑召开的国际吸气式发动机学会执委会上报告了筹备情况，徐建中理事长被选为国际吸气式发动机学会副主席，9月9日徐建中理事长在慕尼黑第17届国际吸气式发动机学会学术年会闭幕式上做2007北京会议特邀发言，受到各国代表热烈欢迎。

三、组织建设工作

2005年1月7日，中国工程热物理学会在中国科学院工程热物理研究所召开第五届理事会第三次常务理事会，会议由金红光秘书长主持，徐建中、周远等13位常务理事到会，会议对2004年学会工作进行总结并对学会2005年的工作做出具体安排。

11月20日，中国工程热物理学会在中国科学院工程热物理研究所召开第五届理事会第四次常务理事会，会议由金红光秘书长主持，周远、孙晓峰等12位常务理事出席会议，徐建中理事长向到会的12位常务理事介绍了学会2005年国际交流合作情况，常务理事会对第九届中国青年科技奖推荐工作进行具体安排部署。

四、编辑出版工作

1. 编辑出版学术性刊物《工程热物理学报》，双月刊，一年6期，每期128页，另加4页铜版。2005年共刊出学术论文383篇，其中攀登计划和其他国家重点项目，各类国家、省、部级基金资助项目的论文约占发表论文总数的85%。

2. 编印国内和国际学术会议论文集。2005年编印国内学术会议论文集6种10册，有工程热力学与能源利用学术会议论文集，热机气动热力学学术会议论文集，传热传质学学术会议论文集，燃烧学学术会议论文集，流体机械学术会议论文集，多相流学术会议论文集，收录论文共计1030篇。

五、其他重要活动

2005年学会工作主要还是以学术交流为中心。中国工程热物理学会为发挥学会的科技优势，加快科学技术转化为生产力，为贯彻国家可持续发展战略，节约能源，保护环境，同时改善室内外环境，促进我国科学用能工作的开展，中国工程热物理学会积极参与国家“十一五”产业发展规划重大专项咨询工作，组织学会的院士专家分别按照水处理、固废焚烧、烟气脱硫和仪器仪表4个方面分别论述并做了咨询报告。

积极配合开展科普活动，与中国科学院院士工作局和中央教育电视台联合拍摄了能源讲座和科学用能专题节目。

中国空气动力学会

Chinese Aerodynamics Research Society (CARS)

地　　址	北京市海淀区学院路37号国家计算流体力学实验室
邮政编码	100083
电子信箱	b11@cast.org.cn
主页网址	http://www.cars.org.cn
电　　话	010－82317341
传　　真	010－82317341

理 事 长	张涵信
副理事长	刘　胜　邓小刚　桂业伟　邓学蓥　符　松　姜宗林　伍贻兆　李　锋　于　涛
秘 书 长	阮祥新
刊物及主编	《空气动力学学报》　主编　庄逢甘 《流体力学实验与测量》主编　乐嘉陵

单位简介

中国空气动力学会是全国性的空气动力学科技工作者组成的非营利的、公益性的学术性社会团体，是中国科学技术协会的组成部分。

1978年，著名科学家钱学森倡议成立空气动力学学术团体。1980年6月10日在上海成立中国空气动力学研究会，钱学森、沈元当选为名誉会长，庄逢甘为会长，曹鹤荪等为副会长，委员136名。1980年9月12日经中国科协批准，命名为中国空气动力学研究会。1984年9月在四川召开第二次会员代表大会，钱学森、沈元当选为名誉理事长，庄逢甘为理事长，曹鹤荪等为副理事长，理事109名。1989年10月常务理事会决定并经中国科协批准改名为中国空气动力学会，并在民政部登记注册。1994年经通讯选举，钱学森、沈元为名誉理事长，庄逢甘为理事长，俞鸿儒等为副理事长，理事126人。2005年6月在四川省绵阳市召开了第五次会员代表大会，选举产生了第五届理事会，钱学森、庄逢甘为名誉理事长，张涵信为理事长，刘胜等为副理事长，理事117名。

工作综述

一、学术交流

由中国空气动力学会、中国空气动力研究与发展中心和中国航天空气动力技术研究院主办，22个单位协办的近代空气动力学研讨会于2005年1月在北京召开。中国科协书记处书记冯长根、总装备部科技委副主任焦安昌、总装备部军兵种部副部长刘胜、中国航天科技集团公司副总经理马兴瑞、中国航天科技集团公司科技委主任王礼恒、中国航天科工集团公司科技委主任夏国洪、中国空气动力学会理事长张涵信院士、中国空气动力研究与发展中心主任王希山、中国航天空气动力技术研究院院长李锋等出席会议并讲话。会议还邀请到郑哲敏、俞鸿儒、童秉纲、周恒等13位院士。这次会议，适逢庄逢甘院士80华诞，会议回顾了庄先生在过去半个多世纪为发展中国航空、航天空气动力学事业所做出的重大贡献。会议通过近代空气动力学领域17个报告的研讨，展示了我国气动研究工作者在近代气动前沿研究领域所取得的高水平的成果，同时也反映出这些前沿研究领域还存在着许多问题尚待研究和解决。

为推动我国流体力学研究的深入发展，探讨流体力学在21世纪的关键科学问题，在中国空气动力学会、中国力学学会和国家自然科学基金委员会数理科学部组织下，2005’全国流体力学青年研讨会于2005年6月在四川召开，在流体力学领域的青年学术骨干40人与会。

由学会和中国力学学会主办，北京大学、中国空气动力研究与发展中心承办的第八届国际流动控制、测量与显示学术会议于2005年8月在四川省成都市召开。这是此项国际会议首次在中国召开，对我国实验流体力学和工程流体力学的推动作用是非常大的。此次会议的主要内容是：流体的宏观与微观控制；热–流体动力学测量、环境流体测量、传热传质流动测量等；流动显示，包括实验的、数值模拟的定性与定量显示。参会人员200余人，收录论文165篇，会议进行了论文交流，受到国内外学者的一致赞誉。

由中国空气动力学会、北京航空航天大学、航天空气动力研究院联合举办的2005年中国航空航天科普夏令营2005年8月在北航举行了开营仪式。此次夏令营的主题是：巡天之旅。中国航空航天科普夏令营多年来持续得到美籍华人吴镇远先生的资助，2005年夏令营共招收了全国11个重点中学的22名高中生。通过历时一周的学习和参观，培养青少年的科技文化素质，增进他们对中国航空航天事业的了解，开阔视野，增长见识。

二、组织建设

1. 中国空气动力学会第五届全国会员代表大会于2005年6月15~17日在四川省绵阳市召开。会议讨论并通过了《中国空气动力学会第四届理事会工作报告》，《中国空气动力学会第四届理事会财务工作报告》，《中国空气动力学会章程修改报告》，《中国空气动力学会规章制度说明的报告》。代表们认为学会学术交流活动开展得比较活跃，会员发展和学会改革工作成绩可喜，人才推荐工作卓有成效，学会工作展现了欣欣向荣的好局面。会议进行了第五届理事会的选举，选举产生了第五届理事会，并要求新一届理事会和新组成的各专业委员会按照国家的相关规定，认真遵照学会规章制度履行义务及行使权利。代表们一致通过了团体会员和个人会员会费的收费标准。

2. 2005年度学会发展团体会员62个，个人会员1695人。

中国制冷学会

Chinese Association of Refrigeration（CAR）

地　址	北京市海淀区阜成路67号银都大厦10层
邮政编码	100036
电子信箱	car@ car. org. cn
主页网址	http://www. car. org. cn
电　话	010－68715723/68719984
传　真	010－68434679

理事长	何济海
副理事长	潘秋生　金嘉玮　吴元炜　张　和　于元波　梁惊涛　樊高定　韩　彧　郎四维　韩作樑　周　远　江　亿
秘书长	金嘉玮（兼）
刊物及主编	《制冷学报》　主编　吴元炜

单位简介

中国制冷学会是全国制冷空调行业的社会团体，是中国科学技术协会的组成部分。

中国制冷学会于1977年4月25日在北京成立。下设低温、制冷机械设备、冷藏冻结、冷藏运输、空调热泵、小型制冷机低温生物医学6个专业委员会。分别于1977、1984、1990、1996、2000、2004年召开了第一至六次全国会员代表大会。刘毅、宋克仁、付立民分别任第一至三届理事长，何济海任第四至六届理事长。

中国制冷学会于1978年1月加入国际制冷学会（IIR，总部设在巴黎）为二级会员国。在25个省、自治区、直辖市有地方制冷学会组织。现有资深会员90人，高级个人会员542人，普通会员25000人，团体会员463家，学生会员1753人。中国制冷学会与各地制冷企业合作，相继成立了中国制冷学会北京、上海、天津等8个技术咨询服务部。经上级有关部门批准，中国制冷学会成立了北京中州制冷设备技术开发公司，提供面向企业的服务窗口。中国制冷学会还承担了全国制冷标准化技术委员会的工作，对制冷行业各项标准的制修订和推广起到了重要作用。2003 年，经国家奖励工作办公室批准，设立了中国制冷学会科学技术奖。2004 年，经中国科协批准，设立了中国制冷学会专业技术资格认证委员会。

工作综述

一、学术交流工作

2005 年，针对制冷空调行业高速发展的现状，在广泛学习国外先进技术，努力发展提高我国制冷空调业技术水平的思想指导下，力争使行业的技术发展与国际水平同步。学会共组织（含合作组织）国际、国内学术技术研讨会、交流会共 30 场。与会人数共计 3000 余人次。通过研讨会、交流会，使业内人士能够迅速了解国内外相关技术的最新发展动态，以指导行业的发展。组团出席在美国、德国召开的有关国际行业学术年会，开展国际学术交流，提高我们在全球制冷空调行业中的学术地位。

标准是企业生产产品、进行流通销售的准则，为贯彻构建节约型社会的战略部署，结合制冷空调的能源消耗占我国能源消费的很大比例的状况，中国制冷学会特邀美国采暖制冷空调工程师学会（ASHRAE）专家来华，与中标认证中心共同主办了中美制冷空调采暖能效标准研讨会，就建筑和采暖通风空调系统能效标准的关系；美国制冷空调采暖设备的最低能效要求；暖通空调设备能效分析；暖通空调与自控系统效率的设立等问题进行研讨。邀请了全国在该领域具有研究成果的 70 余名专家参会，并围绕相关技术内容进行了问答和研交流。这对制定我国相关标准起到了积极的促进作用。

为促进制冷教育事业与现行科学技术的结合，中国制冷学会与西安交通大学、上海交通大学、浙江大学、北京工业大学和天津商学院于 4 月 20 ~ 23 日在浙江省杭州市联合主办了第三届全国高等院校制冷空调学科发展研讨会暨第三届制冷空调新技术研讨会。会议着重探讨了适应新世纪发展要求的制冷空调人才培养模式，架设制冷空调新技术产、学、研结合的桥梁，为培养 21 世纪中国制冷空调新一代人才，为我国高等院校制冷空调专业教改成果和最新科研成果交流提供一个信息沟通的平台。来自国内相关高校、知名企业、中国香港地区及海外华人共计 230 余人出席了会议。会议共收到论文 169 篇，其中教学论文 41 篇。

为促进我国制冷行业的可持续发展，加强学术技术和企业间的交流，中国制冷学会于 11 月 28 ~ 30 日在云南省昆明市组织召开了学术年会，大会就学会改革及发展；低温工程；空调热泵；冷冻冷藏；制冷设备等领域的制冷新产品、新技术及应用分专题进行了研讨，与会注册人数达 350 余人，会议出版了论文集，共收录论文 165 篇。

二、加强与国际组织、国外相关机构的联系与沟通，共同促进制冷空调业的全球可持续发展

2005 年，先后与国际制冷学会、国际氨制冷学会、欧洲制冷压缩机与控制商协会、美国采暖制冷与空调工程师学会、德国制冷空调工业学会、全印度制冷空调学会、日本制冷空调学会、韩国冷冻空调机械认证中心等相关机构的负责人进行了会谈，签订了合作备忘录。通过会谈，增进了彼此的了解与合作，并于 2005 年先后组团出访参加了美国、德国、韩国、日本相关的展览会并进行了专业考察。通过出访印度，了解到制冷空调市场的需求。

三、举办国际制冷展，推动制冷技术产业化、市场化

4 月 12 ~ 14 日，由中国制冷学会、中国制冷空调工业协会、中国国际贸易促进委员会北京市分会共同主办的 2005 中国制冷展在北京展览馆举行。来自德国、韩国、西班牙、美国、英国以及中国（包括香港特别行政区、台湾地区）等 23 个国家和地区的 403 家厂商参加了展览会。本届展会展出面积 28000 平方米，展出内容涉及暖通空调、工业制冷、食品保鲜冷藏、冷冻加工等领域的最新产品及技术。来自 82 个国家和地区的专业人士注册参观本届展览会。展览会期间，还举办了第二届中国制冷空调行业发展论坛，有关政府官员及国内外专家就全球关注的热点问题及行业对策发表了演讲；举办了 18 场技术交流会，为参展商提供介绍新产品、新技术的交流平台。制冷展新闻中心共接待国内外媒体 25 家，并组织制作了宣传片。

四、颁发首届中国制冷学会科学技术奖、中国制冷学会优秀论文奖

为促进我国制冷科技进步和科技创新，鼓励为发展我国制冷科技事业做出突出贡献和取得突出成就的科技工作者，在 2005 年中国制冷学会学术年会上，为荣获首

届中国制冷学会科学技术奖、中国制冷学会优秀论文奖获奖者颁发了奖励证书和奖金。

五、开展制冷专业技术资格认证工作

作为开展专业技术资格认证试点的单位，于2005年10月30日在15省、市制冷学会同时举行了资格考试，共165人参加了考试，经过专家细致地审阅试卷，共98人通过了首届中国制冷学会制冷专业技术资格认证考试，按照条例并结合对参考人员的其他要求，将择期为考生颁发资格证书。

中国真空学会

Chinese Vacuum Society（CVS）

地　　址　北京市石景山路23号（2515信箱）

邮政编码　100049

电子信箱　cvs@ chinesevacuum. com

主页网址　http：//chinesevacuum. com

电　　话　010－68878447

传　　真　010－68820348

理　事　长　侯建国

副理事长　潘　峰　江　南　邵公田　于　溥　邱家稳　季国平　陶　梦

秘　书　长　陈　旭

刊物及主编　《真空科学与技术学报》　主编　吴锦雷

单位简介

中国真空学会是由中国真空科学技术工作者和从事真空技术科研、生产、教学、应用和经营等单位自愿结成的，经民政部依法登记，具有社会团体法人资格的全国性、学术性和非营利性的科技社会团体，是发展我国真空科技事业的重要社会力量。学会的宗旨是：团结和动员全国真空科学技术工作者和从事真空技术科研、生产、教学、应用和经营等单位，以经济建设为中心，坚持科学技术是第一生产力的思想，实施科教兴国和可持续发展战略，大力开展多种形式的科技服务，促进真空科学技术的创新和发展，促进真空科技成果的推广应用，积极开展学术交流，促进真空科技人才的成长与提高，促进真空科学技术与经济的结合，广泛开展科普活动，促进全民族科学文化素质的提高，为社会主义物质文明和精神文明建设服务，为加速我国社会主义现代化、建设和谐社会做出贡献。

经中国科协批准，中国真空学会1979年10月在兰州成立，选举金建中为第一届理事长。以后，每五年一届，定期召开全国会员代表大会，先后有华中一、庞世瑾担任学会理事长。2004年11月召开的第六届会员代表大会上，侯建国教授当选为第六届理事长。

中国真空学会于1983年9月加入国际真空科学技术与应用联合会（The International Union For Vacuum Science，Technique，and Applications，IUVSTA），并有专家学者在这个组织中担任工作。

中国真空学会目前设有表面与纳米科学、电子材料与器件、真空冶金、薄膜、真空工程、质谱分析与检漏等6个专业委员会；设有真空科学与技术编辑委员会、真空科学技术普及和教育委员会、咨询工作委员会、真空科学与技术奖学金评审委员会。学会以及各专委会和工作委员会每年都举办学术会议和工作会议，积极组织学术交流、技术协作和教育培训，热心为会员服务。学会每两年举办一次国际真空展，将国际真空技术的最新进展、最新产品、最新动态介绍给国内真空界，促进我国真空科学与技术的发展。2004年正式开通“中国真空网”（http://www. chinesevacuum. com），为广大会员建立了信息交流的平台。

中国真空学会与北京、天津、上海、深圳、安徽、江苏、浙江、广东、四川、陕西、黑龙江和沈阳等12个地方真空学会定期会商，共同合作开展有关工作。

学会有团体会员258个，个人会员2730人。

中国真空学会自1990年起创立邵公田奖学金，1993年创立真空科学与技术成就奖——林主税奖金。

工作综述

一、学术交流

1. 2005年7月14～17日，全国真空冶金与表面工程学术会议在沈阳市东北大学举行，由真空冶金专业委员会主办，东北大学承办。来自国内外近100个单位的140多人出席。收到论文及摘要共80余篇，其中56篇收入论文集。邀请了闻立时等3位院士和5位教授做了精彩的学术报告。

2. 8月31日~9月3日，2005全国薄膜技术学术研讨会在辽宁省大连市大连理工大学国际会议中心举行。以此纪念中国真空学会薄膜专业委员会成立20周年。由中国真空学会薄膜专业委员会、大连理工大学三束材料改性国家重点实验室主办。来自20多个省、自治区、直辖市的230余人参加。会议收到论文近120篇，发表107篇。

3. 9月11~15日质谱分析与检漏专委会第13届年会在辽宁省沈阳市召开，本次会议和中国计量测试学会真空校准专委会第八届年会联合举行。来自航空航天、核工业、真空计量、高等院校、科研院所、信息产业和检漏设备生产的50多个单位80余人参加。本届会议论文集共收录质谱分析、检漏技术和真空校准等方面的论文34篇。其中，5篇论文被评选为本次会议的优秀论文。

4. 9月27~30日，全国表面与纳米科学学术会在北京召开，由中国真空学会表面与纳米科学专业委员会和中科院物理所纳米物理与器件实验室共同举办。会议收到论文90余篇，有100多人参加。

二、加强学会自身建设

1. 开好六届理事会办公会议，保证学会工作正常进行。根据新一届理事会、常务理事会新老交替比例较大的特点，学会确定了新一届理事会工作方式，建立了季度办公会议制度，理事长、副理事长、秘书长、学会办公室主任等参加会议，进一步明确各位负责人的工作分工。2005年已召开了四次会议，及时传达中国科协指示和工作安排，并讨论、布置当前学会工作。会议纪要随时用电子邮件通告各位常务理事。

2. 各个专业委员会和工作委员会完成换届工作。各委员会先后召开会议，进行了换届改选，10月14日在六届二次常务理事会上讨论通过，会后正式下发了各委员会主任、副主任委员的聘任通知。

3. 理事变更、常务理事增补的工作。经过通讯方式交换意见，提交六届二次常务理事讨论通过了《中国真空学会理事变更（暂行）条例》、《中国真空学会常务理事增补（暂行）条例》。依据《条例》，2005年更换两名理事，增补了3名常务理事。

4. 积极发展会员。2005年团体会员有较大发展，已增加至250多个，同时加大会费收缴力度。

三、进一步办好《真空科学与技术学报》杂志

在第六届学报编委会努力下，联络真空企业，多渠道筹集办刊资金，使学报真正成为真空科技工作者不可缺少的期刊。近年被美国工程索引（EI）收录的论文已占杂志总篇数的93%。

四、进一步完善、提高中国真空网质量和水平

2005年，继续在改版和新增栏目中扩展新内容，丰富信息量，注重突出真空科技的特色和相关信息便捷的传递，努力搭建信息交流的平台，使网站成为我国真空科技界、真空企业界的桥梁和科技工作者的温暖之家。网站英文版的建设工作也在进行中。

五、办好第八届国际真空展

2005年10月13~16日在上海展览中心，学会与中国通用机械真空设备行业协会联合主办、上海市真空学会协办了第八届国际真空展。来自美国、德国、日本、瑞士、意大利、英国及国内共148家企业参展，展出面积近6000平方米，共设展台210个，展出产品1500多种。

中国自动化学会

Chinese Association of Automation（CAA）

地　　址　北京市海淀区中关村东路95号
邮政编码　100080
电子信箱　wangh@ iamail. ia. ac. cn
电　　话　010－62544415/82673037
传　　真　010－62620908
荣誉理事长　杨嘉墀
理　事　长　戴汝为
副理事长　李衍达　孙优贤　孙柏林　席裕庚

谭铁牛　郭　雷　周　康　王常力

秘　　书　　长　时永霞

刊物及主编	《自动化学报》	主编	谭铁牛
	《信息与控制》	主编	王天然
	《机器人》	主编	王越超
	《模式识别与人工智能》	主编	戴汝为
	《自动化博览》	主编	王常力

单位简介

中国自动化学会是全国自动化科学技术工作者自愿结成依法登记成立，具有学术性、群众性、公益性的法人社会团体，是中国科协的组成部分。

中国自动化学会于1957年开始筹备，1961年11月在天津召开了第一次全国代表会议。钱学森任第一届理事长。

中国自动化学会现有24个专业委员会，5个工作委员会。1957年，中国自动化学会（筹）派代表出席了国际自动控制联合会（IFAC）的成立大会，成为IFAC的发起者和第一批国家成员组织之一。1980年中国自动化学会加入了国际模式识别协会（IAPR）。28个省、自治区、直辖市有地方自动化学会组织。

工作综述

学会2005年开展重点学术活动2项，一般学会活动31项，展会2项，继续教育计划15项。

一、国内外学术交流活动

1. 国际自动控制联合会（IFAC）第16届世界大会于7月4～8日在捷克首都布拉格召开。来自中国、西班牙、法国、英国、意大利、德国、美国、俄罗斯、日本、加拿大、瑞典及中国香港特别行政区等60多个国家和地区的2400多位注册代表参加了这次学术盛会。

中国自动化学会组团参加了此次大会，参会成员是学会前任理事长、国际自动控制联合会（IFAC）执委陈翰馥院士、副理事长郭雷院士、席裕庚教授、副秘书长张纪峰教授、周东华教授。

这次世界大会共收到有效投稿3250篇，经评审，2453篇论文被录取，录取率为75.4%；其中理论性的文章1106篇，占45.09%；技术性的文章409篇，占16.67%；应用性的文章938篇，占38.24%。

学会代表团除了参加国际自动控制联合会（IFAC）的各项学术活动之外，还参加了IFAC成员国大会，通过了IFAC技术局、政策局、财务、出版等方面的工作报告，并进行了执委会换届工作，陈翰馥院士卸任执委，郭雷院士当选为新一届执委。

郭雷院士还被任命为IFAC奖励委员会和下一届IFAC评奖委员会主席，大连理工大学王伟教授被任命为低成本自动化（Cost Oriented Automation）技术委员会主席，香港科技大学的曹希仁教授被任命为系统与信号（Systems and Signals）协调委员会主席。

2. 为贯彻落实党中央、国务院确定的以“信息化带动工业化，工业化促进信息化”的工业发展战略，走新型工业化的道路。学会联合上海市科协于6月27～30日在上海举办中国自动化产业高峰会议暨企业自动化和信息化建设论坛。

这次活动的主题：面向经济建设，推动民族自动化工业的创新与发展，用高新技术改造传统产业。

活动邀请了国家发改委、教育部、科技部、国务院信息化办公室的负责同志以及院士和专家就“我国高技术产业的发展和工业自动化产业化情况”、“我国高等教育信息化发展与展望”、“我国企业信息化建设的现状、规划和展望”、“关于重大项目立项的选题与申报”、“数字城市系统与综合集成技术”、“我国高端工业自动化技术的发展思路”、“自动控制发展中的若干问题”等题目做了精彩的大会报告。论坛学术交流分为：嵌入式系统、工业控制计算机、企业信息化、智能交通、数字城市与建筑智能技术、冶金工业过程生产调度与自动控制、工业以太网、电厂自动化、自动化教育等9个专题，并与同期举行的第9届中国国际工业自动化展览会相呼应，社会反响非常好，活动圆满成功。

3. 在一般的学术交流活动中，学会始终坚持重点突出、特色鲜明、因地制宜、加强服务。如：中国控制会议、青年学术年会、自动化技术应用学术交流会、机器人竞赛等。进入市场，面向企业的专题学术研讨有：中国工业以太网发展论坛，智能建筑与数字化城市研讨会、系统及仪表防雷与接地技术研讨会、先进制造技术高层论坛等。并且有针对性的就参会企业提出的问题开展了继续教育活动，受到企业界的欢迎。

二、开展了自动化系统工程师资格认证工作

为培养和造就适应现代化需要的自动化系统工程技术人员，提高我国工业自动化设计和施工水平，增强企业工业创新和技术发展能力，学会根据中央人才工作会议精神努力促进工程技术人员职称评定的社会化进程，在中国科协的大力支持下，在全国范围内开展了自动化系统工程师资格认证的试点工作。

1. 组建了自动化系统工程师资格认证（ASEA）办公室，成立了ASEA评审委员会、培训与教材编审委员会、考试委员会。

2. 制定了《自动化系统工程师资格认证标准》、《自动化系统工程师知识结构》、《自动化系统工程师资格认证培训中心管理条例》等，为试点工作正常有序的开展奠定了基础。

3. 3月29日在北京人民大会堂召开了自动化系统工程师资格认证新闻发布会。

4. 9月12日在北京钓鱼台国宾馆举行了西门子（中国）有限公司为自动化系统工程师资格认证技能测试中心捐赠仪式。目前，捐赠设备的企业还有：ABB公司、研华公司、三菱公司、Wonderware公司等。

5. 9月23日在北京昆仑饭店与ABB公司举行了ABB杯自动化系统工程师有奖征文大赛的新闻发布会。

6. 在全国范围开展了评审、考核注册自动化系统工程师的认定工作。

7. 与香港工程师学会举行了多次访谈，探讨建立工程师资格认证与国际接轨的合作方式。

8. 自动化系统工程师资格认证工作，将在2005年试点的基础上，逐步在全国范围内推开。

三、其他

1. 召开了正、副理事长会，常务理事会，理事会等。

2. 开展推荐中国科学院、中国工程院院士候选人的工作。

3. 经中国科协和民政部批准，成立了学会专家咨询工作委员会。

4. 主办了在上海、成都召开的国际工业自动化展览会。

5. 学会办公室的日常管理与协调工作。

中国仪器仪表学会

China Instrument & Control Society（CIS）

地　　址　北京市东城区安外西滨河路25号
邮政编码　100011
电子信箱　info@ cis. org. cn
主页网址　http://www. cis. org. cn
电　　话　010－84136687
传　　真　010－84136689

单位简介

中国仪器仪表学会于1979年在北京成立，是全国测量控制与仪器仪表科学技术工作者自愿组织依法登记的法人社会团体，是中国科学技术协会的组成部分。目前学会已经发展成为拥有5万余名个人会员、2600个团体会员，43个专业分会和29个地方学会的学科门类齐全、阵容强大的科技群众团体。

工作综述

一、加强组织建设，确保基础资源

2005年，学会秘书长工作会议讨论通过了新的会员发展方法及登记备案办法等文件，并印发各地方学会和专业分会执行。学会大力发展会员，收取会费，建档立案，对统计数据及时进行计算机分类编号管理，完成了2000多名高级会员的登记、发证和建档工作。

2005年经国家民政部审查批准，学会新增的分支机构包括：节能检测与调试技术专业委员会、智能仪表及其控制网络分会、微米纳米器件与系统技术分会、数字城市测控技术分会、光电技术集成系统分会；成立了“大长三角区域联盟”、“泛珠三角区联盟”。两大区域联盟的成立，标志着分会资源整合工作全面启动。其他区域联盟的建设工作也正处于筹备之中。

二、发挥专家作用，利用优势资源

2005年，学会全面开展测量控制与仪器仪表工程师（系列）资格培训、考试和认证工作，对申报认证的73位科技人员进行了培训、考试和评审。设立4个重大科技创新成果奖励项目：科学技术奖、优秀工业控制系统奖、优秀科学仪器奖、优秀电子与电磁测量仪器奖。对获奖的19家企业或团体颁发了证书、奖杯及奖金。2005年底，学会还评定颁发了高校仪器仪表奖学金，有20余所大学的50余名优秀学生获奖。学会开展的评奖活动，在国内仪器仪表界引起了极大的关注，产生了良好的影响。

2005年，学会组织专家对“十一五”期间我国的仪器仪表科学技术和产业提出建议；参与教育部关于测控技术及仪器专业发展战略和专业规范的研究工作；受科技部委托，立项开展了仪器仪表学科重大科技进展的汇集和发布工作；组织专家，经过认真调查研究和评审，向国家发展改革委员会推荐4项重大产业项目，并经国家发展改革委员会审查同意后正式立项。

三、优化学术活动，重视战略资源

学术交流活动是学会的重要战略资源，是衡量学会发展水平的重要标志之一。2005年学会及二级分会分别在全国各地开展学术和技术交流活动，对每项活动都力争做到精心策划，注重学术，增强互动，倡导争鸣，积累经验，创新提高。2005年，学会组织的国内学术交流活动50余项，国际学术活动4项，参加学术活动的有1万余人，会议交流论文1000余篇，发表论文5000余篇。

四、完善精品活动，打造品牌资源

学会长期以来十分重视精品活动在学会发展中的重要地位，多年来持续不断地发展和完善精品活动，创造和挖掘品牌效应，打造学会精品项目。2005年9月13～16日第16届多国仪器仪表学术会议暨展览会（MICONEX2005）在上海举办。参展的530多家企业分别来自18个国家和地区，本届展览会总面积近2.5万平方米。每年一届的学术年会与展览会同期举办，约500人出席了大会主报告会，同时设立4个分会场进行了学术报告和交流。学术年会不仅使学术研讨与产品展示紧密结合，而且为全球仪器仪表界在中国一年一度的盛会创造了浓厚的学术氛围，以实现科研和产业相互促进，共同发展的目标。

五、强化媒体联盟，整合信息资源

学会将系统内拥有的30多种刊物媒体组成媒体联盟，充分发挥集团资源的优势。2005年8月召开了中国仪器仪表、测量控制与自动化媒体联盟年会，与会人员就媒体联盟章程和共同关心的问题进行了热烈的讨论，达成了统一标识、交换期刊、网址链接、定期研讨、会费收缴、资源共享、规范业内行为等7项共识。

六、扩大对外交往，开拓国际资源

2005年，学会加强了与有关国际组织及境外机构的联系和交往，为促进学科发展，积极争取国际交流与合作的机会，扩大和开拓了学会的国际资源。如：努力促进学会专业技术资格认证的国际互认，与国际光学工程学会SPIE（International Society for Optical Engineering）就双方共同举办国际光学及光电子学大会（International Conference on Optics and Photonics）等事项达成备忘录。

中国计量测试学会

Chinese Society for Measurement

（CSM）

地　　址　北京市朝阳区育慧南路3号
邮政编码　100029
电子信箱　csmhy@public3.bta.net.cn
主页网址　http://www.china-csm.org
电　　话　010-84639822
传　　真　010-84639822
理 事 长　王秦平

副理事长　于亚东　迟惠生　宣　湘　陈万民
　　　　　潘必卿　矫云起　龚　克　靳书元
　　　　　赵若江　谭久彬
秘书长　赵若江
刊物及主编　《计量学报》　主编　赵晓娜
　　　　　　《中国计量》　主编　王明亮

单位简介

中国计量测试学会于1961年成立，是中国科学技术协会的组成部分，并代表我国作为国际测量技术联合会（International Measurement Confederation）的组成成员。各届秘书长孟昭仟、李家华、赵若江先后担任IMEKO总务委员会委员。

学会第五届理事会成员261人，下设9个部门，6个工作委员会，2个杂志社，3个计量网站，5个协作组，27个专业委员会，秘书处是理事会办事机构。

目前，学会有团体会员单位212个，高级会员1018人，普通会员15000人，其中院士11人，教授、研究员及高级工程师的比例占80%，聚集了我国计量测试领域中一大批具有较高学术水平和一定权威性的人才。

学会开展国内外学术交流活动，组织重点学术课题的探讨和考察，参加国际测量技术联合会的学术活动；推广先进的计量测试技术，开展技术咨询服务，帮助企业、事业单位组建计量和测试实验室，组织量值溯源和实验室对比；宣传普及计量测试知识，开展继续教育，提高计量测试人员的科技水平；编辑出版《计量学报》、《中国计量》期刊和其他学术刊物、图书资料；受国家质量监督检验检疫总局的委托，进行科技项目论证、科技成果鉴定及推广应用；受国家质量监督检验检疫总局的委托，进行"完善企业计量检测体系"的考核、评审和培训工作；受国家质量监督检验检疫总局的委托，设立"国家计量技术法规审查部"，负责计量技术法规的审定工作；管理"国家质量技术监督职业技能鉴定中心"。组织、管理、协调质量技术监督人员职业资格的培训、考核和发证工作；受国家质量监督检验检疫总局的委托，建立"全国标准物质管理委员会"，受理标准物质定级和许可证的申请、复查、评审和考核等工作；开展为计量测试和质量检验科技工作者服务的其他各种活动。

工作综述

一、学术交流工作

1. 2005年8月18~21日，学会在乌鲁木齐市参加中国科协2005年学术年会的同时，组织分会场召开21世纪企业计量与质量研讨会，共有170名专家学者参加了会议。会议出版了论文集，共收录论文121篇。

2. 6月中旬，学会在上海召开了05'中国国际计量测试自动化技术高峰会议。会议同期，学会与中国自动化学会在上海举办第九届国际传感器、测试测量及自动化技术展览会，来自德国、美国、英国、日本、法国、韩国等400余家外商企业参加。

3. 1月，组织专家赴南非进行了业务考察，在计量技术和计量管理等方面加强了沟通和了解。

4. 学会与韩国计量学会签署了长期合作协议，并决定每年轮换一次，分别在中、日、韩三国召开交流会。2月，学会与国家质检总局计量司、计量科学研究院的代表赴日本参加中、日、韩三国计量测试合作交流活动。

5. 10月，组织专家赴埃及计量院、质量与标准局等部门进行了业务考察。

6. 10月，组织专家赴奥地利、瑞士等计量部门进行了业务考察。

7. 11月，学会秘书长参加了在比利时召开的国际测量技术联合会（IMEKO）总务委员会会议。

8. 11月，组团赴中国台湾地区进行计量技术交流活动。双方就两岸计量技术、溯源及校准服务等方面进一步建立了合作关系。

二、继续办好杂志、出版发行和计量网站工作

1. 2005年，《计量学报》共刊登论文91篇。《计量学报》所刊登的论文被中国科技期刊精品数据库、美国工程索引（EI）等国内外13种知名数据库或检索性期刊收录。

2. 《中国计量》杂志连续荣获第二届、第三届国家期刊奖百种重点期刊；2005年杂志内容被选入中国学术期刊（光盘版）。杂志现在已有栏目26个、每期发表文章近百篇。召开了第二届中国计量论坛，国内外共有200多人参加。

3. 学会全年共发行《会讯》5期，刊发学会的有关活动信息、法律法规、科技信息、介绍新成果等文章65

篇。总计约25万字。

4. 编辑完成了《现代企业计量工作指导手册》（增补本）。

5. 为庆祝中华人民共和国计量法颁布20周年，学会分别组织编辑出版了《中国计量法20年》，共100万字，26个省自治区、直辖市、225个科研院所、112个企业参加了此项活动。

6. 学会编辑出版了2004～2005年《中国计量测试年鉴》，共80万字。

7. 学会建立了中国计量测试学会网、全国标准物质委员会网和中启计量体系认证三个网站。

三、成立“中启计量体系认证中心”，帮助企业建立测量管理体系

2005年成立的“中启计量体系认证中心”，是经批准，由中国计量测试学会牵头组建的全国性计量体系认证中心，在全国设立了30个认证分支机构。中心设立的培训机构承担了全国计量审核员培训工作。2005年初，学会培训内审员450人次。

四、继续加强对国家质检总局职业技能鉴定指导中心工作的管理

5年来，中心组织开展了计量、检验等16个职业的技能鉴定，培训考核职业技能鉴定人员累计55630余名；与内贸行业职业技能鉴定指导中心共同开展商品监督员培训，共培训16000余名；培训、考核国家职业技能鉴定考评员72名；组织编写了20本教材。

五、完成“建立中国现代计量体系”的研究课题

2005年，学会组织有关单位与世界各国计量机构共同合作研讨如何建立现代计量体系的问题，组织有关专家收集国际计量体系和法制计量展望等有关信息，为本课题编辑了国外计量体系现状的附件；组织各方面专家研究我国计量科技和计量仪器发展规划，编辑了我国计量科技和计量仪器发展规划的附件；向全国征求意见近500人次，并组织了专题研讨会，现已编辑课题（草案）到第七稿。

六、完成“计量检定规程”的审定工作

受国家质检总局计量司委托，学会负责全国计量技术法规的审定工作。截至2005年11月底，审查部共接收各种计量技术法规草案84种，审查完毕并上报国家质检总局68种；在计量技术法规审查工作中，保证了工作质量和公正性，按时完成了任务。

七、做好“全国标准物质管理委员会”办公室的工作

国家质检总局委托中国计量测试学会成立“全国标准物质管理委员会”，办公室设在学会。截止到11月底，2005年度报请国家质检总局批准一级标准物质许可证42种，二级标准物质许可证145种；复查换证一级标准物质300种，二级标准物质479种；撤销一级标准物质许可证13种，二级标准物质许可证13种。组织修订了2005年《标准物质管理办法实施细则（讨论稿）》，《中华人民共和国进口标准物质监督管理办法（讨论稿）》。出版9期《中国标准物质通讯》。

八、成立全国“计量测试专家咨询委员会”

2005年，学会受国家质检总局委托，成立了最高层计量测试专家咨询委员会。委员会的主要职责是：对我国计量工作的方针、政策、发展方向以及在该领域中的重大问题为国家和政府提供建议和意见。

九、努力扩大学会队伍，积极为会员作好服务

2005年8月份，学会在北京召开了全国团体会员单位工作会议，会议共表彰团体会员单位107家，表彰先进个人117人。到目前为止，学会的个人会员总计达15000多人；团体会员发展到460个。

中国标准化协会
China Association for Standardization

地　　址　北京市西城区阜外北营房东里13号院同吉大厦A座203室

邮政编码　100037

电子信箱　cas@ china－cas. org

电　　话　010－68363465

传　　真　010－68360578

名誉理事长　袁宝华

理　事　长　李忠海

副 理 事 长　张希钦　矫云起　孙晓康　景晓东
张智文　张健全　喻子达　张　宁
姜家齐　庄　靖　马林聪

秘 书 长　马林聪（兼）

刊 物 及 主 编　《中国标准化》　主编　马林聪
China Standardization　主编　马林聪

单位简介

中国标准化协会（简称中国标协），是由全国从事标准化工作的单位和个人自愿参加与组成，经国家民政主管部门批准成立的全国性社会团体。中国标协是中国科学技术协会的组成部分。中国标协日常办事机构为秘书处，秘书处下设：行政办公室（含人事部）、技术发展部、标样工作部、教育培训部和三个二级机构（方圆标志认证中心、《中国标准化》杂志社、北京华标伟业科技发展公司）及7个专业标准化分会。

工作综述

一、开展学术活动

1. 2005年8月，在新疆乌鲁木齐市召开了第三届中国标准化论坛，主题是“推进资源节约标准，服务循环经济”。来自美、英、德、日、挪威、瑞士、新加坡等国驻华机构和企业单位代表和来自国内28个省、自治区、直辖市的500多位与会者参加了论坛，收到论文200多篇。

2. 2005年4月1日，《中华人民共和国电子签名法》正式施行，为了适应《电子签名法》的要求，协会成立了电子签名标准化工作组。根据我国电子签名标准化的需求，开展了有关的技术研究及标准制定工作。

EPC（产品电子标签）与物联网标准化推进委员会为推进海峡两岸在新兴技术上的合作与交流，参加了在中国台湾地区举办的RFID（无线电射频识别）应用案例与技术标准研讨会，会议为促进海峡两岸搭建RFID合作平台，促进RFID技术与应用的发展与合作，推动海峡两岸经济繁荣做出了贡献。

中国标准化协会眼科光学和仪器标准化推进委员会，及时跟踪和研究国际眼科光学和仪器领域技术标准的发展动态，提出并制定我国的国家标准或协会标准，推进与ISO（国际标准化组织）标准接轨，促进行业自律及市场产品质量技术监督的规范化发展。

3. 5月，全国雷电防护标准化技术委员会在江西省九江市召开了全国雷电防护标准化学术研讨会，来自全国从事雷电防护科研、教学、测试、管理产品生产等行业的80名与会者参加了此次研讨并出版了论文集。

4. 4月28日，协会参加了在韩国召开的老年人及残疾人标准合作会议，推进了方便老年人及残疾人标准制定工作；5月份协助组织召开了中、日、韩近海运输标准化合作会议；10月参加了国际标准用户联盟（IFAN）电话会议年会；继续跟踪太平洋地区标准大会（PASC），筹备组团参加2006年在南非召开的年会；另外还接待了韩国标准化协会、德国电器工业协会等多个团组的访问，并洽谈了标准领域的国际合作问题。通过定期对话和交流，加强了东北亚地区标准化交流与合作，促进地区标准化的协调和发展，加强了中、日、韩三国标准化体系及标准化制度的相互了解，推动了东北亚国家实质性参与国际标准化活动的行动方案的实施。

二、积极承担政府授权的标准化工作

1. 配合重点科研工作，继续承担国家重点科技研究课题工作，包括继续推进“雷电防护标准化体系研究”课题、863课题“智能化工程机械标准化”以及“电子商务及现代物流标准研究”等课题，完成了课题中期检查，还申报并启动了“我国无线射频标准研究”课题。

2. 协会承担了《职业经理人资质》国家标准和《项目管理》系列国家标准的起草组织工作。其中《职业经理人资质》国家标准已完成，现正在编写相关配套教材；由协会负责，与上海市标准化研究院、现代卓越集团共同起草了《项目管理》系列国家标准，完成了《项目管理术语》、《项目管理框架》、《项目管理知识体系》报批稿的起草工作。

由协会参与起草编制的《翻译服务译文质量要求》国家标准于2005年9月1日起实施。该标准对翻译译文的质量在定性和定量两方面都作了明确要求。随后又编制完成了《翻译服务规范第二部分 口译》国家标准。

3. 协会承担了全国标准样品技术委员会、雷电防护标准化技术委员会、防伪标准化技术委员会和原产地域保护标准化工作组4个标准化技术委员会秘书处工作。按照《全国标准化技术委员会章程》和标准化行政主管部门的要求，继续认真履行管理和服务职责，较好地完成了

各项工作。

三、加强标准化宣传力度

1. 以“3·15”国际消费者权益日和10月14日世界标准日为契机，加强标准化普及宣传。2005年世界标准日的主题是“标准使世界更安全”，协会积极配合国家标准化管理委员会的宣传工作，在参与会务组织工作的同时还采访报道了10月14日在北京人民大会堂召开的宣传大会。

2. 继续提高《中国标准化》杂志的编辑质量和可读性，开辟了多个专栏栏目，编辑出版了《欧盟生态纺织品标准专集》增刊，如期完成了全年12期杂志的编辑出版工作，月发行量保持在10200册。

英文版《中国标准化》杂志（China Standardization）在如期完成向世界各国主要标准化机构寄送杂志工作的同时，不断提高发行量。在完成编辑出版工作的同时加大英文网站信息建设，扩大海外宣传和吸引国外读者对我国标准化的关注。

协会与美国试验与材料协会（ASTM）合作，组织翻译、发行《标准化新闻》杂志，承担选题、翻译、校对、发行等任务。

3. 协会开展了一系列国家标准的宣传、贯彻和培训工作。

四、加强国际交流与合作

1. 协会继续跟踪国际电工委员会雷电防护技术委员会（IEC/TC81）、国际标准化组织参考物质委员会（ISO/REMCO）、太平洋地区标准大会（PASC）和国际标准用户者联盟（IFAN）的工作，及时收集有关资料，组织国内专家分析研究，派员参加相关国际会议，对国际标准化动态保持持续、稳定、深入的了解，提出了有价值、对我国有利的意见和建议。

2. 协会继续加强与各国标准化机构的交流，组织标准化人员赴澳大利亚、新西兰、美国、英国等多个国家进行标准化考察、培训与交流，了解国外有关职业安全卫生管理体系，企业标准化和农产品及食品安全和卫生标准、技术法规和准入程序等领域的先进经验，扩大标准化的国际交流与合作。

3. 与加拿大、日本、美国、韩国等国家的国际标准化组织开展了标准化合作。

五、加强自身建设

1. 协会党支部深入开展了保持共产党员先进性教育活动，通过各阶段的学习和工作落实，针对党员队伍中存在的思想作风建设，党的组织建设和业务工作中发现的问题提出并积极落实整改措施，提高了党员队伍的整体素质，提高了党的基层组织的创造力、凝集力、战斗力。

2. 继续加强协会及秘书处规章制度建设，提高管理水平。2005年协会针对工作中出现的新问题及时对10多项规章制度进行了补充和完善，继续在社会上树立协会良好形象，促进协会有序发展。

3. 继续积极发展协会会员，努力为会员服务。2005年筹备在网站上增设“会员之家”专区，提高服务质量和服务水平。继续提高《会员通讯》的编辑质量，加强与会员的联络和服务。截止到2005年10月31日，协会共发展团体会员单位328家，现有团体会员822家；发展个人会员177人，现有个人会员821人。

4. 继续积极推进分会工作，促进协会整体发展。企标分会配合国家标准化管理委员会开展“标准化良好行为企业”试点工作。组织江苏、广东部分企业开展企业标准体系系列国家标准宣传贯彻工作，对已建立标准体系的第一批试点企业进行“标准化良好行为”确认工作。

冶金分会开展了冶金行业新标准的宣传贯彻工作，并召开了两次德国（欧洲）重点标准与我国标准对比研讨会，编辑出版了12期《冶金标准信息》，另外《国际国外钢铁标准目录》和《冶金分会征文选编》正在编辑出版。

汽车分会7月份在辽宁省大连市召开了第二次汽车标准法规信息交流会，组织了11次机动车整车出厂合格证管理系统应用培训工作，培训2300人次。按期出版了12期《汽车标准化》月刊。

纤维分会组织国家发改委、国家农业发展银行以及中国纺织、棉麻、纤维检验等行业专家组成的评审组，开展了MBS型原棉打包水分测定仪的评审工作。

电子商务与现代物流分会4月20日承办了在北京召开的2005 RosettaNet全球大会，共300多名来宾参加。截至2005年10月，分会已发展会员近60家，分会组织召开了RosettaNet的培训活动，并于10月20日在北京召开了全新电子商务标准与新一代电信供应链高级研讨会。

媒体受众率调查标准化分会开展分会的会员征集工作，并正在与中国电视艺术家学会共同筹备电视行业研讨会。

中国工程图学学会

China Engineering Graphics Society (CEGS)

地　　址　北京市海淀区学院路37号
　　　　　北京航空航天大学内
邮政编码　100083
电子信箱　cegs@cast.org.cn
主页网址　http://www.cgn.net.cn
电　　话　010-82317091/82326420
传　　真　010-82326420
理 事 长　孙家广
副理事长　马殿富　何援军　童秉枢　强　毅　谭建荣
秘 书 长　贾焕明
刊物及主编　《工程图学学报》　主编　童秉枢
Computer Aided Drafting, Design and Manufacturing　主编　朱心雄

单位简介

1979年夏，中国工程图学学会筹备委员会成立，赵学田任主任委员。1979年8月4日经中国科协主席团批准，同意成立中国工程图学学会。1980年5月15日在湖北省武汉市召开第一次代表大会，推选赵学田为理事长。1986年1月17日二届二次常务理事决定拟将学会办事机构由武汉转移至北京。1986年7月15日中国科协(1986)科协发学字260号文件，同意学会办事机构挂靠在北京航空学院(现北京航空航天大学)。

1980年5月创刊《工程图学学报》，1989年8月经国家科委、新闻出版总署批准，《工程图学学报》公开发行。1991年学会筹办英文刊物《CADDM》(Computer Aided Drafting, Design and Manufacturing)，并于1991年12月创刊。

会员人数约1.3万人，学会所属分支机构有18个。

工作综述

一、学会成立25周年庆典活动

2005年11月11~13日中国工程图学学会成立25周年庆祝大会暨第5届第2次理事会在北京举行，来自全国各地的150余名与会者参加了12日的庆祝典礼和颁奖活动。中国科协书记处书记齐让、北京航空航天大学校长李未院士、中国工程图学学会理事长孙家广院士出席了会议，并向学会先进集体、先进个人和优秀论文作者颁发了奖状和奖牌。到会领导同志还分别发表了热情洋溢的讲话。学会秘书长贾焕明代表理事会作了题为“强我学会，兴我学科，共创学会工作新局面”的工作报告。大会还邀请孙家广院士、李柏虎院士和孙林夫教授为与会者作了精彩的学术报告。第五届第二次理事会议及分支机构活动分别于11月11日和13日举行。

二、加强组织建设

中国工程图学学会第五届第二次常务理事会通过了中国工程图学学会第五届分支机构调整方案。2005年有7个分支机构经民政部批准备案，现在学会全部18个分支机构已完成了组建和成立工作。第五届第三次常务理事会通过了《中国工程图学学会关于成立“图学职业教育与技能鉴定工作委员会”的决定》，现该专业委员会已经中国科协批准，正向民政部申请报批中。

三、搞好学术活动，构建学术交流平台

1. 学术交流与研讨活动。由中国工程图学学会和日本图学会联合举办的第7届中日图学教育研讨会，于2005年7月24~27日在陕西省西安市召开。中方学者36人，日方学者26人出席了会议，20多位学者列席了会议。会议论文集共收录中日双方论文65篇。与会学者就图学教育内容、方法改革、图学教育中的三维CAD(计算机辅助设计)、网络信息时代的图学教育、CG(计算机图形)和CAD教育等内容进行了热烈交流、研讨。

为了推进工程图学学科发展，加强地方学会横向交流，活跃学术气氛，促进新形势下地方学会工作发展和需要，北京市、河北省、天津市、内蒙古自治区、山西省、黑龙江省、吉林省、辽宁省的工程图学学会决定从2005年起，每两年召开一次大型学术会议，为图学工作者及相关人员搭建学术交流平台，首届学术会议由河北省工程

图学学会承办，于2005年8月在河北省秦皇岛市举行。

为了展示和交流近年来高等院校工程图学教学、教材和科研成果，教育部工程图学教学指导委员会和华东六省一市工程图学学会联合，于2005年8月3～7日在上海举行教育部工程图学教学研讨会和第9届六省一市工程图学学术年会。这次会议是全国高校、高职、高专工程图学领域和教师的一次盛会，会议收到论文200余篇，精选132篇分别刊登在相关期刊上。

2. 学术期刊。学会主办的中文期刊《工程图学学报》比较集中地反映了学科发展的状况。2005年从栏目编排、版面设计到出版发行等方面都有了较大改进。由于严把质量关，使学报在国内的影响力逐年上升，并在业界拥有了一定的知名度，投稿中的高质量学术论文正在逐年增加。自2005年起学报由季刊改为双月刊出版发行。受到广大图学科技工作者的欢迎。

《工程图学学报》现为全国中文核心期刊，已被国内理工科权威性科技期刊（如建设部科技文献数据库、万方数据库、中国科技期刊数据库、中国科学文献数据库、中国科学引文数据库、中国期刊网等）检索系统收录。其影响因子、被引总频次、即年指标、他引总引比、各项基金和资助论文数等主要指标近几年逐年有所提高。

2005年3月，学会主办的《工程图学学报》被正式选入中国科技期刊精品数据库，标志着《工程图学学报》现在已进入全国科技期刊500强行列。

2005年，学会主办的英文期刊《CADDM》也被列为《中国学术期刊综合评价数据库》来源期刊。

四、发挥优势，提高学会自我发展能力

在市场经济条件下，学会逐步确立学会“产品”和服务“品牌”，以服务求发展，以作为求地位。

学会成员以教师为主体，为配合国家在“十一五”期间对技能人才的需求，加快技能人才队伍建设，学会把教师组织起来，开展职业教育和培训工作，为企业培养了一批在生产经营方面急需的技术技能型、复合技能型以及知识技能型的高技能人才，使技能人才队伍结构得到改善。

1. 1999年～2005年，中国工程图学学会成功举办了13期制图员职业资格鉴定考核工作，报名人数达13万多人，取得制图员职业合格证书的11万余人。培训相关教师1000多名。2005年报名人数已达到4.3万余人。收到了较好的经济和社会效益。

2. 为落实全国人才工作会议精神，以人才职业发展为切入点和落脚点，2004年中国工程图学学会第5届第3次常务理事会通过了关于在全国开展“计算机绘图师和三维数字建模师”资格认证工作的决定。把此项工作作为创建学会“品牌”的工作目标。2005年已在厦门、大连、武汉、北京4地组织师资培训，在此基础上将在全国全面推动培训、考核工作。

中国电子学会

Chinese Institute of Electronics

地　　址　北京市海淀区玉渊潭南路普惠南里13号
邮政编码　100036
电子信箱　cieorg@public.bta.net.cn
　　　　　ciewarm@163bj.com
主页网址　http://www.cie-china.org
电　　话　010-68277281/68283457
传　　真　010-68233917/68283458
理 事 长　吴基传
副理事长　王阳元　韦　钰　刘洪昆　朱高峰
　　　　　张海涛　李德毅　俞忠钰　娄勤俭
　　　　　龚　克　董韫美
秘 书 长　刘汝林
刊物及主编　《电子学报》　主编　王守觉
　　　　　Chinese Journal of Electronics
　　　　　　　主编　刘　力
　　　　　《半导体学报》　主编　王守武
　　　　　《微波学报》　主编　杨乃恒
　　　　　《电波科学学报》　主编　董庆生
　　　　　《电子测量与仪器学报》
　　　　　　　主编　崔建平
　　　　　《每周电脑报》　主编　李志武

《电子世界》　　　　**主编**　戴　茗

单位简介

中国电子学会是由电子信息界的科技工作者和有关企事业单位自愿结成、依法登记、学术性、非营利性的全国性法人社团，是中国科学技术协会的组成部分。中国电子学会于1962年在北京成立。第一届理事会（1962～1979年），理事长：王子纲；第二届理事会（1979～1983年），理事长：刘寅；第三届理事会（1983～1988年），理事长：孙俊人；第四届理事会（1988～1992年），理事长：孙俊人；第五届理事会（1992～1996年），理事长：孙俊人；第六届理事会（1996～2002年），理事长：孙俊人（1996～1998年）、胡启立（1998～2002年）；第七届理事会（2002年至今），理事长：吴基传。

中国电子学会现有43个专业分会，9个工作委员会。中国电子学会1995年被原电子工业部授予全国电子工业先进学会称号，1997、1999、2001年连续三次被中国科协授予先进学会称号，2003年获中国科协国际学术交流先进奖，2004年获民政部全国先进民间组织称号。

中国电子学会参加了国际无线电科学联盟（URSI）、国际信息处理联合会（IFIP）、国际医药信息处理联合会（IMIA）和国际污染控制学会联合会（ICCCS）。中国电子学会与电气电子工程师学会（IEEE）、电机工程师学会（IEE）以及日本、韩国等国家的学术组织建立了良好的合作关系。

工作综述

1. 为了纪念电气电子工程师学会（IEEE）北京分会成立20周年，召开了无线通信、微波、天线、传输与电磁兼容技术国际研讨会，来自国外的70位专家、学者及国内的150位专家、学者参加了会议，IEEE 10区主席和天线与电波传播（APS）分会主席出席了会议。

2. 召开了国际信息处理联合会（IFIP）中国委员会会议，选举产生了新一届委员会，推选陈肇雄教授为IFIP中国代表。

3. 为了配合“十一五”规划和“2020年发展规划”的制定，召开了未来通信科技与产业发展战略研讨会，探讨今后15年世界通信科技与产业的发展方向。为了配合数字医疗核心装备与关键技术课题（国家863项目）研究，召开了北京电子健康研讨会，对电子健康及相关技术进行了研讨，并就我国发展电子健康的必要性和发展思路提出了建议。

4. 举办了首届中国高校IT院长论坛，来自全国200余所高校的IT院长，与来自政府、研究机构、企业、培训机构的与会者共300多人，从教学、科研、产业化等方面，就“整合资源，打造新型IT学院”进行研讨。

5. 为了推动科技创新，做强中国的信息产业，召开了中国信息产业R&D机构峰会，以“碰撞、竞合、超越”为主题，就“打造新型R&D机构，推动产业研竞合互动”进行研讨。

6.《电子学报》编委会进行了换届并召开了编委全会，同时举办了电子与信息科学技术研讨会。新一届编委会平均年龄小于55岁，院士占22%。《半导体学报》增加了内容，并将文稿发表周期缩短到10个月以内，制作了从1980年创刊到2004年出版的25卷242期3976篇文章的光盘。

7. 积极开展《中国科学技术专家传略》电子信息科学技术卷（2）的编纂工作，完成了60位入传专家传略稿的编辑工作。

8. 举办了电磁兼容、表面安装技术、现场可编程门阵列（FPGA）应用、电子设备兼容性设计、元器件失效分析、电子设备抗恶劣环境设计、无刷电机及步进电机等培训班。

9. 成立了学会专业技术资格认证工作委员会并召开了工作会议，研究制定了《中国电子学会专业技术资格认证工作委员会工作办法》和《中国电子学会专业技术资格认证专家组工作办法》，开展了洁净室工程师和电子设备抗恶劣环境设计工程师的认证。

10. 举办了Altera杯中国第五届研究生电子设计竞赛，来自清华大学、复旦大学、中国科学院半导体研究所等42个单位的71支代表队213名研究生参加了竞赛，我国台湾地区也有代表队参加。

11. 举办了首届中国国际信息与健康高技术产品与应用展览会，国内外知名公司、国内知名医院等300多家公司、医院和机构参加展览。

12. 开展了中国电子学会电子信息科学技术奖评选工

作，评出一等奖 2 项、二等奖 5 项、三等奖 18 项；评出学术会议优秀论文 11 篇。

13. 召开了七届五次、六次常务理事会议和七届三次全体理事会议，学习贯彻中国科协六届五次全国委员会会议精神，审议学会 2004、2005 年工作报告，研究部署 2005、2006 年工作。

14. 通过加强与省、自治区、直辖市地方电子学会的协商与协调，加强对电子企事业单位的宣传，寻找合作单位和伙伴等多种办法和途径，积极做好会员发展、会费收缴、会员服务工作。

15. 学会总部按照中央和信息产业部的部署，开展了保持共产党员先进性教育活动，基本达到了提高党员素质、加强党的组织、服务人民群众、促进各项工作的目标要求。

中国计算机学会

China Computer Federation (CCF)

地址	北京市海淀区中关村科学院南路 6 号
邮政编码	100080
电子信箱	ccf@ict.ac.cn
主页网址	http://www.ccf.org.cn
电话	010－62562503
传真	010－62527485
理事长	李国杰
副理事长	贺志强　李晓明　刘爱民　卢锡城　谭铁牛　王　珊　郑纬民
秘书长	杜子德
刊物及主编	《中国计算机学会通讯》　主编　李国杰
	《计算机学报》　主编　高　文
	Journal of Computer Science and Technology　主编　李国杰
	《计算机研究与发展》　主编　樊建平
	《计算机辅助设计与图形学学报》　主编　吴恩华
	《软件学报》　主编　李明树

单位简介

中国计算机学会是由从事计算机及相关技术的科研、教学、开发、生产和应用的个人和单位自愿结成的、依法登记成立的、具有公益性、学术性、科普性、非营利性的全国性学术团体，是中国科学技术协会的组成部分。

中国计算机学会成立于 1962 年 6 月，1985 年 3 月 5 日被批准为全国性学会。第一届专业委员会（1962～1966 年）；第二届专业委员会（1979～1982 年），王正任主任委员；第三届专业委员会（1982～1985 年），蒋士飞任主任委员；1985 年批准为中国计算机学会，第三届理事会（1985～1988 年），胡启恒任理事长；第四届理事会（1988～1992 年），胡启恒、张效祥任理事长；第五届理事会（1992～1996 年），张效祥、胡启恒任理事长；第六届理事会中，1996～1998 年张效祥任理事长，1998～2000 年李树贻任理事长；第七届理事会中，2000～2003 年唐泽圣任理事长，2003～2004 年李国杰任代理理事长；第八届理事会（2004 年～），李国杰任理事长。

中国计算机学会现任理事会为第八届理事会。

中国计算机学会设有 33 个专业委员会，涵盖了计算机研究与应用的各个领域。30 个省、自治区、直辖市均有地方计算机学会组织。中国计算机学会与各地方学会有着良好的合作关系，与香港电脑学会、澳门电脑学会有着密切的联系与合作，与美国电气和电子工程师协会计算机学会（IEEE－CS）、美国计算机学会（ACM）等国际学术组织均有合作。

工作综述

一、学术交流工作

2005 年，学会共组织国际、国内学术会议和技术交流及应用研讨会 29 个，出版会议论文集 20 余种，来我国参加学术交流的境外学者有 100 多人。通过活动，加强了国内外的学术交流，促进国内科研单位、高校、政府和企业之间的联系和交流，提升了学会的影响力。

1. 10 月 12～16 日，中国计算机大会在湖北省胜武汉市举办，主题是：交流最新研究成果，预测技术发展趋势，研讨行业应对策略。15 位主题演讲贵宾（5 位院士、7 位国内外著名专家、3 位 863 计划专家组组长）报告了计算机领域的最新发展趋势，100位各自研究领域里最优秀的专家参与14个分会场的研讨，中国教育科研网格（ChinaGrid）项目展示了最新研究成果。

2. 11月10～11日，由中国计算机学会和香港电脑学会主办的第11届联合国际计算机大会（JICC2005）在重庆市举行，会议主题是“IT新进展、人类新生活”。

3. 11月30日，由中国计算机学会和中国科学院主办的，美国电气与电子工程师协会计算机学会（IEEE－CS）、国际信息处理联合会（IFIP）等国际机构协办，国际计算机创新大会（CI6016）在北京隆重召开。

4. 美国电气与电子工程师协会计算机学会（IEEE－CS）2004年理事长Carl K. Chang教授和首席执行官David W. Hennage博士来访，两个学会就双方的合作事宜进行了会谈。

二、科普工作与青少年工作

1. “山西吕梁教育扶贫工程”步入第五个年头。因中阳县已经脱贫，中国科协推荐了新的扶贫对象——国家级贫困县方山县。2005年7月7～10日，学会组织6人考察团，赴方山县开展调研工作。中国科协授予学会全国农村科普工作先进集体荣誉称号。

2. 信息学奥赛（IOI、NOI）：组织选拔4名选手代表中国赴波兰参加第17届国际信息学奥林匹克竞赛（IOI2005），4名选手全部取得金牌；第22届全国青少年信息学奥林匹克竞赛（NOI2005）于2005年8月在河南省郑州市举行，28个省、自治区、直辖市和香港特别行政区、澳门特别行政区的31个代表队，124名选手参加了比赛，同期举办了首届NOI2005夏令营；10～11月，举办了第11届全国青少年信息学联赛，参加初赛的选手首次突破7万人。

三、国际组织任职

2005年8月24日，学会秘书长杜子德当选为国际信息学奥林匹克（IOI）主席，任期3年。这是IOI创建16年来的首次设立主席职位，也是国际5项学科（数、理、化、计、生物）奥赛中第一位中国主席。

四、会员发展与服务

2005年，学会把发展（个人）会员和服务会员作为最核心的工作之一。学会向会员提供的服务内容有：免费赠送全年《中国计算机学会通讯》、《信息技术快报》、《计算机科学技术年度发展报告》等刊物，会员参加学会的所有活动均享受注册优惠（优惠率不低于20%），学会还向会员提供了其他服务，到年底，共发展个人会员2901人。会员管理系统也已开发完毕，正式启用。

五、组织建设

1.《中国计算机学会科技创新奖条例》和《中国计算机学会海外杰出贡献奖条例》经全体常务理事表决，获全票通过并生效。中华人民共和国科学技术部批准中国计算机学会设立创新奖。中国计算机学会是该奖项的设奖者和承办机构。奖励范围包括计算机领域中基础研究和应用基础研究；重大技术发明或技术突破；计算机重大工程及技术创新，集成创新的重要成果。

2. 10月12日，八届二次理事大会在湖北省武汉市举行，会议探讨学会的定位与改革、会员发展、学术交流与专委会的工作、弘扬科学精神等问题，同时与重庆、福建、广东、河南、黑龙江、湖南、江苏、山东、陕西、上海、四川和青岛等地方学会签订战略合作协议。

六、编辑出版

1.《中国计算机学会通讯》正式出版，2005年为季刊，每期100页。

2. 首次主编了《2004中国计算机科学技术发展报告》，由清华大学出版社出版。

七、青年计算机科技论坛（YOCSEF）

2005年共组织8次学术报告会，4次专题论坛，除北京之外，在杭州、上海、长沙、沈阳、哈尔滨、济南、广州、重庆、武汉、成都、郑州和北京地区研究生中建立了分论坛。2005年加强了论坛制度建设，以制度保证论坛的活动，同时提升论坛整体的吸引力。

中国通信学会

China Institute of Communications

（CIC）

地　　址　北京市西长安街13号

邮政编码　100804

电子信箱 register@ china－cic. org
主页网址 http：//www. china－cic. org. cn
电　　话 010－66051385
传　　真 010－66069587
理 事 长 林金泉
副理事长 刘　彩　邬贺铨　张海涛　武士雄
徐小岩　龚　克　冷荣泉
秘 书 长 刘　彩（兼）
刊物及主编 《通信学报》　主编　杨义先
《电信科学》　主编　易东山
《现代通信》　主编　赵慧娟
《中国电信业》　主编　郭小红
China Communications
主编　陈俊亮

单位简介

中国通信学会是全国通信科技工作者和全国通信企、事业单位自愿组成，依法登记的非营利性、学术性社会团体，受中国科学技术协会和信息产业部的双重业务领导。

1978 年 5 月 5 日，经中国科学技术协会批准，成立中国邮电通信学会，1980 年更名为中国通信学会并加入中国科学技术协会。成立以来，已经历了 5 届理事会。第一届（1980～1985 年），理事长：王子纲；第二届（1985～1989 年），理事长：李玉奎；第三届（1989～1993 年）理事长：李玉奎；第四届（1993～2000 年），理事长：宋直元；第五届（2000 年～），理事长：林金泉。

中国通信学会现有个人会员 60071 人，团体会员 52 家。其中会士 301 人，高级会员 6055 人，学生会员 275 人。理事会下设 7 个工作委员会，并按照学科设立了 19 个专业委员会。30 个省、自治区、直辖市有地方通信学会。

中国通信学会与美国电气电子工程师学会（IEEE）通信分会、美国移动通信与互联网协会（CTIA）、日本电子电气通信学会、韩国通信学会、英国电机工程师学会（IEE）通信分会以及我国香港工程师学会、台湾电工器材工业同业公会等建立了良好的合作关系。

工作综述

一、学术交流工作

2005 年学会共组织国内外学术交流会议 32 次。其中国内 25 次，参加人数 3500 人，交流论文 1414 篇；国际 7 次（含双边 1 次），参加人数 2580 人（含境外 760 人），交流论文 1251 篇（含境外 499 篇）。

1. 统筹部署秘书处和专业委员会的学术交流工作。年初，召开了学术工作委员会会议，总结、部署本年度学术工作，对推动学术交流发挥了关键性作用。

2. 学会秘书处主办或联合主办了 13 项学术交流活动，其中国际交流 7 项。如：年初，与日本国际研修交流协会等联合在北京召开了第 14 届中日产业科技产业合作交流研讨会。双方共 280 人参加了会议。

3. 分支机构积极组织专业领域的学术交流。16 个专业委员会和青年工作委员会共召开了 19 个学术年会和专题研讨会。通信设备制造技术委员会协助完成了 3 个软课题的研究工作。

4. 注意跟踪通信领域的新技术、新趋势。适时召开了全国超宽带无线通信学术会议；举办全球移动通信学术会议，研讨后 3G 和 4G 移动通信技术；与国际电信流量大会顾问委员会等合作召开了第 19 届国际电信流量大会。

二、科学普及与继续教育工作

1. 组织第 37 届世界电信日纪念活动。本届世界电信日纪念活动的主题是：行动起来，创建公平的信息社会。学会围绕这个主题召开了大型学术报告会，开展科普宣传。500 余人出席了活动。

2. 召开第十一届电信新技术新业务高级研讨会。该活动是面向高中级领导干部的一项科普教育活动。本届主题是：贯彻科学发展观，积极推动信息通信技术的广泛应用，促进经济与可持续发展。会议成为信息产业部与国家各部委交流的窗口，有 100 多位国务院部委和中央机关司局级领导同志参加会议，出席会议总人数达 355 人。该活动已列入全国科普日系列活动之一。

三、期刊出版工作

1. 召开了《中国通信年鉴》（2005 卷）编委会会议，通过了修改后的编写大纲及编委调整名单，对《年鉴》内容结构进行了改进。完成了 2005 卷的编辑、出版与发行工作。

2. 英文期刊 China Communications 创刊工作取得进

展。年初重新组建了编辑部，陈俊亮院士担任总编辑，增加了一名责任副总编辑和一名英文编辑，保证了刊物的正常出版发行。先后两次召开了编委会，研究落实办刊方向和组稿工作，文稿质量有了提高。

3. 加强对学会主办的其他4种期刊的管理，完成全部六种期刊的年检和增刊等手续。

4. 编辑出版了《中国信息通信科技成果精选》。

四、科技中介服务工作

1. 组织了第三次中国通信学会科学技术奖评审及奖励工作。收到申报项目108项，共评出一等奖6项、二等奖13项、三等奖19项。其中部分优秀项目将作为向国家科学技术奖励工作办公室推荐的国家科学技术进步奖项目。

2. 完成了《通信专业高级技术职称评审办法》；受信息产业部人事司委托，完成《高级经济师、高级会计师评审办法》。

3. 受信息产业部综合规划司委托，组织大湄公河次区域电信高官第二期培训班。

4. 受中兴公司委托，召开了高速下行分组接入技术（HSDPA）发展战略咨询会。

五、组织工作与会员服务

1. 召开了中国通信学会五届七次常务理事会；进行了无线及移动通信委员会、通信线路委员会的换届工作；向中国科协推荐了2名中国科学院，中国工程院院士候选人。

2. 继续推动会员发展工作。2005年，总部共发展高级会员38人，团体会员12家；4月，召开了中国通信学会北京邮电大学学生会员分部成立大会，发展会员75人；现正在筹备成立北京交通大学学生会员分部。

3. 创办《会员通讯》，免费向学会直接管理的会员、团体会员、分支机构和地方学会秘书处赠阅。

4. 网站改版后，提高了信息实时性和可用性。2005年，网站主页的总访问量为55479人次，整体信息月均访问量为16847次；受理网上会员申请244人。

中国中文信息学会

Chinese Information Processing Society of China

地　址 北京市海淀区中关村南四街4号

邮政编码 100080

电子信箱 cips@ admin. iscas. ac. cn

电　话 010－62562916 /62634909

传　真 010－62562916

理 事 长 倪光南

副理事长 孙玉芳　李　峰　傅永和　华绍和　陈肇雄　曹右琦

秘 书 长 曹右琦（兼）

刊物及主编 《中文信息学报》　**主编**　黄昌宁

单位简介

中国中文信息学会是我国中文信息处理科技工作者的学术性社会团体，是中国科学技术协会的组成部分。

钱伟长、甄健民、安其春、李金铠等为主要发起人，中国中文信息研究会1981年6月在天津成立，1986年10月经国家科委批准更名为中国中文信息学会。

学会下设5个工作委员会（学术、组织、咨询、国际联络、语言资源建设与管理）及13个专业委员会（汉字编码、汉字设备、汉字信息处理系统、自然语言处理、基础理论、民族语言文字信息、计算语言学、教育、速记、汉字字形信息、人工智能、语音信息、信息检索与内容安全）。

工作综述

一、积极开展国内外学术交流

1. 2005年10月30日～11月1日，中国中文信息学会与中国人工智能学会等学会在湖北省武汉东湖宾馆召开了自然语言处理与知识工程国际会议（IEEE NLP－KE’05）。来自美国、德国、法国、加拿大、日本等国家，中国香港特别行政区、台湾地区以及大陆的153位专家学者出席了会议。

大会的4篇特邀报告代表着这一领域研究的最高水平。被收入论文集的156篇文章在分组会上进行了交流。

2. 8月8~9日，2005多语言信息处理国际会议（ICMIP'2005）在哈尔滨工业大学举行，会议由中国中文信息学会、韩国科学技术总联盟、韩国国语情报学会共同举办，哈尔滨工业大学承办。来自韩国、朝鲜、日本、美国和我国的近200名学者出席了会议。70余篇论文在会上进行了交流。

3. 8月27~29日，第八届全国计算语言学联合学术会议（JSCL-2005）在南京师范大学召开，219位专家学者出席了会议。

大会研讨的主题是语言计算和基于内容的文本处理。

经计算语言学专业委员会讨论投票决定，下一届会议由大连理工大学承办。

本次会议正式收录论文82篇，连同大会特邀报告编入由清华大学出版社正式出版的论文集《自然语言理解与大规模内容计算》。

4. 为促进国内信息检索与内容安全技术的研究和应用，加强研究人员之间、学术界和业界同行之间的交流与合作，2005年10月27~28日，第二届全国信息检索与内容安全学术会议（NCIRCS'2005）在北京中国科学院计算技术研究所召开。本次会议得到了国内检索和内容安全领域许多高等院校、科研院所、公司团体、媒体机构的高度重视和支持，来自国内30多个单位的200余名专家学者参加了会议。

本次会议共收录论文58篇，主题涵盖了信息检索、文本聚类、分类过滤、内容安全、数据挖掘等应用与研究领域的热点研究问题。会议论文集由清华大学出版社正式出版。

5. 中国中文信息学会与教育部语言文字信息管理司首次合作，举办了中文信息处理战略研讨会，会议于2005年4月26~27日在山东省烟台市召开，由烟台师范学院承办。

来自计算机、信息处理、语言文字界及政府主管部门的46位与会者参加了会议。

与会专家认为统计方法、规则方法正被机器学习这个大框架相融合。语义研究在自然语言处理中是十分重要的。制定规范与标准是十分重要的，测试和维护也是必不可少的重要基础问题。

6. 7月16~18日，第十届全国少数民族语言文字信息处理学术研讨会在青海省西宁市召开。

学会理事长、中国工程院院士倪光南研究员做了题为“开源软件和自主创新”的报告，教育部语言文字与信息管理司副司长王铁琨的报告题目是“关于民族语言文字信息处理的现状与思考”。

会上交流论文66篇，内容包括互联网民族语言文字处理、民文语料库与翻译技术、编码标准与系统平台、办公套件、字形技术等。

在会议专门的座谈会上，与会者集中反映了民族语言信息化滞后，经费困难、人才稀缺等问题。会后，学会专门把意见反映给政府主管部门，起到了桥梁作用。

7. 11月7日，为促进自然语言处理领域国内外同行的交流，在上海复旦大学举办了第一届自然语言处理青年学者研讨会。

国家863计划计算机软硬件技术主题专家、中科院自动化所研究员徐波做了“国家863计划在‘十一五’期间对中文信息处理与智能人机接口方面研究的规划”的报告。

国家自然科学基金委评议专家、哈尔滨工业大学计算机学院教授李生做了“国家自然科学基金委关于‘十一五’我国语言文字处理发展战略草案”的报告，

会议还组织了资源共享与技术评测的专题讨论。

8. 10月22~24日，第八届全国人机语音通讯学术会议（NCMMSC8）在北京召开。该系列会议已成为国内学术水平最高、讨论内容最集中的会议。

会议论文集收录论文134篇，会议交流的内容包括语音信号分析及预处理，语音识别模型及算法、语音识别的鲁棒性及自适应、自然语言理解及口语对话系统等。

二、设立“钱伟长中文信息处理科学技术奖”

2005年7月6日国家科学技术部批准中国中文信息学会设立“钱伟长中文信息处理科学技术奖”，奖励为推动我国中文信息处理科学技术进步工作中做出突出贡献的项目和个人，并颁发了“中华人民共和国社会力量设立科学技术奖登记证书”。

目前学会网站正在开展2005~2006年度的奖项申报工作。

三、组织建设

2005年10月25日民政部通知学会，信息检索与内容安全专业委员会、语音信息专业委员会及语言资源建设与管理工作委员会符合有关规定，准予登记。

中国测绘学会

Chinese Society for Geodesy Photogrammetry and Cartography

(CSGPC)

地　　址　北京市海淀区增光路37号中海馥园1－3－7B
邮政编码　100037
电子信箱　B23@cast. org. cn
主页网址　http://www. csgpc. org
电　　话　010－88586458/88586472
传　　真　010－88586272
理 事 长　杨　凯
副理事长　袁树友　李德仁　王小平　孙和平　张继贤　白　泊　曾胜利　孙　刚　陈　军
秘 书 长　李根洪
刊物及主编　《测绘学报》　主编　陈俊勇
《测绘工程》　主编　顾建高

单位简介

中国测绘学会于1956年7月开始筹建，1959年2月19日正式成立。

中国测绘学会是在民政部依法登记的法人社团组织，是测绘科技工作者和有关测绘单位自愿组成的具有社会公益性质的学术性、科普性的社会团体，是中国科学技术协会的组成部分。学会的办事机构挂靠在国家测绘局。

学会下设大地测量、摄影测量与遥感、地图制图与地理信息系统、工程测量、测绘仪器、海洋测绘、矿山测量、测绘经济与管理、房产与地籍测绘、测绘教育、科学普及、咨询、测绘学名词审定、《测绘史志》编辑、《测绘学报》编辑、科技信息网等16个分会、专业（工作）委员会。全国除台湾省以外31个省、自治区、直辖市均成立了测绘学会，还有70多个地市县级测绘学会，各地方测绘学会在业务上受中国测绘学会指导。

中国测绘学会积极参加国际测绘组织并积极开展国际合作与交流，为扩大中国在国际上的影响和传播国外先进测绘技术作出了贡献。自1977年到1981年，代表中国测绘界先后加入了国际大地测量与地球物理联合会（IUGG）、国际大地测量协会（IAG）、国际摄影测量与遥感学会（ISPRS）、国际地图制图协会（ICA）、国际测量师联合会（FIG）等国际测绘组织，并有多位专家在这些组织中任职。

中国测绘学会会员集中了全国最优秀的测绘科技人才，现有7位中国科学院院士，9位中国工程院院士，1700余名资深会员、个人会员39724余名，重新登记个人会员8000余名和151个团体会员。

工作综述

一、学术交流活动

1. 2005年8月15～22日，中国测绘学会组团参加中国科协在新疆乌鲁木齐市举行的2005年中国科协学术年会活动，承办第15分会场，主题为“地球空间信息资源利用与共享”的学术交流活动。全国200多名测绘科技工作者参加了学术交流会，国家测绘局局长陈邦柱莅临会议并做重要讲话。陈俊勇院士、李德仁院士、王家耀院士、魏子卿院士、宁津生院士等多位专家学者围绕会议主题做了学术报告。会议征集论文40多篇，

2. 10月20～21日，为配合国际科联第28次大会在江苏省苏州市召开，由中国测绘学会、中国工程院土木水利建筑学部和苏州市人民政府联合主办的中国数字城市发展战略论坛在苏州举行。论坛的议题有6个，即数字城市的技术支撑体系；数字城市的设计方案、建设模式；数字城市建设的实施步骤、推进战略；数字城市的数据基础设施，软件平台及应用系统；数字城市的信息共享、资源整合及标准和规范；数字城市建设的关键技术。来自全国近200余名专家和学者出席会议。论坛一致通过了《中国数字城市建设建议书》，

3. 11月9日，为配合中国测绘学会第八次全国会员

代表大会的召开，在北京召开了中国测绘学会2005年综合学术年会。年会主题充分考虑测绘技术从数字化向信息化方向发展，测绘服务于国家小康社会建设的总目标。举办特邀主题学术报告大会，开展“超图杯”青年优秀论文评选活动，编印论文集。共有400余人参加会议。

4. 编辑出版了反映上一年度学科发展基本情况的文献资料性大型工具书——《中国测绘学科发展蓝皮书(2005卷)》。

5. 编印测绘学会会讯4期，反映学会工作和中国科协工作的动态，领导重要讲话，国家测绘行政主管部门对测绘工作重要指示和要求等。

二、科技咨询工作

1. 为人事部、国家测绘局即将出台的《注册测绘师制度暂行规定》提供咨询。学会多位理事多次参加国家测绘局和人事部召集的有关制订这项制度的研讨会。在制度的暂行规定征求意见稿出台后，学会征求专家们的修改意见，并上报国家主管部门。

2. 对全国1∶5万数据库地形矢量数据（DLG）数据精度和现势性进行检测评估。国家测绘局委托中国测绘学会负责组织对DLG数据检测评估。学会组织专家制订1∶5万数据库DLG数据检测方案，在全国范围内针对不同地区不同地形地物类型抽样抽点检测，采取野外实地检测方法和室内用近几年新测1∶1万地形数据与1∶5万数据对照检测法，全面评估1∶5万数据库DLG数据的平面（X，Y）精度和高程（H）精度，以及主要地物的现势性情况，从而为国家评估1∶5万数据库的数据质量以及下一步完善数据库数据的工作提供了科学依据。

3. 参加《测绘产品质量检验收费标准》的制订工作。经国家发展和改革委员会、财政部同意，国家测绘局在2004年启动了《测绘产品质量检验收费标准》的制订工作。学会领导应国家局主管部门邀请，以专家身份参加制订工作，并担任课题组负责人，参加研究，标准将通过评审后报国家发展和改革委员会、财政部批准颁布。

4. 举办全国测绘管理干部培训班。6月份，学会咨询工作委员会与测绘教育委员会、国家测绘局继续教育中心联合在湖北三峡举办了由县级以上管理机构负责同志参加，为时一周的全国测绘管理干部培训班，有400多人参加培训。

5. 对《全国基础测绘中长期规划纲要》、《测绘事业发展十一五规划纲要》提供咨询。国家测绘局在制订《全国基础测绘中长期规划纲要》和《测绘事业发展十一个五年规划纲要》的工作中，学会领导以专家身份多次参加研讨会，提供意见。

三、科普工作方面

2005年重点开展了2005年全国学生定向越野锦标赛暨“四维测绘杯”首届全国测绘行业定向越野大奖赛，大奖赛是由教育部学生体育协会联合秘书处、国家测绘局科普办公室主办，于7月15～18日在四川省成都市举行。来自全国的124支代表队共1500多人参加比赛。香港野外定向总会代表队也参加了比赛。

四、测绘人才举荐方面

1. 进行2005年度中国科学院、中国工程院院士的推荐遴选工作。解放军信息工程大学测绘学院许其凤教授当选中国工程院院士。

2. 根据中国科协关于第三届全国优秀科技工作者评选的要求，推荐武汉大学国家测绘与遥感重点实验室龚健雅教授参评并获得中国科协第三届全国优秀科技工作者称号。

五、国际交流

1. 4月15日，组成12人代表团赴埃及参加国际测量师联合会（FIG）第28次全会组委会。

2. 7月11～16日，国际制图协会（ICA）第22届国际制图大会在西班牙举行，组织了以国家测绘局副局长李维森为团长、中国测绘学会白泊副理事长为副团长的33人代表团参加会议。

3. 7月18～30日，以杨凯理事长为团长的15人代表团，赴瑞典观摩国际定向越野锦标赛，实地考察了瑞典适宜开展定向活动的地形地貌，学习他们定向越野地图制图技术及瑞典“定向五日赛”的组织经验。

4. 8月18～29日，组成15人代表团赴澳大利亚、新西兰参加国际大地测量学会（IAG）科学大会。

六、组织建设方面

1. 召开中国测绘学会第八次全国会员代表大会。经中国科协和学会挂靠部门国家测绘局批准，中国测绘学会第八届理事会按章程召开全国会员代表大会，进行换届工作。11月8～9日在北京召开中国测绘学会第八次全

国会员代表大会，出席会议的代表215人

会议修改并通过《中国测绘学会章程》报告；选举产生由杨凯等128位理事组成的新一届理事会。表彰2001～2005年度学会工作20个先进集体和31位先进个人。

2．选举产生第九届理事会领导人

在第八次会员代表大会产生第九届理事会后，召开第九届一次理事会，选举产生了学会理事长杨凯，副理事长袁树友、李德仁、白泊、陈军、王小同、张继贤、孙刚、孙和平、曾胜利，秘书长李根洪，选举易杰军、张天翔、洪立波和王倩为学会副秘书长，选举产生了由杨凯理事长等35人组成的第九届常务理事会。表决决定了中国测绘学会16个分支机构挂靠单位及其负责人。授予许厚泽、成仁荣、刘先林、魏子卿、王任享、张祖勋等6位同志为荣誉会员称号，周文学等21名为第九届理事会名誉理事。

3．开展了中国测绘学会个人会员重新登记颁证工作。根据中国科协要求，为推进学会改革，对会员采取统一登记、统一编号、统一发证的一项基础性工作。截止到2005年11月底，已登记了8000余名会员。在会员库的建设方面也引进了建库软件。

七、奖励工作方面

1．开展“2005年测绘科技进步奖”评选工作。2005年测绘科技进步奖的评选工作，共收到推荐项目53项，参加评审项目53项。9月16～18日召开测绘科技进步奖评审会议，评出一等奖6项，二等奖13项，三等奖24项。

2．开展优秀测绘工程奖评选工作。优秀测绘工程奖是测绘科学技术奖中的一项专项奖，今年首次开展评选。学会制定了“优秀测绘工程奖评选办法”，共收到申报优秀测绘工程评审项目99项，涉及75个单位，正式参加评审的为97个项目，8月5～7日通过评审，评出金奖9项，银奖21项，铜奖43项。

3．颁发第四届夏坚白院士测绘事业创业奖。由武汉大学夏坚白院士测绘事业创业奖励基金管理委员会组织评选，在11月8日中国测绘学会第八次会员代表大会暨2005年综合学术年会开幕式上颁奖。广东省国土资源厅叶炳楷、国家测绘局闵宜仁、河北测绘局曹力、同济大学童小华、甘肃省基础地理信息中心缪宏刚等5位同志获奖。

八、承接职能方面

1．测绘行业职业技能鉴定工作。在贵州省贵州市举办了第一期考评员培训班，对考评员进行职业技能鉴定的理论基础和考务管理培训。

举办了测绘行业特有工种职业技能鉴定工作交流会。总结回顾几年来职业技能鉴定工作开展情况；各站交流从建章立制到开展鉴定工作的经验体会；对鉴定工作中存在的问题提出了建议。

协助国家测绘局人事部门，组织工程测量员等5个国家职业标准编制工作。

全年颁发职业资格证书近8000人/次。

2．测绘仪器协会的工作。8月17～18日，在新疆乌鲁木齐市举行了2005年全国测绘仪器信息交流及订货会，来自国内外测绘仪器生产厂商、经销商、检测维护服务机构和部分用户500多个单位，1000人参会。

开展了测绘仪器行业技术经济数据和市场信息统计的准备工作。

开展对外交流活动。分会10月份组团参加在美国举办的美国代理商对华采购洽谈会。

中国造船工程学会

The Chinese Society of Naval Architects and Marine Engineers（CSNAME）

地址	北京市西城区月坛北街五号
邮政编码	100861
电子信箱	csname@csname.org.cn
主页网址	http://www.csname.org.cn
电话	010－68016801
传真	010－68031560
理事长	黄平涛
副理事长	于世春　金才宽　李科浚　金　矛　包盛清　周守为　刘宝和　何生厚　陈洪生　林建清　张圣坤　黄　胜　方书甲　孙　英
秘书长	罗季燕
刊物及主编	《中国造船》　主编　吴有生

《船舶工程》　　主编　冯永祥

《舰船知识》　　主编　俞东海

单位简介

中国造船工程学会是依法登记的船舶与海洋工程科技工作者自愿组成的公益性、学术性法人社会团体，是发展我国船舶与海洋工程科技事业的重要社会力量。其宗旨：团结船舶与海洋工程科技工作者，开展学术交流、科学普及、咨询服务、继续教育、编辑出版和国际民间交流活动，促进船舶与海洋工程学科发展，提高船舶与海洋工程产业科技水平，为国民经济和国防建设服务。

中国造船工程学会于1943年2月1日在重庆成立，现为第十二届理事会。

学会的分支机构有学术、科普、咨询工作委员会以及船舶力学、船舶设计、船舶轮机、船舶仪器仪表、计算机应用、电子技术、管理科学、造船工艺、船舶材料、水中兵器、水面兵器、军船、修船技术、近海工程和船史研究学术委员会；在18个省、自治区、直辖市有地方造船工程学会组织。

学会现有个人会员近3万名，其中包括21位中国科学院院士、中国工程院院士。团体会员单位近800个。

学会参加的国际学术组织有：泛亚海事工程学会联合会（PAAMES）、国际海事学会联合会（AMLS）、计算机在造船中应用国际会议（ICCAS）、国际轮机系统工程组织（ICMES）、国际近海工程与极区工程会议（OMAE）、国际船模试验水池会议（ITTC）、国际船舶结构会议（ISSC）、国际船舶实用设计大会（PRADS）。

工作综述

一、学术交流工作

2005年学会共开展学术交流活动37项，交流学术论文1275篇，各项学术交流活动计划圆满完成。重要活动有：

1. 由中国科协和国防科工委联合主办，学会承办的2005年中国船舶工业发展论坛于6月27日在北京举行。中国科协书记处书记冯长根、国防科工委张广钦副主任等有关方面的18位领导同志和专家做了发言和专题演讲。中央政策研究室、国务院发展研究中心等有关部门的领导同志及业内专家学者300余人出席了论坛。

2. 11月23日，由中国工程院主办，学会发起并承办的2005年舰船装备技术发展工程科技论坛在北京举行，中国工程院、国防科工委、总装备部军兵种部海军局、海军装备部、国家发改委国民经济动员办公室等有关部门的领导同志和专家120余人出席了论坛。6位中国工程院院士及7位专家就未来海战场重大技术发展方向和具有我国发展特色的海军舰船装备技术重点突破方向与对策等做了生动演讲。

二、科研管理工作

1. 圆满完成“优选型散货船船型开发”项目（简称OBC项目）的组织管理工作，2005年11月国防科工委会同财政部召开了项目验收会议，该项目开发的四型安全、健康、环保、经济的双舷侧结构散货船，拥有自主知识产权，满足了国际海事组织的最新要求。实现了原创性设计，其总体水平已经达到国际领先水平。获得合同总额达12亿美元的48艘船订单。

2. 受国家发改委高技术司委托，作为监督部门，学会与有关单位组织了《高新优船舶关键技术研究开发专项》的实施，该专项分为散货船、油船、集装箱船、液化天然气（LNG）船、滚装船等5个研究开发课题、31个专题。

3. 学会承担的“船舶设计资质认可标准研究”结题，通过了国防科工委组织的验收。专家组认为应在本课题研究基础上，尽快开展有关标准和细则的制定。

4. 学会组织申报的“超大型矿砂船船型开发研究项目”已通过国防科工委立项审批，项目于10月启动，仍采用OBC项目模式，学会承担该项目组织和管理工作。

三、行业协调工作

2005年国防科工委决定建立由我国造船界、航运界、船级社等方面参加的国际海事重大动向交流、协调机制，由国防科工委提供指导，学会组织协调，行业协会、中国船级社、中国船舶两集团公司以及地方主要船厂共同参与。该机制建立以后，学会开展的相关工作包括：邀请国际船级社共同规范专家组向中国工业界介绍共同规范的技术要点、背景及对船舶设计建造的影响；组织提出了《共同结构规范船型开发》科研项目并上报国防科工委；成立中国造船涂层性能标准工作组，对国际保护涂层性能标准进行研究并提出对策建议；开发具有共同规范的软件，开展船型设计认可工作。

四、国际交流工作

1. 2005年10月底第五次国际海事界三方会议在北京举行。学会代表中国造船界作了主旨发言。

2. 2005年12月学会派7人代表团参加了在日本东京召开的中日韩三国涂装标准研讨会。中国代表团就拟向国际海事组织IMO DE49次会议提交的提案阐述了中方的观点。

3. 第13届中国国际海事技术学术会议和展览会于2005年12月6日在上海举行，为了展示学会形象，服务广大会员，学会以《中国造船》、《船舶工程》、《舰船知识》等编辑部为主参加了此次展会。

五、科技评价工作

1. 学会共评审出2005年中国造船工程学会科学技术奖13项，其中，一等奖2项、二等奖3项、三等奖8项。

2. 2005年学会推荐、提名院士候选人共计4人，其中，徐德民教授当选中国工程院院士。

3. 2005年，学会承办了中国十大名船评选活动。

4. 组织编纂了《1997～2005年中国船型汇编》，已征集到166种船型。

六、编辑出版工作

1. 制定《中国造船工程学会期刊出版工作管理办法》，逐步理顺期刊管理体制中存在的一些问题。

2.《中国造船》、《船舶工程》两种刊物的销量有所提高，其中，《船舶工程》内容更贴近广大会员，并向高级会员赠阅。

3. 出版了8期《中国造船工程学会会员通讯》

4. 2005年共批准编辑出版论文集13部。

七、组织建设工作

1. 学会通过加强学会网站建设，开发会议、论文等信息管理系统和编印《会员通讯》，初步建立起了为广大会员服务的体系。

2. 2005年学会登记普通会员近6000名，高级会员300余人，团体会员22个单位。

3. 经中国科协审查同意，学会成立人才与教育学术委员会。

中国航海学会

China Institute of Navigation (CIN)

地　　址　北京市建国门内大街11号
邮政编码　100736
电子信箱　b25@cast.org.cn
主页网址　http://www.cinnet.cn
电　　话　010-65293151
传　　真　010-65261148
理 事 长　洪善祥
副理事长　刘功臣（常务）　王祖温　王富田
刘锡汉　吴子恒　宋家慧　张宏生
李克麟　李科浚　李健华　杨骏飞
周祺芳　於世成　胡汉湘　陶素云
秘 书 长　丁宝成
刊物及主编　《中国航海》　主编　马　浔
《航海技术》　主编　韩成敏

单位简介

中国航海学会是由航海科技工作者及交通、海军、海洋、渔业系统中的有关单位自愿组成，并依法登记成立的具有公益性、学术性的法人社会团体，是中国共产党和政府联系航海科技工作者的桥梁和纽带，是国家发展航海科技事业的重要社会力量，是中国科学技术协会的组成部分。

在中国科协和交通部的领导下，在海军和海洋、渔业等有关部门的支持下，1965年3月25日在北京科学会堂召开中国航海学会筹备委员会成立大会，近百人出席会议。会议决定中国航海学会地址设在北京，决定由上海船舶运输研究所负责编辑《中国航海》。1965年12月《中国航海》正式出版。

1966年2月11日在北京召开了1966年度筹委会常务委员会议。会议商定于1967年将筹委会过渡到理事会。1979年3月中国航海学会党的领导小组正式成立。交通部部长曾生担任组长。经交通部和中国科协批准，中国航海学会于1979年4月1日在广州召开了成立大会。

中国航海学会分别于1979年在广州、1986年、1992年、1996年、2000年和2004年在北京召开了第一、第二、第三、第四、第五、第六次全国代表大会。第一届理事会分别由曾生、彭德清任理事长，第二届理事会由彭德清任理事长，林祖乙任第三届、第四届、第五届理事会理事长，洪善祥任第六届理事会理事长。

学会下设通信导航、船舶驾驶等18个专业委员会（研究会），《中国航海》、《航海技术》两个编辑部，现有团体会员74个。截至2005年底，重新办理登记手续的个人会员3992人，22个省、自治区、直辖市均有地方航海学会组织。中国航海学会于1988年加入国际航海学会联合会（IAIN），并与日本和韩国等周边航海国家的同类学会保持有长期交往与合作关系。

工作综述

一、学术交流工作

2005年，学会共举办国内学术交流21次、国际交流2次，交流论文683篇，共计1295人次参加交流会；编辑出版14本论文集。

1. 学会于11月在北京召开了学术年会，进行了年度优秀论文评选和期刊优秀论文评选。从相关专业委员会推荐的117篇论文中精选出42篇编入论文集，其中的36篇被评选为学会优秀论文奖（一等奖空缺，二等奖1篇，三等奖18篇，鼓励奖17篇）；同时，从推荐的860篇期刊论文中筛选出43篇参加了两年一次的优秀期刊论文评选，其中的34篇被评为优秀期刊论文（一等奖空缺，二等奖1篇，三等奖16篇，鼓励奖17篇）。会上交流论文涉及海洋船舶驾驶等10多个专业。学会对上述奖励的论文作者颁发了证书及奖金。

2. 8月31日~9月2日，在辽宁省大连市组织召开了第四届中日韩航海学会学术交流会，交流会主题为“现代航海技术和安全管理研究”。会议交流论文33篇，来自中国内地、日本、韩国、中国香港特别行政区和中国台湾地区的专家、学者共80人出席会议。

3. 救捞专业委员会在湖北省武汉市主办了第二届国际救捞论坛。来自国内外186家单位的152名专家学者与会，会议交流论文19篇。

二、重大活动

2005年是我国伟大航海家郑和下西洋600周年，又适逢中央批准设立了“航海日”。按照中央“纪念郑和下西洋600周年活动筹备领导小组”的工作要求及学会的工作安排，2005年5~8月，学会为配合中央纪念郑和下西洋600周年系列活动暨庆祝首届“航海日”，开展了形式多样的纪念活动，有效地突出了“热爱祖国，睦邻友好，科学航海”活动主题。

1. 知识竞赛。为了向社会全面介绍郑和下西洋的历史，宣传其伟大精神并普及航海知识，学会编制了一套纪念郑和下西洋600周年暨庆祝首届“航海日”的知识答题，2005年5月25日在《中国水运报》刊载，共有4万多人参加了有奖竞赛。

2. 报告、座谈、交流会。各地区共举办了19场次约5000人参加的各种报告会及座谈会。通过内容丰富的学术交流、科普报告、演讲等，使郑和精神进一步发扬光大，同时也激发了航海人的自豪感和使命感。

3. 出版物。纪念活动期间，各单位编印了《郑和下西洋》科普读本及《当代海洋知识丛书》（5册），各地区还印制了纪念专刊及彩色宣传材料等。

4. 展览、展会。在各地举办的纪念展览会上制作了介绍郑和事迹、宣传郑和精神的展板，重点突出了我国设立航海日的意义。

5. 夏令营。学会在云南、上海、广东和湛江等地分别举办了以“纪念郑和下西洋600周年活动”为主题的航海夏令营活动，共309人参加。

在整个纪念活动期间，为体现纪念活动的重要性，学会还设立了活动组织奖（一等奖1名、二等奖2名、三等奖3名、纪念奖5名）。

三、科技咨询服务工作

1. 内河海事专业委员会根据水上交通事故调查处理工作的现状和存在的问题，组织专家从法规、制度、调查程序、调查人员素质等方面进行了研讨，撰写了《关于加强和改进内河水上交通事故调查处理工作的建议》，为内河水上交通事故调查处理工作提供理论支持。为推动西部水上安全管理和海事事业的发展，组织专家赴青海和甘肃两省进行交流考察，向有关部门提交了《关于青海、甘肃海事工作的调查报告》。

2. 3月份，召开了中国航海学会磁罗经服务工作会议。学会年内校正船舶磁罗经约1.3万台，校正收入约580万元。

四、中国航海学会科技奖、中国航海学会航海奖学金等评审工作

1. 根据新颁布的《国家科学技术奖励条例》和《国家科学技术奖励条例实施细则》，对《中国航海学会科学技术奖励办法》中的有关条款进行了修改。2005年度参评项目78项，经评审，评出一等奖3项，二等奖19项，三等奖24项，共颁发奖金17.3万元。

2. 航海奖学金评审。2005年度对全国18所大、中专院校航海专业申报的品学兼优的学生进行了航海奖学金评审。58人获奖，其中11人获特等奖（连续2年以上者），颁发奖金共7.18万元。

3. 优秀论文评审。学会坚持开展了年度学术交流和每两年评选一次的期刊优秀论文评审活动。共评审出优秀论文36篇、期刊优秀论文34篇，颁发奖金2.52万元。

中国铁道学会

China Railway Society (CRS)

地　　址　北京市海淀区复兴路10号
邮政编码　100844
电子信箱　crszh@ns.chinamor.cn.net
主页网址　http://www.crs.org.cn
电　　话　010－51848021/51841782
传　　真　010－63967184

理 事 长　国　林（2005.11卸任）
　　　　　孙永福（2005.11接任）
副理事长　常国治　王奎中　王麟书　鞠家星
　　　　　张延昭　宋凤书　刘友梅　丁圻堮
秘 书 长　吕长清
刊物及主编　《铁道学报》　主编　宋凤书
　　　　　《铁道知识》　主编　孙利民

单位简介

中国铁道学会正式成立于1978年4月1日，是全国铁道科学技术工作者的学术性社会团体，是中国科学技术协会的组成部分，受中国科协和铁道部的双重领导。

中国铁道学会可追溯到1912年1月詹天佑创立的中华工程师会、颜德庆等人创办的中华工学会、徐文炯等人发起组建的铁路路工同人共济会。

学会于1979年、1983年、1990年、1996年、2002年分别召开了5次会员代表大会，组成了5届理事会。本届理事会是2002年在中国铁道学会第五次会员代表大会上选举产生的。

中国铁道学会目前是国际重载运输协会（International Heavy Haul Association）和国际桥梁与结构工程协会（International Association for Bridge and Structural Engineering）团体会员，同时任国际重载运输协会理事。

工作综述

2005年中国铁道学会在中国科协和铁道部党组的领导下，认真落实科学发展观，在党员先进性教育、贯彻落实铁道部社团整改文件、外塑学会形象、围绕中心开展活动、经营学会互动三赢、加强调研适时指导、学会系统与时俱进等方面取得了显著成绩。

2005年，中国铁道学会荣获中国科协国内学术交流活动奖和科普工作先进学会奖；在先进性教育中学会秘书处党支部被铁道部机关党委授予先进党支部称号；学会主办的《铁道学报》第四次获得“中国百种杰出科技期刊”；学会承担的《学会建设与会员管理服务平台建设研究》课题获中国科协表彰。

一、基础建设

2005年铁道部实施重大改革措施，撤消了41个铁路分局，省级铁道学会人员编制减少，专职人员变化很大。针对中国铁道学会系统的实际情况，学会秘书处提出了“四个原则，六个理念，三个平台”和“外塑形象，内强管理，突出重点，做强做大”的指导思想。

2005年3月中国铁道学会召开会员代表会议，增补理事并通过了关于会费标准的两个提案；11月18日，召开了五届三次理事会，选举孙永福接任中国铁道学会理事长。

为了加强组织建设，2005年学会接受中国科协的任务完成了《学会建设与会员管理服务平台建设研究》课题，选派论文作者出席了全国首届科技社团改革发展论坛。

学会秘书处加强了内部管理制度建设，加强了对学会专业委员会的财务监督和管理。召开三次省级铁道学会秘书长和专业委员会秘书长座谈会，到浙江、江苏两省铁道学会和基层站段现场调研，在调研的基础上提出指导意见：“适应改革，勇于探索，扎根厂段，密切挂靠，用足优势，经营学会，自主创新，做强做大”。

2005 年，中国铁道学会会员总数已达 78068 人，同比增加 272 人。

二、学术交流

1. 中国铁道学会召开了铁路客运专线技术交流会。

2. 为了给即将运营的青藏铁路提供技术支撑，中国铁道学会举办了青藏铁路运营管理及相关技术专家研讨会。

3. 学会在中国科协 2005 年学术年会期间，举办了以“扩大铁路对外开放，确保重点物资运输”为主题的铁道分会场。

4. 粤海铁路通道建设完成后，学会和粤海铁路公司在海南主办了粤海通道运营管理研讨会。

5. 学会与中国交通运输协会在北京联合主办了中国国际集装箱多式联运研讨会。

6. 学会还以“信息技术与运营效率”为主题举办了世界轨道交通论坛。

7. 在巴西召开的第八届国际重载大会理事会上，中国铁道学会秘书长吕长清补选为理事。

三、科普和科技期刊

2005 年中国铁道学会在中国科协的资助下，继续营造“科普伴你行”品牌，制作站车广播科普新品发至省级铁道学会及站车，推动了铁路站车“科普伴你行活动”。

2005 年科技活动周期间，学会制作了《铁路安全为国为民》科普展板在科技游园中展出。全路组织各种科技知识讲座、制作宣传挂图、悬挂宣传标语、制作展板和宣传磁带等。仅发放各种宣传资料就达 16 万余册（张）。2005 年全国科普日活动中，全路共组织举办各种科技知识讲座 20 余场、制作各种科普宣传展板和科普宣传磁带等，又发放各种科普宣传资料 19 万余册（张），仅科普工作人员及志愿者就达 1565 人次。两次活动都取得良好的社会效果。

2005 年是抗日战争胜利暨世界反法西斯战争胜利 60 周年，又值第五个全民国防教育日。中国铁道学会与有关方面联合举办了以“爱我中华、心系国防、献身铁路”为主题的系列国防教育宣传活动。

2005 年在首届全国安全生产及技术装备展览会上学会承办的展台新颖别致，沙盘模型高仿真、高科技，成为展会的突出亮点，获最佳设计奖和最佳组织奖。

在 2005 年“中国百种杰出科技期刊”评选中，《铁道学报》连续第 4 年荣获“中国百种杰出科技期刊”称号。科普期刊《铁道知识》实现了全彩色印刷。

四、科技奖励

顺利完成了 2005 年度中国铁道学会科学技术奖和茅以升铁道工程师奖的申报、评审工作。评出了中国铁道学会科学技术奖 49 项，其中一等奖 3 项，二等奖 16 项，三等奖 30 项；有 46 名铁道行业的工程师荣获了 2005 年度茅以升铁道工程师奖。

五、经营学会

2005 年学会接受神华集团的委托，组织了数十名专家，对《朔黄铁路 2 亿吨扩能技改可行性研究报告》等进行了专家论证取得了较好的经济效益。还与香港公司合作，举办国际集装箱会议；与《世界轨道交通》杂志社合作举办论坛；与国联公司合作制作《中国铁道大黄页》；配合开展在铁路列车上防控艾滋病宣传；配合铁路机车车辆防振与减振技术装备的推广召开专题学术研讨会。在与省级学会、专业委员会互动三赢和经营学会上取得了初步成果。

中国公路学会

China Highway and Transportation Society (CHTS)

地　　址　北京市建国门内大街 11 号
邮政编码　100736
电子信箱　glxh@ chinahighway. com
主页网址　http://www. chts. cn
电　　话　010 - 65293138
传　　真　010 - 65293139
理 事 长　李居昌

单位简介

中国公路学会成立于1978年8月28日，其前身是1921年5月在上海成立的中华全国道路建设协会。中国公路学会的宗旨是：团结广大公路交通科技工作者，坚持以经济建设为中心，坚持科学技术是第一生产力的思想，贯彻“科教兴国”、“科教兴交”和可持续发展战略，努力促进公路交通科学技术的繁荣和发展，促进公路交通科学技术的普及和推广，促进公路交通科技人才的成长和进步，为加速实现公路交通事业的可持续发展做贡献。

2004年11月，中国公路学会召开了第六届全国会员代表大会，选举产生了第六届理事会，李居昌任理事长，刘文杰任秘书长。中国公路学会目前设有道路工程、桥梁和结构工程、汽车运输、筑路机械工程、交通工程、客车、公路工程地质、计算机应用、隧道工程、公路规划、高速公路运营管理、环境与可持续发展、公路养护与管理分会等13个分会以及专家委员会、青年专家委员会。学会主办的期刊主要有《中国公路》、《中国公路学报》、《中国交通信息产业》等。31个省、自治区、直辖市以及计划单列市等也都建立了公路学会组织。全国共有团体会员近千个，个人会员6万余名。

中国公路学会成立20多年来，积极开展学术交流、技术咨询、期刊出版、国际交流与合作等活动，取得了许多重大的学术成果，每年一度评出的中国公路学会科学技术奖，是公路交通行业最重要的科技奖项。学会已经成为我国公路交通行业组织最健全、学科分布最广泛、最有影响力、最具权威性的学术团体。

工作综述

2005年是学会新一届理事会工作的第一年。在中国科协和交通部的领导下，在全国各级公路交通部门和广大会员的支持下，学会以邓小平理论和“三个代表”重要思想为指导，全面学习贯彻党的十六大和十六届四中、五中全会精神，团结组织广大公路交通科技工作者，紧紧围绕交通事业发展大局，以改革为中心，以加强学术建设、会员管理和信息化建设为突破口，积极开展各项工作，为推进公路交通科技进步做出了积极的贡献。

一、学术交流、科技普及和学会工作

1. 2005年学会及分会共组织国内外学术交流活动近40多次，参加人数逾万人。其中国内学术会议30次，参会人员4760人，交流论文1082篇，国际学术会议2次，参会人员720人（其中境外97人），交流论文410篇（其中境外82篇）。

作为中国科协2005年学术年会的分会场，中国公路学会2005年学术年会在新疆举行，无论是参会人数、组织形式，还是学术交流报告的水平与深度，均良好，受到了中国科协的表彰。

各分会学术活动也涌现出了不少亮点。组织国际民间以及对港、澳、台地区技术交流5次，其中国外来访4个团组，总人数20人次；派往国外9个团组，总人数92人次。

2. 学会及各分会全年共举办科普讲座6次，听讲人数1100人次，举办科普展览1次，参观人次1500人。

3. 4月5日，中国公路学会2005年工作会议在广西召开。会上表彰了10个先进学会和16名先进学会工作者。会议要求各省、自治区、直辖市公路学会、分会切实增强改革意识，加大改革力度，加快改革步伐，并重点研究和部署了学会今后的改革工作。

二、调研咨询工作

圆满完成了调研和咨询任务，服务水平有新提升。为促进公路养护管理工作有效开展和技术进步，学会2005年以“高速公路沥青路面养护管理技术”为课题，与道路、高速公路运营管理分会一道，进行了调研活动。

三、科技咨询和技术培训工作

2005年学会和分会共完成无偿科技咨询7项，完成委托项目4项，反映科技建议2项，举办国内技贸展览1次，举办培训班10个，培训人数1017人次。

四、奖励和评审工作

中国公路学会科学技术奖是我国公路交通行业的重

要科技奖项。2005 年共接收申报材料 198 项，其中申报一等奖的 107 项。经学会科学技术奖评审委员会评审、奖励委员会审定，共评出一等奖 2 项，二等奖 28 项，三等奖 47 项。

完成交通系统自然科学研究系列高级职称任职资格和成绩优异高级工程师职称的评审工作。148 人申报，成绩优异高级工程师 78 人经严格评审获得通过。

2005 年学会还开展了第三届“百名优秀工程师”评选工作。各级学会高度重视，认真组织，共推荐“百名优秀工程师”140 多名。经专家认真评选，有 117 人获第三届中国公路“百名优秀工程师”荣誉称号，并在学会 2005 年学术年会期间进行了表彰。

五、期刊出版工作

2005 年初针对学会信息化建设滞后的状况，学会把信息化建设摆上重要议事日程，开通了学会网站。目前学会及各分会共主办科技网站 6 个，全年浏览人数达到 589 万人次。2005 年初，秘书处还编发了《学会通讯》，每月一期，全年印量 1.2 万册。

目前，学会及分会共主办各类科技期刊 9 种，包括《中国公路学报》、《中国公路杂志》、《中国交通信息产业杂志》等，客车、公路规划、环境保护与可持续发展、隧道、道路等分会也以不同方式创办了自己的刊物。2005 年学会期刊总印数为 86.9 万册，发表论文 1369 篇。此外，编著科技图书 1 种，编辑出版论文集 20 种，发表论文 1867 篇，发行 2.2 万册，制作科技光盘 5 种。

六、会员管理和社团工作

第六届学会理事会把加强会员管理、服务以及会费征收工作摆在改革和发展的重要议事日程上。2005 年，新一届秘书处起草了《中国公路学会会员管理办法》、《关于进行会员登记和核发会员证的实施办法》，同时正在研究开发新的会员管理软件，在会员登记和核发会员证的基础上建立起全国会员数据库，朝着有序科学、分级分类的会员发展与管理方向推进，逐步形成有效管理和服务的新模式。

目前，学会共有个人会员 61626 名，团体会员 1343 个。2005 年，学会秘书处从加强服务和管理入手，在增加服务内容，改善服务手段，提高服务质量的基础上，加强了会费征收工作。全年的会费收缴率已达到 70% 以上，比以往有了大幅度的提升。

2005 年 11 月，交通部在北京召开了社团工作会议，专题研究部属社团发展问题。张春贤部长、徐祖远副部长分别做了重要讲话，对社团的工作给予充分肯定和高度评价，并要求社团不断总结经验，以服务交通中心工作为核心，加强能力建设为主线，进一步发挥社团在交通事业发展中的作用。会议同时研究确定了今后一段时期社团发展的总体思路和主要目标，以及培育扶持和管理监督的主要措施。

会后，学会对会议精神进行了传达和学习，并据此制定了新的工作思路，对今后一个时期学会发展提出了新的规划和要求。

七、加强办事机构建设

六届理事会成立后，根据五届八次常务理事会对学会办事机构在秘书处下设办公室、会员部和学术部等部门的决定，新一届秘书处对部门职责进行了调整，新增 7 名专职工作人员。使学会工作效率和服务水平有了明显提高。

新的学会办事机构坚持以人为本，努力树立为会员和广大科技工作者服务的新理念。同时，通过开展各项服务工作，实现学会的价值，推进学会的发展，树立学会的形象。为了确保学会工作正常开展，秘书处开辟了筹资渠道，增加学会收入，保障了学会健康持续发展。

中国航空学会

Chinese Society of Aeronautics and Astronautics (CSAA)

地　　址　北京市朝阳区安外北苑 2 号院研究院白楼
邮政编码　100012
电子信箱　office@csaa.org.cn
主页网址　http://www.csaa.org.cn
电　　话　010－84924375
传　　真　010－84923942
理 事 长　刘高倬
副理事长　王　欣　丛日刚　刘大响　杨国庆

杨育中　李　未　张彦仲　范肖梅
胡海岩　姜澄宇　魏　钢

秘　书　长　张聚恩

刊物及主编　《航空知识》　主编　武　哲
《航空模型》　主编　武　哲
《航空学报》　主编　朱自强
Chinese Journal of Aeronlutice
主编　朱自强
《航空动力学报》　主编　陈懋章
《航空材料学报》　主编　颜鸣皋

单位简介

中国航空学会是由航空航天科学技术工作者自愿结合并依法登记成立的全国性、学术性、非营利性的法人社会团体。

中国航空学会于1964年2月20~28日在北京科学会堂举行了成立大会，沈元当选为理事长。1979年9月在杭州、1983年3月在西安、1988年5月和1993年6月及1999年12月在北京分别召开了第二、三、四、五、六次全国会员代表大会。沈元继续当选第二届理事长，季文美当选第三、四届理事长，朱育理当选第五、六届理事长。2004年10月在北京召开了第七次全国会员代表大会，并举行了中国航空学会成立40周年庆祝活动。在这次大会上，刘高倬当选为理事长，在随后举行的七届一次理事会上，朱育理被聘为名誉理事长。

工作综述

一、学术交流工作

2005年共召开学术会议32个，交流论文800多篇，参会1700多人次。其中重点会议有：

1. 11月下旬在广西北海召开的以“科学发展、自主创新、实现跨越”为主题的2005年学术年会，130多人参加，会议收到论文53篇，会后出版了论文光盘。

2. 8月份在新疆乌鲁木齐中国科协2005年学术年会上主办了科学发展观与航空业未来分会场。会议收到论文71篇，录用40篇，并向大会推荐11篇，会后按照中国科协的要求出版了论文集。

3. 动力专业分会于9月召开了第八届发动机软科学学术讨论会。会议重点围绕航空发动机“十一五”发展计划进行了研讨。中国航空工业第一集团公司和第二集团公司提出的发动机“十一五”发展计划结合了当前世界航空推进技术的发展，根据我国航空动力行业面临的严峻挑战和良好发展机遇，提出了8条有力措施，得到了与会者的一致赞同。

4. 北京航空航天大学和中国航空学会通用航空专家委员会，于11月中旬召开了浮定器学术交流会，与会者170多名。

二、对外交流与合作

1. 4月，与俄罗斯航空制造者协会在北京共同主办了第二次中俄无人机技术发展研讨会，中俄双方共有11位专家在会议上做了学术报告。会后，双方负责人举行了会谈，商讨了交流意向并签署了备忘录。

2. 9月，与美国华人航太工程师协会、台北中华航太学会在西安联合主办了第三届全球华人航空科技研讨会，海内外学者围绕飞机设计与制造关键技术、新材料在航空工业中的应用、航空产业与区域经济发展及产业合作等议题进行了研讨。

3. 11月，召开了与美国直升机协会共同主办、南京航空航天大学承办的第二届旋翼机技术基础研究国际会议。

4. 组织会员向2006年国际航空科学大会（ICAS）投稿70余篇，并向国际航空科学理事会递交了举办2010年或2012年国际航空科学大会申办报告。

三、科普、培训工作

1. 为纪念“二战”胜利60周年，与广东省航空学会共同主办了题为“奋战长空”的大型航空图片展和模拟飞机空战表演，参观人数达1万多人，销售科普图书4000余册。

2. 由国际航空联合会组织的每年一度的国际少年儿童航空绘画比赛中国赛区开展了全国少儿航空绘画比赛，共收到全国各地的优秀作品219幅，经专家们认真评审后，共评出A、B、C组一等奖各3名选送国际航空联合会评审。

3. 在成功举办了第一期的基础上，联合有关单位，开办了第二期空乘人员培训班。

4. 12月，举办2005上海航空航天电子及设备国际展览会，近70家厂商参展，1万多人到会参观。

5. 组织维修分会举办了航空维修科技培训班，近

200 人参加。

四、出版宣传工作

1. 在年初召开的七届二次常务理事会上，对学会刊物面临的状况进行专题研究，调整和加强了编委会成员和期刊社专职负责人，督促其改革刊物内容与形式、管理机制，切实加强营销工作。

2. 与国防工业出版社合作，筹备出版大型《航空科学技术丛书》。

3. 对学会网站进行了改版设计，由兼职管理变为专人专职管理，大大加强和发挥了网站的功能，得到广大会员的肯定。

五、组织建设工作

2005 年，学会继续紧紧抓住改革这一龙头，扎扎实实做了以下几项工作。

1. 对少部分开展活动达不到要求的分支机构，首次引入了竞争机制择优选择挂靠单位。

2. 经充分研究、征求意见，正式制定颁布了《中国航空学会会员管理条例》。

3. 制定《理事会议事规则》和《常务理事会议事规则》，进一步理顺了学会主要领导和办事机构的职责内容、工作程序和工作方式。

4. 坚持民主办会原则，全年召开了七届二次理事会，七届二次和三次常务理事会、团体会员单位工作会、各专业委员会（分会）总干事会、在京单位联络员会及三个工作委员会会议等。

5. 积极举荐人才，成立以理事长为组长的提名领导小组，分别组织了推荐 9 名院士候选人、2 名“光华工程科技奖”候选人、3 名第九届中国青年科技奖候选人。

中国宇航学会

Chinese Society of Astronautics

（CSA）

地　　址 北京市海淀区阜成路 8 号院内

邮政编码 100830

电子信箱 csaspace@163bj.com

主页网址 http://www.csaspace.org.cn

电　　话 010-68768625

传　　真 010-68768624

理 事 长 张庆伟

副理事长 殷兴良　孙来燕　李纪南　江绵恒　娄勤俭　夏国洪　马兴瑞　吴　卓　张丽辉　杨俊华

秘 书 长 杨俊华

刊物及主编 《宇航学报》　主编　庄逢甘

《太空探索》　主编　田如森

单位简介

中国宇航学会是由全国航天科学技术工作者自愿结成、依法登记的全国性、非营利性、学术性法人社会团体，是中国科学技术协会的组成部分，是联系我国宇航科技工作者的桥梁和纽带，是发展我国宇航科技事业的重要社会力量。

中国宇航学会是由钱学森、任新民、张震寰等发起，于 1979 年 10 月在天津正式成立，并召开了第一次全国会员代表大会，选出了以任新民为理事长的第一届理事会。此后分别于 1985 年、1993 年、1999 年、2004 年举行过四次全国会员代表大会。2004 年 3 月第五次全国会员代表大会选举产生了以张庆伟为理事长的第五届理事会。目前学会下设 26 个专业委员会（分会），拥有团体会员单位 167 个，1 万多名个人会员，并有 13 个地方学会组织。

中国宇航学会于 1980 年加入国际宇航联合会（International Astronautical Federation）并成为其有投票权的成员。自 1983 年至今，学会推选的中国航天专家杨嘉墀、陆元九、陈芳允、梁思礼、陈怀瑾和袁家军分别当选为国际宇航联副主席。中国宇航学会于 1987 年加入国际青少年宇航员组织，并成为其管理委员会的成员。

工作综述

一、学术交流

1. 2005 年共组织、协调了 15 次专业委员会的学术会议，宣读论文近 800 篇，数千余人与会。会议的召开对航天学术水平的提高起到了积极的推动作用。

2. 学会组织参加了中国科协2005年学术年会，并根据大会主题组织推荐了多篇优秀学术论文参加年会交流。

3. 参加中国科协《学科发展蓝皮书（2005卷）》航天篇部分的组织编纂工作，较全面地记述了2004年中国航天学科重大进展。

4. 完成了航天名词审定工作。为规范航天科技名词术语的概念表述，受全国科学技术名词审定委员会（以下简称全国名词委）委托，中国宇航学会于今年9月完成了7586条航天科技名词的定稿，并报全国名词委审批公布。全国名词审定委员会已将其列入了年度出版计划。

5. 根据中国科协的要求，中国宇航学会于2005年4月在北京召开“航天技术创新，促进产业发展”专家论坛。专家们就加强航天产业的顶层设计，重视和扶持应用卫星和卫星应用产业的发展等方面提出了意见和建议。中国科协副主席、书记处第一书记邓楠，中国航天科技集团公司总经理、中国宇航学会理事长张庆伟出席了本届论坛并发表了讲话。

6. 2005年6月，中国宇航学会组织学术代表团赴法国巴黎布歇尔航空航天博览会参观学习，为专业人士获取相关资料提供了良好的机会。

7. 9月，中国宇航学会组织学术代表团赴加拿大出席了国际月球会议。跟踪了解目前国际月球探测领域的研究发展水平与方向。

8. 10月，中国宇航学会组织学术代表团赴日本出席了国际宇航联大会。通过与会，了解跟踪国际航天技术发展水平与趋势，同时积极地宣传了中国的航天成就。

9. 12月，召开中国宇航学会首届学术年会。年会旨在鼓励创新思维，为关心中国航天的领导同志、专家、学者和科技人员提供广泛和深入交流的机会，共同探讨新时期我国航天技术的发展战略，提出前瞻性的新思路、新理论、新技术和新方法，努力促进航天学术水平的提高和学术思想的繁荣，并为有关部门决策提供科学依据与建议。本届年会与会者近300人，本届年会特邀报告7篇，收录文章380多篇，分组会议交流文章146篇。年会还评出了15篇优秀论文。

二、科普教育工作

1. 举办“飞向未来——太空探索创新竞赛”活动。2004年10月~2005年7月举办了“飞向未来——太空探索创新竞赛”活动。此项活动在1974年7月1日后出生的大学生、研究生、工程师和青年科技工作者中展开。目的是激发大学生和青年科技工作者热爱科学、热爱航天、敢于探索、勇于创新的热情和精神；发现人才，表彰和奖励他们的创新能力。参赛作品共124个。

2. 组织策划和举办了“美国航天员中国之旅”科普活动。2005年7月19日~8月3日邀请了三位美国航天员访华，开展了“美国航天员中国之旅”系列活动。本次活动的主题是“科技、和平、友谊”。3位航天员先后出席在北京、重庆、南京、上海四地举办的5场以“航天探梦——听美国航天员讲述太空故事”为主题的航天科普报告会，近3000名大、中、小学生聆听了美国航天员精彩的科普演讲。

3. 举办“赴俄罗斯青少年航天科技夏令营”。7月12日中国青少年赴俄罗斯参加了为期10天的宇航夏令营。代表团成员共51名，其中40名是经过选拔的优秀青少年。

4. 举办了第16届国际青少年宇航员大会。7月25~30日，中国宇航学会主办的第16届国际青少年宇航员大会在北京召开。来自美国、韩国和中国香港特别行政区、澳门特别行政区、台湾地区以及上海、广州、湖北的355名青少年航天爱好者以及师生参加了这次活动。大会为青少年们组织了许多丰富多彩的具有航天特色的科普活动。

5. 组织“赴美航天科技夏令营”活动。8月11~25日，中国宇航学会举办了为期15天的第三次赴美夏令营活动。18名学生参加了此次活动。在太空营的训练活动中，营员们参加了失重、离心、多轴旋转等一系列训练器的训练，参与制作模型火箭和发射试验，还进行了水中救生训练和航天飞机模拟发射、返回全过程的训练

6. 全国青少年代表与航天员、航天专家见面会。中国科学技术协会、中国宇航学会、中国高科技产业化研究会和天津市人民政府于12月25日在天津联合主办了全国青少年学习航天英模、弘扬载人航天精神大会，有来自北京、天津、山东、江苏、湖南、广东和香港特别行政区的师生近600人参加了大会。

中国科协副主席、书记处第一书记邓楠，中国宇航学会名誉理事长、中国高科技产业化研究会理事长刘纪原，中共天津市委副书记、天津市政府常务副市长黄兴国，副市长杨栋梁，中国宇航学会副理事长兼秘书长杨俊华，团

中央书记处书记贺军科等领导同志出席了大会。航天员费俊龙、聂海胜，飞船总设计师张柏楠，运载火箭副总设计师荆木春来到现场并做精彩报告。

三、编辑出版工作

1. 稿件的审理和出版。2005 年《宇航学报》正常出版 6 期和一期增刊。收到新稿件 701 篇，较 2004 年 587 篇增加了 19.4%；2005 年刊登文章 197 篇，近几年文稿平均淘汰率约为 75%。

2. 期刊统计指标和国内外收录情况。根据清华 CNKI 数据库和中国科学技术信息研究所提供的数据，国内检索对《宇航学报》的各项统计数据都有提高。

除了期刊统计学上的显著提高外，作为国家中文核心期刊数据库成员，学报经过多年的努力，将从 2006 年第一期开始，学报正式加入美国 EI Compendex 数据库，即所谓的 EI 核心库。核心库成员期刊的全部文题和英文摘要都被 EI 数据库所收录。

除了 EI 核心库以外，学报还被俄罗斯《文摘杂志》(AJ，VINITI)、美国《剑桥科学文摘社网站：宇航与高技术数据库》(CSA：AHTD)、美国《剑桥科学文摘社网站：机械与运输工程文摘》(CSA：MTEA) 等国际知名的数据库所收录。7 月份，美国 EI 的母公司、全世界规模最大科技期刊出版公司荷兰爱思唯尔出版集团 (Elsevier) 经过仔细挑选，诚邀《宇航学报》参加其在中国的科技期刊合作项目，希望与学报之间的密切合作，来推动中国科技期刊出版的发展，加速中国优秀科技成果走向世界。

3.《太空探索》全年出版杂志 12 期，共组、约稿件 600 余篇，刊出文字约 100 万字，图片 2000 余幅。

4. 6 月，在山东省烟台市召开了理事单位特约通讯员会，总结了近几年的工作经验，明确了杂志社与各理事单位通讯员的职能，制定了明年的工作计划。

四、组织工作

1. 认真完成了各分支机构的换届工作，并与各分支机构签订了协议书。

2. 完成新会徽的评审、审定及专利申请注册工作。

3. 制定学会有关管理规定，组织召开了学会会员代表暨联络员会议，通过了会费缴纳办法和使用规定。

4. 9 月，在浙江省平湖市与中国航天科工集团公司二院科技委联合举办“院士进校园·科普知识宣传日”活动，7 位院士为平湖市的 17 所学校的数千名师生做了多场科普报告。

5. 继续开展全国“少年宇航技师”等级认定活动，并在北京举办了两期全国“少年宇航技师”导师培训班。

中国兵工学会

China Ordnance Society

地址	北京市海淀区车道沟 10 号院（北京市 2431 信箱）
邮政编码	100089
电子信箱	suggest@ cos. org. cn
主页网址	http://www. cos. org. cn
电话	010－68963154 /68963055
传真	010－68963154
理事长	马之庚
常务副理事长	王德臣
副理事长	王越　冯长根　白玉龙　朱祖良　匡镜明　张文栋　张维民　姜会林　徐复铭　曹德生
秘书长	王智忠
刊物及主编	《兵工学报》　主编　朱荣桂
	Journal of China Ordnance　主编　朱荣桂
	《火炮发射与控制学报》　主编　徐虹
	《车辆与动力学报》　主编　项昌乐
	《火炸药学报》　主编　胡焕性
	《爆破器材》　主编　吕春绪
	《弹道学报》　主编　李鸿志
	《弹箭与制导学报》　主编　雷万云
	《兵器材料科学与工程》　主编　赵宝荣
	《工程塑料应用》　主编　孙安垣
	《兵器知识》　主编　瞿雁冰

学会简介

中国兵工学会是由我国兵工领域知名专家和有关国

防科技工作管理者倡议并发起成立的学术性团体，学会从成立至今，经历了创建、停顿、恢复和发展几个阶段。

1964年3月召开成立大会暨第一次全国会员代表大会，选举产生了第一届理事会，王立当选为理事长。当时，学会共设有7个专业委员会和3个专题委员会。1966～1976年“文化大革命”期间，学会被迫停止活动。1977年4月经国务院批准，中国兵工学会正式恢复活动。28年来，学会有了突飞猛进的发展。目前经重新登记会员人数近2万人，高级会员432名，会士28人，团体会员150多个。恢复和组建专业委员会40个，有20个省、自治区、直辖市成立了地方兵工学会。2003年11月召开了第六次全国会员代表大会，选举产生了新一届理事会和常务理事会。并且成立了学术、组织、科普、科技奖励、青年和财务等6个工作委员会。40多年间，学会共创办了11种学术和科普期刊，围绕兵器工业发展和国防建设需要召开了近千次各种学术会议，同时开展了对外学术交流。为了满足兵器工业人才培养的需要，学会还创办了兵器工程师进修大学，目前累计招生29万余人次。

工作综述

一、学术活动

2005年，学会在中国科协的领导下，工作有了更大的发展。2005年学会被评为第五届中国科协先进学会、全国性学会2005年度综合统计年报工作优秀单位及2004年度全国性学会财务决算编报工作先进单位。并被评为中央国家机关2004年度精神文明单位。

2005年，学会按照年度学术活动计划，共开展国内学术交流活动40多次，参加人次4000多人，收录论文5000多篇，大会交流论文400多篇，其中境外人员70多人次，境外人员论文交流60余篇。

学会2005年最重要的一项工作，国际弹道大会的申办工作进入到了最后的冲刺阶段，并最终于2005年11月14～18日在加拿大温哥华召开的第22届国际弹道大会上，以较高的得票取得了2010年第25届国际弹道大会的举办权，引得国内媒体争相报道。

学会主办的推进高新技术发展与应用，提高装备与设备维修保障能力研讨会得到了中国科协重点学术会议项目的资助。学会于2003年组织以王大珩、杨嘉墀、陈能宽、杜祥琬、胡光镇、张履谦、何德全、王越等院士名义提出了《关于在不对称状态下我国国防科技发展的战略建议》，此项工作影响大、层次高，为中国兵工学会赢得了声誉。2005年，此项建议已获得第五届中国科协优秀建议奖。

2005年，举荐人才工作以院士候选人推举和中国青年科技奖候选人推荐为主，积极动员各基层组织努力申报，把优秀的人才向国家举荐，而且各项工作进展非常顺利。

二、科普活动

科普活动一直是学会的重要工作。其中，“绿色灭鼠”工作持续稳步开展，该项目已连续五年被列为“西部科普工程”项目。2005年学会组织有关技术人员和编导人员对项目进行策划、编写宣传脚本、实地拍摄，并完成了绿色灭鼠科普宣传挂图的编制工作以及光盘制作的前期拍摄工作。

《兵器知识》2005年读者夏令营于8月1日在中国人民抗日战争纪念馆广场开营。夏令营期间，来自全国各地的30名营员参观了军事、坦克、航空、民兵等博物馆和某兵工厂的总装车间，进行了乘坐装甲车、实弹射击、战场救护、野炊等多项活动。此次夏令营在宣扬国防观念、增强国防意识、增长兵器知识的同时，也真真实实地体现了《兵器知识》积极回馈读者、致力军事国防知识普及与宣传的办刊宗旨。

三、编辑出版工作

学会完成了《兵工学报》英文版——Journal of China Ordnance复刊工作。并被SCI、EI之后世界上第三大著名数据库检索机构的美国化学文摘（CA）数据库，以及中国期刊全文数据库、中文科技期刊数据库（全文版）、中国核心期刊（遴选）数据库等收录。

2005年《兵工学报》把提高刊物质量作为工作的重点，通过编委会和所有编辑的努力，《兵工学报》被中国科学技术信息所评为第四届百种中国杰出学术期刊。《兵工学报》还被中国知识资源总库中国科技期刊精品数据库收录；2005年《兵工学报》影响因子由上一年的0.106提高到0.168，提高了50%；还再次得到中国科协自然科学基础性、高科技学术期刊经费资助。

四、继续教育

学会继续教育工作以兵器工程师进修大学为依托，结合兵工继续教育、人才培养的实际，始终坚持面向兵工、服务社会的宗旨，坚持创新发展，增强服务意识，为加强人力资源开发，全面提高从业人员素质服务。2005年招生7800人，选学课程总人次数达1.4万人次，同时还与有关教育培训机构合作，先后举办了“会计人员继续教育”、“EMC技术”、“物流师、营销师、人力资源师、项目管理师等职业资格认证”等培训班，累计培训400人次。

五、会员管理工作

会员重新登记是2005年学会组织工作的重点，目前有重庆、河南、山东、山西、黑龙江、吉林、辽宁、陕西等8个省学会初步完成了登记工作，河北、湖南等省正在进行中。自开始会员重新登记以来，已有13373名会员进行了登记；2005年发展高级会员53名，会士2名。经常务理事会批准成立了装备保障、电子信息与对抗两个新的专业委员会，使学会专委会的覆盖面进一步扩大。

中国金属学会

The Chinese Society for Metals

(CSM)

地　　址　北京市东城区东四西大街46号

邮政编码　100711

电子信箱　b31@cast.org.cn
csm@csm.org.cn

主页网址　http://www.csm.org.cn

电　　话　010-65133322-1612、3612、65270210

传　　真　010-65124122

名誉理事长　刘　淇　徐匡迪　蒲海清

理　事　长　翁宇庆

副 理 事 长　殷瑞钰　谢企华　刘　玠　邓崎琳
朱继民　仲增墉（常务）　干　勇
杨天钧　赫冀成　卢　柯　李文秀

秘　书　长　李文秀（法人代表）

刊物及主编
《钢铁》　主编　翁宇庆
《金属学报》　主编　柯　俊
Journal of Materials Science & Technology　主编　王中光
《中国冶金》　主编　李文秀
《金属世界》　主编　徐金悟
《矿冶工程》　主编　程建国
《炼钢》　主编　肖忠敏
《连铸》　主编　王浦江

单位简介

中国金属学会成立于1956年11月26日，是由冶金科学技术工作者组成的全国性的学术性团体，是冶金行业的科技组织，是中国科学技术协会的组成部分。中国金属学会的宗旨是：促进冶金科学技术的繁荣和发展，促进冶金科学技术的普及和推广，促进冶金科学技术人才的成长和提高，促进冶金科技与经济的结合，维护冶金科学技术工作者的合法权益，为冶金科学技术工作者服务。中国金属学会现有个人会员10万余名，高级会员274名，团体会员122个。中国金属学会下设9个工作委员会，35个专业分会，指导31个省级地方金属学会工作。中国金属学会总部设办公室、综合与培训部、学术部、国际联络部、生产技术与期刊部、展览中心和四新科技开发公司。总部工作人员30人。

工作综述

一、国内学术交流

2005年，中国金属学会紧紧围绕党和国家的中心工作，围绕冶金工业科技进步的热点、关键问题和重大方向问题开展活动。举办国内外学术交流活动132项，参加人数12000人次。

1. 10月26～28日，在北京召开了2005中国钢铁年会。年会主题为“贯彻科学发展观，坚持科技创新，推进‘十一五’钢铁工业健康持续发展”。共有1000多人参加了会议，征集论文800多篇，精选625篇编入论文集，其中国内论文580篇，国外论文45篇，共分4卷，同时出版了论文集的光盘版。会议分设13个分会场，有300余篇论文在会上宣读和讨论。

2. 4月24~28日，受中国工程院的委托，在上海举办中国电炉流程与工程技术研讨会。会议主要研讨了现代电炉流程的特点与发展趋势，我国电炉生产技术的现状、进步、问题、措施与前景，特别对电炉流程与工程发展重点（热点）问题进行了探讨。

3. 6月13~16日，在河南省郑州市组织召开了全国线材深加工技术研讨会，会议围绕“贯彻科学发展观·铸造线材制品强国”的主题，就线材深加工技术多项议题展开广泛深入的研讨。会议共征集论文51篇。

4. 8月24~26日，召开了全国炼铁原料学术会议。69个单位220多人参加会议，交流文章共110多篇。

5. 6月28~30日，第二届全国冶金节水、污水处理技术研讨会在湖南省长沙市召开，81个单位近160名专家学者参加了会议，会议交流文章59篇。

6. 8月10日，召开了真空精炼与AOD精炼系统技术研讨会。46个单位的140位专家学者参加了会议。

二、国际学术交流

2005年，中国金属学会组织参加国外学术会议和技术考察团组2个，组织人员参加国际合作培训班2个，在中国举办的国际学术会议、双边交流2次，接待国外学会和协会代表团来访等外事活动5次。

1. 6月，学会组织期刊赴欧洲访问团，走访了荷兰爱尔斯威尔出版集团（Elsevier）、德国施普林格出版集团（Springer）、德国金属学会出版公司等国际著名出版机构。这次访问后，Elsevier和Springer对学会总部进行了回访。学会与Elsevier出版集团签署了合作意向书。

2. 7月，以学会副理书长殷瑞钰院士为首的中国金属学会代表团15人参观访问了欧洲的部分钢铁企业、设备制造商、研究机构和大学。

3. 11月8~10日，召开了第五届低合金高强度钢国际会议暨第三届国际超细晶粒钢会议。来自20多个国家的300余名专家、学者及科学工作者出席了会议。会议论文集收录论文225篇，其中国内论文144篇，国外论文81篇。会议就低合金高强度钢和超细晶粒钢两个部分进行了交流和研讨。

4. 4月26~28日，在北京举办第五届北京国际耐火材料、工业陶瓷、工业炉窑技术展览会及2005年国际耐火材料技术市场研讨会。国内外近百家公司参加了展览会；参观展览会的专业人士约5000人。来自14个国家和地区的150多位专家学者参加了技术市场研讨会。

三、继续教育与科普工作

1. 6月30日~7月4日，在北京举办了首期超细晶钢及其生产技术培训班，冶金企业的相关技术人员100多人参加了培训。

2. 9月6~9日，在北京举办了钢铁环保高级培训班。60多人参加了培训。

四、编撰《2006~2020年中国冶金科学和技术发展指南》

2005年初开始，组织专家对“2020年中国钢铁工业科学与技术发展指南”（讨论稿）进行了补充修订，并对全文格式进行了统一调整。现已完成“指南”送审稿。

五、冶金科技奖与成果评价

1. 冶金科技奖的评审工作。2005年1月6日在上海宝钢召开颁奖大会，评出2004年度的特等奖3项，一等奖7项，二等奖26项，三等奖40项。2005年，从申报的181个成果中最终评审出特等奖1个、一等奖7个、二等奖25个和三等奖35个。

2. 冶金工业科学技术成果评价。2005年完成了4个项目的成果评价工作：“东北大学轧制技术及连轧自动化国家重点实验室调整实验方向”论证，唐钢“唐钢超薄热带生产技术的优化与创新”科技成果评价，上海亨均科技有限公司的“冶金工矿企业铁路信号微机连锁RSS全热备系统”科技成果评价，首钢“基于计算机图像处理技术的棒材在线计数系统研制”科技成果评价。

六、学术期刊工作

按照中国科协要求，中国金属学会组织有关期刊编辑部开展了评选优秀论文的活动。经各期刊编辑部推荐，中国金属学会第三届期刊优秀论文评审委员会审查，本次共推荐12个期刊的12篇优秀论文参评。

七、完成中国科协交办的任务

1. “学术交流服务平台建设”软课题研究。6月15日，完成中国科协“学术交流服务平台建设”软课题研究报告。研究报告10万字，主要包括：学术会议服务平台、学术期刊服务平台、网络学术交流服务平台。

2. 完成中国科学院、中国工程院推荐院士候选人工作。2月28日，召开2005年提名、推荐院士候选人评审会。推荐9位院士候选人上报中国科协。学会推荐的院士候选人有1位被评为中国工程院院士。

八、为冶金企业服务

本溪钢铁集团技术咨询。2005年8月10日～12日，学会组织11位专家对本溪钢铁集团公司的炼钢、轧钢及产品方面进行了技术咨询。公司领导同志和厂矿、处室的100多名工程技术人员聆听了专家们的技术咨询报告。

九、网站建设

中国金属学会新版网站于2005年3月28日正式开通。新版网站功能基于以下5大模块开发：信息发布系统；会员管理系统；客户反馈系统；BBS系统；电子邮件系统。

十、组织建设

1. 专业分会管理。2005年，完成了5个分支机构注册登记工作，其中新成立了中国金属学会材料电磁过程分会和中国金属学会高温材料分会两个分支机构。

2. 个人会员。在2005年工作会议上，安排了会员登记工作，要求各省级金属（冶金）学会在年底前完成会员登记工作，2006年完成换证工作。目前各省会员登记、换证工作正在进行。到目前为止，已为1万人更换了会员证。

3. 发展高级会员。2005年发展高级会员130名，目前学会高级会员为274名。

4. 团体会员。2005年发展了3个团体会员单位，现在中国金属学会共有122个团体会员。

5. 党员先进性教育。2005年2月21日～6月底，参加了第一批保持共产党员先进性教育活动。通过学习，广大党员与职工学习、实践"三个代表"重要思想和落实科学发展观的自觉性明显增强，提高了党员与职工的政治素质，有力地推动了学会各项工作的开展。

6. 建立健全各项规章制度。2005年，依照学会的章程，抓了以下三类规章制度：一是学会业务活动的指导性文件，如组织管理体制、国内外学术会议、继续教育、科技奖励、科技咨询等活动。二是按照指导性文件的要求制定相应的"条例"或"细则"。三是学会工作总部的管理"条例"或"办法"。如财务、人事、劳动工资、文秘、奖励等。其中一部分已颁布实施。

7. 为适应社会主义市场经济的要求，学会工作总部进行了人事制度的改革，实行了干部聘任制度，建立了岗位责任制。明确了部门工作任务和个人工作职责，建立了与岗位责任相应的岗位津贴。建立了个人的岗位津贴、补贴与考勤挂钩的管理制度，严格对每个工作人员及各部处工作的考核。

中国有色金属学会

The Nonferrous Metals Society of China (NFsoc)

地址	北京市复兴路乙12号
邮政编码	100814
电子信箱	nfsoc@public.bta.net.cn
主页网址	http://www.nfsoc.org.cn
电话	010－63971451
传真	010－63965399

理事长	康　义		
副理事长	王淀佐　高德柱　左铁镛　黄伯云 肖亚庆　张　懿　邱定蕃　周　廉 屠海令　钮因健		
秘书长	钮因健（兼）		
刊物及主编	《中国有色金属学报》	主编	何继善
	Transaction of Nonferrous Metals Society of China	主编	何继善
	《稀有金属材料与工程》	主编	殷为宏
	《贵金属》	主编	孙家林
	《矿业研究与开发》	主编	周爱民
	Rare Metals	主编	屠海令
	《有色设备》	主编	王苏宁
	《金属世界》	主编	徐金梧

单位简介

中国有色金属学会是由我国有色金属行业及其相关行业的学者、科学技术人员和企业管理人员自愿结成的全国性的学术性、科普性、公益性社会团体，是发展我国有色金属科技事业的重要社会力量，是政府联系有色金属科技人员的纽带和桥梁。

中国有色金属学会是中国科学技术协会的组成部分，是经中华人民共和国民政部依法登记的社会团体法人。

中国有色金属学会于1984年11月28日在北京成立。1984年12月、1989年5月、1995年2月、2001年9月分别召开了第一、二、三、四次全国会员代表大会。邱纯甫、费子文、吴建常、康义分别任第一、二、三、四届理事会理事长。

中国有色金属学会于1984年11月加入中国科协。学会现有19个专业学术委员会：地质、采矿、选矿、轻金属冶金、重有色金属冶金、稀有金属冶金、粉末冶金和金属陶瓷材料、材料科学和工程、半导体材料、贵金属、合金加工、冶金设备、计算机、环境保护、冶金物理化学、安全、理化检验、统计、信息和青年科技人员工作委员会。在重庆、甘肃、广西、广东、贵州、湖南、河南、江西、辽宁、山西、陕西、上海、四川、新疆、云南等15个省、自治区、直辖市和深圳市有地方学会组织。学会有个人会员和团体会员，至2003年末，个人登记会员39000人，团体会员157个。

学会先后与美国矿冶勘探学会、英国矿冶学会、英国材料学会、前苏联有色金属科学技术协会、韩国金属学会，美国矿物、金属、材料学会，巴西冶金和材料学会签订了合作协议。

工作综述

一、召开第五次全国会员代表大会

2005年10月29日，中国有色金属学会第五次全国会员代表大会暨第六届学术年会在北京召开。出席会议的有学会理事长康义，中国科协书记处书记冯长根，有色金属行业和有色金属学会的老领导刘学新、茅林、费子文、李东英，学会副理事长高德柱、周廉、邱定蕃、张懿、钮因健等。来自全国各地有色金属及相关行业企事业单位，各省、自治区、直辖市有色金属学会、兄弟学会共204人出席会议。

副理事长高德柱主持大会开幕式，理事长致开幕词，此后宣读了国土资源部孙文盛部长向大会发来的贺电。中国科协书记处书记冯长根作了重要讲话。大会听取了副理事长兼秘书长钮因健代表中国有色金属学会第四届理事会作的题为“实事求是，开拓进取，建设具有中国特色的新学会”的工作报告及学会章程和章程修改报告；副秘书长杨焕文做了学会财务收支情况报告、会费标准及其管理办法的说明；大会表彰了第四届理事会期间先进集体14个和优秀学会工作者60名。

大会投票选举第五届理事会理事共199名。此后，召开了第五届理事会第一次理事会，选举产生常务理事69名；选举康义为第五届理事会理事长，王淀佐、高德柱、左铁镛、黄伯云、肖亚庆、张懿、邱定蕃、周廉、屠海令、钮因健为副理事长；钮因健兼任秘书长。同时，根据秘书长提名，杨焕文任常务副秘书长，张洪国任副秘书长。根据学会的章程规定，会议一致同意马福康等25名同志为第五届学会名誉理事。

会员代表大会审议通过了《关于学会第四届理事会工作报告的决议》、《关于学会章程（草案）和章程（草案）修改报告的决议》、《关于学会第四届理事会财务收支情况报告的决议》和《关于会费标准和实施办法（审议稿）的决议》。

二、国际学术会议

1. 2005年4月18～19日，第八届中国/亚洲铝业市场研讨会在上海召开，会议由学会和新加坡技术管理中心共同主办。来自美国、加拿大、韩国、挪威等国家和中国香港特别行政区以及来自国内的约50名专家、学者参加了此次研讨会。

2. 11月3～5日，第八届中俄双边新材料新工艺研讨会在广东省广州市召开，研讨会由中国工程院、中国有色金属学会、俄罗斯科技工业部、俄罗斯科学院等13家单位共同组织，由中国工程院和中国有色金属学会主办，广州有色金属研究院承办，并得到了广东省科技厅支持。出席会议的领导同志有全国政协副主席、中国工程院院长徐匡迪院士、广东省副省长宋海、广东省政协副主席石安海、中国工程院副院长王淀佐院士、中国有色金属工业协会会长、中国有色金属学会理事长康义教授及俄罗斯科学院院士叶柳金教授及潘金科教授等。参会专家、学者达200多人，其中俄方专家55人，中方专家、学者近150人。

会议的主题为材料研究的新成果、新进展及应用。主要议题包括材料科学与工程的基础研究、纳米材料制备与应用、航空材料研究与应用等10个方面。会议收到论文181篇，俄方108篇，中方73篇，其中123篇编入论文集。

徐匡迪在会上作了题为“面向二十一世纪的中国钢铁工业”的特邀报告。康义作了题为“可持续发展的中国有色金属工业”大会特邀报告。

会后，广州有色金属研究院与俄罗斯激光技术与信息研究院签订了合作协议。北京有色金属研究总院、兰州工业大学等单位也与有关的俄罗斯参会的专家就参观考察、合作等相关事宜达成协议。

3. 11月2～5日，第八届东亚资源再生技术国际会议（简称EARTH 2005）在北京召开，会议的主题是：资源循环利用。出席会议的专家、学者共214人，其中170人来自日本、韩国和中国台湾地区。会议收到论文160篇，其中123篇被收进会议论文集。

4. 2005’西安国际钛会由西北有色金属研究院和中国有色金属学会联合主办，大会主席为国际材料学会联合会主席、中国工程院院士周廉。由中国、俄罗斯、法国、美国、日本等国15位世界著名钛专家组成了国际顾问委员会。陕西省人大常委会副主任桂中岳，科技部、陕西省科技厅有关领导同志和国内外钛学术界及工业界专家、学者400余人参加了会议，会议共收到论文320篇，内容涵盖了钛领域的各个重要研究方向。

在分会主题报告中，18位专家、学者重点阐述了钛的研究、开发现状及前景，尤其是如何降低钛合金生产成本的技术。

10月18～20日还举办了以“技术、产品、装备、应用”为主题的2005西安国际钛工业展览会，19～23日举行了第12届全国钛及钛合金学术交流会。

三、国内学术交流会议

2005年共组织召开各种学术交流会议28个，其中规模和影响较大的会议有：

1. 中国有色金属学会第六届学术年会于10月30日在北京召开，200余位专家、学者出席了会议。学术年会的主题是：有色金属工业可持续发展。有11位专家学者作大会报告，报告突出阐述了贯彻落实科学发展观，实现我国有色金属工业可持续发展，有色金属工业资源环境保护与循环经济的思路。学会理事长康义作了题为“可持续发展的中国有色金属工业”的学术报告，副理事长、中国工程院院士邱定蕃作了题为“有色金属资源循环”的学术报告。会议征集论文132篇，收录94篇编印出版了论文集。

2. 9月22～24日，第五届铝电解专业委员会2005年年会暨学术交流会在广西壮族自治区南宁市召开。全国50多家企业、科研院所、大学院校的131位工程技术人员，共同对铝电解专业实用技术和新技术开发工作，进行了研讨和经验交流。

中国工程院院士刘业翔从当前的困难和局势变化、如何正确看待、国家新政策、建议等四个方面，对中国铝电解工业发展中的问题和前景作了专题报告。

此次会议共收到学术论文158篇，《轻金属》杂志以增刊号形式出版了论文集。

3. 9月2～5日，第三届全国贵金属学术研讨会在福建省厦门市召开。本次研讨会由中国有色金属学会、中国黄金学会共同主办，研讨会的主题是：贵金属与循环经济。研讨会共收录论文47篇，在2005年第4期《稀有金属》和2005年《稀有金属》专辑上发表。70多位参会的专家、学者共同探讨了新世纪贵金属事业的最新进展及前景展望。研讨会还展示了中国贵金属领域最新的科学技术和相关前沿探索的成果。

4. 9月20～25日，第二届全国重冶新技术新工艺成果交流推广应用会在四川省成都市召开。本届应用会由重有色金属冶金学术委员会举办，70多位有色金属行业的负责人、专家及工程技术人员出席了大会。大会论文集收录了从1999年至2004年我国重有色金属冶炼荣获国家、行业科技进步奖的科研项目126项，并收录了59篇高水平的论文。大会进行了16篇优秀论文交流。

大会还就资源的再生利用、国外先进技术以及国内新技术、新工艺三个主题分别进行了介绍。

四、加强期刊管理工作

为推动科技信息交流，提高我国有色金属工业的技术水平，学会加强了对主办期刊的管理工作。学会及地方学会编辑出版的科技刊物有20余种，全年发行12万余册。其中学会主办的学术期刊7种，技术期刊1种，学会主要刊物“中国有色金属学报”已成为国内外知名的科技刊物。

为保证刊物的正常出版和发行，学会秘书处协助各刊物编辑部为争取中国科协的资金支持和申报中国科协优秀期刊资助做了大量的联络和沟通工作。

在做好期刊出版工作的同时，2005 年学会各级组织出版论文集 13 种，共发表论文 810 余篇。

中国稀土学会

The Chinese Society of Rare Earths

（CSRE）

地　　址　北京市海淀区学院南路 76 号

邮政编码　100081

电子信箱　csre@ cs - re. org. cn

主页网址　http://www. cs - re. org. cn

电　　话　010 - 62182748/62173497

传　　真　010 - 62173501

理 事 长　毕　群

代理事长　千　勇

副理事长　林东鲁　千　勇　丁海燕　屠海令　张洪杰　严纯华　杨文浩　苏文清　张安文

秘 书 长　王新林

刊物及主编　《中国稀土学报》　主编　徐光宪

Journal of Rare Earths　主编　徐光宪

《稀土》　主编　张安文

China Rare Earth Information　主编　刘　跃

《稀土市场》　主编　张宏江

单位简介

中国稀土学会是国家民政部注册登记的社团组织，是中国科协所属全国性学会。

中国稀土学会是全国稀土科学技术工作者自愿组成并依法登记的公益性、学术性、联合性、行业性、非营利性的群众组织，是党和政府联系稀土科技工作者的桥梁和纽带，是国家发展稀土科学技术事业的重要社会力量，是中国科学技术协会的组成部分。

学会的宗旨是：坚持以邓小平理论和“三个代表”重要思想为指导，坚持科学发展观，立足科学发展、着力自主创新、完善学会机制、促进社会和谐的总要求，切实提高贯彻科学发展观的能力、驾驭全局的能力、处理利益关系的能力、务实创新的能力，团结和动员广大稀土科技工作者以经济建设为中心，贯彻科学技术是第一生产力的方针，实施科教兴国和可持续发展战略，密切结合稀土生产建设和应用的需要，促进稀土科学技术的繁荣与发展，促进稀土科学技术的普及和推广，促进稀土科学技术人才的成长和提高，促进稀土科技与经济的结合，为振兴稀土工业，为社会主义物质文明、政治文明和精神文明建设服务；遵守国家宪法、法律、法规和国家政策，遵守社会道德风尚，反映稀土科技工作者的意见，维护稀土科学技术工作者的合法权益，为广大会员和稀土科学技术工作者服务。

学会认真执行国家科学技术和稀土产业政策，发扬学术民主，弘扬“尊重知识，尊重人才”的风尚，倡导“献身、创新、求实、协作”的科学精神，坚持民主办会的原则，高举爱国主义旗帜，维护民族团结，促进祖国统一。

中国稀土学会的服务领域包括地质矿山、冶金、机械、有色、轻工、农业、电子、石化、环保等行业。其主要业务范围是：开展国际、国内学术交流；组织编辑出版、发行科技书刊及音像制品；推动科普、继续教育和技术培训工作；开展重大项目科学论证，提供技术咨询服务，促进成果推广，推动企业技术进步，提出政策建议等工作；反映稀土科技工作者的意见和要求，维护其合法权益。

工作综述

一、学术交流

2005 年共召开学术会议、专题研讨会、科技培训班 10 余个（次），交流论文 500 余篇，900 多人参加了科技与学术交流及培训。

1. 第一届青年学术年会议于 8 月在内蒙古自治区包头市召开。

2. 第 12 届全国稀土催化学术会议于 10 月在辽宁省大连市召开。

3. 2005 稀土永磁电机研讨会于 8 月在北京召开。

4. 2005 年中国固体科学与新材料学术研讨会 3 月在广西壮族自治区北海市召开。

5. 2005 年全国蠕墨铸铁技术研讨会于 9 月在山东省

淄博市举行。

6. 2005“十一五”稀土催化发展战略研讨会于4月在北京举行。

7. 第五届全国稀土发光材料学术研讨会4月在广东省江门市召开。

8. 第11届全国稀土分析化学学术会议于12月在海南省海口市举行。

9. 第九届全国稀土化学与湿法冶金学术会议于12月在广东省广州市召开。

10. 第九届全国稀土钢技术研讨会7月在黑龙江省牡丹江市召开。

二、组织建设

1. 2005年8月17日在内蒙古自治区包头市稀土高新区召开了四届二次理事长办公会议。

2. 中国稀土学会四届二次常务理事会议于2005年12月16日在北京举行。出席会议的常务理事及代表总计46人，超过了学会常务理事总数的三分之二。会议确定干勇院士为代理事长。

三、出版工作

2001～2002年度、2003年度《中国稀土学会年鉴》在相关单位的共同努力下顺利出版，在此基础上学会继续编写2004年度《中国稀土学会年鉴》。这是学会创办以来第三部综合性年鉴，其内容在第一部的基础上有所充实和改进。它的出版进一步加强了稀土学术、科技、产业与市场等方面的信息交流，对促进我国稀土科技与产业发展将起到积极的推动作用。

中国腐蚀与防护学会

Chinese Society for Corrosion & Protection

地　　址　北京市海淀区学院路30号

邮政编码　100083

电子信箱　fsxh@ustb. edu. cn

　　　　　mail@cscp. org. cn

主页网址　http://www. cscp. org. cn

电　　话　010－62397591/62397592/62332201/62320080

传　　真　010－82372302/82372305

理 事 长　柯　伟

副理事长　杨德钧　左　禹　陈光章　吴荫顺　葛子干　张启富　林　安

秘 书 长　吴荫顺（兼）

代秘书长　高克玮

刊物及主编　《中国腐蚀与防护学报》主编　柯　伟

《材料保护》社长　柳　斌

《腐蚀防护报》主编　顾国成

单位简介

中国腐蚀与防护学会是中国科协所属，经民政部登记，具有独立法人资格的学术性群众团体。

中国腐蚀与防护学会团结全国腐蚀与防护科技工作者，民主办会，开展国内外学术交流与合作，传播科普知识和先进的生产力，编辑出版学术期刊，开展继续教育，维护广大会员的合法权益。

中国腐蚀与防护学会成立于1979年11月，现有会员6000余名，团体会员单位114个，设有6个工作委员会，15个专业委员会，在北京、上海、辽宁等15个省市成立了地方学会。

参加的国际组织有：国际腐蚀理事会（International Corrosion Council）、亚太地区材料和腐蚀协会（Asian－Pacific Material & Corrosion Association）。

工作综述

2005年9月，中国腐蚀与防护学会在北京举办了被称为腐蚀科技界奥林匹克的第16届世界腐蚀大会和展览会，接待了来自68个国家和地区的800余名与会者。国际腐蚀联盟主席和主席团成员联名高度评价本届会议："第16届世界腐蚀大会在北京举行对国际腐蚀联盟来说有着重要意义，大会的组织和地点都是高规格的，技术展览得到了广泛的赞誉。第16届世界腐蚀大会必将在相当长的一段时期里，被人们看作是一个国际腐蚀大会的精神参照和学习的榜样。"大会的圆满成功，极大地扩展和提升了学会在国际腐蚀科技界的影响力和地位。

2005 年学会正式组织实施了由中国科协授权的防腐蚀工程师资格认证工作。这是解决我国防腐蚀市场从事防腐蚀设计、制造、施工、管理和监理的工程技术人员短缺及其水平亟待提高等问题的一项重要举措，受到相关单位和人员的欢迎和支持。

2005 年 10 月 25 日，经国家科学技术奖励办公室审定，批准设立中国腐蚀与防护学会科学技术奖，奖励在腐蚀与防护科学研究和技术开发活动中，完成重大科学研究，在技术工程、项目中做出突出贡献的组织和个人。奖项种类分别为：中国腐蚀与防护学会优秀论文奖；中国腐蚀与防护学会科技进步奖；中国腐蚀与防护学会国际科学技术合作奖；中国腐蚀与防护学会科技发明奖。学会秘书处已成立了“中国腐蚀与防护学会科学技术奖”工作办公室。

2005 年学会还开展了科学技术普及工作，如科学家与青少年之间的“大手拉小手”活动，向不同年龄段的青少年普及腐蚀科学与防护知识。向中央电视台提供了腐蚀科学方面的 100 道科普竞赛题及答案，圆满完成了中国科协交给的任务。出版腐蚀与防护科普知识专刊，参加全国科普日活动，向广大民众普及腐蚀与防护基本知识。

2005 年学会继续做好学术刊物的编辑出版工作，并为推广新产品和新技术编辑了《中国腐蚀与防护材料产品用户手册》，已由中国石化出版社正式出版。

为了及时对外宣传，学会还加强了学会的网站建设，拓展了为会员服务的手段和渠道，收到了很好的效果。

学会在组织建设工作中，在为学会会员和团体会员服务和开展科技咨询工作等方面，做到了依法办会，民主办会。

中国化工学会

The Chemical Industry and Engineering Society of China (CIESC)

地　　址　北京市安外小关街 53 号
邮政编码　100029
电子信箱　ciesc@ciesc.cn
主页网址　http://www.ciesc.cn
电　　话　010－64441885
传　　真　010－64411194

理 事 长　曹湘洪

副理事长　任传俊　欧阳平凯　顾宗勤　龚七一　沈寅初　冯孝庭　范小森

秘 书 长　龚七一（兼）

刊物及主编　《化工学报》　主编　赵颖力

《中国化学工程学报》主编　廖叶华

Chinese Journal of Chemical Engineering　主编　廖叶华

《化工进展》　主编　黄丽娟

单位简介

中国化工学会是依法登记成立的、公益性、学术性的法人社会团体，是中国科协的组成部分。

中国化工学会是由中华化学工业会和中国化学工程学会合并而成的，中华化学工业会于 1922 年 4 月 23 日在北京成立，中国化学工程学会于 1930 年 2 月在美国麻省理工学院成立。1956 年加入全国自然科学专门学会联合会。1959 年中国化工学会曾与中国化学会合并成立中国化学化工学会，1963 年又分为两个学会。

现有 44528 名个人会员，96 个团体会员。下设化学工程、生物化工、信息技术化工应用、工业水处理、化工机械、化工自动化及仪表、石油化工、煤化工、化肥、农药、染料、涂料与涂装、橡胶、无机酸碱盐、矿业工程、化工新材料、化工环保、化工安全等 19 个专业委员会。

1984 年学会橡胶专业委员会加入总部设在伦敦的国际橡胶会议委员会。2001 年 9 月学会以发起组织之一和执行委员身份加入世界化学工程联合会（World Chemical Engineering Council，WCEC）。2004 年 3 月正式加入亚太化工联盟（the Asian Pacific Confederation of Chemical Engineering，APCChE）。

工作综述

2005 年，中国化工学会以邓小平理论和“三个代表”重要思想为指导，认真贯彻党的十六大和十六届三中、四中、五中全会精神，按照树立科学发展观的要求，紧密结合学会工作的实际，积极推动科教兴国战略、可持续发展战略和人才强国战略的实施，认真履行党和政府联系科技工作者的桥梁和纽带职责，学术活动广泛开展，对外交流不断拓宽，期刊质量稳步提高，继续教育和科普活动富有成效，各项工作取得了新的进展。全年举办国内学术会议 39 次，国际学术会议和双边学术会议 6 次，举办海峡两岸学术会议 2 次，以上总参加人数达 8082 人，其中外方人数 488 人，共发表会议论文 3698 篇，外方论文 303 篇，编辑论文集 26 套；派往国外及我国港澳台地区的团组共 4 个 53 人次；举办技术培训班 9 个，培训人数 502 人次；进行无偿科技咨询 188 项；主办各类科技期刊 18 种，共发表论文 3227 篇，年总发行量达 708500 册。

一、学术交流工作

2005 年 10 月 11～13 日由中国化工学会、美国化学工程师学会和日本化学工学会共同主办的中美化工学术会议在北京隆重举行，480 多人与会，其中美国、日本等 12 个国家或地区与会者 180 多人。本次会议主题为“化工可持续发展和高技术”，分设 14 个专题，共收到论文 403 篇，其中国内论文 204 篇、国外论文 199 篇，中美日三方大会报告各 1 篇，分组口头报告 270 篇，墙报交流 130 篇。会议期间，全国人大常委会成思危副委员长在北京人民大会堂接见并宴请了中外代表，全国政协副主席、中国工程院徐匡迪院长接见了与会美国国家工程学院的 10 名院士，中国科协副主席、书记处书记徐善衍出席了会议有关活动。本次会议巩固和发展了国际双边学术交流的传统活动，为中外专家学者提供了一个学术、技术和信息的交流平台，对于促进我国化工可持续发展，特别是提高我国化学工程原创性研发能力具有积极的推动作用。

中国化工学会 2005 年学术年会（石油化工）于 2005 年 11 月 3～4 日在四川省成都市召开，出席会议的专家学者 170 多人。本次年会主题是“科技支撑产业，创新引领发展”，收集并发表论文 300 多篇，其中大会报告 14 篇，分会报告 100 篇，其余为墙报，分会报告的专题有低碳烯烃生产技术、有机化工原料生产技术、天然气化工利用技术、催化新技术、聚合物及石化新材料技术、环境安全节能节水技术、石化信息与自动化技术、装备和化学工程技术等 8 个方面。年会围绕我国石油化学工业发展面临的挑战和机遇，组织相关专家、学者和工程技术人员探讨行业发展的新思路，研究新方向，交流新成果，促进石油化工行业的技术进步。

二、国际交流与合作

2005 年 7 月中旬，中国化工学会组团出席了在英国格拉斯哥举行的第七届世界化学工程大会。大会期间，亚太化工联盟召开了理事会，确认第 12 届亚太化工联盟学术会议由中国化工学会承办，计划 2008 年在中国举行。会议结束后，代表团还应英国和芬兰化学工程师学会的邀请考察了有关院校、企业及科研部门。

三、组织建设

2005 年 10 月 10 日，在北京召开了中国化工学会第三次理事会第二次会议，会议经表决增补了 20 名理事、7 名常务理事，一名副理事长，现有理事由原来的 241 增至 260 人，副常务理事由原来的 39 人增至 46 人，增补中国化工集团范小森副总经理为副理事长。会议还颁发了侯德榜化工科学技术奖，2005 年共有 12 位优秀科技工作者获奖。

经国家民政部批准登记，中国化工学会化工新材料专业委员会于 2005 年 9 月 18 日正式成立。

中国核学会

Chinese Nuclear Society

地　　址　北京市 2125 信箱
邮政编码　100822
电子信箱　cns@ns.org.cn / cns@cnnc.com.cn
电　　话　010－68555595/68555596
传　　真　010－68527188
理 事 长　王乃彦
副理事长　王大中　胡思得　钱绍钧　钱智民　黄国俊　穆占英
秘 书 长　傅满昌
刊物及主编　《核科学与工程》　主编　阮可强
《核技术》　主编　朱得彰

《辐射防护》 **主编** 李德平

《计算物理》 **主编** 沈隆均

《核化学与放射化学》 **主编** 林漳基

单位简介

中国核学会是核科学技术工作者自愿结成、依法登记注册、具有法人资格的全国性、学术性、非营利性的社会团体，成立于1980年。接受中国科学技术协会、中国核工业集团公司、民政部业务指导和监督管理。

学会自成立以来共换届5次。第一届理事会由145名理事组成，理事长王淦昌；第二届理事会由114名理事组成，理事长姜圣阶；第三届理事会由123名理事组成，理事长汪德熙；第四届理事会由125名理事组成，理事长钱皋韵；第五届理事会由173名理事组成，理事长王乃彦；第六届理事会由146名理事组成，理事长王乃彦。

学会下设20个分支学会，20个地方学会。现有会员8890人。

中国核学会是太平洋地区核理事会的成员单位，中国核学会理事长王乃彦在2001、2002年度担任该组织的主席。中国核学会辐射防护分会参加了国际辐射防护协会和国际辐射研究会，并先后担任过两个组织的主要负责人。中国核学会与12家国外学术团体和我国台湾地区核能协进会建立了长期合作关系。

工作综述

一、学术交流

1. 2005年，中国核学会总会秘书处协调、领导各分会开展学术交流活动50次。其中，国内学术活动47次，国际学术活动3次，累计有3102人次参加了活动。总会以开展综合性或涉外学术交流活动为主。

2. 5月16~20日，由中国核学会、美国机械工程师学会、日本机械工程师学会共同主办，国际原子能机构协办的第13届国际核工程大会在北京隆重召开。此次会议是国际核工程大会第一次在发展中国家举办，也是我国核能领域迄今为止举办的规模最大的国际交流活动，近千名国内外专家出席了会议。收到文章900余篇，其中512篇做了口头报告。包括中央电视台新闻联播栏目在内的各主要媒体都对本次会议进行了报道。国务院副总理曾培炎向大会发来贺信，并在北京人民大会堂会见了出席会议的重要嘉宾。

3. 8月28日~9月2日，第二届中日核电技术交流会在浙江秦山核电基地召开。交流会上，双方就中日两国的核电动态及规划、核安全与核安全文化、核电站检修技术、寿期管理、废物管理、人员培训等内容进行了深入的讨论。

4. 10月30日~11月8日，中国核学会代表团赴我国台湾地区参加第五届两岸核能研讨会。研讨会由中国核学会与财团法人核能科技协进会共同主办，主题是“加强核能交流，增进核能安全”，包括：两岸核电发展现状及未来展望、核电厂安全营运及建造技术、放射性废物处置与公众共识三个专题。

5. 9月5~16日，中国核学会青年代表团一行11人赴法国和芬兰进行了交流访问。围绕“从900兆瓦到N4（1500兆瓦核电站），再到EPR（欧洲先进压水堆）——法国的核能历程”这一主题，代表团参观了法、芬两国核电的科研、设计、运行及燃料循环等领域的相关单位，并通过参加讲座、座谈、培训等活动，对其核电技术的发展进行了比较全面、深入的考察。

6. 2005年，总会接待了瑞典青年代表团和法国青年代表团的来访；参与主办或协办了全球核能大会（GLOBAL2005，10月8~13日，日本筑波）、2005年水冷堆燃料性能会议（10月2~6日，日本京都）、2005年欧洲核能大会（ENC2005，12月11~14日，法国马赛）、第18届国际反应堆结构力学大会（8月7~12日，中国北京）、第三届亚太地区放射化学会议（10月17~21日，中国北京）等国际会议。通过这些活动，为国内专家提供了有益的信息，同时也向海外同行介绍了我国核科学技术发展进程，特别是核工业发展的最新形势。

二、科普教育

1. 6月12~15日，中国核学会与三门核电有限公司共同组织了“院士台州三门行”活动，钱绍钧、欧阳予、周永茂、阮可强、叶奇蓁五位院士参加了这次活动。院士们结合公众关心的话题，对核能知识作了深入浅出的讲解。台州市主要领导同志以及市政府干部近千人参加了报告会。

2. 9月22日，中国核学会科普委员会一行6人来到海军潜艇基地组织科普报告会，包括基地司令员在内的

1200名官兵参加了报告会。核学会副理事长胡思得院士向官兵们介绍了两弹研制的辉煌成就，核学会科普委员会委员马栩泉教授介绍了核能发展的历史及对人类的贡献，受到了全体官兵的热烈欢迎。

3. 2005年，共发放由中国核学会组织编写的《走近核科学技术》一书3500册。与三门核电公司一起组织相关人员编写了核电科普手册，并制作了挂图。学会已开始筹备编写一本反映中国核科技领域科学家风采的书籍，现已完成书籍的总体构思，并写出了介绍院士部分的篇章。

4. 根据中国核学会六届二次常务理事会会议的有关决定，3月13日、10月14日以及11月21日，教育与人才工作委员会（筹）在北京分别召开了三次会议。会上，国内核教育的有关单位和高校与会者介绍了各自核专业人才培养的历史、现状，布置了有关调研课题，并在各单位之间进行了工作分工。会议还决定，委员会将挂靠清华大学工程物理系。

三、组织工作

1. 2月份，中国核学会成立了以理事长王乃彦院士为组长的9人工作组，对各分会推荐的中国科学院院士、中国工程院院士候选人进行了认真的评选，并向中国科协上报了7名候选人。经中国科协的进一步评选后，有2人被推荐给中国工程院作为院士候选人，最后有一人当选。

2. 2005年，二级分会中的辐射防护分会、同位素分离分会、核电子与核探测技术分会完成了换届改选工作。总会加强了对二级分会的管理，各分会领导机构的产生过程都做到了民主协商，公开公平。

四、期刊工作

由中国核学会直接编辑出版的《核科学与工程》全年共出版了4期正刊和1期增刊，由中国核学会或各分会主办的其他刊物完成了正常的出版发行工作。

中国石油学会

Chinese Petroleum Society

地　　址　北京市西城区六铺炕街6号

邮政编码　100724

电子信箱　heqinghua@email. cnpc. com. cn

主页网址　http://www. cp3. org. cn

电　　话　010－62095614/62094082

传　　真　010－62095614/62014787

理 事 长　黄　炎

副理事长　马福臣　牟书令　仲伟志　刘宝和　贡华章　罗　汉　杨柏龄　袁晴棠　蒋龙生

秘 书 长　何庆华

刊物及主编　《石油学报》　主编　杨　茁

《石油学报》（石油加工）　主编　汪燮卿

《石油知识》　主编　洪定一

单位简介

1978年6月27日石油工业部向中国科协提出成立中国石油学会的申请。随后，石油工业部和中国科协联合发文，报请方毅副总理并经国务院批准成立中国石油学会。1978年12月，中国石油学会成立了临时理事会，理事长由侯祥麟担任，并相继成立了石油地质、石油工程、石油炼制3个专业委员会和16个省、自治区、直辖市石油学会。1979年4月10日，中国石油学会首届代表大会暨学术报告会在四川省成都市召开，产生了以侯祥麟为理事长的中国石油学会第一届理事会，同时正式加入中国科协。

截至2005年底，中国石油学会在册会员为5.1万人，各省、自治区、直辖市石油学会为28个，所属分会、专业委员会15个，工作委员会4个，编辑委员会2个。

中国石油学会与美国、俄罗斯、日本、加拿大等国家的石油学术组织建立了交流与合作关系。自20世纪80年代以来与国际石油工程师学会（SPE）建立了密切联系，1983年至今已先后举办了7次国际石油工程会议及展览，设立了SPE北京、大庆、胜利、蛇口及海洋天津分部，国内的SPE会员（未含港澳台地区）已达700余名。此外，（国际）测井分析家协会（SPWLA）、勘探地球物理学家学会（SEG）也分别于1990年和1994年设立了北京分会，并相继在华举办了多次国际学术会议。

工作综述

一、组织建设及管理工作

1. 中国石油学会根据中国科协和民政部的要求，石油炼制分会、海洋石油分会、石油物探专业委员会、石油地质专业委员会、石油工程专业委员会、石油测井专业委员会、石油统计专业委员会、石油经济专业委员会、石油科技装备专业委员会、石油储运专业委员会、石油质量可靠性专业委员会、石油物资管理专业委员会、天然气专业委员会、石油科普教育工作委员会、《石油学报》编辑部等单位均已完成了换届工作，并于2005年8月统一颁发了民政部新的社团分支（代表）机构登记证书，全部更换了新的印章。会员的重新登记和换证工作也全面完成。

2. 2005年7月，中国石油学会专门组成调研组前往辽宁省与省科协、省经济委员会、辽河石油勘探局、辽河油田分公司等有关单位协商处理辽宁省石油学会的挂靠问题。经研究决定，在未彻底解决辽宁省石油学会挂靠问题之前，辽河石油勘探局及辽河油田分公司等单位开展的一切学会活动均由中国石油学会牵头办理。

3. 为加强学会办事机构的内部管理，结合保持共产党员先进性教育活动，学会秘书处于2005年初改选了党支部，增加了纪检监察员，增强了党支部的战斗堡垒作用。并对《石油知识》杂志社财务进行了整改，由过去委托地方会计公司管理，改为石油学会秘书处直接监督管理，聘任了专职会计，并制定了《石油知识》杂志社财务管理规章制度，使学会的管理工作更加规范。

4. 学会健全完善了中国石油学会网站建设和维护工作，网站（http://www. cps. org. cn）实现了中国石油学会所有重要学术交流活动、会议通知、各省市石油学会、各分会和专业委员会的情况等均可以在网上发布信息。

5. 各省市石油学会、各分会和专业委员会也都相继建立或积极筹备建立网站。物探专业委员会的网站在筹备和承办CPS/SEG北京地球物理国际会议暨展览过程中发挥了重要的作用。

6. 如期召开了中国石油学会2005年度工作会议，总结了2004年工作，表彰了先进集体和个人，安排部署了2005年工作任务。

7. 积极配合中国科协，组织有关专家完成了2005年度中国科学院院士、中国工程院院士候选人推荐工作。经中国石油学会推荐的8名院士候选人中，袁士义当选为中国工程院院士。

二、重大学术交流活动

1. 5月16~18日，中国石油学会第五届石油炼制年会，在北京市昌平区召开。来自全国有关科研院所、高等院校、企业界等65个单位共223人参加了会议。13位领导和专家作了大会报告，另有64篇报告在分组会上进行了报告交流。与会专家、学者紧密围绕“可持续发展的中国炼油工业——创新、环保与节约资源”这一主题充分进行了研讨和交流。大会共收到论文218篇，论文集收录152篇。

2. 5月16~17日，中国石油学会海洋石油分会主办的国际深水工程技术研讨会在天津市召开。会议邀请了美国休斯敦国际海洋工程协会的专家，系统地介绍了目前国外深水平台设计制造的新技术。中国海洋石油总公司有关部门50多位专家和工程技术人员参加了会议。

3. 5月27日，由中国科协主办，中国石油学会承办的促进科技进步与石油石化产业发展专家论坛在江苏省无锡市召开。来自中国石油天然气集团公司、中国石油化工集团公司、中国海洋石油总公司的70多名专家出席了会议。9位石油石化专家作了专题报告。在论坛召开前，学会编辑出版了《促进科技进步与石油石化产业发展专家论坛报告集》。

4. 7月11~13日，中国石油学会在辽宁省大连市组织召开了中国石油炼化企业信息技术研讨会。来自各有关单位的60多位专家学者和专业技术人员参加了会议。

5. 8月18~19日，为了配合中国科协2005年学术年会，中国石油学会在乌鲁木齐市组织召开了西部石油天然气资源与发展战略研讨会。来自中石油、中石化、中海石油总公司的140多名专家学者和工程技术人员参加了会议，会议交流论文70余篇。

6. 9月3~5日，中国石油学会在山东省青岛市组织召开了中国石油学会第一届油气田开发技术大会。全国各大油田、石油院校、科研院所近200人出席了大会并参加了学术交流与研讨，会议交流论文170余篇。通过交流，达到了全国油气田开发界就难采油气进行跨地区、跨部门全面横向交流、相互学习、共同提高我国难采油气开发技术水平的目的。

7. 9月27～30日，中国石油学会在辽宁省丹东市组织召开了第十届三省一市环渤海浅（滩）海油气勘探开发技术研讨会。来自中石油、中石化、中海石油等三大石油集团（总）公司的100多名专家学者、技术人员参加了会议，围绕环渤海地区的勘探、开发、工艺技术等方面进行了学术交流，共交流论文130余篇，并出版了论文集。

8. 10月21～26日，中国石油学会在海南省三亚市组织召开了《油气地面工程科技成果专辑》第19次工作会议，来自中石油集团公司、中石化集团公司、中海石油总公司主管石油地面工程方面的领导同志以及专家、工程技术人员共60多人参加了会议，会议审定科技成果论文50篇，共评选出优秀论文15篇，其中：一等奖3篇、二等奖5篇、三等奖7篇。

9. 10月27～29日，中国石油学会在湖北省荆州市长江大学组织召开了中国石油学会第四届青年学术年会，来自全国各大油田、炼厂、科研院所的2000多名青年科技工作者出席了大会，俄罗斯自然科学院院士李国玉、我国油田开发专家赵文智等作了大会专题报告，会议交流论文350余篇，并出版了论文集。

10. 11月24～27日，由中国石油学会天然气专业委员会主办的2005天然气学术年会在海南省三亚市召开。来自全国各大油田、科研院所的100多名专家学者参加了会议。本届年会的主题是“以科技进步，推动天然气工业持续、快速、健康发展”，与会专家学者紧密围绕天然气勘探、开发、管道集输、技术信息和天然气化工等方面进行了广泛的学术交流和研讨。会议交流论文100多篇。

11. 石油统计专业委员会经过推荐和论文评选，优选出12名同志组成中国石油学会代表团，于2005年4月5～12日赴澳大利亚悉尼参加了国际统计学第55届大会。中国石油学会代表团向大会提交论文12篇。

12. ·中国石油学会主办的《石油学报》2005年荣获国家新闻出版总署百种优秀科技期刊奖，并于2005年9月随中国科协代表团到我国台湾地区台北市参加了海峡两岸学术期刊交流和展览活动。

13. 各省、自治区、直辖市石油学会，各分会、专业委员会结合石油、石化企业生产和科研实际，也都开展了大量有针对性的学术交流活动。据不完全统计，2005年中国石油学会共召开学术交流会达340多次，其中省市学会交流会议290次，秘书处和专业委员会交流会议45次，参加人员21000多人次，交流学术论文近3000篇，全面完成了年初的学术交流工作计划，为我国石油石化科学技术人员学术理论水平的提高和科学技术的发展做出了贡献。

三、期刊编辑出版

1. 《石油学报》2005年编辑出版7期，发表学术论文192篇，总字数186万字，其中：属国家自然科学基金、国家“863”、“973”项目，国家“八五”、“九五”、“十五”科技攻关项目以及中国三大石油集团（总）公司的项目占论文总数的85%以上。目前，国外已有多家权威检索系统收录了《石油学报》的论文，如：美国工程索引（EI）、日本科学技术文献速报（JICST）等。国内已有20多种文摘刊物或数据库把《石油学报》列为核心期刊收录。

2005年1月《石油学报》荣获国家新闻出版总署颁发的第三届百种重点科技期刊奖。根据2005年12月中国科学技术研究所信息分析中心最新提供的《中国科技期刊引证报告》，《石油学报》的影响因子为1.055，总引频次为1388，在1608种统计源期刊中，总排名分别列第74位和第83位；在能源科学类期刊中继续名列前茅，并连续四届荣获“百种中国杰出学术期刊”称号。

2. 《石油学报》（石油加工）2005年编辑出版6期，发表学术论文95篇，近200万字。目前该刊已被美国《工程索引》（EI）和俄罗斯的《文摘杂志》收录，还加入了中国期刊网和万方数据库，在执行《中国学术期刊（光盘版）检索与评价数据规范》中获优秀奖，还荣获了第五届全国石油和石化行业优秀期刊评比二等奖。

3. 《石油知识》杂志2005年编辑出版6期，发表文章280篇，总字数约90万字，发行12万册，全面完成了编辑出版任务。

4. 各省、自治区、直辖市石油学会、各分会和专业委员会也坚持做好科技期刊出版发行工作，所办期刊的质量都有了长足的进步。如物探专业委员会主办的《石油地球物理勘探》多次获得中宣部、科技部和国家新闻出版总署颁发的全国优秀期刊一等奖和双高期刊荣誉，已经成为我国广大石油物探工作者的必读专业刊物，并荣获百种重点期刊奖。经济专业委员会主办的《国际石油经济》多年来一直注重期刊的质量，在本领域内发表了大量学术文章，起到了学术交流的平台作用等。

四、科普教育工作

1. 中国石油学会科普工作委员会于2005年7月在吉林省图们市举办了2005年石油科普夏令营活动。70多人参加。还邀请专家为科技人员作了“绿色的可替代能源——新能源和再生能源”为主题的科普讲座。

2. 由中国石油学会和云南省石油学会联合举办的石油地质科普考察活动于2005年9月在昆明、保山、德宏市举行。来自三大石油集团(总)公司系统70多名科技人员参加了考察活动。中石化南方勘探开发分公司长期从事云南石油地质研究的两位专家分别作了题为“云南地质考察”、“云南三江构造带地质走廊调查”的报告。

3. 为了在更大的范围内宣传中国石油工业的成就和科学知识，中国石油学会向三大石油集团(总)公司呈报了关于拍摄石油科普电视片的报告，成立了以学会理事长黄炎为组长的领导小组。目前此项工作正在积极地进行之中，石油地球物理勘探部分已初步摄制完成。

4. 各省、自治区、直辖市石油学会、各分会、专业委员会，积极开展了大量的科普宣传活动。据不完全统计，全年共开展各类科普宣传活动249次，参加人数29000余人次，编辑出版科普期刊10余种，印发材料近万册。

中国煤炭学会

China Coal Society (CCS)

地　　址	北京市朝阳区青年沟路5号
邮政编码	100013
电子邮箱	b38tj@cast.org.cn
主页网址	http://www.ccszs.org.cn
电　　话	010-84262776/84262778
传　　真	010-84264526
理 事 长	濮洪九
副理事长	钱鸣高　胡省三　朱德仁　张玉卓　谢和平　孙茂远　王金华　耿加怀
秘 书 长	胡省三(兼)
刊物及主编	《煤炭学报》　**主编**　胡省三 《当代矿工》　**主编**　窦庆峰

单位简介

中国煤炭学会是煤炭科技工作者的学术性群众组织，是依法成立的社团法人，是中国科学技术协会的组成部分。宗旨是团结和组织煤炭科技工作者，贯彻科学发展观和科学技术是第一生产力的思想，实施科教兴煤战略和可持续发展战略，开展国内外学术交流，普及科学技术，发现、推荐人才，维护科技工作者的合法权益，推动煤炭科学技术事业的繁荣与发展，为社会主义物质文明与精神文明建设服务。

中国煤炭学会创建于1962年，1979年、1984年、1989年、1995年、2001年先后召开了第一、二、三、四、五次全国会员代表大会，选举产生各届理事会，第一届理事长贺秉章，第二届理事长叶青，第三、四届理事长范维唐，第五届理事长濮洪九。现有分支机构29个，其中25个专业委员会，3个工作委员会，1个鉴定委员会。24个省、自治区、直辖市有地方煤炭学会组织。现有个人会员5万余人，团体会员52个。1980年以团体会员名义加入国际泥炭学会。1987年与波兰采矿工程师技术人员协会签订合作协议，2001年与美国采矿冶金勘探学会签订合作协议。

工作综述

一、落实科学发展观，认真组织开展学术交流活动，做大做强学术论坛

认真组织好中国科协2005年学术年会第20分会场(煤炭)。征集论文100篇，到会60余人，就21世纪前期我国煤炭科技重点发展领域、短壁机械化开采技术现状与发展等问题进行了深入的交流与探讨。通过会议搭建了院校、企业及学会交流与合作的平台，对行业发展起到了积极的推动作用。

召开2005年全国矿山建设学术年会，濮洪九理事长到会并讲话，与会者156人，征集论文326篇。会议在广泛交流和研讨的基础上，一致认为，从事矿山建设的各部门必须通力合作，共同参与和支持深井建设的研究，积极推动相关科研项目和技术创新，增强矿山建设行业的核心竞争力，保证行业的可持续发展。

2005年，学会各专业委员会积极开展学术交流活动，举办学术会议（论坛、研讨班）共26个，有1880人次参加，征集论文1452篇，多数会议编辑出版了论文集（或专刊），经济研究等专业委员会还进行了优秀论文的评选表彰。

各省、自治区、直辖市煤炭学会、各团体会员单位组织开展多种形式的学术交流活动。湖南省煤炭学会主办了2005年多省（市）煤炭学会学术交流暨湖南省煤炭科技论坛，8个省（市）的180余人到会，评选优秀论文103篇。江西省煤炭学会召开了2005年学会工作暨学术交流会，表彰了优秀企业、企业家、先进集体、先进会员。山西、陕西、青海、云南、安徽、福建、河南、山东、湖北等省煤炭学会，平煤集团、开滦、淮南矿业集团等团体会员单位，结合实际，积极组织开展学术交流、论坛讲座、科学普及等各种活动，并取得了成效。

二、贯彻落实《国务院关于促进煤炭工业健康发展的若干意见》，组织召开第六次全国煤炭工业科学技术大会。修订《煤炭工业技术政策》，提交大会讨论通过

第六次全国煤炭科学技术大会由中国煤炭工业协会和学会共同主办，并负责组织修订《煤炭工业技术政策》。会议旨在为促进煤炭工业持续健康发展，保证国家能源安全，全面分析第五次全国煤炭工业科学技术大会以来煤炭工业面临的形势、任务、机遇和挑战，总结煤炭行业科技发展的重要成果和先进经验，研究及讨论“十一五”煤炭科技发展规划和煤炭工业技术政策，表彰奖励先进单位和个人。濮洪九理事长主持了会议开幕式并作会议总结报告，胡省三副理事长兼秘书长在大会上代表编写专家组对《煤炭工业技术政策》作了修订说明。专家组对《煤炭工业技术政策》（1995年版）进行了修订，先后4次召开征求意见座谈会，经反复修改，最后提出了修订草案。

三、普及煤炭科学知识，为提高全民科学素质服务

继续认真做好“中国煤炭学会科技系列丛书”的编写出版工作，由学会组织编写的《矿区工业生态经济》一书已出版发行。

2005年（第20届）全国青少年煤炭科技夏令营在山西焦煤集团公司的支持下在山西省太原市开营。全国近10余个省、自治区、直辖市110余名青少年及辅导员参加了活动。

中国煤炭博物馆已被中国科协正式命名为“全国科普教育基地”，并颁发了证书。2005年接待观众27000余人次，其中国外、境外团队2000余人次。

学术性双月刊《煤炭学报》，继续提高办刊的质量和水平，全年共发行约6000册，办增刊1期，英文版2期，在美国工程索引（EI）检索率达到100%。

科普性月刊《当代矿工》，全年发行共14.4万册。召开了中国煤炭学会科普工作暨《当代矿工》杂志宣传工作会议，表彰了科普工作先进单位。

四、认真组织开展重大科技进展评估、科技成果鉴定、开采损害技术鉴定，推动煤炭科学技术的发展

2005年煤化学专业委员会把学科重大科技进展评估与举办学术年会相结合，通过有计划有针对性的约定报告题目和聘请在该领域有较高学术造诣的报告人，以专题报告和研讨的形式达到科技进展评估的目标。

按照《中国煤炭学会科技成果鉴定、评审工作实施办法》，组织专家完成了“高效短壁机械化开采成套技术研究”等共13项成果的技术鉴定工作。

煤矿开采损害技术鉴定委员会在2005年的工作会议上，主要讨论了关于委员会的换届问题；关于水在开采损害鉴定中的作用；进行了工作经验交流。完成了“鲍店矿开采与四村庄部分房屋损害关系”等11项鉴定任务，科学、公正地为政府部门解决了难题，为经济发展和社会稳定做出了贡献。

五、评选表彰煤炭科技奖，举荐优秀科技人员，为科技进步和人才的成长创造条件

与中国煤炭工业协会共同完成了2005年煤炭科技进步奖的评审工作。由学会专家库遴选聘请专家对申报的成果进行评审，评出特等奖2项，一等奖16项，二等奖48项，三等奖77项。

按照中组部、人事部和中国科协关于第九届中国青年科技奖候选人推荐评选的要求，在曾获得煤炭青年科技奖和孙越崎青年科技奖名单中，遴选推荐了3人。

按照中国工程院关于推荐第六届光华工程科技奖候选人的要求，遴选推荐了1人，并参与了专家评审工作。

受孙越崎科技教育基金委员会的委托，组织开展了第14届能源大奖、青年科技奖的评选推荐工作。煤炭科学研究总院太原分院院长王虹研究员获能源大奖，平煤集团公司副总工程师马世志教授级高级工程师等10人获青年科技奖。

六、继续深化改革，加强自身建设，提高工作效率和服务水平

2月28日，召开了五届五次常务理事会议暨学术论坛，传达贯彻中国科协六届五次全委会议精神，审议通过了关于增补常务理事、副秘书长、表彰先进等事项，研讨了学会工作，开展了学术交流，濮洪九理事长、钱鸣高院士、洪泊潜院士等5人作了学术报告。

4月15日，召开了2005年学会工作会议，贯彻落实中国科协六届五次全委会会议精神和学会五届五次常务理事会通过的各项工作安排，表彰奖励了先进集体和个人，进行了工作经验交流。

在党员先进性教育活动中，学会秘书处党支部在征求意见阶段发函61封，征求各专业（工作）委员会，省级学会和团体会员的意见。归纳反馈意见24条。

为适应煤炭工业发展的要求，组建了煤层气专业委员会和史志工作委员会，分别于10月份召开了成立大会并开展了工作。

按照学会改革方案，理事和委员实施动态管理。为有利于学会开展工作，增补调整理事4人。根据单位推荐，专业（工作）委员会增补、调整委员24人。

继续发展个人（专业）会员、资深会员、团体会员，做好管理与服务工作。2005年由专业委员会、省级学会、团体会员单位发展个人（专业）会员，报学会备案共2629人（总计6111人）。推荐资深会员、经常务理事会审定批准有110人（总计245人），其中永久资深会员1人；根据单位申请，常务理事会审定发展团体会员3个（总计52个）。

学会各级组织，在加强自身建设的同时，努力为会员、为科技工作者服务。省、自治区、直辖市煤炭学会、专业（工作）委员会的秘书长、副秘书长，大都是兼职人员，在搞好本职工作的同时，无私奉献，甘当人梯，努力做好理事会或委员会的工作，组织召开会议，及时向理事、委员、会员寄送信息资料。反映他们的呼声与要求，竭诚为大家服务，并不断提高工作效率和服务水平，充分发挥学会的桥梁纽带作用。

中国可再生能源学会

Chinese Renewable Energy Society

地　　址　北京市海淀区花园路3号

邮政编码　100083

电子信箱　cses1979@ sohu. com

电　　话　010－62017009

传　　真　010－62373887

理 事 长　石定环

副理事长　王孟杰　毛宗强　孔　力　朱俊生　李俊峰　赵玉文　张　剑　贺德馨　韩建功　黄　鸣

秘 书 长　孟宪淦

刊物及主编　《太阳能学报》　主编　石定环

《太阳能》　主编　石定环

单位简介

中国可再生能源学会（原中国太阳能学会）是中国可再生能源科技工作者自愿组成的全国性、学术性和非营利的社会团体，是中国科学技术协会的组成部分。1979年9月6日在陕西省西安市举行成立大会，并召开了第一次全国会员代表大会，王补宣当选为第一届全国理事会理事长。第二届理事长王补宣，第三届理事长龚堡，第四届理事长朱亚杰，第五、六届理事长严陆光，第七届理事长石定环。

1980年7月中国太阳能学会加入国际太阳能学会，2000年加入国际氢能协会，2002加入世界风能协会。中国可再生能源学会下设太阳能热利用、太阳能建筑、光伏、光化学、风能、生物质能、氢能等专业委员会。现有会员4000多人。

2005年10月20日，经中国科协和民政部批准，中国太阳能学会更名为中国可再生能源学会。

工作综述

一、学术活动

2005年完成学术交流活动11项，发表论文814篇，参加人数2553人。

1. 第15届国际光伏科学与工程大会，10月10～15日在上海召开，科技部党组成员吴忠泽、全国人大环资委副主任冯之浚和有关部委及上海市的领导同志出席了开幕式。

本次大会共收到论文721篇，来自世界30个国家的1500名专家、学者出席了会议。世界著名光伏专家，诺贝尔环境奖获得者Matin Green和日本光伏权威Hamakawa出席了会议。本次会议是在我国通过了的《可再生能源法》，光伏发电列为重点发展项目的形势下召开的。与会学者研讨了光伏发电的技术、市场、规划等问题，对我国光伏发电有重要推动作用。本次会议还举办了国际可再生能源展览，展览面积达1万平方米。

2. 2005年3月～12月在全国开展了首届太阳能建筑设计大赛，共收到全国各地及德国、中国香港特别行政区的参赛作品87项，11月3日由马国馨院士主持进行了评审会。获奖作品和优秀作品汇编成图册，在全国各地巡展，并举办了太阳能建筑研讨会。

二、战略和政策研究

1. 2005年受政府委托，对《可再生能源法》实施细则和我国可再生能源中长期发展规划及“十一五”科技攻关计划进行了调研并提出了建议。

2. 组织专家对2008年“科技奥运”、“绿色奥运”在奥运场馆的应用进行了多次研讨并给北京市委书记刘淇提交了建议书。刘淇、王岐山等北京市委领导同志进行了批复，并落实了具体的项目。

三、科普和培训

1. 9月17日“全国科普日”活动中，国家副主席曾庆红等中央和北京市领导同志参观了学会的展位。

2. 针对可再生能源产业发展迅速但是专业人员缺乏的现状，2005年积极开展了技术培训工作。如风能专委会组织专家对国华能源投资公司100多名员工进行了培训，对该公司投资风电场进行前期工作起到良好作用；协助华北电力大学风电场开发研讨班的教学工作；热利用专委会举办了公共建筑节能标准和太阳能建筑应用培训等。

四、编辑出版

2005年完成《太阳能学报》6期共187万字，168篇论文的编发工作和《太阳能》杂志6期共77万字180篇文章的编发工作。与中国期刊网、新能源网等四家签定了网络出版协议。《太阳能学报》努力提高学术水平，推动我国可再生能源技术的发展。《太阳能》杂志以技术普及和产业化发展为主，突出技术性、实用性，提高了刊物的影响。2005年还对《太阳能学报》双月刊改为月刊做了准备工作。

中国能源研究会

China Energy Research Society（CERS）

地　　址　北京市西城区三里河路54号
邮政编码　100045
电子信箱　cers@mx.cei.gov.cn
电　　话　010－68511816
传　　真　010－68513097
理 事 长　范维唐
副理事长　邓可蕴　严陆光　何建坤　张玉卓　李彦梦　周大地　周小谦　胡见义　赵经彻　赵家荣　秦中一　鲍云樵
秘 书 长　鲍云樵（兼）
刊物及主编　《中外能源》　主编　鲍云樵
《能源政策研究》　主编　吴钟瑚
《世界能源导报》　主编　鲍云樵

单位简介

中国能源研究会是中国从事能源科学技术的科技工作者自愿结成、依法登记、非营利性的全国性、学术性的社会团体，是中国科学技术协会的组成部分。

中国能源研究会于1981年1月5日在北京成立。

1981年1月在北京召开了第一次全国代表大会。林汉雄任第一届理事长。1984年10月在重庆市召开了第二次全国代表大会，朱亚杰任第二届理事长。1990年11月在北京召开了第三次全国代表大会，杨纪珂任第三届理事长。1995年8月在北京召开了第四次全国代表大会，黄毅诚任第四届理事长。2002年3月在北京召开了第五次全国代表大会，范维唐任第五届理事长。28 个省、自治区、直辖市有地方能源研究会组织。

中国能源研究会地热专业委员会是国际地热协会(International Geothermal Association)团体会员。

工作综述

一、抓住国家正在制定“十一五”规划的机遇，提供决策咨询服务

1. 组织专家编写了《973 能源领域“十一五”期间能源发展战略和项目》，该成果经专家论证和修改后报送科技部审评和批准。

2. 受中国工程院和侯祥麟院士的委托，研究会组织专家开展了《二十一世纪上半叶我国能源需求预测和常规石油替代》专家咨询项目的研究。

3. 受全国人大常委会财经委委托，承担了《我国“十一五”能源规划和 2020 年前景目标》的研究。为十届全国人大四次会议审查和批准《“十一五”国民经济发展规划和 2020 年前景目标》提供专家咨询。

4. 受国家能源领导小组办公室的委托，承担了《中国能源政策框架体系》的研究。课题于 2005 年 12 月 14 日召开启动会。

5. 受世行/GEF 中国节能促进项目办公室的委托，承担了“世行/GEF 中国节能促进项目”项目一期 A 部分节能服务公司示范结果评估。

二、针对当前形势和热点问题，发挥学会优势，召开专家研讨会

1. 2005 年 1 月 30 日，组织召开了推进我国节能工作专家研讨会，并向国家有关部门提交了《关于推进我国节能工作的专家建议》。

2. 2 月 27 日，组织召开我国能源科技发展态势及对策专家研讨会，与会专家分析了我国能源科技发展的过程和现状，提出了加强我国能源科技工作的建议。

3. 受国家科技部委托，组织专家就科技部能源研发项目提出咨询意见，供主管部门决策参考。

三、国内外学术交流活动

1. 2005 年 3 月 5 ~ 14 日，中国科学技术部和西班牙外交部国际合作署在西班牙举办中西太阳能技术研讨会，会后中方与会人员对西班牙的太阳能利用情况及相关机构进行考察和访问。

2. 由中国科技部和意大利环境与国土部联合主办，中国能源研究会(CERS)、威尼斯国际大学(Venice · Iniernational University)和都灵 Agroinnova 大学共同承办的中国—意大利清洁能源和可再生能源发展应用研讨班及技术考察活动于 4 月 2 ~ 16 日在意大利举办。此次高级培训项目的主题是“清洁能源和可再生能源发展与应用”。

3. 5 月 13 ~ 15 日，经中国科协批准，受国际地热协会委托，由研究会承办的国际地热协会第 39 次理事会在北京召开。到会理事 14 名，中国理事(中国能源研究会地热专业委员会本届主任郑克棪)1 名，国际地热协会秘书长执行主任 1 名及代表 2 名。

4. 联合举办中意清洁发展机制(CDM)能力建设研讨班，受中国科学技术部和意大利环境国土部的委托，中国能源研究会、中国 21 世纪议程管理中心和意大利威尼斯国际大学作为执行机构，负责研讨班的组织实施工作。

5. 7 月 31 日 ~ 8 月 5 日，中意能源环境合作基金项目指导委员会(中方)委托中国能源研究会和项目办公室在广西壮族自治区北海市组织召开了中意能源环境合作基金项目工作会议。

6. 9 月 14 ~ 15 日，在北京召开了全国地热产业可持续发展学术研讨会暨中国能源研究会地热专业委员会成立 20 周年纪念活动。140 余位专家学者到会参加，会议出版了《全国地热产业可持续发展学术研讨会》和《中国地热勘查开发 100 例》两部论文集。

7. 9 月 23 日，协助科技部全国清洁能源行动办公室在北京组织召开中国—联合国开发计划署合作项目“清洁能源行动”总结暨成果推介大会。

8. 10 月 20 ~ 22 日，农村能源专业委员会和中国沼气协会在浙江省杭州市联合召开全国沼气技术研讨会。

9. 10 月 26 ~ 28 日，城市能源专业委员会在天津召开了 2005 年学术年会暨城市能源专业委员会成立 20 周年纪念活动。与会者以《城市能源——发展战略与规划》为蓝本，就城市能源安全、重点项目内容、节能法规和措施、供热收费改革、热电联产等方面展开了交流和讨论，提出了对策措施。

10. 11 月 1 ~ 4 日，在北京举办了第一期中欧工业 CO_2 管理培训班。本项目的目标是通过在 CO_2 管理方面的教育和培训，进行能力建设。

11. 11月7~8日，在北京人民大会堂召开2005北京国际可再生能源大会期间，协助组织召开中意可再生能源合作论坛

四、积极开展科普活动，为建设节约型小康社会做贡献

1. 科普工作委员会组织专家为在全国开展的“科学发展观——资源节约与可持续利用”知识大赛出题

2. 组织专家为《百科知识》普及版编写词条

3. 配合中国科协举办的科普日活动，研究会利用《世界能源导报》撰写能源可持续发展和节能方面的科普宣传文章。

4. 积极开展千厂千会协作行动，与企业合作，开展科技咨询和推广普及活动。研究会通过多种渠道与企业沟通，开展为企业服务的活动，积极扶植节能高科技产品的研制和推广。

五、加强组织建设，发展新会员，加强专业委员会工作

1. 针对会员老龄化问题，研究会采取措施积极发展年富力强的科技工作者入会，以增强学会的力量。

2. 《中外能源》和《能源政策研究》、《世界能源导报》在人员少，经费困难、任务重的情况下均完成了全年规定的出版任务。

3. 研究会加强了对专业委员会的管理，指导地热专业委员会和新能源专业委员会进行换届改选。

4. 为加强各专业委员会的联系和各省市能源研究会的交流，11月29~30日，在广东省深圳市召开了中国能源研究会与各省市能源研究会秘书长联席会议，会议主题是“学会如何应适应改革深化的需要，能源形势分析，共商学会发展大计”。

中国硅酸盐学会

The Chinese Ceramic Society（CCS）

地　　址　北京市海淀区三里河路11号
邮政编码　100831
电子信箱　cersoc@public3.bta.net.cn
主页网址　http://www.ceramsoc.com
电　　话　010－68342007/68335803
传　　真　010－68342016/68313364
理 事 长　张人为
副理事长　于世良　宋志平　张耀明　李建保　杨自鹏　陈立泉　姚　燕　徐德龙　潘东晖
秘 书 长　晋占平
刊物及主编　《硅酸盐学报》　主编　黄　勇
《硅酸盐通报》　主编　郭景坤

单位简介

中国硅酸盐学会的发展历史分为4个时期：筹建和创建初期（1945~1956年）；重新组建和初步发展时期（1956~1966年）；基本停顿时期（1966~1978年）；恢复及大发展时期（1978年至今）。2004年12月17~18日，第七次全国会员代表大会在福建省厦门市召开，会议审议通过了修改后的章程。学会设有水泥、混凝土与水泥制品、房屋建筑材料、特种陶瓷、陶瓷、玻璃、特种玻璃、电子玻璃、玻璃纤维、玻璃钢、非金属矿、耐火材料、晶体生长与材料、工艺岩石学、搪瓷、环境保护、自动化、固态离子学等18个专业分会及科学普及、学术交流、科技咨询3个工作委员会。个人会员达19310人，团体会员49个。办事机构设有办公室、国内学术交流及科学普及工作部、国际学术交流工作部、《硅酸盐学报》编辑室、科技咨询工作部共5个部、室。全国省、地、市硅酸盐学会达124个。

中国硅酸盐学会加入的国际组织有：国际玻璃协会、国际耐火材料学术会议联合组织、国际陶瓷联合会、国际晶体生长组织、亚洲—大洋洲陶瓷联合会，并为上述5个国际组织的执委会成员。

工作综述

一、学术交流工作

2005年10月15日~11月15日，学会举办了以“回顾、展望、创新、发展”为主题的庆祝中国硅酸盐学会成立60周年学术活动月，推动学术交流工作的全面开展。

2005年召开国内外学术会议34个，交流论文2767篇，参会者达5177人次。学术会议的数量和质量均有较大提高，学术活动具有以下特色：

1. 组织了高水平、高层次的学术交流活动，促进了学科发展。在学术活动月期间，举办国内外学术会议、报告会、培训等16场、次，院士参加活动20余人次。

2. 国际交流与合作取得新进展。学会成功举办了2005年国际玻璃讨论会暨国际玻璃协会年会等4个国际会议及第16届中国国际玻璃工业技术展览会；接待来访团组139个，2831人次；派出团组6个，18人次。

3. 提高了学术期刊的质量。《硅酸盐学报》全年共刊登文章302篇，出版周期降至7～9个月。在被引频次最高的中国科技期刊500名排名表中，《学报》在无机非金属材料领域的科技期刊中名列前茅。

《硅酸盐通报》在保证正常出版情况下，出版了《庆祝中国硅酸盐学会成立六十周年专辑》。

二、搭建为经济社会服务的平台

学会主办的第16届中国国际玻璃工业技术展览会国际化程度不断扩大，国际影响进一步增强，参展商达到625家，来自73个国家的3.5万人参观了展会。中国国际玻璃工业技术展览会已成为我国玻璃行业最有商业价值的平台。学会还组织6家国内企业参加了第14届意大利国际玻璃展览会。

学会围绕行业热点和企业关心的问题召开学术会议，如工业废弃物的综合利用、节能降耗技术和环保技术等，并组织专家为行业发展提出建议。

为促进全民素质的提高，培养青少年的科学意识，学会组织了国家重点实验室公众开放日活动；积极参与全国科普日活动。

三、举荐人才和表彰工作

学会在2005年完成了中国硅酸盐学会第六届青年科技奖及第五届优秀论文评选工作；开展了推荐院士候选人工作；进行了第九届中国青年科技奖候选人推荐及光华科技奖候选人推荐工作；学会推荐的1篇论文荣获第三届中国科协期刊优秀学术论文；完成了中国建筑材料工业协会·中国硅酸盐学会建筑材料科学技术奖评奖工作。

四、搞好学会自身建设，积极探索学会改革

2005年是学会成立60周年，学会举办了庄重、务实、热烈的纪念活动，国内外各方面人士近600人参加了庆祝大会，中国科协发来了贺信。

在保持共产党员先进性教育活动中，学会办事机构党支部和领导班子结合查找到的突出问题，边学边改、边整边改，在推动学会办事机构改革方面迈出了实质性步伐，在部门设置、用人制度和分配机制等方面进行了改革，制定了《中国硅酸盐学会办事机构改革方案》和《中国硅酸盐学会职工收入分配办法》以及《中国硅酸盐学会职工考核办法》等，完善、充实了学会已有的规章制度，职工的工作作风有了明显转变。

中国建筑学会

Architectural Society of China (ASC)

地　　址　北京市三里河路9号
邮政编码　100835
电子信箱　asc@chinaasc.org
　　　　　b42@cast.org.cn
主页网址　http://www.chinaasc.org
电　　话　010－88082224/88082240/88082239
传　　真　010－88082223/88082222/88082243

理 事 长　宋春华

副理事长　马国馨　何镜堂　崔　恺　许安之　窦以德　李先逵　罗德启　吴之光　刘景樑　欧进萍

秘 书 长　周　畅

刊物及主编　《建筑学报》　主编　周　畅
《建筑结构学报》　主编　王有为
《建筑知识》　主编　窦以德
《建筑热能通风空调》　主编　张国强

单位简介

中国建筑学会1953年10月23日在北京举行成立大会，选举产生了第一届理事会，周荣鑫任理事长。1957

年2月19日，在北京召开第二次全国会员代表大会，选举周荣鑫为理事长。1961年12月15日，在湛江召开第三次全国会员代表大会，选举杨春茂为理事长。1966年3月21日，在延安召开第四次全国会员代表大会，选举阎子祥为理事长。1980年10月21日，在北京召开第五次全国会员代表大会，选举杨廷宝为理事长。1983年11月19日，在南京召开第六次全国会员代表大会，选举戴念慈为理事长。1987年12月11日，在北京召开第七次全国会员代表大会，选举戴念慈为理事长。1992年3月6日，在北京召开第八次全国会员代表大会，选举叶如棠为理事长。1996年11月26日，在北京召开第九次全国会员代表大会，选举叶如棠为理事长。2000年11月28日，召开第十次全国会员代表大会，选举宋春华为理事长。2005年3月29日，在北京召开第十一次全国会员代表大会，选举宋春华为理事长。

中国建筑学会以国家会员的身份，于1955年加入了国际建筑师协会（International Union of Architects，UIA），1989年加入了亚洲建筑师协会（Architects' Regional Council of Asia）。

中国建筑学会目前拥有个人会员1万余人，团体会员单位300多个。

中国建筑学会设有8个工作委员会和19个专业分会，在各省、自治区、直辖市都设立有建筑学会或土木建筑学会。

工作综述

一、抓质量、求创新、重效果，开展形式多样的学术交流活动

1. 在北京举办了第三届建筑创作奖、第五届青年建筑师奖、第一届建筑教育奖颁奖仪式。获奖单位代表、获奖个人以及部分特邀嘉宾约200人参加了活动。颁奖活动结束后举行了首届全国建筑设计高峰论坛。

2. 为配合2005年中国建筑学会第十一次全国会员代表大会的召开，举办了题为“发展的城市，创新的建筑”2005年学术年会。有16位知名专家和学者应邀在学术年会上作了学术报告和演讲。

3. 学会与山东省建设厅和威海市人民政府联合主办了第二届国际建筑设计大奖赛暨著名建筑师创作论坛。本届活动的主题是“人居·生态·旅游”。其系列活动包括：国际建筑设计大奖赛、著名建筑师创作论坛、中外建筑作品展。

4. 为打造中国的世界建筑博览园，推动著名的中国江南名镇同里的社会、经济的可持续发展。与江苏省吴江市同里镇人民政府和中国新城市建设投资控股有限公司共同举办了中国建筑世界博览园国际建筑设计大奖赛。

5. 和中国太阳能建筑学会联合举办全国首届太阳能建筑设计竞赛活动和中国太阳能建筑设计竞赛作品展暨首届太阳能建筑工程研讨会。

6. 与国家体育总局在北京联合举办2005年全国青少年奥林匹克建筑模型竞赛决赛，来自北京、上海、四川、河北等11个省市的13个代表队250余人参加了此次竞赛活动。

二、发挥学会作用，积极完成政府委托的工作

1. 根据建设部有关领导的意见，学会先后于4月和6月两次组织业内部分专家，对建设部部长汪光焘在中国建筑学会第十一次全国会员代表大会暨2005年学术年会上所做的，题为“用科学发展观审视建筑方针”的讲话进行了座谈。

2. 5月和7月，与中国工程院土木水利与建筑工程学部、中国土木工程学会联合在京举办了两次我国大型建筑工程设计的发展方向工程论坛及座谈会。

三、加强国际友好往来与合作，努力促进国际学术交流活动

1. 与国际建筑师协会《北京之路》工作组在上海安亭新镇召开了城市边缘——区域规划国际论坛，出席会议的国内外专家、学者共110人。会议还出版了论文集。

2. 在国际建筑师协会第22次世界建筑大会上，与国际建筑师协会《北京之路》工作组在伊斯坦布尔Taskisla大学举办了“《北京宪章》在中国”学术研讨会。与会的中国专家、学者分别介绍了中国的人居环境、建筑教育、建筑创作和建筑市场。来自世界各国的80余位专家学者出席了会议。

3. 英国首相布莱尔访华期间，与英国驻华大使馆在中华世纪坛剧院联合举办了英国建筑师演讲会，英国著名建筑师福斯特作了有关城市设计与现代建筑的学术演讲。来自北京和部分省市的270余名建筑师和建筑院校师生出席了演讲会。

4. 与宁波市规划局、德国海因里希·博尔基金会、德国城市文化协会共同组办的第九次中德城市与建筑学术研讨会在宁波举行，会议主题为“滨水城市”，议题包括滨水城市公共空间、滨水工业遗产改造和滨水住宅社区。来自德国的20余名专家和中国专家学者共160余人出席了会议。

5. 与有关国家和组织举办了多项活动。主要有：国际建筑师协会东京理事会议；国际建筑师协会（东京）职业实践委会议和南亚振灾论坛；参加在斯里兰卡班加拉奈克国际会议大厦（BICH）举行的年会并做学术报告；在北京召开中、日、韩三国建筑学会共同创刊的《亚洲建筑与建筑工程》杂志编委会会议；在深圳举行《亚洲建筑与建筑工程》杂志编委会会议；经亚太经合组织（APEC）建筑师项目中央理事会授权，APEC建筑师项目中国监督委员会审核批准，学会和建设部执业资格注册中心联合公布了中国首批亚太经合组织（APEC）建筑师77人名单；应泰国建筑师学会、泰国海啸灾难纪念委员会的邀请，参加“泰国海啸纪念馆国际设计竞赛”评审工作；在上海承办国际建筑师协会执行局会议；参加亚洲建筑师论坛等。

6. 2005年，随着学会国际交往的不断增多，国际往来十分频繁，全年派出出访人员60人次，接待来华访问人员154人次。

四、不断加强会员的管理与服务工作，注重提升学会的凝聚力

随着会员队伍的不断增加，会员管理人员在做好会员管理的同时，想方设法扩大服务范围，注重服务效果。全年向会员寄发各种资料、刊物、信函近3万余份；接待会员到访近200人次。

2005年新发展团体会员单位11个，个人会员450人，资深会员200余人。

五、努力抓好学会的组织建设，为民主办会提供组织保证

1. 按照学会的年度工作计划，于3月份召开了中国建筑学会第11次全国会员代表大会，大会依照章程规定程序进行了换届工作，选举产生了第11届理事会和第11届理事会理事长、副理事长、秘书长。

2. 组织召开了第11届理事会第一次理事长工作会议、第11届理事会第一次和第二次常务理事会议。

3. 组织召开了中国建筑学会资深会员评定工作会议。

4. 召开了直属分会工作会议，19个直属分会的理事长、秘书长或秘书以及总会相关部门的负责同志共40余人出席了会议，会议就规范分会的管理提出了具体要求。

5. 批复、指导有关分会的换届工作。

六、搞好学会网站建设，努力搭建信息服务平台

网站工作人员努力克服多方面不利因素带来的影响，充分调动工作积极性和创新性，使网站的内容逐步得到扩充，网站的运行、维护稳定有序，网站全球点击率排名已由2004年的23万位上升至目前的6万位。

七、发挥科技刊物的宣传、引导作用，为行业发展和科技水平的提高做出贡献

学会利用刊物的宣传、引导作用，为本行业的发展和科技水平的提高做出了积极贡献，并且取得了明显的社会效益和经济效益。与此同时，学会坚持对所属期刊加强管理和监督，及时传达国家和上级单位的有关文件精神。各个刊物编辑部积极挖掘潜力，努力克服不利因素所带来的负面影响，保证了刊物的正常出版，在坚持正确办刊方向和保证刊物质量的前提下，还开展了与刊物相关的多种形式的学术活动，即提高了刊物的知名度，又赢得了社会的广泛认可。

由学会秘书处和所属分会独立主办的《建筑学报》、《建筑结构学报》、《建筑知识》、《建筑热能通风空调》4种刊物，刊登文章近800篇，年发行量近45万册。由于刊物出版质量不断改进，内容更加贴近社会和读者，使刊物的学术性、知识性、专业性不断得到提升，在国内外建筑界赢得了良好的声誉并具有相当的影响力。

八、充分发挥直属分会的作用，促进行业内各个专业的协调发展

学会所属的19个专业分会，积极克服活动经费不足和没有或缺少专职工作人员所带来的种种困难，充分利用各分会在本专业的影响力，坚持走与企业、合作单位联手之路，举办了许多形式多样、影响力大的学术活动，既解决了经费不足的问题，又取得了良好的社会效益和经济效益。各个分会全年共计召开各种类型的学术交流会议140多个，参加人数9200人次，与挂靠单位合作出版刊物7个（不含学会秘书处独立主办的四个刊物），发行量26万余册；出版论文集或资料40多册，刊登论文1300

篇；举办培训班89个，培训人数7920人次；举办竞赛3项，参加竞赛人数近5000人；举办展览1个，参观人数达5000人次；举办科普知识讲座13次，参加听讲人数3900人次；评定奖项1个。

中国土木工程学会

China Civil Engineering Society (CCES)

地　　址　北京市海淀区三里河路9号建设部内

邮政编码　100835

电子信箱　office@cces.net.cn

主页网址　http://www.cces.net.cn

电　　话　010-68311313

传　　真　010-58933953

理 事 长　谭庆琏

副理事长　蔡庆华　胡希捷　徐培福　范立础　袁驷

秘 书 长　张雁

刊物及主编　《土木工程学报》　主编 王俊

单位简介

中国土木工程学会是依法成立的全国土木工程科学技术工作者的学术性群众团体，是中国科学技术协会的组成部分。

中国土木工程学会成立于1912年，其前身是由我国近代杰出的工程师詹天佑先生创建的中国工程师学会。著名桥梁及结构工程专家茅以升、李国豪历任本会理事长。学会拥有一大批从事土木工程建设的著名专家、教授、研究员和科技人员，为发展我国土木工程事业和不断提高科技水平而努力开展各项活动。

学会的主要任务是：开展国内外学术交流；编辑出版科技书刊；开展民间国际科技合作与交流；对国家科技政策和经济建设中的重大问题发挥咨询作用，接受委托开展技术服务；开展继续教育和技术培训工作；普及科学知识，推广先进技术；举荐与表彰奖励优秀科技成果与人才；反映会员的意见和要求；举办为会员服务的活动。

学会现设有个人会员（含普通会员、学生会员、荣誉会员、海外会员）和团体（单位）会员。

学会下属12个专业分会、44个专业委员会。在31个省、直辖市、自治区设有地方学会组织。

学会的综合性学术刊物为《土木工程学报》（月刊）；专业性刊物有《隧道与地下工程》、《城市公共交通》、《煤气与热力》、《防护工程》、《建筑市场与招投标》等。此外，还与其他单位联合出版《岩土工程学报》、《建筑结构》、《施工技术》等刊物。

中国土木工程学会加入了7个国际学术组织：国际桥梁及结构工程协会（IABSE）；国际土力学及岩土工程学会（ISSMCE）；国际隧道协会（ITA）；国际结构混凝土协会（FIP）；国际煤气联盟（IGU）；国际公共交通联合会（UITP）；国际水工业联合会（WEF），为国家会员；还与9个国家和地区的学术团体建立双边合作协议；与世界上数十个学术机构和单位有友好往来。

学会于1993年设立詹天佑土木工程科技发展基金，得到海内外各界的捐助，用以支持学术和奖励活动。

学会设立的詹天佑土木工程科学技术奖（工程大奖），是经科技部首批核准、建设部认定为全国建设系统工程奖项目。每年评选一次。此外，还设有优秀论文奖和优秀高校毕业生奖。

工作综述

一、积极开展保持共产党员先进性教育活动

中国土木工程学会党支部自2005年8月到11月开展了保持共产党员先进性教育活动，通过系统学习“三个代表”重要思想，使党员提高了党性修养，明确了努力方向，增强了实践“三个代表”重要思想的自觉性和坚定性，为保证党对学会工作的领导奠定了重要思想基础和组织基础。

二、组织工作

2005年3月19日，学会召开了八届二次理事会，谭庆琏理事长代表理事会做了工作报告，进一步明确了工作指导思想和工作重点。8月20日，学会召开了专业分会、专业委

员会秘书长工作会议，会上传达了中国科协学会秘书长工作会议精神，各专业分会及专业委员会就开展活动情况进行了汇报；为使学会工作有章可循，规范有序，学会对现有的专业分会及专业委员会基本情况进行了调查并备案，并组织编制了《专业分会工作手册》。

三、学术活动

总会与各专业分会共举办学术会议40余项，出版会议论文集20种，4700人次参加会议。

重点学术会议有：

1. 城市公共安全与应急体系高层论坛。围绕保障城市安全这个主题进行深入研讨，对构建社会主义和谐社会，保障经济持久稳定发展具有重要意义。

2. 中国巴士快速交通行动大会。在2003年第一届巴士快速发展研讨会理论探索的基础上，召开第二届中国巴士快速交通行动大会，体现了学会抓住社会关键问题的能力，并能走在引领行业发展的前沿。会议不仅吸引了250余位人员参加，还有来自32个省、市的分管市长及其代表和有关管理部门负责人参加了会议，会议通过并由13个城市签署了《BRT城市联盟合作协议》。

3. 全国地铁与地下工程技术风险管理研讨会。由于地铁建设与地下工程内在的不确定性、施工复杂性以及周边环境因素的影响，在工程的规划、投资、建设、设计和运营等各个环节都存在很大的风险。学会与建设部质量司共同主办这次研讨会，就是为了确保该类工程建设目标（投资、进度、质量）的实现，引入风险管理理论。

4. 大型公共建筑工程设计的发展方向论坛。学会与中国工程院合作，共同主办了两次我国大型建筑工程设计的发展方向论坛，有30多位院士和数十位专家参加。专家们对公共建筑建设中存在的能耗过大、经济浪费严重、招标程序不合理等方面问题提出了意见和建议，并形成报告报送国务院，体现了学会向政府建言献策的作用。

5. 城市轨道交通技术推广委员会成立暨隧道及地下工程分会地铁专业委员会第五届委员会会议。会议重点组织了城市地铁建设专题发言和沈阳地铁专题研讨会等学术交流活动，会议的成功举办不仅体现了学术活动的多样性，还探索出了一条进一步开展学会学术会议活动的新路子。

6. 第二届全国防震减灾学术研讨会。会议总结了近年来我国在防震减灾领域取得的新进展、新成就、新经验以及出现的新问题和新动向，促进了各行业、各地区的相互学习、共同提高，对我国防震减灾技术理论的发展起着积极地推动作用。

四、基金会工作

认真学习贯彻国家基金会管理条例，积极筹备申报成立詹天佑土木工程基金会。加强基金组织建设与管理，基金办公室配备了专职干部，2005年收到25个单位捐款67万元。

五、国际交流

2005年共派出考察团组5个，30余人次；派出参加国际会议团组8个，120余人次，交流论文38篇；接待来华团组7个，60余人。此外，还接待安排了香港大学12名学生来内地实习。在国内举办国际会议及讲座8次，收到论文186篇，参会国外及中国香港特别行政区、台湾地区专家、学者200余人。并在上海举办了2005中国国际隧道与地下空间展览会暨学术交流会、世界客车亚洲展览会等。

六、编辑出版

《土木工程学报》加快了发稿速度，缩短了发稿周期，发稿量较以往提高了32%，并出版了一期增刊，学报发行量有小幅提高。《土木工程学报》加入EI事宜正在积极联系，按照EI要求，学报编委会已增加了4名国际编委。此外，学会还组织修订了《混凝土耐久性指南》、编写出版了《自密实混凝土设计与施工指南》和《建造师考试指南》等。

七、表彰奖励与推荐工作

完成了第五届詹天佑土木工程大奖评选及颁奖工作，22项工程和106个单位获本届大奖。詹天佑大奖是以工程为对象以表彰科技创新为宗旨的全国性重大奖项。除各大媒体宣传外，《土木工程学报》和《建设报》还开辟专栏介绍获奖工程；同时编辑了《第五届詹天佑土木工程大奖获奖工程集锦》大型图集。此外，完成了詹天佑土木工程大奖优秀住宅小区金奖和双节双优杯住宅方案竞赛评选和表彰活动。评选表彰了2005年度优秀土木工程高校毕业生20名，完成了茅以升桥梁大奖的推评工作等。完成了向中国科协推荐院士候选人和青年科技奖、光华工程科技奖候选人工作。向全国科学技术名词委员会推荐专家1名，为建设部工程勘察、设计、建筑业、监理企业和招标代理机构资质管理专家库推荐专家20名，为推广应用和限制禁止使用技术专家委员会推荐专家10名。

中国生物工程学会

Chinese Society of Biotechnology

（CSBT）

地址　北京市海淀区中关村北一条13号中科院微生物所内

邮政编码　100080

电子信箱　csbt@sun.im.ac.cn

主页网址　http://www.chinabiotech.cn

电话　010－62551994/62562548

传真　010－62551994

理事长　杨胜利

副理事长　高福（常务）　曹竹安　黄大昉　刘谦　卢圣栋　马清钧　王宏广　朱祯

秘书长　曹竹安（兼）

刊物及主编　《中国生物工程杂志》

主编　张树庸

执行主编　张宏翔

单位简介

中国生物工程学会是全国性的社会团体，是中国科学技术协会的组成部分。

中国生物工程学会是由中国科学院主持筹建、经生物技术界各主要部门及学术界知名人士近两年的酝酿和筹备，并经民政部批准，于1993年6月7日在北京友谊宾馆举行成立大会。

中国生物工程学会于1993年6月在北京，1997年9月在湖南省张家界市，2001年6月在北京分别召开了第一、第二、第三次全国会员代表大会。2005年在天津召开了第四次全国代表大会。谈家祯、莽克强、陈竺、杨胜利分别任第一、第二、第三、第四届理事会理事长。

中国生物工程学会于2000年10月14日加入中国科协。中国生物工程学会下设医学生物技术、农业生物技术、工程及环境生物技术、海洋生物技术、糖工程等5个专业委员会，1个产业促进会和国际合作、科普、继续教育等3个工作委员会。

工作综述

一、学术交流活动

1. 2005年7月16～17日召开了中国生物工程学会第四次会员专家、学者大会暨学术讨论会。200多位会员和代表出席会议，415位专家、学者提交了167篇学术论文，出版了论文集。邀请了陈竺院士、杨胜利院士、王宏广、杨焕明、朱祯、曹竹安、高福、郭三堆、刘建亚等对国内外生物技术研究进展和生物技术产业化的诸多方面以及生物技术面临的机遇和挑战做了报告，进行了广泛的学术交流。

大会还进行了换届选举和章程的修订工作。在换届工作中注意到了以人为本、可持续发展和人才强国战略的实施，推举优秀的青年科技工作者进入理事会。为加速我国生物技术产业化的进程，推举了从事生物技术产业的优秀企业家进入理事会。

2. 学会积极参与首届国际生物经济高层论坛。论坛设10个分会，其中有6个分会由中国生物工程学会前任理事长、理事长、副理事长、常务理事、理事任主席，共有16位分会领导同志和会员做了分会专题演讲。

二、推动科学技术为经济建设服务

1. 贯彻落实中央西部大开发战略。

学会在新疆科技大学举办了中国科协2005年学术年会21分会场——生物技术与产业化论坛。杨胜利的“生物炼制”，甄永苏的“抗体工程”，李校堃的“生物制药产业模式”等报告，以及同新疆科技大学签订的合作协议等，对开展广泛的学术交流和促进西部开发起到了推动的作用。

2. 贯彻落实中央振兴东北地区老工业基地的战略。9月6～8日，黑龙江省农科院联合学会主办了中国黑龙江国际农业生物技术峰会。积极组织邀请了李家洋院士、杨胜利院士等20多位国内知名专家出席会议并做了大会报告和分组报告。本次峰会有来自英、美、德、俄罗斯等20个国家和地区以及国内26个省（市）60多个科研单位共600多人参加。

3. 学会和国家发改委高技术产业司组织编写了《中国生物技术产业发展报告》2005年卷，为促进和推动中国生物技术产业化起到了积极的作用。

三、为提高全民素质开展科普宣传

学会科普工作委员会于11月联合中科院文献情报中心，邀请中央文明办、卫生部特聘全国健康教育专家赵霖作了“食品、营养与人类健康”大型科普报告会。

国际民间组织学术交流：

1. 产业促进会于7月6~7日参与了在北京组织的意大利高科技论坛。

2. 10月，由学会副理事长曹竹安和产业促进会副主任赵贵英组织了8家企业赴韩国出席第四届中韩生物产业论坛，并应邀参加了第8届世界华商大会，在会上代表团介绍了我国生物技术产业的发展，引起了与会华商的极大兴趣。

中国纺织工程学会

China Textile Engineering Society

(CTES)

地　　址　北京市朝阳区延静里中街3号

邮政编码　100025

电子信箱　ctes@public.bta.net.cn

电　　话　010－65016537

传　　真　010－65016538

理事长　杜钰洲

副理事长　毕国典（常务）　王启明　王蕴强　孙瑞哲　刘镇　李金宝　杨纪朝　杜双信　周华堂　赵强　赵传香　柯惠琪　徐明稚　窦钰　潘跃进　潘雪平

秘书长　王竹林

刊物及主编　《纺织学报》　主编　尹耐冬

单位简介

中国纺织工程学会是全国纺织科学技术工作者自愿结成、依法在民政部门登记注册的全国性、公益性、学术性、科普性的法人社会团体，是中国科学技术协会的组成部分。

中国纺织工程学会的前身是中国纺织学会，1930年4月20日在上海成立，发表了成立宣言，制定了学会章程，推选朱先舫为主席委员。成立时有会员63人。

1931年5月举行第一届年会，推选朱先舫为主席委员，以后连任（从第12届起改称理事长），直至第14届。

中华人民共和国成立后，中国纺织学会进入了一个崭新的历史阶段。1949年8月，中国纺织学会召开第十四届年会。1951年2月，中国纺织学会加入中华全国自然科学专门学会联合会（简称全国科联，1958年改为中国科学技术协会）。当时全国科联要求学会在原基础上筹组中国纺织工程学会。据此，中国纺织学会与中国染化工程学会、中国原棉研究学会合并成立中国纺织工程学会。

1954年2月，中国纺织工程学会在北京召开了第15届（续用中国纺织学会的届次）全国会员代表大会，理事长为陈维稷。根据大会决议，学会会址由上海迁至北京。1959年12月3~12日在郑州举行第16届代表大会，陈维稷连任理事长。

“文革”期间，学会受到了严重破坏与摧残。“文革”后恢复活动。

1979年10月26日~11月3日在南宁举行第17届代表大会，陈维稷再次当选为理事长。1983年12月7~10日在福州、1988年5月5~8日在西安分别举行第18届、19届代表大会，理事长均为何正璋。1991年11月5~17日在北京举行第20届代表大会，理事长为季国标。1996年10月7~10日在北京举行第21届代表大会，理事长为刘珩。2001年6月7~10日在北京举行第22届代表大会，理事长为杜钰洲。2005年10月12~14日在北京举行第23届代表大会，杜钰洲连任理事长。

1979年5月创办了《纺织学报》，国内外公开发行。1982年5月创办了《纺织科普》，内部发行。1982年年底开始编辑《纺织学会动态》，内部发行。1989年设立了每两年一届的陈维稷优秀论文奖。1990年6月在上海隆重举行了纪念学会成立60周年大会，并编辑出版了《中国纺织工程学会60周年纪念册》。2000年9月编辑出版了《中国纺织工程学会70周年纪念册》。

在全国150多个大中小城市中建立了纺织工程学会，遍及企业、研究院所、高等院校、管理部门等。学会现有团体会员104个，个人会员5.3万人。设有18个专业委员会（分会）。

工作综述

一、广泛、深入开展学术交流活动，不断提高学术交流的质量和水平

学会重视学术交流工作，通过开展以实践“三个代表”重要思想为主要内容的保持共产党员先进性教育活动，共产党员先进模范作用进一步增强，有力地推动了学术交流工作的深入发展。2005年学会总部和各专业委员会共举办重点和一般学术活动60余次，其中学会总部举办18次，组织培训、咨询12次；各专业委员会举办30余次。与会人员达1.2万人次。各项学术活动开展得有声有色，荣获中国科协先进学会单项奖“国内学术交流奖”。

学会总部和棉纺专业委员会主办，棉纺一条龙江苏省金昇实业股份有限公司等4家公司协办的“金昇”杯第一届全国棉纺行业中青年科技工作者论坛于9月13～15日在江苏省金坛市召开。学会理事长杜钰洲，江苏省副省长张桃林，中国工程院院士梅自强、姚穆等出席了会议，并讲话或做学术报告。论坛以“推动科技进步，促进产业升级”为主题，围绕纺纱与织造中工艺、技术、设备、管理和配件等进行了25个专题交流探讨。德国赐来福等外国公司也在论坛上作了技术报告。论坛前组织专家对论文进行了评审，评出二等奖7篇，三等奖50篇。在论坛上向获奖者颁发了奖杯、奖状和奖金。

二、发挥民间渠道作用，开展港澳合作

11月22～25日学会总部与全国毛纺科技信息中心，澳门纺织品有限公司、龙达毛纺（澳门）有限公司联合举办了中国毛纺及毛针织技术研讨会。350多名来自内地和港澳的科研院所、高等学校、毛纺企业、毛针织企业以及印染助剂、纺机设备等相关企业的与会者和特邀嘉宾汇聚一起，为提升我国毛纺织、毛针织企业的市场竞争力和品牌战略展开讨论。同时，会议还就毛纺织、毛针织染色、纺纱技术、质量控制等热门、难点技术进行交流和座谈。

三、采取积极措施，加强科普和期刊出版工作

学会各部门认真贯彻《中华人民共和国科学普及法》，在工作中转变观念，加强与相关单位的配合、协调，搭建科普工作平台，积极开展科普工作。

《纺织学报》全年共登载308篇文章，正文页码904页，约180万字，刊登广告50个，增加了收入。组建并注册了《纺织学报》杂志社，已正式经营。《纺织学报》从2006年1月开始由双月刊变更为月刊。完成了年检工作。与台湾地区华艺公司签署了上网合作协议，并已开始执行。

《纺织科普》重点报道了国家有关重大科技方针、政策。刊登了国内外纺织新技术、新工艺、新设备、新材料等成果和发展趋势。改进了版面设计，增加了科普知识和具有特色的企业及其产品的宣传。

《纺织学会动态》增加了采集稿源渠道，及时刊登中国科协有关文件和领导同志讲话精神及本学会和专业委员会有关文件、会议通知、纪要、公告等，发挥了宣传政策、交流经验、传递信息、为会员服务、配合学会中心工作等作用。

《毛纺科技》、《中国毛纺信息》按期、按时出版、发行。《毛纺科技》杂志社利用各种展览会、学术交流会等加大宣传力度，扩大了《毛纺科技》、《中国毛纺信息》在行业中的影响力和知名度，有力地推动了编辑、出版、发行和营销工作。

编辑出版了《第八届陈维稷优秀论文奖论文汇编》、《2005年中国纺织染料助剂使用指南》。学会有关专业委员会编辑出版了一批刊物，如空调除尘专业委员会的《空调除尘》等。

四、热心为科技人员和会员服务，开展推荐、评选、奖励、表彰和专家传略工作

为实施人才强国战略，营造“尊重劳动，尊重人才，尊重创造”的社会氛围，激励广大科技人员为加快建设“纺织强国”步伐做出贡献，积极开展推荐、评选、奖励、表彰和专家传略工作，并取得了好成绩，学会荣获科技部“国家科学技术奖励工作先进集体”称号，张怀良荣获“国家科学技术奖励工作优秀工作者”称号。推荐中国工程院院士候选人2人；推荐国家科技进步奖1项，并获奖；开展第九届陈维稷优秀论文奖优秀论文评审工作，共收到各省、自治区、直辖市纺织工程学会及本会所属各专业委员会推荐选送的论文共403篇。共241篇论文获奖，其中二等奖5篇（一等奖空缺）、三等奖74篇，表扬奖162篇；开展中国纺织工程学会优秀工作者推荐、审核工作，共55人荣获中国纺织工程学会优秀工作者称号；协助香港桑麻基金会开展桑麻纺织科技奖有关工作，共收到13个省、直辖市的30多个单位、中国工程院院士的推荐材料56份。荣获桑麻纺织科技奖的共16人，其中科技大奖2人、一等奖3人、二等奖11人；继续开展《中国科学技术专家传略·纺织卷3》的编纂工作。

五、认真做好基金会工作，支持学会公益事业

严格执行有关规定，及时解决和处理资金运作中的问题，及时办理有关协议（合同）的续签、新签、资金收取等工作，取得了较好的保值增值效益。以保值、增值收入有力地支持了学会的公益事业。

六、加强组织建设，顺利换届

2005年全国纺织工程学会秘书长工作会议在福建省武夷山市召开。会议主要传达王兆国同志在中国科协六届全委会第五次会议上讲话精神；邓楠同志在中国科协地方科协工作会议上的讲话精神；研究、讨论换届方案；交流各地方学会在改革中的工作经验、体会等。

为加强新型纺纱工作，新增了新型纺纱专业委员会，全年发展团体会员共9个。

经过近半年的组织筹备工作，顺利完成换届。

中国纺织工程学会第23届全国会员代表大会于10月12~14日在北京隆重召开，大会选举产生了第23届理事会、常务理事会和理事会领导机构。理事会由167人组成，常务理事会由56人组成。杜钰洲连任理事长，毕国典为常务副理事长，王蕴强等15人为副理事长，王竹林为秘书长。在大会期间，还举行了学术报告和先进经验交流会等。

中国造纸学会

China Technical Association of the Paper Industry

地址	北京市朝阳区光华路12号
邮政编码	100020
电子信箱	ctapi@sina.com，ctapi@263.net
主页网址	http://www.ctapi.org.cn
电话	010-65812880/65830216/65831089 65831090/65830215/65831083
传真	010-65812653

理事长	陈思亮
副理事长	曹振雷（常务） 李有元 曹朴芳 孙树建 谭国民 张金声 刘焕彬 胡小刚 王祥 李建华
秘书长	曹振雷（兼）
刊物及主编	《中国造纸年鉴》 主编 黄润斌 《中国造纸学报》 主编 朱尹策 《中国造纸》 主编 邝仕均 《纸和造纸》 主编 余贻骥 《国际造纸》 主编 邝仕均 《造纸信息》 主编 邝仕均

单位简介

中国造纸学会成立于1964年6月。“文革”后的1979年恢复活动，1985年7月召开的第二次全国会员代表大会，通过了新一届中国造纸学会章程，选举产生新一届理事会成员，完善和加强了组织机构。2001年6月召开第五届全国会员代表大会，选举产生了第五届学会理事会。中国造纸学会是中国科学技术协会的组成部分，其宗旨是：组织广大造纸科技工作者，落实实施“科教兴国”战略，促进我国造纸工业科技进步，促进造纸科学技术普及与推广，促进国际学术交流与合作，促进科技成果转化为现实生产力，促进科学技术与经济相结合，为推动中国造纸工业现代化建设做出贡献。

学会理事会设有5个工作委员会和14个专业委员会，即学术、普及与教育、编辑、组织、国际学术交流工作委员会以及薄型纸、碱法草浆、纸板、涂布加工纸、机浆新闻纸、机械设备、硫酸盐法制浆、脱水器材、碱回收、纸史、自动化、工业包装及技术用纸、书写印刷纸、亚硫酸盐法制浆专业委员会。学会拥有1.8万名个人会员和168个团体会员，分布在全国各地的全国重点造纸企业，科研、设计单位，大专院校，以及相关行业的企业中。

工作综述

一、学术和技术交流活动

1. 11月2~4日，学会与中国造纸协会在广西大学联合举办了纪念"蔡伦发明造纸术1900周年"，学会的第12届学术年会也于同期举行。

2005年是蔡伦发明造纸术1900周年，为了纪念蔡伦的丰功伟绩，学会将纪念活动与中国造纸学会第12届学术年会一起举行，此次纪念活动学会出版了纪念"蔡伦发明造纸术1900周年"邮票册，《纸史研究》、《吟纸诗词》及有关纪念蔡伦发明造纸术的《纸祖千秋》等书籍。纪念活动暨学术年会编印的论文集，以《中国造纸学报》增刊的形式发表，并将纪念蔡伦的文章及年会学术论文编印成论文集。王忠禹、周光召、陈士能等领导同志为此次活动题词，对纪念活动和学术年会给予了大力的支持。

纪念会上，造纸界资深专家、86岁高龄的余贻骥教授作了"继往开来向造纸强国迈进——纪念蔡伦发明造纸术1900周年"的学术报告；湖南岳阳泰格林纸集团董事长王祥做了"继承和发扬蔡伦精神，坚持科学发展观促进泰格林纸集团的健康发展"的工作报告。会上还举行了蔡伦塑像的揭幕仪式，并对评出的中国造纸学会第五届青年科技奖3人，蔡伦青年科技奖8人颁发了奖金与证书。

2. 9月15~18日，在河南省郑州市召开由中国造纸学会主办，河南省造纸学会协办的全国制浆造纸碱回收暨废水治理经验技术交流会。来自各地的160多名专家学者参加了本次会议。会议发表论文12篇，并编印了会议文集。

3. 9月学会在海南省海口市主办了中国桉树种植与制浆造纸研讨会。中国工程院院士陈克复、中国科协常委国林以及海南省的有关部门领导出席了此次会议。此次会议收集论文36篇，并出版了会议论文集。

4. 4月，由学会主办、天禾（苏州）化学品有限公司承办的新型造纸施胶剂及配套产品应用技术推介会在苏州木渎镇召开，出席会议的专家学者150多人。

5. 3月18~20日，学会举办的华南第二届华南国际造纸工业博览会在广东省广州市召开。有近100多家企业参加了展览，有近万人参观了展览。本届博览会推动了贸易往来，加强了交流与合作。

6. 11月，学会组织召开了美国制浆造纸协会（TAPPI）造纸技术报告会。邀请了美国、巴西、新西兰等国家的造纸及林业专家做了专题学术报告，我国造纸界及相关行业的专家学者300多人参加了此次报告会。会议组织编译了会议论文集。

7. 各专业委员会开展的主要活动有：

6月底，脱水器材委员会在上海召开脱水器材专业委员会的学术年会。参加会议的专家学者有70多人，会议发表论文16篇。同期，在上海新国际展览中心举办的德国尤根布机报告会，参加会议的专家学者79人。

10月，新闻纸专业委员会在湖南长沙市召开了学术年会。出席会议的专家学者42人，会议发表论文49篇。会议邀请了部分国外著名设备厂商驻国内的代表机构参加了会议，并就新闻纸设备的国际先进工艺进行了交流和研讨。

10月11~13日，涂布加工纸委员会在天津科技大学召开的"涂布加工纸、特种纸技术交流会"，参加会议的专家学者和在校学生200多人。会议收到论文资料40余篇，整理成论文资料集。会议期间对行业专业性较强的晒图纸作了专题讨论。

11月14~16日，中国造纸学会薄型纸专业委员会第12届学术年会在杭州举行。出席会议的会员单位和相关企业共有20家，会议学者40人。会议发表论文共10篇，经专家评审，优秀论文一等奖3篇、二等奖7篇。

碱法草浆专业委员会参加的论证和鉴定活动8次，协助举办的会议有2次。

造纸史委员会为纪念蔡伦发明造纸术1900周年，积极组织稿件发表在《中国造纸》、《纸和造纸》、《造纸信息》、《中华纸业》和《纸张行情》等刊物上，出版了专刊和《中国古代吟纸诗文选》、《纸祖千秋》等书籍；发行了"纪念蔡伦发明造纸术1900周年"邮票册；参与了中国科协主办、中国自然博物馆承办的"四大发明"展览等。

碱回收专业委员会开展了全国碱回收调查工作，为我国造纸行业减少污染和环境保护作出了贡献。

自动化专业委员会为适时地掌握各企业自动化工作的状况，积极联系相关企业，为他们提供优质咨询服务，帮助企业总结经验，并在刊物上发表。协助国家统计局进行了造纸行业自动化领域的调查工作。

二、编辑出版发行工作

1.《中国造纸年鉴》是由中国造纸学会组织各方面专家编撰而成，自2002年改为一年一卷后，已出版发行至第九卷。它的出版得到了广大科技人员及企业的大力支持。《中国造纸年鉴（2005）》已于12月出版发行。

2.《中国造纸学报》按时完成全年的出版发行计划，正刊刊登论文100篇。第12届学术年会论文作为本年度学报增刊刊登论文132篇。《纸和造纸》全年刊文216篇，同时按照计划和新闻出版局批准的内容出增刊一期，向读者提供更多的专业知识和信息。

《中国造纸》、《国际造纸》、《造纸信息》三刊在依托合办单位的认真管理和指导下，分别结合各刊的具体情况，完成了全年工作。

三、加强理论学习，搞好组织建设

1. 办事机构自身建设。加强工作人员的政治学习，通过组织学习党的十六届五中全会精神和中国科协六届五次全委会议精神，提高认识，按照计划完成各自的工作，取得了一定的成绩。

2. 学会组织工作委员会按照国家民政部对全国性学会的要求，按时按期完成了学会机构年度审查工作。

3. 学会组织了全国造纸行业“青年科技奖”的评选工作，评选出“青年科技奖”3人、蔡伦优秀青年奖8人。

4. 11月学会召开了全国各省、自治区、直辖市造纸学会秘书长工作会议。

中国文物保护技术协会

China Association for Preservation Technology of Cultural Relics（CAPTCR）

地　　址　北京市东城区景山前街4号故宫博物院科技部内
邮政编码　100009
电子信箱　liuzhenan@126. com
主页网址　http://210. 72.10. 8/zgwwbhjsxh/webs
电　　话　010－85117673/85117339/85117034
传　　真　010－85117034
理 事 长　陆寿麟
副理事长　王维达　马家郁　李最雄　陈中行
　　　　　周宝中　奚三彩　黄克忠　柴泽俊
秘 书 长　李化元

单位简介

中国文物保护技术协会是我国文物科技工作者的学术性群众团体，是中国科学技术协会的组成部分。

中国文物保护技术协会于1980年12月29日在北京成立。名誉理事长茅以升，王书庄为第一任理事长并连任第二任理事长，于倬云为第三任理事长，陆寿麟为第四任理事长。中国文物保护技术协会的宗旨是：促进文物科技学科的发展和推广，培养文物科技研究和技术人才。主要任务是：开展不同形式的学术交流活动，加强文物科技工作者之间的联系。加强自然科学与社会科学的结合，促进文物保护科学技术水平的提高，推广先进的文物保护科技成果，开展国际文物保护学术交流活动，增进同其他国家文物机构和学者的友好联系；对文物保护科技工作提出合理化建议，向政府和文物管理部门反映科技工作者的意见和呼声，发挥咨询作用；保障会员进行科学技术活动的正当权益，开展为文物科技工作者服务的各种活动。

中国文物保护技术协会现有文物保护技术、古建筑保护、石窟保护技术和释光与电子自旋共振测年技术等4个专业委员会。

工作综述

一、学术交流工作

2005年11月8～10日，“以科学发展观，促进文物科技发展”为主题的中国文物保护技术协会第四次学术年会在古城荆州召开。中国文物保护技术协会理事长陆寿麟、故宫博物院副院长张之铸、荆州市市长应代明等在开幕式讲话，会议由协会秘书长李化元主持。多年从事文物保护工作的专家、学者及来自全国各地的文物保护技术协会的人员共180余人参加了会议。本次学术年会共收到论文近100篇，涉及金属、漆木器、丝织品、纸张、陶瓷、石质类等可移动文物的检测分析、材料选择、保护技术及石窟壁画、古建筑、古遗址等不可移动文物的保护探索。

7月6日，中国文物保护技术协会和故宫博物院在故宫兆祥所联合召开了传统装裱技术研讨会。参加会议的有故宫博物院和中国文物保护技术协会的有关领导同志以及全国文物系统的专家学者共100余人，会议还特别邀请了联合国教科文组织北京办事处文化遗产保护专员杜晓帆博士。本次研讨会的主题是：探讨书画类文物保护的原则和方法，交流科学研究和技术成果，总结经验教训，提高古书画装裱科学技术水平。故宫博物院副院长晋宏逵代表文化部副部长、故宫博物院院长郑欣淼对会议的召开表示祝贺。晋宏逵指出：在文物保护工作中，要正确认识和处理好现代科学技术与传统工艺之间的关系，现代科学技术应该发挥对传统工艺的认知、补充、发展和提高的作用，让二者更紧密地结合在一起。中国文物保护技术协会理事长陆寿麟、联合国教科文组织专员杜晓帆依次讲话，集中强调了利用现代科学技术充分认识传统工艺技术的“科学内涵”和对无形文化遗产传承与保护的重要性。

二、积极做好工作，争取文化部、国家文物局及故宫博物院对协会的支持

多年来，协会利用自身优势为文博事业，特别是文物保护工作解决一些急需解决的问题，采取灵活多样的形式，如咨询、讲座、办培训班，提出合理化建议，审定方案以及相关法规的审议等，不管是在职的、还是离退休的协会会员都充分发挥自己的技术专长，为文物保护工作献计献策。协会在本业务系统内积极工作，得到了文化部、国家文物局、故宫博物院的大力支持。

三、发挥自身优势，开展研究工作

2005年，协会与教育部有机硅化合物及材料工程研究中心、故宫博物院的合作进入实质性的阶段，特别是针对故宫的地砖、金属文物等的保存现状、病害机理、保护材料及方法的成功经验，存在的问题进行系统调查研究。在此基础上对材料、方法、工艺等进行规范、量化处理，提出可操作性强、技术方案合理的保护程序。协会还联合湖北省荆州市博物馆文物保护研究中心针对故宫博物院丝织品文物、木质构件的保存现状，利用生物技术进行保护性试验，取得良好的效果。

中国印刷技术协会

The Printing Technology Association of China (PTAC)

地　址　北京市西城区车公庄大街乙5号
邮政编码　100044
电子信箱　webmaster@ chinaprint. org
主页网址　http:// www. chinaprint. org
电　话　010－68311814/68356282
传　真　010－63825197

理事长　武文祥
副理事长　高永清　田胜立　张致远　沈海祥　俞志惠
秘书长　张金尧
刊物及主编　《中国印刷》　主编　李永林
《中国印刷年鉴》　主编　李永林

单位简介

中国印刷技术协会是全国性的社会团体，宗旨是为行业服务、为企业服务、为会员服务。接受中国科学技术协会、民政部的业务指导和监督管理，是中国科协的组成部分。

协会设全国性印刷奖——毕昇印刷技术奖等奖项，每2年评选一次。

协会是世界印刷大会和亚洲印刷技术论坛年会成员。每3年在上海举办一次国际印刷及设备器材展览会，2003年举办的首届展览会获得成功。在国内外有广泛影响。

协会设12个专业委员会（分会）。全国有团体会员和单位会员五六千个，个人会员逾2万人。出版会刊《中国印刷》和大型资料工具书《中国印刷年鉴》。

工作综述

一、组织专家起草了《2006～2020年中国印刷产业发展纲要（建议稿)》

这项工作是从2004年开始的，目的是协助政府主管部门制定印刷发展规划，当好参谋。建议稿已于2005年5月份上报新闻出版总署。学会积极参加了新闻出版总署起草的“十一五印刷业规划”的讨论，相信在科学发展观指导下的《印刷业十一五发展规划》将为我国印刷行业新一轮发展指明方向和目标。

二、组织建设

4月20日，在北京召开了五届五次理事会议。这次会议主要传达中国科协第六届全国委员会第五次会议精神；学习贯彻全国新闻出版局长会议精神；汇报中国印协2004年工作情况和2005年工作要点；通报中国印协6年来的工作情况和筹备换届工作情况；对2002、2003、2004三个年度财务收支情况作了说明；就起草2020年中国印刷产业发展纲要建议和设置印制大奖作了说明；与会理事参加了第八届毕昇印刷技术奖、第十届森泽信夫印刷技术奖颁奖仪式暨森泽奖设立20年纪念大会。

中国印协有团体会员38个，各地印协的团体会员有220多个。加入各级印协的单位会员共有3万多家，个人会员近6000人。现有分支机构12个，为加强分支机构建设和规范管理，草拟了中国印协分支机构管理办法，提请第六届会员代表大会审议。

三、举行“两奖”颁奖暨森泽奖设立20年纪念大会

4月，第八届毕昇印刷技术奖、第十届森泽信夫印刷技术奖颁奖仪式暨森泽信夫印刷技术奖设立20年纪念大会在北京举行。出席大会的有各方面领导同志、出席印协五届五次理事会的理事、本届毕昇奖和历届森泽奖获得者、日本友人森泽嘉昭一行及业界各方面人士共300余人，新闻出版总署副署长于永湛、中国科协书记处书记冯长根、国家科学技术奖励工作办公室主任陈传宏等出席会议并讲话。中国印协名誉理事长王益、王仿子和理事长武文祥、森泽株式会社会长森泽嘉昭以及获奖代表先后致词。

毕昇奖和森泽奖于1986年设立。森泽奖是已故日本知名人士森泽信夫先生个人出资设立的，目的在于鼓励中青年的创新和成长。森泽奖的设立，对我国印刷界中青年科技创新和在工作中发挥生力军作用起到了很大的推动作用。在森泽信夫已辞世、森泽奖历经20年评选十届即将结束的时刻，学会召开了纪念大会，并编辑出版了《森泽信夫印刷技术奖纪念册》，为该奖项画上了一个完满的句号。根据国务院成果奖励办调整社会力量办奖的要求，拟在毕昇奖项中设3个子项：杰出成就奖、优秀新人奖和印制奖。

四、国际交流

1. 组团出席第八届世界印刷大会。1月24～28日，第八届世界印刷大会在南非开普敦举行，新闻出版总署副署长于永湛率中国印刷代表团150人出席了会议。于副署长应邀在大会发表了题为“共创世界印刷业美好明天”的演讲。大会以“印刷——使现代和未来更加盈利”为主题，进行了广泛交流和探讨。

2. 赴美出席世界印刷与传播论坛会议和参观芝加哥国际印刷展。9月，应世界印刷与传播论坛和全美纸张与印刷生产供应商协会（NPES）邀请，武文祥、沈海祥等赴美出席“世界印刷与传播论坛”理事会议；参观了在芝加哥举行的2005国际印刷展；中国国际全印展主办、承办单位同德国杜塞尔多夫展览公司联合在展会设展位，共同宣传2006第二届中国国际全印展，和2008年德鲁巴国际印刷展在现场举行了新闻发布会；出席了NPES主办的亚太地区有关国家印刷交流会；武文祥接受了全美纸张与印刷生产供应商协会颁发的杰出贡献奖并应邀出席了美国印刷工业协会举行的2005年印制大奖颁奖大会，中国有多家企业获奖。

代表团成员还访问了富士施乐公司，了解了数码印刷新技术创新研究成果；参观了罗切斯特理工大学印刷学院；武文祥还代表中国印协并受中国印刷博物馆委托到芝加哥大学，拜望了为研究中国印刷史做出杰出贡献的95岁高龄的钱存训教授并向他祝贺华诞。

五、与有关方面合作，组织国产印刷机械质量万里行活动

3月，会同上海印协、上海光华机械有限公司联合组织了多色胶印机质量万里行活动，主要是针对光华公司的PZ—4650和PZ—41020系列产品，经专家组认真剖析，提出了主要问题和建议供光华公司参考改进。

国产印刷机质量万里行活动从1999年开始，已进行了5次，均获得了良好效果，成为中国印协为行业企业服务的一个品牌。

六、组织开展了“诚信在行动”大型系列活动

学会联合中国出版工作者协会、中国报业协会、中国期刊协会、中国印刷及设备器材工业协会、中国人民解放军印刷工业协会、全国铁路印刷协会，以及各省、自治区、直辖市印协，共同组成了全国印刷行业诚信建设组委会。在新闻出版总署指导下，从9月以来，自下而上开展了首批全国诚信印刷企业的推荐活动。最后确定了280家名单，并在专业媒体和《新闻出版报》上公示。12月下旬在北京召开了2005年全国诚信印刷企业峰会和首批全国诚信印刷企业表彰大会。这次大会正式宣布施行《印刷行业公约》，首批全国诚信印刷企业发表了《全国诚信印刷企业北京宣言》。

七、国际印刷展览工作取得新成效

1. 为2006年“全印展”作了有效的招展工作。首届“全印展”获得圆满成功，在业界引起良好反响，为2006年成功举办“全印展”打下了良好基础。

2. 第三届亚太网印及制像展暨2005中国国际网印及广告牌业展在广东省广州市举行，展览会总面积20 000平方米，共1134个标准展位，来自20多个国家和地区的312家展商踊跃参展。观众2万多人，许多国家的代表团以及国际三大区域性组织国际网印及制像协会、欧洲丝网印刷商协会联盟和亚太丝网印刷及制像协会的代表团都汇聚花城。

八、积极参加印刷及相关行业活动，密切相互联系，加强为行业、企业、会员服务

2005年各地印协以及一些单位的活动，主要有：江苏印协换届；西部印协第九次协作会（在青海召开）；内蒙古印协成立20周年纪念大会；中国印刷及设备器材工业协会成立20周年纪念大会；温州国际印刷设备器材展；江西省印刷产业发展规划研讨会等多项活动。

九、加强了分支机构的管理和建设

1. 加强了“两刊一网”工作。《中国印刷》杂志社、《中国印刷年鉴》社于3月29日召开了“两刊”编委会，调整了编委，通报了“两刊”发展历程和运营情况以及改进办刊思想等问题。为加强中国印刷行业网建设，从2005年下半年起，网站由《中国印刷》杂志社统一管理、统筹组织，努力发挥媒体的综合效应。

2. 在原柔性版印刷技术专业委员会、电子及网络技术专业委员会基础上分别正式成立了柔性版印刷分会和数字印刷分会。

3. 加强协会内部管理。坚持办公会议制度，每月制订月计划，办公会议逐项检查。重大问题及时召开理事长办公会议商讨决定。

中国材料研究学会

Chinese Materials Research Society

（C－MRS）

地　　址　北京海淀区紫竹院路62号4102室

邮政编码　100044

电子信箱　cmrssec@ sohu. net

主页网址　http://www. c－mrs. org. cn

电　　话　010－88510496/88510497

传　　真　010－68722033

刊物及主编　《材料研究学报》　主编　叶恒强

Journal of Materials Science & Technology　主编　胡壮麒

《功能材料与器件学报》主编　邹世昌

《稀有金属材料与工程》主编　殷为宏

单位简介

中国材料研究学会于1991年5月16日在北京举行成立大会，选举产生第一届理事会。李恒德任理事长，朱丽兰、王佛松、朱鹤孙、吴人洁、张锐生、郭景坤为副理事长。学会分别于1995年6月、1999年11月、2003年12月在北京召开第二、三、四届全国代表大会，李恒德任第二届理事长，周廉任第三、四届理事长。

1990年12月国际材联（IUMRS）正式成立，中国材料研究学会（C-MRS）作为发起成员正式加入国际材料研究学会联合会。学会的两任理事长李恒德、周廉先后担任国际材联主席。

中国材料研究学会汇聚了来自全国高等院校、科研院所、企事业单位及管理部门的我国材料界的一大批知名专家、学者和企业家，其中有中国科学院院士和中国工程院院士50余位，现有团体会员143个，个人会员8000余名，分支机构5个。学会和美洲、欧洲、亚洲等数十个材料研究学会和学术团体保持着密切的联系和频繁的学术交往。

中国材料研究学会的宗旨是团结广大材料科技工作者，面向现代化，面向世界，面向未来，贯彻落实“科教兴国”方针，开展广泛的国际交流与合作，促进材料科学前沿研究及相关学科间的交叉发展，推动材料和高技术产业的密切结合，为繁荣和发展我国的材料科学技术事业做贡献。学会的主要任务是组织材料科学技术领域的国际、国内学术会议和科技展览，开展广泛的学术交流和合作，推广材料科学技术成果；组织编著出版中、外文学术书刊；设立材料科学技术奖励基金；培训、举荐材料专业人才；开展材料科技咨询和材料领域的科学普及工作；完成国际材联委托授权的各项工作等。

工作综述

一、国内、国际学术交流活动

1. 全国第四届纳米材料和技术应用会议由中国材料研究学会主办、山东省科技厅协办，周廉院士任会议主席，山东省科技厅厅长姜代晓、副厅长翟鲁宁，烟台市副市长张仁强出席会议。260多位材料科学家、科技工作者和产业界人士出席了本次会议。会议邀请了严东生院士、卢柯院士、张泽院士、范守善院士、钱逸泰院士以及马燕合博士、张立德教授、周少雄教授和陈军教授做大会主题报告；学术论文226篇，内容涉及近两年来我国在揭示纳米结构自组规律、纳米功能效应及其本质、性能表征研究的最新进展等方面的最新成果。。

2. 中国（宁波）新材料与产业化国际论坛由中国材料研究学会和宁波市政府主办、宁波市科技局承办，于11月16～17日在宁波举行。近300名宁波地区的材料科技工作者、企业家和政府官员参加了本次论坛，包括7名院士和10多位外国知名材料学者和在内的50多位中外材料科学家出席会议，并就材料科学与工程的现状与未来、材料研究技术创新与产业发展等热点专题做了精彩的演讲和讨论。

3. 2005中国储能电池与动力电池及其关键材料学术研讨会由中国材料研究学会、国家自然科学基金委员会工程与材料科学学部以及国家“863”高技术新材料领域专家委员会主办，中南大学承办，5月12～16日在湖南长沙召开。著名材料学家黄伯云院士、陈立泉院士任会议名誉主席，周廉、何祚庥、黄伯云、陈立泉、杨裕生、闻立时、戴永年、刘业翔等院士和吴锋、徐仲榆、蹇锡高、彭苏萍、邱冠周、陈启元等知名学者出席并做报告。共收到学术论文219篇，就锂离子电池、燃料电池、镍氢电池等主题进行了广泛和深入的交流与讨论。

4. 2005年新材料发展趋势研讨会是中国材料研究学会每逢单年联合中国台湾地区和香港特别行政区材料界定期举办的高层次材料论坛。2005年的会议由中国材料研究学会主办，佛山市顺德区政府协办，于12月21～24日在广东省佛山市顺德召开。师昌绪、朱道本、王占国、陈立泉、江东亮等院士，香港科技大学校长朱经武教授，台湾材料研究学会理事长、台湾工研院工业材料研究所所长刘仲明教授，日本东芝陶瓷株式会社周忠华教授等20人，在会上就光电信息功能材料、药物传导、能源与二次能源材料等20个新材料热点做专题报告和讨论。会议期间中国材料研究学会召开了第四届第三次常务理事会议。

5. 第二届中、日、韩材料研讨会于8月9～13日在太原举行，这是中、日、韩三国材料研究学会轮流主办的材料例会。本次会议由中国材料研究学会主办、太原理工大学协办，来自国内外21个院校、科研院所和高新技术企业的140人出席会议，30篇论文做了大会重点发言，涉及的内容有生物功能材料、信息功能材料、纳米功能协调材料应用等。

6. 中－欧光伏双边讨论会由中国材料研究学会（C-MRS）、欧洲材料研究学会（E-MRS）和国家自然科学基金委主办、北京市太阳能研究所承办，于10月10日在上海国际会议中心举行。会议主席为中国材料研究学会副理事长陈立泉院士，大会副主席为太阳能学会副理事长赵玉文教授和欧洲太阳能学会副主席 A. Slaoui 教授以及上海交通大学崔容强教授。中国和欧洲各有11位光伏领域的著名专家就各自所在的领域做了精彩的报告。

二、科技咨询服务工作

1. 编辑和审定“材料科学技术名词”。受全国科学技术名词委员会的委托，中国材料研究学会承担了全国科学技术名词中《材料科学技术名词审定手册》的编审工作。柯俊、师昌绪、徐光宪、严东生院士任审定委员会顾问，周廉理事长任委员会主任，聘请材料界不同学科100多位专家组成了编审组。2005年收集材料科学技术名词约15000个、完成了每个词的中英文对照、中文定义、概念内涵说明的编写工作和对词条的第一次审定。

2. 完成了《国家发改委高技术产业化新材料专项中后期评估报告》。受国家发展和改革委员会高技术产业司委托，学会对国家发改委历年支持的涵盖28个省、自治区、直辖市的201项高技术产业化新材料专项的实施情况进行了中期和后期评估。先后收到项目承担单位提交的调查问卷200份、总结报告191份，共约200万字。成立了以周廉理事长、王占国、陈立泉副理事长为首的评审专家小组，于2005年5月完成了由9大部分、11幅图表、约3万余字组成的《国家发改委高技术产业化新材料专项中后期评估报告》，得到了国家发改委高技术产业司的肯定。

3. 编著出版《中国新材料产业发展报告》（2005）。继《中国新材料产业发展报告》（2004）之后，学会和国家发改委高技术产业司邀请46位材料科技界知名专家和主管部门官员共同完成了《中国新材料产业发展报告》（2005）一书。全书共29章约60万字，全国政协副主席、中国工程院院长徐匡迪题写了书名，国家发展和改革委员会副主任张晓强、中国材料研究学会名誉理事长师昌绪院士作序，由化学工业出版社于12月正式出版发行。

三、学会建设

1. 申报中国材料研究学会科学技术奖获得成功。2005年，学会抓紧了授奖资格申请工作，起草并反复修改了报批申请书和《中国材料研究学会科学技术奖章程（草案）》，于2005年9月30日获得了国家科学技术奖励工作办公室的正式批准并获奖励办颁发的设奖、授奖登记证书。该奖项的设立将为提高学会的凝聚力，促进我国材料科学前沿的研究与发展，推动新材料、新工艺和新技术在产业中的实际应用起到积极的作用。

2. 新成立了两个二级分会。经中国科协和民政部批准、登记，中国材料研究学会2005年9月新成立了计算材料学分会、金属间化合物与非晶合金分会，继青年委员会、疲劳分会和环境分会之后，现在学会已经拥有5个分支机构。

3. 2005年对学会会员进行了重新核实和登记，对已交纳会费的有效个人会员发放了新会员证500余份。2005年新发展个人会员372人、新增团体会员单位2个。

四、信息出版工作

编辑出版了《全国第四届纳米材料和技术应用会议论文集》。出版学会会讯（双月刊）6期，每期平均约18000字，共6600册。

五、学会网站建设

建立了学会专线宽带网线，提高了抗病毒能力，利用网站发布了学会活动和新材料信息；较及时地补充了网站会员数据库。

中国食品科学技术学会

Chinese Institute of Food Science and Technology（CIFST）

地址	北京市东城区灯市口大街75号（中科大厦B座2层）
邮政编码	100006
电子信箱	cifst@yahoo. com. cn
主页网址	http://www. cifst. org. cn
电话	010－65265374/65265375/65265376
传真	010－65264731
理事长	潘蓓蕾
名誉副理事长	尹宗伦　顾景范　李士靖

副理事长	于　亚　卫祥云　汤天曙　刘兴信 孙　颖　李里特　张肇范　肖德润 欧阳瑞文　饶平凡　陶文沂
秘书长	孟素荷
刊物及主编	《中国食品学报》　主　编　罗云波 《中外食品工业》　执行主编　江　波 《食品与机械》　执行主编　黄寿恩 《中国食品工业与科技蓝皮书》 主　编　潘蓓蕾

单位简介

中国食品科学技术学会是中国食品科技工作者的学术性群众团体，是中国科学技术协会的组成部分。

中国食品科学技术学会于1980年11月成立。1984年9月以有代表性的全国性学会名义参加国际食品科学技术联盟（IUFoST），成为正式成员，为中国食品科技界在世界食品科技联盟中的唯一代表。于2001年被世界食品科技联盟（IUFoST）认定为世界食品科技联盟中国总部。

中国食品科学技术学会下设13个专业分会，2个工作委员会。全国各省市设有地方食品科技学会或食品学会，接受中国食品科学技术学会业务指导。

中国食品科学技术学会吸收合格的高级会员、会员、学生会员和团体会员（含科技与企业两类），还有选择地吸收海外会员和外籍会员。

工作综述

一、学术交流

1. 2005年5月11～12日，第二届大豆食品发展论坛暨中国食品科技学会大豆食品分会成立大会在北京召开。160位代表参加了会议，选举产生了大豆食品分会第一届理事会及常务理事会，宣布了大豆食品分会第一届理事会顾问名单，并举行了一届一次常务理事会。

2. 5月25～26日，学会主办的乳酸菌与健康国际研讨会在北京成功举行。潘蓓蕾理事长及80名专家及企业家进行了乳酸菌研究进展和热点问题的讨论。

3. 5月30日，学会主办，面制品分会承办的中国咸味香精、调味料创新与市场研讨会在北京召开，方便面行业及香精调味料行业的多家知名企业的领导参加会议。

4. 6月15～17日，学会主办，冷冻与冷藏食品分会承办的第六届冷冻与冷藏食品产业大会在北京召开。

5. 7月，面制品分会主办的中国面制品网（www.chinapasta. com）正式亮相互联网。

6. 8月20～24日，应中国科协主席周光召的邀请，学会理事赵霖研究员出席了中国科协2005年学术年会，并做了题为“食品、营养与人类健康”的大会报告。

7. 9月6～8日，学会主办的第六届中国面制品产业大会在河南省郑州市召开，700人出席盛会。本次会议还召开了设备包装，香精和调味料，挂面、方便米粉、杂粮面等3个专题分会。9月6日，面制品分会组织有关专家，召开了与新闻媒体的沟通会，对方便面的安全性评价进行了专题发言。

8. 11月7～8日，中国食品科学技术学会第四届年会暨第六届国际食品科学技术会议在广州召开。理事长潘蓓蕾，广东省政协副主席韩大建等领导同志及1200名与会者参加会议。提交大会论文800余篇，评选出优秀论文60篇。

9. 12月17日，咸味香精技术创新与市场开拓研讨会及IRMA中国分会调味料专业委员会筹备会在深圳召开。60余位业内学者及企业家参会。会上宣布IRMA中国分会调味料专业委员会成立，由孙宝国担任主任委员。

10. 11月12～13日，由学会、浙江省科协、浙江工商大学共同主办的食品安全监管与法制建设国际研讨会暨第二届中国食品研究生论坛在浙江绍兴召开，相关单位的领导同志、专家、相关媒体的记者以及来自美国、德国、伊朗等多个国家的著名专家共计250多人出席了这次盛会。共有230余篇论文在会上进行了交流。

11. 11月10日，据科协发［2005］102号文，学会获得第五届中国科协科学技术普及先进学会。

12. 12月5日，据科协计发财字（2005）119号文，中国科协授予学会“2004年度全国性学会财务决算编报工作先进单位”。

13. 12月29日，由学会主办、面制品分会承办的中国面制品与“三农”高层论坛在北京人民大会堂召开。14位国内面制品优秀企业家联名签署了《诚信宣言》。

二、国际交流与互访

1. 2月16日，副理事长饶平凡在美国与美国食品科学技术学会（IFT）执行副主席 Barbara 女士就 Food Technology 杂志在华版权代理事宜进行了会谈。

2. 3月1日，饶平凡副理事长、邵薇副秘书长在上海分别与 IFT 前主席 Mary Schmidl 博士、现任主席 Herbert Stone 博士会面，就 2006 年在我国召开第三届中美食品业高层论坛达成了共识。

3. 3月15日，西班牙国际多工业出口贸易协会负责人奥斯卡先生一行访问学会，相互交流了两国肉制品行业的现状，以及进口肉类屠宰、加工和包装设备的使用情况。

4. 3月20～21日，国际食品科技联盟（IUFoST）2004－2005 年度执委会在吉隆坡举行，饶平凡作为特邀执委出席了本次会议，并代表学会正式向 IUFoST 提出了承办 2008 年第十四届世界食品科技大会的申请。

5. 3月20～26日，应日本日清食品和 IRMA 有关方面的邀请，学会考察团对日清食品、日本消费技术中心等机构和企业进行了访问。

6. 5月23日，应丹麦食品工业中国代表团团长 Charles Kastberg Christensen 先生的邀请，学会参加了由其组织的座谈会。副理事长孙颖代表学会同来自丹麦乳品、水产品及添加剂等行业的代表进行了交流。

7. 6月16～25日，学会组团赴台湾地区参加全球华人保健食品科技大会。

8. 12月21日，潘蓓蕾理事长会见了亚洲乳酸菌学会联盟理事长蔡英杰教授一行。会谈中，潘蓓蕾理事长接受了作为 2007 年亚洲乳酸菌国际研讨会中方主席的邀请。

三、科普与出版

1. 3月12日，《2005 中国食品工业与科技蓝皮书》出版发行，并与《中国食品报》达成共同宣传计划。

2. 6月，《食品的魔术师——酶》和《婴幼儿营养与科学喂养》出版，由蒋惟明博士和学会理事谢宏等人编著。

3. 5月14日，学会参加了由中国科协主办的全国科技活动周暨北京科技周活动。

4. 5月，学会组织、面制品分会完成了《方便面——从方便到营养》宣传册的编印工作。

5. 8月6日，CCTV－7《每日农经》周末版播出了学会同 CCTV－7 联合摄制编辑的、以《方便面变奏曲》为题的科普宣传片。

6. 8月22日，学会组织、面制品分会完成了《知道越多就越喜欢》方便面科普知识宣传画册的编印工作。

7. 9月14日，学会参加了由中国科协主办的“全国科普日”活动。

8. 11月，学会编辑出版《中国食品科学技术学会第四届年会论文摘要集》。

9. 全年共出版《中国食品学报》4 期，并以增刊形式出版《第二届大豆食品发展论坛文集》，《面制品通讯》4 期，《中国冷冻与冷藏食品》3 期，《会员通讯》4 期。

四、科技创新与标准研究

1. 3月16日，组织食品科技界专家对白象集团开发的“每客三道餐面”系列产品进行专家鉴评及新闻发布会。

2. 4月13日，组织粮油食品科技界专家、大型制面企业专家及国内主要面机生产企业专家共 17 人组成专家委员会，实地考察了北京大森长空包装机械有限公司工厂，并为其 SE－5000 型包装机、ZD－3500 型集积器、M－5700G－BX 系列包装机三种产品进行了专家鉴评。

3. 4月25日，组织专家委员会对亚贝尔自动化设备有限公司的 JQl80 系列金属检测器进行了鉴评。

4. 10月15日，组织专家对味群食品工业有限公司生产的海鲜、味噌粉系列产品进行了鉴评，并一致通过授予 2005 年度中国食品科学技术学会科技创新奖。

5. 10月29日，组织专家听取了北京五谷道场食品技术开发有限公司的非油炸系列方便面新产品的介绍，对新产品的外观与口味进行了鉴评，并提出意见。

6. 11月14日，组织专家对河南京华食品公司鲜骨深加工系列产品进行了鉴评，提出专家鉴评意见。

7. 12月17日，组织专家对广东深圳冠利达波顿香料有限公司的产品纯猪肉粉香精的生产工艺和产品质量进行了鉴评并对该产品提出意见及建议。

五、组织建设

1月10日，中国食品科技学会青年工作委员会三届二次会议在哈尔滨召开，来自全国（包括香港）的 18 名青年委员进行了学术交流并就青委会换届工作交换了意见。

3月，在中国科协的指导下，经专家工作委员会、组织工作委员会对各分会、各地方学会推荐的高级会员申请的审查，中国食品科学技术学会第一批高级会员名单产生，共有160位食品科技专家、企业家队伍中的优秀者获得高级会员资格。

5月11~12日，大豆食品分会在北京成立，著名营养学家于若木同志为分会题词致贺。会上选举产生了第一届理事会及常务理事会，宣布了CIFST大豆食品分会第一届理事会顾问名单，并举行了一届一次常务理事会。

六、参与政府决策咨询

6月29~30日，推进食品安全保障体系建设试点座谈会在北京举行，孟素荷秘书长做专题发言。国家食品药品监督管理局决定由学会承担对方便面行业“保障体系建设”工作及对公众科普宣传教育的工作内容。

9月19日，应卫生部邀请，孟素荷秘书长出席了由卫生部主办、卫生部卫生监督中心标准处承办的卫生标准与健康高层研讨会，并做了题为“食品工业与食品标准”的报告。

7月26日，学会邀请有关政府官员、业内专家及冷冻食品企业家，在北京召开了《速冻预包装面米食品卫生标准》修订工作会议。期间各企业对6~7月在全国部分省市速冻食品抽检工作进行了汇报，并反映了GB19295－2003《速冻预包装面米食品卫生标准》的有关问题。

七、各分会、各地方学会工作

1. 1月19~20日，黄酒分会第三届全国会员代表大会在上海举行。

2. 5月底，儿童食品分会和国家儿童食品安全信用体系建设试点领导小组联合主办召开了婴幼儿食品安全暨信用体系建设研讨会。

3. 9月8日，儿童食品专业分会主办，美赞臣（广州）有限公司协办的中国儿童食品安全管理峰会在北京举行。

4. 9月21日，儿童食品专业分会第九届学术年会在河北省石家庄召开。20日晚召开了第四届理事扩大会议。年会选举产生了第四届理事会及常务理事会，陈学忠当选新一届理事长。

5. 7月18日，北京食品学会与劳动和社会保障部教育培训中心共同举办的营养配餐员培训班举行开学典礼，共有近170名学员参加该培训班学习。

6. 9月17~20日，北京食品学会主办的面向2008奥运会北京食品安全体系国际学术研讨会在北京举行。

7. 11月27日，北京食品学会25周年庆典在北京隆重举行，老中青三代食品科技工作者以及在京著名食品企业负责人100余人出席了纪念大会。

8. 4月28日，在上海召开了部分省（市）地方食品学会联谊会，孟素荷秘书长专程赴沪到会祝贺。

9. 4月29日，上海市食品学会和上海应用技术学院共同主办的2005年上海市食品学会年会在上海召开。

10. 5月20日，上海市食品药品监督管理局、上海水产大学、上海市食品学会等联合主办的“迎世博食品安全宣传周”在南京路步行街开幕。

11. 8月9~15日，上海市食品学会组织由学会常务理事、王锡昌为团长，上海高博特生物保健品有限公司总经理张刚为副团长的考察团赴日本爱知县世博会考察。

12. 8月25~26日，应亚洲乳酸菌协会联盟邀请，上海食品学会理事长张肇范组织有关单位前往印尼巴厘岛参加亚洲第三届乳酸菌会议。

13. 10月28日，山西省食品科学技术学会在太原召开第五次会员代表大会。

14. 11月6日，广东省食品学会主办的第四届“益生菌、益生元与健康”国际研讨会在华南理工大学邵逸夫科学馆举行。

中国粮油学会

Chinese Cereals and Oils Association（CCOA）

地　　址　北京市朝阳区德胜门外北沙滩1号（农机院内）

邮政编码　100083

电子信箱　bgs@ccoa. info

主页网址　http:// www. ccoa. Info

电　　话　010－64842729

传　　真　010－64842722

理 事 长　朱长国

副理事长　王瑞元　赵小津　刘新江　陶文沂

孙　瑞　徐广文　戚世钧　尚强民
杜　政

秘书长	胡承森		
刊物及主编	《中国粮油学报》	主编	胡承森
	《粮食储藏》	主编	郭道林
	《粮食与饲料工业》	主编	王　杭
	《中国油脂》	主编	刘世鹏
	《粮食加工与食品机械》	主编	牟广英
	《粮食与食品工业》	主编	张建华

单位简介

中国粮油学会于1986年经中国科协、民政部审批成立，是中国科学技术协会的组成部分。

中国粮油学会下设油脂、食品、饲料、储藏、信息与自动化5个专业分会，现有个人会员6084人，团体会员741个。

中国粮油学会于1989年经商业部批准正式加入国际谷物科技协会（ICC），成为国家会员，副理事长王瑞元为国家代表，副理事长陶文沂于2000年当选为ICC执委会委员，常务理事王凤成于2004年被推荐为ICC学术委员会成员。

工作综述

一、配合行政主管部门，积极做好人才培育工作

1. 全力配合国家粮食局人事司开展粮食行业7个特有工种的国家标准的制定、考试题库和培育教材的编写等组织工作。

2. 协助国家粮食局人事司开展了高级技术职称的评审工作，有24位申报研究员和享受研究员待遇的高级工程师通过评审，14名被评为研究员或享受研究员待遇高级工程师，2名被评为副研究员。

3. 学会推荐江南大学姚惠源教授、武汉工业学院刘大川教授为中国工程院农业、轻纺与环境工程学部的院士候选人；协同国家粮食局人事司开展了全国第九届青年优秀科技工作者的推荐工作。

二、创立中国粮油学会科学技术奖，促进科研成果的转化

在国家粮食局和中国科协的大力支持下，经科技部、国家科技奖励办公室审查批准，同意设立中国粮油学会科学技术奖。此奖项的设立为粮油科技成果的交流和展示构建了一个良好的平台，将极大地促进科研成果的产业化。学会各会员单位及各大院校和科研院所都积极参与并认真申报材料。

三、积极开展国内外学术交流，推动行业科技创新

1. 2005年是学会所属储藏专业分会、油脂专业分会、食品专业分会和饲料专业分会创建20周年。学会会同油脂专业分会于10月19～22日在北京召开2005年北京国际油脂研讨会暨油脂分会第14届年会，参会专家、学者和科技工作者300多人共聚一堂。

2. 学会会同食品分会和国际谷物科技协会（ICC）于10月14～16日在郑州召开了国际小麦品质及面粉改良研讨会，ICC主席、秘书长等国内外专家、学者200余人参加了本次大会。会议编辑了中、英文的论文集。

3. 储藏分会于10月17～19日在成都召开了中国粮油学会储藏专业分会成立20周年学术年会，200多名科技工作者出席了会议，有158篇论文编入本次会议论文集。

4. 饲料分会于12月12～14日在厦门召开2005年饲料学术交流研讨会，交流饲料工业的最新技术，探讨我国饲料工业的发展趋势。

5. 学会在江西、辽宁、吉林、黑龙江等省分别召开了米线和粉丝产业发展大会、粮油营销技术研讨会，以交流和探讨行业发展中的热点、难点问题的解决途径。

6. 2005年也是国际谷物科技协会（ICC）成立50周年，为此ICC于5月在维也纳举办了成立50周年学术年会。王瑞元常务副理事长率团参加了这次庆典和学术会议，并就2007年在我国举办ICC第13届粮油科技大会达成初步意见，加强了学会与国际学术组织的联系与合作。

四、传播粮油科技知识，提高公众科学素质

学会组织编写《粮油食品营养与健康知识百问》一书，并累计向社会发行了10万册。该书结合公众对粮食、油脂生产、流通、加工、消费中产品质量、加工方法、食用方法与营养卫生安全等方面提出的问题，从科学与技术的角度，深入浅出的作了回答。指导大家科学合理地使用和消费，更好地尊重科学、爱惜粮食、重视质量确保粮油及其加工食品的安全，构建社会主义和谐社会。

五、进一步开拓思路，办好《学报》

《中国粮油学报》是中国粮油学会开展学术交流的重要园地，是对外介绍粮油科技成果、传播科技信息的重要窗口，是学会联系广大会员的一条重要渠道，是反映学会学术水平的重要标志。2005年《学报》在编委会的领导和全体会员的关心支持下，经过编辑部同志们的努力，在去年扩大版面30%的基础上，再次扩充50%，论文主页由88页增至128页，满足了科技工作者学术扩版的愿望和行业科技发展的需要。征稿、审稿及编辑质量都有较大提高，发行量也有一定扩展，在行业的影响力进一步提升。

六、以改革和创新的思路加强学会的管理和建设

1. 按中国科协对全国性学会改革的要求，学会年初召开了所属专业分会秘书长和分会挂靠单位负责人工作会议，会议明确了各专业分会在学术活动、会员管理、建立专业发展基金和财务管理等方面的责、权、利及管理目标，部署了会员发展和重新登记工作，希望以此建立学会的会员库和专家库，更好地为会员服务。会议后，各项改革措施逐步落实，工作进展顺利。

2. 学会增设粮食物流分会、粮食营销技术分会、发酵面食分会、米制品分会和粮油质检分会等5个分会，这5个分支机构的成立进一步充实了学会的学科和业务领域。

中国职业安全健康协会

China Occupational Safety and Health Association (COSHA)

地　　址　北京市东城区和平里北街21号
邮政编码　100713
电子信箱　cosha@cosha.org.cn
主页网址　http://www.cosha.org.cn
电　　话　010-64463210
传　　真　010-64463210
理 事 长　张宝明
副理事长　孙华山　闪淳昌　冯长根　刘志军　马晓伟　洪善祥　鲍培德　陈家强　纪明波　钟群鹏　周国泰　陈小津　李定凡　阎三忠　周守为　赵　昆　经天亮　张喜武　郑希文　吴宗之
秘 书 长　吴宗之(兼)
刊物及主编　《中国安全科学学报》　**主编**　徐德蜀

单位简介

中国职业安全健康协会是全国安全生产与职业健康工作者及有关单位自愿结成，经国务院同意，民政部批准登记成立的全国性、公益性、专业性和非营利性社团组织，是中国科学技术协会的组成部分，其前身是中国劳动保护科学技术学会。

中国劳动保护科学技术学会成立于1983年9月，由原国家劳动总局、中华全国总工会、卫生部、原煤炭工业部、原冶金工业部、交通部、原航空工业部、原机械工业部、原兵器工业部、原石油工业部等部门联合发起。1985年3月加入中国科学技术协会。1988年9月加入亚太地区职业安全卫生组织(APOSHO)。1991年8月获准民政部注册登记。2003年10月更名为中国职业安全健康协会。

中国职业安全健康协会接受中国科学技术协会和国家安全生产监督管理总局的领导。秘书处设在国家安监总局。现为第四届理事会，张宝明担任本届理事会理事长。章萍、何光、李伯勇、李沛瑶等先后担任历届理事会理事长。

工作综述

一、完成政府委托的任务

1. 尘肺病调研工作。按照胡锦涛总书记关于尘肺病防治的批示精神，结合贯彻《职业病防治法》和《安全生产法》等法律法规的要求，国家安监总局、卫生部、全国总工会决定联合开展尘肺病调研工作。协会负责调研工作的组织和具体实施，目前已完成调查报告。

2. 受国家安监总局委托，高等学校安全工程学科教学指导委员会秘书处设在协会秘书处，承担指委会的日常工作。2005年组织开展了将“安全科学与工程”设立为一级学科的论证、“安全工程学科专业发展战略研究”、“高等学校安全工程学科专业规范”等3个重点课题的研究。

2005年12月16～17日召开了指委会第二次会议，成立了指委会学科建设、教学评估、教材开发、学术交流4个分委会。组织完成了在《授予博士、硕士学位和培养研究生的学科、专业目录》中将“安全科学与工程设立为一级学科的论证报告”，国家安监总局已将报告正式报送国务院学位委员会。指委会秘书处与中国劳动社会保障出版社签订了安全工程专业教材出版协议，拟分专业基础课教材、专业教材等二类编写，共计约30种。

3. 受国家安监总局委托，协会秘书处从2002年开始承担安全工程专业技术职务任职资格评审的事务性工作。2005年度收到申请200份，目前正在进行评审工作。

4. 受国家安监总局安全生产协调司委托，承担了《中央企业安全生产管理绩效评估方法》研究课题，目前已完成研究成果报告初稿。

5. 协会自推动安全社区建设工作一年多以来，已有北京、上海、深圳、开滦、潞安等地40多个安全社区开始建设，世界卫生组织《安全社区周刊》、中央人民广播电台、《参考消息》、《中国减灾》、《中国安全生产报》等媒体多次进行了报道和宣传。2005年协会按国家安监总局安全生产行业标准要求，完成了“安全社区建设基本要求”标准的起草和专家评审工作。出版了《安全社区建设指南》，举办了3次安全社区研讨会和经验交流会。邀请世界卫生组织社区安全促进合作中心主席温斯朗教授来华介绍国际安全社区建设发展状况并考察。协会先后组织和协助组织7批国内社区代表团赴中国香港特别行政区、北欧实地考察学习安全社区建设经验。为启动安全社区建设的社区分批进行了技术培训，累计培训人数3000余人。

二、科技交流活动

1. 2月，在北京组织召开了首都安全生产工作者新春联谊会，张宝明理事长发表了新年献词，国家安监总局孙华山副局长代表国家安监总局讲话，首都大专院校、科研院所、行政、企业等单位的200多人出席了联谊会。

2. 5月，在湖北宜昌组织召开了协会2005年学术年会，张宝明理事长，孙华山、纪明波、鲍培德、闪淳昌等领导同志出席了会议。与会者250名，发表论文170篇，评出优秀论文30篇，并出版了论文集。

3. 8月，组织承办了在新疆乌鲁木齐召开的中国科协2005年学术年会安全科学技术与能源开发利用分会场，与会者50余名。

4. 10月，由协会工业防尘专业委员会等单位在上海举办了第四届上海国际袋式除尘技术与设备展览会暨研讨会。

5. 11月，协会和爆炸科学与技术国家重点实验室（北京理工大学）、浙江省科协联合在浙江绍兴举办了2005亚太安全科学研讨会。200多名学者参加，其中国外105名。5位国际知名学者做了大会报告，83位做了分会场报告。

6. 11月，协会在昆明举办了中国职业安全健康高层论坛，国家安监总局、卫生部和国际劳工组织北京局等部门和单位的与会者在会上做了专题报告，100多人出席会议。

三、国际交流与合作

2005年接待国外职业安全健康代表团7批，共30人次；与韩国工业安全协会签署了合作备忘录；分别与英国职业安全卫生协会和美国工业卫生协会就两组织在职业安全健康领域的合作进行了探讨，签署了会议纪要。组织赴境外参加会议及考察团组7批，共63人次，其中包括参加挪威第14届国际安全社区大会、美国工业卫生协会年会、第21届亚太地区职业安全卫生组织年会、第六届国际职业健康大会和第13届海峡两岸及香港澳门地区职业安全健康学术研讨会等。选派7人赴日本参加职业安全健康研修，1人赴菲律宾参加研修。

四、教育培训

积极开展安全法规、科技、文化知识的培训工作，举办了以安全生产法规、事故应急救援、企业安全生产管理、安全评价、注册安全工程师等主要内容的培训活动；组织编写了《生产经营单位主要负责人和安全管理人员任职条件培训教材》、《安全生产主要法规选编》、《安全工程师任职资格培训教材》、《注册安全工程师执业资格考题要点解析》等教材。加强了教师队伍的建设，完善了培训机制，2005年举办各种培训52期，培训总计4500余人次，取得了良好的社会与经济效益。

五、安全评价与科技咨询服务

2005年，开展了以安全评价为主的技术服务，涉及煤炭、冶金、电子、石油、化工、烟草等行业的企业。共签订并完成安全评价合同165份，合同总金额达1000万元。

受沈阳市政府委托，组织完成了《2006年中国沈阳世界园艺博览会事故预防与控制》项目研究报告。

六、组织建设

5 月 28 日，在湖北宜昌召开了中国职业安全健康协会四届二次理事会。会议通过了四届二次理事会工作报告、理事会任免建议案、协会会员简则修改草案和协会分支机构、代表机构管理办法草案。

10 月 15 日，协会常务理事会通过了新的分支机构设置方案。新设置方案除继续保留原有的 2 个工作委员会、9 个专业委员会和 5 个分会外，新建 6 个工作委员会、7 个专业委员会、1 个分会。发展常务理事单位会员 3 个，团体理事单位会员 2 个，单位会员 9 个。

七、《学报》与《协会信息》编辑工作

2005 年协会与北京市劳动保护科学研究所联合主办了《安全》杂志；编辑了 12 期《中国职业安全健康协会信息》。

编辑出版了 12 期《中国安全科学学报》，全年收录稿件 700 余篇，刊出 300 余篇，完成了学报扩版工作。

八、开展党员先进性教育活动

按国家安监总局机关党委统一部署和要求，协会秘书处组织开展了保持共产党员先进性教育活动，组织党员干部学习了十六届五中全会精神，达到了预期的目标。党员的模范作用和党组织战斗力得到了提高，党群关系得到了进一步改善，受到了国家安监总局先进性教育活动领导小组和督导组的充分肯定。

中国烟草学会

China Tobacco Society（CTS）

地　　址　北京市宣武门西大街 26 号院 2 号楼
邮政编码　100053
电子信箱　zhengfg@tobacco. gov. cn
　　　　　xh－xs@tobacc. gov. cn
主页网址　http://www. Tobacco. org. cn
电　　话　010－63605155/63605762/63605765
传　　真　010－63605760

理　事　长　杨传德
副理事长　王彦亭　郑富钢　谢剑平　胡荣海
秘　书　长　郑富钢（兼）
刊物及主编　《中国烟草学报》　**主编**　袁行思

单位简介

中国烟草学会是由全国烟草科技工作者组成的，依法登记成立具有法人地位的学术性社会团体，是国家发展烟草科技的重要社会力量。

中国烟草学会 1985 年 5 月正式成立，1991 年在民政部登记注册，是中国科学技术协会的组成部分。中国烟草学会于 1985 年 5 月和 1991 年 9 月、1996 年 10 月、2000 年 11 月、2004 年 11 月分别在北京、合肥、南京、武汉召开了第一、二、三、四、五届全国会员代表大会，杨传德任第五届理事长。中国烟草学会于 1985 年加入中国科协，在 30 个省、自治区、直辖市均设有省级烟草学会。省级烟草学会接受中国烟草学会业务指导，负责组织本地范围内的学会活动。中国烟草学会设有组织、刊物编辑和科学普及 3 个工作委员会、工业、农业、经济、流通、专卖管理、卷烟材料、多元化产业、信息等 8 个专业委员会和 20 个专业学组，目前拥有 90 家团体会员，9543 名个人会员和 6 名外籍会员。

工作综述

一、组织建设工作

2004 年学会理事会换届改选以后，2005 年对原有的 6 个专业委员会组成人员和学组进行了调整；经中国科协和民政部批准，完成了新成立的信息化专业委员会和新产业发展专业委员会的注册登记工作；建立了学会专项工作联系点，确定了上海、湖南、黑龙江、云南、郑州、湖北和北京 7 个省级学会和团体会员为学会专项工作联系单位；根据烟草行业改革发展以及企业隶属关系发生的变化情况，对部分团体会员进行了一次重新登记和确认；对获得中国科协优秀科技工作者称号的科技人员，在烟草行业内进行表彰和广泛宣传。

二、学术交流工作

为了提高学术交流的质量和有效性，2005 年初编制了 2005 年学术交流和调查研究专题计划。各专业委员会围绕烟草科技四大战略工程，举办了以提高自主开发能力为主题的烟草农业、烟草机械、烟草化学、《烟草控制框架公约》、体制改革、现代流通、数字化烟草、2005 年学术年会等 8 次理论研讨会议，发表近 300 篇论文。

在国际学术交流方面，积极参加国际烟草科学合作研究中心（CORESTA）、烟草科学研究会议（TSRC）、国际烟农协会（ITGA）等活动，在国际会议上发表 17 篇论文；组织中青年科技人员参加国际学术组织的共同课题研究，2005 年在原来已经参加的 CORESTA5 个课题项目的基础上，又参加了 CORESTA 的烟草马铃薯 Y 病毒株系鉴定分学组和卷烟引燃倾向工作组的共同试验项目；11 月，在云南承办了国际烟农协会（ITGA）2005 年年会。

三、编辑《中国烟草学报》工作

为适应烟草行业各领域学术理论研究和行业发展的需要，2005 年对《中国烟草学报》栏目及版面进行了改版，定位为烟草学术理论刊物，涵盖了自然科学和社会科学的学术研究，并进行了编委会委员的增补和调整。为保证质量，学报按主编要求实行了审读制度，严格执行了编审制度，学报影响因子已达到 0.583，并经中国科协学术期刊专家委员会评审，进入自然科学基础性、高科技重点学术期刊名单。

四、科学普及工作

经中国科协评审，中国烟草学会推荐的云南曲靖市烟草分公司、湖南永州市烟草学会获得“全国农村科普工作先进集体”称号，黑龙江烟草所栾双、云南省玉溪市烟草公司赵进龙、中烟广西工业公司韦建玉同志获“全国农村科普工作先进个人”荣誉称号；学会与国家烟草专卖局有关部门联合开展了“创建学习型组织，争做知识型职工”的征文活动，共征集到 37 篇论文，选择部分文章在《中国烟草》上发表；针对卷烟包装过度问题，邀请清华大学美术学院陈汉民教授和有关企业包装设计人员进行座谈探讨，并在《中国烟草》上做了专题报道；围绕宣传科学发展观和建设资源节约型社会的要求，在国家烟草专卖局机关设置了“落实科学发展观，建设节约型社会”的科普专栏；向烟草行业推荐了 CORESTA 通过的共同课题研究项目组制定的《良好农业操作规范指南（GAP）》；在中国烟草学会网站上开辟科普专栏，开展有关专题活动。

五、中国烟草博物馆的建设工作

受国家烟草专卖局委托，学会负责中国烟草博物馆的建设。自 2004 年 7 月正式开馆以来，博物馆工作已经进入正常的运行轨道。2005 年主要是做了工程验收、参观接待、内部整改、数字化建设、筹建“新世纪馆”和调整农业馆、经贸馆、建章立制、加强与有关单位的合作等工作。目前，博物馆经过征集整理，馆藏文物数量为 177003 件，文献资料为 13182 件，合计为 190185 件，已完成数字化文物采集 95903 件，文献 4655 件。

六、编纂《中国烟草通志》及译审《烟草百科全书》工作

《中国烟草通志》编纂工作按照“出精品、出佳志”的要求，2005 年初以来，分别召开了审稿委员会会议、专家审稿会以及征求离退休老同志意见，就内容真实性、准确性和完整性及名称规范、数据排序、图片质量、事件描述、保密方面存在的问题进行修改，并补写了《中国烟草 2001－2004 年发展补记》。目前，《中国烟草通志》已经完成终审，确定 2006 年上半年出版发行。《烟草百科全书（第二版）》是德国烟草国际出版集团（JTI）2000 年出版的大型工具书，学会于 2002 年就启动了《烟草百科全书（第二版）（中英文对照版）》译审工作，经过 3 年的努力，该书已交中国大百科全书出版社出版和发行。同时，《中英烟草词汇》也已出版发行。

中国系统仿真学会

Chinese Association for System Simulation（CASS）

地　　址　北京市海淀区学院路 37 号
邮政编码　100083
电子信箱　cassimul@263. net
主页网址　http://www. cass－sim. buaa. edu. cn
电　　话　010－82310612
传　　真　010－82317098
理 事 长　李伯虎

副 理 事 长 王子才 王正中 吴启迪 吴重光 张明廉 陈宗基 曹建国 黄先祥 黄柯棣 彭晓源 熊光楞

秘 书 长 彭晓源

刊物及主编 《系统仿真学报》 **主编** 王雅云

单位简介

中国系统仿真学会是经民政部登记注册依法成立的，由全国范围内从事系统仿真学科的专家、学者、科技工作者及单位自愿组成的学术性、群众性、非营利性的法人社会团体，是中国科学技术协会的组成部分，是发展中国系统仿真科技事业的重要社会力量。

中国系统仿真学会成立于1988年11月。1989年2月在北京召开成立大会暨第一届理事会。1993年、1997年和2001年召开了第二次、第三次、第四次全国会员代表大会。文传源教授当选为第一届、第二届理事会理事长，王行仁教授当选为第三届理事会理事长，李伯虎院士当选为第四届理事会理事长。

学会目前设有10个专业委员会，2个工作委员会。成立了6个地方学会。有团体会员单位130个。本届理事共161名，常务理事41名。中国系统仿真学会是国际仿真数学和计算机协会（IMACS）国际联合会的团体会员，并与美国计算机仿真学会、欧洲仿真联合会，英国、日本、韩国、荷兰等国家仿真学会建立了双边关系和合作协议。

工作综述

一、学术交流

成功举办了国际购物中心协会ICSC’2005国际会议。

以“加强国际交流，立足自主创新，促进仿真技术发展”为主题的亚洲仿真会议暨第六届国际系统仿真和科学计算学术会议于10月24～27日在北京召开。来自世界各地10个国家及地区的262名论文作者参加了会议。大会共收到论文摘要705篇。精选出351篇学术论文，出版论文集2种。本次国际会议特邀12位国内外专家作大会报告，还设有14个分会场及2个专题报告分会场。

二、推动科技进步、促进学科发展

10所高校在自愿认同仿真科学与技术学科地位的前提下，组成筹备组向国务院学位办申请将“仿真科学与技术”作为一级学科。学会先后三次在北京召开了有关申请“仿真科学与技术”为一级学科的研讨会。系统仿真领域的专家对设立“仿真科学与技术”为一级学科的必要性、可行性进行了充分的论证。对国内仿真教育现状及国际上仿真科学的发展进行了详细的阐述。2005年12月18～19日在北京召开了常务理事扩大会议，再次对“仿真科学与技术”的理论体系进行了论证与研讨。10个筹备单位的与会学者提出了继续做好各项申请的筹备工作。准备在2006年4月适当时间召开全国性的高层研讨会。并且针对围绕申请一级学科的有关内容，进行了高层专家专题报告会。

三、期刊工作

2005年《系统仿真学报》顺利并且超额完成了全年12期的出版计划以及两个论文集的出版工作。学报的社会效益与经济效益均比2004年有了进一步的提高。

1. 改进编委会工作，提高学报学术水平，严把出版质量关。2005年，由编辑部组织了学报编辑委员会全体会议。会上调整充实了《系统仿真学报》编委会，审议了学报编委会工作章程，讨论、研究了学报审稿的若干规定。会议取得了良好的效果。这对提高学报的学术水平和质量起到了积极的作用。

2. 稿源范围不断扩大，投稿数量继续增加。2005年，学报共发行12期正刊，全部按时出版。此外，还为第10届全国Petri网学术年会和第一届MATLAB中国用户大会两个会议出版了两期会议文集增刊。共刊登论文927篇，总页码达3326页，比2004年的782篇增加145篇。由于增刊的出版使得高水平的论文有了更广泛的交流机会，使得作者文章的积压量有所下降，缩短了出版周期。进一步增强了学报的社会效益和经济效益；

2005年，编辑部收到投稿2551篇，学术会议推荐160篇，比2004年的2378篇增加300篇。

3. 学报的国内外影响力继续提高。据科技部出版的《中国科技期刊统计源期刊引证报告》统计结果，《系统仿真学报》总被引频次867次，比2004年的723次增加了144次。在全国1608种科技期刊中排名第188名。

据清华大学出版的《中国学术期刊综合引证报告(2005版)》统计结果，《系统仿真学报》Web下载总频次 52.4，比 2004 年的 31.9 上升了 20. 5；总被引频次为 1123 次，比 2004 年 745 次增加了 378 次，提高了 50%。排名为自动化领域期刊之首。

《美国工程索引 EI 数据库》2005 年已收录《系统仿真学报》前 11 期的论文数为 741 篇，2004 年为 438 篇，收录率为 99. 6%。

从各项统计结果看到《系统仿真学报》的各项指标均列航天系统科技期刊之首以及自动化技术类期刊前茅。

中国电影电视技术学会

China Society of Motion Picture and Television Engineers（CSMPTE）

地　　址　北京复兴路 15 号中科信息市场 121 室
邮政编码　100038
电子信箱　csmpte@ mail. cctv. com
主页网址　http://www. csmpte. com. cn
电　　话　010 – 88243542/88244215
传　　真　010 – 68580604
名誉理事长　张海涛
理　事　长　刘宜勤
副理事长　何宗就　张会军　黄耀祖　丁文华　马　炬　卞美瑾　陈　飞　刘松英　李宏虹
秘　书　长　楚泽洋
刊物及主编　《影视技术》　主编　毛大平

单位简介

中国电影电视技术学会是中国电影、电视和相关行业的科技工作者、单位自愿组成，依法登记的全国性、学术性、公益性法人社会团体，是非营利性的社会组织，是发展我国电影电视科技事业的重要社会力量。学会成立于 1982 年 3 月 1 日，1985 年 3 月经中国科学技术协会正式批准加入，1999 年 5 月 14 日，由民政部批准登记。

学会现有个人会员 2128 人。团体会员 112 个。学会设有学术和科普两个工作委员会和图像、声音、照明、放映、化妆、洗印与环保、影视美术、网络与覆盖、摄影摄像、制作与传输等 10 个专业委员会。

工作综述

一、组织建设

1. 举行全国会员代表大会，选举产生新一届学会领导班子。2005 年 5 月 17 日在北京召开了学会第五次全国代表大会。参加会议的有来自全国电影电视企业、事业、科研、教学等单位的会员代表 140 名。第四届理事会理事长刘宜勤作了第四届理事会工作报告。大会一致推举张海涛任学会名誉理事长。

2. 新组建两个专业委员会。摄影摄像环节是电影电视产业链中的重要环节，目前没有相应的摄影摄像分支机构；电视数字化后，电视从制作到传输是一个不可分割整体，对工艺流程、接口等更要总体研究，故有必要成立电视节目制作与传输专业委员会。学会第五次全国代表大会同意组建摄影摄像专业委员会和电视节目制作和传输专业委员会。经中国科协上报国家民政部，已于 2005 年 11 月 7 日正式批准。

二、学术交流

1. 影视制作与接收技术交流会。2 月 21 日，来自各地电视台、影视节目制作界的专业人士、研发人员、编辑人员、管理工作者、运营商等 49 个单位的 150 多人参加了中国海南数字影视制作与接收技术交流展示会。国家广电总局科技司副司长王联到会，并做了“关于 2005 年中国数字电影电视发展”的报告。出席开幕式的还有国家广电总局科技委、影视学会和海南广播电视台等部门负责人、美国电影电视工程师协会（SMPTE）亚太区理事长林国联先生也率 SMPTE 香港分会的成员多人参加了会议。

2. 影视信息网络技术论坛。在中国国际有线电视和信息网络展览会期间（CCBN），学会与中国电影集团和《影视技术》杂志社联合举办了影视信息网络技术论坛。

3. 第三届卫星产业发展研讨会。3 月 22 日，作为 CCBN2005 年的活动之一，由影视学会和《卫星电视与宽带多媒体》杂志社联合主办的第三届卫星产业发展研讨会在北京召开。参加会议的有广电总局、电视台、电台、网络公司、卫星地面站、卫星公司、科研院所等单位的领导和科技人员400余人。

4. 2005北京国际电视技术研讨会。5月18日，由中央电视台主办，影视学会协办的2005北京国际电视技术研讨会在北京召开。一年一度的研讨会在电视新技术的理论推广和发展应用方面所发挥出的作用和影响日益突出，为探索电视媒体应用高新技术的发展方向，正确制定我国电视技术发展战略提供了积极的建议。

5. 手持式高清设备在影视制作领域中的应用和前景研讨会。北京国际广播影视设备（BIRTV）2005展览会期间，学会与中国广播电视设备工业协会、中国广播电视国际经济技术合作总公司共同主办的HDV/手持式高清设备在影视制作领域中的应用和前景研讨会8月26日在北京举行。全国各省市地方电视台、电影制片厂、院校及相关企事业单位的负责人和技术业务骨干200余人参加研讨会。

6. BIRTV数字音频制作的新技术应用专题研讨会。在BIRTV2005展会期间，学会举办了数字音频制作的新技术应用专题研讨会。研讨会上分别由中央电视台、中音公司和北京英格玛技术公司就体育节目环绕声、专业广播数字音频及影视后期制作软件、智能化播控系统的实现等专题作了报告，有50多名数字音频工作者到会。

7. 数字电视高峰论坛。中国四川电视节组委会和学会联合主办的数字电视（成都）高峰论坛，于2005年11月26～27日在四川省成都市召开。论坛深入探讨数字电视发展和运营，广电产业化新思路，并积极寻求电视新的增值业务、模式。

三、科技奖励活动

1. 第二届学会科学技术奖，共评出一等奖1名；二等奖4名；三等奖8名。

2. 影视科技优秀论文奖，2005年影视科技论文奖共收到参评论文201篇，共评出一等奖2名；二等奖24名；三等奖63名。

3. 电视晚会设计工程奖，收到30个单位选送的70个参评作品。此次共评出演播室类：一等奖1名；二等奖3名；三等奖7名。剧场类：一等奖1名；二等奖3名；三等奖6名。场馆类：一等奖1名；二等奖：3名；三等奖6名。最佳舞美、最佳灯光、最佳创新奖各1名。

四、国际交流活动

1. 学会和美国电影电视工程师协会（SMPTE）和SMPTE亚太区分会建立了联系，亚太区理事长林国联率团参加了学会海南数字影视技术论坛。

2. 学会恢复了和日本电影电视技术学会的联系和交流活动，恢复了双方学会之间的杂志交换。9月4～12日，学会组团赴日考察了日本影视技术的活动，双方还联合举办了中日影视技术交流会。

中国振动工程学会

Chinese Society for Vibration Engineering (CSVE)

地　　址	江苏省南京市御道街29号
邮政编码	210016
电子信箱	csve@ nuaa. edu. cn
电　　话	025－84892135

名誉理事长	胡海昌　黄文虎　闻邦椿
理事长	刘人怀
副理事长	胡海岩　吴有生　高金吉　陈心昭　马兴瑞　欧进萍
秘书长	陈国平
刊物及主编	《振动工程学报》　主编　刘人怀
	《振动与冲击》　主编　恽伟君
	《非线性动力学学报》主编　陈予恕
	《岩土工程学报》　主编　沈珠江

单位简介

中国振动工程学会是中国振动工程科技工作者自愿组成、依法登记成立的全国性、学术性、非营利性法人社会团体，是中国科学技术协会的组成部分。其主要任务是：团结全国振动工程科技工作者，在振动工程领域内开展国内外学术交流，编辑出版科技书刊，进行科普活动，组织科技咨询服务、继续教育和技术培训。

中国振动工程学会于1987年5月在南京成立，1987年5月至2003年11月共召开5次全国会员代表大会。

学会成立以来已发展个人会员7000余人，团体会员近30个。拥有14个专业委员会，包括模态分析与试验、非线性振动、随机振动、故障诊断、机械动力学、转子动力学、动态测试、动态信号分析、振动与噪声控制、结构动力学、土动力学、包装动力学、结构抗振控制和振动利用工程专业委员会。有18个省、自治区、直辖市建立了地方振动工程学会。

1999年8月，国家科学技术部批准学会成立国际结构控制学会（IASC）中国分会。

工作综述

一、组织建设工作

学会第五届常务理事会第三次全体会议于2005年12月10日在南京航空航天大学举行，有20位常务理事参加了会议。会议就学会的组织、学术、期刊等工作进行了讨论和研究，部署了相应的工作，做出了相关决定。主要有：审议批准了116人为学会首批高级会员；确定了2006年第六届振动工程国际学术会议（ICVE'2006）召开的时间和地点，以及筹备思路；进一步明确了2007年第九届全国振动理论及应用学术会议的承办单位和筹备意见；筹建学会网站。

二、学术交流工作

1. 学会机械动力学专业委员会于2005年8月4～8日在广西壮族自治区南宁市举办了第12届学术年会论文审稿会暨工作会议。与会专家对征集的论文进行了认真审阅，并提出了修改意见，录用的论文将结集出版。

2. 学会包装动力学专业委员会、浙江省包装技术协会、浙江省纸包装行业技术中心于8月12～14日在浙江省温州市联合举办了2005'包装系统工程创新论坛。来自高等院校、科技中心、行业部门和包装骨干企业等32个单位的50余位学者出席了这次国内唯一一个全新包装理念——包装系统工程创新论坛。

3. 学会结构动力学专业委员会于12月19～20日在海南省海口市召开了2005'全国结构动力学学术研讨会。有26位专家、学者宣读交流了论文。

三、其他工作

1. 2005年5月10日学会办公室完成了民政部要求办理的2004年度全国性社会团体年度检查工作，对学会工作进行了全面的检查和审计。民政部民间组织管理局2005年6月16日公告年检结果，确定学会年检合格。

2. 为了及时通报学会工作情况，加强学会同会员单位和会员之间的信息交流，学会办公室编印出版了学会《通讯》一期。

3. 学会被中国科协评为2005年度统计工作优秀单位。

中国颗粒学会

Chinese Society of Particuology

（CSP）

地　　址　北京中关村北二条1号
　　　　　中国科学院过程工程研究所内
邮　　编　100080
电子信箱　b57@cast.org.cn
　　　　　klxh@home.ipe.ac.cn
主页网址　http://www.csp.org.cn
电　　话　010－62647657
传　　真　010－62558065
理 事 长　李静海
副理事长　胡荣泽　王淀佐　王明星　张立德
　　　　　沈志刚
秘 书 长　白蕴如
刊物及主编　China Particuology　**主编**　郭慕孙

单位简介

中国颗粒学会是从事颗粒科学技术研究、开发、应用工作者的自愿组织，是中国科学技术协会的组成部分。学会旨在通过国内、国际的学术活动增强会员之间的联系、信息的交换，并通过再教育或出版学会论文集和有关科技信息及当前人们感兴趣题目的刊物的形式，来传播颗粒学的知识。其最终的目的是服务于国家的现代化建设。

中国颗粒学会于1986年9月18日由中国科学技术协会批准，于1986年11月27日在北京正式成立。成立大会选出了52名理事，其中的15名组成学会的常务理事会。郭慕孙任第一届理事长。

1996年7月6日中国颗粒学会在北京召开了第二次会员代表大会，改选出了71名理事和21名常务理事。郭慕孙连任第二届理事长。

2002年11月4日中国颗粒学会召开第三次会员代表大会上，改选出102名理事和22名常务理事。李静海任第三届理事长。

学会现有团体会员38个，个人会员1400多名。学会下设有5个专业委员会：颗粒测试、颗粒制备与处理、气溶胶、流态化及超微颗粒，分别代表着颗粒学的几个重要学科。

工作综述

一、学术交流工作

1. 参与组织第七届3R循环经济国际会议。由中国科学院、国家环境保护总局和瑞士工程院联合主办，中国科学院过程工程研究所、中国颗粒学会承办的第七届3R－循环经济国际会议于2005年9月25~29日在北京召开。该会议是3R国际会议首次在亚洲地区召开。

会议的宗旨是为资源—生态—环境领域的研究者、决策者、管理者、企业家等提供交流对话的平台，促进资源综合利用技术和管理政策的发展，探讨循环经济发展的新理论、新技术和新模式。来自近60个国家的700多名专家出席了会议开幕式，共提交论文600余篇。大会同时开设了中国循环经济发展论坛，并设立了4个专题研讨会。

会议由中国科学院副院长李静海院士主持并致开幕词。全国人大常委会副委员长、中国科学院院长路甬祥发来贺信。北京市副市长吉林、国家环境保护总局副局长张力军、联合国环境保护署Hari Srinivas博士及瑞士工程院副院长Arthur Ruf博士等领导同志和嘉宾先后致词，对3R会议在北京的成功举办及其对世界循环经济发展所产生的深远影响给予高度评价。

2. 9月8~11日，在北京举主办2005年全国粉体设备—技术—产品信息交流会暨纳米颗粒测试与标准培训班。共有80多人参加了本次会议及培训。

3. 学会主办的2005国际粉体工业暨散装技术展览会，于6月13~15日在上海举行。共有来自中国、德国、荷兰、瑞士、瑞典、意大利、法国等18个国家及地区的331家参展单位参加了此次展览，其中国外展商约占30%，展览面积6000多平方米。参观展览的专业观众近5400人，分别来自26个国家和地区。

4. 由中国颗粒学会气溶胶专业委员会主办的第八届全国气溶胶会议暨第二届海峡两岸气溶胶技术研讨会，于11月3~8日在南京大学召开。共有约130人参加了会议。提交学术论文60篇，其中台湾地区8篇，大陆52篇。另有仪器介绍论文2篇。会议共安排报告47个，其中大会特邀报告9个。会议期间举行了海峡两岸科学家座谈会。

5. 第六届全国颗粒测试会议。由中国颗粒学会颗粒测试专业委员会主办，4年一次的颗粒测试会议于4月12~14日在江西省吉安市召开。共有120多人参加了本次会议，会议共交流论文67篇，并以《中国粉体技术》专辑的方式出版了会议文集。本次会议除组织学术交流外，还就粒度标样、粒度测试方法标准以及粒度联测方案等进行了讨论并制定了相关的实施方案。

6. 11月20~23日，由中国颗粒学会超微颗粒专委会主办、广西民族学院承办的中国颗粒学会超微颗粒专委会第四届年会暨海峡两岸纳米颗粒学术研讨会在广西壮族自治区南宁市召开。广西壮族自治区科技厅和广西民族学院的有关领导同志出席了开幕式。本次会议共有60人与会，其中台湾地区学者11人。共发表论文40余篇，其中大会报告6篇。

二、科普工作

学会参加了由中国科协组织的“2005北京科技周”的科普宣传活动。在气溶胶专委会的配合下，学会以“沙尘暴的定义、危害及相关研究”为题参与了此项活动，并在活动现场发放了近300份科普资料。

三、期刊工作

中国颗粒学会主办的英文期刊China Particuology自2003年4月创刊以来，已先后被《美国化学文摘》、《剑桥科学文摘》和俄罗斯的《文摘杂志》收录，并加入了《中国期刊网阵》。自2005年起，本刊被收录为“中国科技论文统计源期刊”（中国科技核心期刊）。本刊自2005年起由新加坡World Scientific Publishing作为在海外发行的独家代理，协助本刊在国外的发行。

中国照明学会

China Illuminating Engineering Society (CIES)

地　　址　北京市朝阳区光华路12号
邮政编码　100020
电子信箱　zgzmxh@yahoo.com.cn
主页网址　http://www.lightingchina.com.cn
电　　话　010－65815905/65814260
传　　真　010－65812194

理 事 长　王锦燧

副理事长　朱绍龙　李景色　邴树奎　郝允祥　钟信才　崔一平　章海骢　戴德慈

秘 书 长　刘世平

刊物及主编　《照明工程学报》　　主编　李景色

单位简介

中国照明学会成立于1987年6月1日，是中国科学技术协会的组成部分。学会现有团体会员531个，高级会员247名。中国照明学会拥有一批国内照明领域的专家、学者，主要从事照明技术的科研、设计、生产、开发，以及推广应用工作。

中国照明学会设有7个工作委员会和11个专业委员会。

学会于成立当年，即以中华人民共和国照明委员会的名义加入国际照明委员会（CIE），积极参加CIE的各项活动，并在其中积极发挥作用，现有8位专家分别为其执委会和各专业委员会成员。同时还积极参加国际相关组织环太平洋地区照明科技研讨会和国际电光源科技研讨会等国际照明科学技术活动。几年来，有33名中国专家因对照明事业作出贡献受到CIE表彰。

学会成立以来，经过历届理事会的艰苦奋斗和探索，按照自主活动、自我发展、自我约束的改革思路，积极开展学会章程规定范围内的多项活动，取得较大成绩，并于2003年8月被中国科协授予先进学会荣誉称号。

工作综述

一、学术交流

由中国照明学会等单位联合主办的2005中国（厦门）国际半导体照明论坛于4月13～14日在福建省厦门市举行。会上40位专家、学者及企业家作了主题报告和技术及应用专题报告，就当前半导体照明产业发展方向，技术水平及其前景等问题进行了深入探讨。

由中国照明学会主办、上海市照明学会承办的走近CIE－26th中国照明学会（2005）学术年会于9月25～27日在上海举行。会议共征集论文128篇，会上交流了国内外当前照明科技的成果和发展动向，取得良好效果。本次年会是学会多年来首次举办的学术年会，也为2007年在中国举办的国际照明委员会（CIE）第26届大会奠定了良好的基础。

中国照明学会与我国台湾地区照明灯具输出业同业公会于11月9～11日在重庆市共同举办海峡两岸第12届照明科技与营销研讨会。会议以“绿色照明与光环境”为主题，就海峡两岸在节约能源，保护环境，推进绿色照明工程方面的技术和成果进行了交流与探讨，促进了海峡两岸照明科技的合作与交流。

二、国际民间科技交流与合作

5月12～21日中国照明学会代表团出席了在西班牙举行的国际照明委员会（CIE）中期会议。会上，通过了中国代表做的关于2007年在北京召开的CIE第26届大会的筹备情况报告，并根据中国国家照明委员会提名，选举学会副秘书长郑惠玲为CIE第26届候任副主席。会议期间，中国代表团应邀作了题为“发展中的中国城市照明”的邀请报告，受到与会专家、学者的热烈欢迎。

三、继续教育工作

根据照明科技教育与培训工作需要，中国照明学会正式成立教育与培训工作委员会，并积极着手开始照明设计师职业资格培训工作。目前有关照明设计师标准、考核大纲、培训大纲、培训教材等已经确定，培训工作将全面展开。

四、展览、展示工作

由学会与有关单位联合组织的2005中国（北京）第

六届国际照明电器博览会及2005 中国（上海）第11 届国际照明电器博览会分别于3 月8 ~ 10 日和5 月11 ~ 13 日在北京和上海举办。期间，还举办了奥运会配套工程照明产品推介会。

2005 年4 月，学会与有关单位共同组织国内相关照明企业和会员单位代表共23 人参加了美国纽约第16 届国际照明博览会。展会期间，代表团还访问了北美照明学会，促进了学会国际交流活动的开展。

五、编辑出版工作

学会重视学术期刊的管理和建设工作，增设了学报的栏目，改进了学报的版面设计。为迎接2007 年CIE 第26 届大会在北京举行，2005 年编辑出版了《照明工程学报》英文版。同时，为总结我国照明工程设计的成果，《中国照明工程年鉴》于2005 年9 月正式启编。该年鉴将成为首部全面反映我国照明工程建设实践和发展的大型专业年刊。

六、科学普及工作

5 月13 ~ 14 日参加了“科技以人为本，全面建设小康”为主题的全国科技周活动；9 月19 ~ 18 日参加了中国科协组织的“建设节约型社会、你我共参与”为主题的全国科普日活动。活动期间，向公众宣传绿色照明、节约能源、保护环境的有关知识，受到参观者的欢迎。为加大科普宣传力度，从2005 年下半年开始，在学会主办的中国照明网上建立了照明科普栏目，努力为提高公众科学文化素质做出贡献。

七、奖励科技咨询，中介服务

为奖励国内外照明领域中做出杰出贡献的单位与个人，促进照明科技事业的发展，经国家科技奖励办公室批准，中国照明学会于2005 年7 月开始设立中照照明奖。

由学会与有关单位共同举办的2005 年中国电器产品OEM 合作交流洽谈订货会于2005 年4 月13 ~ 14 日在广东省广州市召开。此次订货会共有72 家生产企业和52 家国内外采购商参加。随着中国市场的不断拓展，更多企业采取代工生产（OEM）的合作方式，此项活动将促进我国照明产业的发展。

八、组织建设工作

随着我国霓虹灯技术的发展，经有关部门批准，中国照明学会霓虹技术专业委员会于2005 年6 月12 日正式成立。该委员会成立后，制定了工作条例并积极开展工作，还建立了中华霓虹网。

中国照明学会第四届三次常务理事会、理事会于2005 年9 月25 日在上海举行。会议审议通过了学会四届三次理事会议程，审议通过了提交理事会的工作报告，审议并通过“中照照明奖”奖励办法，通报了国际照明委员会（CIE）中期会议情况以及CIE 第26 届大会筹备情况。会议期间学会有关分支机构还进行了工作交流。

中国动力工程学会

Chinese Society of Power Engineering（CSPE）

地　　址　上海闵行剑川路1115 号

邮政编码　200240

电子信箱　cspe@ speri. com. cn

主页网址　http://www. speri. com. cn

电　　话　021 – 54705106/34020813

传　　真　021 – 54705106

名誉理事长　陆燕荪　翁史烈　蒋以任

理 事 长　陈康民

副理事长　孙昌基　岑可法　李宗文　金明达　赵遵廉　徐通模　商中福　程钧培　舒世安

秘 书 长　严宏强

刊物及主编　《动力工程》　主编　程钧培

单位简介

中国动力工程学会是全国动力工程科技工作者的学术性群众团体，是中国科学技术协会的组成部分，它的前身是1962 年成立的中国机械工程学会透平与锅炉学会，1979 年更名为中国机械工程学会动力工程学会。根据我国动力工程学科发展需要和广大动力工程科技工作者的要求，1988 年12 月经国家科委批准成为国家一级学会，1992 年8 月加入中国科学技术协会。

学会是以发电热动力机械设备的研究、设计、制造为中心的多专业的综合性学会。设有透平、锅炉、水轮机、核电、热力、工业煤气、自控、材料、转子发动机、新能源设备、工业气体11个专业委员会以及学术、组织、国际合作、编辑出版、咨询与展览5个工作委员会。

学会目前拥有个人会员近千名，有75个大中型动力工程骨干企事业单位为团体会员，并与四川、湖南等地方动力学会建立了业务联系。由学会或学会专委会主办出版《动力工程》、《工厂动力》、《工业煤气》、《转子发动机》、《汽轮机技术》等多种期刊，学会组织编写出版了《煤炭气化工程》、《板式换热器工程设计手册》和约500万字的《火力发电设备技术手册》。

1979~2005年，由学会组织的全国性各种类型的学术活动近330项，参加人数逾18600人次，收到学术论文6600多篇，有力地推动了我国动力工程学科的进步，解决了工程上的重大技术问题，并在发电设备战略、节能等方面提出了方针、政策和具体措施建议30多份，许多建议为政府有关部门所采纳，其中3项建议荣获中国科协第二届和第三届优秀建议奖一等奖，2001年又有1项建议荣获中国科协优秀建议奖二等奖。

学会与国外的相关学术团体建立了联系，特别是与美国机械工程师学会、日本机械学会联合主办每两年一届、轮流在三国召开的国际动力工程会议，有力地促进了动力工程学科的国际交流与合作，并已主办了1995上海国际动力工程会议和2001西安国际动力工程会议。

学会本届理事会（第八届）共有理事119名，常务理事48名，理事会中有中国工程院院士8位。

工作综述

一、努力拓展学会发展空间

1. 《中国电气工程大典》及其《火力发电工程》。《中国电气工程大典》由5个学会共同组织，其中《火力发电工程》由动力工程学会负责，其总字数预计约300万字左右，共分14篇。它的特点是：立足全局、突出重点、采辑精华、注重发展、实用便查。该工作2005年启动，2006年完成。

2. 大型汽轮机焊接转子研究是学会在中国机械工业联合会申请的课题，学会还组织专家对该课题提出的背景、焊接转子制造国产化的重要性和必要性、国内外的应用和技术发展情况、市场需求预测等事宜进行了认真和详细的讨论和分析。该课题将于2006年初完成研究报告并上报国家有关部门争取立项，及早正式开展研究工作。

3. 举办超超临界汽轮机技术介绍会。为了使广大用户了解各制造厂的超超临界技术，不断满足用户的需求，促进超超临界技术在我国更完善的发展，学会与全国电力技术市场协会共同于2005年7月5~6日在北京举办了超超临界汽轮机技术介绍会。

4. 做好中国机械工业联合会、上海市政府有关部门的技术支持工作，如完成发电设备制造行业国际比较优、劣势分析的研究，电力市场分析研究报告，电站重大装备调研软课题；完成了对超临界、超超临界火电机组，百万千瓦核电机组，大型燃气轮机及联合循环机组，大型输配电装备的调研报告。

5. 合作举办替代能源与电力国际峰会。与上海决策者顾问公司合作，于6月20~21日在上海主办了中国替代能源与电力国际峰会，会议围绕替代能源发展的政策、规划、融资等作了深入探讨。

6. 为无锡叶片厂制订大叶片长期发展规划。按照无锡叶片厂提出的按照世界上先进的叶片专业化制造厂的目标，制订大叶片长期发展规划，学会组织行业专家、领导把脉和研讨，提出了“无锡叶片厂大叶片制造发展战略研究”总报告及5份分报告，总计10万字。

二、重点活动重点抓，精品项目细培育

1. 国际动力工程会议（ICOPE-05）学会组织有近20个单位的30位专家、学者组成的大型代表团参加了2005年4月5~7日在美国芝加哥举行的国际动力工程会议。会上，岑可法院士作了“中国能源动力与环境协调发展的若干问题”的主旨报告，受到了与会专家、学者的关注，学会被录用论文43篇，会上宣读交流了30余篇。

2. 第三届青年学术年会于2005年11月27~28日在江苏省南京市召开，共征集学术论文157篇，会议以摘要版出版了《动力工程》2005年的增刊，以光盘版出版了论文的全文，会议的交流形式有院士报告、大会报告、分组交流和学术沙龙。出席会议的人员有123人。会议评选出优秀论文11篇。

三、加强学会自身建设

1. 八届三次理事会议于11月27～28日在江苏省南京市召开，出席会议的有学会理事、理事代表、特邀代表等共109人。会议总结了学会2005年的工作，落实了2006年学会的主要工作安排。陆燕荪、翁史烈、蒋以任名誉理事长、陈康民理事长等学会负责人出席了会议。

2. 学会各机构开展了多项活动。透平专业委员会2005年的年会以及叶片分专业委员会、辅机分专业委员会已经形成了系列研讨会；锅炉专业委员会2005年的年会有60多人参加，并且与首次召开的锅炉制造企业总师工作研讨会联合召开，邀请了徐旭常、秦裕琨两位院士作了专题报告。环保技术与装备专业委员会2005年组织召开了推广城市垃圾发电应用技术、加强行业服务交流研讨会。

3. 逐步加强个人会员的登记工作。按照中国科协要求，2005年除了在有关单位继续发展个人会员以外，主要对理事会中的理事和各工作委员会、专委会中的委员进行补登记工作。另外，学会还接纳了3家单位为团体会员单位。

四、举荐人才

学会推荐中国科学院、中国工程院院士候选人2名。学会推荐的魏显著被评为中国科协第三届全国优秀科技工作者。

五、《动力工程》会刊出版工作

2005年来稿文章质量有所提高，且数量充足，刊登率约为37%，其中刊登的国家自然科学基金资助等基金类资助项目的学术论文为110篇，占全部发表论文的59%，这反映了刊物的学术价值相对较高。2005年英文摘要美国工程索引EI的收录率实现了零的突破，并且英文摘要、标题被EI完整地收录，收录率达到100%。

中国惯性技术学会

Chinese Society of Inertial Technology（CSIT）

地　　址　北京市海淀区阜成路8号
邮政编码　100830
电子信箱　postmaster@ casic. com. cn
主页网址　http://www. csit. org. cn
电　　话　010－68370341/68386627
传　　真　010－68370341/68386627
理 事 长　丁衡高
常务副理事长　高红卫
副理事长　任德民　李立新　刘　飞　陆志东　屈孝池
秘 书 长　赵凯嘉
刊物及主编　《中国惯性技术学报》　主编　刘玉峰
《海陆空天惯性世界》　主编　陈东生

单位简介

中国惯性技术学会是中国惯性技术科技工作者的学术性群众团体，是依法成立的社团组织，是中国科学技术协会的组成部分。

中国惯性技术学会成立于1987年5月，1992年9月4日加入中国科学技术协会。总部设在北京，分别在上海、西安、南京、重庆、哈尔滨、洛阳等6个地方设有分会。学会下设系统与测量、惯性仪表与元件、工艺与材料、测试设备与测试技术和光电技术等5个专业委员会；设有秘书处、学会办公室、学术交流部、技术咨询部、科学普及部和财务基金办公室等6个办事机构。学会现有团体会员108个，个人会员2748人，其中院士5人、资深会员79人、学生会员48人、学科带头人122人、科技专家154人。

2005年中国惯性技术学会被中国科协评为国内学术交流先进学会、优秀统计单位、财务决算工作先进学会。

工作综述

一、加强学会建设，竭诚为会员服务

1. 规范学会管理，实行民主办会，召开了3次常务理事会、秘书长工作会、京津地区联络员工作会、8次工作机构办公例会。

2. 宣传惯性技术科技成果，推荐优秀科技工作者，向中国科协推荐了2名院士候选人及其研究成果，推荐了2名光华工程奖候选人及其成果。

3. 评选学会工作先进单位和先进个人，评选出先进单位6个，优秀工作者49名。建立学会工作志愿者队伍。

4. 不断增强为会员服务功能，利用学会已建立的网站，开辟了学会成员单位情况及成果介绍专栏。在《科技日报》上开辟“东方导航专栏”报导惯性技术领域的科技成果等。

二、加强学术交流，积极开展技术咨询

2005年共开展学术交流9次、专题讲座2次，发表论文1篇，640余人参加了学术交流。召开了科技工作者研讨会，就惯性技术在国民经济中的应用进行了交流和研讨；召开了材料与工艺、惯性系统与测试技术、惯性仪表与元件等学术交流会；为纪念世界著名科学家爱因斯坦发表狭义相对论100周年，学会联合清华大学于6月17日在北京召开了利用惯性技术验证相对论学术报告会，数百人参加了学术报告会。

在国际学术交流方面，组团参加了德国国际陀螺会议，提交论文3篇；组织2名会员赴俄学习；邀请俄罗斯专家来我国进行技术讲座等。

在技术咨询方面，完成惯性技术学科发展蓝皮书的编写，进行惯性捷联系统水下垂直发射技术咨询，组织参与惯性技术成果推广应用等。

三、积极开展科学普及，为提高全民素质服务

1. 举办了3期科普讲座。从惯性技术到精确制导、航天惯性技术、捷联系统离散递推算法及仿真等进行了讲座。每次都有100余人参加。

2. 举办了2期青少年夏令营活动。组织青少年实际考察惯性技术在舰船、导弹、卫星、飞船上的应用。

3. 进一步完善了惯性技术科普展室建设方案。

四、认真抓好编辑出版工作，努力提高期刊质量

1.《中国惯性技术学报》是我国从事惯性技术研究、试验、生产、应用的广大科技人员进行学术技术交流的园地，是科技部论文统计源期刊之一，也是我国核心期刊之一。2005年又被美国《剑桥科学文摘：材料信息》（CSA：MI）收录，同时进入美国宇航、电子等15个论文文摘或数据库。2005年录用论文120余篇，100余万字。2005年召开了四届三次编委工作会，研究进一步提高《学报》的质量和水平问题。

2.《海陆空天惯性世界》是学会主办的一份军事科普杂志。2005年调整了科普杂志社的领导班子，明确了挂靠单位——航天时代公司十三所。为满足读者和发行商的要求，增加了期刊的页数和文章的篇幅。2005年刊登军事科普文章140余篇，180余万字，图片2400余张。

3.《信息简报》是中国科协、学会领导同志、各专业委员会、各地方学会、广大会员等了解学会活动情况的重要渠道。2005年及时收取各种信息，编写并印发了12期简报，实现了每月一期的目标。

中国风景园林学会

Chinese Society of Landscape Architecture（CHSLA）

地址	北京市三里河路9号
邮政编码	100835
电子信箱	chsla@ sohu. com
电话	010－58933918/ 58934228
传真	010－58933918
理事长	周干峙
副理事长	孟兆祯　谢凝高　甘伟林　王秉洛 张树林　胡运骅　刘楚雄　任春秀 施莫东　高国华
秘书长	杨雪芝
刊物及主编	《中国园林》　主编　陈有民 《园林》　主编　钱又宇 《风景园林》　主编　王向荣

单位简介

中国建筑学会园林绿化学术委员会于1978年成立，1983年发展成为中国建筑学会园林学会。1989年，经建设部报国家科委和民政部批准，中国风景园林学会成立。成立大会于1989年11月17～20日，在浙江省杭州市召开。

中国风景园林学会于1989年11月在浙江杭州，1993年11月在江苏苏州，1999年11月在上海先后召开了第一、二、三次全国会员代表大会。

中国风景园林学会于1992年加入中国科协。2005

年，经国家批准，中国风景园林学会加入国际风景园林师联合会（International Federation of Landscape Architects，IFLA）。至今已有单位会员110个，个人会员19834人，下设8个专业委员会和2个分会，目前正在筹备成立风景园林教育分会。

工作综述

一、开展学术交流活动

1. 参加中国科协和建设部组织的学术活动。学会组织会员和科技工作者参加了中国科协2005年学术年会。受建设部委托，学会承办了园林城市与和谐社会高层论坛。信息委员会协助建设部举办了首届中国城镇水务发展战略国际研讨会—水景观规划分会场等多项学术交流活动。

2. 开展不同主题的学术交流活动。2005年，学会和各专业委员会、分会举办学术会议17次，与会者2365人次，交流论文207篇。围绕加强风景园林学科建设，开展了一系列学术活动，并向有关部门提交了《“风景园林学”不可改为“景观学”的建议》、《关于要求恢复风景园林规划与设计学科并将该学科正名为风景园林学科（Landscape Architecture）作为国家工学类一级学科的报告》、《关于加强风景园林行业和学科管理的建议》和《关于申请以“风景园林学科”（Landscape Architecture）统一规范相关专业并作为工学类一级学科的报告》。学会主办了2005中外著名风景园林专家学术报告会。各专业委员会、分会，各单位会员分别举办了学术年会和形式多样的学术交流活动，活跃了学术气氛，推动了行业发展。

二、国际交往和学术交流

1. 学会正式加入了国际风景园林师联合会（IFLA）。

2. 学会与日本造园学会、韩国造景学会共同主办，在上海召开了第八届中日韩风景园林学术研讨会，出版《亚洲风景园林学报》（Journal of Landscape Architecture in Asia）。

3. 学会组团赴英国访问，与英国皇家园林协会（The Landscape Institute of UK）负责人进行了座谈。

4. 园林工程分会、信息委员会组织会员到美国、南非等地考察学习。

三、开展设计竞赛和评优活动

1. 学会举办了“世博家园杯”大学生设计竞赛。参赛作品共57件，评出金奖1个，银奖2个，铜奖4个，佳作奖10个。

2. 学会在会员中开展了“优秀园林绿化工程”和“优秀园林古建工程”评选。申报项目共65个，评选出“优秀园林绿化工程”一等奖19个、二等奖14个、三等奖5个，“优秀园林古建工程”金奖3个、银奖1个。

四、组织专业展览

1. 学会花卉盆景赏石分会和北京园林学会在北京植物园共同主办了第八届亚太地区盆景赏石会议暨展览会。共展出盆景399盆、赏石402件、古盆100多件。评选出金、银、铜奖若干个。

2. 园林工程分会协助欧洲园林建设者协会在北京举办了中国国际城市风景园林建设展览会。

五、期刊出版工作

学会主办的《中国园林》质量进一步提高，全年发表论文200篇。2005年，学会与北京林业大学共同主办的学术刊物《风景园林》正式创刊发行，全年出版4期，增刊4期。

学会组织了《中国古代园林史》、《中国造园史》和《中国近代园林史》三部史书的编辑出版工作。园林工程分会编辑出版了《古建园林工程施工技术》，花卉盆景赏石分会编辑出版了《中国菊花》。

六、学会改革和组织建设

根据建设部党组的统一安排，学会秘书处党支部开展了保持共产党员先进性教育活动，在充分讨论的基础上，拟定了整改方案，为学会建设明确了方向。

学会积极开展第四次全国会员代表大会的准备工作，学会大事记和学会重要文件资料整理汇编继续进行，大会学术交流论文筛选和编辑工作已完成。

七、经济实体工作

学会的经济实体——北京中国风景园林规划设计研究中心的工作取得了新进展，制定了完善的“制图标准”，承担了奥运会奥林匹克公园第二标段的深化设计任务，并与北京建筑设计院一起，中标了奥林匹克公园中心区的设计项目。中心承担的“瀛海名居别墅区景观设计”获“北京园林绿化优秀设计”一等奖。

中国电源学会

China Power Supply Society (CPSS)

地　　址　天津市咸阳路60号
邮政编码　300111
电子信箱　cpss@ powersupply. net. cn
主页网址　http://www. dianyuan. com
电　　话　022－27634742／27680796
传　　真　022－27687886
理 事 长　王兆安
副理事长　马　坚　阮新波　康　勇　张广明
　　　　　徐德鸿　倪本来　韩家新
秘 书 长　韩家新
刊物及主编　《电源技术学报》　主编　赵修科
　　　　　　《中国电源资讯》　主编　李占师

单位简介

中国电源学会是依法注册的全国性电源科技工作者自愿组成的学术性、非营利性法人社会团体，2000年加入中国科学技术协会，是中国科学技术协会的组成部分。

中国电源学会1983年9月在山东省烟台市召开成立大会，选举何金茂为第一届理事长。2005年11月在广东省深圳市召开第五次全国会员代表大会，选举王兆安为第五届理事长。

学会有个人会员5000多人，团体会员600多个，其中有17个地区性学术团体。学会下设6个工作委员会，7个专业委员会。

中国电源学会既团结了全国电源学术界，也团结了全国电源企业界，联系的企业近3000家。既组织学术界的交流，也组织企业界的交流，带动电源产业的发展和提高。

工作综述

一、学术交流

1. 中国电源学会第16届学术年会于2005年11月15～17日在广东省深圳市举办，来自国内外专家学者400余人参加，发表论文250篇，出版了论文集。年会促进了海内外电源学术界的进一步交流，促进了产、学、研的合作，促进了中国电源产业的技术创新和技术进步。

2. 4月，中国电源学会在江苏省苏州市举办了2005年中国散热器应用和技术发展研讨会，有70多人参加。参加人员既有专家学者，也有企业产品设计人员和散热器供应厂商，研究、设计和供应商汇聚一堂，总结交流散热器的发展现状和今后的发展，交流散热器的应用经验，加强供求双方的交流。

3. 11月18日，不间断电源（UPS）中磁性元器件应用技术研讨会在广东省深圳市召开，有110多名专家、学者参加。会上介绍了UPS的发展现状和趋势，UPS对磁性元器件的需求，介绍了新型变压器的特点和应用，著名厂家介绍了自己产品的特点。

4. 中国电源学会自2003年以来利用互联网技术举办网上技术论坛，经过近两年的培育发展，2005年又有了较大进步。每日在网上进行技术讨论超过1000人次，点击率超过5000人次，讨论的内容涉及电源技术和产品的各个方面，参加论坛交流的既有专家教授，也有一般科技人员。网上论坛打破了一般技术交流形式的时空限制，几百人可以同时在网上讨论，而且速度快、成本低、应用性和时效性都比较好。

二、举办展览

第十届中国国际电源展览会于11月16～18日在广东省深圳市举办，有100多家国内外企业参展。展示了开关电源、UPS、交直流通用电源、特种电源、变压器、元器件等各个领域的精品，反映了电源产业最新产品的发展水平。

三、科学普及和继续教育

2005年7月在北京召开了中国电源学会科普工作座谈会，学会科普工作委员会、学会各分支机构、各地方学会、部分企业界人士和出版机构30多人参加了会议，会议交流了各个方面开展科普工作的经验，学会将通过整合科普力量、制定科普工作条例、建立科普专家和信息库，推动学会科普工作的进步。

在继续教育方面，2005年举办了两期开关电源和变压器培训班，有50多人参加。

四、书刊工作

由中国电源学会组织的《实用电源技术手册特种电

源分册》2005年出版，共34.5万字。《实用电源技术手册磁性元器件分册》2005年再版已出版，共27.5万字。

2005年出版的刊物有《电源技术学报》、《中国电源资讯》、《电源技术应用》、《电源世界》、《国际电子变压器》。这些刊物对于宣传学会活动，开展学术和技术交流起到重要作用。

中国电源学会的学术年会和各个专业研讨会出版了论文集。中国电源学会计划出版的《现代电源设计与应用丛书》正在启动，该套丛书涉及开关电源、电能变换、电力电子、运动控制等方面。

中国复合材料学会

Chinese Society for Composite Materials

地　　址　北京市海淀区学院路37号
邮政编码　100083
电子信箱　fhclxh@buaa.edu.cn
电　　话　010－82317092
传　　真　010－82317099
理 事 长　张　耀
副理事长　杜善义　林德春　张立同　费斌军　金日光　张怡宁
秘 书 长　燕　瑛
刊物及主编　《复合材料学报》　主编　杜善义

单位简介

中国复合材料学会成立于1988年。2000年加入中国科学技术学会，是中国科学技术协会的组成部分。学会现有会员2378人，团体会员单位89个。

学会设有专业委员会7个，工作委员会5个，办事机构2个。

目前，学会是先进材料与加工工程促进会（AMPE）会员，同时也是国际复合材料大会（ICCM）执委会成员。

工作综述

一、开展国内外学术交流活动

1. 2005年6月27～30日中国复合材料学会组织由8个单位的18名复合材料专家组成的代表团参加了第15届世界复合材料国际会议（ICCM－15）。通过参加这次会议，一方面展示中国复合材料领域的最新研究进展，同时跟踪国际复合材料研究的前沿。

2. 中国复合材料学会已连续4年承办中国科协学术年会分会场的组织工作。在8月17～22日召开的中国科协2005年学术年会中继续承办复合材料分会场的组织工作。

3. 全国复合材料大会每两年举办一次，是国内复合材料界规模最大的学术交流会。会议由中国航空学会、中国力学学会、中国宇航学会和中国复合材料学会共同举办，各学会轮流承办。第13届全国复合材料大会由中国航空学会主办。2005年，学会努力为其筹办工作提供各个方面的支持。

4. 学会于8月1～3日在天津大学组织召开了第二届中国生物复合材料学术研讨会。

5. 邀请国外著名专家、学者来华讲学。学会于2005年分别邀请日本、美国、英国等多名复合材料方面的专家来华讲学，对促进我国复合材料的研究起到了积极的推动作用。

二、办好《复合材料学报》强化学术阵地

《复合材料学报》是学会主办的高水平学术刊物。在广大科技人员和读者的热情支持与关心下，《复合材料学报》的文章除被国内多种刊物摘引和数据库收入外，还被美国工程界权威检索刊物《工程索引》（EI）和美国著名的《化学文摘》（CA）等录用。根据光盘检索，几乎《复合材料学报》的全部论文的英文摘要均被EI收录。

中国消防协会

China Fire Protection Association (CFPA)

地　　址　北京市朝阳区华威西里甲19号
邮政编码　100021
电子信箱　sc68123@sina.com/hdh119@126.com

主 页 网 址 http://www. china－fire. com
电 话 010－87789256/87789259
传 真 010－87789267
理 事 长 孙 伦
副 理 事 长 李向华 李世雄 范维澄 王 毅
韦国海 齐 骥
秘 书 长 尹铁林
刊 物 及 主 编 《中国消防》 主编 张立果
《消防技术与产品信息》主编 沈耀宗
《消防科学与技术》 主编 王铁强

单位简介

中国消防协会是依法登记成立的由消防科学技术工作者、消防专业工作者和消防科研、教学、企业单位自愿组成的学术性、行业性、非营利性的全国性社会团体，是中国科学技术协会的组成部分。

1984年9月，召开中国消防协会第一次全国会员代表大会，中国消防协会正式成立，选举解衡为理事长。1993年7月，召开第二次全国会员代表大会，选举俞雷为第二届理事会理事长。1997年8月，召开第三次全国会员代表大会，选举胡之光为第三届理事会理事长。2001年10月，召开第四次全国会员代表大会，选举孙伦为第四届理事会理事长。

中国消防协会的最高权力机构是全国会员代表大会。

理事会是在全国会员代表大会闭会期间的领导机构。第四届理事会由143名理事组成。理事会休会期间，由常务理事会行使理事会的职责。第四届理事会的常务理事会由33名常务理事组成。

中国消防协会设有秘书处、宣传教育部、国际事务部、科技服务部、信息中心5个办事机构，1个实体机构和10个分支机构。实体机构是中国消防杂志社，承办3个刊物和1个网站；分支机构有学术、科普教育、编辑3个工作委员会；设建筑防火、石油化工防火、电气防火、森林消防、消防设备、灭火救援技术、火灾原因调查7个专业委员会以及耐火构配件、消防电子、防火材料、消防车泵等4个行业分会。

中国消防协会现有个人会员32000多名，单位会员473个，荣誉会员1名，外籍会员7名。

经公安部和外交部批准，中国消防协会于1985年8月正式加入世界义勇消防联盟（Federation World Volunteer Firefighters Associations，FWVFA）；2004年10月正式加入国际消防协会联盟（The Confederation of Fire Protection Association－International，CFPA－I），并被选为国际消防协会联盟亚澳分会副主席单位。

工作综述

一、学术交流工作

经国务院批准，2005年9月19～23日在北京举行了第八届国际火灾科学大会。该大会是国际上公认的火灾科学学术水平高、最具权威性的会议。中共中央政治局委员、书记处书记、国务委员、公安部部长周永康接见了出席会议的部分代表，出席大会开幕式并致辞。公安部副部长白景富、中国科协书记处书记冯长根等出席了大会开幕式。出席本届大会的有包括我国在内的27个国家和地区的450余名专家、学者，其中132人作了专题和特邀报告，是历届国际火灾科学大会参加人数最多和发表论文最多的一届。

组织参加了中国科协2005年减轻自然灾害学术研讨会，完成了《2005年减轻自然灾害白皮书》（消防部分）的论文征集工作；完成了《学科发展蓝皮书——2005卷》（消防部分）的编写工作；组织参加中国科协2005年学术年会，并组织了主题为“科学发展观与公共消防安全”的第24分会场学术交流活动。与有关单位合作举办了2005消防与保险论坛、消防与教育长安论坛、全国高级火灾调查研讨培训班。

二、消防科普宣传工作

学会与北京消防协会、北京理工大学阻燃材料研究实验室合作，在全国科普日举办了消防科普知识展览并组织公众参观火灾实验室和防火及灭火实验演示等活动；开展了全国消防科普动漫画优秀作品评选活动，向偏远地区捐赠消防科普读物活动；学会科普委员会同北京市消防局向北京奥运工程建设单位赠送了100套“消防宣传百宝箱”；参加了对第二批全国科普教育基地创建单位的抽查工作；完成了中国科协专项资助项目“青少年消防科普网页”的规划和设置工作，开展了“119消防纪念日网页”的项目申报工作。

三、加强行业分会工作

完成了4个行业分会的组建工作；组织部分企业单位会员赴德国参加2005年汉诺威国际防火、防灾和营救事务展览会。对红外线自动寻的消防炮灭火装置和手提式水雾灭火器进行了论证和推广。召开了有40多家消防产品企业参加的部分消防企业负责人座谈会。

四、国际民间交流工作

组织了8个出访团（组）分别访问了美国、德国、日本、菲律宾、南非、埃及等国家的民间消防机构及中国香港特别行政区和台湾地区的消防组织；接待了来自美国、日本、澳大利亚、马来西亚，以及中国香港特别行政区、澳门特别行政区消防组织的来访，分别就相关课题开展了广泛交流。

五、协会自身建设

严格按照中央的要求组织党员参加保持共产党员先进性教育活动。分南北两部分召开了各省、自治区、直辖市消防协会负责人座谈会，进一步明确了协会工作改革和发展的方向。召开了2次常务理事会，定期召开协会领导同志办公会，对重大事项和重要工作实行民主决策。2005年内发展单位会员106家，个人会员76人。为提高协会工作人员的能力和素质，建立“精干、高效、职业化”的专职工作人员队伍，对协会工作人员学习现代科技知识和各项业务知识提出了明确要求。2005年被中国科协评为先进协会。

中国农学会

China Association of Agricultural Science Societies

地　　址　北京市朝阳区麦子店街20号楼
邮政编码　100026
电子信箱　zgnxh@ sohu. com
主页网址　http://www. caass. org. cn
电　　话　010－64194483
传　　真　010－64194496
会　　长　张宝文
副 会 长　舒惠国　杨新华　韩德乾　翟虎渠　牛　盾　陈章良　方智远　陈建华　李里特　潘迎捷　张启发　于　伟　蒋文兰　骆世明
秘 书 长　杨　军
刊物及主编　《中国农学通报》　主编　石元春
《中国农村小康科技》　主编　边全乐
《农业科研经济管理》　主编　史志国
《棉花学报》　主编　喻树迅

单位简介

中国农学会是中国农业科技工作者自愿组成的依法登记成立的学术性、公益性、非营利性法人社会团体，是中国科学技术协会所属的全国性学会之一。早在1895年，孙中山先生首创农学会，在广州《中西日报》发表了“创立农学会征求同志书”。1917年1月，由陈嵘、王舜臣、过探先、唐昌治、陆水范等于上海发起并成立中华农学会，张謇为名誉会长，陈嵘为会长。1940年由乐天宇、李世俊、陈凌风、方悴农等发起，在革命圣地延安成立了中国农学会，为大生产运动发挥了积极作用。1950年11月，在北京成立了由王绶、梁希、杨显东、金善宝、吴觉农、陈凤桐、乐天宇等41人组成的农学会（恢复）筹备委员会。1951年4月，经中央人民政府内务部核准备案，中华农学会更名为中国农学会。1956年3月，中国农学会在北京召开中华人民共和国成立后的第一次全国代表大会，推选杨显东为理事长。之后分别于1960年2月和1978年7月召开了第二、三次全国代表大会，杨显东连任理事长。1983年5月，在北京召开第四次全国代表大会，选举卢良恕为会长。1987年6月，在北京召开第五次全国代表大会，卢良恕连任会长。1992年4月，在北京召开第六次全国代表大会，推选洪绂曾为会长。1997年1月，在北京召开中国农学会成立80周年纪念大会和第七次全国代表大会，江泽民、李鹏、李岚清、温家宝等党和国家领导人为农学会题词，洪绂曾在第七次代表大会上连任会长。2002年4月在北京召开了第八次全国会员代表大会，推选张宝文为会长。

中国农学会下设29个分会，各省、自治区、直辖市都设立了农学会，延伸到2000多个县（市）级农学会，系统内拥有30万名个人会员和300多个团体会员。中国农学会作为综合性和社会公益性科学技术社团，是党和政府联系农业科教工作者的桥梁和纽带，是国家发展农业和农业科学技术事业的参谋和助手，是促进农业和农村经济发展的重要社会力量。

工作综述

一、组织建设与会员服务

1. 2005年初，召开了八届二次理事会，会议强调要围绕农业和农村经济工作重点，积极拓展工作领域，进一步加强组织体系建设，真正把农学会建设成为全国农业科技工作者之家，更好地发挥桥梁和纽带作用。

2. 2005年组织制定了《中国农学会分支机构管理办法》和《中国农学会会员管理办法》，加强了对分会、会员的管理和服务。

3. 7月8日，农业部副部长、中国农学会会长张宝文会见了我国台湾地区中华农学会常务理事涂勋、秘书长张森富一行，相隔半个多世纪的海峡两岸农学会实现了中华人民共和国成立以来的第一次握手，首次进行了交流与合作，并共商90周年庆典活动。

二、国内外学术交流活动

紧密围绕农业结构调整、西部大开发、生物技术、农业产业化等重点和热点问题，组织举办了奶业与生态环境国际论坛、植物分子育种国际学术研讨会、亚太经合组织（APEC）外来入侵生物防治国际研讨会、全国都市农业可持续发展论坛、2005年中国农业产业化年会等国内外学术交流活动。承办中国科协2005年学术年会农业分会场工作，并出版了论文集。组织举办了第六届海峡两岸青年科学家学术研讨会，两岸农业科学家就两岸农业问题进行了交流与研讨。

三、承担的项目任务

1. 积极承担中国科协下达的科普项目，组织完成了学会系统开展农村科普工作情况调研、经济社会发展服务平台建设、社团承接政府职能转移情况和学会系统开展农村科普工作情况调研等课题研究项目。

2. 组织完成了农业部下达的2005年优势农产品重大技术遴选发布与数据库创建、我国现代农业科技培训体系建设的理论与实践研究、生态农业典型模式与规范化技术应用普及、农业野外科学观测试验站评估命名等项目工作。

3. 组织专家编制了《2004－2010年农业野生植物资源保护与利用工程建设规划》、《2006－2010年乡村清洁工程试点建设规划》、《农业部2005年农业主导品种和主推技术》、《2005年科技入户手册》、《生态家园工程科普挂图》、《生态家园工程》、《全国粮区十大高效耕作制度模式》和《生态家园富民工程行动建设方案》，编撰了《农业面源污染综合防治重大技术与模式》和《农作物秸秆资源综合利用技术》等重要规划和重大技术资料。

四、科学技术普及工作

1. 做好科普资料的编制工作，完成生态家园工程科普挂图的编制出版工作，向基层免费赠送了近千套生态家园工程和沼气科普挂图。

2. 连续7年累计编辑出版面向广大基层推广系统的内部刊物《农村致富新技术》79期，每年赠送数量10万册左右，成为指导地方科协开展农村科普工作的重要刊物。

3. 开展科技下乡活动，组织开展小康村试点建设，深入黑龙江、河北等地农村，捐赠大量科普资料，对关键技术进行咨询和培训，受到基层热烈欢迎。

五、继续教育和培训工作

编制完成了农业部“十一五”农民科技培训规划。组织举办了农产品质量安全管理与检测技术高研班、新世纪百千万人才工程国家级人选高级研修班、第八期无公害食品高研班等各类培训班，培训技术人员1180人次。

六、国际交流工作

2005年，共派遣赴日、美研修生16人，培训赴日研修生20人。组织赴美农业高新技术及农业产业化代表团，赴澳大利亚、新西兰、日本、韩国农业考察团，共4团27人。接待来访团组3团24人。积极开辟国际交流与合作新领域，2005年通过竞标，承接并圆满完成了日本协力机构综合扶贫调查项目。

七、期刊出版工作

1. 进一步调整与完善《中国农学通报》的栏目库，先后增加了植物生理科学、农业传媒科学等。2005年栏目数量已经达到了20个，涵盖了农业学科各个领域，并完成从双月刊向月刊的转变。

2. 对期刊编辑流程进行了大幅度的调整，自主开发信息化流程，2005年实现了计算机管理和网络化编辑。

3. 建立农学通报期刊协办网络，走专家办刊道路，先后有西北农林科技大学、中国农业大学等9所农业大学成为《中国农学通报》期刊协办单位。

4. 与农业科技期刊分会联合举办了2005年学术年会暨第四届全国农业优秀期刊表彰大会，开展了“2005年度中国农学会优秀论文”评选活动。

八、专家咨询活动

2005年向中央和国务院提出《关于把“发展黄河三角洲高效生态经济”列入国家“十一五”发展规划的建议》、《关于在山东省东营市建立黄河三角洲盐碱地改良国家实验示范区的建议》、《关于农业转基因生物安全管理的建议》等一系列建议，受到国务院领导同志的高度重视。学会推荐评选的《关于加大农业野生植物资源保护力度的建议》、《关于实施“农业科技入户示范工程”的建议》两项科学家建议获得第五届中国科协优秀建议奖一等奖，《关于落实温家宝总理指示加快呼伦贝尔草原保护的建议》获得二等奖。

九、人才举荐和表彰奖励工作

承办了2005年度农业部系统和中国农学会系统中国科学院院士、中国工程院院士候选人的遴选和推荐工作。参与组织筹建了农业部高级专家库，承办中华农业英才奖的评选和全国农业科技入户先进集体和先进个人、第四届全国优秀农业科技工作者的评选表彰工作。组织开展“第二届全国农业科普先进集体、科普先进工作者”评选活动。经科技部批准，设立了“神农中华农业科技奖”。

中国林学会

Chinese Society of Forestry (CSF)

地　　址　北京市海淀区东小府2号东院

邮政编码　100091

电子信箱　csfoffice@forestry.ac.cn

主页网址　http://www.csf.org.cn

电　　话　010－62888312

传　　真　010－62888312

理　事　长　江泽慧

常务副理事长　李东升

副　理　事　长　舒惠国　杨雍哲　王　涛　张建龙　李文华　尹伟伦　张守攻

秘　书　长　李东升（兼）

刊物及主编　《林业科学》　主编　沈国舫

《森林与人类》　总编　海相涛

单位简介

中国林学会是由我国林业科技工作者自愿组成的依法登记成立的学术性、科普性、公益性法人社会团体，是中国科学技术协会的组成部分。中国林学会的前身是创建于1917年春的中华森林会，1928年更名为中华林学会，中华人民共和国成立后定名为中国林学会，迄今已有89年的历史，是我国成立较早、具有一定社会影响的社会团体之一，曾4次被中国科协评为先进学会。中国林学会现任理事长为江泽慧。

中国林学会的业务活动包括学术交流、国际合作、科技推广、技术认证、科教奖励、展览展示、书刊编辑、成果鉴定、专业培训、科学普及、咨询服务等方面。设有梁希科学技术奖、陈嵘奖、劲松奖等奖项，奖励基金额500万元，并承担国家林业局设立的中国林业青年科技奖的评选工作。

目前，中国林学会设有分支机构33个，省级学会31个；个人会员9万余名，高级会员725名，团体会员146家。同时设立了学术、科普、组织、评奖、咨询、外事、继续教育7个工作委员会和《森林与人类》、《林业科学》2个编委会。

中国林学会的日常办事机构是中国林学会秘书处。秘书处设办公室、学术部、科普部、国际部、咨询部、《林业科学》编辑部6个部门，截至2005年底，秘书处共有在职工作人员29人。

中国林学会1958年加入中国科协，1984年加入国际杨树委员会（International Poplar Commission）。

工作综述

一、学术交流

2005年中国林学会共举办境内学术交流活动43次，

参加人数达4761名，交流学术论文3000余篇。其中11月10~12日，由国家林业局、浙江省人民政府和中国林学会联合主办，中国林学会秘书处、浙江省林业厅和杭州市人民政府共同承办，20多名院士、知名专家出席，1500多人与会的首届中国林业学术大会，以“和谐社会与现代林业”为主题，深入实施科教兴林战略，探讨有中国特色林业自主创新之路的新举措，在中国林业科技史具有里程碑的意义。

二、科普活动

作为林业科普工作的主力军，2005年继续利用植树节、科技周、全国科普日等重要节日举办各类科普展览和知识问答活动，加强对公众生态意识的宣传教育，普及林业科技知识。在科普书刊的编制方面，对《中国名树名花名鸟》一书进一步做了修改，完成了《西部退耕还林》科普图书和挂图初稿，制作了“保护生态环境，倡导绿色行动”科普挂图。在吕梁科技扶贫工作中，开展了吕梁能源植物育苗工作和红枣病虫害防治调研工作，并制定了未来五年科技扶贫计划。在《提高我国林业从业人员科学素质系统研究》课题工作中，组织召开了课题启动、培训和讨论三次活动，完成了2005年课题工作计划。在全国林业科普基地建设工作中，按既定计划于5月13~15日召开了首届全国林业科普基地建设研讨会，19个省、自治区、直辖市，31个单位负责科普工作的领导及工作人员参加了会议。

三、继续教育与咨询服务

继续围绕林业建设及企业发展的需求开展各项业务活动。举办了相持阶段生态建设特点与对策和黔桂九万大山地区第11期林业定点扶贫两个培训班。

与地方政府、企事业单位联合开展的各种活动。举办了黄骅冬枣——中国原产地域保护产品高层研讨会和中国杨树节暨首届中国杨树产业博览会。黄骅冬枣——中国原产地域保护产品高层研讨会由河北省人民政府、中国林学会和中国经济林协会共同主办，沧州市人民政府和黄骅市人民政府承办，于10月12日在北京人民大会堂举行。2005中国杨树节暨首届中国杨树产业博览会于9月20日至21日在江苏省泗阳县举办，本次博览会的召开为推进区域共同进步创造了条件。

为充分发挥中国林学会人才、智力优势，中国林学会与江西省林业厅于4月10~15日共同举办了江西林业院士行活动。中国科学院张新时、蒋有绪院士，中国工程学院王明庥、冯宗炜、张齐生、宋湛谦院士应邀参加了这次活动。江西省委、省政府对此次院士行活动十分重视。省长黄智权、省委副书记彭宏松、副省长胡振鹏会见了参加院士行的各位院士。

四、国际及时港澳科技交流

2005年，中国林学会积极创造条件，在巩固同欧洲国家国际交流的基础上，加强了同巴西，加拿大及我国香港特别行政区、澳门特别行政区林学组织的接触与协商，为进一步扩大友好往来活动奠定了坚实的基础。

接待了秘鲁大使馆使馆人员和以加拿大私有林主协会理事长彼得·德马斯先生为团长的访问团的来访。在同秘鲁大使馆使馆人员的会谈中，双方就中国木材市场和进出口现状交换了意见，并达成了今后合作与交流的意向，这是中国林学会首次与南美国家建立友好合作关系。通过同加拿大客人的接触，增进了中国林学会与加拿大私有林主协会的相互了解，并为今后的交流和合作创造了良好的条件。

五、书刊编辑

《林业科学》作为我国林业界最具权威性的学术期刊，在第三届“国家期刊奖”的评选中，名列“国家期刊奖提名奖”第一位，并连续三次荣获中国科协优秀学术期刊二等奖。在中国科协主办的第二届优秀学术论文评选中，由期刊编辑部推荐的论文《树木溃疡病病原真菌类群分子遗传多样性研究Ⅱ》获得优秀学术论文奖。目前，《林业科学》国内外公开发行，并交换到40多个国家（地区）。

2005年6月20日，中国林学会在北京举办了庆祝《林业科学》创刊50周年纪念活动。全国人大常委会副委员长、中国科学院院长路甬祥，中国科协主席周光召，科技部部长徐冠华，国家林业局党组成员、中国林科院院长、中国林学会理事长江泽慧，原林业部部长、原天津市委书记、中国林学会名誉理事长高德占等有关领导同志特为《林业科学》创刊50周年题词或发来贺信。大会向首次评出的64位优秀审稿人颁发了证书。

六、国树评选

2005年7月20日~8月28日，中国林学会在搜狐网、《中国绿色时报》等媒体上展开公众投票活动，并在全国各省、自治区、直辖市的主要媒体刊登报道了评选国树的消息。历时一个月的国树评选活动共收到公众信函、网络投票1789443张。在所有信函、网络投票中，银杏以绝对优势领先。

中国林学会已将公众投票最终结果上报国家林业局和国务院，并根据多年来广大专家学者的呼吁，以及此次投票活动公众推荐结果，提请将银杏定为中国国树。

七、科教奖励

2005年，中国林学会正式启动了梁希林业科学技术奖、梁希科普奖的评选，并于11月在首届中国林业学术大会上对获奖集体和个人予以表彰，绿色江苏现代林业发展研究等2个项目、木质环境品质与居住质量的研究等12个项目、桉树优良无性系选育与推广应用研究等32个项目分别被评为首届梁希林业科学技术奖一、二、三等奖。中国中央电视台社教中心科技专题部等10个单位和丁广师等9人荣获首届梁希科普奖。为做好第九届中国青年科技奖的推荐工作，中国林学会于12月组织了第八届中国林业青年科技奖的评选工作，最后决定授予卢孟柱等18人第八届中国林业青年科技奖，并推荐卢孟柱等7人为第九届中国青年科技奖候选人。

为做好梁希教育基金发展的工作，中国林学会于2005年9~12月，前往梁希先生出生以及工作过的地方拍摄了专题纪录片——《林业的开拓者——梁希》。

八、组织建设

充分利用《中国林学会通讯》及网站加强与理事、会员之间的联系，不断优化为会员服务的方式方法，使得高级会员和团体会员发展有了较大突破。针对长期形成的会员档案不全、会员发展缓慢的现状，2005年中国林学会下发了《关于做好个人会员重新登记和会费收缴工作的通知》和《关于做好会员发展工作的通知》，正式启动了会员重新登记工作，加大了会员发展的力度。

根据学科发展的需要，并报请中国科学技术协会和中华人民共和国民政部核准，成立了中国林学会森林公园分会、中国林学会银杏分会、中国林学会林业科技期刊分会、中国林学会灌木分会，目前中国林学会分会（专业委员会）总数达33个。

中国土壤学会

Soil Science Society of China

地　址	江苏省南京市北京东路71号
邮政编码	210008
电子信箱	sssc@ issas. ac. cn
电　话	025－86881532
传　真	025－86881538

理事长	周健民		
副理事长	张玉龙　张维理　张福锁　沈其荣 邵明安　武志杰　栗铁申　涂仕华		
秘书长	杨林章		
刊物及主编	《土壤学报》	主编	蔡祖聪
	《土壤通报》	主编	张玉龙
	Pedosphere	主编	周健民
	《土壤水土保持学报》	主编	邵明安

单位简介

中国土壤学会是全国土壤科学技术工作者跨行业、跨部门的群众性学术团体，是中国科学技术协会的组成部分，是发展中国土壤科学技术事业的重要社会力量。

中国土壤学会于1945年12月在重庆市北碚成立，1951年6月25日经中央人民政府内务部核准发给中国土壤学会社会团体登记证，属全国科联领导，1958年全国科联、科普合并为中国科学技术协会，学会成为中国科协的组成部分。现有会员16000人，下设12个专业委员会、4个编辑委员会、4个工作委员会和1个办公室。

1978年参加国际土壤学会（International Society of Soil Science，ISSS），该会于1998年更名为国际土壤科学联合会（International Union of Soil Sciences，IUSS）。31个省、自治区、直辖市均有地方土壤（肥料）学会。

工作综述

一、积极组织学术活动

2005年，学会共举行、承办学术会议9次，出席人数1920人次，收到论文326篇。

1. 经济发达地区土地资源保护与合理利用论坛，于2005年10月在江苏省苏州市召开，参加会议的学者120人，邀请了国际土壤联合会秘书长Stephen Nortcliff先生作大会报告。大会对经济发达地区土地资源现状与问题、土壤与环境退化过程与机理、土地资源利用与粮食安全、土地资源利用与环境保护等方面的问题进行了广泛的交流和深入探讨，并向苏州市人民政府提出了“经济发达地区土地资源保护与合理利用”的建议书。大会收到论文40篇，并编写成论文集。

2. 中国土壤学会成立60周年庆祝大会暨2020年的中国土壤科学学术讨论会，于12月25~27日在重庆市召开。本次会议回顾了中国土壤学会60周年的主要历程，畅谈60周年感想，探讨中国土壤科学的现状、问题与对策。参加会议的专家、学者共200多人，在庆祝大会上有5位代表发言，有19人在学术讨论会上作了精彩的报告。

3. 土壤圈——中国和欧盟21世纪生态和环境持续发展的基点国际学术研讨会，于10月在江苏省南京市召开。来自欧盟9个国家的土壤学会理事长、前任国际土壤学会理事长、现任欧洲土壤学联合会理事长Dr. W. E. H. Blum教授、国际土壤学会秘书长Dr. S. Nortcliff教授以及中国土壤学会各专业委员会负责人等30余名中外与会者参加了此次研讨会。各位专家、学者分别就土壤圈的物质循环、土壤的保护及可持续发展的管理新举措、土壤生物的多样性等的研究现状和发展趋势作了口头报告。并签订了全面合作谅解备忘录。

4. 土壤发生和分类研究的现状和未来需要国际学术研讨会，于9月在江苏省南京市召开。国际土壤科学联合会（IUSS）第一分部主席A. Mermut教授、第三分部主席W. Burghardt教授，以及前国际土壤学会（ISSS）第二分部主席H. Eswaran博士及赵其国院士、龚子同研究员等60余名学者出席了会议。本次会议针对新技术、新要求条件下，如何革新土壤发生与分类研究的方法和思路进行了交流和讨论。会议对明确今后的研究方向、促进我国土壤地理学的发展将起到推动作用。

5. 第四届土壤遥感与信息学术讨论会，于11月在广东省广州市召开，80余名参会人员出席了会议。会议共收到论文50余篇，会议报告和交流论文23篇。本次会议就“3S”技术在农业及其资源环境中的应用研究；在土壤和作物养分管理中的应用研究；在土地资源管理和利用规划中的研究与应用；在城市发展与环境中的应用研究以及农业信息技术应用的其他方面进行探讨。

6. 第三次全国农药残留微生物降解技术培训班，于8月在江苏省吴江市举办，50多位农药残留微生物降解技术应用基地负责人、农业技术推广人员以及热心于发展绿色无公害农业和农产品出口创汇的企业家参加了本次培训班。

7. 第十届全国土壤生物与生物化学学术研讨会，于11月在江苏省南京市召开。近20个单位的140余位专家、学者出席了会议，大会共收到了学术论文60余篇。本次大会的主旨为“土壤质量·土壤生物·农业可持续发展”。

8. 土壤肥力与肥料专业委员会筹委会暨学术研讨会，于7月在辽宁省大连市召开，本次会议主要围绕在近年施肥条件下，全国不同区域及作物的肥料效应、土壤中的主导限制营养因子及未来几年的施肥趋势；我国近年的肥料发展趋势；新形势下土壤肥力的变化趋势及研究新进展等内容进行了广泛的讨论和交流。

9. 中国土壤环境问题与对策学术研讨会，于11月在广州中山大学召开，来自21个省、自治区、直辖市的100多名专家、学者出席了会议。会议就土壤环境与污染修复、区域土壤污染评价指标与环境风险分析、土壤污染控制的遗传学策略、中国矿区土壤环境问题与对策以及各地土壤环境问题与对策等内容进行了广泛的讨论和交流。

二、做好书刊编辑出版工作

1.《中国土壤学会六十年》纪念文集。本文集是在广泛收集学会各阶段历史资料的基础上编辑完成的，文集力图用图片和文字形式反映学会的主要历史活动，记录学会历次会员大会的概况，介绍学会的机构和各省、自治区、直辖市土壤（肥料）学会的发展历程，同时也选登了部分老科学家对土壤学会的回顾与建言。

2. 征集《2020年的中国土壤科学》文稿。学会决定正式出版《2020年的中国土壤科学》文集，来反映中国土壤科学的现状、问题与对策，其主要内容将在参考国际土壤学会和中国土壤学会分支学科的基础上凝练而成。

3. 学会主办和合作主办了《土壤学报》、《土壤通报》、Pedosphere 和《土壤水土保持学报》4 种学术刊物。

《土壤学报》全年出版 6 期，刊登论文 164 篇，约 200 万字；总发行量为 6600 册；2005 年度影响因子 1.360,和总被引频次为 1692。

《土壤通报》全年共出版 6 期，刊登论文 241 篇；发行量一直稳定在 2000 份左右；被引频次 835 次，影响因子 0.632，居农业基础科学类期刊的前列。

Pedosphere 全年出版 6 期，发表全文专业论文 100 篇；影响因子达到 1.696， 总被引频次为 397；2005 年由季刊改为双月刊，实际刊出容量为以前的 2.5 倍。

《土壤水土保持学报》2005 年出版 6 期，共发表论文 293 篇，全年发行量 6000 册；期刊被引频次 1245，影响因子为 1.709，在全国农业类期刊中名列第一；2005 年荣获国家期刊界最高奖项“国家期刊奖提名奖”。

三、专业（工作）委员会委员的换届工作

确定了各专业（工作）委员会主任和委员 448 人，编辑委员会主任和委员 116 人，共计 564 人，并颁发了聘书。

四、做好人才举荐工作

为促进我国土壤科学事业的发展，鼓励土壤科学工作者勇攀科学高峰，弘扬“尊重知识，尊重人才”的社会风尚。进行了院士候选人和全国青年科技奖候选人的推荐工作。

五、完善土壤学会网

已完成中国土壤学会网站的菜单设置和部分内容的填写。

六、设立中国土壤学会科技奖

根据科技部关于《社会力量设立科学技术奖管理办法》的精神，结合本会实际，设立了“中国土壤学会科技奖”，并在科技部备案。中国土壤学会科技奖每年评选一次，每次评选一等奖 1 项，二等奖 2 ~ 3 项。评奖工作将本着公开、公平、公正原则，确保质量，宁缺毋滥。

七、加强与各省、自治区、直辖市土壤学会的联系

积极努力加强与各省、自治区、直辖市土壤（肥料）学会的关系和联系，取得了很大的进展，完成了对学会基本资料的收集，为以后的联系和合作打下了良好的基础。

中国水产学会

China Society of Fisheries (CSF)

地　　址	北京市朝阳区麦子店街 22 号楼
邮政编码	100026
电子信箱	csfish@agri.gov.cn
电　　话	010 - 64194234
传　　真	010 - 64194235
理 事 长	唐启升
副理事长	王衍亮　关瑞章　刘身利　朱作言　吴灶和　张铭羽　相建海　桂建芳　黄硕琳　董双林
秘 书 长	张铭羽（兼）
刊物及主编	《水产学报》　主编　周应祺 《科学养鱼》　主编　戈贤平 《海洋渔业》　主编　庄　林 《淡水渔业》　主编　魏开金

单位简介

中国水产学会是由水产及与水产有关的科技工作者自愿结成的全国性学术团体，是依法登记的社团法人，是中国科学技术协会的组成部分。1963 年成立以来，坚持办会宗旨，通过开展不同形式的学术交流、积极有效的科技服务和形式多样的科普活动，为促进我国渔业经济建设和发展做出了重要贡献。学会已成为党和政府联系广大水产科技工作者的桥梁和纽带，成为国家发展水产科学技术事业的重要力量。

工作综述

一、召开了中国水产学会第八次全国会员代表大会

中国水产学会第八次全国会员代表大会于 2005 年 6 月 22 日在江苏省无锡市召开。31 个省、自治区、直辖市以及计划单列市水产学会和有关科研、教育及企事业单位所推荐的 139 名代表出席了会议。会议审议并通过了第七届理事会工作报告、财务报告及关于中国水产学会调整会费标准的报

告，选举产生了由103人组成的第八届理事会，审议通过了中国水产学会第八届理事会分支机构主要负责人。农业部副部长牛盾、中国科协书记处书记冯长根分别代表农业部和中国科协出席大会，并做了重要讲话。

二、落实学会“八大”决议，加强会员发展与服务

学会秘书处在学会“八大”之后，及时向有关部门进行了会后材料的报送备案，完成了新一届理事会理事、分支机构委员的注册和聘书发放工作。并将会议文件编印成册，寄送有关部门和人员。2005年发展单位会员4家、资深会员140人，发放普通会员证5400份。现有单位会员85家、资深会员1005人、普通会员15099人、学生会员180人。除定期向资深会员和单位会员寄送《中国水产学会会讯》外，还根据需要定期向各类会员赠送《水产学报》、《科学养鱼》等报刊。

三、组织召开了水产学科前沿与发展战略研讨会

4月23~25日，学会与国家自然科学基金委在山东省青岛市联合主办了全国水产学科前沿与发展战略研讨会。理事长唐启升院士，学会副理事长、国家自然科学基金委副主任朱作言院士，各分支机构的主任委员和水产学科带头人以及国内水产科研、教育等单位的专家学者共计150多人参加了会议。

四、组团参加国际会议与交流

1. 由世界水产养殖学会组织召开的2005年世界水产养殖大会暨展览会于5月9~14日在印尼召开。学会组织了以东海水产研究所副所长庄平研究员为团长的10人代表团参加了会议，并在会后对泰国渔业进行了考察。

2. 应欧洲水产养殖学会邀请，8月6~18日，学会副理事长、上海水产大学副校长黄硕琳教授率团一行14人赴挪威、比利时进行中欧水产养殖交流，参加了由欧洲水产学会在挪威主办的2005年欧洲水产养殖大会、挪威水产养殖展览会及中国水产学会和比利时根特大学水产养殖中心举办的中欧水产养殖研讨会，并实地考察欧洲渔业情况。

3. 7月27日~8月3日，学会组织以学会副理事长兼秘书长张铭羽为团长的5人渔业考察团赴俄罗斯考察了俄罗斯全俄池塘研究所和鲟鱼养殖场、俄联邦河流与湖泊研究所和育种中心，并与俄罗斯渔协进行了交流活动。

4. 9月10~21日，学会组织以常务理事、浙江省淡水水产研究所所长叶金云为团长的5人代表团赴美国阿拉斯加参加了2005年美洲渔业大会，并进行学术交流，会后考察了阿拉斯加渔业中心等机构。

5. 12月1~11日，应澳大利亚新南威尔士州初级产业部渔业局的邀请，学会组团11人，赴澳大利亚参加中澳休闲渔业研讨会并对有关渔业设施进行了考察。这是中国水产学会首次与澳方进行休闲渔业方面的交流。

五、接待国际知名学术团体，拓宽国际交流渠道

在组团出访的同时，学会副理事长兼秘书长张铭羽在国内先后接待了欧洲水产养殖学会副主席 Laszlo Varadi；亚洲水产学会主席 Chan LuiLee；世界水产协议会主席、日本水产学会理事长隆岛史夫。分别就加强交流合作、信息共享等事项进行了探讨和磋商。

4月22~25日学会在山东省青岛市承办了亚欧水产养殖论坛——生物多样性和资源保护议题，共有27位专家参加研讨，其中我国专家5位。

六、举办科普培训班，普及健康养殖新技术

3月25~28日学会在福建省厦门市举办了水产健康养殖及水产品安全培训班。22个省、自治区、直辖市的渔业管理、技术推广和生产第一线人员共116人参加了培训。培训班邀请了6位专家、教授，分别就我国工厂化养殖现状和发展前景，海水工厂化养殖新技术，养殖病害防治和用药安全等水产养殖发展中的热点问题进行了专题讲授。

11月11~14日学会在广西壮族自治区北海市举办了水产养殖病害防治与健康养殖培训班。培训班特邀了3位专家，就水产养殖过程中用药规则、如何建立水产养殖病害流行的环境调控技术等进行了专题讲授，200多名学员参加学习。

七、编辑出版《水产健康养殖新技术丛书》

学会与海洋出版社合作编辑出版《水产健康养殖新技术丛书》，现已编辑发行了《中国主要海产贝类健康养殖技术》、《美国红鱼健康养殖》、《龟鳖健康养殖新技术》、《泥鳅养殖新技术》和《名优水产品种疾病防治新技术》。目前正在进行《名优鱼类养殖新技术》、《淡水虾类健康养殖新技术》、《海蜇、海参养殖技术》、《渔用饲料与质量控制》和《青蟹养殖技术》的组稿工作。

八、认真完成上级部门交办任务，努力提高服务质量

1. 积极配合渔业局开展 WTO 的研究和渔业补贴谈判工作。组织渔业国际贸易跟踪研究专家组，跟踪研究我国渔业国际贸易问题，开展分品种、分专题的研究，编辑出版《跟踪研究 2004 年度论文集》。就我国渔业补贴情况，按商务部要求，开展了远洋渔业调研，起草了渔业补贴谈判口径，并 3 次派员赴日内瓦参加 WTO 渔业补贴谈判。

为配合渔业局研究我国渔业发展战略和思路，9 月上旬，根据渔业局的部署，学会还先后组织三个调研组，赴山东省济南、日照、青岛和烟台等地就水产品出口情况进行调研。

2. 认真做好市场信息与渔业统计工作。目前，全国水产品批发市场价格采集定点单位有 76 家。截至 9 月底，各定点市场共向学会报送信息 54286 条、分析文章 263 篇、成效情况 269 条，学会都及时对此进行汇总，并在渔业局网站上对外发布，同时向中央电视台七频道及相关杂志等媒体提供。5 月 27 ~ 28 日，在安徽省黄山市召开了全国水产品市场信息研讨会。对目前水产品批发市场建设和管理存在的问题进行了研究，对信息员的价格采集知识和方法进行了系统培训。另外，整理了 2004 年水产品进出口数据资料，编辑出版了《2004 年中国水产品(渔船渔具)进出口统计年鉴》。学会还编辑了《水产市场导刊》9 期，每期 5000 册。10 月 17 ~ 25 日学会组织水产品市场经营管理者 19 人对长三角地区的 10 家水产品批发市场进行实地考察。

在渔业局领导直接过问下，更加重视渔业统计工作。学会加强了对统计年报数据审核力度；于 3 月 10 ~ 11 日在北京召开了渔业统计年报专家会商会；于 4 月 5 ~ 7 日在福建省厦门市召开了 2004 年度渔业统计年报会，对 2004 年统计数据进行全面核对汇总，会后编印了《2004 年渔业统计年鉴》。同时，还编印了《渔业统计与分析》内刊 8 期。9 月 12 ~ 14 日，在新疆维吾尔自治区组织了全国水产统计工作培训班。目前渔业统计改革试点工作在广东、山东、湖北三省顺利开展。

承担联合国粮食及农业组织(FAO)在浙江和江苏两省的海洋捕捞抽样调查项目，按计划进展顺利，于 9 月通过 FAO 的验收。同时，应 FAO 及亚太地区有关组织的邀请，学会还组团参加了在越南召开的亚太地区小杂鱼专题研讨会。

九、秘书处认真扎实地开展了保持共产党员先进性教育活动

中国水产学会秘书处党支部按照中央和农业部党组对先进性教育活动的统一部署，在督导组的指导下，紧密结合中国水产学会实际，严格按照《中国水产学会秘书处开展保持共产党员先进性教育活动实施方案》和各阶段的具体安排意见，坚持高起点、高标准、高质量，完成了集中教育阶段的各项规定动作。达到了通过开展先进性教育活动“提高党员素质、加强基层组织、服务人民群众、促进各项工作”的目标要求。

中国园艺学会

Chinese Society for Horticultural Science (CSHS)

地　　址　北京市海淀区中关村南大街 12 号
邮政编码　100081
电子信箱　yuanyixh @263. net
电　　话　010 - 68919528
传　　真　010 - 68919528
理 事 长　方智远
副理事长　韩振海　邓秀新　杜永臣　侯喜林　张启翔　赵梁军　许　勇　孙小武
秘 书 长　杜永臣
刊物及主编　《园艺学报》　**主编**　方智远

单位简介

中国园艺学会是在民政部依法登记的全国园艺科技工作者组成的具有公益性、学术性的社会团体，是党和政府联系园艺科技工作者的桥梁和纽带，是国家发展园艺科学技术事业的重要社会力量，是中国科学技术协会的组成部分。学会宗旨是团结组织园艺科技工作者，促进园艺科学技术的繁荣发展、科技人才的培养提高、开展国内外学术交流、普及园艺科技知识，反映园艺科技工作者的意见，维护园艺科技工作者的合法权益，为广大园艺科技工作者服务。业务范围为果树、蔬菜、西甜瓜和观赏植物的栽培、育种、种质资源、产品贮藏加工、生物技术应用及园艺产品流通和园林规划设计等。

学会创建于1929年春。1934年出版了第1期《中国园艺学会会报》。抗日战争时期学会活动基本停顿。抗战胜利后在南京复会。中华人民共和国成立后，于1951年8月开始筹备，1956年8月在北京召开了中国园艺学会成立大会，选出第一届理事会，理事长曾宪朴。1960年7月在辽宁兴城召开年会，选出第二届理事会，理事长王更生。1966年中国园艺学会因“文革”停止活动，《园艺学报》出版第5卷第2期停刊。1978年7月恢复中国农学会后，在山西太原召开的全国农业学术讨论会，中国园艺学会作为中国农学会所属的二级学会同时恢复活动，选出中国园艺学会第三届理事会，理事长沈隽。1981年10月，在浙江杭州召开年会，选出第四届理事会，理事长沈隽。1985年3月，国家体改委批准中国园艺学会恢复为一级学会。同年11月在长沙召开年会，选出第五届理事会，理事长沈隽。1989年11月在上海召开中国园艺学会成立60周年纪念暨第六届年会，选出第六届理事会，理事长相重扬。1994年1月在北京召开年会，选出第七届理事会，理事长相重扬。1997年10月在长沙召开年会，选出第八届理事会，理事长朱德蔚。2001年11月在重庆召开年会，选出第九届理事会，理事长朱德蔚。2005年11月在长沙召开年会，选出第十届理事会，理事长方智远。

中国园艺学会下设果树、蔬菜、西甜瓜、观赏园艺4个专业委员会和8个工作小组。

工作综述

一、学术活动

1. 新疆维吾尔自治区农委、林业厅、中国园艺学会于2005年8月16～18日在新疆库尔勒联合举办新疆特色林果业产业化发展论坛。当地100余人参加了论坛，特邀有关专家对当地林果产业及贯彻落实当前和“十一五”期间新疆维吾尔自治区农业农村经济发展思路，积极推进农业结构战略性调整，培育壮大林果业，努力实现农牧民人均收入大幅度增加以及近几年林果业发展取得的成绩、基本经验，进行了比较全面的了解和分析研究。

2. 学会于11月23～25日在湖南省长沙市召开了中国园艺学会第十届会员代表大会暨学术研讨会。会议由湖南省园艺学会、湖南省农业科学院、湖南农业大学和湖南省农业厅联合承办。会议的主要内容是：总结学会2001～2005年的工作；选举第十届学会理事会；讨论学会起草的关于我国“十一五”园艺科技发展规划的建议；进行学术交流。学会第九届理事会理事、新当选的第十届理事会理事、团体会员代表、省级园艺学会秘书长，以及来自28个省、自治区、直辖市的学者共341人出席了会议。

二、组织工作

1. 2005年荣获中国科协国内学术交流组织奖；

2. 积极为有关部门荐举人才，经学会推荐获得中国科协农村科普奖奖励1人；第九届中国青年科技奖的候选人1人。

三、科普工作

组织专家参加5月的全国科技周和9月的科普日活动，发送宣传材料500余份，展板12个，有蔬菜、花卉、设施蔬菜栽培等专家在现场进行技术咨询。

组织专家参加科技部、中宣部、铁道部、卫生部、国家环保总局、中国科协等有关部门和江西省人民政府于5月13～21日在江西井冈山及周边地区共同主办的“振兴老区服务三农科技列车井冈行" 大型活动。此次活动以列车为载体，沿京九线行驶，将南昌、樟树、吉安、赣州停靠点及周边13个县（市、区）和26个乡镇作为活动区域，围绕“科技以人为本，全面建设小康”、“科技服务三农，促进中部崛起”等主题，开展丰富多彩的科普活动。分发科普技术资料及相关作物品种介绍，进行蔬菜花卉种植实用技术培训、咨询及现场指导等活动。

四、编辑出版工作

2005年出版《园艺学报》1～6期，共约226万字，比2004年163万字增加约38.7%；截至2005年12月31日来稿量共计938篇，比2004年的759篇增加179篇，增加23.6%，其中蔬菜363篇比去年（299篇）增加21.4%，果树320篇比去年（276篇）增加15.9%，花卉255篇比去年（184篇）增加38.6%。2005年共发表的论文346篇，果树、蔬菜、花卉分别发表129、130、87篇。

2005年2月国家新闻出版总署公布《园艺学报》获第三届国家期刊奖。中国科技信息研究所2005年公布的

《园艺学报》2004年影响因子为0.703(略低于2003年的0.730),总被引频次为1609(高于2003年的1387)。据不完全统计,《园艺学报》发表的论文中,获国家及省部级奖励项目的约占14.5%,国家及省部级基金和重点项目论文超过70%,被俄罗斯《文摘杂志》(AJ)和国内《CAB ABSTRACTS》(CABA)、《数字化期刊全文数据库》(NLW)、《中国期刊全文数据库》(CNKI)、《中国科技期刊数据库》(VIP)等收录。

2005年共编辑会议论文集5种、论文摘要集1种,正式出版3种、汇编2种,约40万字。

中国畜牧兽医学会

Chinese Association of Animal Science and Veterinary Medicine (CAAV)

地　　址　北京市朝阳区农展馆南路9号博雅园1-106室
邮政编码　100026
电子信箱　caav@caav.org.cn
c06@cast.org.cn
caavxshb@public.bta.net.cn
主页网址　http://www.caav.org.cn
电　　话　010-85959009/85959010/85959006
传　　真　010-85959010
理 事 长　吴常信
副理事长　旭日干　阎汉平　张仲秋　区仲生　于大海　韩高举　史志诚　韩荣生　蒋金书　张　沅　苏振环　金家珍　于康震　毛振家
秘 书 长　阎汉平(兼)
刊物及主编　《中国畜牧杂志》　主编　李德发
《中国兽医杂志》　主编　张克家
《畜牧兽医学报》　主编　文　杰
《动物营养学报》　主编　冯仰廉

单位简介

中国畜牧兽医学会是由畜牧兽医科技工作者自愿组成的学术性、科普性、非营利性的具有法人资格的全国性社会团体,是中国科学技术协会的组成部分,是党和政府联系畜牧兽医科技工作者的桥梁和纽带,是国家发展畜牧兽医事业的重要社会力量。

中国畜牧兽医学会于1936年7月在南京成立,至今已走过70年的历程。历届理事长为:蔡无忌(第一届)、陈之长(第二届)、陈凌风(第三、四、七、八届)、程绍迥(第五、六届)、陈耀春(第九、十届)、吴常信(第十一届)。

中国畜牧兽医学会的主要任务是:团结和组织广大会员和畜牧兽医科技工作者,广泛开展国内外学术交流,促进国内、国际科技合作;编辑、出版、发行畜牧兽医书刊;对国家畜牧兽医科技发展战略、政策和经济建设的重大决策提供科技咨询和技术服务;接受委托进行科技项目的评估、论证,科技成果鉴定,专业技术职务标准制定及资格认证;开展继续教育、培训和科普活动等。为繁荣发展我国畜牧兽医科技,促进科技创新和产业持续健康发展做贡献。

现有学科分会34个,拥有个人会员6万名,团体会员220多个。学会与全国32个省级畜牧兽医学会建立了密切的业务联系和指导关系。

中国畜牧兽医学会奖是我国畜牧兽医学术界的最高荣誉。

中国畜牧兽医学会于1993年作为国家会员加入了世界畜牧协会(World Association of Animal Production),陈耀春于1993年和1998年先后两次当选为该协会的理事,吴常信于2003年当选为该协会的理事。

工作综述

一、学术交流活动

1. 2005年5月22~23日,学会在山东省济南市舜耕国际会展中心成功举办了第一届养猪生产与疾病控制技术大会——中国畜牧兽医学会2005年学术年会和第二届中国国际兽医兽药技术博览会,生物技术学分会第六次学术研讨会和小动物医学分会成立大会暨学术报告会也同期举行。来自全国畜牧兽医教学、科研、生产及相关领域的专家、学者、青年科技工作者、企业管理者以及出席学会十一届三次全国理事会暨秘书长会议的理事、秘书长1500余人参加会议。本次年会以“猪”为主线，以“质量、安全、应用”为主题，专业突出，主题明确。

2. 11月21日，学会配合中国科协，联合中华预防医学会等全国性学会，在中国科技会堂举办了禽流感与人禽流感现状及防治对策高层专家研讨会。会议邀请陈焕春、夏咸柱、庄辉、洪涛等院士，以及卫生部、科技部、农业部、国家质检总局、全国畜牧兽医总站等28家单位的50余位专家、学者和官员出席会议。中国科协书记处书记宋南平，农业部兽医局局长、国家首席兽医官贾幼陵光临会议并讲话。

与会的有关权威人士就我国禽流感与人禽流感疫情和防控现状、禽流感研究进展、疫苗的研发策略等作了专题报告。会议对如何应对禽流感疫情、流感大流行的趋势预测、防控工作存在的困难和问题以及如何长远规划禽流感和人禽流感防治工作等问题进行了深入探讨，并达成许多共识。会议形成了“关于禽流感与人禽流感防治对策的专家建议”，由中国科协上报有关部门。

3. 9月24～26日，学会与中国农学会、中国农科院、重庆市政府在荣昌隆重举办了第二届中国畜牧科技论坛暨畜牧科技第四届新项目新技术新产品博览会。大会以“畜牧、科技、小康”为主题，以一流专家、一流企业家、百名博士参加论坛为亮点，共同探讨新形势下促进我国畜牧业快速健康发展的新思路。

4. 11月23～25日，学会应江西省农业厅的邀请与江西省农业厅在江西省南昌市共同主办了首届中国（江西）畜牧业经济博览会暨“后劲在畜”高层论坛。

5. 8月22～26日，第14届世界禽病大会在土耳其伊斯坦布尔举行，来自47个国家的600余名禽病专家、学者、科技工作者出席大会。学会派出以禽病学分会理事长周蛟为团长，学会副秘书长杨汉春为副团长的28人代表团参加了大会。

6. 分会的学术交流活动非常活跃。2005年有26个分会开展重点学术活动，有22个分会利用各种机会开展内容丰富、形式多样的学术交流活动，学术活动的质量、水平都有新的提高。

二、科普活动

1. 组织专家参加全国科技周大型科技游园会科普宣传活动。就肉食品安全、人畜共患病、科学饲养宠物知识等方面开展宣传咨询活动。发放宣传资料3000余份，接待咨询群众650多人次。在此期间，各分会组织科技下乡31次102人次，举办科普讲座9次，听讲人数1800人次，举办实用技术培训班6次，培训297人。

2. 组织专家赴吕梁地区开展良种肉羊舍饲养殖、品种改良、疾病防治实用技术推广与培训活动。对当地养羊品种、饲养方式、饲草饲料、疫病防治等情况进行走访和深入调查，并进行技术指导与交流，同时对养羊户进行集中培训，发放养羊书籍和有关技术资料。

三、科技咨询、科技服务活动

1. 组织专家赴石家庄华牧公司开展咨询服务活动。根据学会常务理事单位——石家庄华牧公司的请求，8月7～8日，学会组织有关专家到该公司开展咨询服务和座谈，对该公司的产品配方、新产品的研发方向以及生产工艺过程中遇到的问题答疑解难，受到企业的欢迎。

2. 举办高级会员论坛。12月1～3日，学会在副理事长单位海口农工贸（罗牛山）股份有限公司的积极配合下，在海口市举办了第一次高级会员论坛。参加会议的有全国20余个省、自治区、直辖市的30余名高级会员，涉及畜牧、兽医、养猪、养禽、畜牧工程和生理卫生等领域的教学、科研和生产的研究技术人员。

四、期刊工作

学会主办的《中国畜牧杂志》、《中国兽医杂志》、《畜牧兽医学报》、《动物营养学报》等科技期刊，贯彻改革精神，在激烈的市场竞争形势下，通过各杂志编委会和编辑人员的共同辛勤努力，期刊的质量、发行量基本保持稳步提高和增长，办刊条件也有明显改善。

学会与河北省畜牧兽医学会联合主办的《北方牧业》、与中国农村杂志社联合主办的《农村养殖技术》发展势头良好。

五、组织建设工作

1. 5月21日，学会在山东省济南市召开了十一届三次全国理事会暨全国秘书长会议。会议传达了中国科协有关会议精神，研究组织建设，交流分会、省学会工作经验，并出台相关举措。如发展团体会员，为企业界的科技人员服务；规范和加强对分会的服务管理等。

2. 发展高级会员320余名，发展团体会员35个（其中：副理事长单位5个，常务理事单位12个，理事单位18个），进一步壮大了学会力量。

3. 不少分会按期进行换届，充实新生力量，分会组织建设得到加强。

4. 积极举荐人才。学会在分会的积极配合下，推荐的刘秀梵、金宁一、陈化兰分别被评为中国工程院院士、全国优秀科技工作者、中国女青年科学家奖等。

中国植物病理学会

Chinese Society for Plant Pathology（CSPP）

地　　址　北京市海淀区圆明园西路2号

邮政编码　100094

电子信箱　office@ cspp. org. cn

主页网址　http://www. cspp. org. cn

电　　话　010－62891025

传　　真　010－62813785

理 事 长　彭友良

副理事长　方荣祥　王振中　王慧敏　陈生斗　陈海如　周明国　康振生　彭于发　温孚江

秘 书 长　韩成贵

刊物及主编　《植物病理学报》　**主编**　彭友良

单位简介

中国植物病理学会是中国植物病理学工作者的学术性群众团体，是中国科学技术协会的组成部分。

中国植物病理学会在邹秉文和戴芳澜的积极支持和赞助下，于1929年在南京成立。后因受战乱影响，学会活动曾一度停顿。1953年2月第一届全国会员代表大会在北京召开，戴芳澜教授当选为第一任理事长。之后，俞大绂、裘维蕃、刘仪与曾士迈分别担任第二届、第三届和第四届、第五届和第六届理事长。2002年4月第七届全国会员大会于北京召开，彭友良当选为第七届理事长。

中国植物病理学会于1983年加入国际植物病理学会（International Society for Plant Pathology），前任中国植物病理学会副理事长唐文华现任国际植物病理学会副主席，学会现有国际植物病理学会理事7人。2000年8月，亚洲植物病理协会在北京正式宣告成立，中国植物病理学会为主要创始人和正式会员。

中国植物病理学会现有会员6575人，拥有14个专业委员会，6个大区代表处。

工作综述

一、组织建设

完成部分下属专业委员会的换届工作。2005年中国植物病理学会下属的植物病毒专业委员会、青年工作委员会成功地进行了换届选举。换届后的植物病毒专业委员会主任由方荣祥院士担任，青年工作委员会主任由王琦博士担任。建立学会学术年会制，促进学术交流。积极筹备申请承办2013年国际植物病理学大会，支持流行学专业委员会申办2009年第十届国际植物病害流行学大会。

二、学术交流

中国植物病理学会2005年学术年会暨《植物病理学报》创刊50周年纪念大会在河北省保定市召开，会议以“《植物病理学报》与我国植物病理学的成就与挑战”为主题，7位专家作了精彩的特邀报告，有100余位学者就各自的研究工作分别进行了学术交流，交流内容涉及植物病理学科的各个方面，基本上反映了我国近年来在植物病理学各分支学科基础理论、应用基础与病害防治实践等方面所取得的研究成果，会前出版了论文摘要集，会后精选论文编辑出版了植物病理学报增刊。

中国植物病理学会青年委员会主办的中国植物病理学会第七届青年学术研讨会在陕西省杨凌召开，123位植物病理学者参加了大会，会上有6位专家作了大会特邀报告，会议论文以《西北农林科技大学学报》（自然科学版）增刊正式出版，并对评选出的20篇优秀论文给予了奖励。

生物技术专业委员会举办的第三届全国稻瘟病会议暨植物病理学会生物技术专业委员会学术会议在福建省武夷山市召开，会议邀请22位专家和学者做报告，其中有3位是外籍学者。综合防治专业委员会与全国农业技术推广服务中心联合组织的小麦条锈病源头治理研讨会10月在北京召开。中国植物病理学会华东区代表处12月在浙江省绍兴市举办了2005年华东植物病理学术研讨会。植物病害流行专业委员会举办的植物病害流行学高级培训班3月在莱阳农学院举行，大专院校、科研单位的40余名学员参加了培训。本次培训班特邀莱阳农学院客座教授、英国东茂林果树研究所（East Malling Research）植物病理系主任徐向明博士主讲。

三、学报编辑工作

作为植物病理学会主要学术刊物，《植物病理学报》的编辑出版工作也取得了一定的成绩。学报继续鼓励全英文投稿，文稿在“双审”基础上注重“英审”环节，保证了刊物的中英文质量；在确保刊物质量的同时，加强了“读者服务功能”的探索，包括缩短文稿审理时滞、网上查询等功能。

2005年恰逢《植物病理学报》创刊50周年，中国植物病理学会成功召开了《植物病理学报》创刊50周年纪念会，为此，编辑出版了《植物病理学报》增刊，增刊还有幸收录了陈鸿逵、沈其益、刘仪、曾士迈、李振歧、李季伦、谢联辉、季良等8位植病界知名前辈为学报创刊50周年题写的题词与贺信。

四、对外学术交流与合作

2005年中国植物病理学会积极参与国际植物病理学会的各项工作。作为亚洲植物病理学会主席国，中国植物病理学会为第二届亚洲植物病理学大会的召开以及顺利换届做出了重要贡献。第二届亚洲植物病理学大会于2005年6月在新加坡国立大学召开。来自29个国家和地区的240余位专家参加了大会。中国植物病理学会组织了国际植病学会副主席、亚洲植物病理协会秘书长唐文华先生、中国植物病理学会理事长彭友良等61位大陆学者参加了大会，学会多数参会学者都做了分组报告，并进行了墙报展示与交流。

通过参加本次大会，又一次向国际同行展示了我国植物病理学工作者在植物病害防治应用基础研究方面所取得的成绩，通过与亚洲各国科学家交流学科的新进展，提高学会在亚洲植病学界的地位和影响。组织尽量多的学会优秀学者特别是青年科技工作者参加亚洲植物病理学大会，为参加2008年国际植物病理学大会和申办国际植病大会锻炼队伍、积蓄力量。

2005年，种子病理学专业委员会先后接待了来访的美国、加拿大、澳大利亚等国家的植物防疫检疫和种子病理学方面的代表团共计30多人次，在中国农业大学举办专场报告5次。积极与国际上有关机构联系，争取国际科学基金组织可能的倾斜支持。生物技术专业委员会邀请3位外籍学者在第三届全国稻瘟病会议暨植物病理学会生物技术专业委员会学术会议上做大会报告。植物线虫专业委员会邀请了比利时国际线虫培训中心主任Moens和Nematology主编来相关单位访问，分别在中国农业科学院植物保护所和河北农业科学院植保所进行了2场学术报告。2005年3月和6月化学防治专业委员会组织了两个专家考察访问团共20人，分别考察和访问了泰国和印度尼西亚农药试验站以及瑞士先正达农药生物测定中心。

中国植物保护学会

China Society of Plant Protection

（CSPP）

地址	北京市圆明园西路2号中国农业科学院植物保护研究所内
邮政编码	100094
电子信箱	cspp@ipmchina.net
主页网址	http://www.ipmchina.net/cspp
电话	010－62815913/62811917
传真	010－62815913/62811917
理事长	成卓敏
副理事长	王运浩　叶志华　杨怀文　吴孔明　陈剑平　张立　张钟宁　岳德荣　夏敬源　高希武　黄大昉
秘书长	陈万权
刊物及主编	《植物保护学报》　主编　彩万志 《植物保护》　主编　吴孔明

单位简介

中国植物保护学会是中国植物保护科学技术工作者

自愿结成，依法成立登记的具有公益性、学术性的全国性学术社会团体，是中国科学技术协会的组成部分。

中国植物保护学会于1962年6月经国家科委批准成立，俞大绂任第一届理事会理事长，并先后于1978年7月、1981年10月、1985年4月、1989年10月、1993年10月、1997年11月、2001年9月和2005年11月召开了第二至第九届全国会员代表大会，分别推选俞大绂（第二届）、沈其益（第三、四届）、黄可训（第五届）、周大荣（第六、七届）和成卓敏（第八届、第九届）为理事长。

中国植物保护学会现有18个分支机构，有个人会员18699人，团体会员153个。31个省、自治区、直辖市均设有地方植物保护学会，业务上接受中国植物保护学会指导。

中国植物保护学会1979年参加第九届国际植物保护大会（International Plant Protection Congress，IPPC），成为该组织理事会成员，先后由沈其益、黄可训、李丽英、周大荣任该大会常务委员会委员。1999年该组织改名为国际植物保护科学协会（International Association for the Plant Protection Sciences，IAPPS），周大荣（1999~2004年）和成卓敏（2004年~）当选为IAPPS理事。

工作综述

一、国内学术交流工作

2005年举行国内学术交流活动11项，参加学术交流活动1600多人，交流学术论文580篇。

1. 中国植物保护学会2005年学术年会于11月4~6日在浙江省杭州市召开，来自31个省、自治区、直辖市的450余名植保科技工作者参加了会议。大会共收到论文262篇，正式出版了《农业生物灾害预防与控制研究》论文集。

本届大会主题为“植物保护与生物安全”。有6位院士和著名专家作了精彩的大会专题报告；近百人在农业生物安全、农业有害动物研究、植物病害研究、农田杂草和有害生物综合治理技术研究、植物化感作用等分组会上进行了交流。

2. 2005年全国生物防治学术研讨会由学会生防专业委员会与中国昆虫学会生防专业委员会联合主办，上海交通大学承办，于4月23~27日在上海召开。27个省、自治区、直辖市从事生物防治研究的近300名科技工作者参加了会议，收到论文230多篇，出版了《迈入21世纪的中国生物防治》论文集。有9位专家在大会上介绍了近年来我国生物防治研究取得的成就。

3. 中国第二届植物化感作用学术研讨会暨中国植物保护学会植物化感作用专业委员会成立大会于11月5~6日在浙江省杭州市举行。来自科研单位和高等院校的100多人参加了本次会议。会议邀请国际植物化感作用学会前任主席F. A Macias教授做大会报告，19名专家报告了各自最新的研究进展，同时研究了2006年学术活动计划。

4. 9月18~19日，植保机械与施药技术专业委员会与全国农技推广中心联合在内蒙古自治区包头市召开了该专业成立大会暨农药施用技术研讨会。来自科研、教学单位及企业的100多人参加了会议，共同研讨了农药施用技术，分析了我国农药施用现状和主要问题，并提出了建议和对策。

5. 12月1~4日植保信息技术专业委员会与“十五”国家科技攻关课题农作物重大病虫害监测预警技术研究课题组联合在云南召开了农作物重大病虫害监测预警技术学术研讨会，交流了昆虫雷达及昆虫迁飞监测、农作物病虫害网络数据库和地理信息系统、重大病虫害监测预警及高光谱分析等研究进展。会议研讨了“十一五”急需进一步攻关研究的问题，提出了在植保领域加强3S技术和计算机信息技术应用的建议。

二、国际学术交流活动

1. 组团参加于8月21~26日在澳大利亚举行的第四届世界植物化感作用大会（Fourth World Congress on Allelopathy）。有23名中国专家、学者（其中台湾省1名）出席，成为出席大会代表最多的国家。大会期间，中国有5人次主持报告会，14人次作了学术报告。

2. 学会组织了20位专家参加了于11月7~11日在越南胡志明市召开的第20届亚太杂草科学大会，学会前副理事长、著名杂草学专家张泽溥等9名专家在会议中进行了学术交流，另有5名专家以墙报形式展出了研究成果，杂草学分会主任委员张朝贤博士作为会议主席主持了除草剂专题报告。

3. 由植保机械与施药技术专业委员会主任邵振润为团长，组织10名委员到德国考察植保机械与施药技术。重点考察了德国BBA植保机械与施药技术研究中心、哈迪公司等部门。

三、积极开展科普宣传工作和科技下乡活动

1. 组织开展农区统一灭鼠示范现场会。4月，科普工作委员会与全国农业技术推广服务中心联合在吉林省四平市召开了农区统一灭鼠示范现场会，31个省、自治区、直辖市共130余人参加了会议，与会人员现场观摩了吉林省公主岭市的农田及农户统一灭鼠现场和杀鼠剂定点经营网点，听取了有关省（区）关于农区统一灭鼠情况的经验介绍。

2. 鼠害防治专业委员会联合全国各地植保学会开展灭鼠宣传与技术培训。在全国共组织灭鼠培训班400多期，培训基层技术人员及广大农民50多万人。发放灭鼠科普资料200多万份。

3. 12月，鼠害防治专业委员会与全国农技中心联合在河南省举办了全国农区鼠害监测及防治技术培训班。鼠害防治专业委员会副主任施大钊对害鼠的基本知识及监测与防治技术进行了培训，专业委员会秘书长郭永旺讲授了以毒饵站灭鼠为重点的节本增效控制鼠害的技术。参加培训的有各地植保科技人员150多名。

4. 为了推动植保社会化服务及统防统治工作的开展，植保机械与施药技术专业委员会联合全国农技推广中心在安徽省合肥市举办了植保机械及施药技术培训班，有80多名植保技术人员参加了培训。

四、组织建设

1. 3月23~25日，在湖北省宜昌市召开了全国省级植保学会理事长、秘书长及各分支机构负责人会议。会议传达了中国科协召开的学会改革工作座谈会和农科学会改革研讨会精神，汇报了中国植物保护学会改革工作进展，交流了部分省级学会改革经验。研究制定了《中国植物保护学会会员管理办法》、《分支机构管理办法》、《会员登记工作方法》和《关于加强与地方学会联系的办法》，并经八届九次常务理事会研究通过。

2. 召开第九届全国会员代表大会。经中国科协批准于11月2~4日在浙江省杭州市举行了中国植物保护学会第九届全国会员代表大会。31个省、自治区、直辖市的代表和植保科技工作者300多人参加大会。会议审议通过了第八届理事会工作报告、《中国植物保护学会章程》修改草案和中国植物保护学会会员会费标准。代表大会经无记名投票选举产生了第九届理事会。

五、开展表彰奖励活动

经专家组评审，学会八届常务理事会审议批准，决定授予重庆市植物保护学会等9个省级学会和杂草学分会等4个分支机构为中国植物保护学会先进学会和先进分支机构光荣称号；授予山东省农科院植保所于建垒等14位同志为第二届中国植物保护学会青年科技奖荣誉称号；对中国农科院植保所陈巨莲等16位同志撰写的优秀学术论文进行了表彰，其中一等奖2篇、二等奖5篇、三等奖9篇。上述奖励均在第九届全国会员代表大会上进行表彰。

六、积极完成中国科协布置的工作

1. 作为中国科协病虫害防治分析研讨会和《病虫害防治绿皮书》的牵头学会之一，承担了2005年病虫害防治分析研讨会的会务工作、协助中国科协完成了《病虫害防治绿皮书》的编撰工作。

2. 为中国科协《学科发展蓝皮书》2005年卷组织撰写了反映近年来植物保护学科重大进展的综述性文章。

中国作物学会

The Crop Science Society of China

地　　址	北京市海淀区中关村南大街12号 中国农业科学院作物科学研究所育种楼304
邮政编码	100081
电子信箱	c09@cast.org.cn
主页网址	http://www.chinacrops.org
电　　话	010-68918616
传　　真	010-68918616
理 事 长	路　明
常务副理事长	辛志勇
副理事长	万建民　李家洋　李晓林　陈　刚 孙其信　隋鹏飞　盖钧镒　傅廷栋 翟虎渠
秘 书 长	陈新华

刊物及主编 《作物学报》 主编 辛志勇
《作物杂志》 主编 杜振华

单位简介

中国作物学会是中国科学技术协会的组成部分，是经民政部批准注册的学术性社会团体。

中国作物学会于1961年12月20～28日在湖南省长沙市召开的第一次全国会员代表大会上正式成立。选举金善宝为理事长，隶属于中国农学会。

1979年在山西省太原市举行的全国农业学术讨论会期间换届选举组成第二届理事会。金善宝连任理事长。1983年10月在北京举行的第三次全国会员代表大会上，选举李竞雄为理事长，组成第三届理事会。

1985年3月5日经国家体改委体改办字（1985）第17号和3月20日中国科协（1985）科协发学字089号文批复，中国作物学会为国家一级学会，成为中国科协的组成部分。

1988年4月28日在中国农业科学院召开第四次全国会员代表大会，选举庄巧生为理事长，组成第四届理事会。1994年4月在北京农业大学召开第五次全国会员代表大会，选举王连铮为理事长，组成第五届理事会。1998年4月在中国农业科学院召开的第六次全国会员代表大会上，王连铮连任理事长，组成第六届理事会。2002年4月15日至17日在中国科技会堂召开第七次全国会员代表大会，选举路明为理事长，组成第七届理事会。

目前，31个省、自治区、直辖市均有地方作物学会组织。中国作物学会设有16个二级分支机构。会员总计26000多人。

工作综述

一、学术交流工作

1. 2005年中国作物学会学术年会于9月14～16日在北京举行。会议的主题是多元化农业与作物科学。学会邀请日本国作物协会理事长森田茂纪等出席会议并作大会报告。本次会议由玉米、小麦、水稻、特作4个专业委员会（分会）承办了4个分会场会议。出版论文集58篇，合计交流论文65篇。

2. 10月12～13日，在四川省成都市召开了第六届全国中青年作物遗传育种学术研讨会。会议主旨是为提升我国作物遗传育种自主创新能力和整体水平做贡献。270多名青年科技工作者参加会议。大会上有11人作报告。另有16人在遗传育种和17人在分子育种两个会场作报告；《西南农业学报》两期共刊登大会论文140篇论文。水稻、玉米、小麦等作物的“超级”品种培育及“超高产”栽培技术研究取得许多可喜成绩。

3. 据不完全统计，2005年中国作物学会及其专业委员会（分会）举办或参加学术活动共20多次，与会者共3000人次，编辑论文集（专著）6部，交流论文662篇。其中与会者在150人以上影响较大的学术活动有7次；举行或参加国际学术活动9次。

二、组织建设工作

1. 2005年12月10日成立了中国作物学会分子育种分会并召开了第一届理事会。

2. 举荐人才。提名中国工程院院士候选人6名，其中4名进入中国工程院有效候选人，最终有2名成为中国工程院院士。推荐第九届中国青年科技奖候选人3人。由学会推荐的以王道文为学术带头人的应用植物营养基因组学与养分高效小麦品种的分子设计和培育候选创新研究群体，获得2005年度创新研究群体科学基金的资助。

3. 分支机构换届。2005年8月1日大豆专业委员会在云南省昆明市召开了换届大会。

4. 经在京常务理事会批准，成立“中国作物学会科学技术成就奖评审委员会”，进一步落实学会奖励评审工作。制订中国作物学会换届工作方案，成立了换届选举领导小组。

三、国际学术交流工作

1. 2003年，路明理事长、辛志勇常务副理事长赴日访问日本作物学会进行。2004年，万建民副理事长赴日参加日本作物学会年会，并发表演讲。随后，中国作物学会邀请日本作物学会森田茂纪会长出席学会2004年在华中农业大学召开的学术年会和2005年在北京召开的学术年会。

2. 中国作物学会组团出席了2005年9月24～28日在意大利召开的第二届国际干旱会议。大会有28人作主旨报告，有44人作选择性报告，其中黎志康作专题报告。会议交流学术论文520篇（中国20篇），墙报450篇。

四、学术期刊编辑工作

1.《作物学报》改月刊后，全年共1728页，较上年增加24%；载文量由上年238篇增加到299篇；出版周期由上年15.83个月缩至13.62个月，由于建立了网站，实际缩短了3个月。自2005年开始被美国化学文摘（CA）收录，目前共被4个国外检索系统收录，正与荷兰爱思维尔（Elsevier）商议共同出版意向。该刊还将过刊（1994～2004）全文PDF上网。在6个全文数据库免费上网。实现了编辑部办公自动化。

荣获第3届国家期刊奖提名奖，被评为第4届百种中国杰出学术期刊。连续9次获中国科协重点学术期刊项目资助。据中国科技信息研究所12月公布，该刊2004年总被引频次为1906，影响因子为0.932。

2.《作物杂志》严格执行保密、版权、专利、国界线、国家名称、地区等项规定。2005年报导时差平均3.5个月。继续保持创新性、实用性、导向性、时效性较强的办刊特色。全年差错率一直控制在国家新闻出版署对优秀期刊标准以内。2005年进入了国家精品期刊库。

3. 组织召开中国作物学会主办的《作物学报》和《作物杂志》以及《中国农业科学》、《园艺学报》等期刊办刊经验交流会，以促进期刊质量进一步提高。

五、科普和科技咨询工作

1. 组织专家参加中国科协举办的5月14～16日在北京海淀公园和9月17日在北京朝来农艺园的“科普活动周”和“全国科普日宣传活动”，参加全国科普日活动的主题是：“合理利用农作物种质资源与作物丰产”。通过现场咨询、展板宣传、发放宣传册、农产品说明书、销售农作物种子及农产品等形式，进行科普宣传。

2. 承担了中国科协山西吕梁地区扶贫项目，组织专家赴吕梁地区岚县推广马铃薯、小黑麦新品种、新技术，帮助当地发展县域农业经济发展。

中国热带作物学会

China Society of Tropical Crops (CSTC)

地　　址　海南省儋州市中国热带农业科学院内
邮政编码　571737
电子信箱　rzxh2002@sohu.com
　　　　　rzxh2005@scuta.edu.cn
主页网址　http://www.cstcs.org.cn
电　　话　0898－23300299
传　　真　0898－23300299
理事长　吕飞杰
常务副理事长　王庆煌
副理事长　陈生斗　林玉权　郭奕秋　何天喜　雷勇健　陈锦祥　高咸周　谭基虎
秘书长　杨培生
刊物及主编　《热带作物学报》　主编　吕飞杰
　　　　　《热带农业工程》　主编　顿宝惠
　　　　　《海南农垦科技》　主编　张鑫真
　　　　　《云南热带科技》　主编　杨雄飞
　　　　　《广西热带农业》　主编　刘明举
　　　　　《福建热带科技》　主编　陈振东

单位简介

中国热带作物学会是由琼、粤、滇、桂、闽、川、黔、湘等省（自治区）的热带、南亚热带作物产业部门的企事业单位以及科研、高等教育单位的科技教育工作者组成的学术性、科普性社会团体，是中国科学技术协会的组成部分。

1978年12月，学会筹备委员会在广东省湛江市召开了中国热带作物学会成立大会暨学术研讨会，选出理事51名、常务理事17名、副理事长7名，梁文墀任理事长。1982年11月在厦门市、1986年11月在重庆市、1990年12月在广州市、1994年12月在海口市、1999年3月在昆明市、2004年10月在海口市分别召开第二、三、四、五、六、七次全国会员代表大会。第二、三届理事长为黄宗道；第四届理事长为潘衍庆；第五、六届理事长为曾毓庄；第七届理事长为吕飞杰。

中国热带作物学会下设遗传育种、天然橡胶、热带园艺、剑麻、植保、农业、热作加工、热作机械、热带牧草和饲料作物、棕榈作物、香蕉等11个学术性专业委员会和科普、科技推广咨询、天然橡胶生产者、国际合作与交流、青年等5个专门工作委员会。有团体会员138个、个人会员5038人。办事机构（学会秘书处）设在中国热带农业科学院和华南热带农业大学。

中国热带作物学会自1980年正式加入国际橡胶研究与发展委员会（International Rubber Research and Development Board，IRRDB）。至今，一直保持两个理事席位，1980～1984年，理事为黄宗道、刘松泉。1985～1991年，理事为黄宗道、潘衍庆。1991～1995年，理事为吕飞杰、潘衍庆。1996～2003年，理事为余让水和陈秋波。2004年理事为陈秋波和蒋菊生。2005年理事为陈秋波、林位夫。

工作综述

一、学术交流与活动

1．2005年9月2～28日，在广西壮族自治区南宁市召开中国热带作物学会2005年学术（青年学术）研讨会。来自农业部农垦局和海南、广东、广西、福建、云南、四川、贵州、湖南等8省、自治区农垦局、南亚办、扶贫办领导同志和有关科研教学单位、生产经营单位专家、科技工作者、企业家、论文作者（其中青年论文作者73人）共168人参加了会议。会议主题为“应对加入东盟自由贸易区，开发热带资源”。学会顾问、农业部农垦局巡视员龚菊芳在开幕式上，学会理事长、著名农业专家吕飞杰对研讨会做总结性讲话。研讨会期间中国工程院院士刘更另为与会者作农田基本建设与土壤肥力的学术报告。本次会议共收到论文89篇。

2．11月21～22日，在海南省海口市召开依靠科技、防范台风、促进热带作物产业持续发展研讨会。来自农业部农垦局和海南、广东、云南等省、自治区的农垦局、农业厅（南亚办）和有关科研教学单位、生产经营单位专家、科技工作者、企业家代表共56人参加了会议。会议主题为“依靠科技，防范台风，促进热带作物产业持续发展”。学会理事长、著名农业专家吕飞杰对研讨会做总结性讲话。研讨会上有11位同志做正式报告。

3．7月7～8日，广东省热带作物学会召开的第七次会员代表大会暨学术讨论会，有63人出席。会议收到论文23篇。8位同志分别做了专题学术交流报告。

4．8月9日，海南省热带作物学会召开第三次会员代表大会暨学术研讨会。吕飞杰作了题为发展中的中国农业科技的学术报告。会议收到论文39篇。其中评选10篇论文为优秀论文。

5．剑麻专业委员会2005年9月组织各省、自治区的剑麻专业组开展了剑麻起畦种植、高产管理与标准化育苗的交流活动，其中广东垦区参加人员380多人次。

6．10月30日～11月1日，天然橡胶专业委员会在江苏省南京市组织召开贯彻规程科学割胶学术交流研讨会。84人参加了会议，会议共收到论文27篇。

7．11月8～9日，来自海南农垦等地的50多位与会者参加了在云南西双版纳召开的中国热带作物学会遗传育种专业委员会2005年学术研讨会。

8．11月23～24日，中国热带作物学会棕榈作物专业委员会在海南省屯昌县举办槟榔产业发展研讨会。59人参加会议。

二、学会组织建设

1．实行副理事长分工负责制，既加强学会的组织工作建设，同时也促进学会各项工作的有序开展。

2．建立秘书处向正副理事长、顾问和挂靠单位汇报工作的制度。这项工作制度的实施，加强了学会正副理事长、顾问对学会工作的了解和掌握，同时也得到了各方极大的鼓励和支持，使学会秘书处的工作有了崭新的局面。

3．2005年8月8日在海南省海口市召开中国热带作物学会2005年秘书长会议。出席会议的有5个省热带作物学会的秘书长及代表、中国热带作物学会各专业（工作）委员会的主任委员和学术秘书、学会新筹建的专业（工作）委员会和省级分会的同志共41人，吕飞杰理事长作了《抓住机遇、开拓思路 创建和谐的热带作物学会工作新局面》的重要讲话。

4．4月19日，召开七届二次理事长会议。会议确定了成立热带牧草与饲料、棕榈作物、香蕉专业委员会、国际合作与交流以及青年工作委员会意向。同时做出了聘请7名左右院士为中国热带作物学会顾问的决定。

5．召开七届二次常务理事会通讯会议，经过通讯表决，通过成立5个专业（工作）委员会和3个省级分会，通过对科技咨询推广工作委员会主任委员的调整。

6．9月29日，在广西壮族自治区南宁市召开中国热带作物学会七届二次理事会和七届三次常务理事会。参加会议的理事有103人，其中常务理事38人。学会副理事长谭基虎、副秘书长李海清分别作2004～2005年七届理事会工作报告和2004～2005年学会财务报告；增选学会理事及常务理事；宣布聘任顾问的决定；宣布新增设专业委员会和工作委员会主任、常务副主任聘任的决定；宣布第三届《热带作物学报》编委会主编、副主编聘任决定；颁发"2005年中国热带作物学会二十大优秀论文"证书。

7. 10月30日～11月1日，天然橡胶专业委员会在江苏省南京市召开换届选举大会，有84名代表参加了会议。

三、科技普及和科技咨询服务工作

积极调动学会科技工作者的科技力量，开展专业培训和咨询服务工作，积极投身"科技兴农"活动。2005年，学会各省级学会、各专业（工作）委员会共组织科普活动76次，技术培训68期，培训乡镇干部、农民和农场工人25186人。组织科技人员下乡1100余人次；发放热带作物图书近1000本，科技小册子2689本，科技宣传单8963份，期刊300本。

1. 2005年4月7日～5月29日，学会与海南省扶贫办及海南省农业厅热作处配合，先后四次在海南省儋州市、五指山市和白沙县进行橡胶低频采胶技术培训、橡胶树高产高效栽培新技术培训和木薯栽培技术培训等科技培训。各市县选派的扶贫干部120人、民营企业技术骨干60人、种植户200人参加了培训。

2. 割胶与生理专业委员会组织科普活动和技术培训12期（次），培训扶贫干部、民营企业技术骨干、种植户、农民和农场工人990人。制作光盘直接提供培训服务。

3. 广东热带作物学会开展科普教育与技术培训活动，制定《推进农业科技入户工作实施方案》。分别组织举办了各种类型的技术培训班15期（次），共有1100多人（次）参加了学习培训，并先后组织了35次科技下乡活动。

四、建"家"工作

1. 完成了学会网站建设工作，2005年6月，学会网站正式开通，网址 http://www.cstcs.org.cn。学会网站作为热带作物科技提供信息服务的载体，发挥提供热带作物科技信息服务的作用。

2. 进一步加强《热带作物学报》的工作，挂靠单位中国热带农业科学院积极支持学会工作，明确陈秋波副院校长担任常务副主编，并负责日常工作。

中国蚕学会

Chinese Sociecy of Sericulture Science（CSSS）

地　　址	江苏省镇江市四摆渡中国农业科学院蚕业研究所内
邮政编码	212018
电　　话	0511－5616661
传　　真	0511－5622507
理 事 长	向仲怀
常务副理事长	郭锡杰
副 理 事 长	杜建一　汤　勇　杨　润　姬德武　徐卫东　傅诚衍　楼程富　廖森泰　樊　迅
秘 书 长	张国政
刊物及主编	《蚕业科学》　**主编**　郭锡杰

单位简介

中国蚕学会于1963年3月18日正式成立，是以中国高、中级蚕业科技工作者为主体的群众性学术团体，是中国科学技术协会的组成部分。1985年被正式批准接纳为中国科协所属全国性学会。中国蚕学会成立时仅有会员686人，至今已拥有万名会员。学会在27个省、自治区、直辖市有蚕学会。学会下设有7个专业委员会和7个工作委员会。中国蚕学会每4年召开一次全国会员代表大会。

工作综述

一、积极开展学术活动，促进行业科学进步

1. 中国蚕学会第七届常务理事会第三次会议于2005年3月26日在湖南省长沙市召开。郭锡杰常务副理事长主持会议。湖南省农业厅副厅长吴新民讲话，湖南省蚕桑科学院研究所所长孟繁利致欢迎词，中国工程院院士、中国蚕学会理事长向仲怀讲话，农业部种植业司经作处调研员封槐松作了2004年我国蚕业生产情况及2005年蚕桑形势分析。中国丝绸工业总公司总经理、中国蚕学会副理事长樊迅报告了2004年我国丝绸行业运行状况及2005年中国丝绸协会的主要工作。中国蚕学会顾问陈亦庆讲述了2004年我国丝绸出口价格以及几个需要关注的问题，在会议期间中国蚕学会常务副理事长郭锡杰传达了中国科协有关文件精神。中国蚕学会秘书长张国政作了2004年学会工作总结。中国蚕学会理事长向仲怀作了大会总结。

会议审议通过了中国蚕学会2005年工作计划。

2. 2005年6月28~30日，由中国老教授协会、中国老科技工作者协会、中国治沙暨沙尘学会、中国蚕学会、中国生态经济学会联合主办的中国第二届沙地桑产业研讨会在吉林省白城市召开。

3. 11月13~15日，由中国蚕学会、国家种质镇江桑树圃主办，广东省农业科学院蚕业与农产品加工研究所、华南农业大学动物科学学院蚕丝科学系、广东省蚕学会承办的全国桑树种质资源及育种和蚕桑综合利用学术研讨会在广东省广州市召开，20个省、市50家单位的87名专家学者参加了研讨会。

4. 中国蚕学会第七届理事会第二次会议暨学术年会于11月17~18日在广西壮族自治区南宁市召开。来自21个省、自治区、直辖市的理事、代表共197人出席了会议。

这次理事会的主要议题是：汇报学会两年来的工作情况，讨论学会后两年的工作方针和活动计划，探讨蚕丝行业及科教事业"十一五"发展战略与规划。学术年会的主要议题是：交流和发展我国蚕丝业科技工作者近年来在蚕丝基础研究、应用研究和实用技术开发方面所取得的新成果、新产品，共同探讨我国"十一五"蚕丝科学技术发展战略、方向和任务。

二、高质量编辑出版会刊，为科技创新提供交流平台

中国蚕学会会刊《蚕业科学》是国内唯一的蚕学专业学术期刊。在学会挂靠单位及有关蚕学教学、研究机构的大力支持下，通过编委会和编辑部的努力，《蚕业科学》的影响因子逐年攀升。2005年的发行量达5600册以上，共发表论文、报告113篇，共503个版面（不包括增刊），每期实际发稿版面数是额定版面数的2倍左右，为蚕业科学工作者发表更多的学术成果发表提供了机会。

中国水土保持学会

Chinese Society of Soil and Water Conservation

地　　址	北京市海淀区清华东路35号 北京林业大学办公楼109室
邮政编码	100083
电子信箱	sbxh035@263. net shuibaoxh@bifu. edu. cn
主页网址	http://www. sbxh. org
电　　话	010－62338045/62338031
传　　真	010－62311786
理事长	鄂竞平
副理事长	刘　震　魏殿生　李昌健　李　锐　朱金兆
秘书长	吴　斌
刊物及主编	《中国水土保持科学》主编　关君蔚

单位简介

中国水土保持学会是由全国水土保持工作者自愿组成依法登记的全国性、学术性、科普性的非营利性社会团体，是中国科学技术协会的组成部分。

中国水土保持学会于1985年3月由国家体改委和中国科学技术协会批准成立。

中国水土保持学会于1986年5月和1992年5月在北京分别召开了第一、第二次全国会员代表大会。杨振怀任第一、第二届理事长。2005年召开第三次全国会员代表大会，选举产生了第三届理事会和常务理事会，鄂竞平为理事长。

中国水土保持学会下设12个专业委员会，14个省、自治区、直辖市设有地方水土保持学会。

工作综述

一、学术交流工作

1. 结合学会第三次全国会员代表大会举办了学术研讨会，参会人数210人，提交论文165篇，汇编成册124篇，出版了学术研讨会论文集。研讨会邀请了中国工程院院士沈国舫、中国科学院院士张新时、中国工程院院士王浩作了大会典型发言。

2. 组织专家参加中国科协2005年减轻自然灾害学术研讨会及白皮书编纂工作。组织撰写4篇论文，余新晓教授作了2004年全国水土流失防治工作回顾与2005年水土流失防治对策的发言。

3. 我国台湾地区东华大学、中国科学院地理研究所和中国水土保持学会共同在我国台湾地区举办了第六届海峡两岸三地水土资源与生态环境学术研讨会，组织了大专院校和科研院所的24名教师和科技工作者参加了学术交流，提交论文24篇。

4. 2005年7月7～9日，学会与北京林业大学共同举办了水土保持高等教育改革与发展研讨会。水利部、教育部、国家林业局的领导同志和北京林业大学等有关高等院校的水土保持学科的专家参加了研讨。

5. 10月26～27日，与北京市门头沟区政府和北京市科学技术委员会共同举办了首届北京生态建设国际论坛，国家有关部门和北京市有关部门领导同志及国内外专家学者和非政府组织与企业界人士150余人参加了研讨。

6. 与北京林业大学经济管理学院和中国防灾学会灾害史研究会共同举办了第三届灾害史学术研讨会，30余人参加，共提交论文35篇。

7. 组织召开《中国水土保持科学》第一届第三次编委会，修订、完善了编审管理制度，评选《中国水土保持科学》2004年优秀论文10篇。

8. 完成《中国水土保持科学》全年编辑出版工作 。

二、科普工作与青少年工作

1. 参加2005年全国科技活动周活动，围绕游园会主题，安排了专家现场咨询、展板宣传和资料发放等科技咨询活动。

2. 参加由中国科协和北京市科协组织的全国科普日北京重点活动。组织北京林业大学附属小学学生参加科普日活动，参观高等院校植物、动物和昆虫标本室并组织北京林业大学学生科技咨询。被中国科协授予“全国科普日活动先进集体”。

3. 参与中国地质学会主办的“世界地球日”咨询宣传活动。

4. 申报的2005年度中国科协西部科普工程项目——西部泥石流、滑坡水土流失等灾害多发区减灾、防灾技术普及与宣传科普挂图正式立项。

5. 承担完成了中国科协资助项目——学会科普网站。

6. 推荐的中国科学院、水利部水土保持研究所黄土高原土壤侵蚀与旱地农业国家重点实验室被中国科协命名为第二批科普教育基地。

7. 学会推荐的全国农业技术推广技术服务中心荣获全国农村科普工作先进集体，该中心节水农业处彭世琪处长荣获全国农村科普工作先进个人称号。

8. 与水利部水土保持监测中心共同举办了3期全国甲级编制开发建设项目水土保持方案资格证书单位持证上岗人员培训班，600余人参加培训。

三、组织建设

1. 召开了中国水土保持学会第三次全国会员代表大会暨学术研讨会，选举产生了第三届理事会和常务理事会。第三届理事会由140人组成；常务理事会由19人组成；第三届理事会理事长由鄂竟平担任，副理事长由刘震、魏殿生、李昌健、李锐、朱金兆担任；秘书长由吴斌担任。

2. 成立了中国水土保持学会水土保持生态修复专业委员会和中国水土保持学会风蚀防治专业委员会。

3. 组织开展了第五届中国水土保持学会青年科技奖和中国水土保持学会先进集体及先进工作者评选。

4. 颁发了中国水土保持学会“愚公奖”和“荣誉奖”。

5. 推荐学会会员云南省林科院副研究员方向京和中科院、水利部水土保持研究所副研究员黄明斌为第九届中国青年科技奖候选人。

四、学会网络建设

完善了中国水土保持学会网，并与中国科协及农、林、水等主管部门和有关技术部门的网站进行了链接。在此网站中重点建设了水土保持科普网页。

中国茶叶学会

China Tea Science Society（CTSS）

地　　址　浙江省杭州市云栖路1号
邮政编码　310008
电子信箱　chinatss@ mail. hz. zj. cn
主页网址　http://www. tricass. com
电　　话　0571－86650477/86653170
传　　真　0571－86650477
理 事 长　杨亚军
副理事长　张　定　宛晓春　施兆鹏　黄继仁　童京汉　穆有为
秘 书 长　江用文
刊物及主编　《茶叶科学》　主编　陈宗懋

单位简介

中国茶叶学会是全国茶叶科学技术工作者自愿结成、依法登记成立的学术性法人社会团体，是党和政府联系茶叶科技工作者的桥梁和纽带，是政府发展茶叶科学事业的重要社会力量，是中国科学技术协会的组成部分。

中国茶叶学会在原中国园艺学会茶叶组的基础上筹建，于1964年8月在杭州召开成立大会，62位代表参加了会议，选举产生了第一届理事会，蒋芸生任理事长。后换届六次，现为第七届理事会，理事长为杨亚军。学会以高、中级茶叶科技工作者为主体，现有个人会员9000多名，团体会员300多名。设学术、青年、科普、组织4个工作委员会和茶叶提取物分会。

中国茶叶学会于1992年8月加入中国科协，与18个省、自治区、直辖市茶（业）学（协）会在业务上有指导关系。

工作综述

一、开展学术交流

1. 举办2005茶业科技创新与产业可持续发展国际研讨会。11月11～15日，由中国茶叶学会、中国农业科学院茶叶研究所、联合利华（中国）有限公司主办的2005茶业科技创新与产业可持续发展国际研讨会在浙江省杭州市举行。来自17个国家和地区及国际组织的200余名专家学者参加了本次研讨会，共收到论文128篇。

大会围绕“茶业科技创新与产业可持续发展”这一主题，由9位专家作主题报告，有72位专家学者作了学术报告。论文与报告展示了当今世界茶叶科技的前沿动态与先进水平。

2. 编辑出版《茶叶科学》。2005年编辑出版4期期刊（52篇，约50万字），期刊从外观质量到学术质量均有明显提高。据最新出版的《中国期刊引证研究报告》统计，《茶叶科学》影响因子上升到1.027，不但在同类期刊中遥遥领先，而且在所有农业类期刊中名列第10位。

二、普及茶叶科技

1. 举办职业资格证书培训班。经农业部职业技能鉴定中心批准，中国茶叶学会成为茶叶行业职业技能培训鉴定基地，可以面向国内外开展茶艺师、评茶员、制茶工等工种的培训。全年共成功举办茶艺师、评茶员培训班23期，其中2期在日本东京举办，1期在韩国首尔举办。培训学员800人，其中，国外学员79人。帮助企业做好质量安全认证前的准备工作，为社会输送了合格的劳动技能人才。

2. 举办第二届全国少儿茶艺夏令营。7月19～21日，第二届全国少儿茶艺夏令营在江西省婺源县举行，来自北京、杭州、上海和香港特别行政区的70多位小茶人参加了活动。夏令营以“小茶人与大自然对话”为主题，听专家介绍茶的知识、茶文化知识、欣赏《古今茶画展》，在茶园进行采茶比赛，在生态茶作坊观看传统的水转揉捻机加工绿茶，进行了茶艺交流等活动。

3. 评选茶叶科技示范基地。根据理事会的计划，每年命名一批茶叶科技示范基地，2005年10月，经评审，有9家单位被评为中国茶叶学会茶叶科技示范基地。

三、举办“中茶杯”全国名优茶评比活动

第六届“中茶杯”名优茶评比活动分别于6月22～25日和10月20日，分两个阶段在浙江省杭州市进行。本届“中茶杯”共收到全国20个产茶省、自治区、直辖市选送的446份茶叶样品，超过历届最高纪录。根据总体茶样分布情况，从专家库中抽取6名专家组成评委。为保证评比的公正性，本届评比经杭州市公证处全程公证，从密码编号到评比结束的每一个环节，都在公证处的监督之下进行。经“中茶杯”名优茶评比工作委员会讨论确定，共评出特等奖62个，一等奖194个，获奖茶样256个，获奖率为56.96%。

四、为会员服务

1. 组织举办敬老·精品名茶品尝会暨诗书画笔会。10月11日在浙江省杭州市举办了敬老·精品名茶品尝会暨诗书画笔会。茶叶界老领导、老专家、老会员、诗书画界知名人士188人参加茶会。

2. 为了促进茶产业的进一步发展，为企业搭建一个交流、学习的平台，进一步宣传“中茶杯”和“中茶杯”获奖产品，正确引导名优茶生产朝健康、科学的方向发展，提高企业的产品质量安全意识，引导企业做好QS认证前的准备。2005年中国茶叶学会团体会员会议暨“中茶杯”金、银奖及优秀组织奖颁奖仪式于10月26～28日在山东省青岛市举行，来自18个省、自治区、直辖市以及日本的200余人参加会议。会议围绕品牌建设、茶叶质量安全及质量安全认证，作了专题报告。

中国草学会

Chinese Grassland Society（CGS）

地　　址　北京市海淀区圆明园西路2号
邮政编码　100094
电子信箱　c14@cast.org.cn
电　　话　010－62732799
传　　真　010－62732799
理 事 长　云锦凤
副理事长　韩建国　卢欣石　阿不来提　苏大学　南志标　徐　柱　李向林　周道玮　龙瑞军　张新全
秘 书 长　周　禾
刊物及主编　《草地学报》　**主编**　洪绂曾

单位简介

中国草学会是中国草业科学技术工作者自愿组成并依法登记成立的学术性、公益性、非营利性法人社会团体，是中国科学技术协会的组成部分。

中国草学会原名中国草原学会，1979年成立于北京，成立之初为中国农学会的一个分会，1991年经国家民政部批准为全国性一级学会，2000年10月加入中国科学技术协会，2002年9月经国家民政部和中国科协批准，更名为中国草学会。

1979年召开第一次全国代表大会，贾慎修当选为首届中国草（原）学会理事长；1985年召开全国会员代表大会，贾慎修连任第二届理事长；1989年洪绂曾当选为第三届理事长；1994年王培当选为第四届理事长；1998年洪绂曾再度当选为第五届理事长；2002年云锦凤当选第六届理事长。

中国草学会下设饲料生产、牧草育种、草坪、种子科学与技术、草地生态、草原火、牧草遗传资源、草地资源与利用、草地植保、草原立法研究等10个专业委员会，学会办事机构挂靠在中国农业大学。

工作综述

一、学术交流

1. 2005年5月14～15日，在湖南省张家界市举办了南方草地农业高层研讨会。原农业部副部长、中国草学会名誉理事长洪绂曾，原农业部部级调研员石山，中国工程院院士任继周、刘更另，以及中国农业大学、南方部分省份长期从事草地资源研究的草业专家共13人参加了研讨会。与会专家们认为，当前粮食安全的提法存在着以粮为纲的阴影，无法实现农业的可持续发展，单纯发展粮食不可能解决严重的“三农”问题，特别是在全球化的今天。而食物安全的提法更符合我国当前的实际，发展草地农业是解决食物安全的必要手段之一。

2. 8月22～27日，牧草遗传资源专业委员会在内蒙古呼和浩特市召开牧草遗传资源收集、保存、评价及利用学术研讨会，来自13个省、自治区、直辖市的科研、教学等单位的专家、学者70余人参加了研讨会。大会主题是“牧草遗传资源保护与持续利用”。大会进行了学术报告和专题交流，并在锡林郭勒盟中国农科院草原所牧草种质资源评价基地举办了牧草种质资源管理培训班。

3. 9月11～14日，草坪专业委员会在北京召开了全国首届地被植物学术研讨会，来自各地的教学盟，科研、企业等单位70余人参加了研讨会，大会收到论文30余篇，20人在大会上做了学术报告。

4. 9月17～19日，在宁夏银川市，由中国草学会草地植保专业委员会、中国畜牧兽医学会动物毒物学分会、西北大学生态毒理研究所联合主办了全国草地毒草防治与监测预警技术研讨会。53位专家学者参加了会议。会议收到论文23篇，9人在大会上发言，并就中国草原毒害草发生的严峻形势提出了建议。

5. 9月18～21日，饲料生产专业委员会在天津召开全国饲草饲料作物研究与发展学术研讨会，来自24个省、自治区、直辖市的44个科研、教学和管理单位的专家、学者95人参加了会议。会议的主题是“加强饲草饲料研究与开发，促进农区畜牧业可持续发展”，会议收到论文53篇，20多位专家、学者在大会上作了学术报告。

6. 10月15～16日，由草坪专业委员会主办，湖南农业大学农学院承办，在湖南省长沙市召开了南方草业发展战略研讨会，来自全国各地的专家、学者50余人参会，收到论文20多篇。大会就西南石灰岩地区草业发展，草坪草的抗逆性研究，暖季型草坪草种质资源，湖南草坪业现状等问题开展了交流与讨论。

7. 10月18～21日，由中国草学会、贵州省农业厅、九三学社贵州省委和威宁县政府共同主办，在贵州省威宁县召开了中国（南方）草地畜牧业高层论坛。到会专家、学者80余人。大会共有11位专家、学者及领导作了主题发言和学术报告。与会专家、学者参观了威宁县雪山镇人工种草养畜基地、灼甫草场、白草坪草场以及凉水沟人工草地集约化牧场，并参加了灼甫贵州高原草地试验站成立20周年的纪念仪式。

8. 10月27～31日，牧草育种专业委员会第六届会员代表大会暨学术研讨会在江苏省扬州市召开。来自17个省、自治区、直辖市的70余人参加了会议；会议收到学术论文50余篇。围绕“牧草育种与畜牧业可持续发展”这一主题，广泛开展了学术交流。会议期间，进行了换届选举，选出了新一届理事会，云锦凤当选为主任委员，秘书长由米福贵兼任。

二、组织建设

牧草育种专业委员会第六届会员代表大会于2005年10月27～31日在江苏省扬州市举行，进行了换届选举，选出了新一届理事会。理事会由不同省、自治区主要从事牧草育种教学、科研和技术管理、推广工作的42名专家、学者组成，由其中的19名理事组成常务理事会。会议选举云锦凤任育种专业委员会主任委员，曹致中、李聪、张智山、米福贵、顾洪如、卢小良任副主任委员，秘书长由米福贵兼任。全体与会代表一致表决通过由洪绂曾任草学会牧草育种委员会名誉理事长，聘请任继周院士为中国草学会牧草育种专业委员会顾问。

中华医学会

Chinese Medical Association（CMA）

地　　址　北京市东城区东四西大街42号

邮政编码　100710

电子信箱　cma@cma.org.cn

主页网址　http://www.cma.org.cn

电　　话　010－85158114

传　　真　010－85158028

会　　长　钟南山

副 会 长　巴德年　王海燕　白书忠　买买提·牙生　刘　俊　祁国明　吴明江　李兰娟　沈倍奋　金连弘　郝希山　顾玉东　戴建平　魏于全

秘 书 长　吴明江（兼）

刊物及主编

Chinese Medical Journal	主编	钱贻简
《中华医学会杂志》	主编	巴德年
《中华内科杂志》	主编	王海燕
《中华外科杂志》	主编	黄洁夫
《中华妇产科杂志》	主编	郎景和
《中华医学信息导报》	主编	吴明江

单位简介

中华医学会成立于1915年，是中国医学科学技术工作者自愿组成的依法登记成立的学术性、公益性、非营利性法人社团，是中国科学技术协会所属全国性自然科学学术社团之一。1915 年 2 月 5 日由颜福庆、伍连德、刁信德等医师在上海发起成立中华医学会，颜福庆任首任会长。同年创办中英文版《中华医学杂志》，确立“巩固医家友谊，尊重医德医权，普及医学卫生，联络华洋医界”的学会宗旨。1916 年 2 月召开第一次全国会员代表大会，至今共召开 23 次全国会员代表大会。1932 年 4 月与中国博医会合并为统一的中华医学会。1950 年 10 月总会机关由上海迁至北京。1958 年 9 月加入中国科学技术协会。现有 82 个专科分会，43 万余名会员，下设 19 个部门，建有医学图书馆 1 个，法人实体机构 2 个。总会及所属专科分会加入世界医学会等 21 个国际医学组织。

历次代表大会召开时间及当选会长为：

成立大会	1915 年 2 月	颜福庆
第一次	1916 年 2 月	伍连德
第二次	1917 年 1 月	伍连德
第三次	1920 年 2 月	俞凤宾
第四次	1922 年 1 月	刁信德
第五次	1924 年 2 月	牛惠霖
第六次	1926 年 2 月	刘瑞恒
第七次	1928 年 1 月	林可胜
第八次	1930 年 2 月	牛惠生
第九次	1932 年 9 月	牛惠生
第十次	1934 年 3 月	林宗扬
第十一次	1935 年 11 月	朱恒璧
第十二次	1937 年 4 月	金保善
第十三次	1940 年 4 月	金保善
第十四次	1943 年 5 月	沈克非
第十五次	1947 年 5 月	朱章赓　姚克方
第十六次	1950 年 8 月	傅连暲
第十七次	1952 年 12 月	傅连暲
第十八次	1956 年 7 月	傅连暲　贺　彪　钱信忠　白希清
第十九次	1984 年 2 月	吴阶平
第二十次	1989 年 2 月	陈敏章
第二十一次	1994 年 3 月	陈敏章
第二十二次	1999 年 4 月	张文康
第二十三次	2005 年 5 月	钟南山

工作综述

一、召开了中华医学会第 23 次全国会员代表大会，举办了学会成立 90 周年庆典

经过认真筹备，中华医学会第 23 次全国会员代表大会暨成立 90 周年庆典于 2005 年 4 月 12 ~ 14 日在北京举行。中共中央、国务院给大会发来贺信。中共中央政治局委员、国务院副总理吴仪出席会议并讲话。全国人大常委会副委员长韩启德出席会议并在闭幕式上讲话。卫生部部长高强、中国科协副主席、书记处第一书记邓楠等领导同志出席会议并发表讲话。中华医学会会员代表和来自国内外的专家、学者及友好国家和地区的医学社团代表 800 多人参加了会议。

大会认真总结了第 22 届全国会员代表大会以来的工作，对今后 5 年的学会发展进行了讨论；大会通过了修改后的《中华医学会章程》；按照全体代表大会通过的选举办法和程序，选举出由 251 名理事组成的第 23 届理事会，在第一次理事会上选举出 55 名常务理事，推选出 2 位名誉会长，选举钟南山院士为会长，巴德年院士等 14 人为副会长，选举吴明江副会长兼任秘书长。大会对优秀团体会员、优秀专科分会、优秀学会工作者、优秀期刊及卸任理事进行了表彰。会议同时举办了科普大课堂和学科发展展览会。

二、组织建设

在第 23 次全国会员代表大会结束后，新一届学会领导立即召开了全国地方医学会秘书长和各专科分会主委、秘书会议，对 2005 年的学会工作进行了部署。

新一届理事会于 6 月 25 日、12 月 18 日分别召开了第一、第二次常务理事会议，通过了常务理事会议和行政办公会议职责及议事规则，完成了对 9 个工作委员会的人员调整和职责的修（制）订。各工作委员会召开了 1 ~ 2 次会议。

2005 年有 22 个专科分会顺利地完成了换届选举，新成立了重症医学分会、生殖医学分会。完成了专业学组的重新登记、统计工作；重新编印了专科分会会史；完成了推荐中国科学院院士、中国工程院院士候选人和青年女科学家候选人的工作。

三、国内学术交流

2005年，共组织国内学术交流一类学术会议27个，22830人次参会；收到论文25467篇；录取22417篇；编辑论文汇编27册；组织专题学术报告430余场，其中邀请国际著名学者的讲座125场。借鉴国际学术会议经验，重点组织了麻醉、眼科等学科的大型年会。由专科分会组织的上百个二类会议抓住学科发展某一重点深入探讨，制定诊治规范或指南，有利于提高国内的临床诊治水平。结合召开第23次全国会员代表大会组织了63个专科分会撰写出版了《五年学科进展专辑》（上、下册）。与卫生部合作举办了肾病归国人员学术论坛。

四、国际及与我国台港澳地区的学术交流

2005年中华医学会主办或承办国际、地区间及双边会议共10个。其中，第一届国际妇产科学术大会于10月7~10日在北京召开，这是近年来在我国举办的规模最大的国际妇产科学术会议，得到了世界卫生组织、国际妇科肿瘤学会（IGCS）、国际妇科内镜学会、拉美骨和代谢学会（SIBOMM）、世界围产医学学会（WAPM）、新西兰和澳大利亚妇产科学会、加拿大麦吉尔大学等多个国际组织和机构的协办和支持。共有来自51个国家和地区的近1000名妇产科学界专家和学者以及相关人士出席。会议期间，举行了我国妇产科各学术组织与相关国际组织的高层座谈会，就未来加强妇女健康领域的国际交流与合作进行了深入探讨。

10月13~15日，由中华医学会主办、陕西医学会承办的“华人健康平台2005”在陕西省西安市举行，来自中国内地、中国香港特别行政区、澳门特别行政区及台湾地区的专家学者共100余人参加了会议。中华医学会会长钟南山、副会长兼秘书长吴明江，卫生部台港澳事务办公室副主任王立基，台北市医师公会理事长彭芳谷、执行理事长邓昭芳等出席了会议。会上，钟南山会长就非典型肺炎研究的最新进展、台北心脏医学中心魏峥教授就器官移植作了大会发言。

五、期刊及出版工作

中华医学会主办期刊目前已达到112种，为了搞好管理，促进期刊发展，创办精品期刊，学会在听取专家意见的基础上，在学会内对如何搞好期刊管理进行了认真调研，形成了《期刊管理改革方案》。该方案已经获得第23届第2次常务理事会议通过。

中国科协主管的72种中华医学会系列杂志共出版719期，总印数为432万册，总发行量为345万册，共收稿件22337篇，刊出率未超过30%。

卫生部主管的36种国际医学及中国医学系列杂志共出版313期，其中增刊7期。发行量约194万册，共发表论文11500篇。外观形象按学会主办杂志系列要求全部改为大16开本，内容质量有所提高。

2005年编辑出版了115个版号的电子音像出版物，比2004年增长了24%；完成了346万发行码洋，同比增长了14.2%。

六、继续医学教育工作

2005年的继续教育项目评审工作试行网上申报，为了保证评审办的顺利进行，举办了申报工作培训班，并同时报送书面申请，试行效果良好。大型医用设备使用人员上岗培训、考试工作共开展7个项目，总培训人数比2004年增加2000人。2005年新增对往年检验医师职称评定考试不及格人员的考试培训，有700人参加。

七、支援西部开发及科普工作

受上级相关部门委托和支持，学会组织专家承担了公共卫生科普方式研究、农村妇女抑郁和自杀干预、山西吕梁基层医务人员技术培训和农村卫生知识科普宣传活动等科普项目，编制了《常见病、多发病系列挂图》（第四套）、《健康教育处方》20种；与中国农学会共同组织小康科普村建设与农民素质提高试点行动；开展了“全国爱眼日”科普宣传活动和活动项目。承担并完成了北京市13个区县农村居民艾滋病预防控制宣传教育、北京保安人员艾滋病宣传教育2项国家艾滋病防治社会动员经费项目；组织专家分别前往青海省和贵州省开展中华医学会—强生西部学术讲座活动，其中学术讲座14场，科普讲座2场，约有4000人次参加。

八、中华医学科技奖评审工作

2005年，中华医学科技奖共收到推荐项目260项，经形式审查进入初审257项，初审通过项目105项，按规定程序公示进入终审的102项，经终审会评选出一等奖8项、二等奖25项、三等奖47项。目前，国家科技奖励办公室已经将中华医学会列入国家科学技术奖励项目的推荐单位。

九、网络建设工作

按照国家信息产业部的要求，学会按照“加强领导，统一管理，整体规划，分步实施”的原则，网络建设规划需求调研工作已经起步，学会网络建设的整体框架评估和设计着手进行；已完成远程继续教育平台、学术会议管理等应用软件开发，部分程序投入试运转并在完善中，有力地配合了中心工作的开展。

十、医疗事故技术鉴定工作

截至2005年12月31日，学会收到各种来函千余件，其中申请鉴定的来函共236件，因不符合受理程序或是案情本身不属技术上疑难、复杂等原因，不予受理的165例，受理53例，因故中止1例，终结5例（含上年遗留），已完成鉴定50例。

1月19日举办了有200余人参加的医鉴专家培训班。11月29日~12月1日，在广东省广州市召开了第三次全国医鉴工作研讨会，并对全国76个医疗事故技术鉴定先进单位和160个医疗事故技术鉴定优秀工作者进行了表彰。

十一、完成政府部门委托的相关工作

1. 继续组织专科分会编写卫生部委托的《临床技术操作规范》、《临床诊疗指南》。到目前为止，出版了17个专业的《临床技术操作规范》，8个专业的《临床诊疗指南》。

2. 受卫生部等政府部门委托，完成了《人禽流感诊疗方案》的修订，组织拟订了《炭疽诊断治疗与处置方案》等临床技术标准，对即将出台的《中华人民共和国护士管理条例》、《关于大力推进城市社区卫生服务的决定》等6个重要文件反馈了专家意见。

十二、办事机构建设情况

1. 按照党中央的部署，在卫生部党组的领导下，学会自2005年1月15日~6月30日开展了保持共产党员先进性教育活动，前后历经157天，共有199名党员参加了教育活动。

2. 学会办事机构原有16个部门，经研究，将对外联络部申办和组织国际会议的职能整合到学术会务部，并将原对外联络部改名为对外联络处，另成立资产管理处，使办事机构部门增加到17个。于12月5日启动了中层干部的聘任工作。

中华中医药学会

China Association of Chinese Medicine（CACM）

地　　址	北京市朝阳区樱花园东街甲4号
邮政编码	100029
主页网址	http://www.cacm.org.cn
电　　话	010－64218316
传　　真	010－64297983
会　　长	佘靖
副会长	王文中　王永炎　任德权　吕玉波　张大宁　李大鹏　陈啸宏　杨明会　房书亭　郑守曾　施杞　赵新先　徐镜人　曹洪欣　谢阳谷
秘书长	李俊德
刊物及主编	《中华中医药杂志》　主编　路志正
	《中医杂志》　主编　胡熙明
	《中医药管理杂志》　主编　李俊德
	《中医药学刊》　主编　康廷国
	《中医药导报》　主编　袁长津
	《新中医》　主编　郭桃美
	《糖尿病天地》　主编　张大宁
	《中国中医骨伤科》　主编　李同生

单位简介

中华中医药学会是全国中医药科学技术工作者和管理工作者及中医药医疗、教育、科研、预防、康复、保健、生产、经营等单位自愿结成并依法登记成立的全国性、学术性、非营利性法人社会团体，是党和政府联系中医药科学技术工作者的纽带，是中国科学技术协会的组成部分，是发展我国中医药科技事业的重要社会力量。

中华中医药学会原名中华全国中医学会，1979年成立，1992年更名为中国中医药学会，2001年更名为现名。1979年，1985年、1997年分别召开了第一、二、三次全国会员代表大会，2003年9月在北京召开第四次全国会员代表大会，选举产生了第四届理事会，佘靖任第四届会长。学会现有会员 18 万名，设分支机构 53 个。31 个省、自治区、直辖市有地方中医药学会。

工作综述

一、学术交流工作

1. 国内学术交流活动。2005 年 6 月，著名中医药学家学术传承高层论坛在江苏省南通市召开。来自 31 个省、自治区、直辖市和香港特别行政区以及英国、新加坡和马来西亚等国家的中医药界专家学者近 300 人参加了大会。中华中医药学会会长、卫生部副部长兼国家中医药管理局局长佘靖，地方政府、中医院及企业界负责人出席大会。

11 月 4 ~6 日，中华中医药学会理事、会员及海外会员高层论坛在浙江省杭州市召开。中华中医药学会会长佘靖和中国科协、地方政府、中医院及企业界负责人出席会议。会员及获奖代表等共 300 余人参加会议。

另外，学会积极组织召开了第 16 次全国中医肾病学术交流会、第七次全国中医糖尿病学术大会、全国第五届中药临床药理学术会议、第 15 次脾胃病学术交流会议、第 13 届仲景学说学术研讨会、全国第八届中医药文化研讨会、第三届体质学术研讨会等 60 多个专科学术会议，为广大中医药工作者提供了学习和交流的平台。

2. 国际学术交流活动。2005 年 8 月，国际中医儿科学术研讨会在河南省郑州市召开；2005 年 10 月，首届国际中医络病学术研讨会在北京召开；2005 年 7 月、9 月和 10 月，日本、韩国和澳洲的学者来访，学会也组织代表团赴丹麦、韩国、澳洲参加了国际学术会议。国际交流推动了中医药国际化进程。

二、科普工作

1. 经中国科协正式立项的科普资助项目——中医药防治多发病、难治病系列科普丛书，截止 2005 年 10 月底，已完成第一阶段《中医药防治咳喘病》、《中医药防治冠心病》、《中医药防治糖尿病》等 7 个病种的编写、出版和发行工作。

2. 内科学会 60 余位著名老中医专家应中央电视台的邀请，作中医药防治疾病专题讲座；2005 年 9 月，2005 年百名科普专家论坛在海南召开。

3. 2005 年 9 月，全国人大常委、中华中医药学会副会长、内科分会主任委员、中国工程院院士王永炎带领内科分会孙塑伦等专家，到西部贫困地区进行卫生科技宣传，为群众义诊，为基层医务人员进行了防治疾病的专题讲座。

学会围绕服务“三农”，积极开展送医送药进社区大型公益科普活动，有力地促进了农民健康意识的提高和农村中医药科普知识的普及。2005 年 10 月，王奕被中国科协评为全国农村科普工作先进个人。

三、继续教育工作

1. 按计划如期完成全国肛肠病学习班、全国关节病诊疗技术学习班、全国中医药防治心血管疾病高级培训班等 42 个重点培训项目，培训人员 5040 人次。

2. 面向基层、农村，推广适宜技术，2005 年新确认河北以岭医院、河北肝病中医院、河北华康癫痫病医院、河北石家庄再障血液病医院、山东潍坊坊子区皮肤病医院的重点专科为中医药专科（专病）继续教育基地。

四、人才工作

1 月 30 日，组织召开首届中华中医药学会新闻人物揭晓仪式，国家中医药管理局领导和学会领导为获此殊荣的吴以岭和林琳颁发了证书。

11 月 4 日，在中华中医药学会理事、会员及海外会员高层论坛的开幕式上，中华中医药学会会长、卫生部副部长兼国家中医药管理局局长佘靖以及其他领导，为中华中医药学会科学技术奖和中华中医药学会科学技术（著作）奖的获奖代表颁发了证书。

11 月 9 日，中国中医药十大杰出青年颁奖典礼在北京人民大会堂举行。第九届全国人大常委会副委员长吴阶平，中华中医药学会会长、卫生部副部长兼国家中医药管理局局长佘靖，共青团中央书记处常务书记、全国青联主席赵勇以及中国科协、团中央、中华中医药学会等部门的负责人、获奖者及其所在单位的代表参加了颁奖典礼。该评选活动被评为 2005 年度中医药十大新闻。

五、临床标准化工作

2005 年《中医、中西医结合常见病诊疗指南》完成了立项和实施前准备阶段的工作，制定出 2006 年首批 45 个病种诊疗指南的编写计划，为中医药临床标准化工作的顺利进展奠定了坚实的基础。

六、科技开发与合作工作

与南方李锦记等9个公司达成继续合作协议。与英国爱芬食品（北京）公司合作开发含中草药糖果的项目经过近两年努力已经完成。

七、受表彰情况

2005年11月，学会被评为第五届中国科协先进学会。

中国中西医结合学会

Chinese Association of the Integrated of Traditional and Western Medicine（CAIM）

地　　址　北京市东直门内南小街16号
邮政编码　100700
电子信箱　caim@caim.org.cn
主页网址　http://www.caim.org.cn
电　　话　010－64010688/64025672
传　　真　010－64010688/84035154
会　　长　陈可冀
副 会 长　于生龙　王　阶　王文健　危北海　吴伟康　陈士奎　张伯礼　张亭栋　张瑞祥　赵田雍　黄世林
秘 书 长　陈士奎（兼）
刊物及主编　《中国中西医结合杂志》**主编**　陈可冀
《中国中西医结合急救杂志》**主编**　王今达
《中国中西医结合外科杂志》**主编**　吴咸中
《中国中西医结合耳鼻喉科杂志》**主编**　杨和钧
《中国中西医结合肾病杂志》**主编**　陈孝文
《中国中西医结合皮肤性病杂志》**主编**　秦万章
《中国中西医结合影像学杂志》**主编**　李晋波
《中国骨伤》**主编**　董福慧

单位简介

中国中西医结合学会是中西医结合医学科学技术工作者的学术性群众团体，是依法成立的社团法人，是中国科学技术协会的组成部分。

学会于1981年11月在北京成立，原名为中国中西医结合研究会，1990年经中国科学技术协会批准，更名为中国中西医结合学会。第一届理事会1981～1985年，会长季钟朴。第二届理事会1985～1989年，会长崔月犁。第三届理事会1989～1995年，会长吴咸中，现为名誉会长。第四届理事会1995～2000年，会长陈可冀。现为第五届理事会，会长陈可冀。现有国内会员6万余名，在美国、日本、新加坡等国家拥有部分外籍通讯会员。

学会下设39个学术专业委员会。每年组织开展30余次大型国际、国内学术交流活动。主办有《中国中西医结合杂志》等8种全国性学术期刊。

工作综述

一、学术交流

2005年3月21日温家宝总理亲笔指示："实行中西医结合，发展传统医药学"。为了贯彻党和政府制定的中西医结合方针和温家宝总理的指示，学会及各专业委员会组织开展了形式多样的学术交流活动，展示了中西医结合的新成果和新进展，交流了研究思路与方法，促进了科技工作者之间的联系与合作，有力地推动了中西医结合学科发展。

2005年度学会组织开展国际、海峡两岸及国内学术活动23次，4800余名专家、学者和科技工作者参加活动，交流学术论文5500余篇，出版学术论文集23种，印刷6300余册。

第三届海峡两岸中西医结合学术研讨会于2005年8月在江苏省扬州市召开。两岸三地的70多位专家出席会议。

第八次全国中西医结合肾脏疾病学术会议于2005年4月在广西壮族自治区桂林市召开，340余名专家学者出席会议。会议邀请了国内著名西医和中西医结合肾病专家作专题报告，介绍了国内外肾病研究的最新进展。

第13次全国中西医结合肝病学术会议、第十次全国中西医结合大肠肛门疾病学术会议、第12次全国中西医结合骨伤科学术会议、2004年全国中西医结合皮肤性病学术会议、第十次全国中西医结合危重病、急救医学学术会议及第六次全国血瘀证及活血化瘀研究学术会议都以其较大的规模、较高的学术水平、浓郁的学术气氛、严谨的组织安排受到科技工作者的欢迎和好评。

二、组织建设

各地中西医结合学会重视会员队伍的发展，吸引和接纳了许多优秀中青年科技工作者加入学会，学会个人会员已突破6万名。部分省市对会员进行了重新登记，摸清了会员的基本情况，密切了与会员的联系。

学会2005年申报的传染病、循证医学和时间生物医学等专业委员会已得到中国科协批准，将在2005年底和2006年陆续正式成立，使学会的分支机构达到42个。根据学会《专业委员会管理规定》和《关于规范专业委员会改选换届工作的意见》，2005年度组织任期届满的心身医学、肾病、管理、医学影像、四诊研究等专业委员会进行改选换届。下半年将组织精神病、骨伤科、肝病、心血管疾病等专业委员会换届。

自2005年起，学会所属各专业委员会委员人数都扩大到60~70名。

三、继续教育

2005年度学会举办继续教育活动11项，内容涉及肛肠病治疗新技术、医学影像学研究进展、皮肤性病研究进展、医学美容方法与技术、烧伤医学及技术、胆道疾病新进展、微创骨科新技术、危重症急救研究、防治药物依赖最新进展、血瘀证及活血化瘀研究新进展以及肝病、肾病、糖尿病、心血管病、骨科病、消化疾病研究进展等。

在国家中医药管理局科教司的指导下，学会与全国中医药高等教育学会联合主办，学会教育工作委员会组织数十所高等医学院校共同编写的第一版中西医结合临床医学专业规划教材，经过历时2年的努力，现已正式出版。这套临床教材的出版，解决了因无规划教材困扰中西医结合医学教育多年的难题，将对规范中西医结合本科教育，促进中西医结合教育事业快速发展发挥重要作用。学会教育工作委员会8月在湖南省长沙市召开第二届中西医结合教育、教材建设研讨会，中西医结合教材编写单位和建立了中西医结合专业教育的院校等单位100余人出席会议。会议认真总结了编写中西医结合临床医学专业规划教材的经验，探讨了编写中西医结合基础医学专业规划教材的必要性和可能性，并制订了初步的编撰方案。

四、承担政府委托任务

中西医结合医学国内外现状与发展趋势调研，是国家中医药管理局委托给学会的中医药政策及管理研究类专业课题。在陈可冀会长的亲自领导下，课题工作小组制定了调查方法，采用问卷调查、数据库提取、现场调查及召开座谈会等多种方法，对国内外结合医学发展情况进行了系统调研。课题组根据课题目的设计出11种调查问卷，在各地中西医结合学会的大力支持下，发放问卷2万余份，收回1.2万份。并对数据库进行文献数据提取和网络搜索。然后对采集的各种数据进行分析、整理，完成调研分析报告，正式结题并上报国家中医药管理局。

五、科技奖评审

经国家科学技术奖励工作办公室批准设立中国中西医结合学会科学技术奖。该奖项授予在中西医结合基础研究、临床研究和开发研究中取得优秀成果的集体和个人。2005年年初，学会启动了首届科技奖的推荐、申报和评审工作，制订了《中国中西医结合学会科学技术奖奖励办法》、《中国中西医结合学会科学技术奖推荐、申报办法》、推荐书填写说明等文件，由各地中西医结合学会和各专业委员会推荐优秀专家组成了科技奖评审专家库。

全国各地和各专业委员会共推荐、申报科技奖候选项目154项，经形式审查，147项进入初审。7月上旬在北京召开初审会议，评审专家们在认真讨论的基础上，经无记名投票评选出一批优秀项目。10月中旬召开终审会议，再次对入选项目进行评审，一等奖候选项目将进行答辩。终审以无记名投票方式评选出获奖项目，并于2006年1月进行奖励。

六、学术期刊

2005年，学会主办的8种全国性学术期刊稳步、健康发展。《中国中西医结合杂志》荣获2005~2006年国家自然科学基金会重点学术期刊专项基金资助，并开通了杂志网站。《中国中西医结合肾病杂志》发行量有较大增长。《中国中西医结合影像学杂志》稿源丰富，计划在2006年改为双月刊。

为了创办中西医结合系列杂志，学会将与福建中医学院联合创办《中国中西医结合肿瘤杂志》、与深圳东湖医院（传染病医院）联合创办《中国中西医结合传染病杂志》，已经中国科协和国家中医药管理局同意，上报国家新闻出版部总署审批。

中国药学会

Chinese Pharmaceutical Association

（CPA）

地　　址　北京市西城区北礼士路甲38号

邮政编码　100810

电子信箱　cpa@cpa.org.cn

主页网址　http://www.cpa.org.cn

电　　话　010－88385404

传　　真　010－88385404

理事长　郑筱萸

副理事长　张礼和　邵明立　姚新生　袁天锡　李大魁

刊物及主编　《药学学报》　主编　王晓良

《中国药学杂志》　主编　周海钧

《中国中药杂志》　主编　肖培根

《中国新药杂志》　主编　桑国卫

Journal of Chinese Pharmaceutical Sciences　主编　王夔

单位简介

中国药学会成立于1907年，是中国最早成立的学术团体之一，是由全国药学科技工作者自愿组成依法登记成立的学术性、公益性、非营利性的法人社会团体，是中国科学技术协会的组成部分，是党和政府联系我国药学科技工作者的桥梁和纽带，是推动中国药学科学技术事业发展的重要力量。

中国药学会于1909年至2002年间分别在日本东京，中国上海、南京、重庆、北京等地先后召开了21次会员代表大会。郑筱萸任第21届理事长。

中国药学会于1992年分别加入国际药学联合会（International Pharmaceutical Federation，FIP）和加入亚洲药物化学联合会（Asian Federation for Medicinal Chemistry，AFMC）。在37个省、自治区、直辖市、计划单列市、新疆生产建设兵团均有药学会组织。

工作综述

一、学术交流工作

1．由中国药学会主办的第二届中国医院药学发展高层研讨会，于2005年10月15～16日在北京举行，来自各地的医院院长、医务部主任及医院药学同仁200多人参加了会议，这是继2003年举办第一届会议以来，我国医院药学界的又一次学术盛会。会议主题为医院药学发展趋向。

2．由中国药学会主办的全国医院药学（医院制剂）管理与发展论坛，6月27～28日在山东省泰安市召开，120多名学者和专家参加了会议。论坛邀请解放军总后勤部卫生部、山东省食品药品监督管理局、北京大学第一医院、北京大学第三医院、武汉大学人民医院等多家医疗机构管理专家和医院药学专家，重点就医院药学管理模式、医院制剂监督管理和发展方向等内容进行了交流探讨。

二、科普工作

1．2005年10月26～30日，以“安全合理用药与和谐社会：共同的责任”为主题的第七届中国药师周大会在天津召开。各省、自治区、直辖市药监局、药学会负责人和有关科研院所、制药企业、药品流通企业的代表及各医疗机构的药剂科主任、药师千余人汇聚一堂，就国家医药的发展与世界药学最新进展，国家体制改革的焦点问题等进行交流与探讨。

2．根据科技部、中宣部和中国科协关于举办2005年全国科技周的通知要求，学会积极组织专家参加了5月14～16日在北京海淀公园开展的主题为“以人为本、关爱生命，科学减灾、和谐发展”的多种形式群体性科技活动。学会组织专家在“美好生活咨询角 - 合理用药咨询”宣传台前开展合理用药现场咨询，为群众测量血压50多人次；合理用药咨询60多人次；发放科普宣传资料400多份；摆设合理用药宣传展板3块；免费发放药品100多份。

3. 按照中国科协的统一部署，开展全国科普日活动。学会结合自身的实际情况积极组织参加了9月17日在北京国家图书馆广场举办的以“树立科学发展观，共建和谐社会——科学普及：你我共参与”为主题的科普日活动。学会与中国光学会联合组成咨询区。特别邀请了同仁医院、解放军301医院的6名医药专家，为群众现场测量血压200多人次，医药常识咨询100多人次。活动还联合了两家医药企业派出了6位科普志愿者现场发放合理用药宣传资料3000多份。

三、国际学术交流工作

1. 中国药学会与美国药物科学家学会在联合举办了两届中美药学高级研讨会的基础上，6月6~10日在上海市联合举办了第三届中美药学高级研讨会，国内医药研发机构等单位的120多名与会者参加了本届会议。世界著名药学专家、美国明尼苏达药学院药物传递中心主任david J. W. Grant教授等国外7位药学界资深专家作了大会报告。

2. 由中国药学会主办，复旦大学药学院、药物制剂国家工程研究中心、美国太平洋大学药学院、中国工程院、上海市药学会承办的第二届国际药物制剂论坛，10月26~29日在上海举行。会议邀请了来自美国、法国、日本、德国、韩国等国际知名的10多位药学专家和我国主要高等院校、科研院所著名药剂学专家作专题学术报告，并吸引了国内外制剂领域的400多名专家学者与会。

3. 5月15~17日，在北京召开了中国药物临床试验质量管理规范（GCP）、药物非临床研究质量管理规范（GLP）发展国际研讨会，邀请美国食品药品管理局（FDA）和欧盟3位专家和国内6位学者就国际GCP、GLP的发展情况和我国开展GCP、GLP认证的现状和发展趋势展开了深入研讨。来自国内GCP、GLP中心和部分生产科研单位的70位专家、学者参加了会议。

四、编辑出版工作

1. 自2005年起学会主办的《中国药学杂志》、《中国中药杂志》由月刊改为半月刊；《药物分析杂志》由双月刊改为月刊；《中国医院药学杂志》从64页增至96页。

2. 召开了学会主办杂志审读会、读者座谈会。这些会议的举办对提高杂志的编辑质量、出版水平都起到了积极推动作用。

3. 中国药学会医院药学专业委员会正在积极筹集主编“临床药学系列丛书”，《医院药学工作指南》等书籍陆续面世。另外，学会还积极向中国科协申请科普重点项目经费，组织有关专家编纂《合理用药宣传手册》，该书已于2005年出版。

五、组织建设工作

1. 2005年召开了3次秘书长工作会议；召开了第21届理事会第四、五、六、七次理事长秘书长联席会议；以通讯形式举行了第21届理事会第五次常务理事会，10月份在天津召开了第21届理事会第四理事会议、第六次常务理事会议、召开了学会2005年全国秘书长会议；召开了组织工作委员会第六、七、八次工作会议。

2. 按照中国科协的要求开展会员统一编号工作，2004年在学会秘书长会上进行布置和对会员管理软件使用培训后，各地药学会十分重视，通过电话了解已有三分之二的学会开展了这项工作。按照《会章》规定，高级会员由学会直接发展和管理。加快、加大了发展高级会员的力度，壮大会员队伍，截至目前，高级会员在册人数为2571名。6月份完成了对已交纳会费的高级会员换发了新版高级会员证。

六、信息化建设

中国药学会网站正式运行，反映良好，点击率逐渐增加，信息收集、发布，栏目内容的设置、更新等日臻完善。同时增加为会员服务的功能，如《会讯》的电子版、网上申报高级会员等。在会员查询、会员登录等方面更加趋于人性化，扩大为会员服务的范围。

全国医药经济信息网充分利用已有的网络资源和雄厚的数据库，为医药行业提供市场最终端的医院用药数据。围绕提高产品质量和服务质量这一核心目标，开发了《中国医院药品商情》4.0电子版软件，出版了5期近2万册《中国医院药品市场研究》，免费赠送2000余家医药企业、20个重点城市的近400余家医院及各省药学会。

中华护理学会

Chinese Nursing Association (CNA)

地　　　址　北京市东城区东四西大街42号

邮 政 编 码　100710

电 子 信 箱　CHNU@263.net

主 页 网 址　http://www.cna.org.cn

电　　　话　010-65265331/65598461

传　　　真　010-65265331

理　事　长　黄人健

副 理 事 长　张志君　王建荣　李秀华　刘华平　冯运华

秘　书　长　张惠霞

刊 物 及 主 编　《中华护理杂志》　**总编**　刘苏君

《中华护理教育》　**总编**　沈　宁

单位简介

中华护理学会于1909年8月在江西牯岭成立，原名为中国护士会，是我国成立最早的学术团体之一。1920年即加入国际护士会，成为该会的第11个成员国（后于1949年终止）。1964年更名为中华护理学会。会址亦经上海、汉口、南京、重庆等多处变迁，1952年定址于北京。1958年加入中国科学技术协会。

从1914年至今，共召开过24届全国会员代表大会，拥有会员39万余名。学会机构设：办公室、学术会务部、继续教育部、杂志编辑部、科技开发部、财务室等职能部门，并成立了7个工作委员会、18个专业委员会。目前，除台湾地区外各省、自治区、直辖市都成立了护理学会，受中华护理学会业务指导。

中华护理学会肿瘤专业委员会作为团体会员于1989年参加了国际肿瘤护士协会。1992年9月18日，经国家科委批准中华护理学会加入国际肿瘤护士协会。

1996年经张惠兰教授提名，姜永亲分别于第九、十一届国际肿瘤护理会议上被选为国际肿瘤护士协会理事（1996～2004年）。2004年王琦在第13届国际肿瘤护理会议上被选为理事（2000～2004年）。

工作综述

一、组织工作

1. 在中华护理学会的积极努力下，卫生部起草了《中华人民共和国护士管理条例》，并组织部分医院院长及护理部主任参加了第一轮讨论。

2. 2005年7月12日，中国红十字总会在北京人民大会堂召开了第40届南丁格尔奖章获得者颁奖大会，胡锦涛主席为刘振华、陈征、冯玉娟、王亚丽、万琪等5名南丁格尔获奖者颁奖并合影；会后召开了由中国红十字总会、卫生部、解放军总后勤部卫生部、中华护理学会参加的座谈会。

由中共中央宣传部、中国红十字总会、卫生部、中华护理学会联合举办的南丁格尔奖章获得者先进事迹巡回报告的活动，于9月23～29日分别在北京市、济南市及兰州市举行，陈征、刘振华、王亚丽、万琪等作了先进事迹巡回报告。

二、“5·12”国际护士节纪念活动

卫生部、全国妇联、总后卫生部、中华护理学会在北京召开了“5·12”护士节暨全国卫生系统护理专业“巾帼文明岗”和“巾帼建功标兵”表彰大会。大会表彰“巾帼文明岗”224名，“巾帼建功标兵”149名。中华护理学会理事长黄人健代表全国护理工作者宣读了“向护理巾帼英雄学习，营造和谐医疗环境”的倡议书。

三、会员管理

截至2005年10月，中华护理学会共有个人会员33040人，其中资深会员805人。2005年度新发展个人会员7040人、资深会员46人。

四、护理科技进步奖

中华护理学会第七届护理科技进步奖共收到24个省、自治区、直辖市护理学会推荐的科技成果98项。评出获奖成果37项，其中一等奖3项，二等奖11项，三等奖23项。

五、充分发挥学会的职能作用

《临床技术操作规范——护理分册》于2005年6月公开发行。

六、开展继续护理学教育培训

1. 6月26日～9月26日，在北京举办了第三届危重

症护理学文凭课程班，共有学员82人参加。

2. 中华护理学会对国内消毒供应室专业的护士进行专业理论及技能培训。

3. 中华护理学会向国务院防治艾滋病工作委员会申请了国家艾滋病防治社会动员经费。9月19～21日河南省护理学会在驻马店举办了17个地区、60所医院的114名护士参加的艾滋病护理骨干培训班。

七、繁荣护理学术，推动专科护理发展

2005年共举办全国学术会议25次，交流论文482篇，境外论文17篇。有2840人参加会议，其中87名港、澳、台及境外学者。

八、积极开展国际业务往来，参加国际学术会议

1. 受日本看护协会久常节子会长的邀请，9月13日黄人健理事长率队赴日，商谈2006年第十届护理学术会议事宜，2006年会议主题为“医疗安全管理”。

2. 受中华护理学会黄人健理事长的邀请，韩国看护协会金义淑会长一行5人于10月29日在浙江省杭州市共同商定2006年第七届中韩护理学术会议等事宜。

3. 5月18～21日，中华护理学会在北京国际会议中心召开了首届国际手术室学术会议。出席会议的专家、学者879人，其中国外及港澳台学者共53人。

4. 7月21～24日在江西省井冈山市召开全国医院感染护理学术交流会，中华护理学会邀请日本五岛等4位感染界的专家出席会议并进行专题讲座。

5. 7月8～11日，中华护理学会、教育部研究发展研究中心及无锡市人民政府联合举办了中外护理发展论坛。出席会议并交流论文的人员来自15个国家和地区，共850余人。本届论坛共收到论文160余篇。

6. 11月14～16日由中华护理学会，美国护士协会(ANA)，美国人民对中国人民友好协会共同举办了中美护士论坛。学术交流内容涉及危重症、急诊创伤、公共卫生、肿瘤护理等专题。会议安排7个分会场进行专题交流，中美与会人员近200人。

九、编辑出版刊物

1.《中华护理杂志》，2005年1～10月收到来稿5043篇，1～11期共刊出各类稿件525篇，年刊出率为99%。

2.《中华护理教育》杂志，自2004年10月～2005年10月，共收到稿件749篇，刊出率为12.8%。目前本刊已被中国期刊全文数据库全文收录。

十、科普工作

1. 落实中国科协科普纪念日宣传项目，在“5·12”国际护士节期间，大力开展了宣传活动。

2. 积极参加9月14日中国科协组织的科普日大型咨询活动，在北京奥运工地、地铁10号线向工人们宣传科普知识。撰写并发放护理宣传材料3000份，接待上百人次咨询及测量血压。

3.“艾滋病日”组织宣传防治艾滋病的护理知识，并利用中华护理学会网，在网上刊登了有关艾滋病的防护宣传资料，慰问从事艾滋病护理工作的护士及艾滋病病人。

中国生理学会

Chinese Association for Physiological Sciences (CAPS)

地　　址　北京东四西大街42号
邮政编码　100710
电子信箱　Dor@cast.cn
Lingxiao12341@sina.com
主页网址　http://www.caps-china.org
电　　话　010-65278802　010-85158602
传　　真　010-65278802

理事长　姚　泰
副理事长　许荣焜　范　明　袁文俊　林浩然
秘书长　王晓民
刊物及主编　《生理学报》　主编　姚　泰
《生理科学进展》　主编　范少光
《中国应用生理学杂志》　主编　范　明
《生理通讯》　主编　文允镒

单位简介

中国生理学会是中国生理科学工作者自愿组成的全国性、学术性和科普性的法人社会团体，是中国科学技术协会的组成部分。其宗旨是促进我国科技进步、经济振兴和社会发展，使学会成为推动我国生理科学人才成长和提高，推动我国生理科学发展和普及，促进生理科学技术与经济结合，加强国际学术交流与合作的重要的社会力量。

中国生理学会成立于1926年，抗日战争时期学会中断了活动。中华人民共和国成立后恢复活动。1953年改名为中国生理科学会。1956年在第13届会员代表大会上正式宣布更名为中国生理科学会，设立生理、生化、药理、病理生理、生物物理、营养等6个专业委员会。1966年，学会活动再次中断，“文革”后恢复活动。随着我国科学事业的发展，国内国际交流日趋频繁，自1980～1985年各专业逐渐分别成立独立的学会，中国生理科学会在组织结构上又恢复到1956年前的状况，经向中国科协提出申请并获批准，于1985年12月复名为中国生理学会。

中国生理学会全国会员代表大会每四年举行一次。第21届会员代表大会于2002年10月在福建省南平举行。大会选举产生了由67名理事组成的第21届理事会。理事会又选举产生了常务理事会成员和理事长、副理事长、秘书长。

工作综述

一、开展高层次学术交流，促进学科发展与繁荣

1. 中国生理学会第八届全国生理学教学研讨会暨中国神经科学学会第二届全国神经生物学教学研讨会于2005年4月16～21在广西壮族自治区南宁市召开，130多人出席，会议共收到论文摘要120篇。大会作了专题报告和分会场报告。

2. 第五届全国心血管、呼吸和肾脏生理学学术会议于5月15～20在湖南省张家界市召开，来自全国各地及国内外特邀生理学界与会者共118人出席了会议。会议收到论文101篇，10名专家作了专题报告，30余位与会者作了论文报告。内容涵盖了近年来心血管、呼吸和肾脏生理等研究领域的热点问题和最前沿的研究进展。

3. 中国生理学会应用生理专业委员会成立暨中国应用生理学杂志创刊20周年学术交流会于9月12～13日在四川省成都市举行。参会人员100余人，收到稿件160余篇，内容涉及了应用生理学的各个研究领域。

4. 中国生理学会、中国神经科学学会2005年神经内分泌免疫学术研讨会于9月19日在河南省焦作市召开。来自综合性大学、医学院校和有关研究机构等30个单位的60余名人员出席了会议。会议编辑专题报告与论文摘要共56篇，共有4个专题报告和12篇论文在研讨会上宣读。

5. 中国生理学会中医院校生理专业委员会工作会议暨全国中医生理专业委员会第四次工作会议于7月21～22日在上海召开。会议集中对近几年专业委员会的工作进行了认真总结，并对其中问题进行了深入的讨论分析。对今后的工作进行了部署和安排。

6. 2005年国际运动生理学（高新科学技术与数字化体能训练）专题学术会议于3月14～16日在广东省广州市解放军军事体育进修学院举办。来自瑞士、芬兰、德国和国内的专家、学者70余人参加了此会。会议主题是“高新科学技术与数字化体能训练”。

二、积极参加中国科协的重要学术活动

学会自2002年已连续4年承办中国科协学术年会分会场。中国科协2005年学术年会分会场——从分子到整体，从基因组学到功能专题会议于8月19日在新疆医科大学召开，生理界知名人士近100人参加了会议，杨雄里和吴天一院士出席会议并分别做了专题报告。本次会议共收到学术论文摘要46篇，其中5000字以上的论文全文35篇。

三、争办国际会议，扩大国际交往

中国生理学会第21届理事会将“走向世界”作为学会工作的重点之一。我国代表于3月30～31日出席了国际生理科学联合会（International Union of Physiological Sciences，IUPS）在美国圣地亚哥举行的第35届大会。姚泰理事长代表中国生理学会在大会上宣读了中国申办2013年第37届IUPS大会的报告。虽然最后英国获得了主办权，但我国代表团不虚此行，为我国生理学工作者争得了荣誉。

四、不断完善组织建设与管理，加强为会员服务的意识

1. 从2002年10月到现在已有200多名申请者通过审批加入了学会，2005年又有87名新会员入会，中国生理学会会员队伍逐渐壮大。

2. 24年来，学会坚持为会员赠送《生理通讯》。目前根据中国邮政部门的统一要求，学会办公室对给会员

寄送《生理通讯》的信签做了重新核准和格式调整，以保证会员如期收到《生理通讯》。

3. 根据中国科协的要求，学会已启动了学会个人会员的重新登记与颁发新证的编号工作。

五、坚持抓好继续教育培训工作

1. 全国现代生理学实验方法技术及机能实验研究性教学法培训班于7月16~20日在福建医科大学举办，培训班由中国生理学会继续教育工作委员会及福建省生理科学会共同承办。来自24个省、自治区、直辖市36个单位的50多名生理科学工作者参加了此次学习。

2. 基于问题的教学（Problem Based Learning，PBL）讲习班于8月10~11日在北京首都医科大学举办，此班由首都医科大学和中国生理学会教育工作委员会联合举办。讲习班邀请了加拿大 McMaster 大学 Kwan CY（关超然）教授、澳大利亚悉尼大学 Sefton A 教授、日本 Kinki 大学 Matsuo O 教授和我国台湾地区中山医科大学 Lee MC（李孟智）教授前来讲演。与会的专家、学者100余人参加了学习。

六、配合中国科协积极开展科普活动

2005年5月参加中国科协等举办的“科普周活动”；2005年9月参加中国科协举办的“科普日活动”。学会办公室主动承担了活动的各项准备工作，聘请医学院校、研究所和三级甲等医院的专家参加活动，为公园内游人和奥运场馆建设工地的民工义务咨询，同时展示宣传展板，播放科普电影片。

七、加强期刊管理与编辑出版工作，努力提高学术期刊质量

学会主办的《生理学报》、《生理科学进展》和《中国应用生理学杂志》2005年运行良好，如期出版，并先后建立了刊物自己的网页，在刊物与读者间建立了新的桥梁，扩大了读者群。同时提高刊物的英文水平，加速了刊物的国际化进程。

学会的内刊《生理通讯》自1982年创刊，每年一卷，已连续出版24卷。

八、加强学会网站管理工作，扩大服务群体

为了适应社会信息化的需要，学会建立了网站，充分发挥网络宣传的优势，使广大科技工作者和社会公众受益。

中国解剖学会

Chinese Society for Anatomical Sciences（CSAS）

地　　址　北京市东四西大街42号
邮　　编　100710
电子信箱　d07@ cast. org. cn
电　　话　010－65244269/65273712
传　　真　010－65244269

副理事长　蔡文琴

副理事长　徐群渊　陈克铨　李云庆

秘 书 长　安　威

刊物及主编

刊物	主编
《解剖学报》	主编　章静波
《解剖学杂志》	主编　陈尔瑜
《神经解剖学杂志》	主编　李继硕（已故）
《中国临床解剖学杂志》	主编　徐达传
《中国组织化学与细胞化学杂志》	主编　朱长庚
《解剖科学进展》	主编　方秀斌

单位简介

1920年2月21~28日，中华医学会和中国博医学会在北京召开第三次大会之际，2月26日，中国解剖学会及人类学会在北平协和医学院（PUMC）解剖室正式成立。有正式会员49人，名誉会员1人。会议推选当时北平协和医学院解剖教研室主任、著名的组织学家 Cowdry E. V 为理事长。理事会由12人组成，并制定有会章13条。学会成立之后，因为当时军阀混战激烈，政府更迭频繁，正常地开展学术活动十分艰难，一度曾处于瘫痪状态。1947年重新恢复成立中国解剖学会。“文化大革命”期间，中国解剖学会又处于瘫痪状态，1978年复会。

学会全国会员代表大会每4年召开1次，每次民主选举产生新的理事会，本届理事会为第12届，于2002年11月产生。

理事会下设人类学、人体解剖学、神经解剖学、组织学与胚胎学、断层影像解剖学5个专业委员会，设学术、组织、国际交流、教育、体质调查、科普、名词审定、科技开发和咨询、期刊出版9个工作委员会。

学会于1985年加入国际解剖学工作者协会联合会（International Federation of Associations of Anatomists，IFAA）。

中国解剖学会组织学与胚胎学专业委员会于1988年加入国际组织化学与细胞化学联盟（Internatioal Federation of Societies for Histochemistry and Cytochemistry，IFSCH），多次派代表出席该组织的会议并在大会上进行学术交流。

工作综述

一、组织工作方面

1. 2005年5月9～11日在辽宁省锦州市召开了第12届第4次常务理事会议，对学会将于2006年召开的第11次全国会员代表大会和2006年学术年会进行了认真细致的讨论。

2. 12月3～4日在北京召开了第12届第5次常务理事会议。

3. 继2004年全国性会员重新登记工作后，又新审批、登记了全国性会员27人。

4. 2005年1月起，《解剖学报》挂靠到北京大学医学部。

二、学术交流

1. 第六届解剖学科研与教学研讨会于7月17～19日在河北省石家庄市召开。本次研讨会的主题是：人体解剖学应该如何顺应现代科学技术发展的规律，跟上现代科学、特别是现代医学科学发展的潮流，走出传统的科研思路、科研方法和教学模式，开创人体解剖学的新局面。会议共收到论文60余篇，其中大会交流近20篇。来自20余所医药院校的近60位专家、学者出席了会议。

2. 第三届全国高等医药院校解剖学主任论坛于7月21～24日在四川省都江堰市召开，参加会议的人员共57人。

3. 第六届解剖技术会议于8月17～21日在浙江省杭州市召开。来自各兄弟院校的学者近170人参加会议。大会收到论文139篇，交流论文42篇。

4. 第七届组织学与胚胎学教学与科研技术研讨会于10月24～26日在苏州大学医学院召开，参加本次会议的有来自20个省、自治区、直辖市35所高等医学院校的专家、教授91人，收到论文75篇。

5. 第9届组织学与胚胎学青年学术研讨会于10月26～28日在上海召开。来自30个省、自治区、直辖市的150余位学者出席了会议，大会共收到科研和教学论文89篇。

6. 第六届护理解剖学研讨会于11月5～8日在江苏省南京市召开。与会者100余人。会议期间还召开了护理专业《人体解剖学》教材编委会第二次会议。会上还对教材的配套项目进行了分工。

三、继续教育

由断层影像解剖学专业委员会和山东大学医学院主办、厦门大学医学院承办的国家级继续医学教育项目第13届全国断层影像解剖学及其临床应用学习班，于6月5～13日在厦门大学医学院举行。来自18个省、自治区、直辖市的63位解剖学教师和临床医师参加了本届学习班。

四、两岸交流和国际交流

1. 为了进一步加强了海峡两岸解剖学工作者的联系与交流，2005年学会邀请了台湾地区解剖学会理事长王长君、秘书长王嘉铨来大陆访问。

2. 徐群渊、席焕久、任甫、姚大卫、王云川、苏国辉等出席了9月份在土耳其召开的第四届亚太国际解剖科学研讨会。

中国生物医学工程学会

Chinese Society of Biomedical Engineering（CSBME）

地　　址　北京市东单三条5号

邮政编码　100005

电子信箱　swyxgch@126.com　yxgch@sina.com

主页网址　http://www.csbme.org

电　　　话　010－65136537/65296448
传　　　真　010－65265035
理　事　长　刘德培
副理事长　陶祖莱　方祖祥　胡逸民　董秀珍
秘　书　长　胡逸民（兼）
刊物及主编　《中国生物医学工程学报》
主编　刘德培
Chinese Journal of Biomedical Engineering
主编　顾方舟
《中国心脏起搏与心电生理杂志》
主编　蒋文平
《中国血液流变学杂志》
主编　王天佑

单位简介

中国生物医学工程学会建于1980年，是从事生物医学工程学科的科学技术工作者自愿结成并依法登记成立的全国性、学术性群众团体，是具有公益性、非营利性的社会组织，是中国科学技术协会的组成部分，是发展生物医学工程事业的主要社会力量。在学会成立大会上，选举出黄家驷担任理事长的第一届理事会。历届理事长由顾方舟、巴德年、刘德培担任。

中国生物医学工程学会现有18个分会（专业委员会）。17个省（市）均有地方生物医学工程学会组织。

中国生物医学工程学会于1986年加入国际医学生物工程联合会（International Federation for Medical and Biology Engineering，IFMBE）。医学物理分会亦于1986年加入国际医学物理学术组织（International Organization for Medical Physics，IOMP）。

工作综述

一、学术交流活动

2005年度共举办学术会议29次，其中国际学术会议3次；会议参加人数4072人，交流论文2325篇。

8月18～23日，由中国生物医学工程学会牵头组织的中国科协2005年学术年会生物医学工程—组织与器官替代专题学术会议在新疆乌鲁木齐市举行。会议由中国工程院副院长，中国医学科学院院长刘德培院士担任主席，著名的骨科专家戴尅戎院士，器官移植专家郑树森院士、生物医学工程专家俞梦孙院士出席了会议。42篇专题报告和研究论文在会议期间进行了报告交流。40余篇论文以自由讨论和壁报的方式进行交流。

二、外事活动

1. 6月13～14日学会理事长刘德培院士作为IFMBE执行委员赴瑞典出席了工作会议。会议讨论了2006年8月将在韩国召开的IFMBE年会，会上现任主席及韩国会议主席向学会理事长发出邀请欢迎中国学者参会，并就中国生物医学工程学会组织学者代表团参会的事宜达成了一致。

2. 秘书长胡逸民教授出席了4月份在日本召开的IFMBE亚太地区工作会议，会上初步确定了2008年亚太地区国际会议在中国召开的意向。

另外，学会在积极筹划2012年IFMBE年会的争办活动，争办申请将于2006年在韩国汉城年会上正式提出。

3. 9月1～4日，在上海与中国电子学会共同举办了第27届美国电气电子工程师学会（IEEE）生物医学工程学会国际年会。

4. 10月22～25日在上海召开组织工程国际会议，本次大会有578名外宾参加，会议安排特邀发言及专题报告，学术交流涉及面广。

三、组织工作

2005年度组织召开了常务理事会议5次。

1. 医学物理分会第二次委员会议于8月17～21日在内蒙古通辽大学召开。确定了第五届理事会近期的学科发展与建设方案。

2. 7月在福建省厦门市召开了生物材料分会的第四届全体委员会议，对2004年的工作进行了总结，详细讨论了2006年的工作重点和应解决的一些具体问题。

3. 8月19日在上海召开了第一届第三次体外循环分会委员会会议，参加会议32人。

4. 1月15日，中医药工程分会常委扩大会在中国中医研究院基础理论研究所召开。全体委员对学会的发展规划、创办杂志、申请专业代码等问题，进行了认真深入的讨论。

四、咨询服务

1. 组织专家起草生物医学工程高技术产业化重大专

项实施方案研究报告，得到国家有关部门重视。

2. 根据我国生物医学工程学科发展的需要，学会申请参加国家科技奖励工作，并推荐本学科领域优秀工程技术人员和科学家作为国家科技奖励评审委员。

3. 组织专家配合卫生部进行临床医学工程专业技术考试试题编写工作，这次考试是我国首次在医疗卫生系统进行的临床医学工程专业技术资格考试，共编写出近3000道试题。在临床医学工程专业技术考试试题编写工作的基础上，进行本项考试指南编写工作。

4. 中国生物医学工程学会培教基地，由国家劳动与社会保障部委托上海市职业培训研究中心开发医疗器械4项新职业，其职业标准、培训计划、大纲、教材及四个等级的题库建设，均由学会医疗器械信息咨询部负责组织编纂，共有9种技术文本，此项职业标准的技术文本和培训工作已由劳动与社会保障部门认定。

5. 绿色健康扶贫工作已得到国家中医药局的批准，学会已准备推荐中医脉象仪和微粉机等仪器在国家中医药局扶贫试点地区——山西省五寨县试用。

五、科普及继续教育工作

1. 5月14～16日组织10余名专家学者及工作人员参加了在北京举行的全国科技周大型科技游园会，展出展板15块，并有专家现场咨询，咨询内容涉及组织工程、睡眠工程、脑神经系统等学术前沿领域。

2. 为庆祝中国生物医学工程学会成立25周年，学会与卫生部下属《中国卫生画报》杂志社联合编制了一期生物医学工程专刊。

中国病理生理学会

Chinese Association of Pathophysiology（CAP）

地　　址　北京学院路38号北京大学医学部病理生理教研室内

邮政编码　100083

电子信箱　pathophy@bjmu.edu.cn

主页网址　http://www.capchina.org.cn

电　　话　010－82802403

传　　真　010－82802403

理事长　韩启德

副理事长　黄启福　陆大祥　卢　建

秘书长　吴立玲

刊物及主编　《中国病理生理杂志》　主编　李楚杰

《中国实验血液学杂志》主编　唐佩弦

《中国动脉硬化杂志》　主编　杨永宗

《糖尿病新世界》　主编　朱西娥

单位简介

中国病理生理学会是中国病理生理科学工作者自愿结成的、依法登记成立的全国性、学术性、公益性和科普性的法人社会团体，是中国科学技术协会的组成部分。其宗旨是团结广大的病理生理学和相关学科的科学工作者，推动病理生理学教学和科学研究的发展，加强基础医学与临床医学之间的联系，促进与国内和国际学术团体之间的学术交流。

中国的病理生理学科创建于20世纪50年代。1961年9月在上海市成立中国生理科学会病理生理专业委员会筹备委员会，1985年中国科学技术协会正式批准中国病理生理学会成为全国性一级学会。

中国病理生理学会现有15个专业委员会，会员2276人。中国病理生理学会主办《中国病理生理杂志》、《中国动脉硬化杂志》、《中国实验血液学杂志》和《糖尿病新世界》。目前年总发行量达197400册，刊登论文1298余篇，为促进学术交流和学科发展起到了重要的推动作用。

1993年经国家科委正式批准，中国病理生理学会作为团体会员加入国际病理生理学会。各专业委员会加入的国际学术组织有：国际心脏研究会、国际休克联盟、国际动脉硬化学会和亚洲太平洋危重病医学联合会。

工作综述

一、学术交流活动

2005年中国病理生理学会各专业委员会共举办10次学术会议，出席专家、学者1546人，交流论文859篇。

1. 来自27个省、自治区、直辖市40个医学院校的近100名学者参加了中国病理生理学教学研讨会，交流了从以教师主导中心转向以学生或学教并重为中心的全新教学体系的经验，展示了将讨论式、启发式、问题式学习（PBL）等多种教学模式融入课堂，利用网络、计算机辅助手段充分调动学生积极性的成果。

2. 第十届炎症发热感染低温专业委员会学术会议与第十届中医专业委员会学术会议联合召开。会议体现出三点，首先，炎症的研究已涉及感染、心血管、肿瘤等多种疾病的发病机制，并与细胞信号转导、固有免疫和特异性免疫调控机制的研究密切联系；其次，基础研究与临床研究有了更紧密的结合；再次，病理生理学成为中西医结合研究的重要切入点并日益受到重视，中医药现代化的途径和方向成为本次会议最热烈的议题。

3. 第八届全国动脉硬化性疾病学术会议的显著特点是以动脉硬化性疾病为主题，打破学科界限，从不同的角度论述动脉硬化性疾病的发病机制和诊治策略，体现了多学科的有机结合，为研究动脉硬化性疾病搭建一个基础和临床研究学术交流平台。

4. 第七届全国休克学术会议邀请了国际休克学会联盟（IFSS）主席和巴西科学院士 Silva 教授、美国休克杂志主编 Chaudry 教授、欧洲休克杂志主编和第 6 届国际休克大会主席 Neugebauer 教授做了学术报告。

5. 由中国病理生理学会、中国生理学会、中国药理学会和中华医学会心血管分会共同组织的第五届海峡两岸心血管学术交流会在香港特别行政区举行。105 位大陆学者出席会议，北京大学医学部李丽获青年优秀论文二等奖。

6. 动物病理生理学专业委员会与中国畜牧兽医学会兽医病理学分会联合召开了第 12 次学术研讨会，以动物传染病病理为主题，增加了相关动物疾病方面的专题读片会，深受与会人员的好评。

7. 大、中专教育委员会第五届 11 次学术会议主要交流了各单位在教学改革中的经验与成果，并制作了病理学多媒体光盘，供教育部下属所有成员学校在教学中使用。

8. 消化专业委员会将组织建设与学术交流相结合，在召开专业委员会会议的同时，举行学术报告，就胃部疾病的研究进展进行了热烈的讨论与交流。

9. 微循环专业委员会召开的开拓临床微循环新局面专题研讨会除对微循环的研究进展进行交流外，还对学科带头人的培养、吸引多学科人才参与微循环研究、微循环网站建设进行了讨论。

二、国际交流与合作

2006 年第五届国际病理生理大会暨中国病理生理学会第八届全国代表大会的筹办工作正在紧张有序地进行。大会的中英文通知已在网上刊登，已接受邀请将在大会上作特邀报告的有美国科学院、美国工程院院士和美国医学与生物工程院院士、国际生物流变学会主席、美国生理学会主席、美国心脏学会心血管研究会主席、国际实验血液学会学术规划委员会主席等国际著名学者，以及中国科学院院士、教育部部长江特聘教授等国内专家。由危重病医学专业委员会承办的 2006 年第 14 届亚太危重病医学联合会国际会议也正在筹备中。

三、编辑出版

学会主办的杂志办刊质量不断提高。《中国病理生理杂志》和《中国实验血液学杂志》再次获得中国优秀基础性和高科技学术期刊专项经费资助。《中国动脉硬化杂志》的稿件质量也不断提高。科普性杂志《糖尿病新世界》不断探索办刊的新思路，在版面的设计上更加新颖，在内容上更加科学和贴近读者。

四、组织建设

为筹备将于 2006 年召开的全国会员代表大会，各专业委员会正在对会员进行重新登记。大、中专教育委员会进行了换届选举，危重病医学专业委员会、消化专业委员会、动脉粥样硬化专业委员会增补了委员。

中国营养学会

Chinese Nutrition Society（CNS）

地　　址	北京市宣武区广安门内大街 6 号枫桦豪景 A 座 5 单元 1601、1602 室
邮政编码	100053
电子信箱	dxh@ cnsoc. org
主页网址	http://www. cnsoc. org
电　　话	010－83554781/83554782
传　　真	010－83554780

理　事　长　葛可佑
常务副理事长　程义勇
副 理 事 长　杨晓光　张　丁　郭俊生　苏宜香
秘　书　长　翟凤英
刊物及主编　《营养学报》　主编　顾景范

单位简介

中国营养学会是中国营养科技工作者自愿组成的全国性、学术性、非营利性的法人社会团体，是中国科学技术协会的组成部分，是发展我国营养科学技术事业的重要社会力量，是党和政府联系我国营养科技工作者的桥梁和纽带。

1981年5月，中国营养学会在上海举行成立大会。

中国营养学会于1984年加入国际营养科学联合会（International Union of Nutritional Sciences，IUNS），1985年加入亚洲营养学会联合会（Federation of Asian Nutrition Societies，FANS）。

工作综述

一、组织建设工作

1. 2005年召开了六届四次、五次、六次常务理事会议和六届五次理事扩大会议。

2. 公共营养分会、临床营养分会召开了换届选举会议。

3. 制定《中国营养学会工作人员绩效奖励和津贴管理办法（试行）》，并经六届六次常务理事会讨论通过。

4. 成立中国营养学会营养师培训部，其宗旨是加强学会营养师培训与资格认证工作。

二、学术交流工作

1. 制定中国食品标签营养素参考值（Nutrient Reference Values，NRVs），目前已经形成NRVs正式文本。

2. 2005年召开了公共营养、临床营养学术会议及膳食纤维国际研讨会，举办了三期“营养知识更新班”。

三、中国营养学会营养科研基金及科学技术奖

1. “中国营养学会营养科研基金”开展征集及评审工作，共有10个项目获得资助。

2. “中国营养学会科学技术奖”开始启动，这是我国营养界最高奖项，每两年评审、授奖一次，设置一、二、三等奖，年度总奖金20万元，首期征集工作将从2005年12月1日起到2006年2月底截止，预计将在2006年6月颁奖。

四、接受政府委托承担的工作

1. 《国民营养条例》初稿8章60条，经专家委员会修改审定后于12月份上报卫生部。

2. 2005年成立营养师培训认证委员会，组织专家编写《中国营养师培训教材》；制定《营养师培训大纲》、《营养师资格认证标准》等一系列文件，目前已经在全国设立了25个营养师培训基地。

3. 参加了卫生部全国卫生（营养）专业人员技术资格考试及临床营养高级专业技术资格考试的命题、审题与组卷工作。

4. 2005年11月，接受卫生部委托协助联合国儿童基金会制定“营养教育和传播计划”。

五、科普工作

1. 为了配合卫生部疾控司慢性病防治工作，宣传“平衡膳食、合理营养、促进健康”的理念，中国营养学会结合第四次全国营养与健康调查结果，在22个省、自治区、直辖市同时开展“营养健康工程”科普宣传活动。

2. 设立“中国营养学会营养科普基金”。该基金在中央电视台以公益广告的形式宣传中国居民膳食指南，第一期公益广告已在中央电视台1频道黄金时间播出。同时，营养科普基金管理工作委员会成立。

3. 通过媒体宣传营养健康科普知识。接受中央电视台《焦点访谈》采访；与北京人民广播电台首都生活栏目合作13期节目，与老年之友栏目合作5期；在《中国食品报——健康周末版》上刊登科普文章100余篇。

4. 参加了全国科技活动周以及全国科普日活动，并请营养学专家现场解答群众问题，免费发放《中国居民膳食指南及平衡膳食宝塔》手册及挂图。

5. 2005年4月全面升级和改版了学会网站，建立“营养学堂”科普之窗，内设6个栏目：热点跟踪、吃的学问、营养ABC、妇幼营养、老年营养、疾病营养。

六、编辑出版工作

1. 2005年9月编辑出版《中国营养师培训教材》，组织专家开始编撰《营养科学辞典》。

2. 科普工作委员会编写《营养科普全书》，共分12册，预计2006年底出版。

3.《营养学报》总发行量1.44万册，2005年被评为第三届国家期刊奖百种重点期刊。

七、国际交流工作

1. 2005年9月参加了在南非德班召开的第18届国际营养大会。

2. 8月，美国营养师代表团30余人来学会了解中国营养界情况。

3. 9月，越南营养学会代表来学会与杨晓光副理事长、翟凤英秘书长就营养方面问题进行了交流。

4. 11月，来自美国的40余名营养学专家与中国营养学专家在北京就营养学面临的问题、营养师培训认证方法、居民营养调查、传统中草药应用等开展了进一步的讨论。

中国药理学会

Chinese Pharmacological Society

（CNPHARS）

地　　址　北京先农坛街1号
邮政编码　100050
电子信箱　zhxd@ imm. ac. cn
主页网址　http://www. cnphars. org
电　　话　010－63165211
传　　真　010－63165211

理 事 长　林志彬

副理事长　包定元　罗质璞（已故）　曾繁典　苏定冯　陈汝筑

秘 书 长　杜冠华

刊物及主编　Acta Pharmacologica Sinina　主编　陈凯先

《中国药理学通报》　主编　徐叔云

《中国药理学与毒理学杂志》　主编　张永祥

《中国临床药理学与治疗学杂志》　主编　孙瑞元

《中药药理与临床》　主编　王建华

《医药导报》　主编　曾繁典

《中国药理通讯》　主编　李学军

单位简介

中国药理学工作者在20世纪20年代与生理科学工作者一起成立了中国生理科学会，开展学术交流活动。1979年成立了药理学专业委员会。1984年经中国科学技术协会批准成立中国药理学会。1985～1993年，理事长为王振纲；1993～2002年，理事长为张均田；2002年迄今，理事长为林志彬。

中国药理学会是国际药理学联合会（International Union of Pharmacology，IUPHAR）会员国，林志彬为现任IUPHAR执行委员会委员。中国药理学会于1984年首次参加在伦敦举行的第九届世界药理学大会后，积极开展对外学术交流活动，连续组团参加了第十届至第十四届世界药理学大会。1998年，中国药理学会经过努力取得了2006年第15届世界药理学大会在中国召开的主办权。多年来，中国药理学会在国内组织召开了第五届东南亚和西太平洋地区药理学术会议、中日药理学术会议、中法药理学术会议、中韩药理学术会议、海峡两岸三地药理学术会议和京港药理学术会议等。

工作综述

一、会员管理水平全面提高

2005年完成了会员重新登记和收缴会费工作，为全体会员更换、制作了新的会员证，使会员管理规范化、科学化和数字化，提高了工作效率。加强了学会与会员的联系，为会员提供各种可能的帮助，使学会真正成为药理学工作者之家。

利用各种学术活动，扩大学会影响，积极发展新会员，2005年实际登记并交纳会费的会员已经接近3000人。

二、加强学会规范管理

2005年全年召开常务理事会2次，学会领导成员办公会议10余次。

5月9～12日中国药理学会在西安第四军医大学召开了中国药理学会第八届理事会第二次会议，共有90多名理事参加了会议，会议由中国药理学会秘书长杜冠华主持。

三、广泛开展学术活动，积极办好学术期刊

5月9～12日在陕西省西安市召开全国药理学学术会议暨青年药理学工作者英文报告会。会议的主题是“21世纪的中国药理学”，会议内容从基础药理到临床药理，从系统药理到分子药理，从新药发现到新药研究，从化学药、天然药到生物技术药，涵盖了整个药理学领域。这次药理盛会云集了国内外许多著名的药理学专家教授，参会人员752人，收到论文325篇，刊出摘要297篇，118名与会者做了专题报告，130份墙报张贴交流。会议参照国际惯例，以英语作为工作语言进行学术交流。

2005年《医药导报》被美国化学文摘和医学文献分析与检索系统收录，办刊水平不断提高。《中国药理学报》持续保持国内期刊各种排名前列，科学引文索引影响因子上升至1.125。

四、开展科学普及工作

药理学会在国家制订中长期科学和技术发展规划中，利用学会专家水平高，人员多的优势，积极参与国家中长期发展规划各种调研活动，为国家决策提供意见和建议。分别参加编写“国家中长期发展规划”和“中国科学和技术”等研究工作。

五、开展国际学术交流

为了扩大我国药理学在国际社会的影响，在开展了中法、中韩、中日双边学术交流会议的基础上，2005年学会在黑龙江省哈尔滨市举办了中俄双边药理学学术交流会，参会俄国专家60余人，会议取得了圆满成功。

在全国药理学术会议期间，邀请了世界药理联合会主席Paul M Vanhoutte教授、秘书长Sue Piper Duckles教授、澳大利亚药理毒理学会主席H. Majewski教授、美国民间药理代表团David B. Bylund教授、中国香港药理学会主席文英强教授、中国台湾地区药理学会主席陈定铿教授到会并做了精彩的报告。

六、积极培养和推荐人才

推荐院士候选人2名，周宏灏当选为中国工程院院士。

2005年全国青年药理学工作者英文报告会上有76名来自高校、研究单位的青年药理学工作者参加会议交流，根据他们的研究内容、英语水平、幻灯制作等评选出26名青年英文报告优胜者，给予奖励；130名学者设计制作出精美的墙报，参加墙报张贴交流，由7位专家教授根据研究内容、版面设计、现场交流等评选出了40名优秀墙报作者。

每年一届的塞尔维（Servier）奖工作，为鼓励长期在国内工作并作出成绩的年轻药理学工作者，学会与法国Servier研究院多次争取年龄放宽到42岁。2005年申报整体水平又有很大提高，为更加公正，依然采取地区回避、导师回避的方式，同时也注意鼓励在不发达地区作出成绩的年轻人。第八届Servier青年药理学工作者评选工作，经过中国药理学会和法国Servier研究院专家评审，8位Servier优秀青年药理学工作者已产生。同时经药理学会专家评出2005年6位中国药理学会优秀青年药理学工作者。11月21～23日在广东省广州市召开的第九届全国中药药理学术交流会上举行了颁奖大会。

七、发挥学会优势，开展科技咨询服务

2005年学会与健特药业有限公司合作完成了脑白金和黄金血康两项临床研究。完成《脑白金（褪黑激素/低聚糖）临床研究资料的统计分析》，评价其有效性和安全性的随机、双盲、多中心临床研究的统计分析。根据临床试验的真实数据，进行医学统计分析，出具统计分析报告。通过统计计算得到全部临床试验结果。完成了所有的统计报告。

“黄金血康”是由卫生部正式批准生产的保健产品，为了进一步证明该产品的调血脂作用，为社会提供科学的实验数据和结论，2004年8月至2005年4月，学会对黄金血康进行了规范的临床研究，科学评价该产品的临床效果。完成了黄金血康临床研究结果总结报告。

中国针灸学会

China Association of Acupuncture and Moxibustion（CAAM）

地　　址　北京市东城区东直门内南小街16号
邮政编码　100700
电子信箱　d12@cast. org. cn
主页网址　http://www. caam. cn

电　　　话　010－64030959/64030611
010－64014411 转 2274、3065、3063
传　　　真　010－64030959
会　　　长　李维衡
副　会　长　王之虹　邓良月　石学敏　孙国杰
刘保延　沈志祥　张　仁　杨宝琴
吴富东　梁繁荣
秘　书　长　刘保延（兼）
刊物及主编　《中国针灸》　　主编　邓良月
《针刺研究》　　主编　黄龙祥

单位简介

中国针灸学会成立于1979年5月16日，当时是中华全国中医学会的分科学会之一。1985年经中国科学技术协会报国家体改委批准为全国性学会。成立之时即加入中国科协。现有个人会员18492人。中国针灸学会下设11个专业委员会。中国针灸学会围绕本学科组织学术交流和研究，编辑出版针灸期刊，进行针灸科普宣传，对在职专业人员进行培训，向有关部门推荐科技人才及学术成果，组织进行有关标准制定、科技咨询、国际交流与合作等工作。

世界针灸学会联合会（World Federation of Acupuncture－Moxibustion Societies）于1987年成立。中国针灸学会作为发起人之一，于1987年12月加入世界针灸学会联合会。学会领导成员及专家已连续六届在该会执委会中担任名誉主席、主席、秘书长、司库等重要领导职务。

2003年9月世界中医药学会联合会（World Federation of Chinese Medicine Societies）成立。中国针灸学会同时加入该组织。

工作综述

一、组织建设

1. 中国针灸学会第四次全国会员代表大会于5月17～18日在北京召开。大会审议并通过了第三届理事会工作报告，修改了《中国针灸学会章程》，选举产生了中国针灸学会第四届理事会。李维衡当选为中国针灸学会第四届理事会会长。

2. 学会新一届领导班子上任以来，深入开展学会的各项改革工作，建章立制，规范工作程序，提高工作效率。制定了《中国针灸学会工作会议制度（试行）》、《中国针灸学会财务工作管理办法（试行）》，出台了新的《中国针灸学会会员管理暂行办法》。

3. 为规范分支机构的管理，根据有关规定，结合专业委员会的实际情况，学会制定了《中国针灸学会专业委员会管理暂行办法》。

为适应针灸教育发展形势的需要，经中国科协、民政部的批准，新成立了中国针灸学会教育专业委员会。

2005年7月经中国针灸学会四届二次常务理事会讨论通过，学会拟增设中国针灸学会标准化工作委员会和中国针灸学会腹针专业委员会，现已按有关规定呈报中国科协、民政部审批。

二、学术交流与科研工作

1. 2005年度，中国针灸学会以及各二级专业委员会共组织学术会议15个，编辑论文集15种，收录学术论文1200余篇，来自国内外的1500余人次参加了学术会议，举行高水平的专题学术报告近百余次，会议学术交流300余篇。

2005年度学术交流活动所展示的学术成果、学术经验等基本代表了全国针灸发展水平，反映出针灸医学目前的现状。

2. 认真组织协调，进行针灸标准的制订审定工作。2004年底，国家中医药管理局正式向中国针灸学会下达2004年中医药法制、标准化建设和政策研究项目——针灸技术操作规范项目。随即，于2005年元月在北京召开针灸技术操作规范工作会议。

8月20日，中国针灸学会在黑龙江省牡丹江市再次组织针灸技术规范及学术发展研讨会，专门讨论了国家中医药管理局“十一五”针灸技术规范化的有关问题，确定了“十一五”规划研究内容。会议选举成立了中国针灸技术规范化顾问组及专家组。

12月5日就“针灸临床技术操作规范”召开了第三次会议，对“针灸临床技术操作规范”的初稿进行了审订，由20余位专家组成的项目组到会，对已经完成的“毫针针刺标准”进行了认真审查，并提出了全面修改意见。

受国家中医药管理局的委托，中国针灸学会于12月4日在浙江省杭州市召开了国家标准《经穴部位》、《经穴主治》审查会，由13位专家组成的专家组对这两个项目进行了严格审查，肯定了标准制定工作，提出了部分修改意见，并一致同意修改后上报国家标准委员会。

三、外事工作

11月3~5日，香港东华三院、香港中文大学和中国针灸学会共同主办了东华三院王定一国际中西医药治疗研讨会，中国针灸学会会长李维衡、副秘书长张瑛、顾问马纯芳出席了会议，中国针灸学会组织了学术代表团参加了此次会议，大会气氛热烈，学术交流非常成功。

11月4~6日，世界针灸学会联合会2005年国际针灸研讨会在葡萄牙首都里斯本隆重召开。中国针灸学会由副会长刘保延率队，中国学术代表团30余名代表出席了这次盛会。学会会员于海波等在大会上宣读了论文，受到了大会的好评。

四、期刊出版

2005年，学会主办的《中国针灸》和《针刺研究》运行良好，为弘扬我国的传统医学文化做出了积极的贡献。

《中国针灸》杂志全年编辑出版正刊12期、增刊1期。全年共印刷发行23万册，其中国外发行1万余册。经过几年的积极努力，于2005年11月通过了美国国立医学图书馆的评审，获准加入该馆的医学文献分析和联机检索系统（MEDLINE）。

《针刺研究》杂志全年编辑出版杂志4期约50万字，刊登文章63篇，出刊率为37%。自2005年第1期起改为国际标准大16开本，在编辑、印刷、装帧方面也做了进一步改进，使杂志的质量有了明显提高。根据学术发展的需要，该刊已被上级主管部门批准于2006年第1期起由季刊改为双月刊。

五、其他工作

1. 经学会四届一次常务理事会讨论通过，拟设立中国针灸学会科学技术奖。经过充分的酝酿和准备，现已将“中国针灸学会科学技术奖奖励办法”等有关材料上报业务主管部门审批。

2. 根据中国科学技术协会“关于开展第九届中国青年技术奖候选人推荐与评选工作的通知”的文件精神，学会经研究、专家评审等程序，推荐了2名候选人。

3. 学会积极参与了全国政协提案选题参考题目的征集工作。根据有关文件要求，经认真协商提出了三个提案选题参考题目报送到上级机关，为党和政府的决策积极献计献策。

4. 2005年换届以来，学会新一届领导班子非常重视网络信息化建设工作。增加了现代化的办公设备，并加强了计算机网络建设工作的人力投入。目前，学会网站正在积极地建设中。

中国防痨协会

Chinese Anti－Tuberculosis Association（CATA）

地　　址　北京市东城区东四西大街42号

邮政编码　100710

电子信箱　tbcenter@public.bta.net.cn

电　　话　010－65257509/65257475/62215207

传　　真　010－65257475/62215207

理 事 长　张立兴

副理事长　王撷秀　屠德华　端木宏谨　沈　洁　周伯年　钟　球

秘 书 长　屠德华（兼）

刊物及主编　《中国防痨杂志》　主编　张立兴

《结核与肺部疾病杂志》　主编　张立兴

单位简介

中国防痨协会是全国防痨科技工作者自愿组成的依法登记注册的全国性、学术性、非营利性社会团体，是中国科学技术协会的组成部分。

协会宗旨是遵守国家法律和法规，坚持以马克思、列宁主义、毛泽东思想、邓小平理论和党的基本路线为指导，团结和动员中国防痨科技工作者以经济建设为中心，坚持科学技术是第一生产力的思想，实施科教兴国和可持续发展战略，促进防痨科学技术的繁荣和发展，促进防痨科学技术的普及和推广，促进防痨科学技术人才的成长和提高，促进防痨科学技术与经济的结合，为社会主义物质文明和精神文明建设服务；反映防痨科学技术工作者的意见，维护防痨科技工作者的合法权益，为防痨科学技术工作者服务。

中国防痨协会成立于1933年10月21日，会址在上海，1950年迁至北京，1953年8月在北京召开防痨工作者代表大会，72年间共召开了8次会员代表大会，先后由黄鼎臣、阚冠卿、戴志澄、张立兴担任理事长，1954年加入中国科学技术协会。

协会在2002年换届成立第八届理事会，理事99人，常务理事33人，正副理事长7人，设立秘书处为办事机构。31个省、自治区、直辖市防痨协会及省级结核病医院为中国防痨协会团体会员，共43个，个人会员近2000人，企业会员2个。

协会设4个工作委员会，4个专业委员会。编辑出版2种学术期刊。

协会每两年召开一次全国性综合性学术会议，邀请国内外著名专家做专题报告，不断给会员传递控制结核病的新知识、新技术、新动向。

各专业委员会根据自已的专业特点，每年召开一次专业学术交流会。

工作综述

一、学术交流

2005年10月11~13日，协会在江西庐山召开中国防痨协会全国学术大会。760人参加，包括中国香港特别行政区和澳门特别行政区、世界卫生组织的专家、国际防痨和肺病联合会Enarson教授等。会议收到学术论文370篇，大会专题报告15篇，各专业委员会专题报告48篇，临床病例讨论5例。

会议主要从中国结核病防治进展与我国结核病控制十年规划、中国结核病与艾滋病（TB/HIV）双重感染防治工作、耐多药结核病治疗研究和结核病人发现工作及面临的挑战四个方面进行了学术交流。

二、继续教育工作

1. 5月，协会举办了现代结核病控制技术措施学习班，共180名学员参加。

2. 协会与司法部合作在陕西省西安市对监狱系统医务人员举办了第二期结核病防治培训班，100余名学员参加学习。

三、科普宣传工作

1. 在“3·24世界防治结核病日”活动中，编印发放《结核病防治知识》宣传册5万册。

2. 参加中国科协举办的科普宣传月和科普周咨询活动。

四、会员之家活动

1. 1月，在中国科技会堂举行了春节联谊会。京津地区理事、专家共90余人参加。卫生部、中国科协领导同志出席会议并讲话。

2. 8月11日，在云南省昆明市举办了中国防痨协会专家咨询与暑期休养活动，43名专家参加。

五、外事工作

1. 11月28日~12月2日，协会组织来自上海、山东、黑龙江、北京的4名专家访问韩国。

2. 通过张立兴理事长协调，国际防痨和肺病联合会与有关省开展FIDELIS合作项目。现已有11个省开展此项目，促进了肺结核病例早期发现。

3. 参加国际防痨和肺病联合会工作，张立兴理事长荣获终身荣誉会员称号。王撷秀副理事长任该会结核病专业委员会主席。

六、出版工作

按期出版《中国防痨杂志》和《结核与肺部疾病杂志》，2005年出版了27卷增刊。协会组织修订了《结核病诊断细菌学检验规程》。

中国麻风防治协会

China Leprosy Association（CLA）

地　　址　北京市角门北路甲8号1号楼1107室

邮政编码　100068

电子信箱　clabj@vip.163.com

主页网址　http://www.skinstd.com

电　　话　010-67522205

传　　真　010-67522206

理　事　长　王立忠

副理事长　张国成　刘国卫　宋顺鹏　张福仁

汪　华　赵子山　熊俊浩

秘　书　长　潘春枝

刊物及主编　《中国麻风皮肤病杂志》

主编　王立忠

单位简介

中国麻风防治协会是全国从事麻风防治、科研、管理工作者和社会各界关心、支持我国麻风防治事业的友好人士自愿结成并依法登记注册的学术性、公益性、社会性法人社团，是中国科学技术协会的组成部分，是中国发展麻风科技事业的重要社会力量。

中国麻风防治协会原名中华麻风救济会，于1926年1月在上海成立，于1944年上半年停止活动。1927年1月该会创办《麻风季刊》，1943年12月停刊，共发行17卷（1943年为半年一期）。唐绍仪、施肇基等曾为中华麻风救济会名誉会长，李元信、颜福庆、刁信德分别任一、二、三届会长。

在卫生部顾问马海德博士的倡议下，1985年3月，经国家体改委批准，同意恢复间断了已久的中国麻风防治协会，为中国科学技术协会所属的全国性协会。同年8月在广州召开了全国会员代表大会，讨论通过了《中国麻风防治协会章程》，选举理事，召开了第一次理事会，选举马海德为理事长，叶干运为秘书长。协会开始在北京办公，1988年1月何达埙担任专职秘书长（代理）。

1985年第四季度恢复了《中国麻风杂志》出版发行，仍为季刊。第一至四任主编分别为马海德、叶干运、李桓英、何达埙。2000年底由肖梓仁接任主编。该杂志于1999年3月由国家新闻出版署批准，更名为《中国麻风皮肤病杂志》。

中国麻风防治协会分别于1989年8月31日~9月1日；1994年4月11~13日；1998年9月13日在北京召开了第二、三、四次全国会员代表大会，2003年10月25~27日在南京召开了第五届全国会员代表大会；分别选举陈敏章为第二届理事长，叶干运为第三届理事长，肖梓仁为第四届理事长，王立忠为第五届理事长，何达埙为第二、三届秘书长，杨忠民为第四届秘书长，潘春枝为第五届秘书长；习仲勋为第一、二、三届理事会名誉理事长，陈敏章为第三届理事会名誉理事长，叶干运为第四届理事会名誉理事长，傅铁山、肖梓仁为第五届理事会名誉理事长；戴正启为第二、三届理事会顾问。

协会共有42个团体会员单位。有会员近万人。20个省、自治区、直辖市成立了地方麻风防治协会。

协会成立了麻风社会医学与流行病学、麻风治疗、麻风康复、麻风实验技术和麻风健康教育与科学普及5个专业委员会。

工作综述

一、学术交流与继续教育

1. 2005年8月18~22日，麻风病与皮肤病防治学术会议作为中国科协2005年学术年会29分会场于在新疆召开。29个省、自治区、直辖市的“皮防”单位及疾病预防控制单位的皮肤病、麻风病防治、科研、管理、技术人员及安徽省、陕西省、云南省科协推荐的与会者约210人出席会议。

会议特邀李桓英作“国内外麻风防治现状及进展”，张国成作皮肤病与公共卫生，赵天恩、陈树民、翁小满分别作新型免疫抑制剂临床应用的研究、麻风低流行状态下是否进行接触者检查的研究、中国麻风分子流行病学的初步研究及在麻风控制中的应用，中国医科院皮肤研究所沈建平、严良斌主任医师作我国部分高流行县市24个月麻风联合化疗初治患者的复发调查分析、麻风眼病的防治，大连市皮肤病性病医院隋药剂师作噻多酚提取液治疗麻风溃疡的研究专题讲座。

2. 受卫生部委托，12月11~13日在安徽省金寨县举办全国县乡村三级卫生人员麻风健康教育安徽金寨培训班，培训基层卫生人员100余人。

二、对外交流与合作

1. 9月27日，湖北省荆州市麻风病康复中心的韩国禹熙玉女士荣获优秀外国专家“编钟奖”，湖北省省长罗清泉为禹熙玉颁奖。

经卫生部批准，韩国釜山“防麻会”将连续10年在北京设立办事处。“防麻会”2005年出资41万元人民币，用于“八岭山麻风康复村”修路、病房设备、病人生活补贴等。

2. 韩国方济阁会和香港仁爱基金会援助陕西商洛疗养院建立的“商洛仁爱麻风康复中心”，目前已收治近

100名麻风治愈残老者及现症病人。

三、科普工作

1. 1月23日，卫生部副部长王陇德、协会理事长王立忠、中国残联副理事长程凯、马海德基金会理事长苏菲、江西省副省长胡振鹏，到江西省皮肤病专科医院黄芽山病区慰问近200位麻风病人和治愈者。

2. 为了普及麻风防治知识，在陈家琨、李桓英、赵天恩、陈树民等专家及四川、江西、贵州省麻风防治协会的支持下，潘春枝、申鹏章主笔编制了一本普及麻风防治知识，协助基层卫生人员诊断麻风病的图谱——《看图辨病——麻风病》，卫生部王陇德副部长作序，于2005年12月由人民卫生出版社资助出版。

四、调研活动

1. 7月，协会秘书长潘春枝与中央电视台、北京光华基金会、韩国方济阁会联合到贵州省威宁县石门乡柳树村和毕节地区撒拉溪医院调研。

2. 协会秘书长潘春枝、申鹏章与北京市天主教爱国会副主席石洪喜等联合开展麻风院村调研工作：1月到江西省赣县、于都县，4月到安徽省淮南，8月到新疆和田和喀什；根据调研情况，协会与北京宗教界用善款开展了经济康复工作，资助安徽省铜陵麻风病院26万元，资助江西省于都县麻风村3万元，资助新疆和田传染病院3.1万元。

3. 协会常务副理事长张国成与严良斌、陈树民等作为协会向中国残疾人联合会推荐的国家级麻风畸残手术队的正副组长，在为麻风残疾人开展畸残矫正手术中充分发挥了专家作用，得到中国残联好评。

中国心理卫生协会

Chinese Association for Mental Health

(CAMH)

地　　址　北京德外安康胡同5号
邮政编码　100088
电子信箱　camb@camh.org.cn
主页网址　http://www.camh.org.cn
电　　话　010-82085385/82085300
传　　真　010-62359838

理 事 长　蔡焯基

副理事长　崔以泰　刘福源　王祖承　郭念锋　张培琰　王向群

秘 书 长　李占江

刊物及主编　《中国心理卫生杂志》　主编　于　欣
《中国临床心理学杂志》主编　龚耀先
《健康心理学杂志》　主编　崔以泰
《心理与健康杂志》　主编　蔡焯基

单位简介

中国心理卫生协会于1985年3月经国家经济体制改革委员会批准成立，同年被中国科协批准接纳为所属团体。1985年9月在山东省泰安市召开第一届全国会员代表大会，选举产生了第一届理事会，按照协会章程规定每五年换届一次，至今为第四届，是依法登记，具有公益性、学术性、科普性的法人社会团体。

协会宗旨是团结全国心理卫生学、心理学、医学、社会学、教育学等科学工作者开展学术交流、科学研究、心理卫生教育，为促进心理卫生科学技术繁荣与发展，宣传普及心理卫生知识，培养儿童、青少年的健全人格，预防心理疾病，维护和促进人民的心理健康水平、社会适应能力，提高道德水平，促进心理卫生科学技术的普及和推广，提高全民的心理素质。

自协会成立以来，心理卫生队伍不断发展壮大，现有会员2万余名，在28个省、自治区、直辖市成立了地方心理卫生协会。协会下属有儿童心理卫生、青少年心理、老年心理卫生、大学生心理咨询、心身疾病、特殊群体、心理咨询与心理治疗、心理评估、危机干预、临终关怀、护理心理、妇女健康与发展和森田疗法应用等13个专业委员会和残疾人心理卫生分会，煤炭、交通、石油石化行业分会。1997年中国心理卫生协会心理咨询与心理治疗业委员会作为团体会员加入世界心理治疗学会，专委会副主任委员钱铭怡为该会主委。

工作综述

一、积极承担政府委托的工作，修订《心理咨询师

国家职业标准》、《心理咨询师》教程

受国家劳动和社会保障部职业技能鉴定中心委托，协会组织专家修改的《心理咨询师国家职业标准（试行）》经专家审定，于7月21日由国家劳动和社会保障部正式发布《心理咨询师国家职业标准（2005年版）》。

依据修订的《心理咨询师国家职业标准》于2004年8月开始组织修订《心理咨询教材》，要求教程紧贴《标准》，修订内容上力求体现“以职业活动为导向，以职业能力为核心”的指导思想，突出职业培训特色；结构上，针对心理咨询职业的活动领域，按照模块化的方式，分级进行编写。经过同作者的多次座谈交流，于在2005年5月定稿，8月份正式出版发行。满足了社会对心理咨询师职业培训和鉴定工作的需要。

二、学术交流

2005年11月14～17日，在上海市召开了中国心理卫生协会第四届泛亚太地区心理卫生学术研讨会。来自世界各地的心理学家、精神病学家、教育学家、社会学家聚集一堂，围绕着“科技进步和心理卫生”这一会议主题展开了广泛而深入的探讨和交流。

本次大会共有近百位来自美国、德国、英国、法国、奥地利、澳大利亚、丹麦、印度尼西亚、日本、韩国、瑞士、伊朗等国家的外籍专家和400余位来自中国内地、中国香港特别行政区和中国台湾地区的学者参加。大会共收到学术论文551篇。

三、建会20周年庆祝暨科普宣传活动

按照协会2005年工作规划的要求，2005年要大力开展科普宣传活动，特别是借协会建会20周年之机，掀起贯彻《科普法》，宣传心理卫生科普知识的高潮，让广大公众了解心理卫生，讲究心理卫生。为此协会制定了“维护心理健康，构建和谐社会”的宣传活动主题，崔以泰副理事长主编和策划了《中国心理卫生协会成立20周年》纪念画册及个性化邮票。

10月9日，在惠氏百宫制药有限公司的大力支持下，协会在北京、上海、广州同时举行了庆祝中国心理卫生协会成立20周年“绿丝带关怀行动”启动仪式，并在全国范围内开展。卫生部原副部长、中国医师协会会长殷大奎，卫生部、劳动和社会保障部、中国科协等有关部门负责人及北京市卫生局局长金大鹏，全国政协委员、著名电影演员王铁诚应邀出席了北京的活动。上海市心理卫生学会、广东省心理卫生协会积极参与了两地的启动仪式。此次活动，在北京、上海、广州三地的大学举办报告会3场，科普知识展览3场，发放各种宣传品60000份，张贴科普挂图3000张，招募志愿者270人，受益群众达2000人次。

10月10日，协会同卫生部疾控司、中国疾控中心精神卫生分中心共同举办了第14个“精神卫生日”宣传活动，号召协会所属团体会员单位、专业委员会及各地方协会积极宣传“心身健康，幸福一生”的健康理念。向全国各地发放宣传海报3000份，科普资料10000册。各地协会利用当地资源，积极开展多种形式的科普宣传和庆祝活动，将中国心理卫生协会成立20周年的庆祝活动与精神卫生日进行了有机结合，有力地推动了心理卫生宣传工作的全面开展。江苏、江西、河南、陕西、北京、甘肃、宁夏、海南、山西、四川等省、自治区、直辖市心理卫生协会利用一年中各种纪念日积极开展各种形式的心理卫生科普宣传。据不完全统计，2005年举办心理卫生科普讲座271次，听众达45500人次，科普宣传241次，免费接待咨询群众8900余人次，免费发放心理卫生科普宣传资料10余万份。

中国抗癌协会

Chinese Anti－Cancer Association

（CACA）

地　　址　北京市阜成路52号

邮政编码　100036

电子信箱　msc@caca. sina. net

主页网址　http://www. caca. org. cn

电　　话　010－88152121

传　　真　010－88148749

理 事 长　徐光炜

副理事长　郝希山　沈镇宙　张岂凡　程书钧　刘　奇　曾益新

秘　书　长　张宗卫

刊物及主编　《中国癌症研究》　主编　鄂　征

《中国肿瘤生物治疗》　主编　张友会

《中国肿瘤临床》　主编　郝希山

《中国肺癌杂志》　主编　孙　燕

《肿瘤防治研究》　主编　张明和

《实用肿瘤杂志》　主编　郑　树

《癌症康复》　主编　徐光炜

单位简介

中国抗癌协会于1983年6月开始筹备，1984年4月28日正式成立，1985年5月加入中国科协，是中国科协的组成部分，是经民政部登记注册的全国性学会。现任理事长徐光炜。

协会宗旨是：主持肿瘤领域中的学术合作和科学会议；加强国际民间学术交流；举办各种学习班、讲习会；培养肿瘤学科技、医务人才；主办学术期刊；动员社会各界力量参与普及和传播肿瘤预防知识。

协会设有秘书处、办公室两个职能部门及6个工作委员会，分别是学术与对外工作委员会、继续教育工作委员会、信息出版工作委员会、科普康复工作委员会、科技服务与财务工作部、组织工作委员会。

协会下设32个专业委员会、一个康复会和两个基金，分别为肿瘤病因、肿瘤标志、肿瘤流行病学、肿瘤临床化疗、抗癌药物、小儿肿瘤、头颈肿瘤外科、鼻咽癌、食管癌、肺癌、乳腺癌、胃癌、大肠癌、肉瘤、肝癌、妇科肿瘤、恶性淋巴瘤、血液肿瘤、肿瘤传统医学、肿瘤康复与姑息治疗、肿瘤病理、肿瘤医院（研究所）管理、临床肿瘤协作学、胰腺癌、肿瘤介入治疗、肿瘤转移、肿瘤信息、肿瘤护理、肿瘤生物治疗、肿瘤影像、神经肿瘤、肿瘤微创治疗专业委员会及癌症康复会，中国抗癌协会太极抗癌科学基金和中国抗癌协会康莱特科学抗癌基金。

目前除西藏自治区外，各省、自治区、直辖市都有抗癌协会。到2005年底加入协会的会员总数达3.4万余人。协会是亚太地区抗癌组织联盟（APFOCC）理事单位，现任七个常务理事之一；是国际抗癌联盟（UICC）正式成员。

工作综述

一、加强协会改革和组织建设

1. 加强以会员为本的多元会员组织体制建设，实行全国会员统一编码、登记、交纳会费，建立全国会员网络管理系统和会员分级、分类管理制度，加强会员管理和服务工作。

2. 加强了办事机构改革和建设。为了提高协会的工作效率，发挥理事和常务理事的领导作用，经协会五届三次常务理事会研究决定，成立了6个工作委员会及所属9个工作部，聘任了各委员会和工作部的负责人及专职秘书，各工作部集中在京、津两地办公。并根据工作需要，新建了办公室，招聘工作人员。初步解决原工作部无专职办公人员和挂靠在全国各地的分散、被动、无力局面。

3. 加强了专业委员会的组织建设。根据中国科协和民政部《关于全国性学会分支机构、代表机构管理办法》，在完成协会分支机构清理整顿和登记工作的基础上，进一步加强了领导和管理，充分发挥了专业委员会的骨干作用。到2005年底，已登记发证的专业委员会31个，经协会五届四次常务理事会批准，新成立影像诊断专业委员会，已上报待批。

4. 加强民主管理制度建设。为了保障协会工作逐步走向法制化、民主化、科学化、规范化、制度化的轨道，建立健全了十项规章制度，即：中国抗癌协会工作委员会（部）组织条例、全国会员管理制度、专业委员会组织细则、理事会工作会议制度、全国性学术会议管理办法、关于民间国际学术交流管理办法、期刊管理办法、继续教育管理办法、财务管理办法和印章管理办法。

二、学术会议

1. 由协会及云南省肿瘤医院与台湾地区临床肿瘤医学会共同主办的第四届海峡两岸肿瘤学术大会于2005年10月20～23日在云南省昆明市召开。协会理事长徐光炜、台湾地区临床肿瘤医学会理事长彭瑞鹏、协会常务副理事长郝希山院士、云南省卫生厅副厅长杨鸿生以及各级负责人30余人到会。全国各地从事肿瘤基础研究的专家和临床医务工作者近400人参加会议，其中来自台湾地区肿瘤学界专家学者50余人，香港特别行政区专家学者5人。大陆提交论文230余篇，台湾地区、香港特别行政区提交注文20篇。经大会学术委员会组织专家评审共选出206篇论文，编印“第四届海峡两岸肿瘤学术大会论文汇编”。大会拟定第五届海峡两岸肿瘤大会于2006年10月在天津召开。

2. 协会各专业委员会组织召开的学术会议有15次，参会人数近7000人，交流论文4000余篇。会议为各学科的交流与发展提供了很好的平台，为我国的抗癌事业做出了突出的贡献。

三、国际学术交流与合作

1. 协会组团参加了2005年9月7～9日在韩国首都首尔召开的第18届亚太地区肿瘤学术大会。共有28个国家的逾千名学者参加了会议。经过各国专家的严格评议和共同推荐，评出大会优秀论文奖28篇，中国获奖11篇，协会参会论文24篇，其中8篇获奖。协会常务副理事长郝希山院士被选为亚太地区抗癌联盟常务理事，同时，协会还成功获得2011年在北京举办第21届亚太地区肿瘤学术大会的主办权。

2. 美国抗癌协会（ACS）代表团和UICC主席先后来华访问，与协会进行了友好和富有建设性的会谈。

四、科普工作

1. 科普康复工作委员会在广东省广州市召开了科普康复工作委员会工作会议，并制订2005年科普宣传工作计划。会议有两个主要议题：一是筹划卫生部委托编写的《抗癌宣传大纲》和编辑出版《抗癌手册》；二是研究2006年第12届全国肿瘤防治宣传周活动有关事项。

2. 在第11届全国肿瘤防治宣传周活动期间，全国各地抗癌协会大力开展“关爱妇女，远离乳癌”为主题的形式多样的宣传活动，普及宣传肿瘤防治科学知识。贯彻“预防为主”方针，以妇女常见的乳腺癌为重点，策划并实施全国百万妇女乳腺癌普查工作，受到中央领导同志和卫生部的重视和支持，成为协会实践“三个代表”重要思想的一项社会服务工程和科研任务。努力实现这项工程，对改变人们的思想和观念及改革医疗模式将会产生积极深远影响。

3. 在全国普遍开展群众性的癌症康复活动。

中国体育科学学会

China Sport Science Society（CSSS）

地　　址　北京市崇文区体育馆路11号
邮政编码　100061
电子信箱　csss@public3. bta. net. cn
主页网址　http://www. csss. cn
电　　话　010－87182594/87182593
传　　真　010－87183926
理 事 长　段世杰
副理事长　田麦久　史康成　张　剑　杨贵仁　杨　桦　杜利军　田　野　于长隆
秘 书 长　田　野（兼）
刊物及主编　《体育科学》　主编　田　野
《中国运动医学杂志》　主编　李国平

单位简介

中国体育科学学会是依法成立的体育科学技术工作者的学术性群众团体，是党和政府联系体育科学技术工作者的纽带，是我国发展体育科技事业的重要社会力量。中国体育科学学会于1980年12月加入中国科协，为中国科学技术协会的组成部分。

中国体育科学学会的筹建工作始于20世纪60年代初。1980年12月15日在北京召开了中国体育科学学会成立大会，大会选举产生了由93人组成的第一届理事会，黄中当选为理事长。1985年5月在重庆召开了中国体育科学学会第二次全国代表大会，选举产生了由105人组成的第二届理事会，黄中再次当选为理事长。1990年12月在天津召开了中国体育科学学会第三次全国代表大会，选举产生了由131人组成的第三届理事会，伍绍祖当选为理事长。1995年9月在西安召开了中国体育科学学会第四次全国代表大会，选举产生了由131人组成的第四届理事会，袁伟民当选为理事长。2000年12月在武汉召开了中国体育科学学会第五次全国会员代表大会，选举产生了由100人组成的第五届理事会，段世杰当选为理事长。2004年10月在北京召开中国体育科学学会第六次全国会员代表大会，选举产生了由100人组成的第六届理事会，段世杰当选为理事长。

中国体育科学学会下设17个分会：体育社会科学分会、运动训练学分会、运动医学分会、运动心理学分会、体育信息分会、运动生物力学分会、体制研究分会、体育仪器器材分会、体育统计专委会、体育计算机应用分会、体育建筑分会、学校体育分会、武术分会、体育史分会、体育新闻传播分会、体育产业分会、体育管理分会。

中国体育科学学会加入了以下国际组织：国际运动医学联合会（International Federation of Sports Medicine）、亚洲运动医学联合会（Asian Federation of Sports Medicine）、国际生物力学学会（International Society of Biomechanics）、国际运动生物力学学会（International Society of Biomechanics in Sports）、国际运动心理学会（International Society of Sport Psychology）、亚洲南太平洋运动心理学会（Asian South－Pacific Association of Sport Psychology）。

工作综述

一、组织建设

1. 根据学会六届一次常务理事会的决议，颁布了《中国体育科学学会会员管理办法（2005年）》和《中国体育科学学会学术会议组织管理办法》。

2. 2005年是学会会员发展的关键一年，从2月开始，共重新登记个人会员2852人，单位会员154个。

3. 2005中国体育科学学会单位会员工作会议于4月6～9日在广东省广州市召开。50多家会员单位的60多人出席了会议。

二、科学研究

学会于2005年设立中国体育科学学会科学技术研究项目，已经着手实施的是学校体育研究项目、计算机应用研究项目和武术研究项目。其中学校体育研究项目资助90项课题；计算机研究项目资助16项课题；武术研究项目资助11项课题。

三、学术交流

1. 4月27～30日，由国际乒联主办、中国乒乓球协会和中国体育科学学会承办、上海交通大学协办的第9届国际乒乓球联合会科学大会在上海交通大学召开。来自15个国家和地区的100多名专家、学者到会进行了学术交流。

2. 8月18～21日，中国科协2005年学术年会体育科学分会场会议在新疆维吾尔自治区乌鲁木齐市成功召开。学术年会首次设立的体育学科主题为“奥运、健康与运动医学”的分会场，由中国体育科学学会及运动医学分会牵头承办，新疆师范大学协办。

3. 10月24～28日，由国家体育总局、第十届全国运动会组委会和中国体育科学学会主办，江苏省体育局、江苏省体育科学学会和南京体育学院承办的第十届全国运动会科学大会在江苏省南京市召开。20多个省市的200多名体育科技专家和学者齐聚南京，围绕“奥运、科技与发展”的大会主题开展学术交流与研讨。

4. 11月7～10日，由中国体育科学学会主办、华南师范大学承办的第四届全国青年体育科学学术会议在华南师范大学隆重召开。共有来自全国各地的青年体育科技工作者200多人参加了本次盛会。会议的主题是“2008：中国体育科学的机遇与挑战”。会议采用英文进行大会主报告和专题报告交流，旨在选拔和培养青年体育科技人才，为2008年奥运会科学大会做准备工作。

5. 11月24～28日，由国家体育总局群体司和中国体育科学学会主办、体育社会科学分会、学校体育分会和成都体育学院承办的纪念《全民健身计划纲要》颁布10周年科学论文报告会在四川省成都市举行。本次会议以“和谐社会与全民健身”为主题，160多名来自全国普通高校、体育院校和体育科研机构的科研人员参加了会议。

四、资助出版体育科技和科普专著

学会于2005年设立的体育科技和科普专著资助出版项目中，经专家评审同意对《球类运动训练理论研究与实践》、《中国奥委会无形资产营销》、《青春期健康促进》进行资助。

五、对外交往

1. 与德国体育科学学会正式签订了双边学术交流协议，进一步打开了双边交往渠道。

2. 组团参加美国健康、体育、娱乐和舞蹈协会第120届年会。

3. 中国科协海外智力为国服务行动计划第一批试点项目“2008年北京奥运与运动员心理训练”于2005年启动。

4. 选派运动心理学专家参加在澳大利亚悉尼举行的国际心理学大会和亚洲及南太平洋地区心理学会理事会。

六、科普工作

1. 经学会推荐申报的7个项目中，《社区体育促进指导教材》和《科学健身系列科普挂图》项目获得中国科协资助。

2. 组织运动医学专家共28人次参加了5月在北京海淀展览馆举行的以“科技以人为本，全面建设小康”为主题的全国科技周的活动。

3. 与国家体育总局科研所国民体质检测组合作参加了中国科协组织的全国科普日活动。

4. 参加了中国科协科普基地检查验收工作。

七、继续教育

1. 10月15～18日在江苏省南京市举办第九期体育场馆建设、维护与经营讲习班。

2. 10月25～28日在北京举办关注亚健康、告别亚健康培训班。

3. 12月20～22日在北京举办反兴奋剂条例暨运动营养补品采购政策、法规培训班。

八、完成国家体育总局委托工作

1. 受国家体育总局科教司的委托，学会接受了国外体育科技译著及优秀体育科技译文的资助编印工作，经过评审委员会专家认真评审，推荐《运动与环境》、《体能训练指导》、《马拉松医学》三本专著为2005年国外体育科技译著资助编印项目。

2. 国家队运动营养品的采购和管理工作是学会服务奥运会的一项重要工作。截至2005年12月31日，全年完成了国家队1100多万元运动营养品的采购任务。

3. 圆满完成推荐国家科技奖工作，我国优秀运动员竞技能力状态的诊断和监测系统的研究与建立获国家科技进步二等奖。

4. 圆满完成了全国科技统计调查工作任务。

中国毒理学会

Chinese Society of Toxicology (CST)

地　　址　北京太平路27号

邮政编码　100850

电子信箱　chntox@ nic. bmi. ac. cn

主页网址　http://www. chntox. org

电　　话　010－66932387

传　　真　010－68183899

理 事 长　庄志雄

副理事长　周平坤　王　捷　王心如　史志诚　廖明阳　孟　伟

秘 书 长　周平坤（兼）

刊物及主编　《中国药理学与毒理学杂志》　主编　张永祥

《中国毒理学通讯》　主编　周平坤

单位简介

中国毒理学会是全国毒理学工作者自愿组成并经国家民政部登记注册的全国性、非营利性学术团体，是中国科学技术协会的组成部分。

中国毒理学会于1993年12月3日在北京成立。1993年、1997年、2001年和2005年分别召开了第一、二、三、四届全国会员代表大会。吴德昌任第一、二届理事长，叶常青任第三届理事长，庄志雄任第四届理事长。

中国毒理学会于1997年加入亚洲毒理学会（ASIA-TOX），同年加入国际毒理学联合会（IUTOX）。

中国毒理学会由18个专业委员会组成，即：工业毒理、食品毒理、药物依赖性毒理、临床毒理、生化与分子毒理、饲料毒理、遗传毒理、免疫毒理、生殖毒理、生态毒理、生物毒素毒理、分析毒理、兽医毒理、军事毒理、放射毒理、毒理学史、管理毒理、中毒与救治等专业委员会。业务范围是学术交流、业务培训、国际合作和咨询服务等。

工作综述

一、学术交流

1. 2005年9月18日，学会在辽宁省沈阳市举办了海峡两岸第三届毒理学研讨会，120多位专家和学者参加会议，其中台湾地区专家、学者22人。会议收到论文摘要52篇，刊登在《中国毒理学通讯》2005年第9卷第3期专刊上。

2. 9月19～21日，中国毒理学会第四届全国学术会议在辽宁省沈阳市举行。会议主题是“发展毒理学，和谐人与环境”。这是我国毒理学界水平最高、规模最大的学术盛会，会议旨在交流我国毒理学工作者近年来在毒理学科研、管理、教育、临床等方面的成果和经验。全国毒理学研究领域共350多人参加会议，会议还邀请美国、日本的著名毒理学家作学术报告。会议收到论文摘要335篇，刊登在《毒理学杂志》2005年9月第19卷第3期增刊上。会议还组织了青年优秀论文评选，经学术委员会评议，选出16篇文章为青年优秀论文，并颁发证书和奖品。

3. 2005年，免疫毒理专业委员会、中毒与救治专业委员会、生物毒素毒理专业委员会、食品毒理专业委员会、放射毒理专业委员会、毒理学史专业委员会和药物依赖性毒理专业委员会等共举办8场相应专业的学术会议。

二、举办毒理学继续教育课程班

1. 2005年9月第四届全国学术会议前期，学会组织了药物毒理与安全评价新技术课程班和分子毒理学研究技术课程班。课程班免费对会员开放，160多人参加。

2. 2005年军事毒理专业委员会与有关单位合作举办了化学恐怖袭击与化学灾害医学应急救援学习班、日军遗弃化学武器医学处理培训班和丙烯腈中毒救治技术讲座等；饲料毒理专业委员会举办了进口饲料和饲料添加剂检测技术培训班。

三、鼓励和发挥专家的作用

1. 经学会推荐，孙祖越和苏晓鸥两位教授入选为中国科协参与联合国咨商工作专家库第一批人员。

2. 应国家药品监督管理局药品审评中心要求，向该中心提供多位专家的信息，以适应该中心对相关专家不断增长的需求。

四、组织建设

1. 2005年9月，学会召开第四届全国会员代表大会，并进行理事会换届选举，产生了新一届理事会。

2. 2005年新发展会员83人，其中副高级职称以上的会员占60%。新会员经统一编号后发给会员证。

五、加强与相应国际学术组织的联系与合作

学会加强与国际毒理学联合会等国际学术组织的联系与合作，并先后为多名会员争取到国际学术组织的资助，出国参加毒理学培训班和有关的学术会议。

六、网络建设

2005年初建立了中国毒理学会网站 http://www.chntox.org。

中国康复医学会

Chinese Association of Rehabilitation Medicine（CARM）

地　　址　北京市朝阳区樱花园东街2号
邮政编码　100029
电子信箱　carm@publica.bj.cninfo.net
主页网址　http://www.carm.org.cn
电　　话　010－84205450/64222985
传　　真　010－64222985
会　　长　耿德章
副 会 长　邓开叔　卓大宏　王茂斌　励建安
秘 书 长　孙启良
刊物及主编　《中国康复医学杂志》　主编　卓大宏
《中国临床康复杂志》　主编　刘　昆
《中国脊柱脊髓杂志》　主编　张光铂
《中国修复重建外科杂志》　主编　杨志明
《中国心血管康复医学杂志》　主编　刘江生

单位简介

中国康复医学会是由全国康复医学工作者自愿组成并依法登记注册的学术性社会团体，是中国科学技术协会的组成部分。

中国康复医学会于1983年由国家卫生部发起成立，于1986年在石家庄，1992、1997和2001年在北京分别召开了第一、二、三、四届全国会员代表大会，顾英奇任第一、二届理事长，耿德章任第三、四届理事长。

中国康复医学会于1987年加入中国科协。2001年7

月正式加入国际物理医学与康复医学学会（International Society of Physical and Rehabilitation Medicine，ISPRM）。中国康复医学会下设分支机构20个，27个省、自治区、直辖市成立了康复医学会，拥有会员15000余名。

工作综述

一、友好往来

2005年4月，由耿德章会长任团长的中国康复医学代表团一行61人赴巴西圣保罗出席ISPRM第三次世界大会。耿德章会长及学会其他领导同志分别拜会了ISPRM主席以及国际康复医学界的著名学者和部分国家康复医学会的官员。同时，亚太各国家和地区代表团团长召开了联席会议，决定筹备成立亚太地区康复医学联盟。

2005年，学会邀请国际物理医学与康复医学学会副主席朴昌一、国际职业治疗师联盟主席冼洁玲、香港康复医学学会会长李常威以及香港职业治疗学院院长黄锦文等先后来访，与学会领导就有关合作事宜进行了讨论，并分别在哈尔滨、青岛和广州等地举行了学术报告会。

二、学术交流

2005年，学会共举办全国性学术交流活动8次（含与其他学会共同举办1次），参加科技工作者1858人，其中境外学者68人。交流论文1542篇，印制论文集2200册，制作学术论文光盘4种。

三、决策咨询和政策建议

受中国残联和卫生部的委托，2005年先后完成了《中华人民共和国残疾人保障法》的修订和《社区康复示范区标准》的论证工作。7月，受卫生部医政司委托，学会在北京组织了在京康复医学专家座谈会。11月，学会在湖北省武汉市召开中国康复医学会专家委员会第二次工作会议，就制定“十一五”康复医学发展规划以及筛选康复医学科研课题进行了研究并出台了相关实施方案，为配合卫生部制定我国康复医学事业发展“十一五”规划提供了决策依据。

四、继续教育

2005年学会共举办各种专业培训班6个，培训专业技术人员413人次。

五、科技期刊

除《中国临床康复杂志》改为旬刊外，学会所属《中国康复医学杂志》等5种专业学术期刊自2005年起全部改为月刊。

为推进学会杂志的国际化进程，经国家新闻出版总署批准，由学会创办的英文版杂志《中国神经康复研究》将于2006年正式出版发行。

中国免疫学会

Chinese Society of Immunology

（CSI）

地　　址　北京市东单三条5号

邮政编码　100005

电子信箱　linjiayou@ imicams. ac. cn

电　　话　010－65296451/85113258

传　　真　010－65296451

理　事　长　陈慰峰

副理事长　周光炎　金伯泉　郑德先　张学光

秘　书　长　何　维

刊物及主编　《中国免疫学杂志》　主编　杨贵贞

Cellular & Molecular Immunology　主编　周光炎

《免疫学杂志》　主编　朱锡华

《中国肿瘤与生物治疗杂志》　主编　张友会

《中国神经免疫学和神经病学杂志》　主编　许贤豪

《细胞与分子免疫学杂志》　主编　金伯泉

《现代免疫学》　主编　周光炎

单位简介

中国免疫学会是全国免疫学科技工作者自愿组成并依法登记注册的学术性社会团体，是中国科学技术协会的组成部分。1987年由谢少文、吴安然、顾方舟等科学家发起，经科技部批准成立。成立后即加入中国科协。1989年在四川成都举行成立大会，1993年、1998年、

2002 年分别在南京、兰州、石家庄召开了第二、三、四届全国会员代表大会。顾方舟任第一届理事长，巴德年任第二、三届理事长，陈慰峰任第四届理事长。

中国免疫学会的前身——国际免疫学联合会中国委员会（主席为顾方舟）于 1983 年代表中国正式加入国际免疫学联合会（IUIS），并于 1992 年正式加入亚大地区免疫学会联盟（FIMSA）。

15 个省、自治区、直辖市设有地方免疫学会组织。

工作综述

一、学术交流工作

1. 由中国免疫学会和浙江省科技厅主办的第三届亚洲大洋洲免疫学联盟学术大会（3^{rd}FIMSA），于 2005 年 4 月 18 ~ 22 日在浙江省杭州市召开。参加会议的与会者近千人，外国专家、学者 159 人，分别来自 25 个国家和地区。IUIS 主席、诺贝尔奖获得者 Rolf M. Zinkernagel 教授和 Peter C. Doherty 教授应邀参加了会议并致词。大会有 800 多篇论文收录入论文集。

2. 9 月 16 ~ 18 日，由学会血液免疫专业分会主办、天津医科大学血液肿瘤科协办的第四届全国血液免疫学学术大会在天津召开，100 多名来自高等医学院校、医院、科研院所的血液免疫学专业临床和科研工作者参加。大会共收到征文 90 余篇。

二、科普宣传工作

1. 由王天宇主编的科普书籍《增强免疫力 140 问》，由金盾出版社出版。

2. 出版科普书籍《最新科技》和《最新科技报告》。

3. 江苏省免疫学会组织 AIDS 进展和预防方法报告 2 次、预防禽流感宣传活动 5 次。

4. 上海市免疫学会组织 10 余位教授撰写了《免疫知识 200 问》。

5. 为配合中国科协、上海市教委和上海市科协有关“中国青少年科学素质行动——上海试点项目”，上海市免疫学会组织专家对上海市重点中学的师生作免疫学科普知识讲解，并建立了有关免疫学的实验基地。12 月该基地正式挂牌。

6. 湖南省免疫学会筹委会积极履行会员义务，努力宣传科普知识，在 9 月 17 日举办的湖南科技宣传周中，与湖南省医学会微生物及免疫学专业委员会、中南大学湘雅医学院红十字学会、中南大学基础医学院微生物学教研室一道举行了艾滋病及猪链球菌防控宣传活动，学会为本次活动特意制作了若干艾滋病科普知识及猪链球菌病及其防控展板，另外还编印了 500 多本艾滋病防治及猪链球菌病及其防控宣传资料，免费发给市民学习。参与本次咨询的市民达 400 余人，通过展板和资料了解学习有关知识的群众数以千计。活动主题“相互关爱，共享生命”深入人心。

中华预防医学会

China Preventive Medicine Association（CPMA）

地　　址　北京市西城区鼓楼西大街 154 号

邮政编码　100009

电子信箱　cpma_ xsb@163. com

主页网址　http://www. cpma. org. cn

电　　话　010 – 84039879

传　　真　010 – 84039873

会　　长　王陇德

副 会 长　王　宇　王贺祥　王撷秀　庄　辉　李德雪　姜庆五　蔡纪明　阚学贵

秘 书 长　蔡纪明（兼）

刊物及主编

《中国预防医学杂志》	主编	阚学贵
《中国公共卫生》	主编	戴志澄
《中国寄生虫病防治杂志》	主编	齐小秋
《中国学校卫生》	主编	张国栋
《工业卫生与职业病》	主编	李德鸿
《中国食品卫生杂志》	主编	戴　寅
《保健时报》	社长	张家喜

单位简介

中华预防医学会是全国公共卫生与预防医学领域的科技工作者自愿组成并依法登记注册的学术性社会团体，

是中国科学技术协会的组成部分。

经卫生部批准和民政部注册，中华预防医学会于1987年正式成立。并分别于1987年11月、1992年5月、1999年4月、2005年7月在北京召开第一、二、三、四届全国会员代表大会，何界生任第一、第二届会长，曾毅任第三届会长，王陇德任第四届会长。

学会下设分支机构40个，有会员6万余人。出版中华预防医学会系列杂志61种。

中华预防医学会于1991年加入中国科协，于1996年加入世界公共卫生联盟（World Federation of Public Health Association），是联盟执行局成员之一。学会与世界卫生组织（WHO），联合国人口基金（UNFPA），联合国儿童基金会（UNICEF）、联合国艾滋病规划署（UNAIDS），美国公共卫生学会（APHA）等有广泛密切的合作。各省、自治区、直辖市均有地方预防医学会组织。

工作综述

一、根据保持共产党员先进性教育活动要求，加强自身队伍建设

学会按照“保持共产党员先进性教育活动”的有关要求，在统一思想，提高认识，分析存在不足和问题的基础上，结合学会具体工作制定了整改方案，并组织实施。

根据《中国科协学会改革工作座谈会纪要》精神，学会确定了结合自身特点和优势，为学术建设服务、为经济社会服务、为会员和科技工作者服务的社会定位；以改革为动力，努力扩大学会的实力资源和经费来源渠道，提高了学会综合实力和社会影响力。

二、召开第四次全国会员代表大会

2005年7月27～29日，在卫生部、中国科协的领导下，中华预防医学会第四届全国会员代表大会在北京召开。大会讨论了学会的发展方向，修改了学会《章程》，顺利完成换届工作，选举产生了学会新一届常务理事会、会长、秘书长。国务院副总理吴仪出席会议并作重要讲话，为预防医学会的发展指出了明确的方向，给全国预防医学和公共卫生领域的专家、领导和科技工作者以极大的鼓舞。卫生部副部长王陇德担任学会的会长，更加大了对学会的领导力度，为学会的发展带来新的生机。

三、发挥学会学术交流主渠道作用，开展多学科、多领域的学术交流

学会2005年主办和承办国际会议13次，各类国内学术会议130余次，与会者达1万余人次。

为配合卫生部和国家应对禽流感的重点工作，学会在中国科协的支持下，与中国畜牧兽医学会联合承办了中国科协禽流感与人禽流感现状及防治对策研讨会。

四、坚持民主办会，加强学会组织建设

坚持民主办会，定期召开常务理事会。完成了职业病专业委员会、卫生检验专业委员会的换届改选；成立了伤害预防与控制分会、自由基预防医学专业委员会和农村改水改厕专业委员会；受理和重新申报了健康风险评估与控制分会、卫生监督、生物安全防护、精神卫生等分会；修改了对会员、分支机构、学术会议等的管理办法。

五、提高期刊学术质量，促进医药卫生期刊规范化管理

学会加大了对系列期刊的监管力度。在61种系列杂志中，有16种被收入中文核心期刊目录，28种进入中国科技论文统计源期刊。学会有4人获得了中国科学技术期刊编辑学会颁发的“金牛奖”和“银牛奖”。

学会积极参与了中国科协2005年学术年会书刊展活动。在卫生部新闻办公室的支持下，承办了全国医药卫生期刊主编和编辑岗位资格培训班。

六、大力开展继续医学教育培训与卫生科普宣传活动

2005年，学会共获卫生部批准继续医学教育项目142个，培训23172人次。重新修订了有关的继续医学教育管理办法，组建了继续医学教育项目初评委员会。

在中国科协的领导下，学会开展了科技、文化、卫生“三下乡”活动。发放宣传材料近万份。参加中国科协组织的“科技以人为本，全面建设小康”科技周活动，现场接待咨询群众500余名，免费赠送报纸、杂志4000多份。学会在中国科协举办的第二届全国优秀科普挂图征集评选活动中获得优秀组织奖。

七、加强国际交流与沟通，开展多层次项目合作

在中国科协及卫生部支持下，学会组团参加了日内瓦公共卫生联盟大会第39届年会，列席世界卫生大会。学会还出访、互访了日本和德国的公共卫生学会，并与德国公共卫生学会合作开展了防治艾滋病网络在线培训项目。

为加强“两岸三地”的沟通与联系，10 月份学会在福建省厦门市举行了海峡两岸传染病防治研讨会，两岸参会人员达 100 多人，对禽流感、SARS、艾滋病防治进行了研讨，并初步建立传染病相关信息交流的机制。

八、做好科技开发工作，为经济建设服务

12 月 17 ~ 19 日，学会首次与地方预防医学会联合举办集健康教育、健康咨询、健康产品于一体的中国 · 上海人与健康博览会，对宣传健康城市、提倡健康促进、开展健康教育、介绍有益大众健康的产品发挥了积极的作用。

九、做好信息和综合管理服务工作

根据国家有关精神，对学会网站和各分会、编辑部、《保健时报》进行检查，加强保密工作。同时，加大信息服务工作力度，网站内容及时更新，恢复发行《中华预防医学会工作通讯》。

十、其他

学会及时完成优秀科技工作者、科研成果、青年科技奖、中国基础研究十大新闻、中国科学院院士、中国工程院院士候选人推荐工作。

中国法医学会

Chinese Forensic Medicine Association（CFMA）

地　　址　北京市西城区木樨地南里 17 号
邮政编码　100038
电子信箱　fyxh6626@ sina. com
主页网址　http://www. fyxh. org
电　　话　010 – 63495531/65209870
传　　真　010 – 63495531
会　　长　刘　耀
副 会 长　王　羽　王雪梅　王　镭　安卫星　吴少军　杜　春　翟恒利
秘 书 长　翟恒利（兼）
刊物及主编　《中国法医学杂志》　**主编**　刘　耀

单位简介

中国法医学会是由全国法医工作者及相关人员组成的公益性、学术性、非营利性的法人社会团体，是中国科学技术协会的组成部分。

1985 年 4 月国家体改委批复同意成立中国法医学会。1985 年 10 月召开第一次全国会员代表大会，会议通过了《中国法医学章程》，民主选举产生了学会领导机构，确立了学会的工作机构和学术机构。

学会现有来自全国公安、检察院、法院、司法、卫生、教育、部队等系统的个人会员 6000 余人，香港特别行政区的会员 79 人、澳门特别行政区的会员 8 人，团体会员 4 个。中国法医学会有 6 个学科专业委员会及法医学专家委员会、鉴定委员会和《中国法医学杂志》编辑部。

学会成立以来，团结和组织全国广大法医工作者，积极开展学术交流，在促进法医科学繁荣发展、法医科学普及与推广、法医人才培养和提高方面的大量卓有成效的工作，为社会主义法制建设，为我国社会主义物质文明、精神文明和现代化建设做出了贡献。

工作综述

一、服务实战，举办命案侦破攻坚克难培训班

围绕全国政法工作中心任务，充分发挥学会技术、人才优势，践行“服务实战、服务诉讼、服务社会”的工作原则，在宁夏回族自治区银川市举办了命案侦破攻坚克难培训班。培训一线法医技术人员共 319 人。根据此次培训班培训的特点，精心选择培训内容和授课专家，受到学员普遍好评。

二、积极开展多种形式的学术交流活动

1. 由学会专业委员会召开的全国性学术会议。2005 年 8 月，举办全国法医临床学学术研讨会。会议征集到学术论文 300 余篇，经过专家审阅，编辑成论文集。

11 月，举办第二次全国司法精神病学学术交流会。会议除专题发言外，还邀请专家就司法精神病鉴定中的热点问题作了专题讲座。

2. 国际学术交流。组织 4 个团组分别参加了 5 月在英国召开的世界警官第七届国际法医临床学学术交流会、8 月在香港举办的第 17 届国际法庭科学大会、8 月在韩国召开的世界毒物学家学会第43届国际会议和9月在葡萄牙召开的第21届国际法庭遗传学学术会议。

3. 在第21届国际法庭遗传学学术会议上，经国际法医遗传学会执行委员会同意，国际法医遗传学会中文专委会成立。

三、接受地方公安机关委托，复核鉴定案件

2005年，特别是全国公安机关"大接访"以来，一些地方公安机关恳求中国法医学会对积压了十多年的疑难案件或在当地有一定影响的案件进行复核鉴定。学会根据公安部有关业务局负责人指示，组织国内著名法医学专家，对这些案件进行了复核鉴定，受到各方面的好评。

四、组织制定行业标准，规范相关工作

2005年，学会适应国家加强标准化、规范化建设的需要，组织并直接参与了相关行业标准的制订工作。其中《法医尸体解剖台》项目，制定工作已经完成，通过了全国刑事技术标准化委员会的审定。《人身伤害受伤人员护理期限和伤残者护理依赖程度确定准则》项目，经公安部科技局立项，已开始起草工作。《道路交通事故受伤人员救治赔偿准则》项目，经公安部科技局立项后，起草工作已完成。

五、期刊工作

《中国法医学杂志》2005年发行正刊6期。印刷量4600份/期。每期刊登稿件约45～50篇，年投稿量约500篇。2005年，《中国法医学杂志》加入荷兰《国际科学文献数据库》和《医学文摘》，标志着本杂志已经跻身世界法庭科学技术期刊先进行列。

2005年，学会召开了《中国法医学杂志》编审工作会议，主要议题是，以新的理念分析《中国法医学杂志》的现状，以与时俱进的态度，研究探讨进一步提升杂志质量和扩大发行量问题的办法和措施，努力把《中国法医学杂志》办成一流杂志。

六、会员组织管理和服务工作

截止到12月底，学会重新登记和新发展的个人会员共有6155人，其中香港特别行政区会员79人，澳门特别行政区会员8人。中国法医学会网站于2004年开通试运行，2005年，学会秘书处设专人管理会员库和负责网站内容更新。开通了会员互动平台。

七、完成各主管部门下达的工作

学会根据中国科协、公安部和民政部的要求，完成了上级各主管部门下达的各项工作任务。

中国自然辩证法研究会

The Chinese Society for Dialetics of Nature

（Philosophy of Nature, Science and Technology）

（CSDN, PNST）

地　　址　北京市海淀区学院南路86号

邮政编码　100081

电子信箱　zrbzfyjzz@263. net

主页网址　http：//ccsdn. chinajournal. net. cn

电　　话　010－62103265

传　　真　010－62103268

理 事 长　朱　训

副理事长　王国政　王得胜　孙小礼　毕孔彰　朱清时　邱仁宗　李庆臻　李惠国　郭贵春　殷瑞钰　曾国屏　颜泽贤

秘 书 长　王国政（兼）

刊物及主编　《自然辩证法研究》　**主编**　王国政

单位简介

中国自然辩证法研究会是为发展我国科学技术事业，由全国自然辩证法工作者和热心自然辩证法的自然科学工作者、工程技术工作者、科学管理工作者和哲学、社会科学工作者自愿组成，依法登记的公益性、学术性法人社会团体，是中国科学技术协会的组成部分。

中国自然辩证法研究会于1978年初由著名科学家提议，中国科协申报，经邓小平等领导同志批准成立的。研究会于1981年10月召开第一次全国会员代表大会，于光远任第一届（后连任第二届）理事长；1992年7月17日在北京召开第三次全国会员代表大会，龚育之任第三届（后连任第四届）理事长；2001年2月21日在北京召开第五次全国会员代表大会，朱训任第五届理事长。

中国自然辩证法研究会坚持民主办会，实行会员制；最高决策权在全国会员代表大会。现任的第五届理事会有理事169人，常务理事37人；下设8个工作委员会，21个专业委员会。全国绝大多数省、自治区、直辖市都有自然辩证法研究会。中国自然辩证法研究会于1996年加入国际科学史和科学哲学联合会（IUHPS）逻辑学方法论科学哲学分会（DLMPS），是该会的国家会员。

中国自然辩证法研究会以马克思主义哲学为指导，探索自然界和科技发展的普遍规律。研究领域遍及自然哲学、科学哲学、技术哲学、工程哲学和科学技术方法论等基础研究，数学哲学、物理哲学、化学哲学、地学哲学、医学哲学、生物哲学等应用研究。科学社会学、科学技术与社会（STS）、科学伦理学、生态哲学、环境哲学、经济哲学，以及各个产业、行业领域的一些哲学、方法论、科技政策、发展战略等都是研究会研究的范围。

研究会的宗旨是倡导科技工作者学习、研究、运用马克思主义哲学指导思想和实践，促进自然科学和人文社会科学的联盟，为我国科技、经济和社会发展服务。20多年来，研究会在坚持实事求是、解放思想、推动改革开放和现代化建设，弘扬科学精神，反对迷信和伪科学方面做出了突出贡献。

自然辩证法作为一门学科经历了逐步发展、成熟的过程。1981年，教育部把自然辩证法类课程列为理工农医研究生的公共必修课。目前全国有自然辩证法专业12个博士点，47个硕士点。

研究会主办的刊物有《自然辩证法研究》和《医学与哲学》，研究会委托主办的刊物有《科学技术与辩证法》、《自然辩证法通讯》。

工作综述

一、科学普及

研究会主办的2005年“世界物理年在中国”——“物理学与经济社会发展”1+14系列活动。“1”表示举办一场大型报告会，“14”表示在全国14所大学举办14场报告会。

12月16日，在中国科技会堂举办大型报告会，由研究会理事长朱训主持。中国科协主席周光召、中国科学院、国家自然科学基金委和中国物理学会分别为会议发来了贺信。中国工程院徐匡迪院长作了批示。

中国科协书记处书记程东红、中国自然辩证法研究会名誉理事长龚育之、国家自然科学基金委副主任沈文庆院士、中国工程院副院长杜祥琬以及何祚庥等数位院士、科学家到会并讲话。

杜祥琬院士以“物理学与中国能源可持续发展”、何祚庥院士以“人类即将迎接可再生能源时代”、中国科学院自然科学史所董光璧研究员以“爱因斯坦对我们时代的意义”、研究会秘书长王国政以“物理学方法论的普遍性”、研究会副秘书长王玉平以“物理学与经济社会发展”为题目分别作了报告。

二、学术交流

1. 8月20~23日，研究会在中国科协2005学术年会上负责组织第31分会场，主题为“科学家的社会责任”。来自高校和研究机构的20位专家学者作了大会发言。

2. 响应中国科协和教育部的号召，研究会先后举办了全国学科发展会议、“科技进步与当代世界发展”全国中青年自然辩证法年会、全国《自然辩证法概论》教学大纲研讨会、全国理工农医《现代科技革命与马克思主义》教学研讨会。另外，为了总结自然辩证法学术研究和学科及课程建设的经验，推动新世纪自然辩证法的发展，研究会在北京举行了全国优秀教材及专著评审会。

3. 9月24~25日，举办“高科技时代的伦理困境与对策”国际学术研讨会。来自中、韩、美等国的学者对高科技给当代人造成的伦理困境与道德冲击等问题进行了深入的探讨和交流。军事与国际关系伦理问题的研讨是本次会议的一个亮点。与会者对战争伦理、战争道德评价、高科技战争对战争伦理和国际伦理的冲击等问题的探讨，都不乏创见。

本次会议打破了学科界限，伦理学、科技哲学、法学等学科的学者们济济一堂，共同探讨高科技带来的伦理困境及其应对，是一次别具现实意义和价值的伦理学盛会。

4. 召开“中美科学与宗教”国际性学术研讨会，20余位学者参加了会议。中美专家依次作了“科学与宗教关系的研究对当代世界的意义”、“20世纪科学对宗教的挑战”、“从中国科学的发展过程看科学与宗教”、“宗教与宗教感”、“我国科学与宗教问题的研究状况”的主题发言。与会学者围绕“科学与宗教”的主题展开了热烈讨论，涉及的主要问题有：关于科学与宗教的关系，科学与宗教的协调，关于宗教和宗教感问题。

中国管理现代化研究会

Chinese Society for Management Modernization (CAAM)

地　　址　北京中关村东路 80 号
邮政编码　100080
电子信箱　zhaozhao@ gucas. ac. cn
电　　话　010 - 82680699
传　　真　010 - 82680834
理 事 长　成思危
副理事长　赵纯均　周子康　席酉民　吴世农
　　　　　陈　重　吴志攀　龙永图
秘 书 长　冯芷艳
刊物及主编　《管理现代化》　主编　谢绍明
　　　　　《中外管理》　主编　杨沛霆

单位简介

中国管理现代化研究会成立于 1978 年，是管理学学术界、大学与研究机构、政府经济管理部门与企业界等广大管理工作者（包括从事管理科学研究、教学、咨询，行政与国家机关领导同志、企业家和企事业单位管理者）自愿组成的，是具有公益性、学术性的法人社团，是以管理科学的学术交流、科学普及与实践经验总结交流为宗旨的非营利性群众组织，是发展我国管理科学事业的重要社会力量，是中国科协的组成部分，接受中国科协和民政部的业务指导和监督管理。中国管理现代化研究会现有个人会员逾 50000 人，团体会员 268 个。

2005 年 6 月在北京召开了第四届全国会员代表大会，选举成思危为理事长。

工作综述

一、举办中外管理官产学峰会，促进了学术界与企业界的交流

2005 年 10 月 29 ~ 31 日，《中外管理》杂志社在北京举行了第 14 届中外管理官产学峰会。袁宝华、龙永图、美国杜拉克基金会董事比尔·波拉德，以及 IBM 等跨国公司总裁等出席，到会企业家共 700 多人。

2005 年峰会首次推出了中国企业管理杰出贡献奖和中国企业管理特殊贡献奖。还首次公布了《2005 年企业主管现状调查报告》。

二、举办首届学会杯高校商务谈判邀请赛，提升了高校学生商务谈判的实际应用能力

10 月 13 ~ 16 日，由研究会国际商务谈判专业委员会主办、北京第二外国语学院承办的首届学会杯高校商务谈判邀请赛在北京举行。10 所高校的 16 支代表队 105 名选手，通过理论赛、8 场初赛、4 场复赛、2 场半决赛以及最终决赛角逐奖杯。北京语言大学获得本次比赛的冠军。共有 12 名选手分别获得理论赛优秀奖和优秀“谈判手”称号。

博鳌论坛秘书长、国际商务谈判专业委员会名誉理事长龙永图出席了 10 月 14 号的开幕式并讲话。国务院扶贫办公室、中国人民大学出版社、中航油进出口有限责任公司和乔集团北京和乔农业开发有限公司等机构和企业负责人及研究会秘书长冯芷艳到场观摩。

中国技术经济研究会

Chinese Society Technology Economics (CSTE)

地　　址　北京市学院南路 86 号
邮政编码　100081
电子信箱　e03@ cast. org. cn
主页网址　http://www. cste. org. cn
电　　话　010 - 62103364
传　　真　010 - 62174221
理 事 长　罗冰生
副理事长　马　阳　任传俊　张青林　明廷华
　　　　　朱希刚　郭励弘　董福忠　吴贵生
　　　　　蔡　莉
秘 书 长　吴贵生（兼）
刊物及主编　《技术经济》　主编　董福忠

《科学技术与工程》**主编**　马　阳

《科技和产业》　　**主编**　马　阳

单位简介

中国技术经济研究会是全国技术经济工作者自愿组成并依法登记成立的学术性、公益性法人社会团体，是发展我国技术经济科学事业的重要社会力量，是中国科协的组成部分。

中国技术经济研究会成立于1978年11月15日。第一届干事会总干事徐寿波。1985年11月召开第一次全国会员代表大会，于光远任第一届理事长。1990年和1995年分别召开第二、三次全国会员代表大会，吴明瑜任第二、三届理事会理事长。2003年召开第四次全国会员代表大会，罗冰生当选为第四届理事会理事长。

中国技术经济研究会现有分会、专业委员会19个，全国大部分省、自治区、直辖市有地方技术经济研究会。现有团体会员（单位）200个，直属总会的个人会员6445人。

工作综述

一、组织建设

1. 开始进行会员重新登记工作。经过一年的努力，已换发新证并公告新执行的会员登记证号的会员有458人。

2. 加强对二级机构的管理，重视推动专业委员会、分会的组织建设。林业技术经济专业委员会和通信技术经济专业委员会举行了换届大会；价值工程专业委员会召开了成立大会；技术管理专业委员会已经常务理事会批准成立。

二、学术活动

1. 2005年4月26～28日，中国技术经济研究会第二届技术管理（Management of Technology，MOT）学科发展与教学研讨会在广西大学和广西壮族自治区北海市举行。本次会议旨在研究新形势下我国高等学校MOT学科发展和课程体系建设等问题。主要议题包括：MOT国际和国内学术动态，学科前沿问题研讨；我国MOT发展面临的新形势及应对战略；MOT学术研究交流；MOT教学新进展，经验交流和问题研讨；MOT系列教材编写出版进展及计划修订以及其他共同关心的问题。

2. 5月20日，南京技术创新与成果转化高层论坛在江苏省南京市召开，会议由中国技术经济研究会、南京市科学技术协会、南京市社会科学界联合会、南京市经济委员会共同举办。本次论坛主题：技术创新与成果转化。

3. 8月9～11日，中国技术经济研究会2005年度学术年会在新疆乌鲁木齐市举行。来自企业、高等学校和研究机构的100多名与会者参加了会议。本次会议的主题是科学发展观和技术创新。李京文院士的报告就技术经济学科发展面临的机遇和挑战、发展的目标和措施以及学科的重点研究领域等方面提出了方向性意见。吴贵生、蔡莉和郭励弘分别做大会学术报告，就自主创新的本质内涵，为什么要自主创新，为什么中国缺少自主创新；技术创业；企业技术创新的“体制障碍”等根本问题进行了精辟分析。

4. 8月12～14日，2005年中国农业技术经济学术研讨会在四川省雅安市举行，会议由中国技术经济研究会农业技术经济分会与中国农业技术经济研究会共同主办。学术研讨会的主题为：提高农业综合生产能力。来自全国农业科研单位和高等农业院校从事农业技术经济研究和教学的专家、学者90多人出席了会议，收到论文70余篇。

5. 8月24日，中国科协2005年学术年会第41分会场乌昌区域经济一体化及跨越式发展论坛在新疆乌鲁木齐市举行，会议由中国技术经济研究会与乌鲁木齐市科协共同承办。会议邀请3名院士以及来自中国社科院、国务院发展研究中心、北京大学的专家作了学术报告。1100多人参加了大会。

6. 12月12～14日，中国科协主办的发展循环经济理论与实践研讨会在海南省琼海市举行，由中国技术经济研究会与琼海市政府共同承办。会议的主题为：落实科学发展，发展循环经济。会议就循环经济的历史沿革和发展趋势；发展循环经济的理论探讨、政策建议、基本经验以及发展循环经济的典型案例等内容进行了研讨，并提出了发展循环经济的专家建议书。

中国现场统计研究会

Chinese Association for Applied Statistics
(CAAS)

地　　址　北京市朝阳区平乐园100号北京工业大学第二实验楼2401室
邮政编码　100022
电子信箱　e04@cast.org.cn
电　　话　010－67392433
传　　真　010－67392433

荣誉理事长　陈希孺　张里千　林少宫
理　事　长　杨振海
副理事长　张永光　何书元　王　柱　文兼武　郑卫华　岳荣先　李昆森　韩以峻
秘　书　长　于　丹
刊物及主编　《数理统计与管理》　主编　陈家鼎

单位简介

中国现场统计研究会是由我国热心于数理统计和科学管理工作的专业科技工作者自愿组成的、具有公益性、群众性依法登记成立的学术团体，具备法人社团资格，是中国科学技术协会的组成部分，是发展我国应用统计科技事业的一支重要力量。

本会宗旨是坚持以邓小平理论和党的基本路线为指导，团结和组织致力于数理统计、管理科学及相关学科的科技工作者，促进应用统计学科的发展，促进应用统计的普及和发展，促进应用统计人才的成长和提高，促进应用统计在工农业、医药卫生、科学技术及经济等领域和社会科学中的应用，为社会主义精神文明建设和物质文明建设服务。

1979年8月22日，在北京召开中国现场统计研究会是成立大会，选举魏宗舒为干事长。1981年3月在广东新会，1984年12月在广西南宁，1989年4月在陕西西安，1993年8月在辽宁沈阳，1997年8月在贵州贵阳，2001年8月在安徽合肥，2005年8月山东在烟台分别召开了第一、二、三、四、五、六、七届代表大会，选举魏宗舒、张里千（两届）、陈希孺（两届）、杨振海（两届）为理事长。

研究会现有9个工作委员会、13个分支机构，在17个省、市成立了地方现场统计研究会。

工作综述

一、学术交流

1. 2005年7月28～8月3日，在山东工商学院举办了中国现场统计研究会第七届全国代表大会暨第十二届学术年会，在全国代表大会上进行了理事会换届选举。参加者达300人。

2. 4月26～28日，在北京工业大学举办了第五届东亚统计研讨会，参加者80人，其中30人来自日本和韩国。

3. 9月23～24日，在重庆大学举办了西南统计研讨会，参加者100人。

4. 10月14～15日，在北京召开中国现场统计研究会教育统计与管理专业委员会年会，参加者120人。

5. 继续加强对二级学会学术活动的支持力度。其中：生存分析专业委员会、教育统计专业委员会、水文、地质气象统计专业委员会、国际标准与法规专业委员会、实验设计专业委员会等二级学会和专业委员会都举行了学术活动。

二、学会改革

按照中国科协有关学会改革的指示精神，研究会在2005年多次组织专门讨论，根据研究会的实际情况起草了会员登记及管理、会费收取、二级分会管理及考核条例草案的制修订工作。

三、坚持民主办会

2005年，研究会坚持民主办会的原则，定期召开了两次常务理事扩大会议。4月，研究会七届一次扩大常务理事会重点讨论了学会期刊的问题。常务理事们对改善期刊的管理提出建议，并聘任了新的主编。

四、继续努力办好会刊

中国科协主管、研究会主办的学术期刊《数理统计与管理》，2005年出版6期，发行约11200册，共发表了96篇文章，全年收稿660篇。

中国未来研究会

The Chinese Society for Futures Studies (CSFS)

地　　址　北京市海淀区学院南路86号
邮政编码　100081
电子信箱　e05@cast.org.cn
　　　　　csfs3636@sina.com
电　　话　010－62103295/62103296
传　　真　010－62103294
理 事 长　张文范
副理事长　高　恒
秘 书 长　夏　震
刊物及主编　《未来与发展》　主编　华　军
　　　　　《发现》　主编　张廷歧

单位简介

中国未来研究会于1979年1月16日在北京成立，同时加入中国科学技术协会。研究会的成员来自全国各地，各行各业。现已拥有6700余名个人会员、5个专门工作委员会、9个分会、22个团体会员单位。中国未来研究会是一个在国际上有影响的学术团体，先后出席了世界未来研究联合会第六、八、九、十、十一、十二、十三届世界大会。其中第十届世界大会在北京举行，国务院总理李鹏在中南海会见了部分中外专家。

工作综述

一、学术活动

1. 2005年4月23日，研究会联合中国管理科学研究院在北京人民大会堂举办首届中国杰出管理者年会。200多位企业界人士和专家学者出席了会议。

2. 7月9～13日，研究会主办、研究会教育分会和北京红缨时光科技发展有限公司联合承办的首届中国幼儿教育高峰论坛在北京举行。论坛主题是“科学发展观与中国幼儿教育改革”。开幕式在北京人民大会堂举行，教育分会会长薛焕玉致开幕词，世界学前教育组织中国委员会主席祝士媛到会致辞。来自各地的400多位幼教工作者参加了会议。

3. 7月20～23日，在中国教育电视台、教育部教育发展研究中心、中央教育科学研究所、江西师范大学等单位的大力支持下，由中国未来研究会、北京大学教育学院、河南科技大学、中国管理科学研究院共同主办的第四届中国科学家教育家企业家论坛在北京人民大会堂和中国科技会堂举行。论坛的主题为“2005年中国教育发展的形势与热点”，宗旨是关注中国教育，关注中国未来，为构建中国的和谐教育建言献策。

论坛就2005年我国高等教育、基础教育、民办教育与职业技术教育和继续教育、民办教育等方面的热点和焦点问题听取专家报告和展开交流研讨，以期探索教育创新思路、传播最新教育成果，为科教兴国战略、人才强国战略的实施、为我国教育事业的发展贡献力量。

4. 12月5～7日，经商务部批准，由中国世界贸易组织研究会、中国未来研究会、中国管理科学研究院、商务部产业损害调查局共同主办的中国世贸国际论坛暨中国培育和提升产业国际竞争力峰会在北京举行。开幕式在北京人民大会堂举行，第九届全国政协副主席王文元，商务部高虎城、姜增伟等部委领导，中国世界贸易组织研究会会长、原外经贸部副部长谷永江，中国世界贸易组织研究会副会长、中国贸促会前会长俞晓松，民政部原副部长、中国未来研究会理事长张文范，中国欧洲经济技术合作协会会长、原外经贸部部长助理徐秉金等出席了大会。论坛的专家报告会在中国科技会堂举行。

二、组织建设

12月3～4日，研究会第五次全国会员代表大会在北京召开。来自全国各省、自治区、直辖市的各级未来研究会、企事业团体会员单位、分支机构、高等院校、研究院所、政府有关部门、解放军的与会者共134人出席了大会。

研究会第四届理事会副理事长縻振玉主持会议。中国科协给大会发来的贺信，贺信指出：在当今社会发展和人类文明进步中，科学技术已成为决定性因素。科学技术的进步、发展与广大科技工作者的努力密不可分。在新形势下，社会团体有着广阔的发展前景。希望新一届理事会团结广大会员和未来研究领域的科技工作者，在以胡锦涛同志为总书记的党中央领导下，高举邓小平理论伟大旗帜，全面实践“三个代表”重要思想，认真学习贯彻党的十六大、十六届三中、四中、五中全会精神，坚持党的基本路线，坚持科学发展观，努力推动实施科教兴国战略、可持续发展战略和人才强国战略，大力推进学科发展，弘扬科学精神，在为经济社会全面协调可持续发展服务、为科技工作者服务、为提高全民科学素质服务，加强自身建设等方面不断取得新的成绩，为中国未来研究科技事业的发展作出新的贡献。

会议一致通过了工作报告和财务报告《中国未来研究会章程》和中国未来研究会会费管理办法。

通过无记名投票选举产生了研究会第五届理事会常务理事20名，张文范当选为理事长，高恒当选为副理事长，夏震当选为秘书长。

三、继续教育

为落实《2001年—2005年全国干部教育培训规划》的精神，研究会教育培训中心举办了全国办公室主任、文秘干部综合技能与政策水平高级培训班，100多位行政干部参加了培训。

举办7期贯彻实施《中华人民共和国行政许可法》与《全面推进依法行政实施纲要》研修班，培训人数达450人次。

四、编辑出版

《未来与发展》杂志社坚持正确的办刊方向，贯彻执行党的方针和政策，贯彻全面建设小康社会的精神，结合我国改革开放进程中的实际问题，对我国科技、经济、社会等一系列可持续发展问题，组织编辑理论性、指导性强，观点明确、有新意的文章推荐给读者。向读者介绍我国未来学研究的成果和发展趋势以及未来学知识。宣传科学技术，揭露伪科学，打击邪教。2005年共发表论文120篇。

中国科学技术史学会

Chinese Society for the History of Science and Technology（CSHST）

地　　址　北京市东城区朝内大街137号

邮政编码　100010

电子信箱　xuehui@ihns.ac.cn

主页网址　http://www.cshst.org.cn

电　　话　010－64043288

传　　真　010－64043288/64017367

理 事 长　刘　钝

副理事长　朱清时　江晓原　曹幸穗　廖育群　吴国盛

秘 书 长　韩健平

刊物及主编　《自然科学史研究》　**主编**　王扬宗

《中国科技史杂志》　**主编**　孙小淳

单位简介

中国科学技术史学会成立于1980年10月6日，至今已有20余年的历史。1990年，加入国际科学史与科学哲学联合会科学史学会（International Union of History and Philosophy of Science/Division of History，IUHPS/DHS），成为其团体会员。学会下设15个分支机构，分别为数学史、物理学史、化学史、天文学史、地学史、生物学史、医学史、农学史、技术史、金属史、建筑史、综合史、少数民族科技史、科普工作和中国地方科技史志专业委员会。第七届（2004～2008年）学会理事长由刘钝担任。

工作综述

一、学术活动

1. 2005年7月24～30日，学会与中国科学院自然科学史研究所共同主办了第22届国际科学史大会。来自70多个国家的约1200名学者参加了本届大会。其中有些国家的学者是第一次出席这样的大会。本届会议的主题是“全球化与多样性——历史上科学和技术的传播”。本届会议适逢“世界物理年”，大会举行了一系列纪念活动，成为“世界物理年在中国”活动的一个组成部分。学会网站还特别创建并开通了“世界物理年在中国”专题网页。

2. 10月，学会联合中国科学院自然科学史研究所、中国科技大学和上海交通大学，在安徽省徽州市共同举办了第五届青年科技史学术研讨会。收到会议论文70余篇。其中10篇论文获提名资格。根据提名论文作者报告的综合情况，研讨会评选优秀论文二等奖2名，三等奖3名。

3. 4月，学会技术史专业委员会联合北京航空航天大学，举办了中青年技术史学术研讨班。

4. 7月，学会技术史专业委员会联合大连理工大学人文学院哲学研究所、中国科学院自然科学史研究所马普科学史研究所伙伴小组、大连理工大学德国技术哲学研究中心，共同举办了国内首届技术史与技术哲学理论研讨会。

二、科普工作

1. 学会积极参加全国科技周和全国科技日活动。在2005年5月全国科技周期间，学会与中国科学院自然科学史研究所联合在中国科学院文献情报中心举办“爱因斯坦奇迹年展”。

2. 为配合第22届国际科学史大会的召开，7月26日，学会与中国科学院自然科学史研究所、德国马普学会科学史研究所在中国科技馆共同推出大型展览“爱因斯坦：宇宙大匠”。此后，该展览又先后在北京第二中学和第五中学，以及苏州、上海、合肥等地巡回展出。

三、国际合作

学会理事长刘钝在第22届国际科学史大会上以全票当选国际科技史学会第一副主席，充分体现了国际科学史与科学哲学联合会科学史学会对中国科学史研究和中国科学技术史学会工作的肯定。

理事长刘钝和副理事长廖育群、江晓原等人出席了8月在德国慕尼黑召开的第11届国际中国科学史国际会议，与国外同行就中国科学史进行了广泛的交流。

四、建“家”工作

学会在信息化建设和提高社会公信力方面，都进行了积极的探索。在组织第五届青年科技史学术研讨会期间，及时在网站上公布会议运作方式、会议论文摘要、作者信息、当地交通资讯、评审专家名单等，吸引了全国各地青年学者的关注。学会2005年推行年报制度，公布学会组织活动的宗旨、运作方式以及经费的使用情况，在公众中树立高效、廉洁的学会形象。

中国科学技术情报学会

China Society for Scientific and Technical Information (CSSTI)

地　　址　北京市复兴路15号
邮政编码　100038
电子信箱　cssti@ istic. ac. cn
主页网址　http://www. cssti. org. cn
电　　话　010－68514024/58882534
传　　真　010－68514024/58882692
理 事 长　石定环
副理事长　贺德方　王文斌　叶文虎　安卫国
　　　　　袁海波　梁战平　缪其浩
秘 书 长　郑彦宁
刊物及主编　《情报学报》　主编　武夷山
　　　　　　《大众软件》　主编　宋振峰

单位简介

中国科学技术情报学会始创于1964年，是全国科技信息工作者自愿结合、依法注册成立的全国性非营利学术团体。

学会的主要任务是：组织开展情报科学理论与实践的学术交流活动；普及科学技术信息知识，传播先进技术，推广科技成果；开展咨询服务，接受课题研究、项目开发、市场调查、会展培训等委托任务；沟通中央与地方科技信息机构及行业间的联系，密切国外科技信息单位和人员的友好交往，开拓合作渠道，加强国际合作与交流活动；推荐、奖励优秀论文、科普作品和做出重大贡献的会员；出版学术书刊和科普读物；建设科技信息工作者之家。

学会理事会下设学术委员会、海峡两岸科技信息交流委员会、组织工作委员会、普及工作委员会、合作交流委员会5个工作委员会，并下设信息技术专业委员会、信息咨询专业委员会、信息资源专业委员会、理论方法与教育培训专业委员会、信息出版与声像专业委员会5个专业委员会以及竞争情报分会。学会主办了《情报学报》（双月刊）、《大众软件》（半月刊）等刊物。

中国科技情报学会自1978年恢复活动以来，努力贯彻“经济建设必须依靠科技进步，科技工作必须面向经济建设”及“百花齐放，百家争鸣”的方针，组织了大量学术活动和为经济建设和科技进步服务的咨询、研讨会和科普活动。迄今已召开国内外学术活动100余次，其中包括4届北京国际计算机信息管理学术研讨会、国内外信息机构及信息公司的产品和技术展览会、组织过9个代表团、百余人次参加美国情报学会、FID大会、亚太地区信息大会和海峡两岸学术交流活动以及参观访问；邀请近百名国外专家、学者前来学术交流；先后派团访问过英国、法国、德国、奥地利、意大利、比利时、荷兰、日本、加拿大、泰国、马来西亚、印度等国家，与世界主要国家科技信息机构和专家建立了广泛联系。

工作综述

2005 年，中国科技情报学会被评为中国科协先进学会，开展的主要活动有：

1. 组织召开《中国情报学百科全书》编委会会议，研究确定了百科全书的结构，共分 11 个分支，约 1000 个词条。

2. 组织召开我国情报学学科建设、发展与前瞻研究课题专题负责人会议，各专题完成了研究报告第二稿，发表论文 10 篇。

3. 完成企业情报系统建立与应用学术研讨会论文征文和论文集编辑排版工作，共征文 100 余篇。

4. 学会组团 24 人参加在日本东京举办的日中科技信息研讨会，

5.《全国科技情报机构名录》编辑完成，收入科技情报机构 370 个。

6. 学会举办第 19 届全国计算机信息管理学术研讨会，主题是“知识组织的现状和趋势”，会议出版了论文集，并评选了优秀论文。

7. 组织召开第 11 届中国竞争情报年会，企业界、咨询界、学术界和 IT 界的 130 余名企业负责人、学术专家和竞争情报实践者参加了会议。

8. 组织举办科技信息工作创新学术研讨会和图书馆学情报学研究生教育研讨会。

9. 组织召开 2005 年度科技声像工作研讨会，40 多人参加了会议。

中国图书馆学会

China Society for Library Science

(CSLS)

地　　址　北京市中关村南大街 33 号
邮政编码　100081
电子信箱　ztxhmsc@ nlc. gov. cn
主页网址　http://www. lsc. org. cn
　　　　　http://www. csls. org. cn
电　　话　010 - 88545563/88545091
传　　真　010 - 68417815
理 事 长　詹福瑞
副理事长　吴建中　张晓林　陈　力　倪晓建
　　　　　杨沛超　胡　越　王余光　陈传夫
秘 书 长　汤更生
刊物及主编　《中国图书馆学报》　主编　詹福瑞

单位简介

中国图书馆学会的前身是中华图书馆协会，成立于 1925 年，1927 年成为国际图书馆协会联合会（IFLA）的发起单位之一。中华人民共和国成立后，一些图书馆界著名人士倡议恢复成立中国图书馆学会，1979 年 7 月 9 ~ 16 日，中国图书馆学会成立大会暨第一次会员代表大会在山西太原召开。同年 8 月加入中国科协。1981 年 5 月，中国图书馆学会恢复了在 IFLA 的合法席位。至今，学会已召开 7 次会员代表大会。学会现有个人会员 9232 人，团体会员 181 个。成立了学术研究委员会、编译出版委员会、图书馆合作与交流委员会和科普与阅读指导委员会，下设若干专业委员会，负责组织各种学术研究、交流和科普阅读推广工作。

工作综述

一、以召开中国图书馆学会第七次全国会员代表大会为契机，强化组织管理工作，使学会的领导决策能力、组织管理体系得到进一步提高与完善

1. 2005 年 7 月 18 ~ 19 日，中国图书馆学会第七次全国会员代表大会在广西壮族自治区桂林市隆重召开，与会者 240 余人。大会民主选举产生了第七届理事会、第七届常务理事会以及 10 位学会理事长、副理事长、秘书长。审议通过 4 个专门工作委员会正、副主任和《中国图书馆学报》编辑部负责人名单；审议通过《中国图书馆学会第六届理事会工作报告》、《中国图书馆学会章程》、《中国图书馆学会会员会费标准及管理办法》和中国图书馆学会会徽；审议并原则通过了《中国图书馆学会“十一五”规划工作》(建议稿)。表彰了2001～2004年度先进学会、优秀会员和优秀工作者。本次大会批准成立了科普与阅读指导委员会。

2. 11月8日，中国图书馆学会第七届学术研究委员会成立大会暨工作研讨会在浙江省杭州市召开。会议审议通过了《中国图书馆学会第六届学术研究委员会工作总结》的报告、《中国图书馆学会第七届学术研究委员会组建与工作思路报告》和《关于修改中国图书馆学会学术研究委员会组织规则的说明》。

3. 完成2004年度全国性社会团体年检，获得民政部审查通过。

4. 为配合国家图书馆进行的全国文化体制改革试点工作，制订了秘书处岗位设置与标准，进一步细化了内部管理。

5. 2005年，中国图书馆学会被评选为第五届中国科协先进学会。

二、策划组织高层次、高质量的学术交流活动，使学科发展和理论研究与图书馆工作实践紧密结合，并引起社会的广泛关注，使学术工作获得前所未有的社会效应

1. 7月20～24日，中国图书馆学会2005年年会在广西壮族自治区桂林市隆重召开，年会的主题为：“以人为本服务创新”。与会者850余人。共收到论文1374篇。交流论文573篇，评出优秀论文128篇。内容与形式的创新使年会取得显著的交流效果，年会也因此荣获中国科协2005年重点学术活动资助。

2. 8月19日，学会主办以“和谐社会中的图书馆”为主题的中国科协2005年学术年会第32分会场。首次组织了专题征文，开展了面向西部地区图书馆的“西部论坛”以及赠书活动。

3. 10月31日～11月3日，学会在河南省林州市举办了首届百县馆长论坛。会议专门研讨了我国县级图书馆的生存与发展问题，并达成《“百县馆长论坛”林州共识》。

4. 10月28～29日，与江苏省图书馆学会等在江苏省常熟市联合主办国家历史文化名城图书馆馆长论坛。

三、抓住文化体制改革和全国性学会改革的机遇，拓展生存发展空间，使学会在行业中的指导协调与咨询服务的角色和能力得到进一步确立与提高

1. 1月7～10日，学会在黑龙江大学召开中国图书馆学会2005年峰会，特邀学界专家，公共、高校、专业图书馆馆长以及政府部门官员等20余人到会。会议旨在分析当前图书馆界面临的形势，研讨业内重大问题，凝聚群体智慧，推动事业发展。

2. 《中国图书馆学会关于网络环境下著作权问题的声明》经学会七届一次理事会审议通过正式发布。

3. 学会受文化部委托，首次承担《公共图书馆建设标准》的编制工作。9月13日，在北京召开了《公共图书馆建设标准》编制大纲工作开编会暨第一次工作会议。

4. 圆满完成文化部委托的第三次全国公共图书馆评估定级工作，分别做了省、地、县各馆4800多个评估数据汇总统计，为文化部定级提供了翔实的数据。

5. 接受国家劳动和社会保障部及文化部的委托，完成图书资料馆员、古籍馆员和文献修复师三个文化行业国家职业标准培训教材3种6册的编写工作。

6. 2005年共举办9期培训(研讨)班，培训学员702人。

四、加强科普与阅读工作的宏观引导和理论研究，团结业界，联合各界，积极参与学习型社会的建设，进一步提高图书馆的认知度和社会影响力

1. 1月19日，由中国图书馆学会与中国文化报社共同承办的首届“知识工程推荐书目”发布会在文化部召开。273种图书被评为“知识工程推荐书目”，并获得“知识工程推荐书目”的专用标识。

2. 4月23日，学会联合国家图书馆、湖南卫视、中国作家协会作家权益保障委员会、中国出版工作者协会和中国版权协会，在国家图书馆文津广场前共同主办“世界图书与版权日”阅读推广公益活动。活动的主题是“阅读丰富人生，共建和谐社会”，宣传语为“知识因传播而美丽”。北京天时图书音像公司、万方数据股份有限公司、龙源期刊网和北京国都学术书店共捐赠了价值350万元的图书和阅读卡。与会嘉宾为“春天漂流书”书架揭幕，为参加国家图书馆二期工程施工的建筑工人送去第一批“漂流书”。

3. 5～9月，学会与中国科协科学技术普及部一起承办了由中国科协主办的征集推介“解读科学发展观”图书、期刊及音像作品的活动，共评出推介书目160种。

4. 9月17日，学会承办了由中国科协主办的全国科普日分会场宣传活动。来自17个全国性学（协）会的160位工作人员进行了现场咨询。开展了“我身边的最严重浪费现象”公众投票评点活动。活动现场还举行了“解读科学发展观”入选作品的赠书仪式。中国图书馆学会被中国科协评为2005年全国科普日活动先进单位。

五、扩大与国际和港澳台地区的交流与沟通，通过“走出去”、“请进来”的方式，为促进学术交流搭建平台

1. 8月14～18日，学会组织126名专家学者参加在挪威奥斯陆召开的第71届国际图联大会暨理事会。中国学者共有4篇论文入选并在会上发言。会后，学会组织中国与会者顺访了挪威、丹麦、瑞典、芬兰等国的6个图书馆。

2. 学会积极组织国内各IFLA机构会员参与国际图联管理委员会及部分专业组常设委员会的换届选举工作。2005年，我国有19人在国际图联不同专业部门担任委员。

3. 2005年国际图联网站上两次出现指责中国政府颁布的互联网新法规的不利言论，学会及时发现并以中国图书馆学会的名义致函国际图联主席和秘书长，表明中国的立场，维护中国的利益。

4. 3月22～25日，学会与中国国家图书馆、美国国会图书馆、美国研究图书馆协会共同主办的第三届中美图书馆合作会议在上海图书馆召开，中美两国102人与会。大会主题为“数字时代的知识管理和服务”。共交流论文21篇。

5. 积极联络、组织美国华人图书馆员协会28人参加学会2005年会。其间，还同时接待了来访的韩国图书馆协会。

6. 5月15～18日，学会在北京接待香港图书馆学会代表团一行23人的友好访问。11月9～13日，学会组织大陆专家学者9人赴台北参加第六届海峡两岸儿童图书馆与中小学图书馆学术研讨会。

7. 圆满完成2005年韦棣华基金会奖学金的评审工作，共评定36名学生获得总额为66000元的奖学金。

六、发挥网站、学术刊物和会员通讯的宣传作用，加强信息交流，鼓励学术创新，通过出版精品，营造促进学术繁荣与事业发展的良好环境

1. 2005年，学会网站的更新速度加快，保证了信息宣传的时效性；同时充实了“全国图书馆信息库”的内容。

2. 《中国图书馆学报》增强了学术敏感性和办刊活力。《中国图书馆学会工作通讯》加大了信息报道的数量，发稿量比2004年增加25%。

3. 7月，学会主编的《中国图书馆百年系列丛书》之《百年文萃——空谷余音》和《百年建筑——天人合一》、《百年建筑——馆人合一》两个分册正式出版发行。另外，编辑出版了《中国图书馆年鉴》（2004卷）和2005年年会优秀论文集与交流论文集。

中国城市科学研究会

Chinese Society for Urban Studies（CSUS）

地　　址 北京市三里河路9号

邮政编码 100835

电子信箱 csus@263.net

主页网址 http://www.csus.org.cn

电　　话 010－58933149/68317852

传　　真 010－68313149

理 事 长 周干峙

副理事长 赵宝江　张启成　江泽慧　陈为邦　王扬祖　李京文　史善新　潘　岳　宋　密

秘 书 长 顾文选

刊物及主编 《城市发展研究》　**主编** 鲍世行

单位简介

中国城市科学研究会是由全国城市科学研究方面的专家学者、实际工作者，城市发展和城市规划建设管理相关部门和单位自愿组成，经民政部登记成立的全国性学术团体。是中国科学技术协会的组成部分。

中国城市科学研究会成立于1984年1月20日，1989年12月、1994年12月和1999年6月分别进行了理事会的换届选举工作，共产生四届理事会。李锡铭、芮杏文、廉仲先后任第一、二、三届理事会理事长，现任理事长为周干峙院士。

中国城市科学研究会下设7个专业委员会，共有团体会员约900个，个人会员约16000人，在22个省、自治区、直辖市和20个省会城市及重庆大学等有地方城市科学研究会组织。

工作综述

一、学术交流

1. 2005年1月19~21日，研究会与建设部科技发展促进中心、中国城市规划协会在海南博鳌联合举办节约型城市创新发展论坛。150余位专家和学者围绕建设资源节约、环境友好型城市，如何大幅度降低城镇发展对能源、水资源和建筑材料的消耗，推进资源的可再生利用和新能源利用，倡导科学的生活和消费方式等问题展开专题讨论。

2. 4月1日，研究会在北京组织召开和谐社会与城市发展座谈会。与会专家从八个方面分析了城市发展中的不和谐现象与问题，周干峙理事长主持了座谈会。建设部部长汪光焘对本次座谈会纪要作了批示。

3. 4月8日，研究会在广西壮族自治区桂林市举办了城市生活垃圾处理与资源化利用研讨会。

4. 7月8~10日，研究会在北京举办了城市发展规划与生态建设论坛。来自各地的110余位城市科学、生态科学、规划科学和有关教学、科研、行政管理部门的专家和学者及实际工作者就城市规划中的生态安全原则和城市公共政策作了具体讨论，提出了完善我国城市规划内容及编制办法的意见。周干峙理事长在会上的发言“要控制城市硬地面所占比例”，被建设部办公厅编入《工作调研与信息》第32期。

5. 7月22~23日，受河北省张家口市科协委托和张家口市人民政府的邀请，研究会咨询联络部组织了部分专家前往张家口市参与“区域经济与中心城镇发展”主题论坛活动。并围绕张家口市的经济发展、产业结构调整、旅游业发展、城镇规划建设及城市生态安全保护等与该市领导及有关部门对口恳谈，受到张家口市市委、市人大、市政府、市政协领导同志及有关部门的欢迎。周干峙院士和陆大道院士参加了咨询并作了专题报告。

6. 第22届国际科学史大会于7月24~30日在北京召开，研究会应邀组织承办了城市科学分会场。围绕“科学发展城市、构建和谐社会”，特邀10位专家到会参与交流发言。吴良镛院士倡议要以抢救精神抓紧研究我国城市发展史，总结城市兴衰演变的规律。

7. 9月27~28日研究会在黑龙江省佳木斯市举行了城市地下管线综合管理和市政管廊建设管理研讨会。

8. 10月21~23日，研究会牵头在湖南省常德市举办了中部崛起·城市发展论坛。226人参加。

9. 11月21~24日，中国城市科学研究会中小城市分会第16次年会在海南博鳌举行。会议主题为“生态·和谐·宜居”。

10. 11月4~6日，学会历史文化名城分会与中国市长协会在广东肇庆市共同举办历史文化名城国际学术研讨会暨该会第12次年会。本次年会除国内参加者200人外，还有来自欧洲、澳洲等国家的30余位外国历史文化遗产保护组织的专家和学者。

二、科普出版与宣传

1. 《城市发展研究》在2005年进行了扩版，由80页增至88页。完成了全年编辑印刷发行工作。

2. 为纪念中国城市科学研究会成立20周年，研究会举办了学术征文评奖活动。共收到论文近百篇，经过专家评审，11位作者获奖，其中：一等奖空缺，二等奖3名，三等奖5名，青年论文奖3名。

3. 积极筹备编辑《中国城市科学研究20周年》纪念专集工作，该书已初步完成编审工作，将于2006年出版。

4. 编辑印发《中国城市科学研究会简讯》4期，为研究会与省、市研究会之间的沟通交流起到积极作用。

5. 中国城市网在2005年进行了改版。2005年，《城市动态》编印80多期。

6. 研究会与中央党校对外培训中心联合试办城市管理与建设发展高级进修班。11月份试办以来，已有40多位学员参加学习。

7. 配合科普宣传日，研究会就城镇化中的人口转化、土地利用等编写宣传材料，制作了展板，还向中国科协申报了三项有关科普课题。

三、学会组织建设

1. 在2005年初召开的常务理事会中，审议了研究会换届报告、章程修改方案、会费标准调整方案等；研究会第四届理事会已届满，根据建设部党组的意见，向中国科协推报了新一届理事会领导人方案，根据中国科协的意见，又多次向建设部党组报告，在2005年底之前，建设部提出了新的理事长候选人方案，正在报有关部门批复。

2. 2005年研究会重新进行团体会员及个人会员登记。截止2005年年底，研究会共审议核准新登记团体会员25个，新申请的个人会员约140人。

3. 积极协调与分支机构的联系，加强对分支机构工作的指导。中小城市分会、历史文化名城分会召开年会，研究会秘书长均出席会议，并提出工作指导意见。

4. 12月，城建经济专业委员会进行了换届，秘书处从武汉迁至北京。

中国科学学与科技政策研究会

The Chinese Association of Science of Science and S&T Policy Research (CASSSP)

地　　　址	北京市海淀区中关村东路55号北京8712信箱
邮政编码	100080
电子信箱	xpyang@ mail. casipm. ac. cn
主页网址	http://www. casssp. org. cn
电　　　话	010－62542615
传　　　真	010－62542615

名誉理事长	龚育之　冯之浚　吴明瑜　罗　伟　邹祖烨		
理　事　长	方　新		
副理事长	张碧晖		
秘　书　长	杨湘平		
刊物及主编	《科学学研究》	主编	方　新
	《科学学与科学技术管理》	主编	吴敬华
	《科研管理》	主编	穆荣平

单位简介

中国科学学与科技政策研究会是中国从事科学学、科技政策和科技管理研究的科技工作者自愿结成依法登记成立的全国性、非营利性（公益性）学术性社会团体。成立于1982年6月12日，1985年加入中国科学技术协会。在29个省、自治区、直辖市均有科学学方面的研究会，共有会员11400余人。

研究会第一届理事会理事长为钱三强，第二届理事长为龚育之，第三届理事长为冯之浚，第四届理事长为邹祖烨，2005年12月3日召开第五届理事会第一次会议，选举产生了新一届领导班子。

我国科学学事业起步较晚。最早提出开展科学学研究的是著名科学家钱学森。他在1977年撰文指出："当现代科学技术已经发展到高度综合而又从基础到应用的严密结构体系，就应该有一门代替消亡了的自然哲学的学问，它专门研究科学体系的逻辑性和严谨性，研究科学技术与哲学的联系等。这也可以称为科学的科学。" 此后，随着"科学春天"的来临，我国京、津、沪地区的一部分从事自然辩证法、情报学、科技政策、科技管理工作乃至搞自然科学的学者，投入科学学的研究，他们经常聚会，研究科学学的范畴、应用和科研管理问题，宣传科学学的知识，宣传解放思想，对我国科技体制改革和科技政策中的重大问题提出各种建设性的意见，受到我国政府部门和广大干部的重视与欢迎。

1979年，在中国科学院、国家科委和中国科协，以及李昌、钱三强、于光远、钱学森、田夫、顾德欢等同志的支持下，在北京召开了中国第一届科学学学术讨论会，来自各地的专家、学者、大学教师以及科技管理部门的同志共100多人出席了会议，广泛讨论了科学学和科技政策问题。这次会议为把科学学的活动进一步推向全国各地产生了重大影响。1982年，来自各省、自治区、直辖市的100多位科学学工作者，会聚在安徽九华山，正式成立了中国科学学与科技政策研究会，它标志着中国科学学事业进入了一个有组织、有领导的新的发展阶段。会后，29个省、市、自治区、直辖市相继成立了地方科学学研究会，有些地区还成立了科学学研究所（研究中心）等组织，使科学学的组织遍布全国，形成了网络。

研究会现有学术、组织、国际交流、教育、青年、传播与公关、咨询7个工作委员会和理论科学学、科学与社会、科学与经济、科技政策、科技管理、科学计量学和情报计量学、科技评价、人力资源、民营企业创新等专业委员会。

工作综述

1. 经中国科协批准，研究会第五届代表大会于2005年12月3日在北京召开，130人参加了会议。会议主要议题是审议第四届理事会工作报告和选举第五届理事会。会议由第四届理事会常务副理事长张碧晖主持。

方新代表第四届理事会向大会作了理事会的工作报告，与会代表对工作报告进行了热烈的讨论，并通过了第四届理事会的工作报告。大会为新聘的名誉理事长邹祖烨和新聘学术咨询委员曹昕生、俞士琛等10人颁发了聘书。大会通过无记名投票方式进行新一届理事会理事的选举，选举产生了由177名理事组成的中国科学学与科技政策研究会第五届理事会。

随后，研究会第五届理事会召开第一次会议，选举产生了由方新等43人组成的常务理事会，方新当选研究会第五届理事会理事长，张碧晖等当选为副理事长，杨湘平当选为秘书长。

研究会名誉理事长冯之浚、吴明瑜、邹祖烨分别在会议上发言。研究会新一届理事会理事长方新在第四届理事会工作报告的基础上，再次强调了研究会未来的工作重点，提出了新一届理事会的工作设想。研究会常务副理事长张碧晖对大会作了总结发言。

2. 由研究会主办、中国科学院科技政策与管理科学研究所承办的首届科技政策与管理学术研讨会于12月4日在中科院政策所召开。科技政策与管理领域研究者近200人参加了会议，共收到论文80多篇。

大会邀请了6位科技政策与管理研究领域的著名学者进行了主题发言，包括：刘则渊的《科学学理论体系建构的思考》、高世楫的《完善政府监管职能，促进社会经济协调发展》、王春法的《科技人才的全球流动》、穆荣平的《技术预见和关键技术选择》、柳卸林的《企业的研究开发管理与自主创新》、陈劲的《开放创新条件下的资源投入测度及政策含义》。与会学者分别就科学学理论与学科建设、科技政策与战略、科技管理、技术创新与自主创新等4个专题进行了发言和讨论。

3. 8月21~25日，研究会与大连理工大学、新疆大学、台北清华大学在新疆维吾尔自治区乌鲁木齐市联合主办了两岸STS暨可持续发展研讨会。两岸从事科学学、科学技术与社会（STS）、可持续发展研究的专家学者共50余人参加了会议，会上交流的学术论文共40余篇。

中国农村专业技术协会

China Rural Special Technology Association（CRSTA）

地　　址	北京市海淀区学院南路86号
邮政编码	100081
电子信箱	chinanjx@ yahoo. com. cn kxncfw@ cast. org. cn
主页网址	http://www. china－njx. com. cn
电　　话	010－62174954/62137504
传　　真	010－62173036
理 事 长	王连铮
副理事长	李振声　谭向勇　王洪才
秘 书 长	王洪才
刊物及主编	《中国农村专业技术》　**主编**　周俊秀

单位简介

中国农村专业技术协会是公益性、科普性社会团体，是中国科学技术协会的组成部分。

中国农村专业技术协会于1995年4月完成社会团体登记，同年11月8日在北京召开了成立大会，选举产生了协会领导机构，何康任第一届理事长。2000年1月24~27日，在北京召开第二次全国代表大会，王连铮任第二届理事长。

中国农村专业技术协会于2000年10月14日加入中国科学技术协会。目前，已有18个省、自治区、直辖市成立了省级农技协。全国已拥有各级各类农技协11.7万多个，联系会员农户1012．8万户。

中国农村专业技术协会成立有棉花种植专业委员会（筹）[以下简称棉委会（筹）]、兔业产业化专业委员会（筹）[以下简称兔委会（筹）]、中药材专业委员会（筹）3个专业委员会筹委会。从2001年起，协会开始发展核心会员，截至2005年底，拥有持证核心会员368个。

协会下设有秘书处、综合办公室、宣传联络部等办事和服务机构。

工作综述

2005年，协会以党的十六大和十六届三中、四中、五中全会精神为指导，围绕“三农”问题，致力于促进基层农技协组织的发展，积极为会员和基层农技协服务。协会先后获得：全国文化卫生科技“三下乡”先进集体、全国农村科普工作先进集体、中国科协第五届科技服务先进协会荣誉。协会棉委会（筹）主任卢怀玉、常务理事李凯二人被评为全国农村科普工作先进个人标兵。

一、加强协会组织体系和服务能力建设，为基层会员农户和农技协的发展服务

1. 加强指导与服务，促进专业委员会的健康发展。根据协会《章程》和《专业委员会管理办法》，对专委会的工作进行指导与服务。1月10～11日，在北京市怀柔区召开协会兔委会（筹）第一次会员代表会议，选举产生了兔委会（筹）领导班子。

9月20～22日，在河北省河间市召开了棉委会（筹）第四次会员代表大会。通过优质的服务，棉委会（筹）影响力不断增强，会员从2万户发展到现在的12个省（市）6万余户。

2. 策划筹建农技协网络数据库，提升协会的服务能力。6月10日，召开了数据库建设专家咨询会，邀请中国农业科学院信息所、中国科协信息中心及相关职能部门和专业委员会的同志，为网络数据库建设出谋划策。

3. 12月13～16日，协会在北京举办首次农村专业技术协会培训班，提升基层农技协的服务能力。全国12个省、地、市、县级农技协联合组织的管理者共35人参加学习。

二、积极参与配合，为国家和中国科协的中心工作服务

1. 承办科技下乡活动，为民族边陲地区经济社会协调发展服务。配合文化卫生科技“三下乡”活动，4月9～13日，参与承办了由中国科学技术协会、国家民族事务委员会主办的“科技大王进边陲——云南德宏”科技下乡活动。在5天的时间里，来自16个省、自治区、直辖市的72名科技致富能手和10位特邀农业专家，深入到德宏州县区乡村开展科普服务活动。展示技术项目335项，接待参观群众3.5万人次；发放科技资料148种、7.8万份；举办技术培训21场次，培训2040人；举办科技致富报告22场次，听众3045人次；接待技术咨询2546人次，解答技术难题368个；举办科普报告2场，听众近1000人；举办献计献策座谈会16次。活动中，“科技大王”与德宏当地有关单位达成45项合作意向；11位“科技大王”向德宏州捐赠了价值近20万元的物资。

2. 参与农民专业合作经济组织立法工作。协会参与立法框架和基本内容的起草，为立法调研推荐典型协会并提供资料，组成中国科协立法专家调研组，安排专家赴四川、河北等地调研。

为将农技协纳入《农民专业合作经济组织法》立法的调整范围，10月10日，邀请专家和常务理事等在北京召开座谈会，听取专家建议和基层意见，协助中国科协起草了修改建议并报全国人大农委。

3. 参与全国农村党员干部现代远程教育试点工作。征集农技协声像等宣传资料，并向中国科协资源库选送了11部农技协典型经验的科普声像片；积极参与全国远教办和中国科协的选题审查工作和声像课件的审片工作。

4. 对参与支持阜新市经济转型与振兴活动进行跟踪服务。为促进“百名科技大王进阜新”科技下乡活动合作项目落到实处、见到成效，对沙棘、马铃薯等重点项目进行了追踪。目前，有14个项目在阜新市实施。

同时，为了促进阜新市农技协组织的健康发展，协会给阜新市5个免费培训名额到北京参加农村专业技术培训班学习。

三、举办行业技术培训和交流活动，为广大会员科技素质的提高和农业科技进步服务

1. 依托棉委会（筹）举办棉花种植技术培训和研讨。为了提高广大会员组长和种棉户的科技素质和种植技术，棉委会（筹）采用集中系统培训和分散专题培训的形式，在组织会员组长免费集中培训的基础上，还组织下乡讲课89场次，培训棉农7000多人次。

2. 举办第23届兔业交流暨兔业大赛大会。10月21～23日，协会和中国畜产品流通协会在河北省肃宁县举办了第23届兔业大会，国内近500多人参加。进行了科普报告、技术交流展示、技术研讨、培训和参观考察等。选拔出中国兔业100强、兔产品加工10强、兔业相关企业10强。

3. 应第12届中国杨凌农业高新科技成果博览会组委会的邀请，协会推荐常务理事王建华和兔委会（筹）执行主任王永祥，参加了杨凌农高会中外农民创业论坛。

四、开展国际交流和访问考察活动，促进农技协管理水平的提高和对外技术交流合作

1. 在中国科技会堂与西班牙使馆和西班牙农机具协会的官员就小型农机具等合作进行了交流会谈。

2. 8月26日，协会组织西藏、云南、湖北、江苏等地从事农技协管理工作的同志以及中国科协相关业务部门的同志共10人启程赴澳大利亚、新西兰进行为期12天的农业科技与管理方法考察。

五、开展调研考察活动，为指导基层农技协和提高干部业务素质服务

1. 云南省委办、省政府办出台“推进农技协发展的意见”后，云南各级党政部门和科协组织纷纷制订支持促进农技协发展的政策措施和服务办法。为了解云南省农技协的发展现状、总结工作经验，4月10～17日，协会工作人员对当地农技协工作进行了为期1周的考察。先后赴德宏州、保山市、楚雄州、昆明市的种养殖协会进行调研。

2. 4月28日，协会参加中国科协科学技术普及部赴河北省河间市的农技协工作调研活动。重点参观棉委会（筹）挂靠单位河北省国欣农村技术服务总会的棉花加工厂、种子生产车间和培训场所，听取了棉委会（筹）的工作介绍，并与河北省科协、河间市委、市政府领导进行了座谈。

3. 7月20日，赴辽宁省普兰店市特种粮研究会调研，并对该会所属研究所、生产和育种基地等单位进行了考察。

中国工业设计协会

China Industrial Design Association

地　　址　北京市东直门外大街26号B座4层

邮政编码　100027

电子信箱　cida@vip.163.com

主页网址　http://www.chinadesign.cn

电　　话　010-64163104/64174928

传　　真　010-64163104

理 事 长　朱　焘

副理事长　杨绵绵　刘金良　王明旨　尹定邦　贾清文　鲁克定　柳冠中　何人可　李英杰　王习之

秘 书 长　黄武秀

刊物及主编　《设　计》　主编　庚　凯

单位简介

中国工业设计协会前身为中国工业美术协会。1978年10月，我国无线电行业的一些美术设计人员和部分高等院校教师发出成立协会的倡议，1979年正式成立。1987年经国家科委批准，中国工业美术协会更名为中国工业设计协会。

工作综述

1. 2005年1～6月，协会党支部参加了保持共产党员先进性教育活动，6月底协会党支部进行了正常换届。

2. 于2005年初启动了我国首部《中国工业设计年鉴》的编写工作。

3. 4月，为支持企业自主品牌建设与增强企业自主创新意识，协会与第一汽车集团共同成功举办了“第一汽车奖”中国汽车设计大赛。

4. 5月24～25日，协会联合北京工业设计促进中心、北京工业设计促进会在北京举办了2005中韩设计论坛。

5. 6月，为营造东莞市设计创新的氛围，培育和发展东莞市工业设计产业，为东莞市注入创新动力，协会与东莞市政府、中国专利保护协会合作在东莞市联合举办了“东莞杯”全国工业设计大赛。大赛于 2005 年 6 月 1 日启动，于 10 月 12 日圆满结束。

6.《设计》杂志于 2005 年 6 月起进行了新的改版。

7. 9 月，为在我国高新技术领域宣传、推广工业设计，促进工业设计和高新技术的结合，协会和北京市科学技术委员会、北京市海淀区政府在北京中关村电脑节期间，圆满举办了 2005 北京国际工业设计论坛。

8. 对中国设计网站进行重建和改版。

9. 11 月 19～20 日，协会与无锡市政府在无锡成功举办了 2005 无锡太湖工业设计商务恳谈会。

10. 协会得到中国科协调研宣传部的批准，成为中国科协“著名科学家城市雕像工程”承办单位。

11. 11 月 27 日～12 月 3 日，协会组织有关设计专业人员及企业家并邀请政府有关机构工作人员赴韩国考察，并参加了“韩国设计 2005”活动。

12. 协会与中国光华科技基金会、中国建筑装饰协会、中国服装设计师协会等机构于 2005 年 12 月在全国发起 2005 中国设计业十大杰出青年评选活动。

13. 协会与中国文化基金会、中国动画学会、中国流行色协会等机构。联合在北京共同举办了中国数码艺术暨产品应用博览会。

中国工艺美术学会

China National Arts & Crafts Society（CNACS）

地　　址 北京市西城区阜外大街乙 22 号

邮政编码 100833

电　　话 010－68396317

传　　真 010－68396377

理 事 长 傅立民

副理事长 陈兴国　石晓光　赵之硕　李洪光　唐克美　杨永善　郑礼阔　朱玉成　李玉坤　马　达　周锦云　秦锡麟　吴祖熙　颜家焕

秘 书 长 陈兴国

单位简介

中国工艺美术学会是中国科学技术协会的组成部分，是经民政部注册登记的社团组织。1965 年 9 月经中国科协主席团同意组建。于 1979 年 8 月召开第一届全国会员代表大会正式成立。2001 年 5 月召开第二届全国会员代表大会，选举产生了第二届理事会，当选理事 160 名，常务理事 42 名。傅立民当选为理事长。

学会下设民间工艺、玩具、雕塑、工艺设计、书画、鼻烟壶、明式家具、纤维艺术、实业家、理论、漆艺、旅游工艺品、织锦、玻璃艺术、展示艺术、玉文化、木雕、金属艺术等专业委员会。

工作综述

一、组织建设

1. 会员工作。根据中国科协有关文件精神，开展对会员编号实行规范和统一的试点工作。原会员编号由 6 位数字组成，现在会员中试行中国科协统一的 11 位数字和字母组成的会员编号。已重新登记发证的会员 2789 人，团体会员 38 个。

2. 加强专业委员会发展和建设。2005 年新增加专业委员会 3 个：玉文化、木雕、金属艺术专业委员会。

二、积极开展学术活动

学会大力开展学术交流，开展多种形式的论坛和作品展示。2005 年有 20 个专业委员会，举办了 18 次多种类型的论坛、学术交流和展示活动。具有特色和典型的活动有：

1. 2 月 3 日～3 月 2 日，在北京中华世纪坛举办大型活动：“从河姆渡走来——2005 中国现代漆艺展暨国际现代漆艺学术研讨会”，共展示 200 多件作品，受到国内外专家的好评。此次展览邀请了日本、韩国艺术家的作品参展。在国际研讨会上，中、日、韩三国的漆艺家、理论家、相关人士 280 余人共同探讨了漆艺的本体语言，传统和现代漆艺在当今文化语境中的发展空间，并印制了论文专辑，促进了国际漆艺家间的沟通与交流。

2. 以“时代·艺术·我”为主题，由学会和河北省保定市主办，雕塑专业委员会与河北省曲阳县政府共同承办 2005 雕塑论坛暨国际曲阳石雕展。来自国内外的专家、艺术家150余人参加。通过中外专家与地方雕塑工作者现场创作大赛，推动曲阳地方石雕产业的发展，对促进地方经济的发展产生重要影响。

3. 11月7~13日，学会织锦专业委员会在湘西龙山县举办第四次织锦学术年会。会议特别邀请中国民族文化保护工程国家中心的领导同志参加。与会者献计献策，对如何发展土家织锦提出建议，对土家织锦的保护和发展起到了重要作用。

4. 2005年4月、8月，实业家分会分别在山东省青岛市和新疆维吾尔自治区举办了以“工艺美术是文化产业”和“工艺美术品牌意识的创立”为主题的研讨会。与会人员从历史、收藏、国外的影响等诸多方面对工艺美术进行论证、剖析和定位，并强调了加强高附加值艺术作品的保护工作的重要性，对振兴工艺美术产业具有积极意义。

5. 9月，学会举办了“向传统学习——丝绸之路文化考察学习班”，共有57人参加。通过对历史遗迹的现场考察，感受到传统文化的博大精深。其间，考察班成员在黄河边与著名雕塑作品《黄河——母亲》的创作者何鄂进行了交流。在敦煌莫高窟聆听了敦煌研究院院长、敦煌学著名学者樊锦诗的讲座。整个考察学习让参与者对传统艺术有了新的领悟，对今后的创作设计将受益无穷。

6. 5月16~21日，举办了中国工艺美术高级研修班。参加学习的有各省、市工艺美术研究院、所、企业、工作室的工艺美术工作者102名。学会聘请了来自北京大学、清华大学、故宫博物院、首都博物馆、中央戏剧学院、中央乐团、中央美院等不同单位的学者为学员讲课，开阔了学员的视野。

7. 12月18日，在江西省景德镇市召开了首届中国高级工艺美术师提名展暨学术研讨会，参加人员都是首次通过职业资格认证的高级工艺美术师。会上，展出了艺术品200余件，发表论文17篇。

三、职业资格认证工作

在中国科协的指导下，2005年圆满完成了首次中国工艺美术职业资格认证工作。经专家评审委员会评审，共有125人通过认证，并在网上公示，其中，通过高级工艺美术师认证的为78人，通过工艺美术师认证的47人。

中国科普作家协会

China Science Writers Association (CSWA)

地　　址　北京市海淀区学院南路86号

邮政编码　100081

电子信箱　e14@cast.org.cn

电　　话　010-62103258/62195493

传　　真　010-62103258/62195493

理 事 长　张景中

副理事长　王直华　庄似旭　汤寿根　陈芳烈
　　　　　郎景和　金　涛　饶忠华　谢　础

秘 书 长　张秀智

刊物及主编　《科技与企业》　主编　陈善余
　　　　　　《电子游戏世界》　主编　汤寿根

单位简介

1978年6月，中国科协在上海召开了全国科普创作座谈会，茅以升、华罗庚、于光远、刘述周、高士其、董纯才、王子野、王文达、温济泽、王麦林、章道义等科教出版界领导人和科普作家、编辑家300多人发起成立了中国科学技术普及创作协会筹委会。1979年8月，在北京召开了第一次全国代表大会，正式成立中国科学技术普及创作协会，胡耀邦、邓颖超等党和国家领导人在北京人民大会堂接见了全体代表。1984年1月，在北京召开了第二次全国代表大会，方毅、周培源等领导同志到会祝贺。1990年6月，在北京召开了第三次全国代表大会，并经中国科协批准，更名为中国科普作家协会。1999年12月，在北京召开了第四次全国代表大会。协会先后产生了四届理事会。茅以升、高士其、董纯才、温济泽、成思危、宋健先后出任名誉会长，董纯才、温济泽、叶至善先后任第一、二、三届理事长。叶至善、王麦林为第四届名誉理事长，章道义为第四届首席顾问，张景中为第四届理事长。协会设有农林科普专业委员会、工交科普专业委员会、基础科学与高技术专业委员会、医学科普专业委员会、少儿科普专业委员会、科学美术专业委员会、国防科普专业委员会、科学文艺专业委员会、科普翻译专业委员会、科普报刊广播编辑记者分会、少数民族科普专业委员会、组织委员会等12个专业或工作委员会。有30个省、自治区、直辖市成立了科普作协，全国一级的会员人数约为2500人，省、市一级的会员约2万余人。

工作综述

1. 为体现国家对科普工作的高度重视，充分肯定科普工作者对科技发展和社会进步所做出的贡献，增强全社会对科普工作意义和价值的认识和尊重，科学技术部于2005年将科普纳入国家科学技术进步奖社会公益类项目的奖励范围。中国科普作家协会根据中国科协的要求，承担了此次评奖的作品报送，组织专家评审、推荐等项工作。经专家评议，共有9家出版社的11种科普图书入选并上报科技部奖励办公室。其中，协会理事长张景中的《数学家的眼光》和由协会组织数十位院士、专家撰写的《解读生命丛书》中的《人类进化足迹》和《大脑黑匣揭秘》荣获国家科学技术进步奖二等奖。

2. 5月中旬，由协会国防科普委员会和北京市科协共同承办的国防科普展亮相北京科技周。在2000平方米的国防科普展厅中，分为8个展区，分别展出了世界各种兵器的图片、图说、模型、影片和训练模拟器。整个国防科普展厅内声、光、电炫目多彩，图片、文字、模型、沙盘、模拟器等交相辉映，生动地展示出世界各种兵器发展的风貌。5天接待观众将近5万人。

3. 4~9月，协会作为中国科协发起并组织的“科学发展观——资源节约与可持续利用”知识大赛活动的协办单位，参与了竞赛题目的牵头组织、遴选、审定等项工作，协助组织、召开了有中国科协科学技术普及部有关领导以及15个全国性学会的专家参加的知识大赛竞赛题目起草工作联席工作会议。最终选出140道竞赛题目，并于2005年6月底前上报给中国科协科学技术普及部。

4. 9月~12月，协会作为中国科协等单位主办的“我身边最严重的浪费现象”公众评点活动的承办单位，积极组织、协调此次活动启示的刊登，报纸选票的清点、统计以及评审会议和抽奖仪式的组织工作。12月1日召开了评审会议，评出了优秀点评文章18篇、优秀漫画作品9幅、优秀短语9条以及优秀组织奖12家。12月6日举行了抽奖仪式，抽出了特等奖3名、幸运奖500名。

5. 7月16日，协会的张景中、章道义、陶世龙、汤寿根、庄似旭、陈芳烈、饶忠华、尹怀勤、张观礼、孟东明、刘仁庆、李文祺、刘泽林、陈蝶华等14位科普专家联名致信温家宝总理，提呈了《关于在全国开展“加快建设节约型社会”科普宣传的建议》。温家宝总理收到专家们的信后在报告上中批示：建议很好，请发改委会同有关部门制订方案。10月11日，国家发改委向七个部委和中国科协发出《建设节约性社会科普宣传活动方案》的征求意见函。在中国科普作家协会的积极组织、协调下，中国科协于11月23日召开了有关科普专家、学者等20余人参加的工作会议，就具体落实《方案》中的科普宣传工作及经费预算框架进行了广泛、深入、认真的讨论。与会专家、学者就国家发改委的方案进行了认真、热烈的讨论，一致认为温总理的批示，对于科普工作者是一种巨大的鼓励和鞭策，一定要抓住这种大好的机遇，认真地贯彻落实温总理的指示精神，充分、翔实地做好《方案》的落实工作。经过紧张的工作，由各专业科普宣传机构做出的具体、切实可行的方案，经汇总后于11月30日上报国家发改委。

6. 2005年9月，受中国科协科学技术普及部委托，协会进行了全国科普挂图创作及发行工作的调研。根据中国科协科学技术普及部的要求组成全国科普挂图调研小组，深入华东、华南和西南地区的重点单位进行调研。最终完成了内容翔实、图文并茂的调研报告。

7. 协会组织工作委员会于2005年3月3日举办了中国科普作家协会老会员科普创作沙龙第五次活动，与会者约40余人。

中国自然科学博物馆协会

Chinese Association of Natural Science Museums（CANSM）

地　　址　北京市建国门东裱褙胡同2号（古观象台内）
邮政编码　100005

电子信箱　cansm@ vip. sina. com
电　　话　010－65224885
传　　真　010－65281538
理 事 长　李象益
副理事长　谢瀛环　黄体茂　金杏宝　朱　进
秘 书 长　邓志喜
刊物及主编　《大自然》　　主编　赵野木
《中国自然科学博物馆协会通讯》
主编　楼锡祜

单位简介

中国自然科学博物馆协会是学术性、科普性社会团体，是中国科学技术协会的组成部分，是国际博物馆协会（ICOM）的团体会员。

中国自然科学博物馆协会成立于1980年，至今已历四届理事会。理事长先后为裴文中院士、周明镇（两届）和李象益。协会现有团体会员342个，个人会员1828人。协会下设11个专业和工作委员会。

协会的任务是：组织开展国际、国内自然科学博物馆交流与合作；组织开展科普活动；向政府提出发展自然科学博物馆事业的建议；组织培训自然科学博物馆的各类人员；接受对自然科学博物馆的科技项目的论证及科技成果的鉴定；编辑有关出版物和提供咨询服务等。

工作综述

一、理论研究

2005年，完成国家文物局的重点课题“中国自然科学类博物馆统计分析与发展战略研究”。此课题为国家文物局接受联合国教科文组织下达的任务，委托协会进行。

二、学术交流

1. 2005年5月，在浙江省杭州市千岛湖举办第四届海峡两岸博物馆展示理念高级研讨会，这是协会与台湾地区博物馆界的第四次交流。与会者110人，其中台湾地区专家5人。

2. 6月，科技馆专业委员会在四川省成都市举办学术研讨会，为中国科协2005年学术年会的分会场组织学术论文。

3. 8月，参加中国科协2005年学术年会，并组织举办33分会场，主题为“西部地区科普场馆的建设与发展”。与会者110人，收到论文125篇。

4. 9月，协会成立25周年纪念活动暨国际学术研讨会在上海科技馆举行，邀请国内外博物馆界著名学者就国际博物馆学前沿问题进行了交流，与会者170人。

5. 11月，水族馆专业委员会在陕西省西安市举办第12届学术年会，中外与会者190余人出席。会议印制了论文集，收入论文37篇。会议为2008年在上海海洋馆举办的第七届国际水族馆大会做准备。

三、完成委托任务

1. 完成了第二批全国科普基地的审定任务，提交中国科协批准命名第二批基地共73个。

2. 受中国科协委托，协会与青岛市科协在山东省青岛市举办了科普志愿者工作研讨会。这是中国科协第一次召开科普志愿者研讨会。来自18个单位的30多人到会。

3. 协会与中国科技馆发展基金委员会、茅以升科教基金委员会和中国科协科学技术普及部联合举办了第二届《全国科技馆展品创新奖》评选活动，评出二等奖2项、三等奖5项、荣誉奖16项，一等奖空缺。

4. 接受中国科协科学技术普及部“古代科技展览”的改造任务，已分别完成了“中国古代农业技术展览”和“中国四大发明展”等几个专题展，配备了新展板、展品，增设了互动展项。

四、组织工作

1. 2005年，协会发展团体会员36个，个人会员42人。

2. 9月26日在上海举行协会四届三次理事会，出席理事42人。理事长李象益就修改部分会章条款作了说明，理事会通过了修改部分会章条款的决议。

五、科普宣传和出版

2005年，协会参加了全国科普日和科技周等活动。

出版6期《大自然》和6期《中国自然科学博物馆协会通讯》。

六、国际交流

1. 6月，协会理事长李象益协助ICOM中国国家委员会主席张文彬在法国巴黎召开的ICOM会议上，争取到举办2010年ICOM第22届大会申办权，上海成为与莫斯科并列的2个候选城市之一。

2. 9月，国际博物馆协会主席库敏斯、秘书长泽尔夫、世界科学中心协会（ASTC）主席安德森都莅临协会成立25周年纪念活动暨国际学术研讨会。其间，协会领导与ICOM和ASTC的几位领导专门举行了双边会谈，就今后双方的进一步合作达成意向。

3. 11月，英国博物馆贸易代表团继2004年后再次访问协会。

七、咨询开发工作

7月，咨询开发委员会发展36家相关企业入会。并为四川、湖南、武汉和温州等地科技馆的建设提供了展品验收、方案评审、决算评估等服务。

中国科技报研究会

China Society for the Study of Science and Technology Press（CSSSTP）

地　　址　北京市海淀区学院南路86号

邮政编码　100081

电子信箱　e16@ cast. org

主页网址　http://www. cssstp. org

电　　话　010－62179108/62103360

传　　真　010－62179108

理 事 长　焦洪波

常务副理事长　杨　旭

副理事长　阎新华　孙东生　黄安文　贾延濟　褚维光　李宝红　陈宗周

秘 书 长　李时夫

刊物及主编　《环球科学》　主编　陈宗周

《科学中国人》　主编　王直华

《中国科技新闻研究》主编　李时夫

《科幻画报》　主编　金　城

单位简介

中国科技报研究会是全国性科技新闻社会团体，是由全国科学技术类报社及其工作者以及热心科技新闻事业的人士和单位自愿联合组成、依法注册登记的学术性、非营利性法人社团组织，是中国科学技术协会的组成部分，接受中国科协和民政部的业务指导和监督管理。

中国科技报研究会1980年3月在沈阳召开第一届全国会员代表大会，选举茅以升为理事长；1981年12月在郑州召开第二届全国会员代表大会，茅以升继续当选理事长；1986年11月在上海召开第三届全国会员代表大会，选举章道义为理事长；1991年3月在西安召开第四届全国会员代表大会，选举李宝恒为理事长；1995年3月在杭州召开第五届全国会员代表大会，选举李宝恒为理事长；1999年5月在济南召开第六届全国会员代表大会，选举刘恕为理事长；2004年6月在郑州召开第七次全国会员代表大会，选举焦洪波为理事长。

中国科技报研究会现有团体会员43个，荣誉会员49人。

工作综述

一、学术交流

1. 2005年6月1～3日，在江苏省南京市举行第18届（2004年度）科技报系统优秀作品评选活动。本次活动共收到28家科技报社推荐作品327件，评选出一等奖32件；二等奖62件；三等奖98件；好标题5件。

2. 2005年，研究会启动了科技报社转制调研，焦洪波理事长带队到黑龙江、山东、内蒙古等地，了解转制情况，写出调研报告上报中国科协书记处。

3. 中国科技报研究会网站于2005年9月14日开通。网站建设中得到了科学导报社郝建新社长的大力支持，科学导报社为研究会网站无偿提供场地、人员和经费。

二、科普工作

1. 在2005年全国科普日活动中，研究会承办了“我与科普——优秀摄影作品展示”和“我与科普——公众科普需求调查”。同时，协办了“科学发展观——资源节约与可持续利用”知识大赛和“征集全国科普日活动标识、口号”活动。

2. 研究会申请创办了《环球科学》杂志，已收到国家新闻出版总署的正式批文，2006年正式出版发行。

三、组织工作

1. 2005年，经中国科协审核、民政部注册登记，研究会科技新闻摄影专业委员会、青年编辑记者工作委员会、科学教育普及工作委员会成立。

2. 12月16～17日，研究会七届二次理事会议在湖北省武汉市召开。

四、编辑出版

1.《中国科技新闻研究》本着配合中国科协中心工作，促进科技新闻理论建设，服务读者的原则，2005年围绕报社实际工作和问题，重视选题策划，调整栏目设置，强化为读者服务，在版式、栏目、内容上做了一些调整。

2.《科学中国人》杂志社在坚持做好科学普及工作的同时，配合中国科协的中心工作，全力打造《科学中国人》的品牌。据不完全统计，2005年《科学中国人》的许多文章被60多家报刊、网站转载，有的还被选入重要国际学术会议的论文集。

3.《科幻画报》月发行量近4万册。杂志社以《科幻画报》为平台，面向社会参加了由中国东方文化研究会主办的“第二届东方国际原创动画漫画艺术大赛(OACC)”活动。

中国青少年科技辅导员协会

China Association of Science Instructors for Youth and Children

地　　址　北京市海淀区学院南路86号
邮政编码　100081
电子信箱　cacsi@ cacsi. org. cn
主页网址　http://www. cacsi. org. cn
电　　话　010－62103366/62172668/62171995
传　　真　010－62172668
理　事　长　刘　恕
荣誉理事长　叶叔华
副理事长　牛灵江　万超岐　王力军　王渝生　张开逊　李正梅　李燕祥　杨　进　陈积芳
荣誉副理事长　周克平　谢丽娟　傅国亮　袁正光　王屏山　刘德培　张泰昌　马　力　辛俊兴
秘　书　长　李燕祥(兼)
刊物及主编　《中国科技教育》　**主编**　王友恭

单位简介

中国青少年科技辅导员协会（以下简称协会）的发起者为周培源、吴仲华、蒋南翔、王寿仁、黄芦、王景盛、苏灵扬、袁正光、程平。1981年经中国科学技术协会批准在北京召开成立大会。历届理事长依次为吴仲华、王寿仁(两届)、叶叔华、刘恕。协会设有理论、组织、培训、宣传、青少中心等工作委员会，在27个省、自治区、直辖市和1个计划单列市有团体会员理事单位，团体会员41个，个人会员1253人。协会于1985年底加入设在法国巴黎的联合国教科文组织教育信息网，成为其成员单位。

工作综述

一、提高协会为会员服务能力

1. 为了强化基层协会为会员服务的能力，加强协会组织网络建设，协会于2005年6月15～17日，在内蒙古自治区呼和浩特市举办了组织建设培训研讨班。13个省、自治区、直辖市的33位地、市协会组织干部参加了培训研讨班。

培训期间，协会理事长刘恕作了主题报告，详尽分析了我国科技教育的发展趋势，深刻阐述了协会的责任与面临的机遇，明确提出了协会发展的方向。

2. 为了更好地践行中国科协“三服务、一加强”的指导思想，了解科技辅导员的需求，2005年9月15日，协会和《博物》杂志社邀请在北京的科技教育专家、优秀科技辅导员和部分新闻媒体，在中国科技会堂召开了科技辅导员能力建设座谈会。

座谈会期间，与会专家、优秀科技辅导员一致认为：科技辅导员在科技教育、科普活动中发挥着关键性的作用。在党和政府、中国科协的支持下，建立健全一支具有高尚师德、科技素养与创新能力、科技和教育工作者与社会各界人士共同参加的科技辅导员队伍，是发展科技教育、科普事业的基础，协会应该并且能够在加强科技辅导员队伍建设，提高全民科学素质方面发挥更大的作用，做出更大的贡献。

二、为会员服务工作

1. 理论研究与学术交流工作。2005年1~6月开展了以“关注青少年科技教育的德育功能”为主题的论文征集活动。协会团体会员理事单位等在征集了近万篇论文的基础上，筛选、推荐了683篇优秀论文。经理论工作委员会组成的评委会按照科学性、先进性和创造性的原则进行评审，评出一等奖论文51篇；二等奖论文321篇；三等奖论文181篇。《中国科技教育》以专刊的形式，编辑、出版了优秀论文集。

在中国科协的统一安排下，协会与新疆维吾尔自治区教育厅、科技厅、科协等单位，于2005年8月18~21日在新疆乌鲁木齐市共同举办了青少年科技教育与思想道德建设新疆论坛。中国青少年科技辅导员协会理事长刘恕、中国科协书记处书记宋南平、中国科学院院士张炳炎、新疆维吾尔自治区党委常委、宣传部部长李屹，教育部基础教育司副司长来萍等出席了论坛开幕式，27个省市的261名与会者参加了论坛会议。

期间，特邀科技教育专家、学者，围绕主题，从《全民科学素质行动计划纲要》、互联网与当代青少年的发展、对中国科学教育的思考、科技教育的理念和内涵、如何发挥科技教育的育德功能、中国科技教师的现状与发展、青少年科技教育队伍建设的理论与实践研究等不同角度，和与会的科技教育工作者进行了深入研讨。与会者结合自身实际情况，围绕科技教育对青少年思想道德建设所起到的独特作用，进行了广泛的交流。

2. 在中国科协、教育部等有关单位的支持下，协会与中国发明协会、中央教育科学研究所于2005年2月~8月共同主办了征集、评审、展示教育工作者优秀发明与科教制作成果的第五届全国教育工作者发明与科教制作展评活动（以下简称“展评活动”）。共有24个省、市推荐优秀发明和科教制作作品。经组委会初评，选出314项优秀作品参加优秀作品展示会。

2005年7月15~17日，在辽宁省大连市第八中学召开了第五届“展评活动”优秀作品展示会。展示期间，共向全社会宣传、展示、推介经过初评的240件优秀发明和科教创新成果。评出一等奖43项、二等奖80项、三等奖117项。中国科技馆发展基金委员会和上海市教育发展基金会分别设立了“园丁奖”、“科教创新奖”（各10项）。

3. 科技辅导员培训工作。一是扶贫助教工作。在中国科协科学技术普及部的支持下，2005年7月2~3日，协会组成科技教育讲师团，赴山西吕梁地区方山县举办了科技辅导员业务培训班，300余名教师参加了业务培训。科技教育讲师团就策划、组织青少年科技教育活动的思路，辅导青少年结合身边实际进行创新选题的方法，利用科教器材开展普及性科技教育活动等方面进行了培训。协会向方山县科协和部分学校赠送了电视机、DVD等科普器材及图书。二是科普志愿者创新能力培训。在中国科协科学技术普及部的支持下，协会于12月7~8日在贵阳市共同举办了科普志愿者创新能力培训班。来自17个省、市的80余名骨干科普志愿者、22名协会团体会员理事单位的秘书长和100位贵阳学院科技教育专业的学员参加了培训班。

培训班期间，根据科普志愿工作的发展趋势、青少年科普志愿者的实际工作，特邀科技教育专家分别就科普展品的设计与制作、自制教具的现状与发展、利用科技活动启迪青少年创新能力的思路和策划、组织青少年科技活动的方法等，通过案例分析的方式，与参加培训人员进行了学术交流。根据目前广泛开展的青少年科技教育项目，参加培训人员进行了机器人和木制作品的设计与制作，学习青少年科技教育项目所需的基本技能，体验组织青少年科技教育工作的实施过程。

三、《中国科技教育》的出版工作

2005年，协会如期完成了《中国科技教育》的出版工作。为了促进科技教育事业发展，协会利用各种活动向科技教育工作者赠送杂志，为科技教育工作者提供开展科技教育活动所需的资料。

中国科教电影电视协会

China Science Film and Video Association（CSFVA）

地　　址　北京市海淀区学院南路86号
邮政编码　100081

电子信箱 csfva@ yahoo. com. cn
主页网址 http://www. csfva. org. cn
电　　话 010－62186304/62103358
传　　真 010－62186304
理 事 长 沈　纪
副理事长 王　录　王珠珠　邱国立　赵致真　黄寿年　童　刚
秘 书 长 王临安
刊物及主编 《摄影与摄像》　**主编**　温　宁

单位简介

中国科教电影电视协会是由全国从事科教影视工作的专业科技人员自愿组成、依法登记的公益性法人社会团体，是发展我国科教电影电视事业的重要社会力量。协会筹建于1979年3月，1986年7月正式成立。第一届理事会名誉会长夏衍，理事长张清，秘书长孔祥瑾。1992年3月召开第二届会员代表大会，选举产生第二届理事会，理事长沈纪，秘书长苑郑民（副理事长兼）。2001年9月召开第三届会员代表大会，选举产生第三届理事会，现有理事79人，常务理事27人，理事长沈纪，秘书长王临安。

1986年广播电影电视部批准协会代表中国参加国际科学电影协会（ISFA）。ISFA于1992年更名为国际科学传媒协会（IAMS）。

工作综述

2005年是中国电影诞辰100周年，也是新中国第一部科教电影制作发行57周年。为了更好地弘扬科学精神、宣传科学思想、传播科学知识、推广科学方法，协会根据中国科协党组、书记处的要求和民政部的有关规定，团结广大的科教影视工作者，调动全体会员的积极性，广泛参与社会各类活动，积极争取政府的支持和社会的理解，为繁荣我国的科教电影电视事业，继续努力工作。

一、组织建设

1. 会员发展工作是协会2005年的重点工作之一。随着影视界体制改革和各电视台运行机制的变化，2005年制定了适应会员入会、管理和交纳会费的简易方法，其主要工作目标放在地方会员的发展方面。

截至12月1日，协会团体会员55个、个人会员559人。完成了个人会员在中国科协序列中的编号及发放会员证。制定会员简易交纳会费的管理方法。2005年会费收缴率为：个人9%，团体98%。

2. 接受中国科协和民政部会计事务所的财务审计，在审计中加强协会财务制度的建设和监督，制定了各项财务管理制度。

二、学术交流

1. 2005年8月，协会在中国科协2005年学术年会上组织了第35分会场，79人参加，9篇学术论文和7部影片在会上交流。

2. 8月1～9日，协会在黑龙江以“科教专题、儿童动画电视节目”为主题进行学术交流，46人出席了研讨会，收到论文15篇，8位论文作者做了学术报告。

3. 9月2～7日协会在内蒙古呼和浩特市与内蒙古文化厅、内蒙古电视台联合举办的科教影视优秀作品交易会，51位电视台和影视制作部门的领导出席交易会，大会收到交易影片39部，会上放映15部，其中成交21部（6个电视台互相购买影片节目）。

4. 12月26～30日，协会与广电总局电影局、新闻出版总署音像司和中国科协科学技术普及部共同组织全国科教影视联展暨学术大会，现已完成大会的学术交流和评奖工作。

三、表彰奖励

1. 12月26日，协会与广电总局电影局、新闻出版总署音像司、中国科协科学技术普及部共同组织全国科教影视联展暨学术大会。收到全国推荐的187部科教影视节目，经过初评推荐给大会92部。其中有43部被评为一、二、三等奖，同时在科技人员拍摄的影视作品中评选最佳科技人员拍摄奖。另外，公众通过观看有线电视和社区闭路电视节目，运用手机发短信方式，评出10部“公众最喜爱的科教影片”。

2. 12月16～17日与北京科教音像工作者协会联合举办“银河杯”的评奖工作（含影视片和论文评奖）。

四、科普活动

1. 在全国科技活动周期间，与全国科教影视节目协作体共同开展了全国电视台科教栏目联播活动，21个省市级电视台参加，播放科教影片40部，播出时间（含重播时间）约3000分钟。

2. 参加中国科协“9·17 科普日”活动。与中央电视台、中国农学会、中国科协学会管理服务中心和北京市通州区、顺义区科协组织“送科教影视下乡”活动。赠送6台电视机、6台DVD机和科教影视片各80部，科普图书100册、挂图20种100幅，受益农户1500户。

协会与北京电视台联合制作“节油全攻略”和建立“节约性社会”的电视座谈节目，于9月18～20日连续3天在北京电视台“科技全方位”播放，播放当天约60万人观看，在此期间全国科教频道协作体22个地方电视台于9月18～20日相继播放，受益公众约2亿人。

3. 在“神舟”六号载人航天飞船发射前夕，组织学生70名、老师100名、科技专家49人、科技工作人员37人、新闻媒体的记者23名参加第22颗返回式卫星“蚕宝宝回家”卫星开舱仪式。中国科协副主席、书记处书记徐善衍和航天集团领导同志出席仪式并讲话。中央电视台的“新闻联播”、“晚间新闻”、中国教育台的3频道和北京电视台“北京新闻”相继播放了活动新闻。协会与中国空间技术研究院音像中心合作，制作科教影视片2部。

4. 协会与中国环境科学学会联合摄制的《环保中国》科教片全部完成（含光盘制作及发行）。

五、国际交流

1. 2005年3月，组织会员10人赴南非开普敦参加为期12天的亚非拉国际影视博览会，并对影视节进行了考察。

2. 为参加2006年3月在芬兰举办的坦培雷国际影视节做准备，从各地推荐的43部科教影视片中，选送了20部优秀作品参展。

六、学术期刊

《摄影与摄像》杂志出版12期，每期发行量约5万份。

中国科学技术期刊编辑学会

China Editology Society of Science Periodicals（CESSP）

地　　址　北京市海淀区学院南路86号736室
邮政编码　100081
电子信箱　kxcessp@tom.com
主页网址　http://www.cessp.org.cn
电　　话　010－62147743/62103359
传　　真　010－62147743
理 事 长　丁乃刚
副理事长　陈浩元　李　军　刘学东　刘泽林　齐志英　王亨君　游苏宁
秘 书 长　姚希彤
刊物及主编　《编辑学报》　**主编**　陈浩元

单位简介

1981年12月2日中国自然科学学术期刊编辑协会筹备委员会成立。1986年12月中国科协正式接纳中国科学技术期刊编辑学会。1987年3月，中国科学技术期刊编辑学会第一次会员代表大会在北京召开，翁永庆任理事长。1991年4月，中国科学技术期刊编辑学会第二次会员代表大会在无锡召开。丁光生、谭丙煜为名誉理事长，翁永庆连任理事长。1995年6月，中国科学技术期刊编辑学会第三次会员代表大会在山东召开。翁永庆为名誉理事长，孙枢任理事长。2000年9月，中国科学技术期刊编辑学会第四次会员代表大会在北京召开。翁永庆为名誉理事长，丁乃刚任理事长。2004年9月，中国科学技术期刊编辑学会第五次会员代表大会在北京召开。丁乃刚任理事长。

中国科学技术期刊编辑学会现有团体会员706个，个人会员4236人，地方学会23个，工作委员会10个。

1995年11月21日，中国科学技术期刊编辑学会加入国际科学编辑联合会（IFSE），成为该会的团体会员。

工作综述

一、学术交流工作

组织开展科技期刊编辑学研究，为会员单位和科技期刊编辑搭建学术交流平台，是学会的一项主要工作。2005年学会举办了6次学术活动。

1. 4月5～8日，在湖北省宜昌市举办了首次科技期刊出版发展学术研讨会，各地的科技期刊编辑80多人出席会议。与会者就“中国科技期刊改革与发展”和“打造精品科技期刊战略”展开了热烈的讨论。

2. 6月3~7日，在安徽省黄山市举办了第4次全国医药卫生期刊编辑出版学术会议，190多人出席了会议，与会者就期刊伦理学、期刊评价指标、数字化稿件处理流程、期刊质量控制和期刊经营管理等5个专题进行充分讨论。会议收到论文近60篇，并出版了论文集。

3. 9月6~9日，在河南省郑州市召开了第五届中国科技期刊青年编辑学术研讨会，140多位中青年编辑参加了本次研讨会。会议共收到论文100多篇，并出版了论文集。还评选出优秀论文一、二、三等奖共28篇，并安排了14位优秀论文编辑作了专题发言。

4. 9月13~15日，第三届全国核心期刊与期刊国际化、网络化研讨会在北京举行。各地的500多人参加了会议。研讨会共收到80多篇征文，并编印成论文集。有33篇优秀论文分别获得一、二、三等奖。研讨会着重就建立基于“引文链接”的知识整合平台、发展引证研究报告、核心期刊的测评体系与方法、期刊国际化、网络化发展方向与措施进行了深入探讨。

5. 10月15~18日，由学会主办，国际科学编辑联合会、欧洲科学编辑协会、中国科学院自然科学期刊编辑研究会、中国高等学校自然科学学报研究会协办，中国科协调研宣传部、中国学术期刊（光盘版）电子杂志社支持的第二届国际科学编辑研讨会在北京举行。来自国际科学编辑联合会、欧洲科学编辑协会、哥白尼索引数据库、英国物理学会、瑞典皇家科学院及国内有关出版社、数据库、编辑部的150多人出席了大会。开幕式上，中国科协书记处书记宋南平到会并讲话。会议的学术内容丰富多彩，国际科学编辑联合会主席 Miriam Balaban 的科技发展及科技文献开放获取的设想及中国科学院文献情报中心主任张晓林博士的报告《中国的开放获取战略：框架与途径》，引发了与会者对 Open Access 进一步的兴趣和讨论。瑞典皇家科学院与中国科学院合办的《Ambio－人类环境杂志》的经历和体会报告为今后与国外共同办刊提供了很好的经验。

6. 12月20~22日，学会五届二次理事（扩大）会暨金牛奖、银牛奖、优秀论文奖颁奖大会及学术报告会在北京举行，理事和获奖者近200人出席。中宣部、国家新闻出版总署、科技部和中国科协有关部门负责人出席会议并讲话。学会学术工作委员会主办的专题报告会于12月22日举行，150多人出席了报告会。

二、为会员服务，发挥学会的桥梁和纽带作用

1. 为会员服务办实事。学会举办各种学术会议、培训班和研修班，组织开展各种评优活动，以及向会员赠送《会讯》和《编辑学报》。

2. 在会员中组织评优表彰活动。在政府机构改革和职能转移不断深化的形势下，发挥学会在这方面的作用，对于培养编辑人才，稳定编辑队伍，促进科技期刊发展，以及增强学会的凝聚力，树立学会的权威性都有重要意义。2005年学会举办了三项评奖活动。第一项是金牛奖、银牛奖。评选出金牛奖获奖者75人，银牛奖获奖者126人。第二项是中国科技期刊青年编辑骏马奖。评选出青年编辑骏马奖获奖者121人。第三项是优秀编辑学论著评选。在中国科协学会学术部的领导和支持下，学会评选出优秀论文论著奖108篇，其中一等奖20篇、二等奖35篇、三等奖53篇。

三、举办形式多样的培训班，提高编辑人员素质

提高科技期刊质量的关键在于提高编辑人员的政治业务素质，学会坚持“满足需要，形式多样，提高质量，扩大影响”的教育培训方针，2005年，举办了各类培训班共5期。

1. 4月12~21日，第4期全国科技期刊主编（编辑）岗位班在北京举办，135人参加了培训。

2. 5月17~26日，第6期全国科技期刊英文编辑研修班在北京举办，92人参加了培训。

3. 7月23~31日，第4期全国科技期刊编辑手段现代化研修班于在北京举办，38人参加了培训。

4. 8月3~11日，由学会承办的中国科协主管在京期刊主要负责人岗位培训班在北京科技会堂举办，67人参加了培训。

5. 10月19~28日，第5期全国科技期刊主编（编辑）岗位班在北京举办，219人参加了培训。

四、认真办好《编辑学报》、《会讯》

《编辑学报》是学会的会刊，也是我国编辑出版类期刊中最具影响力的期刊之一。

《会讯》是学会联系会员的主要媒介，每年编印4期，主要是及时传达编辑出版方面的方针、政策、指示与信息，刊登学会各项工作与活动的通知、情况与消息。《会讯》是反映情况、传递信息、密切关系、沟通工作的重要内部通信，是学会联系广大会员的重要纽带。

五、发挥专家作用承接科技部课题任务

专家是学会的财富，学会历来重视充分利用专家资源，发挥专家作用。学会组织科技期刊编辑界的专家队伍，完成了国家新闻出版总署、科技部和中国科协交办的课题研究、期刊的审读、期刊评奖、期刊问卷、编辑人员的培训工作。2005 年学会申报并获得批准的科技部课题“中国科技期刊发展战略研究”的子课题任务，充分说明了学会是国家科技期刊工作可依靠、有实力的主力军，这些工作也为学会可持续发展注入了新的活力。

中国流行色协会

China Fashion Colour Association

地　　址　北京市东长安街 12 号 522 室

邮政编码　100742

电子信箱　info@ fashioncolour. org. cn

电　　话　010 - 85229522/85229531

传　　真　010 - 85229532

理 事 长　杜钰洲

副 理 长　孙瑞哲　梁　勇　席时平　杨永元　王蕴强　宋建明　陈国强　叶关荣

秘 书 长　梁　勇

刊物及主编　《流行色》　**主编**　徐志瑞

《色彩中国》　**主编**　梁　勇

单位简介

中国流行色协会经国家民政部批准于 1982 年成立，是由全国从事流行色研究、预测、设计、应用等机构和人员组成的法人社会团体，是中国科学技术协会的组成部分。1983 年代表中国加入国际流行色委员会（International Commission for Colour in Fashion and Textiles）。

中国流行色协会设有专家委员会、组织部、调研部、学术部、市场部、对外联络部、上海代表处、《流行色》杂志社、设计工作室以及各专业委员会。现有常务理事 30 名，理事 90 名。

色彩是时尚的原创力，也是创造美、传播美的基础。作为全国性的色彩研究、预测机构，中国流行色协会以其专业性和权威性成为中国时尚业的前沿指导机构。

中国流行色协会主要业务包括组织国内外市场的色彩调研、预测和发布流行色趋势；代表中国参加国际流行色委员会专家会议，提交中国色彩预测提案；主办时尚相关产业的大型活动，开展各项赛事，推广和普及色彩的科学应用；从事色彩咨询和设计服务，承担有关色彩项目委托、成果鉴定和技术职称评定等；开展色彩学术交流、教育和培训等工作，普及流行色知识，向社会推荐流行色应用的优秀企业和个人，推广各项色彩技术与成果；开展中国应用色彩标准的研制、应用和推广；编辑出版流行色期刊和流行色应用工具及资料；开展国际交流活动，发展中国同国际色彩研究和应用团体及机构的友好往来。

工作综述

一、学术交流工作

1. 2005 年 7 月 20 日 ~ 8 月 3 日，协会组织赴加拿大、巴西、阿根廷等地进行文化艺术和拉美色彩应用特色的考察、采风和交流活动。

8 月 20 日，协会在中国科协 2005 年学术年会上主办了主题为“色彩科学应用与发展”的色彩中国论坛分会场。中国科协书记处书记冯长根亲临色彩中国论坛会场，听取专家的发言。

2. 11 月 9 日，以协会副理事长兼秘书长梁勇为团长的一行 37 人，出席了在日本东京举办的 2005 年亚洲色彩论坛，并对日本色彩业进行考察。

3. 我国最大的色纺纱线制造企业、中国流行色协会副理事长单位——华孚控股与中国流行色协会签约，作为国际流行色委员会中国提案合作企业，与协会共同研究 2007/08 秋冬中国流行色趋势。

4. 12 月 26 日，协会设计调研中心副主任、华孚控股副总裁陈玲、协会“色彩中国”——《中国流行色协会快讯》执行主编招霞参加了在意大利米兰举行的第 86 届国际流行色委员会会议。

二、协会组织的活动

1. 3月，由协会和德国默克公司联合举办的默克珍珠颜料应用设计大赛在上海世贸商城举行了颁奖典礼，本次大赛有5个院校的近百名学生参加。协会副理事长梁勇、副秘书长宋文雯和色彩教育委员会副主任林家阳应邀出席颁奖典礼，并与默克公司中国总裁张达博士共同为获奖者颁奖。

2. 3月30日~4月1日，协会作为展会的主要支持单位亮相在北京展览馆开幕的中国国际纺织面料及辅料(春夏)博览会(INTERTEXTILE)。与来自国内外的面料参展商就面料流行趋势、色彩设计等问题进行了面对面的交流和探讨。

协会设计研究中心家纺设计工作室与波司登床上用品有限公司达成合作，为波司登家纺品牌进行整体的包装形象设计、产品定位以及2005秋冬2006春夏的产品设计开发。

3. 6月3日，协会理事长王曾敬，中国流行色协会常务副理事长孙瑞哲，协会副理事长兼秘书长梁勇以及协会公共关系总监周一夫一行考察了北京爱慕内衣有限公司，就色彩应用、产品研发、企业形象方面与爱慕公司总经理张荣明进行探讨。

4. 6月5日，协会副秘书长宋文雯应邀参加了波司登股份有限公司在江苏省常熟市召开的2005波司登品牌发展——战略合作大会，并在会上发表讲话。

5. 6月，协会副秘书长宋文雯与协会调研部主任张玮参加在奥地利首都维也纳举行的第85届国际流行色会议，提交了中国色彩提案。

6. 6月10日，协会领导同志应邀出席长春工程学院工业设计系举办的主题为"传·承"的毕业服装展示会。

7. 6月，由协会与北京服装学院团委联合举办的北京服装学院色彩文化节首次亮相。

8. 6月14日，中国流行色协会江西服装学院色彩分会暨南昌高校会员联络处挂牌仪式在江西服装学院艺术剧院举行。

9. 7月1日，由中国纺织工业协会主办，中国流行色协会等单位承办的中国纺织面料暨花样设计大赛在北京举行新闻发布会，这是中国纺织行业最具权威的专业赛事之一。

10. 7月8日，协会在北京举行换届工作会员座谈会。

11. 8月8日，由协会主办的"色彩中国"新闻发布会在北京举行，中国纺织工业协会、中国科协、中国流行色协会、"色彩中国"活动合作机构的领导同志出席并致辞，中央电视台、北京电视台、新华社、中国新闻社等70多家新闻机构也参加了发布会。

12. 9月，四川长虹电器股份有限公司参与了协会主办的"中国城市居民色彩取向"及2006/07年色彩流行趋势调查。

13. 9月24日，协会第二届色彩培训班在上海举办。

14. 11月30日由协会主办的"色彩中国"年度颁奖典礼在北京举行。全国政协副主席张怀西、中国科协书记处书记冯长根、中国纺织工业协会会长杜钰洲等领导以及文化界知名人士等出席，并为获奖企业颁奖。

中国档案学会

Chinese Archives Societtyi (CAS)

地　　址	北京市西城区丰盛胡同21号
邮政编码	100032
电子信箱	daxy@chinajournal.net.cn
电　　话	010-66175130
传　　真	010-66183636
理 事 长	冯鹤旺
副理事长	王信功　冯惠玲　邢永福　赵中新　温　强
秘 书 长	王信功(兼)
刊物及主编	《档案学研究》　主编　王信功

单位简介

中国档案学会是全国档案工作者自愿结成的具有法人资格的全国性、学术性、公益性的社会团体，是中国科学技术协会的组成部分。

1979年经国务院批准成立了中国档案学会筹备委员会，1981年11月23日在北京召开中国档案学会第一次会员代表大会，宣布中国档案学会成立，1981 年 11 月在北京、1984 年 12 月在南京、1990 年 4 月在成都、1994 年 10 月在北京、1999 年 6 月在北京、2004 年 5 月在北京分别召开了第一、第二、第三、第四、第五、第六次全国会员代表大会。安庆洙任第一届理事长，裴桐任第二届理事长，冯子直任第三届理事长，王明哲任第四届理事长，沈正乐任第五届理事长，冯鹤旺任第六届理事长。

中国档案学会于 1989 年 3 月加入中国科学技术协会。1994 年加入国际档案理事会（International Council on Archives）和国际档案理事会东亚地区分会（International Council on Archives East Asian Regional Branch）。全国 31 个省、自治区、直辖市和 15 个副省级市、计划单列市均有地方档案学会组织。

中国档案学会现有团体会员 79 个，个人会员 7648 人。下设 7 个专业委员会：档案学基础理论学术委员会、档案整理鉴定学术委员会、档案文献编纂学术委员会、档案保护技术委员会、影像技术委员会、档案管理自动化技术委员会、企业档案学术委员会。中国档案学会日常办事机构设有：学会办公室、组织工作委员会、《档案学研究》编辑部。

工作综述

一、学术交流工作

2005 年 8 月 2～9 日在贵州省召开了海峡两岸档案暨缩微学术交流会，60 多位专家学者参加了学术研讨，其中台湾地区 15 人。以“围绕档案与社会”为主题举行了 6 场学术研讨会，交流论文 15 篇，其中台湾地区 6 篇。

11 月 14～23 日，中国档案学会以李仕根为团长的代表团一行 12 人赴日本参加中日企业档案学术交流会，共提交论文 7 篇（中方 4 篇，日方 3 篇），60 多位专家参加了会议。

6 月 3～5 日，档案保护技术委员会在云南大学召开了档案保护技术研讨会，50 余人出席会议，有 20 多位专家作了学术报告。

11 月 12～15 日，企业档案学术委员会在陕西省西安市主办了企业档案信息化工作经验交流暨研讨会，150 余人参加了会议，14 个单位介绍各自开展档案信息化工作的经验。

1 月份在北京召开了档案事业“十一五”规划专家座谈会，组织专家在调查论证和专题研究的基础上，提出专家建议书并进行座谈，对国家档案事业“十一五”规划的制定发挥了决策咨询作用。

二、召开拥护《反分裂国家法》座谈会

3 月份在北京召开拥护《反分裂国家法》座谈会，反映了广大档案工作者坚决反对台独的立场。

三、召开全国档案学会秘书长座谈会

11 月 6～9 日，在浙江省宁波市召开全国档案学会秘书长座谈会。围绕促进学会改革发展，充分发挥学会作用等问题进行经验交流。有 22 位秘书长书面交流了他们的工作经验。

四、继续教育工作

5 月，开办了中国档案学会远程教育网，为分布在全国各地难以离岗学习的广大档案工作者提供便捷的专业进修机会。首先开讲了“档案鉴定”课程，今后还将陆续在网上开设其他课程。

五、启动编纂《中国二十世纪图鉴》系列丛书

中国档案学会联合全国各省、自治区、直辖市档案部门编纂一套反映中国地方 20 世纪历史变迁的《中国二十世纪图鉴》系列丛书，目的是把我国 20 世纪百年历史加以梳理和总结，为世界全面了解中国搭建一方平台。

中国国土经济学研究会

China Society of Territory Economics

(CSOTE)

地　　址　北京市丰台区分钟寺街 283 号
邮政编码　100078
主页网址　http://www.csote.org
电　　话　010－87692301
传　　真　010－52010403
理 事 长　王先进
副理事长　刘　堪　孙鸿烈　江泽慧　陈洲其　吴明瑜　钱　易　段应碧
秘 书 长　柳忠勤

刊物及主编 《今日国土》 主编 柳忠勤

《人居与资源环境》 主编 唐 明

单位简介

中国国土经济学研究会是中国科学技术协会的组成部分。中国国土经济学研究会于1981年6月3日在北京成立，第一任理事长于光远；第二届理事会于1992年5月成立，由杜润生任理事长；第三届理事会成立于1999年11月13日，由王先进任理事长。

工作综述

一、持续做好实验区共建工作，为地方经济社会协调发展服务

在认真总结经验的基础上，2005年9月份成功召开了第四次全国中小城市生态环境建设实验区工作会议，以满足实验区生态环境建设和经济社会发展的需要为目标，研究通过了《全国中小城市生态环境建设实验区发展纲要》。明确了为实验区服务的“发展战略、项目支持、信息快递、经验交流、新闻宣传和商贸物流”等六个服务平台。

充分发挥社团的专家和部委优势，深入实验区调研、考察，对实验区在发展过程中遇到的问题给予政策性指导，促进问题解决。组织实验区指导委员会、专家委员会成员调研达60多人次，4月，实验区办公室负责人考察了5个省12个地市、县。同时，进一步改进工作，探索把咨询服务和规划论证、制定结合起来，组织了辽宁省清原县生态规划论证，承担制订了山西省壶关县五年生态经济发展规划。服务思路的创新，使地方的规划更具科学性，进一步密切了合作关系。

加强在杂志和媒体介绍各实验区的经验，提升其影响力。同时，支持、推动实验区的经济文化活动，如河南省商丘市木兰文化节、吉林省白城市的湿地旅游文化节等。

二、加强学术研究与交流，促进国土经济学学科发展

研究会密切结合国民经济与生态环境发展的社会热点问题及前沿问题，充分发挥学术特长与专家优势，积极开展了学术活动。

8月20日，研究会承担了中国科协2005年学术年会“生态经济与中小城市可持续发展”分会场的学术会议。研究会副理事长、中国科学院院士孙鸿烈任会议主席，刘卫东博士作了主题报告。

9月17～18日，在召开研究会第三届四次理事会期间，举行了循环经济发展高层论坛。会议围绕贯彻科学发展观的精神，就循环经济理论的内涵和外延、发展循环经济、加强中小城市生态环境建设和实现经济可持续发展等议题展开了讨论。

研究会还参与主办了于光远学术思想研讨会、循环经济国际论坛等学术活动。

三、办好会刊，为对外宣传和学术交流创造良好条件

继续加大《今日国土》杂志的办刊力度，充实了办刊人员，调整办刊方针。同时，根据中国科协的精神，在把握刊物政治方向、提高刊物质量等方面下工夫，使杂志的编辑出版水平和质量都有较大的提高。2005年从根本上改变文风，丰富刊物内容，增加知识性、可读性。

四、发挥专家优势，推进继续教育，为社会提供培训服务

研究会就培训工作采取了“三个加强”：一是加强硬件建设，逐步更新设施设备；二是加强信息管理，做到每期开班的针对性强；三是加强员工队伍的建设，确保教学质量。建立了回访制度，总结经验教训，评估教学质量，完善培训工作程序。针对国土资源的新形势，把继续教育的重点放在开展国土资源开发，利用等重大问题上。2005年共举办15个培训班次、培训750人次。

五、开展科普活动，普及国土资源可持续发展的科学知识

针对我国经济的快速增长和人口的压力，土地、矿山、能源、水等自然资源与现实需求的矛盾日益显现，不注重环境保护导致生态环境的严峻形势，2005年，研究会制作出版了国土资源系列挂图。

挂图贯彻科学发展观，以国土资源及可持续发展、防灾减灾知识为要点，倡导人类与自然环境的和谐共处，应用喜闻乐见的形式，新颖直观。挂图共分六个主题：地质灾害防治条例宣传；珍惜土地资源；防治地质灾害常识；保护矿山环境，保护地球母亲；严格护耕地，促进集约用地；国土资源科学技术知识。已印制发行10000多套。

六、深化组织建设，不断提高自身能力

2004年，研究会被确定为中国科协学会改革试点单位典型案例之后，在中国科协的关心和支持下，研究会按照上报的改革方案，积极搞好各方面建设。在引进高素质人才的同时，做好思想政治工作和业务能力培养，不断增强职工的能力和水平；同时，努力加强内部管理、不断完善财务管理制度、行政管理和分支机构管理制度。此外，多渠道筹措学会活动经费，充实资金实力，为组织活动提供有效的资金保障。经过共同努力，研究会的改革效果显著。

中国土地学会

China Land Science Society（CLSS）

地　　址　北京西城区冠英园西区37号

邮政编码　100035

电子信箱　zgtdxh@ vip. sina. com

电　　话　010－66562902/66562905/66562830/66562905/66562909

传　　真　010－66562563

理 事 长　邹玉川

副理事长　王万茂　王广华　刘允洲　汪　民　陈　军　苗乐如　唐华俊　高向军　黄小虎　程　烨　董黎明

秘 书 长　黄小虎

刊物及主编　《中国土地科学》　主编　程　烨

单位简介

中国土地学会是全国土地科技工作者自愿组成的并依法登记的学术性、非营利性、公益性的法人社会团体，是我国发展土地科学事业的重要社会力量，是中国科学技术协会的组成部分。

中国土地学会成立于1980年11月，当时为中国农学会的二级学会；1986年11月经国家科委批准为全国性学会；1989年被中国科协接纳为所属团体。

中国土地学会于1980年11月在北京召开成立大会暨第一次代表大会，赵修任第一届理事长；1985年5月在西安召开第二次会员代表大会，边疆任第二届理事长；1990年10月在郑州召开第三次会员代表大会，王先进任第三届理事长；1994年11月在无锡召开第四次会员代表大会，邹玉川任第四届理事长；2001年8月在北京召开第五次会员代表大会，邹玉川任第五届理事长。

30个省、自治区、直辖市和新疆生产建设兵团成立了土地学会。

工作综述

一、学术交流工作

2005年5月28日，与中国城市规划学会，并联合中国城市规划设计研究院和中国土地勘测规划院，在北京共同举办健康城市化与城市土地利用研讨会，15名城市规划、土地规划界的知名专家学者在会上发言。

6月15～17日，土地规划分会在浙江省宁波市召开土地利用规划修编研讨会，来自各地的专家、学者110多人参加了本次研讨会。会议共收到学术论文30多篇，有18位专家学者作了大会发言。

6月28～30日，地籍分会、信息与遥感分会与国土资源部信息化工作办公室、中国地质调查局、中国土地勘测规划院、国土资源部信息中心在云南省昆明市联合举办国土资源信息化建设研讨会。专家学者和各有关方面与会者近800人参加了本次研讨会。

7月31日，为配合全国人大常委会广泛征求《物权法（草案）》的意见，与中国土地勘测规划院在北京共同召开物权法有关土地问题座谈会。来自全国人大法工委、中国土地勘测规划院、北京大学法学院、中国人民大学土地管理系、国土资源部土地利用司、法规司、地籍司和信息中心的10多位专家在会上先后发言。

8月18～19日，在中国科协2005年学术年会期间，主办第38分会场，主题是“科学发展观与土地资源节约和集约利用”，共征集到论文80多篇，有100多人参加了会议。21位专家学者先后在会上发言。

11月6～10日，土地文化分会与中国国土资源报社在西安共同主办了“人·土地·文学”研讨会。来自各地的专业作家和国土资源系统的文学创作者，就人与土地的关系、以土地为题材的文学创作等问题进行了充分的交流和讨论。

12 月 1 日，在上海与中国国土资源报社、综合开发研究院（深圳）共同举办 2005 年中国土地市场年会，主题是“楼市调控：评价与展望”。专家学者及各界人士 120 多人出席。

12 月 16 ~ 18 日，在广东省佛山市与中国土地勘测规划院、国土资源部重点实验室共同举办 2005 年中国土地学会学术年会，主题为“新技术在土地调查中的应用与土地科学技术发展”。大会共收到论文 150 多篇，来自各地的专家、学者 150 多人参加会议。

二、学科建设工作

组织专家完成《土地科学丛书》中《土地资源学》、《土地保护学》、《地籍学》、《土地规划学》等 4 部书的审稿工作，并将在近期出版。

12 月 18 日，在广东省佛山市召开中国土地学会学术工作委员会工作会议，研究编辑出版《土地科学学科发展蓝皮书》以及进一步推进土地科学学科建设的具体措施。

撰写 2004 年土地科学发展报告，总结综述 2004 年土地科学技术新成果，并提交中国科协组织编写的《学科发展蓝皮书》。

《中国土地科学》期刊质量不断提高，已进入全国中文核心期刊、中国科技核心期刊、中文社会科学引文索引来源期刊和中国科学引文数据库来源期刊，进入我国科学技术和学术研究的一流期刊行列。

三、对外交流工作

6 月 27 日 ~ 7 月 7 日，组织中国土地学会学术交流团一行 18 人，赴台湾地区参加海峡两岸土地法律法规专题研讨会。

8 月 12 ~ 13 日，在新疆维吾尔自治区乌鲁木齐市举办 2005 年海峡两岸土地学术研讨会，会议主题为“不动产开发与投资和不动产金融”。大会共收到两岸专家学者提供的论文 40 多篇。两岸专家学者 100 多人参加了研讨会。

9 月 23 日，与北京市国土资源局、北京土地学会在京共同举办台湾地区地政学术报告会。会议邀请了 6 位台湾地区地政学界和业界的知名教授和专家做学术报告。来自首都地区的近 80 人参加了会议。

四、科学普及工作

在 4 月 22 日“地球日”，设计制作了 10 块关于节约集约利用土地资源，促进科学发展的展板，参加了国土资源部组织的“地球日”科普活动。

6 月 25 日全国土地日，与中国土地勘测规划院在中国土地学会网、国土资源部网、人民网房产频道和中国地产投资网上，同时举办第四期“6·25”土地日论坛，主题是“节约集约用地，促进科学发展”。

9 月 17 日全国科普日，与中国地球物理学会、中国城市科学研究会组成节地组，制作以“建设节约型社会，你我共参与”为主题的 6 块展板参加了主场地活动。

10 月 26 日，与北京市教育学院朝阳分院共同举办第二次土地科普讲座，邀请遥感技术专家，结合中学地理教学，为中学地理教师介绍了“3S”技术及其在国土资源管理中的应用等基本知识。

承担科技部下达的“国土资源科普基地标准研究”项目。

五、继续教育工作

9 月 3 ~ 6 日，土地法学分会和国土资源部法规司在辽宁省大连市联合举办依法行政与严格土地管理培训班。国土资源系统的近 200 名公务人员参加了培训。

9 月 25 ~ 29 日，与中国土地勘测规划院、国土资源部政策法规司、美国林肯土地政策研究院在安徽省黄山市联合举办中美土地管理法律制度研讨培训班。全国各级土地管理部门相关人员及部分高等院校研究人员共计 150 余人参加了本次研讨培训。

六、组织建设工作

为进一步完善以会员为主体的组织体制，在 2004 年制定的《关于在网上开展中国土地学会个人会员重新登记的方案》和《关于建立中国土地学会个人会员登记号制度的办法》基础上，首先在重庆市进行中国土地学会个人会员网上重新登记的试点工作，并于 10 月 18 ~ 19 日在山东省青岛市召开中国土地学会组织工作委员会暨省级土地学会秘书长工作会议，研究讨论布置了中国土地学会个人会员网上重新登记工作、个人会员登记号使用办法、中国土地学会网站建设等工作，并交流了各地开展学会工作的先进经验。目前学会的个人会员登记和管理系统已进一步完善，一些省市正在进行会员网上登记试点工作。

七、学会网站建设

经过两年筹备，在国土资源部信息中心的大力支持下，中国土地学会网站于6月25日开通试运行。网站中设有学会动态、学术交流、学科建设、土地科普、媒体热点等10多个栏目，除汇集学会以往活动的历史资料外，及时发布学会活动的即时信息。现网上已有信息700多条，其中60%是新信息，平均每日更新2条信息。为丰富网站内容，吸引更多会员上网参与交流，结合社会关注的土地热点问题，及时开设了《物权法论坛》和《土地规划论坛》，并开展了相关问题网上调查。截止到12月底，已有60000多人次访问了学会网站，平均日访问量360多人次。为规范网站建设，还制定了《中国土地学会网站管理办法》。

中国科技新闻学会

Chinese Society for Science and Technology Journalism（CSSTJ）

地　　址　北京市学院南路86号
邮政编码　100081
电子信箱　kjxw@csstj.org.cn，kjxw@sina.com
主页网址　http://www.csstj.org.cn
电　　话　010－62103365
传　　真　010－62184952

理　事　长　焦洪波

副理事长　王友恭　刘洪海　李新彦　赵立凡　赵致真　赵忠颖　夏　林　徐九武

秘　书　长　杨　艺

刊物及主编

《科学新闻·学术专刊》	主编	王友恭
《中国科技信息》	主编	杨　昕
《大众电脑》	总编	焦洪波
《硅谷》	总编	焦洪波
《数码时尚》	主编	祁书彦
《电子竞技》	主编	祁书彦

单位简介

中国科技新闻学会成立于1988年初，是世界科技记者联盟的发起者和成员之一。现有团体会员40个（其中地方学会16个），个人会员千余人。

学会历届名誉理事长：周光召、吴阶平、宋健、钱学森、张玉台等。陈柏生为第一届理事会理事长；张玉台为第二届理事会理事长；焦洪波为第三、第四届理事会理事长。

中国科技新闻学会第四届常务理事会下设7个专业委员会、5个工作委员会和办公室。

学会主办的6种刊物《中国科技信息》和《科学新闻·学术专刊》（与科学时报社合办）、《大众电脑》、《硅谷》和《数码时尚》、《电子竞技》，在学术交流和促进科技发展与经济建设方面产生了较好作用。其中《科学新闻·学术专刊》杂志为季刊学报性刊物，每年都发表上百篇科技编辑、记者在大量实践基础上总结、提炼出来的学术论文，对广大会员进行业务交流、提高业务水平发挥了积极作用。

工作综述

1. 2005年5月14～16日，主题为“坚持科学发展观——新时期科技传播的新视野”的中国科技新闻学会第八次学术年会暨跨国企业·媒体与危机应对论坛在北京召开。近200名科技新闻工作者参加。会议共收到论文150多篇，110多篇论文编入论文集。会议评选出优秀论文特等奖4篇、一等奖34篇、二等奖53篇和优秀组织奖8个。

2. 受中国科协委托，学会作为由英国科学作家协会（ABSW）组织发起的“2005英中科技合作媒体优秀作品推荐活动”的中方协办单位，负责组织征集优秀新闻作品和推荐工作。学会选出86篇入选作品，其中中央媒体46篇，地方媒体40篇。经中、英双方共同组成的专家委员会认真审阅评议，推荐16篇作品入围，并从其中选拔出6篇作品的作者作为受邀赴英交流的推荐人选。

3. 2005年，学会进一步加强与国际同行的交流与合作，接待了越南科学技术联合会代表团、法国信息媒体科技协会访华团，并与前来参加2005年北京公众科技传播国际研讨会的国际友人举行了座谈交流。

4. 受全国政协“21世纪论坛”组委会秘书处和中国科协的委托，学会配合全国政协新闻局和大会秘书处承担了本次会议的深度报道工作。此次报道活动受到全国政协主席贾庆林同志的表扬，宣传效果受到全国政协的高度评价，也获得与会国际友人的肯定。

5. 为深入宣传贯彻落实温家宝总理关于“要保护澄江化石群，保护世界化石宝库，保护这个极具科学价值的自然遗产”的重要批示精神，和曾培炎副总理关于要把抚仙湖建设成为“一流水质、一流生态、一流旅游”及坚持“全面保护，重点开发，科学规划，分步实施，严格执法，依法综合治理，力求实效，确保I类水质”的批示，学会于12月18～24日，由理事长焦洪波带队，组织中央与首都各大主流新闻媒体记者共20人前往云南省玉溪等五市县考察采访。

6. 2005年，学会和《科学时报》社合办的《科学新闻·学术专刊》编辑发行4期，刊登学术论文近40篇，学会活动的图片150多幅。《科学新闻·学术专刊》配合宣传中国科协重大活动刊登若干个彩版，得到中国科协的肯定。

中国老科学技术工作者协会

China Association of Senior Scientists and Techniclans

地　　址　北京市海淀区学院南路86号

邮政编码　100081

电　　话　010－62177879

传　　真　010－62172825

会　　长　钱正英

副 会 长　王佛松　王德臣　刘于鹤　孙隆椿　何永年　沈荣骏　宋树友　张春园　陈妙兰　国　林　高　潮　韩德乾　程连昌　蓝祖佑

秘 书 长　高　潮（兼）

刊物及主编　《今日科苑》　**主编**　刘书良

单位简介

中国老科学技术工作者协会是以达到退离休年龄的老科技工作者为主体自愿结成，并依法登记成立的非营利性社会组织。由各省、自治区、直辖市的老科技工作者团体，全国性行业系统的老科技工作者团体及大型企业、事业单位的老科技工作者团体联合组成的全国性法人团体；是中国科学技术协会的组成部分；是中国老科技工作者的群众组织；是党和政府联系老科技工作者的桥梁和纽带。

1979年，重庆市一批退休工程师率先组织起来，成立了重庆市退休工程师协会，面向社会开展技术咨询和技术服务，自此，中国出现了第一个由退离休科技人员组成的以老有所为为主旨的群众组织。随后，全国各地相继成立退科联组织。

1986年9月，中共中央组织部、宣传部、统战部，国家劳动人事部、国家科委、中国科协和中国人民解放军总政治部等七部委联合向中央提出“关于发挥离退休专业人员作用的暂行规定”的报告。当年10月6日，中共中央办公厅、国务院办公厅下发中办发［1986］32号文件。1988年7月，在国家科委和中国科协的领导和支持下，中国退（离）休科技工作者团体联合会”（以下简称中国退科联）被批准成立。

1989年11月，中国退科联第一次全国会员代表大会在北京召开，选举李国豪为第一届理事会会长。

1990年2月4日，中共中央总书记江泽民为中国退科联题词“团结广大退离休科技工作者为科技进步经济繁荣社会发展和民族振兴再做贡献。”

1991年5月中国退科联第二次全国会员代表大会在北京召开，大会决定将中国退（离）休科技工作者团体联合会更名为“中国老科学技术工作者协会”，选举吴阶平为第二届理事会会长。

1999年11月，中国老科协第三次全国会员代表大会在北京召开，选举钱正英为第三届理事会会长。

2004年12月9日，中国老科协第四次全国会员代表大会在北京召开，选举钱正英为第四届理事会会长。

工作综述

2月23日中共中央办公厅、国务院办公厅以中办发［2005］9号文件，转发了中共中央组织部、中共中央宣传部、中共中央统战部、人事部、科技部、劳动保障部、解放军总政治部、中国科协《关于进一步发挥离退休专业技术人员作用的意见》（以下简称中央9号文件）。中央9号文件的颁发，充分体现了以胡锦涛同志为总书记的党中央对广大离退休专业技术人员的亲切关怀、高度重视和殷切期望。学习、贯彻中央9号文件精神，成为各级各类老科协组织2005年的基本工作和基本任务。

一、通过学习，深刻认识中央9号文件重大的战略意义和指导意义

通过反复、认真学习，认识到中央9号文件体现了人才强国和科教兴国的战略，体现了坚持以人为本、贯彻科学发展观、构建和谐社会时代精神。党和政府把离退休专业技术人才资源的开发，纳入到我国人才队伍建设的整体规划之中，以邓小平理论和“三个代表”重要思想为指导，按照“政府引导支持、市场主导配置、单位按需聘请、个人自愿量力”的工作原则，进一步发挥离退休专业技术人员的作用。

二、中央9号文件发布后，老科协的工作进一步得到了党和政府的重视和支持

1. 各级党政领导和部门高度重视，并结合各地实际情况，迅速、认真地组织传达、学习、贯彻文件精神，进一步加强了对发挥离退休专业技术人员作用和对老科协组织的领导。

2. 人事部于4月间确定了部际联席会议的组成人员，召开了第一次联席会议，建立了联席会议的工作制度，制定了2005~2006年的工作要点。

目前已有十几个省、自治区、直辖市建立了有关部门的联席会议制度，召开了第一次联席会议。

3. 大多数地方、部门和单位普遍都对老科协发挥老科技工作者作用的工作和活动加大了经费支持力度，进一步改善了老科协的工作条件。

三、贯彻、落实中央9号文件精神，开创老科协工作的新局面

各级老科协组织，都根据中央9号文件精神，紧密结合各自的实际情况，调整了2005年的工作计划，有的被列入联席会议2005年的重点工作中。通过学习、贯彻、落实中央9号文件精神，大大地推进了老科技工作者进一步发挥作用。

1. 组织老专家围绕我国农田水利建设、森林工业发展、国防科技工业与区域经济等问题进行调研活动。

由中国老科协副会长张春园牵头，在水利部、黑龙江省水利厅的支持和配合下，于2005年4月~7月开展了三江平原商品粮基地农业水利设施建设的专题调研。向国务院提出将三江平原建成国家的“北大仓”的建议。此建议已经温家宝总理、回良玉副总理批示给有关部门研究。

中国老科协常务副会长程连昌、副会长张春园率领老专家李远华、赵竟成、冯广志等16人，特邀水利部原部长杨振怀，于2005年9月5~9日，在水利部、河北水利厅的支持和配合下，进行了黄淮海平原农业水利建设情况的专题调研。

由中国老科协副会长刘于鹤牵头，在国家林业局的支持下，进行了3个月的实地考察与调研，基本上摸清了东北森林工业的现状和问题，对加强我国森林资源的培育、开发与利用，加速林区体制改革的相关政策问题提出了建议。

5月23~29日，钱正英会长率中国老科协调研组，对黔中水利枢纽工程进行专题调研。认为工程建设规模和布局基本合理，经过优化的建设方案基本合理。

6月，中国老科协在陕西省西安市就“发挥国防科技工业优势，促进地区经济发展”召开专题研讨会。共120多人参加会议。大家通过总结、交流、研讨，就如何发挥国防科技工业优势促进地方经济发展，民品工业如何为支持军品发展做更大贡献，提出了相关的建议。

2. 从4月开始，由中国老科协副会长韩德乾、副会长宋树友牵头，在科技部的支持下，在河北省有关部门的配合下，组织离退休老专家对太行山区的易县、唐县进行实地考察，对《河北太行山星火产业带建设规划》提出科学发展建议。

3. 4月~10月，中国老科协副会长孙隆椿带领调研组，先后对江苏省及苏州市南门街道、上海市及静安区、河南省及新乡市和焦作市有关社区和湖南省及娄底市，分别进行了考察，写出了中国老科协社区科普的调研报告。

4. 9月，中国老科协会同中国科学院分会老专家报告团，在中国科技馆报告厅，邀请中国科学院院士欧阳自远，作了题为《探月创新，振兴中华》的科普报告。

5. 10月8日，中国老年学学会和中国老科协在北京人民大会堂共同举办了“中国老年人才论坛”。显示出发挥老年人才的重要意义和作用，显示出离退休老专家确实是党和国家的宝贵财富。

四、加大科普力度，扩大社会影响

中国老科协及其各级各类组织，坚持科普工作的重点面向农村、面向青少年、面向社区。

1. 陕西、湖南、山东等省各级老科协，特别是县、乡老科协，分别召开了服务“三农”经验交流会。许多省、市、县服务“三农”的工作，形成了建言献策、科普示范、咨询服务、科技培训、科技扶贫、高新技术成果推广、科技入户等多种形式的系列服务，取得很好的效益。

2. 各级各类老科协组织贯彻中央 9 号文件精神，都进一步加强了面向青少年的科普教育工作。

3. 由副会长孙隆椿牵头进行调查研究，对各级老科协开展的社区科普工作现状有了进一步的了解，为更好地开展社区科普工作奠定了基础。

五、加强调查研究，务实量力，成效显著

1. 山东、西藏、福建、河北等省、自治区老科协，开展了老科技工作者状况与发挥作用状况的调查研究。山东省省委书记张高丽、省长韩寓群对老科协的调研报告——“山东省离退休科技人员状况及发挥作用对策调查报告”都做出批示，认为调查报告写得很好，所提建议，有关部门要纳入工作日程认真研究，并在制定“十一五”规划中注意吸收采纳。

2. 云南省老科协关于“个旧霞石正长岩资源开发利用预可行性研究”报告，得到云南省委、省政府重视，列入了云南省“十一五”规划。重庆市老科协围绕重庆市需要解决的关键难题，如：三峡库区泥沙淤积和治理问题、推进制造业信息化等课题组织进行调查研究，为重庆市及有关部门建言献策。

六、加强组织建设，为老科技工作者发挥作用搭建平台

1. 各级老科协组织进一步加强了市、县、乡基层组织的建设。市、县老科协组织发展比较好的湖南、辽宁、陕西等省，在健全巩固组织的基础上，乡镇老科协得到了进一步发展。2005 年湖南省乡镇老科协从 239 个发展到 1353 个，老科协会员从 40238 人发展到 66000 多人。

2. 各级各类老科协组织，普遍重视了会员和为会员服务的工作，增强了对广大老科技工作者的吸引力和凝聚力。据不完全统计，老专家志愿者队伍和科普报告团或科普服务团中，相对固定的老专家志愿者由 2004 年的 7868 人，发展到 2005 年的 18692 人，增加一倍以上。

3. 全国 600 万退离休科技工作者中，从企事业单位退离休的老科技工作者占有绝大多数，部分省约占 80% 左右。发挥企事业单位退离休老科技工作者作用，得到各级老科协的重视。

4. 各级各类老科协普遍都建立和完善了民主办会的各项工作、会议制度。随着工作的拓展，许多单位进一步建立和完善了相关规章和制度。

中国科学探险协会

China Association for Scientific Expeditions（CASE）

地　　址	北京市海淀区西小关中国科学院大气物理所铁塔分部内
邮政编码	100083
电子信箱	E26@cast. org. cn
主页网址	http://www. case. org. cn
电　　话	010－62378038
传　　真	010－62379818
名誉主席	宋　健　刘东生
主　　席	高登义
副 主 席	王富州　李乐诗　秦大河　王会军
秘 书 长	王会军（兼）
刊物及主编	《中国科学探险》　**主编**　高登义

单位简介

中国科学探险协会是由从事和热爱科学探险事业的科技工作者和关心、支持科学探险事业的有关人士组成、依法登记成立的全国性、学术性、非营利性社会团体，是中国科学技术协会的组成部分。

中国科学探险协会成立于 1989 年。1989 年 1 月 29 日在北京召开了第一届会员代表大会，刘东生院士当选为主席。1997 年 2 月 22 日召开第二届会员代表大会暨雅鲁藏布大峡谷学术讨论会，选举了第二届理事会，刘东生院士连任主席。2000 年初依据民政部社团管理条例要求，经协会常务理事会讨论，变更刘东生院士为名誉主席，高登义为主席。2003 年 12 月 27 ~28 日在北京召开了第三次会员代表大会暨学术讨论会。选举产生了第三届理事会、常务理事会，选举高登义为主席。

工作综述

一、南极科学探险考察

经中国科协批准，2005 年 2 月 20 日 ~3 月 15 日协会组织了包括地质、冰川、生物、气象科学家、新闻工作者在内 18 人组成的中国南极村南极科学探险考察队一行，围绕着南极的火山与环境、企鹅超声波与生态系统、南极地表微生物等三个专题环南极半岛进行了考察，取得了珍贵的科学资料，在室内研究的基础上发表了两篇学术论文。

二、走进东非大裂谷

2005 年 8 月 2 ~18 日，中国科学探险协会组织了包括古人类、地质、生物和环境方面科学家一行 18 人，对号称“圣地”的东非大裂谷进行了为期 15 天的科学考察研究，取得了可喜成果，发现古人类活动遗迹和石器，确认东非大裂谷宽阔的谷地和适宜的环境条件与长江三峡比较起来，确实有益于从猿向人类的进化，无疑是古人类的起源地。但就智人而言，东非大裂谷固然是起源地之一，但我国长江三峡也是智人起源地之一。

三、学术交流

在中国科协 2005 年学术年会上，中国科学探险协会在新疆维吾尔自治区科学探险协会、中国科学院新疆生态与地理研究所的大力支持下，联合组织了“科学探险－探索人与自然和谐发展”为主题的分会场。120 人参加了学术交流和讨论。来自中国科学院、中国气象科学研究院和新疆维吾尔自治区科研、生产、教学等部门的 15 位专家学者以“亲近地球三极”、“雅鲁藏布大峡谷”、“罗布泊科学考察”、“亚马逊热带雨林科学探险考察”、“撒哈拉大沙漠科学探险”、“三江源生态环境”、“南北极气象科学考察”、“西北干旱区生态功能与可持续发展”等为题作了 15 场报告。报告内容丰富、故事性强、科学知识深入浅出，并配合大量的精美图片和科学探险成果，将听众带到了南北极、青藏高原、雅鲁藏布大峡谷、亚马逊热带雨林、罗布泊盆地、喀纳斯、撒哈拉大沙漠，既了解了丰富的科学知识，又看到自然环境变化与生态景观，享受到人与自然和谐发展的美景。

四、普及科学知识

普及科学知识，弘扬科学精神是协会的重要工作之一，为此协会与江苏少年出版社合作撰写、出版了《科学探险丛书》，目前已完成其中的《与山知己——高山科学探险》、《天水相依——海洋科学探险》、《林海雪原——森林科学探险》等 6 部科普著作。另外，还出版了《梦幻北极》、《亲近地球之巅》、《西藏自然资源与自然风光》、《探险珠峰》等作品。与此同时，协会青少年科学探险考察专业委员会还在全国建立了 6 个青少年科学探险考察基地，并与中国香港特别行政区的有关部门合作拍摄反映我国西部地区教育普及的专题片。

7 ~8 月，协会和有关部门合作在中国科技馆举办了“亲近地球三极展”。毛如柏、邓楠、叶笃正、孙枢等出席开幕式，并观看了展览。展览受到了青少年和小朋友们的欢迎，纷纷在留言板上写下了他们的豪言壮语。

五、建“家”工作

协会制定和完善了协会各项规章制度，以会员为本，发挥理事会、常务理事会的作用，加强实体建设，真正走向自重、自立、自强、自律的社会之路，同时着重培养中青年科学探险家充实到协会工作中。

中国创造学会

China Creative Studies Institute（CCSI）

地　　址　上海市四平路 1239 号同济大学 255 信箱

邮政编码　200092

电子信箱　ccsis@ ccsis. org　w06@ cast. org. cn

主页网址　http://www. ccsis. org

电　　话　021－65983933

传　　真　021－65983933

秘 书 长 陈成澍

单位简介

中国创造学会是我国从事创造学研究、宣传、应用的单位及个人自愿组成的、全国性的、非营利性的、学术性社会团体。

中国创造学会于1994年6月8日举行第一次代表大会，于1994年6月9日在上海正式成立，刘杰为名誉会长，袁张度任第一届会长。

中国创造学会于1999年7月在江苏省无锡市召开第二次代表大会暨第四届创造学学术讨论会，刘杰为名誉会长，袁张度任第二届会长。

中国创造学会于2004年9月在上海市召开第三次代表大会暨第八届创造学学术讨论会，袁张度为名誉理事长，万钢任第三届理事长。

学会设创造教育专业委员会、企业创新专业委员会(筹)、上海创造教育培训中心。学会目前已拥有团体会员、实验基地、创造发明学校（院）、创造工程院（所）、培训中心（基地）400余个，并在10多个省、自治区、直辖市成立了创造学会。

工作综述

一、健全组织机构规范学会管理

1. 顺利完成了法人代表、理事长、副理事长、秘书长、办事机构挂靠单位的变更工作。制定和完善了学会内部管理制度，包括财务制度、印章管理制度、会议制度、文书档案和会员档案管理制度等。

2. 召开了中国创造学会三届二次理事会。陈成澍常务副理事长讲话并传达了中国科协党组书记邓楠在中国科协学会改革工作座谈会上的讲话。

二、学术交流

1. 在江西省南昌市召开了全国第九届创造（哲学）学术研讨会，南昌大学彭迪云、广西大学甘自恒、中国科技大学刘仲林等学者作了精彩演讲。

2. 组团参加了由美国创造教育基金会在美国圣保罗市主办的第51届创造性与解题研讨会。

3. 组团出席了第27届日本创造学（国际）研讨会，向大会提交了论文，并在会上发言。会议期间，学会代表会见了多次来我国交流的日本创造学会创始人、东洋大学名誉教授恩田彰、现任会长高桥诚、理事长国藤进等日方创造学专家，并与各国代表进行了广泛的交流。

4. 参加中国科协2005年学术年会，学会组织了青少年科技教育与思想道德建设、生物技术产业化等主题报告。

5. 内蒙古呼伦贝尔盟优秀教师在上海创造教育实验基地考察。

6. 学会与中国太平洋经济合作委员会亚太发展研究中心、上海科诚企业管理咨询有限公司联合举办2005上海创新与变革专家论坛。全国各地200余名企业家出席。

7. 学会协办了在湖南省长沙市举办的首届全国民间科技发展研讨会，来自中国内地、香港特别行政区、澳门特别行政区以及美国的190人参加。袁隆平院士出席会议并讲话。研讨会通过了《长沙宣言——民间科技研究者的声音》。

三、积极推进高等院校的创造教育活动

1. 支持同济大学大学生创造学会成立，并为该校团委牵线搭桥联系国际青年发明协会，为大学生的创造发明活动争取资金。

2. 在中国创造学会的推动下，江西省创造学会在南昌江西科技师范学院成立。

3. 学会创造条件，把安徽工业大学发展称为第一个大学创造教育实验基地。

中国图象图形学学会

China Society of Image and Graphics (CSIG)

地　　　址 北京海淀区中关村东路95号
邮 政 编 码 100080
电 子 信 箱 w07@cast.org.cn
wangfm567@sohu.com
主 页 网 址 http://www.csig.org.cn
电　　　话 010-82614482
传　　　真 010-82614486

名誉理事长　徐冠华
理　事　长　潘云鹤
副理事长　高　文　李德仁　李小文　刘积仁
林宗坚　石教英　谭铁牛　韦　穗
游志胜　郑南宁　章毓晋
秘　书　长　罗治安
刊物及主编　《中国图象图形学报》

单位简介

中国图象图形学学会成立于1990年，是具有独立法人资格的全国性学术团体。它由中国从事图象图形学基础理论与应用研究，软、硬件技术开发及应用推广的专家学者和相关科技工作者组成。国内著名的高等学校、科研院所以及IT企业都是本学会重要成员单位。

中国图象图形学学会的宗旨是团结广大图象图形科技工作者，积极开展图象图形基础理论和高新技术的研究，促进该学科技术的发展和在国民经济各个领域的推广应用。本学会专业领域涵盖了数字图象处理（增强、复原、重建、分析）、图象理解、计算机视觉、图象压缩与传输、体视技术、科学计算可视化、虚拟现实、多媒体技术、模式识别、计算机图象图形学、医学影像处理、计算机动画、电脑游戏、数码艺术、影视特效、数码相机、DV和空间信息系统等。学会的业务范围包括：理论研究、软硬件开发、应用推广、科学普及、专业培训、技术咨询、学术交流、出版专业书刊等，本学会自成立以来在上述方面进行了许多卓有成效的工作，得到了学术界、企业界及广大科技工作者的广泛赞誉。

中国图象图形学学会的主要任务是：开展科学研究与学术交流，活跃学术思想，促进学科发展，推广先进技术，培养和推荐优秀科技人才，普及图象图形科技知识，传播科学思想和方法，编辑出版学术和科普书刊，开展与国际学术界交流与合作，加强同国外学术团体和科技工作者的友好交往，向社会提供技术咨询和服务，举办为会员服务的各项事业和活动，反映会员的意见和要求，维护他们的合法权益。

中国图象图形学学会设有学术委员会、技术委员会、青年工作委员会、组织委员会、编辑出版委员会以及铁道专业委员会、多媒体专业委员会、虚拟现实专业委员会、医学影像专业委员会、数码艺术专业委员会、数码影像专业委员会等多个分支机构和代表机构。学会常设办事机构为学会秘书处，下设办公室。

工作综述

一、学会建设工作

2005年1月15日，在北京召开四届三次理事会议。理事长潘云鹤主持会议，副理事长谭铁牛作学会工作总结报告，学会秘书长罗治安作了“2005年学会工作计划安排”和“2004年财务审计情况”的汇报，学会各工作委员会和专业委员会负责人向会议作了工作汇报。理事们对学会工作给予了充分肯定并提出许多建议，大会表决通过了经秘书处组织起草、初审的三部条例《学术会议组织管理条例》、《专业委员会管理条例》、《会员管理条例》以及新增设4个专业委员会的决定。这为全面推进学会各项工作，积极发展会员、扩大规模、规范管理，提高学术交流活动的质量，促进学会的可持续发展奠定了基础。

二、学术交流工作

5月14～15日，召开首期CSIG论坛，论坛主题为“凝聚智慧、探讨方向、缔造未来”。安徽大学副校长韦惠教授、中国科学院自动化所所长谭铁牛教授、清华大学章毓晋教授分别以“多视图信息处理”、“信息技术发展的新瓶颈”、“图像工程十年进展”作了学术报告，引起大家的强烈兴趣和热烈讨论。本届论坛由学会青年工作委员会组织筹办，吸引了众多青年科技工作者积极参与。

5月18～20日，参与主办海峡两岸数码科技和数字娱乐产业发展高峰论坛。台湾地区“中华数位文化创意发展协会”19位理事专门组团前来参加，就今后在数码科技领域的交流与合作，共同推进海峡两岸数字娱乐产业的发展进行讨论商谈，双方有意开展多方面的交流与合作，以促进海峡两岸科技工作者的互信和了解。

6月25～27日，成功举办第二届机器视觉技术及工业应用国际研讨会暨第二届机器视觉技术展览会。会议为业内人士提供了广泛交流沟通的平台，以了解国际上该领域技术发展和行业应用的最新成果以及市场动向和前景。对于引导行业的市场培育和规范发展，促进技术的推广应用发挥了应有的作用。会议受到了与会国内外专家和业内人士的一致好评。

10月12～14日，由学会主办、中国科学院自动化所协办的第12届全国图象图形学学术会议（NCIG2005）召开。大会邀请来自德国的Reiser教授、美国的Turk教授和中国的韦穗教授作了题为Beyond Moore's Law：The Incredible Progress of Computing、Perceptual Interfaces and Vision Based Interaction和“数字图像修复和相关的数学方法”的学术报告。此次会议共有200多人参加，收到投稿324篇，会议将其中的159篇收入论文集，由清华大学出版社和Springer出版社联合出版。

与兄弟学会共同主办的学术活动有：6月25～27日，在上海举办了中国医学图像技术应用论坛；7月23～26日，在湖南省张家界召开第四届全国信号与信息处理学术会议；9月24～25日，在北京举办第五届全国虚拟现实与可视化学术会议；10月26～28日，在云南省昆明市举办第14届全国多媒体学术会议在；10月16～18日，在四川省成都市举办“第二届智能ACD与数字娱乐学术会议”。

中国睡眠研究会

Chinese Sleep Research Society（CSRS）

地　　址　北京市海淀区紫竹院路98号化工大学荣茂图书馆612室
邮政编码　100089
电子信箱　sleepcn@163.com
主页网址　http://www.csrs.org.cn
电　　话　010－51589058
传　　真　010－51589028
理 事 长　张景行
副理事长　肖　毅　张　熙
秘 书 长　江焕波
刊物及主编　《中国睡眠科学通讯》　主编　张景行

单位简介

中国睡眠研究会是中国睡眠科技工作者自愿组成并依法登记注册的学术性社会团体，是委托中国科学技术协会管理的全国性研究会。

中国睡眠研究会于1993年获得中国科协和民政部的正式批准，先后挂靠于中国科学院和北京协和医院，并由上海生命科学研究院刘世熠教授、北京协和医院黄席珍教授和安徽医科大学张景行教授担任第一、二和三届理事会理事长。现下设睡眠呼吸障碍专业委员会和睡眠障碍专业委员会两个二级分会，拥有会员1800余名。研究会坚持“为学术服务、为公众健康服务、为产业服务”的三个服务宗旨推进各项工作。

工作综述

一、积极开展学术交流和科研课题申请工作

1. 2005年3月15日，在北京举办中国睡眠研究会睡眠障碍专业委员会成立大会暨首届北京国际睡眠医学高级论坛，来自各地近200名医师参会，中国睡眠研究会顾问兼首席专家俞梦孙院士，首都医科大学吕兆丰校长、北京宣武医院院长张健、北京医院王新德教授，以及中华医学会精神科分会主任委员周东丰教授等众多国内外著名专家参加了开幕式，中华医学会神经科分会副主任委员、北京协和医院神经科主任崔丽英教授主持开幕仪式。

2. 围绕“睡眠医学与精神卫生”主题，于2005年8月18日在新疆精神卫生中心、乌鲁木齐第四人民医院举办中国科协2005年学术年会第50分会场活动。中国科协有关领导、中国科学院沙国河院士、新疆维吾尔自治区卫生厅党组成员张咏中，乌鲁木齐市政府副秘书长王铁相、市卫生局局长王北疆和乌鲁木齐第四人民医院的负责人，以及来自全国各地的近百名与会学者参加了开幕式。新疆电视台和乌鲁木齐晚报等数十家媒体参与了全程跟踪报道。会议期间，浙江省卫生厅厅长李兰娟院士、新疆维吾尔自治区卫生厅副厅长朱新安、乌鲁木齐市副市长张鸿，中国医学科学院副院长、浙江大学医学院院长巴德年院士，浙江大学医学院副院长暨第一附属医院院长郑树森院士，中国工程院俞梦孙院士、乌鲁木齐市卫生局党组书记张爱华等一起参加了论坛。

3. 5月、10月、12月先后在上海、沈阳、广州等地区巡回举办睡眠医学新进展高级研修班，并就睡眠科学相关的热点问题进行研讨，举办中国睡眠研究会睡眠呼吸事件检测新技术专家研讨会。

4. 与中国中医研究院基础理论研究所共同申请的中国科协科普专项基金会资助项目——“中医药知识传播中公众认知度及效果评价”，已获得中国科协科普专项基金资助。

二、大力开展科普宣传和形象建设工作

1. “3·21世界睡眠日暨健康睡眠进社区”新闻发布会及系列活动于2005年世界睡眠日前夕在北京举办。“3·21世界睡眠日暨健康睡眠进社区”新闻发布会，邀请了卫生部原部长钱信忠，卫生部副部长张凤楼，中国工程院院士俞梦孙，中华医学会副会长刘海林和肖梓仁、中国保健协会常务副理事长潘学田、吴阶平医学基金会副理事长赵同彬、中国老年保健协会会长李深等领导同志和专家出席，来自中华预防医学会、中华中医药学会等兄弟学会，以及新华社、中央电视台、北京电视台、《人民日报》、《光明日报》等几十家中央和地方媒体参加了发布会。

“世界睡眠日”期间在全国范围内普遍开展了睡眠科普知识讲座、专家咨询等活动，北京、上海、杭州、南京、合肥等城市的40多家媒体进行了报道宣传。天年生物有限公司和研究会合作组织了大、中城市百场大型睡眠科普知识讲座，受益人数达万余人。

2. 编印出版了《睡眠与睡眠障碍》科普读物，免费赠送给社区。

3. 3月22日，世界睡眠日之际，研究会联合中国医师协会，邀请卫生部原副部长殷大奎教授等举行座谈会，并将全部采访内容《失眠了，你怎么办?》在《健康报》整版刊出，向社会大众宣传睡眠知识，社会影响十分广泛。

4. 本着定好位、服好务（成为中国睡眠科学领域最好的内容提供商）、高目标（成为中国睡眠科技领域最权威的专业网站）、影响广泛（国内和国外的信息交流平台）的原则，安排专职工作人员做好网站建设工作，进一步丰富完善了网站架构和内容，以加强形象宣传，并加快研究会信息化建设的步伐。

三、进一步完善组织体系建设和制度建设

1. 发展个人会员：理事会高度重视发展会员，现已发展到第九批，人数已达1800余名，遍布全国。专业覆盖范围不断加大，包括精神科、神经科、心理科、内科、呼吸科、耳鼻喉科、老年病科、中医中药、睡眠呼吸障碍、睡眠基础研究等，会员的质和量都得到了较大提升。

2. 发展理事单位和团体会员单位：吸纳了与睡眠医药、健康保健产品和生物技术有关的企业为理事单位和团体会员单位，先后与中国喜临门集团、珠海天年集团、叶露集团等国内外著名企业合作，进一步加强了研究会为企业的科研服务能力。

3. 完善组织管理制度：建立健全中国睡眠研究会管理制度，包括职能部门管理及工作流程管理、专业委员会管理制度和地方分会组织管理制度、资产管理和报销制度等制度。

4. 组织成立了中国睡眠研究会顾问委员会和学术、组织、科学普及、国际交流与合作、科技促进等工作委员会，邀请在全国睡眠科学及其相关领域的专家、学者加入，旨在进一步加强中国睡眠研究会组织体系建设，以动员社会各界力量，共同繁荣中国睡眠科学事业。

四、加强科技促进工作

1. 协助温州医学院第一附属医院成立睡眠医学中心，并使之成为中国睡眠研究会临床协作基地和教学示范基地；协助各级医院建设综合性的睡眠医学中心，促进各种新产品、新技术的临床应用。

2. 积极开展睡眠产品的临床评价工作。研究会组织来自中国科学院、北京大学、北京航空航天大学、中国人民解放军总医院等单位的我国睡眠科学领域的著名专家学者对天年集团的量子睡眠系统、中国喜临门集团的五段分区健康床垫和叶露集团的多功能按摩保健气床垫进行了论证，为企业更好地推广提供学术支持。

中国高科技产业化研究会

China High - Tech Industrialization Association（CHIA）

地　　址　北京市海淀区阜成路8号
通信地址　北京849信箱62分箱

邮政编码 100830
电子信箱 w10@ cast. org. cn
主页网址 http://www. chia. org. cn
电　　话 010－68370884/68370784
传　　真 010－68370413
名誉理事长 王大珩　王选
理　事　长 刘纪原
副理事长 沈桂芳　邓寿鹏　王雨生　殷兴良　于维栋　王大中　王礼恒　王治国　卢德华　史坚忠　刘成海　刘剑锋　吕新奎　朱明让　朱高峰　邬江兴　邬贺铨　沈士团　李国安　李临西　杨育中　何孝瑛　欧阳忠谋　周　寰　张彦仲　柳学宏　俞忠钰　康日新　栗前明　高　潮　夏国洪　游景玉　焦开河　强伯勤　鄞炳林
秘　书　长 何孝瑛
刊物与主编 《高科技与产业化》　主编　岳效竹

单位简介

中国高科技产业化研究会（简称“中高会”）是由著名专家、教授、知名人士、社会活动家、经济学家、企业家以及科技与管理工作者组成的跨部门、跨行业、跨学科、跨地区的，在民政部注册的全国性科技型法人社团。是委托中国科学技术协会的全国性研究会。

中高会是为了贯彻邓小平同志“发展高科技、实现产业化”题词的精神，由王大珩、王淦昌、马宾等著名科学家和经济学家发起，于1993年10月在北京成立。中高会是具有广泛社会联系和影响的社团。王大珩任第一届理事长，现任名誉理事长。刘纪原现任第二届理事长。

中高会的特点是跨部门、跨行业、跨学科、跨地区，中心任务是促进高科技实现产业化。通过与中央和地方政府相关部门的联系，取得指导与支持；通过与企业的联系，建立双靠双促关系；通过与专家及研究院所的联系，建立合作关系。在经济与科技相结合上发挥政策咨询作用；在促进科技成果转化方面发挥中介作用；在学术交流方面发挥组织和促进作用；在促进高科技产业化方面发挥培养人才作用。

中高会设有办公室、组织部、咨询开发部、产业化促进部、展览部5个内部机构。

中高会现下设海洋分会、营养源分会、信息化工作委员会、人才工作委员会、现代农业与航天育种工作委员会、生物医药产业化工作委员会、科技成果转化工作委员会等7个分支机构。

工作综述

一、指导思想

2005年度，以“三个代表”重要思想为指导，深入贯彻十六大和十六届三中、四中、五中全会精神，根据科学发展观的要求，实施了“421”工作思路，即：面向二个服务——政府、企业；培育两个品牌——系统工程理论研究与应用、航天育种理论研究及推广；取得两个进展——科研成果转化及推广、人才培养及人才战略政策研究；实施二项改进——改进学会管理、改进学会财务状况。实现一个政府信赖、企业欢迎、会员满意，有一定影响力的社团组织的目标。

二、学术研究和交流工作

1. 积极开展《用高新技术改造提升传统产业考核指标体系架构研究》、《水稻航天诱变机理研究》、《科技兴贸促进科技与金融结合研究》等课题研究。

2. 2005年，中高会主办了欧洲能源草与空间诱变技术培育新草种报告会、2005年第二届中国虚拟现实峰会暨首届“VR In China”国际研讨会、当代高科技发展与国际安全论坛、新疆工业化发展论坛、振兴东北老工业基地论坛、航天育种高层论坛以及塑料、印刷、包装机械科技成果汕头推广转化洽谈会、银发产业论坛（老年健康）、中国生物医药产业化2005论坛、2005中国市场品牌战略论坛、2005年全国海洋高新技术产业化论坛。在中国科协2005年学术年会上，中高会承办了第40分会场——科学发展观与高科技产业化的学术交流会。

参加论坛和学术交流的人员层次较高，论文内容丰富、水平高，各种形式的会议扩展了研究会的工作领域，结识了新合作伙伴。交流的效果好，社会效益好。

三、成果转化与推广

1. 建立生产与试验基地：到2005年底，现代化农业与航天育种工作委员会已批准建立4个航天育种试验基地。

2．举办专场成果推介会：利用中央党校民营经济理论与务实培训班的机会，向100多位大、中型民营企业的企业家推介10个项目。

3．专项成果推广：10月，在山东省滨州市组织红心红龙果种植现场展示活动。

4．项目评审：中高会参加了《中国卫星应用产业品牌企业评选》中的部分项目的评审。

四、科普教育

为弘扬航天精神，12月25日，中高会与中国科协、中国宇航学会、天津市政府，在天津举办了全国青少年学习航天英模，弘扬航天精神大会。神舟六号航天员费俊龙、聂海胜及航天专家与全国青少年见面，并与天津大学生座谈。中国科协副主席、书记处第一书记邓楠、国际宇航科学院院士、中高会理事长刘纪原出席会见面活动。

五、学会自身建设

1．加强思想建设。举办了学习贯彻十六届五中全会精神座谈会。中高会2005年制作了新会徽，并搭乘了神舟六号载人航天飞船。为弘扬航天精神，激励学会工作，在航天城举行了中高会新会徽搭乘神舟六号载人航天飞船迎接仪式，并举办了搭乘神舟六号载人航天飞船新会徽启用座谈会。

2．中高会进行了改选工作，新增补副理事长11名，常务理事27名，理事18名。

3．生物医药产业化工作委员会、现代农业与航天育种工作委员会等分支机构得到民政部批准注册，正式成立。

六、期刊出版与网站建设

1．《高科技与产业化》杂志全年编辑出版12期，发表论文208篇，综合信息623条，年处理投稿806篇，月发行量2300册。

2．中高会网站（http//：www. chia. org. cn）在中国科协的网络服务器上开通并运行。

中国反邪教协会

The China Anti－Cult Association（CACA）

地　　址　北京市北三环中路1号
邮政编码　100029
电子信箱　fxjxh@ sina. com
主页网址　http://www. anticult. org
电　　话　010－62371177转2817/2907
62033176/62033082
传　　真　010－62357955

理 事 长　庄逢甘
副理事长　龚育之　潘家铮　傅铁山
王家福　圣　辉　何祚庥
郭正谊　王渝生
秘 书 长　王渝生

单位简介

中国反邪教协会成立于2000年11月13日，是由全国科技界、社科界、宗教界、法律界、新闻界等社会各界有志于反对邪教组织的人士自愿组成，并依法登记成立的公益性、非营利性法人社会团体。本协会接受业务主管单位中国科学技术协会和社团登记管理机关国家民政部的业务指导和监督管理。

协会的宗旨是：弘扬科学精神和人文精神，维护法律尊严，尊重宗教信仰自由，团结和联络社会各界人士，反对一切危害人民生命财产与安全、扰乱社会公共秩序、破坏法律实施和社会稳定的邪教组织。协会面向社会，开展各种形式的研讨活动，研究和探讨各类邪教组织的活动现状和动向，深入剖析邪教组织的本质与危害；举办反邪教组织的报告、讲座、展览及出版反邪教的杂志书籍，提高公众对邪教组织的警惕性、鉴别力和防范能力；通过加强与国外有关民间组织的联系、交往和合作，积极开展国际研讨和交流活动。

中国反邪教协会成立后，协会根据其宗旨，积极开展了各种形式的活动与“法轮功”等邪教组织进行斗争，为维护社会稳定、提高公众自觉抵制邪教的能力做出了积极的努力。2001 年 2 月被中组部、中宣部、中央政法委、公安部、民政部、人事部、国务院防范和处理邪教问题办公室评为全国同“法轮功”邪教组织斗争先进集体；2002 年 3 月，被中国科学技术协会评为精神文明建设先进单位。

工作综述

一、学术交流

2005 年 11 月 10 ~ 11 日，由中国反邪教协会主办、北京反邪教协会承办的防范抵御邪教，构建和谐社会——纪念中国反邪教协会成立五周年报告会暨 2005 年年会在北京召开。180 多人参加会议，提交论文 200 多篇。会议遴选了 16 篇大会交流材料，进行 12 个大会发言，对省、自治区、直辖市反邪教协会的 10 个先进集体、18 个优秀集体和 36 名先进个人进行了表彰；播放了纪念协会五周年的专题片；进行了全国反邪教协会五年来编辑出版的书刊、音像资料展示。

二、科普宣传

协会参与了由中国科协主办、中国科技馆承办的 56 个民族共庆建国 56 周年系列活动。9 月 16 日，举办了大型书画笔会活动；10 月 1 日，举行了 56 个民族共庆建国 56 周年大型联欢活动、“中华民族科技文化展”和“民族团结，祖国万岁”书画展活动。200 多人参加活动。

协会与《大众科技报》合作，开辟了“关爱”栏目，刊登了专家、学者撰写的反邪教文章，从社会、文化、科学、心理、宗教、法律等方面进行邪教问题的剖析，提出防范措施，2005 年发表文章近 30 期。

为配合在全国农村开展的反邪教警示教育活动，31 个省、自治区、直辖市科协和反邪教协会，在协会为他们提供的“崇尚科学、关爱生命、维护人权、反对邪教”大型展览的基础上，加以复制并制做成相应的挂图和画册，在科技周、科普日和农村反邪教警示教育活动中，到各地城乡进行了巡回展出。据不完全统计，参加观众近 5 千万人次，收到良好的宣传效果。

协会出版了《生命与健康》、《公民与社会》、《崇拜与精神控制》、《信仰与迷信》、《阳光下的罪恶》、《让心里充满阳光》6 种农村反邪教警示教育系列丛书，与北京反邪教协会编辑了农村开展警示教育的年画、挂历，分别于 2005 年 3 月份和 12 月份寄给 27 个省、自治区、直辖市反邪教协会用于展示活动。

三、加强网上宣传

鉴于“法轮功”在网上活动十分猖獗，协会开展了针锋相对的网上斗争。组织专家及时撰写揭批邪教最新动态的文章；反映协会 2005 年开展反邪教科普宣传教育活动的通讯；反映协会组织专家开展反邪教学术研究活动的情况报道，进行理论与实践成果的介绍；反映协会开展反邪教工作的活动信息；反映自身建设与发展动态的信息；关于协会工作和发展的理性思考的文章。为充分发挥各地协会的作用，整合各地协会的资源优势，中国反邪教网站将开辟各地反邪教协会的网页和栏目，使中国反邪教网站在反邪教斗争中发挥更大的作用。

协会创办《关爱》杂志，组成了负责指导办刊工作的编委会，聘请有办刊经验的人员担任执行主编，设立了编辑部，并对《关爱》杂志试刊进行了多方面的论证，争取 2006 年正式出版季刊。

四、加强与地方反邪教协会的联系

2005 年 8 月 2 ~ 4 日，中国反邪教协会在青海省西宁市召开了第二届全国反邪教协会秘书长联席会议。25 个省、自治区、直辖市反邪教协会，交流了上半年的工作经验。

2005 年 7 月，协会秘书处同志赴山东考察学习，参加山东省反邪教示范社区现场会和经验交流会，参观了山东省济南市天桥街道的反邪教示范社区，观看了为反邪教举办的各种展览、老年大学和公益活动，聆听了各个先进单位的工作成果汇报，了解了反邪教基层组织建设的情况。

11 月 22 ~ 24 日，中国反邪教协会派人出席了河南省反邪教协会在焦作市召开的河南省反邪教警示教育活动“百千万工程”现场会，充分肯定了“联百乡进千村入万户”面对面地开展群众性反邪教警示教育的经验。

五、国际交流合作

2005 年 7 月 14 ~ 16 日，中国反邪教协会、中国人民对外友好协会一行 6 人参加了在西班牙马德里举办的“精神控制、膜拜（邪教）团体及其他替代运动”国际会议。代表团主动做海外专家、学者工作，举办“中国传统文化与宗教、邪教”专题会议，积极报名参加墙报招贴单元的活动，发放了关于“法轮功”事实真相的中、英、法文录像和书面材料，以及“天安门自焚事件”参与者的访问录像、图片报道等资料，得到了国外同行的理解和同情，在对中国现代宗教、新兴宗教问题研究以及防范和处理邪教问题等方面，增进了交流与合作。

省、自治区、直辖市科协，新疆生产建设兵团科协情况

北京市科学技术协会

地　　址　北京市朝阳区育慧里4号
邮政编码　100101
电子信箱　cbast@ public. bta. net. cn
主页网址　http://www. bast. cn. net
电　　话　010－84635009
传　　真　010－84655007
主　　席　陈佳洱
副 主 席　马国馨　王力军　王阳元　方智远　田小平　刘培温　许达哲　张开逊　张丽英　贺慧玲　荣国威　倪维斗　高佐之　陶铁男　曹凤国
刊物及主编　《北京科协》　　主编　王力军

单位简介

北京市科学技术协会是北京地区科学技术工作者的群众组织，是中国共产党北京市委员会领导下的人民团体，是中国科学技术协会的地方组织，接受中国科学技术协会的业务指导。

北京市科协成立于1963年7月，现有学会、协会、研究会142个，区县科协18个，企业、事业单位科协118个，高校科协8个，拥有以科学家、工程师为主体的会员40多万人。

北京市科协始终以创新求发展，在发挥桥梁纽带作用、繁荣学术交流、普及科学技术、促进科技与经济相结合、建设科技工作者之家等方面做了大量卓有成效的工作，特别是科技周、学术月、金桥工程、科学技术专家季谈会等活动，在首都科技界和公众中具有一定的影响。在实施科教兴国和可持续发展战略中，北京市科学技术协会发挥了重要的不可替代的作用，为首都经济建设、科技进步和社会发展做出了重要贡献。

1958年11月，成立了北京市科协筹备委员会，由茅以升、钱崇澍任筹委会主任委员。1963年7月，北京市科协第一次代表大会在西郊友谊宾馆举行，茅以升任第一届主席。1980年6月，北京市科协第二次代表大会在北京军区招待所举行，茅以升任第二届主席。1986年9月，北京市科协第三次代表大会在北京军区招待所举行，王大珩任第三届主席。1991年11月，北京市科协第四次代表大会在京丰宾馆举行，顾方舟任第四届主席。1997年1月，北京市科协第五次代表大会在京丰宾馆举行，陈佳洱任第五届主席。2002年1月，北京市科协第六次代表大会在北京会议中心举行，陈佳洱任第六届主席。

工作综述

2005年，在北京市委、市政府的领导下，在中国科协的指导下，北京市科协团结广大科技工作者，全面贯彻党的十六届三中、四中、五中全会精神，牢固树立科学发展观，深入开展以学习“三个代表”重要思想为主要内容的保持共产党员先进性教育活动，认真履行科学普及、学术交流、咨询服务等各方面的社会职能，圆满完成北京市科协六届四次全委会明确的全年各项工作任务。

一、决策咨询服务的覆盖面、影响力不断提升

科学技术专家季谈会的决策咨询服务平台作用进一步显现。在北京市农林科学院科协、北京园林学会、北京民营科技实业家协会的大力配合下，组织召开了3次专家季谈会。10多位专家就“推进城乡互动，实现统筹发展”、“城市园林绿化与建设宜居城市”和“提升企业自主创新能力的相关问题及对策”等重点课题分析形势、建言献策，所提出的城市规划“绿线”控制、企业自主创新政策环境等一系列重要建议得到采纳。

围绕北京市“十一五”规划的科学论证和建言献策活动深入开展。以“大力发展循环经济，建设资源节约型、环境友好型城市”为主题，成功举办第3届自然科学界社会科学界高峰论坛；组织学会专家直接参与《北京市国民经济和社会发展“十一五”规划》的制订。出台《关于进一步加强科技工作者建议工作的意见》，全年征集专家建议300余项。温家宝总理对何祚庥、任湘等专家“关于太阳能发展战略的建议”作出重要批示，要求在国家“十一五”规划中进行专题研究。有20多项建议引起刘淇、王岐山等领导同志的重视并做出批示。

宣传落实科学发展观，推动决策咨询服务向基层延伸。围绕城乡统筹发展和区域功能定位，支持区县科协、

乡镇科协举办延庆县小城镇建设与发展研讨会、延庆湿地保护高层论坛、大兴区长子营镇生态型都市农业发展论证会等研讨论证活动，受到政府和群众的好评。

二、从人才战略高度促进首都学术繁荣

支持举办学术交流活动，促进科技人才成长和提高。全年共资助重大学术活动30项，重点学术活动114项，择优支持7类市属学术期刊，交流高水平学术论文7000余篇。以“科学发展与奥运”为主题的第8届学术月期间，100多个基层学会和科协举办学术研讨会、报告会350余项，22位院士、400多位著名科学家以及首都4万余名科技工作者积极参与各类学术活动。越来越多的政府科技管理部门、中央在京科研院所的参与，使学术月逐步成为首都科技工作者交流创新的活动平台。

科技人才工作计划全面实施。“促进青年科技人才成长计划”、“青少年科技后备人才早期培养计划”和“海外智力为首都建设服务计划”，被列入北京市2005年28项重点人才工作，由北京市科协牵头组织实施。青少年科技后备人才培养工作得到150多位院士、专家热心参与，举办专家科普讲座、科学家与青少年座谈会、科研实践考察活动30多次，选拔100余名优秀青少年学生走进50所国家重点实验室接受专家指导。

以提高学术水平为着力点，加强青年科技人才培养。推动25个基层学会建立青年工作委员会。全年共支持举办青年学术交流活动33项，青年学术演讲比赛、青年科学家沙龙逐渐成为品牌活动。资助5名优秀青年学者赴境外参加重要学术会议，组织40多名青年科技工作者赴外地开展科学实践考察活动，表彰优秀青年科技人才200余人。

三、发挥科普主力军作用，推进首都公众科学素质建设

群众性、社会性科普活动广泛开展。以宣传落实科学发展观为主要内容，全年共举办大型科普活动50多项，基层科普活动4000多项，组织科技下乡500余次，举办农业技术培训600余场次，推广农业新技术100多项，完成金桥工程项目380多项。承办的第20届全国青少年科技创新大赛突出首都特色，550多名国内外优秀青少年展示交流科技创新项目；第3届全国科技活动周暨第11届北京科技周主会场活动成功举办，与美国亚利桑那大学合作推出的火星探测展引起公众广泛关注，一周内接待参观人数达4万；在国华电力公司科协的支持配合下，组织近百家企事业单位和基层科协学会，圆满完成举办第3个全国科普日北京主场地“共建节约型社会”大型展览的任务。

科普服务能力建设不断加强。全年重点支持建设了11个城乡科普示范项目、8个青少年动手做俱乐部；科普出版创作资金新资助15个选题，及时推出《100个航天秘密》科普图书；“北京科普之窗”被评为全国优秀科普网站，3个数字博物馆建设初具规模。开发、集成各类音像科普制品50多小时，支持建设农村远程科技教育信息接收站点3个。及时推出科学预防应对“禽流感”的科普网页、手册和挂图等。

推动形成全社会重视科普工作的局面。曾庆红、王兆国、刘淇、陈至立等党和国家领导人与北京市领导带头参加了全国科普日北京基层活动。昌平等四个区启动全国科普示范区县创建活动。《迎奥运全民健身科普知识手册》（第一册）已免费发放到50万个社区家庭；国华热电北京分公司投资3000万兴建的电力科技馆对社会开放。

科普理论研究工作进一步加强。举办第三届北京国际科普论坛，邀请中国科学院老科普专家召开科普理念研讨会，完成“科普专业人才培养研究”课题。科普市场化运作的方式和手段不断创新。支持成立“1831”流动科技馆有限责任公司，神舟五号载人航天展在30多个大中城市巡展，累计观众达400万人次。神舟六号航天实物和摄影展在国家博物馆隆重推出。

四、围绕2005世界物理年大力弘扬科学精神和方法

把握契机，集中力量开展系列纪念活动。北京市科协主席陈佳洱在《光明日报》刊登署名文章，并与北京市科协副主席张开逊领导策划了北京市科协纪念世界物理年主题活动。北京市科协学术工作委员会和科普工作委员会联合提出“2005世界物理年纪念活动方案”，全年开展专题学术和科普活动40余项，新闻媒体的报道达100多篇。

科普活动形式多样。与北京市社科联共同组织科学名篇朗诵会，深入到清华等多所高校演出；中国科协主席周光召院士围绕“科学精神与百年物理学发展”与青年学生开展对话活动。组织中小学生参加联合国教科文组织在全球开展的“物理照耀世界”北京站光束传播活动。学术研

讨关注物理科学自身发展，两科联席会议以“物理与人类未来”为主题举办高峰论坛，陈佳洱、龚育之等17位著名专家学者参加研讨。组织召开物理学与教育研讨会，就培养学生对基础科学的兴趣等提出建议和措施。

五、加强民间科技交流合作，提升首都国际科技影响力

民间对外交往进一步巩固和拓展。联合北京市外办、北京市科委在北京天文馆举办驻华科技外交官新春联谊活动，并组织外交官考察丰台花卉产业基地和北京经济技术开发区。全年共组织出国团组16个，接待来访团组38个。与4个国外机构和组织签订合作协议。

海智计划取得显著成效。对外扩大与华人科技工作者和团体的联系，对内加强与北京市人事局、市对外友协、北京经济技术开发区等单位和组织合作，逐步建立了海智工作的协调运转机制。组织开展了海外智力为科技奥运服务项目推介会、海外侨胞优秀学者与国内企业项目洽谈会和中德、中韩中小企业技术交流洽谈会等活动。通过海智人才联系，与加拿大农业农产部、欧盟驻华办事处成功举办了面向2008奥运会的北京食品安全体系建设国际学术研讨会，14个国家37位外籍专家与国内官员、专家深入研讨，加拿大农业农产部副部长做主题报告，并与北京市副市长牛有成及市农委负责人达成农业合作共识，现已取得实质性进展。

与港澳台科技交流工作全面加强。共派出赴台湾地区科技团组5个，47人次，接待台湾地区科技代表团3个，110多人次。组织了京台青少年科技交流周、京台青年科学家论坛等重点活动。

六、加强保持共产党员先进性建设，推动团体可持续发展

认真开展先进性教育活动。落实中央指示精神，依靠动员系统学会和基层科协用半年时间深入扎实地开展了教育活动，圆满完成了各阶段教育工作。研究制定整改措施35项，出台了《北京市科学技术协会委员会常务委员会工作规则》、《关于北京市科协团体建设提案工作办法》、《北京市科协加强党政领导班子和党员领导干部建设五年规划》等重要文件，进一步提高了机关服务能力，增强了科协整体凝聚力。

学会改革工作取得重要进展。制定出台《〈北京市科协关于加强学会建设促进学会改革〉实施方案》，完成对108个市属学会的现状评估，对30个学会进行改革试点。支持指导10个学会承接了15个专业的高中初级职称评审工作。启动实施系统专职干部培训计划，组织基层科协主席和学会秘书长高级研修班2次及社会团体财务工作培训。共加入8个社会法人科技社团，成立4个基层科协组织。

加强调查研究工作。设立9个北京科技工作者状况调查站点。与上海市科协合作，启动“新时期科协团体的创新发展研究”课题，为召开北京市科协第七次代表大会提供理论支持。

天津市科学技术协会

地　　址	天津市和平区和平路287号
邮政编码	300041
电子信箱	tastbgs@163.com
主页网址	http://www.tast.org.cn
电　　话	022-27120933
传　　真	022-27112792

主　　席	母国光
副 主 席	王运洪　王静康　白景美　李正名　李朝兴　何志敏　汪顺亭　陈永川　姜　沂　姚建铨　宣栋生　洪解亮
刊物及主编	《天津科协》　主编　宣栋生
	《智力》　主编　顾汉良
	《家庭育儿》　主编　吴寒涛

单位简介

天津市科协的前身是天津市工程师学会、中华全国自然科学专门学会联合会天津分会（简称“天津科联”）和天津市科学普及协会（简称“天津科普”）。1959年1月10日，“天津科联”和“天津科普”合并，建立全市性统一的科学技术人民团体——天津市科学技术协会。“文化大革命”期间，天津市科协及所属团体活动被迫中断。1977年12月，天津市科协组织重新恢复。

1959年1月天津市科协召开第一次代表大会，张国藩任主席。1977年12月天津市科协重新恢复后，杨石先任主席。1981年3月召开第二次代表大会，史绍熙任主席。1987年6月召开第三次代表大会，胡国定任主席。1992年10月召开第四次代表大会，吴咏诗任主席。1997年11月召开第五次代表大会，母国光任主席。2002年12月召开第六次代表大会，母国光任主席。

天津市科协现有市级学会（协会、研究会）152个；区县科协18个；局、集团公司科协18个；工厂企业科协307个；区县属学会（协会、研究会）243个；城市街道科协99个；乡镇科协129个；农村专业技术协会154个。各级科协和学会的会员总数19万余人。

工作综述

一、围绕加快滨海新区开发开放，积极开展研究研讨

与天津市发改委、大港区政府联合举办了建设大港国家级生态石化基地论坛，邀请中国石化集团总工程师袁晴棠等8位院士、专家做专题报告。与市发改委共同立项开展了“滨海新区石化产业布局及生态保障措施研究”，联合市滨海委举办了滨海新区建设与发展专家论坛，王静康院士等6名专家就滨海新区开发建设、国际航运、现代物流、国内发展与对外开放、海水利用、滨海新区石化产业发展提出了建议。召开天津市科协六届十次常委会，就滨海新区规划与建设建言献策。一批学会相继举办了滨海新区生态经济发展研讨会、滨海新区园林绿化与生态环境关系研讨会议、滨海新区经济发展及电力建设展览报告会、滨海新区的未来研讨会等，受到天津市领导同志和有关部门的重视和肯定。

二、坚持推进科技进步，广泛开展咨询服务

组织180名专家研究制定了《天津市产业技术指导目录》，经天津市政府常务会审议通过并批转执行。与天津市社联、市社科院结成联盟，共同开展了“实现现代服务业突破性发展研究”，提出了相关措施建议。电力学会承担了滨海国际机场扩建工程等96个咨询项目；公路学会完成了京津公路天津段改造工程设计评审等6个项目；建筑学会帮助解决了奥林匹克运动场馆的结构问题；航海学会为新港船厂8艘新建船舶试航、引航进行技术服务；防灾学会承担了天津港口贸易经济规划区地震影响评价；制冷学会完成了空港物流加工区汽车园冷热复合评估咨询，为企业节约投资300万元。

三、面向经济建设主战场，努力开展科技兴企、科技兴农活动

企业科协广泛开展以技术创新为核心的“讲理想、比贡献”竞赛，共立项1100项，其中市级立项223项，已完成130项，实现经济效益3亿元。“千厂千会协作”现有协作对子50多个，为推动企业技术进步做出了贡献。会同天津市委科技工委、市科委，组织农业专家和农技人员深入北辰区开展科技下乡活动，向农民赠送农药良种，与10个种植大户结成对子，咨询服务7000多人次。市农学会会同十几个单位，组织100多位农技人员，深入到西青区辛口镇蔬菜生产基地咨询服务，赠送农业科技书籍10余万册，接待农民2万余人次。各涉农区县科协组织科技下乡活动200多场。各科技团体举办了各类农技培训班数百期，培训农民近万人。各区县300多个农技协活跃在农村，在科技兴农中发挥示范带动作用。

四、立足自主创新，大力开展学术交流

举办各类学术活动800多项，每季度向学术团体做出活动预报，出版学术论文集64部、学术期刊48种。科技周期间，围绕节约资源组织了64场研讨会。9月，举办了2005天津市科技交流学术月，集中组织学术活动100多项，数千名国内外专家莅临津门，万余名科技工作者积极参与。市医学会承办的第十届全国眼科学术大会是天津市多年来举办的规模最大的学术会议，来自中、美、英、德等8个国家的3000余名眼科专家汇聚津门，设立了20个分会场，211位专家做专题报告，760位专家做大会发言，组织了大型手术演示会，举办了大型眼科设备器械展示会，在全市和全国眼科界引起了强烈反响。相关学会还承办了世界中医药学会联合会妇科专家委员会学术研讨会、国际人工关节置换康复研讨会等一批有影响的学术会议。国际科技交流与合作活跃。先后接待了日本富士精密株式会社等多个国家和地方代表团来访，组织6批团组赴国外考察交流；协助举办了2005中国泰达生物论坛；在天津市科协的倡导下，成立了天津市留学人员联谊会（欧美同学会），为团结归国科技工作者，吸引海外人才开辟了新的渠道。

五、提高全民科学素质，广泛开展科学普及

以“珍惜资源，建设节约型社会”为主题，举办了天津市第19届科技周、2005科普日和第二届社区主题科普月三大品牌活动。为纪念爱因斯坦提出相对论100周年，举办了世界物理年在天津启动大会、物理照耀世界光束传递活动等系列活动。各学术团体利用土地日、地球日、植树日、电信日、航海日、气象日、爱鸟周、抗癌周等积极开展科普活动。青少年科技教育活动丰富多彩，组织参加了全国青少年科技创新大赛，开展了“珍惜资源，从我做起”科学实践等活动。承办了“神舟六号”航天员和航天专家与全国青少年见面活动，在社会产生了广泛影响。继续实施科普示范工程，红桥区、大港区、西青区被评为第三批全国科普示范区县，命名了一批市级特色科普教育基地。坚持不懈地开展反邪教斗争，积极参加研讨活动，组织业务培训，更新改造了反邪教网站，利用网络平台开展专家答疑、讨论活动。

六、推动人才强市战略，积极开展科技培训

各科协团体举办各类继续教育、技术培训班300多期，数万人参训。其中，医学会举办的医护人员积分制培训班达100期，1万人参训；化学会举办的危险化学品从业人员培训，3000多人参训；电子仪表学会举办培训班37期，1700余人参训；建筑学会举办的建筑专业培训，近千人参训；微量元素学会举办了矿物元素与疾病医学继续教育培训；药理学会举办了药理、毒理及药学新技术培训班；汽车工程学会举办了专利工作培训班；材料学会举办了电子材料有毒有害成分检测技术培训班；消防学会举办了电器检测培训班；电机工程学会举办了EASY编程学习班；微生物学会与南开大学联合举办分子微生物与技术培训班；气象学会与天津大学举办通信工程硕士班，61人在学。科技进修学院发挥继续教育主渠道的作用，举办远程教育、成人教育班，学员达到4000多人。表彰宣传优秀人才。联合天津市人事局召开了第三届天津市优秀科技工作者颁奖大会。对29位奋战在第一线的优秀科技工作者进行了表彰。2005年底，开展了第八届天津市青年科技奖推荐评选工作。《天津日报》、《今晚报》等报刊共刊登有关天津市科协的报道200余篇（条）。其中报道院士、专家的活动达百余人次。

七、发挥桥梁纽带作用，竭诚为科技工作者服务

春节前夕，天津市科协机关慰问了40多名院士、知名专家和科技工作者；一些学术团体举行了迎新春联谊会。10月，市科协机关开展了调研服务月活动，深入到40个科技团体，召开了10余个科技人员座谈会。陈予恕、余贻鑫、陈念念、张伯礼当选为中国工程院院士，市科协领导同志前往祝贺。根据中国科协的部署，2005年在北辰区、开发区、新技术产业园区、天津大学、工程机械所、港务局、宝成集团，设立了7个科技工作者状况调查点。《科技工作者建议》出刊6期。坚持为市科协委员寄送《大众科技报》、《科协信息》、《科技工作者建议》、《科协工作简报》等信息资料。举办了天津市首届科技工作者书画展、“科技工作者，你好”音乐会等有益于科技工作者身心健康的文体活动。学会工作进一步拓展，自动化学会取得了自动化系统工程师国际认证资格，营养学会被批准为全国营养师培训基地。22个学会召开了换届大会，149家学会完成了年检。区县科协有了新的发展，企业科协组织不断壮大。市科协机关开展了保持共产党员先进性教育活动。“科技之家”建设项目持续进行。天津市科技进修学院新校区正式启用。与东丽区政府达成协议，共建天津市青少年科技俱乐部。

河北省科学技术协会

地　址　河北省石家庄市裕华东路241号

邮政编码　050011

电子信箱　gxy@ hbast. org. cn

主页网址　http://www. hbkp. com. cn

电　话　0311－86049311

传　真　0311－86049311

主　席　李有成

副主席　唐树钰（常务）　刘秀华　李宗民　许顺斗　孙　玉　邹　竞　何文杰　张宗祜　刘　才　王慧军

刊物及主编　《河北科协通讯》　**主编**　张建辉

《河北科技报》　**社长**　董新年

单位简介

河北省科学技术协会（以下简称河北省科协）的前

身分别为成立于1956年6月的河北省科联和河北省科普。1959年1月，经河北省委批准，河北省科普、河北省科联合并，成立了河北省科学技术协会，隶属河北省委领导。

自河北省科协成立到1966年“文化大革命”开始的7年间，河北省科协为全省国民经济的调整、恢复和发展做出了卓有成效的贡献。1966年省科协工作因“十年动乱”而停滞，直至1977年12月才得以恢复。

河北省科协第一次代表大会于1959年1月在天津召开，杨石先任主席；第二次代表大会于1981年5月召开，潘承孝任主席；第三次代表大会于1986年11月召开，王健任主席；第四次代表大会于1991年10月召开，邹仁均任主席；第五次代表大会于1996年10月召开，魏建昆任主席；第六次代表大会于2001年10月召开，张留成任主席，2003年12月由李有成接任。

河北省科协现有省级学会115个；设区市科协11个；市级学会430个；县（市、区）科协168个；厂矿科协370个；直属事业单位5个。

工作综述

一、抓大事，攻难事，科协工作环境进一步优化

1. 认真抓好省委25号文件的贯彻落实。全省各级科协组织和所属团体遵照省委领导同志的意见，抓住机遇，以积极有为的态度认真抓好文件精神的贯彻落实。一是把贯彻落实好省委25号文件作为2005年工作的重中之重；二是加强督导和调研。联合省委督查室成立了6个调研组，对全省贯彻落实省委25号文件情况进行了综合督导调研，并以“督查专报”形式向省委、省政府领导呈报了督导调研情况；三是及时与各级科协、学会沟通信息，收集情况，协调有关部门，研究解决贯彻落实中的有关问题。各设区市科协也以此为契机，加大了对县（市、区）的督查力度。

经过积极努力，特别是通过督导调研，使省委25号文件的贯彻落实工作取得了显著成效，对科协事业发展起到了极大的推动作用。据统计，截至2005年12月，全省11个设区市全部出台了加强科协工作的意见，有132个县（市、区）制定出台了相关的文件措施；有7个设区市、70个县（市、区）的科普经费已经达到或超过了省规定的年人均0.15元的标准；各设区市和部分县已经明确把学术活动经费列入同级财政预算；加大了奖励力度，提升了奖励规格。在科协牵头评选的三项奖励（优秀科技工作者、青年科技奖、科普贡献奖）中，有9个设区市已提升为市委、市政府的奖项，有的还享受市级劳模待遇；组织建设得到进一步加强，乡（镇、街道）科普协会进一步巩固和发展，有40个县（市、区）在2005年完成了换届工作。科普设施（阵地）建设力度加大，科普画廊工程全面实施，有7个设区市已经把科技馆建设列入了“十一五”规划。

2. 制定完善相关政策性配套文件。结合25号文件的贯彻落实，省科协积极努力，与有关部门联合出台了一系列政策性配套文件。会同省人事厅、省总工会联合制发了《河北省科普事业贡献奖奖励办法》，以表彰奖励长期工作在科普一线的广大科技工作者、科普工作者。会同省国税局、省地税局联合出台了《关于鼓励科普事业发展税收优惠政策的通知》。这一规定成为我省鼓励社会力量资助科普活动，搭建社会化科普服务平台的一项具有突破性优惠政策，开创了全国科协系统的先河。与省财政厅、省地税局联合制发的《河北省科协系统科技咨询服务活动管理办法》，是20年来河北省关于科协系统科技咨询工作的重要文件，对加快河北省科技咨询产业的发展将起到重要作用。另外，经省财政厅同意，制定了《关于资助社会力量发展科普事业专项资金管理暂行办法》，首批19个项目得到资助。

3. 省科技馆新馆建设取得决定性进展。在省委、省政府领导的高度重视和关心支持下，经过积极努力，基建工程即将全面竣工验收。2005年1月14日和5月31日，省领导同志臧胜业和龙庄伟两次召开现场办公会，协调解决新馆工程中有关的问题。截至2005年底，基建整改工程追加资金200万元已经到位，整改工程已经启动。目前，布展工作已全面完成。300余件展品的布展和调试工作已经结束。布展工作总体达到国内先进水平。

二、抓重点，求创新，科协形象更加鲜明

1. 组织开展了科学发展观大型巡回展活动。由省科协牵头，联合省直有关单位主办，石家庄市委、市政府协办了“科学发展观：人与自然和谐发展篇”大型巡回展览活动。本次活动得到了省委、省人大、省政府、省政协

和各设区市党委、政府的高度重视与大力支持，并列为省委副书记刘德旺2005年重点抓的实事之一。省四大班子领导出席了省会首展开幕式，各市领导带头参加展览活动，全省各界群众踊跃参观，观展人数达到8万多人，省科协将活动情况编辑制作了《科学发展观画册》4600册。《河北日报》和河北电视台还派出记者随团跟踪采访，《河北日报》开辟了《科学发展观》专栏进行了连续报道，受到全省广大干部群众的热烈欢迎和好评，产生了广泛而深远的社会影响。

2. 举办了第二届青年科技论坛。以资源和环境为主题的“第二届河北青年科技论坛”，11月19日在保定华北电力大学举行。论坛邀请我国技术经济学创建人、中国工程院院士李京文和国家环保总局环境与经济政策研究中心主任夏光到会做了专题报告。本届论坛共征集论文340篇，编辑出版了论文集。论坛的举办、对节约资源保护环境，促进全省经济社会全面协调持续发展，推进科学决策，加强青年科技人才队伍建设发挥了积极作用。

3. 组织开展了全国科普日河北系列活动。陈秀芳、龙庄伟、李有成等省领导同志和医学、农业等方面的专家以及干部、群众、学生等8000多人参加了在平山县举行的第三届全国科普日河北系列活动开幕式。据不完全统计，全省各级科协在科普日活动中，共组织了近万名科普志愿者参加；组织各种内容的科普展览2603个；举办科技讲座、科技培训350期，培训人员7.8万人次；深入农村田间地头共140个活动点进行技术指导；参加活动现场义诊的医务人员3670人次；发放各类科普宣传资料53.6万份；直接参与活动的科技工作者、科普志愿者和城乡干部群众总计达32万人。

4. 积极组织开展了科学防控禽流感科普宣传。根据省委、省政府的统一部署，及时对全省的科技下乡和防控禽流感做出了安排部署，通过各种科普宣传形式向广大农民、禽类养殖专业户宣传各项防控措施和防控禽流感的有关知识。

5. 组织举办了首届河北省公众科学素质电视大赛。在河北电视台和廊坊电视台的协助下，成功举办了河北省首届公众科学素质电视大赛。省政协副主席、省科协主席李有成专程到现场观看决赛，并为冠军队颁奖。大赛还录制编辑了50分钟的电视专题片，在河北电视台科教频道播出。

6. 第20届河北省青少年科技创新大赛和第21届青少年信息学联赛活动取得优异成绩。臧胜业、韩葆珍等省领导同志出席了省科协牵头、会同有关部门开展的，主题为“体验科学、健康成长”的第20届河北省青少年科技创新大赛优秀作品展评活动。经过认真组织发动，全省共有85万名中小学生参与了本次科技创新大赛，征集各类作品12200多件。在第20届全国青少年科技创新大赛中，河北省多项作品获奖，在全国位次大幅提升，与广东省并列第五名。

三、抓职能、强服务，整体工作稳步开展

1. 城乡科普日益活跃，品牌效应不断扩大。开展了首届河北省公众科学素养调查；组织参加了全国科学发展观知识大赛；“科教进社区”活动异彩纷呈，受到各级领导同志的高度评价和中国科协的表彰鼓励；以服务“三农”为宗旨，科技下乡活动再创佳绩；农村党员基层干部适用技术培训取得新突破，据不完全统计，全省2005年共开展各类培训班3508期，培训群众203万人次，招收农函大新学员4657人。

2. 学术交流日益繁荣，质量水平不断提高。2005年全省各级科协及所属学会，先后邀请了1000多名专家学者做学术报告，听讲人数达6万多人次，开展学术活动2000余次，参加人数10万人次；省科协年初确定的30项重大学术活动全部完成。年终省科协组织专家评选出105项最佳学术活动；开展境外培训，组织了9个出国考察访问、培训团，人数达50人。

3. 积极推进学会改革，增强学会生机活力。加强调研和理论探讨，积极帮助学会主动承接和拓展社会职能，成立了省科协学会改革与发展领导小组，围绕学会改革与发展，成立四个课题组进行了专题研究；建立健全学会评价体系和管理制度，规范对所属学会的管理；修订完善了学术活动经费支持办法，提高了对重大活动项目的经费支持数额。

4. 积极开展科技服务活动，促进科技与经济的结合。“金桥工程”活动稳步推进；“四技”服务工作广泛开展；科技司法鉴定工作取得新进展。

5. 认真抓好“科技工作者之家”建设。高质量地完成了省政协科协界集体提案的搜集、整理、上报以及交办、会办提案的办理、答复工作，受到了省政协和有关单位的好评；组织开展了河北省第七届青年科技奖的评选，评出马香玲等24名获第七届河北省青年科技奖，另有9名获提名奖；开展了首届河北省科普事业贡献奖评选工作，全省首批有15名获此殊荣；组织完成了2005年科技工作者联谊休养活动；进一步加强宣传工作，突出科技工作者的主体地位，开展了30名全省优秀科技工作者系列电视报道、科学发展观专题报道、县长县委书记谈科普、与市（县）科协主席面对面等活动，进一步扩大科协影响，鲜明了科协形象。

6. 科普阵地和基础设施建设进一步加强。第二批科普画廊工程和农技协百强百项精品工程按计划完成；网络信息化建设和技术研发工作取得突破性进展，开通了为科技工作者提供的海量邮件收发系统，开发了拥有自主知识产权的“中国科技搜索引擎”和“中国科普网址大全”系统技术，以上两项后台支持技术均为自主创新研发。

四、抓学习、强素质，干部队伍服务能力不断加强

1. 认真组织开展了保持共产党员先进性教育活动。按照中央和省委的统一部署，全省县以上科协认真组织开展了保持共产党员先进性教育活动。在各级党委的正确领导和督导组的具体指导帮助下，在科协系统全体党员的共同努力下，顺利完成了各项任务，取得了显著成效。省科协机关的“先教”活动，发动广泛，工作扎实，措施有力，群众满意度达到了100%，受到了省委“先教办”和省委督导组的表扬。

2. 举办了省直建设学习型机关专家报告会。省科协邀请了管理科学专家杨沛霆，为260多名省直机关处以上干部作了题为“卓越领导的现代意识”的科技报告，为促进广大干部树立全新的学习理念，提高执政能力和领导水平产生了积极作用。

3. 进行了干部理论学习和业务培训。围绕落实科学发展观，构建和谐社会，提高机关干部写作能力等内容，有针对性地举办了省科协机关全体干部、直属事业单位处以上干部理论学习班和公文写作知识培训班；举办了第二期县（市、区）科协主席培训班，完成了对全省县（市、区）科协主席的培训任务。召开了科协系统办公室主任暨政务信息工作研讨会；对省科协机关全体干部进行了计算机基础知识和网络技能培训。

4. 加强了机关内部管理，服务能力和水平显著提高。加强了机关制度建设和规范化管理。2005年各级科协着力提高服务质量，加强管理。省科协制发了《河北省科协机关财务管理办法》、《河北省科协机关车辆使用管理暂行办法》等有关制度，使车辆管理、财务管理等项工作更加规范，服务水平显著提高。机要、保密、统计、信息、档案管理和老干部等各项工作在2005年均取得了较好的成绩。在中国科协统计工作综合考评中，河北省位居全国第五；省科技馆和省咨询中心的档案工作分别通过了省二级标准和省三级标准，晋升为省二级和省三级档案管理先进单位。

山西省科学技术协会

地址	山西省太原市迎泽大街366号	
邮政编码	030001	
电子信箱	kx04@cast.org.cn	
主页网址	http://www.sxkp.com/sxkx	
电话	0351-4041510/4086352	
传真	0351-4041510	
主席	侯晋川	
副主席	韩裕峰 关原成 郭振德 卫小春 王德贵 牛西午 石常明 邢燕芬 张文栋 张卓玉 张鸿顺 姚高宽 段志光 赵世卫	
刊物及主编	《山西科协》	主编 崔忠
	《科学导报》	主编 郝建新
	《山西科技报》	常务副主编 景茂盛
	《科学之友》	主编 郝建新

单位简介

山西省科学技术协会于1959年6月召开第一次代表大会，通过了“山西科联”与“山西科普”合并建立山西省科学技术协会的决议，山西省科学技术协会正式成立，主席为王中青。1966年“文革”开始，科协解散。

1978年科协恢复后，黄维任主席。1980年11月召开了第二次代表大会，组成了山西省科协第二届委员会，主席为张永崙。1986年11月召开了第三次代表大会，组成了山西省科协第三届委员会，主席为刘锡田。1991年12月召开了第四次代表大会，组成了山西省科协第四届委员会，主席为陈震（1997年3月后由雷霆接任）。1998年4月召开了第五次代表大会，组成了山西省科协第五届委员会，主席为雷霆（2000年4月后由谢克昌接任）。2005年4月，召开了第六次代表大会，组成了山西省科协第六届委员会，主席为侯晋川。

山西省科学技术协会现有省级学会（协会、研究会）132个、市级科协11个，县级科协119个，企业科协271个，农村专业技术协会11612个。

工作综述

2005年是全面完成“十五”任务、为“十一五”发展打好基础，实现全省经济结构调整明显见效的关键一年；也是山西省科协“六大”胜利召开后，新一届委员会工作的开局之年。省科协认真贯彻党的十六大及十六届三中、四中和五中全会精神，牢固树立和落实科学发展观，组织动员各级科协组织和广大科技工作者，围绕全省工作大局，深入实施省科协“三三三”发展战略，抓住机遇，突出重点，推动省科协各项工作实现跨越式发展，为山西经济社会全面协调可持续发展做出积极的贡献。

一、坚持和落实科学发展观，以加快发展为第一要务，认真筹划山西科协未来发展蓝图

成功召开省科协“六大”，推动科协事业继往开来。山西省科协第六次代表大会是全省科技工作者在新世纪的首次历史性盛会，也是山西科协发展进程中的一个重要里程碑。“六大”于4月12日至14日在省城隆重召开，规格高、影响大，取得圆满成功。省委、省人大、省政府、省政协和中国科协领导同志出席大会。时任省长的张宝顺在开幕式上做了讲话，中国科协书记处书记齐让代表中国科协书记处第一书记邓楠也做了讲话，金银焕副书记在闭幕式上做了讲话。“六大”的胜利召开，确立了在新的历史时期全省各级科协组织和科技工作者的中心任务和工作重点，对于进一步团结动员科技工作者投身“科教兴晋”和建设和谐山西的伟大事业具有重要意义，也标志着山西科协工作步入全新的发展阶段。

组织制定《山西省科协“十一五”期间发展战略纲要》。省科协从8月开始，通过深入基层调研、广泛征集意见建议、召开战略研讨会等方式，对未来五年的发展进行讨论研究，积极组织制定《纲要》。在多方面征求意见、反复论证和修改完善的基础上，形成了《纲要（草案）》。《纲要》经省科协六届二次常委会议审议通过，从2006年正式施行。《纲要》确立了未来五年科协发展的指导思想、奋斗目标和战略部署。

上述一系列工作，为省科协当前乃至今后一段时期的创新发展规划了蓝图，必将为全省科协事业实现腾飞起到巨大的推动作用。

二、以实施新一轮市县科协重点工作年为龙头，大力加强科普能力建设，推动全省科普工作迈上一个新台阶

召开山西省2005市县科协重点工作年会议。按照省科协“三三三”发展战略的部署，2005年是新一轮市县科协重点工作年。省科协乘“六大”东风，紧接着召开了山西省2005市县科协重点工作年会议，确定新一轮重点工作年的主题为：“为经济建设作贡献”，面向全省部署实施“两动”、“两试点”任务和强化“八方面工作”，在新的更高的层次上推进科普工作和科协事业可持续发展。

启动实施山西省科普惠农行动计划。为了充分发挥科协优势，在服务“三农”领域中作出新贡献，省科协从2005年7月开始，联合省财政厅，启动实施了山西省科普惠农行动计划。其核心任务是：3年时间内，在全省农村广泛建立服务农民的科普惠农服务站和科普惠农信息栏，组建一支素质高、专业强的科普惠农信息员队伍，同时推进实施科普惠农信息工程、技术工程、人才工程和物资工程。简言之，就是：建设“一站”、“一栏”、“一员”和“科普惠农四大工程”。

科普惠农行动计划掀起了新时期农村科普工作的新高潮。经过全省各级科协组织的努力和省财政厅的大力支持，已建成科普惠农服务站4920处，科普惠农信息栏5076个，科普惠农信息员5065名；印发科普挂图17万份。全省已有五分之一的农村受惠，初步达到了“四效”并举与“四个”满意。

在10月召开的中国科协农村科普工作会议上，省科协副主席韩裕峰就实施科普惠农行动计划情况进行了典型发言，引起了全国科协系统代表的积极反响。山西首创的“一站”、“一栏”、“一员”建设经验，得到国务委员陈至立和中国科协邓楠书记的充分肯定，并被列入中国科协《关于进一步加强农村科普工作的意见》中，作为新时期农村科普的重点工作向全国推广实施。

山西省党政干部科学素质行动计划和农村党员干部现代远程教育试点工作实施顺利。山西省党政干部科学素质行动计划作为中国科协确定的首批试点项目，在2005年，由省科协牵头重点进行了全省党政干部科学素养调查和党政干部科学素质培训教材编写工作。按照要求，省科协协同省委组织部认真开展了农村党员干部现代远程教育试点工作。省科协发挥团体优势，以基层科协组织为依托，协助建立现代远程教育辅导站；广泛建设现代远程教育宣传栏，已完成3500多个；积极参与组建远程教育辅导员队伍和远程教育专家服务团，编写辅导材料，扎实做好教学组织工作。山西“农村党员干部现代远程教育”试点工作受到全国协调领导小组的高度评价。

科普示范体系建设再创佳绩。为了进一步推进科普示范体系建设，省科协陆续修订和出台了《山西省科普示范县（市、区）标准细则》等一批制度，组织开展了省级科普示范县、科普教育基地、农村科普示范基地创建活动。在此基础上，省科协还全力推动全国科普示范典型的创建工作。通过各地积极创建，左云县等5个县被命名为山西省科普示范县，浮山县、长治市城区等11个县（市、区）被中国科协确定为全国科普示范县（市、区）创建单位。到目前，全省已建有8个全国科普示范县（市、区），28个省级科普示范县；建有3个全国科普示范基地，39个省级农村科普示范基地；建有6个全国科普教育基地，12个省级科普教育基地。

山西省“全国科普日”活动取得圆满成功。按照中国科协的统一部署，省科协于9月16日起，围绕“树立科学发展观，共建和谐社会——科学普及，你我共参与”的主题，精心组织了2005年山西省“全国科普日”暨第二届“科普三晋”系列活动。全省从南到北、自西向东，从城市到农村，从厂矿到社区，都广泛开展了各种形式的科普活动，在三晋大地掀起了讲科学、爱科学、学科学、用科学的科普热潮。

星期日知识讲座已成为科协独具特色的品牌工程。省科协从2002年4月起在省城开办的星期日知识讲座，目前已累计举办160余场，受众2万余人次，已成为省城具有一定影响的科协科普品牌活动。与此同时，省科协已开始探索把星期日知识讲座从省城逐步向全省各市拓展，使其成为全省大中城市市民学习科学文化知识的重要平台。

科技服务和科技培训工作成效显著。省科协“科普大篷车”带领科技人员携科普展板和科技资料，深入20多个县市的乡镇农村，传播适用农业技术，受到广大农民的欢迎。省农函大积极开展招生培训工作，创建教学实验基地和农村富余劳力转移培训平台，并把教学延伸到偏远山村。在中国科协农函大工作会议上，省农函大被评为农函大工作先进集体并介绍了经验。长治市进一步引伸“农民增收科普工程”，全年下乡252天，行程近1.7万公里，开展科技培训160多场，培训农民1.6万人次，带动广大农民走上科技致富之路。晋城、大同、运城等市先后举办各种类型的培训班30多期，使36000多名农民掌握了一技之长。此外，针对突如其来的禽流感，省科协组织各级科协和广大科技工作者，开展了广泛的防治禽流感科普宣传活动，为维护社会稳定做出了积极贡献。

青少年科技教育、科普展教和科普传媒建设工作取得新成绩。省科协精心组织举办了第20届山西省青少年科技创新大赛和优秀作品展览、青少年科技工作室下基层活动、科普直通车进校园工程等一系列丰富多彩的活动。在第20届全国青少年科技创新大赛和第五届全国青少年电脑机器人比赛中，取得了4金、9银、16铜优异成绩。科普展教工作方面，省科技馆全年共举办了《科学发展观科普系列展览》等10个大型展览，科普巡展完成18场，参观总人数达24.9万人；开设少儿教学班11类，培训1789人次。省科普报刊社和省科技传播中心发起实施的“安全科普三晋行”活动，出动“科普大篷车”奔赴全省各地开展安全科普宣传50多场次，受教育人数达50多万人次。《科学导报》进行了改扩版，增加了“今日健康”等4个周刊；《科学之友》杂志由月刊改为旬刊，增加了学术版，再次被评为山西省一级期刊；“山西科普网”的整体水平和点击率明显提高，荣获全国优秀科普网站提名奖。

三、大力推进学会改革，增强学会实力，促进学会工作可持续发展

出台学会改革新举措，催生学会新活力。为了探索新形势下学会发展的新途径，省科协经过研究论证，提出了《山西省科协公开招选学会常务理事以上候选人的实施意见及细则》，对学会主要领导成员候选人的产生进行改革。9～11月，省科协首次成功进行了省职业经理研究会常务理事以上候选人公开招选，使省职业经理研究会成为山西省乃至全国第一个经社会公选产生的新型社团，此举也必将为山西省及全国社团改革带来深刻的影响。

主动争取社会职能工作取得新进展。省机械工程学会经省经委授权，承担了主持全省新产品、新技术鉴定工作职能，这也是省机械工程学会继承担机械工程师资格认证职能后的又一新职能，为山西其他学会积极承担政府转移职能，起到了引领示范作用。省科技咨询业协会积极组织开展了科技咨询企业（机构）等级认定和注册科技咨询师认证工作，已评审出注册科技咨询专家、科技咨询师等440多名，评审出科技咨询机构23家，在全省基本组建起了一支高素质的科技咨询专家队伍。

深入开展诚信科技文化塑造活动。为加强科技界的学风建设、提高会员素质，塑造学会新形象，省科协在全省学会中开展了“创建诚信学会、设立诚信会员制度、塑造诚信的科技文化”活动。省科协根据相关标准，逐步建立诚信会员档案，评比诚信学会，并颁发诚信会员证书。

围绕全省中心大局，广泛开展高层次学术交流活动。省科协从2005年8月开始，深入开展了“百家学会建言献计”和“服务经济建设办实事”活动。省、市、县三级学会广泛组织发动科技工作者，针对全省经济建设和社会发展的关键问题、热点问题和难点问题，积极建言献计；同时，各级学会还在各自的领域内，发挥学科专业优势，精选主题，集中精力抓好为经济建设服务的实事，力争在经济建设主战场作出科协组织应有的贡献。省管理科学研究会联合有关单位，举办了“中部崛起”大型中高级管理人员培训活动。省林学会专门举办了全省小康林业建设学术研讨会，为推动建设“绿色山西”建言献策。

国际民间科技交流有了新发展。2005年，省科协共组织派出赴澳大利亚、新西兰的科普传媒考察交流团等4个团组，接待了日、朝等国家的科技访问团组。“山里娃走出国门学本领，返回家园奔小康”项目取得新成绩，共派出赴日蔬菜和奶牛研修生16名。在中国科协“推荐联合国咨商后备人选”工作中，山西省有2名专家入选。

四、忠实履行桥梁和纽带职责，竭诚为科技工作者服务，“科技工作者之家”建设取得实质性进展

健全和完善民主办会机制，全面加强为常委会服务。为了进一步发挥省科协常委会的领导作用，省科协六届一次常委会决定在省科协六届常委会设置学术工作委员会和科普工作委员会，并通过了《工作委员会工作规则》。省科协机关专门出台了《关于加强为常委会服务的意见》，主要举措有：及时向常委送阅有关文件和由科协主办编辑的报刊、图书、资料等，使常委们更好地了解科协工作；为常委们制作科协工作证，免费参观或参加省科协举办的常设固定展馆和各类专项展览、报告会等活动；不定期组织常委进行外出考察调研，并就山西省经济、科技和社会发展中的重大问题以及科协工作的发展，提出意见和建议；对为科协作出突出贡献的常委给予奖励和表彰等。此外，办公室还牵头与各部门一起，开展了向常委、全委会委员和科技工作者寄送贺卡，进行新年慰问活动。

隆重举办科技工作者之家新春音乐会。1月24日，省科协在省城隆重举行了一年一度的山西省科技工作者之家新春音乐会，在太原的400多名科技工作者代表欢聚一堂。这项活动受到了广大科技工作者的普遍欢迎，已经成为省科协建“家”活动的品牌工程。

开展第三届山西省优秀科技工作者评选、表彰和宣传工作。在2005年，省科协开展了第三届山西省优秀科技工作者评选表彰工作，共评选出优秀科技工作者60名，并在“六大”闭幕式上对优秀科技工作者进行了表彰。省科协还编辑出版了《创新·奉献——山西省第三届优秀科技工作者事迹汇编》，并通过大众传媒对优秀科技工作者的事迹广为宣传。

积极构建为科技工作者服务平台建设。省科协认真参与开展了2005年全国科技工作者状况问卷调查活动，完成了调查任务，受到中国科协的好评。省科协专门举办了科技经济法律培训班，对来自市级科协、省属学会和企业科协的学员进行培训。省科协科技工作者法律咨询服务处全年共办理法律咨询40多项次，为维护科技人员权益发挥了积极作用。省科协收集整理科技工作者重要建议10多项，内容涉及科技、经济和“十一五”规划等方面，全部报送到省委、省政府及有关部门，为参政决策提供支持。省科协组织开展了《山西省科学技术协会条例》修订调研工作，向省人大提交了修订《条例》的报告。

五、以深入开展保持共产党员先进性教育活动为契机，切实加强团体自身建设，持续增强科协事业发展能力

保持共产党员先进性教育活动取得显著成效。按照中央和省委的统一部署，省科协从2005年年初开始，深入开展了保持共产党员先进性教育活动，真正在提高干部队伍素质、加强基层建设、做好三个服务、促进科协改革创新发展上取得显著实效。在活动中，省科协查找和梳理出意见建议41项，已全部得到整改。省科协的先进性教育活动实现了预期目标，受到省委督导组的高度评价和科协群众的广泛认可。测评时，群众满意度达到95%。

狠抓学习型团体建设。省科协机关进一步制定和完善了学习制度，制定了学习计划。坚持把每周五下午作为固定学习时间，采取了自学、辅导和举办各种讲座、报告会等方式，使学习成为省科协机关乃至大多数直属单位的一种良好的风尚。各级科协组织也都结合各自工作的特点，采取不同的方式组织学习活动，整个科协系统的精神风貌进一步提升。

着力推进制度化建设。省科协结合日常工作实际，并吸收先进性教育活动中群众的意见和建议，制定或重新修订涵盖科协众多方面工作的规章制度共计69项，整理编印了《山西省科协规章制度汇编》，并组织机关各部室、直属各单位进行学习和贯彻执行，推动省科协的各项工作逐渐走上科学化、规范化、制度化的发展轨道。

加强干部队伍建设。省科协公开选拔和选调、聘用了一批干部到合适的岗位上，量才使用，人尽其才，使机关各部室和大多数直属事业单位的干部配置得到进一步加强与充实，极大地调动了广大干部职工的工作热情和积极性，有力地推动了工作和谐发展。

事业发展力量进一步加强和壮大。经省编办批准，省科技传播中心与省软件评测服务中心两个事业单位先后组建成立。省科技传播中心的成立对于吸纳社会资源，做大做强科普事业，推进科普工作产业化、市场化发展的积极作用已经初步显现。省软件评测服务中心承担着软件及网络系统评测等多项职能，将有力地促进全省信息化建设和信息产业发展公共技术支撑体系的建立。10月，《山西科技报》正式由省科技厅划归省科协主管主办。《山西科技报》是全省科技界的主流媒体之一，划归省科协以后，对于进一步加强全省科技宣传工作，整合科普传媒资源，打造山西科技传媒“小航母”将起到重要的作用。

着力推进信息化建设，不断提高政务信息电子化和办公自动化水平；进一步加强精神文明建设活动和文明单位标兵创建工作，连续两年被评为“省直文明单位标兵”，使科协精神文明建设上了一个新层次。

内蒙古自治区科学技术协会

地址	内蒙古呼和浩特市新华大街西侧内蒙古科技馆
邮政编码	010020
电子信箱	nmkxbgs@public.hh.nm.cn
主页网址	http://www.nmgzkj.com
电话	0471－6967990/6290014
传真	0471－6939371
主席	王林和
副主席	王吉祥　亢贵厚　陈天保　陈普凡　于　平　卢德勋　亚　新　邢永明　杨成旺　杨　劼　张　志　林　莉　赵凤山　李春龙
秘书长	周纯烈

刊物及主编 《内蒙古科技报》 **主编** 吕利平
《身边科学》（蒙文） **主编** 杨文华

单位简介

内蒙古自治区科学技术协会是1958年11月在内蒙古自治区科学技术普及协会和中华全国自然科学专门学会联合会内蒙古分会的基础上成立的，是中国科协的地方组织。1959年10月20日，内蒙古科协第一次代表大会在呼和浩特市召开。1966年，“文化大革命”开始，全区各级科协全部停止工作，人员分流，活动终止。1978年1月，自治区科学大会召开，自治区党委批准恢复内蒙古科协，并要求各盟、市要恢复或建立科协组织。1979年8月，内蒙古科协一届二次全委（扩大）会议审议通过科协第一届委员会第二次（扩大）会议决议，研究部署了关于召开内蒙古科协“二大”的准备工作。1987年1月，内蒙古科协第二次代表大会在呼和浩特市召开。1987年11月，内蒙古科协召开二届三次常委会，决定成立国际国内学术交流、组织宣传、科学技术普及、科学技术咨询等4个工作委员会。1991年，内蒙古自治区六届政协第12次常委会决定恢复内蒙古科协为内蒙古政协组成单位。1992年3月，内蒙古科协第三次代表大会在呼和浩特市召开。1997年4月，内蒙古科协第四次代表大会在呼和浩特市召开。2002年6月，内蒙古科协第五次代表大会在呼和浩特市召开。

至今，内蒙古科协已发展盟市级科协12个，旗县区市级科协101个，拥有理、工、农、医以及自然科学与社会科学交叉性直属学术团体74个，会员达5.4万多人。

工作综述

一、为经济建设服务

2005年，自治区各级科协围绕党委和政府的工作重点，组织开展各种形式的专题研究和论证，向党委政府建言献策，为宏观决策提供科学依据。内蒙古科协的“奶牛疫病与防控”、“开发空中水资源”等专家建议，得到自治区党委、政府的高度重视，并予以采纳实施。

自治区各级科协及学会组织坚持以科技促发展，围绕“三农”问题，组织动员广大科技工作者投身于经济建设，加快科技向现实生产力的转化。全年各级科协团体共组织开展农村牧区科技科普讲座和实用技术培训1万余场次，培训农牧民200多万人次，全自治区科协系统共组织科技人员下乡2万多人次，举办各种各类培训班5000多期。创建农村科普示范基地800余个。托克托县等9个旗（县）被中国科协命名为全国科普示范旗（县）。

“千厂千会”进一步开展并取得了很好的效果。全区各盟市所属学会2005年共组织学术活动225项。内蒙古农学会、内蒙古推进农牧业产业化办公室举办了推进马铃薯产业化进程、提高脱毒种薯质量和效益研讨会。对马铃薯产业发展中存在的突出问题提出对策建议，受到了有关部门的高度重视，推动了相关产业的发展。自治区科协评选表彰了内蒙古“千厂千会”行动优秀项目15项、优秀组织单位14个、先进工作者13名。

2005年，自治区科协召开了全区农技协现场交流观摩会议，进一步加强农技协建设力度，促进农村牧区经济发展。内蒙古自治区现有农技协3159个，会员27万余人。各地农技协在相互交流与合作中逐步形成了各具特色的服务体系，成为推动农牧业产业化经营和现代化农业发展的骨干力量。阿荣旗复兴镇粉丝粉条经销协会等6个农技协被评为“全国百强星级农技协”。

二、学术交流活动

2005年，国内、国际学术交流活动蓬勃开展，学术交流质量不断提高。全年全自治区性学会上报学术活动项目131项，自治区科协参加近30项，各盟市所属学会共组织学术活动225项，交流论文779篇。自治区科协组织有关单位、学会的专家学者举办了内蒙古可再生能源利用产、学、研发展等专题学术研讨会2次，举办院士报告会1次，组团参加国内学术会议3次。成功举办了内蒙古2005年自然科学学术年会，出版了论文集，收录论文480篇。召开了全自治区性学会工作座谈会，会议形成了《全区性学会改革发展情况》书面材料。2005年，自治区科协评选表彰了全区性先进学会16个，先进学会工作者31名，盟市学会工作优秀组织者16名。

组织学会进一步拓展发展空间，积极主动接收政府和企业的委托，承担有关职能。内蒙古电机工程学会、内蒙古通信学会等全区性学会分别承担了科技成果技术评审等相应的职能。

利用国外各种资源扩大民间国际交流的影响，丰富国际民间科技交流与合作的内容，巩固同国外科技团体的关系。2005年，内蒙古科协接待国外考察团1个，接待专家6人；向国外派出科技考察团5个，考察人员48人。协调有关单位与加拿大、日本等进行项目合作，引进国外专家4人。内蒙古大学“草原农牧业生态系统健康评价与发展对策”等5个项目入选2005年中国科协海外智力项目。组织召开了“中日韩瘤胃营养、瘤胃微生物及其生理”等4次国际学术研讨会。组织召开了“第三届西部开发与可持续发展”国际学术研讨会筹备会议。组织我区论文作者18人参加了第二届中国西部开发与可持续发展和第13届海峡两岸都市交通两个国际学术研讨会。

三、科普工作

2005年，全自治区各级科协及所属团体，以提高全民科学文化素质为主要工作目标，较好地发挥了科普工作主要社会力量的作用。深入实施全民素质工程，进一步开展了“科普之春”、“科普报告会”、“全国科普日”、“科技活动周”、“科技进社区”等活动。全年组织科技人员下乡2万多人次，举办各种技术培训、科普讲座、科技扶贫及技术咨询活动460次，办班5000多期，培训农牧民200多万人次。自治区科协结合保持共产党员先进性教育活动，组织“科学发展观”主题巡回展览580多场，制作《科学发展观》挂图22套，参展人数达20万。在全区范围内组织了4次有关禽流感防治的大规模技术培训，印发图书、资料、明白卡近3万份。

城区科普工作进一步加强。目前，90%的城区、街道成立了科普领导小组，80%的城区科协、50%的街道科普协会能按时换届。已基本形成了城区科协、办事处科普协会（科普文化站）、社区（居委会）科普小组三级科普工作网络。

“科普大篷车”活动成效显著。自治区10个盟市、46个旗县科协与中国科协声像中心签订了引进《科普大篷车》科普电视片协议。全自治区科协系统组织开展了“科普大篷车进社区”、“科普大篷车进校园”、“科普大篷车草原行”、“科普大篷车高原行”等大型活动，9辆科普大篷车行程12万公里，先后在62个旗县（市）、近210个乡、苏木（镇）、420多所学校发放科普图书、实用技术资料50多万份，声像资料3万余张，科普挂图展览570场，播放科教电影、科普录音424次，举办医疗卫生专家科普报告与讲座150场，医疗卫生专家科普咨询与义诊110场，实用技术培训班360场，受益人数达100万人。

利用媒体开展科普的力度加大，自治区、盟市、旗县三级媒体科普宣传网络得以加强。

筹集资金，加强科普产品创作，整合社会资源开展科普。2005年，争取中国科协项目资金70余万元，得到爱德基金会无偿投资700多万元。筹划与内蒙古电台进行《青少年科技创新》科普栏目制作；成立了三支“科普乌兰牧骑”；与爱德基金会开展“草原生态保护旅游扶贫”项目。发放蒙文版《十万个为什么》100套，翻译出版蒙汉文版《农牧民科普读本》和《社区居民科普读本》1万本；开发制作蒙汉文版科普挂图500套。印制《科学发展观》挂图22套。

完善全区科普示范体系，发挥带头示范作用。2005年，内蒙古首批4个全国科普教育基地加入全国科普教育基地管理网络。托克托县等9个旗（县）和乌海市乌达区等4个城区被中国科协分别命名为全国科普示范旗（县）和科普示范城区；组织评选了兴安盟中药材协会等一批自治区星级农技协；组织评选了第二批自治区科普示范乡镇（苏木）；向中国科协推荐奖励了一批自治区优秀科普画廊，38座科普画廊被确定为2006年度全国示范科普画廊。全年奖励了满洲里市怡园社区等一批国家级科教进社区活动的先进单位、先进个人和优秀组织单位；奖励了呼和浩特市新城自治区科协等4个全国科普日活动先进单位；内蒙古农业大学的呼和巴特尔等26名全国农村科普先进工作者和呼伦贝尔市科协等6个农村科普工作先进集体。

青少年科技教育工作进一步加强。自治区各级科协以培养青少年创新精神和实践能力为重点，通过开展多种形式和内容的科学实践活动，推动青少年素质教育的开展。成功举办和开展了内蒙古第20届青少年科技创新大赛等各类青少年科技活动。内蒙古自治区有6名项目工作人员、25名优秀同伴教育者、5个乡村非正规教育学习中心受到中国科协、联合国儿童基金会表彰。

在实施“英特尔求知计划”项目中，内蒙古科技活动中心被评为2004年优秀项目执行单位。内蒙古赤峰市喀喇沁旗、巴彦淖尔市杭锦后旗被确定为项目试点单位。

科技馆充分发挥科普宣传阵地作用，科普展览受到社会广泛关注，产生了很好的效果。全年共举办“珍爱生命、拒绝毒品”等各类展览36期，其中科普展览6期、巡展27次、临时展览3期，接待观众20.5万人次；开办小学英语、成人计算机等各类培训班40期，培训学员1787人；举办“预防禽流感知识”等科普讲座3场。

《内蒙古科技报》共向广大农牧民读者提供农牧业生产实用技术、致富信息及政策信息约4000多条。开展了两次送科技报刊下乡活动。继续实施了“科技报进村、蒙文《身边科学》进嘎查”工程。

四、建“家”工作

2005年，内蒙古各级科协及所属团体认真履行桥梁纽带职责，加强自身建设，取得了新的进展。开展宣传表彰奖励工作，强化为科技工作者服务意识。开展了第二届内蒙古科协西部开发突出贡献奖评选工作，于晓丽等36名同志获得第二届内蒙古科协西部开发突出贡献奖，推荐刘东军等7名同志代表内蒙古参评第三届中国科协西部突出贡献奖。开展了内蒙古自治区第五届青年科技奖评选活动，王万祥等31名同志获得第五届内蒙古青年科技奖，推荐杨劼等5名同志代表内蒙古参评第九届中国青年科技奖。

为反映科技工作者对内蒙古经济建设的意见和建议，促进决策科学化、民主化，组织召开自治区党委、政府领导与科技人员座谈会，会议提出的意见建议部分已得到落实。编印《科技工作者建议》，反映的部分建议受到自治区领导高度重视。为进一步提高全区高层次专业技术人员的政治理论素质，自治区科协会同自治区党委组织部、人事厅、科技厅每年在上海市举办一期高层次专业技术人员理论培训班。

加速建“家”进程，努力加强团体建设。2005年，内蒙古科协开展了盟市（旗县）科协工作情况调研，形成了内容丰富翔实的调研报告，为科协工作的决策提供了可靠的依据。截至目前，全区12个盟市，科协机构单设10个，占83.3%；101个旗县自治区科协单设36个，占35.2%。按照中国科协的统一部署，完成了全区“科普工作专项统计”和“年度综合统计年报”工作。为了规范学会管理工作，出台了《内蒙古科协全区性学会管理暂行办法》、《内蒙古科协全区性学会召开会员代表大会及理事会换届的办法》、《内蒙古科协学会表彰奖励试行办法》，对全区性学会、各盟市学会工作继续进行了摸底、督促换届和整顿。

继续加强基层组织建设工作力度。开展了以加强企业科协组织建设工作为主的基层组织建设工作，制定下发了《内蒙古科协非国有企业科协组织通则》（试行）。重点加强了内蒙古大唐托电组建科协的试点工作。为借鉴学习先进省区开展企业科协组织建设工作经验，组织盟市科协领导、部分企业代表，参观学习了浙江省企业科协组建工作。

按照统一部署，2005年上半年认真开展了保持共产党员先进性教育活动。先进性教育活动在加强自身建设，提高干部素质上起到了切实的效果。

辽宁省科学技术协会

地址	辽宁省沈阳市和平区云集街10号甲
邮政编码	110003
电子信箱	kx06@cast.org.cn
主页网址	http://www.lnast.net
电话	024－23221693/23221679
传真	024－23221693
主席	王天然
副主席	丁德文　于明才　王佩军　刘长江　孙铁珩　李占一　赵子祥　商向东　黄其励　程耿东　臧树良　赫冀成　滕卫平
刊物及主编	《辽宁科协》　主编　商向东 《百姓科学报》　主编　郭　斌

单位简介

1959年3月，中华全国自然科学专门学会联合会沈阳分会、大连分会和辽宁省科学技术普及协会合并，组建了辽宁省科学技术协会。辽宁省科协在“文化大革命”中曾停止了一切活动，1977年11月经中共辽宁省委批准恢复活动。

辽宁省科协第一次代表大会于1959年3月16日召开，靳树梁任主席。第二次代表大会于1980年9月20日召开，郭可信任主席，1983年12月涂长晟继任主席。第三次代表大会于1987年1月15日召开，丘成建任主席。第四次代表大会于1992年5月7日召开，丘成建任主席，1994年11月骆继勋继任主席。第五次代表大会于1997年6月3日召开，李依依任主席。第六次代表大会于2002年6月18日召开，王天然任主席。

辽宁省科协现有省级学会129个，市（地）科协14个，县（市、区）科协100个，乡镇、街道科协1124个，企业科协786个，高校科协40个，科研院所科协47个。

工作综述

一、发挥科技团体优势，推动科技为经济建设服务

2005年初，组织了涉农有关部门及专家近百人参加的减灾论坛，围绕旱涝灾害、食品安全、牲畜疫病等问题展开了讨论，提出了防灾、减灾对策建议。编印了《2005年辽宁农业减轻自然灾害白皮书》和《关于2005年辽宁农业自然灾害预测及防灾减灾对策建议》，上报给辽宁省委、省政府有关领导同志和相关部门。

省、市科协全年的“四技”服务共完成合同1596份，合同额1.4亿元，比上年增加8%；上缴税金759.7万元，同比增加57%；参加“四技”服务的科技人员11.8万人次。

“金桥工程”省级立项169项，预计经济效益12.24亿元，节约资金8.8亿元。为使这项工作更加规范化、制度化，重新制定了“金桥工程”的管理办法和奖励办法，并对前两年的项目进行了检查验收。

企业科协的“讲比”活动不断深化，共立项42869项，完成35451项，创经济效益14.38亿元，参加活动的科技人员82000人。

与阜新市政府联合主办了80余人参加的奶山羊养殖技术培训班，邀请两位以色列专家讲学。通过专家授课、现场教学和参观考察等形式，讲授了奶山羊养殖情况、疾病防治技术、奶制品加工等内容。

农民科技增收工程全省共培训农民322.71万人次，其中党员干部40.86万人次；培训农村专业技术人员7.5万人次；培训农民经纪人6.6万人次；组织专家与乡村对接合作8253次；引进、示范、推广新品种2323个；推广新技术5365项，引进新项目696个；组织外国专家讲学35次；引进国外农业新品种、新技术192项；组织农民劳务输出300人；为贫困户送致富项目4628项。

二、搭建学术交流平台，促进科技创新与人才成长

以“科技创新先行，推动辽宁振兴”为主题的辽宁省第二届学术年会3月28日隆重召开。中国科协副主席张玉台、辽宁省委书记李克强、省长张文岳等领导及社会各界1500余人参加了开幕式和中心会场的学术报告会。年会按学科和行业设置了23个分会场，特别是结合辽宁省实际，单独设置了“振兴辽宁装备制造业”和“辽宁港航业发展”两个高层论坛，请专家为辽宁省两大支柱产业的发展出谋划策。

省科协所属学会全年开展学术活动290次，发表论文13000多篇，参加活动的科技人员3万多人次。部分学会接受政府转移的职能，开展了行业资格认证工作。辽宁省机械学会2005年受理报考机械工程师的人数103人，是2004年的6.8倍。辽宁省医学会受理了19647名报考医师者的考试资格审核，办理注册732人，受理变更注册508人次。辽宁省地质学会受中国地质学会的委托，成为中国特许注册地质师辽宁省的初评机构，并已办理了15人的初评。辽宁省护理学会接受省卫生厅的委托，完成了3700多人的首次护士注册工作。

出台了《辽宁省科协重点学术活动立项管理办法》，要求各学会在年初将本年举办的重点学术活动上报辽宁省科协立项。辽宁省科协按其规模和重要性分别给予经费支持，并在媒体上予以公布，进行跟踪调度和检查。学术活动立项与公布制度必将极大地调动学会开展学术活动的积极性，促进高水平学术活动的开展。

2005年自然科学学术成果奖共评出获奖成果1191项，其中学术论文类1107项，学术著作类74项，科技建议类10项。本次评奖，将参评论文分为科学类和技术类，分别确定产生的优秀论文比例，增加了企业一线的论文获奖机会。

2005年，先后4次组团共49人次出访了美国、欧洲、日本，中国香港特别行政区和台湾省。参观考察了科技馆等科普设施，拜访了有关科技团体。特别是首次实现

了对台湾地区的访问，为今后加强两岸的科技交流奠定了基础。同时，还接待了澳大利亚国际商会、台湾地区道路交通协会、海外华人科技组织等来访。

三、开展形式多样的科普活动，促进全民科学文化素质提高

地方科协与新闻媒体密切合作，积极搭建社会化科普平台。已有6个市、4个县（区）在电视上开办了科普栏目，有2个市在本地日报上开辟了科普专栏。部分市、县科协开通专家咨询热线，为城市居民和农民提供声讯服务。

加大了科普资源建设。全年制作《科学发展观》科普展板一套；制作科普知识展板16种，200套，2400多块；编印针对领导干部的《科学发展观》科普读本1000册、《崇尚科学破除迷信漫画册》2万册、报纸科普专刊4万份、农村实用技术小册子2万册、预防禽流感挂图1.2万张。结合科普达标县创建工作，为18个县（市）配发了科普车。

进行了公众科学素养状况调查，为进一步做好全社会的科普工作提供了基本数据。

在科普日，25431名科普志愿者走进社区、乡村、企业、学校、军营、公共场所，开展做科普报告、发放资料、科技培训、科普展览等各类活动2807场，参与活动者达72万人次。

科普大篷车全年活动89天，行程8400多公里，并首次进入企业开展科普活动。利用科普日，辽宁省科协在大连举办了“科普大篷车”六进（进社区、进企业、进学校、进农村、进军营、进公共场所）活动启动仪式。

第十七届“科普之冬”共组织科技下乡服务团3782个，下乡的科技人员达12500人次，参加活动的农民达到437.5万人次。

辽宁省部分地区暴发高致病性禽流感后，省科协及时印制了预防禽流感的科普宣传资料发到有关地区。锦州市科协更是全力以赴投入防控第一线，组织县区科协同志，在一个多月时间里每天挨家挨户做工作，宣传禽流感防控的政策和防疫办法，为战胜禽流感做出了贡献。抚顺发生水灾后，省科协积极组织专家帮助搞培训、引进技术和项目，为当地恢复生产和正常生活起到了积极的推动作用。

举办了有34个代表队1500余名青少年参加的辽宁省第二届纸飞机比赛，并选拔出12名选手到日本参加了第12届全日本纸飞机大赛，取得第3名的好成绩。

四、积极发挥桥梁纽带作用，努力为科技工作者服务

由辽宁省科协领导同志带队，深入学会、企业、县区调研贯穿全年。目前已走访了52个学会，重点了解学会的现状和存在的问题，征求对学会改革与发展的对策建议。同时进行了全系统的优秀调查报告评选工作。由沈阳、本溪等市科协和本溪钢铁公司科协参评的关于科技人员状况的调查报告，准确地反映了科技人员的状况和诉求，是做好科技工作者工作的重要依据。

进行了第五届辽宁青年科技奖的评选工作，40位优秀青年科技工作者光荣当选。为了把这项很有影响的工作做得更好，在认真总结前四届成功经验的基础上，制定了辽宁青年科技奖的《评选办法》、《推荐工作实施细则》和《评审工作实施细则》3个文件，从而使这个奖项的评选工作更加规范化和制度化。

五、积极争取支持，为科协事业发展创造有利条件

辽宁省科协参与起草的《关于进一步加强新时期科协工作的意见》，在增加科普经费、学术交流资金和对科普事业进行捐赠实行税前列支等方面取得了历史性突破，将对全省科协事业发展起到重要推动作用。

辽宁省人大常委会进行《科普法》执法检查，省科协提出将《辽宁省科学技术协会条例》和《科普法》一并进行检查的建议被采纳。同时，省科协向检查团提供了《辽宁省科普工作报告》，全面反映了辽宁省科普经费的投入、科普场馆建设、科协组织的工作条件等情况，推动了这次执法检查的顺利进展，使科协进一步得到了更广泛的了解、认同和支持。

吉林省科学技术协会

地　　　址　吉林省长春市人民大街6255号
邮 政 编 码　130021
电 子 信 箱　skxjsxh@public.cc.jl.cn
主 页 网 址　http://www.jlstnet.net

电　　　　话　0431－5682405
传　　　　真　0431－5685244
主　　　　席　刘淑莹
副　主　　席　孔祥国　王长和　史宁中　冯　巍
　　　　　　　许　武　刘东华　李　玉　李广臣
　　　　　　　李玉林　汪尔康　李景涛　吴博达
　　　　　　　林学钰　郭孔辉　徐建一　曹健林
　　　　　　　裘式纶　戴　昕
刊物及主编　《吉林科协通讯》　编委会主任　王长和
　　　　　　　《吉林科技报》　总编　韩永林
　　　　　　　《农村科学实验》总编　韩永林

单位简介

吉林省科学技术协会前身是中华全国自然科学专门学会联合会长春分会和吉林省科学技术普及协会。1958年11月两会合并成立吉林省科学技术协会。“文化大革命”中停止工作，1977年12月恢复。吉林省科协第一次代表大会于1958年11月召开，吴学周任主席。第二次代表大会于1980年10月召开，吴学周任主席。第三次代表大会于1986年10月召开，吴越任主席。第四次代表大会于1991年10月召开，吴越任主席。第五次代表大会于1996年12月召开，臧广信任主席。第六次代表大会于2001年12月召开，刘淑莹任主席。

吉林省科协现有学会（协会、研究会）98个；厂矿（院校）科协195个；市、州科协9个；县（市、区）科协60个。

工作综述

2005年，在省委、省政府的领导下，在中国科协的指导下，省科协认真贯彻落实党的十六大和十六届五中全会精神，按照新形势、新任务对科协工作提出的新要求，及时调整工作思路，解放思想，更新观念，找准定位，深化改革，积极推进科协工作创新和发展。2005年，全省各级科协及所属学会围绕中心，服务大局，发挥优势，体现特色，认真做好“三服务、一加强”工作，在科技咨询、学术交流、科学普及、科技服务和科技工作者之家建设等方面，做了大量有创新、有特色、有影响、有实效的工作，全面完成了省科协六届四次全委会所确定的工作目标和任务，为全省科技进步和经济社会发展做出了积极贡献。

一、贯彻落实科学发展观，团结和组织广大科技工作者，积极为吉林经济社会全面协调可持续发展服务

贯彻落实科学发展观，是做好科协工作的根本要求。一年来，全省各级科协及所属学会以科学发展观为统领，充分发挥科协人才荟萃、智力密集、学科齐全、联系广泛的优势，积极建言献策，努力为振兴吉林老工业基地和经济社会全面协调可持续发展提供科技支撑。

1. 决策论证和科技咨询工作取得了新进展。经省政府同意，省科协承担了吉林省产业技术发展研究项目，组织省科咨委委员通过对全省主导产业、特色产业及制造业产业技术发展现状进行分析，提出吉林省产业技术提升的对策和建议，为政府部门制定产业政策提供参考和理论依据。长春市科协、通化市科协发挥博士联合会作用，积极为地方经济发展诊脉把关、献计献策，同时积极帮助引智、引才、引资、引项目。吉林市科协承担了全市重大项目的科技咨询论证工作，每年财政拨专项经费，支持科协开展决策咨询工作。这些工作都对扩大科协影响，提升科协地位，促进科协事业发展起到了良好推动作用。

2. 科技兴企工作力度不断加大。围绕国企改革，一年来各级科协及所属学会通过继续在企业中开展“千厂千会协作行动”、“金桥工程”、“四技服务”和“讲创新、比贡献”竞赛活动，积极帮助企业搞好技术攻关、技术创新和新产品开发，促进企业真正成为技术创新和科技成果产业化的主体，不断提高企业的科技含量和经济效益。其中“金桥工程”和“四技服务”全年完成科技咨询项目535项，完成技术咨询合同146项，实现经济效益1017.2万元。围绕发展非公有制经济，省科协注重发挥省民营科技实业家协会作用，认真开展民营科技企业调研工作，努力为民营科技企业间科技交流与合作搭建平台。

3. 送科技下乡活动更加扎实有效。围绕解决“三农”问题，各级科协及所属学会针对地区特点和农民的实际需求，以“科技之冬”、“科技致富工程”、“农村百业科技致富竞赛”、农民科技节、“科技专家乡下行”、科技110、168服务等活动为载体，大力开展了农业新技术、新产品推广和实用技术培训，积极帮助农民依靠科技增收致富，推动产业结构调整。根据省“一推双带”工作的安排，为促进农村富余劳动力转移，省科协开展了“十万农民工，每人一项新技能”的职业技能培训工作。省农科学会深入基层通过建立农产品标准化服务站、科技咨询服务联系点等形式，积极为农业生产把关，帮助发展多种经营，受到了基层干部和农民的欢迎。据统计，一年来，各级科协及所属学会共组织科技下乡1159次，发放科普资料335万份，组织农业科技人员8141人次下乡服务，推广新品种1000多个、新技术100多项，举办各类实用技术培训班2475场次，培训农民45.5万人。

4. 学术交流进一步活跃，水平和质量不断提高。一年来，各级科协及所属学会紧密围绕我省经济建设、科技进步和学科发展的热点、难点问题，认真组织开展国内外学术交流活动。全年各级科协及所属学会共举办国内学术会议295次，4.42万人参加。举办国际学术会议7次，606人参加，共接待国外和我国港、澳、台地区46个团组252人次来访。共派往国外科技考察、访问团组27个，91人次出访。省科协与省物理学会、化学会、农业经济学会、医学会、吉林大学联合举办了2005吉林省青年科学家论坛，以“科技振兴吉林，青年开创未来”为主题，为青年科技工作者搭建了一个鼓励创新思想和学术观点争鸣的平台，论坛共分5个会场，1100多人参加，深受青年科技工作者的欢迎。同时，省科协重点支持省级学会精心组织了振兴吉林老工业基地电气技术与科技发展研讨会、吉林省农村合作经济组织创新研讨会、吉林省第三届生命科学学术报告会、吉林省食品安全与公众健康学术研讨会、海峡两岸道路维护暨高速公路学术研讨会等学术活动。这些大型学术活动，都产生了较大影响，对繁荣我省学术交流，推动原始性创新，促进学科发展和科技人才成长，具有重要意义。

二、积极发挥桥梁纽带职责，努力为科技工作者服务

2005年，各级科协及所属学会坚持以人为本，注重民主办会，注重通过开展各种科技活动，进一步密切与广大科技工作者的联系，认真做好发现人才、举荐人才、培养人才、造就人才、吸引人才、凝聚人才的工作。同时，积极开展科技工作者状况调研，根据科技工作者的实际需要，努力为科技工作者服务。

1. 认真做好人才工作。积极发挥省人才工作领导小组成员单位的作用，配合省委组织部认真做好科技人才库建设、省管科技专家评估工作，较好地完成了省科协所承担的各项任务。2005年省科协荣获了全省人才工作先进单位荣誉称号。

2. 维护科技工作者权益工作得到加强。各级科协及所属学会全年接待科技工作者来信来访443件，解决法律纠纷案件3件，完成科技司法鉴定30项，通过为科技工作者提供法律、政策援助，进一步调动和保护了科技工作者的积极性。同时，在组织科技工作者参政议政方面，各级科协注重发挥各级人大、政协中科技界代表和科协界委员的作用，以建议或提案等方式认真履行参政议政的职责，积极反映广大科技工作者的意见和呼声，为党委和政府制定科技政策提供参考。

3. 开展对优秀科技工作者表彰奖励活动。省科协积极筹备吉林省第八届青年科技奖评选活动，长春市科协与市委组织部、人事局联合开展了“百名科技工作者、十大科技英才”评选，吉林市科协开展了优秀青年科技专家评选和表彰活动，并进行了大力宣传，积极营造了“尊重劳动、尊重知识、尊重人才、尊重创造”的良好氛围。

4. 科协宣传工作有了较大提高。2005年，各级科协及所属学会纷纷与新闻媒体合作，在报纸、广播电台、电视台设立专题栏目，对科协重点工作，优秀科技工作者、科普典型进行大力宣传。省科协在吉林日报开辟了《吉林科技英才》栏目，宣传本省的院士和知名专家。通过组织专门采访，在报纸和电视上宣传了省优秀科普工作者鄢景泰、王贵满、孙德义等先进事迹。邀请新闻单位参加专题采访，报道了科协重点活动，如公众素质大赛、科普日、农民科技节等活动。还组织制作了一部反映科协工作的专题片、一套宣传展板和一本画册。重新确定了《吉林科协通讯》的定位，设立了新的宣传栏目。

三、全面贯彻实施《科普法》，发挥科普主要社会力量作用，努力为提高全民科学文化素质服务

2005年，各级科协及所属学会认真贯彻实施《科普法》，按照中国科协“全民科学素质行动计划”的目标要求，努力构建社会化科普工作平台，集成科普资源，动员和协调各社会力量深入开展群众性、社会性和经常性的科普工作。同时，积极培育科普工作品牌，建立科普工作长效机制，不断推动科普工作迈上新台阶。

1. 积极宣传科学发展观，提高广大公众科学发展理念。全年，省各级科协及所属学会认真按照中央书记处关于“进一步加大宣传科学发展观的工作力度”的指示精神，面向全省公众广泛开展科学发展观宣传活动。一是以“树立科学发展观，共建和谐社会——科学普及，你我共参与”为主题，精心组织了全国科普日暨吉林省第三届科普周活动。全省各级科协及所属学会统一行动，根据各自特点，广泛组织大型科普宣传、科技下乡、科普报告会、科普主题展览、健康义诊、科普文艺演出等活动。二是与省委宣传部、省文明办共同举办了“科学发展观——人与自然和谐发展篇”展览；与省发改委联合举办了“全民节约共同行动——建设节约型社会”展览，都收到了良好宣传效果。省领导同志王云坤、王珉、陈晓光、李申学视察科学发展观展览并给予指导。马俊清、刘淑莹、陈晓光和省老领导同志高文、任俊杰、徐元存、方建宇等出席了省科协在长春市文化广场举办的全国科普日活动。

2. 不断创新科普活动内容、方式，推动科普工作社会化、市场化和经常化。一年来，各级科协及所属学会精心组织开展了“走向2049——吉林省公众科学素质大赛”、吉林省第四届农民科技节、科普大集、科教进社区、防控禽流感科普宣传、反邪教宣传等活动。这些活动都组织社会力量广泛参与，吸引社会公众踊跃参加，同时，邀请省领导和省直有关部门领导出席，扩大了影响，取得了良好的宣传效果。

3. 科普能力建设有所加强。各级科协对已评定和参加创建的全省科普示范县、乡镇、基地、社区进行了检查评估和工作指导，进一步推动了创建活动的开展和示范作用的发挥。省科协根据基层科协的实际需要，为部分科普示范创建县（市）科协匹配了科普车，配置了部分电脑和一些科普资料、光盘。还认真抓了全省“百街千米科普画廊工程”建设与管理工作，积极推广松原市科协科普画廊建设经验。为了扩大科普宣传阵地和宣传覆盖面，辽源市科协在《辽源日报》开辟了健康生活知识科普宣传栏目；白城、白山科协在电视台开辟《科普大篷车》（周播版）栏目；延边朝鲜族自治州科协创办了《大众科学杂志》月刊、《东北科技报》周刊，吉林市科协开通了江城公众科学网，四平市科协开通了四平市科协网，都大大加强了科普工作力度。

4. 科普队伍建设有了较大进展。各级科协大力加强科普专兼职队伍建设，积极组建各级专家科技服务团，常年深入基层从事科普服务。还通过组建科普志愿者服务团，积极发动离退休科技工作者、干部、教师、大学生加入，广泛开展群众喜闻乐见的科普宣传活动。

5. 青少年科技教育实现新突破。各级科协围绕培养科技后备人才的目标，继续组织开展了青少年科技创新大赛、青少年科技艺术大赛、青少年电脑机器人竞赛、青少年计算机作品主题竞赛等丰富多彩的活动。在第20届全国青少年科技创新大赛中，吉林省获得了高中组7块金牌、3块银牌、5块铜牌，还有3名初中生和2名小学生获初中组和小学组三等奖。在全国第五届小小科学家奖励活动中，吉林省1名同学获一等奖、1名同学获二等奖、3名同学获得提名奖，是东北三省首次有学生进入全国前20名，并获一、二等奖。

四、以开展保持共产党员先进性教育为契机，不断加强科协自身建设

1. 认真开展保持共产党员先进性教育活动。各级科协按照省委统一部署，积极开展保持共产党员先进性教育活动，坚持高标准、严要求，联系科协实际，认真查找党组织和党员在思想、组织、作风以及工作方面存在的突出问题，积极征求各有关方面党内外群众意见，并制定切实可行整改方案和进行建章建制，群众满意率较高，顺利完成了先进性教育活动的各项任务，达到了预期目标。此外，省科协在加强职工队伍政治思想教育方面，还开展了“顾大局、保稳定、求发展、比贡献”教育活动和构建和谐社会，建设平安吉林宣讲活动，使干部职工统一了思想，增强了工作责任感和使命感，机关建设出现了新面貌。

2. 深入开展科协工作调研，认真制定科协发展规划。省科协4名负责人带队，利用1个月时间，就如何做好“三服务、一加强”工作，推动科协工作创新和发展，合力打造品牌，建立长效机制等问题，对全省各市、州科协和部分省级学会进行广泛调研。组织中层干部到外省市学习考察，赴中国科协请示汇报工作。通过充分调研和深入的工作研讨，进一步理顺工作思路，明确方向和重点，在此基础上起草了《吉林省科协事业“十一五”发展规划》。

3. 加强对学会的管理和指导，激发学会的生机与活力。与民政部门采取“一站式”年检方式，顺利完成了省级学会年检登记工作。针对省级学会实际，对学会管理采取分类指导、重点支持，努力改进活动方式，增强对广大会员的吸引力和凝聚力。进一步完善并实施学会管理和考核制度，推动学会管理规范化。2005 年底，省科协召开了全省学会发展会员与组织管理工作座谈会，组织各省级学会、市州科协积极开展工作交流，鼓励和支持所属学会加强自身能力建设，积极承担政府转移的社会职能，对推动学会改革与发展起到了指导和促进作用。

4. 加强科协基层组织建设。一年来，各级科协注重在企业，特别是在非国有制企业建立科协组织，注重在街道、乡镇、社区成立科协或科普协会，进一步巩固和加强科协组织基础。省老科协注重发挥老科技工作者的作用，通过不断建立健全基层老科协组织，大力发展会员，同时建立了老科技工作者专家人才库，开展了老科技工作者职称评定工作，为老科技工作者老有所为、再做贡献搭建了舞台。

黑龙江省科学技术协会

地　　址　黑龙江省哈尔滨市南岗区中山路 204 号

邮政编码　150001

电子信箱　hljkx@ sina. com

主页网址　http://old. cast. org. cn/sskx/heilongjiang/2. htm

电　　话　0451－82624293/82624208

传　　真　0451－82626403

名誉主席　黄文虎　朱典明

主　　席　马淑洁

副 主 席　闫永华　唐衍伟　王伟英　王树国　王德民　申立国　刘景林　衣俊卿　李庆章　杨宝峰　邱长华　彭鸿飞　韩贵清　谢礼立

刊物及主编　《家庭生活指南》　主编　李殿才

《黑龙江科技报》　主编　田海君

《黑龙江科技信息》　主编　曲松彬

《科协工作》　主编　赵光石

单位简介

黑龙江省科协是黑龙江省自然科学技术工作者的群众组织，是黑龙江省委领导下的人民团体，是党和政府联系科技工作者的桥梁和纽带，是推动科学技术事业发展的重要力量。省科协是由自然科学、工程技术及相关学科的全省性学会、协会、研究会，市（地）科学技术协会、系统科学技术协会组成，是中国科学技术协会的地方组织，业务上接受中国科学技术协会的指导。是参加省政协的团体成员之一。

省科协自 1958 年 12 月成立以来，至 2003 年 7 月，共召开 6 次会员代表大会。第一次代表大会 1958 年 12 月召开，主席、党组书记王发武。第二次代表大会 1980 年 8 月召开，主席王金陵，同年 9 月李亚非任副主席、党组书记。第三次代表大会 1985 年 6 月召开，主席余友泰，副主席、党组书记夏奎耀。第四次代表大会 1991 年 5 月召开，主席黄文虎，副主席、党组书记陈世军。第五次代表大会 1996 年 9 月召开，主席朱典明，副主席、党组书记张庆和。第六次代表大会 2003 年 7 月召开，主席马淑洁，副主席、党组书记舒展。2005 年 6 月闫永华任党组书记，同年 12 月经省科协六届四次全委会通过闫永华当选副主席。

黑龙江省科协现有所属学会、协会、研究会 159 个，系统科协 5 个，市（地）科协 13 个，县（市）级科协 66 个。

工作综述

一、广泛开展决策咨询活动

为科学制定黑龙江省国民经济和社会发展第十一个五年规划，省科协会同省发改委对《黑龙江省国民经济和社会发展“十一五”总体规划和 2020 年远景目标基本思路（讨论稿）》在充分吸纳专家学者意见的基础上，整理形成了专家建议，提出重视煤炭液化技术开发和设备研制、加大对重化工业的投资力度等建议，受到省领导同志的高度重视，省长张左己做出了批示。围绕实施黑龙江农业强省发展战略，与齐齐哈尔市政府联合举办了黑龙江省加快农业强省建设对策研讨会，对在“十一五”期间如何加快农业强省建设步伐进行了深入研讨，提出了调整农业和农村经济改革方向、加快农业经济结构调整等对策建议，受到省委、省政府有关部门的重视。针对松花江水体污染事件水的治理工作，省科协及时向松花江水污染事件应对处置工作领导小组呈报了澳大利亚和上海市专家关于松花江水污染治理的对策建议。为全面落实科学发展观，大力推动循环经济的发展，省科协举办了以“贯彻落实科学发展观、促进循环经济发展”为主题的北方高层科技论坛，会后将专家学者《关于我省大力发展循环经济的建议》呈送省政府有关部门做决策参考。

二、深入开展引资引智活动

2005 年初邀请了以色列驻华大使馆科技农业参赞和商务专员进行了为期 3 天的考察与洽谈。确定了进一步合作领域和 20 多个可合作项目。7 月 14 日，以色列驻华大使海逸达博士率以色列农业商务代表团对黑龙江省进行了友好访问。省科协、以色列驻华大使馆和省农垦总局联合举办了“黑龙江—以色列农业技术合作研讨会”，省农垦总局所属 14 家企业与以色列农业商务代表团进行了项目洽谈对接，取得了实质性的成果。此次活动得到了省委、省政府主要领导的充分肯定。

三、广泛开展群众性科普活动

从 2004 年 11 月到 2005 年 4 月开展了第 17 届科普之冬活动。全省共举办科技培训和科普流动课堂 5 万多班次，培训农民和农村干部近 500 万人次；开展送科技下乡活动 1700 余次、举办科普文艺活动、放映科普录像近 6000 场次，印发科普资料、图书、宣传单 7000 多万份，受益人 800 余万；宣传推广农业新技术 200 多项，受到广大群众的热烈欢迎。科普之冬活动期间，省科协同省委宣传部、省科技厅等部门以“党群心连心、致富手拉手——送科技下乡”为主题，举办了 2005 黑龙江绥棱科普大集，将科普之冬和送科技下乡活动推向了高潮。为加快农业科技典型引路和农业科技推广步伐，省科协在全省开展了“百名科技大王进万家携手致富活动”。在全国科普日期间，开展了以“科学普及、你我共参与”为主题的第二届城市社区科普文化广场活动。在企业中开展了“讲比”竞赛、金桥工程和创建科普车间等活动，使城区科普阵地的作用更加突出。

四、传播科学思想弘扬科学精神，大力营造尊重知识的社会氛围

省科协在爱因斯坦诞辰 100 周年之际，与以色列驻华大使馆联合在省科技馆举办了“阿尔伯特·爱因斯坦——世纪风云人物”展，广泛宣传了爱因斯坦伟大的科学精神，为广大群众提供了走近科学，了解伟大科学家的良好机会。

五、开展全省科技工作者状况调查，为人才队伍建设做好基础工作

为了全面、准确地掌握全省科技工作者的工作生活、思想动态情况，在中国科协开展的全国科技工作者状况调查的基础上，根据黑龙江省实际开展了全省科技工作者状况调查工作。这次调查规模大、范围广、内容全、注重质量，调查结果较好地反映了当前科技工作者的工作和生活状况、社会地位和参与科技创新情况等诸多方面的问题，为进一步了解科技队伍的新变化、新特点奠定了基础。

六、主要经验

1. 紧密围绕全省工作大局开展学术交流，推动了科技进步和学术繁荣。省科协积极探索新时期开展科协工作的新思路，找准自身位置，围绕经济社会发展和党委政府的中心工作，有针对性地开展学术研讨、引资引智、咨询服务和建言献策，较好发挥了科协组织的作用。

2. 以提高社会公众科学素养为核心，全面提升科普工作水平。2005 年是科普工作质量全面提升的一年，省科协坚持以人为本，努力加强科普体系建设，创新和丰富科普活动的内容和形式，积极为社会科普活动搭建平台，不断增强了科普活动的整体效果。

3. 坚持以人为本，加强了为科技工作者服务工作。建“科技工作者之家”，是各级科协组织的一项重要职能，也是对科协工作的一贯要求。省科协以建设科技工作者之家、为科技工作者服务为重要工作内容，努力探索新时期为科技工作者服务工作的规律性，及时掌握科技工作者队伍的变化，为全省人才队伍建设方面做出了贡献。

4. 以共产党员先进性教育为契机，加强了科协组织的自身建设。按照中央和省委的统一部署，组织省科协全体党员深入扎实地开展了先进性教育活动。在活动中，始终坚持“两不误、两促进”，有力推动了教育活动和各项工作的开展。在省委督导组的指导下，通过党员先进性教育活动的开展，广大党员在党性修养和思想作风方面取得了显著效果，广大党员的思想政治素质有了新提高，学习实践“三个代表”重要思想的自觉性明显增强，科协组织的自身建设得到进一步加强。

上海市科学技术协会

地　　址　上海市南昌路47号

邮政编码　200020

电子信箱　sast@ sast. stn. sh. cn

主页网址　http://www. sast. stn. sh. cn

http://www. shkp. org. cn

电　　话　021 - 53822040 转

传　　真　021 - 53826013

主　　席　沈文庆

副 主 席　孙正心（专职）

陈积芳（专职）　杨广生（专职）

胡家伦（专职）

（以下按姓氏笔画为序）

左学金　曹振全　朱能鸿　吴启迪

张维华　李大潜　杨秉辉　陈凯先

徐乐江　龚惠兴　谢绳武　潘迎捷

刊物及主编　《上海科坛》　主编　胡家伦

单位简介

上海市科学技术协会成立于1958年，是由中华全国自然科学专门学会联合会上海分会和上海市科学技术普及协会合并组建而成，是上海市最大的自然科学和工程技术方面的科技学术团体。“文化大革命”期间中断活动，1978年恢复活动。

上海市科协第一次代表大会于1958年11月召开，主席为刘季平，代主席为舒文。1978年恢复活动后，主席为苏步青；第二次代表大会于1980年5月召开，主席为李国豪。第三次代表大会于1984年9月召开，主席为谢希德。第四次代表大会于1988年11月召开，主席为翁史烈。第五次代表大会于1992年11月召开，主席为杨福家。第六次代表大会于1996年10月召开，主席为叶叔华。第七次代表大会于2001年10月召开，主席为沈文庆。

上海市科协现有176个学会；19个区县科协；基层单位科协51个。

工作综述

2005年，上海市科协在上海市委、市政府的领导下，在中国科协的指导下，围绕上海科教兴市工作大局，积极贯彻中国科协“三服务、一加强”的工作思路，进一步“外扩影响”聚合力、“内增活力”谋发展，团结动员广大科技工作者，履行职责，发挥优势，服务大局，务实开拓，圆满完成各项工作。

一、为科教兴市主战略服务有新进展

为了提高社会各界对科教兴市主战略的关注度，营造举市推进的良好氛围，上海市科协参与策划并协办了2005上海科教兴市论坛；向上海市委、市政府提交了《著名专家学者对上海加强学科建设，促进科技发展的建言》，受到上海市委领导的重视，市委书记陈良宇、市委副书记殷一璀做了批示。

围绕“上海市科协如何服务于科教兴市主战略，如何在上海自主创新能力建设中发挥作用”展开不同层面的多次讨论，形成共识，并撰写了《上海市科协服务于科教兴市主战略的若干思考》，成为上海市科协系统工作的主线。

科技报、科普网大力宣传上海市在实施科教兴市主战略方面的进展，对上海市的主要科技工作进行了持续、全面、系统的报道。

二、学术成果转化为建言有新形势

第三届上海市科协学术年会和第二届长三角科技论坛，将2005年度的学术交流活动推向高潮。整个年会和

论坛包括近80个项目170余场分会，与会人次达2万多。其中许多活动都贴近上海发展热点问题，使年会成为展示最新学术成果、开阔创新视野的重要舞台。

由上海市科协承办的第七届上海国际工业博览会论坛科技论坛顺利举办，院士圆桌会议成功召开。中国科协主席周光召院士等来自北京、吉林、上海等地的10多位院士围绕“新型工业化道路中的自主创新”的主题，从基础研究、产业（信息、汽车、航天、海洋、医药、装备制造、现代服务业）发展、人才队伍培养、影响自主创新的深层次因素等方面提出了不少真知灼见。上海市副市长严隽琪参加了圆桌会议的研讨。上海市宇航学会等近20个学会也参与主办或承办了科技论坛中的10项学术研讨会。同期，上海市科协还参与主办中国科学社和《科学》杂志90周年纪念学术研讨活动。中国科协主席周光召和上海市委副书记殷一璀出席并致辞。

作为上海市科协学术交流新形式的“科技沙龙”，以其宽松活泼、平等互动的特色得到学会和专家的认同。2005年共举办15场，专家们在沙龙中提出的建议均整理上报上海市委、市政府。

上海市科协作为上海市政协中的一个界别，充分发挥和调动政协科协团体组23位委员参政议政的积极性，为上海的建设和发展奉献睿智。在上海市政协十届三次全会上，科协团体组共提交了6件团体提案和30余件个人或联名提案，数量较上一年提交提案有明显增长。其中“关于培育上海市高新技术品牌的建议”被上海市政协评为年度优秀提案。

三、科普活动和设施建设有新平台

由上海市科协为主策划的主题为“科技以人为本，全面建设小康社会”的科技节，由6大板块、300多项活动组成，社会各界350多万人次参加。其中，由上海市科协和上海市美协等联合主办的“2005上海国际科学与艺术展”广受好评，在短短的4天内，参观者达16余万人次。突出科普的国际化是本届科技节的一大亮点。如与澳大利亚驻沪总领事馆首次携手合作的“澳大利亚高校艺术与设计创新展”和以“艺术、设计、教育新发展”为主题的中澳高校双边研讨会等。浦东新区科协等承办的2005年上海国际科普论坛；闵行区科协等承办的新上海市民科普论坛；上海市营养学会等主办、闸北区科协等承办的“科普志愿者社区行”等活动均形成亮点。

按照中国科协的统一部署，在9月17日全国科普日前后，上海市科协围绕“树立科学发展观，共建和谐社会——科学普及，你我共参与”的主题，开展了一系列以人为本、贴近经济、贴近群众、贴近生活的科普传播活动。全市共策划重点科普活动630余项，有150余万公众参与。上海市科协还积极响应国务院关于在全国范围内组织开展资源节约活动的号召，筹划相关的节约型科普宣传活动，为创建节约型城市营造良好的社会氛围。

第七次上海公众科学素养调查于2005年10月启动。本次调查跟踪了解了上海公众科学素养的发展和变化，将用量化的数据描绘上海公众科学素养基本现状和影响因素，提出上海开展科普工作和提升公众科学素养的对策意见。

2005年，继续实施“青少年科学素质培育行动计划上海推广试点项目”。目前由上海市教委发文认定的试点学校已有43所，培训教师1500多人次；电子科普画廊建设继续稳步发展，目前已建成350块，成为科学普及和精神文明建设的重要载体之一。

科普工作开始与媒体紧密结合，与上海人民广播电台990新闻频率合作举办的《科普天天谈》，已成为科普类优势品牌，节目风格和栏目特色日益鲜明，听众群日益稳定，收听率节节攀升。6月，与《新民晚报》合作开设“新民科学咖啡馆”，已举办12期，围绕公众关注的科技热点，如星际文明的创意未来、走进深海大洋、食品安全、“神六”的幕后故事等，科学家与公众进行平等互动、充满睿智的对话，受到市民的关注。创设于2003年初的“名家科普讲坛”已成功举办了46期，每期由上海科普网进行网上直播，受众更加广泛。

四、对外科技交流有新成效

上海市科协与上海市慈善基金会和意大利单纯志愿者协会共同主办的“蓝天下我们手拉手——中意青少年慈善科普系列友好交流活动”，首次尝试将慈善和科普两个领域内的活动结合起来。通过该活动不仅进一步推动国际青少年间的科普交流，更重要的是培养青少年更好地去关注、了解、热爱慈善事业。

10月，上海市科协参与举办了国科联第28次全体大会上海配套活动——上海科学论坛。各国科学家从“科学和人类健康安全”、“科学与可持续发展”两个角度进行了交流、研讨。

11月，与上海市科委共同主办了上海城市科普发展国际论坛。来自美国、欧盟、西班牙、荷兰、日本等国家和国际组织的科普专家与上海市科普专家就非正规科学教育项目、科学传播竞争、科技场馆建设、上海科普的进展等进行了交流与沟通。同期，与上海市科委、英国驻沪总领馆文化教育处共同主办了主题为“气候变化与人类健康”的2005中英青年科学家论坛。20名中英中青年科学家，就气温与发病、传染病、怎样顺应气候变化或怎样减缓气候变化给人类健康带来的影响等方面展开讨论。

2005年，上海市科协还举办了沪台两地青少年科技研习营；与上海市交通工程学会一起策划了上海台北城市交通论坛；组织复旦大学参加了在台湾举办的第四届海峡两岸大学生辩论赛。

上海市科协还主动参与2010年上海世博会的相关活动，先后组织了三批科协及学会的团组考察爱知世博会。

许多学会组织也召开了高层次大规模的国际性大会和展览会。如上海市造船学会组织的中国国际海事技术学术会议及展览会，上海市宇航学会组织的国际航空航天电子及设备展览会等。

五、区域合作交流和咨询服务有新渠道

在对西藏、云南、江西、辽宁阜新等相关地区实施对口支援项目的同时，上海市科协根据双边需求做好信息沟通和服务工作。4月，辽宁省阜新市招商引资说明会在上海科学会堂成功举行，上海市科协的合作交流工作在上海市对口支援工作会上受到表扬。

由上海市科协倡议发起，并参与主办的以“创新人才交流”为主题的首届长三角青年创新展11月底举行。来自长三角地区企业、高校、科研院所等约600余项最新科技成果和作品同台会演，拓展了区域科技合作交流，促进区域学术、科普、咨询等资源互补、联动发展。

上海市科协还充分利用学科齐全、人才荟萃的优势，以所属科技咨询服务中心为媒介，提供科技咨询服务。2005年上海市科技咨询服务中心被科技部授予“全国技术市场工作先进集体”称号。

六、为科技工作者服务有新提高

9月，上海市科协启动了《上海企业科技工作者状况抽样调查》课题，动员全市10个区县科协，组织不同所有制、不同行业的105家企业1500名科技工作者登录上海市科协网答卷。已在进行数据和资料的分析研究，以及时地反映广大企业科技工作者的意见和呼声，为上海市委、市政府制定知识分子政策和科技政策提供参考。

第六届上海市大众科学奖评选，全市共有33个单位推荐了35人申报参加评选，比上届申报人选增加118.8%。10名候选人脱颖而出。《解放日报》报业集团的李文祺等4人获上海市大众科学奖，浦东新区蔡意中等8人获得上海市大众科学奖科普工作推进奖。

第九届上海市科技精英评选，经全市各高校、科研院所、各类企（事）业单位、学术团体及有关民主党派、群众组织等推荐，共有81位候选人参加评选。中国科学院上海药物研究所丁健等10人获得科技精英称号，另有9人获得提名奖。

资助青年会员参加国际学术会议的“飞翔计划”2005年资助了6人。为鼓励40岁以下科技人员出版首部原创性科技著作而设的“晨光计划”，资助了上海市土木工程学会推荐的该会青年会员出版学术著作。

目前，上海科学会堂连接工程主体部分的国际会议厅的施工按进度有条不紊地进行，正在修复列入保护的其他建筑。上海近现代科技发展史展馆的论证工作正在进行之中。上海科学会堂作为科技工作者的活动场所，不仅在硬件功能上得到完善，软件服务也日臻提高，获得了“2003～2004年度市级文明单位”的光荣称号。

七、加强组织队伍建设有新举措

按照中央和上海市委的统一部署和要求，在科教党委的领导下，2005年上海市科协分两批，在19个党支部（总支）中开展了党员先进性教育活动。党组多渠道广泛征求了科协系统和科技工作者的意见，认真查找存在问题，并针对需要整改的四个突出问题，制定并积极落实了16条整改措施。对上海市科协机关和直属事业单位党员先进性教育活动，群众测评显示了较高的满意度。通过党员先进性教育活动，党员素质有所提高，党的基层组织建设得到加强，努力方向更加明确，科协各项工作不断推进。

推进学会改革与发展工作在2004年取得明显成效的基础上，根据整体部署，2005年进入了拓展试点阶段。

《新世纪初上海科技社团改革与发展实录》（上篇）已公开出版发行。在2004年5个试点学会基础上，2005年又新增加15个学会作为拓展试点学会。上海市科协驻会负责人带队分批走访了各拓展试点学会，进行工作调研。拓展试点阶段的目标是要发动更多的学会投入改革与发展。在拓展试点的基础上，推进学会改革与发展工作下一阶段的总体目标、工作思路和主要措施已基本形成，并向上海市委、市政府、市科教党委分别做了汇报。

上海市工程师学会进一步完善学会的运行模式，加强建章立制工作，学会建立了9项规章制度和标准化专业委员会的会员申请资格标准和吸收标准化工程师会员的程序，开展了关于开展质量专业委员会会员申请资格标准试点工作，并积极探索承担政府转移的职能。

在学会开展的创星级活动中，共有80个学会达到星级学会标准，占上海市科协所属学会的45%。继造船工程学会被评为全国先进民间组织，2005年，通信、化学化工、计算机、汽车工程、土木工程、交通工程、公路、医学会等10个学会被推荐为上海市先进民间组织。

为培养一支政治坚定、业务精通、作风过硬、勤政廉洁的干部队伍，2005年初，上海市科协对机关处级领导职位实行公开选拔、竞争上岗，为深化领导干部选拔任用改革工作积累了一定的经验。

为不断完善事业单位用人制度改革，促进事业单位发展，创造良好的用人环境，根据市人事局有关文件精神，结合市科协实际，专门就各所属事业单位聘用合同制的经验做法、实施效果（岗位责任、业绩考核、分配激励、人员进出等）、存在问题及解决建议开展了自查与互查工作，并完成事业单位机构编制的清理工作。

江苏省科学技术协会

地　　址　江苏省南京市北京西路30号宁海大厦23~24层
邮政编码　210024
电子信箱　editor@jskx.org.cn
主页网址　http://www.jskx.org.cn
　　　　　http://www.kepu365.net.cn
电　　话　025-83323435
传　　真　025-83303700
主　　席　顾冠群
副 主 席　徐耀新　欧阳平凯　戎嘉余　刘志红　方　成　严寿宁　严少华　陈　琪　刘显桃　吴国彬　张铁恒
刊物及主编　《江苏科技报》
　　　　　《科学大众》
　　　　　《江苏科协》
　　　　　《江苏省科技工作者建议》

单位简介

江苏省科学技术协会由中华全国自然科学专门学会联合会江苏分会和江苏科学技术普及协会合并建立。1959年9月召开“一大”，主席谢克西，1966年因“文化大革命”而停止活动。1978年2月恢复，主席张仲良，1980年后为代主席华诚一。1981年4月召开“二大”，主席钱钟韩。1984年9月召开“三大”，主席冯端。1988年12月召开“四大”，主席孙钟秀。1993年5月召开“五大”，主席孙钟秀。1998年召开“六大”，主席曲钦岳。2005年2月召开“七大”，主席顾冠群。

截至2005年底，全省共有130个省级学会，省辖市科协13个，市级学会724个，县（市、区）科协106个、县级学会1997个，乡镇科协1209个、街道科协555个、农技协4228个。

工作综述

一、精心组织学术交流和科技服务活动，积极为经济社会全面协调可持续发展服务

创办《江苏省科技工作者建议》，开通科技界建言献策的“直通车”。积极落实省委领导关于“科协可以把科学家们的一些重要建议通过专报形式报省委、省政府”的要求，创办了以“一事一题、一事一报”为方式的《江苏省科技工作者建议》。半年来，先后报送了院士专家建议5期，每期都得到省领导的高度重视，李源潮、梁保华等8位省领导同志以及中国科协领导同志先后做了

15次批示。其中一些专家建议已立项，一些专家建议被中国科协转载，专报党和国家领导人及国家有关部门。《江苏省科技工作者建议》创刊后取得了初步成功。

围绕科技自主创新等重大主题，精心组织高层学术论坛。以“科技自主创新与江苏经济增长方式转变”为主题举办了第六次江苏科技论坛。任彦申、张桃林等省领导同志出席并讲话，科技部副部长李学勇、中央政策研究室副主任郑新立、中南大学校长黄伯云院士等15位领导同志和专家应邀做主题报告，全省各界400多人与会。会后形成的专家建议引起了省领导同志的高度重视，李源潮书记先后两次做出重要批示。专家的一些建议，如“江苏自主创新要以引进消化吸收再创新为主”已被有关部门采纳。本次论坛主题重大、紧扣形势，备受社会各界关注，各大新闻媒体纷纷开辟专栏报道，对推动江苏省科技自主创新、营造创业创新创优氛围起到了积极的作用。论坛在组织形式和内容安排上进行了新的探索，首次在论坛期间举办产学研结合见面会，140多位市县（区）政府、高校、科研院所和企业人员与会，会上一些地方政府、高校和企业签订了合作协议。这一创举进一步拓展了论坛的功能，扩大了论坛的影响。

先后与无锡、南通、常州等市政府联合举办了都市农业与农业可持续发展论坛、科技创新与跨越发展论坛、第七届青年计算机科技论坛。联合有关部门举办了2005数字江苏论坛、第二届长三角科技论坛等系列学术活动。在江苏科技论坛的影响和带动下，各省级学会和各市科协也开展了特色鲜明的学术交流活动。省中医药学会举办了中医药发展学术大会，省电机工程学会举办了青年科技论坛，省汽车工程学会举办了中国汽车零部件发展与国际竞争论坛等等，各具特色，颇有影响。南京市科协举办了第二届南京科技学术年会，全国人大常委会副委员长韩启德做了学术报告。泰州市科协在第五届泰州经贸洽谈会期间，举办了首届学术活动月活动，中国科协主席周光召做了专题报告。全省科协全年共举办各种形式和层次的学术交流活动1256项，16万人次参加。

推动软科学研究，开创软科学研究新局面。一是首次设立江苏省软科学成果奖。评选出2005年度重大软科学成果奖1项、一等奖5项、二等奖16项、三等奖41项。获奖项目反映了近年来江苏省软科学研究取得的新成就。二是大力资助省级学会开展软科学研究，积极支持学会参与“十一五”规划的编制和论证。三是“江苏省农产品清洁生产创新研究与实施”课题取得丰硕成果，获得省科技进步二等奖，研究成果已由中国科学技术出版社出版。四是编辑报送《2005江苏自然灾害防灾减灾绿皮书》，为各级党政领导同志和有关部门提供了决策依据和参考。

拓展对外交流的渠道和空间，服务对外开放和科技合作。省科协全年共组织出访团组104个787人次，接待来访团组135个760人次。省科协暨苏州市科协承办了第28次国际科联大会。此次会议是近年来江苏省承办的规格较高、规模较大的国际科技界会议。国务委员陈至立出席并做重要讲话，全国人大常委会副委员长、中国科学院院长路甬祥，中国科协副主席、书记处第一书记邓楠以及李源潮、梁保华等领导同志出席大会，62个国家的220余名科学家与会。举办第三届国际后基因生命科学技术学术论坛。围绕蛋白质组和基因表达等4个专题深入研讨，论坛综述在美国《美中医学》等生命科学的核心刊物全文刊登。举办2005中国（南京）第二届城市与工业安全国际会议。日本、英国以及我国200多位专家与会，交流了近年来城市与工业安全领域最新的科研成果。组织2005年江苏海峡两岸医学学术会议。两岸医疗机构与学术团体的300多名专家与会。参与组织2005海峡两岸师生锦绣江苏夏令营活动。该夏令营是迄今为止江苏省规模最大的海峡两岸青少年交流活动。邀请两岸90多名师生组成的“扬子江两岸风情体验之旅”第二分团，是本次夏令营人数最多的一个分团。省级学会和各市科协一年来结合经贸洽谈、引智引资也积极举办了一系列国际会议和科技交流活动。全省科协全年共举办国际学术会议18次，交流论文864篇。

深入开展各类科技服务活动，促进科技与经济的紧密结合。一是筹划实施“万名科技专家兴农富民工程”。在总结连云港市“百名教授科教兴百村小康工程”经验基础上，出台了《关于在全省开展“万名科技专家兴农富民工程”的实施意见》，成立了协调小组，省委副书记张连珍担任顾问，省委农工办、省科协领导同志任组长，办公室设在省科协。二是深入开展“千厂千会协作”、“金桥工程”等科技服务活动。全年共完成技术咨询合同

7218项，实现金额2.2亿元；举办实用技术培训2985次；举办技贸展览25个。省科技咨询中心经营业绩创历史新高。三是联合省财政厅、省地方税务局出台《江苏省科协系统科技咨询服务活动管理办法》，有力地促进了全省科协系统科技咨询服务活动的组织网络化、功能社会化、服务产业化。

二、集成科普资源，创新科普形式，努力为提高公众科学文化素质服务

农村科普工作扎实有效。一是省科协暨苏州市科协、常熟市科协承办了中国科协农村科普会议。此次会议是近十年来中国科协首次组织召开的全国农村科普工作会议，国务委员陈至立到会并做重要讲话，中国科协副主席、书记处第一书记邓楠做工作报告，李源潮、梁保华等省领导同志出席。李源潮书记在会上要求要“像抓发展那样抓科普、以抓科普促发展”，“充分发挥各级科协科普工作主力军作用，给钱、配人、多宣传”。会议的召开，有力地推动了全省农村科普工作的开展。二是启动“科普大篷车苏北百乡行”活动，深入9个市、37个县（市、区）、68个乡镇，行程近1万公里，受到了当地领导和群众的热烈欢迎，省委副书记张连珍作了专门批示给予肯定。三是深入开展“送科技下乡，促农民增收”活动。全省系统科协共实施科技富民项目632个，新增利税9920万元，带动农民就业62730人，产生了良好的经济社会效益。四是编辑出版《无公害农产品生产技术丛书》及其配套光盘和《农村劳动力转移技能培训教材》，促进了农业无公害生产技术的推广，促进了农村党员干部科技素质的提高和农村富余劳动力的转移。五是认真开展农村现代远程教育课件制作工作，完成18档共9个小时的节目制作。

城市科普工作势头良好。以“科教进社区”活动为重点，坚持群众性、经常性、实效性相结合的原则，促进城区科普工作向纵深发展。全年全省科协系统共举办各类科普讲座7948场次，听众297万人次；举办科普展览活动2900次，参观人数873万人次。各市科协和省级学会不断创新工作方式，科普活动组织得有声有色。南京市科协联合市委宣传部、市广电集团举办第41期市民论坛，常州市科协与市委宣传部合作连续举办6期“龙城论坛”，打造了科普活动的新品牌。徐州、苏州、南通、淮安、扬州、宿迁等市科协也深入开展了各类形式新颖的科普活动，取得了良好的效果。省医学会、中医药学会、营养学会、标准化协会等学会围绕市民关心的营养健康、食品标准等话题举办科普讲座，受到了市民的欢迎。此外，各级科协还充分发挥科普志愿者作用，积极开展“蒲公英科技传播行动”。

青少年科技教育工作成绩显著。一是举办纪念郑和下西洋600周年系列科普活动。联合有关单位开展了“弘扬郑和精神，传承中华文明”科普报告会、江苏省青少年郑和下西洋600周年知识竞赛等系列科普活动，被评为先进单位。二是积极协调“大手拉小手、科普希望行”活动在江苏顺利开展，受到各地教育部门和广大中小学生的欢迎。三是举办“航天探梦——听美国航天员讲述太空故事”宇航科普报告会，全省800多名师生聆听了3位美国航天员的精彩报告。四是举办第16届全省青少年科技创新大赛和第17届金钥匙科技竞赛，成绩优异。青少年科技创新大赛获2项全国一等奖，1项中国科协主席奖（全国仅3项）；第17届“金钥匙”科技竞赛产生的165项小发明、小创造作品在江苏省首届未成年人才艺竞赛成果展中展出，产生了较大的社会影响。五是组织专家对参加第九届全国大学生“挑战杯”竞赛的作品进行评选和指导，为江苏省摘取参赛作品总数第一、捧杯学校数量第一、团体总分第一发挥了积极作用，被授予优秀组织奖。各市科协和省级学会也深入开展了一系列青少年科技教育活动。镇江市科协开展了“百名教授进百所中小学校”活动，常州市科协积极承办了2005年中国机器人大赛和第六届全国中小学电脑制作比赛，省力学会组织了首届大学生材料力学实验竞赛。

重大科普活动精彩纷呈。一是举办以“科技以人为本——保护生态环境，共建美好家园”为主题的江苏省第17届科普宣传周。科普周以宣传科学发展观为重点，以公众易于理解、接受和参与的方式为载体，贴近实际、贴近生活、贴近群众，深受城乡居民欢迎，全省563万人次参与了活动。科普周重点活动“科学发展在江苏”大型图片巡回展紧贴形势，内容丰富，图文并茂，受到各级领导和广大群众的好评。本届科普周还首次增设了最佳活动、最佳宣传、最佳创作三个奖项，激励和调动社会力量参与组织科普周活动。二是采取市场化、社会化运作方式举办了

“站在巨人的肩膀上——中外科学名篇大型音乐朗诵会”，中国科协副主席张玉台、省委副书记张连珍、副省长吴瑞林出席，1万多名观众观看了演出。朗诵会以人类科技发展史为主线，以中外著名科学家的动人故事和历史名篇为素材，将科普宣传与艺术表演相结合，使观众在艺术享受中受到了科学的启迪和激励。江苏卫视对晚会进行了录播。三是组织爱因斯坦发表相对论100周年纪念大会暨院士报告会。著名物理学家冯端院士、北京大学原校长陈佳洱院士做了报告，社会各界400多人与会。

科普能力建设迈上新台阶。一是联合有关部门印发《关于加强科技馆等科普设施建设的实施意见》，推动了全省科普阵地的建设。省科技工作者活动中心主体结构封顶，预计2006年底可投入使用。南京市青少年科技活动中心正式向社会开放；泰州科技馆立项建设，并列为市区十大建设工程之首；苏州市青少年科技活动中心开工建设；盐城市科协启动解放中路科普街建设；江阴市、东海县等一批县级科技馆正在规划和建设之中。二是加强科普创作。省科普作家协会、省劳保学会、省科教影视协会、省抗癌协会等省级学会积极组织专家编辑、创作科普作品，出版了《养生治病一点通》、《公民安全知识读本》、《增强免疫力140问》等一系列科普作品，全年共编著科技图书29种、7.7万册；制作科技光盘28种、1.3万张。

开展2005年江苏省公众科学素养调查。调查表明江苏省公众科学素养的比例为2.57%，比2003年高出0.54个百分点。调查结果于省“两会”召开前夕公布，在社会上产生了较大的影响。这次调查对制定省“十一五”科普规划，提高科普工作的针对性和实效性有着重要意义。

三、履行桥梁纽带职责，竭诚为科技工作者服务

全省科协认真履行桥梁纽带职责，积极贯彻落实人才强省战略，努力为科技工作者服务，在培养、表彰、宣传、使用和凝聚科技人才等方面取得了新进展。一是完成第九届江苏省青年科技奖和第七届江苏省优秀科技工作者的评选工作。共评选出青年科技奖20名、优秀科技工作者100名，并向中国科协推荐了第九届青年科技奖候选人12名。通过对“两奖”评审办法的修订、细化和完善，进一步提高了评审的科学性、权威性、公正性和公开性。特别是通过《新华日报》等传媒让公众参与评选，既拓宽了社会参与面，也扩大了“青年科技奖”的影响，宣传了优秀科技人才。二是开展科普职称评审工作。这项工作在全国是首创。在省人事厅等有关部门的支持下，先后完成了师资培训、考纲编写等一系列职称评定组织工作。全省1421人报名，1225人参加考试，283人申报高级科普师资格，91人通过了高级科普师评审。三是密切与科技工作者的联系。制定了《江苏省科协关于密切联系科技工作者制度》；组织对资深院士和新当选院士的慰问活动；为省科协委员和省政协科协界委员每人订阅1份《江苏科技报》；组织省人大教科文卫委委员、省政协科协界委员、省政协科技委委员视察白云山科学园。四是做好科技人员短期休养工作。全年共组织4个休养团128名科技人员赴外地休养。五是努力维护科技工作者的合法权益，为科技人员提供法律服务。依托江苏公众科技网，面向广大科技工作者，开通律师服务热线，开通知识产权类法律法规查询。六是开展继续教育工作，积极举办各类专业技术培训活动。省计量测试学会、铁道学会、工业设计学会等在开办培训班、研修班等工作上取得了新进展。

四、以省科协“七大”和先进性教育活动为动力，切实加强团体自身建设

成功召开省科协“七大”，并积极贯彻落实会议精神。2005年2月，成功召开了省科协第七次代表大会。省四套班子主要领导同志和省委在宁常委集体出席了开幕式，省委书记李源潮做了重要讲话，中国科协副主席、书记处第一书记邓楠到会祝贺并讲话，会议审议并通过了第七届委员会的工作报告和修改后的《江苏省科协章程》，选举产生了省科协第七届委员会。会后，全省各级科协和所属团体及时传达、宣传、贯彻会议精神，创造性地开展工作，推动了全省科协事业的发展。为明确省科协第七届委员会的奋斗目标、主要任务和工作措施，通过调研和广泛征求意见，制定了《江苏省科协第七届委员会工作规划》（草案），并已经省科协七届二次、三次常委会讨论通过决定提交省科协七届二次全委会议审议。

认真开展先进性教育活动。按照中央和省委的统一部署，认真开展了保持共产党员先进性教育活动，经过学习动员、分析评议、整改提高三个阶段，历时5个多月，取得了明显成效。各市科协在当地党委的领导下也认真开展了先进性教育活动，取得了阶段性的成果。

加强自身能力建设。一是加强组织建设。借省科协“七大”东风，积极推动和加强各市科协和省级学会的组织建设。扬州市科协成功召开了第四次代表大会，盐城市科协成功召开了第五次代表大会，省动物学会等22个省级学会顺利换届。二是加强团体能力建设。在拓展社会职能上取得了新进展。省心理学会、纺工学会、医学会、环科学会、土地学会、机械工程学会等一批学会积极争取承担了职业资格培训认证、司法鉴定、医疗事故鉴定、高级职称评审、社会设奖、工程师资格认证等一系列社会职能。三是加强工作的规范化和制度化。相继制定了《江苏省省辖市科协年度工作考核评先试行办法》、《江苏省科普示范县（市、区）测评标准》、《江苏省科普教育大纲》、《江苏省科普大篷车使用管理暂行办法》等一系列制度文件，促进了工作的规范化和制度化。四是加强干部队伍建设。按照《党政干部选拔任用条例》，选拔了一批年富力强、德才兼备的干部充实调整到领导岗位上。

浙江省科学技术协会

地址　浙江省杭州市武林广场8号省科协大楼
邮政编码　310003
电子信箱　info@zast.org.cn
主页网址　http://www.zast.org.cn
电话　0571－85106947
传真　0571－85106947
主席　阙端麟
副主席　于涟　毛江森　吕志宏　严晓浪　张立彬　张明生　郑小明　施继兴　高从阶　虞龙宝　潘云鹤
刊物及主编　《科技通报》　主编　俞志华
《科学24小时》　主编　蔡勇强
《浙江科协》　主编　杨益平

单位简介

浙江省科学技术协会是浙江省科技工作者的群众组织，是中国共产党领导下的人民团体、党和政府联系科技工作者的桥梁和纽带、国家推动科学技术事业发展的重要力量。

浙江省科协成立于1958年10月，其前身为原中华全国自然科学专门学会联合会浙江分会和原浙江省科学技术普及协会，是浙江省首个统一的科学技术群众团体。

浙江省科协目前拥有省、市、县、乡（街道）四级科协1305个，省、市、县三级学会2521个，其中省级学会151个，企事业科协1000多个，农村专业技术协会近2636个，团体会员11078个，个人会员15万人。

工作综述

2005年，浙江省科协坚持以“三个代表”重要思想和科学发展观为指导，围绕推进自主创新这一主题，按照浙江省委提出的“干在实处，走在前列”要求，以“开展一项教育，推进两大工程，加强三项建设，强化四个服务”为重点，开拓创新，求真务实，全省各项科协事业全面发展。

一、深入开展各类学术活动，为推进自主创新提供学术支持

2005年，浙江省科协各类学术活动日趋活跃，活动层次明显提高，成效日益显现。浙江省科协以“科技创新与产业升级”为主题，成功举办了第二届中国浙江学术节，52个国际性、区域性学术交流活动及科技人才交流、科技洽谈等活动同时进行，中国科协主席周光召应邀作主题报告，10余名院士和70多名国内外专家学者作了专题报告，7000多名与会者参加学术节活动；组织科技专家完成了“科技强省目标实现度测评”、“激励企业增加R&D投入的政策措施研究”、“核电建设与浙江先进制造业发展”等一系列省科协重大学术项目，并择优资助了“环杭州湾产业带资源保障体系的研讨”等60个省科协学术活动项目。与此同时，成功举办了2005循环经济与区域可持续发展论坛、2005亚太安全技术论坛等一系列国际性会议，邀请诺贝尔物理学奖得主格罗斯教授，以及严东生、欧阳予等院士来“新世纪讲坛”作科技报告。

组团参加了中国科协2005年学术年会、第二届长三角科技论坛等全国性、区域性学术活动。

二、大力开展各种科普活动，为发展创新文化奠定群众基础

2005年，浙江省科协积极开展各种形式的科普活动，科普周、科普日等活动丰富多彩。科技（科普）活动周中，全省组织开展490多项科普活动，发放科普资料3.9万份，发送手机科普短信2万余条。在全国科普日活动中，各地组织开展了十大系列500多项活动。经常性科普活动方面，全民科学素质行动计划试点工作深入进行，编发丛书15万册，各试点城区通过创办社区市民学校和网上科普学校，广泛开展科普宣传和培训。农函大培训稳步发展，全年培训学员近18万人。科技下乡常年开展，全省各级科协共组织“三下乡”活动1400多场次。诸暨、富阳、温岭市科协和嘉兴市新丰镇、兰溪市洞源村5个单位被中国科协评为全国农村科普工作先进集体。在第16届国际中学生生物奥林匹克竞赛中，夺得两枚金牌。反邪教工作深入扎实，富有成效，高校反邪教工作受到省委领导同志的充分肯定。以省科技馆建设为龙头的科普基础设施建设顺利推进。与此同时，圆满完成2005年浙江省公众科学素养调查，调查数据被《浙江省科技强省建设纲要》、《浙江省委关于加快文化大省建设的决定》、《浙江省委“十一五”规划建议》等文件引用。

三、扎实做好科技人才工作，为建设创新体系壮大人才队伍

2005年，省科协组织开展了首次浙江省科技工作者状况调查。对科技工作者队伍的基本情况、主要特点、发展规律、权益保障及其对国家有关政策的建议等进行了解，同时，针对浙江省非公经济较发达和海外留学回国创业日渐增多的实际，还在杭州、宁波、温州等地开展了非公企业科技工作者和海外留学归国科技工作者个案调查。调查结果较为客观地反映基本状况，受到了有关方面和社会的广泛关注。“2510行动”计划深入实施，召开扶持欠发达地区人才队伍建设研讨会，分析了全省欠发达地区的资源优势和人才队伍现状，探讨了扶持的实施项目，有针对性地举办了两期农村实用技术培训班，为25个欠发达县培训了180余名农村科技人员。旨在促进青年科技工作者早日成才的育才工程成功资助了18人，在科技界产生了良好反响。积极参加浙江省首批特级专家推荐评审和“151人才”评选工作，拓展海外留学归国人才工作的新领域，探索扶持优秀创新团队、推进科技自主创新的新路子，大力支持从美国硅谷刚刚回国创业的“汉力国际”研发低功耗集成电路芯片。为科技人才各项服务工作赢得广泛好评。

四、切实加强科协自身建设，为推进科技创新提供组织保障

2005年，浙江省科协保持共产党员先进性教育作为首要政治任务，并以认真开展这项教育活动为载体，通过大力加强党的先进性建设，切实加强科协组织自身建设。

省科协根据全面落实科学发展观和浙江省发展现代服务业的要求，充分发挥人才优势，大力发展科技咨询事业。通过整合资源，内拓外扩，努力提升科技咨询资质，科技咨询工作取得显著成绩，继续保持在全国科协系统的领先地位。为适应科技全球化和我省扩大开放的要求，省科协继续加大国际科技交流合作的力度，对外合作交流能力进一步增强。在科协工作开拓创新的同时，浙江省科协高度重视理论的先导作用，大力加强科协理论建设。2005年，率先创办了科协发展论坛。论坛的研究成果在科协系统引起了较强的反响。

安徽省科学技术协会

地　　址　安徽省合肥市花园街4号安徽科技大厦
邮政编码　230001
电子信箱　aast@ mail. hf. ah. cn
主页网址　http://www. ahpst. net. cn
电　　话　0551－2655031
传　　真　0551－2655031
主　　席　季昆森
副 主 席　（按姓氏笔画为序）
韦　穗　刘光复　刘登义　华应明
安　进　朱清时　宋礼华　张学军

李增智　陈心昭　周建强　金会庆
凌永顺　常印佛　程荣朝　谢纪康

刊 物 及 主 编　《安徽科协》　　**执行主编**　陈元原

单位简介

安徽省科学技术协会成立于1959年，是由中华全国自然科学专门学会联合会安徽分会（筹）和安徽省科学技术普及协会合并组建而成，1959年4月，成立安徽省科学技术协会筹委会，同年11月22～25日，安徽省科协第一次代表大会召开。1963年12月，安徽省科协第二次代表大会召开。1980年12月，安徽省科协第三次代表大会召开。1986年12月，安徽省科协第四次代表大会召开。1992年5月，安徽省科协第五次代表大会召开。1997年12月，安徽省科协第六次代表大会召开。2003年8月，安徽省科协七次代表大会召开。

安徽省科协现有省级学会152个，共有个人会员187832人，团体会员单位3980个。省辖市科协17个，农技协3326个。

工作综述

一、认真开展先进性教育活动，全面推进“七个一百”主题实践活动

按照中央和省委的统一部署，省科协于2005年1～6月，深入开展了保持共产党员先进性教育活动。通过先进性教育活动的深入开展，党员素质得到了提高，党组织建设进一步加强，服务科技工作者和群众的意识进一步增强，党员和群众的精神面貌焕然一新，推动了科协事业的发展。

在开展先进性教育活动中，结合科协工作实际和职责，在全省科协系统开展了“科技服务三农，促进农村经济发展，带动农民致富”的“七个一百”主题实践活动：百名农村贫困儿童进科技馆；百名党员科技专家进百村送科技；面向农村百场科普报告会；科技帮扶百名农村贫困党员；百个学会与百个农技协技术合作；培训百名农技协带头人；送百项科技进百家示范户、架农民致富金桥。“七个一百”主题实践活动的开展，使全省科协系统党员干部的群众观点与宗旨意识有进一步增强，思想作风和工作作风有进一步改变，服务水平和工作效率进一步提高。“七个一百”主题实践活动受到了省委领导的高度肯定，新华社、中央电视台等媒体进行了报道，也得到了市、县科协和省级学会的欢迎和广泛参与。

二、认真履行桥梁纽带职责，切实为广大科技工作者服务

2005年，全省各级科协紧紧围绕党和政府的工作大局，履行桥梁纽带职责。反映科技建议467项，答复人大代表议案、建议和政协委员提案107项，接待科技工作者来信来访2293次。为纪念抗战胜利60周年，省科协召开了纪念抗日战争胜利60周年座谈会和纪念抗日战争胜利60周年专题报告会。

全省各级科协及所属团体高度重视禽流感预防工作，组织开展了多种形式的预防禽流感科普宣传活动。通过编制《怎样预防禽流感》科普展板，编印预防禽流感科普知识明白纸，开展“怎样预防禽流感”科普知识讲座，举办预防禽流感专业技术人员培训班和专题讲座等形式，使社会公众正确认识和准确了解禽流感发生原因、传染渠道和防范措施，为增强预防禽流感的信心发挥了积极的作用。

响应省委、省政府“东向发展战略”，各地科协加强对外联系。黄山市科协有效推动“招商引智”工作，在与台州市科协结友好科协的基础上，2005年又与上海市普陀区科协缔结友好，搭建了双方科技交流的平台。滁州市科协与南京市科协签订了合作协议。

为把握科技工作者的状况和需求，省科协参与了全国科技工作者状况调查工作，在全省设立了7个状况调查站点，开展科技工作者问卷调查，及时了解和掌握他们的动态和情况。

蚌埠市科协与市委先进性教育活动领导小组、市委组织部、市委宣传部、市科技局联合举办《科学发展观——人与自然和谐》大型展览。市领导班子、近百家党政群军机关、企事业单位和全市各界人士1.4万余人踊跃前来观展。并在怀远、合肥、芜湖、马鞍山、安庆等地巡展，共有20多万名观众观看了展览，受到社会各界普遍欢迎和好评。

三、促进科技与经济结合，推动科技成果转化

以科学发展观为指导，围绕社会发展重大问题开展决策论证。全省各级科协与学会联合有关政府部门、科研

院所和企业，围绕“东向发展与安徽制造业”、“加快安徽省农业融入长三角”、“迎接东部地区产业转移、加快全省畜牧业发展”等发展专题，结合全省发展实际，集中专家智慧，从不同学科、不同侧面开展学术交流与研讨，积极为安徽的发展和崛起献计献策。

“金桥工程”、“千厂千会”项目成果显著，科技咨询规模和水平进一步提高。省科技咨询中心作为省“金桥工程”领导小组办公室和省科协常委会咨询委办公室的工作部门，2005 年完成了 2003 ~ 2004 年度第二批 87 个项目的验收工作，组织了 2005 ~ 2006 年度第一批省级“金桥工程”项目的立项工作，经过立项评审有 191 项被确定为省级金桥工程项目，并由各地组织实施，现已进入验收阶段。组织专家进行了“金桥工程”优秀项目、优秀组织单位和个人的评审，共评出优秀项目 162 项、优秀组织单位 45 个，优秀个人 53 名。2005 年，全省科协千厂千会协作新建协作项目 63 项。共完成科技咨询 7485 项，合同实现金额 1.6 亿元，促进了科技成果的转化。积极筹建咨询业协会，谋划咨询产业发展大业。

加强为“三农”服务力度，推动农技协发展。2005 年，省科协高度重视农技协工作，积极筹备召开省农技协联合会成立大会暨第二次全省农技协工作会议。为加强对农技协工作管理，省科协在全省遴选出 100 个协会与 100 个农技协进行协作活动，对于上一年度被省科协命名的 10 个全省示范农技协，省科协确定了 10 个省级学会与他们结对进行合作。被命名为优秀农技协的协会，省科协要求各市科协确定一个市级学会与其结对，进行长期技术合作。省科协对 5 个全省示范农技协及部分县级农业协会的发展现状、内部运行机制以及存在的问题进行调研，加强了对农技协工作的指导。

发挥科普示范基地的示范带动作用，积极推广应用农业新技术，加强农业科技人才培训。2005 年全省共建科普示范基地 889 个。省农函大坚持面向农村开展农业科技培训，组织农村党员、干部和有文化农民参加农业技术和市场经济知识培训，全年共招收学员 4905 名。省农函大在怀远县分校与中央电大联合举办 380 人的中专学历教育班；在肥东分校积极争取阳光工程富余劳动力转移培训，已培训 1200 人，80% 的培训人员已安排就业。

四、积极开展学术交流，促进学科发展和科技进步

2005 年，各级科协和所属团体共组织举办学术会议 458 个，参加人员约 8.2 万人次，交流学术论文约 1.9 万篇。主要学术活动包括：第三届安徽省自然科学学术年会；“数字安徽”博士科技论坛；“食品安全”博士科技论坛；第五届“兴皖之光”青年学术年会；第 13 届海峡两岸都市交通学术研讨会等。

五、加强科普工作，为提高公众科学文化素质服务

1. 广泛开展群众性科学普及活动，提升公众科学文化素质。积极开展“全国科普日”活动。9 月 17 日，省科协与合肥市科协、蜀山区科协联合举办了省暨合肥市“全国科普日”活动启动仪式。科普日期间，全省各级科协积极搭建社会化科普服务平台，组织农业科技人员下乡开展进村入户活动，开展技术指导，解决技术难题，组织医务工作者为农民开展义诊、健康咨询活动。以广大农民和农村青少年为重点对象开放各类科普活动中心，组织青少年参与各类科普实际活动。全省各地以“科普日”为契机，组织科技工作者和科普工作者 17396 人次深入街道、社区、开展多项专题活动，发放科普宣传资料 83 万份，举办科普讲座 179 场、培训班 503 期，赠送科普挂图 9431 张，展出科普展板 5514 块，放映科普电影 292 场，为群众义诊咨询等重点活动 1752 项，参与群众达 107.6 万人次。活动受到中国科协的充分肯定，全省有 7 个单位被评为“全国科普日”先进单位。

深入开展送科技下乡活动。全省共组织科技下乡 1184 次。省科协与省委宣传部等 12 家单位和部门开展了科技、文化、卫生“三下乡”活动。省科协在官陡举行了省暨芜湖市科协、马鞍山市科协及芜湖市鸠江区政府送科技下乡活动，共发放科普资料 10 余种 1 万多份，制作科普展板 200 多块，受益群众达 2 万多人次。

开展科普示范县（市、区）及省级科普示范社区的创建工作。2005 年省科协继续以创建全国和全省科普示范县（市、区）为抓手，稳步推进县、区科普工作。全省有 6 个县（市、区）被中国科协批准创建全国科普示范县（市、区）。省科协对黄山市屯溪区的省级科普示范城区开展检查评估工作。2004 年批准的 10 个省级科普示范社区创建单位，按照创建标准，结合各自的特色，圆满完成了创建任务。

科教进社区活动取得良好成果。通过科普讲座、科普文艺演出、科普影视放映、科普展览巡展、青少年课外科技活动等形式，各级科协开展了主题为“讲科学文明，建和谐社区”活动。全省有3个集体、6名个人、5个单位被推荐为全国“科教进社区”活动先进集体、先进个人和优秀组织单位。

开展科普统计和中国公众科学素养第六次调查。省科协对全省17个99个县（区）开展科普统计，为全省科普工作的开展提供了有关资料。合肥市、蒙城县、黄山区等10个地区作为中国公众科学素养第六次调查单位，圆满完成了任务。

2. 加强基础设施建设，为开展科普工作奠定良好基础。安徽省科技馆、合肥气象科技园和合肥市科技馆被中国科协命名为全国科普教育基地。省科协批准黄山市风景区为安徽省生物多样性科普教育基地和安徽地质科普教育基地。

加强科普场馆建设。芜湖科技馆建设被列入芜湖市社会事业重点工程项目，各项前期准备工作全面展开。省科技馆创新科技馆发展理念，加强“对地方科技馆建设与发展的指导功能、科普产品创新研发功能和科普展教创新活动示范”的三大功能开发，注重加强队伍建设，努力提高服务水平，全年共接待13万多人次，被评为全省爱国主义教育基地先进单位。铜陵市科技馆自2004年年底开馆以来，面向公众积极开展科普展示教育活动，在不到一年的时间内，先后有2万多人次参观了科技馆。

加强科普画廊和科普图书室建设。省科协加大投入，为11个市（县、区）援建科普画廊200多米。从全省遴选53个基础条件较好、管理水平较高的橱窗式科普画廊，推荐参与全国科普画廊评选，全部得到中国科协的批准。全省新建11个科普图书室，配发了各类农业实用技术类科普图书2000册。编印科普宣传资料7万多册，发放科普宣传画、农村生态卫生建设、防灾减灾基本知识等科普挂图3000多套。

3. 积极促进科普产业发展。省科协积极筹备举办第二届中国（芜湖）科普产品博览交易会。会同芜湖市政府、芜湖市科协多次向中国科协副主席、书记处第一书记邓楠和中国科协副主席、书记处书记徐善衍作了专题汇报，得到了中国科协领导的肯定和支持。当前，正在制定第二届科普产品博览交易会实施方案，并积极向中国科协和省政府汇报准备工作，开展国内外考察招展工作。

加强科普产品研发。2005年，省科技馆研究开发制作完成展品287件，合同金额达268万元。承接了为河北省科技馆、葫芦岛市科技馆、南京青少年活动中心、四川省科技馆、贵州省科技馆等单位制作展品任务。通过竞投标，先后获得了中国科协2005年度“科普大篷车”8套车载展品承制任务，武汉、贵州等科技馆的展品研制任务。作为中国科协“支持中小城市科普大行动”三个示范点、四个指导馆之一，将承担2006年科普教育向周边省市辐射任务。

成功举办中国（合肥）科普产业论坛。9月20日至22日，由中国科普研究所、安徽省科协、合肥市人民政府共同主办的中国（合肥）科普产业论坛在肥举办。来自21个省、自治区、直辖市40多个城市、160多人参加了论坛，本次论坛共收到论文63篇，率先在全国科协系统对科普产业发展的理论与实践问题进行了积极探索。

4. 面向青少年，开展丰富多彩的科普活动。举办安徽省青少年科学论坛。11月，来自全省9个市17所重点中学的23个项目参加此次论坛，其中个人项目19项，集体项目8项。论坛邀请了相关学科的16位专家教授进行现场点评指导，15个项目分别获得本次论坛的一、二、三等奖。

开展“物理照耀世界”光束传递活动。省科协同省物理学会、合肥一中共同开展了以“物理照耀世界”为主题的纪念活动。精心组织了“物理照耀世界”光束传递活动，举办了3场物理科学报告会，组织开展中学生物理研究性课题交流，编印了爱因斯坦划时代论文集2000册，订购了“2005世界物理年系列挂图”40套。在组织这项系列活动中，特别注重科学家与中学生互动效应，将光束传递活动现场、报告会和挂图展览均设在中学校园，为中学生与物理学家亲密接触和交流提供了良好的条件和氛围。

组织参加青少年科技创新大赛。省青少年科技活动中心于4月举办了2005年安徽省青少年科技创新大赛，共有126项优秀科技作品参加本次青少年科技创新大赛，评选出优秀项目一等奖14项；二等奖19项；三等奖29项。8月，参加了2005年第20届全国青少年科技创新大赛，共获得优秀项目一等奖3项、二等奖4项、三等奖6项，优秀科技实践活动二等奖3项、三等奖2项、优秀组织奖5个、优秀科技教师奖2个。

六、进一步加强科协自身建设，加大人才培养力度

1. 围绕奋力崛起的工作大局，全面实施“六个一百”计划。根据省科协七届三次全委会的部署，省科协加大了对人才的培养力度，全面实施了“六个一百”培训计划。加强对全省科协战线上的干部理论学习和业务培训，努力建立一支适应新形势、新任务需要的科协干部队伍。培训100名农技协带头人。通过培训，使学员们进一步增强加快农技协发展的紧迫感和责任感。培训100名科协干部。通过培训，进一步提高各级科协干部的理论素质和业务素质，以更好地履行科协岗位工作职责，推动科协系统学习型组织的建设，提升科协干部队伍的整体素质。培训100名学会工作骨干。通过培训，进一步提高省级学会干部的政治思想素质和业务水平，提高适应新形势承担新任务的能力。培训100名社区科普骨干培训班。通过培训，开阔了学员们的视野，不仅使学员学习了理论知识，交流了工作经验，还了解了社区科普工作的具体操作模式和实务，对进一步推动全省各地城市社区科普工作将发挥积极作用。培训100名循环经济模式设计和编制规划的人才。省科协通过举办培训班和报告会，大力宣传发展循环经济，加快节约型社会建设。培训100名咨询业务骨干。省政府2005年2月已批准省科协组建安徽咨询业协会，省科协重点抓了100名咨询师的培训工作，提升全省咨询从业人员素质，加强科技咨询队伍能力建设，提高整体服务水平。

2. 贯彻“科教兴皖、人才强省”战略，加大人才培养、表彰力度。开展了第七届安徽青年科技奖的评审工作。组织召开了第六届安徽青年科技奖及全国优秀科技工作者授奖大会，对获得全国优秀科技工作者的3名同志和获得第六届安徽青年科技奖的20名青年科技工作者进行了表彰奖励。

3. 加强信息化基础设施建设，推动信息化建设发展。2005年，省科协信息化建设取得长足进展。一是加强省科协机关信息化基础设施建设，促进办公效率的提高。二是构建视频会议室，加强应用系统的开发。建设全省科协视频会议系统，召开了“七个一百主题实践活动阶段性总结大会”视频会议，13个市科协通过视频会议系统参加了会议，这在全国科协系统尚属首例。三是加大安徽公众科技网的宣传力度。

4. 完成机关机构改革人员定岗工作，进一步优化干部队伍。2005年，省科协完成了机关机构改革人员定岗工作，严格按照《党政领导干部选拔任用条例》选拔任用干部。通过改革，机关处级领导干部平均年龄由原来的49.3岁下降为44.1岁，大学本科学历由45.5%增为77.8%，干部队伍结构得到优化，干部队伍整体素质提高得到，为科协事业可持续发展打下了良好的基础。

5. 加快青少年科技活动中心建设。在省委、省政府的重视下，省青少年科技活动中心已列入文博园一期工程，12月28日，文博园工程正式启动。

6. 深化省级学会改革，促进学会建设发展。省科协七届四次常委会议审议通过了《安徽省科协关于进一步推进省级学会改革的意见》。为确保省级学会改革工作顺利开展，省科协积极开展改革试点工作。首批10个改革试点的省级学会的改革试点工作正在积极稳步向前推进。

福建省科学技术协会

地　址	福建省福州市东大路73号二号楼
邮政编码	350003
电子信箱	kx102@tom.com
主页网址	http://www.fjkx.org
电　话	0591－87532949/87532850/87532651
传　真	0591－87532632

主　席	吴新涛
副主席	叶顺煌　陈　震　柯少愚　谢联辉　万惠霖　徐　洵　王钦敏　赖爱光　谢华安　曾民勇　杜　建　陈元仲　孙世刚　郑金贵

单位简介

福建省科学技术协会的前身是中华全国自然科学专

门学会联合会福建省分会和福建省科学技术普及协会。1962 年 1 月两会合并正式成立福建省科学技术协会。后因“文化大革命”而停止一切活动，直至 1978 年得到恢复。

福建省科协第一次代表大会 1962 年 1 月召开，卢嘉锡为主席。第二次代表大会 1980 年 6 月召开，陆维特为主席。第三次代表大会 1986 年 11 月召开，田昭武为主席。第四次代表大会 1991 年 12 月召开，黄金陵为主席。第五次代表大会 1996 年 12 月召开，黄金陵为主席。第六次代表大会 2002 年 1 月召开，吴新涛为主席。

福建省科协现有省级学会 145 个，厂矿科协 349 个，市级科协 9 个，县（市、区）科协 86 个，高校科协 12 个。

工作综述

一、深入开展保持共产党员先进性教育活动，着力加强自身建设

省科协保持共产党员先进性教育活动从 2 月开始历时 5 个月。经学习动员、分析评议、整改提高等三个阶段，党员素质有所提高，进一步增强了学习实践“三个代表”重要思想的自觉性和坚定性。党员意识有所增强，进一步发挥了党员的先锋模范作用。党建工作有所加强，进一步增强了基层党组织的凝聚力和战斗力。服务意识有所改善，进一步密切了与科技人员的关系。

二、以“6·18 展会”为平台，打造院士专家牌

省科协全力以赴投入第三届“中国·福建项目成果交易会”（简称“6·18 展会”）多项工作，各方面成效均大大超过上届。一是“院士馆”成为“6·18 展会”的重要展馆之一，共邀请 26 位院士、53 位专家莅会；新推介院士及院士所在单位项目 95 项。3 天展会，共对接院士项目 42 项，大多为填补福建省产业空白、延升产业链的项目。其中签约合同、协议项目 10 项，项目总金额 43.6 亿元人民币。张文海院士与福建紫金铜冶炼工程项目，总投资 40 亿元人民币（一期工程 25 亿元人民币）。该项目建成后年产铜 40 万吨，年产值 250 亿～300 亿元人民币。二是省政府主办，省发改委、省科协联合承办了加快海峡西岸经济区建设院士座谈会，邀请了 26 位院士，围绕海峡西岸经济区建设和福建“十一五”规划总体思路，向省领导提供意见建议。省委书记卢展工、省长黄小晶等四套班子领导同志与会并给予高度评价。三是省政府与中国科协联合主办，省科协、省发改委、中国机械工程学会承办了海峡西岸经济区科技发展论坛。论坛以“提升福建装备制造业”为主题，邀请了我国装备制造行业多位院士、专家，为福建装备制造业的发展提供新的见解和思路。

来闽参加“院士专家八闽行”的院士不仅积极参与福建省经济社会建设，还积极主动地帮助宣传“海西”，推进“海西”建设。2005 年应省科协之邀携项目参加“6·18 展会”活动的全国人大常委会常委、北京航空航天大学刘大响院士回京后专门给吴邦国、王兆国同志写信呼吁加快“海西”建设，王兆国等多位中央领导同志作了批示。闽籍院士卢耀如参加过两次“院士专家八闽行”活动，深为“海西”写入中央文件所鼓舞，联合两院 33 位院士，向中国工程院申报了《海峡西岸友好环境与可持续发展的战略研究》的课题。

三、办好海峡两岸大学生辩论赛和海峡两岸科技经济发展论坛，打造海峡特色牌

7 月 30 日～8 月 8 日，第四届海峡两岸大学生辩论赛在台湾地区举行，由省科协副主席叶顺煌为团长的 56 人赴台参赛。这是由省科协与台湾地区中华青年交流协会共同主办的海峡两岸大学生辩论赛举办四届以来，首次在台湾地区举行赛事，是《反分裂国家法》颁布以来，到台湾地区访问人数最多的团组，也是大陆人数最多的大学辩论队首次赴台参加交流比赛。国务院台办和中国科协对此高度重视，给予大力支持。大陆代表队由复旦大学、西安交通大学、中国人民大学、浙江大学、厦门大学、福建师范大学组成，台湾地区代表队由台湾大学、政治大学、中正大学、东吴大学、世新大学、铭传大学组成。参赛的 12 支代表队，围绕“科技社会仍需（不需）读书破万卷”、“通才（专才）更适应社会竞争”、“人生机遇比奋斗更重要，还是奋斗比机遇更重要”等辩题展开辩论，最后中国人民大学、台湾世新大学分获冠亚军。通过比赛，增进了海峡两岸青年学子的民族感情，促进了交流合作。

6 月 23～24 日，省科协联合省信息产业厅、福州大学、上海市科协、湖南省科协、广东省科协与台湾地区中国无线电协进会、中华青年交流协会、元智大学、大同大学、IEEE 广播技术学会台北分会在福州共同举办主题为

“21世纪信息技术与多媒体技术发展”的“第四届海峡两岸科技与经济论坛”，论坛邀请两岸190多位知名专家学者与企业家参加这一盛会。

这两项活动在海峡两岸影响较大，已逐步成为加强海峡两岸科技文化交流，促进祖国统一的重要品牌项目。

四、建设“海峡西岸经济区科普工程”，打造科普创新牌

一是深入老区送科普。4月，省科协、省老区办、省关工委联办了“科普报告团老区行”活动，这是省科协保持共产党员先进性教育主题实践活动，也是科普下乡的一项创举。以中国科学院院士、福建农林大学教授谢联辉教授为团长，福州大学原校长、博士生导师钱匡武为副团长的16名院士、专家分为4个团分赴龙岩、三明、南平、宁德等地的11个老区县、市、区，作为期一周共100场青少年科普报告，内容包括生命科学、生物、新材料、地理、天文、创新思维等，为老区送科技知识，受到老区人民的热烈欢迎。

二是搭建平台抓科普。5月，创办主题为“科学、和谐、发展”的2005年福建省科技活动周，面向基层，面向公众，重点开展“构建和谐社会”、“坚持科学发展观，建设海峡西岸经济区”、“依靠科技推进解决‘三农’问题”和“青少年科普”等系列科普活动。据不完全统计，全省有2425个单位、1.76万名科技人员参加了科技周活动。其中，举办科技展览475个，参观人数38.5万人；科技报告会（讲座、研讨会）1089场，参加人数20.5万人；科技知识竞赛274场，参加人数21.1万人；放映科普影视351场，观众人数17.4万人；科技培训1093期，受训4.8万人；开放实验室82个，参观人数1.8万人。科教进社区559项，进社区专家4058人，参与活动22.7万人，在社会上引起很大反响。在宣传科学发展观，普及科学技术，提高公众科学素质方面取得了切实的成效。

三是广泛联合促科普。9月12日，由省科协、省文明办联合召开的福建省科教进社区交流会在厦门市召开。省科协、省文明办、厦门市领导出席会议并讲话。来自全省各设区市和城区科协、文明办的代表进行了经验交流，并参观、学习厦门市科教进社区的典型和两个省级科普教育基地，促进了各级科协与文明办的合作，推动了科教进社区工作。

9月17日，省科协与省总工会、团省委、省妇联等精心组织以“树科学发展观、建节约型社会”为主题的福建省“全国科普日活动”。

四是构建阵地办科普。科普阵地建设取得新成效。科技馆工作稳步发展，科普教育基地不断扩大，科普旅游工作已经启动，科普宣传工作深入人心，《福建科技报》和《科学与文化》杂志订阅数量实现新突破。

五、活跃学术交流，鼓励建言献策，打造强势学会牌

一是举办以“依靠科技进步，推动海峡西岸经济区建设”为主题的省科协第五届学术年会。针对福建自然灾害频繁的特点，邀请中国气象局国家气候中心主任董文杰研究员，讲全球气候变化趋势；针对福州发生霍乱疫情的新情况，邀请中国疾病预防控制中心营养与食品安全所首席专家刘秀梅研究员，讲营养与食品安全问题。有70多个省级学会、高校、科研院所积极参与学术年会活动，促进了全省学术交流。

二是举办了福建省防灾减灾学术研讨会。15个相关省级学会共50多位专家参加，交流论文40多篇。会议就福建省气象灾害、洪涝旱灾、地震灾害、地质灾害、生态安全、森林火灾、水土流失、海洋灾害、工程建设灾害隐患、农业有害生物、林业有害生物、畜禽疫病、水产养殖病虫害、流行疾病等成因、趋势预测及防治对策等进行了研讨。在福建省防灾减灾学术研讨会的基础上，编印了《2005年福建省自然灾害预测及防灾减灾白皮书》和《2005年福建省病虫害灾害预测及防治绿皮书》，为省市各级领导同志和有关部门分析研究减灾防灾问题，制订对策措施提供参考。同时，举办了防灾减灾科技月谈会，福建省常务副省长刘德章到会听取专家意见建议。

三是开展了科技工作者优秀建议奖评选工作。为了鼓励广大科技工作者为海峡西岸经济区建设献计献策，促进决策的科学化和民主化，经省政府批准，2005年评选第五届福建省科技工作者优秀建议奖。由福建省副省长汪毅夫任评委会主任委员，共评出科技工作者优秀建议奖7项、优秀建议提名奖6项。

四是举办“闽港科教文交流基金”成立10周年座谈会。编辑“闽港科教文交流基金”成立10周年纪念画册、邮册，扩大了“闽港科教文交流基金”的影响。10月，承办了在福州举办的全国地方科协第19届国际部联络网会议。

六、面向青少年，打造重点群体牌

与泉州市政府联办了第20届福建省青少年科技创新大赛。在省赛的基础上，推荐福建省优秀选手参加第20届全国青少年科技创新大赛，在5个项目上获得8项一等奖，为福建省争得了荣誉。组队参加第五届中国青少年电脑机器人竞赛活动。获得一等奖4项，并获得了竞赛组委会颁发的机器人科普活动奖。开展“大手拉小手——青少年科技传播行动”，在全省各地开展“物理照耀世界”科普挂图大型巡展活动。与美国鹤庐亚洲文化中心联办了2005年福建国际英语科普夏令营。举办以纪念郑和下西洋600周年为主题的我爱祖国海疆——福建省优秀中学生科普夏令营，受到学生家长和学生们的欢迎。11月19日在龙岩市举办了第四届福建省青少年电脑机器人竞赛。

为宣传航天科技成就，普及科学知识，弘扬爱国主义精神，福建省科协、北京市科协、中华航天博物院在福州市共同主办为期一个月的“飞向太空——中国载人航天科技展”活动，我国航天英雄杨利伟亲临开幕式，并做了一场“航天英雄杨利伟——中国载人航天科技报告会”，让福建省人民切身感受航天科技的辉煌历程，进一步激发全省人民尤其是青少年的爱国热情和崇尚科学精神。

同时，省农函大举办的贫困村大学生村官学历教育等工作，得到刘德章、陈少勇等省领导同志的重视和支持。

七、精心服务，凝聚人心，建好“科技工作者之家”

精心组织了8次多种形式的“委员之家”活动，受到委员们欢迎。鼓励青年科技人才更好成长，组织开展第三届中国青年女科学家推荐工作；评选第十二届运盛青年科技奖，共评出9名获奖者；开展第八届福建青年科技奖评审工作并推荐第九届中国青年科技奖候选人上报中国科协；开展第四届福建省优秀科技工作者推荐评审工作。开展基层科协组织建设情况调研和非公组织科技人员专业技术资格申报情况调研。发挥青年科学家联谊会作用，多次组织青年科技奖获奖者、优秀科技工作者开展科技交流和联谊活动。举办了省科协系统副科以上干部培训班、省级学会秘书长培训班等，提高科协干部队伍素质。

江西省科学技术协会

地址	江西省南昌市省人民政府大院内
邮政编码	330046
电子信箱	kxbgs@ jxkx. com
主页网址	http://www. jxkx. com. cn
电话	0791－6201371/6224288
传真	0791－6224288
主席	徐俊如
副主席	石　屏　张文海　张云根　邹凌生　李雪南　刘极灿　邹道文　周　青　胡幼桃　扶名福　李华栋　张建华　洪三国　谢金水
刊物及主编	《聪明泉》　主编　黄群言 《江西科协》主编　曾晓安

单位简介

江西省科学技术协会的前身，是中华全国自然科学专门学会联合会南昌分会与江西省科学技术普及协会。1959年2月，两会合并，成立江西省科学技术协会。“文化大革命”期间曾停止活动。1979年8月恢复活动。

江西省科协第一次代表大会于1959年2月召开，吴允中为主席；第二次代表大会于1980年11月召开，郭庆棻为主席；第三次代表大会于1987年6月召开，徐贻庭为主席；第四次代表大会于1992年6月召开，金祖光为主席；第五次代表大会于2001年3月召开，徐俊如为主席。

江西省科协现有省级学会（协会、研究会）109个，市科协11个，县（市、区）科协100个，厂矿科协151个，高校科协2个，省科协直属单位4个。

工作综述

2005年，江西省科协以邓小平理论和“三个代表”重要思想为指导，全面落实科学发展观，深刻领会中共十六届四中、五中全会精神，围绕“1248大纲”，紧扣年初提出的“融入、促进、提升”的工作主题，开展了大量扎实有效的工作，将科协事业提升到一个新的水平。

一、融入共产党员先进性教育活动的大背景，促进机关党建工作，增强开展科协工作的责任意识

2005年上半年，按照中央和省委的部署，在省科协党组的精心筹划和省委督导组的具体指导下，省科协全体党员以高度的政治责任感和良好的精神状态，积极投入先进性教育活动。经过各级党组织和全体党员的努力，较好地完成了学习动员、分析评议和整改提高三个阶段的各项工作，群众满意率和基本满意率达到95%。

二、融入全民科技素质教育的大课题，促进科普能力建设，提升科普工作的实效性

江西省委、省政府办公厅印发的《江西省公众科学素质教育（2004—2006）行动计划》（导航计划），已列入中国科协全民科学素质行动计划第一批试点项目。2005年科普工作主要围绕这一计划展开。

省科协全年集中开展了科普日、科技周和科普之春、科普之夏、科普之秋、科普之冬6项大型科普重点活动。通过营造科普活动品牌效应，强化科普氛围。

省科协与省委组织部在全省农村继续深入实施科普致富“十、百、千”示范工程。重点强化了市、县级科普致富示范村的建设。为加强农村科普队伍建设，2005年3月省科协组建了“农业科学家服务团”。

为加强城区科普设施建设，省、市、区科协都增加了资金投入。2005年省科协与市、县、区科协投资共建的示范科普画廊12个，省科协给予资金补助达10万。创办了科普挂图式月刊——《科普天地》，中国科协常委江泽慧亲自撰写了热情洋溢的《创刊词》。继续深入开展“科普大使进社区”活动。投入20多万元编印了一批科普读本、科普图书，免费发放到市民及社区科普图书室。

为更好地开辟青少年科技教育第二课堂，2005年省科协全力打造“江西省青少年科学工作室”。在加强省级青少年科学工作室建设的基础上，省科协又争取到中国科协专项资金5万元，在九江市浔阳区创建了市级社区青少年科学工作室。与此同时，举办了第20届青少年科技创新大赛、第11届全国青少年计算机奥赛（江西赛区）联赛；举办青少年预防艾滋病展览；举办第5届科技辅导员论坛等活动。

三、融入经济社会可持续发展的大环境，促进学会改革与发展，提升学会工作水平

2005年5月，中国科协主办的全国地方科协学会部长会议和全国首届科技社团改革发展高层论坛在江西省召开。主要议题都是学会改革。会议的召开进一步浓厚了全省学会改革的氛围，推进了学会改革的步伐。

4月，为配合中国科协组织的“世界物理年在中国”系列活动，省科协举办了以“吴有训科学魅力与江西人才高地构建”为主题的爱因斯坦相对论创立100周年纪念活动。

8月，省科协组织省级学会及各地市科技工作者约70人参加中国科协2005年学术年会。应年会的特邀，省科协主席徐俊如在“科协三个服务与自身建设论坛”（44分会场）做了题为“创建科协文化，增强科协服务能力建设”的特邀报告。

为规范省科协所属省级学会的组织工作，促进学会组织发展，根据省科协章程，结合学会工作实际，制定了《省级学会召开全省会员代表大会（会员大会）及理事会换届工作管理细则（试行）》和《江西省科学技术协会省级学会组织工作管理办法（试行）》。继续实行学会重点活动经费资助立项申报制度，对学会重大学术活动和基础科学类学会的原始性创新学术活动继续予以重点支持。继续规范了学会重大活动预告制度，加强了学会信息报道的频率与密度，使会员能更快捷地获得有价值的学会信息。

由于几年来对学会管理与服务常抓不懈，学会活力不断增强。2005年的学术活动水平进一步提升，主要表现为：国际境内外相互交流的活动频繁，邀请外籍专家的人数增多；大师级人物参与的活动较多；主办或承办全国性或区域性的学术活动增多；学术活动专业化程度增强，更直接地推动技术进步；“千厂千会行动”技术服务取得新成效；学术活动与区域经济发展密切结合。

四、融入全球化的大视野，促进民间科技外交，提升国际学术交流水平

2005年6月，省科协、江西师大、省山江湖开发办、美国密歇根大学联合主办鄱阳湖水文水资源与复杂生态环境系统国际学术研讨会。

7月，省科协、省农科院、江西农业大学、海峡两岸学术文化交流协会、台湾地区中华绿文化协会、台湾神农科技发展协会和中国两岸经贸关系发展促进会等单位共同主办“沧海论坛——海峡两岸现代农业发展学术研讨会”。

10月，省科协、省农科院、江西农业大学和菲律宾国家水稻研究所联合主办“沧海论坛——杂交水稻产业化国际术研讨会”。中国工程院院士、国家杂交水稻工程技术研究中心主任袁隆平莅临大会。

为资助有突出贡献的优秀中青年学者赴国外参加国际学术会议，2005年省科协继续实施“远航工程”。经评审，5名中青年专家被确认为“远航工程”资助对象，将获资助分别赴国外参加国际会议及进行短期合作研究。

此外，为进一步拓宽对外交流渠道，正积极筹建江西省国际科技交流促进会，并开始启动和实施海外智力为国服务行动计划。

五、融入“人才强省”的大战略，促进人才成长，提升“科技工作者之家”的凝聚力

为贯彻人才工作会议精神，全省科协系统组织开展了多种形式的活动。省公路学会举办了“以人为本、精心培育人才”专题研讨会，中国工程院院士石屏、省科协徐俊如主席莅临会议并讲话。省科协高度重视中国科协部署的全国科技工作者状况调查，对调查站点进行了细致的人员培训工作，认真组织实施，顺利完成了该项调查。为积极维护科技工作者的合法权益，省科协道德与权益工作委员会召开专题会议研讨。南昌市科协还成立了维护科技工作者合法权益工作领导小组和办公室，制定了相关制度，并聘请了常年法律顾问。作为省委人才工作领导小组成员单位之一，积极发挥科协密切联系科技人才的优势，省科协提出了若干促进全省人才工作的建议。尤其是与老科技工作者协会一起，为更好的发挥老年科技工作者的作用出谋划策。

2005年，通过《江西科协》、科协年度工作画册、专刊、特刊等多种形式，共宣传全省优秀科技人物150余名，提升了科技人员的知名度。制作了专访谢光选、黄克智、林皋3位赣籍院士的光盘《回首往事，笑看风云》，获得社会一致好评。

为继续鼓励青年科技人才的成长，省科协牵头的江铃科技奖评委会开展了青年科技奖评选。

六、融入社会主义市场经济的大格局，促进自身建设，提升科协团队的整体实力

省科协2005年度，积极指导、推进直属事业单位的管理体制、用人制度、分配制度等项改革，为直属单位创业提供支持。在省科协支持下，省科技活动中心一年来大力弘扬创业精神，积极开展科技培训、科普展教等业务工作，社会影响不断扩大。省科技咨询中心在做好科技咨询主业的同时，大力推进司法鉴定工作，逐步开辟工程咨询业务，并通过做好省科技咨询业协会的工作，带动和促进科协系统科技咨询机构咨询服务活动的开展。省农函大全年培训学员2.2万余人，超额完成工作计划。同时积极争取省委、省政府及各厅局的支持，联办单位由4家扩增为8家。《聪明泉》杂志社大力整合科普出版资源，将《聪明泉》改为旬刊，并与国内其他传媒开展合作经营。

为进一步提高全省科协系统干部队伍的业务素质，省科协与中国科协干部学院联合举办了全省市、县科协主席培训班。

为适应信息化的时代要求，省科协大力推进“网上科协”的建设。对“江西科协”网站的主页再次进行改版，强化了农业新技术、新品种的推介，以更好地通过网络媒体服务“三农”。为推进省科协机关“无纸化办公”，采用了“政务通”办公自动化系统，现已投入试运行。

山东省科学技术协会

地　　址　山东省济南市杆南东街8号
邮政编码　250001
电子信箱　bgs@ sdast. org. cn
主页网址　http://www. sdast. org. cn
电　　话　0531－82073208
传　　真　0531－82073208
主　　席　管华诗
副 主 席　陆巽生　许素海　孙培峰　燕　翔　林兆谦　李云云　王家利　庄文忠

李海舰　相建海　赵彦修　曹耀峰
喻子达　温孚江　谢立信　韩圣浩

刊 物 及 主 编　《山东科协通讯》　**编委会主任**　陆巽生
《山东科技报》　**总编**　于洪文
《科技致富向导》　**总编**　于洪文

单位简介

山东省科协1959年4月在省科普和省科联两个组织的基础上成立，“文革”期间停止活动。1977年开始，省、地、县（市、区）、乡（镇）陆续恢复了科协组织。

省科协自成立以来先后召开了六次代表大会。第一次代表大会于1959年4月召开，主席为余修。第二次代表大会于1981年4月召开，主席为曾呈奎。第三次代表大会于1987年2月召开，主席为曾呈奎。第四次代表大会于1992年9月召开，主席为潘承洞。第五次代表大会于1997年12月召开，主席为潘承洞（已去世），1997年底补选管华诗为主席。第六次代表大会于2002年12月召开，主席为管华诗。

目前，全省共有市级科协17个、县（市、区）科协140个，乡（镇）、街道科协1704个；省级学会125个，市地级学会621个，会员20余万人；企业科协1475个（其中民营企业和新兴经济组织科协598个），会员13.8万人；市、县老科技工作者协会50个；市、县及企业反邪教协会210个；各类农村专业技术协会1.1万个，会员100余万人。

工作综述

一、科普工作

1. 开展科普宣传。举办了2005年科技周和以“树立科学发展观、共建和谐社会——科学普及你我共参与”为主题的全国科普日等科普活动，启动举行了《发展循环经济、建设资源节约与环境友好型社会》、《科学发展观：人与自然和谐发展篇》等大型科普巡展，社会影响广泛。各级科协大力开展“科普进社区”、“科普之春（冬）”、“送科技下乡”活动，深受群众欢迎。启动编纂大型综合性科普读物《自然科学向导》（暂定名），计划编纂35卷，共1000余万字。

2. 抓好“四大板块”科普，实施“科普村村通”工作。至年底，全省已建成“科普村村通”宣传栏53638个，配套印发科普挂图35万多套、210多万张。有60个单位、180名同志获“全省科普村村通工作先进单位”和“先进个人”荣誉称号。大力推动城区科普，开展“科教进社区”活动1750多次，受益群众达220万人次，创办社区科普大学55所。全省企业科协共举办创新性活动235项785次，参加科技人员达38万人次。与省教育厅联合举办了第20届山东省青少年创新大赛和五学科奥赛山东赛区比赛；五学科奥赛全省有223人获全国一等奖。年内有6个县市区被命名为全省科普示范县和示范城区。

二、学术交流工作

1. 学会改革稳步推进。省科协已与31个省级学会的挂靠单位落实了分工负责制。通过深化学会改革，激活了学会工作，增强了学会在市场经济条件下的发展能力。各省级学会年内组织开展各类学术活动311次，参加人数41715人次，交流学术论文17464篇。

2. 广泛开展三层次学术交流研讨活动。开展了省科协第一层次重点学术项目“山东生态省建设技术对策研究”；完成了40项年度重点学术活动项目；指导资助了11项市级科协重点学术活动。

3. 开展决策咨询和科技服务。全省年内实现咨询合同额2.5亿元，完成“金桥工程”项目1672项，增加产值158亿元。省老科技工作者协会组织广大离退休科技工作者实施“服务‘三农’百千万行动计划”，为农户送科技上门。

三、对外交流

1. 承办或组团参加了一些重要国际学术会议，继续外派研修生，组织专业人员赴德国、法国、日本等国进行考察学习。组织实施“引进海外智力为国服务行动计划”，开展招商引智工作，与韩国、俄罗斯等国开展了技术合作项目。

2. 省科协与泰安市政府等共同承办了由中国科协、山东省人民政府、韩国产业技术财团主办的第二届鲁韩企业高新技术项目洽谈会，鲁韩双方有500多家企业参会，达成合作意向和项目77项，金额12.2亿元。

四、人才、建“家”工作

1. 履行科协参政议政职责。潍坊市科协主席王义正等省人大代表提出的《关于进一步搞好农民职业技能培训的议案》，被省人大列为2005年1号议案。完善了《山东省科技工作者状况调查分析报告》。完成了《山东省离退休科技人员状况及发挥作用对策调查报告》，省委书记张高丽、省长韩寓群就进一步发挥老科技工作者作用作出重要批示。

2. 开展了第五届山东省优秀科技工作者和第三届山东省优秀离退休科技工作者评选，授予59名同志山东省优秀科技工作者称号，并记二等功。授予王乐义、宋黎定同志第二届山东科普奖。推荐了中国青年科技奖、中国青年女科学家奖人选。同省科技厅联合举办了曾呈奎事迹报告会，社会影响广泛。结合保持共产党员先进性教育活动，开展了"搭桥梁、结纽带，为科技工作者送温暖"主题实践活动。

五、自身建设

加快各项事业发展。进一步推进省科技馆、《山东科技报》、省科技咨询中心、科技培训中心等事业单位改革。依法推动科协工作。省科协配合省人大赴全省部分市和学会进行了《山东省科学技术协会条例》调研，提出了加强科协和学会工作的建议意见。扎实开展了保持共产党员先进性教育活动。加强了决策目标、执行责任、考核监督"三个体系"建设，长效机制不断建立完善。经省直机关工委严格考核，省科协机关及省科技馆、山东科技报社被评为"省直文明机关"。

河南省科学技术协会

地　　址　河南省郑州市花园路53号附1号
邮政编码　450008
电子信箱　lili@ hnskx. ha. cn
主页网址　http://www. hast. net. cn
电　　话　0371－65707511
传　　真　0371－65707512
主　　席　徐济超
副 主 席　李建中　彭翼群　何凤莲　王永章　申长雨　薛松贵　赵　琛　王应太　李利剑
刊物及主编　《河南科技报》　**主编**　李宝红
《农家参谋》　**主编**　余东平
《河南科协》　**主编**　李　莉
《科技动态》　**主编**　周运山

单位简介

1959年，经中共河南省委批准，河南省科普和科联两大组织合并成立河南省科学技术协会，并于同年5月11日召开成立大会，即河南省科协第一次代表大会。"文化大革命"期间，活动被迫中断。1979年3月恢复活动。河南省科协第一次代表大会于1958年5月召开，张柏园为主席。第二次代表大会于1981年10月召开，徐子佩为主席。第三次代表大会于1987年3月召开，吴百川为主席。第四次代表大会于1992年5月召开，张涛为主席。第五次代表大会于1997年10月召开，张涛为主席。第六次代表大会于2002年12月召开，黄兴维为主席，2004年12月补选徐济超为六届委员会主席。

河南省科协现有全省性学会133个，省辖市科协18个，县（市）级科协158个，县（市）级学会3279个，乡镇科协1849个，企业科协500多个，全省有农技协13713个，以及城市街道、科研院所、高校科协等组织。省科协通过各级科协和学会，共联系全省28万会员、136.5万科技工作者和近百万名乡土科技人才。

工作综述

2005年，河南省科协各级组织及所属团体以邓小平理论和"三个代表"重要思想为指导，全面贯彻落实科学发展观，在探索中积极推动科协工作创新发展，根据中央、省委有关会议精神和中国科协提出的"三服务、一加强"要求，明确了"荟萃精英，服务大局，弘扬科学，推动创新"的十六字工作方针，并对全年工作进行了部署，按照围绕中心、服务大局、突出重点、统筹兼顾、注重成效的原则，团结动员广大科技工作者，积极发挥推动科技事业发展重要力量和科普工作主要社会力量的作用。

一、广泛宣传科学发展观，推动科学发展观在全社会贯彻落实

一是举办专题展览，宣传科学发展观。与中共河南省委宣传部、省文明办在省科技馆举办了《科学发展观：人与自然和谐发展》展览。这次展览通过大量图片、数据和展品，深刻系统地说明了科学发展对经济社会的极端重要性。展览期间，省直、市直单位和在豫高校及社会各界群众共8万多人次参观了展览。展览结束后，又在全省18个省辖市进行了巡展。各地党政主要领导同志和广大群众参观了展览。社会各界普遍认为这个展览办得非常及时，是一个好展览，对推动全社会全面了解科学发展观、掌握科学发展观、践行科学发展观起到了重要作用。

二是利用各类活动平台，引导公众在参与中逐步树立科学发展理念。突出“树立科学发展观，共建和谐社会”的主题，精心组织了“全国科普日”活动。以公众直接参与为基本活动方式，通过讲座、报告、展示、咨询等形式开展了一系列丰富多彩的科普宣传活动。据不完全统计，科普日期间共开展各类重点科普活动327项，直接参与群众达270万人次。与河南省科技厅联合举办的“科技活动周”；与中共河南省委宣传部共同开展的“三下乡”、“科教进社区”活动，也都把普及宣传科学发展观作为主要内容，在广大干部群众中产生了广泛影响。

二、加大科技服务“三农”力度，推进社会主义新农村建设

重点开展了万名科技专家服务“三农”活动。围绕解决“三农”问题，推进社会主义新农村建设，联合中共河南省委组织部、省农业厅、省财政厅等部门，分批选派1万名科技专家深入农村第一线，以市场为导向，以项目为载体，以技术为支撑，大力开展各类科技服务活动。这次活动的突出特点是着眼于长效机制的建设，实效目标的追求。活动的主要任务是，协助当地乡镇政府理清农业结构调整思路，进行农业政策宣传，推广先进适用技术，开展科技培训和技术咨询。目前，按照建立长效机制，切实取得实效的要求和“专家—项目—村镇”的对接方式，首批5100余名科技专家与5200多个村已完成对接并开展了工作。初步统计，已完成对接项目4200个，举办培训班3200场，64万人次参加培训。这项活动，抓住了科协服务“三农”的切入点、结合点，使科协工作融入了农村经济社会发展的主战场，受到了农民欢迎、专家拥护、党政重视，在短短的两个月内就取得了显著成效。

深化科普示范县创建工作。根据创建标准，目前有21个县（市、区）通过了创建全国科普示范县资格审查，有6个县（市、区）通过了创建全省科普示范县资格审查。科普示范县创建工作有力地促进了县域科普工作，增强了基层科普服务“三农”的能力。在科普示范县创建活动的示范带动下，各地创建科普示范乡镇的积极性也非常高涨，有50个科普示范乡镇已通过省级验收。加强科普示范基地建设，对11个科普示范基地重点项目给予了重点支持。科普示范基地在调整产业结构，推广新技术、新品种等方面发挥了积极的示范和引导作用。围绕解决“三农”问题开展的农村科普工作取得重大成效，受到了中国科协充分肯定。在全国农村科普工作会议上，河南省有1人荣获全国先进标兵、60人荣获全国农村科普工作先进个人、11个单位荣获全国农村科普工作先进集体。

在重点面向农村开展科普工作的同时，继续加大城区科普工作。举办了河南省首届公众科学素养电视大赛，开展了反邪教科普宣传，筹办了河南省科协科技进修学校，加强了科普理论研究，为普及科技知识，促进全民科学文化素质提高做出了新贡献。

三、围绕经济社会发展中的重大课题开展学术交流，推动科技自主创新和决策科学化

一是举办河南省第六届学术活动月。以“科学发展与自主创新”为主题，共组织了40多场大型学术活动，交流论文2000多篇，7000多名科技工作者参加了各项学术活动。中国工程院副院长邬贺铨、杜祥琬在开幕式上分别做了题为“信息化的机遇与挑战”、“建设环境友好型、节约型社会”的学术报告。学术活动月为科技工作者搭建了一个倡导创新意识，促进创新发展的多学科、综合性、开放式的学术交流平台。

二是举办科学与发展系列论坛。主要围绕河南省基础学科发展和关键领域、关键行业，集中省内外高层次专家智慧，为省委、省政府决策提供科学咨询、建议。围绕促进基础科学发展，组织召开了国家自然科学基金与河南省基础学科发展座谈会。国家自然科学基金委主任陈宜瑜等8位院士，就国家自然科学基金运作情况与河南省部分高校和科研院所的负责人进行了座谈，为争取国家自然科学基金委对河南省基础科学研究项目的更大支持奠定了良好的基础。围绕科学制定河南省“十一五”规划，举办了科技创新与“十一五”工业发展专家报告会。特邀我国著名经济学家吕政做了题为“对‘十一五’经济发展和区域经济政策取向的分析”的报告。这次报告会对引导和启迪河南省科技工作者为制定“十一五”规划建言献策起到了积极的作用。同时围绕促进能源、粮食、城建、县域经济发展等，举办了第四届科技创新论坛、粮食信息化建设论坛、小麦育种科技专家论坛、中原城市群空间发展规划论坛、县域经济发展论坛等。系列论坛不仅促进了学科发展，更重要的是把学术交流同战略研究、政策建议融为一体，为专家建言献策、发挥作用创造了新平台，受到了全省科技工作者的广泛欢迎和关注。

三是开展科技咨询和科技中介服务。围绕促进科技与经济结合，积极开展“四技”服务、ISO 9000 系列认证、司法鉴定和环境影响评价等工作。全年技术服务项目及咨询合同项目同比有大量增加，一批有影响的司法鉴定项目、环境影响评价项目取得了良好的社会效益和经济效益。各省级学会和地方科协也结合专业和地域特点，开展多种形式的学术交流、科技中介服务活动，收到良好效果。

四、围绕实施开放带动主战略，进一步活跃对外民间科技交流与合作

一是举办一系列重要国际会议。主持了由中韩两国科学基金会联合支持的中韩管理科学家论坛。这次论坛在韩国济洲岛举行，国内清华、交大、浙大等 18 所重点大学的知名专家参加了论坛。与郑州大学、省交通厅等单位联合举办了国际道路快速维修技术高级研讨会，与中国抗癌协会、郑大医学院等单位联合承办了中国首届国际食管癌学术会议，支持郑州大学和香港中文大学主办了第五届生命科学国际研讨会。来自美国、加拿大、英国、德国、日本等国的专家分别参加了上述会议。这些学术会议为河南省相关学科发展起到了重要促进作用。

二是积极引进国外先进技术。如在农业结构调整方面，与河南省农科院等共同主办了以色列花卉科学栽培与管理培训班，以色列花卉专家在培训班上介绍了世界花卉贸易形势及以色列花卉种植、养护、管理等技术，对推动河南省花卉业的发展起到了积极的作用。

三是积极开展与港澳台地区的科技交流。举办台湾地区农业发展专题报告会，邀请台湾地区专家介绍台湾地区农业发展的现状和经验，并就开展相关合作事宜进行了交流。组织农业专家参加了海峡两岸第三届休闲农业学术研讨会、两岸四地中药标准研讨会，增强了河南省科技工作者与台湾地区科技团体、科技专家的相互了解和沟通。

在积极引进国外技术智力的同时，还采取各种方式，推动科技工作者“走出去”。全年共外派科技考察团 20 个 117 人，分别赴俄罗斯、意大利、澳大利亚、日本、韩国等国家进行科技交流。

五、大力加强青少年科技教育工作，全面提高青少年的科技意识和创新能力

一是举办第 19 届河南省青少年科技创新大赛。这次大赛的主题是：体验科学，健康成长。来自全省的优秀科技教师、科技教育工作者及参赛选手 300 多人参加。大赛共评出优秀科技创新成果一等奖 94 项。在此基础上，推荐优秀项目参加了全国第 20 届青少年科技创新大赛，获科技创新成果一等奖 8 项，仅次于东道主北京市，位居全国第二。在大赛设立的中国科协主席奖、青少年科技创新奖、英特尔英才奖三类 28 个奖项中，河南省获得 7 项，总成绩居全国之首。

二是认真组织中学生学科奥林匹克竞赛。进一步完善了竞赛管理办法，按照公正公平的原则，严格组织竞赛。一年来，在全国中学生数学、物理、化学、生物、信息 5 个学科奥林匹克联赛中，河南省共有 170 多人获河南赛区一等奖；在决赛中有 8 人获全国一等奖，其中物理、生物各有 3 人获全国一等奖，这两个学科一等奖人数均居全国第一位。

三是不断创新载体，推动科技教育活动经常化。建立了河南省青少年科学工作室，开展了“大手拉小手”青少年科技传播行动，组织了青少年机器人比赛。同时，利用科技馆开展各类科技展览，丰富了青少年的课外活动，推进了素质教育。

为了进一步推动全省青少年科技教育工作，还联合河南省教育厅、团省委等部门召开了全省青少年科技教育工作会议。会议出台了河南省青少年科技教育工作意见，对今后一个时期的青少年科技教育工作进行了部署。

六、切实履行桥梁纽带职责，进一步提高服务科技工作者的能力

一是加强调查研究，把握思想动态。开展了河南省科技工作者状况调查。在2004年调查的基础上，对有关数据和材料进行了分析研究，形成了近20万字的“河南省科技工作者状况调查报告”，为省委、省政府和有关部门及时掌握科技工作者基本状况，制定相关政策提供了理论依据和基础材料。

二是开展宣传表彰活动。为培养、造就高素质青年科技人才队伍，激励全省广大青年科技工作者为实现中原崛起贡献才智，会同中共河南省委组织部、省人事厅开展了第八届河南省青年科技奖的评选表彰工作，共有68名优秀青年科技工作者获奖。为调动广大老科技工作者发挥余热、再做贡献的积极性，会同河南省人事厅召开了全省发挥离退休专业技术人员作用暨纪念省老科技工作者协会成立20周年会议。加大了对科技人员的宣传力度，通过主流媒体，大力宣传河南省科技工作者中的优秀代表，在社会上产生了广泛影响。

七、扎实开展保持共产党员先进性教育活动，不断推进团体自身建设

根据中共河南省委的统一部署，开展了保持共产党员先进性教育活动。以开展先进性教育活动为契机，围绕加强科协组织能力建设，集中精力抓了以下三项工作。

一是加强科协常委会建设。制定了《关于大力加强常委会建设，进一步发挥常委会作用的意见》，在落实《意见》的第一阶段，设置了学会、科普、青少年科技教育、国际科技交流等4个工作委员会，随着工作的深入开展，将从工作委员会的数量和人员构成方面作进一步拓展，进一步密切与广大科技工作者的联系。

二是加强对学会的政策性和指导性服务。开展了学会调研，针对影响学会发展的共性问题，如社团税务发票、年检审计收费、学会业务收费项目和收费标准、学会承担社会职能，进行了深入研究，拟定了《河南省科协关于推进全省性学会改革和发展的若干意见》。

三是加强机关作风建设。开展“五好三争”活动。“五好”是：政治品质好、业务素质好、工作政绩好、思想作风好、廉洁自律好。“三争”是：争创先进基层党组织、争当先进党员、争当先进工作者。通过开展“五好三争”活动，进一步加强了科协干部职工队伍的思想政治建设、党风廉政建设和工作作风建设，切实提高了综合素质，增强了服务科技工作者的能力，为科协更好地履行职责、发挥作用奠定了良好的基础。

八、加强指导与管理，稳步推进所属事业单位改革和建设

为了进一步增强科协事业单位的活力和实力，促进事业单位不断向前发展，按照国家和省有关部门关于事业单位改革意见，积极推进了所属事业单位改革和建设。

一是积极引导和强化事业单位在市场经济条件下求生存、谋发展的竞争意识。成立了河南省科协事业单位改革发展领导小组和办公室，在所属事业单位开展了改革与发展前期调研，初步分析了影响事业单位发展的主要问题。组织人员赴上海、浙江等地有针对性地进行了考察，借鉴兄弟省份成功经验，初步拟定了《河南省科协关于加快事业单位改革发展的试行意见》。

二是加强管理，事业单位取得了长足进展。《农家参谋》杂志荣获了第三届全国期刊奖提名奖。《河南科技报》被评为省一级报、省十佳报纸，这是报社连续三届获此殊荣。在国家新闻出版总署组织的评比中，河南科技报社与河南日报社、郑州日报社一起被授予全国地方报社管理先进单位荣誉称号。河南省科技咨询中心积极争取资质，不断扩大业务领域。河南省科技馆、省青少年科技中心、科普影视宣传站、反邪教协会、科普研究室也都在各自工作领域取得了显著成绩。

湖北省科学技术协会

地　　址　湖北省武汉市武昌区八一路九号
邮政编码　430071
电子信箱　hbkxbgsh@elong.com
主页网址　http://www.hbstcc.com

电　　话　027－87823704
传　　真　027－87823704
主　　席　樊明武
副 主 席　刘会永　卢先诚　冯祖强　叶朝辉　朱作言　许晓金　李德仁　杨叔子　张治平　张明达　张端品　侯杰昌　殷鸿福
刊物及主编　《湖北科协》　主编　刘会永

单位简介

湖北省科学技术协会是在中华人民共和国成立后建立的中华全国自然科学专门学会联合会武汉分会和湖北省科学技术普及协会的基础上，于1958年12月5日召开第一次代表大会成立的。1966年12月，“文化大革命”中省科协被撤销。1978年11月，中共湖北省委发文恢复省科协。

2002年9月召开省科协第六次代表大会，樊明武当选为主席。现有全省性学会（协会、研究会）127个，直属基层科协48个。

工作综述

2005年，湖北省科协在省委、省政府领导下，在中国科协指导下，认真学习贯彻党的十六大和十六届四中、五中全会精神，用邓小平理论和“三个代表”重要思想统领科协工作，全面贯彻落实科学发展观，围绕做好“三服务、一加强”，努力构建“科协工作四大体系”，为湖北经济社会发展做出了新贡献，科协事业也有了新的发展。

一、充分发挥作为国家推动科技事业发展重要力量的作用，积极为经济社会全面协调可持续发展服务

1. 成功举办第三届湖北科技论坛，推动了国内外学术活动的广泛开展。经省委、省政府同意，由省政府主办、省科协承办的第三届湖北科技论坛于2005年10月13～15日在武汉举行。围绕第三届湖北科技论坛主题“湖北与中部地区崛起——科技为支撑”，来自全省各市州代表团、省直各单位、各高等院校、科研院所、大型企业和全省性学会的5000多名党政领导、科技工作者和企业界人士参加了第三届湖北科技论坛主会场、13个分会场和20个子会场的科技研讨与交流活动。中共中央政治局委员、省委书记俞正声，省长罗清泉，省委常委、常务副省长周坚卫，省委常委、宣传部部长张昌尔，省人大副主任鲍隆清，副省长郭生练，省政府副主任周宜开等出席了10月13日上午在湖北剧院举行的第三届湖北科技论坛开幕式。省委副书记、省长、第三届湖北科技论坛组委会主任罗清泉致开幕词，副省长郭生练主持开幕式。中国科协主席周光召，中国工程院副院长杜祥琬分别为出席开幕式的党政领导和科技工作者做了题为“自主创新，重点超越”和“建设环境友好型、资源节约型社会”的主题报告，使全体与会人员受到一次全新的现代科技知识教育，大大开阔了视野，增长了知识。

第三届湖北科技论坛的成功举办，不仅有力地拉动了全省国内外学术交流，而且产生了广泛的社会影响，科技人员纷纷称赞湖北科技论坛主题鲜明，紧扣时代，内容丰富，贴近经济发展实际，水平高、影响大，对科教兴鄂、加快湖北在中西部地区率先崛起必将产生巨大推动。据统计，论坛前后，仅新闻报道就有121篇次。其中，报纸发稿82篇次；电台发稿14篇次，湖北电视台首次用英文面向国内外报道论坛盛况；电台发稿18篇次；中央级网络直接发稿7篇次。

2. 落实省委指示精神，全省农村劳动力转移技能培训工作初见成效。为了贯彻落实省委关于大力开展农村劳动力转移技能培训工作的指示精神，省科协成立了领导小组，设定了专门办事机构，并成立了省科协农村劳动力转移技能培训中心。2005年8月8日，省科协在武昌召开全省科协系统农村劳动力转移技能培训工作会议。省委副书记陈训秋出席会议并讲话。省科协党组书记、常务副主席刘会永为大会做了总结讲话，要求全省各级科协根据省委、省政府的部署要求，结合科协工作实际，积极开展工作，完成好省委交给的这一光荣任务，并就全省科协系统组织开展农村劳动力转移技能培训工作作了具体部署，提出了明确要求和任务。会后，全省各级科协迅速行动起来，认真贯彻落实会议精神，积极开展农村劳动力转移技能培训工作，取得了积极成效。据不完全统计，全省科协系统已集中培训农民工3.5万人，农民工安置就业2.9万人，月平均工资近700元，就业率达到82.8%。

3. 深入开展“金桥工程”、“千厂千会”、“讲理想、比贡献”竞赛等3项活动。走新型工业化道路，以信息化带动工业化，是省委、省政府今后经济工作的重大战略方针。2005年，全省各级科协及所属团体围绕推动新型工业化，组织广大科技工作者深入开展“金桥工程”、“千厂千会”、“讲理想、比贡献”竞赛等3项活动，并注重总结经验，宣传典型，拓展领域，把工作的重点放到高科技项目的引进、关键技术的推广上，把深化的切入点放到探索市场化的运行机制上，把工作的着力点放到促进高校、科研院所、学会与企业的结合上，全面推动3项活动的深入发展，为企业科技进步做出了贡献。为了加强集成，整合力量，2005年，省科协以3项活动为主线，组织了“四个一”的科技服务活动，即组织100个全省性学会、大型企业科协、高校科研院所科协，与100家企业结成协作对子，组织10万科技人员开展“讲理想、比贡献”竞赛活动，推广100项具有带动作用的高科技项目和关键技术。

二、充分发挥科普工作主要社会力量作用，努力为提高全民科技文化素质服务

1. 认真组织全国科普日（湖北）活动，群众性、经常性、社会性科普工作局面初步形成。按照中国科协的统一部署，省科协从9月17日开始在全省范围内组织开展了为期一周的以“树立科学发展观，共建和谐社会——科学普及、你我共参与”为主题的全国科普日活动。省科协和武汉市科协联合举办了“洪昭光大型科普报告会——全国科普日活动湖北省暨武汉市启动仪式”，省科技馆举办了“科学、文明、健康”科普展。与此同时，省科协集中动用了3辆科普大篷车，分3条线路，深入基层开展农村劳动力转移技能培训集中宣传活动和科普展教活动，重点宣传党的十六大和中央1号文件精神、“阳光工程”相关政策、省委副书记陈训秋同志在全省科协系统农村劳动力转移技能培训工作会议上的讲话精神以及全省科协系统开展农村劳动力转移技能培训工作的专业重点和优惠政策，让党的富民政策深入人心，在全省农村掀起了学科技、用科技、依靠科技致富的热潮。

据统计，科普日期间，全省共有8万多名来自教育、科技、文化、卫生、体育等有关方面的专家及专业工作者、科普工作者和科普志愿者进农村、进企业、进学校、进社区，运用讲座、报告、展示、咨询、传授、体验、竞赛、评选、展播、演出等形式开展了一系列丰富多彩的科普活动，取得了很好的效果，产生了广泛的社会影响。全省共开展各类科普活动987项，其中重点科普活动181项，500人以上的科普报告会97场，各类科技报告会、科普讲座440多场次，发放科普挂图、资料、图书等120多万份（册），咨询23万人次，制作、展出各类科普展板3800多块，为群众义诊3万多人次，播放科教影视片300多场次，送科技下乡近200多批次，培训农民10万多人次，200多个科技馆、地震台（站）、青少年科普教育基地等设施向公众免费开放。各类新闻媒体播发、刊登新闻稿件2000多篇（条），30多万人次参加了各类科技知识竞赛活动。全省直接参与全国科普日活动的群众达800万人次、各级领导300多人次。

2. 召开全省“科学素质工程”总结表彰大会，制定了新时期“科学素质工程”实施规划。2005年5月，省科协召开全省“科学素质工程”总结表彰大会，会议全面总结了5年来全省实施“科学素质工程”的经验，表彰了实施“科学素质工程”的22个优秀组织领导者、56个科普工作先进集体、95个科普先进工作者等一批先进集体和先进个人，全面部署了下一阶段全省深入实施“科学素质工程”的目标、任务。省委副书记陈训秋出席大会开幕式并作重要讲话。刘会永同志向大会做了工作报告。会　议讨论通过了《湖北省“科学素质工程”2005—2010年规划（草案）》，使各级科协进一步明确了今后一个时期深入实施“科学素质工程”的指导思想、基本方针、总体目标与主要任务。

3. 召开了第五次全省科技馆工作会议，科技馆的科普工作主阵地作用日益凸现。2005年7月30日，省科协召开了第五次全省科技馆工作会议，来自全省17个市州和43个县的约80人参加了会议。省科协党组书记、常务副主席刘会永做了工作报告。自2000年第四次全省科技馆工作会议以来，全省科技馆工作进行了战略转移，开始了“二次创业”。

会上，对获得科技馆工作先进集体、先进个人和特殊贡献奖的单位和个人进行了颁奖表彰，并为获得示范科技馆的单位进行了授牌。

三、充分发挥党和政府联系科技工作者的桥梁和纽带作用，竭诚为科技工作者服务

1. 积极组织科技工作者参政议政。2005年9月上旬，省科协党组书记、常务副主席刘会永率省科协常委考察团赴安徽、浙江学习考察两省科协的有关工作。学习考察期间，考察团成员先后听取了关于省科技咨询中心工作和省科协工作的情况介绍，并就科协工作创新与拓展等问题进行了座谈与交流。考察团还结合湖北省情况，就科协今后工作的发展进行了讨论，写出了《赴安徽、浙江两省科协学习考察的报告》，提出了推动省科协与科技咨询工作和事业发展的对策建议。

组织省政协科协界委员考察科协工作，充分发挥省政协科协界委员从政协渠道进行参政议政的作用。10 月，省政协办公厅、省政协教科文卫体委员会、省科协联合组成省政协科协界委员考察组，对山西省、陕西省发挥离退休专业技术人员作用的情况进行了为期 7 天的考察和了解，并写出了考察报告。此次考察为借鉴外地发挥离退休专业技术人员作用的经验，形成关于更好地发挥全省老科协组织和老科技工作者作用的政协提案作了充分准备。

2. 开展对科技工作者现状的调查。省科协积极承担了中国科协关于科技工作者状况调查的部分调查任务。从 8 月下旬开始，省科协选择全省科技工作力量比较强并能反映全省科技工作状况的武汉市、大冶市、郧县、湖北大学、铁四院等 5 个调查站点，就科技工作者的社会地位、社会责任、科技创新、科协组织、个人基本状况和单位信息等 6 条 57 款调查内容开展了广泛调查。在 1 个多月的调查过程中，共发放调查问卷 190 份，涉及企事业单位 18 个，取得调查数据 10830 个，较全面地反映了全省科技工作者的状况，圆满完成了调查任务。

3. 大力宣传表彰优秀科技工作者。省科协与省作家协会和新闻媒体联合开展了重点科技人物宣传报道工作，组织专业作家和新闻记者，对省政府命名的“湖北省科学技术突出贡献奖”获得者傅廷栋、赵梓森、李德仁等一批优秀科技工作者进行深入采访，并以报告文学、通讯报道的形式在社会上进行广泛宣传；积极响应中国科协、中央文明办、建设部等有关部委“关于在北京、武汉实施著名科学家城市塑像工程”的倡议，在省城武汉启动了著名科学家城市塑像工程，并确定了雕像对象、雕像人数、雕像材料、坐落地点，完成了塑像工程项目的前期论证和策划工作；与省委组织部、省人事厅联合完成了第七届湖北省青年科技奖评审表彰工作，共评出 20 名湖北省青年科技奖获奖者，并在此基础上向中国科协推荐了 12 名第十届中国青年科技奖候选人；编印出版了《睿智者之光——荆楚院士风采》大型宣传画册，向国内外宣传展示在鄂工作的 51 名“两院”院士的风采。

4. 认真维护科技工作者的合法权益。2005 年，省科协积极加强全省“维权”机构的组织建设，通过努力已初步形成了包括省科协维护科技工作者权益工作委员会、湖北科技事务司法鉴定中心、13 个市州和 7 个县市科协维护工作者权益工作委员会在内的、覆盖全省的“维权”网络。据不完全统计，一年来，全省“维权”机构共接待科技工作者来访 305 人次，其中面访 95 人次、信访 22 人次、电话来访 188 人次；共受理涉及劳动保障、福利待遇、知识产权、经济纠纷、职称评审等方面的案件 222 例，并且通过反复做工作，使所受理案件的妥善处理率基本上达到了 100%。

湖南省科学技术协会

地　　址　湖南省长沙市营盘东路 19 号

邮政编码　410005

电子信箱　hnkxbgs@yahoo.com.cn

主页网址　http://www.scisea.com

　　　　　http://www.hstcc.com

电　　话　0731－4441780

传　　真　0731－4415022

主　　席　何继善

副 主 席　王凤飞　王柯敏　王笃达　卢光琇　卢锡城　刘友梅　刘宝琛　吴明夏　邹志强　陈火旺　青先国　周思源　杨　薇　官春云　钟　掘　姚守拙　袁隆平

刊物及主编　《湖南科技报》　主编　傅爱军

　　　　　　《第二课堂》　主编　陈光中

　　　　　　《湖南科协》　主编　喻泽红

单位简介

湖南省科学技术协会是湖南省科技工作者的群众组织，是中共湖南省委领导下的人民团体，是省委和省人民政府联系科技工作者的桥梁和纽带，是发展科学技术事业的重要力量。

湖南省科协成立于1958年12月，其前身是1951年成立的中华全国科学技术普及协会湖南分会（省科普）和1957年成立的中华全国自然科学专门学会联合会湖南分会（省科联）。1958年12月，省科联和省科普在长沙市联合召开湖南省科技工作者代表大会，决定将两个团体合并成立湖南省科学技术协会。大会选举产生了湖南省科学技术协会第一届全省委员会，周汝沆任主席。1960年2月，湖南省科学技术协会第二次全省代表大会在株洲市召开，周汝沆任主席。1980年9月，湖南省科学技术协会第三次全省代表大会在长沙市召开，田后凤任主席。1986年12月，湖南省科学技术协会第四次全省代表大会在长沙市召开，侯振挺任主席。1991年10月，湖南省科学技术协会第五次全省代表大会在长沙市召开，侯振挺任主席。1996年12月，湖南省科学技术协会第六次全省代表大会在长沙市召开，何继善任主席。2001年12月，湖南省科学技术协会第七次全省代表大会在长沙召开，何继善任主席。

目前，湖南省科协拥有直属企事业单位11个，省级学会122个，会员近80万；市州科协14个，县（市、区）科协123个，市级学会和县级学会2365个，大专院校科协15个，企业科协260多个；乡镇科协1875个，农村专业技术协会（研究会）近3000个，农村科技示范户40多万户。

工作综述

2005年是湖南省科协全面落实科学发展观、科协事业发展取得重要进展的一年。根据中国科协“三服务、一加强”的工作方针，湖南省科协提出了“坚持以人为本，强化自身能力，突出‘三个服务’，加快全面发展”的工作思路，自觉把科协工作纳入全省工作大局，努力为全省经济社会全面协调可持续发展服务，为广大科技工作者服务，为提高公众科学文化素质服务，促进了全省科协事业的发展，为推动社会主义物质文明、政治文明和精神文明建设作出了新的贡献。

一、宣传贯彻落实科学发展观，努力为全省经济社会全面协调可持续发展服务

一是进一步加大了宣传科学发展观的工作力度。在全社会大力宣传普及科学发展观，是贯彻落实科学发展观的基础性工作。2005年，省科协把宣传科学发展观作为全年工作的一项重要任务，面向社会进行了广泛宣传。为了让人们直观地了解科学发展观，组织举办了《科学发展观》专题展览，深入全省7个市、州进行了54天的免费巡展，10万余人深刻体会了科学发展观的丰富内涵。全省各级科协和广大科技工作者，通过各种生动活泼的形式进行卓有成效的宣传，使科学发展观家喻户晓、深入人心。

二是进一步加大了为经济社会发展服务的工作力度。2005年初，组织科技界部分院士和专家对周伯华省长2005年的《政府工作报告》进行了专题讨论，提出的建设性意见被省政府采纳。上半年，受省发改委委托，组织专家对湘江长沙水利水电综合枢纽工程的环保及水体进行了专项调研论证，提出了《湘江长沙综合枢纽工程水体及环境影响咨询报告》，为省委、省政府决策核准这项工程提供了科学依据，受到了有关部门的好评。为了建设节约型社会、推进湖南省循环经济发展，和省经委联合举办了湖南省推进循环经济发展专家座谈会，为全省发展循环经济提出了九条专家建议，报送了有关领导和部门，并组织中央驻湘和省会18家新闻单位采访宣传了泰格林纸集团发展“循环经济”的经验。组织专家开展了《我国再生有色金属工业现状调查分析》、《关于发展我省林纸一体化的对策研究》和《湖南生态省建设规划》等30余项决策咨询、工程咨询项目以及质量认证工作。参加了湖南新型工业发展现状调查，提出了发展新型工业的专家建议。受省地税局的委托，组织开展了《人民币现行浮动汇率制度对我省经济影响研究》；受省高级人民法院和醴陵市人民法院的委托，开展了司法鉴定工作，进一步拓展了科协服务经济社会的领域。此外，还参加了建整扶贫工作，开展了反邪教警示教育活动，都取得了可喜成绩。

三是进一步加大了学术交流的工作力度。为了进一步繁荣学术，推动科技进步，省科协不仅继续组织发动省级学会积极举办各种专业性、专题性学术活动，而且从10月18日~11月18日，举办了以“落实科学发展观，推动湖南崛起”为主题的2005年湖南科技论坛大型学术活动，并于10月31日举办了论坛开幕式和主题报告会。省委副书记谢康生等领导同志和400余名科技工作者参加了论坛活动。中南大学党委书记李健和省发改委主任陈叔红分别以《我国科技发展中的几个战略问题》和《抓住中部崛起机遇，加快湖南经济社会发展》为题，做了高水平的学术报告。论坛活动期间，省级学会、市州科协、高校科协共组织了33个专题活动，上万名科技工作者参与交流。此外，省科协还协助举办了由中国科协主办、中国电机工程学会和张家界市科协承办的2005年中国电力发展论坛。这些学术活动不仅提高了科协工作的显示度，而且扩大了科协的影响。

二、认真履行桥梁纽带职责，努力为广大科技工作者服务

2005年，省科协始终把为科技工作者服务摆在突出位置，以建设科技工作者之家为中心，深入开展了培养人才、集聚人才、举荐人才、使用人才、保护人才、宣传人才等活动；开展调查工作，了解广大科技工作者的意见和呼声，为省委、省政府制定知识分子政策和科技政策提供了第一手资料；加强了与科技工作者的联系，强化了党和政府与科技工作者双向沟通的渠道，党群关系、党同知识分子的联系更加和谐紧密。一年来，省科协开展了新春走访慰问院士和专家活动；组织开展了湖南省科技工作者状况调查，初步了解了科技工作者的基本状况；加强了与非公有制企业科技人员的联系，开通了湖南省非公有制企业科协工作者协会网站；与省委组织部、省人事厅联合开展了第五届湖南省青年科技奖评选活动，表彰了丁建文等24名第五届湖南省青年科技奖获得者；号召全省科技工作者向因公殉职的优秀科技工作者张立忠同志学习；编辑了宣传优秀青年科技专家的画册《潇湘之子——湖南省（中国）青年科技奖获得者画册》；与湖南杂交水稻中心等单位联合举办了全国优秀科技工作者罗孝和研究员先进事迹报告会暨媒体集体采访活动，在省内外大力宣传了罗孝和的先进事迹；为2005年省政府成立的湖南省院士专家咨询委员会推荐了咨询委员。通过搭建国内外学术交流平台、举办宣传表彰活动、开展继续教育和专业培训、建设“科技工作者之家”等工作，不仅构建了具有科协特色的服务体系，也为广大科技工作者提供了实实在在的服务。

三、充分发挥科普主要社会力量作用，努力为提高全民科学文化素质服务

2005年，省科协以贯彻落实《科普法》为龙头，统筹城乡科普发展，精心组织科普活动，深入开展了群众性、社会性和经常性科普工作。

一是切实加强了农村科普工作。根据省委、省政府的安排，组织开展了春节慰问活动，不仅深入汝城、宜章两县乡村进行走访慰问，而且精心挑选12名优秀专家和6名工作人员分赴各地参加了咨询服务活动，还印发了4万份科普资料，制作了20套近500块科普知识展板，赠送了10万元现金和种子、科普资料等物品，受到农民朋友的欢迎。深入慈利县开展了服务“三农”“三下乡”送书、送报活动，向祁东县归阳镇农民赠送了科技图书、优质良种、高效肥料和2万册实用技术资料。为了加强与农村科技示范户、农村科技工作者和专业技术协会的联系，促进科技与农村经济的结合，提高农民的组织化程度和服务“三农”水平，于6月28日成立了湖南省农村专业技术协会联合会，并组织新闻单位深入桃江、石门、祁阳等地采访了有关农村专业技术协会，在《湖南科技报》上开辟了“科技进农家”专栏，引导广大农民学科技、用科技。继续实施了农村“十百千”科普示范工程，检查验收了有关示范县市的创建工作。继续参与开展了农村党员干部现代远程教育活动，支持常德、岳阳、怀化深入开展了试点工作。坚持开展农村实用技术培训，培训农民5万余人。

二是精心组织开展了大型社会化科普活动。5月16~22日，是2005年的全国科技活动周，省科协积极参与了全省的科技周活动。9月17日“全国科普日”，精心策划并组织开展了一系列活动。全省各级科协和所属学会共组织重大系列活动181个，活动分布点899个；单项分散性活动1120个；免费或优惠开放科普活动场、馆、实验室67个，科普教育、示范基地16个；省市两级共制作科普挂图、展板3200幅，发放科普宣传资料11万份（册）；参加活动并从中受益的群众达到百万人。由省科协和长沙市政府联合在长沙市举办全国科普日“湖南科普主题公园”活动，内容丰富多彩，参与群众达5万余人。

三是深入开展了青少年科技教育活动。在广泛组织全省中小学青少年开展科技活动的基础上，组织举办和参加了一系列国内外青少年科技竞赛活动，取得了丰硕成果。一年来，组织举办了第26届湖南省青少年科技创新大赛活动，广大中小学生踊跃参加。通过层层评审后，共有526件作品申报参加全省大赛，其中评选优秀项目一等奖55项，二等奖84项，三等奖160项；优秀科技实践活动一等奖10项，二等奖24项，三等奖34项；优秀组织奖33项；优秀少儿科幻绘画奖一等奖20项，二等奖50项，三等奖70项；优秀科技教师10名。组团参加了第五届全国教育工作者发明与科教制作展评活动，获得一等奖4项、二等奖3项、三等奖9项，总成绩名列全国第三名；组团参加了第20届全国青少年科技创新大赛，获得二等奖7项、三等奖6项；组队参加了在美国举行的第55届英特尔国际科学与工程学大奖赛，沅江市一中张煦等3名同学发明的《快速管涌抢险器》获得英特尔基金会成就奖，取得我国参赛以来的最好成绩，也实现了湖南省在该项目上零的突破。特别是在2005年的国际中学生奥林匹克学科竞赛中，又取得了3枚金牌的好成绩。这些活动的持续开展，为提高青少年科技文化素质提供了重要舞台，促进了后备人才的培养和成长，也为深入持久地实施科教兴湘战略和人才强省战略提供了有力支撑。

此外，与省委宣传部、省科技厅、省广播电视局、省新闻出版局、省作家协会和省科普作家协会联合举办了评选活动，评选了一批优秀科普作品，宣传、推介了一批优秀科普作品和优秀科普作家。

四、扎实开展保持共产党员先进性教育活动，努力加强和改进自身建设

从2005年1月开始，用一年半左右的时间，在全党开展以实践“三个代表”重要思想为主要内容的保持共产党员先进性教育活动，是加强党的建设的一项重大举措，也为我们通过加强党的建设来带动科协建设，全面提高科协自身建设水平提供了难得的机遇。1～6月，根据省委的统一部署，在省科协机关和直属企事业单位党员中认真组织开展了保持共产党员先进性教育活动。在省委保持共产党员先进性教育活动领导小组办公室的领导和省委督导组的指导下，严格按照中央和省委确定的指导思想、目标要求、基本原则和方法步骤，扎扎实实开展先进性教育活动，较好地完成了各阶段的工作任务，不仅有效解决了党员、干部和广大职工在思想、组织、作风以及工作方面存在的突出问题，而且进一步坚定了理想信念，提高了执政能力，改进了工作作风，加强了组织建设，密切了党群关系，达到了“提高党员素质，服务人民群众，促进各项工作”的目标要求，使省科协系统党的建设和事业建设、思想建设和业务建设得到了新的加强，特别是带动和促进了省科协的自身建设。

加强和改进自身建设，机关是关键，学会是重点，党风廉政建设是保证。为此，采取了以下措施：

一是进一步加大了内抓管理力度，努力改善科协工作设施和条件。在加强科协干部队伍思想政治建设的同时，加强了制度建设，开展了党员干部职工工作考核，组织了公开述职述廉和警示教育活动，调整充实了部分直属事业单位领导班子，进行了国有资产调查摸底和机关办公场所环境治理美化。特别是办公楼翻修改建工程已经动工，新科技馆建设完成了单体设计、规模调整（建筑面积由36000平方米调整为28000平方米，总投资由2亿元调整为2.35亿元）、可研报告评审、用地许可证和红线图办理以及地质勘探等前期准备工作，标志着省科协连续三年狠抓的“三件大事”取得了重大进展，省科协的硬件建设和环境改善进入了新的阶段。

二是加强了省级学会管理与改革工作。继续依法实施了省级学会学会年度检查工作，在省科协所属120个参加年检的学会中，110个年检合格。完成了省级学会学会清理规范工作，推动大部分学会制订了详细具体的改革实施方案，10个试点学会开始了改革实践。积极引导和支持学会开展学术交流，组织开展了湖南省科协第六届“十佳学术活动”评选活动，省技术经济与管理现代化研究会举办的湖南新型工业化学术研讨会等10项学术活动被评为“十佳学术活动”。

三是加强了基础理论研究。召开了全省科协系统科普能力建设研讨会和第六次企业科协工作研讨会，系统探讨了科协科普能力建设和企业科协能力建设的有关理论问题，配合中国科协第六次中国公众素养调查，组织长沙市、茶陵县等8个抽样观测点实施了调查。

广东省科学技术协会

地　　址　广东省广州市连新路171号
邮政编码　510040
电子信箱　info@sta.gd.cn
主页网址　http://www.sta.gd.cn
电　　话　020－83550424
传　　真　020－83549085
主　　席　卢钟鹤
副 主 席　梁　明　汤世华　刘人怀　刘焕彬　孙　玉　何镜堂　陈　勇　罗富和　钟南山　骆世明　黄达人　谢明权　颜泽贤
刊物及主编　《广东科技报》　主编　吴仕高

单位简介

广东省科学技术协会的前身是广东省科普协会与广东省科联。1958年两会合并，筹备成立广东省科协。1961年11月17日，广东省科协在广州正式成立。“文化大革命”期间停止活动，1977年恢复。

广东省科协第一次代表大会于1961年11月召开，主席为丁颖（1961.11～1963.2）、柯麟（1963.2～1969.10）和冯秉荃（1979～1980.7）。第二次代表大会于1980年7月召开，主席为蒲蛰龙。第三次代表大会于1986年12月召开，主席为蒲蛰龙。第四次代表大会于1991年12月召开，主席为伍尚忠。第五次代表大会于1996年12月召开，主席为谢先德。第六次代表大会于2002年4月召开，主席为卢钟鹤。

广东省科协现有全省性学会、协会、研究会151个，地级以上市科协21个，市县区科协120个，直属事业单位6个。

工作综述

一、认真学习贯彻“三个代表”重要思想和科学发展观，扎实开展保持共产党员先进性教育活动

按照省委的部署和要求，全省各级科协机关扎实开展保持共产党员先进性教育活动，组织党员干部认真贯彻党的十六届三中、四中全会精神和胡锦涛总书记视察广东时的重要讲话精神，学习贯彻省委九届五次、六次全会精神，深入学习贯彻“三个代表”重要思想和科学发展观。坚持“重在联系实际、重在讲求质量、重在取得实效”的原则，切实抓好每一阶段的工作，取得明显成效。紧密联系科协工作实际，找准问题，制定整改方案，进一步明确科协工作思路，增强了党员干部做好科协工作的信心，有效地推进“三服务、一加强”各项工作的开展，为开创科协工作新局面提供了坚强的思想和组织保证。党员干部群众对省科协开展保持共产党员先进性教育活动的满意度达到98%。省委督导组第十八组对省科协先进性教育活动给予充分肯定和较高评价。

继续面向广大干部群众大力宣传科学发展观。按照省委的要求，省科协与各市科协组织院士、专家到城乡基层，通过多种方式，向广大干部群众宣传科学发展观。先后在云浮、茂名、清远、河源、肇庆、湛江等地举办科学发展观科普报告会；在广州、佛山、中山、河源、阳江、清远、茂名等地举办《科学发展观——人与自然的和谐》大型科普图片巡回展395场，参观人数达35万人次。

二、积极做好为经济社会全面协调可持续发展服务的工作

积极开展专题调研、专题研讨和科学论证，为党委和政府决策提供科学依据。在2004年完成广东省信息化调研工作的基础上，按照省委、省政府主要领导同志的批示，省科协与省委政策研究室、省信息产业厅组织有关部门，利用广东省信息化调研成果，起草了《广东省信息化发展纲要》，对2020年前全省的信息化建设作出全面规划。2005年5月，省委、省政府正式向全省印发了《广东省信息化发展纲要》。围绕各级政府制订“十一五”国民经济和社会发展规划和中长期科技发展规划，省科协、省级学会和各市科协接受政府部门的委托，积极组织院士、专家开展专题调研，组织编制规划，在产业发展、人才培养、文化建设、科技创新、科普工作等方面向党委和政府提出科学建议和意见。

扎实推进“千厂千会”和“金桥工程”活动，积极开展技术咨询、技术攻关，推广先进适用技术。各级科协组织面向企业尤其是中小型民营企业，扎实推进“千厂千会”和“金桥工程”活动，2004年组织发动100多个

省市两级学会、企业科协与相关企业开展技术攻关、技术协作、开发新产品，实施技术协作项目300多项，为企业新增产值15亿元，创税利2.6亿元。为进一步加强省级学会与民营企业的合作，省科协与阳江市科协组织30多个省级学会，与阳江50多家企业建立了协作关系，签订了一批协作项目。

据统计，2005年全省科协系统开展各类科技咨询项目5297项，其中无偿服务项目3265项；完成技术咨询合同185项。推广先进技术1200多项次。

组织开展“万名科技专家进千村”活动。按照省委实施“十百千万”干部下基层驻农村工作的部署，2005年，省科协和省委组织部开始在全省组织开展“万名科技专家进千村”活动，计划在3年时间内，组织发动1000多个省、市、县三级学会和有关科研机构的万名科技（科普）专家，深入各地农村，开展技术指导、技术推广和科技培训，帮助农村依靠科技发展经济，增加农民收入。目前全省各级科协已组织了1500多名科技工作者与1023个村建立了科技帮扶关系，深入农村对帮扶户进行技术培训，推广适用技术342项。

积极开展预防高致病性禽流感的科普宣传活动。全省各级科协组织按照省委、省政府的部署和要求，积极开展预防高致病性禽流感的科普宣传活动。通过组织编印宣传挂图、宣传资料，开展科技下乡、科技咨询和科技培训，在各类科技报刊、科普网站开辟宣传专栏等多种形式，向广大干部群众宣传预防高致病性禽流感的科学知识和防治措施，为有效控制高致病性禽流感疫情的发生作出了贡献。省科协为此编印了预防高致病性禽流感的科普宣传挂图1.5万套，发至全省各地。

三、竭诚做好为广大科技工作者服务的工作

举办广东科协论坛。省科协成立了广东科协论坛组织委员会，制订了《广东科协论坛章程》，计划每年举办10期。7月，隆重举行了广东科协论坛的启动仪式。论坛活动得到了中国科协以及省直有关部门、高等院校、科研院所的大力支持。中国科协主席周光召专程前来出席论坛启动仪式并作首场报告。论坛组委会先后邀请中国科学院高温超导专家赵忠贤院士、香港大学海洋工程专家章梓雄院士、中国农业大学石元春院士等国内著名科学家作了4期专题报告，参加人数2000多人次，在全省科技界和社会上产生了良好的影响。

组织开展第三届广东省科协学术活动周。11月，全省科协系统围绕“发展循环经济，建设节约型社会”的主题，按照省科协的统一部署，组织开展各种形式的学术交流活动。省级学会共举办了39场学术研讨会、报告会、学术讲座、学术成果展示会，参加的科技人员1万多人次。肇庆、佛山、珠海、中山、汕头、揭阳等市科协也同时组织开展了100多场学术活动，参加的科技人员有2万多人次。

继续加强与港澳台及国际民间科技团体的合作交流。5月，省科协与香港科技协进会共同举办粤港科技合作交流研讨会，粤港科技产业界高层人士150人参加会议，就进一步加强粤港两地科技合作和交流进行多个专题研讨。据统计，2005年全省科协系统接待港澳台及国际民间的科技团组189个，派往港澳台及国外的科技团组99个。

认真做好“四个中心”的服务工作。在粤工作院士联络中心认真做好与在粤工作院士的联系和服务工作，定期举办省领导与院士工作座谈会，听取院士对广东经济科技社会发展的建议意见；积极配合省有关部门落实有关院士政策，参与有关文件的起草制定工作；组织院士休养考察，为地方经济建设服务，及时了解院士工作、生活情况，帮助解决困难。广东青年科学家联络中心加强与中青年科技专家的联系，积极为他们的成长成才创造条件。11月，省科协、省委组织部、省人事厅和广东青年科学家联络中心，联合组织国家、省重点学科带头人和中国青年科技奖、丁颖科技奖部分获奖者等一批优秀中青年专家赴贵州、云南开展科技考察，举办黔粤科技专家座谈会和滇粤科技专题报告会，与贵州、云南两省的优秀中青年专家进行交流。广东科技人才服务中心依托社会力量，建立了一批广东科技工作者健康活动基地，为院士、专家和科技工作者健身提供服务。建立专家联系库，通过《广东科技报》积极宣传科技工作者的科研成果。广东科技工作者法律服务中心开设了常年法律咨询服务电话热线，设立科技工作者法律服务日，建立法律咨询网上在线栏目，在媒体报刊上开辟法律知识专版，及时为科技工作者提供法律咨询，维护他们的合法权益。

举办广东院士讲坛活动。为了充分发挥在粤工作院士的作用，省科协与在粤工作院士联络中心设立了“广东院士讲坛”，定期组织院士面向社会公众宣讲科学技术发展成就，宣传科学精神、科学思想和科学方法。讲坛计划每年安排10期，由院士联络中心与有关单位、省级学会共同举办。去年已在广州、湛江、珠海等市举办了4期，受到社会的普遍欢迎。

全省各级科协积极组织科技工作者参政议政，通过人大、政协等渠道反映科技工作者的建议意见，2005年向各级人大、政协提出的72项议案、提案得到采纳。省科协通过开展科技工作者状况专题调查，进一步摸清和掌握了科技工作者的基本情况，并及时向省有关部门反映。根据中央关于发挥老科技工作者在经济社会建设中的作用的文件精神，省科协积极向省委、省政府提出关于发挥全省老科技工作者作用的建议，为省委、省政府制订政策提供依据。

大力宣传表彰优秀科技工作者。认真做好第八届广东省丁颖科技奖的评选工作。全省科协系统、高等院校、科研院所和省直有关单位推荐了第八届广东省丁颖科技奖111名候选人，对20位第八届丁颖科技奖获得者予以表彰。同时，认真做好第九届中国青年科技奖、第三届全国优秀科技工作者、第二届青年女科学家奖候选人和2005年度候选创新研究群体的推荐工作。2005年，全省有7位科技工作者获得第三届全国优秀科技工作者称号。

四、努力做好为提高全民族科学文化素质服务的工作

深入开展农村科普工作。积极实施《全省农村党员、基层干部科技素质培训规划》，对农村干部群众加强专业技能、市场经济知识、法律法规知识的培训。2005年全省科协系统培训党员干部50多万人次。积极实施“十百千万科普示范工程”，召开全省创建全国科普示范县（市、区）工作会议，总结交流全省开展科普示范县创建工作的经验，进一步推进科普示范工作进行部署。目前全省创建了12个全国科普示范县（市、区）、100多个科普示范镇、1000多个科普示范村和12000多个科普示范户。坚持开展送科技、文化、卫生三下乡活动，结合农村生产的需求，组织科技专家服务队深入农村，为群众及时解决生产中的技术疑难问题。

积极推进城镇科普工作。通过举办科普展览、科普知识竞赛、科普影视广场、科普文艺、社区科普论坛活动，不断创新科普活动形式和内容，推进科普进街道、进社区、进家庭。2005年，全省建立“科普大篷车”电视专栏35个，科普志愿工作者队伍245支，科普影视文化广场11个，科普示范城区10个。举办第20届广东省青少年科技创新大赛，共征集到全省各市推选的参赛项目1065项，参赛项目的数量、质量和参赛人数比往届明显提高。在此基础上，评选出竞赛项目16项，参加了第20届全国青少年科技创新大赛，并获得一等奖4个、二等奖7个、三等奖5个的优异成绩。积极开展科普进校园活动，组织院士、专家为青少年学生作科普报告。与教育部门和学校联合，开展创建科普特色学校，全省已有近30所重点中小学开展该项活动，取得良好成效。2005年，配合开展爱因斯坦相对论发表100周年纪念活动，省科协与中山大学等有关单位举办了物理照耀世界——2005年全球光束传递系列活动，全省5000多名大中小学生参加活动。

认真组织开展全国科技活动周、全省科技进步活动月和全国科普日活动。2005年，全省各级科协坚持“突出主题、上下联动、广泛参与、务求实效”的活动原则，围绕“科技以人为本，建设和谐社会”的主题，开展全国科技活动周、全省科技进步活动月和全国科普日活动，全省各级科协组织的“千场科普影视进校园”活动，组织5个系列20种科普影视片发送全省各地中小学校播放，对青少年开展科普宣传教育。在全国科普日活动中，省科协组织100多个省级学会和有关部门在广州市人民公园开展“建设节约型社会”大型科普活动，100名科技专家为市民解答有关问题，有10000多名干部群众参加了活动；全省科协系统共动员组织了10000多名科技工作者、科普志愿者参加了826项科普活动。

举办广东省首届优秀科普作品评选表彰活动。为进一步推动全省科普创作和科普宣传出版工作的开展，经省政府批准，省科协、省科技厅、省委宣传部、省广播电影局和省新闻出版局联合举办了广东省首届优秀科普作品评选表彰活动，对近10年来广东省创作出版的科普作品进行评选表彰。经省直有关部门、省级学会和地市科协推荐和专家评审，对30部科普图书、19篇科普文章、26部电视广播科普作品进行了表彰。

加强科普教育阵地建设。组织开展“广东科普基地现状和发展对策”专题调研活动，全面调查了解全省科普基地的现状及存在的问题，提出新形势下发展科普基地的对策。制订了《广东省科普基地管理办法》（试行），进一步规范了科普基地的申报条件和程序、义务与责任、监督管理等方面的工作。各地科协、省级学会积极推进科普教育基地建设，目前，全省建立各级科普教育基地630个，其中全国科普教育基地12个，省级科普教育基地46个。各级科普教育基地认真抓好科普设施建设，充分利用基地的科普资源面向公众开展各类科普活动，取得良好的社会效果。省科协继续支持县级科协建设科普宣传画廊，目前全省已建立的科普宣传画廊有850多个，总长度近15000米。

五、切实加强科协自身建设，加快科协事业发展

积极推动省级学会改革工作。4月，省科协成立了省级学会改革工作领导小组，正式启动省级学会的改革工作。根据中国科协关于学会改革工作的指导思想和总体要求，制定了省级学会改革整体方案，开展省级学会专题调研并完成了调研报告初稿。通过调研，进一步摸清了全省学会的基本情况，结合实际，提出了学会改革与发展的目标和方向，理清了学会发展思路。通过改革，使学会真正做到“有机构、有人员、有场所、有制度、有经费、有作为、有实力”。

大力加强组织建设。2005年，有30多个省级学会进行了换届，云浮、湛江、茂名、梅州、清远、河源等市科协相继召开了换届大会，进一步加强了学会、科协的领导力量，明确工作目标、思路和任务。认真抓好县（区）和乡镇科协建设，逐步建立健全基层科协组织网络体系。目前，全省121个县（区）科协中有70多个科协的办事机构实行独立建制，人员编制得到保证，其行政、事业活动经费列入财政预算。继续推进非国有企业科协的组织建设，全省已有150多家非公有制企业建立科协组织。

努力推进科协事业发展。3月，经省政府批准，广东省成人科技大学转制为广东工程职业技术学院，标志着该校的发展进入一个新的起点。转制后的学院，核定全日制在校生规模6000人。省科协隆重举行了广东工程职业技术学院的挂牌仪式。中国科协副主席张玉台，省人大常委会原主任、省科协主席卢钟鹤等领导和100多所高等院校的代表及海内外嘉宾共3000多人参加了挂牌庆典活动。广东科学馆改造工程目前已完成了工程设计和工程监理招标等工作，其他有关工作也在抓紧进行。广东省科技咨询中心、广东科技报社和广东省科普信息中心继续深化改革，开拓进取，取得较好的成绩。各地科协坚持深化改革，规范管理，加快发展科协事业。广州、东莞、珠海、韶关、梅州等市科协加强科技馆建设，逐步完善科技馆的功能，改善机关工作条件。河源、肇庆等市今年遭受百年一遇洪灾，省科协积极响应省委的号召，及时帮助有关县（市、区）科协恢复被洪水毁损的科普教育基地和基本设施。

广西壮族自治区科学技术协会

地　址	广西壮族自治区南宁市古城路31号
邮政编码	530022
电子信箱	gxkx123@126.com
主页网址	http://www.gxast.org.cn
电　话	0771－2630589/2630595
传　真	0771－2617248
主　席	郑皆连
副主席	韦树英　谢林城　蒋应时　黄日波　李杨瑞　蓝天立
刊物及主编	《广西科协通讯》　主编　谢林城
	《南方科技报》　主编　朱　东
	《小博士报》　总编　黎　宁
	《家庭医药》　总编　苏　中

单位简介

广西壮族自治区科学技术协会成立于1958年10月，由其前身广西科联和广西科普协会合并而成。1981年12月，自治区科协在南宁召开第一次代表大会，叶馥荪教授任主席。1986年11月，自治区科协第二次代表大会在南宁召开，选举王兆南任主席。1991年1月，自治区科协第三次代表大会召开，选举王奇浩任主席。1996年4月，自治区科协第四次代表大会召开，选举邹德正任主席。2002年1月，自治区科协第五次代表大会在南宁召开，选举郑皆连任主席。

自治区科协现有自治区级学会、协会、研究会106个，会员12.3万人；有大专院校科协14个，地级市科协14个，县（市、区）科协107个。

工作综述

2005年以来，广西各级科协坚持以邓小平理论和“三个代表”重要思想和科学发展观为指导，紧紧围绕自治区党委、政府工作大局，按照中国科协提出的“三服务、一加强”，突出重点，开拓创新，积极进取，各项工作都取得新进展。

一、领导重视，科协的社会环境进一步优化

2005年，自治区主席陆兵，自治区党委副书记、常务副主席郭声琨，自治区党委副书记李纪恒、自治区副主席吴恒等自治区领导同志多次参加或出席自治区科协组织举办的会议和活动，或通过各种形式过问了解和关心科协的工作，或对科协的某项具体工作做出批示。各市县科协的工作也得到当地党政领导同志的重视和支持，或安排专门时间听取科协工作汇报，或为科协解决一些具体的实际困难等，充分体现了自治区各级领导同志对科协工作的高度重视和亲切关怀。

自2004年4月30日桂发21号文件《关于进一步加强和改善对科协工作领导的意见》下发以来，在各市、县科协中产生了强烈的反响，2005年在14个地级市中已有9个市结合了当地实际，制定了具体实施意见。2005年9月1日，广西还正式颁布实施了《广西科普条例》，该条例的第8、21、22条再一次明确了科协的社会地位、工作任务和职责等，对科协的科普工作给予了极大地支持。

各级科协的科普经费较往年有了较大幅度的增加。自治区科协科普经费比2001年翻了一番。南宁市科协2005年的科普专项经费达到100万元，逐步落实了人均0.25元科普经费的标准。柳州市确定了市、县、区科普专项经费不少于0.20元、0.25元、0.5元的标准。另有3个市财政拨出了专款用于购置科普大篷车，多个市科协改善了办公条件，解决了科普用车问题。

二、加强合作，民间科技交流日趋活跃

2005年1月，与广东等8个省科协及澳门工程师学会、香港京港学术交流中心，在广州市共同签署了泛珠三角区域科协合作框架协议，承诺将加强科协和科技社团间的合作，共同为推动泛珠三角区域的合作与发展作贡献。11月29～30日，泛珠三角区域科协又在四川省成都市召开联席会议，就一些具体合作问题等达成共识。

12月上旬，广西科协积极与了由广西壮族自治区政协与上海市政协在上海市共同举办的沪桂政协推动两地经济科技合作交流活动。活动中，自治区科协与有关单位牵头负责沪桂科技成果的转化、科技难题的攻关和科技人才的交流活动等相关工作，取得了较好的效果。

一年来，广西科协派出了4个科技考察团，分别赴美国、加拿大、澳大利亚、新西兰、欧洲、日本、韩国等国家进行科技交流，也接待一些外国科技考察团到广西考察，或引进一些国际性学术会议到广西举办。7月，在南宁市举办了环保国际学术报告会；12月，举办了国际生物质材料科学研究与高效利用学术研讨会等。

三、打造品牌，学术氛围日益浓厚

组织召开学术会议23次，有1860人参会，交流论文410篇。其中，广西专家论坛举办4期，出版了4本专题调研报告，有30多个自然科学、社会科学相关学会及400多名专家学者参加专题调研和论坛活动。这些活动分别是：4月12日，在桂林市召开的广西区域生态经济发展研究暨桂林百里生态小康文明长廊建设工程专家论坛；7月28日，在南宁市召开的广西林业可持续发展研究专题专家论坛；9月27日，在河池市举办的广西有色金属产业可持续发展专题专家论坛；11月29日在南宁举办的广西电力与经济协调发展论坛。编印了6期《广西科技工作者建议》，呈报自治区党委、政府各有关部门提供决策参考。

采用支持部分学术会议经费的方式，与自治区级学会联合召开学术会议10项，共有广西物理学会等17个学会和市级科协获得“联合学术会议”经费资助，各相关学科、学会的1000多名科技人员参加了各个学（协）会的会议。会议涉及园艺、造纸、兵工、药理学等方面，学科丰富、内容多样，在很大程度上推动了区内各级学会学术交流活动的开展。

就自治区政府领导同志对“十一五”规划中非常关注的难点问题《广西工业发展的“普惠”技术和“瓶颈”技术》进行专题咨询研讨。以《工业类原料的替代性研究》为主题，着重从能源、资源、环境保护、成本等方面开展咨询和论证。同时，还将学术交流与决策咨询、科学论证紧密结合起来，编印了《2005减轻自然灾害白皮书》和《学科发展蓝皮书——2004（广西）卷》。

召开自治区级学会秘书长会议2次，地级市学会工作会议1次、高校科协工作研讨会1次，学会改革与发展专题研讨会2次，加强对学会承接政府职能、创建品牌学术活动、开展科技咨询服务、学会换届管理工作等进行业务指导，促进了学会及基层科协学会管理和学术交流工作的开展。特别在接受政府职能转移方面，广西各级学会取得了明显进展。机械工程学会从2005年起开始承担全区机械工程师培训和资格认定、焊工培训和资格认定、工程师、技师、高级技师以及中、高级技工的培训和资格认定职能；自动化学会取得在自治区开展ASEA的有关培训和资格考试；心理卫生协会取得全国首批心理咨询师职业资格培训定点机构；医学会取得全区医疗事故鉴定机构职能；气象学会获得防雷专业技术和施放气球作业人员资格认定职能；公路学会、航海学会获得自治区交通部门委托的多项技术咨询服务职能；电机工程学会获得注册电气工程师资格认定职能，等等。此外，在干部培训、制度建设、组织建设、理论研究方面也取得新进展。

四、创新形式，科普工作扎实有效

经过积极争取和创建，有13个县（市、区）获得中国科协批准，纳入第三批全国科普示范县（市、区）的创建活动。年内，还启动了首批广西科普教育基地创建工作，确定了南宁良凤江国家森林公园、广西中医学院医药会展中心、南宁海底世界、柳州科技馆、贺州姑婆山国家森林公园、桂平北回归线标志园、北海围洲岛火山国家地质公园、梧州市学生劳技培训基地等8个单位为广西科普教育基地创建单位。

认真组织好科技活动周、科普日活动、十月科普大行动等一系列常规性科普活动。其中，广西十月科普大行动期间，全自治区各地举办了130多项重点科普活动，216场科普报告会，119场科普知识展览，249期科普培训班，播放了313场科普电影和录像，受益群众达400多万人次。

青少年科技教育工作不断加强，广西青少年科技创新大赛将常规的青少年科技创新大赛与青少年机器人竞赛合期举办，吸引了青少年学生、教师、家长等上万人到场参观，吸引了近50万中小学生参加。年内举办的中小学生营养知识竞赛活动也取得了圆满成功，约有近50万青少年学生和家长参与。2005年，广西青少年选手在全国和世界各类青少年科技竞赛中获得了包括2项世界杯冠军和6项全国冠军在内的40多项荣誉。其中，7月在陕西举行的第五届中国青少年机器人竞赛中夺得4金5银3铜；7月在日本大阪举行的第九届青少年机器人世界杯大赛上夺得2项世界杯冠军；8月在第20届全国青少年科技创新大赛上获一等奖，全国“十佳”奖等奖项30个，创历年最好成绩。

自治区科协和所属的南方科技报社在横县、武鸣、南宁、临桂等地成功举办了4届广西科技大集。其中，1月份在横县举办的第五届大集突出了春耕生产的主题，参观群众超过2万人次。3月份在武鸣县与“三月三”哥圩并轨举行的第六届广西科技大集，参观群众超过3万人次。5月份在南宁市举办的第七届大集以推介地方名优土特产品为主题，参展群众超过5万人次。10月份在临桂举办的第八届大集突出了食用菌产业信息交流的主题，参展的菇农和各界群众达3万多人次。体现了广西科技大集与地方联办，与市场接轨，与企业联动的办集特色。

开展了消防科普进侗寨、高致病性禽流感防治宣传、科普走进少管所、科普山区行、科学发展观专题巡展、《科普大篷车》电视栏目宣传、中小学生营养知识竞赛、科普演讲团巡回讲演等特色科普活动，产生了很好的社会效益。其中，在凌云、乐业等山区县开展的“科普山区行”有40多个部门参与，数万群众在活动中受益。科学发展观专题展览和巡展活动在各地的参观人数超过了40万人次。组织科普演讲团深入全区14个市，为10多万群众举办了120多场大型科普演讲和讲座。

五、强化服务，建“家”工作再上新台阶

认真做好广西第八届青年科技奖的评奖工作，共有30名青年科技工作者获奖，并做好了第九届全国青年科技奖候选人的推荐工作。同时，向自治区党委广西重大课题研究招投标工作联席会议办公室推荐学会专家18名、向自治区政府决策咨询委员会推荐学会咨询专家4名。推荐了15名各学科专家组成广西青少年科技专家委员会。积极参与《广西壮族自治区推行重大决策技术咨询制度的办法》的起草和制定工作。

在《广西科协》通讯和广西科协网上开设《科技英才》和《科普群英》等专栏，对全区4名第七届广西青年科技奖获得者、2名第八届全国青年科技奖获得者、3名第二届西部开发突出贡献奖获得者、2名全国农村科普工作先进个人等优秀科技工作者和科普工作者进行了宣传和报道，树立了青年科技专家的良好形象。

结合科技工作者的意见和呼声，编写了6期涉及区域生态经济发展、林业可持续发展、有色金属产业可持续发展、电力与经济协调发展的《广西科技工作者建议》和2项政协提案，为科技工作者服务社会提供舞台。进一步完善了广西自然科学类科技专家库，吸收了765名专家入库。

六、软硬结合，科协自身建设取得新进展

牢牢把握开展保持共产党员先进性教育活动的有利时机，抓好各级科协党员同志的思想作风建设，经过学习动员、交流谈心、民主评议等各项活动，全面提高科协职工特别是党员干部的思想素质，增强工作的积极性、主动性和创造性，形成一个良好的工作氛围。

进一步充实了乡镇（街道）科协工作人员，引导科技工作者比较集中的大专院校、科研院所、科技园区、高新技术企业等建立了科协组织。其中新成立了广西学会学研究会、广西科技影视艺术研究会和广西营养学会等3个学会；新成立了广西农业职业技术学院科协、玉林师范学院科协等2个高校科协。至此，广西区科协共有自治区级学会106个，高校科协14个。

6月22日，召开全自治区市县科协工作会议，对来自全自治区各市、县（市、城区）科协和自治区科协机关各部室、各直属事业单位的140多名科协干部进行业务培训。8月6日举办了学会干部培训班，对区科协所属学会及各市级科协100多名专兼职学会干部进行工作业务培训，提高他们的职业化水平。

继续加大对基层科协的支持力度，继续为7个市科协补充科普经费85万元，极大地调动了市科协工作的积极性、主动性，为各市科协完成了科普车、科普宣传工具等设施的配置。

海南省科学技术协会

地　　址　海南省海口市国兴大道69号海南广场一号楼7层
邮政编码　570203
电子信箱　kx21@cast.org.cn
网　　址　http://www.hainanast.org
电　　话　0898－65365319/65361206
传　　真　0898－65332244
副 主 席　陈志荣　黄俊忠　王宇田

单位简介

1988年10月，中共海南省委批准成立海南省科协。1990年7月，省科协召开第一次全省代表大会，黄宗道为主席。1994年6月，省科协召开第二次全省代表大会，周新远为主席。1996年12月，尹双增接任主席。2001年8月30日，省科协召开第三次全省代表大会。2005年7月，陈志荣调任省科协副主席，主持全面工作。

海南省科协现有省级学会（协会、研究会）81个，省级联络指导学会22个，地级市科协2个，市县（区）科协22个，企业科协12个，街道科普协会22个，乡镇科普协会87个，农技协80个。

工作综述

一、为经济社会全面协调可持续发展服务

农业生产科技普及工作不断深入。帮助农民灾后尽快恢复生产。2005年9月，海南建省以来最强台风“达维”重创海南农业，省科协组织专家分赴全省受灾乡镇指导农民恢复与抢救受灾农作物，推广一些有利于灾后种植的农作物新品种，向农民传授新农药、新化肥的使用方法。同时，组织医疗卫生专家到灾区传授疾病预防知识，以防大灾之后疫病横行。适时推出“金桥连农户，致富千万家”系列活动。2005年5月，科技月活动期间，省科协分别到五指山、乐东等11个市县的乡村举办新技术、新品种推广应用活动，受益农民达4000多人。继续抓好农村党员、基层干部适用技术培训工作。据不完全统计，2005年全省共举办各类培训班205期，培训学员达35000人，发放资料10万份，涌现出一大批科技致富能手。

企业科技服务能力不断加强。广泛开展金桥工程工作。2005年全省“金桥工程”立项项目共11项。继续抓好“千厂千会协作”活动。2005年共有13个协作对子上报了19个“千厂千会协作”项目，并考察评选出6个优秀项目奖、6个先进个人奖、8个优秀组织奖。推动企业之间的交流与合作。2005年11月，在海口市举办海南—上海闵行区科技企业家经济技术座谈会，就两地技术、项目等合作进行商谈。

海外引智工作进展顺利。邀请台湾省农会廖树宏秘书长等3人赴海南就“三农”和农垦改革等问题进行交流和业务指导。再次邀请美国强生公司药物中心新药开发首席科学家郭坚中博士来琼就促进海南南药基地建设及海口药谷建设进行考察交流。邀请美国佛罗里达州佛罗里达国际大学电子和计算机工程系周驰博士赴海南开展学术交流和技术咨询。特别邀请中国科协“海智计划”联系会议代表、美国密西西比河生态恢复首席生态学家伍业钢博士等4名海外优秀学者来琼，为海南地方政府提供决策咨询和技术支持。

二、为广大科技工作者服务

开展学术交流工作。组织省内专家参加在新疆举办的中国科协2005年学术年会。全省共有11名专家参会，提交论文10篇。承办中西南学会学研究第23届工作联席会，对地方学会的改革与发展提出了许多有见地的意见和建议。会议编发论文81篇。积极筹备申办东南部海洋论坛。已初步确定由中国科协、国家海洋局联合主办，中国海洋学会、海南省科协承办的方式启动论坛。调整和充实省反邪教协会理事机构和理事，积极开展工作，保持与中国反邪教协会和兄弟协会的信息沟通和经验交流。2005年省科协共主办了4期科技沙龙活动，并编发4期《科技工作者建议》，供省领导同志和有关部门决策参考。

对外民间科技交流工作。组织省科技馆立项机构项目负责人等15人，赴澳大利亚进行了科普设施考察，以期推动省科技馆早日建成。组织省地矿系统的专家和管理者一行11人对澳大利亚进行专业访问，旨在推动中澳两国的矿业合作。加强与港澳科技团体的联系，组织相关人员赴香港特别行政区和澳门特别行政区进行港澳科教合作及科技社团考察；与香港工程师学会在两地工程师资格认证方面达成合作意向等。组织外派人才培养。2005年省科协推荐4人获得德国学术交流中心授予的攻读硕士全额奖学金；推荐2人获英国皇家学会的赴英进行博士后合作研究项目奖学金等。

推进省级学会改革。2005年召开的第三届海南省科技论坛以“海南省科技社团的改革与科技发展”为主题，为促进全省科技社团的健康发展提出对策。加强科技工作者状况调研，省科协按中国科协要求在海南设点调查，还对全省部分工业企业展开问卷调查。联合省科技厅做好2003～2004年度海南省自然科学优秀学术论文评选工作。2005年共收到33个单位（学会占25个）的参评论文154篇，有63篇获奖，获得各奖次的论文可参加海南省自然科学研究系列专业技术资格评审。

三、为提高全民科学文化素质服务

开展各项专题科普活动。以“珍惜资源——同建节约型社会”为主题的海南省2005年全国科普日活动于9月17日在海口市正式拉开序幕，有3000多人参加了启动仪式。活动期间，省科协组织科普志愿者5000多人次开展科普知识展览67场，开展科普大集市6次，发放科普资料12万册，参与群众达15万人次。全省的市县科协在科普日前后也组织开展了内容丰富的活动。积极开展“科技月”活动。5月，省科协组织中国科普志愿者及“科普大篷车”赴各市县送科技下乡，累计23500多人次参加了活动。举办《科学发展观：人与自然和谐发展篇——大自然的警示与启示》大型专题挂图巡回展览。省科协制作《科学发展观》展板165块，“科普大篷车”行程3500公里，举办60多场巡回展览，参观人数达15万人次。11月，省科协在白沙县召开了近5年来首次由各市县（区）分管领导出席的农村科普工作会议。

青少年科技教育、“科教进社区”和全国科普教育基地创建工作。2005年，省科协面向全省在校学生组织开展青少年科技创新大赛、"大手拉小手——物理照耀海南科普活动"、高中学科奥林匹克竞赛、青少年机器人竞赛、第三届"科普小先生"演讲比赛等重要活动，注重培养青少年学生的科学思维、创新精神和实践能力。在海口、三亚等城市重点开展以"树立科学发展观，构建和谐社区"为主题的群众性科普活动。组织专家对海口火山口公园、兴隆热带植物园等两个全国科普教育基地创建单位进行检查，基本符合要求，已正式得到中国科协的批准。

科普宣传平台构建工作。加大科协系统宣传力度。2005年省内主要新闻媒体共编发各类报道100余篇，还编发了2期《海南科协》和4期《海南科协动态》。并将重要活动动态及时报给中国科协网站刊登。积极配合海南日报社举办"科技、科普"专栏，选编了50余篇科普知识。在新华网海南频道上开辟了为期1周的灾后恢复农业生产科普知识宣传专栏。积极推动各市县电视台开办《科普大篷车》栏目，文昌市电视台率先开播了该节目。

四、全面加强科协组织自身建设

根据海南省委的部署，2005年1月起，省科协在全体党员中开展保持共产党员先进性教育活动，使广大党员提高了全面贯彻"三个代表"重要思想的认识，增强了"立党为公、执政为民"的理想理念，牢固树立正确的权力观、地位观、利益观。下半年进一步建立健全管理制度，激发了干部职工的工作热情，科协机关的精神面貌焕然一新。

重庆市科学技术协会

地　　址　重庆市渝中区双钢路3号科协大厦16楼
邮政编码　400013
电子信箱　kxbgs@ cpcw. com
主页网址　http://www. cqast. cn
电　　话　023－63003788/63003916
传　　真　023－63003788
主　　席　祝家麟
副 主 席　王正国　王隆生　王小佳　孙才新
毕文然　何世斌　吴　灿　宋乃庆
张　力　李天安　李志高　杨士中
郑颖人　金先庆　林从光　唐民伟
秦　纮　聂　能　袁道先　黄尚廉
曾苏民　程天民　鲜学福　戴　伟

刊物及主编
《电脑报》　**总编**　邱玉辉
《课堂内外》　**总编**　徐永恒
《21世纪人才报》　**总编**　黎和生
《知识经济》　**总编**　李永明
《大众网络报》　**总编**　黎和生
《电脑迷》　**总编**　李永明
《重庆科协》　**主编**　雷颖茹

单位简介

1959年由中华自然科学专门学会联合会重庆分会和重庆市科学技术普及协会两个团体合并成立重庆市科学技术协会。重庆市科协第一次代表大会于1959年12月召开，周泽昭为主席；第二次代表大会于1982年10月召开，钱憩为主席；第三次代表大会于1986年11月召开，杨绪灿为主席；第四次代表大会于1991年10月召开，吴云鹏为主席；1997年重庆改为直辖市，第一次代表大会于1997年12月召开，向仲怀为主席；第二次代表大会于2002年12月召开，祝家麟为主席。

现有市级学会127个，区（县、市）级学会795个，各级学会会员共30余万人，区县（自治县、市）科协40个，企事业科协226个，全市90%以上的乡镇（街道）建立了科协组织。

工作综述

一、坚持为科技工作者服务，不断提高科协的凝聚力

切实履行桥梁和纽带职能，加强党同科技工作者的联系。开展"进一步改进和加强新形势下群团工作"专题调研，反映科技工作者的呼声，提出对策和建议，为重庆市委、市政府提供了决策参考。完成全国企业科协组织现状及工作发展、全国科技工作者政策环境状况调查、全国高技能人才队伍建设调查、全国女性科技工作者调查等调研任务。重庆市预防医学会上报5个关于疾病控制和建立突发公共卫生应急体系的提案，受到了重庆市领导同志高度重视。

拓展服务科技工作者的形式，大力营造“家”的和谐氛围。通过各种媒体，对向仲怀等全国、市优秀科技工作者、青年科技工作者进行了集中宣传；组织多批专家进行境内外科技培训、考察；春节、中秋等传统佳节慰问科技工作者。通过这些工作树立了科技工作者良好的社会形象，激发了他们更大的工作热情，充分体现了“家”的温暖。

创新服务科技工作者的机制，不断丰富学术活动内容。出台《重庆市科协关于资助自然科学学术活动的管理办法》，资助39个经费缺少的学会召开代表大会、举办大型学术活动和科普活动。推荐英国皇家学会奖学金项目人选3人，赴英进行短期学术访问和从事前沿学科研究。指导学会进行改革，促进学会以“承接政府职能，拓展学会活动空间”为契机加快发展。

二、坚持为经济社会发展服务，大力促进科技与经济结合

围绕社会主义新农村建设，抓好科技兴农和科技扶贫工作。组织开展了“2005年全市农业产业化百万工程科技进村入户活动”，2万余名专家、科技人员及科技干部广泛参与。发放资料、挂图4300万份（册），接受现场咨询1万人次。积极参与全国农村党员干部现代远程教育试点工作，制作了《甜柿丰产栽培技术》、《薯蓣栽培技术》等农业科教片。邀请台湾地区著名专家举办了台湾地区休闲农业发展与政策报告会。

围绕推进新型工业化战略，促进科技成果向现实生产力转换。“科教兴渝金桥工程”全年共立项360项，完成305项，创历史新高。“万州蚕桑基地及丝绸产业化项目”等5个项目，获国家“三峡库区空虚化专项扶贫贷款”。另外，成功举办2005年重庆市LED照明技术产品及景观照明设计创新创意大赛，促进了全市LED技术创新和产业发展。

围绕加强自主创新建设，积极搭建国际国内学术交流平台。全市科协系统共举办国内学术会议557次，参加人次4.4万余人次，交流学术论文1万余篇；举办国际和港澳台地区学术会议47次，参加人次7000多人次，交流论文900余篇。在重庆市先后举办了2005年国际华夏医药学学术大会、现代汽车开发技术国际学术交流会、第三届机电一体化与信息技术国际会议、中国首届性医学国际论坛等国际学术会议和中华中医药学会第十七次全国脾胃病学术交流会议、第四届全国非政府组织防艾滋病联席工作会议、中华医学会第八次全国神经病学学术会议、中国机械工程学会年会等全国性学术会议。20余个承担政府转移职能的学会积极开展医疗事故鉴定、营养师培训、机械工程师资格认证等工作，扩大了学会的社会影响，提高了学会服务社会的能力。

三、坚持为提高全民科学素质服务，全力助推和谐重庆建设

重点科普活动成效显著。广泛开展了《科普法》颁布实施三周年宣传活动，重庆市委副书记滕久明在《重庆日报》上发表署名文章，营造了全社会关心、重视科普工作的良好氛围。“全国科普日”期间，以“树立科学发展观，共建和谐社会”为主题，以“珍惜资源，节约重庆”为重点，在全市范围内组织开展了一系列科普活动。举办了“科学发展观”大型专题展览、“珍惜资源，从我做起”签名活动、以“科技以人为本，建设和谐社会”为主题的“科技活动周”等科普宣传活动，重庆市长王鸿举等领导同志多次出席了开幕式。科普日和科技活动周期间，共举办科技培训、展览、咨询1900场次，科技报告、科普讲座350场次，展出科普宣传图片8000余张（幅），发放宣传资料300余万册，参与人数达350余万人次。

农村科普工作不断深入。江北、北碚、双桥三个区被中国科协确认为第三批全国科普示范城区创建单位，巴南、万州、南川、潼南四个区县被中国科协确认为第三批全国科普示范县创建单位。市级科普示范乡镇和科普文明示范街道创建工作扎实推进，25个乡镇和21个街道被确定为首批创建单位。《科普大篷车》栏目在全市12个区县电视台签约播出。

城区科普活动不断创新。社区科普画廊建设步伐加快，新建标准科普画廊68处，25个科普画廊被中国科协确定为全国示范科普画廊，开展了科教、文体、法律、卫生“四进社区”活动，与英国驻重庆总领事馆开展“精英科技年”活动，举办了性健康科普报告会，开展性健康网络会诊答疑活动，中央电视台、《光明日报》等媒体进行了报道，在《重庆时报》上开展了“节约金点子”活动，在重庆电视台播放了“科学普及、你我共参与”公益广告，在市科协网站上开设了科学防治禽流感科普专栏。

青少年科教活动不断丰富。重庆市政府批准设立了

"重庆市青少年科技创新市长奖"；举办了第二十届重庆市青少年科技创新大赛暨科技创新大赛创办20周年纪念活动；开展了重庆市青少年电脑制作、科技模型、电脑机器人等竞赛；组队参加2005年青少年机器人世界杯总决赛和亚太地区青少年机器人奥林匹克竞赛，取得优异成绩。完善了云阳、石柱等10个由联合国儿童基金会支持的乡村非正规教育学习中心建设，在南岸区南湖社区建成了全市第一个社区青少年科学工作室，组织贫困学生和失学儿童参加了"同在蓝天下，你我共成长"爱心科普夏令营活动，开展了"重庆市2005世界物理年纪念大会暨'物理照耀世界'光传递活动"等"大手拉小手——科技传播活动"。

反邪教工作促进社会稳定。成功举办了重庆市"科学健身、快乐生活"健身气功展示大会、"崇尚科学、传承文明、反对邪教"硬笔书法大赛，举办反邪教图片巡回展览，配合有关部门开展反邪教警示教育和帮教工作，提高了公众识别和抵御邪教的能力。

科技馆建设工作扎实推进。经过一系列的筹备工作，重庆科技馆奠基仪式于1月7日举行。

四、坚持不断加强科协自身建设，保持各项事业发展的活力

扎实开展先进性教育活动，提高党员综合素质。按照中央和市委的统一部署，组织机关及所属事业单位党员认真开展了保持共产党员先进性教育活动。全体党员理想信念更加坚定，宗旨意识更加牢固，党员素质进一步提高，基层组织进一步加强，服务意识进一步增强。

抓好机关干部的培训工作，努力建设学习型机关。制定并实施了科协干部培训计划，开拓干部视野、活跃干部思想、扩大干部知识面，提高了干部素质，增强为科技工作者服务的能力和水平。

开展竞争上岗和双向选择，优化干部队伍结构。新提拔机关干部6名，轮岗中层干部2名，交流一般干部4名，机关干部队伍结构更加科学合理。

改革创新工作机制体制，推进直属事业单位发展。《电脑报》社按照中央和市委的要求，研究制定并上报了《文化体制改革试点实施方案》，各项工作正在积极地推进。中科普传媒发展股份有限公司成立了党委，选举产生了新一届董事会，以《电脑报》为龙头的科普媒体近20家，集团销售收入预计可达5.5亿元。《课堂内外》一期发行量超100万册，并与重庆出版社、北京大学中文系进行了深度合作，扩大了业务范围和影响。

四川省科学技术协会

地　　址	四川省成都市人民南路4段11号
邮政编码	610041
电子信箱	bgs@ sckx. org. cn
主页网址	http://www. sckx. org. cn
电　　话	028－85221933
传　　真	028－85222804

主　　席	卢铁城
副 主 席	扎喜旺登　文心田　王为民　王成善　冯孝庭　刘应明　刘盛纲　吴　凯　张肇达　李洪福　侯水平　梅跃农　彭先觉　曾祥炜
刊物及主编	《四川科协通讯》主编　张　蓉 《科幻世界》社长、总编　阿　来 《科幻世界画刊·惊奇档案》社长、总编　阿　来 《四川科技报》社长　阿　来

单位简介

1958年11月，四川省科学技术协会成立，并选举产生第一届委员会。"文化大革命"期间，省科协停止活动，1978年8月恢复，谢立惠为代主席。1980年10月，在成都召开省科协第二次代表大会，谢立惠为主席。1986年9月，在成都召开省科协第三次代表大会，康振黄为主席。1991年10月，在成都召开省科协第四次代表大会，康振黄为主席。1996年11月，在成都召开省科协第五次代表大会，刘宝珺为主席。2002年5月，在成都召开省科协第六次代表大会，卢铁城为主席。

四川省科协现有省级学会151个，市、州、县科协

199 个，农技协 10525 个。

工作综述

一、突出重点，全力以赴，抓好四川科技馆建设

一是展品设置工作取得明显成效。在完成《四川科技馆展品设置方案》的基础上，收集、整理了涵盖各主要学科和反映四川特色的展品设置建议 1300 余项。省科协组织专家，精选出 402 件展品形成《四川科技馆展品大纲》。在此基础上，向社会各界与有关专家听取意见，进行审议，确定了 300 项展品进行招标。二是展品布置及环境装饰设计进展顺利。完成了四川科技馆展品布置及环境装饰设计技术要求的制定，完成了“展品布置及环境装饰设计”的招、评标工作。展品布展方案和展区环境装饰设计已审查通过，施工图设计和布展施工招标工作已全部完成。三是捐赠工作取得较好成效。省政府常务会审议通过了省科协编制的《四川科技馆捐赠办法》，已基本落实的捐赠展品和资金价值 1600 万元。四是馆名题写方案基本确定。四川科技馆馆名题写，经报省领导批示同意及征求郭沫若亲属意见，决定集郭沫若书写体作馆名。选字工作经省书法家协会审议提出建议方案，并征得郭老家属同意，已初步定稿。五是馆徽标志设计方案已进入公示阶段。省科协开展了四川科技馆馆徽标志征集活动。从收到的 348 件设计作品中，专家评审委员会已评出了 10 件入围作品进行公示。六是四川科技馆运行管理及开馆筹备工作正抓紧进行。已组建了四川科技馆筹备组；编写完成《四川科技馆管理运行规范（初稿）》；举办了两期四川科技馆员工聘前培训班；向省财政厅报送的《关于四川科技馆运行经费预算的报告》已得到认同；迎接开馆的一些重要活动正在积极筹备。七是多方筹集四川科技馆建设经费工作取得实效。中国科协资助经费已落实；财政部支持四川科技馆建设的经费已到位；国家发改委已联合中国科协对西部地区省级科技场馆建设情况进行调研工作。

二、贯彻落实科学发展观，服务经济社会发展

不断推动农村专业技术协会的发展壮大，为助农增收，解决“三农”问题服务。全年四川省新增农技协 2260 个，农技协总数达 1.1 万个，其中全国百强农技协 14 个，四川省百强农技协 319 个，会员总数达 200 万户，带动 432.19 万户农民增收。

着力抓好“金桥工程”工作的发展，为科技成果转化为生产力服务。2005 年全省金桥工程立项 665 项，完成 532 项，创产值 135.7 亿元，新增利税 30.67 亿元。其中省级立项 115 项，完成 95 项，创产值 75.08 亿元，新增利税 12.68 亿元。

认真组织“千厂千会协作行动”，广泛动员科技工作者为经济建设服务。结成了“省电力电子学会—成都爱迪电气有限公司”等 6 个对子。

切实加强科技咨询、决策论证工作，为党和政府中心工作服务。四川省科技咨询单位发展到 400 多个，科技咨询师 1 万余人，促进了科技咨询业的健康发展。各省级学会积极开展形式多样的为企业服务项目，完成了科技咨询 641 项，完成委托项目 442 项，举办科技培训班 402 个，为企业搭建平台举办展览（博览）会 10 次。发挥参谋助手作用，积极组织省级学会与市州科协为党政中心工作建言献策，全年共提交科技建议、建言项目 510 项，受到当地党政领导的高度重视。

三、搭建社会化科普服务平台，为提高全民科学文化素质服务

组织召开四川省农村科普工作会。省委常委李登菊出席会议并讲话。省人大、省政协领导同志、省级相关 13 个厅局及群团负责人出席了会议。会议总结交流了全省各地农村科普工作的作法与经验，研究部署了今后一段时期的农村科普工作，命名、表彰了第三批四川省百强农技协和一批农村科普工作先进集体和个人，并为第二批全省科普示范县授牌。成都、达州、乐山市科协、省林学会等 10 余名代表在会上作了经验交流发言。

以科普示范县（市、区）创建工作为载体，推动农村科普工作向纵深发展。精心组织了对四川省 4 个全国科普示范城区创建单位和第二批 23 个全省科普示范县（市、区）的检查验收。各被检单位按照创建要求扎实工作，在科普组织网络建设、科普宣传、科技培训、科普基地建设等方面都取得了明显成绩。科普示范县的建设进一步促进了各县（市、区）加大对科普工作的领导、管理和扶持力度，科普经费投入增多，科普硬件设施得到较大改善。

深入开展创建“科普示范企业”活动，推动企业科协工作发展。创建科普示范企业工作是近年来省科协工

作中的创新，极大地推动了企业科协组织建设、设施建设等方面的发展，对推动企业技术进步，提高职工科技素质起到了积极作用，也赢得了企业的支持和职工的好评。2005 年，四川省有 5 个市科协对 13 个企业进行了市级检查验收，并向省科协申报了 10 家省级科普示范企业。经省科协检查验收，向 7 家企业授予了“四川省科普示范企业”称号。

精心组织各类科普宣传活动，推动科普工作蓬勃发展。组织省级学会及各地科协在全省开展了“科学发展观”巡回展览，认真搞好科普宣传月、科技活动周、全国科普活动日等形式多样的科普宣传和科技下乡活动。内江、资阳、达州、南充、甘孜等市州还开展了人感染猪链球菌防治、禽流感防治等专项科普宣传活动。据不完全统计，全年各级科协和所属团体共组织了各类科普活动 1971 次，到达乡镇 2299 个，参加的科技人员达 7. 34 万人，受益人数达 1271. 9 万人。精心办好重点科普宣传与科技下乡活动，举办了以“物理照耀世界，科技引领未来”为主题的 2005 年国际物理年纪念活动，获得中国科协表彰；举办了“高原科普之夏——阿坝行”大型科普宣传活动；开展了“全国科普日——四川省科普老区行”活动。组织科普专家宣传团，深入广元、凉山等市州各县为党政领导干部作科普报告 34 场，听众达 2 万余人。加强了反邪教工作的理论研讨，举办“崇尚科学、反对邪教”知识报告会 7 场，反邪教科普教育活动 10 余次，促进了反邪教工作的深入开展。

办好各类青少年科技创新活动，增强青少年创新意识和实践能力。成功举办了四川省第 20 届青少年科技创新大赛、第三届青少年机器人竞赛、青少年信息学奥林匹克竞赛冬令营等青少年科技创新活动。组团参加了第 20 届全国青少年科技创新大赛，获得 6 金 2 银 4 铜的佳绩，居全国第三。组团参加第 5 届中国青少年机器人竞赛、第 22 届全国青少年信息学奥林匹克竞赛、NOIP2004 全国青少年信息学奥林匹克联赛，分别获得 14 金 11 银 4 铜、1 金 3 银团体第 4 及 251 人获得全国联赛大奖的佳绩，并取得 2006 年全国青少年信息学奥林匹克竞赛的承办权。“中国科协—英特尔求知计划”顺利实施，完成了 1200 人的培训任务。在 Intel 电脑俱乐部举办了农民工子女科技培训夏令营等培训活动，全年共接待培训青少年 4000 多人次。完成了第三批 30 所科技示范学校的验收、命名授牌工作及第六周期联合国儿童基金会项目。

大力推动城区科普工作的发展。以“讲科学文明、建和谐社区”为主题，在四川省各地广泛开展“科教进社区”活动，推荐出全国“科教进社区”活动先进集体 3 个。全省新建街道科协组织 65 个，社区科普小组 3635 个，新增加科普画廊和科普橱窗 2657 米，全省科普画廊和科普橱窗达到 9624 米，有 60 个科普画廊被中国科协命名为全国示范科普画廊。新发展科普志愿者 9519 人，全省科普志愿者总数达 2. 7 万人。科普教育基地的创建工作受到中国科协检查组的好评。大力加强科普能力建设。进一步扩大“科普大篷车”电视栏目的覆盖面，全省有 120 家市（州）、县（区）、大型企业电视台开播了“科普大篷车”电视栏目。积极支持阿坝州科协建立了服务广大农牧民的“科普热线”。积极参与全国农村党员干部现代远程教育工作，为各地科协录制各类科普片 750 多部，拍摄了《探秘邛海》等一批科普电视片，先后在中国科协声像工作会及全省第一届农村党员干部现代远程教育教学课件评比活动中获奖。《科幻世界》杂志社各类期刊稳步发展，推出的系列科幻图书深受读者欢迎。

四、全面推进省级学会改革，积极搭建学术交流平台，努力提高学术交流水平和质量

推进省级学会改革，增强学会凝聚力和发展能力。在广泛开展调查研究的基础上，下发了《关于开展省级学会改革的实施意见》，召开了全省学会干部会议，对省级学会改革工作进行了安排部署。组织了两期四川省学会改革发展研讨班，并组织部分省级学会负责人赴北京、天津等地学会考察学习。除 12 个试点省级学会改革工作继续深入外，大部分学会和市州科协专门召开会议研究、部署了学会改革工作，有 70 多个学会报送了学会改革方案，有 70 多个学会正按改革方案实施，部分学会已按计划完成改革目标。

大力抓好重点学术交流活动。举办了以“科学发展观与四川资源利用”为主题的 2005 四川省中青年专家学术大会。省委副书记、省纪委书记李崇禧出席会议并讲话，省人大及省级相关厅、局负责人、市州领导同志及省内外 1000 多名中青年科技工作者参加了会议。大会收到论文 431 篇，中国科学院刘宝珺院士、英国皇家工程院宋永华院士等专家做大会主题报告，40余名中青年专家做分会场报告。会后，省科协向省委、省政府报送了建议献策报告。积极组织参加中国科协2005年学术年会及第八届中国西部科技论坛，分别选送了24篇、15篇论文参会。成功承办第二届泛珠三角先进制造技术论坛，来自广东、福建等10余个省、自治区100余人参加了会议。

省级学会、各级科协围绕经济社会发展的热点、难点问题，广泛开展多学科、多形式、多层次的学术交流活动。全年省级学会和市州科协共举办各种学术会议2396次，交流学术论文19449篇，参加学术交流会议达11.12万人。

发挥科协民间渠道优势，努力活跃对外民间科技交流。成功承办了中国科协2005年中俄青年科学家论坛，增强了四川企业、大专院校、科研院所与俄罗斯科技界的交流与合作。举办了中俄食品科技研讨会、中美科普专家学术研讨会。派出赴英法科技考察代表团3个，加强了同英国自然科技馆等一批国外科技馆的合作与交流，加强了与英国布鲁内尔大学、英国爱丁堡科技节主委会在科普活动方面的交流与互访。组织邀请英国爱丁堡科技节主席来四川省作了“如何组织科技节”的学术报告活动。“海外智力为国服务”行动计划项目顺利实施。

五、发挥桥梁纽带作用，促进科技人才成长，竭诚为科技工作者服务

深入贯彻落实全国、全省人才工作会议精神，为促进科技人才成长服务。进一步建立健全了省科协人才工作制度，完善了省科协加强与省级学会、市州科协、企事业科协及专家联系制度。大力开发实用人才，积极开展以乡镇干部、基层党员干部为主要对象的实用技术培训，全年四川省科协系统共举办农技协负责人和技术骨干培训班600期，培训农技协负责人和技术骨干1.42万人。积极宣传优秀人才典型，将全省获得全国优秀科技工作者、西部开发突出贡献奖等称号的科技工作者典型事迹，在《四川日报》进行了连续宣传报道。加强人才队伍建设，制定了省科协系统五年专项人才培育规划。加强培养、表彰、举荐优秀科技人才工作，开展了第八届四川省青年科技奖推荐评选工作，开展了第二届中国青年女科学家奖、第三届中国科协西部开发突出贡献奖、第三届四川杰出创新人才奖、第九届中国青年科技奖、中国科学院院士候选人、中国工程院院士候选人推荐工作和第七批省学术和技术带头人及后备人选推荐工作。认真开展科技工作者基本情况调查研究，切实发挥党和政府联系科技工作者的桥梁与纽带作用。在认真调研的基础上，深入分析科技工作者最关心和最期待解决的问题，以及省委、省政府制定人才政策最需要了解的科技工作者的有关数据，制作了《四川省科技工作者基本情况调查问卷》，对全省科技工作者开展了调查，并向省委、省政府报送了《四川科技工作者基本情况调研报告》。按中国科协要求，设立了5个科技工作者状况调查点，并圆满完成了全国科技工作者状况调查工作，受到中国科协好评。配合中国科协开展了中国公众科学素养调查，对全省10个调查县（市、区）进行了入户调查。参与了省政府组织的《四川省中长期科技发展规划》科普课题的战略研究工作，将科协系统的意见、意愿和建议反映到规划中。密切联系广大科技工作者，进一步建设“科技工作者之家”。分两批组织来自经济建设、社会发展等行业的60多名科技工作者赴三亚、厦门及哈尔滨等地休养考察。组织科技专家及优秀科技人才参加省科协迎新春专家联谊会，采取多种形式慰问了一批专家、院士及优秀科技工作者，进一步密切了与科技工作者的联系。各地科协采取座谈会、研讨会、专题报告和政协委员提案等各种形式，反映科技工作者的心声，维护科技工作者的权益，受到广大科技人员的欢迎。

六、不断加强自身建设，增强科协发展能力，努力创建“和谐科协”

切实加强党的建设，增强科协干部队伍的战斗力。坚持以邓小平理论和“三个代表”重要思想为指导，进一步深入开展领导班子创“四好”活动、党员先锋工程活动，全面落实党风廉政建设各项规定，促进了科协机关的廉洁高效。在机关开展保持共产党员先进性教育“回头看”活动，建立了保持共产党员先进性教育活动的长效机制。按照省委及各地党委的要求，省科协事业单位和各市州科协精心组织，落实措施，认真开展了为期5个月的第二批保持共产党员先进性教育活动，并较好地完成了各项工作任务。省科协作为领导小组成员单位，积极派人参加了全省第三批（农村）保持共产党员先进性教育活动。

切实加强组织建设，增强科协干部队伍的凝聚力。增补变更了部分省科协常委、委员，在科协重大工作中加强了与省科协常委、委员的联系，充分发挥常委、委员作用，进一步健全了民主办会制度。不断发展省级学会，全年新增省级学会7个。在省委组织部的大力支持下，经省科协机关干部的广泛民主推荐，充实了省科协党组和领导班子成员，选拔任用了部分中层干部，选调充实了部分工作人员，科协干部队伍结构得到进一步改善。解决了部分长期在科协工作的同志的待遇问题。对离退休老干部的服务质量进一步提高。

切实加强学习型机关建设，增强科协干部队伍的执行力。完善了省科协政治理论学习制度、领导干部过好双重组织生活制度和领导干部上党课制度。坚持充实学习内容，改进学习方法，扎实抓好党组中心组学习、处级以上干部小集中学习、干部社会化选学培训工作，进一步提高了科协干部学习的主动性和自觉性，增强了科协干部的理论修养和工作能力。深入推进机关信息化建设，《四川科协通讯》及科协互联网站信息量增多，为科协工作服务的能力进一步增强。

云南省科学技术协会

地　　址　云南省昆明市护国路22号
邮政编码　650021
电子信箱　bgs@ yunast. cn
主页网址　http://www. yunast. cn
电　　话　0871－3138614
传　　真　0871－3155032

主　　席　苏君红

副 主 席　马洪琪　孙　航　孙加林　牟双江　吴　松　张亚平　杨守修　陈明清　陈海如　和福生　罗永翔　胡有兰　唐　兵　徐宝明　赖永良

刊物及主编　《云南科坛》　主编　罗元明
《奥秘》　社长　高崇华

单位简介

云南省科协成立于1958年12月，由云南省科联和云南省科普协会两大团体合并组建。1959年1月召开第一次代表大会，刘披云任主席；“文化大革命”期间停止工作，1978年10月恢复工作；1980年9月召开第二次代表大会，李雨枫任主席；1986年10月召开第三次代表大会，吴征镒任主席；1991年10月召开第四次代表大会，李铮友任主席；1997年4月召开第五次代表大会，苏君红任主席；2002年11月召开第六次代表大会，苏君红任主席。

云南省科协现有省级学会（协会、研究会）122个，会员151973人；州、市级学会440个，会员200658人，联系着全省70余万科技工作者。全省16个州（市）、129个县（市、区）都建有科协组织；有乡镇科普协会1361个，社区街道科普协会96个，企业科协59个，农村专业技术协会5310个。16个州（市）、110多个县（市、区）、1120个乡镇还设立了农村致富技术函授大学分校和辅导站。

工作综述

2005年，在省委、省政府的领导下，全省各级科协及所属团体以邓小平理论和“三个代表”重要思想为指导，坚持以科学发展观统领科协工作，围绕党和政府工作大局，充分发挥党和政府联系科技工作者的桥梁纽带作用、国家推动科技事业发展重要力量和科普工作主要社会力量的作用，积极推动科教兴滇、人才强省和可持续发展战略的实施，全面深化“三大工程、五个创建”活动，在学术交流、科学普及、民间科技交流与合作、建“家”工程和自身建设等方面开展了卓有成效的工作，为“三个文明”建设和构建社会主义和谐社会作出了积极贡献

一、强化意识、优化环境，为科技工作者服务取得新成绩

一是为科技工作者服务能力得到提升。从制度层面完善沟通机制，设立“全国科技工作者调查站点”，完成“云南省高级科技人才软环境状况调查”工作，初步建立起“云南高级科技人才基本信息库”。全省16个州市科协基本完成本地“科技人才库”建设工作，为党和政府

制定完善科技、人才政策提供了决策依据；建立有效的利益表达机制，发挥各级人大、政协中的科技界代表和科协界委员的作用，形成了一批高质量的专家建议和科技提案。2005年，全省各级科协及所属团体共向各级人大、政协提交专家建议和科技提案近300件，其中，昆明、曲靖、玉溪、红河、文山等州市科协的科技提案得到当地党委、政府的高度重视和肯定。表彰举荐优秀科技工作者，在全国率先设立了由企业赞助的云南省青年科技（红河）奖和云南省科协优秀科学论文（云锡）奖等奖励基金。开展了第四届云南省青年科技（红河）奖、第七届云南省科协优秀科学论文（云锡）奖评选表彰工作，孔庆鹏等10位优秀青年科技工作者和《天文高分辨像复原技术检测地基天文光学望远镜成像质量》等50篇优秀科学论文受到表彰。加强科技工作者权益维护工作，昭通、玉溪、德宏、丽江、怒江等州市成立了科技工作者维权机构，优化了科技工作者成长成才环境。加大了非公经济组织、新型研发机构、中介组织中科技人员及留学归国科技人员的工作力度。

二是学会改革与发展取得实效。加强对所属学会改革的指导力度，召开2005年云南省科协学会工作会议，重点研究部署学会改革，并启动了7个省级学会改革试点工作。继续完善学会分类管理制度和激励制度，对60个年度目标管理考核优秀的省级学会进行了表彰，增强了学会对广大会员的凝聚力和吸引力。召开基础学科竞赛组织管理工作会议，对省级学会组织基础学科竞赛的组织机构、工作程序、学术评议等工作提出明确要求，维护了学会的学术权威性。继续鼓励和协调学会主动承担政府转移的社会职能。

二、发挥优势、拓展渠道，为经济社会发展服务取得新进展

一是学术交流质量稳步提高。整合社会资源全力打造“云南省科学技术论坛”学术品牌。围绕艾滋病防治和矿业可持续发展，牵头联合12个主办单位、20个协办单位，共同举办2005年中国昆明艾滋病防治论坛和云南省·青海省矿业可持续发展论坛暨云南省第二届科学技术论坛。15位中国科学院院士、中国工程院院士出席论坛，与会者对艾滋病防治的对策措施和矿业可持续发展战略进行了深入研讨和交流。组织了12个专家组进行专题研究，并召开专家建言献策咨询座谈会，形成艾滋病防治和矿业可持续发展专家咨询报告。论坛受到中国工程院、卫生部和云南省委、省政府的高度重视，连续三年荣获中国科协重点学术活动项目一等资助，成功培育和打造了云南省一个重大学术品牌，推动云南省学术交流工作进入全国一流水平。省公路、通讯、环境科学、水力发电工程等学会围绕交通、通讯、环保、电力等重大基础问题举办了多层次的学术论坛，并形成专家咨询报告，促进了云南省相关行业的健康发展。昆明市科协举办了国家园林城市建设科技论坛，在当地产生重要影响。

广泛开展国内外学术交流活动。组织科技工作者参加中国科协2005年学术年会、第八届西部科技进步和经济发展专家论坛，泛珠三角地区先进制造业论坛等学术交流活动。省电机工程、有色金属等学会分别举办了供电企业信息化研讨会、首届中国西部有色金属学术研讨会等学术活动。2005年，全省各级科协及所属团体共举办、承办国内外学术交流活动700余次，交流论文1万多篇，编辑出版论文集130多种、科技期刊40多种，发行50多万册，推动了学科发展、人才成长和自主创新。

二是为“三农”和企业服务的能力显著增强。将农技协作为促进解决“三农”问题的重要载体。在调研的基础上，协调相关部门提出贯彻落实省委、省政府扶持农技协发展意见的具体措施。省科协在省政协九届三次会议上提交的《关于建立农产品运输绿色通道的建议》和《关于建立农村专业技术协会发展基金的建议》受到省委、省政府的高度重视，推动省政府出台了《云南省高效率鲜活农产品流通“绿色通道”建设的实施意见》和《关于加快发展农民专业合作组织的意见》。部分州市科协争取当地党委、政府出台加强农技协工作的意见，优化了农技协发展的政策环境。通过举办全省部分农技协会长培训班等措施，着力加强农技协自身建设，规范管理机制、创新运作模式，增强可持续发展能力。农技协工作进入全国先进行列，成为带动农民依靠科技致富的重要力量。农函大办学规模再创历史新高，突破12万人，居全国第二位，成为提高农民素质和促进农村经济社会发展的有效形式。科普兴农示范园成为农民科技培训、示范、推广的重要基地，发挥了较好的科普示范效益。积极开展“讲、比”活动、“金桥工程”和“千厂千会”活动，促进企业自主创新与科技进步。2005年，全省各级科协及所属团体共完成“金桥工程”项目150多项，结成“厂会协作”对子1600多个。省民营科技实业家协会配合相关州市开展招商引资工作，共签订意向合同36个，合同金额达80多亿元，有些项目已进入实质性操作阶段。省老科技工作者协会和省专家协会以科技咨询和服务“三农”为重点开展工作，取得了良好的经济和社会效益。

三是对外民间科技交流日趋活跃。开展与东盟国家的合作与交流，举办中国（西部）—越南（北部）国际民间科技交流合作洽谈会，促进了中越科技、经贸合作。组团参加第26届亚洲遥感会议、第24届东南亚测绘协会理事会和第8届东南亚测量会议等国际学术交流活动。根据中国科协部署，启动“海外智力为国服务计划”试点工作。巩固和扩大与港澳台地区科技团体、学术机构的联系与合作。继续深化科协系统滇沪合作，开展与泛珠三角地区科协的交流，促进了科协事业的发展。2005年，全省各级科协及所属团体共接待国外及港澳台地区团组250多个，近3000人。派往国外及港澳台地区团组110多个，近1000人。

三、整合资源、搭建平台，为提高全民科学文化素质服务取得新成效

一是重点科普活动影响扩大。以宣传科学发展观为主，组织全省性的“科普日”、“科技周”、“科教进社区”、文化科技卫生“三下乡”及“气象日”、“环境日”、“地球日”等重点科普宣传活动。结合经济社会发展中的难点、热点问题，在禁毒防艾、反对邪教、防治禽流感等方面主动开展科普宣传。2005年，全省各级科协及所属团体共举办科普讲座3200多场次，科普展览2000多场次，开展专题科普活动2000多场次，展出科普展板3万多块，举办科技培训1000多期，编印科普图书300多种、共计25万多册，发放各种宣传材料500多万份，促进了科普的群众化、社会化和经常化。配合中国科协在曲靖启动实施“中国科协农村青少年群英计划”试点项目，该项目是目前全省从中国科协争取到的最大的科普项目，将为探索全国农村校外青少年教育的新路子产生重要影响。配合中国科协在德宏开展“科技大王进边陲”全国科技下乡活动，25个涉农企业和农技协与德宏州相关单位达成技术帮扶和项目合作意向45项，投资金额1.26亿元，取得良好的社会、经济效益。与曲靖市人民政府联合举办第20届云南省青少年科技创新大赛，全省有26万青少年参加活动，实现了创新大赛体制和机制上的创新。在北京举办为期半年的“科学看云南”科普展览，推动了云南民族文化和科普事业的发展。常年在昆明举办的“百年沧桑、经典昆明——科学与艺术展览”，提升了昆明的城市文化品位。云南省科协专家服务团先后深入到11个州市的近50个县（市、区）开展服务工作，受到当地的广泛好评，日益成为提高全省各级领导干部科技意识和科学决策水平的有效形式。开展了第二次全省公众科学素养调查。完成了《云南省少数民族地区农村科普工作绩效分析研究》等课题的研究工作。启动中国科协资助的“云南贫困地区少数民族科普村落社区建设示范研究”项目。进一步加大了科技扶贫工作的力度。全省“五个创建”工作已完成创建任务数的75%，有11个州（市）的16个县（市、区）进入中国科协第三批全国科普示范县（城区）创建行列。

二是科普基础和能力建设得到加强。作为科技工作者和科协工作者之家的省科协大楼维修改造工程开始启动，云南学术交流园和云南科学园建设稳步推进，云南省科技馆新馆建设前期规划筹备工作进展顺利。《奥秘》杂志累计发行170多万册，跻身全国优秀科技期刊行列。青少年科学工作室和电脑机器人工作室的设施和功能不断完善。省科协科普大篷车宣传面已涵盖16个州市。科技干部培训能力和水平有所提高。各州（市）、县科普工作基础和能力建设有所增强，争取中国科协为楚雄、临沧、曲靖等州市配备了科普大篷车，曲靖市在全省率先建立农村科普宣传员制度，为推进科普事业发展奠定了坚实基础。

四、改革创新、完善机制，自身建设迈出新步伐

一是党员先进性教育成效明显。各级科协严格按照中央和省委确定的指导思想、目标要求、基本原则和方法步骤，高标准、严要求地开展保持共产党员先进性教育活动，全面加强科协系统思想、组织、作风、制度和能力建设。省科协机关及所属事业单位用半年时间集中开展保持共产党员先进性教育活动，认真学习文件、广泛征求意见、自觉查摆问题，并针对反映比较集中的7个方面问题，制定了18项整改措施。目前，整改工作进展顺利，一些关系群众切身利益的突出问题得到有效解决。在群众满意度测评中，机关和直属事业单位满意度达到90%

以上，党组领导班子满意度达到95%以上，受到省委“先教办”和督导组的一致好评。通过先进性教育，全省科协系统干部群众精神振奋，机关面貌焕然一新。围绕中心抓重点、强化协作抓发展、面向基层抓服务、提高素质抓队伍、健全制度抓规范已成为全省科协系统的共识，“团结求实、奋发有为、开拓创新”的良好氛围正在形成；根据省委的统一部署，完成了全省第三批保持共产党员先进性教育活动联系点的选点和调研工作。

二是科协工作支撑条件有所改善。各级科协积极争取党委、政府的重视和支持，把科协工作列入党委、政府议事日程，定期听取科协工作汇报，研究解决工作中的重要问题。部分州（市）、县科协主动争取当地党委、政府出台加强科协工作的意见，强化了科协工作的政策支撑。大部分州市的科普经费已达到年人均0.3元并列入同级财政预算。昆明、楚雄等州市完成所辖大部分县（市、区）科协独立建制工作。大部分州市科协建立了科普网站，近一半的州市科协基本实现办公自动化、信息化。县级科协工作进一步得到加强，工作条件有所改善，科普经费逐步增加，为推动科协事业发展奠定了良好的基础。

贵州省科学技术协会

地　　址　贵州省贵阳市青云路276号

邮政编码　550002

主页网址　http://www.gzast.org.cn

电　　话　0851－5954158/5982179

传　　真　0851－5984158

主　　席　欧阳自远

副 主 席　肖伦祥　任湘生　路　贵　于　杰　朱立军　刘丛强　伍鹏程　李　祥　李正辉　李桂莲　陈叔平　周万成　周惠明　郝小江　戴绍良

刊物及主编　《大众科学》　副主编　丁贵清（主持工作）

《科学快报》　主编　余建伟

单位简介

贵州省科学技术协会成立于1959年，由贵州省科学普及协会和中华全国自然科学专门学会联合会贵阳分会合并组建而成。1959年4月召开第一次代表大会，主席为罗登义。“文化大革命”期间停止活动，1978年恢复。1980年11月召开省科协第二次代表大会，主席为罗登义。1985年7月召开省科协第三次代表大会，主席为张树魁。1991年8月召开省科协第四次代表大会，主席为张树魁（1991～1993年）、欧阳自远（1993～1996年）。1996年8月召开省科协第五次代表大会，主席为欧阳自远。2002年7月召开省科协第六次代表大会，主席为欧阳自远。

截至2005年底省级学会130个，会员近10万人。全省9个地州市和88个县（市、区）科协全部建立，已建立地、县级学会1565个，会员30余万人，乡（镇）科协948个，村科普协会（组）5120个，农村专业技术协会（研究会）3237个，企业科协182个，非国有企业科协6个，大专院校科协5个，街道科协115个。

工作综述

一、保持共产党员先进性教育活动取得实效

省科协党组高度重视开展保持共产党员先进性教育活动，及时召开专题会议，研究部署省科协保持共产党员先进性教育活动，成立了先进性教育办公室，确保先进性教育活动有效开展。在省委督导组的指导下，1月20日召开了动员大会，开始了为期半年的保持共产党员先进性教育活动。在学习动员阶段，通过自学、集中学习、上党课、听专题报告，组织党员观看牛玉儒同志先进事迹电教片，参观遵义会议会址，缅怀红军烈士，走访贫困群众，使全体党员在学习活动中接受革命传统教育，充分认识保持共产党员先进性教育活动的重要性、紧迫性。通过认真学习，使全体党员的党性意识得到加强，政治信念更加坚定，工作作风明显转变。在分析评议阶段，通过交流、谈心，每名党员都认真撰写了党性分析材料，查找了存在的问题，明确了努力的方向。在整改提高阶段，党组认真分析党员和群众提出的各项建议和意见，并针对群众关心的难点、热点问题制定了整改措施，受到了干部职工的普遍好评。通过半年的先进性教育活动，科协系统全体党员素质得到了提高，加强了组织建设，完善了规章制度，解决了实际问题，做到教育活动与业务工作“两不

误、双促进”。

二、科普工作

1. 切实抓好重点科普活动。一是开展了“科学发展观：人与自然和谐发展篇——大自然的警示与启示”专题巡展。5月25～27日，首展3天共接待参观群众6000人次。首展结束后，相继在全省各市（州、地）进行巡展，展出的220块展板受到了广大观众的热烈欢迎。11月中旬巡展圆满结束，参观群众32万人次，收到了良好的效果。二是认真组织开展“全国科普日”系列科普活动。9月15日，省委副书记孙淦在《贵州日报》发表了署名文章，并参加9月17日云岩区、乌当区系列科普活动，拉开了全省“全国科普日”科普活动的序幕。贵阳市、遵义市科协分别邀请周光召院士、欧阳自远院士做了精彩的科普报告。黔东南州科协在全国科普日期间，组织农村科技致富能手报告团深入全州各县（市）进行巡回报告，开辟了农民教育农民，服务“三农”的新途径。全省其他市（州、地）、县（市、区）科协相应举办了系列科普宣传活动。省科普专家报告团分赴毕节地区及麻江、长顺等县作了8场科普报告。科普大篷车深入现场演示，20余万群众参加了科普活动或聆听了科普报告。三是积极会同省委宣传部、省科技厅等有关部门组织开展了“三下乡”、“科教进社区”、“科技活动周”等科普活动。遵义市科协结合创建“平安遵义”，积极开展了以“讲科学生活，建文明和谐社会”为主题的科普文明社区创建工作，深受社区群众欢迎。四是大力开展全国科普示范县、科普示范城区的创建工作。创建工作得到各级党委、政府的高度重视，发展态势良好。

2. 认真调查研究，有针对性地开展科普工作。一是开展了全省农村科普工作状况调查，6月中旬，全省88个县（市、区）顺利完成调查任务。二是开展了全省“科教进社区”活动情况调查，调查工作已全面完成。三是与省统计局联合开展了贵州省首次公众科学素养调查工作。全省9个市（州、地）及60个调查县（市、区）均按要求完成了调查任务。

3. 积极配合和参与农村党员干部现代远程教育试点工作。6月中旬，省科协与中国农函大联合举办了贵州省科协系统农村党员干部现代远程教育工作研讨班，全省170多名基层科协干部参加研讨和培训，取得了明显的成效。省科协开发的《流水养鱼》等11个课件顺利通过了省远教办专家审定，《胡光银的养殖经》通过中国科协声像中心审定。

4. 青少年科技教育成效明显。成功举办了第20届贵州省青少年科技创新大赛，并组队参加全国第20届青少年科技创新大赛，取得了较好成绩。组织了“大手拉小手”青少年科技传播行动，举办了《物理照耀世界——物理和爱因斯坦相对论》科普报告会，中国科协与联合国儿童基金会非正规教育项目在印江、水城、三都、施秉县实施顺利。“中国科协——英特尔求知计划”正式启动，五学科奥赛顺利开展，全省中学生生物学联赛在贵阳举办，5000余名学生参加了竞赛；组队参加全国第13届中学生生物学奥赛，选派的3名中学生获得三等奖3项；在8月25日举办的全国第22届青少年信息学奥赛中，3名选手获得优秀奖。组队参加第5届中国青少年机器人竞赛，获得二等奖1项，三等奖3项。成功举办了第9届“挑战杯”全省大学生课外学术科技作品竞赛。

5. 坚持开展反邪教科普宣传。2005年6月，省反邪教协会与贵阳市反邪教协会、贵州大学团委联合举办主题为“崇尚科学，反对邪教，构建和谐校园”的科普宣传活动。通过大型图片展、反邪教电视展播、科普讲座及万名师生签名活动，增强了广大青年学生的科学理念，提高了识别和抵制邪教的能力。

6. 科普设施建设进一步加强。贵州科技馆建设进展顺利，土建工程按计划完成，并通过竣工验收。9月9日贵阳市科技馆正式奠基。遵义市科技馆展教工程取得新进展。遵义市、黔南州、铜仁地区科协配备了科普大篷车。省科协继续加强对基层科协科普能力建设的投入，新建科普橱窗21个，资助经费33万元。

三、学术交流

1. 组织开展了“移动通信杯”首届贵州省自然科学优秀学术论文的评审奖励工作。活动期间收到论文306篇，已评出一等奖5篇，二等奖20篇，三等奖40篇。

2. 与省科技厅等单位联合举办贵州科技创新论坛。2005年5月17日，科技界人士、青年企业家及大专院校师生300余人参加论坛，论坛的举办为促进创新文化的发展营造了良好的氛围。

3. 举办贵州财经学院科技论坛。由省科协、贵州财经学院共同主办了5期“贵州财经学院科技论坛”，分别邀请5位院士做了以航天科技、生命科学、信息科学为主题的报告。

4. 与绥阳县政府等单位共同举办“中法文化年·绥阳洞穴周”活动。来自中、法两国300余名专家、学者参加了活动。

5. 举办海峡两岸档案暨缩微学术交流会。2005年8月，台湾档案资讯界组织15位专家学者出席了会议，推动了海峡两岸档案界的交流与合作。

6. 指导和资助完成26项重点省级学会活动。组织编印《贵州省科学技术优秀论文集（2004）》和《贵州省科学技术学术活动蓝皮书（2004）》，论文集共收录41个省级学会推荐的124篇优秀论文，蓝皮书共收录38个省级学会78项学术活动。

7. 全省科协系统共组织10个团组近百名科技工作者赴国外和港、澳、台地区进行科技交流和合作考察。通过这些对外交流活动，拓展了我省科技工作者视野，增进了与国外和我国港澳台地区科技工作者的友谊，增长了先进的科技管理知识和业务技能。

四、学会改革

1. 积极开展省级学会清理整顿工作，配合省民政厅完成了对省级学会的检查评估，撤销了长期不开展活动的11个省级学会。

2. 省级学会管理制度进一步完善。制定下发了《关于换发（发放）贵州省科学技术协会学会会员证实施办法》。开展了会员清理登记工作，建立统一的会员信息数据库，共完成50个省级学会和8个市（州、地）所属学会近万名会员的清理、换证和登记工作。

3. 学会综合评价体系逐步建立。贵阳市、六盘水市科协对市级学会实行目标考核，建立了市级学会综合评估体系。

五、“科技工作者之家”建设工作

一是开展科技工作者状况的调查工作。按照中国科协的部署，在贵阳市科协、贵阳学院科协、红花岗区科协、黎阳机械厂科协设立科技工作者状况调查点，开展科技工作者状况调查，并按要求完成了调查工作任务。二是广泛开展慰问科技工作者的活动。1月31日，省科协联合有关部门举办了2005年贵州省科技界迎春团拜会。春节前夕，各级科协负责人陪同省、地、县领导慰问了知名专家和优秀科技工作者。三是大力开展表彰优秀科技工作者的工作。3月11日，在省科协六届四次全委（扩大）会议上，表彰奖励了荣获全国优秀科技工作者称号的刘丛强、李聚丰、张志强、蔡运昌以及获得中国科协西部开发突出贡献奖的戴绍良、孙慧中等同志。与省委组织部、省人事厅共同完成了第八届贵州省青年科技奖的评选工作，共评选出获奖人员25名。根据中共中央组织部、人事部、中国科协《关于开展第九届中国青年科技奖候选人推荐与评选工作的通知》，择优从第八届贵州省青年科技奖获奖人员中推荐6名同志为第九届中国青年科技奖候选人。与省人事厅共同完成了第二届贵州省优秀科技工作者评选工作，共评选出获奖人选50名，提名奖人选7名。

六、不断加强自身建设

各级科协组织及所属团体认真抓好十六届四中、五中全会、省委九届七次、八次全会及胡锦涛总书记视察贵州时重要讲话精神的学习，通过采取不同形式，结合工作实际，认真开展保持共产党员先进性教育活动，增强了科协干部的政治理论水平，提高了服务能力和服务水平，促进了科协自身建设。

各市（州、地）科协积极主动地向当地党委、政府汇报工作，争取党委、政府和有关部门的支持。贵阳市及所属县（市、区）和黔南州、铜仁地区部分县市均以当地党委文件形式下发了《关于加强对科协的领导，充分发挥科协作用的意见》，使科协工作的政策环境进一步改善，工作机制进一步完善。黔南州、铜仁地区等市（州、地）在争取落实科普专项经费等方面做了大量的工作，取得了明显的成效，黔南州12个县市科普经费均列入同级财政预算，其中9个县（市）人均达0.1元/年，3个县（市）达0.2元/年；铜仁地区10个县（市、区）有9个将科普经费列入同级财政预算，其中7个县（市）人均达0.2/年，2个县（市）在0.1元/年以上。在各级党委、政府的支持下，科协工作的政策环境和物质条件得到逐步改善。

全省科协系统继续推行目标管理工作，各市（州、地）科协认真完成省科协2005年度下达的目标任务。贵阳市、六盘水市、黔南州、铜仁地区、毕节地区科协对所属县市科协实施了目标管理，有效提高了科协的办事效率，促进了全省科协系统工作任务的全面完成。

干部队伍建设进一步加强。通过干部的交流调整，充实了领导班子，促进了干部队伍整体素质的提高，增强了科协改革发展的活力。

西藏自治区科学技术协会

地　　址　西藏自治区拉萨市北京中路93号

邮政编码　850001

电　　话　0891－6835672/6835670/6832621/6834829/6831115

传　　真　0891－6835671/6828576

名誉主席　强巴赤列

主　　席　陈秀芳

副 主 席　刘　莉（专职）　张恒绪（专职）　仁青伦珠（专职）　大洛桑朗杰　占堆多吉　次成甲措　宋和平　岑维濬　李素芝　陈　锦　觉阿泽仁

刊物及主编　《科技工作者建议》　主编　巴　琼

《西藏科协信息》　主编　王启民

单位简介

西藏自治区科学技术协会成立于1983年。1986年底西藏自治区进行机构改革，并入西藏自治区教育科技委员会。1993年西藏自治区科学技术委员会正式恢复，西藏科协并入西藏科委，但机构职责未变。1996年西藏自治区进行机构改革，西藏科协再次明确为正厅级建制，机关内设办公室、普及部、学会部；2003年8月，西藏科协党组恢复成立。截至2004年8月，全区7个地（市）分别建立了科协组织。县级科协2个，乡镇农村科普协会、农村专业技术协会、厂矿科协都有所发展。有全区性学会、协会、研究会56个，拥有会员13000余名。

工作综述

一、学会活动

各地市科协、自治区级学会、协会积极开展学术交流活动。日喀则地区科协连续3年举办了“科技以人为本，全面建设小康”专题学术报告会，120余名专家、学者和科技工作者参加了学术交流，收到论文30余篇。林学会组织召开了西南五省片区林学会会议。数学会组织召开西藏数学会第三次学术会议。农牧学院科协邀请国内专家学者和学术团体到校举办学术报告活动20多场。公路学会共举办和参加各类学术会议20余次。医学会的专业学会分别召开了学术会议。消防协会积极引导消防科技工作者围绕西藏经济社会发展中的热点、难点问题开展学术活动，征集论文150余篇，在各级科技刊物上发表90余篇。

西藏科协及所属团体组织科技工作者积极撰写学术论文，参加中国科协组织的各种学术活动。先后有4篇论文入选。由中国科协、中国工程院和甘肃省人民政府主办的第八届中国西部科技进步与经济社会发展专家论坛，14篇论文被推荐参加中国科协2005年学术年会。

国际民间学术交流有了新进展。林芝地区科协与美国新一代基金会合作，举办了两期潘得巴培训班。西藏数学会与中国科学院数学研究所联合组织召开第五届数学代数与优化国际会议。气象学会请国际山地中心项目主任Madhav Karki博士与科技人员进行了学术交流。

12月，西藏科协、西藏农科院成功举办了以“依靠科技进步，优化种植结构，增加农民收入”为主题的破解西藏“三农”难题加快农牧区发展论坛。此次论坛，农业科技专家紧紧围绕调整种植结构，促进农民增收提出了43条咨询意见。

二、科学技术普及工作

注重围绕党和政府关注的重点、难点问题开展科普工作。西藏反邪教协会举办了《崇尚科学、关爱生命、反对邪教》大型展览，参观的干部、职工、学生等近7000人次。拉萨市科协开展“科技进寺庙”活动，请卫生、气象、防疫等方面的科技工作者为哲蚌寺等几个寺庙的僧人进行科普知识讲座，受益僧人达3765人次。

以解决“三农”问题为重点，广泛开展科技下乡等农牧区科普活动。昌都地区2005年先后组织科技人员88人次深入5个县7个乡镇开展科普宣传工作，向农牧民群众发放13000多册科普书籍，200张实用技术光盘，400余袋蔬菜良种，发放各类宣传资料62000多份，展出展板

120多块，为左贡县4个乡镇建立了科普图书室，举办了4期农村党员基层干部培训班。西藏作物学会先后在3个地市举办农牧民技术培训班12期，培训12410人次。

重点科普活动影响日益扩大。科技周活动和科普日活动期间，仅在拉萨市区就有54个区直、市直学会的600多名科技工作者参加了科普宣传活动，受益群众达7万人次。日喀则科协动员29个单位和部门参加“科普一条街”布展，共展出展板120块，发放科普读物50多种，1300册，发放科普宣传资料200多种、5385份，展出实物标本20个品种，专家为群众义诊咨询2500人次，咨询环境与健康和消防、安全生产等问题的群众有1000多人次。

青少年科普出现新局面。参加全国青少年高中、初中竞赛的越来越多，仅参加初中数学竞赛的人数就达2081人。5月19日“让物理走近大众、让大众拥抱物理”的光束传递活动，使200多名大中学生极为振奋，激发了他们对物理的兴趣，唤起了他们对科学的向往。参加大学生“挑战杯”知识竞赛和全国创新大赛，使众多青少年不断向新的高峰攀登。日喀则地区科协利用科技馆的有利条件，组织了320余名师生参加科普实物的展示；山南地区科协协助有关部门开展农牧区青少年环保知识竞赛；自治区生物学会编写出版了科普读物《拉萨拉鲁湿地与保护》，面向中学生进行环保教育。自治区科协还与自治区物理学会、教育学会联合开展了“科学普及，你我共参与——科普进校园”活动，在拉萨市第八中学、拉萨市北京高级中学进行了流动科技馆展教具展示、物理知识讲座、环境保护、合理开发和利用能源等科普知识讲座活动，共计3000多名学生参加了活动。

充分发挥科普阵地作用。西藏科协充分利用《高原科技》电视栏目，大力宣传科普知识。《西藏科技报》出版发行的藏汉两种文字报纸，不仅宣传党和国家科技政策、科技知识、有突出贡献的科技工作者，还加大了实用技术、科普知识、调整产业结构等内容的宣传力度，日喀则地区科协与地区科技局联合开办了科普园地。

努力建设科普教育示范基地。完成了全国科普教育示范基地申报认定工作，自治区气象局成为全国第二批科普教育基地创建单位。各地市科协也从实际出发，确定了一批科普教育的示范基地。拉萨市筹建了青少年气象科普教育基地、市农牧民蔬菜、花卉栽培技术科普教育基地。山南气象局已被批准认定为自治区级科普教育基地。

6月，西藏科协邀请《人民日报》、中央人民广播电台等新闻单位组成的中央记者团赴西藏，专题采访报道西藏的科普工作。记者们深入山南、林芝、那曲、拉萨四地市城镇和乡村，行程近4000公里，围绕农牧区科学技术普及工作，详细采访报道了农牧民群众爱科学、学科学、用科学，依靠科技致富的生动事例。

西藏广播电视学会组织百名记者深入农牧区，采编了反映农牧民依靠科技走上致富路的藏汉文稿件1000多篇，宣传了党的富民政策，报道了西藏翻天覆地的变化。

三、认真履行桥梁和纽带职责，切实为科技工作者服务

认真开展科技工作者状况调查。按照中国科协统一部署，抽调专人开展了西部科技工作者人才政策环境状况的调查，完成了公众科学素质的调查任务。

深入区直学会进行调研。科协领导和学会部的同志利用一个多月的时间，走访了西藏畜牧兽医学会、气象学会等21个学会，了解学会目前工作现状、发展思路、存在的问题和困难等情况，听取科技工作者和学会工作人员的意见和建议。

西藏科协领导同志深入昌都、阿里、日喀则等地市，听取了近百位各条战线科技工作者的意见，老科技工作者协会对四个地市离退休科技工作者发挥作用的情况进行了调查，将情况反映给党委和政府，为今后如何发挥离退休科技工作者的作用提出了建议。

积极推荐优秀科技人才。自治区已有7位同志分别获得全国优秀科技工作者、西部突出贡献奖、中国青年科技奖、中国科协先进个人等奖励。2005年，又推荐3位同志为第三届中国科协西部突出贡献奖候选人。在全国农村科普工作先进集体和个人的评选中，自治区科协推荐的西藏畜牧兽医学会、山南地区乃东县科协和林芝地区科协被评为全国农村科普工作先进集体，15名科技工作者和科协工作人员被评为全国农村科普工作先进个人。

自2004年10月以来，在《西藏科技报》和中国科协《大众科技报》等新闻媒体上，陆续宣传报道了多吉、卓嘎、姬秋梅等有显著成绩和贡献的科技工作者的业绩，受到了科技工作者的赞誉。

四、加强自身建设，不断提高服务能力

全面落实自治区党委专题会议精神。6月7日，西藏自治区党委书记杨传堂主持召开2005年第32次专题会议，就进一步落实自治区党委、政府关于科协工作的一系列指示精神进行了研究。会议下发了《关于进一步加强全区科协工作的专题会议纪要》。西藏科协四届三次常委会就如何落实纪要精神形成了《实施意见》，并下发各自治区级学会、地市科协。

扎实开展以实践“三个代表”重要思想为主要内容的保持共产党员先进性教育活动。按照中央和自治区党委统一部署，自治区科协认真开展了第一批、第二批保持共产党员先进性教育活动。

召开四届二次全委会。10月25～26日，西藏科协召开四届二次全委会，西藏自治区党委常委德吉措姆到会并讲话。西藏科协总结了2005年的工作，提出了2006年的工作思路。3个地市科协及5个学会在大会上做了工作经验交流。

加强培训，提高干部素质。10月31日～11月10日，西藏科协与中国科协干部学院联合举办了西藏科协系统第二期干部培训班。七地市和乃东县科协的负责人、科协机关部分干部共17人参加了此次培训。培训期间，著名沙漠治理专家刘恕、北京大学教授杨子江、中国科学院研究员李大光、中国科协组织人事部部长赵之惠为学员们作了专题讲座。

为了提高科普工作人员的能力，在中国科协的支持下，西藏科协举办了“科普大篷车”管理与使用培训班。来自内地五省区科普工作队的负责同志，向培训班学员介绍了充分利用“科普大篷车”这个流动科技馆开展科普工作的经验。

陕西省科学技术协会

地　　址　陕西省西安市新城大院内
邮政编码　710006
主页网址　http://www.snast.org.cn
电　　话　029－87291531
传　　真　029－87291496

主　　席　郑南宁

副 主 席　牟怀岐（专职）　刘亚光（专职）　史　斌（专职）　白志礼　安芷生　阎宏涛　张　炜　张锦秋　李　跃　杨海成　苏　博　周　廉　周为民　侯　洵　胡仕银　唐俊昌　黄　强　葛　雄　雷凡培

单位简介

陕西省科学技术协会是陕西省科学技术工作者的群众组织，是中国共产党陕西省委员会领导下的人民团体，是党和政府联系科学技术工作者的桥梁和纽带，是国家推动科学技术事业发展的重要力量。陕西省科协由省级学会、协会、研究会和市（区）科学技术协会、企事业单位科学技术协会组成，是中国科学技术协会的地方组织，业务上接受中国科学技术协会的指导。

1959年4月，在西安召开了陕西省科协技术协会第一次代表大会，正式成立了陕西省科学技术协会。陕西省科协于1959年4月、1981年11月、1986年10月、1992年8月、1997年9月、2002年10月，在西安分别召开了第一至第六次代表大会。陕西省科协第一届至第六届全省委员会主席分别是：彭康、侯宗濂、李振声、陶钟、梁琦、郑南宁。

陕西省科协拥有省级学会、协会、研究会共138个，市（区）级科协11个，县（市区）级科协107个，其中76个县（市区）科协机构单设。

工作综述

一、围绕省委、省政府中心工作，组织科技工作者为全省经济社会发展服务

2005年，省科协按照省委的部署，坚持以科学发展观指导科协各项工作，紧紧围绕省委、省政府中心工作，发挥优势，为促进陕西全面、协调、可持续发展服务。

开展陕西省首届公众科学素养调查工作，历时10个月，几百名调查员深入全省35个观测点，140个乡镇

（街道办事处）入户调查，为准确掌握全省公众科学素养的基本状况提供了科学依据。

全面实施中国科协“海外智力为国服务计划”。建立了陕西省“日本优质苹果栽培示范园”，在3个县开展了技术培训和现场示范，在5个县的16个乡举办了日本优质苹果栽培技术展览；邀请美国专家在4个市、县的10多个乡举办了奶牛胚胎移植技术培训和展览；开展对日软件外包桥梁工程师培训（BSE）项目，促成西安软件园和日方达成了合作意向。

积极开展防治高致病性禽流感科普工作。编辑印刷了防治高致病性禽流感科普知识专刊3万多份、制作了防治高致病性禽流感光碟300盘，以及中国科协印发的各种预防禽流感科普宣传资料5万余份，迅速下发各市、县（区）科协，并组织专家深入渭南市华县开展了以预防禽流感为主题的科技下乡活动。

针对煤矿安全生产的有关问题，采取积极对策，与有关部门联合编印了《煤矿安全生产科普知识挂图》，由省科协负责人带队，分别送往铜川、蒲白、韩城等矿区。

会同省通信管理局及省通信学会承办了第三代移动通讯3G论坛演示会，各界群众2万余人参与了这一科普活动。

为把陕西渭北地区建设成为绿色、生态、高效农业示范基地，联合省环保局、省农业厅、延安市政府成功举办了“绿色渭北——循环经济发展高层论坛”，最终形成了《关于加快建设绿色渭北生态渭北的专家建议》，呈报省委、省政府。

联合省委宣传部、省文明办举办了《科学发展观：人与自然和谐发展篇——大自然的警示与启示》专题展览并在各地巡展，接待观众4.1万人次。

二、广泛开展学术交流，不断深化学会改革

以“学术金秋”活动为平台，围绕“宣传贯彻科学发展观，全面建设小康社会”主题，集成学术资源，融合社会科学，开展了181项学术交流活动。

充分发挥科技团体的独特作用，积极增进与港澳台地区的交流。先后协助中国科协在陕西举办了第六届海峡两岸青年科学家学术交流暨考察活动；组团参加了海峡两岸大学生辩论赛活动。联合西北农林科技大学、台湾“中华”绿文化协会，组织召开了第三届海峡两岸休闲农业发展学术研讨会，促进了海峡两岸科技界和产业界的交流与合作。

为认真贯彻落实“科教兴陕、人才强省”战略，表彰在自然科学基础、应用和开发研究中做出突出贡献的科技工作者，由省科协及有关部门共同评定的陕西省自然科学优秀论文奖经省政府批准升格为省级奖励，进一步调动了科技工作者自主创新和学术研究的积极性。

制定和下发了《陕西省科协所属省级学会专兼职工作人员管理办法》，进一步加强对学会工作指导。同时，积极探索新时期学会的组织体制、运行机制和管理方法，并不断改进学会活动方式，努力创造学会活动的精品工程。

三、努力贯彻落实《科普法》，突出重点，面向基层，动员社会力量开展科普工作

成功举办以“科学发展、科学生活”为主题的第十三届“科技之春”宣传月活动，组建67支科技下乡小分队，下农村、赴社区、进学校、入工厂，积极开展科普宣传、科技服务等活动，宣传月期间，全省共开展重点活动1820多项，组织科普大集1670余场次，共有5.1万多名科技人员和机关干部参与了活动。

“科普日”期间，组织广大科技工作者、科普志愿者、科技小分队广泛开展了一系列形式多样、贴近实际、贴近生活、富有成效的活动，组织开展活动达57项。

积极开展全国科普示范县（市、区）和全省农村科普示范基地的创建工作。申报了6个县（市、区）为第三批全国科普示范县（市、区），并获批准；组织审定命名了36个第二批全省农村科普示范基地。

充分发挥陕西科技馆作用。2005年陕西科技馆共接待观众6万人次，并对未成年人团体参观实行免费。

四、深入开展青少年科技活动，不断提高广大青少年科学素质和思想道德水平，为未成年人健康成长创造条件

积极开展青少年学科奥林匹克竞赛和青少年创新大赛。全省共21余万人参加了数学、物理、化学、生物学、信息学五大学科竞赛，11000余人获奖，132名学生获得进入高等院校保送资格。在第20届全国青少年科技创新大赛中，陕西代表队共获奖23项。在教育部、中国科协承办的“明天小小科学家奖励活动”中，陕西省一名同学获得银奖

（全国银奖以上共有40名），一名同学获得提名奖。

承办第五届中国青少年机器人竞赛活动，来自29个省、自治区、直辖市和香港特别行政区、澳门特别行政区的1400余名选手、教练员参加了竞赛。陕西省获奖36项。在泰国举行的“2005世界机器人奥林匹克竞赛”上，陕西代表队取得了比赛最高奖——评审委员会金奖。

充分发挥各类青少年科技教育基地的辐射、示范、带动作用。2005年，陕西科技馆、陕西省青少年气象科普教育基地被中央文明办、教育部、科技部等6部委联合授予全国青少年校外活动示范基地的称号。与省教育厅联合发展了9个陕西省青少年科技教育基地。

积极争取和开展中国科协与联合国儿童基金会非正规教育合作项目。

五、充分发挥党和政府联系科技工作者的桥梁纽带作用，竭诚为科技工作者服务

1. 深入开展各类科技奖项的评选推荐表彰活动。2005年，先后推荐了11位陕西省有突出贡献专家候选人；向省人事厅推荐报送了省“三五人才”第一、第二层次人选13名；向省妇联推荐了2006年全国三八红旗手候选人2名，全国三八红旗候选集体1个；推荐了9位同志为第三届中国科协西部开发突出贡献奖候选人选；推荐第二届中国青年女科学家奖人选2名，其中一人获得了提名奖；推荐了第九届中国青年科技奖候选人10位；开展了首届陕西省优秀科技工作者、第六届陕西青年科技奖的评选工作以及第二届陕西科技调研成果奖推荐工作。

经向省委人才工作领导小组办公室建议，已将中国青年科技奖、西部开发突出贡献奖、全国优秀科技工作者、中国青年女科学家奖等奖项获得者列入陕西省有突出贡献专家的评选条件中。2005年，省科协常委张立同院士获得了国家技术发明一等奖，填补了我国在这一奖项上的6年空缺。省科协常委舒德干教授和张立同院士还获得了陕西省科学技术最高成就奖。

2. 抓典型、树榜样，积极开展科普宣传和评比表彰工作。在中国科协农村科普工作会议上，陕西省有7个单位被命名为先进集体，33位个人被命名为先进个人。经推荐，3个单位被评为全国“科教进社区”先进集体，6名同志被评为先进个人，2个社区被评为优秀组织单位。与省文明办联合评选，命名了21个社区为首批省级科普文明社区。向中国科协推荐“千厂千会协作行动”优秀项目成果单位7对，优秀组织单位3个，先进个人2名；推荐“金桥工程”先进集体6个，先进个人7名。对基层科协先进集体、先进工作者以及重视、支持科协工作的党政领导同志进行了表彰。

充分利用广播、电视、网站等媒体开展科普宣传工作。与陕西电视台联合开办“科普园”科普专栏，全年共在陕西电视台制作、播出“科普园”节目48期。此外，还积极组织基层科协与当地电视台合作播出中国科协声像中心制作的《科普大篷车》科普节目。

3. 积极开展全国科技工作者状况调查陕西区工作，同时做好中国科协全国科技工作者状况调查的子课题——“影响科技工作者自主创新因素”的调查工作。

六、不断加强自身建设，切实增强服务能力

坚持民主办会原则，发挥全委会及常委会的领导作用，形成了科学、民主、有团体特色的领导体系和工作体系。

推动科协基层组织建设。指导成立了延安大学和西安理工大学两个院校科协组织。批复并帮助省营养、烟草、航空等12个学会换届。指导筹备省运筹学学会。注重在陕西非国有企业中建立科协组织。

认真开展保持共产党员先进性教育活动。从2005年1月开始在机关和直属单位党组织和共产党员中开展了历时半年的先进性教育活动，取得了良好的效果，群众满意率达93%。集中教育结束后，继续巩固和扩大整改成果，顺利通过了省委巡回检查组检查。

继续加强机关和直属单位自身建设。先后制订了《陕西省科协机关工作规则》、《陕西省科协人事调配管理办法》、《陕西省科协所属省级学会组织工作条例》等7项规章制度；加强了省科协机关干部队伍和直属单位领导班子建设，省科协领导干部提拔与选调制度进一步完善，另有4名大学生和1名研究生通过公务员公开招录充实到省科协机关工作，近年来先后有14位大学本科以上学历的年轻干部进入省科协机关工作，占到机关工作人员的三分之一；组织完成各类培训10多起，机关人员参训率达到100%，在2005年陕西省公务员电子政务技能大赛荣获团体银奖。

甘肃省科学技术协会

地　　　址　甘肃省兰州市城关区东岗西路434号兰州饭店迎宾楼
邮政编码　730000
电子信箱　gsskxbgs@126.com
电　　　话　0931－8827173
传　　　真　0931－8881617
主　　　席　李　膺
副 主 席　史振业　宋寿海　李枝葱　贺　琴　蒋克强
秘 书 长　郑　凡
刊物及主编　《甘肃科协工作》　主编　宋寿海
　　　　　　《甘肃科技报》　主编　谢德彪

单位简介

甘肃省科学技术协会成立于1958年，同年9月召开了省科协“一大”，刘允中被选为第一副主席（兼）。1982年2月召开了省科协“二大”，朱宣人被选为主席。1986年6月召开了省科协“三大”，朱宣人被选为主席，魏庆同被选为第一副主席。1991年7月召开了省科协“四大”，张吾乐被选为主席，赵养廷被选为第一副主席。此后历任主席为李重庵、李膺，历任第一副主席为罗祖孝、魏万进、史振业。

目前，全省14个地、州、市和86个县、市、区都建立了科协组织。全省有省级学会96个、地（市）级学会651个，共有会员18.8万人；厂矿（科研院所）科协128个，会员7.3万人；乡（镇）科协1504个；农村专业技术协会（研究会）4538个，拥有12.46万农技协会员；省农函大1所，地市中心农函大分校9所，县级分校40多所，并有乡镇农函大辅导站82个，村辅导站747个。

工作综述

一、自身建设

2005年，甘肃省科协以邓小平理论、“三个代表”重要思想和中国科协提出的“三服务、一加强”为指导，在深入调研的基础上，提出了新时期科协工作要“营造社会氛围，搭建社会平台，整合社会资源，形成社会体系”，逐步确立了“面向社会，研究设计，组织实施，服务指导”的工作方针和“科协工作社会化，常规工作品牌化，资源利用最大化，三个服务具体化”的工作目标，坚持打基础，理思路，定制度，造氛围，使甘肃省科协的工作不断发展。2005年，省科协圆满完成了共产党员先进性教育活动，打牢了坚实的思想基础；制定和完善了9项管理制度，严格规范了办事程序；顺利完成了“三个理顺”（理顺人员、理顺业务、理顺关系），工作效率进一步提高。正在着手制订“三定”（定岗、定员、定量）和竞争上岗方案。通过这一系列的机制创新和定量考核，进一步营造能者上、庸者下的良好环境。目前，和谐有序、积极向上的学习型科协正在形成。

二、学术交流工作

8月15～17日，召开第八届中国西部科技进步与经济社会专家论坛，中国科协副主席、书记处第一书记邓楠，中国工程院副院长沈国舫以及12位院士到会并做报告。大会讨论并原则通过了《专家建议书》，为西部省区经济社会发展和国家进一步实施西部大开发政策提供了借鉴。12月，以“甘肃资源与甘肃发展”为主题的甘肃省2005年学术年会暨首届博士专家论坛在兰州市召开。2005年省级学会共组织各类学术交流活动130余次，1800余名科技人员参加了活动，交流论文1700余篇。有些学会已经形成了自己学术交流的品牌。

三、科学普及工作

1月，开展科协系统“三下乡”活动。全省科协系统共开展科普宣传1640次，展出科普展板1万多块，向农民散发科普资料144万多份，赠送科普书籍5万多册，播放科教影片420部，现场咨询受益群众达126万人。4月中旬，集中了3个地区科协及相关部门的有关人员，召开了农村科普工作状况调查与研讨会，5月底完成了全省农村科普调查工作，为提高全省农村科普工作的针对性和有效性提供了依据。5月14日，甘肃省以“科技以人为本、全面建设小康”为主题的科技活动周在定西市拉开帷幕。活动以文艺表演、现场咨询、播放录像、散发资料、版面展示等方式向广大群众进行了艾滋病防治、家庭理财、人与自然和谐相处、保护环境等知识的宣传，取得了很好的社会效果。9月17日举办了“全国科普日”大型宣传活动，副省长李膺在甘肃电视台做了题为“构建和谐社会，动员全民参与，推动科学普及”的讲话；省、市广播电台、电视台、甘肃日报社、兰州晚报社、兰州日报社、甘肃经济报社、大众科技报社等媒体积极配合，为全省开展科普日活动创造良好的社会舆论环境。9~10月，陆续在省直有关部门及14个市、州开展了“坚持科学发展观，建设繁荣新甘肃”大型巡展活动，对广大群众了解甘肃、认识甘肃，树立科学发展观和构建和谐甘肃的新理念产生了积极的影响。2005年全年，省科协充分发挥科普大篷车“流动科技馆”的作用，先后到兰州、庆阳、张掖、酒泉、天水、定西等6个市、16个县的政府机关、工厂、农村、学校、社区、部队和民族地区开展科普宣传活动，行程7000多公里，近10万人参加活动。

四、组织人事工作

4月，根据中央人才工作协调小组的统一部署和要求，配合中国科协人才工作协调小组开展了高新技术产业领域高层次专业人才队伍状况调查研究工作。7~9月，完成了第三届中国科协西部开发突出贡献奖候选人评选推荐工作。7月，根据中国科协组织人事部要求，承办了中国科协“七大”筹备工作座谈会（西部片）。8月，编辑出版了《院士与青年科学家》大型画册，主要介绍了16名在甘肃及甘肃籍院士及77名第一届至第八届中国青年科技奖获得者和第一届至第四届甘肃青年科技奖获得者，为发展科技事业创建的光辉业绩和成就，中国科协主席周光召应邀为画册题词：“科教兴陇”。9月，承办了“科学与中国”院士专家巡讲团西部行活动。8月，按照中国科协安排部署，设立了全国科技工作者状况调查站点，11月初完成了一年一度的问卷调查和数据采集上报工作。10月初，成功承办了由联合国开发计划署、联合国工发组织、联合国南南合作局、商务部、中国国际经济技术交流中心、科技部国际合作司、中国工程院国际合作局、中国太阳能学会等部门组织的发展中国家太阳能实用技术国际研讨会。这次会议共有23个国家及联合国的官员120多名专家及我国有关部委（办）的领导同志参加。12月初，完成了甘肃省科技新闻学会成立的各项准备工作。12月底完成了第五届甘肃青年科技奖和第九届中国青年科技奖候选人的评选推荐工作。

五、青少年工作

与《兰州晚报》共同开展了“科技创新实践行冬令营征文”活动。召开了甘肃省第20届青少年科技创新大赛。5月，成立了甘肃省五学科竞赛管理委员会，制定了《甘肃省五学科奥林匹克竞赛条例》。6月，开展了以“我心中的科技馆”为主题的第四期科学幻想儿童绘画活动，有900多幅作品参展，获奖作品36幅，其中一等奖6幅；二等奖12幅；三等奖18幅。还依据前四届获奖情况，编印获奖画册2000册下发各学校，受到老师和同学们的欢迎。7月，首次组队参加全国青少年机器人竞赛活动，获得了常规赛二等奖2个，未来工程师二等奖5个，中学生足球三等奖4个，机器人工程师创意设计未来工程师专项奖1个。举办并参加了全国青少年智力七巧板科普竞赛活动，获得创新奖3名，一等奖9名，二等奖27名，三等奖29名，鼓励奖38名，优秀组织工作者7名，优秀辅导员9名，优秀组织奖6个。8月，组织了首届甘肃省青少年走近陇原科技创新夏令营活动，组织参加了在北京举办的第20届全国青少年科技创新大赛，取得优秀竞赛项目一等奖1个（同时获高士其青少年创新奖和Intel英才奖）、二等奖8个、三等奖1个；优秀科技实践活动一等奖1个、三等奖3个；优秀科技教师1名（同时获科技活动方案设计奖）；青少年科幻画二等奖2个、三等奖7个，名列西北五省第一。在甘南藏族自治州玛曲县举行了甘肃省青少年心理健康状况普查启动仪式，并分三步在全省14个市、州采取问卷调查、互动游戏、访谈、现场咨询的形式开展青少年心理健康状况普查。10月，组织了“第11届全国青少年信息学奥林匹克甘肃赛区联赛”。通过开展这一系列活动，丰富了青少年课外活动内容，培养了他们从小学科学、用科学的意识和精神。

六、反邪教工作

年初，结合“科技下乡”和“科普之冬（春）”活动，充分利用科普网络，整合各种社会资源，在农村开展以“崇尚科学、关爱家庭、珍惜生命、反对邪教”为主题的反邪教警示教育活动。2月，与武威市科协和武威市宗教局、佛教协会共同在武威市海藏寺举办了大型反邪教展览及万人签名活动，活动历时3天，发放宣传品6000多份，10万多群众参观了展览。这一活动已经坚持了两年，正逐渐成为反邪教协会的品牌活动。3月初召开了省反邪教协会一届五次常务理事会，增补省反邪教协会常务理事、副理事长。4月，召开了全省反邪教工作座谈会。4月初到5月底，会同西北师范大学在学生中开展了“崇尚科学、反对邪教”大型征文活动，收到论文1270篇，这次活动共评出一等奖10名、二等奖20名、三等奖30名，6月在西北师大举行了颁奖仪式，同时编辑并出版了《西北师范大学反邪教警示教育获奖征文汇编》。7月，甘肃省反邪教协会会同武威市科协等部门成立联合课题小组，对武威市邪教组织产生的历史背景及原因进行调研，并完成了“武威市邪教产生的原因及防范治理对策”课题研究。2005年全年，在《科技鑫报》农村版开辟专栏，系统介绍反邪教常识，每周一期，连续刊载30多期。2005年，在反邪教警示教育活动中，省反邪教协会深入县、乡、村、社区、街道和中小学校，举办不同形式的展览、讲座、报告会、征文活动等共计80多次（期），发放宣传资料6万多份，100多万人次从中受到教育。

青海省科学技术协会

地　　址　青海省西宁市新宁路22号

邮政编码　810008

电子信箱　kx29@ cast. org. cn

电　　话　0971－6302839

传　　真　0971－6302839

主　　席　王天才

副 主 席　杨坚中　洛藏旦巴　郭小云

刊物及主编　《青海科协》　**编委会主任**　王天才

《青海科技报》　**主编**　孟　起

青海省科学技术协会正式成立于1960年3月。“文革”期间停止活动。1978年4月，中共青海省委批准恢复青海省科协。1980年12月，中共青海省委批准青海省科协单独建制。现有省属学会66个，自治州科协6个，地区科协1个，地级市科协1个，县、区、市科协43个，厂矿企业科研院校科协46个组成。截至目前，青海省科协已召开7次代表大会。

工作综述

一、学术交流工作

1. 围绕全省新型工业化建设和发展过程中的重点、热点和难点问题，组织主办了以“坚持科学发展观，走新型工业化道路”为主题的2005年青海科技论坛，为促进全省工业经济的发展建言献策，为省委、省政府和相关部门的决策提供了科学依据。

2. 组织参加了中国科协2005年学术年会等全国性的学术活动，为繁荣学术交流、促进科技进步提供了舞台。

3. 积极开展国际民间科技交流活动与合作工作，为推动学术交流的国际化发挥积极作用。

二、科普工作与青少年工作

1. 为进一步宣传、贯彻落实科普法，与有关部门共同组织开展了以“树立科学发展观，共建和谐社会——科学普及、你我共参与”为主题的全国科普日青海科普日大型系列宣传活动。结合青海省科普条例的制定，邀请中国科协副主席、书记处书记徐善衍来青海省人大作《科普法》专题辅导报告。

2. 面向农牧区基层干部和农牧民，联合有关部门开展多层次的农牧区科普和技术推广活动。在“科普之冬”、“科技活动周”和“三下乡”等科普活动中，抽调500多名科技人员、科普工作者举办科技培训班、讲座达1230期，培训农牧民20余万人（次），发放科普资料23万余册，展出展板390余块。

3. 面向城镇社区，开展“科教进社区”活动，向公众弘扬科学精神，传播科学思想和科学方法，普及科学知识，倡导文明健康的生活方式，提高社会公众对迷信、伪科学、反科学的认识和防范能力。

4. 开展了以提高科学素质为目的，培养创新精神和科技实践能力为主要内容，形式多样、寓教于乐的青少年科技教育系列活动。组团参加了第20届全国青少年科技创新大赛和第五届全国青少年电脑机器人大赛。组织开展了青少年“探究式”科技实践系列活动，举办了“探秘盐湖——甘、青两省青少年科技考察活动”、“寻找父辈的足迹”等系列夏令营活动，锻炼和提高了青少年科学观察能力、社会实践能力和发现问题解决问题的能力。举办了中国科协与联合国儿童基金会非正规教育项目青海分项目校外儿童研讨会。

5. 宣传科学发展观，促进人与自然和谐。组织开展《科学发展观，人与自然和谐发展》大型科普宣传展览。

6. 发挥媒体科教作用，加强宣传工作。《青海科技报》全年共编发汉文版64期，藏文版12期；发行《青海科普》4期；编发《青海科协》4期。继续坚持办好藏语广播《空中科普》专栏，在促进少数民族科学文化素质的提高和在民族团结进步等方面发挥了应有的作用。

三、推进科技与经济的结合

1. 结合“三农”问题和青海省实际，继续实施中国科协“西部科普工程”项目和“科普示范工程”项目。

2. 继续实施联合国爱德基金“重返校园”项目和“阳光工程”项目，扩大项目内容和受益面。资助州县学生4500多名，资助金额累计达200多万元。向全省部分地区的农牧民家庭发放了10000台总价值120万元的太阳能灶，保护了生态环境，改善了农牧区群众生活条件。

3. 全省科协系统科技咨询机构共完成咨询合同额达390万元，完成司法鉴定项目41个。省科技咨询服务中心设立的青海省科技司法鉴定中心，开展面向社会服务的司法鉴定工作。

四、建“家”工作稳步加强

1. 认真贯彻“三个代表”重要思想，深入开展保持共产党员先进性教育活动。牢牢把握加强党的先进性建设这一主题，认真做好学习动员、分析评议、整改提高三个阶段的各项任务，达到了中央和省委提出的目标要求，提高了省科协党员素质，加强了基层组织建设，强化了领导班子建设，增强了解决自身问题的能力。

2. 按照服务型、效率型、学习型的要求，有针对性地开展各级干部培训工作。选派干部参加中央党校、省委党校、省直机关工委党校的学习研讨和轮训。在表彰先进科技工作者方面，推荐5人参加“第三届西部开发突出贡献奖”评选，推荐“全国第二届女科学家”候选人1名参加全国评选。

3. 在学会的管理上，进一步完善了社会工作的管理机制。为加强对学会工作的指导，编印《新时期的抉择——学会工作建设和实践文集》。

4. 完成了中国科协设立“科技工作者状况调查站点”的工作；完成了“青海省科技人员现状调查报告”及验收工作。推荐《青海省基层科协组织建设状况调查报告》参加中国科协“优秀调研报告”评选，被评为四等奖。

宁夏回族自治区科学技术协会

地　　址	宁夏回族自治区银川市兴庆区凤凰北街172号
邮政编码	750001
电子信箱	kx30@ cast. org. cn、bgsh@ nxdzkj. org
主页网址	http://www. nxdzkj. org
电　　话	0951－5043588
传　　真	0951－5043588
主　　席	马三保
副 主 席	杜可夫　康占平　何季麟　孙　涛　李　星　郭秉晨　马林峰　黄　河
刊物及主编	《宁夏科协》　　主编　马三保

单位简介

宁夏科协成立于1959年2月，2005年6月22～23日召开了第六次代表大会。机关行政编制26人。现有办公室、组织宣传部、学会学术部（挂国际联络部牌子）、科学技术普及部（挂青少年部牌子）、机关党委5个处室。

宁夏科协下设宁夏科技馆（挂宁夏科技声像中心、青少年科技中心牌子）、宁夏科技咨询服务中心、宁夏少数民族科普工作队、宁夏反邪教协会、机关服务中心、宁夏科协信息中心6个事业单位。拥有81个全自治区性学会（协会），24个市、县（市、区）科协。

工作综述

一、学术交流工作

2005年11月17日，举办了宁夏首届青年科学家论坛，增强了青年科学家的使命感，起到了交流研究成果，探讨学术观点，推动科技创新的作用。12月7日举办了宁夏第一届资深专家论坛，以“建设资源节约型、环境友好型社会”为主题，对自治区的经济社会发展提出意见和建议。邀请自治区农林水方面的专家学者，成立了专题调研组，完成了《节水新技术研究与推广》调研报告。12月7～9日，举办了宁夏首届建设节约型社会新成果、新产品展览会，强化全民节约意识，促进经济社会可持续发展。10月17～18日，联合举办了气象、资源、环境与宁夏可持续发展学术研讨会，开展跨部门、跨学科、跨国界的学术交流。11月25日联合举办宁夏循环经济与可持续发展学术研讨会，交流学术观点和科研成果，推动发展循环经济。

二、科学普及工作

5月14～20日，围绕活动主题，在全自治区组织了30余项“科技活动周”重点活动，向公众开展宣传咨询，提高公众的科技意识。全自治区科普教育基地免费向青少年和公众开放，受益观众2万多人次。各市、县、区科协也围绕树立科学发展观，服务“三农”，开展了数百项科普活动。9月17日，组织开展了“全国科普日”宣传教育活动，公众受益达数万人次。深入开展文化、科技、卫生“三下乡”、“科普之冬”、“科教进社区”等活动，发放农村实用技术资料、科普图书、科普挂图10万余份，为广大农民群众和青少年送去了科学技术知识、法律知识和实用技术。

积极为“三农”服务，提高了服务的能力和效果。与自治区党委组织部、自治区扶贫办共同在全区203个贫困村开展了整村推进农村适用技术培训活动，成立了由自治区“订单培训”讲习所的专家为主，区、市、县三级专家和科技人员组成的农业适用技术培训服务团，利用近两个月的时间，深入到每个村，开展针对性、互动式的培训，共进行了311场次的培训，受训农民6.6万余人，为农民现场答疑和解决养殖等生产技术问题共780多件次，发放农业实用技术问答等培训材料10余万份(册)，受到了乡村干部和农民的热烈欢迎。

加大全国科普示范县、全国科普示范城区和全国科普教育基地创建工作。平罗县、西吉县和银川市金凤区、西夏区被中国科协确定为第三批全国科普示范县和全国科普示范城区创建单位，宁夏地震局银川基准地震台被中国科协命名为第二批全国科普教育基地。

继续联合宁夏电视台开办“荧屏科普——塞上乡村”电视科普专栏，形成了特色。在全国农村科普工作会议上，栏目组被中国科协评为全国农村科普工作先进集体。银川市兴庆区凤凰北街街道等10个单位被中国科协确定为2006年度全国示范科普画廊。

三、青少年工作

开展了第20届宁夏青少年科技创新大赛，评出优秀项目78项，并推荐上报部分优秀项目参加全国青少年科技创新大赛，有20个项目和作品获奖。实施联合国儿童基金会非正规教育项目，得到联合国儿童基金会考察团的高度评价。开展国际物理年光束传递活动，组织唐徕回民中学的学生共600多人参加并在传递活动纪念长卷上签名留念。在银川二中实施“中国科协——英特尔·求知计划”，全年培训校外青少年600人。举办中小学生心理健康及家庭教育专题报告会，引导未成年人自觉抵制不良社会风气和黄、赌、毒的侵害，促进未成年人身心健康成长，受益学生2万余人。

四、反邪教工作

全自治区5个市全部成立了反邪教协会。组织各市、县(区)科协积极开展农村反邪教警示教育活动，充分发挥反邪教科普展板的作用，在全自治区中小学校和社区巡回举办“崇尚科学、关爱家庭、珍惜生命、反对邪教”大型展览，受益观众8万余人次。

五、科技市场和咨询服务

第六届宁夏春季农业科技成果推广暨农用物资交流会，吸引区内外103家涉农企业和科研院所参展，农民和农场职工6万人次参会。在常设人才市场的基础上，适时开展春、秋季人才交流会和人才市场进校园、进社区活动，累计组织招聘单位458家，提供就业岗位9215个，有17300人次参会求职，达成就业协议4783人，有效地解决了大中专毕业生和下岗职工的就业。

筹建了宁夏农民科技学校，在宁夏大众科技网上扩大人才库和项目库的建设，提供“订单”式科技培训，充分发挥“一网、一校、两库”和科技特派员的作用。

六、宁夏科协“六大”召开

6月22～23日，成功召开了宁夏科协第六次代表大会。大会得到了中国科协和自治区党委、人大、政府、政协的高度重视及社会各界的大力支持，陈建国、马启智、任启兴等自治区领导同志出席了开幕式。中国科协党组副书记、书记处书记齐让，自治区党委书记陈建国和自治区党委常委、自治区副主席王正伟在开幕式和闭幕式上分别讲话，对科协工作给予高度重视，提出了具体要求，会议圆满完成了各项任务。

七、表彰奖励工作

开展了全自治区科协系统先进集体和先进个人的表彰奖励工作。经评审、公示，推荐5名候选人上报中国科协参加第三届西部开发突出贡献奖评奖，推荐4名科技人员参加第九届中国青年科技奖的评选。

八、自身建设

开展保持共产党员先进性教育活动，建立保持共产党员先进性的长效机制，积极开展创建“五好党支部”、“争先创优”等活动，党员意识提高了，党组织的作用加强了，党建工作逐步制度化、规范化，增强了党组织的凝聚力和战斗力。积极向自治区党委、政府请示、汇报工作，争取党委、政府的领导和支持，财政增加了科普专项经费。加强学会组织建设，年内有20个学会完成了换届工作。11月27日，自治区领导同志为宁夏科技馆奠基，标志着宁夏科技馆建设工程正式启动。

新疆维吾尔自治区科学技术协会

地　　址　新疆维吾尔自治区乌鲁木齐市北京南路2号附4号
邮政编码　830011
电子信箱　xjkxjcch@ mail. xj. cninfo. net
主页网址　http://xast. cust. com. cn
电　　话　0991－4834077/4814819
传　　真　0991－4813673
主　　席　王怀玉
副 主 席　李冀东　阿里木·哈德尔
贾合亚·艾斯欧的尔　魏生贵
沙塔尔·沙吾提　周俊林　顾家骝　陈兴发
塔西甫拉提·特依拜
哈木拉提·吾甫尔　李寿山　陈　彤
秘 书 长　谢国政

刊物及主编

《知识就是力量》（维文）　**主编**　阿拉木丁
《科学与生活》（维文）　**主编**　阿拉木丁
《新疆科协》　**主编**　万祥贵

单位简介

新疆维吾尔自治区科学技术协会是自治区各族科技工作者的群众组织，是党和政府联系科技工作者的桥梁和纽带，是自治区发展科学技术事业的重要力量。

新疆科协成立于1960年4月，至今已召开过五次代表大会，设有办公室、学会部、普及部等7个机关部门及科技馆、青少年部等7个事业单位。

新疆科协拥有107个自治区级学会，10.2万名个人会员，2439个团体会员，15个地州市科协，750个乡镇企业科协及县级科协、街道科协、厂矿科协。

工作综述

2005年，新疆科协及所属团体在自治区党委、人民政府的领导下，在中国科协的业务指导下，坚持邓小平理论和“三个代表”重要思想，牢固树立和落实科学发展观，紧紧围绕自治区的中心工作，发挥科协优势，凝聚科技力量，按照“三服务、一加强”的总体思路，解放思想，抢抓机遇，突出重点，加强集成，各项工作呈现出创新发展的态势。

一、认真组织开展保持共产党员先进性教育活动，加强团体自身建设，努力提高科协搞好三个服务的能力和水平

按照自治区党委的统一安排，新疆科协及所属团体以高度负责的态度，科学安排，精心组织，制订方案，扎实工作，在科协系统认真组织了保持共产党员先进性教育活动，活动严格按照先进性教育活动的总体部署、基本原则、基本要求和方法步骤进行，做到了“不走过场、不出偏差、取得实效”，达到了“提高党员素质、加强基层组织、服务人民群众、促进各项工作”的总体目标。

保持共产党员先进性教育活动期间，新疆科协以建立有利于保持共产党员先进性的长效机制为重点，狠抓制度建设，提高管理水平，着重解决没有规矩和不按规矩办事的问题。积极开展了扶贫济困活动，资助特困学生继续读书，受到好评，先进性教育活动取得了明显成效。

通过先进性教育，各地科协也认真加强自身建设，科协人员整体素质提高，服务能力、水平和服务的积极性、主动性大大增强。

二、在自治区党委和人民政府的领导下，全力以赴组织筹划中国科协2005年学术年会

2004年11月，中国科协决定：中国科协2005年学术年会由新疆维吾尔自治区人民政府与中国科协联合主办，8月在乌鲁木齐举办，年会主题为“科学发展观与可持续利用”。

自治区党委、人民政府非常重视年会工作，多次召开会议，要求把年会作为自治区2005年一件大事来抓。成立了由自治区党委副书记、自治区主席司马义·铁力瓦尔地任主任的中国科协2005年学术年会执行委员会。自治区党委副书记努尔·白克力、人大副主任王怀玉、自治区副主席刘怡带队，赴北京与中国科协磋商对接，确定相关事宜。5月，结合先进性教育活动，新疆科协党组发出“全力以赴作好年会工作的通知”，广泛开展思想发动和科协系统再动员，全力以赴办年会。深入细致地思想发动和科学分工，为年会成功打下坚实基础。

8月16日起，中国科协2005年学术年会51个分会场会议、自治区确定的新疆12大论坛相继开幕。8月20日，中国科协2005年学术年会主会场会议开幕，中共中央政治局委员、自治区党委书记王乐泉，全国人大常委会副委员长、中国科学院院长路甬祥、国务委员陈至立，以及周光召、邓楠和200余名院士，6700名全国各族科技工作者出席。王乐泉、陈至立做大会报告。14名院士做了大会特邀报告。与之配套的系列科普活动、百名院士进百校、“青春对话——求实奖获得者与大学生对话”、“科洽会”、老科技工作者座谈会等同步进行。包括新华社、人民日报、中央电视台等中央媒体在内的68家中央和自治区新闻单位的近300余名记者参加大会报道。

杨振宁等21名著名科学家被新疆大学等院校聘为名誉教授。部分院士与企业建立起长期联系。

百名院士专家进百校活动，使新疆维吾尔自治区中小学生，特别是偏僻地方的少数民族地区中小学生，近距离聆听著名科学家教诲，这对他们科学人生观的形成将产生重要的影响。

王乐泉等领导同志与部分院士举行的座谈，以及针对新疆发展的12大论坛等，专家直接为新疆经济科技发展把脉，针对性的意见与建议必将有力地促进新疆的经济发展。

与中国科学院院士工作局、香港科技协进会、澳门科协协进会、香港工程师协会、京港交流中心签订了长期合作协议。有力促进自治区科技界与上述机构的交流。依托中国科学院院士工作局的支持，2006年将开展“科技伊犁”、“科技阿克苏”活动。

自治区党委、人民政府向参加年会的全国300多名博士后广泛宣传了新疆，邀请他们来新疆建功立业。融入年会的“科洽会”，发放新疆渴求科技500页手册3000册，签订协议479项，协议金额14.8亿元。

香港著名实业家查济民先生向新疆大学捐赠400万元，并设立奖学金，有力地促进了学生成长。

三、拓展科技服务工作新领域，开展国内外学术交流，努力促进新疆经济社会全面协调可持续发展

围绕“三农问题”，各级科协充分发挥人才荟萃优势，大力开展科技兴农活动。按照自治区党委、人民政府关于开展第十六届科技之冬活动的意见，深入开展“科技之冬”活动，普及科学知识，开展科技咨询服务。据统计，全自治区共举办各类实用技术培训8000多期，培训农民百万人次。阿勒泰“科技之夏”活动成为当地科普工作亮点，促进了农牧民科技意识的提高和科技致富能力的增强。新疆科协争取自治区科技兴农项目，围绕自治区农业基地制作了《西域玫瑰》等农业技术科普片，围绕高新农业应用技术，制作党员干部远程教育（科技部分）课程，建立技术资料片库，推广技术服务。

开展农技协调查研究工作，制定促进农技协发展规划。在昌吉回族自治州召开自治区农技协现场经验交流会，推广农技协好的经验和做法。组织开展自治区“百强”农技协创建命名活动，建立典型示范和激励机制，积极指导、扶持各地农技协健康发展。已创建两批32个“百强”农技协。积极开展农牧民技术人员职称评定工作，与自治区人事厅联合下发《关于进一步加强自治区农牧民技术人员职称评定工作的意见》，将农牧民技术人员职称评定工作纳入自治区职称改革统一管理中，促进农村科技人才成长，全年新评定6337人。目前，全区农牧民技术人员共有32458人。

加强科技咨询业工作，努力开展“金桥工程”。与自治区财政厅、地税局联合出台了《关于科协系统科技咨询服务活动的管理办法》。召开新疆民营科技实业家协会换届大会，新选理事会，确定今后工作任务。乌鲁木齐市咨询中心被中环联合（北京）认证中心有限公司选为乌鲁木齐办事处，开展培训、咨询服务。哈密地区加强科技咨询服务中心站建设，完善管理机制，提高服务水平，在为当地经济建设提供技术服务上，获得良好经济、社会效益。

加强论文评选，促进学术交流。与自治区人事厅、科技厅密切合作，开展自治区第八届自然科学优秀学术论文评奖工作。根据《新疆维吾尔自治区自然科学优秀学术论文评奖条例》，对各地州初评后申报的574篇论文进行终评，共评出一、二、三等奖论文158篇，由自治区人民政府颁发证书和奖金。

组织开展第二届新疆青年科技奖评选工作，促进人才成长。从全疆54名优秀青年科技工作者候选人中，评选出18位获奖者，由自治区奖励每人1万元，极大地激励了科技工作者献身新疆努力奉献的精神。

由中国科协支持，陕西、甘肃、宁夏、新疆、青海、内蒙古六省、自治区科协联合主办的主题为“资源、环境与发展”的西部开发与可持续发展学术研讨会于8月在乌鲁木齐市举办，新疆科协作为承办单位，与中科院新疆生地所密切合作，会议取得圆满成功。期间，还举办了俄罗斯新西伯利亚地区教育科技成果展览，会议出版了论文集。

各级科协及所属学会围绕自治区中心工作和发展中的重大问题，精心组织一些高质量、有影响的学术交流活动，积极邀请院士、专家参加，注重问题的针对性，学术交流的水平和质量有了大幅度提高。乌鲁木齐市举办的“乌昌经济一体化与跨越式发展”科技论坛，受到广泛关注。

民间科技交流工作也有了进一步拓展。中国科协2005年学术年会期间与香港科技协进会、澳门科技协进会、香港工程师学会和京港学术交流中心签订了协议，这为双方进一步开展多领域、多层次、全方位的科技交流与合作奠定了良好的基础。与日本以及中国台湾地区的交流扩大，接待、外出团组10余批。选出新疆优秀博士生参与中国科协和美国纽约科学院合作项目。

四、深入开展科学技术普及工作，促进公众科学素质的提高

配合全国科技活动周和科普活动日，全自治区举办了以宣传科学发展观为主题的内容丰富的科普活动。活动采取公众易于理解、接受和参与的方式，贴近实际、贴近群众，受到城乡居民的欢迎。吐鲁番地区科协加强对领导干部的科普工作力度，举办领导干部学习科学发展观和构建和谐社会报告会多场。在阿克苏地区成功举办了“阿克苏市棉城杯”全疆第四届农林牧科普知识电视大奖赛，突出知识性、科普性，取得良好效果。据不完全统计，科技活动周、科普日期间，全自治区共举办科普讲座、报告、竞赛等活动160多项，3000多场次，发放科普资料100万份，展出展板6000块，百万群众广泛参与。

新疆科协与自治区党委宣传部、自治区文明办、中科院新疆生地所共同举办《科学发展观》大型科普展览活动，受到各级领导干部和广大群众的好评。5～11月，《科学发展观》展览在全疆各地进行巡展，展览规模大，影响大，每到一处，都受到当地党委、政府的高度重视，共有2100余家单位的11万人次参观。举办了“科学发展观、资源节约与可持续利用”知识竞赛活动等，2万人参与。针对自治区部分地区发生禽流感疫情，紧急编印科普知识宣传单，刻录光盘，发放全区，在新疆电视台、广播电台开播禽流感知识专家访谈节目。2005年，与新闻媒体联合播出节目500期，近千次。

城乡科普工作继续推进。各地围绕树立科学发展观、构建和谐社会，积极开展“科教进社区、进街道、进企业、进军营、进楼院、进家庭”科普活动，利用报告、演出、画廊、车视TV等各种形式，积极举办各类科普讲座、专题科普报告会、科技咨询服务、张贴科普挂图、编制宣传栏、放映科普录像、发放科普图书等科普宣传活动，全自治区受益群众近百万人。大力开展反邪教工作，组织新疆少数民族地区反邪教工作研究，成立乌鲁木齐市反邪教协会。

在全自治区开展系列科普创建活动，命名了首批28个自治区科普示范社区，确立了第二批21个创建单位，对已完成创建活动的科普示范县、示范城区、示范乡、示范街道等进行验收。乌鲁木齐市友好明圆社区等3个先进集体及6名先进个人，受到中央文明办、中国科协表彰。

克拉玛依市克拉玛依区等5个单位被确定为全国科普示范县市。目前，自治区创建科普示范县（市、区）13个，科普示范乡、街道18个，科普示范村、社区142个，科普示范基地41个，科普画廊40个。

争取中国科协为地州科协配备6辆科普大篷车，目前全区已有科普大篷车8辆，发挥着科普轻骑兵作用，积极参与科技、文化、卫生“三下乡”等各类科普活动。全年行程1.5万公里，共赴全疆14个地州20余个县乡开展科普宣传。自治区科协少数民族科普工作队被评为全国“三下乡”先进集体，在中国科协承办的公众科技传播国际研讨会上，受到关注。《科普大篷车》电视栏目在全疆各县市开播，播出维、哈语科普片，参与电视台52家。

加强改革，提高少数民族科普杂志质量，召开《知识就是力量》创刊25周年、《科学与生活》创刊22周年座谈会，出版发行16期10万册，发表530篇，102万字科普文章。开展少数民族语言科普资料编印工作，先后编印汉、维、哈文科普资料，仅《农村科普》实用技术培训手册就编印12万册。加大科普作品评选力度，与自治区党委宣传部、新闻出版局等共同发起自治区首届优秀科普作品评选活动，共评出优秀科普文章、影视作品30余部。建立了自治区少数民族科普作家专家库，发放聘书260余人。克州科协组织少数民族文字科普文稿撰写培训班，积极培训少数民族科普文稿撰写人。

加强南疆对口扶贫工作，慰问对口扶贫单位村户，组织乡、村骨干青年帮助开展技术培训，赠送科普书籍，促进科技致富。向中国科协申请“西部科普工程”项目，加强地州贫困乡镇科普画廊建设。

努力做好青少年科技教育工作。与自治区科技厅、教育厅联合召开了青少年科技教育工作会，总结了5年青少年科技教育工作，部署了今后任务，表彰了优秀青少年科技教育工作者，自治区党委副书记努尔·白克力做了重要讲话。以自治区党委办公厅、政府办公厅名义颁发了“关于加强青少年科技教育工作的意见”，极大地推动了青少年科技教育工作的开展。配合中国物理学会，开展了“物理照耀世界”光束传递活动；举办“我爱新疆——青少年寻找新疆50周年功臣足迹”、“普及科学知识、体验科学快乐”夏令营活动等。与儿童公园联办了“少年科普娱乐园”，开展声光电磁科普展览。开展“大手拉小手——青少年科技传播活动”，其中《大手拉小手——科普报告新疆行》、科普讲师团“崇尚科学、关爱生命”系列科普演讲活动规模大、影响大，万余名各族青少年受益。推进各地青少年科技特色学校发展。塔城地区命名7所学校为第一批青少年科技特色学校，促进青少年科技教育工作。

青少年科技活动丰富多彩。成立了自治区青少年科技创新大赛专家委员会，开展了第20届自治区青少年创新大赛评选活动，评出优秀科技竞赛、科学实践活动、儿童科幻画228项。组队参加第20届全国青少年科技创新大赛和第5届全国青少年电脑机器人大赛，40个项目分获二、三等奖。组织青少年信息学奥林匹克竞赛联赛初赛，全自治区1300名青少年参加，150名选手参与复赛。

完成中国科协与联合国儿基会非正规教育合作项目终期评估工作，完成英特尔求知计划项目管理培训工作。

在自治区党委、人民政府的关心和重视下，新疆科技馆改扩建工程2005年开工建设，总建筑面积从现在的1.1万平方米扩展到2.6万平方米，预计2006年完工。

五、进一步发挥桥梁纽带作用，努力建设“科技工作者之家”

举行了庆祝自治区科协成立45周年大会，全面回顾科协成立45年来的历程，系统总结了科协发展壮大经验。80多位历届新疆科协委员、常委、副主席参加；自治区党委副书记、自治区主席司马义·铁力瓦尔地代表中共中央政治局委员、自治区党委书记王乐泉，代表自治区党委、人民政府发来贺信，对自治区科协成立以来所做的成绩给予了充分肯定，对今后工作提出了要求。

对科协在新形势下的特点任务进行研究，形成了科协整合力量，发展优势的整体思路。经过努力，自治区编办同意科协组建调研宣传部，在全区公开招聘了科技馆馆长。

向中国科协推荐了第九届中国青年科技奖、第二届中国青年女科学家奖、全国优秀科技工作者、第三届西部开发突出贡献奖候选人等。大力宣传科协工作，《新疆科协》《乌鲁木齐科协》成为科协宣传和交流阵地。

贯彻十六届五中全会精神，按照立足科学发展、着力自主创新、完善体制机制、促进社会和谐的要求，各地科协积极创新，探讨新思路，努力为地区经济发展、社会稳定服务。在全区大力加强基层组织建设。博州科协召开了第三次代表大会，选举第三届委员会，工作有了很大发展。和田地区科协加强科协网络和科普队伍建设，争取增加经费，为地区科协注入了生机和活力。全自治区科协建设有较大发展，部分被撤并的科协已恢复。

学会改革工作进一步得到发展，部分自治区级学会完成了换届工作，科协对所属学会开展量化管理和星级学会评选工作正在顺利进行之中。

新疆生产建设兵团科学技术协会

地　　址　新疆维吾尔自治区乌鲁木齐市光明路15号

邮政编码　830002

电子信箱　xjbtkx@126.com

电　　话　0991－2843108/2848550

传　　真　0991－2843108

主　　席　陈德纯

副 主 席　高彤山　黄　斌　王红德　王新华　杨　磊　王合理

单位简介

1957年8月，新疆生产建设兵团科普协会筹备委员会成立。1960年10月，建立新疆生产建设兵团科协筹备机构，与兵团科委合署办公，设专职人员负责科协工作。“文化大革命”期间停止工作，1980年6月恢复。1997年2月，中国科协同意新疆生产建设兵团科协业务工作上实行计划单列体制。1997年12月，兵团科协第一次代表大会召开。2005年5月，兵团科协第二次代表大会召开。截至1997年12月，兵团科协有师（局）级科协20个，团场科协60个，兵团级学会、协会、研究会24个，师（局）级学会270多个。

工作综述

一、兵团科协“二大”胜利召开

兵团科协“二大”于2005年5月在乌鲁木齐市召开，大会选举产生了新一届常委、科协主席、副主席。本次大会受到兵团领导同志的极大重视，兵团全体常委参加了科协“二大”开幕式，兵团政委聂卫国在大会开幕式上做了重要讲话，兵团党委的高度重视为兵团科协工作的进一步开展注入了强大动力。

二、积极承办并圆满完成中国科协2005年学术年会兵团主办的各项任务

动员兵团广大科技工作者积极参加中国科协2005年学术年会。广泛宣传、组织和征集论文。兵团技术市场协会承办的第42分会场——技术市场论坛如期举办，并取得良好效果。

兵团科协与中国农学会共同举办了新疆现代农业论坛，并承办了中国科协2005年学术年会第25分会场、第10分会场、第42分会场、新疆现代农业论坛和第三届科洽会石河子分会场等五项内容的开幕式。

8月18日，石河子分会场开幕式、新疆现代农业论坛在石河子宾馆举行，参加开幕式和论坛的有全国政协委员、农业部原副部长洪绂曾，兵团党委常委、副司令员胡兆璋，科技部原副部长韩德乾等领导同志，共有541人参加了开幕式和论坛。与会专家对新疆现代农业发展方向、农业资源的可持续利用及农业产业化问题进行了精辟论述。

三、以加强科普示范、科普设施建设、重点科普活动为重心，积极推动兵团科普事业发展

积极开展科普示范活动，努力加强基层科普设施建设。2005年兵团科协积极组织兵团四市（石河子市、五家渠市、阿拉尔市、图木舒克市）创建第三批全国科普示范县（市、区）申报工作、全国第三批科普教育基地——新疆石河子大学绿洲生态农业实验室检查工作和2005年度西部科普工程项目申报工作。加大对师科协基础设施建设力度，增强基层科普能力建设，丰富基层科普展出内容。兵团科协已向兵团13个师、院（校）资助26万元，指导建设（修缮）了科普画廊，同时为各师、院（校）免费发放科普宣传挂图5000余幅。积极向中国科协呈送了农七师、农十三师配备“科普大篷车”的申请报告。

精心开展重点科普活动。开展兵团第五届科技周活动和兵团第三届全国科普日活动。2005年5月15～22日，在全兵团范围内组织开展了以“科技以人为本，全面建设小康”为主题的科技活动周。9月，组织开展了“兵团

第三届全国科普日活动”，并和农六师科协联合在五家渠市举办了“科学普及，你我共参与”的兵团暨农六师五家渠市全国科普日活动开幕仪式。2005 年科技周、科普日期间，兵团科协及师级科协共展出大型科普图展 2600 余块，举办科技科普讲座 5 期（次），开展农业、卫生、环保、教育等方面的科技咨询服务 9 期（次），为城市社区与农牧团场发放科技图书、科普宣传资料等 15200 余份，两项活动共有 20 余万人（次）参与。

开展“科普大篷车”巡展宣传活动。2005 年，兵团科协积极开展“科普大篷车”巡展宣传活动贯穿全年，兵团“科普大篷车”深入到多家基层单位开展巡展宣传活动，活动中展出展板 1250 块，供学生动手、观摩的科技物品 30 余件，参与人员达 6 万余人次。

开展“科技之冬”活动，做好科普知识培训工作。2004 年底至 2005 年春，兵团科协、科技局、农业局联手在兵团范围内组织开展了“科技之冬”培训活动。据不完全统计，2004 年底至 2005 年春，兵团举办各类培训班达 4100 多期，培训人次达 80 余万人次，培训覆盖面达 85% 以上。无偿为兵团各师发送《绿洲科贸信息》5000 份，帮助农场广大职工及时了解科技信息和农产品供求变化。11 月，兵团科协草拟“兵团科协关于今冬明春科技之冬活动的安排意见”，由兵团党委办公厅转发。

四、积极探索，不断创新，努力开创青少年科普工作新局面

认真抓好青少年科技特色活动。2005 年 4 月举办了第三届兵团青少年科技创新大赛展示评审活动。兵团有 17 个代表队共 150 多人参加了活动，两天的展示活动中有 12000 余人次到现场观摩和参观，在社会上引起了强烈反响。8 月，参加了第 20 届全国青少年科技创新大赛，共获奖项 33 项，兵团科协获全国优秀组织奖。

首次举办了兵团首届青少年航空航天模型锦标赛。兵团参加全国青少年航空航模锦标赛和第七届“飞向北京”全国青少年航空航模总决赛，兵团航模健儿分获三级电遥控特技飞机第五名、第六名和全国“飞豹”手掷滑翔机冠军的好成绩。

以培训促活动，以培训促提高，认真抓好青少年科技辅导员队伍业务素质和能力的提高。2005 年 4 月，兵团科协与兵团体育局联合举办第三期兵团航空模型辅导员培训班，来自兵团 13 个单位的 27 位航模辅导员参加了培训。5 月，与新疆维吾尔自治区科协联合举办“2005 新疆青少年电脑机器人师资培训班”，兵团有 10 名科技教师参加了培训。11 月，兵团科协在石河子举办了兵团青少年科技辅导员培训班，有 55 名科教工作者及辅导老师参加了培训。

2005 年 1 月，兵团科协与兵团教育局、兵团青辅协联合举办兵团青少年科技辅导员优秀论文的评选活动及表彰活动，共有 30 篇优秀论文获奖。在第三届兵团青少年科技创新大赛颁奖会上，表彰了 2004 年工作突出的优秀科技辅导员 45 名，优秀青少年科教工作者 25 名。

开展多渠道青少年科技活动。2005 年 6 月，兵团科协同自治区科协联合邀请北京科普中心专家组——科普西行考察团进行北京—新疆—兵团青少年科技交流活动。

2005 年，兵团科协向各单位分发了青少年科普挂图 1600 份，制作科普宣传展板 80 多块。组织开展了 2005 年“大手拉小手”青少年科技传播行动重点资助项目方案和优秀项目活动。兵团科协开展的植物园科技活动重点资助项目方案、物理科技传播活动照边疆优秀项目方案，被评为国家 2005 ~ 2006 年度重点资助项目方案和优秀项目方案，开展的“让物理走进生活，让物理照耀世界”项目评选为国家“2004 ~ 2005 年度优秀活动项目”和优秀科普活动奖。

直属单位情况

中国科学技术馆

China Science and Technology Museum (CSTM)

地　　址　北京北三环中路1号
邮政编码　100029
电子信箱　cstm@cstm.org.cn
电　　话　010-62371177
传　　真　010-62379378

馆　　长　王渝生
副 馆 长　赵有利　黄体茂
刊物及主编　《科技馆》
Science and Technology Museums
主编　王渝生

工作综述

2005年，中国科技馆立足常设展览，开拓专题展览，充实培训和实验活动，并以认真的态度、严谨的作风履行着新馆立项以来一系列繁杂而艰巨的任务。

2005年中国科技馆观众数量再一次突破了200万人次，在科普活动中取得了新的成绩。一年之中获得的荣誉有：中直机关五一劳动奖，中直机关文明单位；首都文明单位标兵，北京市爱国主义教育基地先进单位；全国青少年校外活动示范基地，中国青少年社会教育“银杏奖”优秀团队奖等。

一、保持共产党员先进性教育活动

按照中央和中国科协党组的统一部署，中国科技馆作为第一批开展保持共产党员先进性教育活动的单位，馆党委以高度的政治责任感，精心组织，周密安排，扎实推进，带领全馆党员以高标准、高质量，做好先进性教育活动每一阶段的工作。

为了保证这次教育活动取得实效，馆党委先后组织党员认真学习文件，广泛征求意见，自觉查摆问题，并在征求干部群众意见和建议的基础上，提出了7个方面25条50项近期、中长期整改措施。通过先进性教育和整改措施的进一步落实，基层党组织建设有了明显加强，党员的素质有了明显提高，各项工作有了明显进步，取得了较为明显的成效。群众满意度测评结果达到了92%，使先进性教育活动真正成为群众满意工程。馆党委先后被中国科协和中直工委评为先进基层党组织。

二、新馆建设工作

4月1日，国家发展改革委下达中国科技馆新馆项目建议书的批复后，中国科协副主席、书记处第一书记邓楠极为重视，指示一定要把中国科技馆新馆建设好。4月下旬成立了新馆建设领导小组，中国科协副主席、书记处书记徐善衍任组长，工作办公室设在中国科技馆；6月上旬完成代建人招标，北京建工集团为新馆建设的代建单位；9月上旬完成建筑方案设计招标，北京市建筑设计研究院和美国RTKL国际有限公司联合体投标的方案作为首选方案上报国家发展改革委审批。中共中央政治局委员、北京市委书记刘淇和国务委员陈至立先后在中国科协副主席、书记处第一书记邓楠陪同下来馆视察建筑设计方案；9月下旬完成可行性研究报告编制工作，12月上报国家发改委；10月成立了新馆内容建设专家委员会，中国科协书记处书记徐善衍任主任委员，中国科协书记处书记程东红任副主任委员，工作办公室设在中国科技馆。10月下旬，专家委员会到上海科技馆进行考察、调研。内容设计做了大量基础性的工作，制定了新馆内容建设技术管理制度，制定完善了各种技术文件，为建筑提出了主要的功能使用要求，按照工作大纲，进行了广泛的调研，向国内外广泛征求了意见，为内容方案的设计进行了充分的思想准备。11月底，举办了科技博物馆展览设计国际研讨会。新馆建设工作在建筑和内容设计方面都在紧张地进行。

三、展览教育工作

常设展览是科技馆教育的基本方式，中国科技馆在保持常设展厅的展品完好率较高的基础上，更换和推出新展品、新展区。上半年，自主开发的“医药与健康展区”建成开放。该展区以通俗易懂、图文并茂的形式，向广大观众展示了有关身心健康、防病治病、医药种类、治病机理以及正确用药的相关知识和科学原理，受到观众的普遍好评。

为贯彻落实中央关于加强对未成年人思想道德教育

的精神，按照中国科协书记处指示精神，从2005年1月1日起，中国科技馆A馆常设主展厅、C馆儿童科学乐园每周二至周五对未成年人实行免费参观。据统计，2005年共接待未成年人免费参观近14万人次。

四、培训实验活动和公众科普讲座

2005年中国科技馆增强了培训实验活动的内容，全年主要举办："科技动手做、欢乐大庙会"活动；第二届全国青少年"未来工程师"设计与技能竞赛活动；与德国巴斯夫公司合作举办专门为6～12岁的少年儿童专门设计的"小小化学家"趣味互动实验活动——废纸再生和污水变清，使环保及可持续发展的理念在孩子们心中生根发芽；暑期还引进"挑战惊奇"等科普剧。

2005年中国科技馆共举办科普报告21场，包括："促进科技发展，构建和谐社会"（主讲人：中国科技馆馆长王渝生）、"通信技术的发展与下一代网络"（中国工程院副院长邬贺铨）、"载人航天的历史、现实和未来"（载人航天工程总设计师王永志）。举办3场中直机关领导干部科技报告会。中国科技馆还先后与清华大学、中国人民大学联合对香港领袖生进行了7期近2000人次的国情教育，加深了香港青少年对中国特色社会主义初级阶段国情的了解，进一步增进了特别行政区青少年对祖国文化、历史的认同感。这些报告会深受广大公众欢迎，取得了良好的社会效应。

五、专题展览活动

中国科技馆在立足常设展览的同时，还不断推出主题突出的临时展览。

1. 把握国内外重要事件，举办相关展览

"神舟"系列航天科普展。"神舟六号"载人飞船发射成功并安全返回后，中国科技馆与《北京晚报》联合举办了《从"神一"到"神六"》中国航天科普展和航天知识有奖问答，短短7天收到1万多份答卷，观众和读者反响强烈。

纪念中国人民抗日战争暨世界反法西斯战争胜利60周年专题展览。《战火利剑——第二次世界大战军事科技发展启示录》展览和《纪念抗日战争胜利60周年徐肖冰、侯波摄影回顾展》；

56个民族共庆建国56周年系列活动展。2005年适逢中华人民共和国建国56周年，我馆联合有关单位推出了《56个民族共庆建国56周年》系列活动，活动邀请了共和国的56位老将军、老部长，56位科学家、艺术家、56个民族的代表和台湾地区、香港特别行政区同胞共同祝贺祖国56周年华诞。活动期间还举办了《中华民族科技文化展》和《民族团结，祖国万岁书画展》。

《阻击禽流感》展览。由中国科技馆会同北京自然博物馆、中国关爱协会、TOM科技网站和《图形科普》杂志社举办了《阻击禽流感展览》。

2. 利用与科技有关的纪念日，举办相关的活动和展览

国际物理年纪念活动。2005年是联合国确定的世界物理年，中国科技馆抓住这个有利时机，组织了一系列宣传活动。4月开幕的《穿越时空的物理之光》展览，国务委员陈至立出席了开幕式并为展览剪彩，并视察了中国科技馆，再次体现了党中央、国务院对科普工作的高度重视。同时中国科技馆与以色列大使馆合作举办的《世纪风云人物——阿尔伯特·爱因斯坦》展览开幕；7月又与中国科学院自然科学史研究所和德国马普学会共同举办《爱因斯坦——宇宙大匠》专题展览。

在宣传资源节约型和环境友好型社会活动中的展览。3月22日是第13个"世界水日"，中国科技馆与"清水同盟"、"自然之友"联合举办了《中国'人与水'摄影大赛优秀作品展览》；7月举办了《亲近地球三极科学普及展览》；11月中国科技馆参加由国家发展与改革委员会等部委联合举办的《建设节约型社会》大型展览的"科普厅"的策划与展示工作。

举办第二届全国科技馆展品创新奖评奖与展示活动。第二届全国科技馆"展品创新奖"评奖与展示活动于12月1日在中国科技馆举行，有31家科技馆和相关研发单位参加，其中有80项展品入选，二等奖2项（中国科技馆有1项），三等奖5项（中国科技馆有1项），荣誉奖16项（中国科技馆有1项）。

3. 联合有关部门共同举办有特色的专题展览

中国科技馆与山东省科协共同举办《鲁班文化展览》，与巴黎科学工业城共同举办《破解头发的奥秘展》，与中国物理学会共同举办《中国古典物理玩具展》，与日本、韩国共同举办《中国国际电脑艺术展》等。

六、国内外合作交流活动

中国科技馆2005年先后接待了韩国汉城国家科学馆，

新加坡科学馆，泰国国家科学馆，荷兰科技馆馆长，越南科学技术联合会，日本科学技术振兴财团代表团，朝鲜科技总联盟代表团，法国科学、技术、工业、文化中心代表团、法国拉维莱特工业城基金会代表团，美国圣迭戈鲁本弗里特科学中心、明尼苏达科学馆，日本伍腾公司，约旦最高教育委员会秘书长，国际数学史委员会代表大会，蒙古国代表团等，共12个国家和地区的15个代表团前来参观访问、考察调研、对比交流、洽谈合作。

中国科技馆2005年先后派员赴巴西参加第四届世界科学中心大会，赴日本考察世博会，赴莫斯科出席国际博协科技馆专业委员会，赴英国参加博物馆可持续发展研讨会，赴德国参加蔡司2005新型天文设备技术交流会，赴台湾地区考察科技馆和博物馆，赴芬兰、挪威考察，赴新加坡、马来西亚、泰国等11个国家参加会议并到当地的科技馆和博物馆考察学习。在新的一年里中国科技馆将全面落实全国科技大会的精神，为提高公众科学文化素质，建设创新型国家做出应有的贡献。

中国科协干部学院（中国科协管理科学研究中心）

The Institute of Teaching and Training, China Association for Science and Technology (The Research Centre of Management Science, China Association for Science and Technology)

地　　址　北京市西城区三里河路56号
邮政编码　100045
电子信箱　liubixiu@ cast. org. cn
电　　话　010 - 68598473 /68527345
传　　真　010 - 68527415
院　　长　刘碧秀
刊物及主编　《培训与研究》　主编　刘碧秀

单位简介

中国科协干部学院是中国科协直属的教育培训干部的事业单位。

中国科协管理科学研究中心是中国科协直属的软科学研究机构。

干部学院、研究中心的共同宗旨是发挥科协专家集中、横向联系广泛的优势，面向现代化、面向世界、面向未来，为完善干部知识结构，提高干部素质，为推进管理科学的研究，为领导决策科学化，为培养21世纪中国所需要的管理人才、科技人才做出不懈的努力。

干部学院、研究中心实行正副院长（正、副主任）集体领导分工负责制，在学术上依靠学术委员会。下设培训、研究、办公室等机构，基本任务是紧密围绕国家现代化建设和中国科协的工作，积极开展如下各项任务：

1. 承担科协系统（包括学会、协会、研究会）专、兼职干部的培训、教育工作。组织编写培训教材，逐步完善教材体系和科协系统干部培训的规章制度。组织邀请有关专家、学者及有丰富经验的领导干部讲课，建立相对稳定的专兼职教师队伍。

2. 通过多种形式开展面向社会各界领导干部和广大科技人员开展科技知识和科学管理等方面知识的培训教育工作。

3. 研究科技、经济与社会协调发展的政策问题，为政府的决策、为企业的发展战略、经营策略提供咨询，培训管理人员，提高其政策水平和业务素质，更好地为经济发展服务。承担管理科学、科学学等方面的研究，组织撰写有关书籍，发展我国的管理科学理论体系。

4. 加强与国内外有关研究和培训教育组织的联络与交流，包括信息、资料的交流、咨询，人员的交往。出版院刊《培训与研究》，宣传介绍干部学院（研究中心）及科协系统地方院校的培训与研究动态。

工作综述

一、以科技工作者调研为主线开展研究工作

2005年，按照年度计划和总的思路，加大力度，拓宽任务，以科技工作者调研为主线开展研究工作，完成中国科协调研宣传部与学会学术部委托的“影响科技工作者自主创新的影响因素”、“新时期全国性学会改革的研

究”两个课题。

1. 科技工作者专题调查。受中国科协调研宣传部委托，承接科技工作者专题调查中关于自主创新的调查。根据中国科协建立科技工作者之家的目标，将调查聚焦于人，围绕科技工作者的思想动态，重点了解他们对自主创新的认识、看法，在自主创新中发挥作用的情况，自身的能力素质，研究影响他们自主创新的主要因素。在调研方法上，除一般资料调研外，采取问卷调查和召开座谈会进行实地调研。共在9个省、市发放约1800份问卷，回收合格问卷1556份。在北京、吉林、辽宁、江苏、浙江、上海、深圳分别召开了由科技工作者参加的座谈会14个。通过大量的调研，收集了丰富的资料，并对各种调研资料进行整理、分析，撰写调研报告。

2. 全国性学会改革比较研究。受中国科协学会学术部委托，承接全国性学会改革比较研究，对2001年中国科协下发《关于推进全国性学会改革的意见》以来学会的改革与发展进行研究，编辑首届全国科技社团改革与实践高层论坛文集。经过一个月的紧张工作，对来自全国的约180篇关于学会改革与实践的论文，进行内容分类、筛选、审定和文字加工整理与编辑，正式出版文集和内部印发文集各一本，并向论坛推荐大会发言。

为进一步深入了解学会改革发展情况，在北京召开了一些有代表性的学会相关人员参加的调研会，并利用在江西省南昌市举行的全国科技社团改革与实践高层论坛，举行了由学会和地方科协人员参加的调研会。在研究各全国性学会历年工作总结、中国科协2003年和2004年14个专题调研报告、近年来中国科协领导同志关于学会改革的讲话精神、学会改革研讨会交流材料等的基础上，向167个全国性学会发放学会改革发展调查表，对学会近年来的改革情况进行补充了解。根据研究分析，提出关于学会改革以来所取得的成绩、改革前后的状况比较、存在的问题以及今后改革的对策建议等内容的研究报告。

二、首次参与中国科协学术年会的工作，配合中国科协组织人事部圆满完成了2005年学术年会（43分会场）的组织工作

院领导十分重视这项工作，做了精心部署。从2005年3月至8月，为完成“第三届博士生学术年会和首届博士后论坛”的组织工作，从论文收集、整理、资料的录入、提供专家评审资料、通知参会者，到会议的报到、参会、疏散，与中国科协组织人事部和博士生们努力进行协调与沟通，最终圆满地完成了任务。

三、不断探索培训工作的新思路、新模式

干部学院坚持以实践科学发展观，加强党的执政能力建设为基本主题，既作为是培训的出发点也作为培训的基本内容。一方面安排中央、地方党校、有关政府部门、高等院校的专家教授进行专题理论性授课，帮助学员扩展思维，全面理解和把握其理论精髓；另一方面则从不同角度结合科协工作实际问题进行拓展思路和创新科协工作能力研习。在培训方式上，以理论知识授课为主，辅以典型案例和经验，开展互动研讨以及现场参观。很多基层科协的领导干部尤其赞成这样复合式的学习方式。

2005年，培训工作围绕科协系统干部任职上岗和素质技能的提高，先后举办了各种类型和不同规模和层次的培训班、研修班13个班次，培训各级科协干部1128人次。分层分类，应需施教；突出重点，提高质量。还分别与中国科协有关单位联合举办境外培训班1个，培训科协系统干部18人；与地方科协联合及独立举办培训班10个，培训县科协主席以上干部1060余人。为地方党政干部培训办班2个，培训党政干部50余人。

四、教材建设

教材建设是教育培训工作的重要组成部分，也是干部学院近年来工作的重点。在2004年完成两本教材基础上，根据年初的计划，2005年完成《科协工作百问》教材的编辑工作。

中国科普研究所

China Research Institute for
Science Popularization（CRISP）

地　　址　北京海淀区学院南路86号
邮政编码　100081
电子信箱　kepuyanjiu@263. net
主页网址　http://www. crsp. org. cn
电　　话　010－62172749

传　　　　真　010－62172749
所　　　　长　居云峰
副　所　长　任福君　雷绮虹
刊物及主编　《科普研究》　**主编**　任福君

单位简介

中国科普研究所于1980年经国务院批准成立，是中国科协直属事业单位和中国唯一国家级从事科普基础性理论研究的机构。

中国科普研究所主要研究范围为科普对象、内容、渠道及机制等理论研究；公众科学素养的调查、监测和分析；青少年创造能力培养的调查及理论研究；国内外科普科幻作品和作家的研究；科技科普教育的理论研究。

中国科普研究所下设科普研究室、外国科普研究室、青少年科普与智力开发研究室、综合研究室和所办公室。

近几年来，中国科普研究所对科普的功能、作用、渠道、手段、方式和对象等方面，开展了一系列研究工作，取得了显著的成果，产生了广泛的社会影响，为有关部门制定科普政策提供了依据。

工作综述

一、编撰出版《2005中国科普报告》

中国科普研究所组织研究和编撰出版的《2005中国科普报告》是继出版《2002中国科普报告》后，连续第4年出版的年度科普报告。《中国科普报告》运用多种研究方法，全面系统、客观地描述、分析和评价了本年度科普领域的发展状况，以及在经济发展和社会进步中的地位和作用，是反映全国科普事业发展状况的重要文献和研究报告。《中国科普报告》的出版，通过媒体向社会发布，已经在社会上产生了较大的影响，受到有关政府部门和社会各界的关注，成为国家科普专业部门的年度报告和蓝皮书。

《2005中国科普报告》在以往研究和编撰的基础上，有了进一步的完善，特别是在框架的科学性、内容的广度与建立研究和评价体系方面进行了探索，使报告的整体水平得到了较大的提高。

1. 形成系统和科学地描述全年科普事业发展整体面貌的框架。框架以全面、系统地反映不同领域、不同部门和机构的主要科普工作和能力建设为原则，完成了包括主要的科普活动、科普工作和科普事业发展的报告体系；框架以研究的系统性和连续性为原则，各章节的设立考虑到便于各专题报告的逐年撰写。

2. 为全面描述中国科普的整体状况，继续扩大了报告的联系单位和反映面，报告所涉内容扩展到29个国家级单位，基本上包括有关科普工作的主要部门、机构和团体。

3. 加强了对中国科普年度状况的分析研究。报告对政策、经费、机构、人员以及各媒体、设施等设专题研究，根据数据采集的可操作性，探索对科普工作的评价体系，初步形成了专题报告的体例和研究方法。

2005年，《中国科普报告》在搭建更多参与者平台的同时，加强了综述报告的深入分析研究，提炼出“科普体现以人为本”的主题和发展趋势。

《2005中国科普报告》完成后，召开了新闻发布会，中央电视台、《科技日报》、《科学时报》、《大众科技报》都发了专版，《工人日报》、《农民日报》、《中国教育报》对报告中涉及其领域的内容予以报道，《新京报》、《京华时报》、人民网和中国科协网作了详细报道。

二、开展第六次中国公众科学素养调查

受中国科协的委托，经国家统计局的批准，中国科普研究所主持进行了“第六次中国公众科学素养调查”。调查取得了丰富的、可供各相关领域研究参考的、关于我国公众科学素养及其影响因素的数据，为有关部门相关政策的制定、为全民科学素质行动计划监测评估体系的建立、为更有针对性地开展科普工作提供了量化依据。

2005年的调查工作，本着节约人员和经费、使研究工作可持续发展的原则，采用了与以往不同的调研工作模式，培养了一批能够独立开展调查研究工作的省级骨干队伍，为今后扩大样本量、更深入广泛地开展国内外的对比分析研究奠定了基础。

三、科普效果研究取得新成果

科普效果研究课题自2001年启动以来，完成了课题研究的理论探索部分，出版了《科普效果评估理论和方法》；完成了1991～2001年全国科普绩效评估报告；完成了1996～2002年全国各省区科普绩效评估及比较，以及农村地区科普效果评估报告。2005年度完成了“科技馆

常设展览科普教育效果评估”和“科普项目评估：技术与方法”课题。研究工作与中国科技馆有关部门合作，成立了有著名科学家、科技馆专家、科普理论研究者参加的专家顾问组，除召开专家座谈会，对课题的研究框架进行研究确定、设计调查问卷、设计指标，了解国际研究现状以外，还组织课题组人员对全国科技馆进行典型调查和调查员的培训工作。调查地区包括北京、郑州、沈阳、佛山、嘉兴等科技馆，调查的内容包括：观众参观前后的对比调查、社会公众的电话调查。课题成果受到专家好评，专家建议，科技馆评估应该作为长期项目坚持研究下去，推动各地把评估作为科技馆管理的重要组成部分，以此推动科技馆事业的发展。

作为科普效果研究成果，2005 年度出版了《科技传播机制研究》、《科普效果评估研究案例》。

四、积极配合中国科协科学技术普及部的科普示范建设工作，开展了相关研究

1. 开展了影响社区科普发展的相关因素研究。影响社区科普发展的相关因素研究课题以湖北省武汉市武昌区等相关社区为依托，进行以科协搭台，社会力量广泛参与的社区科普新机制的探索；以北京市崇文区等相关社区为依托，进行规范和创新社区科普活动内容和形式的研究；以深圳市宝安区等相关社区为依托，进行建立社区科普的科学评估体系的研究。

2. 积极配合中国科协科学技术普及部，完成了一系列相关工作。编写了《全国科教进社区活动先进单位事迹概况》；编写了《第一批（48 个）全国科普示范城区工作概况》；汇编了第二批全国科普示范县（市、区）的资料。开展了对第三批全国科普示范县创建工作进行规范管理和创建全国科普示范县（市、区）网站的组织工作及网络管理。承接了中国科协科学技术普及部第三批全国科普示范县（市、区）培训工作。

五、积极开展农村科普工作研究

1. 农村青少年科普现状调查和对策研究。由中国科协青少年科技中心和中国科普研究所共同实施的“农村青少年科普现状调查及对策研究”课题，已获得显著成果。对云南、青海、内蒙古、黑龙江、浙江、福建、河北、湖北等 8 个省、自治区选定县进行的访谈调查均已分别形成 8 个分报告；对广西、河南、内蒙古、云南、湖南、青海 6 个省、自治区的 1200 名 14～18 岁农村校外青少年进行的问卷调查已形成专项总报告；对安徽、江苏、辽宁、河南、北京、广西、甘肃、四川等 8 个省区、直辖市 2360 名农村在校青少年的问卷调查也已形成专项总报告。《中国教育报》、《科学时报》、《大众科技报》等已对上述课题研究成果进行了专题报道。课题研究成果已在联合国儿童基金会与中国科协合作项目会上进行了介绍，得到了联合国儿童基金会驻北京办事处官员的充分肯定。

2. 中国中部地区农村科普工作现状与对策研究。中国中部地区农村科普工作现状与对策研究以座谈、问卷调查和实地调研的形式开展研究，河南、安徽、江西、湖南、湖北、黑龙江、吉林、辽宁等 8 个中部地区省科协普及部参与课题研究工作，承担子课题研究任务。

3. 《科协农村科学普及工作状况调查报告》。受中国科协科学技术普及部的委托，为科协农村科普工作状况调查处理分析数据，并完成了《科协农村科普工作状况调查报告》，为科协农村科普工作会议提供了研究成果。

六、开展了企业科普研究

《企业开展科普的动因与效果个案剖析》课题是中国科协科学技术普及部立项，中国科普研究所承担的研究项目，2005 年度课题组在个案调查的基础上完成研究报告，企业科普的研究工作已经开始受到媒体和高校研究部门的关注。

七、青少年科学探究学习活动研究取得了突破性成果

作为全国教育科学规划“十五”重点课题《青少年创造能力培养现状社会调查和对策研究》的分课题——“科学探究学习活动的理论与实践研究”课题研究，在理论与实践两方面均已取得实质性进展，并出版《青少年科学探究》一书。

八、开展科普手段和传播机制的研究

1. 开展了自然科学类博物馆的研究工作。通过对 2669 座自然科学博物馆的科普活动研究，反映 2004 年自然科学类博物馆的发展状况。研究显示，全国自然科学类博物馆业内发展向国际水平接近，已经出现一批国际水准的博物馆，科普设施数量和科普能力得到提高。自然科学类博物馆业内提出新博物馆学理念，从理论上支持博物馆融入社会、服务社会的拓展方向；更加强调科学博物馆是民众享受科学、学习科学的场所。本课题总报告作为

《2005 中国科普报告》专题报告已发表。

2．我国媒体科普概况及特点分析研究。一是 2004 年我国影视科普概况及特点分析。通过对 2004 年我国 31 个省级电视台、中央电视台科教频道、科技栏目的制作、播出及观众反馈情况的研究和分析，反映我国电视科普 2004 年的整体情况；通过对 2004 年北京国际科教电影电视展评研讨会的介绍及分析，反映当前国际科教节目创作的发展趋势；通过介绍“科普大篷车”栏目的运作方式，为利用科教影视进行科普宣传提供新思路。本课题总报告作为《2005 中国科普报告》专题报告已发表。二是 2004 年我国报刊科普概况及特点分析。选取对全国 31 份省级报纸、三大科技报和全国地方科技报作为研究目标，对其全年刊载与科普有关内容分类统计分析，本次检索在以前的基础上进行了一些改进和修正，对报纸科普内容具体分类为：科技知识传播（包括科技成果的介绍），科普活动，科学研究过程（科学方法、科学精神、科技界人物），科普政策及其他，获得检索数据近两万条。研究涉及三大科技报和全国地方科技报在科普宣传中各自不同的定位。并通过他们在改革和竞争中面临的问题，分析报纸科普存在的具有普遍性的问题。本课题总报告作为《2005 中国科普报告》专题报告已发表。

九、开展国外科普研究

1．编写了国外科普概况资料。该项工作为科普所长期跟踪研究项目。2005 年度综合介绍了各国科普概况，涉及历史简况、政府与民间的组织机构、相关的政策、具有影响力的大型活动、科技馆和科学中心的情况、媒体的情况以及有关人物等方面的情况。此次资料的收集和整理有一定的广泛性，并有一定的深度，对全面了解所涉及国家的整体科普情况提供了方便，也为今后勾画世界科普的全貌积累了素材，研究涉及的国家包括日本、俄罗斯、德国、澳大利亚和印度。

2. 进行了国外科普案例研究。研究课题配合 2005 年北京公众科技传播国际研讨会进行，研究内容包括日本、俄罗斯、德国等国，并开展了国内外传播媒体科学传播比较研究。

十、积极开展学术交流活动

1．成功举办了北京公众科技传播国际研讨会。该次会议系由国际公众科技传播网组织（PCST）、SciDev. Net 组织和中国科协联合主办，受中国科协委托由科普所具体承办。该次会议是 PCST 首次在中国举办的学术会议，也是在亚洲首次举办的会议。共有 21 个国家的 150 位学者、专家出席了会议，收到论文 60 余篇，取得圆满成功。会议出版了国内文集。此次会议共收集到 30 余例国内案例，正式在国内出版发行；计划 2006 年 5 月正式出版国外文集。

2．组织接待了国际探索中心来华进行学术交流。学术交流在北京的中国科普研究所、北京师范大学、北京大学、中国科技会堂、四川师范大学和华西医科大学、武汉大学和湖北省科协等单位进行，取得了成功，在各地媒体上引起了很大的反响。通过此次与国际探索中心的交流和学术研讨，进一步促进了中国学者与世界各国相关领域的交流与合作。双方学者均认为，这种跨地区、跨文化的思想交流，对于互相启发，产生创新思维，推动科学理性的发展，具有极其重要的作用。科普所编辑了与国际探索中心学术交流的论文集《中国异常现象探索中心学术交流论文集》。

在交流期间，国内相关媒体《大众科技报》、《科学时报》、《科学与无神论》、《武汉晨报》、《楚天都市报》、人民网及其一些杂志和网站对交流活动进行了报道。新西兰的《开放社会》、美国的《自由探索》和《怀疑的探索者》也刊发了活动的通讯和部分稿件。访问交流期间，中国科普研究所负责人与国际探索中心进行了双边会谈，并初步达成了进一步合作的意向。

3．举办了首届中国（合肥）科普产业高层论坛。接受中国科协科学技术普及部的委托，中国科普研究所与安徽省科协和合肥市人民政府共同举办了首届中国（合肥）科普产业高层论坛，有 140 位来自全国各地的企业、科研院所和科协的同志参加了这次论坛活动，有 300 人出席了报告大会。有 4 位专家在报告大会上做了主题发言，有 24 位与会者在学术讨论会上做了专题发言。《科学时报》、《大众科技报》以及安徽省和合肥市的多家媒体对这次论坛和专家观点给予了广泛报道。这次高层论坛为培育我国的科普文化产业起到积极探索的作用。

中国科协学会管理服务中心

地　　址　北京市海淀区学院南路86号
邮政编码　100081
电子信箱　xhzbgs@cast.org.cn
电　　话　010－62103276
传　　真　010－62185246
主　　任　李桐海

单位简介

中国科协学会管理服务中心（简称中心）是1991年11月经中国科协第四届党组第九次会议研究决定成立的，归口中国科协组织人事部和学会学术部联系。

受中国科协书记处委托，中心承担对办事机构挂靠在中国科协的13个全国性学会、协会、研究会的管理与服务的职责，并负责分布在中心及29个全国性学会、协会、研究会的专职工作人员的思想政治工作、党的组织建设、违法违纪行为的查处、人事管理、外事工作和行政后勤工作。

工作综述

学会管理服务中心在中国科协党组、书记处的领导和机关主管部门的指导下，学习、实践邓小平理论和“三个代表”重要思想，坚持科学发展观，围绕“三服务、一加强”的工作定位，以服务为宗旨，认真履行职责，不断提高为学会和学会干部服务的能力。

一、加强党的建设

开展保持共产党员先进性教育活动。在全体党员中认真落实“三个阶段、十三个环节”的具体要求，组织党员学习党的基本理论，听党课，观看牛玉儒、宋鱼水先进事迹录像，参观北京市反腐倡廉事例展，撰写党性分析材料，广泛征求群众意见，开展谈心活动，召开领导干部民主生活会，开展批评与自我批评，制定整改方案和整改措施，认真开展整改方案落实情况“回头看”。通过测评，群众满意率为92％；认真组织中心理论学习组学习活动，对科学发展观、“三服务、一加强”等开展大讨论；制定并印发了“党员发展工作责任制”和“党员先进性的24条要求”；按期转正了2名预备党员，列入组织培养2名入党积极分子；开展了“十佳文明职工”的评选、表彰和奖励活动。

二、加强学会干部管理

起草了“学会处级干部聘用工作暂行办法”；调整了9名学会干部的处、科职级，聘用了5名高、中级专业技术人员；举办了英语（初级）讲座，计算机病毒防治讲座，公文写作知识讲座，举办了秘书长、学会财务人员财务管理培训班；协助组织人事部完成了中国科学院院士、中国工程院院士初选和遴选任务；承接了中国青年科技工作者奖的部分评选工作；为部分学会充实了新生力量。

三、积极开展学会工作

召开了秘书长改革研讨会和组织建设工作培训班；在中国科协2005年学术年会上成功举办了第47分会场的“科技创新论坛”，承办了第44分会场地方科协“三个服务与自身建设论坛”；根据中国科协书记处领导同志和计划财务部的要求，对科协直属学会财务管理及人员配备情况做了调查，起草并报送了“会计核算中心组建方案”；起草了“中国科协学会工作者联谊会”的“组建方案”和“联谊会章程”；承办了全国性学会税务知识培训班和会员管理系统计算机培训班；在世界物理年的纪念活动中，组织实施了“你最熟悉的10个物理科学符号、公式、缩略语、人物（国内外）、事件、故事”等7个方面的物理科学知识网络评选活动。

四、做好为老干部服务工作

制定并印发了“老干部医药费报销绿色通道”；起草了“老干部突发事件应急措施”；召开了老干部纪念抗日战争胜利60周年座谈会；举办了老干部纪念抗日战争胜利60周年书画摄影展；组织老干部春季温泉疗养，秋季果园采摘；到医院及家中看望、慰问老干部10余人次。

五、做好后勤保障工作

加强了对学会干部人员经费的管理；积极申请学会干部住房补贴，按照有关规定分阶段落实补贴金额；认真开展《会计法》执行情况大检查，健全完善了财务管理制度；积极为学会干部解决大额医药费补助问题。

六、加强中心干部自身建设

继续实施年中干部考核制和目标管理责任制；坚持联系学会制度，定期召开汇报会；建立了与学会干部的谈话制度；加强了《工作简报》的编发；支持鼓励干部参加自学高考和业务培训，不断提高自身素质。

中国科协青少年科技中心
（CYSCC）

地　　址　北京复兴路3号

邮政编码　100038

电子信箱　kxqsn@cast.org.cn

电　　话　010－62103227/62103228

传　　真　010－62172960

主　　任　牛灵江

单位简介

中国科协青少年科技中心是中国科协所属的青少年科技工作机构，承担组织开展面向青少年的科学技术普及工作，其工作性质为社会公益性事业。主要任务是根据国家有关科技和教育的方针、政策，指导和协调科协系统的青少年科普工作，组织具有示范性和导向性的全国青少年科技教育项目和竞赛活动，推动全国青少年科技教育事业的发展。

工作综述

一、参与《全民科学素质行动计划纲要》制定工作

按照中国科协书记处的部署积极参与了纲要的起草工作，认真完成了起草过程中各个环节的具体任务。同时，为了给《全民科学素质行动计划纲要》的实施提供先期的实践经验，已部署的上海试点项目工作取得积极的进展。

二、农村青少年科普工作

全面参与了全国农村科普工作会议的筹备工作，完成了农村青少年科普现状调查及对策研究，参加了文件起草、调研和会议组织等各项工作。启动了在云南省曲靖市两个县和内蒙古两个旗开展的“群英计划”试点工作。内蒙古两个项目县已经完成对1200名回乡青少年的培训，200多人通过培训实现就业。曲靖试点地区对农村青少年科学素质现状作了抽样调查，建立了农村科普宣传员队伍。试点项目的成功经验将向其他地区推广，使其成为中国科协农村青少年科普教育的主要活动。

与联合国儿童基金会合作在贫困农村开展的非正规教育项目顺利实施，完成了2001～2005合作周期的所有项目活动。目前已经向儿基会提交了拟定新周期项目县名单，是教育方案中最先完成第一轮申报工作的项目。

三、大手拉小手，科普宣传活动

1. 2005年全国科普日活动中，在主会场专门设立了“参与、体验、节约”青少年科普互动活动区，取得很好的效果。

2. 组织“百名院士专家进百校”活动，成为2005年中国科协学术年会的新内容和新亮点。

3. 组织“物理照耀世界”光束传递活动，作为2005“国际物理年”，纪念爱因斯坦相对论诞生100周年，“大手拉小手”青少年科技传播行动的重要内容。在全国范围内动员和组织科学家与青少年一起举办形式多样的活动，向青少年宣传物理学对人类文明的巨大贡献，提高他们学习科学的兴趣。

4. 组织科技专家到江苏、山西两省的南京、南通、盐城、泰州、苏州、无锡、太原、吕梁、晋中等城市和农村的82所中小学校举办科普报告，开展“大手拉小手科普报告希望行”活动。行程3000多公里，共作科普报告94场，聆听报告的学生和教师有4万余名。

5. 未成年人心理生理知识教育专项工作，在逐步探索，不断总结经验的基础上稳步推进。2005年选取四川、浙江的两个城市作为试点，组织心理咨询专家团，对中小学校的心理工作者进行心理健康知识和实用咨询技能培训，培训了一批学校心理健康教育的骨干力量，并开发印制了心理科普挂图——“心理压力与身心健康”和“中学生网络成瘾防治挂图”，发放到各省科协在各地展出，获得很好的反响。

四、具有示范性的青少年科普品牌活动

1. 第20届全国青少年科技创新大赛。大赛于2005年8月在北京成功举办。各省、自治区、直辖市及香港、澳门特别行政区、军队子女学校的34个代表队，共336个科技创新项目，407名选手和10名科技教师进入决赛。共评出科技创新项目一等奖66项、二等奖156项、三等奖179项。另有241个科技实践活动分获一、二、三等奖；392幅少儿科幻画分获一、二、三等奖；1名教师获杰出科技教师奖、3名教师获得科技活动最佳方案奖、7名教师获得优秀科技教师奖。

2. 奥林匹克学科竞赛。2005年我国先后派出4支中学生代表队分赴印尼、墨西哥、西班牙和波兰参加亚洲物理奥赛和国际数学、物理、化学和信息学奥林匹克竞赛。我国还作为东道主主办了第16届国际生物学奥林匹克竞赛。我国选派的19名青少年选手在这些国际大赛中全部获奖，共获得18枚金牌和1枚银牌，各学科总成绩大部分居领先地位。

3. “明天小小科学家”奖励活动。第五届“明天小小科学家”奖励活动于2005年11月1~5日在北京举行了奖励活动的终评和颁奖。最终确定一等奖10名、二等奖30名，其中最突出的3名学生获得“明天小小科学家”称号。另有59名学生获得提名奖。

4. 中国青少年机器人竞赛。第五届中国青少年机器人竞赛于2005年7月在陕西省西安市举办，29个省、自治区、直辖市和香港、澳门特别行政区组织了代表队，1200多名小选手参与了本届比赛。

5. 全国大学生“挑战杯”学术科技作品竞赛。第九届全国大学生“挑战杯”学术科技作品竞赛，由复旦大学承办，参与评选的自然科学类项目有1096项，根据项目的学科分类和项目数量，邀请了51位专家评委（其中包括5名院士）分别于2005年8月和11月对参选项目进行了初评和终审。

五、搭建社会化平台，为青少年科普服务

1. 科学家参与的科学教师培训通过课题研究和实验实践，探索提高科学教育教师科学素质的新途径。2005年，分别进行了第二批实验学校第二轮培训和第三轮培训，同时还举办了西南五省科学教师培训，开展了聚焦课堂活动，帮助科学教师适应国家高中新课程改革的要求，探讨如何更好地设计和组织科学课堂教学。

2. 组织科技专家参加“做中学”科学教育项目。2005年“做中学”科学教育项目取得了实质性的推动。3月下发了《2005年中国科协“做中学”科学教育项目地方试点工作实施方案》，将该项目列入“全国大手拉小手科技传播行动”和“中国青少年科学素养培育行动计划”的重点内容，动员和组织科技工作者直接参与项目的实施，并选择北京、上海为试点城市。

3. 创新活动服务平台网络建设与完善。2005年度启动了“全国青少年科技创新活动服务平台”的全面改版和升级，使网络平台更好地体现连接全国各地中小学校，推动青少年科技教育活动广泛深入开展的根本理念。初步实现了更好地服务工作、服务教育、服务社会的目标。

六、青少年科技教育对外交流活动

2005年，青少年科技教育对外交流活动包括：参加美国英特尔国际科学与工程大奖赛、参加欧盟青少年科学家竞赛、参加伦敦国际青少年科学论坛、参加丹麦青少年科技竞赛、参加了2005韩国科学节，共有36名学生、31名成人出访美国、俄罗斯、丹麦、英国和德国。在美国英特尔国际科学工程大奖赛上，中国学生获得19个奖项：专项奖8个，政府奖1个，学科等级奖9个，英特尔基金会奖1个。

中国科技会堂

China Hall of Science and Technology

地　　址　北京市海淀区复兴路3号
邮政编码　100038
电子信箱　kjht@ cast. org. cn
电　　话　010—68518822
传　　真　010—68515611
总 经 理　李晓亮
副总经理　李世军　陈舟平
总会计师　王　勤
副总工程师　吴书信

单位简介

中国科技会堂是中国科学技术协会直属事业单位，落成于1996年3月，原名北京科技活动中心，是在党中央、国务院的关怀与支持下，由国家投资建设，为国内外科学技术活动和各类大中型会议服务的多功能、综合性的三星级会议型宾馆。

“为中国科协机关的工作和科协事业的发展服务、为科技团体和科技工作者服务、为我国的科技事业服务”是中国科技会堂的第一宗旨。

工作综述

2005年，中国科技会堂正确地认识和把握科协“三服务、一加强”的总体要求，围绕中心，服务大局，锐意进取，扎实苦干，较好地完成了年度各项工作任务。全年共接待科协系统、科技界和社会各界的各类会议1058个，实现总收入4020万元，超额4%完成全年计划。

一、贯彻落实“三服务、一加强”的总体要求，坚持为科协和科技事业服务

2005年，为了更好地落实中国科协书记处主要领导同志的指示和《中国科协先进性教育活动整改方案》的有关要求，中国科技会堂将主要对外经营，为会议服务的潮汕楼餐厅改建为机关职工餐厅，服务质量有了实质性提高，赢得了中国科协、中国工程院领导同志和广大机关干部职工的广泛赞誉。中国科技会堂积极倡议并配合机关工会，充分利用东馆一层的闲置场地，建立机关干部职工活动中心，为改善中国科协机关干部职工健身活动条件，提高机关干部职工健康水平作出了贡献。同时，中国科技会堂想方设法地为改善中国科协机关正常办公和干部职工生活创造条件，提供方便。

中国科技会堂优先、优惠安排科协系统及全国性学会和科技界的会议。在销售价格上，对科协系统按对外价格的50%收取费用。遇有科协系统的重要会议与其他预定客户开会时间发生冲突时，中国科技会堂竭尽全力予以协调，保证科协系统的会议顺利召开。

2005年会堂接待科协系统、学会和科技界的各类会议628个，占全年会堂接待会议总数的60%。并多次圆满完成了国家领导人参加、在国际、国内有一定影响的重要会议的接待任务。

二、开源节流，增加经营收入，做好节能降耗和成本控制工作

一方面积极开动脑筋，采取有效措施，寻找和创造新的收入增长点，努力创收。经营收入屡创佳绩，实现月月完成计划指标，取得时间过半，任务计划过半和全年较大幅度超额完成经营任务的优良成绩。主营业务收入（不包括东馆收入）为3274万元，比2004年增长299万元，增长幅度为10%。

另一方面严格管理，千方百计降低成本，争取以合理的投入获取最大的经济效益。按照科学发展观和建设节约型社会的要求，做好节能降耗和成本控制工作。与2004年相比，2005年减少用电量16. 8万度，节约电费近13万元；节气8482立方米，减少天然气费用支出2万元。

三、加强日常管理，进一步提高服务质量，安全工作取得成效

2005年，在日常管理上，中国科技会堂强调和树立细节决定成败的意识，突出了“细化管理”和“确保安全”两个重点。

中国科技会堂强调经营管理要严格管理，从细节抓起；服务工作要注重细节，在细微之处体现。3月份，中国科技会堂承担了接待十届全国人大三次会议和全国政协十届三次会议大会工作机构的任务，赢得了大会各工作组和工作人员的广泛赞誉，创“两会”接待经济收入的历史新高，取得了经济效益和社会效益的双丰收。在此期间共接到大会工作机构感谢信、表扬信5封，锦旗4面，圆满完成了接待任务。

在安全工作方面，中国科技会堂强调安全无小事，针对设施设备老化的实际，从细节抓起，防患于未然。中国科技会堂在布置和检查工作中，把安全工作放在首位，进一步加大了安全工作的宣传力度，各项安全工作扎实有效。全年杜绝了各类重大事故的发生，确保了国家财产和人民生命安全。中国科技会堂2005年被北京市旅游局评为第十届“百日安全竞赛”先进集体。

四、坚持“以人为本”，关心员工生活，充分调动员工的工作积极性

中国科技会堂把关心员工生活，进一步改善员工福利待遇，保护和调动员工的工作积极性，作为落实以人为本的科学发展观的重要工作内容。

2005年，中国科技会堂为41名事业编制职工调整了岗位补贴；为已经取得专业技术等级证书但尚未兑现工资的53名技术岗位员工增加了工资（含浮动工资）；会堂员工工资、奖金福利月人均比2004年均有所增加。中国科技会堂还组织不同层级的员工分期、分批前往西柏坡、大寨、北戴河、大连、湖南等地进行集体休假、参观考察和业务培训。中国科技会堂提高了全体员工防暑降温补贴标准，并为洗衣房加装了通风机，为高温作业岗位员工发放冰棍。每逢重大节假日，会堂主要负责人和班子成员亲自到一线巡视，慰问在岗员工。中国科技会堂组织和安排老同志春游、秋游和暑期外出疗养以及春节和“十一”茶话会活动，适当调高了退休职工医疗费医保报销后在会堂报销的比例。

五、增强使命感和责任感，全面推进改造工程的各项准备工作

2005年，中国科技会堂积极参与改扩建和改造工程前后两个可行性研究报告的起草工作。多次参与组织设计单位和评审单位专家对改造工程进行现场勘察、研究论证、方案讨论，做了大量扎实有效的基础性工作。最终经中国科协书记处批准，将《中国科协办公楼（科技会堂）装修改造项目可行性研究报告》报送国家发改委，并经国家投资项目评审中心评审后，报送发改委投资司。

为了配合改造工作和全年经营工作，“改造办”坚持改造工程准备和保障正常经营服务统筹兼顾的思想，先后完成了潮汕楼改建为职工餐厅、东馆电梯更新和安装、宴会厅小包间装修、主楼外墙破损瓷砖剔除等修缮、改造项目，做到了改造工程和修缮工作两不误。

六、深入开展保持共产党员先进性教育活动，进一步加强党的建设，发挥群团组织的作用

2005年，在历时5个多月的保持共产党员先进性教育活动中，中国科技会堂做到了工作、学习“两不误，两促进”，得到了中国科协先进性教育领导小组的充分肯定。先进性教育活动期间，出宣传板报11期，向中国科协报送简报31期，领导班子制定了7项整改任务，38条整改措施，初步建立了保持共产党员先进性的长效机制。会堂共产党员的党员意识和责任意识得到增强，党支部的战斗堡垒作用切实得到加强，党组织的影响力和凝聚力进一步扩大，各项工作全面向前推进。

中国科技会堂充分发挥共青团和工会组织的作用，进一步加强精神文明建设，每逢重大节日都组织开展一些丰富多彩、为员工喜闻乐见的活动。先后开展了庆祝中华人民共和国成立56周年和纪念抗战胜利60周年歌咏比赛，分批组织外地员工到中国科技馆参观。中国科技会堂连续4年被评为北京市精神文明单位。

中国科学技术咨询服务中心

China Science & Technology
Consulting Server Centre

地　　址　北京市海淀区学院南路86号
邮政编码　100081
电子信箱　cccst@cast.org.cn
主页网址　http://www.chinaconsult.com.cn
电　　话　010－62184930/62172055
　　　　　010－62184931
传　　真　010－62172055
主　　任　盛小列
副 主 任　李性慈　张晓军
总工程师　李赤泉

单位简介

中国科学技术咨询服务中心（以下简称咨询中心）是中国科学技术协会直属事业单位，成立于1981年7月，是我国最早建立的全国性科技咨询机构之一。

咨询中心发挥科协所属学会和地方科协的组织优势、人才优势和学科优势，围绕科学发展，针对各级政府关心的经济社会发展中的重大问题、改革发展稳定中的热点问题、关系人民群众切身利益的突出问题提出决策咨询报告，积极建言献策；深入动员广大基层科协，组织科技工作者广泛开展以“金桥工程”为龙头的技术开发、技术转让、技术咨询和技术服务活动。

咨询中心拥有健全的组织机构、完善的信息网络系统和丰富的渠道资源，内设办公室、决策咨询处、技术市场处、项目合作处、科技鉴定评估处、科技交流处等6个工作部门；同时，咨询中心负责中国科协常委会咨询工作委员会和“金桥工程”办公室的日常工作，行使部分管理功能。在长期科技咨询实践中，咨询中心与190个中国科协所属全国性学会、协会、研究会及受委托管理的学会，800余个地方科技咨询机构团结一致，与国内外多家咨询机构紧密合作，在促进科学技术转化为生产力，促进科技成果市场化，为国家重大项目提供论证评估、决策咨询等方面做了大量工作。咨询中心的务实作风和出色业绩赢得了广泛的社会认可与信誉，多次受到有关方面的奖励，被评为北京市科技咨询信誉单位，在国内科技咨询界有较大影响。

工作综述

2005年，咨询中心以“三个代表”重要思想为指导，认真学习贯彻党的十六大和十六届三中、四中、五中全会精神，按照“三服务、一加强”的要求，探讨建立多层次、多形式的决策咨询服务体系，动员组织科技工作者积极开展科技咨询服务活动，为在推动经济社会发展和科技进步方面发挥了一定的作用，取得了良好的经济和社会效益。

一、充分发挥专家作用，继续抓好决策咨询工作

在2004年组织完成的《广东省信息化调研报告》基础上，继续组织专家编制论证《广东省信息化发展纲要（2005~2020年）》，2005年7月，中共广东省委、广东省人民政府正式印发了《广东省信息化发展纲要（2005~2020年）》（粤发〔2005〕11号），广东省信息化调研项目取得了实质性成果。

咨询中心组织专家先后对“中国农村科技信息服务网络体系建设”、“农村与社会发展信息应用技术与示范”、“农村与社会发展信息资源共享关键技术”、“可视化农村科技信息共享方式研究”、“中国草业政策与科技发展战略研究”、“基于IT的农资流通体系研究”、“北京优质杏基地建设与信息化研究”、“园艺作物再植病信息化管理与防治技术研究”等8个研究项目进行了论证评审。还受重庆市政府委托，组织专家对重庆火车北站及旧城改造项目进行了咨询论证。

积极筹建决策咨询专家平台，目前已在电子信息、医药医疗、农业现代化及安全生产等领域初步建立了专家库，同时与有关学会建立起良好的沟通渠道。

二、以“金桥工程”为龙头，面向企业、农村大力开展“四技”服务

2005年，咨询中心组织各省级科协和有关全国性学会完成了第十批“金桥工程”上报项目共计271项的初步评审、推荐和审核工作；完成了中国科协“十一五”事业发展纲要“金桥工程”部分的编制工作。

支持阜新市加快经济转型。咨询中心提出了以建立阜新软件蓝领培训基地为切入点，发展阜新信息产业的工作方案。2005年7月，咨询中心与广东省信息产业厅和阜新市政府签署了《支持阜新市发展IT产业合作备忘录》和《联合建立“阜新软件蓝领培训基地”备忘录》、《软件培训基地合作协议》和《煤炭安全管理软件合作意向》等协议书，并组织了广东十几家知名企业与阜新市进行合作，“科技援阜”取得了实质性进展。

科技下乡。2005年9月，咨询中心会同中国科协吕梁科技扶贫团和吕梁地区科协，成功举办了“第四届吕梁科技咨询周”活动。

不断拓宽技术服务领域。2005年，咨询中心受各级法院委托组织进行了15例科技类鉴定和48例医疗鉴定。2005年11月，司法部正式批准咨询中心设立“中国科协司法鉴定中心”。

2005年中国科协技术合同认定工作取得了良好成绩。截至2005年11月底，已认定登记的合同200多份，合同交易额2.9亿元，技术交易额2.9亿元。

三、面向经济社会发展，组织多种形式的国际和对港澳台地区民间科技交流与合作

2005年，咨询中心负责承办和协办的2005年日·韩·中高技术商务论坛、第19届国际电信流量大会（ITC19）、2005年中俄青年科学家论坛、大陆科技期刊展览会、第二届鲁韩企业科技经济贸易洽谈会等重要国际和对台港澳地区科技交流活动，促进了中国科技界、企业界与国外和中国台湾地区在经济和科技领域的广泛合作。

2005年咨询中心将新产品、新技术推广和科普宣传相结合，与深圳市科协联合组织了第一届中国国际绿色家园博览会。本次博览会，将新产品、新技术推广和科普宣传相结合，采取新产品、新技术分类展示和集成应用展示相结合等方式，展示了一批节能环保技术和产品，达到了普及环保意识、提倡节能环保科学生活方式、推动我国节能环保事业发展的目的。博览会上举办了“绿色中国，节约社会”高层论坛，并由各地科协组织、动员约10000家企业联合签署了《拒绝浪费，使用节能、环保产品倡议书》。

四、积极做好中国科协第八次咨询工作会议筹备工作

为全面加强科技咨询工作，统筹规划，做好决策咨询和技术服务的顶层设计，咨询中心分别在北京、上海、兰州、济南、广州召开数次研讨会和座谈会，广泛征求多方意见，为制定《中国科协关于加强咨询工作的若干意见》提供了基础素材和数据，并完成了《若干意见》的前期起草工作。

为做好中国科协“金桥工程”第三次总结表彰准备工作，咨询中心联系全国性学会和各省级科协，征集“金桥工程”工作的典型经验和典型案例，并分别以文字和电子版形式编辑上报。

作为第八次咨询工作会议筹备内容之一，咨询中心编写了《咨询工作政策文件选编》，选编文稿约20万字。此文件选编对追溯科技咨询工作的历史，了解国家对科技咨询工作的政策及各地咨询工作的状况大有裨益。

五、加强自身建设，注重员工全面素质的培养

根据中国科协的统一要求，咨询中心承担了中国科协网站（简称CAST网）科技咨询栏目的信息维护工作。在中心领导的具体指导下，2005年，完成了“科技咨询”三级共10个子栏目的初始内容编辑、发布，9月17日与改版后的CAST网站同时开通运行。截止到12月底，平均每周发布信息超过6条，主页信息更新每周3~4条，目前总信息量超过200条。

为适应新形势下科技咨询工作的发展，咨询中心注重通过多种形式提高加强员工的科技素质及能力的培养，全面加强制度建设。以座谈会、专题讲座、现场评议等方式组织业务培训，咨询中心领导亲自授课，传授工作经验、讲解行文规范，达到提高整体业务素质和管理水平的目的。同时，全面加强咨询中心制度建设，不断完善财务制度、内部管理制度、奖惩制度等，以使全体员工适应新形势下科技咨询工作的需要。

中国科协声像中心

Audio – Video Centre China Association for Science and Technology

地　　址　北京市海淀区学院南路86号
邮政编码　100081
电子信箱　kpav @ kpav. com
主页网址：http：//www. kpav. com
电　　话　010 – 62172457
传　　真　010 – 62173848
主　　任　张国平
副 主 任　顾希峰

单位简介

声像中心成立于1978年，是中国科协下属的具有独立法人资格，经国家新闻出版总署批准的、科协系统唯一的一家电子音像出版单位。中心的主要工作职能是：制作、出版、发行关于科技、教育及宣传方面的音像、电子出版物；同时，指导和协调全国30多个地方科协、160多个全国性学会音像部门的业务工作。声像中心拥有一定规模的摄像设备和后期编辑专业设备，拍摄、制作、出版了大量的科普录像片和电子音像制品，主要用于城市社区科普、农村科普、企业职工科普和各类青少年科普活动。

工作综述

2005年，声像中心认真贯彻落实科协“三服务、一加强”的指导思想，领会加强科普工作的新理念，认识到调动社会资源和社会力量是把科普工作做大、做强的关键，结合声像业务和原有的工作基础，声像中心完成了以下主要工作：

一、积极承担“全国农村党员干部现代远程教育”工作

声像中心将远程教育课件制作任务作为声像中心各项工作的重中之重。

自2004年以来，每年要完成300多小时节目量的电视课件制作任务。首先，发动中心内部各部门的力量，并与社会上声像单位合作制片，扩大片源，充实素材资料，积极承担主要制片任务。同时调动全国科协系统声像队伍积极性，发挥科协整体力量，共同完成任务。中心先后举办了两期参与课件制作的地方和相关部门的培训班，针对选题申报、制片中的内容、要求等进行专业培训，同时为了保证各参与单位都能按标准完成任务，制定出了比较详细、规范的电视节目制作的各种具体标准和严格的审片制度，以确保制作质量。

二、独立开办了《科普大篷车》电视栏目

栏目已经在全国800多家地、市、县电视台和大型厂矿电视台播放，形成了一定规模的播出平台，力争“十一五”期间覆盖全国80%的县级电视台。调动各方面积极性，形成合力。在中心内部多次组织专门人员进行策划和研究栏目走向、定位和改版问题，不断提高栏目的制作质量和品位。为了适应地方需求，使栏目贴近群众，有地方特色，尤其要适合广大农民的需求，2005年在四川召开《科普大篷车》电视栏目农村版研讨会，支持有能力、条件成熟的地方科协，并吸纳社会上的制作力量，试办农村版，使之贴近农村、贴近基层、贴近百姓日常生活。力争2006年推出两版《科普大篷车》电视栏目供地方选用。

目前，《科普大篷车》电视节目不仅在电视台平台播出，而且辐射的面和播放平台在不断拓展，搭起了科普产品直接服务基层的大平台。中心支持辽宁省《科普大篷车》电视节目“进社区、进军营、进中小学、进电视台、进厂矿企业、进公共场所”，支持河北省试搞了“科普影院”，主要在社区、基地、网络、县、乡镇等播放点播放，现已发展到400多家，支持新疆科协将《科普大篷车》翻译成维吾尔族语言，已在十几个民族地区播放，以适应民族地区需要。

三、努力做好科普资源建设工作

承担科普资源开发与共享的科普资源集成与部分开发工作，为搭建资源丰富、手段先进、受众广泛的科普资源服务平台而努力。

四、承担中国科协拍摄、制作声像档案工作

为了不断积累和全面反映中国科协开展的重要活动，声像中心安排专人负责中国科协重大活动的拍摄工作，除根据中国科协调研宣传部统一安排外，积极主动与各部门取得联系，了解各部门活动安排，提供全面有效、高质量服务。2005年为科协服务拍摄各种活动40多次，为直属事业单位拍摄十几次，受到各方好评。

中国农村致富技术函授大学

The China Correspondence University for Rural Applied Technology（CCURAT）

地　　址　北京市西城区北三环中路1号，中国科技馆七层

邮政编码　100029

电　　话　010－82022399/62379323

传　　真　010－62379323

校　　长　向华明

单位简介

中国农村致富技术函授大学（简称中国农函大）是由中国科学技术协会主办的一所面向全国农村传授先进实用技术、培养农村技术人才的函授学校。曾荣获国家级星火奖和全国科普工作先进集体等称号。学校依托全国科协体系，建立了20余所省级分校，近300所地市级分校，1000余所县级分校，全国农函大系统有专兼职教师和管理人员近10万人。经过多年的建设，学校举办了大专（非学历）和中专学历教育及非学历科普培训共30余个专业，拥有土地250余亩，建筑面积近6000平方米的教学场所。

办学宗旨：提高广大农民的科学文化素质，推动农村科技进步，振兴农村经济，增加农民收入，促进小康社会建设。

培训原则：实际、实用、实效 。

工作综述

一、农村党员和基层干部培训持续发展

根据中央组织部、中国科协农村党员干部培训规划的要求，到目前为止全国农函大系统已累计培训农村党员干部700余万人。根据中央组织部和中国科协关于印发《2002年－2005年全国农村党员基层干部适用技术和市场经济知识培训规划要点》的通知（组通字［2002］29号）文件精神，特别是全国农村党员干部现代远程教育的要求，农函大在继续做好农村党员干部实用技术和市场经济知识培训的基础上，努力做好农村现代远程教育工作。

1. 完善办学网络，建立健全农函大分校管理的各项规章制度，不断总结各地办学经验，调整专业结构和教学内容，继续提高函授教育与技术服务的质量。

2. 根据多年的办学经验和形势的发展，农函大积极鼓励各级分校自办专业，并结合实际编写适合当地特点的乡土教材。

3. 积极参加现代远程教育试点工作，与试点省联合开展骨干教师和教学管理人员培训，促进农村党员干部农村现代远程教育发展。

4. 在承担好全国农村党员干部现代远程教育《科普知识》教材任务的同时，根据农业产业结构调整与中国加入WTO后的实际情况，抓紧农村经纪人和家政服务教材的编写工作。

5. 继续与中央电大联合开办中专学历教育，加强教材和教学建设。在此基础上，创造条件开办更高层次的学历教育，为乡村党员干部及青壮年农民提供更多的学习机会。

二、西部科普培训工作

为配合国家西部大开发的战略，我校与中国农学会、林学会、生态学会合作，承担中国科协部分西部科普工作任务。先后对西部地区基层骨干进行了生态环境保护和建设培训，特别是针对西部退耕还林的政策措施及主要生产技术进行了培训，受到广大学员的欢迎和好评，每年培训基层骨干近千人。

三、继续教育工作

根据中国科协和北京市教委的要求，农函大与中国继续教育联合学院实行联合办学。几年来，两校积极面向全国在职科技人员和管理干部进行知识更新和继续教育，为人才培养和经济发展服务，至今已与国家有关部委和有关学会联合培训数万人次。与清华大学继续教育学院、解放军总装备部继续教育中心、联合国教科文组织中国教席共同举办21世纪继续教育论坛。每年召开一次年会，邀请科技、高校、军队等系统的专家参加了研讨，并与国外有关高校、科研单位、企业的继续教育负责人和专家建立了初步的合作关系。

四、国际合作培训项目及交流活动

1. “爱心－阳光培训计划”。这一计划是韩国东北亚科技协力财团为支持中国西部大开发和贫困地区人才培养，与中国科协签定的在中国实施为期5年的培训计划。由中国农函大具体组织实施，每年在中国举办6期培训班，集中培训一批我国县乡村的农村基层干部，特别是妇女干部。“爱心－阳光培训计划”自2001年开始实施，已成功举办了30次培训，取得了良好的社会效果。

2. 经国家外国专家局批准，我校和中国对外技术交流促进会合作，每年向欧洲、俄罗斯、加拿大、韩国等国家派短期（20天左右）专业培训团，学习国外技术和管理经验，取得了良好的效果。

五、基地建设

农函大教学基地（中国科协科普园）是集科技培训和技术示范为一体的科技场所。目前已建设有教学场所近6000平方米。在搞好教学培训的同时，逐步增设了部分技术示范展示项目。根据农函大与继续教育联合学院的联合办学协议，教学基地将作为两校联合办学的教学办公场所，将加强对外合作，积极开发教学项目，努力发挥教学基地的作用。

大众科技报社

Popular Science News（PSN）

地　　址　北京市海淀区学院南路86号
邮政编码　100081
电　　话　010－62103356
传　　真　010－62174925
社　　长　孙东生
副总编辑　舒化英

副 社 长 化中强

刊物及主编 《大众科技报》 **副总编辑** 舒化英

《软件与光盘》 **主编** 吴开流

《科技新时代》 **主编** 舒化英

《中国科学美容》 **主编** 戴 坚

单位简介

《大众科技报》是中国科协主办的全国性科普大报，是全国三大科技报之一，也是重要的科普阵地。

《大众科技报》的前身是《中国科协报》，1993 年创刊。创办之初为周一刊，对开四版，1994 年扩版为每二刊，对开四版，主要报道中国科协及所属全国性学会和地方科协的工作动态，指导全国各级科协组织的工作。该报积极发挥党的喉舌作用，为党和政府更好地联系广大科技工作者、为科协职能的发挥起到了积极作用；同时，也向全社会宣传了科协的职能和作用，为全社会理解科协、重视科协事业创造了良好的舆论环境。1999 年，中国科协根据报业市场的形势，决定将《中国科协报》加以改造，使其成为具有市场竞争力的、以科普为主的科技大报。1999 年 8 月 1 日，《中国科协报》正式更名为《大众科技报》，当年仍为周二刊，对开四版。2000 年，扩版为周三刊，对开八版，并创办面向农村的《农村科技周刊》。2004 年，再次扩版为周三刊，对开十二版，创办《健康周刊》、《新经济周刊》、《青少年科普周刊》和《社区科普周刊》。

1999 年底，周光召主席为《大众科技报》题词："面向大众，普及科技"，高度概括了《大众科技报》的办报宗旨。具体内容是：面向社会，面向大众，及时报道国内外重大科技事件，大力普及科学知识，弘扬科学精神，传播科学思想，倡导科学方法。深入宣传科技人物，倡导学术争鸣，维护科技工作者合法权益，为提高全民科技意识和科学文化素质服务。

《大众科技报》的读者主要为具有高中以上文化程度的城市读者，其中包括科技工作者、科技管理部门干部、大专院校师生、科协系统（包括学会、企业科协）工作人员等。《农村科技周刊》面对广大农民。

由于《大众科技报》的定位就是科普报，故所开设的专栏基本上是科普专栏，如科苑纵横、科学文化、世象大观、时空扫描、生命健康、科学博览是各专题版的版名，均为科普内容。星空之旅、生命探索、前言新知、科学精神纵横谈等专栏也均为科普内容。为继续体现科协的特色，《大众科技报》还开办了"人物"专版，重点宣传工作在基层的优秀科技工作者的先进事迹，反映科技工作者的心声。

大众科技报社还主办《软件与光盘》、《科技新时代》、《中国科学美容》三种科普杂志。

工作综述

2005 年，在中国科协党组的正确领导下，在中国科协机关各部门的指导下，在中国科协各直属单位、各地科协的支持下，大众科技报社全体干部职工努力工作，发愤图强，锐意进取，积极改革，各方面工作都取得了一定的成绩。宣传、贯彻落实科学发展观，坚持"三服务、一加强"，积极为科协的整体事业服务，充分发挥了科普重要阵地的作用，传播科学精神、科学思想、科学方法和科学知识，尤其注重宣传广大人民群众喜闻乐见、通俗易懂、贴近百姓生活的科学知识。发行、广告经营工作进展顺利，保证了报纸的正常出版和报社的正常运营。建立健全各项规章制度。完成保持共产党员先进性教育活动，党组织的先锋队作用得到加强。

一、调整版面内容

2005 年，《大众科技报》的版面内容调整较大，体现了为科协整体事业服务的原则，更加体现"面向大众，普及科技"的办报宗旨，发挥了科普重要阵地的作用。

1. 调整了主报的科技新闻版面，扩大了"三服务、一加强"的内容。

2. 增加了宣传科学精神、科学思想和科学方法的"创新思维"专版。

3. 新设了普及学科知识、反映学会改革的"学会之声"专版。

4. 扩大了展现科技工作者光辉形象的"科技人物"专版和弘扬科学思想、科学精神的"科技工作者之家"等系列专栏。

5. 调整了宣传科学发展观的版面比例，新设了"科学发展观论坛"等专栏。

6. 加强贴近百姓生活的科普宣传，搭建科技促进经济发展的平台。调整针对社区居民的《社区科普周刊》，增加涉及百姓衣、食、住、行等日常生活方面的科学知识，引导社区居民科学地生活；加强深受广大青少年喜爱的《青少年科普周刊》，使之更加贴近在校中小学生的科普需求，从而加大对青少年的科普宣传力度；改进《健康周刊》的版面内容，刊登更加贴近百姓日常生活的文章，传播日常生活中的健康保健知识；创建《信息化周刊》、《新经济周刊》和《军转民周刊》，宣传和促进科技为经济服务，搭建科技促进经济发展的平台。办好《奥秘周刊》以科学探索的视角、趣味性的文章吸引读者。

二、面向市场办报，依靠法律管理

从报社薄弱的经济状况和创收能力出发，确定“先生存、后发展”的创业战略。开源节流，精打细算，减少无效开支；量入为出，实行部分经费包干管理。

加强经营管理，开拓经营渠道；制定优惠政策，加强激励机制；增加经营人员，实行多劳多得，鼓励合法创收。

积极参与科协的项目，争取用公益性经费支持公益性版面。

大胆实行市场运作，谨慎签订合作协议，利用社会资金和人才，借助外力生存和发展，逐步走运用市场机制办报之路。

运用法律手段，应对违法行为，增强自我保护能力，维护报社合法利益，提高报社市场经营和生存的能力。

三、科技新闻的亮点报道

1. 组织爱因斯坦奇迹年100周年系列报道。

2. 组织纪念郑和下西洋600周年专题报道。

3. 用专版、图片等多种形式全方位报道在新疆召开的中国科协2005年学术年会的盛况。同时，承担了学术年会画册的编辑任务。

4. 及时全面报道神舟六号载人飞船发射成功和顺利返回的情况，并适时专题采访了航天界的部分著名专家，刊载了大量航天方面的科普文章。

5. 对影响较大的科普活动进行了及时全面报道，如：全国科普日活动、全国农村科普工作会议等。

四、报社开展的重点活动

1. 举办《科协工作与科学发展观论坛》，对于科协系统按照党中央的要求转变工作思路，起到了促进作用。

按照党中央提出的大力宣传科学发展观的要求，中国科协提出了“三服务、一加强”的工作定位，为了促进科协系统各级干部能从理论与实践的结合上，深入领会和理解科学发展观与“三服务、一加强”的内在联系，以便在科学发展观的指导下，更好地完成“三服务、一加强”任务，报社经过精心准备，并在各地科协大力支持下，举办了科协工作与科学发展观论坛。论坛以召开讨论会和会后在《大众科技报》上开辟专栏研讨的形式展开，共吸引了50余名来自各级科协的领导同志参加，通过研讨，各级科协交流了落实科学发展观，促进科协工作的经验，交流了各地关于城区科普、农村科普、青少年科普等多方面工作的新思路和新举措，共同探讨了科协工作发展战略。此次论坛是一次由报社发起，不分地域、不论级别，科协系统人员自愿参加的论坛，会后，又连续刊登相关论文，扩大了论坛的影响面，取得了明显的社会效益。这次举办论坛活动，比较好地体现了报社服务于科协整体工作的职责和作用，不仅对促进科协工作起到了良好的作用，而且对今后开展相关活动，也具有借鉴意义。

2. 开办“促进科学发展观”、“科技工作者之家”等系列专栏，加强了对科技人员的宣传，展现了地方科协的风采。2005年上半年，大众科技报社投入大量人力物力，派记者到山东、江苏、浙江等省的市县级科协进行现场采访，并以专栏形式系统反映各地科协在工作中落实科学发展观所取得的成绩，将他们的成功经验、崭新尝试利用报纸版面在全国推广。这一举动，在科协系统上下产生了很好的反响。

与此同时，报社2005年还加大了对科技人员的宣传工作，让更多的人了解科技人员的生活、工作，了解他们的付出。加大对科技人员的宣传和报道，是报社根据社会需求，主动及时调整办报方针的体现。

3. 承接了中国科协有关部门的部分专项任务。如《社区科普周刊》的版面改进工作、“公众科普需求调查”的问卷及汇总工作等。报社还开展了2005年“我与科普”公众需求问卷调查活动。

科技导报社

Science & Technology Review

地　　址　北京市海淀区学院南路 86 号

邮政编码　100081

电子信箱　kjdb@cast. org. cn

主页网址　http://kjdb. periodicals. net. cn

电　　话　010-62103282/62185026/62103281

传　　真　010-62175871

社长/主编　冯长根

副　社　长　陈家俊

副社长、副主编　苏　青

单位简介

《科技导报》是中国科学技术协会学术会刊，1980 年由诺贝尔奖获得者杨振宁博士倡议在美国创办，全世界发行，钱宁教授、孟昭英院士、朱光亚院士先后任主编。本刊以“刊登原创学术论文，报道前沿科技成果；涵盖科技各个领域，关注重大科技问题；重视理论研究创新，鼓励学术观点争鸣；促进中外科技交流，探索强国兴邦道路”为办刊宗旨，以“处理来稿周期短，报道成果时效强，探究问题起点高，研讨思路视野宽，提出对策着眼远，争鸣学术气氛浓”为办刊特色，在全国众多的科技类学术期刊中独树一帜，是一本有影响、有特色、有品位的高层次、高水平、高质量的学术期刊。

工作综述

科技导报社以前只负责中国科协学术会刊《科技导报》的编辑出版工作。自 2005 年以来，在《科技导报》不断改版扩版、努力提高办刊质量的同时，随着机关职能的转移和社内业务的开拓，科技导报社又相继承担了许多新的任务，业务项目大幅度增加。各种业务项目可分类归纳为“三刊”、“一书”、“一集”，“三奖”、“一站”、“一题”，与“一个基地”。

一、“三刊”

一是打好基础，扎实工作，继续办好《科技导报》，促使《科技导报》早日进入核心期刊。为进入核心期刊，中国科协书记处书记冯长根、社负责人和有关同志，特别是编辑部门的同志，进行了大量工作，从调整刊物定位、转变办刊宗旨、确定奋斗目标、形成刊物特色、扩大刊载容量、健全编校制度、扩大刊物影响、提高论文质量到装帧改版诸方面，都下了许多大功夫，以求水到渠成。2005 年 5 月 16 日，科技导报社收到证书：经多项学术指标综合评定及同行多位专家评议推荐，《科技导报》自 2005 年第 1 期起，被收录为“中国科技论文统计源期刊”（中国科技核心期刊）。

二是整合资源，调集力量。2005 年 9 月份起，接手主办并编辑出版原由中国科协学会学术部负责的每期登载自然科学各个领域 3000 多条优秀学术论文摘要的半月刊《中国学术期刊文摘（中文版）》。

三是组织相关人员，办理报批手续，进行调研策划和顶层设计，筹备 2006 年 2 月创办出版以英文摘要形式登载全国性学会主办的英文科技期刊优秀学术论文的双月刊《中国学术期刊文摘（英文版）》。

二、“一书”

首次承接了原由中国科协学会学术部负责的组织编撰从学科角度反映年度科学技术进展情况的大型资料性文献《学科发展蓝皮书》的任务。组稿工作基本完成，审读、编辑和出版工作正在加紧进行。

三、“一集”

在主办中国科协 2005 年学术年会第 48 分会场交叉学科学术交流活动的同时，认真组织编辑出版了 21 个分会场的系列论文集。

四、“三奖”

一是从 2005 年起承办原由中国科协学会学术部负责的每年一度的中国科协期刊优秀学术论文评选组织工作；二是接手承办了原由中国科协学会学术部负责的中国科协优秀建议奖的评审组织工作。目前进行的是第五届评选，评审工作正在进行，此后随即着手公示、报批、颁奖的组织工作；三是承办由科技部基础研究管理中心和中国科协学会学术部设立的“中国基础研究十大新闻”评选的组织工作。

五、"一站"

经中国科协办公厅和学会学术部同意，与信息中心合作共同搭建能展示科协学术成果的纸质出版物和网站电子版互动共享的学术平台，创办中国科技学术网站。此项工作正处于注册域名、征询意见、设置栏目、先行筹建资源信息库阶段，待资源信息库建成、相关条件成熟时，改库为站，使其成为并行于中国科协公务网站和中国公众科技网站的三站之一的中国科技学术网站。

六、"一题"

承接进行了"中国科技期刊发展战略研究"的子课题"中国科技期刊现状分析"的课题研究，力争以此为契机，不断对全国科技期刊进行关注和追踪调研，使科技导报社逐步成为国内科技期刊发展研究的阵地。

七、"一个基地"

初步建成了辐射全国的科普挂图发行基地，承担了部分科普挂图的编印、各种科普挂图的日常发行和科普日集中发行、全国科普知识竞答相关活动的组织，以及社区电子科普画廊部分节目编辑制作等多项任务。

中国科学技术协会信息中心

Information Centre of CAST

地　　址　北京市海淀区学院南路86号
邮政编码　100081
电子信箱　castic@cast. org. cn
电　　话　010－62103245
传　　真　010－62103245
主　　任　张小林

单位简介

中国科学技术协会信息中心（以下简称中国科协信息中心）成立于1992年，是中国科学技术协会（以下简称中国科协）直属事业单位，内设综合业务部、网络编辑部、资源部、网络技术部。

中国科协信息中心承担中国科协信息化建设的各项具体任务，包括计算机网络平台建设、应用业务系统开发和信息资源建设等。主要工作任务是：制定中国科协信息化技术标准和信息规范；建设中国科协计算机网络平台；为中国科协电子公务提供技术支持和技术服务；建设和完善中国科协各类应用业务系统和数据库；规划和开发信息资源，组织信息网络，建立信息服务体系；配合中国科协重点工作和重大活动开展网上宣传；建立、优化和维护中国科协主办的网站群；实施中国科协信息化建设的技能培训等。

工作综述

一、积极参加中国科协保持共产党员先进性教育活动，坚持不走"过场"，不说"空话"，查找问题，明确目标，有效地加强了党员队伍、党的基层组织和领导班子建设。

二、适应中国科协事业单位改革的整体思路，明确发展方向和工作定位，进一步加强信息中心能力建设

在2005年保持共产党员先进性教育活动的整改过程中，中国科协书记处确定信息中心由办公厅指导和联系。信息中心贯彻落实书记处对信息化建设工作的指示精神和办公厅的指导意见，不断调整工作定位，开始了从单纯信息技术服务模式向信息技术服务和信息采集加工中心模式转变的过程。

2005年作为内部管理制度"落实年"，重点抓了各项制度的落实。现已形成各项内部管理制度共19项。

三、适应新形势下中国科协信息化建设的整体思路，重视标准规范建设，进一步推动科协系统的信息化建设

1. 制定信息化工作的标准规范。2005年进一步修改、起草制定了5项制度和规范：《中国科协应用系统开发规范》、《中国科协信息化建设表彰奖励及优秀网站评选推介办法》、《中国科协网站信息发布规范》、《中国科协网站采编人员工作规范》、《中国科协魏公村办公区计算机网络使用规范》。

2. 参与完成了《中国科协"十一五"发展规划》专项计划"网络和资源数据库建设"的撰写工作。

3. 积极开展科协系统信息化建设调研工作。截至

2005年底，中央、省级和地市级科协共建立163个网站，全国性学会共建立164个网站。

4. 召开中国科协系统网站建设座谈会。2005年6月在浙江省杭州市召开了“中国科协系统网站建设座谈会”。此次会议是科协系统信息化专项会议到会人数最多、参会单位最全的一次。有75人参加了会议，达到了通报工作思路、沟通情况、交流经验、达成共识的目的。

5. 编印《2000年—2005年中国科协系统网络信息化建设资料汇编》，全书共收录57篇文章，约40万字。

四、适应中国科协各项工作对计算机网络平台的需求，进一步提高中国科协网络平台的建设水平

完成了中国科协网络系统的应急改造和魏公村办公区局域网建设两大工程。两项工程的实施为中国科协各项信息技术应用包括视频会议等奠定了基础。

积极为机关各部门提供技术支持和终端服务，全年维修各类终端故障600余次。

五、努力探索新形势下中国科协网站和资源建设的规律，全面建设、维护并着重优化中国科协网站群

1. 中国科协网（http://www. cast. org. cn）。2005年对中国科协网进行了全面改版，选用了新的信息发布系统，完成了网站定位、栏目规划、版面设计等重要事项的论证。新版网站中增加了视频内容。根据中国科协党组、书记处意见，开始建立机关各部门和信息中心共同采编信息的新体制。

2. 中国公众科技网（http://www. cast. org. cn）。2005年，中国公众科技网继续保持了国内科普网站排名第一的水平，并在中国互联网协会主办的“第一届全国科普网站及栏目”评选中，获得“优秀科普网站”奖。至2005年10月底，已发布信息7990篇，966万字，3466幅图片。

3. 科学教育网（http://www. sedu. org. cn）。2005年，信息中心和青少年科技中心开始将科学教育网与全国青少年科技创新活动服务平台两个网站信息资源进行整合，提出了网站改版的初步方案。

4. 科技工作者之家（http://www. kjgzzzj. org. cn）。经办公厅、组织人事部同意，确定将网站信息内容整合到中国科协网的相关栏目中。全年发布信息27万字。

六、发挥网络“第四媒体”作用，以需求为导向，进一步推动应用系统开发和信息技术应用

1. 为中国科协重点工作和重大活动做全方位的网上宣传。主要的专题网站有：中国科协2005年学术年会、中国科协农村科普工作会议、2005年全国科普日活动、2005年世界物理年。

2. 配合科协重点工作开发了一系列应用系统。主要有：中国青年科技奖推荐及评审管理系统、公众科技传播国际研讨会网站和会议论文网上收集及评审管理系统、中国科技期刊网和科技期刊管理系统、2005年“我与科普”公众需求问卷调查系统，中国科协“七大”代表管理系统等。为中国科协档案管理系统、会员管理系统等提供技术支持。

3. 建设和推广应用中国科协电子政务办公系统。年末中国科协“网上事务管理系统”的日常同时在线人数增长幅度是年初的3倍。

4. 从调查培训需求入手，有针对性的举办各种培训活动。

5. 参与完成了国家项目《国家科技基础条件平台“中国数字化科技馆”建设项目可行性研究报告》的编写工作，并作为项目承担单位。

6. 为科协系统和协作单位提供网络平台支持及技术服务。

7. 承办并圆满完成2004年学会统计年报汇总工作。

七、搭建网络科普的开放性舞台，探索科普网站和栏目资源共享、合作协同的规律，网络科普联盟工作有实质性进展

1. 开展大型网络科普活动。组织开展纪念相对论发表100周年、落实科学发展观网络科普宣传、开展“资源节约利用”专题宣传、组织“物理百年回顾”有奖评选、开展“我身边的最严重浪费现象”公众评点、举办“航天科普网上行”等大型网络科普活动。

2. 举办第一届全国优秀科普网站及栏目评选活动。经过公众网上投票及评委会专家评选，46家网站及栏目在评选活动中获奖。这是国内举办的第一次对科普网站和栏目的评奖活动，在中国互联网协会也属于首创。

3. 开展基础性课题研究。包括：《优秀科普网站及栏目评选评价指标体系研究》；《网络科普标准规范研究》；《中国网络科普现状分析及创新研究》等。

4. 开展国内外学术交流。2005 年 9 月在北京举办中国互联网协会网络科普联盟年会；2005 年 11 月随中国互联网协会代表团赴突尼斯参加信息社会世界峰会第二阶段会议，这是联盟自成立以来第一次参加国际学术活动。

中国科协厂矿科协协作中心

Coordinating Centre for Science and Technology Associations in Industrial Enterprises (CAST)

地　　址　北京市海淀区学院南路 86 号

邮政编码　100081

电子信箱　qykx@cast.org.cn

电　　话　010－62103367

传　　真　010－62174953

主　　任　王志舜

刊物及主编　《企业科协》　主　编　王志舜

单位简介

中国科协厂矿科协协作中心（以下简称“中心”）是中国科协直属的事业单位，是全国企业科协的联合体。“中心”有一大批大中型企业科协为理事或成员单位，团结联系全国 1 万多家企业科协。“中心”坚持面向企业、面向企业科协、面向企业科技人员，为促进企业技术进步和企业科协事业发展服务。主要业务工作包括：信息服务、科技协作服务、科普服务、编辑发行服务、培训联谊服务和国际交流服务。

工作综述

2005 年，“中心”按照中国科协六届五次全委会议提出的“三服务、一加强”的工作部署，紧密联系新时期企业科协组织建设和工作发展实际，围绕促进企业科技进步和企业科协事业发展，努力搭建为企业科协的服务平台，组织开展了系列服务工作。

一、开展企业科协组织建设及工作发展调研工作

按照“三服务、一加强”的工作部署，为贯彻落实中国科协六届五次全委会提出的工作任务，进一步加强企业科协组织和能力建设，2005 年“中心”联合北京、上海、天津、重庆、辽宁和南京 6 省市科协有关部门联合开展了企业科协组织建设和工作发展调研工作。这次调研工作的主要任务和目的是：围绕“三服务、一加强”，按照六届五次全委会的工作部署和要求，通过调查研究，摸清企业科协基本状况；分析主要问题和困难；总结典型经验；探索新时期改革发展的思路和方法；并就新时期企业科协组织建设和工作发展提出初步建议和意见。调研工作自 2005 年 4 月中旬正式启动后，得到中国科协和有关省市科协的高度重视和大力支持。中国科协书记处书记冯长根在调研工作开题会上做了重要讲话，学会学术部和“中心”联合下发了通知。“中心”制定了详细的“调研工作方案”，明确了本次调研的对象和内容。

本次调研工作，综合采用了调查问卷研究、企业实地考察、人员访谈与座谈、专家小组会议等方法以实现调研的基本目标。调研期间共下发各类调查问卷 997 份；走访考察企业 117 家；召开专题座谈会、企业领导同志座谈会、企业科技人员座谈会等不同类型座谈会 53 次。在充分调研的基础上，组织省市科协和有实践经验的企业科协有关人员详细讨论调研报告的框架结构和基本内容。

这次调研报告主要包括以下几个方面内容：一是对 6 省市企业科协的基本状况进行了相关的统计，并根据统计数据作了相应的分析。二是对当前企业科协组织建设和工作发展存在的主要困难和问题进行了调研。三是重点对一些典型企业科协的工作经验和创新做法进行了总结。四是按照“三服务”的工作部署，对企业科协的工作定位和活动内容及方式进行了初步探索。五是对新时期企业科协组织建设的重点环节进行了初步探索。六是就新时期加强企业科协工作提出了初步的建议。另外，本次调研工作对“讲理想、比贡献”竞赛、“金桥工程”、“千厂千会协作行动”加以整合的思路和模式进行了初步的探索。

经过半年多的时间，调研工作基本完成，形成了《企业科协组织建设和工作发展调研报告》和分报告——《新时期“讲、比”竞赛、“金桥工程”和“千厂千会协

作行动”整合思路和模式的初步探讨》。调研报告上报中国科协机关有关部门和书记处领导同志，得到书记处领导同志的肯定和重视，并决定书记处会议要听取调研工作的汇报。

二、举办企业工程师论坛和企业科协发展论坛

为配合中国科协2005年学术年会的举办，按照中国科协的统一部署，“中心”承担了第46分会场企业工程师论坛和企业科协发展论坛的筹备组织工作。

自2005年4月起，“中心”按照学术年会办公室的要求，在组织报名、专家邀请，论文申报、主题发言、大会交流等各方面都进行了精心的策划和准备，制定了较为周密的论坛方案，明确了定位和工作目标。

企业工程师论坛围绕“企业工程师的责任与作用”这一主题，为企业工程师提供一个交流的平台。

企业科协发展论坛围绕“企业科协组织现状及工作发展调研”工作的阶段性报告建言献策，探讨企业科协未来的地位以及发展思路和模式。

报名参加论坛的有全国各地大中型国有企业和非国有企业的人员274名，实际出席两个论坛者共计150人。主要是企业中的中高级职称以上的工程技术人员和科协干部。其中，高级职称以上的人员就有131人。中国科协书记处书记宋南平主持了企业工程师论坛。论坛活动主题鲜明，针对性强，无论是邬贺铨院士的“工程技术发展与创新”特邀报告、还是企业工程师的主题发言，都受到了与会人员的好评与关注，并提出不同的问题和观点进行探讨交流。

企业科协的与会者更是对“企业科协组织现状及工作发展调研”工作的阶段性报告给予高度评价，得到与会者的一致认同。认为调研报告通过数据、实例，实事求是地调查了企业科协目前所处的状况；分析了问题产生和存在的原因；归纳了企业科协工作的经验和做法；提出了今后发展的思路和建议，客观、公正，积极、向上，对今后企业科协工作的开展具有指导意义。

两个论坛活动的举办，开拓了为企业科协和企业科技人员服务的领域，进一步提高了“中心”的服务能力，并为以后举办类似的大型活动积累了宝贵的经验。

三、开展企业高技能人才调研和培训工作

根据《2005年中央人才工作协调小组工作要点》和中国科协2005年主要工作任务，“中心”配合组织人事部开展了企业高技能人才队伍建设调研工作。积极配合中国科协组织人事部制定了《2005年度高技能人才队伍建设实施方案》，成立了领导小组，确定了2005年度总体工作目标和工作任务。

为全面了解我国企业高技能人才队伍状况，“中心”协助中国科协组织人事部向全国60多个省市科协发放调查问卷10000多份。通过调研工作，为国家进一步制定高技能人才的政策与措施提出意见和建议，并就充分发挥中国科协所属团体和企业科协组织的网络优势和人才资源优势，积极开展高技能人才队伍建设工作，提出工作思路和方案。

为促进企业技术创新，加强高技能人才队伍建设，借鉴和学习国外高技能人才培养的成功经验，按照年初制定的工作方案，“中心”组织企业管理人员参加高技能人才培训考察团，于2006年初赴德国培训。

四、努力办好《企业科协》刊物

《企业科协》是“中心”联系企业科协的工作平台，是“中心”开展各项工作的重要依托。2005年积极发挥《企业科协》刊物的工作指导交流作用，推动企业科协工作的开展。

一年来，《企业科协》及时传达了中国科协六届五次全委会会议精神，刊登了王兆国同志的讲话和全委会的工作报告；对中国科协2005年学术年会等全年重大活动向全国企业科协进行宣传报道；配合企业科协组织建设和工作发展调研工作开展了一系列活动，并及时编发有关文章，加强了刊物的指导性和时效性。使企业科协能够及时学习和了解中国科协有关政策和工作部署，受到了广大读者的好评。

“中心”还努力发挥刊物的交流平台作用，为企业和企业科协提供信息。2005年，对刊物的内容和编排方式做了新的调整，充实了“政策导航”、“探讨与交流”等重点栏目，增强了互动性和基层科协的动态报道，如“企业调研”、“学术交流”、“一线报道”、“信息链接”等，使企业科协的工作和最新信息通过刊物得到交流，促进了企业科协之间的协作和信息共享。

五、开展政策指导、科普服务、联谊交流等工作，为企业科协提供优质服务

为企业服务，为企业科协服务，为企业科技人员服务是“中心”长期坚持的一项重要工作。2005 年，“中心”围绕科协“三服务”中心工作，结合形势发展和企业科协的需求，努力发挥自身优势，积极加强与机关等有关部门的联系与合作，重点开展了几方面工作：

1. 加强政策指导，推动企业科协工作不断发展。2005 年 1 月，中国科协召开了六届五次全委会会议，提出了“三服务、一加强”的工作方针。为及时将会议精神传达到基层企业科协，“中心”向办公厅申请了 300 余份会议“文件汇编”，下发到“中心”各成员单位和重点联系的非国有企业科协，并向“中心”成员单位下发了《关于转发中国科协六届五次全委会会议文件的通知》，要求各企业科协结合各自工作实践认真学习、贯彻和落实全委会会议精神，开创企业科协工作新局面。“中心”还通过刊物编发企业科协学习贯彻全委会精神的文章和工作经验，促进了企业科协间的交流和工作开展。

2. 提高服务手段，努力为企业科普工作服务。为进一步作好为成员单位的服务工作，拓宽服务领域，推动企业科普工作的经常化、群众化和社会化，2005 年“中心”与中国科协声像中心合作继续加强了向成员单位推出“科普大篷车”周播版电视栏目宣传、推广工作。2005 年与 70 余家大型企业科协签订了播放协议，并免费提供科普光盘。该项工作得到企业科协和科技人员的热烈欢迎。许多企业科协来信或来电对“中心”在企业科普活动中提供的服务表示感谢。

为配合企业科协在全国科技周和科普行动日开展科普活动，“中心”还积极联系优秀科普光盘和挂图。2005 年共为企业提供各种科普资料近 300 套。

3. 筹备企业工程师联谊会，促进企业科技人员的交流与协作。根据中国科协书记处领导同志的指示精神，2005 年“中心”开展了筹建企业工程师联谊会的工作。其目的是进一步团结联系企业广大工程技术人员，为他们的交流与合作搭建服务平台。在调研基础上，拟定了企业工程师联谊会章程，构架了联谊会组织机构和运行机制。

中国科协农村专业技术服务中心

The Rural Special Technology Server of CAST

（CRSTS）

地　　址　北京市海淀区学院南路 86 号
邮政编码　100081
电子信箱　chinanjx@ yahoo. com. cn
　　　　　kxncfw@ cast. org. cn
电　　话　010 - 62174954 /62137504
传　　真　010 - 62173036
负 责 人　王慧梅

单位简介

中国农村专业技术协会是公益性、科普性社会团体，是中国科学技术协会的组成部分。

中国农村专业技术协会于 1995 年 4 月完成社会团体登记，同年 11 月 8 日在北京召开了成立大会，选举产生了协会领导机构，何康任第一届理事长。2000 年 1 月 24 ~ 27 日，在北京召开第二次全国代表大会，王连铮任第二届理事长。

中国科协农村专业技术服务中心是中国科协直属事业单位，1995 年，经中直编委批准成立；1997 年 8 月 18 日，与中国农村专业技术协会合署，正式对外办公。

工作综述

2005 年，中心以党的十六大和十六届三中、四中、五中全会精神为指导，围绕“三农”问题，致力于促进基层农技协组织的发展，积极为会员和基层农技协服务。中心先后获得：全国文化、卫生、科技“三下乡”先进集体、全国农村科普工作先进集体、中国科协第五届科技服务先进协会荣誉。协会棉委会（筹）主任卢怀玉、常务理事李凯被评为“全国农村科普工作先进个人标兵”。

一、加强组织体系和服务能力建设，为基层会员农户和农技协的发展服务

1. 加强指导与服务，促进专业委员会的健康发展。根据《章程》和《专业委员会管理办法》，对专委会的工作进行指导与服务。1 月 10～11 日，在北京怀柔召开兔产业化专业委员会（筹）第一次会员代表会议，选举产生了兔委会（筹）领导班子。

指导棉花种植技术专业委员会（筹）开展工作。9 月 20～22 日在河北省河间市召开了棉委会（筹）第四次会员代表大会。通过优质的服务，棉委会影响力不断增强，会员从 2 万户发展到现在的 12 个省、直辖市 6 万余户。

2. 策划筹建农技协网络数据库，提升中国农技协的服务能力。6 月 10 日，召开了数据库建设专家咨询会，邀请中国农科院信息所、中国信息中心、相关职能部门和专业委员会的同志，为网络数据库建设出谋划策。

3. 举办首次农技协培训班，提升基层农技协的服务能力。12 月 13～16 日在北京举办农村专业技术协会培训班，12 个省自治区及其地（市）、县级农技协的管理者共 35 人参加。组织赴典型协会考察交流；邀请农业部、民政部等领导同志和专家，做政策和管理服务等方面的专题报告；进行典型发言和研讨等。

二、积极参与配合，为国家和科协的中心工作服务

1. 承办科技下乡活动，为民族边陲地区经济社会协调发展服务。配合 14 部委“三下乡”活动，4 月 9～13 日，参与承办了由中国科学技术协会、国家民族事务委员会主办的“科技大王进边陲——云南德宏”科技下乡活动。5 天的时间里，来自 16 个省、自治区的 72 名科技致富能手和 10 位特邀农业专家，深入到德宏州县区乡村开展科普服务活动。展示技术项目 335 项，接待参观群众 3. 5 万人次；发放科技资料 148 种 7. 8 万份；举办技术培训 21 场次，培训 2040 人；举办科技致富报告 22 场次，听众 3045 人；接待技术咨询 2546 人次，解答技术难题 368 个；举办科普报告 2 场，听众近 1000 人；举办献计献策座谈会 16 次。活动中，科技大王与德宏当地有关单位达成合作意向 45 项；11 位科技大王向德宏州捐赠了价值近 20 万元的物资。

2. 参与农民专业合作经济组织立法工作。配合中国科协，参与了立法框架和基本内容的起草，为立法调研推荐典型协会并提供资料，组成中国科协立法专家调研组，安排专家赴四川、河北等地调研。

为将农技协纳入《农民专业合作经济组织法》立法范围，10 月 10 日，邀请专家和常务理事等在北京召开座谈会，听取专家建议和基层意见，协助中国科协起草了修改建议并报全国人大农委。

3. 参与全国农村党员干部现代远程教育试点工作。征集农技协声像等宣传资料，并向中国科协资源库选送了 11 部农技协典型经验的科普声像片；积极参与全国远教办和中国科协的选题审查工作和声像课件的审片工作。

4. 对参与支持阜新市经济转型与振兴活动进行跟踪服务。为促进“百名科技大王进阜新”科技下乡活动合作项目落到实处、见到成效，对沙棘、马铃薯等重点项目进行了追踪。目前，有 14 个项目在阜新市进行实施。如：辽宁东宁药业有限公司在活动中牵线搭桥，引进了专家，相继开发出沙棘系列新产品，不仅救活了一个企业，还兴起了一个沙棘精深加工的产业。

同时，为了促进阜新市农技协组织的健康发展，在农村专业技术协会培训班活动中，给阜新市 5 个免费培训名额，邀请来北京参加学习。

三、举办行业技术培训和交流活动，为广大会员科技素质的提高和农业科技进步服务

1. 依托棉委会举办棉花种植技术培训和研讨。为了提高广大会员组长和种棉户的科技素质和种植技术，棉委会采用集中系统培训和分散专题培训的形式，在组织会员组长免费集中培训的基础上，还组织下乡讲课达 89 场次，培训棉农人数 7000 多人。

2. 举办第 23 届兔业交流暨兔业大赛大会。10 月 21～23 日，协会和中国畜产品流通协会在河北省肃宁县举办了第 23 届兔业大会，国内近 500 多人参加。进行了科普报告、技术交流展示、技术研讨、培训和参观考察等。选拔了中国兔业 100 强、兔产品加工 10 强、兔业相关企业 10 强。

3. 选派会员出席杨凌农高会中外农民创业论坛。应第十二届中国杨凌农业高新科技成果博览会组委会的邀请，推荐了常务理事王建华和兔委会（筹）执行主任王永祥，参加了杨凌农高会中外农民创业论坛活动，进行创业致富演讲。

四、开展国际交流和访问考察活动，促进农技协管理水平的提高和对外技术交流合作

1. 与西班牙使馆进行交流会谈。在北京与西班牙使馆和农机具协会的官员就小型农机具等国际合作进行了会谈。

2. 组织赴澳大利亚、新西兰农业科技与管理方法考察活动。8 月 26 日中国农技协赴澳大利亚、新西兰进行农业科技与管理方法考察。西藏、云南、湖北、江苏等地从事农技协管理工作的同志以及中国科协相关业务部门的同志共 10 人参加了为期 12 天的考察活动。

五、开展调研考察活动，为指导基层农技协和提高干部业务素质服务

1. 赴云南开展农技协工作调研。云南省委办公厅、省政府办公厅出台“推进农技协发展的意见”后，云南各级党政部门和科协组织纷纷制订支持促进农技协发展的政策措施和服务办法。为了解云南省农技协的发展现状、总结工作经验，4 月 10 ~ 17 日，协会工作人员对当地农技协工作进行了为期 1 周的考察。先后赴德宏州、保山市、楚雄州、昆明市的种养植协会进行考察调研。

2. 赴河北省河间市进行调研。在党员先进性教育活动中，为了解基层协会的工作情况、贴近基层协会需求，更好地服务于基层农技协的发展，4 月 28 日，帮助联系并参与了中国科协科学技术普及部赴河北省河间市的农技协工作调研活动。重点参观棉委会（筹）挂靠单位河北省国欣农村技术服务总会的棉花加工厂、种子生产车间和培训场所，听取了棉委会（筹）的工作介绍，并与河北省科协、河间市委、市政府领导同志进行了座谈。

3. 赴辽宁省普兰店市特种粮研究会调研。7 月 20 日，赴辽宁省普兰店市特种粮研究会调研。对该会所属研究所、生产和育种基地等进行了考察。该会在中国农技协理事谢辉的创办和带领下，立足发展特种优质粮食品种的引进研究、普及推广，现已拥有会员 3. 1 万人。协会先后获得全国星火计划先进集体、全国星级农技协等荣誉。

中国科协机关服务局
（机关服务中心）

地　　址　北京市海淀区学院南路 86 号

邮政编码　100081

电　　话　010 - 62173040

传　　真　010 - 62173040

局　　长　李晓亮

副 局 长　李世军　王江宏

单位简介

中国科协机关服务中心成立于 1986 年 10 月，是中国科学技术协会直属事业单位。机关服务中心的宗旨是为机关正常办公服务、为机关干部职工服务、为广大科技工作者服务。机关服务中心的工作是机关工作的重要组成部分，是机关职能运转的基础和保证。

1999 年 4 月经中国科协党组、书记处批准重新组建机关服务中心，将办公厅服务于职能部门的车队、收发室、接待科、医务室、打字室、文具库及挂靠办公厅的基建办、绿化基地等划转机关服务中心。新组建的机关服务中心下设综合部、服务部、经营部、车队。

2005 年 1 月 28 日，经中国科协党组、书记处批准重新组建中国科协机关服务局。

工作综述

一、保持共产党员先进性教育取得明显成效

在中国科协党组领导下，机关服务中心党组织严格遵照中央的部署和中国科协党组的要求，紧密结合中心实际，以胡锦涛总书记“关键是取得实效”、“真正成为群众满意工程”的总体要求为目标，认真组织和实施各阶段的工作，按照共产党员“长期受教育，永葆先进性”的要求制订并落实整改措施。通过开展先进性教育活动，中心党员和党员干部的大局意识、服务意识不断增强，党群关系更加密切，党组织的凝聚力和战斗力进一步提高，党员的先锋作用更加突出，促进了机关后勤服务工作的开展。

二、为机关办公和干部职工生活服务取得新的进展

机关服务中心认真贯彻落实中国科协、书记处主要领导同志的要求和中国科协先进性教育整改方案的意见，将中国科技会堂经营性餐厅之一改建为机关职工餐厅，改善了就餐条件，提高了就餐标准，改变了就餐形式，提高了饭菜质量。机关服务中心还积极倡议并协助机关工会将中国科技会堂东馆部分闲置房间改建为中国科协机关职工活动中心，为广大干部职工锻炼身体、提高健康素质创造了条件。全年机关服务中心严格管理，广大干部职工尽职尽责，为科技会堂和魏公村两个办公区正常办公以及收发、文印、医疗、交通、接待、保卫、供水、供电、供气、供暖等方面提供了有力的保障和服务。

三、加强内部管理，经营管理取得初步成效

机关服务中心认真落实中国科协党组关于组建机关服务局的通知精神，在中国科协组织人事部的指导下，围绕组建工作的要求，先后前往中央国家机关8个部委进行学习考察，并已拟定组建方案上报。在内部管理上，注重加强制度建设，先后拟定了机关服务中心办公会、周例会制度、安全保卫管理制度和财务管理的配套制度，进一步规范了内部管理。对所属经营性单位，进一步加强管理和指导，签订了年度经营管理目标责任书，明确了经营指标，规范了经营行为，通过一年的努力，机关服务中心所属经营性单位基本完成了经营指标，取得了一定的经济效益。

科学普及出版社
中国科学技术出版社

Popular Science Press

China Science and Technology Press

地　　址　北京市海淀区中关村南大街16号
邮政编码　100081
主页网址　http://www.kjpbooks.com.cn
电　　话　010－62173841
传　　真　010－62175982
社　　长　李　士
副 社 长　姚义贤　颜　实　吕建华
代总编辑　颜　实

单位简介

科学普及出版社（暨中国科学技术出版社），创建于1956年，宗旨是“弘扬科学精神，普及科学知识，传播科学思想和科学方法，展示科技发展成就，为提高公众的科学文化素质，促进科学技术进步，推动社会主义物质文明和精神文明建设服务。”出版发行自然科学、工程技术科学和社会科学的普及读物、学术论著、教材教辅读物，以及与此相关的音像制品、光盘、电子出版物，《知识就是力量》、《科学大观园》、《家用电脑与游戏》等科普期刊。至2005年底，出版各类出版物3万多种。

出版社内设机构包括：管理服务部门——社办公室、计划财务部、总编室、服务管理部；生产发行部门——生产管理部（出版室、校对室）、发行部；图书编辑部门——教育科学编辑室、技术科学编辑室、生命科学编辑室、文化生活科学编辑室、少儿科学编辑室、经济科学编辑室、版权辞书编辑室、“三农”科技编辑室、科技人物传略编辑室；杂志中心——《知识就是力量》杂志社、《科学大观园》杂志社、《家用电脑与游戏》杂志社。

出版社下属企业：深圳东方科技服务公司、科普出版社广州图书发行公司、科普汽车修理站、野三坡科苑旅行社。

工作综述

“立足科普，面向科技，服务公众”是科普出版社根据中国科协的中心工作需要以及出版社的自身性质和特点而定位的出版方向。2005年，出版社把握正确的出版方向，坚持以人为本、全面协调可持续的科学发展观，坚持把社会效益放在首位，社会效益和经济效益并重；出版工作始终紧紧围绕中国科协的中心工作和国家经济发展的需要，以发展先进文化、满足广大人民群众的精神需求特别是对科技知识的需求为己任，努力做到“贴近市场、贴近生活、贴近群众”，推出了一定数量的有科普特色的创新作品，同时注重原创性科技学术著作出版；从中国科协的要求和出版社的社情出发，制定了多项管理制度，加强出版管理，不断提高出版物质量，并努力降低出版成本。

一、图书出版

2005年，社党委和领导班子带领全社干部和职工共同努力，积极策划有科普特色的图书和高水平的学术图书选题，克服图书市场疲软的影响，拓展图书销售渠道，完成了年初确定的目标任务，出版图书1076种，其中新版图书612种，出版物造货码洋超过1．8亿元，销售收入也有一定幅度的增长，继续保持出版社经济稳步上升，为出版社的可持续发展夯实基础。

2005年，出版社结合中国科协提出的“三服务、一个加强”，根据国家经济发展的需要，加大了针对农业、农村、农民需要的图书的出版工作力度，并从整体上对“三农”出版物进行规划，设计了有关科普图书、挂图以及其他配套产品，该项工作也得到了中国科协有关部门和国家新闻出版总署的大力支持。为此，国家新闻出版总署特批出版社专项书号100个，用于“三农”方面图书选题。

为配合科普宣传，出版社积极参与了中国科协和各级学会组织的科普挂图的设计和出版，出版的科普挂图有《画说节约型社会》、《节约资源从我做起、点滴入手见微知著》、《保护自然环境资源、构建和谐共生社会》、《保护生态环境、倡导绿色行动》、《生活方式与健康》、《新农村、新观念、新面貌、新生活》、《人与自然和谐共生》、《崇尚科学、破除迷信》等。

在一些地方出现禽流感疫情时，为宣传防治禽流感知识，及时出版了《科学防治禽流感》和《人感染高致病性禽流感防控知识》（挂图、折页），并迅速发放到疫区和农村。

出版社还积极参加了国家有关部门组织的“三下乡”活动；参与了希望工程“精英书库”项目和文化部、财政部组织的文化下乡工程“送书下乡”项目配书等文化扶贫任务。

除上述的图书和挂图，出版社2005年出版的主要图书还有：《2005中国科普报告》、《先进制造技术》、《实用颅底显微解剖》、《脑干肿物及其治疗》、《航天器结构与机构》、《类星体与活动星系核》、《航天与力学》、《中国古今科技图文集》、《怎样预防传染病》、《艾滋病防治知识普及读本》、《吃出健康》丛书（含光盘）、《郑和下西洋600周年科普丛书》和《市民科普丛书》（第三辑）。翻译出版了美国《2061丛书》中的《科学素养的设计》和《美国科学教育丛书》系列中的《面向所有儿童的科学》、《科学教学创新手册》等。

二、抓好先进性教育，加强党组织建设，改进管理

2005年上半年，出版社参加了第一批保持共产党员先进性教育活动。出版社党委加强领导，精心组织，处理好开展先进性教育活动与做好各项工作的关系，做到围绕中心，服务大局，统筹兼顾，合理安排。党员领导干部努力做到“五个带头”，即带头参加学习，带头查找问题，带头开展批评和自我批评，带头制定整改措施，带头给党员讲党课或作专题报告。成立了由党委书记李士任组长的科普出版社先进性教育领导小组，部署和开展出版社开展先进性教育活动。通过先进性教育活动，出版社党员在思想上、政治上有了很大的提高，坚定了理想信念，精神面貌改善，工作干劲明显提高，有力地促进了各项工作。

社党委和领导班子把抓好整改与建章立制工作紧密结合起来，把开展先进性教育活动与抓好经常性党员管理工作紧密结合进来，紧密联系出版社改革发展稳定的实际和党员队伍建设的状况，把继承传统和改革创新结合起来，把教育活动的成功做法和经验用制度巩固下来，把政治学习与业务提高结合起来。制定了“中共科学普及出版社党务工作规则”、“保持共产党员先进性长效机制”、“加强党政领导班子建设”、“科普出版社党内监督机制”、“科普出版社党员干部廉洁自律规定”等制度和规定。

为了及时听取职工群众对工作的意见和建议，党委和社领导班子建立了接待日制度，每月有半天接待职工群众反映意见和建议。7、8月，党委组织党员和入党积极分子参观了“纪念陈云同志100周年诞辰展览”和“侵华日军南京大屠杀史料展览”；组织全体党员参加了《中国共产党党内监督条例（试行）》和《中国共产党纪律处分条例》知识问答竞赛。《知识就是力量》杂志社与中国科技馆等单位联合举办“纪念抗日战争胜利60周年——徐肖冰、侯波摄影回顾展”，通过参观，使党员和干部受到了一次深刻和生动的爱国主义、革命英雄主义教育。

出版社纪委制定了学习制度，重点学习了《中国共产党党内监督条例（试行）》和《中国共产党纪律处分条例》，并组织党员观看了有关的学习辅导录像。对历史遗留问题积极进行梳理，了解具体情况，研究解决办法，对违纪的党员进行了组织处理。

为了加强和规范出版社的管理，2005年，出版社下发了“社领导和社长办公会成员分工责任制”等规定，强调领导干部“分工负责、守土有责”，明确了岗位分工和职责，保证了工作的良好运转。制定了出版社会议制度、联系群众制度、财务管理制度等各项规章制度近20项。

三、为职工办实事，逐步处理解决历史遗留问题，巩固先进性教育成果

职工住房不达标是出版社的历史欠账，职工十分关切，也是现任社领导班子工作下力气最大、最希望解决的主要问题之一。出版社作为自收自支单位，在目前状况和条件下，住房补贴只能主要依靠自身发展解决。几年来，在坚持以改革发展逐步解决历史遗留问题的工作原则指导下，在领导班子的带领下，经过全社职工的共同努力，出版社的经济有了一定的发展。为了关心职工生活，尤其是退休职工，出版社利用近年来积累的资金，分别给无房、住房面积未达标的退休职工和在职职工发放了住房补贴。与此同时，社里还根据国家和北京市的有关政策，将职工住房公积金比例由工资总额的8%调整到10%，让职工从出版社提高经济效益中获得实实在在的好处。这些举措使职工得到出版社发展带来的实惠，促进了职工的工作干劲。

领导班子在开展各项工作过程中始终注重效率、厉行节约，对外交往着眼于实效，严禁铺张浪费，把有限的资金集中用于生产。这些举措不仅树立了领导干部的良好形象，为职工做出了表率，而且有力地保障了生产的正常进行。

四、以科学发展观为指导，推进深化改革

出版社党委和领导班子坚持以邓小平理论和“三个代表”重要思想为指导，认真贯彻党的十六大和十六届三中、四中、五中全会精神，贯彻落实科学发展观。党委和社领导班子多次开会研究出版社深化改革问题、“十一五”出版规划以及长期发展问题。针对图书市场的变化发展和未来趋势，结合出版社的实际情况，探索出版体制改革方式和途径。成立了由社领导牵头的深化改革领导小组，集中研究出版社的未来发展和深化改革问题。在深化改革领导小组下面，按工作分工，成立了发行工作、经营工作、编务系统、生产管理、精神文明和处理历史遗留问题、行政后勤等方面的整改小组以及“十一五”出版规划小组、战略发展研究小组，分别负责该项工作的整改，研究和统筹规划出版社相应方面的深化改革。

例如，为了进一步贯彻《会计法》等财经法规，规范出版社下属各经济实体的财务管理工作，发挥财会工作维护国家有关财经法规和制度的职能，确保国有资产保值、增值，督导下属单位增收节支和提高经济效益，制定了“关于加强科学普及出版社下属经济实体财务管理工作的通知”。为了加强图书印制管理，制定了“科学普及出版社对图书生产定点印刷厂的管理规定”，对定点印刷厂的资质、印制质量和出版社的生产程序做出明确规定；为了加强图书质量管理，提高复审和终审人员的责任意识，编务系统调整了书稿复审、终审人员，并且明确了其岗位责任；为了加强图书出版发行管理，修改制定了《科学普及出版社出版物发行管理条例》、《科学普及出版社防伪标志设计、制作、保管使用的规定》等制度。

五、加快出版管理信息化建设，提高出版管理水平和效率

从2004年下半年起，出版社与人民时空信息科技公司合作，开始设计和建设出版信息管理系统。这个出版信息管理系统针对出版社出版运营模式和未来出版业务发展要求，设计软件模块、信息管理方式和传输路径，实现了图书选题的申报审批、出版印制管理、储运发行和客户信息的完全信息化管理。社里添置了网络系统设备，为各个业务部门增配了电脑及相应的设备，对职工进行了信息技术培训，使绝大部分职工学会使用出版信息管理系统，并且制定了“科学普及出版社业务管理系统操作说明及要求”，开通了局域网和与中国科协联接的OA办公系统。从2005年10月起，已经将2005年的图书选题、出版和发行数据全部输入出版信息管理系统，开始了系统的试运行。与此同时，出版社的网站也正在进行更新设计。

中国国际科技会议中心

China International Conference Center for Science and Technology (CICCST)

地　　址　北京市海淀区学院南路86号
邮政编码　100081
电子信箱　ciccst@ cast. org. cn
电　　话　010－62174951
主　　任　何　建
副 主 任　张晓林

单位简介

20世纪80年代中期，在一批老科学家的积极要求和倡导下，经国务院批准，中国科学技术协会于1984年成立了全国第一家专门承办国际会议、开展民间国际科技交流的专业化机构——中国国际科技会议中心。

中国国际科技会议中心（以下简称“中心”）是中国科协领导下，为在中国召开国际科技会议和开展国际科学技术交流活动服务的非营利性机构。通过国际科技会议和国际科技交流活动，促进科协及其所属各学会与已加入的国际组织和世界各国科技团体、科技工作者之间的学术交流与合作，为中国科学技术的发展和人类科学技术进步作贡献。

工作综述

2005年，中心积极配合中国科协所属100多个全国性学会，以及有关政府部门、社会科教团体，组织并接受国内外机构委托承办各种类型的国际学术会议、培训班、科技交流访问、科技展览等活动，达到开展国际民间专业交流和跨学科交流的目的。

为了充分发挥中国科协及所属学会在已加入的国际组织中的作用，中心积极发展与这些国际组织的交流与合作关系，争取更多的国际系列性学术会议在中国召开。在华召开国际会议主要目的和收获是：为促进学科发展服务；充实新学科，调整研究课题；争取在我国建立国际学术组织；探索和建立新的学术交流渠道；提高我国科技事业在国际上的地位；为我国中青年科技人员走上国际舞台创造条件；为学会进一步开展交流活动积累经验和经济条件。

中心开展工作的具体方式主要有两大类。一方面充分利用外联宣传渠道、外语人才优势以及资金、外汇账户及其网上信用卡收费等有利条件积极主动地帮助、支持学会及有关单位争办国际组织的系列性会议在华召开。中心从协助学会编制申办报告开始，准备各种宣传资料，接待国际组织负责人来华进行质询考察，到派人参加并资助专家学者出席申办会议，包括与学会共同研究国际组织的有关举办条款和签订协议书。近20年来，中心协助学会和有关单位先后成功争取到了100余个国际组织的系列性会议在华举办，其中包括30几个大型全球性的国际会议，如：生化大会、噪声控制大会、榨油工作者会议、昆虫大会、养蜂大会、宇航大会、地质学大会、档案大会、自控联大会、数学家大会、国际心联大会等。这些会议的举办，充分体现了中国科协国际学术交流主渠道的作用，说明了我们有条件、有实力在国内承办国际最高水准的大型综合性的专业学术活动，实现了国内专家学者“不出国门”就能参与一流水平的国际会议，从而大大增加了他们发表论文、及时了解国际学术最新发展的机会，成本却大大降低。

作为专业会议组织服务单位，中心有着一批精通业务、了解国际组织情况和有关外事规定、外语水平较高、熟悉电脑及网络技术、能够全心全意为科技工作者服务的骨干力量。中心另一方面的工作就是利用我们丰富的经验，人员优势和各种便利条件积极、灵活地配合学会和有关单位，根据国际组织和专家学者的条件和要求，组办好各种类型的学术活动。从大型的国际会议、展览会，到中小型的多边、双边研讨会、交流会、报告会、培训班等。

中心接待的国外科技专业自费交流团，在学术探讨、实用技术交流、项目合作、经济效益等方面也都起到了非常积极的作用。交流层面之广涉及理、工、农、医以及跨学科、教育、管理等各个领域。它的主要特点是代表团在华停留时间长，交流方式灵活；成本低，获取信息技术时效性强；易于增进双方了解，开辟长期双边合作的渠道。除配合科协直属学会筹办国际会议外，中心还与有关学会、社会科教团体、政府部门就国内的社会发展、经济建设、科技发展的重点课题和热点问题，共同发起和主办多边和双边的国际会议，取得了很好的影响和效果。

2005 年，中心共承办各类国际会议和展览及双边交流项目 26 个，国内外参会人员达 1.77 万，其中国（境）外人员 6600 人，国内人员 1.11 万。其中影响较大的会议包括第十三届世界核工程大会、第十二届国际原生动物学大会、第五十六届国际灌排大会、第十五届国际植物营养大会、第十六届国际腐蚀与防护大会等。10 月 22 日在苏州举行的国际科联第 28 次全体大会，中心也参与了筹备工作。

中国对外应用技术交流促进会

China Council for the Promotion of Applied Technology Exchanges with Foreign Countries (CCPAT)

地　　址　北京市北三环中路 1 号中国科技馆 5 层
邮政编码　100029
电子信箱　ccpat@cast. org. cn
主页网址　http://www. ccpat. com
电　　话　010 - 62057003
传　　真　010 - 62057003

主　　任　张建生
副 主 任　王晓涛

单位简介

中国对外应用技术交流促进会（简称中促会），于 1984 年经国家批准成立，是中国科学技术协会直属的事业单位，是中国科协的重要对外窗口之一，是经国家外国专家局认定的具有向发达国家派遣进修人员资格和组织出国（境）培训资格的单位。

中促会的工作指导方针是围绕国家经济建设总任务和总目标，围绕国家人才强国战略和科教兴国战略，围绕“三服务、一加强”任务，为国家经济、社会发展服务。

中促会的工作任务是发挥跨地区、跨行业、跨学科的组织优势，配合中国科协开展民间国际科学技术交流、开展继续教育和培训工作，通过多种形式，多方位开展人才培训服务和应用技术交流与咨询服务，实现为科技人员服务，为企业服务的目的，为促进我国科技队伍建设，促进科技人才成长，促进技术交流做出贡献。

从 2004 年起，中促会承担了中国科协发起的海外智力为国服务行动计划任务，为海外科技工作者通过各种方式为国服务搭建平台，同时也是贯彻“三服务、一加强”的重要内容。

工作综述

2005 年，中促会根据“三服务、一加强”的任务要求，积极开辟新的业务领域，寻找新的工作空间和生长点，基本改变了中促会业务单一的局面，中国科协的引智工作全方位铺开，新的职能（海智办）得到加强，业务得到发展。

一、召开两次重要会议

为了打开工作局面，2005 年召开了中国科协海外智力为国服务研讨会和中国科协派遣进修生工作 20 年座谈会。两次会议的召开，对中促会具有重要的现实意义和历史意义，使中促会更加明确了发展方向，坚定了开创工作新局面的信心。

1. 海外智力为国服务研讨会。2005 年 9 月 26 ~ 28 日，组织召开中国科协 2005 年海外智力为国服务行动计划研讨会暨联席会议。来自 10 个国家科技团体的 50 人及国内地方科协和参与海智计划的学会、单位近 30 人出席了会议。会议围绕科技原创、人才强国、和平崛起和生态战略主题展开研讨，按照科技组、人才组、生态组等进行了分组发言讨论。会上，中国科协主席周光召、中国科协副主席、书记处第一书记邓楠与海外与会者进行了座谈。部分海外与会者和国内与会者参加了北京市科协举办的海外智力为首都服务座谈会暨恳谈会议，并参观了北京经济技术开发区。

邓楠同志与出席会议的海外与会者座谈时指出：要动员全社会的科技人员，做好“三个服务”工作，这里也包括海外的科技人员。海智计划这个平台很有自己的特色，这个平台是中国科协与海外科技团体合作，共同促进海外智力为国服务。海智计划不仅加强了我们与海外科技团体的联系，而且也为大家搭建为国服务的平台，提供更多为国服务的机会。邓楠同志还强调海外这部分力量是加强建言献策工作的重要方面，海外智力为国服务行动计划就是一个很好的平台。

2. 派遣进修生工作20年座谈会。2005年11月8～9日，中促会在北京组织召开中国科协派遣进修生工作20年座谈会。来自中日两国相关政府机构、进修生派遣、接收组织及回国赴日进修生近110人参加了会议。中国科协主席周光召、书记处书记齐让、程东红分别参加了会议的有关活动。会议对中国科协派遣进修生工作进行了认真的回顾与总结，肯定了已取得的成绩，分析了存在的问题，明确了努力方向。会议认为，派遣进修生工作作为一项事业，在促进、加深中日两国人民互相了解、增进两国友好关系方面起到了积极的作用。会议听取了与会各方的意见，共同探讨了新形势下如何做好派遣进修生工作的途径，增强了主动进取，扭转被动局面的信心与勇气；增进了与日方合作伙伴的相互了解与信任，巩固了双方合作关系，结交了新朋友；回顾、总结派遣进修生工作的意义和成果，更加明确了进修生的主体作用，树立了为进修生服务的意识；起到了凝聚归国进修生的作用。

二、业务工作取得进展

1. “派出去”方面。长期进修培训。通过认清形势，更新理念，调整方法，积极主动开辟国外接受渠道和建立国内派遣基地，以往锲而不舍地开展基础性工作的效果初显。2005年派出长期进修人员规模保持在80人的水平，其中从国内约10所高校中选拔近20人赴日工作学习；派往国家从单一日本，到以色列美国，正在研究和探讨与韩国、德国的相关合作；接收渠道有所增加；派出基地开始建设，如四川、江苏、陕西、安徽等地；派出人员由单一层次向多层次发展，现在包括进修生、工作培训、奖学金生、参加国际培训班等。

短期团组。2005年根据中国科协及国家外专局的任务要求，共组派出国（境）考察培训团18个，派出人员276人次，包括前往美国、加拿大、奥地利、法国、德国、俄罗斯、澳大利亚、日本、以色列等国家和香港特别行政区，专业面也有扩大，受到欢迎。项目管理进一步规范、有序，计划性加强，质量有所提高。

2. “请进来”方面。2005年执行与以色列国外交部国际合作中心（MASHAV）的合作协议，开局良好，首期引进以色列专家8人，在四川、河南、辽宁和青岛等地举办了实用技术培训班4期，培训内容包括油橄榄种植、鲜花种植、奶山羊养殖与繁育、绿色蔬菜种植技术等，培训人员近500人，得到当地党委、政府和学员的认可。

“海智计划”。新疆、阜新基地等引进海外专家多人，首次获得国字外专局对其中5人的资助。这些引进项目，填补了引智工作的空白，创造了社会效益，受到中国科协书记处领导的重视，中促会还因此而成为中国科协参与阜新经济转型办公室的成员单位。

3. 继续做好“海智计划”项目工作。2005年中国科协启动的海外智力为国服务行动计划继续得到国家人事部、劳动和社会保障部等支持单位的大力支持。中央组织部人才局负责人听取了海智计划启动实施情况的汇报，还先后两次出席了海智计划活动，对海智计划进展情况给予了充分肯定。

2005年，主席周光召等领导同志利用出访及参加会议的机会，亲自推动“海智计划”实施。“海智计划”工作重心转向高层决策咨询，开始筹划成立中国科协海外专家顾问委员会。海外科技团体专家针对国内多个领域开展咨询建议42项，其中有10余项通过中国科协渠道反映给中央和国家有关领导同志和部门。

开始推动学会参与“海智计划”，中国生态学学会与伍业钢等海外学者开展合作，共同研讨生态问题；国际老年痴呆协会中国委员会参与了“海智计划”。

地方科协参与“海智计划”的模式有所创新，北京市科协将海智计划列入北京市人才工作要点，并成为该项目牵头单位。

工作基地建设得到发展，新疆基地——为国家外交大局服务，加强辐射中亚的作用，配合上海合作组织开展工作；阜新基地——旅日团体配合中国科协参与阜新经济转型工作。

4. 承接更多科协任务。2005年，承接中国科协交办任务的数量比往年有所增加。承办或参与了相关会议的组织工作，如日韩中论坛、中德双边会议、国际组织在华召开的国际科联会议和国际继续工程教育协会会议、海峡两岸大学生辩论会等。承接出国培训团组的组织工作，参加中国科协代表团访问欧洲、美国；接待来访团组等。

中国科协新技术开发中心

New Technology Development Center for CAST

地　　址　北京市海淀区学院南路 86 号 303 室

邮政编码　100081

电子信箱　ntdccast@ ntdccast. com

　　　　　ntdccast@ vip. sina. com

主页网址　http://www. ntdccast. com

电　　话　62103252　62180213

传　　真　62180213　62173701

主　　任　王　军

副 主 任　赵　江

单位简介

中国科协新技术开发中心（以下简称“中心”）是中国科学技术协会直属外事事业单位，成立于 1985 年。内设办公室、展览交流部、对外联络部、项目合作部。

中心以中国科协所属全国性学会、协会、研究会雄厚的科技力量为后盾，以其广泛的国际合作渠道为依托，开展国际民间科技交流合作活动，沟通国内外科、工、贸企业间的联系，促进科技成果的商品化、产业化和国际化，为海内外科、工企业，特别是民办、乡镇企业开展外向型技贸活动牵线搭桥。中心的宗旨和业务范围主要有：致力于高新技术的开发、促进科技发展；推广和对外科技、经济技术交流与合作；主办、承办、组织各种科学技术和经济技术展览会暨学术研讨会的交流活动；组织出国和来华专业考察、经贸洽谈和技术管理培训。

中心获得科学技术部（国科发外字［1999］518 号）举办科学技术展览主办单位资格和中华人民共和国对外贸易经济合作部（［1999］外经贸政审函字第 614 号）举办对外经济技术展览会主办单位资格。

工作综述

2005 年，中心分别组织实施了中国（北京）国际警用装备及反恐技术装备展览会暨学术研讨会、第九届多国城市交通暨停车设备展览会、第七届中国国际光电博览会等几个规模和影响都比较大的项目。同时，还参加了中国科协组织的第 29 届国科联大会苏州会议的会务工作以及中国科协布置的其他一些工作，均较好地完成了任务。特别是 5 月 10 ~ 12 日在北京展览馆举行的由中国科协和北京市公安局共同主办、中心承办的中国（北京）国际警用装备及反恐技术装备展览会暨学术研讨会，展览面积达 2 万平方米，展期 3 天，来自德国、法国、美国、意大利、加拿大、以色列、丹麦、中国等 11 个国家和地区的许多著名公司参加了展览。每天到场参观的专业人员和社会观众达一万多人，多家新闻媒体争相报道，一时成为展会和社会一大亮点。中心精心组织，树立为参展商和团组服务的思想，使展会取得圆满成功，受到有关方面一致好评。

中国科协科技人才交流中心

The Centre for Talent in Science & Technology for CAST

地　　址　北京海淀区学院南路 86 号

邮　　编　100081

电子邮箱　taohao@ cast. org. cn9651@ china. com

电　　话　010 - 62103230/ 62187696

传　　真　010 - 62189353

主　　任　陶　镐

单位简介

中国科协科技人才交流中心（以下简称“中心”）是中国科协直属事业单位，成立于 1987 年，是全国最早成立的人才交流机构之一，也是中国人才交流协会首批理事单位之一。中心具有国家人事部颁发的人才中介资质许可证书。其主要业务是依托中国科协人才荟萃、知识密集、联络广泛、跨地区、跨学科、跨行业、跨部门的优势，紧密围绕促进科技进步和经济发展，促使科技人才脱颖而出，施展抱负，发挥才智。面向科技人员、团体、机构和科技企、事业单位提供包括人事管理、职称评定、档案管理、职业介绍、人才招聘选用、人才推荐举介、社会保障等相关服务；与科技和人才相关的培训、考察；联络海外科技、人才团体开展交流与合作，海内外科技人才、技术、项目的中介；国内外人才、科技交流相关的会议及各种活动的组织或承办：接待国外相应团体、机构、人员来华的考察、访问，联系安排与国内的交流、合作。

中心下属有北京科技旅行社，通过组织承办国际、国内会议，安排专业参观、研讨、交流访问，考察培训，国内旅行、旅游、休假，为国内外团体、机构和科技人员及个人提供服务。

工作综述

中心围绕中国科协的宗旨和中心任务，转变和提高对科技人才工作的认识，并结合中心的实际开展业务，团结协作，认真做好各项工作，积极主动地广泛开展交流活动，坚持把社会效益放在第一位，克服了重重困难，圆满完成了2005年的各项工作任务。

中心除热情为科技人员的流动提供人事代理服务，办理流动人员的组织和人事关系转接、档案保管、人才信息服务、科技人才技术服务外，围绕中国科协的宗旨，面向国内外开拓人才工作新渠道，开展多种形式的交流活动并提供优质的服务，积极搭建交流与合作的平台，促进科技、人才的交流与现代化建设事业的结合。

2005年伊始，中心组织流动人员中的党员，认真开展了保持共产党员先进性教育活动。中心首先对流动人员中的党员逐个进行了情况梳理、分类查找。流动党员人数较多、分散，情况复杂，很多人与中心失去联系多年。为了把长期在外的流动党员同志组织起来和全体党员一起参加这次重要的学习教育活动，人才中心的同志们逐个发通知查找，反复联络；不放弃任何联系线索。经反复联络核对，确保了在北京的党员如数参加了培训教育活动。经过5个月的学习提高、检查分析、认识整改，保持共产党员先进性教育活动按照规定的要求，取得了阶段性成果。

在科技人才交流方面，中心继续保持与国内相关机构和单位的联系与合作，进一步加强了与欧美国家、中国台湾地区的沟通联系。

2005年5月~9月，中心为全国政协举办的五年一次的“21世纪论坛”的展览、媒体宣传以及论文翻译做了大量的协调组织工作。帮助中国科技新闻学会参与论坛的宣传报道，扩大了会议的影响；协调落实了北京市西城区、朝阳区和中国可持续发展研究会的展示；在不到10天就要开会的情况下，承担并如期完成了近40篇论文报告的翻译工作，保证了会议的成功召开。中心高效严谨的工作受到全国政协和各相关单位的好评。

2005年9月7日，中国科协书记处书记程东红会见了来访的台湾地区玉山科技协会顾问李庆平先生和夫人，并就2006年的交流项目交换了意见。

9月21日，中国科协副主席邓楠会见了台湾地区玉山科技协会理事长史钦泰，就两会共同促进两岸科技产业之间的交流与合作达成共识，她关于“以未来科技产业发展方向为主题举办2006年的研讨会”的建议得到台湾地区玉山科技协会的重视和响应。

应美国国家休克与创伤中心的邀请，中心组团赴美国考察访问了美国国家休克与创伤中心、洛杉矶医学中心、夏威夷皇后医院和医学院，并就双方在创伤急救领域的人员培训及交流合作进行洽商达成意向。访问团还应马里兰州政府商务部邀请进行了会谈，讨论了双方合作争取2006年在北京举办“马里兰-北京科技周”活动的预案。

中国科学技术发展基金会

China Development Foundation for Science and Technology

地　　址　北京西城区阜外大街2号
万通新世界广场B座1508
邮政编码　100037

电 子 邮 箱 cdfst@163bj. com
主 页 网 址 http://www. cdfst. org. cn
电　　　话 010－68036210
传　　　真 010－68036209
理　事　长 高　潮
副 理 事 长 徐善衍　陈佳洱
秘　书　长 陈一雄

单位简介

中国科学技术发展基金会成立于1988年4月19日，原名中国科协振华基金会，1991年更名。

基金会是在中华人民共和国民政部登记的非营利性民间组织，独立社团法人，在中国科学技术协会领导下开展工作。基金会为国内科技界最大的民间基金会，共设立63个专项基金，资金总额达到1. 8亿元。

工作综述

一、基金会开展的主要活动

1. 积极推动“紫荆计划”的实施，为增强香港特别行政区青年对祖国大陆的爱国情感、促进人才交流服务。2005年，基金会在中国科协的指导下，与中国国际科学和平促进会共同成立了接待香港特别行政区大学生暑期实习活动领导小组，组织接待了来自香港大学、香港科技大学等5所院校的258名大学生，分别在北京、上海、杭州等3个城市的92家企事业单位，进行了为期26天至61天的暑期内地实习活动。

2. 继续举办中国“国际科学与和平周”活动，为构建和谐社会、维护世界和平作贡献。1988年，第43届联合国大会通过决议：每年11月11日所在周为“国际科学与和平周”。为响应联合国的号召，自1989年起，我国几十个人民团体、民主党派、工商联、科技和新闻单位等联合组成“国际科学与和平周中国组织委员会”，在党和国家领导人的亲切关怀和各界人士的大力支持下，在全国范围内成功开展了大型系列宣传活动。基金会作为主办单位之一参与举办了有关活动。2005年11月6日下午，第十七届中国国际科学与和平周在北京人民大会堂隆重开幕。

3. 进行基金会整改工作。2004年6月1日，国务院《基金会管理条例》正式颁布实施。根据《基金会管理条例》要求，基金会认真制定方案进行整改。

二、专项基金开展的主要活动

2005年9月13～22日，应台湾地区土木水利学会邀请，茅以升科技教育基金委员会一行31人赴台湾进行地区“2005年海峡两岸土木及铁道工程合作交流活动”。

2005年11月7～9日，在福建省福州市由福州大学、福建省文化经济交流中心和茅以升科技教育基金委员会共同主办了第五届台湾海峡通道工程学术研讨会。

2005年10月，北京市科协在2005年科技交流学术月开幕式上，向荣获茅以升北京青年科技奖的15位同志颁奖。

2005年11月，由中国科技馆、茅以升科技教育基金委员会、中国科协科学技术普及部和中国自然博物馆联合主办的“全国科技馆展品创新奖”颁奖大会在北京举行，向获奖的31个单位颁奖。中国科协副主席、书记处书记徐善衍出席并讲话。

2005年11月12日上午，中国药学发展奖天士力创新药物奖颁奖大会在北京举行。参加颁奖大会的有侯云德院士等7位获奖者及所在单位的领导同志，7位获奖者研究创新药物共同特点均拥有自主知识产权。

2005年中国药学发展奖康辰骨质疏松医药研究奖颁奖典礼暨2005年骨质疏松大会，10月19～23日在杭州香格里拉饭店举行。此次会议是我国开展骨质疏松症防治工作以来又一次级别较高的国际学术研讨会。在短短的学术交流中，有WHO的顾问专家和美国FDA的高级专家带来富有建设和借鉴意义的学术演讲和我国骨质疏松界各学科的知名教授的精辟而富于临床实践和指导意义的专题讲演25人次；宣读论文20人，50人壁报张贴，交流论文共175篇。

大 事 记

大 事 记

1月

1月7日

中国科协第六届书记处第七十次会议在北京召开，会议听取了关于增补及更换中国科协第六届全国委员会委员、第二届中国科协西部开发突出贡献奖、2005年学术年会主题、中国科协六届五次全委会议工作报告、六届全委会第五次会议大会发言材料、2005年地方科协工作思路等有关情况的汇报，并就有关问题进行了研究。

中国科协主席周光召写信祝贺香港科技协进会新一届理事会成立，并题词“凝聚科技力量，促进香港繁荣”。

1月8日

《泛珠三角区域科协合作框架协议》签字仪式在广东省广州市举行。中国科协副主席赵忠贤、广东省人大常委会主任卢钟鹤等领导同志出席。

1月13日

张玉台、韦钰、钱易、赵忠贤、刘恕等出席中国国际科技会议中心成立20周年活动。程东红书记宣读了中国科协表彰2004年世界工程师大会作出突出贡献的单位和个人的通报。

1月16日

“中国中医药十大杰出青年”评选新闻通报会在北京举行。此次评选活动由中华中医药学会、中国青年科技工作者协会主办，中医药管理杂志社、中华儿女杂志社承办，中国科协与全国青联支持。中国科协书记处书记冯长根、国家中医药管理局副局长吴刚、全国青联副秘书长安桂武等领导同志出席会议。

1月17日

中国科协第六届书记处第七十一次会议在北京召开，会议听取了关于增补及更换中国科协第六届全国委员会委员情况的汇报，并就国际物理年实施方案进行了研究。

1月19日

北京市科协六届四次全委会议在北京召开，北京市委副书记强卫、中国科协书记处书记冯长根等领导同志出席会议并讲话。

1月24日

中国科协六届十三次常委会议在北京中国科技会堂举行。中国科协主席周光召主持会议，全国人大常委会副委员长、中国科协副主席韩启德，中国科协副主席韦钰、左铁镛、旭日干、张玉台、陆延昌、赵忠贤、徐善衍、曾庆存，荣誉委员庄逢甘，顾问舒惠国，中国科协党组书记、书记处第一书记邓楠出席会议。会议传达了中央书记处、国务院领导对科协工作的指示精神，审议通过了关于召开中国科协六届五次全委会议的决定和会议日程；审议了常委会在中国科协六届五次全委会议上的工作报告；审议通过了关于更换中国科协第六届全国委员会委员的报告、关于增补徐济超同志为中国科协第六届全国委员会委员的报告；审议了《非国有企业科学技术协会组织通则（试行）》，审议通过了关于中国科协 2005 年学术年会时间和主题的报告、第二届中国科协西部开发突出贡献奖评选情况的报告。

1 月 25 日　中国科协六届五次全委会议在北京中国科技会堂开幕。中共中央政治局委员、全国人大常委会副委员长王兆国，全国人大常委会副委员长、中国科协副主席韩启德，国务委员陈至立，全国人大常委会原副委员长、中国科协名誉主席吴阶平，全国政协原副主席、中国科协名誉主席朱光亚，全国政协原副主席钱正英，中国科协副主席、国务院发展研究中心党组书记张玉台，全国人大教科文卫委员会主任朱丽兰，中国科协党组书记、书记处第一书记邓楠，中国科协副主席、中国科学院副院长白春礼等领导同志出席会议。中国科协荣誉委员、顾问，第六届全国委员会常委、委员，中央、国家机关有关部门负责同志出席了会议开幕式。中国科协主席周光召主持开幕式。王兆国同志作了重要讲话。中国科协党组书记邓楠传达了中央书记处对中国科协工作的指示精神。中国科协副主席、书记处书记徐善衍代表常委会作了题为《全面落实科学发展观、围绕党和国家工作大局、切实做好“三个服务”》的工作报告。会议还对《关于增补和更换中国科协第六届全国委员会委员的决议》进行了表决。

在中国科协六届五次全委会议开幕式上，按照中国科协章程和选举办法的有关规定，通过无记名投票的方式增选中国科协党组书记、书记处第一书记邓楠同志为中国科协第六届全国委员会常务委员会常务委员、副主席。

1 月 26 日　中国科协六届五次全委会议在北京闭幕。中国科协主席周光召、中国科协副主席、书记处第一书记邓楠出席会议并讲话。中国科协副主席韦钰、左铁镛、旭日干、张玉台、赵忠贤、徐善衍、曾庆存、栾恩杰，中国科协荣誉委员施奠邦、高潮等出席会议。栾恩杰主持会议闭幕式。闭幕式上，中国科协书记处书记宋南平报告了对工作报告的审议和修改情况，与会委员通过了《关于常务委员会工作报告的决议》。闭幕式上还对荣获第三届全国优秀科技工作者、第二届中国科协西部开发突出贡献奖、中国科协第七届科协好新闻奖、中国科协期刊优秀学术论文奖的单位和个人进行了表彰。

1 月 27 日　中国科协 2005 年地方科协工作会议在北京中国科技会堂召开。中国科协党组、书记处领导同志邓楠、徐善衍、宋南平、冯长根、程东红、苑郑民出席会议，会议总结、交流了2004年各地科协的工作经验，研究了2005年中国科协工作的基本思路和重点任务。徐善衍、宋南平分别主持了会议。

1月28日　　中国科协机关和直属单位开展保持共产党员先进性教育活动动员大会在中国科技会堂召开。中国科协党组、书记处领导同志邓楠、徐善衍、宋南平、冯长根、程东红、苑郑民和中央第十八督导组组长贾祥出席会议。

2月

2月1日　　由中国科协主办的“春天的聚会2005——首都科技界新春音乐会”在国家图书馆音乐厅举行。全国人大常委会副委员长、民进中央主席许嘉璐，全国政协副主席、中国工程院院长徐匡迪，全国人大常委会原副委员长、中国科协名誉主席吴阶平出席音乐会，中宣部、中直工委、科技部、国防科工委、民政部、中国科学院、中国工程院、国家自然基金委、全国人大教科文卫委员会、全国政协教科文卫体委员会等有关部门负责同志和首都科技界的专家学者近千人参加了音乐会。中国科协副主席、书记处第一书记邓楠在音乐会开始前发表新春祝辞。

2月4日　　著名科学家及科学家亲属新春团拜会在中国科技会堂举行。中国科协主席周光召出席活动并讲话。中国科协副主席、书记处第一书记邓楠主持了团拜会。中国科协党组、书记处领导同志徐善衍、程东红、苑郑民等出席团拜。

2月17日　　中国科协第六届书记处第七十二次会议在北京召开，会议研究了2005年学术年会筹备工作和听取科普部关于中国科协农村科普工作情况汇报等事项。

2月22日　　全国人大常委会副委员长盛华仁来到中国科技会堂检查、指导“两会”新闻中心、议案组、简报组等大会工作组的驻地接待工作，中国科协书记处书记、驻地接待领导小组组长宋南平陪同检查。

2月27日　　江苏省科学技术协会第七次代表大会在南京召开，中国科协副主席、书记处第一书记邓楠出席会议并讲话。

3月

3月1日　　中国科协主办的2005年减轻自然灾害研讨会在北京举行，中国科协书记处书记冯长根出席会议并讲话。

中国科协第六届书记处第七十三次会议在北京召开，会议就中国针灸学会换届、中国科协2005年工作任务和部门责任、求是科技基金会设立贫困大学生奖学金、中国科协住房配售工作等事项进行了研究。

3 月 6 日　　中国科协主席周光召和中国科协副主席、书记处第一书记邓楠前往全国政协委员驻地看望出席全国政协十届三次会议的科协界委员，听取委员发言。

3 月 11 日　　中国科协书记处书记程东红会见了美国国际华人科技工商协会主席李大西博士。

3 月 23 ~25 日　　全国性学会民间非营利组织会计制度培训班在北京举办。中国科协书记处书记宋南平出席开班仪式并讲话。

3 月 24 日　　中国科协第六届书记处第七十四次会议在北京召开，会议就中华医学会、中国建筑学会、中国古生物学会换届、中国总会计师协会变更秘书长、中国科技会堂改扩建工程等事项进行了研究。

3 月 25 ~27 日　　第二十五届北京青少年科技创新大赛在北京举行。中国科协荣誉委员、顾问、北京市科协主席陈佳洱，中国科协书记处书记程东红，北京市副市长范伯元等领导同志出席大赛开幕式。

3 月 28 日　　辽宁省第二届学术年会暨第五届青年学术年会在辽宁省沈阳市举行。中国科协副主席、国务院发展研究中心党组书记张玉台同志出席年会开幕式。中国科协副主席、中国工程院院士左铁镛，中国工程院副院长、中国工程院院士邬贺铨分别作了大会主题报告。

3 月 28 ~30 日　　中国科协 2005 年中国公众科学素养调查培训班在北京举行，中国科协书记处书记程东红出席开学典礼并讲话。

3 月 29 ~31 日　　中国建筑学会在北京召开第十一次全国会员代表大会。中国科协党组副书记齐让出席会议并讲话。会议选举宋春华为学会新一届理事会理事长，周畅为学会秘书长。

3 月 30 日　　北京市自然科学界和社会科学界联席会议召开物理与人类未来研讨会。中国科协荣誉委员、顾问、北京市科协主席陈佳洱，中国科协荣誉委员龚育之，全国人大常委、北京市政协副主席陈难先，中国科协常委陈运泰等著名专家学者出席了研讨会。

3 月 30 日 ~4 月 1 日　　以赵忠贤副主席为团长的中国科协代表团一行 3 人赴港出席香港工程师学会 30 周年庆典。

4 月

4 月 6 ~ 8 日

中国科协初、遴选中国科学院、中国工程院院士候选人委员会会议在北京召开。会议邀请了 150 位院士对全国性学会推荐、提名的 319 名院士候选人进行了初、遴选，初选出 49 名中国科学院院士候选人，48 名中国工程院院士候选人。中国科协副主席、书记处第一书记邓楠，中国科协书记处书记齐让等出席了会议。

4 月 7 ~ 8 日

中国科协机关各部门、各直属单位 320 余人前往中国科协密云绿化基地参加春季义务植树活动。中国科协副主席、书记处第一书记邓楠，中国科协党组副书记齐让，中国科协党组成员、机关党委书记苑郑民等领导同志参加了义务植树活动。

中共中央总书记、国家主席、中央军委主席胡锦涛在山东省寿光市考察调研期间，考察了三元朱科普示范基地，并专门看望了党的十五大、十六大代表、全国劳动模范、全国优秀共产党员、三元朱蔬菜协会会长王乐义。

4 月 9 日

由中国科技馆、中央电教馆和北京市教育学会物理教学研究会共同主办的"触摸科技——2005 国际物理年科普活动暨'物理探究资源'光盘捐赠仪式"在中国科技馆举行。中国科协主席周光召为活动题词"触摸科技"。中国科协书记处书记冯长根、教育部副部长陈小娅等领导同志出席捐赠仪式。

4 月 9 ~ 13 日

中国科协、国家民委共同主办的科技大王进边陲科技下乡活动在云南德宏傣族景颇族自治州举行。中国科协书记处书记程东红、国家民委有关负责人出席了活动启动仪式。

4 月 10 日

由上海市科协、市经委和上海交通大学等共同主办的二十一世纪循环经济与上海发展系列论坛在上海召开。中国科协副主席、中国工程院院士钱易出席论坛并作了题为《循环经济与可持续发展》的主题报告。

4 月 12 日

中华医学会第二十三次全国会员代表大会暨成立 90 周年庆典在北京举行。党中央、国务院给大会发来了贺信。中共中央政治局委员、国务院副总理吴仪，全国人大常委会副委员长、中国科协副主席韩启德，中国科协名誉主席吴阶平，中国科协副主席、书记处第一书记邓楠，卫生部常务副部长高强，民政部副部长姜力等领导同志出席大会。全国政协副主席张怀西、张梅颖，中国科协主席周光召，吴阶平等为大会题写了贺词。

4 月 12 ~ 15 日

中华医学会在北京召开了第二十三次全国会员代表大会。中国科协副主席、书记处第一书记邓楠出席会议并讲话。会议选举钟南山为学会新一届理事会理事长，吴明江兼学会秘书长。

4月13日 中共中央政治局常委、国务院副总理黄菊在北京人民大会堂会见了参加“世界物理年在中国”活动的杨振宁、李政道、彭桓武、陈佳洱、顾秉林、王恩哥、陈和生等海内外著名物理学家。

国务委员陈至立，全国政协副主席、中国工程院院长徐匡迪，中国科协主席周光召，科技部部长徐冠华，中国科协副主席、书记处第一书记邓楠，中国科协书记处书记冯长根等陪同会见。

4月13~14日 山西省科协第六次代表大会在山西省太原市召开。中国科协党组副书记齐让出席大会并讲话。

4月15日 世界物理年纪念大会在北京人民大会堂召开。国务委员陈至立出席大会并致词，中国科协主席周光召主持纪念大会并致开幕词。中国科协名誉主席朱光亚，诺贝尔奖获得者、著名物理学家杨振宁、李政道，中国科协副主席、书记处第一书记邓楠，中国科协副主席张玉台，科技部副部长马颂德、教育部副部长赵沁平、中国科学院副院长李静海、中国工程院副院长杜祥琬、国家自然科学基金委副主任沈文庆、中国物理学会理事长杨国桢、著名物理学家彭桓武、何泽慧、冯端、陈佳洱、赵忠贤，中国科协党组书记处领导同志齐让、冯长根、程东红、苑郑民等出席大会。

4月20日 中央直属机关2005年第二届“三八好活动”总结表彰大会举行。中国科协机关女工委组织的“中国科协机关女职工送科技知识进农民工子弟校园”活动荣获最佳专题奖。中国科协书记处书记程东红被授予“三八之友”荣誉称号。

第八届毕昇印刷技术奖和第十届森泽信夫印刷技术奖授奖仪式在北京举行，中国科协书记处书记冯长根出席会议并讲话。

4月22日 由中国科协主办的“穿越时空的物理之光”大型科普专题展览在中国科技馆开幕。此次活动是“世界物理年在中国”系列活动之一。国务委员陈至立出席开幕式并剪彩，中国科协副主席、书记处第一书记邓楠，中国科协副主席、党组副书记、书记处书记徐善衍，中国科协党组副书记齐让，教育部副部长赵沁平，科技部副部长尚勇，中国科学院院士、“两弹一星”功勋奖章获得者陈能宽等出席展览开幕式。

天津市留学人员联谊会·天津市欧美同学会成立大会召开。中共中央政治局委员、天津市委书记张立昌为“天津市留学人员联谊会”题写了会名。全国人大常委会副委员长、中国科协副主席、欧美同学会·中国留学人员联谊会会长韩启德发来贺信。

4 月 23 日

由中华中医药学会和中国中医研究院联合主办的《中医杂志》创刊五十周年纪念会暨全国中医药发展高级论坛开幕式在北京人民大会堂举行。中共中央政治局常委、国务院总理温家宝为大会题词。全国政协副主席李蒙，全国人大常委会原副委员长、中国科协名誉主席吴阶平，中央纪委驻卫生部纪检组组长张凤楼，国家新闻出版总署副署长邬书林，国家中医药管理局副局长吴刚、于文明等领导同志出席会议，中国中医研究院、世界针灸学会联合会、世界中医药学会联合会、中国中西医结合学会、中国针灸学会等有关部门和单位的负责人。全国人大常委会副委员长许嘉璐，吴阶平、李蒙等为《中医杂志》创刊五十周年分别题词。

4 月 23 ~ 24 日

中国科协 2004 年度科普大篷车交接仪式分别在安徽省合肥市和江苏省南京市举行。中国科协党组副书记齐让出席了南京交接仪式并为科普大篷车使用单位授旗。

4 月 23 ~ 27 日

中国古生物学会在江苏省常州市召开第九次全国会员代表大会。中国科协书记处书记冯长根出席会议并讲话。会议选举沙金庚为学会新一届理事会理事长，杨群为学会秘书长。

4 月 24 日

应美国科学院的邀请，中国科协主席周光召率中国科协代表团启程赴美国出席美国科学院年会，并访问美国有关科技组织。

4 月 25 日

中国科学技术协会原党组书记、书记处书记鲍奕珊同志，因病于 2005 年 4 月 25 日在北京逝世，享年 82 岁。2005 年 5 月 9 日，鲍奕珊遗体送别仪式在八宝山革命公墓举行。在鲍奕珊同志生病期间和去世后，胡锦涛、曾庆红、王兆国、贺国强、王刚、乔石、刘延东、钱其琛、吴学谦、周光召以及中国科协领导同志邓楠、徐善衍、齐让、宋南平、冯长根、程东红、苑郑民等以不同方式表示慰问。中国科协机关各部门、各直属单位干部职工以及鲍奕珊同志生前好友等参加了送别。

经国务院批准，应美国科学院邀请，周光召主席率领中国科协高层代表团（赵忠贤副主席、程东红书记等）赴美国访问，并于 2005 年 5 月 2 日出席了美国科学院年会。周光召主席在为即将离任的阿尔波茨院长举行的专题研讨会上作了题为“国际合作和中国的科学能力建设”的报告。在美期间，代表团还正式访问了美国科学院和美国科学基金会、美国科促会和纽约科学院，并分别与在美国斯坦福大学、旧金山湾区、华盛顿地区和南佛州地区的中国留学人员进行了六次座谈交流。

5 月

5 月 9 日

中国科协副主席、书记处第一书记邓楠同志会见世界工程组织联合会主席李怡章先生，胡启恒副主席参加会见并与李怡章先生举行工作会谈。

5月10日　中国科协第六届书记处第七十五次会议在北京召开，会议审议了中国科协公文办理及督办工作等有关管理办法、中国电影电视技术学会换届、中国科协2005年学术年会工作方案及大会报告方案、中国科技会堂改扩建工程方案，并就设立中国科协清华大学科技传播普及研究中心事项进行了研究。

5月13日　第五十六届英特尔国际科学与工程大奖赛在美国亚利桑那州凤凰城闭幕。中国科协在本次英特尔国际科学与工程大奖赛上继续设立中国科协专项奖，中国科协副主席韦钰为来自美国、德国和北爱尔兰的5名获得中国科协专项奖的选手颁奖。中国科协将资助5名获奖者参加8月在北京举行的第二十届全国青少年科技创新大赛。

5月14日　2005年全国科技活动周暨北京科技周在北京市海淀展览馆开幕。国务委员陈至立出席开幕式并讲话，科技部部长徐冠华介绍了本次科技周活动情况，中国科协副主席、书记处第一书记邓楠宣布2005年全国科技活动周暨北京科技周开幕，中宣部副部长胡振民主持开幕式。国家新闻出版总署署长石宗源，中组部部务委员张纪南，国家体育总局局长刘鹏，国家发改委副主任张晓强，教育部副部长赵沁平，人事部副部长王晓初，北京市副市长范伯元，中国科协荣誉委员、顾问、北京市科协主席陈佳洱参加了开幕式。

5月16～20日　中国核学会在北京国际会议中心举办第十三届国际核工程大会，共有600余位学者出席，提交论文580余篇。大会得到了国内外的高度重视和积极参与，与会人数和提交的文章数都创历史新高，是我国核能领域迄今为止举办的最大规模的国际交流活动。大会期间，国务院副总理曾培炎发来了贺电，并会见了出席会议的部分嘉宾。国防科工委副主任张华祝，国家发改委副主任张国宝，科技部副部长马颂德，国际环保总局副局长、国家核安全局局长王玉庆，中国科协书记处书记冯长根出席会议相关活动。

5月16日　中国科协第六届书记处第七十六次会议在北京召开，会议听取了千厂千会协作行动总结表彰和中国科协科普绿化基地相关工作的汇报，并就有关问题进行了研究。

5月18日　中国电影电视技术学会在北京召开了第五次全国会员代表大会。中国科协向会议发送了贺信。会议选举刘宜勤为学会新一届理事会理事长，楚泽洋为学会秘书长。

中国针灸学会在北京召开了第四次全国会员代表大会。中国科协副主席、书记处书记徐善衍出席会议并讲话。会议选举李维衡为学会新一届理事会理事长，刘保延为学会秘书长。

5 月 20 日

中国科协六届十四次常委会议在中国科技会堂召开，中国科协主席周光召主持会议。会议审议通过了《关于提名齐让同志为中国科协第六届全国委员会常务委员会书记处书记的建议》，听取了关于中国科协2005年学术年会筹备情况的汇报和关于《全民科学素质行动计划纲要》编制情况的汇报，并就相关问题进行了讨论。中国科协常委马志明、王海波、韦钰、邓楠、白春礼、旭日干、刘恕、江泽慧、苏纪兰、杜祥琬、张开逊、张玉台、陆延昌、国林、赵忠贤、胡启恒、徐善衍、栾恩杰、高润霖、郭孔辉、塔西甫拉提·特依拜、曾庆存和中国科协顾问舒惠国、中国科协荣誉委员庄逢甘、高潮等领导同志出席会议。

5 月 23 日

由中国科协主办的提高企业自主创新能力对策座谈会在中国科技会堂召开。全国人大常委会副委员长、中国科学院院长路甬祥，全国政协副主席、中国工程院院长徐匡迪，中国科协主席周光召出席座谈会并分别发言。科技部副部长马颂德，中国科协副主席、书记处书记徐善衍，中国科协书记处书记齐让、宋南平等领导同志出席座谈会。中国科协副主席、书记处第一书记邓楠主持座谈会。

5 月 25 日 ~6 月 2 日

应罗马尼亚工程师总会和匈牙利科协的邀请，中国科协副主席、书记处书记徐善衍率团访问上述两国。与罗马尼亚工程师总会签署了合作备忘录，并访问了匈牙利科协及下属的若干分会负责人，为今后双方开展具体的学术交流与合作奠定了良好的基础。

5 月 27 ~28 日

由中国科协主办的中国电力发展论坛在湖南省张家界市召开。中国科协副主席、中国电机工程学会理事长陆延昌主持开幕式。湖南省委副书记、省长周伯华代表省委、省政府到会祝贺并致欢迎辞。中国科协副主席、书记处第一书记邓楠致开幕词。论坛针对我国电力发展的形势及有关政策向党中央、国务院提出了建议。

5 月 31 日

中直机关文明办和首都文明办联合举行中国科技馆荣获“首都文明单位标兵”和“中直机关文明单位”揭牌仪式，中国科协党组成员、机关党委书记苑郑民，中直工委委员、宣传部部长、文明办主任赵广召，中直工委宣传部副部长、文明办副主任崔迎红等领导同志出席活动。

6 月

6 月 3 日

由中国科协主办的世界物理年学术报告会在清华大学举行，这是世界物理年在中国活动的重要活动之一。清华大学及有关科研院所的400余人出席报告会。

6月7日

中国科协第六届书记处第七十七次会议在北京召开，会议就中国空气动力学会、中国生物工程学会、中国水产学会换届事宜进行了研究。

6月10日

中国科协第六届书记处第七十八次会议在北京召开，会议研究了《全民科学素质行动计划纲要》等有关工作。

6月14日

中国科协计划财务部、组织人事部联合举办的税务知识培训班在中国科技会堂举行，中国科协所属全国性学会、协会、研究会以及直属单位有关负责人和财务主管400余人参加了培训。中国科协书记处书记宋南平出席培训班开班仪式并讲话。

6月15~17日

中国空气动力学会在四川省绵阳市召开了第五次全国会员代表大会，中国科协向会议发送了贺信，会议选举张涵信为学会新一届理事会理事长，阮祥新为学会秘书长。

6月15~16日

由中国科技馆发展基金委员会主办的第六届全国科技馆“启明奖”、“创业奖”颁奖大会暨捐赠仪式在中国科技会堂举行。中国科技馆发展基金委员会名誉会长钱正英，中国科技馆发展基金委员会会长侯祥麟，中国科技馆发展基金委员会副会长白介夫，中国科协副主席、书记处书记、中国科技馆发展基金委员会副会长徐善衍等领导同志出席会议。

6月17日

全民科学素质行动计划制定工作领导小组第二次会议在北京召开，国务委员陈至立出席会议并讲话。领导小组组长、中国科协主席周光召主持会议，领导小组副组长、中国科协副主席、书记处第一书记邓楠作了关于全民科学素质行动计划制定工作的汇报，领导小组副组长兼办公室主任、中国科协书记处书记程东红对《全民科学素质行动计划纲要》（送审稿）的主要内容作了说明。中国科协副主席、书记处书记徐善衍，书记处书记齐让以及机关、直属单位有关负责人参加了会议。会议原则审议通过了《全民科学素质行动计划纲要》（送审稿）。

6月20日

中国科协保持共产党员先进性教育活动总结暨表彰大会召开，中国科协副主席、书记处第一书记、中国科协先进性教育活动领导小组组长邓楠作总结讲话。中央第十八督导组组长贾祥代表督导组讲话。中国科协副主席、书记处书记、中国科协先进性教育活动领导小组副组长徐善衍主持会议。中国科协党组、书记处领导同志齐让、宋南平、冯长根、程东红等出席会议，中国科协党组成员、机关党委书记苑郑民宣读了《关于表彰先进基层党组织、优秀共产党员、优秀党务工作者的决定》。

6 月 22 日　　由国际公众科技传播网、中国科协、科学与发展网络共同主办的 2005 北京公众科技传播国际研讨会在北京举行，中国科协副主席、书记处第一书记邓楠出席开幕式并讲话。

6 月 22 ~ 23 日　　宁夏回族自治区科学技术协会第六次代表大会在银川召开。中国科协党组副书记、书记处书记齐让出席大会开幕式。

中国水产学会在江苏省无锡市召开了第八次全国会员代表大会，中国科协书记处书记冯长根出席会议并讲话，会议选举唐启升为学会新一届理事会理事长，张铭羽为学会秘书长。

6 月 23 日　　中国科协第六届书记处第七十九次会议在北京召开，会议审议了中国科协机关工作规则以及中国现场统计研究会、中国图书馆学会、中国管理现代化研究会换届方案，并就成立中青年科学家联谊会、学会工作者联谊会、企业工程师联谊会、中国科协办公楼改造、东南公司改制等事项进行了研究。

6 月 25 日　　中国管理现代化研究会在北京召开了全国会员代表大会，会议选举成思危为学会新一届理事会理事长，冯芷艳为学会秘书长。

6 月 28 ~ 30 日　　中国科协在浙江省杭州市召开中国科协系统网站建设座谈会。中国科协书记处书记宋南平出席会议并讲话。

6 月 29 日　　由重庆市科协、市科委和市信息产业局联合主办的 2005 重庆 LED 照明技术产品及景观照明设计创意大赛颁奖典礼举行。中国科协党组成员苑郑民出席。

7 月

7 月 1 日　　中国科协第六届书记处第八十次会议在北京召开，会议听取了关于支持阜新工作、扶持《科技之光》栏目、农村科普工作表彰、中华预防医学会换届、境外人体标本展调查情况的汇报，并就有关问题进行了研究。

7 月 4 日　　在北京召开华北地区科协领导座谈会，就中国科协七大主题、规模和《中国科学技术协会章程》修改事宜，听取意见和建议，中国科协副主席、书记处第一书记邓楠，书记处书记齐让出席会议。

此后，中国科协书记处同志分别参加八次座谈会，听取全国性学会、地方科协和中国科协机关干部对中国科协七大主题、规模和《中国科学技术协会章程》修改事宜的意见和建议。

传承文明、走向世界、和平发展——纪念郑和下西洋 600 周年国际学术论坛在江苏省南京市开幕。江苏省委书记李源潮，江苏省省长梁保华，国家纪念郑和下西洋600周年活动筹备领导小组副组长、交通部副部长徐祖远，中国科协书记处书记冯长根等领导同志出席开幕式。7月6日，论坛闭幕式在江苏省太仓市举行，全国人大常委会副委员长成思危出席闭幕式并讲话，冯长根主持闭幕式。

7月5日

中国科协求是杰出青年奖评审委员会会议在北京中国科技会堂召开，中国科协主席周光召，中国科协副主席、书记处第一书记邓楠，副主席左铁镛、胡启恒，荣誉委员李振声和常委张泽等出席会议。

由中国科协、海峡两岸学术文化交流协会和农村发展基金会共同主办的第六届海峡两岸青年科学家学术研讨会先后在北京、西安举行。中国科协副主席、书记处书记徐善衍出席开幕式并致开幕词，中国科协书记处书记程东红主持开幕式。会议主题是“农业的多功能性与现代农业发展”。

7月7日

中国科协第六届书记处第八十一次会议在北京召开，会议就全国科技工作者状况专题调查方案、中国科协第八次咨询工作会议方案和2005年向国家财政申请追加经费等事项进行了研究。

7月8日

由中国科学探险协会、中国科技馆和中国科学院信息技术网络中心等联合主办的《亲近地球三极科学普及展览》开幕式在中国科技馆举行。中国科协副主席、书记处第一书记邓楠，全国人大常委会环境与资源委员会主任毛如柏，中国科学院院士叶笃正、孙枢等出席开幕式并为展览剪彩。

7月11日

科学发展观知识大赛暨系列科普活动启动仪式在北京举行，中国科协副主席、书记处第一书记邓楠，全国总工会党组成员董力，共青团中央书记处书记杨岳，全国妇联书记处书记洪天慧，中国文联书记处书记廖奔等领导同志出席活动并共同启动了知识大赛。

由中国科协主办、北京大学承办的第十六届国际生物学奥林匹克竞赛在北京举行。中国科协副主席、书记处书记徐善衍出席竞赛开幕式并致辞。

7月15~18日

中国生物工程学会在天津召开了第四届全国会员代表大会。中国科协向大会发送了贺信。会议选举杨胜利为学会新一届理事会理事长，曹竹安为学会秘书长。

7月18~19日

中国图书馆学会在广西壮族自治区桂林市召开了第七次全国会员代表大会。中国科协向大会发送了贺信。会议选举詹福瑞为学会新一届理事会理事长，汤更生为学会秘书长。

7月19～22日

中国科协书记处书记宋南平等一行7人赴辽宁省阜新市进行调研，听取了阜新市政府有关部门的发展需求，并参加了中国科协依靠科技推动阜新经济转型暨依托广东发展信息产业座谈会，出席了《支持阜新市发展IT产业合作备忘录》和《联合建立“阜新软件蓝领培训基地”备忘录》的签字仪式。

7月20日

中国科协2005年学术年会新闻发布会在北京中国科技会堂举行。本届学术年会大会组织委员会主任、中国科协副主席、书记处书记徐善衍，本届学术年会大会执行委员会副主任、新疆维吾尔自治区党委副书记努尔·白克力出席发布会。本届学术年会组委会秘书长、中国科协书记处书记冯长根介绍了本届学术年会的基本情况。

7月20～22日

中国科协2005年海智计划工作会议在北京召开。中国科协书记处书记程东红出席会议并讲话。

7月24～30日

第二十二届国际科学史大会在北京召开，全国人大常委会副委员长、中国科学院院长路甬祥，中国科协副主席、书记处第一书记邓楠出席了开幕式。

7月26日

由德国马普学会科学史研究所、中国科学院自然科学史研究所、中国科学技术史学会和中国科技馆共同主办的《爱因斯坦——宇宙大匠》专题展览在中国科技馆开幕。中国科学院副院长、中国科协副主席白春礼，德国驻华大使史丹泽，瑞士驻华大使马提内利等出席开幕式并致词。中国科协书记处书记程东红，中国科学院自然科学史研究所所长、中国科学技术史学会理事长刘钝，德国马普学会科学史研究所、中国科技馆等有关单位负责人等出席了开幕式。

7月27～29日

中华预防医学会在北京召开了第四次全国会员代表大会。中国科协副主席、书记处第一书记邓楠出席大会并讲话。会议选举王陇德为学会新一届理事会理事长，蔡纪明为学会秘书长。

7月29日～8月2日

中国现场统计研究会在山东省烟台市召开了第七次全国会员代表大会。中国科协向大会发送了贺信。会议选举杨振海为学会新一届理事会理事长，于丹为学会秘书长。

7月29日

广州市委宣传部、市科技局、市科协联合举办科技报告会，中国科协主席周光召出席报告会并作了题为《科学在中国——回顾与展望》的报告。

7月30日

由中华医学会主办的第二届中国健康产业论坛在北京召开。全国人大常委会副委员长、中国科协副主席、中华医学会名誉会长韩启德出席论坛开幕式。

8 月

8 月 2～11 日

由国际气象学和大气科学协会中国委员会、国际气象学和大气科学协会（International Association of Meteorology and Atmospheric Sciences，IAMAS）共同举办的 IAMAS 2005 年科学大会在北京举行。中国科协主席周光召院士、科技部部长徐冠华院士、中国科学院副院长李家洋院士、中国气象局局长秦大河院士、国家自然基金委副主任朱作言院士出席会议。来自 54 个国家和地区的 841 人参加了会议，会议收到的国内外论文共 1489 篇，其中国内 338 篇，国外 1151 篇。

8 月 6 日

第二十届全国青少年科技创新大赛开幕式在北京举行。全国人大常委会副委员长、中国科协副主席韩启德，中国科协副主席、书记处第一书记邓楠出席开幕式并致词，本届大赛评委会主任、中国科协荣誉委员、北京市科协主席陈佳洱，团中央书记处书记张晓兰，中国科协书记处书记程东红，国家自然科学基金委、教育部、科技部、国家体育运动总局、全国妇联等主办单位有关负责人等出席活动开幕式。

8 月 9 日

中国科协机关召开纪念抗日战争胜利 60 周年座谈会。中国科协副主席、书记处第一书记邓楠出席会议并讲话，中国科协副主席、书记处书记徐善衍，中国科协书记处书记齐让，中国科协党组成员、机关党委书记苑郑民等出席座谈会。座谈会上，林渤民、王定华、梅光、魏孟川、王直安等部分亲身参加过抗日战争的老同志，以自己的亲身经历，叙说了在艰苦而严酷的条件下顽强抗击日本侵略者的艰难岁月和奋斗历程。

8 月 11 日

中国科协召开全国科技工作者状况调查站点工作会议。中国科协书记处书记宋南平出席会议并讲话。

中国科协第六届书记处第八十二次会议在北京召开，会议审议了中国海洋学会、中国毒理学会换届和《关于中国科协“七大”筹备工作征求意见情况的报告（代拟稿）》，并就“第五届中国科协先进学会及学会单项奖”表彰、中国科协 2006 年学术年会初步方案、全国科普日北京主场地活动方案、中国科协农村科普工作会议筹备工作等事项进行了研究。

8 月 14～19 日

由中国化学会承办的第四十届国际纯粹与应用化学联合会 IUPAC 学术大会（40th IUPAC Congress）在北京国际会议中心召开。第四十三届 IUPAC General Assembly（GA）和世界化学界领导人会议（World Chemistry Leadership Meeting），于 8 月 13～21 日同期召开。

来自 64 个国家和地区共计 1083 人出席会议，学术会议发表文章 1145 篇。学术会议邀请 3 位诺贝尔奖获得者、1 位爱因斯坦奖在内的 8 位著名学者到会作大会报告。各分组还邀请了 88 位国际知名学者作邀请报告。内容涉及，高分子科学、生命科学、环境化学、材料化学、纳米科学、计算化学、分析化学、物理化学、光化学、核化学、化工等诸多领域。

中国科协副主席、中国化学会理事长白春礼院士以109票的最高票数继续当选理事，任期为2006~2009年，并在随后的理事会上继续当选为执委会（Executive Committee）委员。

8月15日

由中国科协、中国工程院、甘肃省人民政府联合主办第八届中国西部科技进步与经济社会发展专家论坛（简称“西部论坛”）在甘肃省兰州市开幕，来自中国科协、中国工程院和西部有关省、自治区、直辖市的350余人参加了此次论坛。中国科协副主席、书记处第一书记邓楠出席论坛并讲话，甘肃省省长陆浩、副省长徐守盛，中国科协书记处书记齐让、冯长根等领导同志出席论坛。

8月19~21日

首届中国博士后学术论坛和第三届优秀博士生学术年会在新疆维吾尔自治区乌鲁木齐市举行。中国科协主席周光召，中国科协副主席、书记处第一书记邓楠，人事部副部长王晓初，中国科协副主席韦钰、胡启恒，中国科协常委、国务院学位委员会办公室主任杨卫，自治区党委常委、组织部部长韩勇，中国科协荣誉委员、顾问陈佳洱，自治区人大常委会副主任、自治区科协主席王怀玉，中国科协常委、新疆大学副校长塔西甫拉提·特依拜等领导同志出席开幕式，中国科协书记处书记冯长根主持会议。

8月19日

中国科协六届十五次常委会议在新疆维吾尔自治区乌鲁木齐市召开。中国科协主席周光召主持会议，中国科协副主席韦钰、左铁镛、邓楠、赵忠贤、胡启恒、徐善衍、曾庆存，常务委员马志明、马国馨、王海波、刘恕、江泽慧、苏纪兰、杨卫、张开逊、国林、高润霖、黄兴维、曹健林、塔西甫拉提·特依拜，荣誉委员陈佳洱、杨乐等出席会议。新疆维吾尔自治区党委副书记努尔·白克力，自治区人大常委会副主任、自治区科协主席王怀玉和中国科协党组、书记处领导同志齐让、宋南平、冯长根、苑郑民等列席会议。

中国科协求是杰出青年成果转化奖获奖者与大学生见面会在新疆大学举行。中国科协副主席、中国科协求是杰出青年奖评审委员会委员、中国工程院院士左铁镛和荣获2005年度中国科协求是杰出青年成果转化奖的获奖者王传福、饶晓雷、张明海、熊翔等出席见面会，中国科协常委、新疆大学副校长塔西甫拉提·特依拜主持见面会。

“百名院士、专家进百校”活动启动仪式在乌鲁木齐市第一中学举行，活动由中国科协、新疆维吾尔自治区人民政府主办，中国科协青少年科技中心、新疆维吾尔自治区科协、自治区教育厅和乌鲁木齐市人民政府共同承办。中国科协主席周光召，著名物理学家、诺贝尔奖获得者杨振宁，中国科协副主席、书记处第一书记邓楠，新疆维吾尔自治区党委副书记努尔·白克力等出席启动仪式，韦钰、胡启恒、曾庆存、朱经武、姚期智、马志明、高润霖、杨乐、张炳炎、董石麟、王海波、王渝生等院士、专家出席活动并与学生们交流互动。

8月20日

中国科协2005年学术年会在新疆乌鲁木齐开幕。中共中央政治局委员、新疆维吾尔自治区党委书记王乐泉出席开幕式讲话并作报告，全国人大常委会副委员长、中国科学院院长路甬祥出席开幕式并作了题为《全面认识科学的价值及其时代特征》的报告，国务委员陈至立出席开幕式并讲话，中国科协主席周光召致开幕词。中国科协副主席、书记处第一书记邓楠主持开幕式，中国科协，新疆维吾尔自治区党委、自治区政府、自治区政协等部门有关领导同志，著名物理学家、诺贝尔奖获得者杨振宁，香港求是科技基金会查济民等出席开幕式，来自全国的100余位中国科学院院士、中国工程院院士以及6000余名来自科研、生产、教学第一线的科技工作者参加了本届年会，并围绕“科学发展观和资源可持续利用”主题开展学术交流和科普活动。

中国科协主席周光召在乌鲁木齐市迎宾馆会见了2005年度中国科协求是杰出青年奖获奖者并与获奖者进行了座谈。中国科协书记处书记齐让，香港求是科技基金会查济民等出席会议。

8月21日

中国科协在新疆乌鲁木齐市环球大酒店召开了新疆老科技工作者座谈会。会议向为新疆建设作出贡献的老科技工作者表示慰问。20多位老科技工作者代表参加座谈会，并对科技工作和科协工作谈了意见和建议。会议由中国科协党组副书记、书记处书记齐让主持，中国科协主席周光召，新疆维吾尔自治区党委副书记、常务副主席张庆黎出席座谈会并讲了话，自治区党委副书记努尔·白克力等领导同志及有关部门的负责同志出席了座谈会。

8月22日

中国科协2005年学术年会第41分会场在新疆环球大酒店举行。中国科协主席周光召出席会议开幕式并作了题为《国情、市情与科学发展观》的报告。

8月22~23日

中国科协2005年学术年会分会场《水资源论坛——水资源与生态和环境协调发展》在乌鲁木齐市召开。此次会议由中国自然资源学会、中国科协常委会促进人与自然协调发展专门委员会等主办。来自48所高等院校、科研机构的120余名专家学者和博士研究生参加了论坛，中国科协副主席曾庆存、中国自然资源学会常务副理事长成升魁和中国自然资源学会水资源专业委员会主任夏军等为大会主席。

8月25~26日

中国科协副主席、书记处书记徐善衍到河南省安阳市调研指导科协工作并作了题为《科学文化传播普及与公民素质》的专题报告。

8 月 30 日

中国科协第六届书记处第八十三次会议在北京召开，会议听取了关于中国科协 2006 年预算方案和中国科技馆新馆内容设计工作情况的汇报，并就有关问题进行了研究。

9 月

9 月 1 日

2005（第四届）中国互联网大会在北京开幕。中国科协主席周光召，中国科协副主席、中国互联网协会理事长胡启恒出席开幕式并致辞。开幕式上，由中国互联网协会网络科普联盟主办，中央精神文明建设指导委员会办公室、中国科协、中国互联网协会支持的“第一届全国优秀科普网站及栏目评选活动”揭晓并举行了颁奖仪式。

第一届中国互联网协会网络科普联盟年会召开，中国科协副主席，中国互联网协会理事长胡启恒，中国互联网协会常务副理事长高新民等为荣获“第一届全国优秀科普网站及栏目评选活动”专项奖、提名奖、鼓励奖的获奖单位颁发了奖杯。

9 月 4 ~ 15 日

以中国科协副主席曾庆存为团长、中国科协书记处书记宋南平为副团长的代表团一行 39 人赴台举办“大陆科技期刊展览会”，并进行了科技期刊出版方面的学术交流与考察。这是大陆科技期刊首次在台举办展览。展览充分展现了大陆科技期刊的形象和水平，扩大了中国科协在台湾科技学术界的影响，促进了海峡两岸科技期刊业者的交流与合作。

9 月 5 ~6 日

由全国政协外事工作委员会、科技部、中国科协和欧洲联盟委员会驻中国和蒙古国代表团联合主办的“21 世纪论坛”“中国—欧盟可持续发展”分论坛在北京举行。中国科协副主席、书记处第一书记、论坛组委会名誉主席邓楠出席开幕式并讲话。

9 月 6 ~7 日

中国科学技术协会与台北市杂志商业同业公会在台北联合举办大陆科技期刊展览会，中国科协书记处书记宋南平出席会议。

9 月 6 ~ 12 日

中国科协主席周光召在贵州省考察科协工作，看望基层科协工作人员。

9 月 7 日

中国科协第六届书记处第八十四次会议在北京召开，会议审查了中国科技馆新馆建设设计方案。

中国科协第六届书记处第八十五次会议在北京召开，会议审议了中国心理学会换届、中国科协农村科普工作会议有关文件和中国科协承担全国工程师制度改革相关工作，并就有关问题进行了研究。

9 月 8 日

由西安市委、市政府主办，西安市科协承办的西安市第二届“学术金秋”

活动开幕式暨科学报告会在陕西省西安市举行。中国科协副主席、中国科学院副院长白春礼出席开幕式并作了题为《科学发展态势与战略》的学术报告。

9月9日

广东科协论坛启动仪式暨首场报告会在广州市举行。论坛由广东省科协主办，中国科协主席周光召出席启动仪式并作了题为《创造性与知识管理》的主题报告，广东省科协主席卢钟鹤主持会议。

9月15日

青岛市第四届学术年会在山东省青岛市召开，会议由青岛市政府主办，青岛市科协和市发展和改革委员会承办。中国科协副主席、书记处书记徐善衍出席开幕式并致词，中国科学院院士何祚庥、文圣常、胡敦欣，中国工程院院士唐启升等出席会议开幕式及报告会。

9月16日

中国科教电影电视协会、中央电视台、中国农学会、中国科协学会管理服务中心联合举办的“送科教影视下乡活动”在北京顺义区、通州区举行。中国科协党组成员苑郑民，中国科教电影电视协会理事长沈纪等出席活动。

中国海洋学会在宁夏回族自治区银川市召开了第六次全国会员代表大会。中国科协向大会发送了贺信。会议选举王曙光为学会新一届理事会理事长，陈士标为学会秘书长。

9月17日

中国科协举办全国科普日活动。中共中央政治局常委、中央书记处书记、国家副主席曾庆红，中共中央政治局委员、全国人大常委会副委员长王兆国，中共中央政治局委员、北京市委书记刘淇，中共中央政治局委员、中央书记处书记刘云山，中共中央政治局委员、中央书记处书记周永康，中共中央政治局委员、中央书记处书记贺国强，中共中央政治局候补委员、中央书记处书记王刚，中央书记处书记徐才厚，中央书记处书记何勇，国务委员陈至立，中国科协主席周光召等领导同志来到2005年全国科普日活动北京主场地，与广大群众一起参加活动。

2005年全国科普日活动的主题是：树立科学发展观，共建和谐社会。北京主场地以“建设节约型社会，你我共参与”为主题，开展以宣传节约利用资源为主要内容的科普活动。

中国科协副主席、书记处第一书记邓楠，中国科协副主席、书记处书记徐善衍，副主席左铁镛、陆延昌、栾恩杰和中国科协党组、书记处领导同志齐让、程东红、苑郑民等陪同参加活动。

中国图书馆学会等17个全国性学会、协会、研究会在国家图书馆举行全国科普日分会场活动。中国科协书记处书记宋南平、冯长根出席。

2005年（第八届）北京科技交流学术月在北京科技活动中心开幕，中国科协荣誉委员、顾问、北京市科协主席陈佳洱主持开幕仪式。中国科协书记处书记冯长根出席开幕式并讲话。

9 月 18 日　中国科教电影电视协会、中国空间技术研究院科普声像协会联合主办的“航天，青少年燃起宏大志向”活动在北京航天城举行。中国科协副主席、书记处书记徐善衍，中国科教电影电视协会副理事长邱国立等领导同志出席活动。

9 月 19 ~ 23 日　由国际火灾科学学会（IAFSS）主办，中国消防协会（CFPA）承办的第八届国际火灾科学大会在北京清华大学举办。我国包括港澳台地区在内 27 个国家和地区的 457 名学者参加本次大会。中共中央政治局委员、国务委员、公安部部长周永康，公安部常务副部长白景富，中国科协书记处书记冯长根等出席大会开幕式。

中国毒理学会在辽宁省沈阳市召开了第四次全国会员代表大会。中国科协书记处书记冯长根出席会议并讲话。会议选举庄志雄为学会新一届理事会理事长，周平坤为学会秘书长。

9 月 20 ~ 24 日　以全国政协常委、国家地震局原局长宋瑞祥，全国政协教科文卫体委员会副主任、中国科协副主席、书记处书记徐善衍为召集人的全国政协科协界委员考察组，就“企业自主创新能力和创新环境建设”等方面内容，在上海、浙江等地开展考察调研活动。考察组向全国政协提交了《关于企业自主创新能力和创新环境建设情况的考察报告》。

9 月 21 日　中国科协副主席、书记处第一书记邓楠会见了我国台湾地区玉山科技协会理事长史钦泰。双方原则同意 2006 年共同合作举办海峡两岸科技产业发展研讨会，并就两会今后进一步加强交流与合作达成共识。

9 月 22 日　第二届长三角科技论坛、上海市科协第三届学术年会开幕式在上海图书馆举行。中国科协副主席、书记处书记徐善衍，上海市副市长严隽琪出席开幕式，并为荣获“第九届上海市科技精英”称号的 10 位优秀科技工作者颁奖。

9 月 23 日　江苏省泰州市首届学术活动月开幕式暨院士报告会在泰州市举行。中国科协主席周光召出席开幕式并作了题为《当代科学技术的发展及对社会的影响》的报告。

中国科协第六届书记处第八十六次会议在北京召开，会议听取了中国纺织工程学会、中国人工智能学会换届、国际科联二十八次全体大会筹备、清理津贴工作情况的汇报，并就有关问题进行了研究。

9 月 26 ~ 27 日　中国自然科学博物馆协会成立 25 周年暨国际学术研讨会在上海科技馆举行。中国科协副主席张玉台出席会议并致辞。

9月26～28日

中国科协2005年海外智力为国服务研讨会暨联席会议在北京召开。中国科协副主席、中国科学院副院长白春礼，国家统计局副局长邱晓华出席会议并作特邀报告，中国科协书记处书记程东红主持会议开幕式。9月27日，中国科协主席周光召，中国科协副主席、书记处第一书记邓楠与海外代表进行了座谈。

9月27日

中国科协召开党组中心组学习会，学习会邀请财政部、审计署有关司局负责人就《财政违法行为处罚处分条例》和行政事业单位内部控制规范体系等方面进行了授课。中国科协党组、书记处领导同志全体参加了学习，邓楠主持会议并讲话。

9月28～29日

由中华医学会主办的《中华医学杂志》创刊90周年庆典暨上海医学论坛在上海举行。中国科协名誉主席、中华医学会名誉会长吴阶平，卫生部副部长蒋作君，中华医学会会长钟南山，副会长白书忠、巴德年、刘俊，上海市副市长杨晓渡等领导同志出席庆典。吴阶平、钟南山和杨晓渡分别在庆典仪式上讲话。全国人大常委会副委员长、中国科协副主席韩启德为《中华医学杂志》题词："医学创新的园地，医学发展的桥梁"。

10月

10月7～16日

中国科协书记处书记程东红出席海峡两岸大学及中学科学教育与改革研讨会开幕式并致辞。以高雄师范大学柳贤副校长为团长的台湾中等学校科学教育代表团一行21人，应邀进行交流访问。此次交流有力地推动了海峡两岸科学教育界的交流与合作，受到了海峡两岸中等学校教师、学生的关注和欢迎。

10月9日

中国科协第六届书记处第八十七次会议在北京召开。徐善衍同志主持会议，会议就中国生物化学与分子生物学会和中国有色金属学会换届事宜进行了研究。

10月11～13日

由中国化工学会、美国化学工程师学会和日本化学工学会共同主办的中美化工学术会议在北京隆重举行。会议期间，全国人大常委会副委员长成思危在人民大会堂接见并宴请了中外代表，中国科协副主席徐善衍出席了会议有关活动。

10月12日

中国生物化学与分子生物学会在西安召开了第九届全国会员代表大会。中国科协向大会发送了贺信。会议选举王志新为学会新一届理事会理事长，景乃禾为学会秘书长。

10 月 12 ~ 14 日

中国纺织工程学会于在北京召开了第二十三届全国会员代表大会。中国科协向大会发送了贺信。会议选举杜钰洲为学会新一届理事会理事长，王竹林为学会秘书长。

10 月 13 ~ 15 日

由湖北省科协承办的第三届湖北科技论坛在武汉举行，中国科协主席周光召，中国工程院副院长杜祥琬分别作主题报告，中共中央政治局委员、湖北省委书记俞正生参加论坛。

10 月 17 ~ 18 日

中国科协农村科普工作会议在江苏省常熟市召开。国务委员陈至立出席会议并讲话。中国科协副主席、书记处第一书记邓楠作题为《积极进取，立足服务，全面开创农村科普工作新局面》的工作报告。

江苏省委、省政府领导同志李源潮、梁保华、任彦申、王荣、张桃林及科技部、中国科协的有关领导同志参加会议。

会议期间，山东省科协、中国农学会、云南曲靖市科协分别作了大会发言，介绍开展农村科普工作的方法和成功经验。会议讨论了中国科协《关于进一步加强农村科普工作的意见》。

会议闭幕时，陈至立等有关领导同志为 10 名“全国农村科普工作先进个人标兵”、“全国农村科普工作先进集体”代表颁发了荣誉证书和奖牌。

10 月 18 日

国际科学理事会（简称国际科联）第二十八次全体大会在江苏省苏州市召开。全国人大常委会副委员长、中国科学院院长路甬祥出席开幕式，国务委员陈至立出席开幕式并代表中国政府向大会表示热烈祝贺，向各国科学界以及国际组织的代表表示热烈欢迎。中国科协主席周光召出席并致辞，中国科协副主席、书记处第一书记邓楠，江苏省委书记李源潮，中国科协副主席韦钰、胡启恒，中国科协常委马志明、陈运泰，中国科协书记处书记冯长根、程东红，科技部党组成员吴忠泽等领导同志出席开幕式，江苏省省长梁保华出席开幕式并致辞。

本次大会主要讨论国际科联自身战略发展问题，讨论未来世界科技发展的趋势和国际科联合作方向，以及进行新一届领导人选举。

会议期间，中国科协主席周光召、副主席邓楠和中国科协代表团积极开展双边活动，加强了中国科协和许多国家及国际组织的联系。周光召主席、邓楠副主席分别会见了英国、日本等国科学团体以及国际纯粹与应用物理联合会等组织的领导人，就双方共同关心的问题和今后的合作事宜交换了意见。

中国科学院大气物理研究所研究员符淙斌在众多候选人的竞争中顺利当选国际科联执行委员会委员。

10 月 18 ~ 22 日

中国科协副主席、书记处书记徐善衍等一行就中国科技馆新馆建设前往上海科技馆进行考察、调研。

10月19日　　中国科协副主席、书记处第一书记邓楠在苏州市基层社区进行考察，调研科普工作。

10月23日　　中共中央政治局常委、国务院总理温家宝，国务委员、国务院秘书长华建敏，国务委员陈至立等在江苏省委书记李源潮、省长梁保华等陪同下视察南京青少年科技活动中心，并参观了科技馆陈列展品。

中国心理学会在上海召开了第九届全国会员代表大会。中国科协向大会发送了贺信。会议选举张侃为学会新一届理事会理事长，杨玉芳为学会秘书长。

10月25日　　中国科协第六届书记处第八十八次会议在北京召开，会议审议了中国植保学会、中国测绘学会、中国未来研究会、中国优选法统筹法与经济数学研究会、中国内燃机学会、中国电源学会、中国园艺学会、中国流行色协会换届和中国科协第七次全国代表大会代表、第七届全国委员会委员候选人产生办法，听取关于加入《华盛顿协议》、命名第二批全国科普教育基地情况的汇报，并就有关问题进行了研究。

10月26~27日　　2005年中俄青年科学家论坛在四川成都举行，中俄青年科学家、学者，共200余人出席了论坛。中国科协副主席曾庆存院士，中国科协常委、中俄友好协会常务副会长刘恕，四川省科协主席卢铁城，四川省科协副主席李洪福等出席了论坛开幕式并发表讲话。

10月27日　　中国科协书记处书记齐让赴杭州出席第四届“专家与中小企业家握手”活动。

10月27~30日　　中国科协副主席、书记处书记徐善衍等，在山西就农村党员干部现代远程教育和农村科普工作进行调研。山西省委书记张宝顺，省委副书记薛延忠等会见了徐善衍一行。

10月28日~11月1日　　中国优选法统筹法与经济数学研究会在青岛召开了第七次全国会员代表大会。中国科协向大会发送了贺信。会议选举徐伟宣为学会新一届理事会理事长，魏一鸣为学会秘书长。

10月29日　　中国有色金属学会在北京召开了第五次全国会员代表大会。中国科协书记处书记冯长根出席会议并讲话。会议选举康义为学会新一届理事会理事长，钮因健为学会秘书长。

10月30日　　中国内燃机学会在湖北省武汉市召开了第六次全国会员代表大会。中国科协向大会发送了贺信。会议选举张小虞为学会新一届理事会理事长，阳树毅为学会秘书长。

10月30日~11月2日　　中国人工智能学会在北京召开了第五届全国会员代表大会。中国科协向大会发送了贺信。会议选举钟义信为学会新一届理事会理事长，秦世引为学会秘书长。

11月

11月1日　　由浙江省科协、绍兴市人民政府联合举办的第二届中国浙江学术节在浙江省绍兴市开幕。中国科协主席周光召出席开幕式并作了题为《科技创新重点突破》的专题科技报告，中国科协书记处书记冯长根出席会议并参加有关学术活动。

11月1~3日　　北京（国际）科普论坛暨第三届北京科学传播创新与发展论坛召开。中国科协副主席、书记处书记徐善衍出席会议并作了题为《中国科技馆新馆的建设理念》的专题演讲。

11月2日　　杭州市科协第二届学术年会在浙江省杭州市开幕，中国科协主席周光召出席开幕式并作了题为《自主创新，重点超越》的学术报告。

11月2~6日　　中国植物保护学会在杭州召开了第九届全国会员代表大会。会议选举成卓敏为学会新一届理事会理事长，陈万权为学会秘书长。

11月2~4日　　由亚太安全工程学会联合会、中国职业安全健康协会举办的2005年亚太安全会议在浙江省绍兴市举行。中国科协书记处书记冯长根出席会议。会议期间，亚太安全工程学会联合会举行了换届选举，冯长根被推选为新一任主席，任期两年。

11月4日　　由教育部、中国科协、香港周凯旋基金会共同主办的第五届“明天小小科学家”奖励活动在北京举行。中国科协副主席、书记处第一书记邓楠、教育部副部长陈小娅、中国科协副主席韦钰等出席并致辞。

11月6日　　第十七届中国国际科学与和平周在北京开幕，全国人大常委会副委员长、中国科协副主席韩启德，全国政协副主席张思卿、李蒙，全国人大常委会原副委员长王光英，全国政协原副主席胡启立等领导同志出席开幕式。李蒙致开幕词，韩启德代表主办单位致贺词，中国科协副主席、书记处书记、中国人民争取和平与裁军协会副会长徐善衍主持会议。

11月7日	中国科协第六届书记处第八十九次会议在北京召开，会议就科技咨询工作等问题进行了研究。
11月7～10日	中国测绘学会在北京召开了第八次全国会员代表大会。会议选举杨凯为学会新一届理事会理事长，李根洪为学会秘书长。
11月9日	第二届中国青年女科学家奖颁奖典礼在北京举行，全国人大常委会副委员长、全国妇联主席顾秀莲出席颁奖仪式并讲话，全国妇联副主席、书记处第一书记，中国科协副主席、书记处第一书记邓楠，中国科协副主席韦钰，全国妇联书记处书记洪天慧以及欧莱雅中国总裁盖保罗等出席会议并为获奖者颁奖，中国科协书记处书记程东红主持会议。 中国科协派遣进修生工作20年座谈会在北京召开。中国科协主席周光召，中国科协书记处书记齐让、程东红等分别参加了会议的有关活动。
11月10日	由国家林业局、浙江省政府和中国林学会联合举办的首届中国林业学术大会在浙江省杭州市开幕。国家林业局党组成员、中国科协常委、中国林学会理事长江泽慧出席会议并作了题为《深入实施科教兴林战略，走中国特色林业自主创新之路》的学术报告。中国科协党组成员苑郑民在开幕式上致辞。
11月12日	航天科技集团公司和航天科工集团公司共同举办的钱学森与中国航天事业——纪念钱学森同志归国50周年座谈会在北京举行。中国科协副主席、书记处书记徐善衍出席会议。
11月12～17日	应欧盟研究总司邀请，以程东红书记为团长的中国科协赴欧盟代表团一行三人赴比利时、法国参加欧盟研究交流大会。程东红应邀在大会开幕式上作主题发言，主要介绍了中国科协开展的科学技术普及工作，得到了与会代表的高度赞赏。
11月14～16日	第二届中美关系研讨会在北京举行。中国科协副主席邓楠在题为“科技合作前景”的全体讨论会上作了主旨发言。15日邓楠还与美国国务卿科技顾问乔治·阿特金森博士，就中国科协与美国合作事项交换意见。
11月14～18日	以中国科协书记处书记、中国兵工学会副理事长冯长根为团长的中国兵工学会代表团，参加了在加拿大温哥华召开的第二十二届国际弹道大会，并申办2010年第二十五届国际弹道大会。11月17日，国际弹道委员会（IBC）审议通过了中国代表团的申办请求。中国兵工学会申办的第二十五届大会将于2010年5月在北京召开。

11 月 15 ~ 16 日　　中国电源学会在广东省深圳市召开了第五次全国会员代表大会。会议选举王兆安为学会新一届理事会理事长，韩家新为学会秘书长。

11 月 18 日　　中国科协主席周光召在上海视察。并为上海市科协题词：春秋半世纪　再创新辉煌。

11 月 21 日　　中国科协第六届书记处第九十次会议在北京召开，会议研究了中国科协 2005 年工作总结和 2006 年工作安排。

中国科协书记处书记程东红在中国科技会堂会见了以香港工程师学会会长黄泽恩为团长的香港工程师学会执委会访问团一行 12 人。中国科协组织中国畜牧兽医学会、中华预防医学会、中华医学会、中国动物学会、中国环境科学学会，在北京中国科技会堂举行禽流感与人禽流感现状及防治对策高层研讨会。中国科协书记处书记宋南平、农业部兽医局局长、国家首席兽医官贾幼陵出席会议并讲话。

11 月 22 日　　由中国科协、中国残联、福建省人民政府、清华大学共同举办的纪念高士其先生诞辰 100 周年暨高士其科学精神座谈会在北京人民大会堂举行。中共中央政治局委员、全国人大常委会副委员长王兆国，全国政协副主席郝建秀，中国科协主席周光召等领导同志出席座谈会，中国科协副主席、书记处第一书记邓楠主持会议，中国科协副主席赵忠贤，荣誉委员顾方舟，常委国林、张开逊，书记处书记齐让等出席会议。

11 月 23 日　　中国科协第六届书记处第九十一次会议在北京召开，会议审议了中国科学学与科技政策研究会和中国水土保持学会换届、中国未来研究会变更理事长候选人、中国科协作为中国生物圈保护区协会业务主管单位等事项，听取中国科协部本级 2005 年预算结余经费支出安排意见的汇报，并就有关问题进行了研究。

11 月 23 ~ 26 日　　中国园艺学会在湖南省长沙市召开了第十次全国会员代表大会。会议选举方智远为学会新一届理事会理事长，杜永臣为学会秘书长。

11 月 24 日　　中宣部、中国科协等 14 家部委在河北省衡水市联合召开全国文化科技卫生“三下乡”活动十周年工作座谈会。中共中央政治局委员、书记处书记、中宣部部长刘云山发来贺信。中国科协书记处书记齐让主持会议。

11 月 29 ~ 30 日　　中国流行色协会在北京召开了第七次全国会员代表大会。会议选举杜钰洲为学会新一届理事会理事长，梁勇为学会秘书长。

12 月

12 月 1～6 日　由中国科协、香港康乐及文化事务署、京港学术交流中心、澳门科技协进会等单位共同主办的“2005 年当代杰出华人科学家公开讲座”在香港、澳门举行。内地三位著名科学家——中国科协副主席、中国科学院院士赵忠贤，中国探月工程首席科学家、中国科学院院士欧阳自远，国家性病艾滋病预防控制中心首席学家、中国科学院院士曾毅应邀分别为港澳中小学生和市民作报告。在澳门期间，赵忠贤副主席代表中国科协分别与澳门科技协进会签署了两会合作框架协议，与澳门科技发展基金签署了《项目评审合作协议》。

12 月 1 日　由中国科技馆发展基金会、茅以升科教基金会、中国自然科学博物馆协会和中国科协科学技术普及部共同主办的第二届全国科技馆《展品创新奖》评奖与展示活动在中国科技馆开幕。中国科协副主席、书记处书记徐善衍等出席了开幕式。

12 月 3 日　中国未来研究会在北京召开了第五次全国会员代表大会。会议选举张文范为学会新一届理事会理事长，夏震为学会秘书长。

12 月 3～4 日　中国科学学与科技政策研究会在北京召开了第五次全国会员代表大会。会议选举方新为学会新一届理事会理事长，杨湘平为学会秘书长。

12 月 5 日　由中国科协和德国工程师协会等共同举办的中德工程教育与认证合作前景研讨会在北京举行。中国科协主席周光召，教育部副部长赵沁平，中国工程院副院长杜祥琬以及德国工程师协会负责人、德国驻华大使等出席研讨会。

中国科协与卫生部在北京市通州区组织开展了向农村地区赠送防控人感染高致病性禽流感宣传材料现场活动。中国科协书记处书记程东红，卫生部副部长蒋作君等分别向通州区潞城社区卫生服务中心、通州区潞城镇七级村和潞城镇中心小学赠送了预防人感染高致病性禽流感科普挂图、小折页及《知识问答》等宣传材料。

12 月 6 日　中国科协第六届书记处第九十二次会议在北京召开，会议审议了中国国际经济技术合作促进会换届事项。

12 月 8 日　中国科协副主席、书记处第一书记邓楠出席 2005 年中国全面小康论坛开幕式，并作了题为《提高全民科学素质，建设新型国家，为实现全面小康贡献力量》的报告。

12 月 17～26 日　由中宣部、中国科协等 13 部委主办的 2005 建设节约型社会展览会在北京展览馆展出，由中国科协承办的科普展区受到观众和媒体的普遍关注和好评，成为展会的一大亮点并获组委会颁发的“最佳设计奖”和“最佳组织奖”。

12 月 20 日　中国科协第六届书记处第九十三次会议在北京召开，会议传达学习中央书记处对科协工作的指示精神，审议中国科协工作会议报告、研究《中国科学技术协会章程》修改以及中国科协七大筹备有关文件等事项。

12 月 22 日　中国科协六届十六次常委会议在北京中国科技会堂举行。中国科协主席周光召主持会议，中国科协副主席韦钰、邓楠、左铁镛、张玉台、陆延昌、徐善衍、栾恩杰、韩启德、曾庆存，常务委员马国馨、王永炎、王海波、艾国祥、刘恕、杜祥琬、李依依、杨卫、张开逊、国林、袁家军、郭孔辉、黄兴维、曹健林、管华诗、翟虎渠，顾问赵沁平、陈佳洱，荣誉委员高潮等出席会议。中国科协党组、书记处领导同志列席了会议。会议传达了中央书记处关于科协工作的几点意见，听取了中国科协2005年工作总结和2006年工作安排的汇报，中国科协七大筹备工作进展情况和编制七大代表、七届委员候选人名额分配方案的说明，审议并通过了《中国科学技术协会第七次全国代表大会代表名额分配原则及产生办法》、《中国科学技术协会第七届全国委员会委员候选人名额分配原则及推选办法》、《中国科协七大特邀代表名额分配方案》，并就相关问题进行了讨论。

12 月 25 日　由中国科协、中国宇航学会、中国高科技产业化研究会和天津市人民政府共同主办的“全国青少年学习航天英模、弘扬载人航天精神”报告会在天津大礼堂召开。中国科协副主席、书记处第一书记邓楠和天津市市委副书记、常务副市长黄兴国分别致辞。中国科协书记处书记程东红主持大会。

12 月 26 日　2005 年中国科协工作会议在北京中国科技会堂召开。中国科协副主席、书记处书记徐善衍主持会议。中国科协副主席、书记处第一书记邓楠传达了中央书记处对中国科协工作以及科协七大筹备情况的重要指示精神，并作了题为《振奋精神，开拓创新，推动科协工作再上新台阶》的讲话。

邓楠指出，这次会议的目的就是学习领会中央书记处的指示精神，统一思想，明确方向，总结2005年工作，研究部署2006年工作，为开好中国科协七大、完成中央交给的重要任务奠定良好的基础。

12 月 27 日　中共中国科协机关第六次代表大会在中国科技会堂隆重召开。中国科协副主席、党组书记邓楠出席会议并讲话。中直工委委员、组织部长周廷凯出席会议。大会听取和审查了中共中国科协机关第五届委员会工作报告、第四届纪律检查委员会工作报告；选举产生了由王守东等 13 名同志组成的中共中国科协机关第六届委员会和吕建华等 9 名同志组成的中共中国科协机关第五届纪委会。中国科协党组副书记徐善衍、齐让，党组成员宋南平、冯长根、程东红、苑郑民，中国科协机关各部门、各直属事业单位和离退休干部党员代表共 108 人参加了大会。大会由中国科协机关党委副书记陈秀保主持。

附 录

中共中国科学技术协会党组工作规则

科协党组发〔2005〕25 号

（2005 年 8 月 12 日第 53 次党组会议讨论通过）

第一章　总　则

第一条　为了认真履行中国科学技术协会党组职责，使党组工作更加科学化、规范化和制度化，根据《中国共产党章程》，制订本规则。

第二条　中国科学技术协会党组在党的中央委员会的领导下开展工作，向党的中央委员会负责。其主要任务是实现党的路线、方针、政策，贯彻执行党中央的决议、指示和国家的法律、法令，认真完成党和国家交给的任务，指导机关和直属单位党组织的工作。

第二章　职　责

第三条　认真学习马列主义、毛泽东思想、邓小平理论和“三个代表”重要思想，努力树立和贯彻落实科学发展观，从政治上、思想上和行动上保证党的基本路线的贯彻执行。

第四条　讨论和决定中国科学技术协会有关重大问题，加强和完善向中央书记处的请示报告。凡属贯彻落实中央精神的情况，以及涉及科技界和科协工作的重大问题，应及时向中央书记处报告，同时注重及时了解和反映科技工作者的基本状况和思想动态，为中央决策提供依据。

第五条　大力加强思想作风建设和党风廉政建设，切实做到党中央提出的“八个坚持、八个反对”，自觉接受群众监督，遵纪守法，依法办事，清正廉洁，防止官僚主义，提高工作质量和效率。

第六条　党组实行集体领导与个人分工负责相结合的制度。凡属重要问题必须由党组集体决策，重大事项要充分酝酿、协商和讨论，根据少数服从多数的原则进行决策，党组成员个人无权改变党组集体做出的决定。党组成员要按照集体的决定和分工切实履行自己的职责，并及时将工作进展的重要情况向党组通报。

第七条　密切联系群众，虚心听取群众意见和建议。坚持领导接待日制度，每月安排半天时间由一名党组成员接待群众来访。对群众反映的重要问题应及时研究，予以答复。每年要向离退休干部和民主党派、无党派代表人士通报中国科协工作情况，并听取意见和建议。

第八条　大力加强调查研究工作。调查研究是密切与科技工作者联系，倾听科技工作者意见和要求的重要途径。党组成员要针对经济、社会、科技发展的重大问题，科技界集中反映的热点问题，学会和基层科协工作中的难点问题，以及科协事业发展的重点问题，经常深入基层进行调查研究。要提高调研工作的质量，努力了解真实情况，掌握第一手材料，撰写有情况、有分析、有见解的调研报告，并适时向党组会议进行通报。党组成员每年深入基层工作和调查研究的时间不得少于一个月，要在年初制定计划，明确调研主题、预期目标和调研范围。

第九条　加强与地方科协的联系，实行党组成员分片联系制度。按照国家行政区域的划分，分别明确一位党组成员联系相关区域的地方科协工作。党组成员要采取多种形式，切实关心、了解和研究所联系区域的工作情况，指导地方科协开展工作。加强与科学家之间的联系，积极主动与他们保持经常性的交流和沟通。

第十条 党组成员离京出差（出访）或休假，应提前向党组书记（或主持工作的党组成员）请假。党组书记离京出差（出访）或休假，要向其他党组成员通报，并指定党组副书记（或其他党组成员）主持工作。办公厅在每周五（每月末）前，统一协调汇总并通报党组成员下周（下月）主要日程安排。

第三章 会议制度

第十一条 党组实行集体议事的会议制度。党组会议由党组书记召集并主持，全体党组成员参加。党组书记不能出席时，可委托党组副书记（或其他党组成员）召集并主持。根据需要，相关部门和单位负责同志列席会议。

第十二条 党组会议坚持“议大事、议要事”的原则，议事范围包括：

1. 党的路线、方针、政策和党中央的决议、指示的落实；
2. 研究和决定科协工作的重大问题，审定以党组名义呈报党中央、国务院的重要请示；
3. 审批中国科协职权范围内机构设置及干部管理权限内的干部任免等事项；
4. 研究党的建设、思想政治工作和廉政建设问题。
5. 研究需要党组决定的其他重大事项。

第十三条 党组会议必须有半数以上的党组成员到会方能举行；讨论干部问题和涉及全局性的重大问题时，必须有三分之二以上党组成员到会方能举行。党组成员因故不能出席会议，要在会前请假，其意见可以通过书面或者口头形式表达。党组会议一般每月召开 1 – 2 次，如遇重要问题需要研究可随时召开。

第十四条 党组会议的议题和日期，由党组成员或相关部门提出建议，经办公厅协调后报党组书记确定。各部门会前要对提交党组会议讨论的议题充分酝酿，并经分管领导审核同意。涉及几个单位的议题，相关单位要提前协商，取得基本一致意见后，提交党组会议研究，不能取得一致意见的要列出各方理据。

第十五条 党组决定的事项，每个党组成员都要坚决执行。在党组未做出新的决定之前，不应有任何违反决定的言行。执行中如发现问题，要及时向党组报告。

第十六条 党组坚持中心组理论学习制度。要制定年度和阶段性学习计划，党组每年集中学习时间不少于 12 天。根据需要，相关直属单位主要负责同志可参加中心组理论学习，中心组理论学习的秘书单位是机关党委。

第十七条 党组定期召开工作务虚会，研究中国科协的中心工作和重大问题。

第十八条 党组每年召开一次民主生活会，会前委托机关党委、组人部征求群众意见，并如实向党组反馈。对会议检查和反映出来的问题，要逐项整改落实。党组民主生活会的情况要及时报送中纪委、中组部、中直工委。

党组成员按规定必须参加所在党支部的组织生活会，如有重要活动不能参加，应提前请假。

第十九条 党组实行通气会制度，定期通报情况，沟通信息。通气会原则安排在每周一上午，党组成员应预留出周一时间，参加通气会或党组会、书记处会。

第二十条 党组会议决定的事项，需发会议纪要的，由党组秘书起草，经相关部门会签和办公厅主任审核后，送党组书记或受委托的副书记签发。

第二十一条　严格遵守会议保密制度。参加党组会议的全体人员要对会议的议定事项和重大问题严格保密，不得随意泄露。对违反保密纪律的，应给予严肃的批评教育，造成严重后果的，应酌情给予党纪处分。

第二十二条　党组会议材料、纪要、议定事项通知以及原始记录等，要按规定归档。查阅党组会议原始材料，须经党组书记批准。

第二十三条　党组会议的会务工作由办公厅负责。党组决定的事项由办公厅负责督办，督办过程中发现的问题，要及时向党组报告。

第四章　文件制度

第二十四条　以中国科协党组名义办理的文件主要包括：

1. 向党中央报告中国科协贯彻落实中央部署的具体情况，中央领导批示交办件的办理情况；

2. 向党中央报告、请示中国科协的有关重大事项；

3. 向中央有关部门报送材料，如向中纪委、中组部、中直工委报送的党组民主生活会情况，向中组部报送的中国科协干部任免情况等；

4. 传达贯彻党中央的方针、政策，转发有关文件，通知有关重要事项。

5. 中国科协职权范围内的人事任免、奖惩事项等；

6. 其他需要以党组名义办理的事项。

第二十五条　以党组名义印发的文件，经分管该项工作的党组成员审核同意后，送党组书记签发。党组书记不在京时，由党组书记委托党组副书记签发，事后向党组书记报告。

第二十六条　党组发文具体参照《中国科协收、发文办理细则》（试行）办理。

第二十七条　本规则自党组通过之日起施行。

中国科协机关工作规则（试行）

科协办发〔2005〕43 号

（2005 年 8 月 12 日）

第一章　总　　则

第一条　为规范中国科协机关（以下简称机关）工作行为，提高工作水平和效率，根据党中央、国务院有关规定和《中国科学技术协会章程》，制定本规则。

第二条　机关工作坚持以邓小平理论和“三个代表”重要思想为指导，认真贯彻党的路线、方针和政策，坚持以人为本，树立和落实科学发展观，为经济社会全面协调可持续发展服务，为广大科技工作者服务，为提高全民科学文化素质服务。

第三条　全国委员会闭会期间，常务委员会领导中国科协的工作。常务委员会下设书记处，书记处由第一书记和书记若干人组成，书记处在常务委员会领导下主持中国科协的日常工作。

第四条 机关要认真完成党中央、国务院交办的各项任务，全面履行各项职能，增强服务意识，形成行为规范、运转协调、民主高效的工作管理体制。

第二章 书记处书记职责

第五条 书记处领导机关日常工作，实行书记处第一书记负责制，其他书记协助第一书记工作。

第六条 书记处书记实行分工负责制，按分工分管机关相关部门，归口联系直属单位。受书记处第一书记委托，书记处书记可负责分工范围外的工作和专项任务，可代表书记处参加外事活动。

第七条 书记处第一书记离京期间，受其委托的书记处书记主持日常工作。书记处书记出访、出差和休假，应事先向书记处第一书记报告。

第八条 书记处坚持贯彻民主集中制，实行集体领导。凡涉及中国科协事业发展规划、计划和重大项目，涉及科协全局的重要工作、重大决策，要提交书记处会议讨论和决定。

第九条 书记处书记按分工及职责审批和签发机关公文。

第三章 机关工作安排和要求

第十条 制定工作规划，加强工作的计划性、系统性和预见性，并根据形势和任务的变化及时做出调整。各部门根据各自职能开展工作，创新管理方式，改进工作作风，实行业务公开，提高工作效能，增强服务观念，切实贯彻落实中国科协的各项工作部署。

第十一条 根据全委会的部署提出年度重点工作目标和主要工作任务，制定机关年度工作安排。办公厅按照《中国科协督办工作管理办法（试行）》负责督查督办，及时跟踪和反馈执行情况。机关年度工作执行情况要列入各部门负责同志考核内容。

第十二条 机关有关部门作为常务委员会有关工作委员会和专门委员会的办事机构，承担相关委员会的办公室工作，接受委员会的监督。各部门要切实履行工作职责，每年年初提交本委员会有关业务规划和年度工作计划，定期筹备召开委员会会议，积极开展活动，年底提交本委员会工作报告；采取多种形式加强与委员的联系，认真听取他们的意见和建议，做好服务工作。

第十三条 加强沟通和协调，增强工作的开放性，发挥科协整体力量。充分发挥全国性学会、协会、研究会和地方科协的积极性，完善建设“科技工作者之家”的各项措施，反映科技工作者的意见和要求。切实为全国性学会、协会、研究会和地方科协提供服务，解决具体问题。接待工作根据国家和中国科协有关规定执行。

第十四条 积极推进信息化建设，提高社会服务能力和工作效率。制定中国科协信息化工作发展规划，创新工作机制，充分利用先进网络信息技术和现代化管理手段，不断提高办公自动化水平，做好网站、数据库和信息服务系统建设，加强信息资源开发，强化公共信息资源的整合和共享，构建安全、实用、高效的，具有中国科技团体特色的社会化科技信息服务体系。

第十五条 树立科学的消费理念，建设节约型机关。建立资源消耗统计制度，制定节能工作目标和实施方案，在节电、节水、节油、节约办公用品、建筑节能和节能采购等方面严格日常管理，采取有效措施，提高资源利用效率。

第十六条 各部门要加强对本部门经费的管理，严格按照财经法规和有关制度规定的经费开支范围使用资金，根据合理、节约、有效的原则配备固定资产，提前做出配置计划。要做好资产的日常管理，将资产管理的责任落实到人。财务部门要切实履行职责，加强对机关和直属单位财务、资产管理的指导和监督，加强审计监管。

第十七条 各部门归口联系直属单位，督促和指导直属单位围绕中国科协整体工作规划和中心任务开展工作。

第十八条 各部门负责同志离京外出，应事先向分管书记请示，主要负责同志还应向第一书记请示，经批准后，将外出时间、地点、事由报办公厅备案。

第四章 会议制度

第十九条 机关会议主要包括书记处会议、书记办公会议、机关全体会议、局级干部情况通报会议等。

第二十条 书记处会议由书记处第一书记或受其委托的书记召集并主持，书记处书记参加，根据工作需要，可请与议题有关的部门和直属单位负责同志列席。会议议题由书记处书记建议，报第一书记确定后提交会议讨论。机关各部门提请书记处研究决定的事项，凡涉及多个部门和单位，主办部门要主动协商，不能取得一致意见的应列出各方理据，提出建议。

书记处会议纪要由办公厅整理，送经与会有关部门、单位会签，由办公厅主任审核后报第一书记签发，会议决定事项由办公厅负责督办。

书记处会议一般每月召开两次，安排在星期一，如有需要可临时召开。

第二十一条 书记办公会议由书记处书记召集，相关部门、直属单位负责同志参加，就工作中的专门问题进行研究、协调。会议议题由书记处书记确定。会议纪要由会议第一责任部门整理后送经与会部门、单位会签，由办公厅审核后报召集会议的书记处书记签发。涉及重大事项的报第一书记签发。

第二十二条 机关全体会议由书记处第一书记或受其委托的书记召集并主持。机关全体干部职工参加，视情况可请直属单位有关同志列席。

第二十三条 局级干部情况通报会议由书记处书记召集，机关各部门主要负责同志参加，视情况可请直属单位主要负责同志参加。局级干部情况通报会议原则每季度召开一次，主要是传达中共中央、国务院重要文件，通报中国科协全局性工作，交流各部门有关情况。会议议题由办公厅提出，报书记处批准。

第二十四条 各部门召开的会期在一天以上、涉及科协系统的会议由部门报请主管书记批准召开，并报办公厅备案。

第二十五条 召开会议要坚持节俭、高效，尽量减少全国性会议，尽可能利用电视电话会议等快捷、高效的会议形式。在京召开的会议，原则安排在中国科技会堂或中国科协所属培训、示范基地进行，有关会务工作可委托机关服务中心负责；需要在京外召开的会议，会务工作委托地方科协负责。

第二十六条 各部门在下年度召开的会议，需将会议时间、地点、规模、内容于本年度十二月十五日前报办公厅，办公厅汇总后报书记处会议审批。

第五章 公文办理

第二十七条 建立健全公文管理制度，保证公文流转高效、运行规范，提高公文质量。

第二十八条 根据《中国科协收、发文办理细则（试行）》办理收文和发文。办公厅负责机关的收发文工作，负责指导机关和直属单位的收、发文办理工作。以中国科协名义的发文（包括与有关部委的联合行文），由办公厅审核后送书记处相关领导审批，重大事项送书记处第一书记审批。文件拟稿人、审核人、签发人、印刷人要严格按照《中国科协公文办理工作责任制（试行）》规定，各负其责。

第二十九条 根据《中国科协内部文件办理细则（试行）》办理机关内部文件。内部文件包括机关各部门和直属单位向机关领导报送的请示、报告和工作建议，机关各部门、直属单位之间商洽工作、答复或批准事项，以及为正式发文提供依据的内部运转文件。各部门、各直属单位报送机关领导的文件，如有分歧意见，主办部门要主动协商，不能取得一致意见的，应列出各方理据，提出建议。

第三十条 机关发文除涉密文件外，应在机关公务网上发布。机关要进一步精简文件，加快网络化办公进程，提高公文办理效率。

第三十一条 树立和增强档案意识，根据《中华人民共和国档案法》及《中国科协机关文书档案管理办法》，做好立卷归档工作。

第六章 保密工作

第三十二条 增强保密意识，遵守和履行《中华人民共和国保守国家秘密法》及中国科协相关保密制度规定，对违反法律规定的，追究相关责任人的法律责任。

第三十三条 保密范围主要包括：国家秘密文件、资料；工作中涉及其他部门、行业和地方的国家秘密；学术交流活动中的科学技术秘密；不宜公开的会议内容、文件、资料、档案；重要内、外事活动计划、会谈预案；未公开的人事任免、调配、档案等有关材料；纪检、监察工作中的有关材料。

第三十四条 办公厅负责机要文件的管理工作。各部门按规定指定专人负责收发和保管机要文件。

第三十五条 公文处理必须严格执行国家保密工作和中国科协保密工作的有关规定，确保党和国家秘密的安全。

第三十六条 加强对互联网保密工作的管理，严格做到“涉密不上网、上网不涉密”。

第七章 队伍建设

第三十七条 根据《中华人民共和国公务员法》，加强组织和队伍建设，规范干部队伍管理。结合机构改革和工资制度改革，不断推进干部管理体制、机制、制度和方法的创新，形成人尽其才、才尽其用、人才辈出的环境。

第三十八条 按照《党政领导干部选拔任用工作条例》，大力推进考试录用、公开选拔、竞争上岗等制度，推进干部交流、轮岗，提高干部整体素质。要注重培养优秀年轻干部，优化人员结构。

第三十九条 努力创建学习型机关，拓宽培训渠道，鼓励工作人员参加各类教育和培训。通过定期举办讲座等方式，组织学习科技、经济、法律和现代管理等方面的知识。机关工作人员要密切关注国际国内政治、经济、社会、科技等方面发展变化的新趋势，不断充实新知识，丰富新经验。

第八章 作风纪律

第四十条 机关工作人员要严格遵守《中华人民共和国宪法》、国家法律法规和中央关于加强党风廉政建设的各项规定，不得利用职务之便谋取私利，做到自重、自省、自警、自励。

第四十一条 书记处书记一般不题词；接受记者采访由机关宣传部门统一协调和安排；参加党外活动原则上不署党内职务；出席科协内部会议或活动，不介绍职务，讲话不称“重要”讲话。

第四十二条 各部门必须坚决执行中国科协有关决定，如有不同意见可在机关内部提出，在没有重新做出决定的情况下，不得有任何与相关决定相违背的言论和行为。

第四十三条　树立规范服务、清正廉洁的工作作风，对职权范围内的事项要按程序和时限积极主动地办理，对不符合规定的事项要坚持原则不得办理；不得用公款相互送礼，不得接受地方的送礼；对因推诿、拖延等造成影响和损失的，要追究相关人责任；对以权谋私等行为，要依法严肃查处。

第四十四条　深入基层开展调研，保持信息渠道畅通，及时准确了解情况，指导工作，分析问题，提出建议。

第九章　附　　则

第四十五条　本规则由办公厅负责解释，自发布之日起试行。

中国科协内部文件办理细则（试行）

科协办发〔2005〕30号

（2005年5月20日）

一、中国科协内部文件办理细则（试行）

第一条　为确保中国科协内部文件办理工作规范化、制度化、科学化，提高工作效率和质量，根据中央办公厅、国务院办公厅的有关要求和《中国科学技术协会公文处理条例》的规定，制定《中国科协内部文件办理细则》（以下简称细则）。

第二条　中国科协内部文件（以下简称内部文件）是指中国科协机关各部门、各直属单位向中国科协领导请示和报告工作，反映情况和提出建议；各部门、各直属单位之间商洽工作、答复或批准事项，适用于科协内部事务处理，日常工作运转以及为正式发文提供依据的内部运转文件。

第三条　办公厅秘书处负责报中国科协领导的内部文件的办理工作。机关各部门和各直属单位综合处（室）按照本《细则》负责各自的内部文件办理工作。

第四条　内部文件办理工作，必须严格执行国家保密工作的有关规定，确保党和国家秘密的安全。

第五条　内部文件办理主要包括拟稿、审核、登记、签发、会签、报批、退办、归档、销毁等程序。

（一）拟稿

所拟文稿必须是经本业务处（室）负责人阅核同意，由拟稿人填写“中国科协内部公文稿纸”并按规定程序报送。

（二）审核

内部文件在上报单位负责人之前，须经本部门综合处（室）负责人审核、签字。

（三）登记

经本单位负责人签发后，由本单位综合处（室）进行登记、编号后按规定程序报送。

（四）签发

内部文件由主办单位负责人签发。

（五）会签

对涉及其他部门职责范围的事项，主办单位应事先送有关部门会签。会签单位须提出明确意见，并由会签单位领导签名。

为提高效率，对遇有 2 个或 2 个以上会签部门的，会签部门之间可采取横传的方式，由最后分签部门退回主办单位。

（六）报批

1. 报科协领导的文件，由主办单位综合处（室）送办公厅秘书处或常委秘书处，由秘书处或常委秘书处登记后报相关领导阅批。

2. 机关各部门、各直属单位之间运转的内部文件由所在单位综合处（室）签收。

（七）退办

科协领导审阅批示意见由秘书处或常委秘书处记录并退回主办单位办理。主办单位负责督办、查办领导批示的落实情况。

（八）归档

机关各部门、各直属单位办毕的、有归档价值的内部文件，应按《中国科学技术协会机关文书档案管理办法》做好文件的归档工作。

（九）销毁

没有归档价值的内部文件，由秘书处统一安排集中销毁。

第六条 本《细则》适应中国科协机关各部门和各直属单位。

第七条 本《细则》由中国科协办公厅负责解释。

第八条 本《细则》自发布之日起施行。

二、中国科协收、发文办理细则（试行）

第一章 总 则

第一条 为了保证中国科协公文办理工作及时、准确和安全，切实提高中国科协公文办理工作的水平和质量，根据中央办公厅、国务院办公厅的有关要求和《中国科学技术协会公文处理条例》的规定，特制定《中国科协收、发文办理细则》（以下简称细则）。

第二条 办公厅秘书处负责中国科协领导、中国科协党组、中国科协的收、发文办理工作，负责指导机关和直属单位的收、发文办理工作。机关各部门和各直属单位综合处（室）按照本《细则》负责各自的收、发文办理工作。

第三条 收、发文办理工作中，必须严格执行国家保密工作的有关规定，确保党和国家秘密的安全。

第四条 本《细则》内容分为发文办理和收文办理。

第二章 发文办理

第五条 发文：是指以中国科协名义或办公厅名义的发文，以及中国科协和办公厅与有关部委或有关部委办公厅的联合行文。

第六条　发文办理主要包括拟稿、审核、签发、校对、印刷、用印、分发和归档等程序。

（一）拟稿

起草公文应当做到：

1. 符合党的路线方针、政策和国家的法律、法规和有关规定，提出的意见、建议和措施切实可行。

2. 情况确实，观点明确，条理清楚，表达准确，结构严谨，直述不曲，文字精练，标点正确，篇幅力求简短。

3. 人名、地名、时间、数字、引文准确。

4. 结构层次序数，第一层为“一、”，第二层为“（一）”，第三层为“1.”，第四层为“（1）”。

5. 文内使用简称，一般应先使用全称，并注明简称。

6. 要选用与发文名义对应的发文（函）稿纸，并逐项填写。

（二）审核

公文在领导签发以前必须按规定程序逐级审核。

所发文件内容，必须是经规定程序请示并经领导同意的事项。除特殊情况外，原则上不用“双稿”的形式报送。

机关各部门和各直属单位不得直接向中央、国务院行文。

（三）签发

1. 常委会文件由主席或由主席委托副主席签发；

2. 中国科协党组文件由党组书记或由党组书记委托副书记签发；

3. 中国科协名义的发文由中国科协书记处分管书记签发（上报中央、国务院及党和国家领导人的文件由分管书记审核后，由第一书记签发）。

4. 由中央、国务院有关部委或有关部委办公厅主办、与中国科协或办公厅的联合行文，先送相关业务部门阅核后，按规定程序报主管书记或办公厅主任签发。

5. 机关各部门和各直属单位名义发文由部门和单位领导签发。

（四）校对

主办单位拟稿人负责印前终稿的校对和印后发送前的校对。

（五）印刷

经拟稿人终校签字后，由机关服务局负责排版、印刷和装订。

（六）用印

在机关服务局印刷、需加盖中国科协或办公厅印章的文件，均由承办人持用印依据办理。

（七）分发

文件经主办部门拟稿人在印后终校后由机关服务局发送。

（八）归档

纸质文件应按《中国科学技术协会机关文书档案管理办法》归档。电子文件归档：由机关服务局排版印刷的文件，由机关服务局集中发往秘书处档案室；部门或单位自行排版打印的文件，由拟稿人及时发往秘书处档案室。

第三章　收文办理

第七条　收文：是指外单位（含全国性学会、协会、研究会和地方科协）向中国科协领导、党组、中国科协、中国科协办公厅、中国科协机关各部门和各直属单位发送的信件等；

第八条 收文办理主要包括签收、登记、分发、传阅、承办等程序。

（一）签收

发送中国科协主席、副主席等的信件由办公厅常委秘书处签收；发送中国科协党组、中国科协的信件由办公厅秘书处签收；发送机关各部门和各直属单位的信件由各部门和各单位综合处（室）签收。

（二）登记

办公厅秘书处将所收信件分类加盖收文处理章，并进行编号和登记。机关各部门和各直属单位收文均应按此办理。收文中标有密级的文件按《国家保密法》有关规定办理。

（三）分发

根据收文内容，按照各部门职责分工，办公厅秘书处将收文分别送请有关单位研办和参阅。

1. 业务明确的信函，直接分送有关职能部门，业务不明确的，送办公厅领导阅批，按领导批示意见办理。

2. 外单位送中国科协会签的文件或中国科协送外单位会签退回的文件，秘书处统一转入发文程序办理。

3. 邀请科协领导出席会议或活动的函件，已明确收件人的可直接报送有关领导；未明确收件人的送办公厅领导阅批，按领导批示意见办理。涉外活动的函件应先送国际部提出意见后再办理。

4. 中央、国务院有关部委发送中国科协需要答复的函件，送办公厅领导阅批后办理。无需答复的送有关部门参阅，或报书记处领导传阅。

5. 内容涉及两个以上单位、主送标注“×××并×××”的阅件（只来一份），由排列在前面的单位签收。阅后速传其他单位阅后退秘书处留存。

6. 全国性学会、地方科协报中国科协的工作请示、情况反映和建议等，按业务归口送相关业务部门提出意见后报送有关领导；业务不明确的送办公厅领导阅批，按领导批示意见办理。

（四）传阅

秘书处根据收文内容、领导批示意见或授权，按照规定程序传阅，并随时掌握公文去向，避免漏传和延误。

（五）承办

1. 主办单位根据批办意见，对来文提出的问题，属于职责范围内可以答复的事项，主办单位可直接答复来文机关。业务涉及两个或两个以上单位的，由主办单位牵头会商有关部门办理。

2. 凡需报请上级机关审批的事项，主办单位应提出处理意见并代拟文稿，一并送请上级机关审批。

3. 对暂时不能办理的文件，主办单位应对发文单位复函或以电话联系方式说明情况。

4. 主办单位对不属于本单位职责范围或者不宜由本单位办理的文件，应及时退回秘书处，并注明理由。

第四章　附　则

第九条 本《细则》适应中国科协机关各部门和各直属单位。

第十条 本《细则》由中国科协办公厅负责解释。

第十一条 本《细则》自发布之日起施行。

三、中国科协公文办理工作责任制（试行）

为了提高中国科协公文质量，明确和切实履行公文办理过程中各有关人员的职责，根据中央办公厅、国务院办公厅有关要求和《中国科学技术协会公文处理条例》的规定，特制定《中国科协公文办理工作责任制》（以下简称责任制）。

一、责任制范围

（一）本《责任制》所称公文，是指中国科协拟发的中国科协文（函）件、办公厅文（函）件，中国科协党组发文。

（二）本《责任制》所称公文办理工作，是指发文办理程序中的拟稿、核稿、签发、排版、校对、印刷和发送等各个环节的工作。

（三）本《责任制》所称责任人，是指拟稿人、各级核稿人（包括业务处负责人、各部门综合处负责人、机关各部门领导以及办公厅秘书处核稿人和办公厅领导）、签发人和印刷人。

二、责任人及职责

（一）拟稿人职责

1. 拟稿人应是科协正式工作人员。

2. 发文内容，要符合党的路线方针、政策和国家的法律、法规，实事求是，观点明确，条理清楚，简明扼要。公文起草应符合中国科协文（函）件格式的规定。

3. 应正确选用文种，认真、准确填写发文稿纸所列栏目内容，并附必须的附件和说明。

4. 公文发出后，要负责答复和督查落实公文中所涉及的有关事项，并及时将有关此文件的档案材料送本部门综合处立卷归档。

（二）核稿人职责

1. 业务处负责人职责。

（1）审核行文是否需要，是否符合党的路线方针、政策和国家的法律、法规；文字表述是否准确，有无错别字，标点是否正确。

（2）文种选用是否正确；密级和缓急程度确定是否合理；公文格式是否符合有关规定。

（3）是否需要与有关部门或单位协商、会签。

（4）对不符合要求的公文及时退回拟稿人重新办理。

2. 部门综合处负责人职责。

（1）审核公文标题、文种是否适当；主送与抄送单位是否规范，密级和缓急程度确定是否合理；发文稿纸所列栏目内容是否填写规范、齐全、准确，所需附件是否完备。

（2）对不符合要求的公文及时退回业务处重新办理。

（3）保证公文按正常程序运转，督促承办人及时办结。

3. 部门领导（直属单位负责人）职责。

（1）审核行文是否需要，是否符合党的路线方针、政策和国家的法律、法规及有关规定，是否准确表达了有关业务的要求。

（2）对涉及其他部门、单位职责范围的事项是否与这些部门、单位进行过协商和会签。

（3）对不符合要求的公文应退回本部门综合处重新办理。

4．办公厅秘书处核稿人职责。

（1）审核发文是否需要，依据是否准确、齐全、完整。

（2）发文办理程序是否正确、完备；公文的体例、格式、文种是否正确；文字是否正确无误；发文稿纸各项内容是否填写完整、准确，所需附件是否完备。

（3）文稿如需作较大修改，应与原起草部门协商或请其修改。

（4）对不符合要求的公文，经办公厅领导同意后，应将公文退回承办部门或单位重新办理。

5．办公厅领导职责。

（1）全面审核公文内容；核定发文是否必要，内容是否完整，用语是否恰当。

（2）对不符合要求的公文交由秘书处退回承办部门或单位重新办理。

6．分管领导主要职责。

（1）审核公文是否准确体现了中国科协的工作意图，是否与中国科协整体工作相吻合。

（2）涉及其他科协领导分管工作的公文，是否需请有关领导阅核。

（3）涉及多部门的上行文，主要意见是否协调一致，各方意见及理据是否列明，主办单位倾向性意见是否表达清楚。

（4）对不符合要求的公文由办公厅退回承办部门或单位重新办理。

（三）签发人职责

1．中国科协党组发文由党组书记签发或由党组书记委托副书记签发；中国科协发文（函）由中国科协书记处分管书记签发；上报中央、国务院的文件由分管领导审核后，由书记处第一书记签发。办公厅发文（函）由办公厅领导签发。

2．签发人应对所签发的公文进行最后审核，并代表部门承担相应的责任。

（四）印刷人职责

1．公文印刷人员要认真负责，按时保质完成公文印刷工作，确保公文版面整洁、字迹清晰、格式规范。

2．对印刷质量不符合要求的公文，应主动、及时地予以重新印制。

三、责任追究和表彰

（一）公文在发送之前，承办单位领导及承办人必须对公文的质量进行全面把关。发送之后，如出现质量问题，要追究有关承办单位领导及人员的责任。对不按本《责任制》要求和有关规定办理公文的单位和个人进行批评，对出现问题和造成不良影响的公文视情节轻重追究责任。

（二）力求杜绝办文程序上先签发后审核的“倒流”现象和越级审批、非责任人审批以及审核公文中只签字不看内容的走过场现象。因上述现象造成办理公文出现问题的，要追究有关承办单位领导及人员的责任。

（三）责任追究方式包括：对责任人提出口头批评，在会议上点名批评，通报批评，责令其写出书面检查等。

（四）办公厅将不定期通报公文办理情况，表扬先进。

（五）公文办理质量将列为工作人员考核和晋升的重要内容。

四、机关各部门、各直属单位发文（函），可参照本《责任制》自定

中国科协公文办理错情责任划分范围

办文阶段	错　　情	责　任　人		
		第一责任人	第二责任人	第三责任人
主办部门送审稿	1. 发文稿纸所列栏目填写不齐全、不准确	承办人	业务部门综合处（室）负责人	业务处负责人
	2. 错别字、漏字、多字、语句不通、多页、漏页、重页等	承办人	业务处负责人	业务部门综合处（室）负责人
	3. 数据、文件名称有误	业务处负责人	承办人业务部门综合处（室）负责人	
	4. 文中业务内容有误	业务处负责人	主办部门（单位）负责人承办人	
	5. 办文依据（背景材料）不全	业务处负责人	承办人	业务部门综合处（室）负责人
	6. 文种使用错误	业务部门综合处（室）负责人	承办人	业务处负责人
	7. 该会签的没会签	主办部门（单位）负责人	业务处负责人	业务部门综合处（室）负责人
	8. 主送、抄送单位有误	主办部门（单位）负责人	业务处负责人	承办人
办公厅核稿	1. 公文格式有误	秘书处核稿人	办公厅签发人	
	2. 主送、抄送单位不准确	秘书处核稿人	办公厅核签发人	
	3. 该会签的没会签	办公厅签发人	秘书处核稿人	
	4. 所编文号按业务归口有误	秘书处核稿人	办公厅签发人	
科协领导审签稿	1. 被主管书记退回重办	主办部门（单位）负责人	业务处负责人	承办人
	2. 被第一书记退回重办	主管书记	主办部门（单位）负责人	业务处负责人
	3. 被中办、国办退回重办	第一书记	主管书记	主办部门（单位）负责人
文件印刷	1. 报送中央、国务院文件校核有误	秘书处核稿人	承办人	
	2. 文件校对有误	承办人	业务处负责人	
	3. 排版有误	打字人员		
	4. 印刷有误	印刷人员		
	5. 装订有误	装订人员		

四、中国科协督办工作管理办法（试行）

第一章 总 则

第一条 为加强管理，及时、准确、高效地办理中共中央、全国人大、国务院、全国政协等领导机关交办的事项，确保中国科协重大决策、重要事项的贯彻落实和各项工作目标的顺利实现，根据中办、国办有关督办工作规定，结合中国科协实际，制定本办法。

第二章 督办职责和原则

第二条 中国科协办公厅是科协督办工作的管理和服务部门，负责对机关各部门、各直属单位（以下统称单位）的督办工作，并指导科协系统职责范围内的督办工作。

办公厅主任对科协的督办工作负责；办公厅分管副主任对分管的督办工作负责；办公厅秘书处负责执行和实施科协的督办工作。

督办事项的承办单位负责人，对本单位承办的督办事项负责，分管负责人对分管的督办事项负责；承办单位的业务处（室）对承办的督办事项负承办责任。承办单位综合处对本单位承办的督办事项负直接督办责任。

凡涉及两个以上承办单位的督办事项，实行牵头负责制，由牵头承办单位负责协调有关承办单位办理。

中国科协常委会各工作（专门）委员会决定的事项由其秘书单位实施督办。

第三条 各单位要明确一位领导负责督办工作，并把督办工作列入重要工作日程。承办单位办理督办事项要本着特事特办、急事急办、重大事项优先办的原则，在规定的时限内办理完毕，同时要注重实效，保证质量。对重要的督办事项，各承办单位要明确责任人。

第三章 督办内容

第四条 必须实施督办的事项：

（一）中共中央、国务院明文规定要求报告贯彻落实情况的事项；中央、国务院有关会议决定和中央、国务院领导批示、交办的事项；

（二）全国人大、全国政协交办的议案、提案及其他有关事项；

（三）中央、国务院有关部委或办事机构送科协征求意见或会签的公文；

（四）中国科协主席会议、常委会议、党组会议、书记处会议、书记办公会议决定的事项和科协领导批示、交办的事项；

（五）全国性学会、地方科协和直属单位向中国科协的重要请示；地方党委、政府与中国科协商洽的重要事项；

（六）信访工作重点、难点事项；

（七）其他需要督办的事项。

第四章 督办方式、程序和要求

第五条 凡属于本办法第四条规定的督办事项，办公厅要提出明确的时限要求，同时督促承办单位和承办人员及时办理、及时反馈，做到件件有着落、事事有回音。

办公厅采取以下方式进行督办：

（一）发送《督办通知单》；

（二）电话催办；

（三）会议督办；

（四）利用办公自动化系统督办；

（五）以《督办通报》形式通报各单位对督办事项的办理情况；

（六）其他督办方式。

第六条　凡列入督办的事项，按以下程序办理：

（一）所有列入督办的工作事项，由办公厅秘书处登记、编号，并向承办单位发送《督办通知单》；

（二）承办单位要严格按照《督办通知单》上规定的办理时限要求，认真、及时、高质量地办理完毕；

（三）承办单位办结后，认真填写《督办通知单》的“办理结果”栏目，并退回办公厅秘书处；

除征求意见类督办事项外，其他督办事项，均要在“办理结果”栏内，将主要办理过程和办理结果，填写清楚。

（四）办公厅秘书处收到承办单位反馈的《督办通知单》后，对有关办理结果或情况进行登记，并从“尚未办结”的督办事项中注销；

（五）办公厅秘书处定期汇总、上报督办事项办理情况。

第七条　督办事项办理的时限要求：

（一）对中央、国务院交办事项的办理：

1．凡中央、国务院明文规定需要报告贯彻落实情况的事项，按文件规定办理。

2．中央、国务院或党和国家领导人交办事项，按时限要求办理。情况特殊，需要延长办理时间的，应及时以书面形式告办公厅，由办公厅及时向中办、国办报告，说明原因。

3．中央、国务院或党和国家领导人明确由其他部委牵头，科协配合办理的，按时限要求办理。无时限要求的，一般应在10个工作日内提出科协意见，并以文件形式上报，同时抄送牵头部委。

4．凡中央、国务院交办事项，办公厅应采取跟踪督办的形式，每半个月督办一次；紧急事项，每周督办一次；特急事项，随时掌握工作进度。

（二）对中央、全国人大、国务院、全国政协有关部委、办送科协征求意见或会签的事项的办理：

1．中央、全国人大、国务院、全国政协有关部委、办征求科协意见或会签的公文，有明确时限要求的，按时限要求办理。无时限要求的，承办单位一般应在10个工作日内办结。

2．由于特殊原因不能按时办结的，承办单位应及时说明情况，协商来文单位，并将商定结果告办公厅秘书处备案。

（三）对中国科协常委会议、党组会议、书记处会议、书记办公会议决定事项和科协领导批示、交办事项的办理：

1．有明确时限要求的，按时限要求办理；无时限要求的，一般应在20个工作日内办结。

2．需要地方科协、全国性学会和直属单位报送有关情况的，承办单位要明确提出报送时限，并督促报送单位按时报送。

3．承办单位确因客观原因不能按时办结的，应及时以书面形式告办公厅秘书处。

（四）对全国性学会、地方科协和直属单位报中国科协的重要请示，及地方党委、政府商洽中国科协的事项，一般应在10个工作日内办结，特殊情况除外。

第八条 各类督办事项的办结标准：

1. 凡中央、全国人大、国务院、全国政协交办事项，以中国科协领导签发报告或科协正式行文为准；

2. 凡中央、国务院有关部委或办事机构、全国人大和全国政协有关办事机构送我会征求意见或会签的文件，以中国科协正式行文为准；

3. 凡中国科协常委会议、党组会议、书记处会议、书记办公会议决定的事项和科协领导交办事项，以承办单位负责同志向中国科协领导正式签报为准；

4. 凡全国性学会、地方科协和直属单位向中国科协的请示事项，以向来文单位复函为准。

5. 承办单位应在时限要求内提前3个工作日办结，以留出办公厅核稿、科协领导审批和公文印制、送达时间。急件视情况而定。

第九条 办公厅要对督查事项和办理结果做好记录，建立台账，并对各部门督办事项的办理件数、按时办结率、超时办结率等每个月进行一次情况通报。

第十条 凡涉及秘密级以上督办事项在办理中要严格执行保密制度相关规定。

第五章 附 则

第十一条 本办法由办公厅负责解释，自发布之日起施行。

中国科协机关机要文件阅读管理办法

科协办发〔2005〕51号

（2005年11月4日）

一、中国科协机关机要文件阅读管理办法

为加强对中共中央、国务院文件和其他秘密文件资料的管理，确保党和国家秘密的安全，根据中共中央办公厅关于《中央文件发布、阅读和管理工作暂行规定》（中办发〔2004〕37号），结合中国科协实际，修订《中国科协关于中共中央、国务院文件阅读、传达和管理试行办法》（〔82〕科协办发字016号）为《中国科协机关机要文件阅读管理办法》。

第一条 机要文件包括：中共中央、国务院、中共中央办公厅、国务院办公厅文件，密码电报、中央国务院部门秘密文件、新华社内参等内部资料。机要文件管理，是党和国家机要工作的重要组成部分，各级领导要高度重视，以身作则，带头遵守保密制度和纪律，经常督促检查，防止失泄密事件发生。

第二条 办公厅秘书处是机要文件的管理部门，收发文件须严格履行登记、签收手续，每星期为党组书记、副书记和成员、机关各部门和各直属单位分送中央发至县团级的文件，国务院下发的“国发”和“国办发”文件。遇紧急办理件，收到即分送。

第三条 机关各部门和各直属单位指定一名正式职工（中共党员）管理机要文件，名单报办公厅秘书处备案。党组书记、副书记和成员的机要文件由秘书管理。机要文件管理人员应每周到机要室领取文件，严格履行登记、签收手续，按照阅读范围专卷传阅。机要文件应设专柜存放。

第四条 机关各部门和各直属单位更换机要文件管理人员时，必须认真办理交接手续，并报办公厅秘书处备案。

第五条 中央文件的阅读范围：

1. 发至省部级主要负责同志或党委（党组）书记的中央文件，送党组书记阅读，按照文件要求传达到其他人员。

2. 发至省军级的中央文件，供党组书记、副书记和成员阅读。

3. 发至市地师级的中央文件，供副局级以上党员干部阅读。

4. 发至县团级的中央文件，供副处级以上党员干部阅读。

5. 担任领导职务的党外人士阅读中央文件，除仅限于党内阅读的外，原则上与担任同职级的党员干部相同。

6. 离退休干部按离退休前的职级阅读相应的中央文件。

7. 党外人士和离退休干部阅读中央文件，一般在机要阅文室或组织传达。

第六条 国务院文件的阅读范围：除原文件已有规定外，机关和直属单位的干部均可阅读。

第七条 机要文件如需复制，须经办公厅领导批准。复制时，不得遮盖原密级和保密期限标志，不得改变密级、保密期限和知悉范围。复制文件视同原文件管理。绝密文件、密码电报不准复制。

第八条 各级领导干部不准携带机要文件回住所或前往公共场所。确因工作需要，须经办公厅领导批准，并采取必要的保密措施。绝密文件只能在机要阅文室阅读，阅后即退。

第九条 秘书处每年留存一套中发、中办发、厅字、国发、国办发文件备查。机关各部门和各直属单位可根据工作需要查阅。查阅机要文件，一般在机要室或档案室进行。

第十条 机关各部门和各直属单位每年第一季度清退上一年的机要文件（具体日期见秘书处清退通知）。确因工作需要留用的机要文件，应列出清单，经单位主要负责同志签批后报办公厅领导同意，可留至下一年清退。

第十一条 秘书处每年三月份，按照国家保密局的有关规定销毁文件。任何个人不得私自留存、销毁机要文件。

第十二条 对违反上述规定，造成失泄密的责任人，将给予行政处分或依法追究责任。

第十三条 本办法由办公厅负责解释，自发布之日起施行。此前有关规定凡与本规定不一致的，以本规定为准。

二、中国科协机关文书档案管理办法

第一章 总 则

第一条 文书档案工作是中国科协机关工作的有机组成部分，是维护机关历史真实面貌的一项重要事业。为了加强中国科协机关文书档案（包括电子文件）的管理，维护档案的完整与安全，充分发挥档案的作用，根据《中华人民共和国档案法》、中央办公厅、国务院办公厅颁发的《机关档案工作条例》，结合中国科协机关的实际情况，制定本办法。

第二条 文书档案是指机关在各项工作中形成的，具有一定保存价值的，并且经过立卷归档，作为真实的历史记录集中保管起来的各种文件材料（包括影片、照片、录音带、录像带、软盘等）。

第三条 机关各部门必须加强对档案工作的领导，将档案工作作为本部门一项必不可少的业务建设，纳入议事日程，切实抓好。全体工作人员要认真学习并贯彻执行《中华人民共和国档案法》，提高档案意识，增强法制观念，做好立卷归档工作。

第四条 中国科协机关的文书档案工作由办公厅统一管理，秘书处具体负责，业务上受国家档案局的指导、监督和检查。

第二章 文书档案工作的任务与职责

第五条 档案管理的任务与职责：

1. 贯彻执行党和国家有关档案工作的方针政策、法律、法规；制定中国科协机关档案工作的各项规章制度；组织经验交流；开展业务培训活动。

2. 管理中国科协机关全部文书档案，负责档案的收集、整理、鉴定、保管、统计、提供利用工作，并按照规定向中央档案馆移交档案。

3. 负责督促、检查和指导机关各部门立卷和归档工作。

4. 对中国科协直属单位的档案工作进行指导、检查和监督。

第六条 机关各部门文书立卷人员的任务与职责：

1. 负责收集、整理本部门工作中形成并处理完毕的各种文件材料。按照有关要求，对有保存价值的文件材料进行规范化整理、立卷，定期向秘书处归档。

2. 指导与监督本部门各处室文件材料的立卷归档工作。

3. 负责对本部门没有归档保存价值的文件材料的注册与销毁工作。

4. 努力学习保密规定和档案专业知识，提高科学管理水平，积极做好立卷归档工作。

第三章 文件材料的立卷归档

第七条 根据党和国家确定的党政档案集中统一管理的原则，中国科协机关各部门在工作中形成的全部党政文件材料，应按规定归档，由秘书处集中保管。任何部门和个人不得擅自处理、长期积压或者据为己有。

第八条 文件材料的立卷归档是机关各部门的任务之一，各部门应执行党和国家确立的立卷归档制度，将当年工作活动中形成的具有保存价值的全部文件材料收集齐全，由本部门文书人员或各处室指定人员在文书人员指导下进行立卷归档工作。

第九条 凡是两个以上部门共同办理的文件或出差、调研形成的文件材料，由主办部门负责收集、整理和立卷归档。

第十条 临时机构工作中形成的文件材料由联系部门负责立卷归档。

第十一条 中国科协机关各部门对已形成的磁性载体文件应视同纸质文件及时整理归档，同一盘（带）中存放多份文件的，应建立磁性载体文件目录清单。归档的磁性载体文件必须是可读文件。

第十二条 中国科协机关各部门应当建立平时立卷制度，编制“案卷类目”。“案卷类目”编制的方法和要求如下：

1. 文书立卷人员根据本部门职责范围和业务内容，对文件的形成规律和本年度将形成文件的种类和数量等情况要有预先估计。

2. 文书立卷人员依据本部门的业务活动和上年度归档的案卷目录设置条款。设置条款时，要注意反映立卷特征和保存价值。

3. 按设置的条款分类排列卷夹，在卷夹上填写条款名称。

4. 将办理完毕的文件归入相应条款的卷夹。

5. 文书立卷人员应根据文件材料的产生情况，随时修改和增补有关类目和条款。

6. “案卷类目”应当复制二份。分存立卷部门和秘书处，作为平时立卷的依据和检查立卷工作的参考。

第十三条　文书档案一般应当按年度立卷归档，各立卷部门应在每年6月底前完成上一年度文件材料的立卷归档工作。

第十四条　本部门在各项工作活动中形成并办理完毕、具有查考利用价值的文件材料，都必须立卷归档（具体归档范围参见《中国科协文书档案保管期限表》）。

第十五条　立卷归档的要求和方法：

1. 文件材料立卷要保持文件之间的历史联系，区分不同保存价值，使组成的案卷能真实地反映各项工作的历史面貌，便于保管和利用。

2. 凡归档的文件材料其原稿（定稿）一律采用标准用纸，用毛笔、钢笔书写或计算机打印，各部门领导在批写意见时不要超出装订线。

对需要归档的文件材料要收集齐全、完整。其中来文和复文、请示和批复、正本和底稿、主件和附件、转发件和原件不应拆散。

同一事项或专题的文件和电报应合并整理立卷。绝密文电应单独立卷。

跨年度的请示与批复，放在复文年立卷；没有复文的，放在请示年立卷；跨年度的规划放在针对的第一年立卷；跨年度的总结放在针对的最后一年立卷；跨年度的会议文件放在会议开幕年立卷。组成的案卷厚度一般不超过100页。

3. 按文件材料的自然形成规律，灵活运用文件材料的6个特征（问题特征、作者特征、时间特征、文件名称、地区特征、通讯者特征），对文件材料进行分门别类，将一组具有有机联系的文件材料组成一个保管单位（卷、册等）。

4. 卷内文件要根据文件之间的有机联系，按文件形成的时间顺序，结合文件的重要程度进行排列。具体要求是批复在前，请示在后；正文在前，附件在后；印件在前，原稿（定稿）在后，保持卷内文件完整无缺。

文件材料组卷装订后，应统一在有文字的每页材料正面的右上角、背面的左上角填写页号。不装订的案卷，应在卷内每份文件的右上角编写件号。并填写“卷内文件目录”。

5. 卷内文件由于某种原因不齐全、不完整等情况，必须在案卷内“备考表”上加以说明。

6. 案卷标题应简明确切地反映出卷内文件的内容和成分，一般包括责任者、问题、名称。填写案卷封面必须用毛笔、钢笔或计算机打印。字迹要工整、醒目。

7. 案卷必须用线绳装订，卷内不准出现大头针、曲别针等金属物。

8. 各部门所有要归档的案卷应填写案卷目录，并根据档案保管期限表，注明每一案卷的保管期限

（永久、定期）。向秘书处归档时，应当办理交接手续。

第四章　电子文件的归档

第十六条　电子文件是指机关各部门按照办公厅制定的文件模板录入形成的规范格式的电子文件。

第十七条　各部门文书人员负责本部门排版打印的电子文件的归档工作，并督促文件起草人及时将应归档电子文件归档。在机关服务局排版印刷的电子文件由机关服务局按规定集中归档。

第十八条　电子文件的真实性、完整性、安全性和可识别性，移交前由拟稿人负责，移交后由秘书处负责。

第十九条　电子文件参照纸质文件的归档范围和保管期限表进行归档和划定保管期限。

第五章　档案的保管和利用

第二十条　中国科协机关在工作活动中形成的全部档案，按照年代—组织机构的方法进行分类排架。

第二十一条　秘书处建立档案的统计制度。对档案的收进、移出、销毁、借阅、利用、保管等状况进行登记和统计，并按照规定向国家档案局报送档案基本情况统计报表。

第二十二条　保管档案应当有必要的专用库房和设备，必须做到防盗、防火、防潮、防虫、防尘，并建立定期检查及清点核对制度。

第二十三条　对超过保管期限的档案进行审查、鉴定，对确认无保存价值的档案提出销毁的建议，报请办公厅主任批准后销毁。销毁档案应有两人负责监销，并在销毁清单上签字。

第二十四条　超过保管期限的归档电子文件的鉴定和销毁，按照归档纸质文件的有关规定执行。

第二十五条　对具有永久保存价值的档案，如有损坏或字迹模糊、褪变，应及时修补或复制。

第二十六条　秘书处配制必要的检索工具，主动开展档案利用工作，并实现计算机检索档案。

第二十七条　借阅档案须知：

1. 查阅本单位的档案材料，承办人可直接到秘书处查阅。如需借出，应办理借阅手续，并在一个月之内归还。如需继续借阅，需要办理续借手续。

2. 借阅其他部门的档案材料，须经立卷部门的领导或办公厅主任批准，并履行借阅手续。

3. 外单位人员查阅档案，须持所在单位介绍信。如借阅，需经办公厅主任批准，并履行借阅手续。

4. 借阅中央、国务院文件，需经办公厅主任批准，并履行借阅手续。

5. 借阅档案人员必须珍惜和爱护档案，严禁在档案文件上画杠、圈、点等，严禁拆卷、涂改和撕页，确保档案安全整洁。

6. 所借档案，不得转借他人或无关人员阅览。未经批准，不得抄录和复印。

7. 借阅档案人员如果调动工作，应在调动前将所借档案全部归还档案室。

第六章　奖惩制度

第二十八条　将文件立卷与归档工作作为中国科协机关工作人员年度考核内容之一，秘书处每年将各部门归档情况汇总上报办公厅，对归档好的单位给予表扬或奖励。

第二十九条　对归档不合格的单位给予批评，并限期改正。对于擅自销毁本应归档的文件材料或者损毁、丢失、涂改、伪造档案的人员，视情节给予必要的纪律处分。

第七章　档案移交

第三十条　向中央档案馆移交档案，需经办公厅主任批准，按照有关规定执行。

第三十一条　直属单位机构撤销，必须将本单位的全部档案进行认真整理，并及时向办公厅秘书处移交。

第八章　附　则

第三十二条　本办法由中国科协办公厅负责解释，自发布之日起施行。

附：中国科协机关文书档案保管期限表

中国科协机关文书档案立卷程序

中国科协机关文书档案不需归档范围

中国科协机关文书档案保管期限表

说　明

为了便于机关各部门准确划分档案的保管期限，根据国家档案局颁发的《关于机关文件材料归档范围和文书档案保管期限的规定》等文件，结合中国科协的具体情况制定本表。

一、机关文书档案保管期限分为永久、定期二种。定期的保管时间分别为30年、20年、10年。

二、永久保存的文书档案包括：

（一）本机关文件材料

1. 制定的法规政策性文件；

2. 处理重要问题形成的文件材料；

3. 召开重要会议的主要文件材料；

4. 重要的请示、批复、报告、总结；

5. 年度的、综合的统计报表；

6. 机构演变、领导人任免等材料；

7. 房屋买卖、土地买卖、资产登记、合同协议等法律凭证性文件材料。

（二）上级机关文件材料

1. 中共中央对中国科协工作的指示、批复、讲话等文件材料；

2. 中共中央、国务院颁发的需要贯彻执行的文件材料。

（三）与其他机关联合制发的文件材料。

三、定期保存的文书档案包括：

（一）本机关文件材料

1. 各项工作中产生的一般性文件材料；

2. 召开会议的一般性文件材料。

（二）中共中央、国务院或同级机关颁发的非中国科协主管业务但要贯彻执行的文件材料。

（三）直属单位、地方科协、全国性学会报送的请示、总结、报告、统计报表等文件材料。

四、人事、基建、财会、审计工作等专门领域的文件材料的归档范围和保管期限，仍按照国家原有规定执行。

五、鉴定档案的保管期限要坚持历史唯物主义的观点，全面分析文件材料的现实作用和历史作用，使其能反映机关主要职能活动情况，维护其历史面貌，便于机关各项工作的利用。

六、由于各部门的工作性质和职责范围不同，在工作中形成的档案保存价值就有所不同。因此，在进行鉴定工作时，一定要从本单位的实际情况出发，恰当地确定档案的保管期限。

七、机关工作中形成的电子文件，其保管期限与此表相同。

中国科协机关文书档案保管期限表

顺序号	条款名称	保管期限
一、会议文件材料		
1	中国科协全国代表大会文件材料	
1. 1. 1	请示、批复、通知、代表名单、会议议程、报告、领导人讲话、决议、章程、纪要、选举结果、会议简报、授予荣誉称号、讨论通过的文件、主席团会议记录、重要的照片、录音（像）带、光盘等文件材料	永久
1. 2	大会发言、代表登记表、书面发言、来宾名单、贺信、贺电、对外宣传报道、发奖样品	30 年
1. 3	选举过程中形成的文件、讨论未通过的文件、小组会议记录、参考文件、选票、会议服务机构的计划、总结等文件材料	20 年
2	中国科协全委会议、常委会议、党组会议、书记处会议、书记办公会议文件材料	
2. 1	决议、决定、记录、纪要、请示、报告、领导人讲话、会议通过的文件材料	永久
2. 2	讨论未通过的文件材料	10 年
3	中国科协召开的或与有关机关召开的工作会议、专业会议文件材料	
3. 1	请示、批复、通知、名单、日程、报告、决议、领导人讲话、纪要、典型发言材料、重要的简报、照片、录音、录像等文件材料	永久
3. 2	书面发言材料、代表登记表	30 年
3. 3	会议服务材料	10 年
4	全国人大、政协提案的答复文件材料	30 年
5	中国科协承办国际会议的文件材料	
5. 1	议程、代表名单、主报告（原文及中文译文）、辅助报告（原文及中文译文）、国家领导人贺词、讲话、会徽设计等文件	永久

续表

顺序号	条款名称	保管期限
5. 2	委员会、学术会、分会的讨论记录、代表登记表、接待安排、会议简报、新闻报道	20 年
5. 3	会议服务材料	10 年
二、职能业务文件材料		
1	上级机关颁发的文件材料	
1. 1	中共中央会议决定事项通知、国家领导人对中国科协工作的批示、讲话等文件材料	永久
1. 2	对中国科协领导同志的任免文件	永久
1. 3	中共中央、国务院颁发的非中国科协主管业务但要贯彻执行的文件材料	20 年
2	党和国家领导人视察、检查中国科协工作时形成的文件材料	
2. 1	党和国家领导人的题词、讲话、照片、声像等文件材料	永久
2. 2	党和国家领导人视察中国科协工作时中国科协的汇报材料、座谈记录等	永久
2. 3	党和国家领导人视察中国科协工作时中国科协的接待计划等	30 年
3	本机关制发的文件材料	
3. 1	中国科协制发的职能业务文件材料	
3. 1. 1	有关方针、政策、法规性的、普发性的职能业务问题、长远规划、纲要等文件材料	永久
3. 1. 2	专项业务问题的文件材料	30 年
3. 2	中国科协的请示、中共中央、国务院的批复、指示等，直属单位、地方科协、全国性学会的请示、中国科协的批复	
3. 2. 1	方针政策性的重要问题的	永久
3. 2. 2	具体业务问题的	30 年
3. 3	中国科协编辑的反映主要职能活动的出版物样本、动态、情况反映、工作信息等	30 年
3. 4	代中共中央、国务院起草并被采用的文件	永久
3. 5	与外机关的一般业务往来文件	10 年
4	本机关出国考察、接待访问、参加国际会议等外事活动形成的文件材料	
4. 1	签订的条约、协议、协定等外事文件	永久
4. 2	行政程序审批手续、考察报告、会议记录	30 年
4. 3	具体事务性的	10 年
5	本机关处理人民来信来访的文件材料	
5. 1	有中国科协领导人重要批示和处理结果的	永久

续表

顺序号	条款名称	保管期限
5. 2	有其他处理结果的	30 年
5. 3	没有处理结果的	10 年
6	本机关制发、填报的各种普查文件材料、调查报告、工作总结等文件材料	
6. 1	中国科协制发、填报的各种普查文件材料	
6. 1. 1	综合成果、专题成果、方案、总结、报告	永久
6. 1. 2	原始记录	10 年
6. 2	中国科协专题、典型的调查报告、汇总材料	30 年
6. 3	中国科协工作活动的总结、报告	
6. 3. 1	主要职能活动年度和年度以上的、重要专题的	永久
6. 3. 2	半年的、季度的、一般专题的	10 年
6. 4	中国科协计划、规划	
6. 4. 1	年度和年度以上的	30 年
6. 4. 2	季度的、月份的	10 年
6. 5	中国科协编制的、反映主要职能业务的统计报表	
6. 5. 1	年度和年度以上汇总的、专题的	永久
6. 5. 2	季度的、月份的	10 年
7	同级机关或非隶属机关制发的有关文件材料	
7. 1	与同级机关或非隶属机关联合制发的文件	永久
7. 2	与同级机关或非隶属机关的一般事务的文件	10 年
8	直属单位、地方科协、全国性学会报送的计划、规划、总结、报告、统计材料	
8. 1	年度和年度以上的	20 年
8. 2	年度以下的	10 年
8. 3	重大问题的专题报告	30 年
三、机构编制、干部人事、党、团、纪检、工会、保卫工作文件材料		
1	中国科协机构设置、撤并、名称更改、组织简则、人员编制、印信启用和作废等文件材料	永久
2	中国科协干部人事工作文件材料	
2. 1	各项工作制度、规定、办法等文件	20 年

续表

顺序号	条款名称	保管期限
2．2	干部任免的文件材料	
2．2．1	机关领导任免、调整的文件材料	永久
2．2．2	对所属单位领导人任免的文件材料	永久
2．2．3	机关内部机构负责人的任免、调整的文件	永久
2．3	中国科协评选先进单位、劳动模范、先进工作者等的文件材料	
2．3．1	有政策性待遇的	永久
2．3．2	一次性奖励的	30 年
2．4	中国科协对有关人员的处分材料	
2．4．1	影响大、问题严重的	30 年
2．4．2	一般问题的	10 年
2．5	中国科协干部录用、转正、调资、定级、待遇、离退休、职务聘任、干部轮岗、停薪留职、辞职、抚恤、死亡等文件材料	永久
2．6	中国科协人事考核、职务、职称评审文件材料	30 年
2．7	中国科协人事业务培训文件材料	10 年
2．8	中国科协干部调动工作的行政、党团组织关系、工资的介绍信及存根	10 年
2．9	中国科协职工名册	永久
3	中国科协党、团、纪检、工会的工作报告、总结、党员、团员名册等文件材料	20 年
4	中国科协纪检、监查工作中形成的报告、调查材料、备忘录	20 年
5	中国科协保卫部门的安全检查、调查记录	20 年
四、行政、财务、基建、住房工作文件材料		
1	中国科协行政工作中形成的文件材料	
1．1	机关房产、土地所有权和使用权等文件材料	永久
1．2	机关财产、档案、礼品等的交接凭证、清册	30 年
1．3	与有关单位签订的合同、协定、协议等文件材料	
1．3．1	有历史意义和长远利用价值的	永久
1．3．2	有较长期限效应的	30 年
1．3．3	有短期效应的	10 年
1．4	机动车维护及调运文件，成本、事故、保险、转让记录	10 年

续表

顺序号	条款名称	保管期限
2	中国科协财务会计、审计、资产管理工作中形成的文件材料	
2．1	预算、决算报告及批复	永久
2．2	财务分析及经费分配情况的文件材料	10年
2．3	行政审计工作的有关文件材料	20年
2．4	办公设备、物资的采购计划、审批手续等	10年
2．5	国有资产问题的文件材料	永久
3	中国科协基建、住房工作中形成的文件材料	
3．1	机关购房合同	永久
3．2	干部承租、购置本单位住房的合同协议、有关手续	永久
3．3	干部住房分配、出售制度、方案、细则	10年
3．4	干部住房情况统计、调查表	10年
3．5	干部住房房屋管理、维护等文件材料	10年
3．6	干部住房申请书及相关手续	10年
4	个案申请、报批、审查、核准材料	
4．1	国家重点建设项目的审批、不动产、自然资源的所有权、使用权确认的文件材料	永久
4．2	长期有效的许可证、执照、资质证、资格证等的审批、管理文件材料	30年
4．3	短期有效的许可证、执照、资质证、资格证等的审批、管理文件材料	10年

中国科协机关文书档案立卷程序

一、文件的收集

1．立卷要求。

按年度立卷。凡在一个年度中形成的已经办理完毕、具有一定的查考利用价值的文件材料，必须收集齐全完整。这是做好立卷归档工作、保证案卷质量的前提。

2．收集重点。

（1）机关（或本部门）形成的文件材料。

（2）上、下级机关及其他机关与本机关主管业务有密切联系的文件材料。

二、文件的分类

1．分年度。将文件按其形式和针对的年度分开。跨年度的文件可做如下处理：

a．一项工作或活动跨年度办理完毕的，可放在结案年立卷。

b．请示与批复，放在批复年立卷。没有批复的，放在请示年立卷。

c．长远规划放在开始的第一年立卷。

d．跨年度的会议文件，放在会议开幕年立卷。

e．工作计划和总结、统计文件放在针对年度立卷。多年的计划放在针对的开始年度；多年的总结和统计材料放在针对的最后年度；计划和总结写在一起的文件，以计划为主则放在计划针对的年度，以总结为主就放在总结针对的年度。

2．分级别。将文件按其作者之间的关系分成上级、本级、下级，对有紧密联系的文件放在一起。

3．分问题。将文件按其内容所反映的问题分开。

4．分期限。根据《中国科协机关文书档案保管期限表》的规定将文件按不同的保管期限标出。

三、文件的组合

将经过分类的文件，按一定形式组合起来。

1．组合的基本要求。

应以问题为主，使之紧密联系，分级适当，问题单一，类型鲜明，年代不混，保管期限准确。

2．组合的基本方法。

（1）机关管理和业务工作中形成的各种文件、制度、条例、法规、调研材料，一般按单一问题组合。同一问题的请示与批复，转发件与原件、正件和附件，来文和复函，正本和签发底稿放在一起。

（2）会议文件，可以一会一卷或数会一卷，也可一会数卷（根据文件多少定）。

（3）统计报表、名册等文件，一般同一种格式、名称，或同一地区的组一卷（或数卷）。

（4）工作计划、总结等文件，一般可按作者组合。

（5）案件材料，可一案一卷或一案数卷。

（6）简报，刊物可按名称一期一卷或数期一卷。

（7）人民来信，可按来信反映的问题或信件作者或信件处理形式组合。

（8）基建管理工作形成的图表和说明材料，可一个项目组成一卷。

（9）外事工作材料，可一事一卷。

（10）本程序未指明的文件材料，可根据具体情况进行组合。

四、文件的编目

将经过组合后的文件进行系统排列和编目。

1．卷内文件排列。

一般批复在前，请示在后；正件在前，附件在后；定稿在前，草稿在后，转发件在前，原件在后；案件材料，结论性材料在前，依据性材料在后；其他文件材料按文件重要程度或形成时间先后排列。

2．卷内文件编号。

装订成卷的文件有字迹和图表的画面应一面编写一个页号，空白面不编号，页号的位置在正面的右上角，背面的左上角。

3．填写卷内文件目录。

（1）顺序号：卷内文件依次排列先后填写。

（2）文号：填写文件制发机关的发文字号。

（3）作者：填写文件的落款单位或个人。

（4）文件标题：照实抄录。

（5）文件日期：填写文件制发日期。

（6）所在页号：填写每份文件的首页号，最后一份文件填写起止页号。

（7）备注：对卷内文件变化作的必要说明。

4．填写卷内备考表。

（1）本卷情况说明，填写卷内文件缺损、修改、补充、移出、销毁等情况；

（2）立卷人：由立卷者签名；

（3）由案卷质量审核者签名；

（4）立卷时间：填写完成立卷的日期。

5. 案卷封面的填写。

案卷封面要求用毛笔或钢笔正楷填写，也可计算机打印。字迹要清晰。封皮上面的空格内填写立卷单位。下面的空格中填写案卷标题。起止日期自×年×月至×年×月是指填写卷内文件形成的最早和最晚时间。案卷标题要全面正确地反映卷内文件的内容，文字要精炼，通顺，概括确切，不能用不规范的简称。一般由作者、问题、名称组成。

如：××水利厅关于水库岁修工作的意见、通知

作者　　　　　　　问题　　　　名称

6. 案卷的装订。

（1）卷内文件材料要去掉金属物。

（2）案卷采用三孔一线的方法装订。

中国科协机关文书档案不需归档范围

一、上级机关的文件材料

1. 任免、奖惩非中国科协工作人员的文件。

2. 普发的供参阅、不需办理的文件材料。

3. 供工作参考的抄件。

4. 征求意见未定稿的文件。

二、中国科协的文件材料

1. 重份文件。

2. 没有查考利用价值的临时性、事务性文件。

3. 未经会议讨论，未经领导审阅、签发的文件。

4. 一般性文件的历次修改稿、铅印文件的校对稿（主要领导人亲笔修改稿和负责人签字的最后定稿除外）。

5. 内部互相抄送的文件。

6. 为参考目的收集的各种资料。

7. 一般的人民来信。

三、同级机关文件材料

1. 不需贯彻执行和无查考价值的文件。

2. 外机关抄送的不需办理的文件。

四、直属单位、地方科协、全国性学会的文件材料

1. 参阅的简报、情况反映等材料。

2. 越级抄报的一般性不需办理的文件材料。

3. 抄报备案的一般性文件材料。

中国科协会计基础工作规范

第一章 总 则

第一条 为了加强中国科协会计基础工作，建立规范的会计工作秩序，提高会计工作水平，根据《中华人民共和国会计法》和财政部《会计基础工作规范》的有关规定，制定本规范。

第二条 中国科协机关、直属事业单位、办事机构挂靠在中国科协的全国性学会、协会、研究会和中国科协直属其他财务独立的单位（以下统称“各单位”）的会计基础工作，应当符合本规范的规定。

第三条 各单位应当依据有关法律、法规和本规范的规定，加强会计基础工作，严格执行会计法规制度，保证会计工作依法有序地进行。

第四条 单位负责人对本单位的会计工作和会计资料的真实性、完整性负责。

第二章 会计机构和会计人员

第五条 各单位应当根据《会计法》规定和会计业务的需要，设置会计机构，或者在有关机构中设置会计人员并指定会计主管人员。

第六条 从事会计工作的人员，必须取得有效会计从业资格证书和会计电算化合格证书。

担任会计机构负责人的，除取得会计从业资格证书外，还应当具备会计师以上专业技术职务资格或者从事会计工作三年以上经历。

第七条 会计人员必须遵守职业道德，按规定参加会计业务的继续教育培训，每年培训学习时间不得低于财政部规定的课时。

第八条 会计人员违反职业道德，单位应按规定进行处理。

第九条 各单位应当根据会计业务需要设置会计工作岗位。建立并实行会计人员岗位责任制，做到以岗定责，职责分明。

第十条 会计工作岗位，可以一人一岗、一人多岗或者一岗多人。但出纳人员不得兼任稽核、会计档案保管和收入、支出、费用、债权债务账目的登记工作。

第十一条 会计人员调动工作或离职，必须按《会计法》的规定办理交接手续。

一般会计人员办理交接手续，由会计机构负责人（会计主管人员）监交；会计机构负责人（会计主管人员）办理交接手续，由单位负责人监交，必要时主管单位可以派人会同监交。

第十二条 各单位会计人员发生变更，应报计划财务部备案。其中，会计主管和会计机构负责人发生变更，应提前报计划财务部审核。

第三章 会计核算

第十三条 各单位必须根据实际发生的经济业务事项进行会计核算，填制会计凭证，登记会计账簿，编制财务会计报告。

任何单位不得以虚假的经济业务事项或者资料进行会计核算。

第十四条 会计凭证、会计账簿、财务会计报告和其他会计资料，必须符合国家统一的会计制度的规定。

任何单位和个人不得伪造、变造会计凭证、会计账簿及其他会计资料，不得提供虚假的财务会计报告。

第十五条 会计核算的一般要求

（一）按照《会计法》和国家统一会计制度的规定，建立会计账册。

（二）各项会计事项应按规定及时办理会计手续，进行会计核算。

（三）按会计准则和国家统一会计制度规定设置和使用会计科目。

（四）会计核算按照国家统一规定的会计处理方法进行，保证会计指标的口径一致、相互可比和会计处理方法的前后各期相一致。

第十六条 会计凭证包括原始凭证和记账凭证。

原始凭证的内容必须具备：凭证的名称；填制日期；填制单位名称或填写人姓名；经办人的签名或盖章；填制单位的公章；接受凭证单位名称；经济业务内容、数量、单价和金额；对记载不正确、不完整的原始凭证予以退回，要求更正、补充。自制原始凭证须加盖单位公章或领款人签字。

第十七条 凡填有大写和小写金额的原始凭证，大写与小写金额必须相符；购买实物的原始凭证，必须有验收证明；支付款项的原始凭证必须有收款单位和收款人的收款证明。

第十八条 一式几联的原始凭证要注明各联用途，只能以报销联作为报销凭证；一式几联的发票和收据，必须套写，并连续编号，作废时应当加盖“作废”戳记，连同存根一起保存不得撕毁。

第十九条 经上级有关部门及单位领导批准的各项文件（如：会议通知、会议预算、经费请示报告、领导批示等），必须作为原始凭证附件，如果批准文件需要单独归档的，应在原始凭证上注明批准机关名称、日期、文号及存放地点等事项。

第二十条 填制原始凭证应做到字迹清晰、工整，金额数字填写符合规定的要求。原始凭证记载的各项内容均不得涂改、挖补，发现原始凭证有错误的，应当由出具单位重开或者更正，更正处应当加盖开出单位的印章。原始凭证金额有错误的，应当由出具单位重开，不得在原始凭证上更正。

第二十一条 外单位提供的原始凭证丢失，应取得原开出单位盖有公章的证明，并注明原凭证号、金额和内容等，对确实无法取得证明的，由当事人写出详细情况，经批准后代作原始凭证。

第二十二条 原始凭证不得外借，其他单位如因特殊原因需要使用原始凭证时，经本单位会计机构负责人、会计主管人员批准，可以复印；向外提供的原始凭证复印件，应在登记簿上登记，并由提供人员和收件人员签名或盖章。

第二十三条 一张原始凭证所列支出需要几个单位共同负担的，应开具原始凭证分割单进行核算，原始凭证分割单必须具备原始凭证的基本内容和费用分摊情况。

第二十四条 填制记账凭证应做到摘要简明、内容完整，字迹清晰、工整，金额数字填写符合要求。

记账凭证的内容必须具备：填制日期；凭证编号；会计科目；金额；所附原始凭证张数；填制凭证人员，稽核人员，记账人员，会计机构负责人，会计主管人员签名盖章。收款和付款记账凭证还应由出纳人员签名或盖章。

第二十五条 根据原始凭证汇总填制记账凭证时，不得将不同内容和类别的原始凭证汇总填制在一张记账凭证上。记账凭证应当连续编号，附件齐全，金额与所附原始凭证金额相符。

第二十六条 记账凭证除结账和更正错误可不附原始凭证外，其他必须附有原始凭证。

第二十七条　填制记账凭证发生错误时，应重新填制，已登记入账的记账凭证错误，应视具体情况分别采用补充登记、红字冲销等方法更正。

第二十八条　记账凭证应连同所附的原始凭证或原始凭证汇总表，按编号和顺序（记账凭证、支票根、借款单、报销单、原始发票、明细单、领导批示、报告、预算表等），折叠整齐，按期装订成册，并加封面，封面必须符合规范化要求。使用科协统一印制的记账凭证装订封面。

第二十九条　借支票或现金必须按要求填写一式两联的借款单，借款单的第一联须附在记账凭证之后，并在第二联注明发生借款的金额、支票号和记账凭证号，报销或收回借款时，应退回借款单的第二联或附联。

第三十条　各单位应当按照国家统一会计制度的规定及会计业务的需要设置会计账簿。会计账簿包括总账、明细账、日记账和其他辅助性账簿。

第三十一条　启用会计账簿，应在账簿封面上写明单位和账簿名称，账簿扉页所列项目要填写齐全。现金、银行存款日记账，必须采用订本式账簿，并按账户分别设账。

第三十二条　应当根据审核无误的会计凭证登记会计账簿，做到登记及时、摘要清楚、数字准确、书写规范、字迹工整、账面清洁。账簿记录发生错误，不准涂改、挖补、刮擦或者用药水消除字迹，不准重抄，要按规定的方法进行更正。

第三十三条　定期对账簿记录的有关数字与库存实物、货币资金、有价证券、往来账款等进行核对，做到账证、账账、账实相符。

第三十四条　定期结账，结账方法正确，现金日记账做到日清月结，银行存款账与银行对账单及时核对，每月编制银行存款余额调节表。

第三十五条　各单位必须按照国家统一会计制度规定的报表种类、格式和要求定期编制财务报告。财务报告包括会计报表及编制说明。

第三十六条　会计报表应按登记完整、核对无误的账簿记录和其他有关资料编制，做到数字真实、计算准确、内容完整、说明清楚、报送及时。

会计报表之间、报表各项目之间，凡有对应关系的数字，应当相互一致；本期报表与上期报表之间有关的数字应相互衔接。编写会计报表附表及财务情况说明书，做到项目齐全，内容完整。

财务报告应当依次编写页码，加具封面，装订成册，加盖公章，并经单位法人，总会计师，会计机构负责人，会计主管人员签名盖章。

第三十七条　按照国家规定的期限对外报送财务报告，发现财务报告有错误应当及时办理更正手续，并通知接受财务报告的单位更正，错误较多的应当重新编报。

第三十八条　根据有关规定应当对财务报告进行审计的单位，对外报送的财务报告必须附有注册会计师出具的审计报告。

第三十九条　各单位对会计凭证、会计账簿、财务会计报表和其他会计资料按照《会计档案管理办法》的规定，定期整理、立卷、归档。会计凭证装订整齐，每本会计凭证的厚度在1.5—3厘米之间。

第四十条　会计档案应确定专人或者兼职人员保管；设立档案室的单位，财会部门应在一年保管期满后及时将会计档案移交档案部门保管。

第四十一条　会计档案调阅，应建立登记簿，并有调阅手续和记录。

第四十二条　会计档案移交要有移交清册，并按规定办理移交手续。

第四十三条　会计档案的销毁，应按《会计档案管理办法》规定办理审批手续，编制会计档案销毁清册并由单位负责人签署意见。

第四章　会计监督

第四十四条　各单位的会计机构、会计人员对本单位的经济活动进行会计监督。对不真实、不合法的原始凭证不予受理；对弄虚作假、严重违法的原始凭证，应当予以扣留，并及时向单位领导人报告，请求查明原因，追究当事人的责任。

对记载不准确、不完整的原始凭证，予以退回，要求经办人员更正、补充。

第四十五条　会计机构、会计人员对伪造、变造、故意毁灭会计凭证、会计账簿或者账外设账的行为，应当制止和纠正；制止纠正无效的，应当向上级主管部门报告，请求作出处理。

第四十六条　会计机构、会计人员应对实物、款项进行监督；发现账簿记录与实物款项不符时，应当查明原因，按国家有关规定进行处理。

第四十七条　会计机构、会计人员对指使、强令编造、篡改财务报告行为，应当制止和纠正；制止和纠正无效的，应当向上级主管部门报告，请求处理。

第四十八条　会计机构、会计人员应对违反国家统一财政、财务、会计制度规定的财务收支不予办理；对严重违反国家利益和社会公众利益的财务收支，应向业务主管部门或财政、审计、税务机关报告。

第四十九条　各单位必须接受财政、审计、税务机关和业务主管部门依法进行的监督和检查，并如实提供会计凭证、会计账簿、会计报表和其他会计资料等，不得拒绝、隐匿、谎报。

第五十条　应当委托注册会计师进行年度审计的单位，必须委托注册会计师进行审计，如实提供全部会计资料以及有关情况，不得示意注册会计师出具不当的审计报告。

第五章　内部会计管理制度

第五十一条　各单位应当根据《会计法》和国家统一会计制度的规定，结合本单位内部管理的需要，建立健全内部会计管理制度。明确单位领导对会计工作的领导职责，明确会计机构负责人、会计主管人员的职责权限。

第五十二条　按照会计人员岗位责任制的要求设岗，明确各会计工作岗位的职责和权限，并有具体的考核办法。

第五十三条　建立账务处理程序制度，对本单位的会计科目及其明细科目的设置和使用，会计凭证的格式、审核要求、传递程序，会计核算方法，会计账簿的设置，编制会计报表的种类和要求，应有具体的规定。

第五十四条　建立内部牵制制度，明确出纳岗位与有关岗位的职责和权限，以及限制条件。

第五十五条　建立稽核制度，明确稽核工作的职责、权限和审核会计凭证、复核会计账簿、会计报表的方法，并严格执行。

第五十六条　建立预算管理制度和项目经费管理制度。加强财政资金的监督和管理，提高财政资金的使用效益。

第五十七条　建立政府采购管理制度。对采购国务院制定的《政府集中采购目录及标准》范围内的货物、工程、服务项目必须按照《政府采购法》的规定进行采购。

第五十八条　建立财产管理制度。对各种财产的购置、验收、领发、保管、转让、报废、清查等有具体的管理办法。

第五十九条　建立财务收支审批制度，明确审批人的权限和责任，以及财务收支的审批程序。

第六十条　建立经费支出管理制度，经费支出的范围和开支标准按财政部有关规定执行，有控制经费开支的具体措施。

第六十一条　建立财务分析制度，明确财务分析的内容、基本要求、组织程序和具体方法等。

第六章　会计电算化管理

第六十二条　建立会计电算化岗位责任制及操作管理制度。明确岗位职责，做到事事有人管，人人有专责，办事有要求，工作有检查。

第六十三条　设立电算化会计主管、出纳、会计核算、稽核、会计档案管理等基本会计岗位，并具备相应会计和计算机知识。

第六十四条　设立电算主管、软件操作、审核记账、电算维护、电算审查、数据分析等电算化会计岗位，并具备相应的会计和计算机知识。

第六十五条　建立会计电算化操作系统管理制度，对上机操作人员操作会计软件的工作内容和权限有明确规定。

第六十六条　对计算机操作密码有专人管理，并定期更换，未经授权的人员不能上机操作会计软件。

第六十七条　未经审核的原始凭证和记账凭证，不能据以登记机内账簿。

第六十八条　操作人员应有上机操作记录，记录操作人、操作时间、操作内容、故障情况等。离开机房前，执行相应命令退出会计软件。

第六十九条　建立计算机硬件、软件、数据及档案管理制度。做好对机房、设备的日常保养，保持机房、设备整洁，做好会计软件和会计数据的安全保密工作，防止非法修改软件和数据，磁性介质存储的数据应保存双备份。

第七十条　会计软件修改、升级和硬件更换，应按规定办理审批手续，并保证会计数据的连续和安全。

第七十一条　对计算机和软件故障有防范和补救措施，确保会计数据完整，对计算机病毒有防治措施。

第七十二条　存储在硬盘、磁盘和光盘等到介质中的会计数据和打印输出的会计数据，作为电算化会计档案进行归档，并指定专人负责，按有关规定严格管理。

第七十三条　做好电算化会计档案防磁、防火、防潮和防尘工作，重要的会计档案保存双份，存放在不同地点，对磁性介质保存的会计档案，要做到定期检查和复制。

第七十四条　整套会计电算化文档资料和会计软件程序等档案，保管期截止于该软件停止使用或有重大更改后五年。

第七章　财务印章管理

第七十五条　加强财务印章管理是防范会计风险的重要手段。各单位财务专用印章（包括财务专用章、财务负责人名章），实行“专人负责、用印登记、领导监督”的管理办法。

第七十六条　印章保管：

（一）管理人员应妥善保管印章，并对印章的安全负责。

（二）印章保管应做到财务专用章、财务负责人名章分开保管。

第七十七条 印章使用：

（一）按规定使用范围使用印章。财务专用章、财务负责人名章未经授权不得作为他用，不得以财务专用章替代行政用章。

（二）正常预算请拨款、银行结算业务使用财务专用章，由经办人报主管人员批准，特殊情况应履行有关审批手续，经单位领导审批同意后方可使用。

（三）印章不得带出单位外使用。如有特殊原因，需提出书面申请，并由主管人员审批同意。

（四）不得在空白单据、空白区域及重要事项填写不全的单据、文书上加盖印章。

（五）不得先盖章，后填写文书内容。

（六）使用印章，应在印章登记簿上进行登记，按使用日期、事由、经办人、批准人、用印次数等项目详细填列，登记齐全。

第七十八条 印章更换及销毁：

1. 出现人员变更、业务变动、印章丢失、损坏等情况需要更换印章时，印章管理人员应及时提出书面申请，报主管人员审核，由主管领导同意后方可进行更换。

2. 不得私刻财务印章，新刻印章履行相应审批程序。

3. 过期和作废的印章应及时交单位内指定管理人员，按照规定程序进行销毁，不得自行销毁。

第八章 附 则

第七十九条 本规范所称国家统一会计制度，是指由财政部制定、或者财政部与国务院有关部门联合制定或者经财政部审核批准的在全国范围内统一执行的会计规章、准则、办法等规范性文件。

本规范所称会计主管人员，是指不设置会计机构、只在其他机构中设置专职会计人员的单位行使会计机构负责人职权的人员。

第八十条 中国科协请拨款的规范程序，将根据财政国库集中管理制度另行制定。

第八十一条 本规范自印发之日起实施。

中国科协主管科技期刊一览表

序号	期刊名称	第一主办单位
1	科技导报	中国科协
2	知识就是力量	中国科协
3	软件与光盘	大众科技报社
4	科技新时代	大众科技报社
5	中国科学美容	大众科技报社
6	家用电脑与游戏	科学普及出版社
7	科学大观园	科学普及出版社
8	兵器知识	中国兵工学会
9	兵工学报	中国兵工学会
10	火炸药学报	中国兵工学会
11	弹箭与制导学报	中国兵工学会
12	弹道学报	中国兵工学会
13	车辆与动力技术	中国兵工学会
14	火炮发射与控制学报	中国兵工学会
15	爆破器材	中国兵工学会
16	包装工程	中国兵工学会
17	兵工学报（英文版）	中国兵工学会
18	中国实验血液学杂志	中国病理生理学会
19	中国病理生理杂志	中国病理生理学会
20	中国动脉硬化杂志	中国病理生理学会
21	糖尿病新世界	中国病理生理学会
22	蚕业科学	中国蚕学会
23	草地学报	中国草学会
24	测绘学报	中国测绘学会
25	茶叶科学	中国茶叶学会
26	城市发展研究	中国城市科学研究会
27	档案学研究	中国档案学会
28	地理学报（英文版）	中国地理学会
29	经济地理	中国地理学会
30	世界地理研究	中国地理学会

续表

序号	期刊名称	第一主办单位
31	地震学报（英文版）	中国地震学会
32	地震学报	中国地震学会
33	国际地震动态	中国地震学会
34	矿床地质	中国地质学会
35	岩石矿物学杂志	中国地质学会
36	岩矿测试	中国地质学会
37	地质学报（英文版）	中国地质学会
38	地质论评	中国地质学会
39	地质学报	中国地质学会
40	电工技术学报	中国电工技术学会
41	电气技术	中国电工技术学会
42	农电管理	中国电机工程学会
43	农村电气化	中国电机工程学会
44	中国电机工程学报	中国电机工程学会
45	电气（英文版）	中国电机工程学会
46	数据采集与处理	中国电子学会
47	电子学报	中国电子学会
48	微波学报	中国电子学会
49	电子商务	中国电子学会
50	电子世界	中国电子学会
51	信号处理	中国电子学会
52	软件	中国电子学会
53	电子测量与仪器学报	中国电子学会
54	网友世界	中国电子学会
55	电波科学学报	中国电子学会
56	电子游戏软件	中国电子学会
57	生物学通报	中国动物学会
58	中国防痨杂志	中国防痨协会
59	国际结核病与肺部疾病杂志（中文版）	中国防痨协会
60	中国园林	中国风景园林学会
61	中国腐蚀与防护学报	中国腐蚀与防护学会
62	中国工程机械学报	中国工程机械学会
63	计算机辅助绘图设计与制造（英文版）	中国工程图学学会

续表

序号	期刊名称	第一主办单位
64	工程图学学报	中国工程图学学会
65	图形科普	中国工程图学学会
66	设计	中国工业设计协会
67	中国公路学报	中国公路学会
68	管理现代化	中国管理现代化研究会
69	中国惯性技术学报	中国惯性技术学会
70	海陆空天惯性世界	中国惯性技术学会
71	光谱学与光谱分析	中国光学学会
72	中国激光医学杂志	中国光学学会
73	光学学报	中国科学院上海光学精密机械研究所（中国光学学会）
74	硅酸盐学报	中国硅酸盐学会
75	硅酸盐通报	中国硅酸盐学会
76	中国海洋湖沼学报（英文版）	中国海洋湖沼学会
77	海洋与湖沼	中国海洋湖沼学会
78	海洋世界	中国海洋学会
79	海洋学报	中国海洋学会
80	海洋学报（英文版）	中国海洋学会
81	海洋工程	中国海洋学会
82	航海技术	中国航海学会
83	航空材料学报	中国航空学会
84	航空学报	中国航空学会
85	航空模型	中国航空学会
86	航空知识	中国航空学会
87	核科学与工程	中国核学会
88	计算物理	中国核学会
89	中国化学工程学报（英文版）	中国化工学会
90	化工学报	中国化工学会
91	化工进展	中国化工学会
92	无机化学学报	中国化学会
93	中国化学（英文版）	中国化学会
94	高分子科学（英文版）	中国化学会
95	色谱	中国化学会
96	物理化学学报	中国化学会

续表

序号	期刊名称	第一主办单位
97	化学教育	中国化学会
98	中国化学快报（英文版）	中国化学会
99	高分子通报	中国化学会
100	分子科学学报	中国化学会
101	电化学	中国化学会
102	环境	中国环境科学学会
103	中国花卉盆景	中国环境科学学会
104	中国环境科学	中国环境科学学会
105	癌变·畸变·突变	中国环境诱变剂学会
106	粉末冶金技术	中国机械工程学会
107	材料热处理学报	中国机械工程学会
108	中国表面工程	中国机械工程学会
109	特种铸造及有色合金	中国机械工程学会
110	中国机械工程	中国机械工程学会
111	组合机床与自动化加工技术	中国机械工程学会
112	机床与液压	中国机械工程学会
113	焊接学报	中国机械工程学会
114	制造技术与机床	中国机械工程学会
115	机械工程学报（英文版）	中国机械工程学会
116	机械工程学报	中国机械工程学会
117	设备管理与维修	中国机械工程学会
118	无损检测	中国机械工程学会
119	塑性工程学报	中国机械工程学会
120	中国铸造装备与技术	中国机械工程学会
121	流体机械	中国机械工程学会
122	压力容器	中国机械工程学会
123	汽车知识	中国机械工程学会
124	机械设计	中国机械工程学会
125	润滑与密封	中国机械工程学会
126	计算机辅助设计与图形学学报	中国计算机学会
127	科学技术与工程	中国技术经济研究会
128	技术经济	中国技术经济研究会
129	科技和产业	中国技术经济研究会

续表

序号	期刊名称	第一主办单位
130	广播电视网络技术	中国技术引进咨询公司
131	建筑结构学报	中国建筑学会
132	建筑学报	中国建筑学会
133	建筑热能通风空调	中国建筑学会
134	解剖学杂志	中国解剖学会
135	解剖学报	中国解剖学会
136	中国组织化学与细胞化学杂志	中国解剖学会
137	解剖科学进展	中国解剖学会
138	中国临床解剖学杂志	中国解剖学会
139	钢铁	中国金属学会
140	材料科学技术（英文版）	中国金属学会
141	金属世界	中国金属学会
142	中国冶金	中国金属学会
143	连铸	中国金属学会
144	金属学报	中国金属学会
145	金属学报（英文版）	中国金属学会
146	中国肺癌杂志	中国抗癌协会
147	癌症康复	中国抗癌协会
148	中国癌症研究（英文版）	中国抗癌协会
149	中国肿瘤临床	中国抗癌协会
150	中国肿瘤临床（英文版）	中国抗癌协会
151	科幻画报	中国科技报研究会
152	科学中国人	中国科技报研究会
153	大众电脑	中国科技新闻学会
154	硅谷	中国科技新闻学会
155	中国科技信息	中国科技新闻学会
156	数码时尚	中国科技新闻学会
157	电子竞技	中国科技新闻学会
158	摄影与摄像	中国科教电影电视协会
159	电子游戏世界	中国科普作家协会
160	科技与企业	中国科普作家协会
161	中国比较医学杂志	中国实验动物学会
162	工程机械与维修	中国科协工程学会联合会

续表

序号	期刊名称	第一主办单位
163	中外管理	中国科协管理科学研究中心
164	科协论坛	中国科协科普部
165	汽车与驾驶维修	中国科协科普部
166	中国学术期刊文摘	中国科协学会学术部
167	编辑学报	中国科学技术期刊编辑学会
168	情报学报	中国科学技术情报学会
169	大众软件	中国科学技术情报学会
170	中国科技史杂志	中国科学技术史学会
171	中国科学探险	中国科学探险协会
172	中国颗粒学报	中国颗粒学会
173	空气动力学学报	中国空气动力学会
174	实验流体力学	中国空气动力学会
175	矿物岩石地球化学通报	中国矿物岩石地球化学学会
176	中国昆虫科学（英文版）	中国昆虫学会
177	中国安全科学学报	中国职业安全健康协会
178	今日科苑	中国老科学技术工作者协会
179	力学学报（英文版）	中国力学学会
180	工程力学	中国力学学会
181	实验力学	中国力学学会
182	固体力学学报	中国力学学会
183	固体力学学报（英文版）	中国力学学会
184	中国粮油学报	中国粮油学会
185	林业科学	中国林学会
186	煤炭学报	中国煤炭学会
187	煤炭学报（英文版）	中国煤炭学会
188	当代矿工	中国煤炭学会
189	中国免疫学杂志	中国免疫学会
190	中国肿瘤生物治疗杂志	中国免疫学会
191	中国免疫学杂志（英文版）	中国免疫学会
192	中国民营科技与经济	中国民营科技实业家协会
193	内燃机学报	中国内燃机学会
194	中外能源	中国能源研究会
195	中国农村小康科技	中国农学会

续表

序号	期刊名称	第一主办单位
196	中国农学通报	中国农学会
197	农业科研经济管理	中国农学会
198	棉花学报	中国农学会
199	农业工程学报	中国农业工程学会
200	电力系统装备	中国农业机械学会
201	农业机械学报	中国农业机械学会
202	气象学报（英文版）	中国气象学会
203	汽车工程	中国汽车工程学会
204	中国科技教育	中国青少年科技辅导员协会
205	热带作物学报	中国热带作物学会
206	生理科学进展	中国生理学会
207	生态学报	中国生态学学会
208	生命的化学	中国生物化学与分子生物学会
209	中国生物化学与分子生物学报	中国生物化学与分子生物学会
210	生物物理学报	中国生物物理学会
211	中国心脏起搏与心电生理杂志	中国生物医学工程学会
212	中国血液流变学杂志	中国生物医学工程学会
213	中国生物医学工程学报	中国生物医学工程学会
214	中国生物医学工程学报（英文版）	中国生物医学工程学会
215	噪声与振动控制	中国声学学会
216	石油学报	中国石油学会
217	石油知识	中国石油学会
218	石油学报（石油加工）	中国石油学会
219	中国实验动物学报	中国实验动物学会
220	中国比较医学杂志	中国实验动物学会
221	中国食品学报	中国食品科学技术学会
222	数学学报（英文版）	中国数学会
223	数学进展	中国数学会
224	数学通报	中国数学会
225	中学生数学	中国数学会
226	应用概率统计	中国数学会
227	海洋渔业	中国水产学会
228	水产学报	中国水产学会

续表

序号	期刊名称	第一主办单位
229	科学养鱼	中国水产学会
230	淡水渔业	中国水产学会
231	水力发电学报	中国水力发电工程学会
232	大坝与安全	国家电力公司大坝安全监察中心（中国水力发电工程学会）
233	泥沙研究	中国水利学会
234	水利学报	中国水利学会
235	岩土工程学报	中国水利学会
236	中国水土保持科学	中国水土保持学会
237	太阳能学报	中国太阳能学会
238	太阳能	中国太阳能学会
239	中国体视学与图像分析	中国体视学学会
240	天文爱好者	中国天文学会普及工作委员会
241	铁道学报	中国铁道学会
242	铁道知识	中国铁道学会
243	铁道工程学报	中国铁道学会
244	中国通信学报（英文版）	中国通信学会
245	通信学报	中国通信学会
246	电信科学	中国通信学会
247	中国电信业	中国通信学会
248	现代通信	中国通信学会
249	中国土地科学	中国土地学会
250	城市公共交通	中国土木工程学会
251	土壤通报	中国土壤学会
252	病毒学报	中国微生物学会
253	中国人兽共患病杂志	中国微生物学会
254	发现	中国未来研究会
255	未来与发展	中国未来研究会
256	技术物理教学	中国物理学会
257	物理教学	中国物理学会
258	电子显微学报	中国物理学会
259	大学物理	中国物理学会
260	物理学进展	中国物理学会
261	化学物理学报	中国物理学会

续表

序号	期刊名称	第一主办单位
262	稀土学报（英文版）	中国稀土学会
263	中国稀土学报	中国稀土学会
264	系统工程理论与实践	中国系统工程学会
265	系统科学与系统工程学报（英文版）	中国系统工程学会
266	交通运输系统工程与信息	中国系统工程学会
267	系统工程学报	中国系统工程学会
268	数理统计与管理	中国现场统计研究会
269	乡镇企业导报	中国乡镇企业协会
270	中国动物保健	中国乡镇企业协会
271	心理与健康	中国心理卫生协会
272	中国健康心理学杂志	中国心理卫生协会
273	中国心理卫生杂志	中国心理卫生协会
274	心理科学	中国心理学会
275	畜牧兽医学报	中国畜牧兽医学会
276	中国兽医杂志	中国畜牧兽医学会
277	中国畜牧杂志	中国畜牧兽医学会
278	中国烟草学报	中国烟草学会
279	岩石力学与工程学报	中国岩石力学与工程学会
280	中国临床药理学与治疗学	中国药理学会
281	中国药理学报	中国药理学会
282	中国药理学通报	中国药理学会
283	中国临床药学杂志	中国药学会
284	中国医院药学杂志	中国药学会
285	中国药学（英文版）	中国药学会
286	中国临床药理学杂志	中国药学会
287	中国现代应用药学杂志	中国药学会
288	药物分析杂志	中国药学会
289	药学学报	中国药学会
290	中国新药与临床杂志	中国药学会
291	中国中药杂志	中国药学会
292	中国药学杂志	中国药学会
293	中国海洋药物杂志	中国药学会
294	仪器仪表学报	中国仪器仪表学会

续表

序号	期刊名称	第一主办单位
295	自动化仪表	中国仪器仪表学会
296	光学仪器	中国仪器仪表学会
297	化学传感器	中国仪器仪表学会
298	办公自动化	中国仪器仪表学会
299	仪表技术与传感器	沈阳仪表科学研究院（中国仪器仪表学会）
300	激光生物学报	中国遗传学会
301	数理天地（初中版）	中国优选法统筹法与经济数学研究会
302	数理天地（高中版）	中国优选法统筹法与经济数学研究会
303	稀有金属材料与工程	中国有色金属学会
304	中国有色金属学报（英文版）	中国有色金属学会
305	中国有色金属学报	中国有色金属学会
306	宇航学报	中国宇航学会
307	太空探索	中国宇航学会
308	园艺学报	中国园艺学会
309	运筹与管理	中国运筹学会
310	中国造船	中国造船工程学会
311	中国造纸学报	中国造纸学会
312	纸和造纸	中国造纸学会
313	照明工程学报	中国照明学会
314	中国针灸	中国针灸学会
315	真空科学与技术	中国真空学会
316	振动与冲击	中国振动工程学会
317	振动工程学报	中国振动工程学会
318	植物保护学报	中国植物保护学会
319	植物保护	中国植物保护学会
320	植物病理学报	中国植物病理学会
321	植物生理学通讯	中国植物生理学会
322	制冷学报	中国制冷学会
323	中文信息学报	中国中文信息学会
324	中国中西医结合杂志	中国中西医结合学会
325	中国中西医结合急救杂志	中国中西医结合学会
326	中国中西医结合耳鼻喉科杂志	中国中西医结合学会
327	中国中西医结合外科杂志	中国中西医结合学会

续表

序号	期刊名称	第一主办单位
328	中国中西医结合皮肤性病学杂志	中国中西医结合学会
329	中国中西医结合影像学杂志	中国中西医结合学会
330	中国中西医结合肾病杂志	中国中西医结合学会
331	中国总会计师	中国总会计师协会
332	自动化博览	中国自动化学会
333	模式识别与人工智能	中国自动化学会
334	自然辩证法研究	中国自然辩证法研究会
335	医学与哲学	中国自然辩证法研究会
336	大自然	中国自然科学博物馆协会
337	自然资源学报	中国自然资源学会
338	应用基础与工程科学学报	中国自然资源学会
339	作物杂志	中国作物学会
340	作物学报	中国作物学会
341	中华护理杂志	中华护理学会
342	中华护理教育	中华护理学会
343	健康世界	中华医学会
344	中华结核和呼吸杂志	中华医学会
345	中华医学杂志	中华医学会
346	中华内科杂志	中华医学会
347	中华外科杂志	中华医学会
348	中华妇产科杂志	中华医学会
349	中华儿科杂志	中华医学会
350	中华放射学杂志	中华医学会
351	中华医学杂志（英文版）	中华医学会
352	中华心血管病杂志	中华医学会
353	中华眼科杂志	中华医学会
354	中华检验医学杂志	中华医学会
355	中华口腔医学杂志	中华医学会
356	中华预防医学杂志	中华医学会
357	中华耳鼻咽喉科杂志	中华医学会
358	美国医学会杂志中文版	中华医学会
359	中华神经科杂志	中华医学会
360	中华病理学杂志	中华医学会

续表

序号	期刊名称	第一主办单位
361	中华全科医师杂志	中华医学会
362	中华精神科杂志	中华医学会
363	英国医学杂志中文版	中华医学会
364	中华流行病学杂志	中华医学会
365	中华骨科杂志	中华医学会
366	中华微生物学和免疫学杂志（英文版）	中华医学会
367	中华内分泌代谢杂志	中华医学会
368	中华显微外科杂志	中华医学会
369	中华胃肠外科杂志	中华医学会
370	中华微生物学和免疫学杂志	中华医学会
371	中华泌尿外科杂志	中华医学会
372	中华老年医学杂志	中华医学会
373	中华皮肤科杂志	中华医学会
374	中华劳动卫生职业病杂志	中华医学会
375	中华普通外科杂志	中华医学会
376	中华肿瘤杂志	中华医学会
377	中华围产医学杂志	中华医学会
378	中华航海医学与高气压医学杂志	中华医学会
379	中华血液学杂志	中华医学会
380	中华麻醉学杂志	中华医学会
381	中华实验外科杂志	中华医学会
382	中华传染病杂志	中华医学会
383	中华消化杂志	中华医学会
384	中华放射医学与防护杂志	中华医学会
385	中华创伤杂志	中华医学会
386	中华神经外科杂志	中华医学会
387	中华器官移植杂志	中华医学会
388	中华创伤杂志（英文版）	中华医学会
389	中华物理医学与康复杂志	中华医学会
390	中华小儿外科杂志	中华医学会
391	中华肝脏病杂志	中华医学会
392	中华放射肿瘤学杂志	中华医学会
393	中华急诊医学杂志	中华医学会

续表

序号	期刊名称	第一主办单位
394	中华医学科研管理杂志	中华医学会
395	中华超声影像学杂志	中华医学会
396	中华核医学杂志	中华医学会
397	中华整形外科杂志	中华医学会
398	中华肝胆外科杂志	中华医学会
399	中华风湿病学杂志	中华医学会
400	中华胸心血管外科杂志	中华医学会
401	中华医史杂志	中华医学会
402	中华医学遗传学杂志	中华医学会
403	美国医学会眼科杂志中文版	中华医学会
404	中华消化内镜杂志	中华医学会
405	中华实验和临床病毒学杂志	中华医学会
406	中华医院管理杂志	中华医学会
407	中华心律失常学杂志	中华医学会
408	中华烧伤杂志	中华医学会
409	中华医学信息导报	中华医学会
410	中华医学美学美容杂志	中华医学会
411	中华眼底病杂志	中华医学会
412	中华航空航天医学杂志	中华医学会
413	中华肾脏病杂志	中华医学会
414	中华手外科杂志	中华医学会
415	中华创伤骨科杂志	中华医学会
416	中国中医骨伤科杂志	中华中医药学会
417	中华中医药杂志	中华中医药学会
418	糖尿病天地	中华中医药学会
419	中国学术期刊文摘（英文版）	科技导报社
420	科普研究	科普研究所
421	环球科学	中国科技报研究会